质量兴棉·绿色兴棉
用科技推动绿洲棉花高质量可持续发展

XINJIANGLVZHOU
MIANHUA
KECHIXUFAZHANYANJIU

新疆绿洲棉花
可持续发展研究

毛树春 马雄风 田立文 买文选 王 峰
主编

上海科学技术出版社

图书在版编目（CIP）数据

新疆绿洲棉花可持续发展研究 / 毛树春等主编. -- 上海：上海科学技术出版社，2022.10
ISBN 978-7-5478-5816-5

Ⅰ.①新… Ⅱ.①毛… Ⅲ.①棉花－可持续性发展－研究－新疆 Ⅳ.①F326.12

中国版本图书馆CIP数据核字（2022）第153874号

审图号：新S(2022)073号

新疆绿洲棉花可持续发展研究
毛树春　马雄风　田立文　买文选　王　峰　主编

上海世纪出版（集团）有限公司
上海科学技术出版社　出版、发行
（上海市闵行区号景路159弄A座9F-10F）
邮政编码 201101　　www.sstp.cn
上海中华商务联合印刷有限公司印刷
开本787×1092　1/16　印张44.5
字数 1200千字
2022年10月第1版　2022年10月第1次印刷
ISBN 978-7-5478-5816-5/S·239
定价：380.00元

本书如有缺页、错装或坏损等严重质量问题，请向印刷厂联系调换

内容提要

全著论述新疆绿洲棉花 70 多年的发展历程、绿洲经济社会和棉花生产结构、绿洲棉花品质和绿洲棉花可持续发展对策,以及绿洲资源环境气候、绿洲棉花产业发展技术指南。全著具有较高的专业技术水准与科学指导价值,是一本集资料翔实、理论与实践结合的知识性、实用性、前瞻性极强的绿洲棉花学术专著,适合植棉家庭农场、棉花专业合作社、棉花产业集团等涉棉企业,以及棉花产业领域专家学者和决策者阅读学习和参考。

编撰委员会

编委会主任·主编

毛树春　马雄风　田立文　买文选　王　峰

编委会（专题研究）委员·撰稿成员
（按姓氏笔画排序）

万少安	马小艳	马雄风	王文魁	王西和	王泽武
王俊刚	王俊铎	王　峰	毛树春	田立文	冯文娟
吕　新	华　珊	刘　政	买文选	李亚兵	李孝华
李春平	李雪源	余　渝	张　泽	张教海	陈冠文
罗宏海	郑巨云	练文明	赵冰梅	赵富强	胡莉婷
姚　举	姚艳丽	高海强	梁亚军	程思贤	傅玮东

潘学标

协助研究和补充撰稿成员
（按姓氏笔画排序）

王小丽　冯　璐　毕显节　李贤超　张全成　龚照龙

韩　睿　魏迎凤

主审专家
（按姓氏笔画排序）

毛树春　田长彦　田立文　华　珊　刘　骅　阮旭良
孙景生　李亚兵　李雪源　李新建　赵冰梅　姚　举
　　　　　　　董合林　董合忠

统稿·终审

毛树春　田立文　马雄风

学术秘书

程思贤

序 一

棉花是事关国计民生的战略性产业。新疆是我国棉花生产的主要地区，2021年新疆棉花种植面积250.6万 hm²、占全国种棉总面积的82.8%，产量512.9万 t、占全国棉花总产量的89.5%，新疆棉花生产状况直接影响全球棉花贸易和纺织工业的发展。

《新疆绿洲棉花可持续发展研究》学术著作，采用宏观和微观相结合的方法，全面梳理了新中国成立以来新疆绿洲棉花的发展进程，系统总结了生产实践经验，深入分析了当前面临的新挑战、新情况和新问题。作者针对新时代可持续发展的目标任务，研究提出了规模适度、质量兴棉和绿色兴棉的新疆棉花发展战略，以及建设高品质棉花种植带的政策支持措施。本书的出版为我国棉花产业和科研工作者提供了最新的智库科研成果，对推动棉花生产的发展具有重要参考价值。

毛树春同志是我国棉花领域的资深栽培专家和知名宏观发展战略研究科学家。他长期工作在棉花科研生产第一线，深入基层调查研究、观察分析和解决问题。他事业心强，勤奋刻苦钻研业务，熟悉国情、农情和棉情。作为一位棉花科研工作者，我非常高兴地看到他退而不休，一如既往地心系棉业、献计献策，也借此机会对参与本书编撰工作的60多位专家表示衷心的祝贺。

中国工程院院士 吴孔明

2022年2月19日

序 二

新疆是我国最大的棉花产区,2020年全区棉花播种面积占全国种棉总面积的76.1%,产量占全国棉花总产量的84.9%,在全国和全球棉业的地位都是举足轻重的。

《新疆绿洲棉花可持续发展研究》是目前唯一一部针对绿洲区域棉花生产的学术专著,采用宏观、微观相结合的方法系统梳理1949年新中国成立以来绿洲棉花的发展进程,总结提炼出了其生产发展经验,也指出了面临的新情况新问题,提出了新阶段绿洲棉花可持续发展的路线图和新任务,具有极高的学术价值和应用指导价值,值得鉴赏。

针对新时代可持续发展目标任务,本书提出了规模适度、质量兴棉、绿色兴棉的目标任务,以及实现的途径、措施和方法,为我国棉花高质量发展指明了路径,符合新时代高质量发展的新需求新目标。本书提出了政策支持、增加投入和科技发展支撑等多方面的意见建议,具有重要参考价值和决策支持功能。

毛树春同志是我国棉花栽培领域的资深专家和知名宏观发展战略的研究专家,长期工作在棉花科研、生产一线,勤奋刻苦地钻研业务,深入棉区,善于观察问题和分析问题,了解国情,熟悉农情和棉情,组织编撰和主编出版了《中国棉花栽培学》(2013)、《中国棉花栽培学》(2019)和《当代全球棉花产业》(2016)等大型学术专著,以及《中国棉花景气报告》系列著作,真可谓著作等身,资历深厚，学识渊博，经验丰富，相信本著将为新疆绿洲和全国棉花的可持续发展提供有益的借鉴。

以上是为序。

中国工程院院士

2021 年 4 月 28 日

前 言

（一）

新疆维吾尔自治区,简称新疆,是全国棉花生产的重心,绿洲棉花的"王国"。

新疆位于我国西部,面积166.49万 km^2,占我国陆地总面积的六分之一。新疆远离海洋,跨越干旱南温带和干旱中温带的农业气候地带,具有明显的温带大陆性气候特征,为荒漠、半荒漠、气候干旱和绿洲生态的灌溉农业。

新疆地处我国西北内陆棉区。按照地理位置,全疆棉花划分为东疆、南疆和北疆3个生态亚区。

新疆生产建设兵团(简称新疆兵团)是新疆维吾尔自治区的重要组成部分,棉花生产结构也一样由新疆地方和新疆兵团两个部分组成。

绿洲是以水资源为基础、以灌溉为支撑所形成的生物、经济和社会的总体。

总结1949年新中国成立以来新疆绿洲棉花发展历程,可以划分为"沉睡、苏醒、快速和巅峰"几个阶段。20世纪50—70年代为绿洲棉花的"沉睡"阶段,80—90年代为绿洲棉花的"苏醒"阶段,21世纪元年代为绿洲棉花的"快速"发展,21世纪10年代为绿洲棉花的"巅峰"阶段。据国家统计局,2010—2020年,新疆绿洲棉田面积从146.1万 hm^2(2 190.9万亩)增长到250.2万 hm^2(3 753.0万亩),增长了71.3%;面积占全国的比例从33.5%扩大到78.9%,扩大了45.4个百分点。新疆绿洲棉花总产从247.9万t增长到516.1万t,增长了1.08倍;总产占全国的比例从43.0%扩大到87.3%,扩大了44.3个百分点。新疆绿洲棉花对全国居民衣着的贡献极大,全国居民人均原棉占有量

84.9%(2019)来自新疆。新疆绿洲棉花在国际地位也非常突出,面积占全球种棉面积的8.0%,总产占全球棉花总产的23.1%(2020),单产高于全球平均水平1倍多。当前新疆绿洲棉花在全国地位举足轻重,业已形成全球棉花看中国、中国棉花看新疆的新格局。

从数据可见,1997—2020年,新疆绿洲棉花跨越了4个台阶:从100万t级到200万t级花时9年,从200万t级到300万t级仅花时1年,从300万t级到400万t级花时7年,从400万t级到500万t级花时3年。如今,新疆绿洲棉花的产量已攀高至500万t级台阶的顶端,且持续了好几年。

总结新疆绿洲棉花的发展经验,同全国棉花发展一样,都为"四依靠和两发展"。"四依靠"即:依靠党的领导,政府重视,政策支持;依靠增加投入,不断改善农业生产生态条件;依靠科学植棉,不断提高科学植棉水平;依靠人们勤劳,建设中国棉花文化。"两发展"即:发展精耕细作农业,提高绿洲棉花产量水平;发展现代植棉业,提高绿洲质量兴棉、绿色兴棉的科技水平,走绿洲可持续发展之路。

棉花在新疆绿洲国民经济社会中的地位举足轻重。全疆有61个县区市和110个团场种植棉花,全区有一半以上的农户从事棉花生产,全区农民人均收入40%以上来自棉花,而在主产棉县、团场农户80%以上的经济收入来自棉花,涌现出不少年收入10万元的植棉农户。2006年,本书主编毛树春在北疆考察时,看到和听到一句脍炙人口的谚语"种棉花一年小变样、两年大变样、三年致富奔小康",可见种植棉花对农民增收的重要性。这是我国棉区从南向北、向西转移成功的经济基础。

新疆绿洲棉花发展对国家棉花供给做出巨大贡献,为全国居民贡献了86%的原棉和棉纺织品。2010—2019年,新疆生产的棉花对全国人均占有量达到2.94 kg/10年,对全国居民原棉占有量的平均值贡献率提高到66.9%。

(二)

新疆绿洲这一新兴的全国棉花重心,其"一花独放"的高产能还可维持多久?以面向绿洲棉花的可持续发展为重大目标导向和问题导向,组织农学、资源环境、气象气候、土壤肥料、农田水利灌溉、植物保护、农业经济多学科专家学者,试图回答如何建设强省强国棉花,实现棉花高质高效,并提出了绿色高质高效的可持续发展新的总体思路、新的整体解决方案。

本书从宏观和微观的双维度系统收集、整理各类资料,试图用专家的视野、专家的看法、专家的观点,平静而富有理性地总结新疆绿洲棉花的过去、客观地分析现状,科学地展望未来,力图阐明绿洲棉花发展的过程、巨大贡献、取得的经验和存在的问题,为深入了解绿洲棉花、科学认识绿洲棉花提供全方位的新知识、新视野、新观点和新理论。根据研究提出了绿洲农业/棉花和经济社会可持续发展的主要观点和结论,供决策支持和参考。

一是规模要适度,为绿洲棉花创造可持续发展的根基。"取之有度,用之有节",棉花规模要适度。这是绿洲生物、农业和棉花可持续发展的基础性保障。棉花用水量占新疆绿洲农业用水量的比例高达40%,近年绿洲棉花灌溉用水量在220亿 m³ 上下。历史全面地看,绿洲"地多水少"的矛盾长期存在。综合考虑绿洲土与水的平衡状况,按照新一轮目标价格政策的要求,遵从绿洲水资源利用总量控制目标,贯彻落实《强化水资源刚性约束,深入推进最严格水资源管理制度》的总河(湖)长令,切实做到退地减水,节约用水,控制和减少耕地面积,棉花播种面积将会逐步调减到保护区200万 hm² 的规模,提出建设高端品质棉花种植带,打造100万 hm² 规模的高端品质棉花种植生产和加工基地的建议,已于2021年列入农业农村部《"十四五"全国种植业发展规划》。

二是质量兴棉,全力提高新疆绿洲棉花质量效益和竞争力。破解"高产与优质矛盾的魔咒",这是绿洲棉花生产新阶段新征程的新任务,需要通过转型升级提高棉花品种品质、栽培品质和加工品质,补齐高端品质的短板。从品质的中低端转向品质的中高端是"由大变强"、提升质量效益和竞争力的必经之路,全面提升绿洲规模化的高端品质原棉的供给量,力争中高端品质原棉比例从2016—2018年平均值的41.5%提高到2025年的50%,再提高到2030年的60%,不断创新发展育、繁、推一体化体系,扩大高端品质棉花的种植规模,积极探索推进订单种植产销对接模式,促进绿洲棉花高质高效发展是当前和今后需要长期系统全面攻克的关键问题。

三是绿色兴棉,大力保护和培养绿洲耕地生产力。持续加强新疆绿洲土壤的清洁卫生特别是残膜治理力度,对农/棉田土壤残膜要持续推进"去存量减增量";持续推进"退地减水"和化肥农药使用量减少,持续推进绿洲耕地的用养结合,实行有计划地深耕、轮作、种植绿肥、增施有机肥和休耕等措施,把绿洲耕地的用养结合落到实处,这是绿洲棉花可持续发展必须解决的环境质量任务。

四是全方面发力,推进绿洲棉花的可持续发展。要秉持"好棉花是种出来的,好棉花也是加工出来的,好棉花还是监管出来的"理念,"全球棉花看中国,中国棉花看新疆""大就要有大的样子",绿洲应展现更多的责任和担当。

实现上述目标,首先需要相关政策支持,包括:完善目标价格政策;加大投入建设棉花生产保护区,提高生产能力,更新改造植棉业和加工业装备;建设新疆绿洲高品质棉花种植带;建设国家南疆绿洲棉花区域性科技创新中心;设立棉花生产发展基金;改进改革棉花品种审定标准和品种区域试验方法;鼓励支持开展绿洲棉花提质增效的立法实践等。其次,加大试验研发投入,加大棉花种质资源收集整理和创新研究,加大新品种新技术和新农机装备的研发投入,提高绿洲植棉业机械化水平,开展全球变暖下的绿洲棉花品种和品质科学布局研究等工作。再次,建议建立激励和约束机制,应鼓励和支持以县域或兵团师市级开展整建制的高端品质棉花创建活动,对达到高端品原棉的县域或兵团师市予以重大奖励,对达到高端品质的主栽品种给予强度更大的后补助等。

我们相信,经过持之以恒的努力,在新疆绿洲必将创新出一条规模适度、资源节约、环境友好、高质高效的棉花可持续发展的新路子。

值此中国共产党百年华诞之际,谨以《新疆绿洲棉花可持续发展研究》著作献礼!期望新中国百年诞辰之际,新疆绿洲棉花仍像今天一样鲜花盛开,让我们为铸就强国棉花梦而努力奋斗。

（三）

全书分为新疆绿洲棉花总论、专论、各论、产业和指南篇。总论篇，包括绿洲棉花70多年的发展历程、绿洲经济社会和绿洲棉花结构，绿洲棉花品质和绿洲棉花可持续发展对策；专论资源环境气候篇，包括绿洲国土资源及可持续开发利用，绿洲水资源及水的限定、节约可持续利用，绿洲气候变化及应对策略；各论可持续技术发展篇包括栽培、品种、植保、施肥、灌溉和智慧农业/棉花等。绿洲棉花产业发展篇，包括绿洲棉花种子、加工和棉纺织业及可持续发展对策等。绿洲棉花可持续技术指南篇，包括总指南，灌溉、施肥、植保、智慧棉花和加工等分指南。最后为新疆棉花播种面积、单产和总产的附录。全书具有鲜明的系统性、全面性、思想性、知识性、前瞻性的特点，专业技术水准较高，科学价值和指导功能强，是一本资料翔实，集知识性、实用性、可读性极强的绿洲棉花专著。

本项目研究和撰稿始于2017年，到2022年出版发行已历时6年。由中国农业科学院棉花研究所毛树春研究员、马雄风研究员负责组织实施，参加调查研究和撰稿的主要单位有：中国农业科学院棉花研究所、新疆农业科学院经济作物研究所、中国科学院新疆生态与地理研究所、中国农业科学院农田灌溉研究所、新疆维吾尔自治区农业气象台、新疆农业科学院植物保护研究所、新疆农垦科学院、石河子大学、新疆农业科学院土壤肥料与农业节水研究所、新疆生产建设兵团农业技术推广总站、中国农业大学、中华全国供销合作总社郑州棉麻工程技术设计研究所和中国纺织经济研究中心等13家单位60多位专家、学者。参加研究咨询的专家学者还有山东省农业科学院经济作物研究所董合忠研究员,中国农业科学院棉花研究所董合林研究员、马艳研究员等为相关章节提出宝贵意见,湖北省农业科学院经济研究所张教海副研究员,新疆生产建设兵团第七师农业科学研究所赵富强研究员、第一师农业科学研究所练文明研究员等参加调研和资料收集整理。新疆农业科学院杜伟研究员、新疆生产建设兵团农业技术推广总站毕显节等提供了技术资料支持,在此一并表示感谢。

全书以《中国统计年鉴》《新疆统计年鉴》《新疆生产建设兵团统计年鉴》数据为基础,结合《国土资源公报》《水资源公报》、中国气象局气象资料等为支持数据,特此说明。

本专著《新疆绿洲棉花可持续发展研究》基于国家重点研发计划项目"棉花轻简高效栽培技术集成与示范,项目编号 2020YFD1001000"和中国科学院西部青年学者项目"棉花根系、菌根真菌生长与滴施磷肥分布的时空耦合机制与调控,项目编号 2019-XBQNXZ-A-006"等研究成果编撰和出版。

主编:毛树春 马雄风 田立文 买文选 王 峰

2022年1月15日

目 录

第一篇·总论

第一章
新疆绿洲棉花发展70年 003

第一节·新疆绿洲棉花发展及在全国的地位 003
 一、绿洲棉花产量成倍增长 003
 二、绿洲棉花播种面积成倍增长 006
 三、绿洲棉花单产水平不断提高 007
 四、绿洲棉花发展的巨大贡献 010

第二节·推动新疆绿洲棉花发展的要素 011
 一、政策要素 012
 二、价格要素 014
 三、农业生产条件要素 016
 四、科技要素 019
 五、植棉效益高 030
 六、棉花生产的乘数效应大 032
 七、目标价格试点及其助力植棉增收 033
 八、棉花在新疆兵团的地位 036

参考文献 036

第二章
新疆绿洲棉区经济、社会及棉花结构 038

第一节·新疆绿洲棉区经济、社会结构新概况 038
一、新疆人口和民族结构 038
二、乡村户数和劳动力 041
三、国内生产总值（GDP）、人均 GDP 和居民可支配收入 043
四、经营主体及经营棉花比例 046
五、新疆棉花就业劳动力估计 048

第二节·新疆生产建设兵团棉花 050
一、新疆生产建设兵团及建制 050
二、新疆生产建设兵团棉花产能不断增长 052
三、棉花是最主要的大田经济作物 056
四、创立了现代化植棉的样板 057

第三节·新疆绿洲棉属种与特色棉的种植结构 062
一、海岛棉产能及占比变化 062
二、海岛棉品质 065
三、海岛棉的种植分布 066
四、彩色棉 067

第四节·新疆绿洲棉花生态区结构和比例变化 068
一、不同生态类型区播种面积、产量和单产所占比重 068
二、地方与新疆兵团棉花种植比例结构 071

第五节·绿洲棉花规模化集约化发展路径 072
一、超大产棉地区和县（市、区） 074
二、新疆兵团超大产棉师市和团场 077
三、特大植棉企业 079
四、新疆绿洲棉花高速发展的典型路径简析 080

第六节 · 地产原棉消费及其比例变化 082
　　一、棉纺织业发展及地产原棉纺织消费 082
　　二、国家鼓励和支持新疆绿洲发展棉纺织业 084
　　三、相关支持政策 084
　　　　参考文献 085

第三章
新疆绿洲棉花品质及提质增效 087

第一节 · 新疆绿洲原棉品质及中高端品质供需状况 088
　　一、中高端原棉品质需求与供给现状 088
　　二、新疆绿洲原棉品质的区域差异 092

第二节 · 新疆绿洲棉花主栽品种品质状态 094
　　一、新疆绿洲棉花主栽品种品质状态 094
　　二、影响新疆绿洲棉花品质若干因素 100
　　三、高品质品种短缺 100
　　四、关于高品质品种遴选指标意见建议 101
　　五、机采棉品种农艺性状若干问题 102

第三节 · 新疆绿洲棉区气候变化及与绿洲棉花品质 103
　　一、新疆绿洲棉花纤维品质的时空变化 103
　　二、绿洲气候变化特征及对棉花纤维品质的影响 105
　　三、气候因子与棉花纤维品质的关联性 108

第四节 · 中、美、澳原棉品质对比和提质增效"金字塔"模型 112
　　一、中、美、澳原棉品质对比 113
　　二、对采棉机的再认识 116
　　三、棉花提质增效"金字塔"模型 117
　　　　参考文献 118

第四章
新疆绿洲棉花可持续发展对策研究　119

第一节・可持续发展和我国的实践　120
　　一、可持续发展的由来　120
　　二、中国经济社会可持续发展的伟大实践　121
　　三、近中期中国农业可持续发展目标　122
　　四、绿洲水土资源的可持续利用　124

第二节・绿洲水土资源及气候变化下的可持续利用对策　125
　　一、绿洲国土资源及开发利用对策　125
　　二、绿洲水资源和农业用水永续利用对策　130
　　三、气候变暖特征及绿洲棉花可持续发展对策　136

第三节・绿洲棉花结构比例　147
　　一、绿洲棉花种植比例和结构　147
　　二、绿洲棉花占全国的比例　148

第四节・绿洲棉花可持续发展对策研究　151
　　一、绿洲棉花可持续发展的重要性、必要性　151
　　二、绿洲棉花可持续发展的指导思想和基本原则　152
　　三、2025—2030年全国和绿洲棉花发展目标　154
　　四、绿洲和全国棉花可持续发展目标的规划方案意见　155
　　五、提高保障能力　160
　　六、几项重要改革　161
　　七、鼓励支持开展绿洲棉花提质增效的立法实践　164
　　参考文献　164

第二篇・新疆绿洲资源环境和气候

第五章
新疆绿洲农业资源利用和农田/棉田环境保护对策研究　169

第一节・新疆绿洲国土资源(耕地)开发利用进程和现状　169

一、新疆绿洲国土资源及其开发利用　169

二、绿洲农田/耕地面积的增长及其原因　175

三、绿洲棉田面积变化及棉花生产情况　178

第二节·绿洲农田/棉田土壤环境问题　184

一、绿洲土壤盐渍化问题　184

二、绿洲土壤污染问题　189

三、绿洲土壤肥力变化　199

四、绿洲农田防护林　203

第三节·绿洲农田/棉田可持续土壤环境保护对策　203

一、绿洲国土资源开发利用的基本原则和遵循　203

二、绿洲国土资源科学利用的主要技术途径和措施　205

三、绿洲国土资源可持续开发利用政策和立法保障　218

参考文献　222

第六章
新疆绿洲水资源和农业/棉花水可持续利用对策研究　225

第一节·新疆绿洲水资源总量及其开发利用现状　225

一、新疆绿洲自然地理概况　225

二、新疆绿洲水资源形成过程及其总量　227

三、新疆绿洲水资源开发利用现状　231

四、新疆绿洲水资源利用的主要问题　233

第二节·新疆绿洲水资源总量和农业用水的调控目标及主要技术措施　238

一、新疆绿洲用水总量控制目标　239

二、新疆绿洲农业用水总量及相关控制指标　240

三、减少农业用水的关键技术与措施　243

第三节·新疆绿洲棉区水量平衡分析与可持续发展　246

一、新疆绿洲棉花种植现状　246

二、新疆绿洲棉花用水分区及各区种植结构　251

三、新疆绿洲棉花用水分区内的作物灌溉定额　255

　　四、新疆绿洲棉花用水分区的水量平衡分析　258

　　五、新疆绿洲棉花可持续发展的适宜规模　262

第四节·**新疆绿洲棉花的节水灌溉技术**　263

　　一、农业节水灌溉定义及节水灌溉系统组成　263

　　二、棉花需水规律及田间需水量　265

　　三、新疆绿洲棉田的灌溉方法和灌水技术　270

　　参考文献　274

第七章
新疆绿洲棉区气候变化特征及其应对策略　276

第一节·**新疆绿洲区域气候变化事实**　277

　　一、新疆绿洲年平均气温变化特征　277

　　二、新疆绿洲年降水量变化特征　278

　　三、新疆绿洲霜期变化特征　280

　　四、新疆绿洲不同界限温度积温的变化　285

第二节·**新疆绿洲主产棉区气候变化**　293

　　一、棉花生长季气温变化　293

　　二、绿洲棉花生长季无霜期变化　301

　　三、绿洲棉花生长季日照变化　303

　　四、绿洲棉花生长季降水量变化　304

　　五、绿洲棉花生殖生长期(7—9月)气温日较差及变化　305

　　六、绿洲棉花生长季主要气象灾害变化　308

第三节·**气候变化对新疆绿洲棉花生产影响评估**　315

　　一、气候变化对新疆绿洲棉花生产影响的事实　315

　　二、新疆绿洲各棉区棉花气候生产潜力的变化特征　319

　　三、气候变化对新疆绿洲棉花生产的影响评估　323

第四节·**新疆绿洲棉花应对气候变化的对策措施建议**　328

一、科学确定绿洲棉花地位，优化绿洲农业布局　328

二、改善农业基础设施，强化棉花科学管理和科技支撑作用　329

三、研究气候变暖棉花病虫害发生规律，提高综合防控能力　329

四、建立农业气象服务体系，提高绿洲棉花防灾减灾能力　329

参考文献　330

第三篇·新疆绿洲棉花技术发展篇

第八章
新疆绿洲棉花栽培技术进步及可持续发展对策　333

第一节·绿洲棉花栽培技术的发展历程　333

一、以技术引进、吸收、转化为主的时期(1950—1979年)　334

二、以自主创新为主的时期(1980—1999年)　335

三、引进与创新并举时期(2000—2019年)　351

第二节·绿洲棉花高产栽培基本经验和存在问题　365

一、新疆绿洲棉花光能利用率研究　365

二、绿洲棉花单产提高的基本经验　369

三、绿洲棉花栽培存在的主要问题　372

第三节·推动绿洲棉花高产高质栽培技术进步的对策措施　372

一、揭示绿洲光能利用率和"量与质"同步提升的光合生理生态规律　373

二、加强绿洲机采棉高产高质栽培技术研究　373

三、构建绿洲现代植棉业体系，为绿洲棉花可持续发展提供技术支持　374

参考文献　374

第九章
新疆绿洲棉花品种科技进步、问题和对策研究　376

第一节·新疆绿洲棉花品种科技进步　376

一、陆地棉品种选育和利用历程　377

二、海岛棉品种选育和利用历程　387

　　三、彩色棉品种选育和利用历程　390

第二节·新疆绿洲棉花品种科技经验和问题　394

　　一、主要经验　394

　　二、存在问题　405

第三节·提升绿洲棉花品种可持续供给能力对策　407

　　一、技术方面　407

　　二、政策方面　408

　　三、立法方面　409

　　　参考文献　410

第十章
新疆绿洲棉花科学施肥问题和可持续对策研究　411

第一节·新疆绿洲棉花科学施肥回顾　411

　　一、绿洲棉花施肥发展阶段　411

　　二、绿洲棉花施用肥料的增产作用　414

　　三、绿洲化肥工业发展与棉花施肥　419

　　四、绿洲农艺技术发展与施肥　419

　　五、开展绿洲长期定位试验，取得典型灰漠土肥料效应结果　420

第二节·新疆绿洲棉花科学施肥经验和问题　437

　　一、绿洲施肥主要经验　437

　　二、绿洲长期定位试验取得重要基础数据　438

　　三、棉花专用肥　442

　　四、绿洲滴灌及水肥一体化　442

　　五、绿洲棉花施肥问题　444

第三节·新疆绿洲棉花科学施肥的对策　446

　　一、可持续技术对策　446

　　二、政府干预方面　448

三、立法实践方面 448

参考文献 448

第十一章
新疆绿洲棉花病虫草害综合防治和可持续治理对策研究 450

第一节・新疆绿洲棉花病虫草综合防治回顾 450

一、20 世纪 50—70 年代 450

二、20 世纪 80—90 年代 452

三、21 世纪至今 453

第二节・新疆绿洲棉花病虫草害综合防治主要经验和问题 454

一、主要经验 454

二、主要问题 462

第三节・新疆绿洲棉花病虫草害可持续治理对策 469

一、技术层面对策措施、意见建议 469

二、政府干预层面对策、意见建议 470

二、立法层面的对策措施 471

参考文献 472

第十二章
新疆绿洲智慧棉花技术发展和应用对策 473

第一节・棉花智能化、数字化技术发展 473

第二节・新疆绿洲棉花精量播种技术及装备 476

一、播种精准监测技术及装备 476

二、播种量决策技术及系统 479

三、棉花播种自动控制技术及装备 483

第三节・新疆绿洲棉花水肥智能管理技术及装备 486

一、棉花水肥精准监测技术及装备 486

二、棉花水肥实时诊断与决策技术及系统　488

三、棉花水肥智能控制系统及装备　492

第四节・新疆绿洲棉花智能化植保管理技术及装备　495

一、棉花病虫害精准监测技术及装备　495

二、棉花病虫害分析与决策技术及系统　498

三、棉花无人机精准植保技术及装备　504

第五节・新疆绿洲棉花精准采收管理技术及装备　508

一、棉花产量实时监测技术及装备　508

二、棉花产量预测分析与决策技术及系统　511

三、采收精准控制技术及装备　513

第六节・新疆绿洲智慧棉花技术及装备发展趋势与展望　515

一、新疆绿洲智慧棉花技术及装备发展趋势　515

二、新疆绿洲智慧棉花技术及装备发展展望　517

参考文献　519

第四篇・新疆绿洲棉花产业发展

第十三章
新疆绿洲棉花种子产业研究　523

第一节・新疆绿洲棉花种业发展　523

一、新疆绿洲棉花种业发展历程　523

二、新疆棉花种子管理发展历程　534

第二节・新疆棉花品种区域试验　537

一、新疆绿洲棉花育种目标　538

二、新疆绿洲棉花品种区域试验　539

三、棉花品种区域试验改进及提高　542

第三节・新疆绿洲棉花种业问题与可持续发展对策　543

一、新疆种子市场问题　543

二、提高新疆棉花品种创新和可持续供种能力对策　547

第四节·新疆绿洲典型棉花种子企业简介　558

一、新疆金丰源种业有限公司　558

二、新疆合信科技发展有限公司　561

三、新疆天玉种业有限责任公司　563

四、新疆国欣种业有限责任公司　565

五、阿克苏科润种业有限责任公司　569

参考文献　574

第十四章
新疆绿洲棉花加工业和可持续发展对策研究　576

第一节·我国棉花加工产业的发展历程　576

一、我国棉花加工产业的发展阶段　576

二、我国棉花加工工艺与技术发展历程　580

第二节·新疆绿洲棉花加工业发展现状　584

一、新疆绿洲棉花加工业生产能力和市场化改革　585

二、新疆绿洲棉花加工量分布　585

三、新疆绿洲棉花加工业的市场化进程　586

四、新疆绿洲棉花加工质量分析　587

五、新疆绿洲棉花仓储情况　590

六、绿洲机采籽棉智能化加工技术和工艺研究新进展　592

第三节·新疆绿洲棉花加工业的主要经验和问题　600

一、新疆绿洲棉花加工业主要经验　601

二、新疆绿洲棉花加工业存在的问题　601

第四节·新疆绿洲棉花加工产业发展对策与建议　605

一、加大研发投入，创新工艺技术与加工装备，提升加工水平　605

二、加强棉花加工人才培养和培训　608

三、规范棉花加工市场，加强监督和管理　609

参考文献　611

第十五章
新疆绿洲棉纺织业现状和可持续发展对策研究　612

第一节·新疆绿洲棉纺织业发展和现状　612

一、新疆绿洲纺织产业发展历程　612

二、新疆绿洲纺织工业发展现状　613

三、新疆绿洲纺织产业重点区域分布　615

第二节·第二次中央新疆经济工作会议以来的发展特点　617

一、优惠政策促进棉纺业快速发展　617

二、新疆绿洲棉纺产业技术装备水平居全国领先水平　618

三、国内棉纺龙头企业投资新疆绿洲棉纺业　618

第三节·新疆绿洲棉纺行业可持续发展对策　620

一、坚持绿洲棉纺生产的高效率和高质量发展　620

二、大力提高绿洲植棉业水平，保障高品质原棉的有效供给　621

参考文献　621

第五篇·新疆绿洲棉花可持续发展指南

第十六章
新疆绿洲棉花可持续生产指南　625

第一节·编制指南的指导思想和愿景　625

一、指导思想　625

二、高质量愿景　625

第二节·绿洲棉花高质量绿色化可持续主要参考性指标　626

一、高端品质指标　626

二、绿色化指标　626

三、轻简化技术指标　627

四、棉花可持续产出指标　627

五、良好棉花参考性指标　627

第三节·绿洲中高端品质棉花可持续生产技术总指南　628

一、提升棉田质量，提高棉花生产基础水平　628

二、增强污染危害意识，推广使用棉花清洁生产技术　629

三、科学利用商品品种，提升纤维一致性水平　629

四、提高早熟性，降低籽棉杂质含量　629

五、优化工序，实行轻简快乐栽培　630

六、科学施肥，减少化肥投入　630

七、节水灌溉，有效保护水资源　630

八、综合防治病虫害，减少农药用量　630

九、科学调控，提高早熟性和丰产性　631

十、科学防灾减灾，提升灾害应对能力　631

十一、推行单品种采收、运输和加工，提高一致性和清洁度水平　631

十二、规范机采种植技术，提高机械化采收水平　631

第十七章
新疆绿洲棉花管理指南　632

第一节·绿洲棉花科学施肥指南　632

一、棉花施肥指导思想　632

二、棉花施肥原则　632

三、棉花施肥推荐建议　633

第二节·新疆绿洲棉花灌溉和水肥耦合管理指南　634

一、绿洲棉花灌溉管理的指导思想　634

二、绿洲棉花灌溉管理的指导原则　634

三、棉花分区各生育阶段灌溉管理方法　635

第三节·新疆绿洲棉花病虫草害综合防治指南 637

一、棉花主要害虫综合防治 638

二、棉花病害综合防治 641

三、棉田杂草综合防控 642

第四节·绿洲棉花智能化技术管理指南 644

一、智慧棉花的功能 644

二、智慧棉花使用条件 645

三、如何使用智慧棉花 649

四、精准植保指南（以棉蚜为例） 651

五、棉花全程机械化管理指南 653

六、农机智能监测与远程控制技术 654

七、智慧棉花/农业系统组成和功能 656

第五节·机采棉"柔性"保质加工技术和工艺 658

一、机采棉加工前的要求 659

二、机采棉加工技术 659

三、机采棉加工质量影响因素及保质工艺 663

附录 667

一、中国高品质棉花可持续生产标准 667

二、新疆1949—2021年棉花播种面积、单产和总产 673

三、新疆维吾尔自治区、新疆生产建设兵团的简称和全称 675

后记 677

新疆绿洲棉花
可持续发展研究

第一篇

总 论

新疆维吾尔自治区,简称"疆",位于亚欧大陆腹地,地处我国的西部边疆。新疆既是全国棉花生产的重心,也是绿洲棉花的"王国"。

绿洲是依水形成的生物、经济和社会的复合体。绿洲既是地理学也是生态学概念,因而具有鲜明的社会学、经济学和生物学等特征。新疆绿洲是人类开发利用,尤其是种植棉花的最好场所。

按全国棉花种植区域划分,新疆棉区隶属于我国西北内陆棉区。以天山为界,新疆天山以南、以北和以东地区又分别划分为南疆、北疆和东疆3个生态亚区。

在气候分类上,新疆属于温带大陆性气候,北疆大部属于中温带半干旱区气候,南疆和东疆属于暖温带干旱区气候。

按照气候、环境和生态类型,新疆绿洲可分为荒漠、半荒漠绿洲,具有春早秋早、冬寒夏热,昼夜温差大、日照充足,降水稀少、气候干燥、蒸发量大等特点。所以,新疆发展农业必须依靠灌溉,是典型的绿洲农业区,灌溉农业区。

总结1949年新中国成立70多年以来新疆绿洲棉花生产发生的极其显著变化发现,当地棉花总产不断增长,播种面积不断扩大,单产水平也不断提高。2020年,新疆棉花播种面积251.09万km^2(3766.4万亩),占全国比例的78.9%,占全球比例的7.2%;总产516.1万t,占全国比重的87.3%,占全球比例的19.3%;皮棉单产2062.7 kg/km^2,高于全国平均水平10.6%,高于全球平均水平169.0%。21世纪以来,新疆绿洲棉花地位显赫,已成为全国、全球棉花生产的重心,堪称"棉花的王国"。

新疆生产建设兵团(以下简称新疆兵团,或兵团)是绿洲现代农业建设和绿洲经济社会发展的重要力量,为绿洲农业和全国棉花做出了重要贡献。2020年,新疆兵团棉花播种面积86.53万km^2,占新疆全区的34.5%,占全国的27.3%,占全球的2.5%;产量213.4万t,占新疆的41.3%,占全国的39.2%,占全球的8.0%;单产2466 kg/km^2,高于新疆平均水平的19.5%,高于全国平均水平的32.3%,高于全球平均水平的222.0%。新疆兵团在绿洲荒漠开发、低产田改造、现代农业和现代植棉业建设中都发挥了创新、示范和引领作用。

第一篇全面论述绿洲棉花70多年来的发展历程和取得的伟大成就、主要经验和重大贡献,论述了新疆绿洲棉花经济、社会和生产的结构,论述了新疆绿洲棉花品质特点和变化特征,以及新疆绿洲棉花可持续发展的路线图和对策措施。

第一章
新疆绿洲棉花发展 70 年

第一节·新疆绿洲棉花发展及在全国的地位

为了叙述方便,将 1950—2019 年每 10 年作为一个阶段,对中华人民共和国成立 70 年以来,新疆棉花发展各阶段进行论述介绍。

一、绿洲棉花产量成倍增长

1950—2019 年,新疆棉花年均总产量为 105.2 万 t,棉花总产量从 0.7 万 t 增长到 500.2 万 t,年均增长率为 9.99%,年均总产增长 8.7 万 t。新疆棉花产量占全国棉花总产量的比重从 0.9% 提高到 84.9%,扩大了 84.0 个百分点,平均值为 19.3%(表 1-1、图 1-1)。

表 1-1·新疆绿洲棉花发展及其在全国棉花中的地位
(毛树春,2020 年)

年 代	播种面积(万 hm²)	播种面积占全国比例(%)	总产量(万 t)	总产量占全国比例(%)	单 产(kg/hm²)	与全国单产的比较(%)
1949	3.11	1.1	0.53	1.2	169.0	105.6
20 世纪 50 年代(1950—1959)	8.50	1.5	3.20	2.2	336.0	133.7
20 世纪 60 年代(1960—1969)	14.60	3.1	5.20	3.3	348.0	103.7
20 世纪 70 年代(1970—1979)	15.20	3.1	5.60	2.5	367.8	81.0
20 世纪 80 年代(1980—1989)	28.70	5.4	19.45	4.9	658.1	88.9
20 世纪 90 年代(1990—1999)	74.00	15.0	91.70	21.0	1 215.7	139.9
21 世纪 00 年代(2000—2009)	129.30	26.1	210.00	34.5	1 596.0	133.1
21 世纪 10 年代(2010—2019)	197.17	54.5	401.22	66.9	1 936.0	122.5
2010	146.10	33.5	247.90	43.0	1 697.0	128.4
2011	163.80	36.2	289.80	44.5	1 769.0	122.8

续 表

年　代	播种面积 （万 hm²）	播种面积占 全国比例(%)	总产量 （万 t）	总产量占 全国比例(%)	单 产 （kg/hm²）	与全国单产 的比较(%)
2012	172.08	39.5	354.00	53.6	2 056.8	135.7
2013	171.80	41.3	351.80	56.0	2 047.0	135.7
2014	242.10	58.0	451.00	71.6	1 883.0	124.9
2015	227.30	60.2	429.80	72.8	1 840.0	117.6
2016	180.50	56.4	420.00	78.6	1 990.9	119.1
2017	221.75	69.4	456.60	80.8	2 056.0	116.2
2018	249.10	74.3	511.10	83.7	2 051.0	112.8
2019	254.10	76.1	500.20	84.9	1 969.0	111.6
2020	250.19	78.9	516.10	87.3	2 062.7	110.6
2021	250.61	82.8	512.90	89.5	2 046.4	108.1

注：数据源自国家统计局、新疆维吾尔自治区统计局和新疆生产建设兵团统计局的统计年鉴。尾数因四舍五入有差异。2017 年中国棉花公证检验新疆棉花总量为 494.8 万 t（至 2018 年 3 月 17 日），比国家统计局修正数后产量 456.6 万 t 增加 38.7 万 t，市场认为 2017 年新疆总产量达到 501 万 t。到 2021 年 2 月 4 日，中国棉花公证检验新疆棉花总产量 544.0 万 t，比统计总产量增加 27.9 万 t，增幅 5.4%。据市场估计，2011—2021 年新疆棉花实际播种面积和产量比统计数据约高 10%，这是因为大面积"帮忙田"的面积和产量未计入。

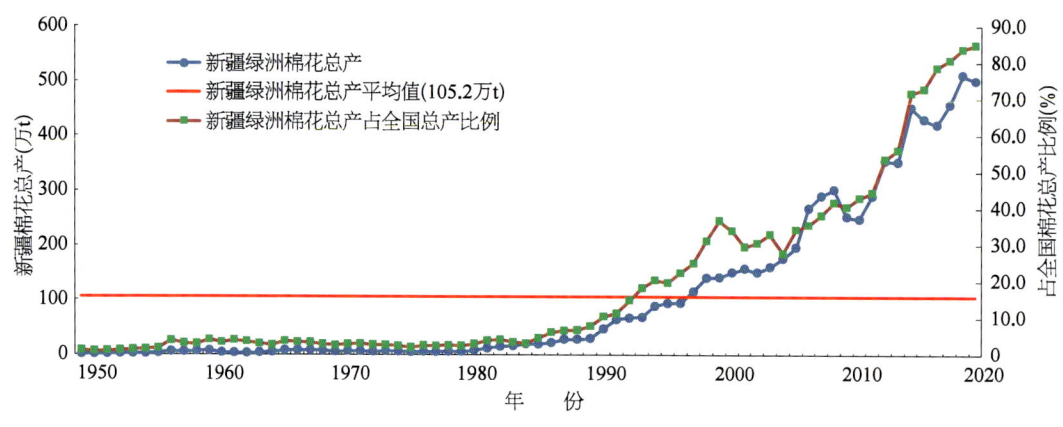

图 1-1　1950—2019 年新疆绿洲棉花总产及占全国棉花总产比例变化

(毛树春，2020 年)

1978—2019 年，新疆棉花年均总产量为 164.2 万 t，总产量从 5.5 万 t 增长到 500.2 万 t，年均增长率为 11.94%，年均增长 15.9 万 t。新疆棉花总产占全国棉花总产比例的平均值从 2.5% 提高到 84.9%，扩大了 81.2 个百分点，平均值为 30.4%。

总结新疆棉花产量 70 年的发展，大致分为以下两大阶段。

第一个发展时间段，1950—1999 年，这 50 年新疆绿洲棉花经历了"沉睡""苏醒"到"发展"的三个阶段。

20 世纪 50—70 年代，这 30 年，新疆棉花年均总产量从 50 年代的 3.2 万 t 提高到 70 年代的 5.6 万 t，占全国棉花的比重从 2.2% 提高到 2.5%。这时，绿洲棉花名不见经传、总产低、地位低,在发展进程中呈现"沉睡"的状态。1956年新疆棉花总产为5.5万t,1966年总产为7.9万t,从这两年的产量数据可见,整个绿洲的棉花总产量很低(图1-2)。

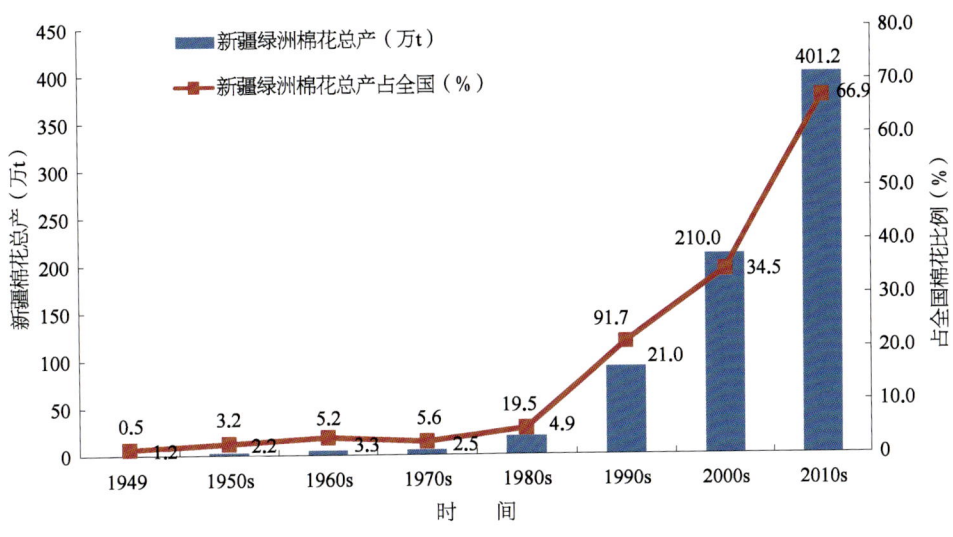

图1-2・1949年及20世纪50年代至21世纪10年代新疆绿洲棉花总产及占全国总产比例变化

(毛树春,2020年)

20世纪80年代,新疆棉花年均总产提高到19.5万t,但是占全国棉花产量的比例仅为4.9%,其地位仍无足轻重,在发展进程中呈现"苏醒"的状态。其中,1981年新疆棉花总产首次突破10万t,达到11.4万t;1986年总产则首次突破20万t,达到21.6万t。这时虽然新疆棉花也在发展,但产量仍很低,占全国产量的比例极低。

20世纪90年代,新疆棉花年均总产提高到91.7万t,占全国棉花产量的比例提高到21.0%,成为全国棉区"三足鼎立"中的重要一足。历史地看新疆棉花在全国的地位比较合适,在历史进程中呈现"发展"的状态。其中,1997年总产突破100万t达到115.0万t。

第二个发展时间段,2000—2019年,进入21世纪,新疆绿洲棉花种植面积、总产、单产呈现"跨越"到"王国"的两个阶段,迎来两个高速发展的"黄金期",进一步发展成为全国棉花生产的重心,成就了绿洲棉花的"王国"地位,新疆棉花产能达到历史最高水平。

21世纪00年代,新疆棉花年均总产提高到210.0万t,占全国棉花产量的比例提高到34.5%,棉花生产地位进一步提升,在历史进程中呈现"跨越"的繁荣景象,是新疆棉花生产第一个"黄金期"。

21世纪10年代,新疆棉花年均总产提高到401.2万t,占全国棉花产量的比例提高到66.9%,在发展进程中呈现"翻番""棉花王国"的繁荣景象,形成了绿洲棉花的霸主地位,是新疆棉花生产第二个"黄金期"阶段。有两个"翻番"的重要节点数据:一是绿洲棉花总产从2000年的150万t提高到2008年的301.6万t,增长101.1%,这次"翻番"所花时间为11年;二是绿洲棉花总产从2010年的247.9万t提高到2018年的511.1万t,增长106.2%,这次"翻番"所花时间仅8年。当前绿洲棉花产量仍在500万t以上,2020年达到516.1万t,实际产量550万t,再次刷新了历史最高纪录。

二、绿洲棉花播种面积成倍增长

1950—2019 年,新疆棉花播种面积平均值为 67.6 万 hm²,播种面积从 3.1 万 hm² 扩大到 254.1 万 hm²,年均增长 1.4 万 hm²,年均增长率为 6.59%。新疆棉花播种面积占全国比重从 1.0% 提高到了 76.1%,扩大了 75.1 个百分点,平均值为 15.5%(表 1-1、图 1-3、图 1-4)。

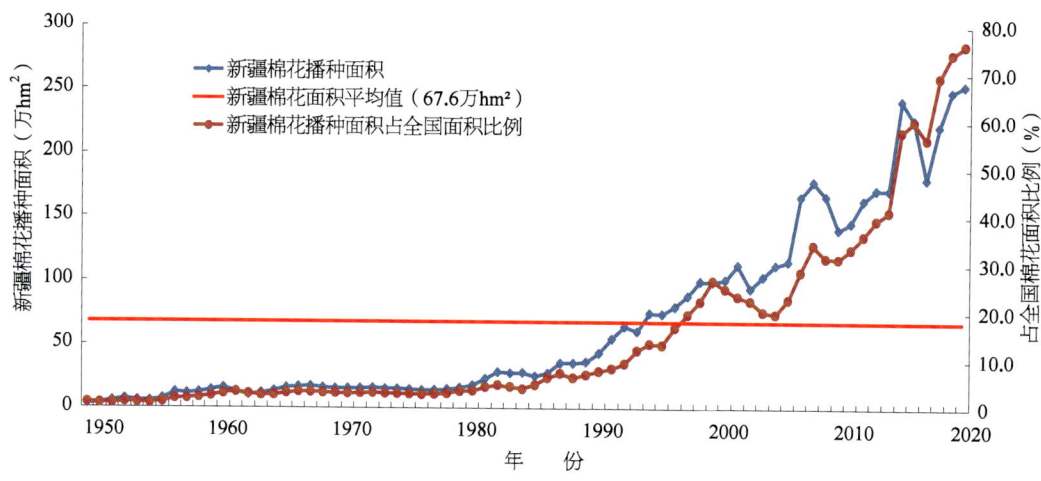

图 1-3·1950—2019 年新疆绿洲棉花播种面积及占全国比例变化
(毛树春,2020 年)

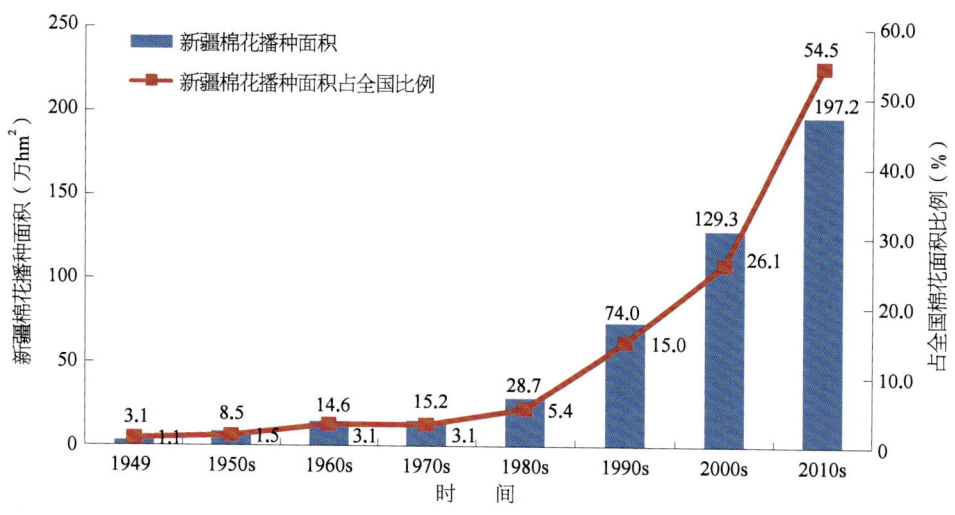

图 1-4·1949 年及 20 世纪 50 年代至 21 世纪 10 年代新疆绿洲棉花播种面积及占全国比例变化
(毛树春,2020 年)

1978—2019 年,新疆棉花播种面积平均值为 100.6 万 hm²,从 15.0 万 hm² 扩大到 254.1 万 hm²,年均增长 4.4 万 hm²,年均增长率为 7.33%。新疆棉花播种面积占全国的比重从 3.1% 提高到 76.1%,扩大了 73.0 个百分点,平均值为 24.2%。

总结新疆棉花播种面积70年的发展,与总产一样,大致分为两大时间段。

第一个发展时间段,1950—1999年,这49年新疆棉花面积也呈现"沉睡""苏醒"到"发展"的三个阶段。

20世纪50—70年代,新疆棉花播种面积从8.5万hm^2增长到15.2万hm^2,占全国播种面积的比重从1.5%扩大到3.1%。在历史进程中呈现"沉睡"状态。绿洲棉花播种面积也名不见经传,且规模小。其中,1956年绿洲棉花播种面积达到12.3万hm^2,此后一直到1979年仍在20万hm^2之内徘徊,播种面积很小。

20世纪80年代,新疆棉花年均播种面积提高到28.7万hm^2,占全国棉花的比例仅5.4%,无足轻重,在历史进程中仍呈现"苏醒"状态。主要节点数据有:1981年绿洲棉花面积首次突破20万hm^2达到23.2万hm^2,1986年面积突破30万hm^2达到35.6万hm^2。虽然80年代新疆棉花在发展但面积仍很小。

20世纪90年代,这10年绿洲棉花年均播种面积提高到74.0万hm^2,占全国棉花的比例提高到15.0%,成为"三足鼎立"中的重要一足,在历史进程中呈现"发展"状态。其中节点数据是:1999年播种面积接近100万hm^2为99.9万hm^2。

第二个发展时间段,2000—2019年,进入21世纪新疆棉花面积呈现"跨越"到"王国"的两个阶段,出现两个"黄金期"。

21世纪00年代,新疆棉花年均播种面积增长到129.3万hm^2,占全国棉花的比例已提高到26.1%,可见新疆棉花的地位进一步提升,在历史进程中呈现"跨越"状态,为绿洲棉花产量"翻番"提供了保障。

21世纪10年代,新疆棉花年均播种面积提高到197.2万hm^2,占全国棉花的比例也提高到52.1%,在发展进程中为造就"绿洲棉花的霸主地位"和形成"绿洲棉花王国"提供了面积基础。两个"增长76%"是重要的节点数据:一是面积从2000年的101.2万hm^2增长到2007年的178.3万hm^2,这次面积增幅76.2%所花时间仅7年;二是面积从2009年的140.9万hm^2增长到2019年的249.1万hm^2,这次面积扩大76.8%所花时间仅9年。可见大幅度扩大面积是成就新疆绿洲棉花王国地位的最基础条件。当前,新疆绿洲棉花发展仍处于历史高速期,年播种面积已突破267万hm^2。

三、绿洲棉花单产水平不断提高

1950—2019年,新疆绿洲棉花单产平均值为923 kg/hm^2,单产从177 kg/hm^2提高到1 969 kg/hm^2,年均增长22.7 kg/hm^2,年均增长率为3.61%。新疆绿洲棉花单产从低于全国平均水平的3.2%到高于全国平均水平的11.6%,扩大了14.8个百分点(表1-1、图1-5、图1-6),可见新疆绿洲棉花增长之快,是全国棉花的高产区。

1978—2019年,新疆绿洲棉花单产平均值1 303.6 kg/hm^2,单产从365 kg/hm^2提高到1 969 kg/hm^2,年均增长29.5 kg/hm^2,年均增长率为4.41%。新疆绿洲棉花单产高于全国平均值19.1%,比例也从低于全国的17.9%提高到高于全国的11.6%,扩大了29.5个百分点。

总结新疆绿洲棉花单产70年的发展,与总产和播种面积一样,也大致划分两个发展时间段。

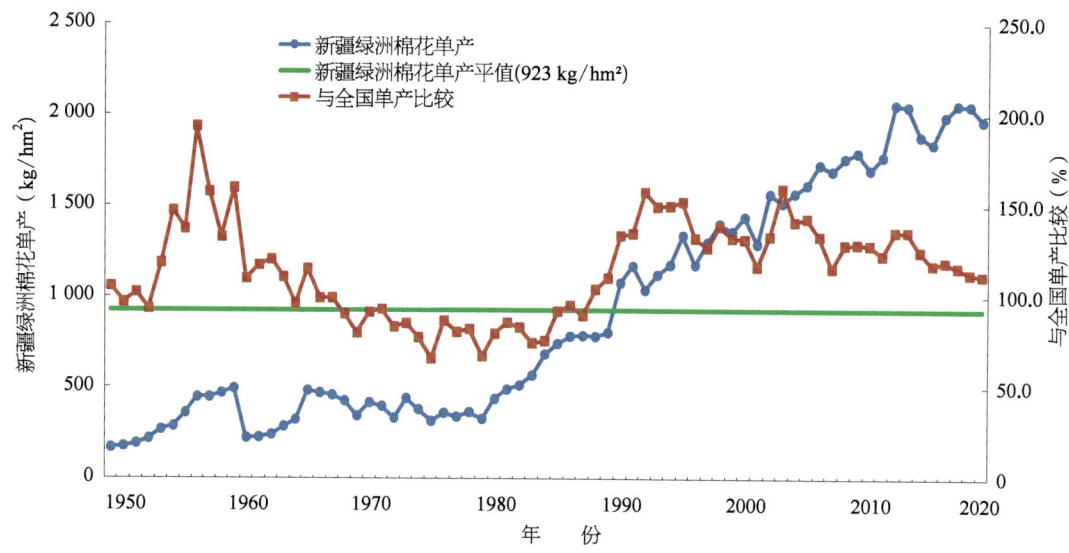

图1-5·1950—2019年新疆绿洲棉花单产与全国单产比较

(毛树春,2020年)

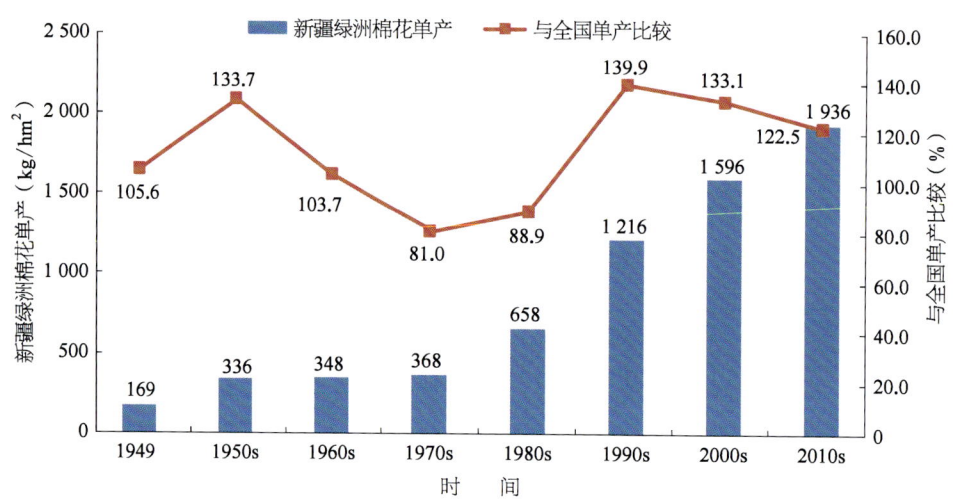

图1-6·1949年及20世纪50年代至21世纪10年代新疆绿洲棉花单产及占全国比例变化

(毛树春,2020年)

第一个发展时间段,1950—1999年,这50年新疆绿洲棉花单产呈现低产到中产的两个阶段。

20世纪50年代,新疆绿洲棉花单产平均值336.0 kg/hm²,高于全国棉花单产水平33.7%。这时,新疆绿洲棉花单产也较低。其中1959年新疆绿洲棉花单产达到494.3 kg/hm²,是这10年中的最高水平。

20世纪60年代,新疆绿洲棉花单产平均值为348.0 kg/hm²,高于全国棉花单产水平3.7%。其中1965年新疆绿洲棉花单产达到483.0 kg/hm²,是这10年中的最高水平。

20世纪70年代,新疆绿洲棉花单产平均值为367.8 kg/hm²,低于全国棉花单产水平19.0%。其中1973年新疆绿洲棉花单产达到441.0 kg/hm²,是这10年中的最高水平。

20 世纪 80 年代,新疆绿洲棉花单产平均值提高到 658.1 kg/hm², 低于全国棉花平均水平 11.1%。其中 1986 年新疆绿洲棉花单产水平首次突破 750.0 kg/hm², 达到 782.0 kg/hm², 但比全国达到该单产水平晚了 3 年。

1966—1987 年,新疆绿洲棉花平均单产低于全国水平 15.7%(其中 1975 年低 34.2%, 为历史最低),至 70 年代新疆绿洲棉花平均单产低于全国水平 19.0%,80 年代低于全国水平 11.1%。据分析,这与该两个年代绿洲棉区气候呈现冷凉的特征有关。从历史上看,70 年代和 80 年代≥10℃的活动积温都偏低,无霜期都缩短。另外,80 年代长江流域育苗移栽、黄河流域地膜覆盖等棉花高产栽培技术的大面积推广,使当地棉花单产水平提高更快、增长更多。

20 世纪 90 年代,新疆绿洲棉花平均单产水平提高到 1 216 kg/hm², 高于全国棉花平均单产水平 39.9%,是新疆 70 年中绿洲棉花单产增长最快的 10 年,高产也是对绿洲棉花"发展"的最好脚注。其中单产从 1990 年的 1 077 kg/hm² 增长到 1998 年的 1 400.9 kg/hm², 增长了 30.1%。

第二个发展时间段,2000—2019 年,进入 21 世纪新疆绿洲棉花单产呈现从"跨越"到"王国"的两个阶段。

21 世纪 00 年代,新疆绿洲棉花单产平均值增长到 1 596 kg/hm², 高于全国水平 33.1%, 高产进一步提升了新疆绿洲棉花在全国的地位,为新疆绿洲棉花产量的"跨越"和"翻番"提供了重要支撑条件。

21 世纪 10 年代,新疆绿洲棉花单产平均值提高到 1 936 kg/hm², 高于全国棉花水平的 23.7%, 为绿洲棉花"霸主地位""绿洲棉花王国"提供了单产保障。单产两个"大提高"是重要节点数据:一是单产从 2001 年的 1 291 kg/hm² 提高到 2009 年的 1 791 kg/hm², 这次单产大幅提高 38.7% 所花时间仅 9 年;二是单产从 2010 年的 1 697 kg/hm² 提高到 2012 年的 2 056.8 kg/hm², 这次大幅提高 21.2% 所花时间仅 3 年。当前新疆绿洲棉花单产正处于历史上最高水平,2020 年单产水平被再次刷新,达 2 063 kg/hm²。

展望未来,按照党的第十九次代表大会提出乡村振兴战略赋予农业的质量兴农和绿色发展的新任务,新疆绿洲棉花要以供给侧结构性改革为主线,推进棉花由增产导向转向提质导向,加大棉花从"做大"向"做优做强"的转变力度。为实现绿色可持续的高质量发展,当前和今后新疆绿洲棉花面临如下主要任务。

一是适度规模,为绿洲生物、农业和棉花可持续发展提供基础性保障。棉花用水比例已占新疆绿洲农业用水量的 40%,每年棉花灌溉用水量高达 220 亿 m³。历史地看,新疆绿洲"地多水少"的矛盾长期存在。综合考虑绿洲土与水的平衡状况,按照新一轮目标价格政策的要求,实行退地减水、节约用水、控制和减少耕地面积,棉花播种面积将会逐步调减到棉花生产保护区划定 200 万 hm² 的规模,建议建设高品质棉花种植带,打造 100 万 hm² 规模的高品质棉花种植加工基地。

二是质量兴棉,提高新疆绿洲棉花竞争力。破解"高产低质的魔咒",通过转型升级提质增效,大力补品质短板,从品质的中低端转向品质的中高端是由大变强,提升核心竞争力的必经之路,全面提高新疆绿洲棉花有品质的供给质量,实现高质高效发展是当前和今后需要长期系统全面攻克的关键问题。

三是绿色兴棉,保护和培养新疆绿洲耕地生产力。持续加强绿洲土壤的清洁卫生特别是残膜治理力度,对农田土壤残膜要持续推进"去存量减增量";持续推进绿洲耕地的用养结合,实行有计划地深耕、轮作、种植绿肥、增施有机肥和休耕等,把绿洲耕地的用养结合落到实处。

经过持续不断地努力,创新出一条规模适度、品质优良、资源节约、环境友好的绿洲棉花可持续发展的新路子。

四、绿洲棉花发展的巨大贡献

新疆绿洲棉花生产发展为保障全国棉花的有效供给、为全国人民的衣着丰富做出了巨大贡献。同时,新疆绿洲在水利设施建设、农田基本建设、棉花高产创建和现代植棉业方面形成许多有益经验,发挥了示范和引领作用,为提升我国棉花在国际上的地位做出了重大贡献,也为全球棉花发展做出了样板。

(一) 长期原料生产基地和原棉调出最多省份

自1990年开始,新疆有70%的原棉需要对外调出,持续时间长达30多年。因此,新疆是全国调出棉花持续时间最长、调出量最多的省区。

新疆绿洲棉花对全国人均棉花占有量的贡献越来越大。据国家统计局数据,1990—2019年,国产原棉年人均占有量4.25 kg,其中新疆产棉花为1.72 kg,贡献率高达40.5%。从近30年来看,每个10年都比上一个10年跨上一个台阶。1990—1999年,新疆产原棉的全国年人均占有量为0.61 kg,贡献率为15.9%;2000—2009年,新疆产原棉的全国年人均占有量提高到1.61 kg,贡献率提高到33.7%;2010—2019年,新疆产原棉的全国年人均占有量进一步提高到2.94 kg,贡献率则提高到66.9%。可见,新疆绿洲棉花的全国年人均原棉占有量越来越多,贡献率也越来越大(图1-7)。

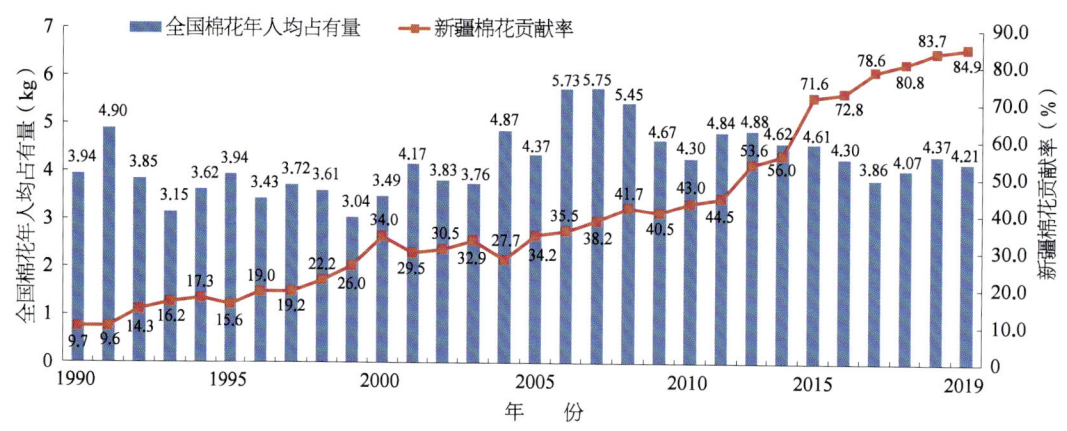

图1-7·1990—2019年新疆绿洲棉花对全国年人均占有量的贡献

(注:棉花产量数据和我国居民人口数据来自国家统计局)

(毛树春,2020年)

(二) 节省耕地

棉花高产意味着节省耕地资源,特别符合人多地少的国情。新疆绿洲棉花单产极高,2000—2019年新疆绿洲棉花平均单产1 755 kg/hm²,全国平均单产1 378 kg/hm²,全国平均种植面积446.3万 hm²。按新疆平均单产高于全国27.4%即377 kg/hm²、产出等同产量603.4万 t计,可节省棉田面积21.1%,即新疆绿洲棉花增产每年可为国家节省耕地面积或棉田面积94.1万 hm²,腾出的耕地可以生产更多的粮食和其他农产品。还因为新疆绿洲棉花的单产水平高,才使我国得以战胜国际低成本原棉的冲击、战胜棉花自身不断上涨的成本压力、战胜粮经作物的挤占和打压,稳定和扩大了棉田面积。

(三) 为现代植棉业做出了样板

新疆为内陆地区,降水量极少,发展农业必须依赖灌溉。新疆绿洲条田平整且大,林田路渠配套,交通非常便利,田间道路大多硬化,水库储水、渠道输水等灌溉设施和系统完善。大面积大田作物宽膜覆盖、膜下滴灌技术和装备为全球首创,农业机械化动力和大中型拖拉机配套农具齐全,耕、种、管、收的机械化水平高。据新疆统计年鉴,2018年新疆耕、种、管、收综合机械化率达84.7%,其中兵团高达94.1%。棉花种植的综合技术水平高,绿洲"密、矮、早、膜"栽培模式科技含量是全国棉区最高的,科技贡献率达到75%以上。经过多年特别是改革开放以来的实践探索,创出了一条适合国情的绿洲现代植棉业路子,为全国植棉业的现代化做出了较好的引领和示范作用,也为发展中国农业现代化做出了榜样,其经验具有广泛的借鉴作用。

(四) 在全国与全球占有重要地位

1. 关于棉花单产·单产水平反映一个国家棉花的综合生产力。2010—2019年,新疆棉花平均单产1 639 kg/hm²,全国平均单产1 569 kg/hm²,全球棉花平均单产772 kg/hm²,新疆单产高于全国的4.5%(高于长江、黄河流域平均单产的36.6%),高于全球平均水平的112.3%,可见新疆棉花综合生产力水平极高。

2. 关于棉花总产·总产反映一个国家或地区棉花的产能大小。2010—2019年,新疆棉花平均总产390.2万 t,全国棉花总产605.4万 t,新疆总产占全国的比例高达64.5%;同期全球棉花平均总产2 549.9万 t,中国占全球的比例高达23.7%,其中新疆占15.3%。可见新疆棉花在全国和全球都占有极高地位。

3. 关于棉花播种面积·面积是产量的基础。2010—2019年,新疆棉花平均播种面积197.2万 hm²,全国棉花平均播种面积390.4万 hm²,新疆面积占全国比例高达50.5%;同期全球棉花平均播种面积3 303.4万 hm²,中国占全球面积的比例11.8%,其中新疆占全球面积的6.0%。与总产一样,新疆棉花播种面积也在全国与全球占有极高地位。

第二节·推动新疆绿洲棉花发展的要素

与全国农业、棉花发展一样,党的领导、政策支持、增加投入、科技支撑和人们勤劳是推动新疆绿洲棉花发展的主要因素,总结归纳为"四靠"。一靠党的领导和政策支持:实践证明,长期的政策支持是推动新疆绿洲棉花持续发展的第一大要素。二靠不断增加投入:不断改善农业生产基础条件、不断建设高标准农田、不断提高棉花机械化水平是发展的第二大要素。三靠大力发展棉花科技:不断提高科学植棉水平、不断提高科技进步对生产发展的贡献率。四靠人民的勤劳：新疆各族人民特别勤奋肯干、特别吃苦耐劳。这四大要素是我国棉花成功发展的基本经验在新疆的具体实践，而植棉收益好、植棉能够致富一方百姓则是植棉者乐意增加物力和投入劳力、热心种植管理的最主要经济因素。

一、政策要素

研究表明，新疆绿洲棉花产能增长依赖于面积的扩大和单产的提高，党的领导和政策支持是推动面积持续扩张的原动力，而政策与市场结合将加快产能更快速扩张。梳理新疆绿洲棉花规模扩张有几项极为重要的政策和时间节点。

(一) 推进"一黑一白"*战略

回顾绿洲国土资源的开发利用，经历了小规模开发（计划）——大规模开发（计划和市场双重作用）——退耕还水还草还林还荒的过程。

"一黑一白"战略在新疆绿洲棉花发展的历史进程中有着极其重要的地位，该战略首次催生了绿洲荒漠规模化的开发，也是绿洲棉花产能扩大的关键政策和起点时间。其起因是1992—1993年黄河流域棉区棉铃虫和黄萎病大暴发，内地棉花产量锐减，国家棉花供不应求的矛盾尖锐，不得不寻求新的棉花生产基地，为此国家于1995年正式提出全国棉花布局逐步向新疆转移的目标。

然而，仅靠国家号召棉花战略布局转移还不够，还需地方的积极响应和有效承接。于是新疆于1996年（或1997年）出台"一黑（石油）一白（棉花）"战略，把发展棉花纳入新疆地方经济发展的规划之中，并作为"西部大开发"和"九五"（1996—2000年）时期农业、农村经济工作的主要抓手，提出"争取到本世纪末把新疆建成全国最大的商品棉基地，实现棉花种植面积107万 hm^2，总产150万 t 的宏伟目标"。为此，新疆规划开垦荒地33万 hm^2，此后国家从多方面鼓励支持新疆包括兵团开垦荒漠，大兴水利设施和农田水利基本建设，硬化输水渠道和打机井等，并提供了其他各项财政资金的支持。

在国家鼓励新疆发展棉花的背景下，绿洲棉花面积和总产首次实现了"翻番"式的扩张，1990—1998年，全疆棉花播种面积从43.5万 hm^2 扩大到99.9万 hm^2，增长129.7%；棉花总产从46.9万 t 增长到140.0万 t，增长198.5%。2000年新疆棉花播种面积101.2万 hm^2，总产达到150.0万 t，圆满完成了"九五"规划的目标，表明棉花布局转移取得了成功。

(二) 持续开展优质棉生产基本建设

优质商品棉生产基地建设在绿洲棉花发展的历史进程中具有特别重要的地位，按照发生时间可分为由原农业部主导与原国家计划委员会、国家发展改革委员会主导的两个层次。

"七五"至"八五"规划时期（1986—1995年），由农业部主导优质棉基地建设共投资人民

---

* 关于"一黑一白战略"正式文件见于新疆维吾尔自治区计划委员会于1999年1月25日在新疆维吾尔自治区第九届人民代表大会第二次会议报告《关于自治区1998年国民经济和社会发展计划执行情况及1999年计划（草案）的报告》，该报告提到"继续实施以'一白一黑'为重点的优势资源转换战略""棉花基地建设的重点将根据市场和资金变化情况进行调整，中央和自治区安排的基地建设资金主要用于打井和种子工程，渠系配套工程由各地市县多渠道筹集资金进行建设。"

币 3 100 多万元,在新疆建成优质棉基地县 33 个(其中续建 3 个),占全国 252 个基地的 13.1%。其间,新疆还共建良种棉加工厂 29 个,通过良种棉加工厂建设打破了当时棉花收购由供销社棉麻公司垄断经营的局面。由于良种棉加工厂可以单独收购良种棉,可以在银行开户申请贷款,可以销售皮棉等,开创了棉花经营体制改革的先河。在棉花种子加工方面,引进美国泡沫酸脱绒技术和加工机械,改毛籽播种为精加工光籽和包衣籽播种,跟上了世界种子先进加工技术的步伐(表 1-2)。

表 1-2 · 1986—2015 年新疆特大优质棉基地建设投入和建成目标

[据毛树春(2000 年)、马玄等(2004 年)、刘晏良(2006 年)、田笑明等(2016 年)、陈胜辉等(2017 年)文献整理]

时 间	投 入 资 金	目 标	实 施 和 效 果
"七五"至"八五"时期(1986—1995 年)	国家投资 0.31 亿元,良繁加工厂建设资金按 1∶1.5 配套	提高基地棉花生产能力、提高棉花良种繁育能力、加工能力、提高棉花生产服务能力等	新疆建成优质棉基地县 33 个(其中续建 3 个),占全国 252 个的 13.1% 建成良种棉加工厂 29 家,主要建设内容包括良种棉种子加工体系(包括轧花、脱绒、加工、精选、包衣、包装等设备、种子检验实验室仪器和人员培养等)和良种繁育体系(三圃田、繁殖田),良繁场年均加工皮棉能力约 15.7 万 t,实际收购、加工良种棉约 12.9 万 t,年生产棉花良种 14.0 万 t 建设农业技术推广体系,开展科技兴棉 开垦荒田 26.9 万 hm²,改造中低产田 36 万 hm²,新增有效灌溉面积 27.0 万 hm²,改善灌溉面积 33.0 万 hm²
"九五"时期(1996—2000 年)	总投资 72.48 亿元,其中国家预算内投资 10.00 亿元,国家开发银行临时贷款 7.60 亿元、自治区"以棉补水"资金 13.50 亿元、世界银行贷款 6.40 亿元,地方和兵团自筹资金 32.88 亿元	基地建设指导方针是"扩大面积规模、主攻单产,增加总产",做大棉花产业	累计开垦荒地 26.9 万 hm²,改造中低产田 36.0 万 hm²,兴建及除险加固水库 17 座,新打机井 5 480 眼,完成渠道防渗 6.05 km,新增有效灌溉面积 26.7 万 hm²,改善灌溉面积 33.3 万 hm² 建成国家级种子质量检测中心 1 个、棉花原种场繁育基地 0.5 万 hm²、棉花病虫害测报中心 22 个、病虫害抗药性监测站 4 个,建成种子库房、植保库房和晒场面积 8.2 万 m²,购置一系列仪器和设备等
"十五"时期(2001—2005 年)	总投资 16.38 亿元,其中国家预算内投资 7.50 亿元,地方和兵团自筹资金 8.88 亿元	建设内容为"四大工程""两大体系",即品种优化工程、无公害植保工程、植保全程机械化工程、节水灌溉和科学施肥工程,技术服务体系和种子质量监测体系	总计项目 402 个,具体项目如下: ① 品种优化工程项目 104 个。其中,建成育种基地 16 个、商品种子生产基地项目 57 个,合计面积 66.7 万 hm²;建成生物中心项目 1 个,实验室面积 1 776 m²;建成备荒种子库 3 个、海南繁育中心基地 1 个,购置育种设备和仪器 6 台套等 ② 无公害植保工程项目 51 个。其中,建成自治区无公害工程项目 1 个、自治区植保总站 1 个、区域性病虫测报站和服务体系 1 个、监控站 1 个、综合治理站 40 个等 ③ 节水灌溉与科学施肥项目 107 个。其中,建成膜下滴灌项目 34 个、地埋式滴灌项目 17 个、其他节水项目 3 个,合计面积 14.6 万 hm²;建成土壤养分动态监测站 20 个、土壤养分地理信息系统网络项目 4 个,以及专用肥厂 12 家等 ④ 技术服务项目 129 个。其中,建成自治区服务体系项目 4 个、农技推广体系 6 个、县市级农技推广服务体系项目 50 个、高产综合技术示范区项目 35 个,完成气象站新建和改造项目 31 个,建成农业信息平台及智能化示范团场 1 个等 ⑤ 质量监测体系项目 5 个。其中,建成棉花纤维监测中心 1 个、棉花质量监测中心 4 个等 ⑥ 机采棉示范项目 6 个
"十一五"时期(2006—2010 年)	总投资 15.00 亿元,其中中央预算投资 7.50 亿元,地方和兵团自筹资金 7.50 亿元	以节水灌溉为中心的高标准棉田、以良种繁育为中心的种子工程和以提高综合生产能力为核心的服务体系建设	建成育种家种子基地 3 个,构建以育种家、原种和商品种子基地三级种子繁育体系为支撑的良种产业体系、棉花育种技术体系和设施平台,全面改善了良种繁育的条件,提高繁育水平和良种化率,良种普及率达到 92%,同时辐射带动全疆棉田节水规模达 58 万 hm²,占全疆棉田播种面积的 40% 左右

续 表

时间	投入资金	目标	实施和效果
"十二五"时期（2011—2015年）	总投资14.13亿元，其中中央预算投资5.00亿元，地方和兵团自筹资金9.13亿元	建设四大工程，即良种繁育田、良种产业化、标准化棉田和全程机械化植棉等	建成种质资源创新与育种研究平台1个、品种选育和良种引进试验基地1个、良种繁育田面积2万hm^2、良种加工生产线9条，新增高产稳产棉田4.1万hm^2、高标准节水灌溉棉田5.7万hm^2、机采棉面积6.2万hm^2、残膜污染治理面积5.3万hm^2、精量播种及病虫害统防统治面积2.3万hm^2，支持棉花"育、繁、推"一体化

为了保障人口大国棉花的有效供给，满足居民不断增长的纺织品需求，国家在"九五"规划到"十二五"规划期间（1996—2015年），继续支持新疆建设特大商品棉生产基地。据不完全统计，这20年总计投入资金118.16亿元，持续基地建设取得了巨大成就。具体措施归纳如下。

一是改造中低产田，建设高产棉田，提高棉花基础生产能力。1996—2005年，新疆棉花单产从1 301 kg/hm^2 提高到1 615 kg/hm^2，增长25.1%；总产从94.0万t增长到195.7万t，增长108.2%，实现了第二次"翻番"目标。基地建设为棉区战略转移取得成功提供了保障和支撑，也基本实现当时规划的"做大、做强、做优"目标。

二是大力兴修水利和农田水利设施，兴建和除险加固水库，新打机井，硬化输水渠道；研究推广棉田滴灌和节水灌溉技术，提高农田灌溉和农业水分利用效率。

三是建设农业技术推广体系、植保服务体系、肥料推广体系和农机化服务体系，提升棉花生产保障和服务能力。

四是兴建原种基地和商品种子基地、棉花种子加工厂和种子质量检验实验室等，形成了全疆棉花良种"育、繁、推"一体化的种子体系，提高棉花良种生产能力、供种能力和监管能力。

五是兴建大容量棉纤维质量检验室，提升质量检验能力。兴建棉花育种中心和生物育种中心，提升棉花科技创新能力。

通过基地建设全面提高新疆绿洲棉花生产基础能力、科技创新能力、生产保障能力、生产服务能力、生产社会化能力和棉花质量检验检测能力。

"十三五"（2016—2020年）规划前3年《新疆特大优质基地建设》项目被中断，2019年《中共中央国务院关于坚持农业农村优先发展做好"三农"工作的若干意见》（即2019年"一号文件"）提出"恢复启动新疆优质棉生产基地建设"。按照国发［2017］24号《国务院关于建立粮食生产功能区和重要农产品生产保护区的指导意见》，新疆绿洲将围绕划定棉花生产保护区200万hm^2开展优质棉生产基地建设。

二、价格要素

在全国棉花第一次向新疆绿洲转移取得成功的基础上，21世纪绿洲棉花迎来了第二次更大规模的产能扩张时期。分析第二轮产能扩大有以下两个重要起因（表1-3）。

第一个起因是2010年秋季农产品价格的大幅度上涨。

这次是源自我国为应对2008年秋季由美国华尔街"次贷危机"引发的全球金融危机，经

表1-3 · 棉花价格和目标价格支持政策

(毛树春;据相关文献整理,2020年)

年　度	皮棉价格(元/t)	政策力求解决的问题
2008/2009	12 085	面向全国棉区的临时救市价格12 600元/t,解决"卖棉难"问题
2009/2010	15 731	面向全国棉区,价格由市场形成
2010/2011	26 956	面向全国棉区,价格由市场形成
2011/2012	19 800	面向全国棉区,临时收储政策
2012/2013	20 400	面向全国棉区,临时收储政策
2013/2014	20 400	面向全国棉区,临时收储政策
2014/2015	19 800	仅针对新疆产地的棉花目标价格改革试点
2015/2016	19 100	仅针对新疆产地的棉花目标价格改革试点
2016/2017	18 600	仅针对新疆产地的棉花目标价格改革试点
2017/2018	18 600	仅针对新疆产地的棉花价格改革
2018/2019	18 600	仅针对新疆产地的棉花价格改革
2019/2020	18 600	仅针对新疆产地的棉花价格改革

注:我国棉花年度从当年9月1日至次年8月30日为1个年度,2011年度为2011/2012年度的简写。

过国家连续"四万亿元"投资产生了2010年秋季农产品的全面"通货膨胀"*。2010年9月棉花上市价格"高开高走",持续飙升,籽棉售价最高超过12元/kg,原棉最高价格超过30 000元/t,这一年度的原棉平均价格达26 956元/t,为历史的最高值。由此市场因素引发了新疆绿洲棉花的第二轮扩张,这轮扩张的主力是市场主体的自主投资,继续开垦荒地,以及由牧草地、林地转入耕地,这样快速高效的开发,耗时短回报快。

第二个起因是棉花临时收储价格政策、目标价格改革试点政策和目标价格政策。

2011—2013年度,国家实行积极的财政政策和稳健的货币政策,以"稳物价、保增长"为发展经济的总目标,针对全球金融危机蔓延,为了保护植棉者积极性,从2011年度到2014年度出台棉花临时收储政策,设计临时收储价格19 800～20 400元/t,这4个年度合计收储棉花1 606万t,约占同时年景产量的80%。临时价格出台进一步延续并巩固由市场开发的高回报,继续引导市场自主开荒,以及将牧草地、林地转入耕地。由此推动绿洲棉花产能持续扩张,植棉者收益也达到了"最大化"。

2014—2016年度,国家改棉花"临时收储政策"为"目标价格改革试点"。这次试点地区仅针对新疆绿洲棉花产地,2014年度试点价格19 800元/t,2015年度下调至19 100元/t,2016年度进一步下调至18 600元/t,试图通过改革试点探索出一条农产品价格由市场供求形成、价格与政府补贴脱钩、国内外价格接轨的新路子,巩固了前期的植棉高回报率。

2017—2020年度,国家改棉花"目标价格试点"为"目标价格"。这次目标价格仅仅针对

---

　　* 2008年秋季,美国华尔街暴发次贷危机进而诱发后几年的全球金融危机。其间,我国加大基本建设投入的救市对策,几年时间投入铁路、公路和机场等金额高达4万亿元,到2010年农产品包括籽棉、皮棉和棉籽价格全面高涨。

新疆绿洲棉花产地,设定2017—2019年度的价格为18 600元/t。这次改革调整优化了补贴方法,对享受目标价格补贴的棉花数量进行上限管理,超出上限的不予补贴。补贴数量上限为基期(2012—2014年)全国棉花平均产量的85%。

新疆绿洲棉花是"目标价格"改革唯一的最大受益者。在连续9年目标价格政策的支持下,新疆绿洲棉花生产在高位上继续受到推动并再次产生"翻番"的巨大效果。统计数据表明,2010—2018年,新疆绿洲棉花播种面积从146.1万 hm² 扩大到249.1万 hm²,扩大了101.3%,产生了第一次"翻番"效果;单产从1 697 kg/hm² 提高到2 051 kg/hm²,提高了20.9%。在面积扩大和单产提高的双重推动下,新疆绿洲棉花总产从247.9万 t 增长到511.1万 t,增长一倍多(104.9%),产生了第二次"翻番"效果。2019年和2020年总产分别为500.2万 t 和516.1万 t(表1-1),这10年的实践证实,政策在调动区域农业资源型生产中发挥的作用巨大,且后效不可低估。

然而,目标价格产生两大"溢出效应"也不可低估。一是持续价格支持政策导致绿洲"地多水少"的矛盾日益扩大,生态用水持续减少,绿洲生物安全和生态屏障保护受到严重威胁,于是2016年国家开始对新疆绿洲国土开发予以限制。自此开始,绿洲国土的开发利用进入退耕还水、还草、还林、还荒的发展阶段。二是对内地棉花的冲击很大。据国家统计局数据,2010—2018年,长江流域棉区面积从112.3万 hm² 下降到38.0万 hm²,减少66.2%;该区域面积从占全国比例的30.5%下降到11.3%,缩减了19.2个百分点。黄河流域棉区面积从174.4万 hm² 下降到45.7万 hm²;该区域面积从占全国比例的43.1%下降到13.6%,缩减了29.5个百分点。当前全国棉区布局分布呈现"一花独放"格局。

三、农业生产条件要素

增加投入是提高农业和棉花生产能力的又一重要因素。适度开垦荒漠,扩大耕地面积是新疆绿洲棉田面积的重要来源,引起开发的原因如前所述。同时,改造低产田,建设高产、稳产农田,兴修水利和农田沟渠,构建防灾减灾体系,使绿洲农业生产基础条件和生产能力显著提高,为扩大农作物和棉花面积、提高单产和总产提供了保障。

(一)开垦荒地,扩大耕地面积

1. 开垦荒地。 适度开垦宜农荒地是扩大耕地面积的主要途径,也是扩大棉田面积的主要来源。据统计年鉴,1978—2018年,全疆耕地总面积从318.5万 hm² 增长到524.2万 hm²,增加205.7万 hm²,增长64.6%,年均净增5.02万 hm²。统计数据指出,1990—2007年,这18年合计开荒面积86.3万 hm²,年均开荒面积4.8万 hm²;这18年合计增加耕地面积176.6万 hm²,年均增加9.8万 hm²(见第五章)。

其中,2018年新疆兵团总耕地面积127.73万 hm²,比1990年93.78万 hm² 增长了33.95万 hm²,增长36.2%,年均净增1.17万 hm²。

2018年全疆耕地面积合计640.04万 hm²,比1990年增加201.57万 hm²,增长50.1%,年均增长7.2万 hm²。

2. 农作物总播种面积扩大。 据统计年鉴,全疆农作物播种面积从1978年的302.2万 hm² 增长到2009年的458.3万 hm²,增加156.1万 hm²,增长51.7%。从2010年的475.9万 hm²

增长到 2018 年的 625.3 万 hm²,增加 149.4 万 hm²,增长 31.4%。其中,新疆兵团从 1978 年的 74.0 万 hm² 增长到 2009 年的 110.8 万 hm²,增加 36.8 万 hm²,增长 49.7%;再从 2010 年的 111.9 万 hm² 增长到 2018 年的 138.3 万 hm²,增加 26.4 万 hm²,增长 23.6%。

在农作物播种面积中,棉花播种面积从 1978 年的 15.0 万 hm² 增长到 2018 年的 249.1 万 hm²,增长 15.6 倍,其中 2018 年全疆棉田面积占农作物播种面积的比例高达 39.8%。其中,新疆兵团农作物播种面积从 1978 年的 74.0 万 hm² 增长到 2018 年的 138.3 万 hm²,增长 86.9%,棉花播种面积也从 4.8 万 hm² 增长到 85.4 万 hm²,增长 16.8 倍,2018 年新疆兵团棉花播种面积占农作物播种面积的比例高达 61.7%。

3. **高产稳产农田建设** · 在低产田改良、高产农田建设、特大优质棉生产基地建设等一系列项目的支持下,新疆高产稳产农田面积达到 100 万 hm²,为棉花优质高产做出重大贡献(见第五章)。

(二) 兴修水利,建设农田灌溉设施

水利是新疆绿洲经济发展的命脉,"水利兴则新疆兴"始终是新疆治水用水的核心。新中国诞生以来,新疆绿洲治水治土持续不断,兴建了一批大中型水库和提水泵站。据新疆水利普查数据,2017 年新疆大中型水库拥有量达到 683 座,比 1989 年的 465 座增长 46.9%;2010 年库容量 135.8 亿 m³,比 1989 年的 57.6 亿 m³ 增长了 1.4 倍(表 1-4,新疆生产建设兵团见第二章)。

表 1-4 · 新疆绿洲大中型水库建设

(毛树春,2020 年;王峰,2021 年)

类型	水库(座)					库容量(亿 m³)				
	1989 年	1990 年	2000 年	2010 年	2017 年	1989 年	1990 年	2000 年	2010 年	2017 年
大型水库	12	13	17	24	34	20.4	21.5	31.5	88.5	
中型水库	88	89	95	116	143	29.2	28.7	29.8	37.2	
小型水库	365	367	366	435	506	8.0	8.1	7.9	10.1	
合　计	465	469	478	575	683	57.6	58.4	69.3	135.8	
其中新疆兵团	88	91	105	125	140	27.1	27.5	30.0	32.8	

注:数据整理自《新疆统计年鉴》《新疆生产建设兵团统计年鉴》《2011 年全国水利普查数据》。

农田灌溉面积持续增长,收多收少在于水。灌溉面积增长为新疆绿洲农作物丰收创造了基本条件。1975 年,绿洲有效灌溉面积为 257.2 万 hm²,从改革开放后的 1978—2000 年,全疆灌溉总面积净增长 48.76 万 hm²,增长 18.7%,年均增加 2.12 万 hm²。随着"大面积节水工程"项目的推进、农田水利设施不断改进,绿洲有效灌溉面积从 2000 年的 309.4 万 hm² 扩大到 2018 年的 493.7 万 hm²,增加 184.3 万 hm²,增长 59.6%,年均增加 9.7 万 hm²。

有效灌溉面积,1999 年之前与之后含义差异很大,1999 年之前机电井灌溉面积比例低,主要采用大水漫灌。2000 年及之后有效灌溉面积指机电井灌溉,又称节水灌溉面积,其中膜下滴灌是高效节水灌溉技术。

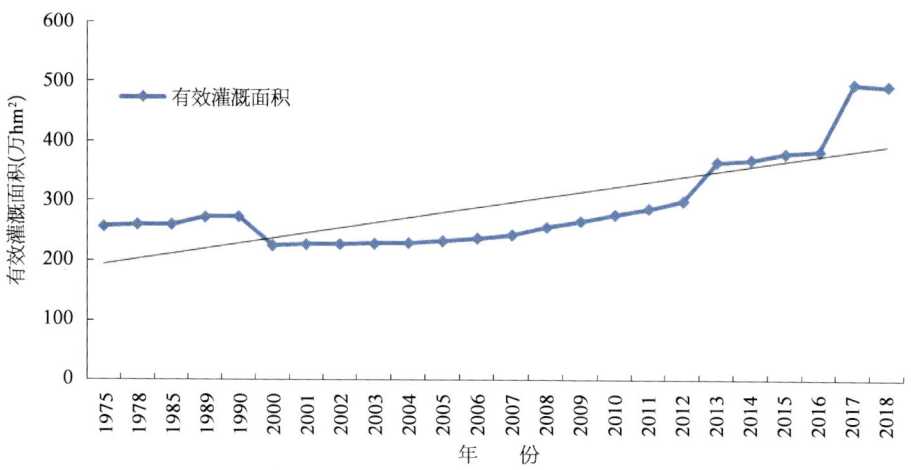

图 1-8 · 新疆绿洲农田灌溉面积变化

(毛树春,2020 年)

注：数据整理自《新疆统计年鉴》《新疆生产建设兵团统计年鉴》。

新疆兵团有效灌溉面积,1978—2000 年,从 72.5 万 hm² 增长到 99.9 万 hm²,增长 27.4%;再从 2000 年的 99.9 万 hm² 增长到 2018 年的 134.9 万 hm²,增长 35.0%,年均扩大有效灌溉面积近 2 万 hm²(图 1-9)。

图 1-9 · 新疆兵团耕地有效灌溉面积的增长

(毛树春,2020 年)

注：数据整理自《新疆生产建设兵团统计年鉴》。

进入 21 世纪,大面积的输水渠道硬化,使水渗透得到有效解决,输水效率得以提高。同时,改地面灌溉为膜下滴灌、喷灌等高新节水技术,使节水灌溉面积占全疆灌溉面积的比例达到 56.7%,其中新疆兵团所占比例达到 83.7%,水利用系数达到 0.50 以上。

灌溉方法从 20 世纪 50—70 年代的地面沟灌,到 80—90 年代的膜上灌溉,逐步发展到 21 世纪的膜下灌溉和水肥耦合的一体化。

(三) 构建农业防灾减灾体系

新疆绿洲农业防灾减灾能力不断增强。风沙、盐渍化、冰雹、低温与干热风、病虫害等是绿洲主要的自然灾害,通常农作物受灾面积占播种面积一半左右,损失产量占总产量的10%左右。据新疆兵团统计年鉴数据,1990年棉花受灾面积6.48万 hm^2,占播种面积的38.1%;2000年棉花受灾面积20.09万 hm^2,占播种面积的48.9%,导致棉花产量损失5.6万t,占总产的8.1%。

新疆防灾减灾体系采用工程和技术措施紧密结合的方法。新开垦农田采用渠沟系统有利排除盐碱危害,建设较宽的人工防护林以抬高"风面"是成功的工程防护措施,地膜覆盖是成功的防冻害技术措施,人工防冰雹是成功的人工干预天气措施,综合防治则减轻了病虫害危害。

新疆人工防冰雹体系较为完备,安装有多普勒天气雷达、探空仪、气象卫星和探测作业飞机等现代化探测设备,建立了冰雹灾害预测预报制度,提高人工干预的准确性和有效性。建立区域人工联防作业网,通过划分冰雹云类型,按照冰雹云形成的"跃升阶段""孕育阶段"发射不同炮弹或火箭弹予以干预。采用飞机、火箭、高炮、燃烧炉等把碘化银催化剂送入云中,一般采用先火箭后高炮的方法形成射程远近与高低的搭配,并形成催化、爆炸交叉作业体系。对于发展中的中强单体冰雹云,则以火箭作业为主,高炮作业为辅。新疆人工防雹作业保护面积大,一年中作业的次数多,以最大限度地减轻冰雹的侵袭,人工防雹为减少灾害损失做出了最大贡献。同时提出作物包括棉花各生育期遭受冰雹危害的划分标准,并按标准进行补救,减轻了冰雹对农作物造成的灾害损失。

然而,由于人类对土地的过度开发,风沙及次生盐渍化、荒漠化对新开垦的农田危害仍较大。另外,无限开垦使人工防冰雹也无法全面顾及,全年都有较大面积农作物包括棉花遭遇冰雹危害。

四、科技要素

科技进步是推动新疆绿洲棉花发展的第三大要素,科学研究对推动棉花生产技术的创新和应用,提高科学植棉水平具有重大基础性作用。

(一) 科学划分棉区

新疆隶属于西北内陆棉区。在国家棉花种植区域中,进一步划分为南疆亚区、北疆和河西走廊亚区、东疆亚区。1948年,冯泽芳等将全国棉区由南到北依次划分为华南、长江流域、黄河流域、北部特早熟区和西北内陆五个大区。胡竞良等(1963—1964年)曾把西北内陆的北疆与河西走廊并入特早熟区改为长城地带棉区,把西北内陆的南疆划归黄河流域,但终因不成熟未被采纳。原中国棉花学会(现中国农学会棉花分会)于1980年肯定全国五大棉区的划分法。根据刘巽浩2002年"区划分类的同一性原则",在继承和发展的基础上,毛树春等在组织编写《中国棉花栽培学》(2013年)时对亚区进行了划分,综合地理位置、灌溉水系、种植制度、品种熟性、全球气候变暖和地膜覆盖等,将西北内陆棉区的北疆亚区与河西走廊亚区单列,西北内陆则划分为南疆、北疆、东疆和河西走廊4个亚区。

姚源松于2001年以≥10℃积温、无霜冻期及7月份平均气温为依据,将全疆棉花品种熟性划分为中早熟亚区、早中熟叶塔次亚区、早中熟塔哈次亚区、早熟棉和特早熟棉亚区。这一划分对指导棉花熟性的布局具有重要科学价值。然而,该划分也违背了"区域划分的同一性原则",即把熟性等农艺性状二级指标凌驾于生态区一级指标之上,并由此造成品种审定和布局的很大混乱,对品种的科学利用和合理布局不利。

为此,在田笑明主编的《新疆棉作理论与现代植棉技术》(2016年)时予以纠正。将新疆绿洲生态区作为棉花的一级区划指标,将熟性作为二级区划指标进行划分,全疆划分为北疆早熟亚区和特早熟亚区,南疆早中熟亚区包括叶塔次亚区和塔北次亚区,东疆中熟和早中熟亚区。关于棉花品质区域划分在《新疆棉作理论与现代植棉技术》进行了有益探讨,但没有明确指出相应的品质指标和适宜范围。

(二) 培育和推广新品种

1. 新品种选育 · 同全国一样,新疆棉花品种也经历了从引进到自主选育的过程,数量上从供给短缺到丰富再到过剩的过程。20世纪50—70年代为品种供给短缺时期,其中50年代新疆以引进苏联品种为主,包括引进C-3173、611-波、KK-1543、C-4744等替换了非洲棉(草棉)(*G. herbaceum* L.)。60年代后期系统选育陆地棉军棉1号、新和1号和新陆早1号等及海岛棉新海4号、军海1号等在生产中大面积种植。70年代种植自育品种新陆早1号、农垦5号、61-72、66-241等。20世纪80—90年代是我国也是新疆棉花品种从供给短缺到供给基本平衡时期。其中,80年代南疆主推军棉1号,北疆主推新陆早1号、新陆早4号、新陆早7号、新陆军8号等。90年代针对南疆黄萎病蔓延,本地品种抗性差等问题,新疆引进黄河流域棉区的中棉所12号、中棉所16号、中棉所17号、中棉所19号和豫棉15号、石远321等品种,因晚熟导致霜前花率低,品质下降。1996年针对棉铃虫大暴发,我国再次引进美国转 Bt 基因抗虫棉品种新棉33B、新棉99B并在黄河流域棉区种植,虽然没有允许这些品种在新疆推广种植,但其良种繁殖、种子精加工和包装等先进技术已进入新疆,使当地种子加工水平得以全面提高。

据统计,1981—2019年,西北内陆新疆棉区初次审定棉花品种348个,其中新陆早系列140个,占40.2%;新陆中系列108个,占31.0%;海岛棉67个,占19.3%;彩色棉系列33个,占9.5%(表1-10)。

2000年《种子法》颁布以后,新疆与全国一样进入市场化时代,绿洲棉花商品品种也从供给平衡到极大丰富再到过剩。据统计,2001—2019年,新疆通过省级和国家级初次审定品种307个,其中2016—2019年加速审定品种达到101个,占32.9%,类型呈现"全"与"多"——中熟、中早熟、早熟和特早熟、陆地棉、海岛棉及彩色棉、杂交品种、常规品种和转 Bt(*Bacillus thuringiensis*)外源基因抗棉铃虫品种等。然而,因通过审定的合法棉花品种商品过多,导致生产种植的棉花品种过杂、过乱问题越来越突出(表1-5)。

值得一提的是,军棉1号是新疆和全国种植年限最长的棉花高产品种,该品种于1968年育成,1979年审定(杨树新,1994年),1990年在新疆兵团第三师四十五团十五连张斗兰1.422 hm² 棉田中创皮棉1 973 kg/hm²,1992年在第二师三十三团农科站0.666 hm² 棉田中创皮棉3 030 kg/hm²,1993年又创3 084 kg/hm² 的高产纪录,这是当时新疆也是全国最早的棉花高产纪录。据中国棉花生产监测数据,该品种直到2006年仍在种植,持续时间长达近40年。此外,中棉所12号是内地最早进入新疆(1986年审定,常规品种)且在新疆种植年限较长的品种。近20年,中棉所35、中棉所49在南疆种植时间也较长,累计种植面积也较大;鲁棉研24号则在南疆、北疆都有种植,累计种植面积也很大。

表1-5・1981—2019年新疆棉花初次审定品种统计（单位：个）

(据各年品种公告等文献整理，毛树春，2020年)

年　份	初次审定总数	类　型			
		新陆早系列	新陆中系列	海岛棉	彩色棉
2019	23	10	9	4	0
2018	21	8	7	5	1
2017	31	17	8	6	0
2016	26	13	9	2	2
2011—2015	88	34	26	18	10
2006—2010	86	36	28	10	12
2001—2005	32	12	9	7	4
1996—2000	23	7	8	4	4
1991—1995	8	2	3	3	0
1986—1990	6	1	1	4	0
1981—1985	4	0	0	4	0
合　计	348	140	108	67	33

注：初次审定不计同一品种的重复审定，包括国家审定、地方审定与认定。

2. 遗传品质全面改善・新疆绿洲棉花早期审定的品种军棉1号，表现为产量高，主体纤维长度30.4 mm，但不抗病。20世纪90年代黄河流域棉区棉花品种进疆普遍表现强力偏低，因晚熟导致品质较差。进入21世纪，通过审定的陆地棉品种中，纤维长度延长1～2 mm，达到或超过30～32 mm；断裂比强度提高2～3 cN/tex，达到或超过30～32 cN/tex（即"双30"品质）；整齐度指数在83%～85%水平；马克隆值在南疆变化较大，反映纤维细度和成熟度有变粗、不成熟与过成熟的趋势，遗传品质存在不协调问题。可喜的是，近几年南疆注重纤维细度和成熟度性状的改良，在2016—2019年审定的31个棉花品种中，纤维长度和断裂比强度达到"双31"水平，平均马克隆值4.2（3.9～4.7），证实采用陆海优质渐渗系改良陆地棉栽培品种的品质取得了显著成效（表1-6）。

然而，遗传品质与商品原棉品质还有极大差距，从遗传品质到生产品质再到原棉品质呈现强烈的递减效应。根据国家纤维检验中心原棉品质公证检验结果，2016—2018年的3个年度，全疆纤维长度、断裂比强度达到"双28.5"、马克隆值达3.7～4.6的高品质原棉产量118.1万t，占全疆总产量比例仅为26.2%。其中北疆棉花产量占全疆总产比例为43.1%，高品质原棉占全疆的比例则高达71.0%；南疆棉花产量占全疆总产比例为54.1%，高品质原棉占全疆的比例仅为27.0%；东疆因棉花产量占全疆的2.8%，高品质原棉占全疆比例为2.0%。所谓高品质原棉定义为纤维长度28.5 mm及以上，断裂比强度28.5 cN/tex及以上，马克隆值3.7～4.6，适纺40英支及以上的高支纱（见第二章）。

表 1-6 · 新疆绿洲棉花遗传品质改良进程

(毛树春,2020 年)

年 代	品种类型	纤维长度(mm)	断裂比强度(cN/tex)	马克隆值	品种(系)(个)
20 世纪 80 年代	早熟陆地棉(北疆)	28.6(27.3~30.1)±2.0	19.2(19.1~19.2)±0.1	4.2(3.9~4.4)±0.4	2
	中熟陆地棉(南疆)	30.3(28.5~30.0)±1.9	18.3(17.0~20.0)±1.5	3.9(3.4~4.4)±0.5	3
20 世纪 90 年代	早熟陆地棉	28.9(27.7~30.0)±1.1	25.3(20.3~32.6)±4.2	4.0(3.4~5.0)±0.5	21
	早中熟陆地棉	30.2(28.4~34.0)±1.7	26.0(21.3~33.5)±3.9	4.1(3.5~5.0)±0.5	26
2002—2005 年	早熟陆地棉	30.1(28.1~33.0)±1.1	29.4(24.2~36.0)±2.5	4.2(3.5~5.0)±0.3	34
	早中熟陆地棉	30.4(28.5~33.0)±1.3	30.3(26.4~37.0)±2.6	4.1(3.5~5.0)±0.4	37
2006—2010 年	早熟陆地棉	30.6(28.8~32.2)±1.7	31.5(30.1~32.7)±1.1	4.5(4.1~4.9)±0.5	42
	早中熟陆地棉	30.6(28.7~35.4)±1.3	31.3(28.1~35.4)±2.4	4.4(3.5~5.1)±0.4	57
2011—2015 年	早熟陆地棉	30.1(28.8~33.8)±1.2	30.8(28.1~32.5)±1.2	4.4(3.8~4.7)±0.2	26
	早中熟陆地棉	30.0(27.2~31.9)±0.9	30.7(28.1~33.2)±1.5	4.4(4.0~4.9)±0.4	33
2016—2019 年	早熟陆地棉	30.6(29.6~33.7)±0.6	31.6(29.2~35.4)±1.4	4.4(3.9~4.9)±0.4	48
	早中熟陆地棉	31.2(29.2~33.2)±1.0	31.5(29.2~33.3)±1.3	4.3(3.9~4.7)±0.3	33

注：数据源自中国农业科学院棉花研究所主编《中国棉花栽培学》(2013：P18-19；2019：P24-27)，±数据为标准差。

3. 商品原棉品质居中上等水平·全国包括新疆商品原棉品质都存在清洁度不高，一致性差，以及纤维长度、强度、细度和整齐度指数等品质指标的协调性不够。这既与棉花的遗传品质、生产品质有关，也与初级加工品质以及气候变暖的环境因素有关。提高国产原棉质量需要科技、生产、加工以及政策引导等进行全方面发力。

4. 关于新疆棉花含糖量问题·据姚源松等(1995 年)于 1990—1991 年研究结果，新疆绿洲棉花纤维含糖量在 0.2%~4.4% 之间，在纺纱工艺中造成"三绕"(绕皮辊、绕罗拉、绕皮圈)问题严重。这一问题曾在 20 世纪 80 年代末引起重视，90 年代初期含糖高的军棉 1 号逐步被早熟性好的新陆早 2 号、4 号、5 号等品种替代，加上地膜覆盖(从窄膜到宽膜覆盖)、棉蚜生物生态综合防治的应用和全球气候变暖积温增加，使棉花的早熟性得到明显改善，以及纺纱厂安装空调室内温度得到控制后，"三绕"问题已极少发生。然而，迄今新疆局部特别是南疆棉蚜、棉叶螨防治失控仍有外糖产生。

(三) 创造新的栽培模式

1. "密矮早"成功栽培模式·地膜覆盖和化学调控自 1980 年代初在新疆绿洲棉花栽培试验成功之后，逐步形成以此为基础的"密矮早"高产栽培模式。第一代"密矮早"模式于 20 世纪 80 年代中期形成，窄膜覆盖，地膜宽度 80 cm，高密度种植，收获密度达到 15 万~18 万株/hm^2，单产提高到 1 500 kg/hm^2，实现了全疆棉花单产的第一次跃升。第二代"密矮早"模式于 20 世纪末到 21 世纪初期形成，宽膜覆盖，地膜宽 204 cm，聚乙烯软管输水，膜下滴灌，收获密度进一步提高到 30 万株/hm^2，单产达到 2 250 kg/hm^2，创一批高产条田与连队典型,最高籽棉单产达 12 090 kg/hm² 的高产纪录(2009 年李雪源领衔在农一师十六团,栽培面积 750 hm²),实现了全疆棉花单产的第二次跃升。第三代"密矮早"机械化采收模式始于 21 世纪 10 年代,在宽膜覆盖和膜下滴灌基础上,为了提高单产,便于机械化采收,采用超窄(66+10 cm)的行距配置,建立密度更高的群体。2021 年,全疆机械化采收面积占全疆绿洲棉花播种面积的 80%,其中北疆与兵团占播种面积的 90% 以上。新疆机采棉试验示范和推广应用的发展轨迹同黄河小麦机械化采收一样,从试验示范到形成生产力经历约 10 年时间。然而,实践证明,极高密度种植加肥水耦合致使棉花的早熟性没有保障,因叶片和植株的成熟没有保障,脱叶效果难以达到设计指标,田间脱叶和落叶效果差,致使机采籽棉叶屑杂质含量极高,机械除杂清理对纤维长度等指标的损伤很大。对机械化采收而言,这是最大的致命性问题,需要科技、生产和加工联手破解这一难题。

2. <u>科学施肥</u>·新疆绿洲棉田施肥同全国一样,经历了 20 世纪 50—70 年代以有机肥为主,到 80—90 年代以有机无机肥料相结合,再到 21 世纪以化肥为主的发展过程。如今,新疆绿洲棉田全部施用化肥,氮、磷、钾与微量元素配合使用,土壤施肥与滴灌施用并举。生产上肥料施用量为 N 225~375 kg/hm²、P_2O_5 75~80 kg/hm²、K_2O 45~75 kg/hm²、Zn 和 B 15 kg/hm²(见第十章)。

3. <u>病虫草综合防治</u>·中华人民共和国成立 70 年以来,新疆绿洲棉花的病虫草防治经历了 20 世纪 50—70 年代以农业防治为主,到 20 世纪 80—90 年代生物生态和化学防治相结合,再到 21 世纪以来逐步形成种植抗虫棉和以化学防治为主的发展过程。如今,棉田采用大面积化学除草、大面积多次化学防治蚜虫和棉叶螨等技术,而棉铃虫防治在种植转基因抗虫棉品种后基本不再需要使用化学农药(见第十一章)。

(四) 大力发展农业机械化

1. <u>农业机械总动力和大中型农机具快速增长</u>·全疆农业机械总动力在 1960—1978 年增长了 12.52 倍,在 1980—1995 年增长了 1.64 倍。进入 21 世纪,农业机械总动力又迎来一个发展的新时代,在 2000—2018 年增长了 2.18 倍(表 1-7,图 1-10)。

全疆农用大中型拖拉机在 2000—2018 年增长了 4.53 倍,大中型拖拉机配套农具从 2000 年的 15.64 万部增长到 2018 年的 40.52 万部,增长了 4.53 倍。

表 1-7·新疆绿洲农业机械化发展

(毛树春,2020 年)

年份	地区	农业机械总动力(万 kW)	农用大中型拖拉机		小型拖拉机		大中型拖拉机配套农具(万部)	小型拖拉机配套农具(万部)
			数量(万台)	动力(万 kW)	数量(万台)	动力(万 kW)		
1960	全疆总计	12.33	0.26	0.60	0	0	1.85	
1978	全疆总计	166.69	2.01	6.91	0.78	0.63	4.06	
1980	全疆总计	247.78	2.93	10.35	1.50	1.26	4.45	
1985	全疆总计	384.91	4.10	15.18	4.14	3.92	6.32	

续 表

年份	地 区	农业机械总动力（万 kW）	农用大中型拖拉机 数量（万台）	农用大中型拖拉机 动力（万 kW）	小型拖拉机 数量（万台）	小型拖拉机 动力（万 kW）	大中型拖拉机配套农具（万部）	小型拖拉机配套农具（万部）
1990	全疆总计	523.10	4.62	18.14	10.80	11.18	7.23	
	其中兵团	119.22	1.03	45.57	1.32	13.71	2.53	0.31
1995	全疆总计	653.37	5.01	21.10	17.91	19.37	10.33	
	其中兵团	140.16	1.18	56.06	1.69	17.40	3.67	0.77
2000	全疆总计	851.17	6.22	255.66	26.09	296.49	15.64	32.31
	其中兵团	180.02	1.71	80.18	2.23	25.15	5.41	1.40
2005	全疆总计	1 116.25	11.35	374.96	34.89	414.15	21.66	48.64
	其中兵团	249.30	2.12	109.15	3.43	42.46	5.76	2.14
2009	全疆总计	1 503.27	21.78	675.34	37.14	455.78	39.99	59.64
	其中兵团	338.56	3.33	151.49	3.79	48.42	6.61	3.1
2010	全疆总计	1 642.93	25.38	760.05	36.12	443.81	47.90	62.58
	其中兵团	369.33	3.68	166.02	3.73	46.60	7.09	3.35
2011	全疆总计	1 795.94	29.52	837.75	34.91	434.63	51.94	63.41
	其中兵团	396.26	4.00	179.51	3.55	45.58	7.49	3.41
2012	全疆总计	1 968.27	34.26	1 037.92	33.49	413.90	60.08	63.47
	其中兵团	424.36	4.28	198.24	3.42	43.87	7.78	3.09
2013	全疆总计	2 165.86	39.69	1 201.4	31.85	398.24	68.44	62.85
	其中兵团	458.72	4.63	221.56	3.22	40.83	7.54	2.65
2014	全疆总计	2 338.37	44.19	1 376.38	29.92	375.06	74.39	62.37
	其中兵团	484.16	4.99	241.28	3.20	41.63	7.92	2.77
2015	全疆总计	2 483.49	47.06	1 489.7	28.09	352.97	79.42	62.80
	其中兵团	499.64	5.10	250.12	3.00	39.14	8.20	2.64
2016	全疆总计	2 581.96	48.68	1 560.92	26.73	328.34	85.56	58.67
	其中兵团	519.38	4.98	239.45	3.02	39.84	8.19	2.66
2017	全疆总计	2 676.53	50.33	1 658.10	25.92	318.68	87.65	58.00
	其中兵团	527.70	5.14	255.73	2.85	37.69	8.29	2.59
2018	全疆总计*	2 703.54	34.40	1 425.61	42.77	641.20	40.52	106.27
	其中兵团	538.96	5.37	273.59	2.80	36.89	8.34	2.60

注：数据整理自《新疆 50 年》和历年《新疆统计年鉴》《新疆生产建设兵团统计年鉴》。

* 2018 年农用大中型拖拉机全疆总计 34.40 万台，大中型拖拉机配套农具 40.52 万部，或系统计数据有误。

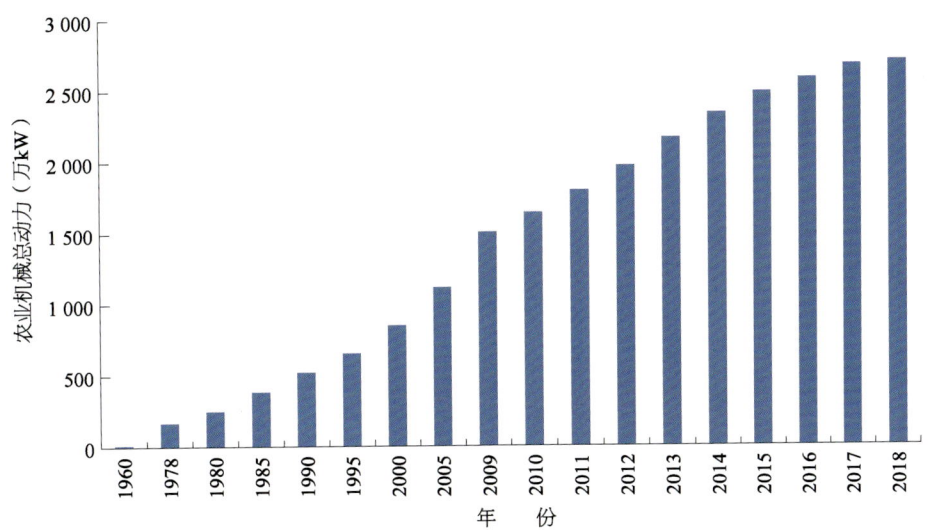

图 1-10·1960—2018 年新疆农业机械化总动力增长
(数据源自历年《新疆统计年鉴》和《新疆农业机械化 60 年》,毛树春,2020 年)

与地方一样,兵团农业机械总动力和配套农具发展也很快。

1990—2018 年,兵团农业机械总动力从 119.22 万 kW 增长到 538.96 万 kW,增长了 3.52 倍(图 1-11)。

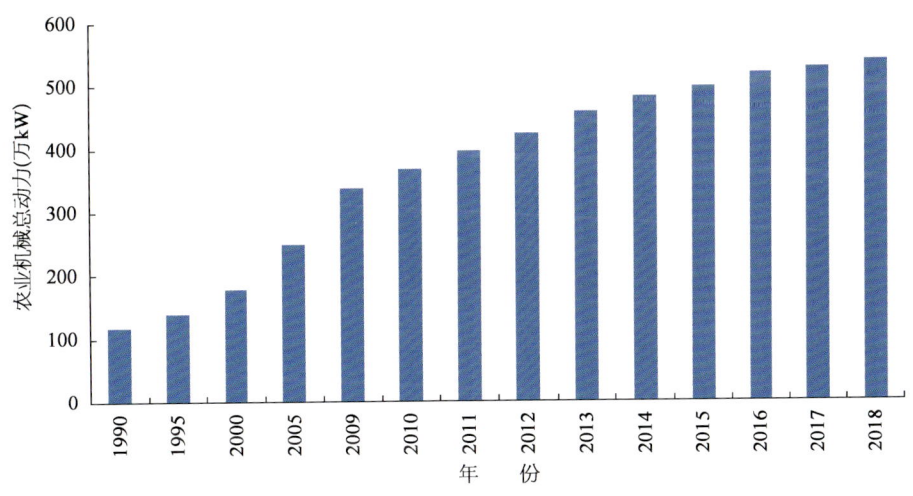

图 1-11·1990—2018 年兵团农业机械化总动力增长
(数据整理自《新疆生产建设兵团统计年鉴》,毛树春,2020 年)

1990—2018 年,兵团农用大中型拖拉机增长从 1.03 万台增长到 5.37 万台,增长了 4.21 倍;兵团大中型拖拉机配套农具从 2.53 万部增长到 8.34 万部,增长了 2.30 倍(图 1-12)。

2. 耕种机械化水平大幅提高·2018 年,新疆农作物耕、种、收综合机械化水平 84.7%,机耕率 99.4%,机播率 94.4%,机收率 57.8%。同年,兵团种植业的耕、种、收综合机械化达

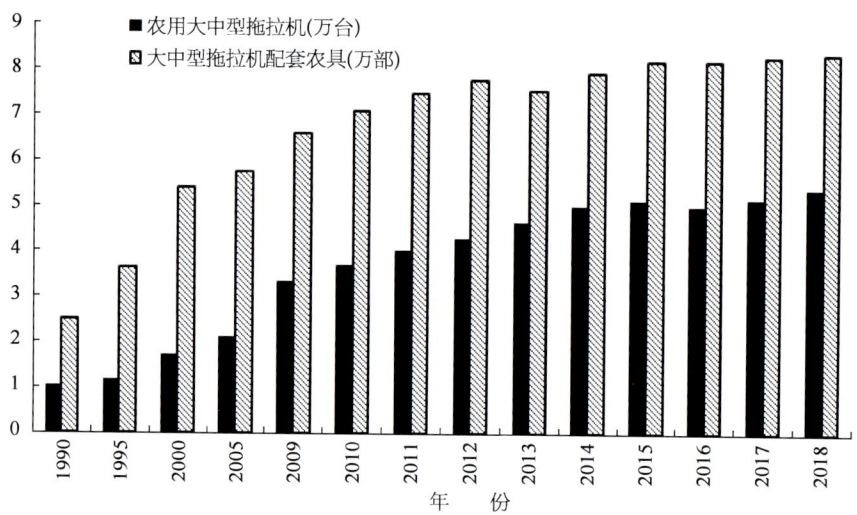

图 1-12 · 1990—2018 年兵团农业大中型拖拉机及配套农具增长

（数据整理自《新疆生产建设兵团统计年鉴》，毛树春，2020 年）

率 94.1%。棉花全部精量播种，播种、地膜覆盖、膜上打孔和覆土一体化作业，效率高。兵团大幅高于地方的 10 个百分点。其中，2019 年兵团精量播种面积达到 84.4 万 hm², 占棉花播种面积的 97.6%（图 1-13）。

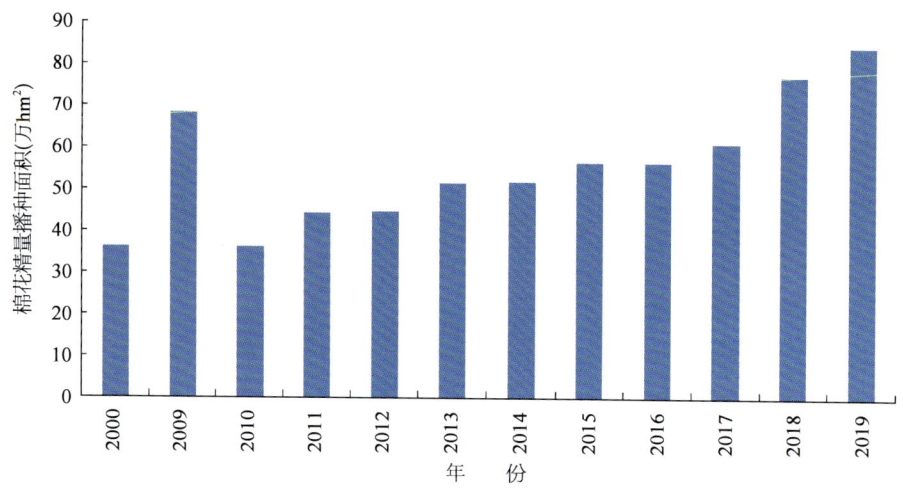

图 1-13 · 兵团棉花精量播种面积增长

（数据整理自历年《新疆生产建设兵团统计年鉴》，毛树春，2020 年）

3. 机械化采收快速增长·新疆棉花机械化采收始于 21 世纪初期，采棉机从 2006 年的 303 台增长到 2018 年的 3 600 台，增长 10.9 倍，其中兵团占 65.3%，地方包括农机专业合作社占 35.0% 左右。棉花机械化采收面积从 2006 年的 5.4 万 hm² 增长到 2018 年 100 万 hm²，增长 17.5 倍。2018 年全疆棉花机械化采收率达到 50% 以上，其中兵团 80% 以上，北疆则基本实现全部机采，南疆机械化采收率 30% 左右。

近两年，因新冠疫情限制人员流动，新疆绿洲棉花机械化采收的进程加快。2020 年全疆机采率达到 79.0%,比 2019 年增加 19 个百分点;面积达到 200.0 万 hm²,比 2019 年增长 39.7%。2021 年全疆机采率达到 81.8%,比 2020 年再增加 2.8 个百分点;机采面积 220.7 万 hm²,比 2020 年增长 10.4%(图 1-14)。

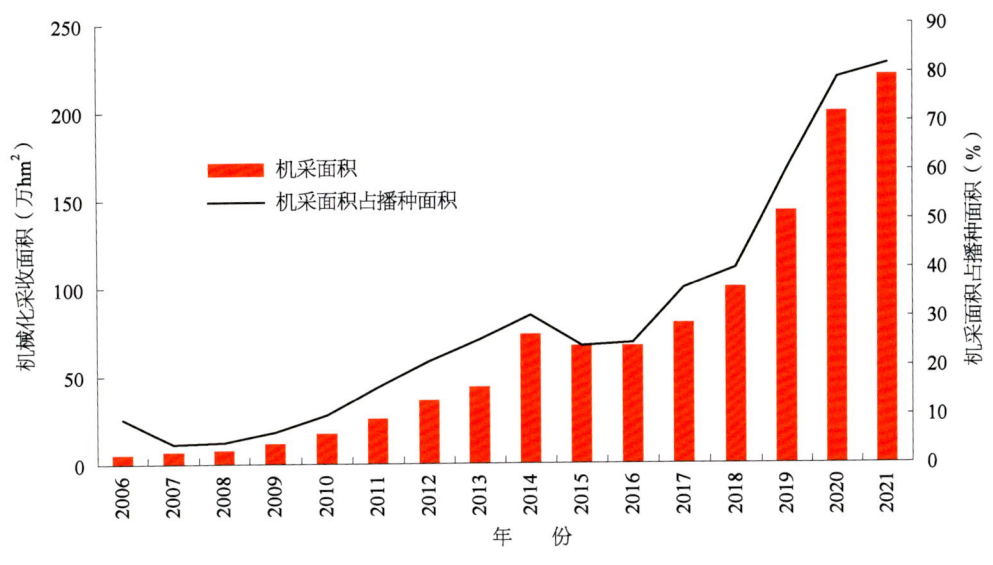

图 1-14 · 新疆绿洲棉花机械化采收进展

(数据源自中国棉花长势监测预警景气报告,毛树春,2022 年)

从供需平衡来看,全疆每年需淘汰并更新采棉机 600~700 台,总体采棉机保有量 3 700 台左右即可满足 300 万 hm² 棉花的采收需求。

采棉机机型以美国凯斯(Cash IH)CE630 采棉机、约翰迪尔(John Deere)7660 摘棉机为主,均为大型采收机,且价格昂贵。自 2016 年开始使用国产 4MZ-3 型自走式、4MZ-5 型自走式和 4MZ-6 型自走式采棉机。2018 年国产采棉机达 800 多台,占新疆采棉机保有量的 22.2%。国产采棉机以 3 行机居多。在全国采棉机制造公司中,以新疆钵施然智能农机股份有限公司市场拥有量最多,产品稳定性好。另有常州东风农机集团有限公司、中国铁建重工集团股份有限公司、山东天鹅棉业机械股份有限公司等机型,价格都比约翰迪尔公司和凯斯公司的便宜。21 世纪之初"贵行"制造的采棉机已基本被淘汰(表 1-8)。

表 1-8 · 2001 年以来新疆棉花机械化采收进展

(毛树春,刘向新,2020 年)

年 份	机采种植模式 (万 hm²)	机采面积 (万 hm²)	采棉机 保有量(台)	累计机采棉 加工生产线(条)	手工采摘费用 (元/kg)
2001—2005	100.3	20.6	315	60	1.00~1.40
2006	10.0	5.4	303	58	1.50~1.60
2007	14.7	6.9	315	66	1.60~1.70
2008	20.0	7.8	426	81	1.70~1.80

续 表

年 份	机采种植模式（万 hm²）	机采面积（万 hm²）	采棉机保有量(台)	累计机采棉加工生产线(条)	手工采摘费用（元/kg）
2009	16.7	11.6	604	94	1.80~2.00
2010	28.0	17.1	708	114	2.30~2.40
2011	33.3	25.7	1 008	159	2.20~2.30
2012	53.3	36.2	1 508	198	2.20~2.30
2013	80.0	43.7	1 700	290	2.20~2.30
2014	100.0	73.3	2 200	330	2.20~2.30
2015	80.0	66.7	2 400	360	2.20~2.30
2016	60.0	53.3	2 700	370	1.60~1.80
2017	166.7	79.7	3 000	370	1.60~1.80
2018	180.0	100.0	3 600	370	1.60~1.80
2019	200.0	143.3	3 600	370	1.60~1.80
2020	220.0	180.0	5 000	380	2.30~2.50

注：数据源自毛树春《中国棉花景气报告 2016》，P89；《中国棉花栽培学》(2019 版)，P1 240。

4. 智能化和智慧棉花。 用信息化、精准化、智能化和现代装备形成现代植棉技术。新疆是全国最早采用精准技术实现精量播种、精准肥水滴灌的棉区。以卫星数据服务为支撑的智能化技术，进一步提升和改进包括精准播种、精量施肥、灌溉和肥水耦合、精准化调和长势监测预警，现代植棉技术正在形成新的生产力。其中，卫星导航使昼夜耕整地和播种成为可能，并减轻农机手的劳动强度和播种季节时间的调度压力；以农用植保无人机为工具，实行"飞手"喷施农药、植物生长调节剂和脱叶剂，使棉田管理作业出现大量"新农人"面孔。采棉机是现代农业的顶尖装备，机采棉是现代农业的顶尖技术，以采棉机为支撑的机械化采收可使田间劳动强度和单位面积用工数量大幅度减少90%，并大幅提升生产效率。以机械化、数字化和智能化为支撑的现代植棉技术的研发和应用，初现知识农业、智能农业的端倪(见第十二章)。

2020 年冬春季节，当春耕碰上"新冠肺炎疫情"暴发，一些农业公司通过智能化和数字化技术，开展"一对一户""一对一块田"的春耕、春播、春管服务，使植棉智能化大显身手。

（五）持续开展科技兴棉活动

开展绿洲棉花高产创建活动是科教兴国、科学种田的具体实践。持续的棉花高产创建活动形成诸多生产管理技术经验、种植模式、管理方式和科技教育培训活动，提高了农民科学种田水平，并在全国发挥积极的示范引领功能。

大面积高产创建是科技兴棉的重要抓手。创建活动由农业农村部主导，各地农业部门组织实施，创建时间为 2009—2015 年，是一种普惠性的创建活动。2009—2010 年设置示范片 200 个、2011 年为 260 个，每个示范片要求棉花种植面积 666.7 hm²，2012—2015 年增加乡镇整建制创建，2016 年之后转为绿色高产创建为普惠制。示范片产量指标要求西北内陆皮棉达到 2 250 kg/hm²，并由农业部组织专家组每年进行测产验收(表 1-9)。

表 1-9 · 2009—2012 年新疆棉花高产创建省级复测结果统计

(毛树春等整理,2019 年)

地 点	示范片（个）	落实面积（万 hm²）	皮棉单产(kg/hm²) 2009—2012年平均	皮棉单产(kg/hm²) 2012年	2009—2012 增产量(kg/hm²)	2009—2012 增率(%)	2012 增产量(kg/hm²)	2012 增产率(%)
新疆地方	165	23.49	2 335.5	2 422.5	450.0	25.0	459.0	25.5
新疆兵团	112	10.45	2 635.5	3 351.0	385.5	17.1	894.0	36.4

"千(公)斤棉"创建由国家棉花产业技术体系首席科学家喻树迅院士于 2009 年发起并持续至 2015 年。西北籽棉单产要求 15 000 kg/hm²，面积不少于 3.3 hm²。在南疆，新疆生产建设兵团第一师十六团，体系岗位科学家李雪源领衔连续多年创建，并不断刷新高产纪录，其中 2013 年创籽棉单产 12 600 kg/hm²，为全国最高水平。2012 年，在北疆呼图壁县，由昌吉市阜康农业产业化龙头发展协会创建适宜棉区 333 hm² 大面积籽棉单产 8 089.5 kg/hm² 的高水平(表 1-10)。

表 1-10 · 新疆绿洲棉花高产创建测产纪录

(毛树春等整理,2020 年)

年份	领衔创建者	创建地点和关键技术措施	测定籽棉单产(kg/hm²)	测产专家
2009	育种与种子岗位科学家,李雪源	新疆生产建设兵团第一师十六团五连	12 060.0	喻树迅、别墅等
2010	育种与种子岗位科学家,李雪源	新疆生产建设兵团第一师十六团五连	10 594.5	毛树春、别墅等
2011	育种与种子岗位科学家,李雪源	新疆生产建设兵团第一师十六团五连	11 011.5	喻树迅、毛树春、房卫平、周治国
2012	孔雀河试验站站长,李卫平	巴州普惠农场植棉大户,李进才	7 659.0	自测
2012	阜康农业产业化龙头企业发展协会,领衔人曹生吉	昌吉州呼图壁县大漠深处,户主付钦林,植棉面积 433.3 hm²,全部种植杂交种,密度减半,稀植 87 000 株/hm²,简化管理,省工节本,增产增效	8 089.5	毛树春、李雪源、华金平、张旺锋等
2012	育种与种子岗位科学家,李雪源	新疆生产建设兵团第一师十六团七连 841 负田块;常规高产品种、高密度、宽膜覆盖、膜下滴灌、全程化调等	12 424.5	毛树春、董合忠、别墅、房卫平等
2013	育种与种子岗位科学家,李雪源	新疆生产建设兵团第一师十六团七连 841 负田块;常规高产品种、高密度、宽膜覆盖、膜下滴灌、全程化调等	12 600.0	马峙英、毛树春、周治国、杜珉、宋小轩等
2013	阜康农业产业化龙头企业发展协会,领衔人曹生吉	昌吉市技术经济开发区,户主田代银,面积 6.7 hm²;种植杂交棉 1 号,收获密度 136 500 株/hm²,成铃数 1 441 005 个/hm²,整株单铃重 6.42 克	7 860.0	毛树春、华金平、刘骅、张旺锋等
2014	育种与种子岗位科学家,李雪源	新疆生产建设兵团第一师十六团七连 841 负田块;常规高产品种、高密度、宽膜覆盖、膜下滴灌、全程化调等	10 110.0	自测

注：数据源自毛树春主编的《中国棉花景气报告 2009—2016》，中国农业出版社。

高产创建挖掘了棉花的增产潜力，形成一个时代的新纪录，由创建总结提炼的选择优良品种或优势杂交种、合理密植、轻简育苗移栽、宽膜覆盖、膜下滴灌、平衡施肥、全程化调、统防统治、灾害预防救治等技术措施具有重要的实用价值。高产创建还在"代育代栽、统防统治、测土配方施肥、代管代收"等社会化服务方面开展了积极探索,为以后发展形成社会化服务和科技兴棉提供有益的经验借鉴,也是我国"藏棉于技"的重要表现形式,为规模化植棉提供有益借鉴。

五、植棉效益高

植棉效益高是棉花布局转移取得成功、棉花规模不断扩大和生产持续稳定发展的又一重要基础条件。"要发家,种棉花",这是20世纪80年代山东发展棉花生产的墙上标语。1983年与1991年山东省棉花播种面积分别扩大到150.0万hm^2和154.6万hm^2,棉田面积历史新高不断被刷新。"棉麦一起抓,重点抓棉花",这是20世纪90年代出席河南棉花生产会议代表的发言,该省1992年棉田面积扩大到124.8万hm^2,也创该省棉田面积的历史新高。"种棉花一年小变样,两年大变样,三年致富奔小康",这是2006年8月毛树春在新疆生产建设兵团第四师六十二团的所见所闻。由于棉花的比较效益高、副产品多、增值链条长,刺激和引导棉花种植面积的不断扩大。可见比较效益决定着棉花在农业、种植业中的重要经济地位。

整体上,西北新疆棉花呈现单产水平高、成本高、产值高、收益高、补贴多、投入大、成熟效应大的"四高一多两大"的典型特征(表1-11)。

表1-11 · 西北新疆棉花单位面积产量、主产品产值和收益与长江流域棉区、黄河流域棉区的比较

(毛树春,2020年)

年份	籽棉产量 长江流域、黄河流域平均(kg/hm^2)	籽棉产量 西北新疆(kg/hm^2)	籽棉产量 西北新疆±(%)	主产品产值 长江流域、黄河流域平均(元/hm^2)	主产品产值 西北新疆(元/hm^2)	主产品产值 西北新疆±(%)	收益 长江流域、黄河流域平均(元/hm^2)	收益 西北新疆(元/hm^2)	收益 西北新疆±(%)
2003	2 865.0	4 350.0	51.8	18 360.0	24 570.0	33.8	9 570.0	12 885.0	34.6
2004	3 420.0	4 455.0	30.3	15 735.0	21 045.0	33.7	5 865.0	7 830.0	33.5
2005	3 356.3	4 624.5	37.8	18 681.8	24 417.0	30.7	7 589.3	8 094.0	6.7
2006	3 690.0	4 921.5	33.4	18 718.5	23 377.5	24.9	7 040.3	5 613.0	−20.3
2007	3 446.3	4 600.5	33.5	20 998.5	25 533.0	21.6	7 487.3	5 721.0	−23.6
2008	3 296.3	4 717.5	43.1	15 027.8	23 209.5	54.4	−430.5	987.0	−329.3
2009	3 366.8	4 809.0	42.8	21 667.5	29 554.5	36.4	8 080.5	9 510.0	17.7
2010	3 042.0	3 922.5	28.9	34 427.0	40 470.0	17.6	17 111.3	17 229.0	0.7
2011	3 165.2	4 902.0	54.8	24 432.0	40 932.0	67.5	5 069.2	12 687.0	150.3
2012	3 416.2	5 649.0	65.4	27 237.8	44 359.5	62.9	5 941.2	14 425.5	142.8
2013	3 267.8	4 767.0	45.9	25 766.6	41 313.0	60.3	5 180.2	10 157.7	96.1
2014	3 447.0	4 321.5	25.4	19 701.4	26 304.2	33.5	−934.4	−1 942.4	107.9
2015	3 455.3	4 246.5	22.9	19 992.4	23 778.8	18.9	1 318.1	−2 410.8	−282.9
2016	3 504.0	5 032.5	43.6	24 244.1	35 210.3	45.2	6 973.7	9 181.4	31.7
平均	3 339.0	4 665.0	**39.7**	21 785.0	30 291.0	**39.0**	6 133.0	7 854.8	28.1

注:数据源自中国棉花生产监测预警数据;因四舍五入和数据转换尾数有差异;2006年全国棉区农业税都取消,2005年之前的收益为减除农业税后的数据。

(一) 棉花产量高、产值高和收益高

西北新疆棉花生产呈现产量高、产值高和收益高的"三高"特点。据中国棉花生产景气报告监测数据,2003—2016年,西北新疆样本籽棉平均单产4 665.0 kg/hm²,高于长江流域、黄河流域棉区的39.7%;西北新疆棉花主产品单位面积产值30 291.0元/hm²,高于长江流域、黄河流域棉区的39.0%;西北新疆棉花主产品单位面积收益7 854.8元/hm²,高于长江流域、黄河流域棉区的28.1%(表1-11)。

(二) 投入大、成本高

投入大、成本高是西北新疆棉花生产的又一特点。据中国棉花生产景气报告监测数据(表1-9),2003—2016年,西北新疆棉花种植成本22 501.4元/hm²,高于长江流域、黄河流域的41.2%,其中物化成本9 952.2元/hm²,高于长江流域、黄河流域的64.5%。物化成本包括化肥、地膜、滴灌水管、农药和种子等费用,都显著高于长江流域、黄河流域,耕、种、管、收的机械作业费用也明显高。劳动力费用10 379.7元/hm²,高于长江流域黄河流域的9.5%。其实,按单位面积和标准工时计算,西北新疆棉田劳动力用工数和劳动力费用并不是很高,早期籽棉采收大量雇佣其他省区劳动力,费用高达9 000~12 000元/hm²,但2014年后机械化采收逐步替代人工采收,采收的劳动力费用减少。如今,随着采棉机数量的增加和社会化服务的加快,机采费用下降也很明显,在2 700~3 000元/hm²之间。

(三) 关于棉花种植的劳动力费用

与全国一样,西北新疆棉花种植用工数量一直在减少。据记录,2001—2016年,单位面积用工数量从450.0个/hm²减少到159.6个/hm²,减幅高达182.0%。随着棉花种植机械化水平的不断提高,兵团农场职工和农业经营性企业单位面积用工在75~90个/hm²之间(表1-12)。

表1-12·西北新疆棉花投入和成本同长江流域、黄河流域棉区的比较

(毛树春,2020年)

年份	总成本			物化成本			劳动力费用		
	长江流域、黄河流域平均(元/hm²)	西北新疆(元/hm²)	西北新疆±(%)	长江流域、黄河流域平均(元/hm²)	西北新疆(元/hm²)	西北新疆±(%)	长江流域、黄河流域平均(元/hm²)	西北新疆(元/hm²)	西北新疆±(%)
2003	9 427.5	12 165.0	29.0	3 600.0	5 175.0	43.8			
2004	10 305.0	13 650.0	32.5	4 432.5	5 985.0	35.0			
2005	11 092.5	16 321.5	47.1	5 283.8	8 344.5	57.9	5 321.3	4 251.0	−20.1
2006	11 678.3	17 764.5	52.1	5 516.3	8 883.0	61.0	5 650.5	4 972.5	−12.0
2007	13 511.3	19 812.0	46.6	5 817.8	9 213.0	58.4	6 772.5	6 300.0	−7.0
2008	15 458.3	22 222.5	43.8	6 801.0	10 462.5	53.8	7 779.8	7 387.5	−5.0
2009	13 587.8	20 044.5	47.5	5 912.3	9 324.0	57.7	7 000.5	7 623.0	8.9
2010	17 316.0	23 239.5	34.2	6 731.3	10 866.5	61.4	9 213.8	9 106.5	−1.2

续表

年份	总成本			物化成本			劳动力费用		
	长江流域、黄河流域平均（元/hm²）	西北新疆（元/hm²）	西北新疆±（%）	长江流域、黄河流域平均（元/hm²）	西北新疆（元/hm²）	西北新疆±（%）	长江流域、黄河流域平均（元/hm²）	西北新疆（元/hm²）	西北新疆±（%）
2011	19 362.8	28 245.0	45.9	7 032.8	11 520.0	63.8	10 741.5	13 845.0	28.9
2012	21 296.3	29 934.0	40.6	7 806.0	11 974.5	53.4	11 841.0	15 259.5	28.9
2013	21 231.5	31 155.5	46.7	7 705.7	12 647.1	64.1	12 145.4	16 117.5	32.7
2014	20 635.7	28 246.5	36.9	6 333.8	11 143.8	75.9	13 355.8	16 183.8	21.2
2015	19 934.0	26 189.4	31.4	6 230.7	12 353.9	98.3	12 618.3	11 894.3	−5.7
2016	18 186.2	26 028.9	43.1	5 511.2	11 438.1	107.5	11 328.7	11 616.3	2.5
平均	15 930.2	22 501.4	41.2	6 051.2	9 952.2	64.5	9 480.8	10 379.7	**9.5**

注：数据源自中国棉花生产监测预警数据；因四舍五入和数据转换尾数有差异；关于劳动力作价，早期长江流域、黄河流域和西北棉区有差别，但2010年后雇佣劳动力作价一致；棉花全成本还包括固定生产资料折旧和间接费用。

棉花种植雇工比例中新疆基本农户雇工较少，兵团农场和农业经营性企业则普遍都存在雇工行为，约占劳动力费用的60%，但该比例都在减少，原因是西北新疆棉花机械化程度的提高，特别是采收机械化程度的提高。自用工作价按照当地雇工价的一半作为劳动报酬，劳动力费用约一半为劳动力的自身收益，如果加上自用工的劳动力费用，有相当植棉农户的收益达到1.5万元/hm²这一最佳的理想收益水平。其中，2010年最高达到1.72万元/hm²，2012年次之达1.44万元/hm²。这为稳定棉花种植提供了较为坚实的经济基础。

新疆以农户为单位的棉田面积大多以2 hm²（幅度3.3～6.7 hm²/户）为主，植棉收益23 564元/户；兵团以职工为单位的棉田面积平均2.7 hm²，职工年收益21 000元/人，如果考虑40%的劳动力费用用作收益，则都超过这一水平。

六、棉花生产的乘数效应大

棉花生产除为全疆提供220多万的劳动力就业岗位之外，还具有较大的辐射带动作用，即乘数效应。这是由于棉花种植使用的农业生产资料更多，辐射带动相关行业或产业的蓬勃发展，对一地社会经济作用非常大。换句话讲，新疆全社会都在围绕绿洲棉花发展地方经济，包括涉农业生产资料的制造业、运输业和服务业，农机制造及"代耕、代管、代收"服务，大批农用植保无人机"飞手"进疆开展病虫害防治、化学调控和脱叶催熟管理，棉花种子及产业、化肥、农药、节水灌溉设备，以及由此引发的种植、农机、植保、灌溉等专业合作社应运而生，还有棉花的公正检验（公检）、仓储和棉花的出疆运输等。

据新疆建设兵团统计年鉴，2018年农业中间物质消耗值为464.60亿元，比2000年增长107.2%。用种量、肥料、燃料、农药、农用塑料薄膜、用电量等全部都在大幅增长。其中，关于地膜覆盖，2010年地膜覆盖面积1 059.6万hm²，单位面积费用为69.94元/hm²，2018年地膜覆盖面积102.1万hm²，单位面积费用1 020元/hm²，单位面积费用比2010年增长13.58倍。可见，农业生产辐射带动物质部门的关联产业发展（表1-13）。

表 1-13 · 新疆建设兵团农业生产中间消耗值（单位：亿元）

（毛树春，2020 年）

项　目	2000 年	2010 年	2018 年	2018 年比 2010 年±（%）
合计	**61.51**	**224.27**	**464.60**	**107.16**
中间物质消耗	60.95*	138.01	296.04	114.51
用种量	4.81	12.92	30.85	138.78
役畜畜用饲料、饲草	0.27	0.91	1.51	65.93
其中饲料用粮	—	0.18	0.28	55.56
农作物秸秆	0.058	0.18	2.56	1 322.22
肥料	17.40	49.27	90.76	84.21
其中化学肥料	12.85	33.99	56.11	65.08
燃料	4.84	15.36	22.86	48.83
农药	2.00	5.39	9.16	69.94
农用塑料薄膜	3.58	7.41	10.42	40.62
用电量	2.53	8.55	15.09	76.49
小农具购置费	0.37	1.81	4.34	139.78
办公用品购置	0.30	1.03	20.76	1 915.53
其他物质消耗	25.41**	35.35	109.00	208.35
生产服务支出	—	86.26***	168.56	95.41

注：数据整理自 2001 年、2011 年和 2019 年《新疆生产建设兵团统计年鉴》；* 2000 年为种植业中间消耗物质，其中棉籽为 2.11 亿元，其他物质消耗包括：对物质生产部门的劳务支出 3.67 亿元和其他物质消耗 1.74 亿元；** 对非物质生产部门的劳务支出 19.44 亿元(包括外雇排灌费 7.01 亿元、外雇机耕费 3.74 亿元和上交管理费 1.26 亿元等)及其他农药中间消耗 0.56 亿元；*** 生产服务支出包括外农机具修理费、保险费、雇排灌费和外雇机耕费等。

七、目标价格试点及其助力植棉增收

2014—2016 年度，国家针对新疆开展绿洲棉花目标价格改革试点，2017—2020 年度被设定为目标价格。这一利好政策让新疆植棉者获得了较多的额外收益。

为了让政策落地到户，新疆当地政府出台了一系列配套保障措施和方法，比如"丈量"棉田面积、结合"公检"数据核实籽棉交售数量、补贴资金采用"一卡通"发放等。目的在于保障植棉者的利益。

据中国棉花生产监测预警数据和相关报告，2014—2018 年度，新疆植棉者获得的棉田单位面积额外收益中位数在 5 289～7 500 元/hm² 之间，2019 年度由于市场价格更低，植棉者获得的补贴更多。毫无疑问，目标价格对新疆棉田面积的扩大和稳定起到了"助推器和稳定器"作用（表 1-14）。

另据中国工程院咨询研究项目《我国乡村振新绿色发展与现代化战略研究》(2020-XY-074，未发表)显示，2017—2019 年，对新疆的沙湾县(北疆)、乌苏市(北疆)、沙雅县(南疆)、巴楚县(南疆)和尉犁县(南疆),新疆生产建设兵团第七师胡杨河市(北疆)123团和125团、第八师石河子市(北疆)134团和149团、第一师拉尔市(南疆)7团和12团进行了入户调研,主要结果如下。

表1-14·新疆绿洲棉花目标价格对植棉业产生的积极效果

(据文献、报告等资料整理,毛树春,2020年)

年 度	目标价格(元/t)	产量(万t)	表观补贴(元/t)	植棉者表观补贴中位数(元/hm²)
2014/2015	19 800	451.0	6 300	约6 697.5
2015/2016	19 100	429.8	6 600	约7 500.0
2016/2017	18 600	420.0	3 300	约5 509.5
2017/2018	18 600	456.6	2 600	约5 289.0
2018/2019	18 600	511.1	2 295	约6 000.0
2019/2020	18 600	500.2	6 056	约12 000.0

注：新疆绿洲棉花产量为国家统计局的调整数据；补贴资金参考中国棉麻流通经济研究会《深化新疆棉花目标价格改革的意见建议》进行了调整(2019年6月25日)；2018/2019年度新疆阿克苏地区补贴6 487.5～6 664.5元/hm²。

在绿洲棉花产区,棉花和棉花补贴在家庭收入中占有极高的比例。以家庭为单位的棉区农户表观收入平均值达到87 824.31元/户。其中植棉部分收入为43 538.42元/户,占家庭表观收入的49.57%;棉花补贴为31 462.09元/户,占家庭收入的35.82%,两者合计84 668.73元/亩,占家庭表观收入的78.88%。其他约12%的家庭收入来自务工或种植其他农作物,包括种植水果等。研究结果证明了棉花生产是当地典型的经济作物,印证了21世纪初新疆的一句农谚"种棉花一年小变样、两年大变样、三年致富奔小康",也揭示了棉花是经济作物的本质特征(图1-15)。

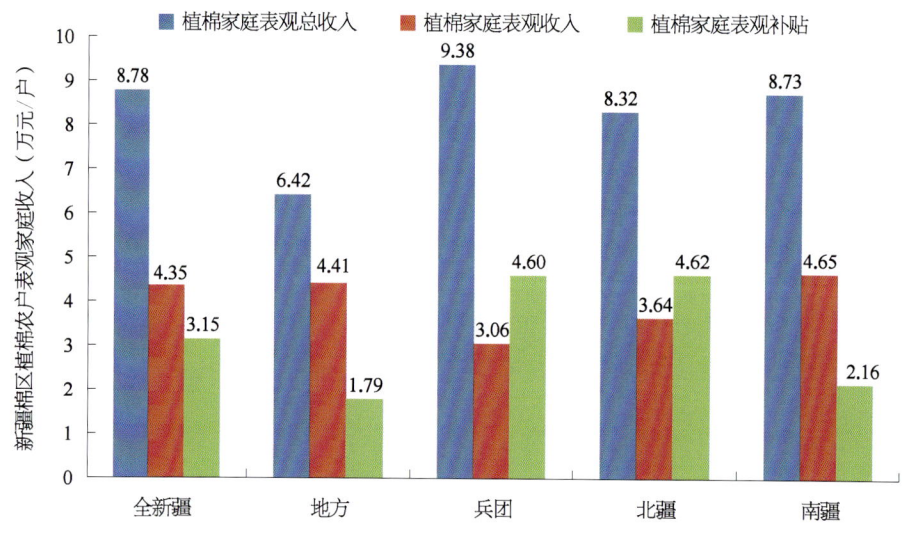

图1-15·新疆棉花产区植棉农户家庭收入比较

新疆棉区家庭收入在区域、地方与兵团有很大差异,北疆与兵团高于平均值,南疆与地方却低于平均值。其中北疆最高,占家庭收入比例高达99%,换句话讲,北疆棉区家庭收入几乎完全依靠棉花。从实际来看,南疆棉花的集中度明显差于北疆,南疆各地都种果树,既是农民的习惯也是结构调整和生态建设的结果,这符合新疆多年主张"稳粮、优棉、兴特色"的农业结构。早期南疆有"一亩红枣相当十亩棉花"之说,但是几年来红枣价格走低,种植水果家庭的收入反而低于北疆纯植棉家庭的收入。同时,南疆、地方棉花单产水平也低于北疆与兵团。此外,北疆与兵团单产水平高,补贴相对比南疆与地方也要高些(图1-16、表1-15)。

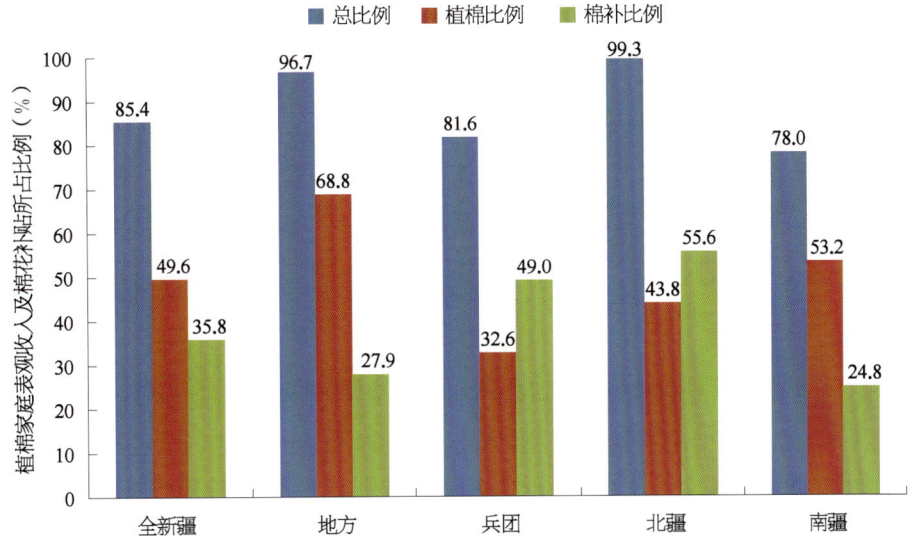

图1-16·新疆绿洲植棉家庭表观收入及棉花补贴占收入的比例

表1-15·2017—2019年新疆绿洲棉区农户家庭植棉表观收入及占比

(毛树春,2020年)

区域	表观总收入 (元/户)	植棉表观收入 (元/户)	植棉表观 补贴(元/户)	表观收入占家庭总收入的比例(%)			单位面积 表观补贴 (元/hm²)
				总比例	植棉比例	补贴比例	
全新疆	87 824.31	43 538.42	31 462.09	85.40	49.57	35.82	8 729.25
地 方	64 204.64	44 149.89	17 905.45	96.65	68.76	27.89	7 993.80
兵 团	93 798.49	30 587.69	45 997.41	81.65	32.61	49.04	9 515.70
北 疆	83 177.61	36 421.80	46 207.31	99.34	43.79	55.55	9 331.80
南 疆	87 331.36	46 487.47	21 631.95	78.00	53.23	24.77	8 327.55

注:数据源自中国工程院咨询研究项目《我国乡村振新绿色发展与现代化战略研究》(2020-XY-074,2020进展报告)。

棉花补贴在新疆绿洲棉区家庭收入占有极高的比重,平均值高达35.82%,其中北疆棉区超过一半,兵团占近一半,证明目标价格对棉区家庭收入的贡献极大。这也与兵团推进棉花品质与补贴挂钩有关系。由于地方与南疆种植棉花以外的果树等特色作物没有补贴,故补贴占家庭收入比例低。

八、棉花在新疆建设兵团的地位

棉花在兵团经济中占有极其重要地位。这是因为棉花对兵团资本的原始积累仍发挥着基础性作用。统计数据指出,2018年兵团棉花产值占农业产值的比例高达40%以上,而2000年占比高达近60%,尽管2018年降低了20个百分点,但在位于北疆的第五师、第六师、第七师和第八师棉花经济比例占比最高达到76.4%。同时表明,近几年兵团农业结构经过不断调整取得了良好结果,也证明了兵团北疆各产棉师市积极进行结构调整,紧紧抓住"目标价格"这一利好政策(表1-16)。

表1-16·棉花(皮棉)产值在新疆生产建设兵团农业产值中的地位

(毛树春,2020年)

年	农业产值(亿元)	棉花产值(亿元)	棉花产值占(%)
2000年兵团	**125.33**	**74.43**	**59.4**
第一师	23.90	18.97	79.4
第二师	9.53	3.94	41.3
第三师	8.61	6.12	71.1
第五师	7.46	5.25	70.4
第六师	15.50	9.26	59.7
第七师	14.00	9.74	69.6
第八师	25.81	18.32	71.0
第十三师	3.41	1.37	40.2
2018年兵团	**914.45**	**368.66**	**40.3**
第一师	226.90	66.87	29.5
第二师	80.64	20.71	25.7
第三师	89.51	30.50	34.1
第五师	35.45	20.36	57.4
第六师	84.22	51.92	61.6
第七师	84.25	54.51	64.7
第八师	143.09	109.39	76.4
第十三师	25.51	1.15	4.5

注：数据整理自历年《新疆生产建设兵团统计年鉴》；棉花主产品皮棉与副产品(包括棉籽、短绒以及棉秆)的产值之比为1∶0.5。

(主笔：毛树春；主审：田立文；终审：毛树春)

参考文献

[1] 国家统计局.中国统计年鉴2018.北京：中国统计出版社：401-406.

[2] 国家统计局.中国统计年鉴2019.北京：中国统计出版社：385-392.
[3] 国家统计局关于2019年棉花产量的公告,http://www.stats.gov.cn/tjsj/zxfb/201912/t20191217_1718007.html.
[4] 国家统计局关于2020年棉花产量的公告,http://www.stats.gov.cn/tjsj/zxfb/202012/t20201218_1810113.html.
[5] 新疆维吾尔自治区统计局,国家统计局新疆调查总队编.新疆统计年鉴(历年).北京：中国统计出版社.
[6] 新疆生产建设兵团统计局,国家统计局新疆建设兵团调查总队编.新疆生产建设兵团统计年鉴(历年).北京：中国统计出版社.
[7] 中国农业科学院棉花研究所主编.中国棉花栽培学.上海：上海科学技术出版社,2019.
[8] 水利部,国家统计局.第一次全国水利普查公报.北京：中国水利电力出版社,2013.
[9] 毛树春,李亚兵,董合忠.中国棉花辉煌70年.中国棉花,2019,46(7).
[10] 姚源松.新疆棉区划新论.中国棉花,2001,28(2).
[11] 田笑明.新疆棉作理论与现代植棉技术.北京：科学出版社,2016：8-15.
[12] 毛树春,李付广.当代全球棉花产业.北京：中国农业出版社,2016：554-566.
[13] 刘晏良.棉花发展战略研究.北京：中国统计出版社,2006：70-145,388-405,510-514.
[14] 马玄,金山,王京梁,等.新疆优质棉基地县、良种棉轧花厂现状、问题及发展建议.中国棉花,2004,31(11).
[15] 新疆优质棉基地建设领导小组办公室.科技进步全面推进新疆优质棉基地建设.中国科技投资,2009.
[16] 陈胜辉,刘维忠."十二五"新疆优质棉基地建设成效、问题及对策建议.新疆农业科技,2017(2).
[17] 毛树春.国家优质商品棉基地建设成就和"十五"计划建议.中国棉花,2000,27(12).
[18] 新疆生产建设兵团史志编纂委员会.新疆生产建设兵团发展史.乌鲁木齐：新疆生产建设兵团出版社,2011：67-71.
[19] 赖先齐.新疆绿洲农业学.乌鲁木齐：新疆科技卫生出版社,2002：1-17.
[20] 国家发展改革委,财政部.关于印发棉花目标价格改革试点方案的通知(发改价格〔2014〕1524号).中国棉麻流通经济,2016(4).
[21] 国家发展改革委,财政部.关于深化棉花目标价格改革的通知(发改价格〔2017〕516号).http://www.gov.cn/xinwen/2017-03/17/content_5178371.htm.
[22] 国家发展改革委,财政部.关于完善棉花目标价格政策的通知(发改价格〔2020〕474号).http://www.china-cotton.org//app/html/2020/03/26/86885.html.
[23] 毛树春,马小艳,程思贤,等.我国高品质原棉产需分析与发展建议.中国棉花,2020,47(3).
[24] 毛树春,李亚兵,主编.中国棉花景气报告2016.北京：中国农业出版社,2017.
[25] 毛树春,李亚兵.中国棉花景气报告2017—2019.北京：中国农业出版社,2021.
[26] 国家统计局关于2021年棉花产量的公告.http://www.stats.gov.cn/tjsj/zxfb/202112/t20211214_1825231.html.
[27] 杨苏明.关于新疆"一黑一白"发展战略的思考.决策咨询通讯.1998,9(3).
[28] 李婧,魏志辉.全面实施"一黑一白"发展战略,实现新疆经济跳跃发展.新疆经济社会.2008(5).

第二章
新疆绿洲棉区经济、社会及棉花结构

本章全面介绍新疆绿洲棉区的经济、社会及棉花种植结构、功能、发展进程的新知识、新变化和新状态。

结构决定功能,结构的复杂性决定功能的多样性,良好和复杂的结构具有相互支撑、合力发展的优势。

新疆维吾尔自治区新知识包括:新疆绿洲棉区的人口和民族结构、乡村户数和人口比例、乡村劳动力和从事农业的劳动力资源分布、从事棉花生产的劳动力数量和生产效率测算等。新疆地区的国内生产总值(GDP)和人均国内生产总值(人均GDP),为进一步了解认识新疆绿洲棉区经济、社会发展状况提供依据。

新疆棉花种植结构新知识包括:一是新疆地方和新疆生产建设兵团棉花的发展;二是绿洲棉花种植的市场主体结构,包括新疆地方与新疆生产建设兵团和新型经济体棉花种植结构及其比例变化;三是新疆棉属种的种植结构,包括陆地棉(*Gossypium hirsutm* L.)、海岛棉(*G.berbadense* L.)与陆地棉中的彩色棉种植结构及其变化;四是新疆不同生态类型亚区的种植结构及其变化;五是绿洲棉花大地区、大县市、兵团大师市团场的增量变化;六是新疆地产原棉消费及其比例变化等。这些新知识为深入研究、认识绿洲棉花的资源性生产、分布结构和消费比例提供新的支持。

第一节·新疆绿洲棉区经济、社会结构新概况

一、新疆人口和民族结构

(一)新疆人口、城镇和农村人口比例

2018年,新疆年末人口数2 486.76万人,比1978年增加1 253.75万人,增长101.68%;比2010年增加305.18万人,增长13.99%(表2-1)。

2018年,新疆城镇人口1 266.01万人,城镇人口占总人口的比例为50.91%。同年,全国城镇人口占总人口的比例为59.58%,新疆比全国平均比例低8.67个百分点,人口转移和城镇化水平待提高。

2018年,新疆生产建设兵团年末人口数310.56万人,比1978年增加98.58万人,增长46.50%;比2010年增加49.84万人,增长19.12%(表2-1)。

新疆兵团占全疆人口的比例,1978年为17.19%、2000年为13.13%、2018年为12.49%,可见兵团人口占全疆总人口的比例在不断下降。

表2-1 · 新疆维吾尔自治区和新疆生产建设兵团人口结构

(毛树春、程思贤,2020年)

区 域	年 份	年末总人口(万人)	城 镇		乡 村	
			人口数(万人)	比重(%)	人口数(万人)	比重(%)
新疆全区	1978	1 233.01	321.40	26.07	911.61	73.93
	1980	1 283.24	372.74	29.05	910.50	70.95
	1990	1 529.16	685.96	44.86	843.20	55.14
	2000	1 849.41	624.18	33.75	1 225.23	66.25
	2002	1 905.19	644.72	33.84	1 260.47	66.16
	2005	2 010.35	746.85	37.15	1 263.50	62.85
	2009	2 158.63	860.21	39.85	1 298.42	60.15
	2010	2 181.58	933.58	42.79	1 248.01	57.21
	2013	2 264.30	1 006.93	44.47	1 257.37	55.53
	2017	2 444.67	1 207.18	49.38	1 237.49	50.62
	2018	2 486.76	1 266.01	50.91	1 220.75	49.09
	年 份	年末总人口(万人)	男性(万人)	女性(万人)	男性占比(%)	女性占比(%)
新疆生产建设兵团	1978	211.98	109.07	102.92	51.5	48.5
	1980	220.08	112.71	107.37	51.2	48.8
	1990	214.35	111.05	103.31	51.8	48.2
	2000	242.79	127.27	115.52	52.4	47.6
	2002	250.12	131.18	118.94	52.4	47.6
	2005	256.98	134.69	122.29	52.4	47.6
	2009	257.32	135.11	122.21	52.5	47.5
	2010	260.72	137.66	123.06	52.8	47.2
	2013	270.14	142.31	127.83	52.7	47.3
	2017	300.53	156.76	143.77	52.2	47.8
	2018	310.56	160.61	149.95	51.7	48.3

注:数据源自《新疆统计年鉴》(2019)整理,北京:中国统计出版社,2019。

(二) 新疆总人口及其构成

新疆维吾尔自治区是一个多民族聚居的地区。据2019年7月1日国务院新闻办公室发表《新疆的若干历史问题》白皮书,新疆共生活着56个民族。

新疆主要民族包括:维吾尔族、汉族、哈萨克族、回族、柯尔克孜族、蒙古族、塔吉克族、锡伯族、满族、乌孜别克族、俄罗斯族、达斡尔族、塔塔尔族等(表2-2)。

2018年,维吾尔族人口1 167.86万人,比1978年增加612.33万人,增长110.22%;比2009年增加165.88万,增长16.56%。维吾尔族人口占新疆总人口的比例从1978年的45.05%提高到2009年的46.42%,再提高到2018年的51.14%,近40年提高了6.09个百分点。

2018年,新疆汉族人口785.74万人,比1978年增加272.84万人,增长53.20%;比2009年减少55.95万人,减幅6.65%。汉族人口占新疆总人口的比例从1978年的41.60%减少到2009年的38.99%,再减少到2018年的34.41%,近40年减少了7.19个百分点。

新疆其他民族,如哈萨克族、回族、柯尔克孜族、蒙古族等人口的绝对数都有增加,增长比例有多有少(表2-2)。

表2-2 · 1978—2018年新疆维吾尔自治区人口及民族构成

(毛树春、程思贤,2020年)

项目	年末人口数	民族构成						
		维吾尔族	汉族	哈萨克族	回族	柯尔克孜族	蒙古族	其他民族
1978年人口(万人)	1 233.01	555.53	512.90	82.10	53.12	10.40	10.74	8.22
1978年比例(%)	100.00	45.05	41.60	6.66	4.31	0.84	0.87	0.67
1980年人口(万人)	1 283.24	576.46	531.03	87.68	56.56	10.89	11.32	9.30
1990年人口(万人)	1 529.16	724.95	574.66	113.92	68.89	14.44	14.28	18.02
2000年人口(万人)	1 849.41	852.33	725.08	131.87	83.93	16.47	16.20	23.52
2002年人口(万人)	1 905.19	869.23	759.57	133.35	85.46	17.13	16.38	24.07
2005年人口(万人)	2 010.35	923.50	795.66	141.39	89.35	17.15	17.17	26.13
2009年人口(万人)	2 158.63	1 001.98	841.69	151.48	98.04	18.93	17.96	28.55
2009年比例(%)	100.00	46.42	38.99	7.02	4.54	0.88	0.83	1.32
2010年人口(万人)	2 164.44	1 017.15	832.29	151.16	98.40	18.92	17.74	28.78
2013年人口(万人)	2 266.62	1 074.41	860.06	158.54	104.57	19.85	18.43	30.76
2017年人口(万人)	2 286.72	1 165.50	790.18	158.36	101.99	20.72	17.92	32.05
2018年人口(万人)	2 486.76	1 167.86	785.74	157.49	101.57	20.83	17.90	32.07
2018年比例(%)	100.00	51.14	34.41	6.90	4.45	0.91	0.78	1.40

注:据历年《新疆统计年鉴》整理,北京:中国统计出版社。其他民族包括锡伯族、俄罗斯族、塔吉克族、乌孜别克族、塔塔尔族、满族、达斡尔族等。2018年比例按各民族总人口2 283.46万人计算。

(三) 新疆生产建设兵团总人口及构成

新疆生产建设兵团人口同样由各民族组成(表2-3)。

2018年,新疆兵团维吾尔族人口28.26万人,比1978年增加16.73万人,增长145.10%;比2009年增加9.09万人,增长47.42%。维吾尔族人口占兵团人口的比例从1978年的5.44%提高到2009年的7.45%,再提高到2018年的9.10%,近40年增加了3.66个百分点。

2018年,新疆兵团汉族人口262.94万人,比1978年增加72.29万人,增长37.92%;比2009年增加38.72万人,增长17.27%。汉族人口占兵团人口的比例从1978年的89.94%减少到2009年的87.14%,再减少到2018年的84.67%,近40年减少了5.27个百分点。

新疆兵团其他民族,如哈萨克族、回族、柯尔克孜族、蒙古族等人口的绝对数也都有增加,增长比例各有差异(表2-2)。

表2-3 · 1978—2018年新疆生产建设兵团人口及民族构成

(毛树春、程思贤,2020年)

项　目	年末人口数	民　族　构　成					
		汉族	维吾尔族	哈萨克族	回族	蒙古族	其他民族
1978年人口(万人)	211.98	190.65	11.53	2.94	5.07	0.26	1.52
1978年比例(%)	100.00	89.94	5.44	1.39	2.39	0.12	0.72
1980年人口(万人)	220.08	198.52	12.44	3.12	5.26	0.45	0.28
1990年人口(万人)	214.35	189.75	13.89	3.59	5.55	0.58	0.99
2000年人口(万人)	242.79	214.37	15.75	4.07	6.22	0.59	1.79
2002年人口(万人)	250.12	220.45	16.50	4.27	6.47	0.62	1.82
2005年人口(万人)	256.98	225.73	17.87	4.31	6.52	0.65	1.89
2009年人口(万人)	257.31	224.22	19.17	4.56	6.82	0.65	1.90
2009年比例(%)	100.00	87.14	7.45	1.77	2.65	0.25	0.74
2010年人口(万人)	260.72	222.98	21.23	4.95	7.99	0.64	2.92
2013年人口(万人)	270.14	232.60	21.85	4.93	7.88	0.68	2.21
2017年人口(万人)	300.53	255.46	26.57	5.68	8.88	0.79	3.15
2018年人口(万人)	310.56	262.94	28.26	5.94	9.22	0.83	3.37
2018年比例(%)	100.00	84.67	9.10	1.91	2.97	0.27	1.09

注:据历年《新疆生产建设兵团统计年鉴》整理,北京:中国统计出版社。其他民族包括锡伯族、俄罗斯族、塔吉克族、乌孜别克族、塔塔尔族、满族和达斡尔族等。

二、乡村户数和劳动力

据新疆地方和新疆兵团统计年鉴数据,全疆乡村户数、乡村人口和农村劳动力由新疆地方乡村、新疆地方国有农牧场和新疆兵团的农牧团场组成。

(一)乡村总户数和劳动力构成

2018年,全疆地方乡村、地方农牧场和新疆兵团团场户数分别为325.0万户、95.2万户和75.4万户,合计495.6万户。

2018年,全疆地方乡村、地方农牧场和新疆兵团团场人口数分别为1 244.3万人、275.4万人和210.9万人,合计人口数为1 730.6万人。

2018年,全疆地方乡村、地方农牧场和新疆兵团团场从业人员分别为593.9万人、142.9万人(场内劳动力)和105.4万人(场内劳动力),合计从业人员为842.2万人。

2018年,全疆地方乡村、地方农牧场和新疆兵团团场从事农业的劳动力别为472.2万人、64.1万人和39.4万人,合计从事农业的劳动力475.7万人,占地方乡村、地方农牧场和新疆兵团团场劳动力的56.5%,即全疆从事农业劳动力占全疆地方和新疆兵团团场劳动力的一半以上。据估计,从事棉花种植、加工和棉花种植服务的劳动力约占全疆乡村劳动力资源的45%,为214.1万人(表2-4、表2-5、表2-6)。

另外,还有从事农业经营和管理的外来人口,包括流动人口和工商资本在乡村的从业人口,其中早些年进疆拾花人数就达几十万人,但未见具体的统计数据。

(二)地方乡村户数和劳动力

2018年,新疆地方乡村户数325.0万户,比2000年增长61.8%;乡村人口1 244.3万,比2000年增长36.3%;乡村从业人员593.9万人,比2000年增长27.7%;乡村从事农业劳动力472.2万人,比2000年增长50.2%(表2-4)。

表2-4 · 新疆地方乡村户数和乡村从业劳动力

(毛树春,2020年)

项 目	2000年	2010年	2014年	2015年	2016年	2017年	2018年
乡村户数(万户)	200.9	255.1	287.8	294.8	308.1	320.2	325.0
乡村人口数(万人)	913.2	1 073.7	1 173.7	1 192.9	1 223.8	1 240.7	1 244.3
乡村从业人员(万人)	354.1	465.1	623.2	583.5	608.0	595.9	593.9
乡村从事农业劳动力(万人)	314.4	375.9	455.9	475.9	492.9	478.4	472.2

注:数据整理自历年《新疆统计年鉴》;乡村户数和人口包括牧业户数和牧业人口,其中牧业户数占乡村户数的14.1%~15.2%,牧业人口占乡村人口的13.7%~14.2%。

2018年,新疆地方国有农牧场261家,比2000年减少14.7%;场内从事农业劳动力64.1万人,比2000年减少10.5%。可见,新疆国有农场是新疆地方农村的重要人口和劳动力资源(表2-5)。

表2-5 · 新疆地方农牧场户数和从业劳动力

(毛树春,2020年)

项 目	2000年	2010年	2014年	2015年	2016年	2017年	2018年
农牧场数合计(户)	559	472	470	465	430	429	409
其中农场(户)	306	285	285	282	266	265	261
场内户数(万户)	74.5	80.3	85.7	85.1	85.4	85.7	95.2
场内人口(万人)	257.0	253.9	253.7	253.4	252.0	251.8	275.4

续 表

项 目	2000年	2010年	2014年	2015年	2016年	2017年	2018年
场内劳动力(万人)	102.2	103.6	138.4	139.3	137.1	136.8	142.9
场内实有从业人员(万人)	102.2	103.6	120.9	124.9	122.7	123.0	124.6
从事农业人员数(万人)	71.6	76.9	68.7	69.9	60.0	59.9	64.1

注:数据整理自历年《新疆统计年鉴》整理,场内户数和人口包括牧业户数和牧业人口。

(三)新疆兵团团场户数和劳动力

新疆兵团是新疆农业又一支重要的人口资源和劳动力资源(表2-6)。

2018年,新疆兵团农业团场167个,比2000年增加2个。团场户数75.4万户,人口数量为210.9万人,团场劳动力总计105.4万人,比2000年增长27.8%。

2018年,团场场内实有就业劳动力92.2万人,比2000年增长33.8%。其中团场农业就业人数39.4万人,比2000年增长2.6%。这与兵团在南疆扩大人力资源有关。

表2-6 新疆兵团团场户数和就业劳动力

(毛树春,2020年)

项 目	2000年	2010年	2014年	2015年	2016年	2017年	2018年
团场总数(个)	176	176	176	176	178	178	179
农场(个)	165	165	164	164	166	166	167
团场户数(万户)	—	—	63.3	62.8	65.0	72.7	75.4
团场人数(万人)	—	—	177.7	177.6	183.5	202.1	210.9
团场劳动力总计(万人)	82.5	82.5	93.4	94.4	96.8	102.4	105.4
场内实有就业人员(万人)	68.9	68.9	90.3	84.7	86.8	90.9	92.2
农业就业人数(万人)	38.4	38.4	36.5	32.4	47.1	38.6	39.4

注:数据整理自历年《新疆生产建设兵团统计年鉴》;团场户数和人数包括牧业户数和人数,场内实有就业人员包括农业和牧业;牧场户数占团场户数、牧场人口数占团场人口比例为4.6%~5.6%。

三、国内生产总值(GDP)、人均GDP和居民可支配收入

(一)国内生产总值(GDP)

2018年,新疆地区GDP达到1.22万元,比2017年增长12.1%,在全国排序为第26位(第25位为贵州省,第27位为甘肃省)。其中2017年,新疆地区GDP突破万亿元达1.08万亿元,自此迈入全国"GDP万亿俱乐部"行列(表2-7)。

2018年,新疆第一产业产值1 692.1亿元,比2017年增长9.0%,占三产的比例为13.9%。1978—2018年,第一产业占新疆GDP的比例从35.8%下降到13.9%,减少21.9个百分点,但仍高于全国7.0%约6.9个百分点,表明农业在新疆国民经济中占有更加突出位置。2018年,第一产业产值1 692.1亿元,在全国排序20位(第19位为内蒙古自治区,第21位为重庆市)。

表2-7·新疆及新疆生产建设兵团GDP变化

(毛树春,2020年)

项目	产业	1978年	2000年	2010年	2015年	2017年	2018年
新疆	新疆生产总值(亿元)	39.1	1 363.6	5 397.3	9 235.6	10 882.0	12 199.1
	第一产业(亿元)	14.0	288.2	1 038.4	1 409.7	1 551.8	1 692.1
	第二产业(亿元)	18.4	537.6	2 592.2	3 616.9	4 330.9	4 923.0
	第三产业(亿元)	6.8	537.8	1 766.7	4 209.0	4 999.2	5 584.0
三产比例	第一产业(%)	35.8	21.1	19.2	15.3	14.3	13.9
	第二产业(%)	47.0	39.4	48.0	39.2	39.8	40.4
	第三产业(%)	17.3	39.4	32.7	45.6	45.9	45.8
	人均GDP(元)	313.0	7 372.0	24 871.0	39 653.0	44 941.0	49 475.0
新疆兵团	兵团生产总值(亿元)	10.2*	176.4	770.6	1 934.9	2 339.1	2 515.2
	第一产业(亿元)	4.4	71.6	278.8	428.0	506.3	545.6
	第二产业(亿元)	4.1	48.5	262.3	883.9	1 026.5	1 050.2
	第三产业(亿元)	1.7	56.3	229.5	623.0	806.2	919.4
新疆兵团三产比例	第一产业(%)	43.0	40.6	36.2	22.1	21.6	21.7
	第二产业(%)	40.2	27.5	34.0	45.7	43.9	41.8
	第三产业(%)	16.8	31.9	29.8	32.2	34.5	36.6
	人均GDP(元)	464.0	7 452.0	29 752.0	70 380.0	80 113.0	82 318.0

注：数据整理自《新疆统计年鉴》《新疆生产建设兵团统计年鉴》。* 为1980年数据。新疆地区GDP 2019年为13 597.11亿元,按可比价格计算比上年增长6.2%;2020年为13 797.58亿元,按可比价格计算比上年增长3.4%。新疆生产建设兵团GDP 2019年为2 747.07亿元,按可比价格计算比上年增长6.3%;2020年为2 905.14亿元,按可比价格计算比上年增长4.5%。

2018年,新疆第二产业产值4 923.0亿元,比2017年增长13.7%,虽然占三产的比例高达40.4%,但增长比较缓慢。其中,2017年第二产业增加值4 330.9亿元,在全国排序第25位(第24位为北京市,第26位为黑龙江省)。

2018年,新疆第三产业产值5 584.0亿元,比2017年增长11.7%,占三产的比例增长也最快,从1978年占全疆产值的17.4%提高到2018年的45.8%,增加28.5个百分点。其中2017年第三产业增加值4 999.2亿元,在全国排序第26位(第25位为云南省,第27位为青海省)。

2018年,新疆地区人均GDP 49 475元,比1978年增加157.1倍。2018年全国人均GDP 64 644元,新疆低于全国平均水平的23.5%,在全国排序为19位(第18位为河南省,第20位为四川省)。

2018年,新疆兵团GDP为2 515.2亿元,比1980年增长245.6倍。1980—2018年,新疆兵团第一产业占新疆兵团GDP的比例从43.0%下降到21.7%,减少21.3个百分点,减幅与全疆GDP水平相同,但高于2018年全国第一产业占GDP比例7.0%约14.7个百分点,表明新疆兵团农业地位仍十分突出。新疆兵团第二产业起点值占三产的比例虽然较高,但增长较为缓慢。第三产业增长最快,从1980年占新疆兵团GDP比例的16.8%提高到2018年的36.6%,增加了19.8个百分点,从比例可见新疆兵团第二产业、第三产业增长较慢,在工业和服务业方面发展在加快(表2-7)。

新疆兵团占新疆GDP的比例,2000年为12.9%,2017年、2018年分别提高到21.5%和20.6%。

2018年,新疆兵团人均GDP 82 318元,比1978年增长176.4倍,比2018年全国人均GDP高27.3%。在全国排前10位(排第6位福建省为91 997元/人,第7位广东省为86 412元/人,第8位山东省为76 267元/人)。

(二) 居民可支配收入

2018年,新疆全体居民人均可支配收入21 500元,全国居民人均可支配收入28 228元,新疆低23.8%(表2-8)。

2018年,新疆城镇居民人均可支配收入32 764元,比2013年增长55.3%;同年全国城镇居民人均可支配收入39 250.8元,新疆少16.5%,在全国排第19位(海南省第18位,四川省第20位)。

2018年,新疆农村居民人均可支配收入11 975.0元,比2013年增长52.6%,但仍低于全国平均水平。2018年全国农村居民人均可支配收入14 617元,新疆低18.1%,在全国排23位(广西区第22位,山西省第24位)。

2018年,新疆兵团城镇常住居民可支配收入约38 842元/人,比2013年增长55.4%,与全国城镇居民可支配收入水平相当(略低1.0%),在全国排前10位(浙江省第三位为34 597.9元/人)。

2018年,新疆兵团连队常住居民可支配收入19 455元/人,比2013年增长55.6%,高于全国农村居民可支配收入的33.0%,在全国排前10位(江苏省第5位为20 845.1元/人;福建省第6位为17 821.2元/人)。

2018年,新疆兵团全体居民可支配收入31 513元/人,高于全国平均水平的11.6%(表2-8)。

表2-8·新疆居民人均可支配收入

(毛树春,2020年)

年 份	新疆地方居民人均可支配收入(元)			新疆兵团居民人均可支配收入(元)		
	全体居民	城镇居民	农村居民	全体居民	城镇常住居民	连队常住居民
2013	—	21 091	7 847	20 669	25 000	12 498
2014	—	23 214	8 724	22 806	27 558	13 930
2015	16 859	26 275	9 425	25 287	31 432	15 053
2016	18 355	28 463	10 183	27 215	34 089	16 401
2017	19 975	30 775	11 045	29 430	36 730	17 786
2018	21 500	32 764	11 975	31 513	38 842	19 445

注:数据整理自《新疆统计年鉴》和《新疆生产建设兵团统计年鉴》。数据为新口径。

四、经营主体及经营棉花比例

(一) 多类型经营主体经营棉花

植棉经济体指植棉者(通常指棉农)、新疆兵团团场职工和新型经济体。所谓新型经济体是指工商资本土地开发和土地租赁地方农牧场等一类的经营主体。这样,新疆棉花经营主体包括以家庭承包制为基础的基本农户(通常所指的棉农)、以团场经营为基础的新疆兵团农场职工,以及地方农牧场、工商资本开发和土地租赁而来(即统计中所指农业生产经营单位)的公司或集团的农业经营单位。这几类经济体在全疆棉花种植和经营管理中都占有相当的比例。

根据棉花价格改革试点新疆地方和新疆兵团对棉田面积丈量结果,并结合"公检"皮棉的核实数据,2014年全疆棉花播种面积272.1万 hm^2。其中,地方197.8万 hm^2,占全疆面积比例的72.7%;产量275.0万t,占全疆比例的61.0%。在地方之中,地方基本农户播种面积119.1万 hm^2,占总面积的43.7%;产量144.7万t,占全疆比例的32.1%。地方国有农业生产经营单位播种面积78.7万 hm^2,占总面积的28.9%;产量130.3万t,占全疆比例的28.9%(表2-9)。

表2-9 · 2014年新疆棉花播种面积和产量结构

(毛树春,2020年)

项 目	播种面积 (万 hm^2)	播种面积占 全疆比例(%)	皮棉产量 (万t)	皮棉产量占 全疆比例(%)
全疆	272.1	100.0	451.0	100.0
新疆地方	197.8	72.8	275.0	61.0
基本农户	119.1	43.7	144.7	32.1
农业生产经营单位	78.7	28.9	130.3	28.9
新疆兵团	74.1	27.3	176.0	39.0

注:数据源自2015年3月1日新疆地方基础数据;《中国棉花景气报告2014》,毛树春,北京:中国农业出版社,2015。

新疆兵团,2014年棉花播种面积74.3万 hm^2,占全疆比例的27.3%,地方与新疆兵团棉花播种面积的大致比例为7:3;产量176.0万t,占全疆比例39.0%,比例大约6:4。

(二) 规模越来越大

近几年,新疆棉花种植结构和经营主体正在发生重大变化,大致可分为几种类型:一是本土农民形成的家庭农场,已有相当规模,在全疆特别是在产棉大县的沙湾市、乌苏市、沙雅县和库车县等有相当多的分布;二是农民主导的土地流转,形成规模较大的棉花专业合作社等;三是2001年国务院关于棉花流通体制改革纺织企业进入棉花收购环节[*],并向棉花种植延伸;四是工商资本进入,经过土地流转和开发,形成规模更大的棉花种植、收购轧花、销售和纺织的产业集团公司。

---

[*] 2001年国务院关于棉花流通体制改革内容为"一放二分三加强四产业化":一放,即放开收购;二分,即供销社与棉花企业分开、储备与经营分开;三加强,即加强市场管理、质量管理和宏观调控,四是走产业化路子。

1. **家庭农场**·经营规模从几公顷到几千公顷不等,已形成具有一定规模的家庭农场。如沙雅县家庭农场主马邦衡自主开发和经营的棉田面积好几百公顷,这类自主开发经营家庭农场在该县有多家。又如阿克苏市喀拉塔勒镇拥有一批家庭农场,经营耕地面积都由家庭经过多年自主开垦,单个家庭农场拥有的耕地面积从几百公顷到几千公顷不等,其中阿克苏市金田农场有限责任公司拥有耕地面积 3 000 多 hm^2,植棉面积超过 2 000 hm^2,实行水旱轮作,朱清宏家庭农场主拥有耕地 500 多 hm^2。这类家庭农场的机械化程度很高,仅雇工协助管理,完全自主经营,也出租耕地。

2. **棉花专业合作社**·近几年,各地都在加快土地流转,且流转经营规模达到几百至几千公顷不等。如尉犁县众望合作社本身自有耕地 1 000 多 hm^2,经过土地流转再扩大 2 000 hm^2,2020 年经营棉田面积达到 3 000 多 hm^2。这类合作社依托农机专业合作社,对棉田进行耕整、播种、覆膜和收获等作业,其机械作业费用与自身作业相近,且作业质量高。

从全疆来看,合作社有紧密型和松散型之分。紧密型以合作社为龙头,以轧花厂为纽带,将全体社员组织起来,实行统一品种、统一管理、统一收购,组织农场职工进行技术培训、生产指导和观摩学习等,对流转土地实行租赁,支付租赁费。另外,松散型也有一些"统"的功能,比如对合作社社员提供种子、化肥,农机服务也实行统一管理,并组织观摩和技术培训等。

3. **种业公司**·新疆有一批种业公司拥有一定规模的土地,如新疆富全种业有限责任公司,是集棉花新品种选育、良种繁殖、加工推广一体化的种子产业化集团公司,经营良种繁殖面积 3 400 hm^2,拥有以种子棉收购加工为主的种子棉轧花、制种的生产线 3 条,年轧皮棉 3 万 t,繁殖种子能力达到 7 000 多 t。新疆守信种业公司棉田面积 2 000 多 hm^2,采用土地转包,收取租金,提供生产资料包括种子、化肥和地膜,统一收取籽棉,从收购的籽棉中扣除公司的农业生产资料投入资金。

又如,国欣种业在 2016 年中央第二次援疆工作会议之后迎来较快发展。该公司 20 世纪 90 年代在北疆石河子租赁耕地面积 333 hm^2,2016 年开始从北疆转入南疆,在轮台县开发与租赁耕地面积 4 000 多 hm^2,承担着棉花良种繁殖和商品原棉生产,年加工原棉 1.4 万 t。

4. **棉纺织企业种植基地**·这类企业是最早响应棉花经营体制改革而进入棉花种植领域的,从最初收购或合资经营轧花厂,到后来随着地方国有农业企业经营权的改革,在收购轧花厂基础上又转置经营农业,发展形成"种植——加工——纺织"紧密型的棉花集团公司,其中棉花种植规模比较大。

华孚纺织公司在阿克苏阿瓦提县经营着丰收一场,棉花播种面积 5 300 多 hm^2 且在全疆拥有轧花厂 27 家,年加工能力 5 万 t。鲁泰纺织公司在阿瓦提县经营丰收三场,棉田面积达到 4 000 hm^2。新疆鲁泰丰收棉业有限责任公司经营规模也很大。

巴州泰昌农业开发有限公司源自棉花加工厂,后逐步发展成为从事棉花育种、种植、皮棉及棉副产品加工、销售及棉纱生产销售的企业。公司现有棉田面积 12 000 hm^2,有 3 家棉花加工厂和 22.8 万锭精梳纺纱厂,具有年产皮棉 2 万 t 和纺 5 000 t 高支纱的能力。

5. **工商资本土地流转和开发**·工商资本经营棉花规模已达到几万到十几万公顷不等,发展速度较快。

新疆利华棉业股份有限公司于2004年在新疆库尔勒成立,逐步发展形成以棉花种植、收购加工和纺织为主业的大型国家级农业产业化重点龙头企业,在国内外拥有控股子公司25家,业务覆盖棉花的种植、收购、加工、纺织、仓储、物流、国际贸易、农资经营等,年销售收入突破100亿元,2018年末总资产达80亿元。

2016年,该公司棉花播种面积33 000 hm^2。2017年开展订单生产,经实践证实效果极差。于是2018年开展土地流转,种植棉花3 300多hm^2;2019年完成土地流转,棉花播种面积约69 000 hm^2,累计完成投资23亿元,整合新疆棉花加工厂69家,覆盖疆内各棉花主产区。同时,该公司还参与新疆兵团团场经济体制改革,并购新疆兵团棉花加工厂资产,获得经营权加工厂达到21家。2018年度收购籽棉103万t,生产皮棉40万t;2019年度收购籽棉180万t,生产皮棉70万t,占新疆棉花总产的15.6%。

2019年,该公司合计经营棉花加工厂69家、大型棉纺织厂1家(第一期20万纱锭)、稻米加工厂1家和油脂加工厂2家,还在塔吉克斯坦建有农场和种植基地,形成了集农业种植、收购加工、纺织、食用油加工、仓储物流、国际贸易为一体的跨国集团公司,拥有员工6 465人。同年,该公司已在阿克苏沙雅县完成固定资产投资17亿元,建成50万锭规模的棉纺织工业园,年纱线产销量7万t,新增就业岗位3 000个,实现300余建档立卡贫困人口的脱贫。

山东水控农业发展集团有限公司是近几年进入新疆的地方国有控股公司,随着新疆兵团棉花经营体制改革的深入,该公司以资本优势收购或合资经营新疆多家轧花厂,开始进入棉花种植环节。

中棉集团新疆棉花有限公司则于2018年起在新疆棉花产区开展土地流转和集约化经营,已签约和流转土地近6万多hm^2,棉花种植面积4 000 hm^2。

五、新疆棉花就业劳动力估计

(一) 依2014年数据测算

新疆植棉从业人数,按2014年棉花播种面积272.1万hm^{2}和当时农业经营管理水平,全疆从事棉花种植的从业劳动力225.49万人,农忙季节、重要农事活动帮工及代耕、代播、代管、代收、代运和统防统治等社会化服务机构从业者252.1万人,约占2014年全疆从事农业劳动力561.1万人的44.9%(表2-10)。

表2-10 · 2014年新疆棉花播种面积和生产效率

(毛树春,2020年)

项 目	播种面积 (万hm^2)	测算依据	从业劳动力 (万人)	帮工 (万人次)	劳动生产效率 (皮棉 t/劳动力)
全新疆	272.1		225.49	252.07	1.66
地方	197.8		197.61	238.13	1.39
乡村基本农户	119.1	全疆植棉农户92.93万户,按每户从业劳动力2人,每劳动力经营管理棉田面积,每户帮工2.5人测算	185.86	232.25	0.77

续 表

项 目	播种面积（万 hm²）	测算依据	从业劳动力（万人）	帮工（万人次）	劳动生产效率（皮棉 t/劳动力）
国有农业生产经营单位	78.7	按每个劳动力管理棉田面积 6.7 hm² 测算	11.75	5.88	11.09
新疆兵团	74.1	按每个劳动力经营管理棉田面积 2.7 hm² 测算	27.88	13.94	2.66

注：新疆地方基础数据截至 2015 年 3 月 1 日，测算数据源自《中国棉花景气报告 2014》，毛树春，北京：中国农业出版社，2015；帮工包括家庭成员和农机、植保、灌溉等社会化服务机构、雇工采收等。

按 2014 年新疆棉花产量 451.0 万 t 测算，每个劳动力经营棉田面积 1.21 hm²；单位劳动力生产皮棉 1.66 t/劳动力，其中地方基本农户生产皮棉 0.77 t/劳动力、农业经营企业生产皮棉 11.09 t/劳动力、新疆兵团职工生产皮棉 2.66 t/劳动力。按新疆兵团测算，单位工时生产皮棉 3.33 kg/h，生产 1 t 皮棉所需工时约为 60 h。

1. **地方基本农户**·2014 年新疆植棉地方涉及全疆 63 个县市区、526 个乡镇、5 526 个行政村，92.93 万植棉农户经营着 119.1 万 hm² 棉田，按每户从业劳动力 2 人测算，从事植棉劳动力 185.86 万人；按每户帮工 2.5 人测算，合计帮工 232.25 万人次。

2. **农业生产经营单位**·2014 年经营棉田面积 78.7 万 hm²，田间管理按每个劳动力经营管理 6.7 hm²，需劳动力 11.75 万人；耕整地、播种、打顶和采收需帮工 0.5 个/劳动力，计 5.88 万人次。

3. **新疆兵团农业团场**·2014 年新疆兵团棉花播种面积 74.1 万 hm²，涉及植棉农场 110 个，占新疆兵团 197 个农牧场的 55.8%。按每个劳动力职工经营管理棉田面积 2.7 hm² 测算，植棉农场职工从业劳动力 27.88 万人，占新疆兵团农业职工的 69.7%。耕整地、播种、打顶和采收需帮工 0.5 个/职工，计 13.94 万人次。

在全疆之中，南疆 90% 以上的县（市）种植棉花，全疆地方约有 50% 的农户（其中 70% 以上是少数民族）从事棉花生产。农民人均纯收入的 35% 左右来自棉花收入，南疆、北疆主产区在农民人均收益中所占比例则高达 60%～70%。新疆兵团农场从事棉花种植职工的收益都来自棉花。各种工商资本包括转包的耕地和自主开发棉田，企业收益也都来自棉花。

（二）新疆绿洲棉花生产规模和生产力

中国工程院咨询研究项目《我国乡村振兴绿色发展与现代化战略研究》(2020 - XY - 074，未发表)，调研了 2017—2019 年全国 17 个县团场、31 个行政村连，46 837 户农户，其中新疆棉花大县、兵团大师市团场 11 个，行政村连 16 个，农户 11 091 户（表 2 - 11）。

在全国棉花集中产区，棉花生产的集中度很高。全国棉田面积占耕地面积的比例平均高达 77.8%。从区域来看，西北内陆棉区高于长江中下游棉区 56.66 个百分点，显著高于黄河流域棉区 23.42 个百分点，可见西北内陆新疆棉区的集中度是全国最高的。

从植棉规模来看，以农户为单位的棉花面积和产量已达到一定规模。全国户均棉田面积 3.14 hm²，户均籽棉产量 18.27 t（按衣分率 38% 测算，皮棉产量 6.94 t/户）。但区域之间的差异极大，西北内陆户均棉田面积平均 4.03 hm² 和户均籽棉产量 23.53 t，户均面积高于长江 46.92 倍和黄河 9.50 倍；户均籽棉产量高于长江 64.36 倍和黄河 13.44 倍（表 2 - 11）。

表 2-11 · 2017—2019 年全疆棉花主产区户均植棉面积和生产效率

(毛树春,2020 年)

区 域	棉田占耕地面积(%)	棉花种植规模		棉花劳动生产效率		籽棉单产(kg/hm²)
		棉田面积(hm²/户)	籽棉产量(t/户)	植棉面积(hm²/人)	籽棉产量(t/人)	
全新疆	88.31	4.15	25.25	2.34	13.21	5 887.65
地方	87.50	3.79	21.87	1.98	11.69	5 780.55
兵团	82.52	4.00	23.64	3.10	18.06	5 913.60
北疆	98.39	4.73	31.29	2.43	15.11	6 198.90
南疆	82.76	3.76	21.22	2.28	11.95	5 674.80

注：中国工程院咨询研究项目《我国乡村振新绿色发展与现代化战略研究》(2020-XY-074,未发表)部分研究结果。

从劳动生产力来看，以户劳动力为单位测算，当前我国植棉面积和产量已达到一定规模。劳动力人均植棉面积 1.74 hm²，籽棉人均产量 10.07 t。但区域之间的差异极大，西北内陆人均分别为 2.20 hm² 和 12.84 t，劳动力人均植棉面积高于长江流域的 12.84 倍和黄河流域的 6.61 倍；籽棉人均产量高于长江流域的 17.88 倍和黄河流域的 9.44 倍。

从生产力水平来看，以家庭为基础的样本县团籽棉单产平均值 5 479.2 kg/hm²（按 38.0% 衣分率，皮棉单产为 2 082.30 kg/hm²），西北内陆最高单产为 5 846.4 kg/hm²，高于长江流域 1 544.7 kg/hm²，即增产 35.9%，高于黄河 1 584.90 kg/hm²，即增产 37.2%。

全国植棉劳动力按表观劳动力人均管理棉田面积 1.74 hm²，再按全国棉花播种面积 333 万 hm² 测算，全国从事棉花生产管理的劳动力人数约为 191.94 万人（不计帮工和社会化服务组织、机构等）。

新疆绿洲棉花按人均管理 2.34 hm² 和播种面积 300 万 hm² 测算，全疆从事植棉的劳动力约 128.21 万人。其中兵团人均管理按 3.10 hm² 和棉田面积 80 万 hm² 测算，从事植棉的劳动力约 21.51 万人，这与兵团团场职工的统计人数较为接近。

随着新疆规模化、机械化程度的不断提高，植棉劳动力会越来越少，而为棉花生产服务的社会机构、组织将越来越大，即从事棉花生产服务的第三产业会越来越专业、从业人数越来越多。

新疆绿洲棉花的集约化、规模化程度较高，其中又以北疆地区最高，棉田面积占耕地面积的比例高达 98.39%，户均棉花播种面积最大达到 4.73 hm²，户均籽棉产量最高达到 31.29 t。南疆与地方的棉花生产规模化、集约化程度相对低一些，这与南疆生态、气候和农业种植结构有紧密关系。其中南疆棉区林果业、养殖业更丰富，北疆冬季寒冷，林果业、养殖业则要少一些。

第二节 · 新疆生产建设兵团棉花

一、新疆生产建设兵团及建制

新疆生产建设兵团，是新疆维吾尔自治区的重要组成部分，在新疆兵团内部实行党政军企高度统一的特殊管理体制。

新疆兵团又称为"中国新建集团公司",是集农业、工业、交通、建筑、商业、医疗卫生、文化、教育和科技于一体的、承担着社会经济建设任务的国有大型企业。

新疆兵团在所辖垦区内,依照国家和新疆维吾尔自治区的法律、法规,自行管理内部行政、司法事务,受中央政府和新疆维吾尔自治区的双重领导,在国家实行计划单列,是国务院计划单列的省(部)级单位,享有省级的权限。

新疆兵团是一个"准军事实体",设有军事机关和武装机构,沿用兵团、师、团、连等军队建制和司令员、师长、团长、连长等军队职务称谓,涵养着一支以民兵为主的武装力量。

1949年新疆和平解放,进疆部队就地开展农业生产以解决粮食的自给问题。1952年新疆军区生产建设兵团成立,党中央、中央军委命令驻新疆部队和工程建设部队的一部分将士,就地转业为农业建设部队和工程建设部队,以担负起边疆经济建设的任务。1954年10月7日,中央政府决定在新疆成立生产建设兵团,组建"中国人民解放军新疆军区生产建设兵团"。1956年5月起,兵团受国家农垦部和新疆维吾尔自治区双重领导,从此开创了新疆生产建设兵团的"铸剑为犁、屯垦戍边"的历史重任。

1966—1976年期间,新疆兵团屯垦戍边事业受到严重破坏。1975年3月,新疆兵团建制被撤销,成立新疆维吾尔自治区农垦总局,主管全疆国营农牧团场的业务工作。

1981年12月,中央政府决定恢复新疆兵团建制,名称由原"中国人民解放军新疆军区生产建设兵团"改为"新疆生产建设兵团",自此新疆兵团开始了二次创业。

1990年,新疆兵团国民经济和社会发展规划在国家规划中实行计划单列,为新疆兵团经济社会发展创造了良好的外部环境。

2014年,进入新时代党中央赋予新疆兵团的新任务是承担"维稳戍边职责的使命担当",发挥"四大功能、四大作用"和履行"五大任务"。"四大功能"指安边固疆的稳定器、凝聚各族群众的大熔炉、先进生产力和先进文化的示范区;"四大作用"指调节社会结构、推动文化交流、促进区域协调、优化人口资源;"五大任务"指壮大兵团综合实力、提高维稳戍边能力、促进兵地融合发展、全面深化兵团改革、建设高素质兵团队伍。

2017年,新疆兵团贯彻落实"中央关于兵团向南发展决策部署,进一步发挥兵团的战略功能和战略作用,推动南疆形成更有利于长治久安的结构性变化",以推进新疆各区域的全面协调发展。

2017年,新疆兵团对团场职工实行家庭承包经营改革,兵团团场职工拥有《国有农用地承包经营权证》,自此开启了团场职工自主种植和自主经营的经济模式。

2018年,新疆兵团国土面积7.06万 km^2,占新疆总面积的4.24%。国土面积分布于全疆,东西和南北相距各1 500 km。

2018年,新疆兵团土地总面积700.08万 hm^2,其中农用地433.29万 hm^2。在农用地中,耕地面积127.73万 hm^2,园地面积15.08万 hm^2,林地面积90.77万 hm^2,牧草地面积171.90万 hm^2,其他农用地面积27.80万 hm^2。另有建设用地29.17万 hm^2。

2018年,新疆兵团拥有师市级单位15个,农牧团场179个,管理自治区直辖的县级市11个、建制镇37个,分布在南疆、北疆和东疆等(表2-12,附录三)。

表 2-12 · 2018 年新疆生产建设兵团师市单位建制

(毛树春,2020 年)

师 市 名 称	地 理 位 置	团场总数(个)	年末总人口(万人)	GDP(亿元)
第一师阿拉尔市	南疆阿克苏地区阿克苏市东南	16	37.21	308.56
第二师铁门关市	南疆巴音郭楞蒙古自治州,库尔勒市以西	19	22.19	152.40
第三师图木舒克市	南疆喀什地区,喀什市东北	18	25.56	128.83
第四师可克达拉市	北疆伊犁哈萨克自治州,伊犁河谷地以东近伊宁市	21	25.12	188.16
第五师双河市	北疆博尔塔拉蒙古自治州境内,位于博乐市以东方向	11	13.13	63.34
第六师五家渠市	北疆昌吉州昌吉市以北方向	19	36.44	293.94
第七师胡杨河市	北疆克拉玛依市和伊犁州塔城地区,市政府在一三〇团,位于乌苏市境内	11	24.05	184.85
第八师石河子市	北疆天山北坡,乌鲁木齐市西北方向,位于玛纳斯县与沙湾县之间	18	66.13	537.78
第九师小白杨市	北疆位于塔城地区,塔城市以西方向	11	8.2	37.38
第十师北屯市	北疆阿勒泰地区境内,阿勒泰市西南方向	11	10.62	75.53
第十一师	乌鲁木齐市河滩北路 1067 号	(建筑工程师)*	6.98	111.25
第十二师北亭市	北疆天山北坡,阜康市以北方向	8	11.30	199.25
第十三师新星市	东疆哈密地区,哈密市以东方向,人民政府驻地为第十三师黄田农场兰新东路 57 号	11	11.34	119.33
第十四师昆玉市	南疆和田地区境内,昆仑山北麓,和田市以西方向	5	6.43	23.36
总 计		179	310.53	2 515.16

注:数量源自《新疆统计年鉴》(2019)、《新疆生产建设兵团统计》(2019)中 2018 年数据;* 辖新疆兵团建工集团公司、新疆兵团建咨集团公司、新疆兵团德坤实业集团公司、各级各类学校 6 所、各类卫生机构等 29 家事业单位。

2018 年,新疆兵团总人口 310.56 万人,其中团场人口 210.69 万人,占全新疆兵团人口比例的 67.8%。全新疆兵团在岗职工 47.62 万人,其中农业就业人口 39.44 万人,占在岗职工的 82.8%。

2018 年,新疆兵团 GDP 2 515.16 亿元,比 2017 年增长 6.0%。其中农林牧渔业总产值 1 208.77 亿元(其中棉花 368.66 亿元,占农牧渔业的 30.5%),比 2017 年增长 5.4%。

2018 年"三产"比例为,第一产业产值占新疆兵团 GDP 的比例高达 21.7%、第二产业占 41.8%、第三产业占 36.6%(2018 年全国第一产业、第二产业和第三产业占 GDP 比例分别为 7.0%、39.7%和 53.3%),可见新疆兵团仍是农产品原料性的生产单位。

2018 年,新疆兵团人均 GDP 为 82 318 元,分别高于全疆人均 GDP 49 475 元的 66.4%和全国人均 GDP 64 664 元的 27.3%。

二、新疆生产建设兵团棉花产能不断增长

(一) 产量不断增长

1952—2019 年,新疆兵团棉花总产从 0.3 万 t 增长到 202.8 万 t,增长 676 倍,年均增长率

高达10.21%。这68年新疆兵团棉花总产平均值为44.9万t(表2-13、图2-1、图2-2)。

1978—2019年,新疆兵团棉花总产从1.9万t增长到202.8万t,增长106.7倍,年均增长率高达12.07%。这42年新疆兵团棉花总产平均值为71.9万t。

表2-13·新疆兵团棉花生产情况
(毛树春,2020年)

年　代	播种面积 (万hm²)	播种面积占 全疆比例(%)	总产 (万t)	总产占全疆 比例(%)	单产 (kg/hm²)	单产较 全疆±(%)
1952	1.30	19.2	0.30	20.9	237.0	108.6
20世纪50年代(1952—1959)	1.90	17.8	0.70	18.1	374.0	119.5
20世纪60年代(1960—1969)	3.80	25.3	1.60	29.5	416.0	118.0
20世纪70年代(1970—1979)	4.10	26.7	1.70	29.9	407.0	110.3
20世纪80年代(1980—1989)	11.30	39.4	8.40	44.1	729.1	112.5
20世纪90年代(1990—1999)	27.02	36.6	36.78	39.5	1 298.1	106.5
21世纪00年代(2000—2009)	48.45	38.1	96.82	46.8	1 947.6	121.5
21世纪10年代(2010—2019)	65.43	32.4	157.20	39.8	2 399.0	124.3
2010	49.80	34.1	117.95	47.6	2 309.5	136.1
2011	53.46	32.6	129.31	44.6	2 418.7	136.7
2012	55.79	32.4	141.77	40.0	2 541.0	123.5
2013	59.10	34.4	146.50	41.6	2 480.0	121.2
2014	70.10	29.0	163.60	36.3	2 335.0	124.0
2015	63.00	27.7	146.50	34.1	2 325.0	126.4
2016	62.10	34.4	149.60	35.6	2 409.0	121.0
2017	68.69	31.0	169.48	37.1	2 444.0	118.9
2018	85.40	34.3	204.65	40.0	2 396.0	116.8
2019	87.90	34.6	200.00	40.0	2 275.0	115.5
2020	86.53	41.4	213.40	41.3	2 466.2	119.6

注:数据整理自历年《新疆统计年鉴》《新疆兵团统计年鉴》;起点数据为1952年,因数据转换和四舍五入,尾数有差异。

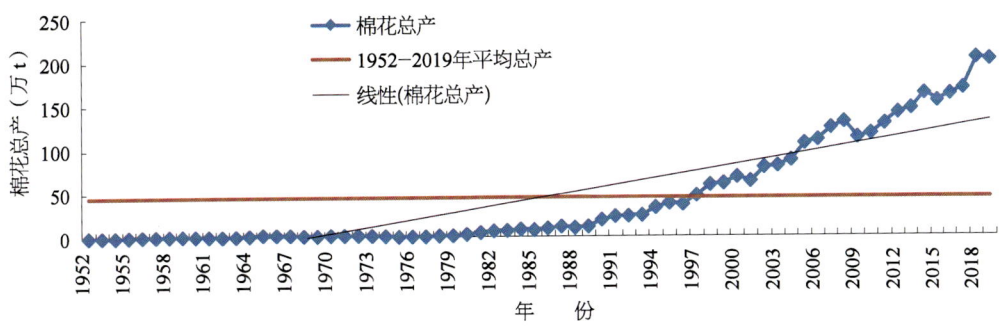

图2-1·1952—2019年新疆兵团棉花总产变化
(毛树春,2020年)

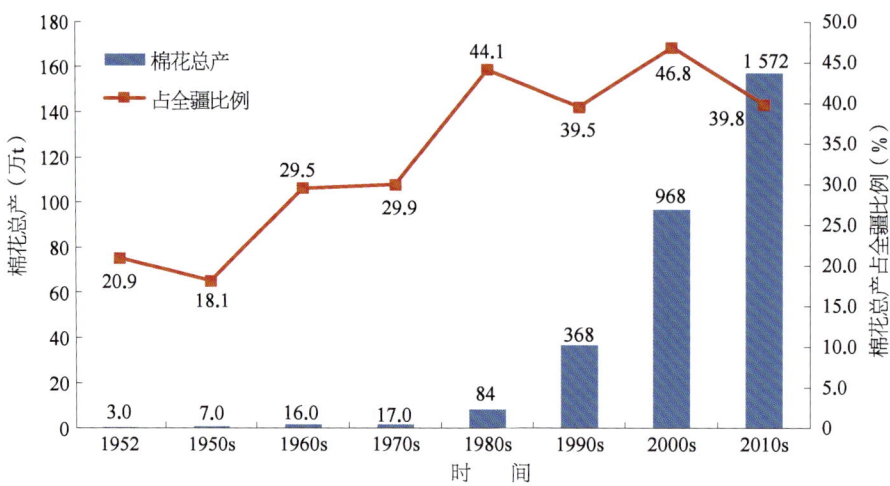

图 2-2 · 1952 年及 20 世纪 50 年代至 21 世纪 10 年代新疆兵团棉花总产及占全疆比例变化
(毛树春,2020 年)

1952 年及 20 世纪 50 年代至 21 世纪 10 年代,新疆兵团棉花总产占全疆比例的平均值为 36.0%。其中 20 世纪 50—70 年代占全疆比例的平均值为 25.3%,80 年代比例提高到 44.1%,90 年代下降到 39.5%;21 世纪 00 年代提高到 46.8%,其中 2002—2005 年连续 4 年占全疆比例超过一半;21 世纪 10 年代下降到 40.3%,其中 2018 年兵团棉花产量创新高达到 204.7 万 t,占全疆的比例高达 40.0%,占全国比例也高达 25.5%。

2020 年,新疆兵团棉花播种面积占全国的 27.3%,产量占全国的 36.1%,新疆兵团棉花单产高于全国的 25.5%(表 2-13)。

(二) 播种面积不断扩大

1952—2019 年,新疆兵团棉花播种面积从 1.3 万 hm^2 增长到 87.9 万 hm^2,扩大了 67.6 倍,年均增长率 6.52%。这 68 年新疆兵团棉花播种面积的平均值为 23.8 万 hm^2(表 2-13、图 2-3、图 2-4)。

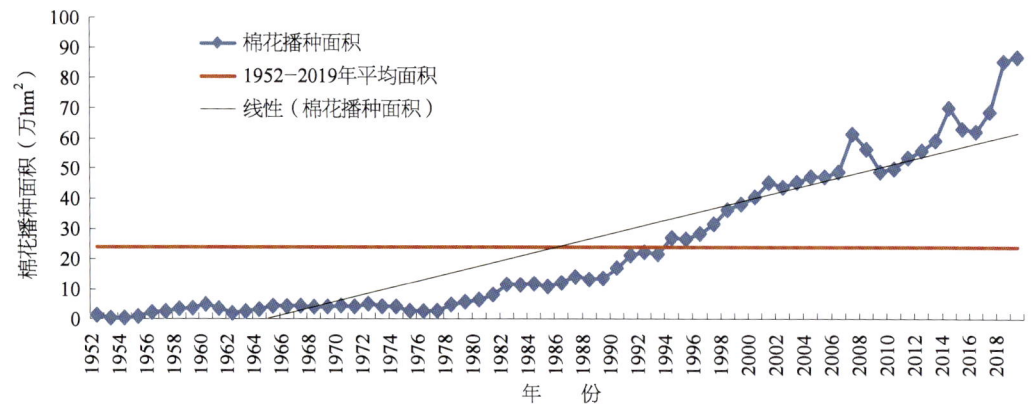

图 2-3 · 1952—2019 年新疆兵团棉花播种面积变化
(毛树春,2020 年)

第二章·新疆绿洲棉区经济、社会及棉花结构

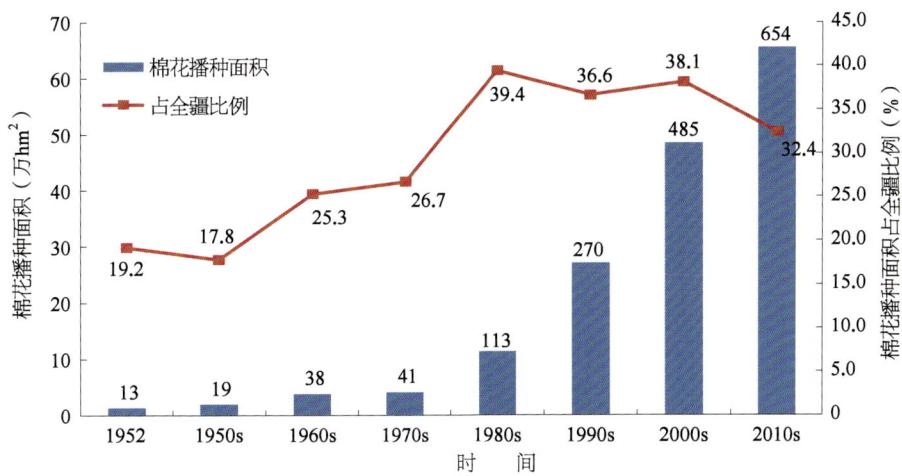

图2-4·1952年及20世纪50年代至21世纪10年代新疆兵团棉花播种面积及占全疆比例变化
(毛树春,2020年)

1952年及20世纪50年代至21世纪10年代,新疆兵团棉花播种面积从4.8万hm² 增长到87.9万hm²,扩大了18.3倍,年均增长率7.40%。这42年新疆兵团棉花播种面积的平均值为36.5万hm²。

1952—2019年,新疆兵团棉花播种面积占全疆面积比例的平均值为31.3%。其中20世纪50—70年代占全疆比例的平均值为22.0%;80年代提高到39.4%,其中1982—1986年所占比例在40%以上,最高达到43.6%(1986);90年代下降到36.6%;21世纪00年代提高到38.1%,其中2000—2005年连续6年所占比例超过40%,最高达到46.3%(2002);21世纪10年代下降到32.4%,其中2018年兵团棉花播种面积创新高,达到85.4万hm²,占全疆的比例为34.3%,占全国的比例为33.5%。

▶ (三) 单产大幅增长

1952—2019年,新疆兵团棉花单产从237 kg/hm² 提高到2 334 kg/hm²,增长9.84倍,年均增长率3.47%(表2-13、图2-5、图2-6)。

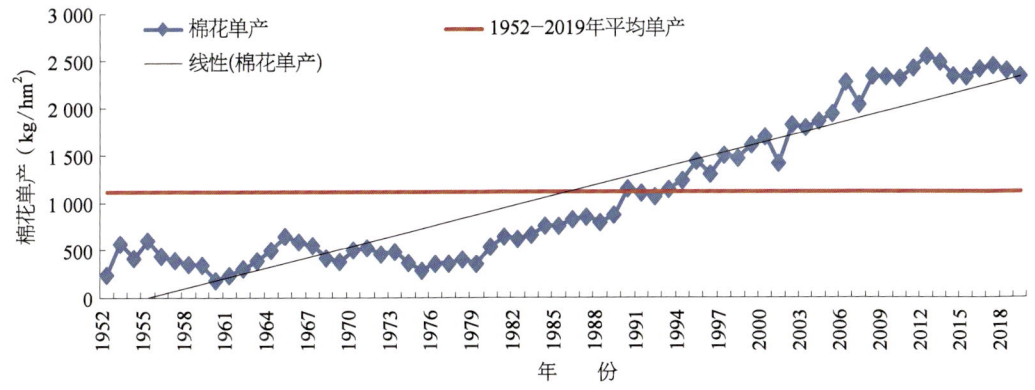

图2-5·1952—2019年新疆兵团棉花单产变化
(毛树春,2020年)

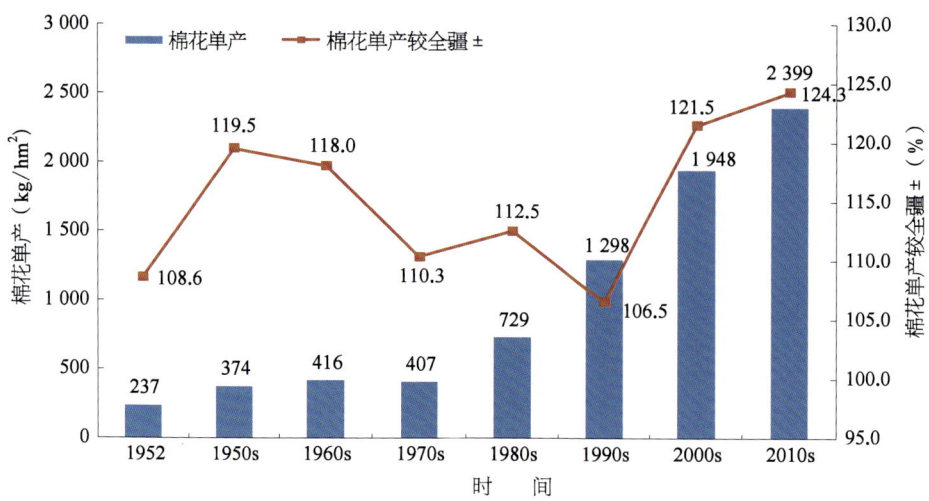

图 2-6 · 1952 年及 20 世纪 50 年代至 21 世纪 10 年代新疆兵团棉花单产及在全疆的地位
(毛树春,2020 年)

1952 年及 20 世纪 50 年代至 21 世纪 10 年代,新疆兵团棉花单产从 401 kg/hm² 提高到 2 334 kg/hm²,增长 5.82 倍,年均增长率 4.39%。

1952—2019 年,新疆兵团棉花单产高于全疆水平的平均值为 16.0%。其中 20 世纪 50—70 年代高于全疆平均值的 16.3%,80 年代高于 12.5%,90 年代高于 6.5%;21 世纪 00 年代高于全疆平均值达到 21.5%,其中 2008—2011 年连续高于全疆的 30% 以上;21 世纪 10 年代高于全疆的比例为 24.0%,其中 2012 年新疆兵团创立棉花单产最高水平,达到 2 541.0 kg/hm²,高于全疆单产 23.5%,高于全国平均水平的 67.6%。

三、棉花是最主要的大田经济作物

棉花是新疆生产建设兵团种植的最主要经济作物。长期以来,棉花播种面积占新疆兵团农作物总播种面积的比例极高。据统计年鉴数据,20 世纪 50—70 年代,棉花播种面积占新疆兵团农作物播种面积比例的平均值为 8.3%,其中个别年份占比超过 10%(1952 年、1957 年),80 年代提高到 12.0%,90 年代进一步提高到 27.2%。21 世纪 00 年代则大幅提高到 52.2%,其中 2007 年最高达到 59.3%;21 世纪 10 年代保持在 50% 以上,其中 2018 年创新高,该年年末新疆兵团实有耕地总资源 127.73 万 hm²,其中包括复种的农作物播种面积 138.28 万 hm²,棉花播种面积 85.40 万 hm²,棉花播种面积占农作物总播种面积的比例高达 61.8%,比 2017 年扩大了 10.9 个百分点。

在新疆兵团所有师市中,位于南疆的第一师阿拉尔市和位于北疆的第六师五家渠市、第七师胡杨河市、第八师石河子市棉花占农作物播种面积的比例最高,这 3 个师市棉花播种面积所占比例都超过 80%。其次是位于南疆的第二师铁门关市、第三师图木舒克市棉花播种面积所占比例也很大,超过 50%,由于南疆热量更加丰富,冬季气温相对较高,可以种植梨、苹果、红枣水果等,而第二师位于焉耆盆地,无霜冻期短、热量不够使一些团场不适合种植棉花,从而影响了棉花播种面积(表 2-14)。

表 2-14 · 2000—2018 年新疆兵团主要师市棉花播种面积及所占比例

（毛树春，2020 年）

地点	农作物播种面积（万 hm²）		棉花播种面积（万 hm²）		占农作物播种面积比例（%）	
	2000 年	2018 年	2000 年	2018 年	2000 年	2018 年
第一师阿拉尔市	12.48	18.07	8.76	14.87	70.2	82.3
第二师铁门关市	6.39	8.37	2.56	4.63	40.1	55.3
第三师图木舒克市	6.47	10.73	3.72	7.22	57.5	67.3
第四师可克达拉市	10.59	12.53	0.28	0.94	2.7	7.5
第五师双河市	4.93	7.15	2.78	5.63	56.4	78.7
第六师五家渠市	11.24	19.61	5.10	12.31	45.4	62.7
第七师胡杨河市	8.34	14.73	5.74	12.42	68.8	84.3
第八师石河子市	15.65	28.20	10.64	25.20	68.0	89.4
第九师	5.78	8.17	0	0	0	0
第十师北屯市	4.21	6.47	0.07	0.60	1.6	9.3
第十一师	0.54	0.04	0.25	0.03	46.7	59.5
第十二师北亭市	1.35	1.20	0.01	0.17	0.4	14.4
第十三师新星市	2.06	2.71	0.78	1.82	37.8	67.0
第十四师昆玉市	0.49	0.39	0.15	0.09	30.5	22.1

注：数据整理自历年《新疆生产建设兵团统计年鉴》，北京：中国统计出版社。

四、创立了现代化植棉的样板

经过 60 多年的不断努力，新疆兵团建立了西北内陆干旱区独具一格的农业机械化、农业化学化、农业高度集约化和适度规模化经营的现代农业体系。在全国和全疆，新疆兵团棉花发挥了积极的引领和示范辐射带动作用，积累了丰富经验，为全国、全疆棉花现代化树立了样板，其主要特点和突出贡献归纳如下。

（一）创立了大规模荒漠开垦和高标准农田建设的丰富经验

1. 积累了丰富的荒漠开垦经验 · 自新疆兵团进行农业开发以来，在绿洲荒漠、盐碱地、风沙地开垦，盐碱地治理和风沙地改良，标准化农田及林田路规划和条田平整建设诸方面创立了一系列开发开垦治理经验。比如，按照"干渠、支渠、斗渠"输水和排碱系统进行农田水利规划设计和施工，林田路和条田非常整齐规范；创新利用明沟排水或树井排水排盐碱，以降低水位，减少盐碱上升；采用大水灌溉则可洗刷表层大量盐碱，增施磷肥（初次开垦施用磷矿石），施用有机肥或种植绿肥培肥荒漠土壤；在风沙地种植豆科绿肥并深翻压以改良土壤结构；建立防风墙、防风林带与采用地膜覆盖控制盐碱地返盐和风沙地"埋苗"，取得盐碱地、风沙地保全苗的良好效果。

2. 兴建一批大型水利设施 · 通过兴建一批大型平原水库和输水渠道等农田水利工程，为荒漠开垦、农业开发、种植业生产、畜牧业养殖奠定基础，同时积累了丰富的开发和改造经验,成为现代农业的基石。据新疆兵团统计年鉴,2018年新疆兵团拥有水库146座、库容量33.87亿 m³。其中,大型水库11座、库容量18.52亿 m³,中型水库31座、库容量12.16亿 m³,小型水库104座、库容量3.18亿 m³。水资源总量114.51亿 m³,其中引水量94.90亿 m³、地下水资源19.39亿 m³。总灌溉面积167.66万 hm²,其中,来自引水量94.90亿 m³,地下水资源19.39亿 m³。总灌溉面积167.66万 hm²,其中耕地灌溉面积127.98万 hm²。农业用水占整个水源的93.5%(表2-15)。

表2-15·新疆生产建设兵团历年水利工程及灌溉面积
(毛树春,2020年)

年份	水库 数量(座)	水库 库容(亿 m³)	年实际引水量(亿 m³)	实际灌溉面积(万 hm²)
1978	68	22.00	69.18	72.50
1980	79	22.65	80.02	72.47
1985	91	26.60	89.47	72.53
1990	93	27.54	92.95	81.41
1991	93	27.61	89.93	83.40
1992	93	27.66	88.51	83.69
1993	93	27.66	87.53	84.00
1994	94	27.95	91.90	84.30
1995	101	28.09	96.60	84.74
1996	101	28.86	97.25	86.97
1997	104	29.19	113.39	88.03
1998	105	29.63	114.97	92.87
1999	105	29.63	116.51	96.20
2000	105	29.97	117.93	98.27
2001	108	30.36	120.30	107.23
2002	109	30.47	116.08	111.90
2003	113	31.47	123.63	115.16
2004	114	31.51	120.60	112.89
2005	114	31.63	123.89	116.45
2006	125	32.45	125.55	125.61
2007	125	32.74	123.84	122.23
2008	125	32.74	124.82	129.78
2009	125	32.78	116.43	132.65
2010	125	32.78	125.95	133.21
2011	125	32.72	126.78	134.12
2012	125	32.72	131.36	136.14

续 表

年 份	水 库 数量(座)	水 库 库容(亿 m³)	年实际引水量(亿 m³)	实际灌溉面积(万 hm²)
2013	135	33.59	123.22	141.11
2014	135	33.59	121.76	152.29
2015	141	33.54	126.02	152.22
2016	141	33.68	130.15	152.75
2017	140	33.62	123.09	150.62
2018	146	33.87	114.51	150.62

注：数据源自历年《新疆生产建设兵团统计年鉴》。

3. **绿洲农业的水资源高效利用和样板**·新疆兵团全部采用喷、滴、微灌等节水技术，年农业节水量超过 10 亿 m³，增加了向下游河道的下泄水量，一些已经萎缩甚至干涸的湖泊重现生机，改善了沙漠边缘的生态环境，创造了"人进沙退"的奇迹。

以地膜覆盖为基础，以土地平整、输水"干渠、支渠、斗渠"为保障，以智能化滴灌首部控制和软管输水为条件，形成膜下滴灌和肥水耦合的节水节肥先进技术，大幅提高了水肥利用率。这是绿洲农业和全球现代植棉业的一大创举。据新疆兵团统计年鉴，2018 年新疆兵团有效灌溉面积 134.88 万 hm²，其中高效节水灌溉面积 112.91 万 hm²，占有效灌溉面积的比例高达 83.7%。

(二) 发挥农作物新品种选育、引进、繁殖和推广的引领作用

新疆兵团自身建有农业科学技术研究体系，包括新疆农垦科学院及师市级农业科学研究所；新疆兵团自身的教育体系，包括石河子大学和塔里木大学等，培养形成一批专业科研力量和专业技术人才。

1. **国家支持新疆兵团科技发展**·据统计年鉴，2018 年新疆兵团争取各类国家科技计划项目 134 个，国家经费到位资金 1.23 亿元。新疆兵团自身财政预算支持科研机构和大学的试验研发，2018 年新疆兵团本级财政拨款 1.78 亿元，试验研发费用占新疆兵团 GDP 总量的 0.07%。新疆兵团专业技术人员中农业技术人员 3 164 人，占新疆兵团所有专业技术人员 53 077 人的 6.0%，比例较高。

2. **新疆兵团大力发展农业科学技术**·就棉花而言，创新培育了陆地棉新陆早系列棉花新品种、新陆中系列棉花新品种、海岛棉系列新品种和彩色棉系列新品种。据统计，1981—2019 年，全疆初次审定棉花品种 348 个，其中一半以上来自新疆兵团科研机构，我国种植年限最长达到 33 年的品种军棉 1 号系第二师农业科学研究所培育，新疆农垦科学院在新陆早系列新品种选育和第二师、第一师农业科学研究所在海岛棉系列新品种选育方面具有明显优势。新品种除保障新疆兵团自身种植以外，对全疆棉花生产的辐射带动贡献巨大。

20 世纪 90 年代初期，引进中棉所 12、中棉所 19 等高产抗病性好的棉花品种，为解决本地棉花品种抗病性不足和丰产性弱等问题发挥积极作用。

20世纪90年代中期以来,建立良种繁殖基地,引进棉花种子加工和包衣新装备,实现种子精加工和包衣,棉花良种覆盖率达到100%。在供给新疆兵团职工用种基础上,对辐射带动新疆棉花发展也起到引领作用。

(三) 形成以集约化、规模化和机械化为特点的现代农业生产体系

1. 农业化学化水平高 · 包括化肥、农药(杀虫剂、杀菌剂、除草剂)和植物生长调节剂(矮壮素、乙烯利、缩节胺、脱叶剂等)研究、引进和推广应用,棉花100%采用宽膜覆盖和膜下滴灌,棉花全部使用缩节胺调控7~8次;棉花病虫害综合防治面积占播种面积的101.7%;机采棉花全部实行化学脱叶催熟。新疆兵团是绿洲棉花全程化学化和"白色革命"的先行者和引领者。

据新疆兵团统计年鉴数据,1990—2018年,全兵团地膜用量从1.06万t增长到7.39万t,增长597.2%。1995—2018年,全兵团单位农作物播种总面积地膜使用量从62.4 kg/hm² 增长到72.4 kg/hm²,增长16.0%。其中第一师从66.3 kg/hm² 增长到78.6 kg/hm²,增长18.6%;第八师从66.0 kg/hm² 增长到70.3 kg/hm²,增长6.5%(图2-7)。

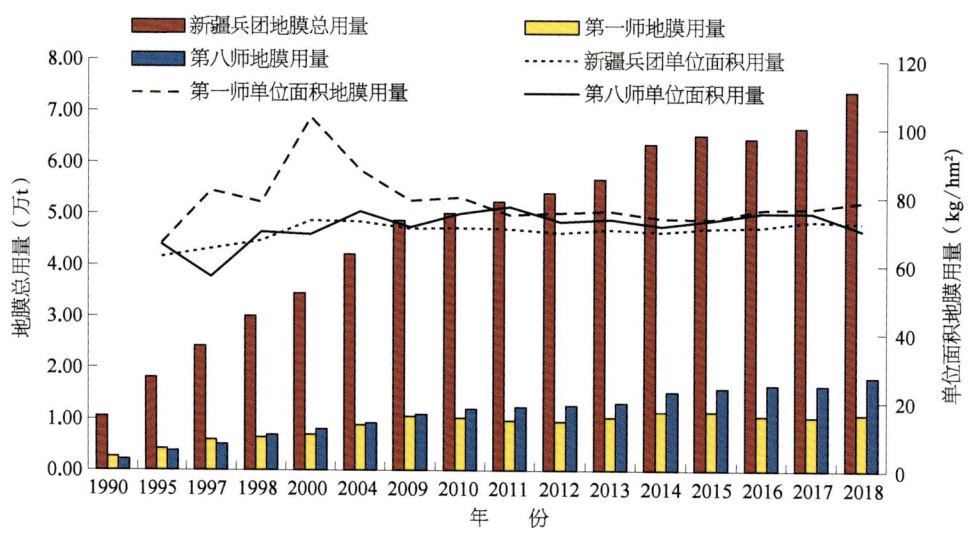

图2-7 · 1990—2018年新疆兵团及第一师、第八师地膜用量

(数据源自历年《新疆生产建设兵团统计年鉴》,毛树春,2020年)

据新疆兵团统计年鉴数据,1990—2018年,全兵团化肥折纯养分用量从17.5万t增长到78.4万t,增长348.0%;全兵团单位农作物播种总面积养分使用量从233.8 kg/hm² 增长到566.9 kg/hm²,增长142.5%。其中第一师从361.7 kg/hm² 增长到840.8 kg/hm²,增长132.5%;第八师从225.6 kg/hm² 增长到473.6 kg/hm²,增长109.9%(图2-8)。

据新疆兵团统计年鉴数据,1990—2018年,全兵团农药实物用量从0.36万t增长到1.25万t,增长247.2%;全兵团单位农作物播种总面积农药实物使用量从4.6 kg/hm² 增长到7.2 kg/hm²,增长56.5%。其中第一师从7.0 kg/hm² 增长到7.8 kg/hm²,增长11.4%;第八师从4.3 kg/hm² 增长到15.7 kg/hm²,增长265.1%(图2-9)。

2. 农业机械化水平高 · 研制、研究和推广应用大型耕整地机、播种覆膜、铺滴灌管一体化,GPS导航耕整地高差不超过3 cm,精准农业中棉花从半精量播种到精量播种,用种量减

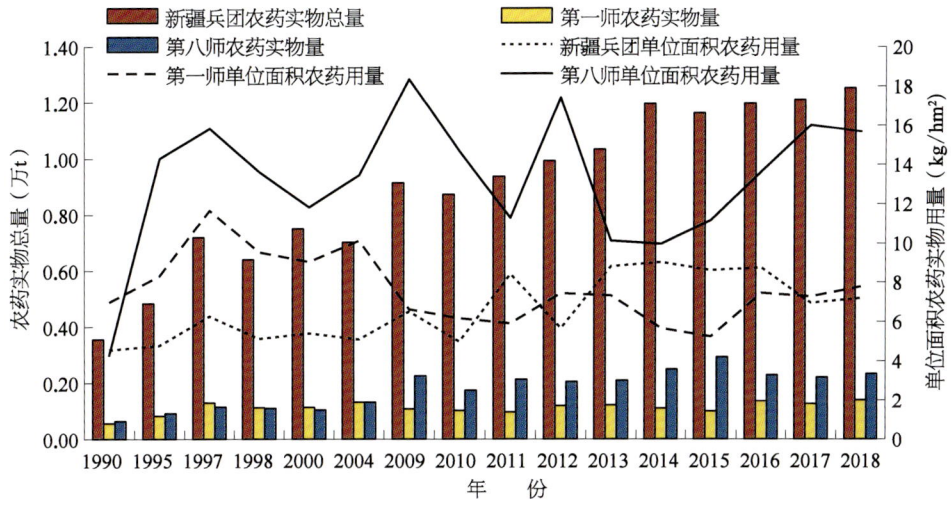

图 2-8·1990—2018 年新疆兵团及第一师、第八师化肥农药实物使用量

(数据源自历年《新疆生产建设兵团统计年鉴》,毛树春,2020 年)

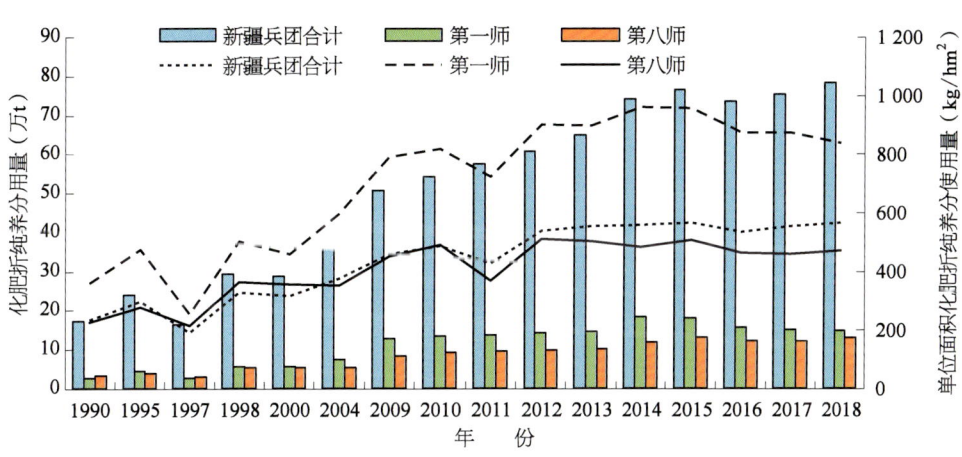

图 2-9·1990—2018 年新疆兵团及第一、第八师化肥折纯养分使用量

(数据源自历年《新疆生产建设兵团统计年鉴》,毛树春,2020 年)

少一半以上;精准植保和机械化、智能化等先进农业装备,为大面积棉花高产创造了基础条件。

据新疆兵团统计年鉴,2018 年,全兵团农作物机械播种面积达到 100%,棉花精量播种面积占播种面积的 90.2%;机械化中耕作业面积占播种面积的 64.8%;化肥全部实行机械施用,其中机力化肥深施面积占施肥总面积的 59.5%;病虫害防治 100% 达到机械化;拥有采棉机 2 350 台,棉花机械化收获面积占播种面积的 80.4%;棉花秸秆粉碎还田面积达 100%。种植业耕、种、收综合机械化率达到 94.1%,并辐射带动全疆棉花生产的机械化。

据新疆兵团统计年鉴,2018 年全兵团建成农机管理标准化农场 86 个,标准化农机管理连队 808 个,农机管理标准化作业组 9 756 个,为兵团现代农业发展提供了保障。

(四) 持续开展棉花大面积高产创建

以新品种、新技术为基础,以团场为单位的"多个统一"管理为手段,在20世纪90年代到21世纪初,新疆兵团陆续创建以连队为单位的大面积产量水平分别达到1 875 kg/hm²、2 250 kg/hm² 到3 000 kg/hm² 以上的高产,以条田为单位创建籽棉产量达12 000 t/hm² 的最高水平。大面积高产创建所积累的丰富经验,为全疆和全国棉花高产再高产树立了新典型,也为"藏棉于技"开创了新途径。

(五) 实行以团(场)为单位的"统一管理经营机制"

长期以来,新疆兵团形成以团场为单位的"多个统一"(统一规划、统一建设、统一品种和技术、统一耕种和管理、统一收获、统一交售)的管理经营模式,有效发挥了强大的组织优势,形成了特别能吃苦、肯干的兵团精神,为新疆和全国棉花的发展做出了重大贡献。

(六) 着力加强生态文明建设

遵循"不与民争利"的原则,新疆兵团团场都建设在天山南北的戈壁荒漠和人烟稀少、环境恶劣的边境沿线,土地资源完全依靠开荒造田形成,因此兵团成为绿洲抵御风沙袭击、保护生态环境的第一道屏障。多年来,新疆兵团把区域生态环境建设摆在突出位置,通过大规模植树造林、兴修水利、防风固沙、排盐治碱、节水灌溉,对80.0万 hm² 的荒漠植被采取封沙育林、育草等措施,逐步建起环绕塔克拉玛干和古尔班通古特两大沙漠的绿色生态带,形成乔木、灌木、草场结合的综合防护林体系,在茫茫戈壁荒漠上建成了绿洲生态经济网。至2013年,新疆兵团建成近300.0万 hm² 的人工新绿洲,森林覆盖率高达20%;农业团场实现了农田林网化,80%以上农田得到林网的有效保护。

第三节·新疆绿洲棉属种与特色棉的种植结构

海岛棉又名长绒棉(*Gossypium barbadense* L.),纤维长度35 mm 以上,比强度35 cN/tex 以上,马克隆值3.7~4.2。与陆地棉相比,其纤维更长、细度更细、强力更大、有光泽,是纺织120英支以上高支纱线的高品质原料,因而长绒棉成为全球高品质棉花的代名词。

新疆绿洲是我国唯一能够种植海岛棉的地区。种植区域分布在南疆的塔里木盆地和位于东疆的吐鲁番盆地、哈密盆地,这里夏季气温高,昼夜温差大,干旱少雨,适合种植海岛棉。

一、海岛棉产能及占比变化

1955—2019年,这65年,新疆绿洲海岛棉播种面积平均值为4.7万 hm²,其中20世纪50—70年代平均值为1.35万 hm²,80年代平均值最大为3.54万 hm²,90年代平均值最小为2.56万 hm²;21世纪00年代平均值扩大到8.42万 hm²,21世纪10年代平均值最大达到13.0万 hm²,其间2016年海岛棉播种面积25.6万 hm² 为历史最高值(表2-16,图2-10)。

表2-16·海岛棉在新疆绿洲棉花生产中的地位

(毛树春,2021年)

年 份	播种面积 (万 hm²)	播种面积占 全疆的比例(%)	总产量 (万 t)	总产占全疆棉花 产量比例(%)	单产 (kg/hm²)	单产与全疆棉花 单产的比率(%)
1955	0.01	0.2	0.04	1.5	277.5	77.0
20世纪50年代 (1955—1959)	0.07	0.6	0.03	0.6	294.0	67.0
20世纪60年代 (1960—1969)	1.35	9.0	0.47	8.4	334.1	99.7
20世纪70年代 (1970—1979)	2.00	13.1	0.67	12.2	350.3	95.4
20世纪80年代 (1980—1989)	3.54	12.7	2.17	11.9	623.3	95.5
20世纪90年代 (1990—1999)	2.55	4.2	2.93	4.1	1 149.9	95.5
21世纪00年代 (2000—2009)	8.42	6.3	13.01	5.9	1 511.1	95.2
21世纪10年代 (2010—2019)	13.04	6.4	20.77	5.0	1 492.4	74.7
2010	9.70	6.6	13.00	5.2	1 346.0	79.3
2011	8.40	5.1	12.16	4.2	1 450.0	82.0
2012	5.30	3.1	5.95	1.7	1 116.0	54.3
2013	3.23	1.9	5.35	1.5	1 398.0	68.3
2014	6.33	2.6	8.24	1.8	1 301.0	69.1
2015	24.40	10.7	40.50	9.4	1 624.0	88.3
2016	25.60	14.2	40.80	9.7	1 620.0	81.4
2017	11.30	5.1	17.39	3.8	1 534.0	74.6
2018	20.90	8.4	38.88	7.6	1 860.0	90.7
2019	15.20	6.0	25.46	5.1	1 675.0	85.1

注:数据源自历年《新疆统计年鉴》和《新疆生产建设兵团统计年鉴》。

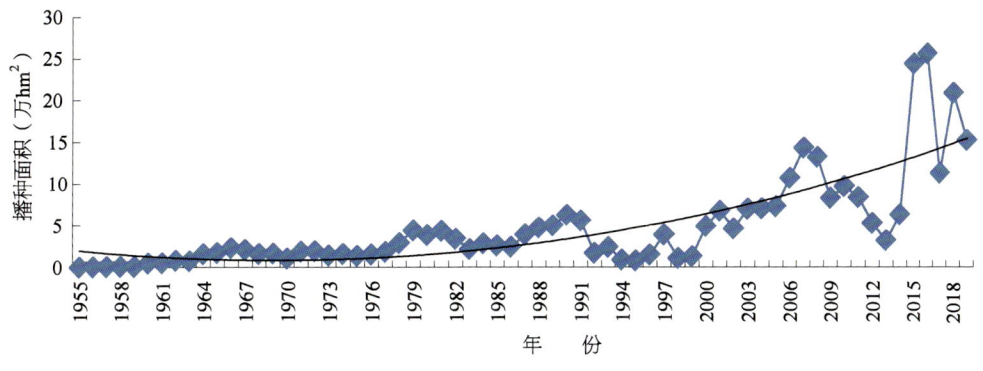

图2-10·1955—2019年新疆绿洲海岛棉播种面积变化

(数据源自历年《新疆统计年鉴》,毛树春,2021年)

1955—2019 年,新疆绿洲海岛棉占新疆棉花播种面积比例的平均值为 8.0%,其中 20 世纪 50—70 年代占比的平均值为 8.9%,80 年代占比最大为 12.7%,90 年代占比最小为 4.2%;21 世纪 00 年代恢复到 6.3%,21 世纪 10 年代占比为 6.4%,其间 1978 年海岛棉播种面积占比达 28.1%为历史最高值。

受消费增长的拉动,海岛棉播种整体呈现增长态势,年均增长约 0.2 万 hm²,然而受市场价格和气候的综合影响,海岛棉播种面积呈现强烈波动,不同年代播种面积的高峰年景有:1966 年、1979 年、1989 年、1990 年、2007 年,其中 2016 年为历史最高值达到 25.6 万 hm²,不同年代播种面积的低谷年景有:1960 年、1970 年、1983 年、1995 年、2002 年和 2013 年。

2015—2019 年,海岛棉总产平均值 6.2 万 t,其中 20 世纪 50—70 年代总产平均值为 0.42 万 t,80 年代为 2.17 万 t,90 年代为 2.93 万 t;21 世纪 00 年代总产平均值扩大到 13.0 万 t,10 年代最大达到 20.77 万 t,其间 2016 年海岛棉产量 40.8 万 t 为历史最高值(表 2-16,图 2-11)。

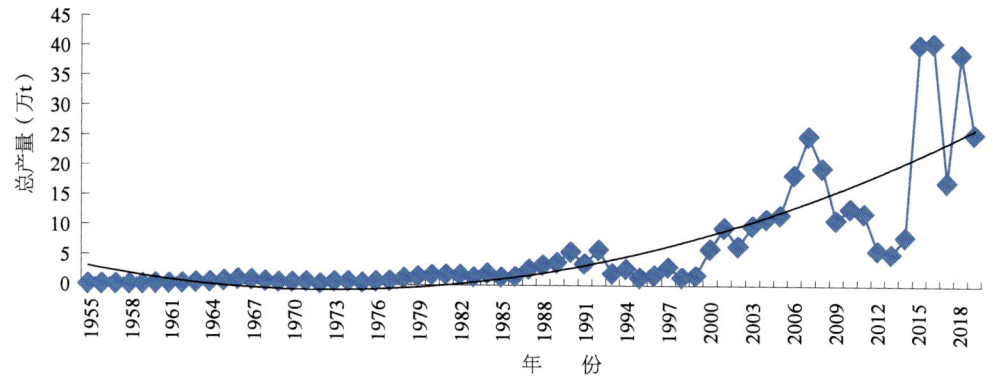

图 2-11 · 1955—2019 年新疆绿洲海岛棉总产量变化

(数据源自历年《新疆统计年鉴》,毛树春,2021 年)

受面积和气候的影响,海岛棉总产呈现增长态势,年均总产增长约 0.38 万 t。然而海岛棉总产呈现强烈波动,不同年代产量的高峰年景有:1963 年、1979 年、1989 年、1990 年、2007 年,其间 2016 年为历史最高值达到 40.8 万 t,不同年代的低谷年景有:1960 年、1972 年、1985 年、1995 年、2000 年和 2013 年(图 2-11)。

1955—2019 年,海岛棉单产平均值为 862.8 kg/hm²,整体看,单产不断提高,年均增长 31 kg/hm²。其中 20 世纪 50—70 年代单产平均值为 332.6 kg/hm² 为最低,80 年代提高到 623.3 kg/hm²,90 年代进一步提高到 1 149.3 kg/hm²;21 世纪 00 年代单产平均值提高到 1 511.1 kg/hm²,10 年代提高到 1 492.4 kg/hm²,略有下降,其间 1989 年的单产首次突破"亩产百斤"达到 765.0 kg/hm²,时间上比陆地棉 1983 年突破"亩产百斤"晚 7 年。2004 年长绒棉单产突破"亩产 200 斤"达到 1 589.0 kg/hm²,时间上与陆地棉突破"亩产 200 斤"同步,表明海岛棉的栽培管理技术与陆地棉栽培基本同步。

1955—2019 年,海岛棉单产为全疆陆地棉单产的 91.1%,即海岛棉单产平均低于陆地棉 8.9%。其中,海岛棉与陆地棉单产的比率,20 世纪 50—70 年代平均值为 91.9%,即海岛棉单产低于陆地棉 8.1%，80 年代为 95.6%，即低于陆地棉 4.4%，90 年代为 94.4%，即低于陆地棉 5.6%；21 世纪 00 年代为 96.0%，即海岛棉单产低于陆地棉 4.0%，10 年代为 77.1%，即低于陆地棉 26.4%，这与陆地棉单产增长较快有关（表 2-16）。

受气候影响，海岛棉的单产呈现波动，不同年代单产最高年景有：1963 年、1973 年、1989 年、1995 年、2007 年和 2018 年；不同年代单产最低年景有：1960 年、1972 年、1981 年、1997 年和 2012 年。其中 20 世纪 80 年代海岛棉单产相对稳定。1997 年海岛棉单产大幅下滑达 32.3%，2018 年单产则创历史新高，达到 1 860 kg/hm²（表 2-16，图 2-12）。

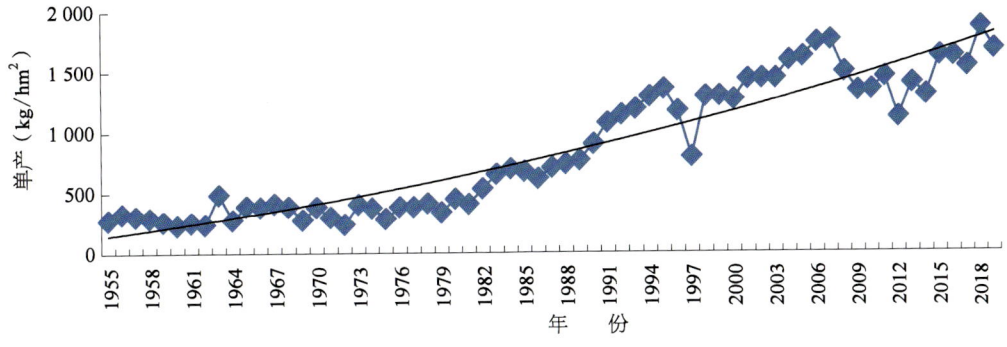

图 2-12 · 1955—2019 年新疆绿洲海岛棉单产变化

（数据源自历年《新疆统计年鉴》，毛树春，2021 年）

二、海岛棉品质

经过不断地人工选择，新疆绿洲海岛棉遗传品质指标在加快改进提高。进入 21 世纪，其纤维长度提高到 38.0 mm 以上，比强度提高到 45.0 cN/tex 以上，整齐度指数提高 88%；与陆地棉一样，海岛棉纤维细度也呈现变粗的趋势（表 2-17）。

表 2-17 · 新疆绿洲海岛棉与彩色棉纤维主要品质指标

（毛树春，2021 年）

年 份	品质类型	纤维长度（mm）	比强度（cN/tex）	马克隆值	品种（系）（个）
1982—1994	海岛棉	36.4（35.7～40.2）	26.2（24.1～29.0）	2.7（2.5～3.0）*	11
1995—1999**	海岛棉	34.9（28.7～36.8）	32.5（29.9～34.3）	3.6（3.0～3.8）	7
2000—2009	海岛棉	36.3（27.9～43.0）	38.2（27.9～44.3）	4.1（3.7～4.4）	19
2011—2015	海岛棉	38.0（36.6～39.2）	45.5（43.9～46.7）	4.1（3.9～4.5）	18
2016—2019	海岛棉	38.7（33.6～41.4）	45.3（43.1～47.7）	4.1（3.8～4.4）	15
2000—2010	彩色棉	27.8（26.0～30.2）	24.8（19.0～30.2）	3.9（2.4～4.0）	17
2017—2019	彩色棉	30.7（30.4～30.9）	30.8（28.8～32.1）	4.3（4.3～4.4）	3

注：* 1982—1995 年品质指标为细度 7 444.8 m/g，断裂长度 32.6 km，成熟系数 1.8，单纤维强力 4.5 g。** 1990—1999 年品质测定数据不全。

三、海岛棉的种植分布

由于海岛棉对生长期的要求更长,对热量的要求更高,全疆生态区中北疆因生态条件不能满足而不能种植。南疆的塔里木盆地周缘与东疆的吐鲁番盆地,这里生长期达到 200 天,夏季气温极高,最高达到 38℃ 以上,日照时间长,昼夜温差大,不仅适合长绒棉的生长发育,且产量高,品质好。

进入 21 世纪,新疆海岛棉的产地和布局发生很大改变,就生态类型区而言,东疆已基本退出了海岛棉的种植,而被葡萄干等经济效益更高作物所替代。就新疆兵团与地方而言,新疆兵团已基本上退出了长绒棉的种植。其实,进入 21 世纪新疆兵团海岛棉呈现较快的发展,其中 2000—2009 年新疆兵团海岛棉种植面积 3.3 万 hm^2,最高年景达到 5.5 万 hm^2(2007 年)。然而,近几年新疆兵团海岛棉种植面积每况愈下,已下降到不足 1 万 hm^2。

据分析,海岛棉在与陆地棉的竞争中失利的原因是,我国海岛棉机械化采收与轧花加工技术没有跟上和价格偏低;国际上,海岛棉转基因技术也没有跟上;在美国,迄今仅对海岛棉转 Bt 基因,故海岛棉仅具有抗棉铃虫的特性,并仅对个别海岛棉品种转抗除草剂等相关基因,故海岛棉品种大多不具备抗除草剂的特性。

目前,新疆海岛棉集中种植在南疆,其中阿克苏是海岛棉最大的种植地区,喀什地区次之,克孜勒苏柯尔克孜自治州与巴州和第二师铁门关市也有零星分布。

阿瓦提县(位于阿克苏地区)是全疆绿洲海岛棉种植面积最大、总产最高的县。2017 年、2018 年和 2019 年海岛棉产量分别为 7.6 万 t、8.4 万 t 和 5.4 万 t,占全疆产量的比例分别为 43.9%、21.6% 和 21.2%。该县海岛棉播种面积 2017 年、2018 年和 2019 年分别为 5.6 万 hm^2、6.1 万 hm^2 和 4.2 万 hm^2,占全疆海岛棉播种面积的 49.6%、29.2% 和 27.5%;分别占该县棉田面积的 55.1%、63.6% 和 44.7%。

阿克苏市(隶属于阿克苏地区)2017 年、2018 年和 2019 年海岛棉产量分别为 0、8.4 万 t 和 1.3 万 t,占全疆产量的比例分别为 0%、21.6% 和 5.1%。

海岛棉面积的稳定性与目标价格有很大关系,海岛棉按陆地棉交售量补贴标准的 1.3 倍进行补贴,从种植、管理、收获等方面评价,显然这一补贴标准偏低。

喀什市(喀什地区),2017 年、2018 年和 2019 年海岛棉产量分别为 0 万[①]、2.2 万 t 和 2.3 万 t,占全疆产量的比例分别为 0%、5.7% 和 9.0%。

岳普湖县(喀什地区),2017 年、2018 年和 2019 年长绒棉产量分别为 8.1 万、8.4 万和 0 万 t[①],占全疆产量的比例分别为 46.6%[②]、21.6% 和 0%。

阿图什市(克孜勒苏柯尔克孜自治州)2017 年、2018 年和 2019 年海岛棉产量分别 0.9 万 t、1 万 t 和 1.2 万 t,占全疆海岛棉产量的 5.0% 上下。

此外,南疆沙雅县、库车县和第二师等地区海岛棉也有一些种植面积。

---

① 似统计有误。2017 年、2019 年阿克苏市、喀什市和岳普湖县海岛棉无统计产量。
② 2017 年、2018 年和 2019 年,海岛棉大县的产量之和不等于全疆海岛棉的总产,大县海岛棉产量占全疆海岛棉总产的比例大于 100%。

近几年,位于北疆的博乐市、乌苏市及阜康市和位于南疆的第二师都在种植陆海杂交种棉花,形成一定规模的中长绒棉生产基地。其中,2018年乌苏市产量2.5万t,占当年海岛棉产量比例的6.5%;2019年博乐市中长绒棉产量达到6.8万t,占当年海岛棉产量比例的26.7%。

陆海杂交种呈现发展态势,这与陆海杂交种的籽棉产量高、衣分率高、可以机械化采收,以及与有关机构、公司大力推进"订单种植和产销对接""优棉优用和优质优价"有紧密关系,是未来的发展趋势。

四、彩色棉

(一) 彩色棉种植和分布

彩色棉包括棕色棉和绿色棉,两者均归类为特色棉。彩色棉种植始于20世纪90年代。进入21世纪曾呈发展趋势,最大种植面积约10万hm^2,最高产量约1万t,分布在南疆与北疆。但是近几年种植面积在减少。

从纤维色泽来看,棕色和绿色的遗传稳定性不够,天然颜色浅,无光泽,易光解,色牢度差,试图采用转基因技术解决色彩遗传包括色牢度和色彩的多样性仍有较大难度。从内在品质来看,纤维长度短,细度粗,强力低。与白色陆地棉相比,长度短2~3 mm以上,比强度低2~3 cN/tex以上,马克隆值偏低,其纺织品的耐用性差,理论上彩色棉适合发展一次性用的纺织品。近几年,彩色棉的纤维长度、比强度有明显改善(表2-17)。

由于彩色棉的纱、布不需染色,无工业废水,故特别有利于环境保护,而且彩色棉纺织品有利于保护婴幼儿皮肤和作为成年人的贴身衬衣,属于绿色纺织品。

彩色棉种植、收购、销售经营采用订单模式,即订单生产和订单销售,进一步延伸订单纺织和销售,并在大城市商场设置彩色棉纺织品专柜销售,采用全产业链经营策略,具有一定特色,但是规模不大。

(二) 彩色棉色泽的遗传学若干问题

关于棉纤维色泽的遗传学有很多报道,但结论却不尽相同。

较早时期,Were通过杂交多种彩色棉与白色棉,统计F_2代分离比为1:2:1和1:1,陆地棉有色纤维性状受不完全显性单基因控制。西蒙古良将墨西哥半野生种棕色陆地棉与白色陆地棉品种杂交,F_1纤维颜色呈中间类型,F_2分离出有色和白色的理论比例符合9:7,因此得出了纤维色泽由2对互补基因控制的结论。如果将白色棉和棕色棉正反组合杂交,F_1代纤维均表现出棕色,但棕色浅于彩色棉亲本,F_2代分离出了棕色、浅棕色和白色3种颜色,且有色与白色的比例约为3:1,由此得出了棕色棉的纤维颜色是由不完全显性单基因控制的。

关于绿色棉纤维色泽遗传,试验结果发现绿色棉纤维色泽可能是由多基因控制的数量遗传性状。而后陆续有多位研究者也发现,彩色棉纤维性状受不完全显性单基因控制。张雪林则认为,彩色性状是由多个微效基因控制的数量性状。詹少华通过棕色棉与白色棉杂交,目测发现F_2代出现深棕色、中棕色和白色,卡平方检验符合1:2:1的比例,判断棕色棉纤维色素的遗传性状是不完全显性的质量性状,还存在一些作用较小的"修饰基因"影响天然棕色棉纤维颜色的遗传。

目前关于控制纤维色素合成的基因报道较少。通过对棉花深棕色纤维基因 $Lc1$ 进行遗传定位,发现该基因由半显性单基因控制,且该基因定位于棉花 A 亚组第七染色体。另外,有研究从陆地棉 T586 的 A、D 亚基因组中分离出 5 对棉花 $TT2$ 同源基因都能促进原花青素的合成。还有研究发现,$GhTT2$-$3A$ 能使成熟纤维呈现出明显的棕色,同时认为 $GhTT2$-$3A$ 和前人研究出的控制棕色色素 PA 合成的 $Lc1$ 基因是同一基因。

(三) 天然纤维色彩的色牢度问题

天然色彩源于纤维次生胞壁内所含有的天然色素,其被纤维初生胞壁杂质层和浆料层覆盖,发色基团与羟基有关。羟基具有还原性、弱碱性,很容易受外界影响发生消失、置换以及取代等反应,从而影响了色牢度。而且天然彩色棉的天然色素存在于纤维内部,只有通过水洗、摩擦等机械作用或化学、生物等降解作用,适当剥除表面覆盖层,才能充分显色。同时,天然彩色棉所含色素耐光性较差,日晒后色牢度较低。目前对天然彩色棉的化学结构和色素结构尚没有深入分析,日晒变色机理尚不清楚。推测可能是因为表层覆盖物对紫外光有一定的吸收或反射作用,保护了内层的色彩,而去掉保护层后,日晒后色牢度则会变差。

(四) 彩色棉纤维颜色和纤维品质存在潜在关系

利用两个颜色浓度存在一定差异的棕色棉重组自交系(RILs),对深棕色纤维(Z263)和浅棕色纤维(Z128)进行纤维微观结构和成分分析,发现 Z263 和 Z128 纤维细胞初生胞壁中均比次生胞壁包含更多的色素,但 Z263 比 Z128 纤维细胞在中腔包含更多的色素以及更少的纤维素。通过体外胚珠培养,发现蔗糖为彩色棉胚珠生长和纤维发育提供了糖源和渗透环境;适宜浓度的茉莉酸甲酯、油菜素内酯或阿魏酸有利于棕色棉和绿色棉纤维的形成;油菜素内酯主要参与纤维伸长过程,而茉莉酸甲酯可能参与到棕色棉色素代谢过程;合适培养基可以进行棕色棉色素合成。

第四节·新疆绿洲棉花生态区结构和比例变化

按地理位置和生态类型区域,新疆绿洲可划分为南疆、北疆和东疆 3 个区域。其中,南疆棉花种植面积最大,北疆次之,东疆则最小。

一、不同生态类型区播种面积、产量和单产所占比重

按 2000 年、2010 年和 2017 年统计数据,3 个生态区的分布和比例如下。

新疆棉花播种面积,南疆、北疆、东疆的比例为 60∶38∶2;新疆棉花总产量,南疆、北疆、东疆的比例为 58∶40∶2;新疆棉花单产水平,南疆、北疆、东疆的比例为 100∶117∶93,即北疆单产水平高于全疆平均水平的 17%,东疆低于全疆平均水平的 7%(表 2-18,图 2-13,图 2-14,图 2-15)。

表2-18·新疆绿洲棉花种植区域的比例结构

(毛树春,2020年)

年份	项目	南疆 地方	南疆 新疆兵团	南疆 小计	北疆 地方	北疆 新疆兵团	北疆 小计	东疆 地方	东疆 新疆兵团	东疆 小计	总计
2000	面积(万hm²)	43.97	15.19	59.16	14.23	24.62	38.85	1.96	0.62	2.58	100.59
	占比(%)	47.7	15.1	58.8	14.1	24.5	38.6	1.9	0.6	2.5	100.0
	单产(kg/hm²)	1 401.9	1 713.6	1 481.9	1 626.1	1 686.8	1 663.9	1 214.3	1 822.6	1 360.5	1 549.1
	比平均单产±(%)	−9.5	10.6	−4.3	5.0	8.9	7.4	−21.6	17.7	−12.2	100.0
	总产(万t)	61.64	26.03	87.67	23.14	41.53	64.67	2.38	1.13	3.51	155.85
	占比(%)	39.6	16.7	56.3	14.8	26.6	41.5	1.5	0.7	2.2	100.0
2010	面积(万hm²)	67.94	20.57	88.51	23.40	30.95	54.35	3.40	0.94	4.34	147.20
	占比(%)	46.2	14.0	60.1	15.9	21.0	36.9	2.3	0.6	2.9	100.0
	单产(kg/hm²)	1 657.0	2 335.4	1 814.7	1 773.5	2 061.7	1 937.6	1 408.8	1 659.6	1 463.1	1 849.7
	比平均单产(%)	−10.4	26.3	−1.9	−4.1	11.5	4.8	−23.8	−10.3	−20.9	100.0
	总产(万t)	112.60	48.04	160.64	41.50	63.81	105.31	4.79	1.56	6.35	272.30
	占比(%)	41.4	17.6	59.0	15.2	23.4	38.7	1.8	0.6	2.3	100.0
2017	面积(万hm²)	124.85	23.72	148.57	47.12	43.28	90.40	4.15	1.56	5.71	244.68
	占比(%)	51.0	9.7	60.7	19.3	17.7	37.0	1.7	0.6	2.3	100.0
	单产(kg/hm²)	1 845.4	2 468.8	1 944.9	2 149.8	2 420.7	2 279.5	1 775.9	2 519.2	1 979.0	2 069.3
	比平均单产(%)	−10.8	19.3	−6.1	3.9	17.0	10.2	−14.2	21.7	−4.4	100.0
	总产(万t)	230.40	58.56	288.96	101.30	104.77	206.07	7.37	3.93	11.30	506.33
	占比(%)	45.5	11.6	57.1	20.0	20.7	40.7	1.5	0.8	2.2	100.0

注:数据整理自2001年、2011年和2018年《新疆统计年鉴》和《新疆生产建设兵团统计年鉴》;因《新疆统计年鉴》(2019)数据仍为2017年,故未列2018年数据;新疆兵团分散植棉师的数据未计;单产数据为加权平均数。

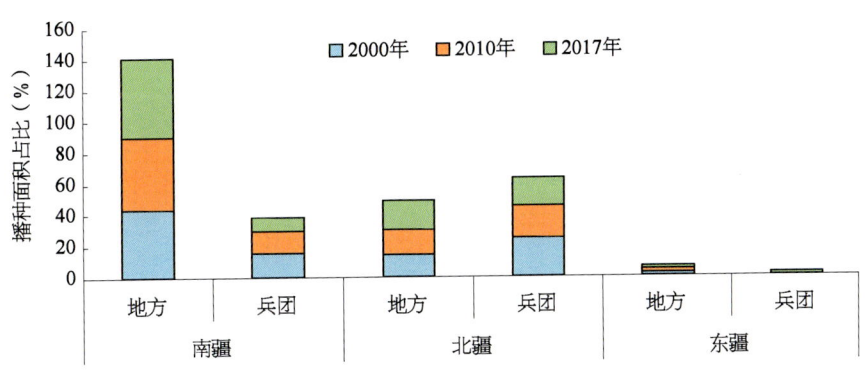

图2-13·新疆绿洲地方及新疆兵团棉花播种面积占全疆比例

(毛树春,2020年)

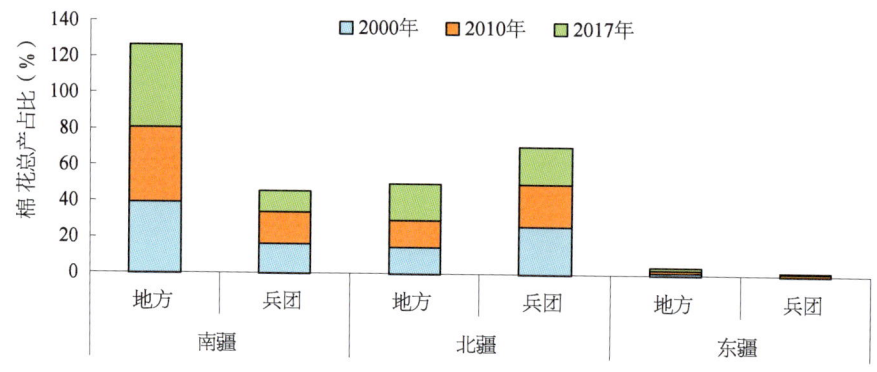

图 2-14 · 新疆绿洲地方及新疆兵团棉花总产占全疆比例
(毛树春,2020 年)

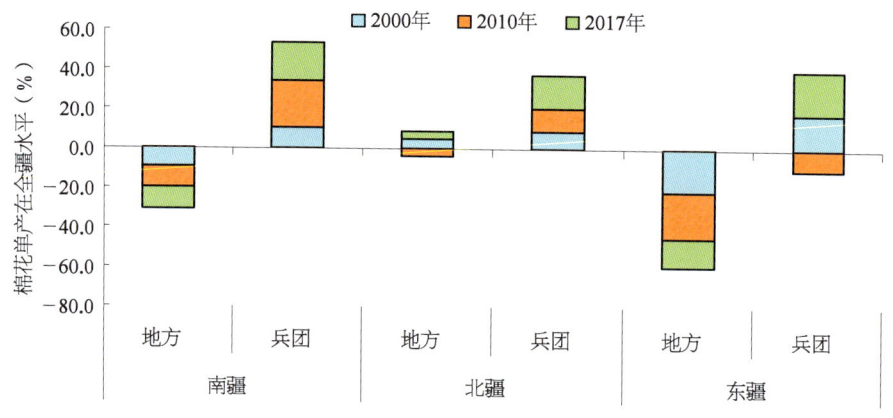

图 2-15 · 新疆绿洲地方及新疆兵团棉花单产水平
(毛树春,2020 年)

注：数据整理自 2001 年、2011 年和 2018 年《新疆统计年鉴》和《新疆生产建设兵团统计年鉴》；新疆兵团分散植棉师数据未计；单产数据按面积计算加权平均数。

南疆棉花播种面积占全疆比例的平均值为 60%。2010 年、2017 年和 2020 年分别为 60.1%、60.7% 和 58.8%，平均为 59.9%（约 60%）；南疆棉花产量占全疆的比例少于六成，3 年占比分别为 59.0%、57.1%、56.3%，平均为 57.5%（约 58%）；南疆棉花单产低于全疆平均水平的 4.1%（表 2-14）。

北疆棉花播种面积比例不到全疆棉花播种面积的四成。2010 年、2017 年和 2020 年分别为 36.9%、37.0%、38.6%，平均 37.5%；北疆棉花总产量占全疆的四成，3 年分别为 38.7%、40.7%、41.5%，平均 40.3%；单产高于全疆平均水平的 7.5%。

东疆棉花播种面积、总产占全疆比例极小，2010 年、2017 年和 2020 年分别为 2.9%、2.3%、2.5%，平均为 2.6%；产量分别占全疆的 2.3%、2.2%、2.2%，平均为 2.2%；单产低于全疆平均水平的 12.5%。

关于全疆棉花的单产水平，20 世纪 90 年代及以前，南疆棉花单产水平明显高于北疆，不少高产条田、高产连队等典型大多出现在南疆。进入 21 世纪以来，北疆单产提高很快，已明显超过南疆。据初步分析，有以下两个重要原因。

一是气候变暖条件下,北疆无霜期延长10～20天,≥10℃活动积温增加300℃以上,降水量增加100 mm以上,这些都对棉花生长更加有利,棉花品质也明显好于南疆。相比较南疆极端异常高温天气频发,则不利于棉花生长,病虫害危害整体也呈现加重趋势。

二是北疆棉花的整齐度高,产量水平一致性好。北疆棉花以新疆兵团为主,采用"多个统一"模式,技术到位率高,从而大幅度提高单产水平。同时,北疆地方的规模化程度也很高,地方与新疆兵团单产水平较为相近,差异较小,说明管理对提高单产水平具有极其重要的作用。南疆则不同,地方与新疆兵团单产水平相差30%以上,棉花长势的均衡性差,致使区域的单产水平不高。

二、地方与新疆兵团棉花种植比例结构

仍以2000年、2010年和2017年统计数据为例,全疆棉花播种面积和总产,地方与新疆兵团的比例呈现两个"6∶4"的结构关系,单产水平新疆兵团高于地方30%(表2-19)。

在全疆棉花播种面积比例结构中,2000年、2010年和2017年,地方播种面积占全疆的比例从59.8%提高到64.4%,平均约占62.2%;新疆兵团占全疆面积的比例从35.6%提高到40.2%,平均约占37.8%,地方比例的提高与开垦新棉田,进而扩大了播种面积有紧密关系(表2-19)。

在全疆棉花总产结构中,地方占全疆的比例从55.9%提高到67.0%,平均约占60.4%;新疆兵团占全疆比例从33.0%提高到44.1%,平均约占40.0%;新疆兵团棉花总产占全疆的比例高于播种面积,这与新疆兵团棉花单产较高有紧密关系(表2-19)。

表2-19 · 新疆绿洲棉花地方与新疆兵团比例结构

(毛树春,2020年)

项 目	2000年			2010年			2017年		
	地方	新疆兵团	合计	地方	新疆兵团	合计	地方	新疆兵团	合计
面积(万 hm²)	60.2	40.4	100.6	94.7	52.5	147.2	176.1	68.6	244.7
占全疆的比例(%)	59.8	40.2	100.0	64.4	35.6	100.0	72.0	28.0	100.0
单产(kg/hm²)	1 448.4	1 693.0	1 549.3	1 637.0	2 389.0	1 905.0	1 924.5	2 439.6	2 087.2
地方与兵团之比(%)	-6.5	9.3	100.0	-14.1	25.4	100	-7.8	16.9	100.0
总产(万 t)	87.2	68.7	155.9	158.9	114.1	273.0	339.0	167.3	506.3
占全疆的比例(%)	55.9	44.1	100.0	58.2	41.8	100.0	67.0	33.0	100.0

注:数据整理自《新疆统计年鉴》和《新疆生产建设兵团统计年鉴》,新疆兵团分散植棉师的数据未计,单产数据为加权平均数。

在全疆棉花单产方面,新疆兵团明显高于地方,2000年、2010年和2017年分别高于地方16.9%、45.9%和26.8%,平均高于地方约30.0%(29.9%),表明全疆棉花仍有较大增产潜力,且提升的重点在地方。

综上所述,地方与新疆兵团在3个生态类型所占比例,南疆以地方占绝对优势,北疆地方与新疆兵团并举,东疆也以地方为主。

在南疆,地方与新疆兵团的播种面积比例为 78∶22;产量比例为 70(73)∶30(27);单产比例为 100∶132。

在北疆,地方与新疆兵团的播种面积比例为 44∶56;产量比例为 41∶59;单产比例为 100∶109。

在东疆,地方与新疆兵团的播种面积比例为 75∶25;产量比例为 69∶31;单产比例为 100∶150。

第五节·绿洲棉花规模化集约化发展路径

进入 21 世纪以来,特别是在国家棉花目标价格政策的支持下,新疆绿洲棉花迎来大发展的新时代,以地区(师市)级、县(团场)级为单位的大型、超大型高产单位不断涌现。这种大发展为新疆棉花产业规模效应奠定了坚实的基础,并形成一批超大产棉地区、超大师市和县市团场。

2018 年,新疆棉花播种面积 249.1 万 hm²(其中新疆兵团面积 85.4 万 hm²),分布情况见图 2-16;新疆棉花单产 2 051 kg/hm²(其中新疆兵团棉花单产 2 396 kg/hm²),分布情况见图 2-17。2018 年,新疆棉花总产 511.1 万 t(其中新疆兵团总产 204.7 万 t),分布情况见图 2-18。

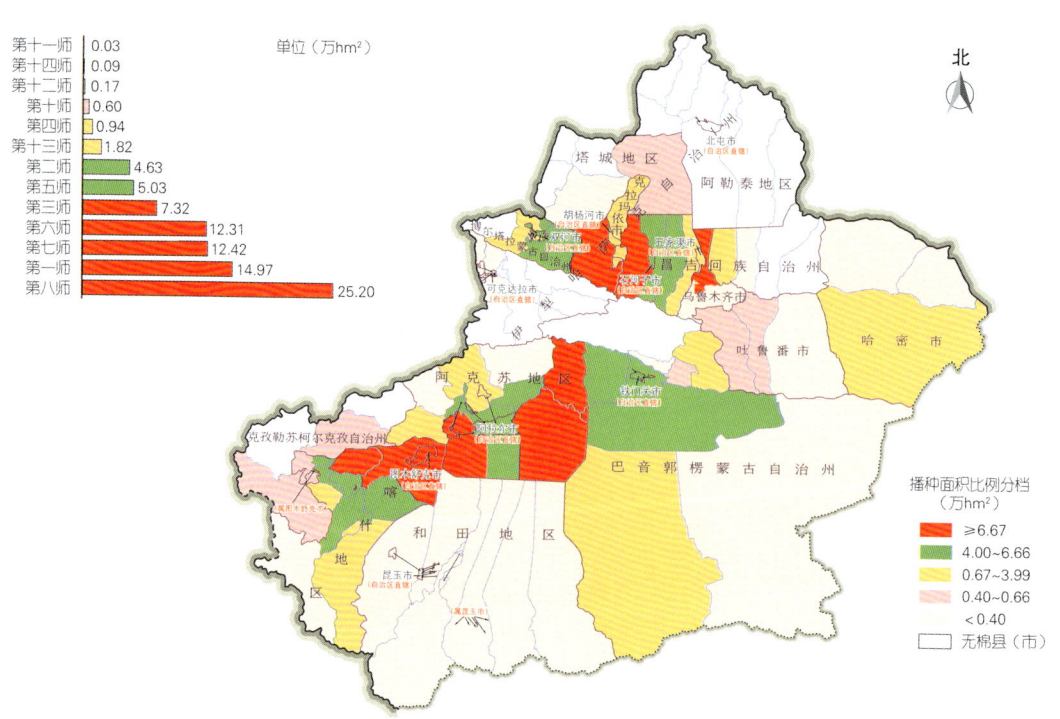

图 2-16·2018 年新疆棉花播种面积分布情况

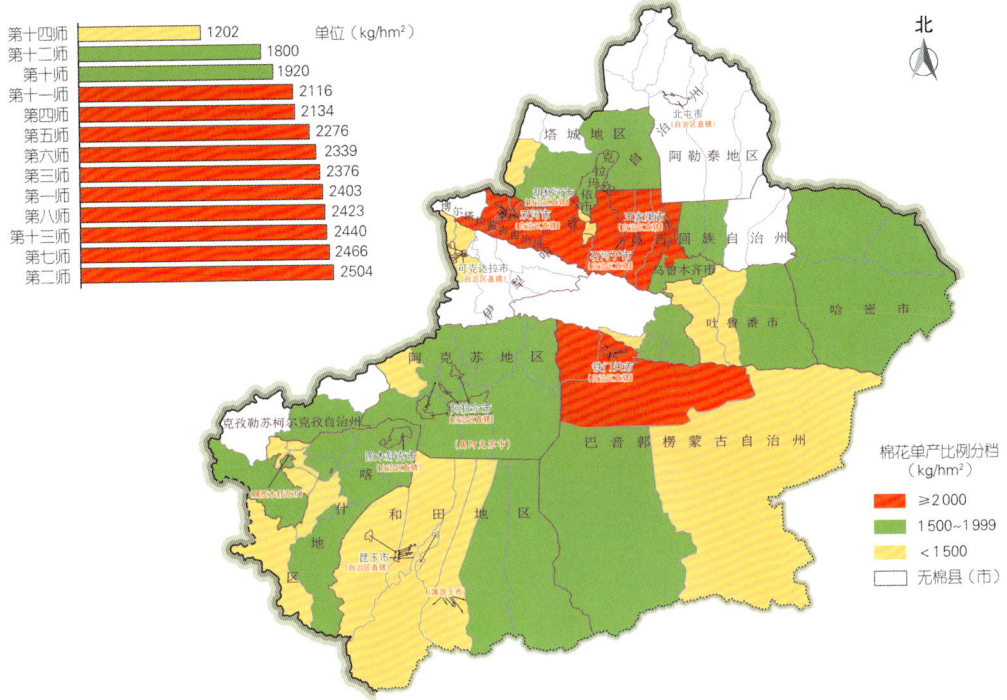

图 2-17 · 2018 年新疆棉花单产分布情况

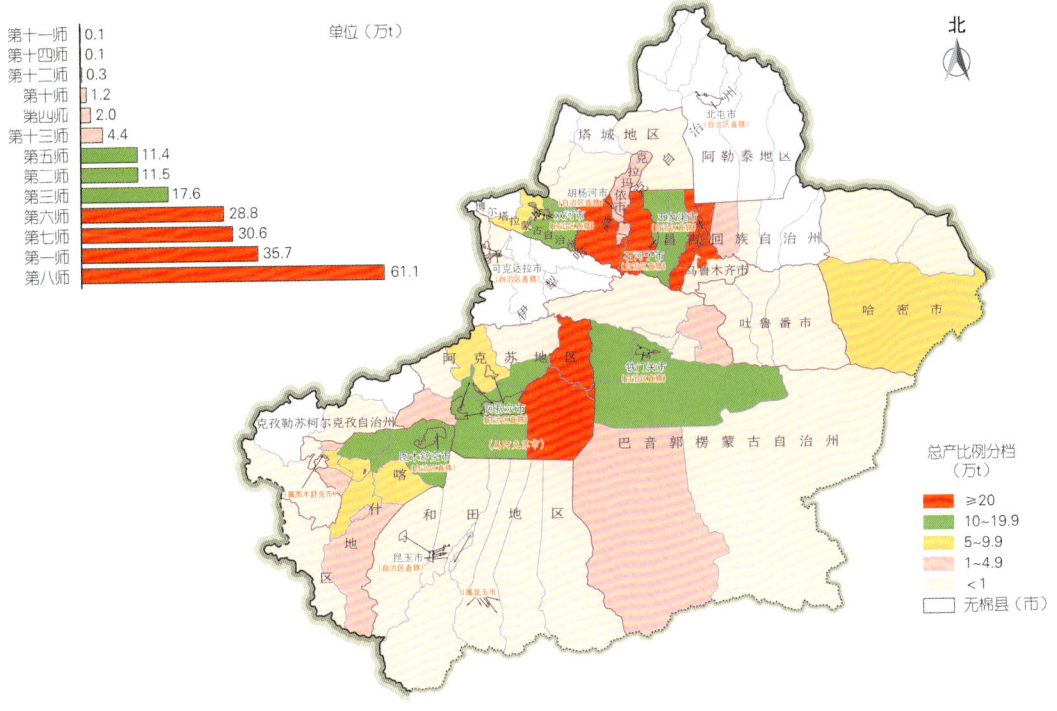

图 2-18 · 2018 年新疆棉花总产分布情况

一、超大产棉地区和县(市、区)

(一) 超大产棉地区

2010年以来,新疆棉花种植规模不断扩大,集中度不断提高,形成超级大产棉地区有喀什地区和阿克苏地区,其中阿克苏地区规模最大,持续时间更长(表2-20)。

表2-20·新疆绿洲超大产棉地区和县市级数量变化

(毛树春,2021年)

地点	产量级别	变化情况
地区、师市级	≥10万t级 (≤19.99万t)	2010年2个：昌吉回族自治州13.89万t,伊犁哈萨克自治州16.94万t； 2011年2个：昌吉回族自治州19.92万t,博尔塔拉蒙古自治州13.59万t； 2012年1个：博尔塔拉蒙古自治州13.80万t； 2013年1个：博尔塔拉蒙古自治州14.43万t； 2014年1个：博尔塔拉蒙古自治州17.97万t； 2015年1个：昌吉回族自治州14.99万t； 2016年2个：昌吉自治州15.59万t,博尔塔拉蒙古自治州18.63万t； 2017年0个； 2018年1个：博尔塔拉蒙古自治州18.74万t； 2019年1个：博尔塔拉蒙古自治州17.89万t； 2020年1个：博尔塔拉蒙古自治州18.27万t
	≥20万t级 (≤29.99万t)	2000年2个：阿克苏地区23.07万t,喀什地区25.71万t； 2011年1个：伊犁哈萨克自治州24.62万t； 2012年2个：昌吉回族自治州20.26万t,伊犁哈萨克自治州26.59万t； 2013年2个：昌吉回族自治州21.83万t,伊犁哈萨克自治州26.39万t； 2014年1个：昌吉回族自治州28.52万t； 2017年1个：昌吉回族自治州27.08万t； 2018年1个：昌吉回族自治州26.97万t； 2019年0个
	≥30万t级 (≤39.99万t)	2010年2个：巴音郭楞蒙古自治州30.07万t,喀什地区31.42万t； 2011年2个：巴音郭楞蒙古自治州35.20万t,喀什地区34.68万t； 2012年2个：巴音郭楞蒙古自治州37.21万t,喀什地区36.98万t； 2013年2个：巴音郭楞蒙古自治州39.74万t,喀什地区35.40万t； 2019年1个：昌吉回族自治州30.55万t； 2020年1个：昌吉回族自治州30.56万t
	≥40万t级 (≤49.99万t)	2010年1个：阿克苏地区45.52万t； 2014年2个：伊犁哈萨克自治州47.96万t,巴音郭楞蒙古自治州48.17万t； 2015年3个：伊犁哈萨克自治州42.08万t,博尔塔拉蒙古自治州16.48万t,巴音郭楞蒙古自治州43.81万t,其中海岛棉0.39万t； 2016年2个：伊犁哈萨克自治州43.44万t,巴音郭楞蒙古自治州44.92万t； 2018年2个：伊犁哈萨克自治州48.17万t,巴音郭楞蒙古自治州41.87万t； 2019年2个：伊犁哈萨克自治州45.18万t,巴音郭楞蒙古自治州42.72万t； 2020年2个：伊犁哈萨克自治州46.67万t,巴音郭楞蒙古自治州42.00万t
	≥50万t级 (≤59.99万t)	2010年1个：阿克苏地区53.80万t,其中海岛棉8.38万t； 2011年1个：阿克苏地区53.48万t,其中海岛棉9.45万t； 2012年1个：阿克苏地区57.67万t,其中海岛棉4.73万t； 2013年1个：阿克苏地区55.73万t,其中海岛棉46.4万t； 2017年2个：伊犁哈萨克自治州50.84万t,巴音郭楞蒙古自治州51.61万t； 2018年0个； 2019年0个
	≥60万t级 (≤69.99万t)	2016年1个：喀什地区63.76万t,其中海岛棉6.96万t； 2018年1个：喀什地区66.74万t,其中海岛棉2.25万t； 2019年1个：喀什地区64.85万t,其中海岛棉10.70万t； 2020年1个：喀什地区63.34万t,其中海岛棉9.71万t

续表

地点	产量级别	变化情况
地区、师市级	≥70万t级 (≤79.99万t)	2015年1个：喀什地区79.98万t； 2017年1个：喀什地区72.51万t，其中海岛棉8.11万t
	≥80万t级 (≤89.99万t)	2014年1个：阿克苏地区85.16万t，其中海岛棉7.94万t； 2015年1个：阿克苏地区84.18万t，其中海岛棉16.90万t； 2016年1个：阿克苏地区85.65万t，其中海岛棉12.26万t； 2019年1个：阿克苏地区86.99万t，其中海岛棉6.69万t
	≥90万t级 (≤99.99万t)	2014年1个：喀什地区93.83万t； 2018年1个：阿克苏地区90.14万t，其中海岛棉8.42万t； 2020年1个：阿克苏地区93.37万t，其中海岛棉4.98万t
	≥100万t级	2017年1个：阿克苏100.44万t，其中海岛棉8.28万t
县 (市、区)	≥5万t级 (≤9.99万t)	2000年2个：玛纳斯县5.05万t，莎车县6.01万t； 2010年16个：玛纳斯县5.81万t，乌苏市7.13万t，沙湾县7.64万t，精河县5.76万t，库尔勒市9.14万t，轮台县5.79万t，尉犁县8.15万t，阿克苏市9.05万t，温宿县5.23万t，库车县6.29万t，沙雅县8.85万t，新和县5.41万t，阿瓦提县8.31万t，莎车县5.30万t，麦盖提县7.09万t，巴楚县9.55万t； 2011年14个：昌吉市5.42万t，呼图壁县6.39万t，玛纳斯县8.06万t，乌苏市9.83万t，博乐市5.69万t，精河县7.89万t，轮台县8.37万t，阿克苏市9.50万t，温宿县5.66万t，库车县8.39万t，新和县6.26万t，莎车县6.65万t，麦盖提县7.05万t，巴楚县9.91万t； 2012年12个：昌吉市6.27万t，呼图壁县5.75万t，玛纳斯县8.08万t，博乐市5.75万t，精河县8.05万t，轮台县7.60万t，尉犁县9.02万t，阿克苏市9.62万t，温宿县6.69万t，库车县8.96万t，新和县6.38万t，莎车县6.83万t； 2013年13个：昌吉市6.66万t，呼图壁县5.78万t，玛纳斯县9.19万t，博乐市5.74万t，精河县8.69万t，轮台县9.14万t，尉犁县9.80万t，阿克苏市8.47万t，温宿县6.02万t，库车县9.01万t，莎车县6.91万t，麦盖提县5.51万t，伽师县9.98万t； 2014年6个：哈密市5.27万t，昌吉市5.82万t，呼图壁县9.08万t，博乐市5.71万t，温宿县8.42万t，岳普湖县7.22万t； 2015年8个：哈密市5.19万t，玛纳斯县7.54万t，博乐市5.77万t，轮台县7.58万t，温宿县8.02万t，疏勒县6.48万t，麦盖提县8.83万t，岳普湖县7.84万t； 2016年7个：哈密市伊州区5.25万t，玛纳斯8.07万t，博乐市61.81万t，温宿县6.38万t，疏勒县8.38万t，莎车县9.16万t，麦盖提县9.09万t，岳普湖县6.95万t； 2017年9个：哈密市伊州区6.10万t，昌吉市6.15万t，呼图壁县8.36万t，博乐市7.29万t，温宿县8.06万t，疏勒县7.37万t，莎车县9.38万t，麦盖提县8.59万t，岳普湖县8.11万t； 2018年8个：哈密市伊州区5.52万t，昌吉市5.92万t，博乐市6.09万t，温宿县6.77万t，疏勒县72.01万t，莎车县7.66万t，麦盖提县7.63万t，岳普湖县7.68万t； 2019年8个：昌吉市6.13万t，博乐市5.88万t，阿克苏市9.93万t，温宿县6.25万t，疏勒县7.44万t，莎车县7.65万t，麦盖提县7.20万t，岳普湖县7.23万t； 2020年8个：昌吉市6.35万t，博乐市5.87万t，温宿县6.26万t，疏勒县5.97万t，英吉沙县5.41万t，莎车县7.69万t，麦盖提县6.66万t，岳普湖县7.46万t
	≥10万t级 (≤19.90万t)	2000年0个；2010年0个； 2011年4个：沙湾县12.00万t，库尔勒市10.82万t，沙雅县10.72万t，阿瓦提县11.21万t； 2012年6个：乌苏市10.54万t，沙湾县13.17万t，库尔勒市11.37万t，沙雅县11.22万t，阿瓦提县12.99万t，巴楚县10.00万t； 2013年4个：乌苏市11.43万t，沙湾县13.27万t，沙雅县11.69万t，阿瓦提县12.61万t； 2014年15个：玛纳斯县10.15万t，精河县12.26万t，库尔勒市16.18万t，轮台县11.53万t，尉犁县12.86万t，阿克苏市10.94万t，库车县16.79万t，沙雅县18.97万t，新和县11.64万t，阿瓦提县16.66万t，疏勒县10.12万t，莎车县16.74万t，麦盖提县10.91万t，伽师县16.81万t，巴楚县17.28万t； 2015年12个：乌苏市18.63万t，精河县10.71万t，库尔勒市17.19万t，尉犁县15.20万t，阿克苏市12.04万t，库车县18.68万t，沙雅县19.77万t，新和县11.97万t，阿瓦提县12.33万t，莎车县14.42万t，伽师县17.61万t，巴楚县14.50万t； 2016年12个：乌苏市18.97万t，精河县12.44万t，库尔勒市15.77万t，轮台县10.66万t，尉犁县15.91万t，阿克苏市11.94万t，库车县19.06万t，新和县12.49万t，阿瓦提县13.16万t，岳普湖县13.88万t，巴楚县11.26万t，伽师县13.88万t； 2017年10个：玛纳斯县11.55万t，精河县14.23万t，库尔勒市16.44万t，轮台县13.90万t，尉犁县17.13万t，阿克苏市12.17万t，新和县13.36万t，阿瓦提县18.16万t，伽师县14.68万t，巴楚县14.36万t；

续 表

地点	产量级别	变 化 情 况
县（市、区）	≥10万t级 (≤19.90万t)	2018年11个：呼图壁县11.07万t，玛纳斯县10.93万t，精河县12.64万t，库尔勒市12.83万t，轮台县11.65万t，尉犁县13.24万t，阿克苏市10.29万t，新和县11.74万t，阿瓦提县16.50万t，伽师县15.01万t，巴楚县12.44万t； 2019年11个：呼图壁县10.85万t，玛纳斯县11.00万t，乌苏市19.60万t，精河县12.01万t，库尔勒市12.45万t，轮台县11.54万t，尉犁县14.54万t，新和县10.63万t，阿瓦提县15.40万t，伽师县14.26万t，巴楚县12.24万t 2020年12个：呼图壁县11.46万t，玛纳斯县11.11万t，精河县12.40万t，库尔勒市11.85万t，轮台县12.13万t，尉犁县14.91万t，阿克苏市10.95万t，新和县10.23万t，麦盖提县17.51万t，伽师县14.17万t，巴楚县12.06万t
	≥20万t级	2014年2个：乌苏市22.26万t，沙湾县23.51万t； 2015年3个：沙湾县21.81万t，沙雅县21.64万t，阿瓦提县21.45万t； 2016年2个：沙湾县23.04万t，沙雅县21.30万t； 2017年4个：乌苏市24.09万t，沙湾县24.47万t，库车市22.68万t，沙雅县24.44万t； 2018年4个：乌苏市22.31万t，沙湾县23.40万t，库车市20.96万t，沙雅县22.50万t； 2019年3个：沙湾县22.24万t，库车县20.13万t，沙雅县23.19万t 2020年4个：乌苏市20.89万t，沙湾县22.11万t，库车市21.49万t，沙雅县25.36万t

注：莎车县是新疆最早最大的产棉县，1997年总产达到5.0万t，成为全疆首个总产跨上5万t量级的超大县。

2014年，喀什地区总产93.8万t，是当时全国最大的产棉地区；紧跟其后的是阿克苏地区，总产93.1万t，其中海岛棉7.9万t。

2015年，阿克苏地区总产首次跨上百万吨台阶，达到100.9万t，其中海岛棉7.9万t。

2016年，阿克苏地区总产85.7万t，其中海岛棉12.3万t。

2017年，阿克苏地区总产100.4万t，其中海岛棉8.3万t。

2018年，阿克苏地区总产90万t，其中海岛棉8.3万t。

2019年，阿克苏地区总产87.0万t，其中海岛棉6.7万t。

2018—2019年，据阿克苏地区统计年鉴总产仍在100万t水平上。

2020年，阿克苏地区总产93.4万t，其中海岛棉5.0万t。

（二）超大产棉县（市、区）

依据新疆维吾尔自治区统计局的数据整理，2000—2020年，全疆产棉超大县（市、区）出现230年次，其中≥5万t出现111年次，≥10万t出现97年次，≥20万t出现22年次，而≥10万t、≥20万t都出现在最近10年。结果表明，近20年新疆绿洲棉花高速扩张，并仍在持续（表2-20）。

1997年莎车县总产达到5万t（100万担）量级，是全疆最早达到5万t的大县。2010年全疆总产超过5万t的县市区有15个，2014年全疆总产超过10万t的县有15个。

2014—2020年的7年时间里，5个县市先后攀登上了20万t级的高台阶，合计22年次，累计产量500万t，相当于新疆一年的产能。5个县市年次分别是：阿瓦提县1年次、乌苏市4年次、库车市4年次、沙雅县6年次、沙湾县7年次，其中位于北疆的乌苏市和沙湾县于2014年率先跨上20万t级台阶，接着是位于南疆阿克苏地区的沙雅县（2015年）、阿瓦提县（2015年）和库车市（2017年）。

阿瓦提县是全疆海岛棉的特大生产县。2010—2020年，海岛棉产量分别为2010年6.6

万 t,2011 年 7.9 万 t,2012 年 4.6 万 t,2013 年 3.5 万 t,2014 年 5.5 万 t,2015 年 9.1 万 t, 2016 年 10.1 万 t,2017 年 7.6 万 t,2018 年 8.4 万 t,2019 年 5.4 万 t,2020 年 4.3 万 t。

依据新疆维吾尔自治区统计局的数据整理,2000—2020 年,全疆产棉超大县(市、区)出现 230 年次,其中≥5 万 t 出现 111 年次,≥10 万 t 出现 97 年次,≥20 万 t 出现 22 年次,而≥10 万 t、≥20 万 t 都出现在最近 10 年。结果表明,近 20 年新疆绿洲棉花高速扩张,并仍在持续(表 2-20)。

1997 年莎车县总产达到 5 万 t(100 万担)量级,是全疆最早达到 5 万 t 的产棉大县。2010 年全疆总产超过 5 万 t 的县市区有 15 个,2014 年全疆总产超过 10 万 t 的县有 15 个。

2014—2020 年的 7 年时间里,5 个县市先后攀登上了 20 万 t 级的高台阶,合计 22 年次,累计棉花产量 500 万 t,相当于新疆一年的产能。5 个县市年次分别是:阿瓦提县 1 年次、乌苏市 4 年次、库车市 4 年次、沙雅县 6 年次、沙湾县 7 年次。其中,位于北疆的乌苏市和沙湾县于 2014 年率先跨上 20 万 t 级台阶,接着是位于南疆阿克苏地区的沙雅县(2015 年)、阿瓦提县(2015 年)和库车市(2017 年)。

二、新疆兵团超大产棉师市和团场

(一) 超大产棉师市

进入 21 世纪以来,新疆兵团与地方一样,紧紧抓住棉花生产发展的有利机遇,植棉规模和总产双双跨上新台阶,陆续涌现出超大产棉师市和一批超大规模团场(表 2-21)。其中,第八师石河子市位列新疆兵团棉花产量的首位,产量情况如下。

2004 年:总产达到 20.4 万 t,是新疆兵团最大的产棉师市;
2013 年:总产达到 40.4 万 t,是新疆兵团最大的产棉师市;
2017 年:总产达到 50.3 万 t,是新疆兵团最大的产棉师市;
2018 年:总产达到 61.1 万 t,是新疆兵团最大的产棉师市;
2019 年:总产达到 59.6 万 t,是新疆兵团最大的产棉师市;
2020 年:总产达到 61.5 万 t,与 2018 年相当,是新疆兵团最大产棉师市。

表 2-21 · 2000—2020 年新疆生产建设兵团超大师市和团场总产量变化

(毛树春,2020 年)

地点	产量级别	变 化 情 况
师市级	≥10 万 t 级 (≤19.99 万 t)	三师 13.16 万 t(2016 年)、六师 13.11 万 t(2016 年)、七师 19.53 万 t(2016 年)、一师 11.15 万 t(1997 年)、八师 11.95 万 t(1997 年)、一师 16.39 万 t(2000 年)、七师 10.13 万 t(2000 年)、八师 17.94 万 t(2000 年)、一师 19.32 万 t(2004 年)、六师 10.05 万 t(2004 年)、七师 12.02 万 t(2004 年)、三师 15.16 万 t(2012 年)、六师 15.18 万 t(2012 年)、七师 14.77 万 t(2012 年)、二师 10.14 万 t(2017 年)、三师 15.02 万 t(2017 年)、五师 10.79 万 t(2017 年)、二师 11.59 万 t(2018 年)、三师 17.39 万 t(2018 年)、五师 11.44 万 t(2018 年)、二师 11.27 万 t(2019 年)、三师 17.34 万 t(2019 年)、五师 11.73 万 t(2019 年)、二师 12.59 万 t(2020 年)、三师 18.34 万 t(2020 年)、五师 12.30 万 t(2020 年)
	≥20 万 t 级 (≤29.99 万 t)	八师 20.33 万 t(2004 年)、六师 20.15 万 t(2017 年)、七师 21.99 万 t(2017 年)、六师 28.78 万 t(2018 年)、六师 27.31 万 t(2019 年)、六师 29.14 万 t(2020 年)

续 表

地点	产量级别	变 化 情 况
师市级	≥30万t级 (≤39.99万t)	一师34.34万t(2016年)、一师31.25万(2012年)、八师39.02万t(2012年)、一师33.40万t(2017年)、一师35.73万t(2018年)、七师30.62万t(2018年)、一师36.35万t(2019年)、七师31.24万t(2019年)、一师38.91万t(2020年)、七师33.74万t(2020年)
	≥40万t级 (≤49.99万t)	八师47.04万t(2016年)
	≥50万t级 (≤59.99万t)	八师50.28万t(2017年)、八师59.62万t(2019年)
	≥60万t级	八师61.06万t(2018年)、八师61.48万t(2020年)
团场级	≥4万t级 (≤4.99万t)	芳草湖农场4.18万t(2006年)、新湖农场4.17万t(2006年)、芳草湖农场4.27万t(2007年)、新湖农场4.07万t(2007年)、芳草湖农场4.75万t(2008年)、新湖农场4.31万t(2008年)、一二一团4.49万t(2008年)、芳草湖农场4.02万t(2011年)、新湖农场4.55万t(2011年)、一二一团4.57万t(2011年)、芳草湖农场4.70万t(2012年)、新湖农场4.72万t(2012年)、一二一团4.47万t(2012年)、新湖农场4.91万t(2013年)、十六团4.55万t(2013年)、一三四团4.20万t(2014年)、十六团4.03万t(2014年)、芳草湖农场4.84万t(2014年)、新湖农场4.85万t(2014年)、一三三团4.98万t(2015年)、一三四团4.62万t(2015年)、一四二团4.70万t(2015年)、芳草湖农场4.39万t(2015年)、芳草湖农场4.58万t(2016年)、一三四团4.48万t(2016年)、一二五团4.45万t(2017年)、一三四团4.67万t(2017年)、十团4.22万t(2018年)、一四八团4.14万t(2018年)、一五零团4.57万t(2018年)、十团4.18万t(2019年)、一四八团4.12万t(2019年)、一五零团4.43万t(2019年)、九团4.51万t(2020年)、十团4.30万t(2020年)
	≥5万t级 (≤5.99万t)	一二一团5.68万t(2013年)、芳草湖农场5.00万t(2013年)、一四二团5.40万t(2014年)、新湖农场5.22万t(2016年)、一三三团5.10万t(2016年)、一四二团5.54万t(2016年)、一三三团5.68万t(2017年)、一四二团5.69万t(2017年)、一二五团5.46万t(2018年)、一三零团5.43万t(2018年)、一四四团5.00万t(2018年)、一二五团5.43万t(2019年)、一三零团5.28万t(2019年)、一三三团5.33万t(2019年)、一四四团5.23万t(2019年)、一三零团5.59万t(2020年)、一二五团5.71万t(2020年)、一四四团5.38万t(2020年)
	≥6万t级 (≤6.99万t)	一二一团6.83万t(2014年)、一二一团6.85万t(2015年)、一二一团6.58万t(2016年)、芳草湖农场6.45万t(2017年)、一三三团6.70万t(2018年)、一三四团6.06万t(2018年)、一三三团6.30万t(2019年)、一三三团6.60万t(2020年)、一三四团6.06万t(2020年)
	≥7万t级 (≤7.99万t)	一二一团7.30万t(2017年)、一四二团7.28万t(2018年)、新湖农场7.33万t(2017年)、一四二团7.38万t(2019年)、一四二团7.55万t(2020年)
	≥8万t级 (≤8.99万t)	一二一团8.74万t(2018年)、芳草湖农场8.42万t(2019年)、一二一团8.11万t(2019年)、一二一团8.81万t(2020年)
	≥9万t级 (≤9.99万t)	芳草湖农场9.04万t(2018年)、新湖农场9.55万t(2018年)、新湖农场9.11万t(2019年)、芳草湖农场9.14万t(2020年)
	≥10万t级	新湖农场10.31万t(2020年)

注：数据源自《新疆建设兵团统计年鉴》，因四舍五入尾数有差异。

第一师拉尔市位列第二，2005年总产达到21.5万t，2008年总产首次跨上30万t级台阶。自此开始产量长期徘徊在33万~36万t之间，2020年总产最高达到38.9万t，连续13年总产保持在30万t量级。

第七师胡杨河市后来居上，位列第三，2014年总产达到21.3万t，2018年达30.6万t，2019年达31.2万t，2020年达33.7万t。

第六师五家渠市则位列第四，2017年总产超过20.2万t，2018年达28.8万t，2019年达27.3万t，2020年达29.1万t。

(二) 超大产棉团场

据新疆兵团统计年鉴，全兵团团场(含公司、水管处等)共202个，其中植棉团场113个，未植棉团场 89 个。至 2020 年,全兵团涌现出的超大团场个次如下(表 2-21)。

2013 年:新疆兵团首次出现总产 5 万 t 级的团场,累计 18 次;

2014 年:涌现总产 6 万 t 级团场,累计 9 次;

2017 年:涌现总产 7 万 t 级团场,累计 5 次;

2018 年:涌现总产 8 万 t 级团场,累计 4 次;

2019 年:涌现总产 9 万 t 级团场,累计 4 次;

2020 年:涌现总产 10 万 t 级团场,累计 1 次。

迄今,新湖农场是全兵团总产最高的农场,棉花总产超过 10 万 t,其次为芳草湖农场,总产超过 9 万 t;团级以一二一团总产最高,棉花总产超过 8 万 t,其次为一四二团,总产超过 7 万 t。可见,新疆兵团超大植棉团场都位于北疆。

三、特大植棉企业

(一) 新疆利华棉业股份有限公司

该公司是新疆地区一家以棉花种植、收购、加工、纺织为主业的拟上市公司,也是国内棉花行业最大的企业和唯一一家国家级农业产业化重点龙头企业,成立于 2004 年 8 月,注册资本 15 786 万元。公司经营 55 个棉花加工厂、1 个棉纺织厂、1 个稻米加工厂和 2 个油脂加工厂,形成集农业种植、收购加工、纺织、食用油加工、仓储物流、国际贸易为一体的跨国集团公司。

2016 年,公司尝试大规模推进订单农业,与农户签订服务和产销合同,为合同棉农免费提供种子,全额赊欠化肥、地膜、滴灌带、农药等棉花种植所需的全部生产资料,并全程提供技术指导和机械化服务,服务面积超过 6.6 万 hm^2,希望收购服务棉农籽棉,经过尝试不成功。

2017 年和 2018 年,公司在南疆阿克苏沙雅县、阿瓦提县、库车县、巴州尉犁县、和硕县流转土地 10 万 hm^2,其中 2018 年建成并种植棉花 3.3 万多 hm^2,生产皮棉 5 万 t;2019 年种植棉花近 6 万 hm^2,生产皮棉约 10 万 t。计划 2022 年完成土地流转和棉花种植面积超过 13 万 hm^2,建成高品质原棉生产基地,形成皮棉 25 万 t 的产能,并带动 10.6 万户当地农民增收和 12 万富余劳动力转移就业。

2017 年以来,该公司完成投资 15 亿元,其中高标准农田建设费 22 500 元/hm^2 和农田水利设施建设费租金 22 500 元/hm^2,合计投入 45 000 元/hm^2 建成高标准农田之后才能进行种植。另外,根据土地质量的评价结果,土地每年租金 7 500~12 000 元/hm^2 不等。通过土地流转和规模化种植,直接带动 5.3 万户农民增收和 6 万名富余劳动力转移就业,实现 1.3 万余建档立卡贫困人口脱贫。

2018 年以来,利华棉业股份有限公司继续扩大植棉规模,延长棉花加工和纺织产业链。2020 年度加工棉花产量达到 53 万 t,并在沙雅县建成 56 万锭自动化、智能化、信息化纺纱生产线,实现装备升级、产品档次升级,从而全面提升企业产品的品质,力争"十四五"期间棉花加工量和纺纱量均达到 100 万 t 的规模。

(二) 山东水务发展有限公司

该公司成立于 2009 年,是山东省一家地方国有企业。该集团于 2018 年进入新疆,2019

年进入棉花生产加工全产业链,流转和租赁棉花生产基地20万hm²,80%的土地用来种植棉花,20%的土地用来种植玉米、饲草。兴建及合作经营轧花厂53个,年收购、加工、销售皮棉94万t。

四、新疆绿洲棉花高速发展的典型路径简析

通过对新疆绿洲棉花规模化扩张路径进行分析发现,扩大棉花种植面积和提高棉花单产是提高棉花总产量的基本路线,即总量增长源自面积扩大和单产提高,这是新疆绿洲棉花高速发展的基本规律和有益经验,这与20世纪80年代黄河流域棉花扩张的路径基本相同。

通过分析可以看出,扩大面积和提高单产并举是绿洲棉花产能扩张的路径。从数据和实践来看,目标价格对棉花产业所产生巨大的刺激效应,导致棉花种植面积和产量的倍增效果所需时间为4~5年,其中北疆反应更快,南疆则略滞后。在规模扩大的同时形成集约化程度更高的棉花生产基地和集中种植带。

(一)种植面积快速扩大

2009年启动新一轮种植面积扩大计划,超大产棉县北疆的沙湾县和南疆的沙雅县都因此实现了产量的"倍增"。

沙湾县产量从2009年的6.6万t增长到2013年的13.2万t,在4年时间里产量恰好增长了1倍;同期种植面积从3.75万hm²增长到6.74万hm²,增长0.8倍,而单产提高对棉花产量倍增的贡献率约为20%。北疆的乌苏市、精河县等棉花产量的倍增路径也与此基本相同(图2-19)。

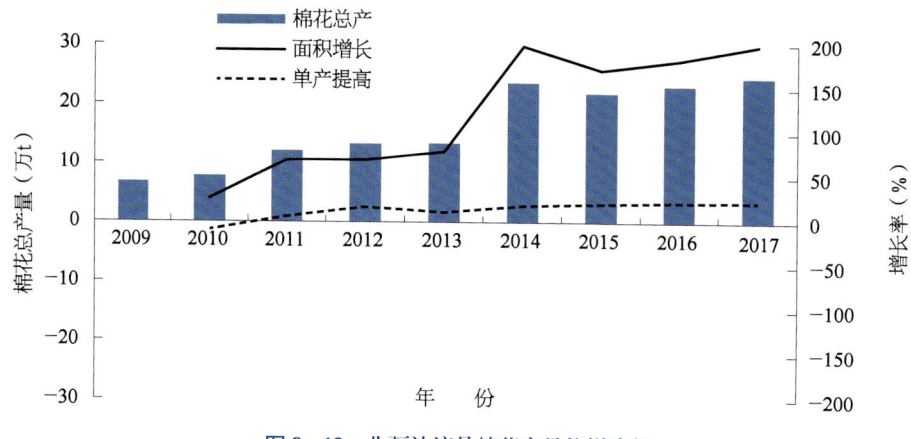

图2-19·北疆沙湾县棉花产量倍增路径

(毛树春,2020年)

南疆沙雅县总产量从2009年的8.7万t增长到2014年的19.0万t,增长了1.2倍,所花时间为5年,面积从5.33万hm²增长到11.74万hm²,增长了1.2倍,因单产略减故对棉花总产量倍增没有贡献。南疆的库尔勒、库车、巴楚、莎车、伽师等大县市的倍增路径也基本相同(图2-20)。

图 2-20 · 南疆沙雅县棉花产量倍增路径
(毛树春, 2020 年)

为什么北疆、南疆开发进程产生差异?这与北疆土壤盐碱程度轻,经过平整即可进入种植环节,因而来得较快,而从草地、林地和牧场转换则来得更快。南疆滞后原因是开垦荒地需要 3~4 年时间平整土地、开挖排碱沟、增施磷肥等土壤改良工作才能转入正常生产。

经验提示,当某一农产品遭遇短缺仅需 1~2 年时间就可以实现半倍数和成倍数的快速增长,这为棉花这类大宗农产品应对危机提供了快速反应的机制预示。

(二) 形成最大的产棉地区和集中种植带

阿克苏地区是全疆最大的产棉地区,所辖 9 个县市中有 8 个种植棉花。2017 年棉花播种面积 52.7 万 hm²,占全疆的 23.8%,占全国的 16.5%;总产 100.4 万 t,占全疆的 22.0%,占全国的 17.8%;单产为全疆单产的 92.5%,与全疆平均水平接近。这里有几个超大产棉县市——沙雅县、库车县、阿瓦提县和阿克苏市。四县市合计棉花总产量 77.5 万 t,占阿克苏地区总产量的 77.2%,占全疆的 17.0%(表 2-22)。

表 2-22 · 2017 年阿克苏地区棉花种植情况
(毛树春, 2020 年)

地 点	面积(万 hm²)	单产(kg/hm²)	总产(万 t)
全疆	221.75	2 059	456.60
阿克苏地区	52.73	1 905	100.40
其中:沙雅县	12.53	1 951	24.44
库车县	11.96	1 897	22.67
阿瓦提县	10.16	1 786	18.16
阿克苏市	6.50	1 873	12.17

注:数据源自《新疆统计年鉴》和《新疆生产建设兵团统计年鉴》。

阿克苏地区还是全国最大的长绒棉生产基地,产量占全国的一半,其中阿瓦提县是全疆最大的长绒棉生产基地,2017 年长绒棉产量 7.6 万 t,占全疆的 43.9%。另外,阿克苏市和沙雅县也有长绒棉种植。

第一师阿拉尔市镶嵌在阿克苏地区中,如果加上第一师的产量,阿克苏地方和当地新疆兵团总产达到136万t,占全疆近三成。

天山北坡是全疆的经济集中带,面积2 000万hm²(2000版),也是全疆的棉花集中种植带。第八师石河子市则位于天山北坡经济带的中心位置,这里棉田紧邻天山北坡,棉田面积高度集中。2017年,棉花播种面积达到76.7万hm²,占全疆的34.6%;总产177.8万t,占全疆38.9%;单产高于全疆平均的13.0%。这里还是全疆高品质棉花集中生产带,原棉长度达28.5 mm及以上,比强度28.5 cN/tex及以上,马克隆值3.7~4.6,适合纺40英支及以上的高品质棉纱线,天山北坡所产高品质棉花占全疆的60%以上,具有较好的发展潜力(表2-23)。

表2-23 · 2017年天山北坡经济带棉花种植情况

(毛树春,2020年)

地　　点	棉花播种面积(万hm²)	棉花单产(kg/hm²)	棉花总产(万t)
新疆地方	34.18	2 183.0	74.60
北坡经济带占新疆地方比例	22.3%	107.8%	35.2%
新疆兵团	42.53	2 428.0	103.21
北坡经济带占新疆兵团比例	49.8%	101.3%	50.4%
全疆	76.71	2 318.0	177.81
北坡经济带占全疆比例	34.6%	113.0%	38.9%

注:① 完整天山北坡经济带包括:乌鲁木齐、克拉玛依市、石河子、奎屯市、乌苏市、沙湾县、昌吉市、阜康市、呼图壁县、玛纳斯县、第六师、第七师、第八师、第十二师和建工师。② 天山北坡棉花带包括乌苏市、沙湾县、昌吉市、呼图壁县、玛纳斯县、第五师双河市、第六师五家渠市、第七师胡杨河市和第八师石河子市。③ 数据源自《新疆统计年鉴》和《新疆生产建设兵团统计年鉴》。

第六节 · 地产原棉消费及其比例变化

一、棉纺织业发展及地产原棉纺织消费

长期以来,新疆的棉纺织行业并不发达,棉纱线的产量很低。1978年全疆纱产量仅2.8万t,1990年提高到10.0万t,2000年则提高到30.0万t。那时,新疆棉花产量不高,棉纺用棉占本地产棉的比例在20%~30%,最高到50%(1978年)。2013年全疆棉纱线产量提高到43.5万t(新疆兵团24.3万t),由于新疆棉花总产量的大幅度增长,纺织用棉仅占当年本地产原棉的12.4%(图2-21)。

2014年,中央第二次新疆工作会议之后,新疆棉纺线产量从2013年的43.5万t增长到2018年184.49万t(其中新疆兵团56.0万t),增长324.1%,表观纺织消费地产原棉约150万t(另有部分纺化纤与部分进口原棉),约占2018年棉花产量456.6万t的29.3%。实践表明,在中央第二次新疆工作会议之后,新疆棉花逐步从"产能优势"向"产业优势"转移,当前

图 2-21 · 新疆棉纱线产量及纺织用棉占地产棉的比例

(毛树春,2020 年)

正处于这种转移的"过渡"时期。

新疆棉纺纱锭已达到相当规模。2013—2019 年,棉纺纱锭从 700 万锭增长到 1 991 万锭,增长 184.4%,已接近 2023 年 2 000 万锭的目标产能。

其中,2019 年棉纺纱锭约占全国比例的 16%,棉纱产量 136.8 万 t,约占全国比例的 8.7%,表观纺纱纺棉占新疆棉花产量 500 万 t 的 28.0%。

经过全国棉纺织业的转移和发展,2018 年新疆棉纱线形成几个较为集中的大产地,其中巴音郭楞蒙古自治州占 26.0%,伊犁哈萨克自治州和阿克苏地区分别占 13.7% 和 13.6%。新疆兵团集聚的第八师石河子市占 23.5%,第一师阿拉尔市占则 22.7%(表 2-24)。

表 2-24 · 2018 年新疆地方与新疆兵团棉纱产量分布

(毛树春,2020 年)

地 点	棉纱产量(万 t)	占全疆比例(%)
新疆地方合计	184.49	100.0
吐鲁番市	2.53	1.4
昌吉回族自治州	7.38	4.0
伊犁哈萨克自治州	25.37	13.7
伊犁州直属县(市)	13.05	7.0
塔城地区	12.31	6.7
博尔塔拉蒙古自治州	9.74	5.3
巴音郭楞蒙古自治州	48.02	26.0
阿克苏地区	25.10	13.6
喀什地区	7.51	4.1

续　表

地　　点	棉纱产量(万 t)	占全疆比例(%)
新疆兵团合计	56.52	100
第一师	12.86	22.7
第二师	10.4	18.4
第三师	10.0	17.7
第六师	2.5	4.4
第七师	5.8	10.2
第八师	13.3	23.5

注：总数不等于新疆兵团和地方数据之和。2018 年新疆兵团棉纱产量 55.94 万 t，与新疆数据 56.52 万 t 不等。2018 年地方乌鲁木齐市、哈密市、克孜勒苏柯尔克孜自治州与和田地区统计棉纱线产量数据小于 1 万 t。2018 年新疆兵团第四师、第九师、第十师、第十一师和第十二师未见统计数据，第五师、第十三师和第十四师数据都小于或等于 5 000 t。

二、国家鼓励和支持新疆绿洲发展棉纺织业

(一)从国家层面鼓励和支持新疆发展棉纺织业

2011 年，国家就出台了新疆棉纱线外运的运输补贴政策，补贴标准为 500 元/t。

2014 年，中央召开第二次新疆工作会议，国家从战略高度重新定位发展纺织服装业对于新疆发挥资源与区位优势、解决人口就业、促进经济发展和社会和谐稳定的重要意义，出台了《中共中央关于进一步维护新疆社会稳定和实现长治久安的意见》及《国务院关于支持新疆纺织服装产业发展促进就业的指导意见》等一系列重要文件，新疆地方政府大力落实中央战略部署，出台了《新疆发展纺织服装产业带动就业规划纲要(2014—2023 年)》。

根据规划，到 2023 年新疆棉纺纱锭从 2013 年的 700 万锭将增长到 2023 年的 2 000 万锭，织机超过 5 万台，针织面料 25 万 t，生产服装服饰达到 8 亿件(套)，纺织服装全产业就业人数从 20 万人将增加到 100 万人。

(二)新疆全力打造"三城七园一中心"

为了实现上述目标，新疆全力打造"三城七园一中心"："三城"即阿克苏纺织工业城、库尔勒纺织服装工业城和石河子纺织工业城；"七园"即哈密、巴楚、阿拉尔、沙雅、玛纳斯、奎屯、霍尔果斯；"一中心"即乌鲁木齐市纺织品国际商贸中心(见第十五章)。

三、相关支持政策

(一)出台多项优惠支持政策发展纺织业

国家和新疆地方出台了以下纺织业发展十大优惠政策。

(1) 设立 200 亿元左右的纺织服装产业发展专项资金，用于园区基础设施建设、企业技术改造、标准厂房建设等。

(2) 实施税收特殊优惠政策，将纺织服装企业缴纳的增值税，全部用于支持纺织服装产业发展。

（3）实施低电价优惠政策，支持具备条件的纺织工业园区建设配套电厂，切实降低企业用电价格。

（4）实施纺织品服装运费补贴政策，扩大补贴范围，提高补贴标准，实施南北疆差别化的补贴政策。

（5）实施新疆棉花补贴政策，对新疆区域内棉纺企业使用新疆棉花按实际用量给予适当补贴。

（6）实施企业员工培训补贴政策，对企业招录新员工开展的岗前培训按培训后实际就业人数给予培训费用补贴。

（7）实施企业社保补贴政策，对纺织服装企业新招用的新疆籍员工和南疆四地州享受低保的就业人员，均制定特殊补贴政策。

（8）支持建设高标准印染污水处理设备，在一定时期内对运营费用给予补贴。

（9）加大对南疆地区支持力度，实施更加优惠的政策，在资金安排、项目布局上向南疆地区倾斜。

（10）加大金融支持力度，出台了一系列支持新疆纺织服装产业发展的具体金融措施（见第十五章）。

（二）出疆棉运输补贴

由于新疆为棉花原料的输出地，为了平衡市场各主体利益，支持新疆棉花生产的发展，解决产区与销区运输距离长达 3 500 千米所产生的高额运费问题，国家出台了新疆原棉运输补贴政策，2008—2010 年每年度补贴 400 元/t，2011 年度之后则提高到 500 元/t，且每年度补贴标准保持至今。

（三）取得明显的阶段进展

据国家统计局数据，新疆纺织产能从 2013 年的 700 万锭增长到 2018 年的 1 800 万锭左右；2018 年新疆棉纱产量达到 184.5 万 t，比 2014 年 44.0 万 t 翻了 3.2 倍；布产量 3.03 亿米，比 2014 年 0.65 亿米增长了 3.7 倍。

另据不完全统计，2014 年新疆纺织服装产业实现新增就业 4.0 万人，2015 年新增 9.7 万人，2016 年新增 11.18 万人，2017 年新增 10.35 万人。按照《新疆纺织服装产业发展规划（2018—2023 年）》，到 2023 年，新疆棉花全产业链就业容量有望达到 100 万人。

（主笔：毛树春，马雄风，张教海，程思贤；主审：田立文；终审：毛树春）

参考文献

[1] 国家统计局.中国统计年鉴 2018.北京：中国统计出版社，2019：P401-406.
[2] 国家统计局.中国统计年鉴 2019.北京：中国统计出版社，2020：P385-392.
[3] 国家统计局关于 2019 年棉花产量的公告.http://www.stats.gov.cn/tjsj/zxfb/201912/t20191217_1718007.html.
[4] 国家统计局关于 2020 年棉花产量的公告.http://www.stats.gov.cn/tjsj/zxfb/202012/t20201218_1810113.html.
[5] 新疆维吾尔自治区统计局，国家统计局新疆调查总队编.新疆统计年鉴 1990—2021.北京：中国统计出版社.
[6] 新疆生产建设兵团统计局，国家统计局兵团调查总队编.新疆生产建设兵团统计年鉴 1990—2021.北京：中国统计出版社.
[7] 中国农业科学院棉花研究所主编.中国棉花栽培学.上海：上海科学技术出版社，2019.
[8] 毛树春，李亚兵，董合忠.中国棉花辉煌 70 年.中国棉花，2019，46(7).
[9] 姚源松.新疆棉花区划新论.中国棉花，2001，28(2).

[10] 田笑明.新疆棉作理论与现代植棉技术.北京:科学出版社,2016:P8-15.
[11] 新疆生产建设兵团史志编纂委员会.新疆生产建设兵团发展史.乌鲁木齐:新疆生产建设兵团出版社,2011:P67-71.
[12] 新疆生产建设兵团.360百科,https://baike.so.com/doc/5381311-5617631.html.
[13] 中华人民共和国国务院新闻办公室.新疆生产建设兵团的历史与发展白皮书.人民日报,2014/10/06,第一版.
[14] 毛树春,李亚兵主编.中国棉花景气报告2016.北京:中国农业出版社,2017.
[15] 毛树春,李亚兵.中国棉花景气报告2017—2019.北京:中国农业出版社,2021.
[16] 中华人民共和国国务院新闻办公室.新疆的若干历史问题白皮书.国务院新闻办公室网站 www.scio.gov.cn.2019-07-21.

第三章
新疆绿洲棉花品质及提质增效

品质和质量如同生态一样属于"中性词"范畴。通常优质棉花有广义与狭义之解释,广义是指霜前皮棉,该皮棉的可纺织性能好,被认为是优质棉;霜后花、僵瓣花的可纺织性能差,则被认为是劣质棉。这一名词没有品质的量化指标,过去在种植业中的使用频率高,如今大多被品质和质量所替代。品质是一种有量化指标的表达方式,划定或达到某一指标为高端品质或中端品质或低等品质。质量则包括优质和品质,高质量发展则包含高品质品种和种植、高品质加工、高品质供给等生产链和供应链系统。

棉花是纺织企业的主要原料,原料的优劣决定着纺织品的质量。随着纺织工业的转型升级、工业自动化、机械化、智能化和先进紧密纺等装备和技术的应用,纺织品竞争力的不断提升,对高品质原棉的需求在不断增长。

棉花品质由遗传品质(育种品质、审定品质)、生产(种植、栽培)品质、加工(轧花)品质和原棉品质(经过检验包装到纱厂)组成。原棉品质是纺纱使用即工业原料品质,是品质使用价值的根本体现。而遗传品质、生产品质和加工品质都可看作棉花的过程品质,但都与原棉品质关系紧密。

本章对2013—2020年新疆绿洲棉花公检品质、国家棉花品种区域试验对照品种品质指标和主栽品种品质的变化进行分析,试图从更大范围、更多维度、更长时间的研究来揭示绿洲棉花品质在时间和空间上对全球气候变暖背景下的环境、品种和技术(高密度、水肥耦合、机械化采收和清花、轧花等)相互作用所呈现的状态,为全面认识绿洲棉花客观状态和引起变化的主要原因提供最新的科学依据,主要研究结果如下。

一是绿洲原棉品质状态与供需关系的差距,揭示2016—2018年绿洲棉花中高品质原棉供给仅为41.5%,供给小于需求比例达到58.5%,中高端品质供不足需的矛盾突出,从更大维度分析找出环境、品种和栽培措施引起差异的原因,发现并建议北疆天山北坡高品质原棉产量大、相对稳定性好、具备建设高品质棉花种植带的基本条件,这将为绿洲棉花转型升级提质增效建设高品质棉花种植带提供重要的决策支持依据,其建设高品质棉花种植带的建议已列入《农业农村部"十四五"全国种植业发展规划》。

二是绿洲棉花主栽品种的品质现状,揭示主栽品种各品质指标之间的关系,发现和证实衣分率与长度、比强度、纺纱均匀性指数等品质指标之间存在显著或极显著的负相关关系,衣分率与马克隆值和伸长率存在显著或极显著的正相关关系。这是更大样本层面上的产量与品质的负相关在更大尺度上的实证实例,可以解释近几年绿洲棉花品质为什么变化(差)的主因,将为主栽品种的遴选和推荐决策提供重要的科学依据。

三是品种、环境和措施对原棉品质指标的综合影响。研究分析在全球气候变暖背景下,绿洲棉区气候变暖的特征及棉花品质指标变化的响应,发现气候变暖对北疆亚区的棉花品质有利因素相对多些,对南疆亚区品质的不利影响在加大,并与水供给、栽培管理等因素的关系更为紧密。这些研究结果将为科学认知绿洲棉花品质变化提供新的知识支持,而许多内容仍需继续深入研究,以期获得若干规律性的新知识和有科学价值的指导意见。

四是从品质的变化过程来看,绿洲棉花品种的遗传(审定)品质早已进入"双30"时代(见第一章、第九章和第十三章),通过栽培种植、加工检验后则呈现强烈的衰减过程,深刻揭示评价品质指标的科学性,评价方法的适用性和可靠性问题,结果指出试验研发技术指标更应与纺织需求指标紧密结合,急需改变科研与生产实践脱节的问题,还揭示如何保质栽培和保质加工的更深层问题。

第一节·新疆绿洲原棉品质及中高端品质供需状况

一、中高端原棉品质需求与供给现状

(一)中高端原棉品质及需求

以适纺 40°及以上纱线的棉花定义为高端品质原棉。按照 2018 年中国棉花协会、中国棉纺织行业协会提出的需求数量,2016—2018 年,我国高端品质原棉市场年需求量分别为 278.8 万 t、285 万 t 和 287.8 万 t,平均为 283.9 万 t。

据中国棉纺织行业协会 2020 年的最新统计数据,我国纺织企业对中高端品质原棉的需求占整个市场需求量的 80%,其中:40°~50°中端品质占 60%~70%,需求量 400 万 t;60°以上高端品质占 15%~20%,需求量 120 万~150 万 t;32°以下低端品质仅占 10%~15%。

具体品质指标:原棉的纤维长度 25.8 mm 及以上、断裂比强度 28.5 cN/tex 及以上、马克隆值 3.7~4.6,短纤维 16 mm 及以下,纺漂白纱和色纺纱分别控制在 11.5% 和 15.0% 以内;异性纤维含量控制在≤0.3 g/t,杂质含量≤2.5%。

32°英支纱用来表示纱线的粗细,指 1 磅纱的长度为 32 m×768 m,数值越大表示纱支数越大,其纱越细,可纺织更细的面料(布)。

(二)2016—2018 年供给

2016—2018 年,新疆公检原棉产量分别为 363.5 万 t(1 603.9 万包)、462.3 万 t(2 038.3

万包）和 501.9 万 t（2 222.6 万包），经过中国农业科学院棉花研究所数据统计，这 3 年新疆达到高品质的产量分别为 85.3 万 t、94 万 t 和 175.1 万 t，理论上可供给高品质产量年平均为 118.1 万 t。这 3 年短缺量分别为 193.5 万 t、191 万 t 和 112.7 万 t，年平均短缺量 167.7 万 t；短缺率分别为 69.4%、67% 和 39.2%，平均短缺率高达 58.5%。这些短缺量尚没有考虑异性纤维的含量（表 3-1）。

2016—2018 年新疆地方、新疆兵团高品质原棉占全疆的比例见图 3-1。

表 3-1 · 2016—2018 年我国棉纺织企业对高品质原棉的需求量

（毛树春，2020 年）

年 份	高品质原棉市场需求量[1]（万 t）	新疆"公检"原棉达到高品质指标产量[2]（万 t）	新疆供给能力[3]（%）	短缺量[4]（万 t）	短缺率（%）
2016	278.8	85.3	30.6	193.5	69.4
2017	285.0	94.0	33.0	191.0	67.0
2018	287.8	175.1	60.8	112.7	39.2
平均	283.9	118.1	41.6	165.7	58.5

注：① 本表源自《高品质棉花产需研究报告》(2019)，是 2019 年农业农村部种植业管理司经济作物处政府购买服务(125E0202)项目，由中国农业科学院棉花研究所和国家棉花产业联盟研究完成。② 高品质指标为长度、强度"双 28.5"及以上＋马克隆值 3.7~4.6，未计异性纤维。由中国棉花协会和中国棉纺行业协会提出，中国棉麻流通经济研究会于 2018 年 9 月 10 日在《中国棉麻流通经济研究》2018(3) 以《关于提升和保障棉花质量的研究报告》形式发表。③ 数据由毛树春等根据国家市场监管总局中国纤维质量监测中心整理数据分析而成。④ 新疆供给能力=新疆公检达到中高端品质指标产量/高品质原棉市场需求量×100%。⑤ 差值和短缺率未考虑异性纤维含量，如果考虑异性纤维含量所占比例将更小。

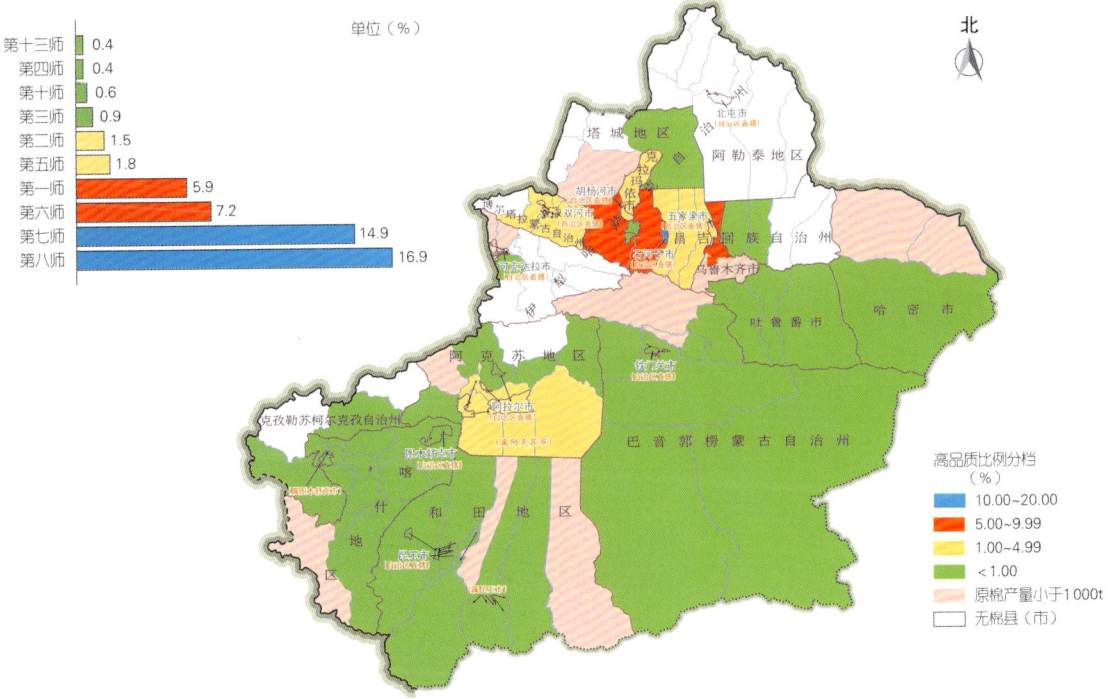

图 3-1 · 2016—2018 年新疆高品质原棉分布情况

中国棉花协会、中国棉纺织行业协会(2018年)提出高端品质原棉的主要指标:纤维长度28.5 mm及以上,比强度28.5 cN/tex及以上,马克隆值3.7~4.6;短纤维16 mm及以下,纺漂白纱和色纺纱分别控制在11.5%和15.0%以内;异性纤维含量控制在≤0.3 g/t。

1. 新疆高品质原棉占公检原棉的比例 · 2016—2018年,新疆高品质供给能力占本地比例分别为23.5%、20.3%和34.9%,这3年的平均值为26.2%,潜在可供给的高品质的产量平均值仅为118.1万t,供给率为41.6%(表3-1、图3-2)。

图3-2 · 2016—2018年新疆高品质原棉占新疆公检原棉产量的比例

注:数据整理自《2016—2018年度公检数据》,可在中国纤维质量监测中心网站查询。
(毛树春,2020年)

2. 高品质原棉的产地分布 · 按新疆3个生态亚区来分,2016—2018年高品质原棉平均产量,北疆占全疆比例为71.0%,南疆占全疆比例为27.0%,东疆仅占2.0%,可见比例分布很不均衡(图3-3)。

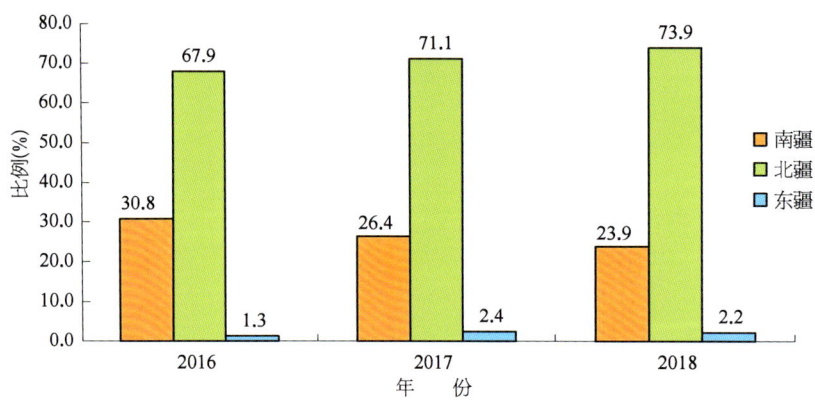

图3-3 · 2016—2018年新疆不同生态亚区高品质原棉比例分布

注:数据整理自《2016—2018年度公检数据》,可在中国纤维质量监测中心网站查询。
(毛树春,2020年)

实际上,北疆棉花产量占全疆的比例为43.1%,而高品质原棉所占比例极大;南疆棉花产量占全疆的比例高达54.1%,但高品质原棉所占比例少于北疆的42.3个百分点;东疆棉花产量占全疆的比例小,仅为2.8%,高品质所占比例也较少,是适当的。

按政企来分,新疆地方高品质原棉占全疆比例为55.1%,新疆兵团占全疆比例为44.9%。

按产地和政企来分,2016—2018年3年平均,南疆地方占比为20.5%,南疆兵团占比6.5%;北疆地方占比为33.1%,北疆兵团占比37.8%;东疆地方占比1.4%,东疆兵团占比0.6%(图3-4)。

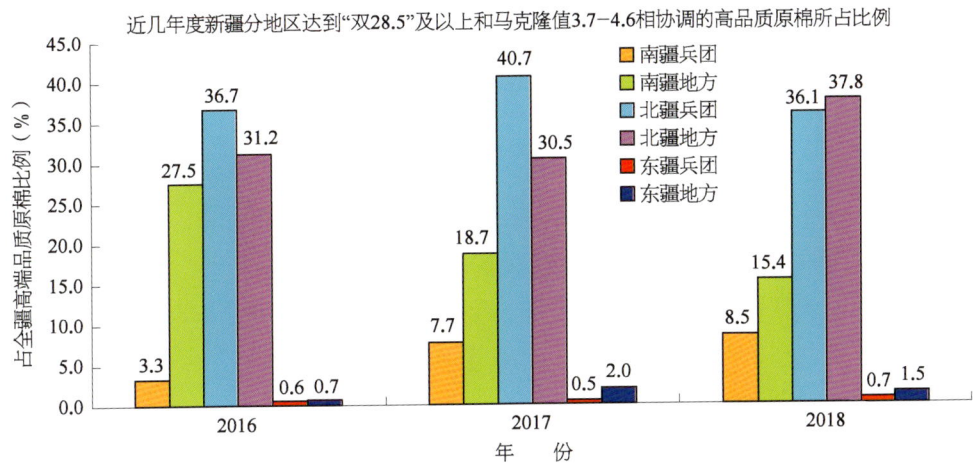

图3-4·2016—2018年新疆地方、新疆兵团高品质的比例分布

注:数据整理自《2016—2018年度公检数据》,可在中国纤维质量监测中心网站查询。

(毛树春,2020年)

再按地方与兵团的行政单位划分,2016—2018年,按3年中凡所占比例达到5%计,在全疆几十个产棉的县、师市中,高品质原棉占公检产量的平均值,按比例大小排序结果如下(图3-5):

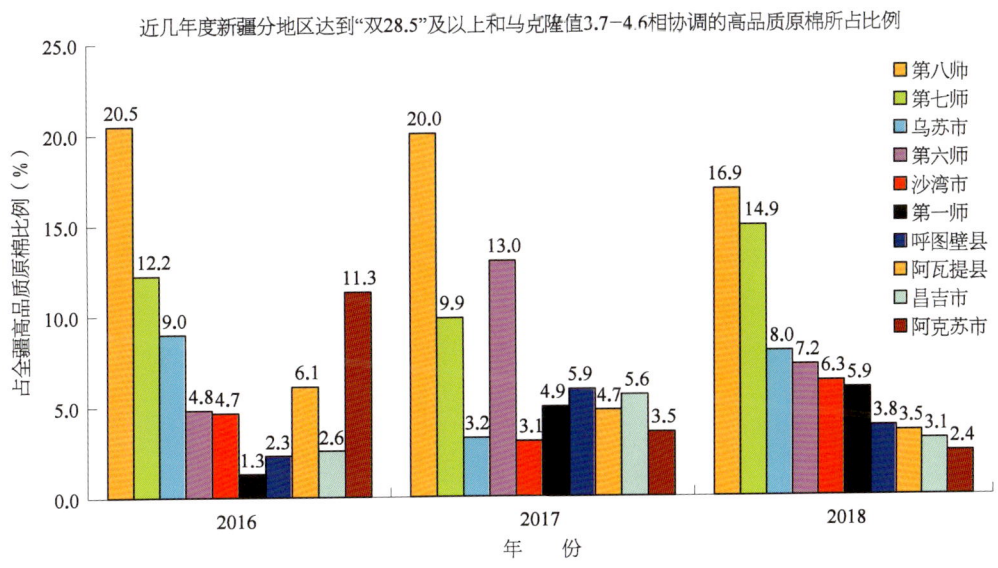

图3-5·2016—2018年新疆地方、新疆兵团高品质原棉占全疆比例(按达到5%的行政单位分布计)

注:数据整理自《2016—2018年度公检数据》,可在中国纤维质量监测中心网站查询。

(毛树春,2020年)

第八师占比 19.1%,排位第一(北疆);

第七师占比 12.3%,排位第二(北疆);

第六师占比 8.3%,排位第三(北疆);

乌苏市占比 6.7%,排第四(北疆);

阿克苏市占比 5.7%,排第五(南疆);

阿瓦提县占比 4.8%,排第六(南疆);

沙湾市占比 4.7%,排第七(北疆);

第一师占比 4.1%,排第八(南疆);

呼图壁县占比 4.0%,排第九(北疆);

昌吉市占比 3.7%,排第十位(北疆)。

以上 10 个行政单位合计高品质原棉占全疆的比例为 75.3%,其中南疆合计为 14.6%,北疆合计为 60.7%。这些高比例的高端品质原棉为新疆绿洲棉花提质增效做出了重要贡献,这为高端品质原棉基地建设提供了重要的理论依据,将是未来建设高品质棉花生产基地的重点地区。

2018 年新疆公检原棉 501.9 万 t,其中达到高品质的产量为 175.1 万 t,占当年产量的 34.9%,按新疆县(市、区)和新疆兵团师市行政单位的分布(图 3-1)。

二、新疆绿洲原棉品质的区域差异

(一) 北疆

北疆高端品质原棉比例远远高于南疆,这是天地人等综合因素的结果,具体如下。

一是全球气候变暖,增温对北疆棉花更有利。进入 21 世纪以来,北疆≥10℃活动积温增加 300℃·d 以上,无霜期延长了 15 d 以上,其中石河子地区无霜期已达到 192 d;春早秋晚,夏季极端高温少,这为北疆棉花的种植、生长发育和产量品质形成创造了优厚的有利条件。这也是进入 21 世纪以来北疆棉花单产大幅度提高(籽棉单产提高 1 500 kg/hm^2)和品质明显改善的重要气候原因,其中早熟性明显改善是品质显著改善的重要气候因素。同时,积温明显增加,无霜期延长,使原本为次适宜棉区变成了适宜棉区。

二是品种因素。内地品种进入北疆相对少些,其中昌吉市、沙湾市、五家渠市(第六师)等产地大多种植新疆本土选育的新陆早系列品种,其早熟性有保障。

三是北疆棉田水资源供给状况好于南疆。

四是技术要素。北疆棉花面积以兵团为主,种植密度、肥水供给、病虫害控制等管理水平明显好于南疆,大面积长势的一致性好、整齐度高。

五是初级加工。北疆轧花加工质量相对好些。

六是北疆的博乐市、精河县和玛纳斯县都是总产量超过 5 万 t 的产棉大县市,但达到"双 28.5"和马克隆值 3.7~4.6 的比例偏低,分析其主要原因:一是纤维长度偏短,其中博乐市和精河县的原棉纤维长度≤28 mm 所占比例为 34.5%~49.9%,即约一半的纤维长度偏短,除玛纳斯县以外,纤维长度偏短具有普遍性;其次是马克隆值偏大,其中博乐市和精河县所产原棉的马克隆值≥5.0,最高年份达到 49.4%~50.8%(表 3-2)。

表 3-2 · 2016—2018 年新疆玛纳斯县、博乐市和精河县高品质原棉比例极低的原因 (单位：%)

(毛树春,2020 年)

地点	年份	纤维长度≤28 mm 及以下	马克隆值≥5.0 或≤3.4	比强度<26.0 cN/tex 及以下	其中马克隆值≥5.0
博乐市	2016	34.5	4.0	5.3	4.0
	2017	49.8	50.8	0.8	50.8
	2018	35.7	1.3	1.4	0.9
精河县	2016	36.5	12.0	7.8	12.0
	2017	49.9	49.5	0.7	49.4
	2018	41.1	3.1	3.9	2.7
玛纳斯县	2016	20.2	1.7	0.1	1.6
	2017	12.8	2.6	0.1	2.6
	2018	31.5	0.6	0.3	0.3

注：数据整理自《2016—2018 年度公检数据》，可在中国纤维质量监测中心网站查询。

(二) 南疆

南疆高品质原棉占全疆比例仅为 26.2%，与产量占全疆比例 54.1% 极不相符，分析主要指标的差异：一是绒长偏短，据 2016—2018 年 3 年公检数据，纤维长度≤28 mm 的原棉分别占 58.9%、56.9% 和 50.3%，即占一半以上的原棉长度偏短。二是纤维偏粗与过成熟，马克隆值≥5.0 的原棉分别占 29.2%、21.5% 和 19.0%；另外还有极小比例的马克隆值≤3.4，反映纤维不成熟。比强度极低至<26.0 cN/tex，所占比例分别占 17.6%、16.1% 和 8.4%（图 3-6）。

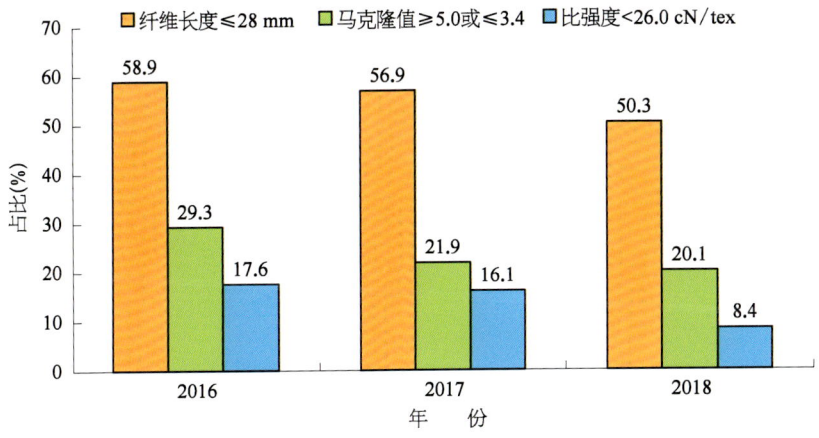

图 3-6 · 南疆亚区低于高品质原棉长度、马克隆值和比强度指标所占比例
（因指标分档不同，本图比较不够严谨，但可看到差异的趋势）

注：数据整理自《2016—2018 年度公检数据》，可在中国纤维质量监测中心网站查询。

(毛树春,2020 年)

(三) 气候、品种和措施分析

一是气候变化。过去许多研究指出,高温和缺水是引起纤维长度缩短与马克隆值偏大即纤维短而粗的主要原因。当全球气候持续变暖,增温对南疆棉花生产的利弊并存,"利"即早熟性得到显著改善,霜前花率大幅提高;"弊"即极端异常高温对棉花有害,这是纤维长度缩短和马克隆值偏大的重要原因。

二是南疆水资源短缺更严峻,供水、供肥不足与供水、供肥过量并存,其中供水不足是长度缩短的又一重要原因。

三是品种布局多乱杂更严重。商用品种的"假冒""套牌"、杂交种掺混三代、四代都有种植,真假难分,鱼龙混杂,特别是内地品种进入南疆马克隆值偏大,还有本地衣分率过高(超过45%),这样高衣分率品种的短纤维比例增加。

四是种植管理。病虫草害控制水平差距极大,黄萎病、蚜虫、红蜘蛛防治控制不力,在一些产地集中暴发危害。

五是技术水平参差不齐。南疆棉花面积以地方为主,近几年南疆棉花栽培技术呈现整体性的退步。此外,南疆棉花的初级加工质量相对差于北疆。

第二节 · 新疆绿洲棉花主栽品种品质状态

2018年、2019年和2020年,国家棉花产业技术体系综合试验站送检新疆绿洲棉花主栽品种分别为48个(次)、61个(次)和60个(次),合计169个(次)。据统计,样品中手采棉108个(次),占总样品的63.9%;机采籽棉61个(次),占总样品的36.1%。手采棉为脱叶催熟后的全株手工采摘,机采棉是经过脱叶催熟由采棉机采收的混合籽棉,3年方法基本一致。

皮棉样品由国家农业农村部棉花品质检验测试中心按照《锯齿衣分试轧机》(GB/T 19509-2004)进行锯齿轧花得到,采用《HVI棉纤维物理性能试验方法》(GB/T 20392-2006)即大容量纤维测试仪进行品质指标测定。

所有籽棉样品采用小型锯齿轧花机轧花加工成皮棉,与工业化的生产线相比,无籽棉和皮棉清理工序,也不同于区域试验所采的中部"50铃"样本,接近二者之间。本研究分北疆、南疆生态亚区对品质指标进行统计分析。

一、新疆绿洲棉花主栽品种品质状态

(一) 纤维长度

2018—2020年,新疆绿洲棉花主栽品种纤维上半部平均长度(简称"长度")明显缩短。检测结果指出,2020年北疆地区棉花纤维长度28.59 mm,分别比2019年和2018年缩短0.54 mm和1.38 mm,降幅分别为1.85%和4.61%。2020年南疆地区棉花纤维长度28.60 mm,分别比2019年和2018年缩短0.29 mm和1.05 mm,降幅分别为1.00%和3.54%,且北疆、南疆2019年与2020年长度缩短的差异与2018年达到显著水平(表3-3)。

表 3-3 2018—2020 年国家棉花产业技术体系新疆主栽品种品质检验结果的统计分析

(毛树春等,2021 年)

年份	主栽品种样本[个(次)]	上半部平均纤维长度(mm) 平均值	极值	变异系数(%)	断裂比强度(cN/tex) 平均值	极值	变异系数(%)	马克隆值 平均值	极值	变异系数(%)	长度整齐度指数(%) 平均值	极值	变异系数(%)	纱线均匀性指数 平均值	极值	变异系数(%)
北疆																
2018	13	29.97±1.04a	27.90—31.30	3.47	31.78±1.89a	29.80—36.00	5.95	4.61±0.50a	4.00—5.70	10.85	84.27±1.19a	82.50—85.60	1.41	147.23±11.61a	128.00—171.00	7.89
2019	18	29.13±1.16b	26.80—30.70	3.98	30.22±1.51b	26.60—32.80	5.00	4.51±0.59a	3.40—5.40	13.08	83.95±1.16a	81.10—85.60	1.38	140.61±11.39a	119.00—156.00	8.10
2020	20	28.59±0.97b	26.50—30.50	3.39	29.00±1.70c	25.80—32.50	5.86	4.78±0.38a	4.10—5.40	7.95	83.44±1.3a	81.00—86.10	1.56	131.15±12.8b	110.00—159.00	9.76
南疆																
2018	35	29.65±1.23a	27.40—32.6	4.15	29.96±2.18a	25.30—36.50	7.28	4.92±0.49a	3.90—5.90	9.96	84.26±1.56a	80.90—87.70	1.85	140.31±15.22a	111.00—175.00	10.85
2019	43	28.89±1.21b	26.40—31.60	4.19	29.26±2.13ab	25.70—34.30	7.28	4.76±0.68a	3.00—5.80	14.29	83.65±1.21b	81.70—86.40	1.45	135.42±16.56ab	110.00—167.00	12.23
2020	40	28.60±0.95b	26.50—30.70	3.32	28.96±1.59b	27.00—33.00	5.49	4.89±0.41a	3.60—5.60	8.38	83.34±1.05b	81.20—86.20	1.26	131.65±11.29b	112.00—159.00	8.58

注:平均值±标准差,标示相同的小写字母表示差异不显著。

(二) 断裂比强度

断裂比强度(简称"比强度")是棉花重要的内在质量指标,对纱线的成纱强力有重要影响。2018—2020 年新疆绿洲棉花主栽品种纤维比强度明显下降。检测结果指出,2020 年北疆亚区棉花纤维比强度 29.00 cN/tex,分别比 2019 年和 2018 年降低 1.22 cN/tex 和 2.78 cN/tex,降幅分别为 3.84% 和 8.75%,且 3 年之间的差异达到显著水平。2020 年南疆亚区棉花纤维比强度 28.96 cN/tex,分别比 2019 年和 2018 年降低 0.30 cN/tex 和 1.00 cN/tex,降幅分别为 1.03% 和 3.34%;且 2018 年、2019 年与 2020 年的降低有显著性差异(表 3-3)。

(三) 马克隆值

马克隆值是反映纤维成熟度和细度的综合指标,以 3.7~4.2 为最适合纺织中高端纱线。总体看,马克隆值南疆地区棉花明显高于北疆。北疆亚区棉花马克隆值以 2020 年为最大,南疆地区棉花以 2018 年最大,2020 年南疆亚区棉花马克隆值有所下降,与 7~8 月没有出现极端异常高温有关。统计上差异都不显著(表 3-3)。

(四) 长度整齐度指数

长度整齐度指数以表示棉纤维长度分布均匀或整齐的程度,是棉纤维的质量指标。总体看,北疆、南疆地区棉花长度整齐度指数以 2018 年最大,2020 年最小,但各年之间的差异不显著。

(五) 纱线均匀性(一致性)指数

纱线均匀性(一致性)指数是 HVI 提供一个多重回归经验性公式,旨在反映纤维的可纺性和估算评价纱线的成纱强力。均匀性与纱线质量、织物质量密切相关,纱线均匀性值越大,成纱强力和可纺性越好,因而是评价原棉质量与纱线质量的重要指标。2018—2020 年,新疆绿洲棉花主栽品种纱线均匀性指数呈明显下降趋势。检测结果,北疆亚区棉花 2020 年纱线均匀性指数为 131.15,分别比 2019 年和 2018 年下降 9.46 和 16.08,降幅分别为 6.73% 和 10.92%;且 2020 年与 2018 年、2019 年存在显著性差异。南疆亚区棉花 2020 年纱线均匀性指数为 131.65,分别比 2019 年和 2018 年下降 3.77 和 8.66,降幅分别为 2.78% 和 6.17%;且 2019 年、2020 年与 2018 年存在显著性差异(表 3-3)。

(六) 衣分率与品质指标的相关关系

衣分率是产量性状指标,衣分率与纤维品质呈显著或极显著的正或负相关。过高衣分率的纤维可纺织性能下降,纺织业对此反应强烈,科学研究一直没有正面回应。

对 2018—2020 年 $N=163$ 的样本而言,平均值为 44.04%,变异幅度为 36.40%~50.00%,差值 13.60 个百分点。统计分析指出,衣分率与长度、纱线均匀性指数呈极显著的负相关(图 3-7、图 3-8),与比强度呈显著负相关(图 3-9),表明衣分率越高,纤维长度越短、比强度越低、纱线均匀性指标越小,纤维的可纺织性能越低;衣分率与马克隆值和伸长率呈极显著正相关(图 3-10、图 3-11),表明衣分率越大,纤维越粗,而伸长率越大,则表示纤维在纤维断裂时的伸长变形能力加大,可承受拉伸变形的能力越大。研究结果还指出,衣分率与反射率和黄度不存在显著性相关关系(未给出)。

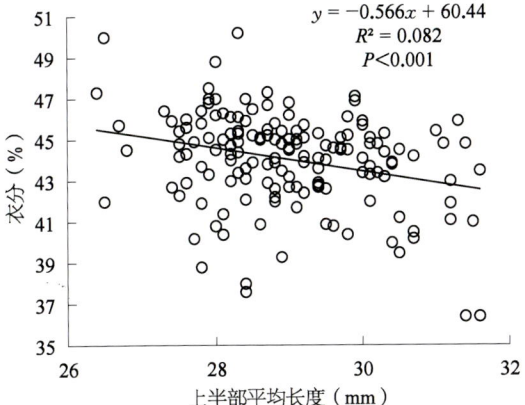

图 3-7 · 衣分率与上半部纤维长度相关关系
（毛树春等，2021年）

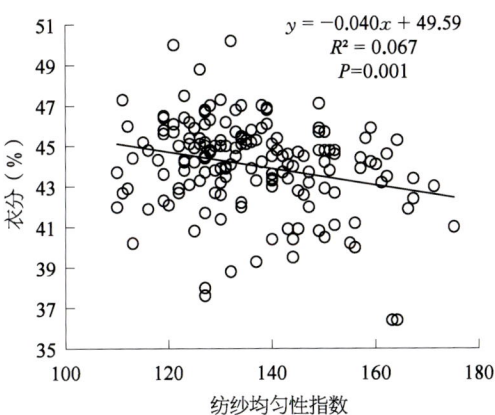

图 3-8 · 衣分率与纱线均匀性指数相关关系
（毛树春等，2021年）

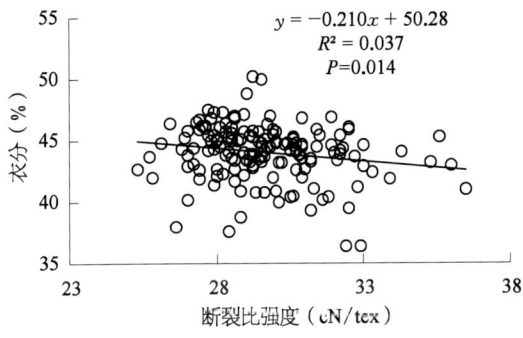

图 3-9 · 衣分率与比强度相关关系
（毛树春等，2021年）

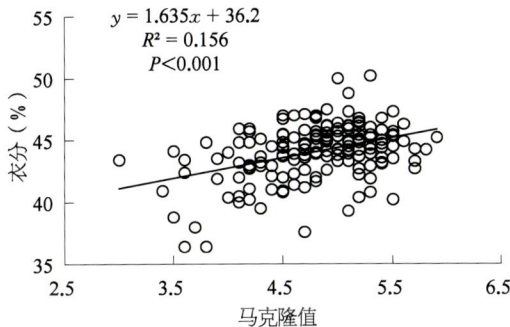

图 3-10 · 衣分率与马克隆值相关关系
（毛树春等，2021年）

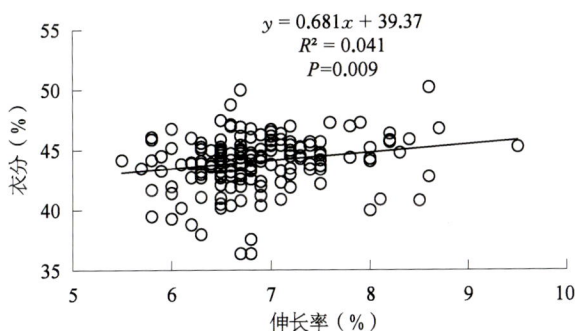

图 3-11 · 衣分率与伸长率相关关系
（毛树春等，2021年）

然而,上述分析得出的衣分率与品质指标之间的相关性仅代表着一种方向和趋势,棉花品质的最终表现均受遗传、环境和措施的综合影响。本研究样本中就有最好的例证。如:品种名称为双德28的衣分最高(50.00%),但其纤维长度(26.5 mm)、比强度(29.5 cN/tex)都不是所有样品的最低值;品种名称为新陆中78的衣分最低(36.4%),但其纤维长度(31.4~31.6 mm)、比强度(32.4~32.9 cN/tex)、纺纱均匀性指数(163~164)也都不是所有样品的最高值(相应指标的最高值分别为31.6 mm、34.3 cN/tex、175)。因此,生产中如何使新疆陆地棉的衣分和品质指标保持较好的协调性是值得深入研究的科学问题。

(七) 关于品质指标的变异系数和极值的差值

纤维品质指标的变异系数大小和极值的差值大小可以反映纤维内在品质一致性程度(表3-3)。在对2018—2020年新疆绿洲棉花176个(次)主栽品种HVI品质检验的8个指标中,按变异系数平均值大小排序,马克隆值平均值(10.75%,极大值14.29%出现在南疆)＞纱线均匀性指数平均值(9.57%,极大值12.23出现在南疆)＞伸长率平均值(8.77%,极大值12.04%出现在南疆)＞比强度平均值(6.14%,极大值7.28%出现在南疆)＞黄度平均值(5.97%;极大值7.78%出现在北疆)＞反射率平均值(4.10%,极大值8.89%出现在北疆)＞长度平均值(3.75%,极大值14.29%出现在南疆)＞整齐度指数平均值(1.48%,极大值1.85%出现在南疆)。可见,除南疆地区棉花样品反射率和黄度的变异系数极大值明显小于北疆外,其余各指标变异系数极大值均出现在南疆。

9个指标极差的地域差别见表3-3:马克隆值极差最大值,北疆为2.00(2019年),南疆为2.80(2019年);长度极差最大值,北疆为4.00 mm(2020年),南疆为5.20 mm(2018年和2019年);比强度极差最大值,北疆为6.70 cN/tex(2020年),南疆为11.20 cN/tex(2018年);长度整齐度指数极差最大值,北疆为5.10个百分点(2020年),南疆为6.80个百分点(2018年);纺纱均匀性指数极差最大值,北疆为49.00(2020年),南疆为64.00(2018年);断裂伸长率极差最大值,北疆为1.70个百分点(2019年、2020年),南疆为3.70个百分点(2020年);反射率极差最大值,北疆为2.50个百分点(2019年),南疆为6.70个百分点(2020年);黄度极差最大值,北疆为2.50(2019年),南疆为2.00(2020年)。另外,北疆衣分极差最大值为9.40个百分点,南疆为10.90个百分点。可见,大多数指标极差的最大值出现在南疆,但黄度极差的最大值出现在北疆。

从变异系数和极差比较初步可知,北疆棉花纤维品质的一致性好于南疆。

(八) 2020年度公检品质指标全面下降

至2021年1月31日,2020年度新疆绿洲棉花公检产量536.75万t,新棉质量比2019年度明显下降。其中长度级28 mm及以上占比78.55%,同比下降13.95个百分点。马克隆值A(3.7~4.2)+B(4.3~4.9)级占比67.99%,同比下降15.39个百分点。比强度强级(28 cN/tex)及以上占比21.28%,同比下降15.29个百分点;白棉3级及以上占比85.40%,同比下降0.4个百分点。其中部分机采棉长度低于27 mm,比强度不足26~27 cN/tex。这与主栽品种品质存在明显相关性。

至2021年3月21日,2020年度新疆绿洲棉花公检产量564.9万t,2020年度新疆棉花质量明显下滑,根据中国纤维质量监测中心数据统计,平均长度28.58 mm,比2019年度同期降低0.57 mm。马克隆值A(3.7~4.2)+B(4.3~4.9)级占比为68.14%,比2019年度同期下降 15.33 个百分点。平均比强度 28.09 cN/tex,比 2019 年度同期减少 0.43 cN/tex。平均长度整齐度 82.15%,比 2019 年度同期减少 0.29 个百分点。白棉 3 级及以上占比 91.89%,比 2019 年度同期减少 5.27 个百分点。

▶ (九) 绿洲多年公检商品棉主要品质指标变化

据中国棉花质量公证检验网站数据(表 3-4),2012—2021 年的 10 个年度,新疆绿洲商品棉主要品质位于中等水平,主要判断依据是长度和比强度处于"双 28"水平上,马克隆值 A 档所占比例小于 33%(平均值 27.90%)。

表 3-4 · 新疆绿洲棉花公检锯齿细绒棉主要品质比较

(截止时间 12 月 31 日)

项 目	2021 年	2020 年	2019 年	2018 年	2017 年	2016 年	2015 年	2014 年	2013 年	2012 年
公检量(万包)[①]	2 000.31	2 034.13	1 933.46	1 851.61	1 925.38	1 660.17	1 423.27	1 835.04	2 073.06	1 969.14
加权纤维长度(mm)	28.77	28.09	29.04	28.57	28.50	28.58	28.33	28.18	28.00	27.94
长度 29 mm 及以上比例(%)	63.61	25.67	54.26	53.53	49.12	56.18	41.88	36.60	24.09	21.27
马克隆值 A 档比例(%)	15.37	4.49	21.50	34.95	22.47	16.95	16.74	53.69	52.64	40.15
马克隆值≥5(C2)档(%)	8.10	29.67	8.68	3.06	9.55	10.17	20.66	2.21	0.14	1.79
长度整齐度指数平均值(%)	82.33	82.09	82.27	82.28	82.30	82.86	82.60	82.45	82.25	82.30
长度整齐度指数高档和很高档[②](%)	27.29	18.84	25.87	27.05	26.65	48.91	37.04	33.87	25.84	28.08
比强度平均值(cN/tex)	28.61	27.97	28.30	28.12	27.71	27.59	27.94	27.58	26.97	27.26
比强度强及很强[③] 比例(%)	40.01	20.16	33.99	28.25	23.90	19.08	24.64	16.25	8.21	12.47

注:① 1 包约等于 217±10 kg;② 长度整齐度指数高档为 83.0%~85.9%,很高档为≥86%,系两者之和;③ 断裂比强度强档为 29.0~30.9 cN/tex,很强档为≥31.0 cN/tex;④ 数据来自 http://www.ccqsc.gov.cn/authorize/index.action。

长度,新疆绿洲 10 个年度平均值为 28.40 mm,变化幅度在 27.94~29.04 mm 之间。长度 29 mm 及以上占比的平均值为 42.62%,占比幅度在 21.27%~63.61%之间。从时间来看,长度呈现延长的趋势。

比强度,新疆绿洲 10 个年度平均值为 27.81 cN/tex,变化幅度在 27.94~29.04 cN/tex 之间。比强度强及很强占比的平均值为 22.70%,占比幅度在 12.47%~40.01%之间。从时间来看,比强度也呈现增强的趋势。

马克隆值 A 档(3.7~4.2),新疆绿洲 10 个年度占比平均值为 27.90%,占比幅度在 4.49%~53.69%之间。从时间来看,A 档占比呈现明显的减少趋势,相反马克隆值≥5(C2)档占比呈现明显的增加趋势。

长度整齐度指数,新疆绿洲 10 个年度平均值为 82.37%,占比幅度在 82.09%~82.60%之间,较为稳定,不呈现增减的趋势。

二、影响新疆绿洲棉花品质若干因素

导致 2020 年新疆绿洲棉花品质普遍下降的最主要外部原因可能是受水情和疫情的双重影响。水分供给不足将对棉花品质持续产生影响。2020 年是绿洲的干旱年景。全疆棉花呈现早播、早发、早熟和早衰的现象。春末初夏天山来水量减少,北疆亚区大部遭遇春旱连夏旱,加上 5~7 月的持续高温,依靠地面水灌溉的棉田 6 月下旬出现"蕾包头""开花到顶"的极端早熟现象,棉花没有"大封行",导致单产和品质下降。南疆亚区,6 月至 7 月中旬也普遍遭遇干旱,因灌水不足,生长势偏弱,现蕾开花都提早。其中 2020 年 7 月乌鲁木齐局地新冠疫情暴发,7 月 13 日至 9 月 1 日全疆居家管理,人员流动性下降,而此时正是田间管理繁忙季节,疫情导致棉花管理特别是灌溉不及时和灌溉次数减少,对品质产生很大的负面影响。受水情和疫情的双重影响致使绿洲 2020 年棉花品质普遍下降。

据调研和询问,绿洲灌溉农(棉)田水源,依靠地表水灌溉的棉田面积约占 80%,依靠地下水灌溉的棉田面积约占 20%。南疆喀什棉区及新疆兵团第三师图木舒克市的水资源匮乏严重,加上果棉间作争水矛盾突出,棉花处于水亏缺状态是导致品质差及地方强调退出果棉间作的原因。北疆天山北坡棉区划定地下水超采区,设立地下水禁采区和限采区,其中禁止区禁止抽取地下水,限采区经过允许可限量开采。新一轮目标价格已明确提出绿洲"退地减水"要求,退耕还草、退耕还林的序幕业已拉开,可见减少农业用水既是新疆经济社会可持续发展的根本要求,也是农业和棉花"转型升级、提质增效"的落脚点。这些措施正在逐步得到落实,而目标价格与水供给的减少和棉田面积的退出的博弈大幕已在新疆绿洲拉开,且变得更加尖锐,供水不足将对棉花品质产生长远深刻影响。

三、高品质品种短缺

按本章第一节所述,适纺 40^s 及以上高端纱线对应品质指标所需的棉花品质指标,上半部平均纤维长度 30.0 mm 及以上,纤维比强度 30.0 cN/tex 及以上、马克隆值 3.7~4.6、长度整齐度指数 85.0% 及以上,不计参考性指标纱线均匀性指数时,在 $N=169$ 个(次)主栽品种中存在的主要问题:长度偏短,纤维长度 30.0 mm 及以上仅占样本的 23.08%;比强度偏低,纤维断裂比强度 30.0 cN/tex 及以上样本占 35.50%;马克隆值偏大,马克隆值 3.7~4.6 占样本的 31.36%,长度整齐度指数 85% 及以上仅占样本的 18.34%。由此可见,当前新疆绿洲棉花主栽品种主要品质指标不协调是突出问题,其中整齐度指数对环境变化的反应更为明显(表 3-5)。

表 3-5 · 2018—2020 年新疆绿洲棉花主栽品种单个指标和 4 个指标匹配达标准统计

(毛树春等,2021 年)

年份	品种 [个(次)]	上半部平均纤维 长度≥30 mm [个(次)]	比强度 ≥30 cN/tex [个(次)]	马克隆值 3.7~4.6 [个(次)]	长度整齐度 指数≥85% [个(次)]	4 个合标匹配均符合 高品质的品种样本	
						[个(次)]	占样本数(%)
2018	48.0	20.0	24.0	19.0	18.0	7.0	14.58
2019	61.0	11.0	26.0	17.0	8.0	4.0	6.56

续 表

年份	品种 [个(次)]	上半部平均纤维 长度≥30 mm [个(次)]	比强度 ≥30 cN/tex [个(次)]	马克隆值 3.7~4.6	长度整齐度 指数≥85% [个(次)]	4个合标匹配均符合 高品质的品种样本	
						[个(次)]	占样本数(%)
2020	60.0	8.0	10.0	17.0	5.0	2.0	3.33
合计	169.0	39.0	60.0	53.0	31.0	13.0	7.69

四、关于高品质品种遴选指标意见建议

按照长度、细度和强度相协调的要求对送检品种进行筛选,2018年、2019年和2020年达到指标分别为7个、4个和2个,合计13个,占这3年169个(次)检验品质的主栽品种的7.69%,其中一个品种为引进的非新疆审定品种(表3-6)。

表3-6・2018—2020年适纺40ˢ及以上品质指标的棉花品种遴选和推荐

(毛树春等,2021年)

年份	生态亚区	棉花品种	上半部平均 纤维长度(mm)	断裂比强度 (cN/tex)	马克 隆值	长度整齐度 指数(%)	纱线均匀性 指数	衣分率 (%)
2020	南疆	塔河2号	30.3	32.3	4.5	85.1	157.0	44.0
2020	北疆	瑞杂219	30.0	32.5	4.2	85.0	159.0	45.9
2019	南疆	新陆中78号	31.4	32.4	3.8	86.3	163.0	36.4
2019	北疆	铂鑫616	30.4	30.8	4.5	85.6	151.0	43.8
2019	南疆	新陆中82号	30.4	30.1	4.1	85.7	156.0	40.0
2019	南疆	新陆早60号	31.2	33.9	3.9	96.4	166.0	41.9
2018	北疆	新陆早36号	30.1	30.9	4.5	85.6	147.0	42.0
2018	北疆	新陆早49号	31.1	30.0	4.5	85.5	150.0	44.8
2018	北疆	新陆早61号	31.2	36.0	4.2	85.3	171.0	45.5
2018	北疆	新陆早70号	31.0	31.5	4.5	85.4	158.0	45.5
2018	南疆	新陆中65号	31.6	31.2	3.9	85.4	162.0	43.5
2018	南疆	新陆中82号	32.1	31.7	4.4	87.7	170.0	(缺)
2018	南疆	新陆中75号	31.5	36.5	4.4	85.8	175.0	41.0

通过全面比较,建议遴选推荐品种时,需全面权衡全部指标使之相协调,上半部平均纤维长度、断裂比强度选择"双30"、马克隆值3.7~4.6是关键指标,它可表明纤维品质的长度、强度和细度相协调。对于绝大多数品种,因马克隆值偏大即被淘汰一半以上,这就是品质指标不协调的例证。同时,重要参考性指标——纺纱均匀性指数,宜选择最高指标,长度整齐度指数选择85%及以上,衣分率选择平均水平。同时遴选品种需具备高产、抗病、抗虫等优异性状。

五、机采棉品种农艺性状若干问题

(一) 机械化采收棉花群体早熟性不够,生育期均偏长

早熟性不够是制约新疆机采棉提质增效的重大障碍。因早熟性不够差,脱叶剂噻苯隆的脱叶效果差,籽棉含杂率异常偏高,最高叶屑含杂超过20%。还因不成熟叶片的叶屑存在的黏着性问题和不得不增加清杂次数进而对纤维品质(长度、强度、整齐度等)造成更大的损伤,这是绿洲机采棉花的遗传品质到原棉品质出现较大幅度衰减的根本原因。

喷施噻苯隆脱叶剂欲取得较好的脱叶效果要求喷施时自然吐絮率达到40%,达到50%则更有利提高脱叶效果。然而,实践证实新疆绿洲棉花的绝大部分产地都没有达到上述要求,这是机采籽棉含杂量极高的直接原因。

(二) 机采棉品种早熟性不够,遗传生育期偏长

据对2016—2018年新疆国审和地方审定品种的统计,北疆新陆早类型的早熟品种24个,平均生育期122.7(115～137)天;南疆新陆中的中早类型品种24个,平均生育期135.2(120～138)天,作为机采棉品种无论是北疆还是南疆生育期都偏长了10天。如果违规引进长江流域棉区、黄河流域棉区的棉花品种,品种熟性的变化从低海拔到高海拔的生育期都显著延长,而断裂比强度都显著降低,单产水平却因生育期延长而较高。

另一认识是,气候变暖背景下绿洲无霜期延长和积温增加很多(见第七章),增加的光热资源基本都用于产量的生产,因种植生育期更长的品种以不断提高单产水平,换句话讲,气候变暖增加的生育时间和热量资源主要用于产量的生产,对内在品质或多或少产生负面影响。

绿洲商品用种"多、乱、杂",违背品种的审定原则、生态区原则和熟性原则。近几年,绿洲棉花生产商品用种偏离科学轨道很远,致使品种的早熟性和群体的熟性一致性差。目前推进的"一主两辅""一主一辅"虽可使品质一致性有所好转,但是成效不大,问题出在哪里?出在品种的真实性方面,因此应增加品种的真实性检验,以此作为科学植棉措施,并予以强制执行,要求参加"一主两辅""一主一辅"的招标企业都必须出具招标品种真实性检验证据,以此作为执法检查依据。为此,建议快速普及推广品种真实性的分子检测技术,科学整治品种的假冒和套牌。真实性检测可以是种子部门自检,也可委托第三方检测。

早熟性是轻简栽培和机械化植棉的保障,但是早熟与高产、优质存在负相关,因此需要协同解决品种早熟与优质高产这一基础性技术问题。

(三) "三农"或"四农"融合性不够问题

农艺(农技)、农化与农机的配套性不够是影响品质的主要问题。绿洲机采棉花的农艺(规程、标准等方法)、农技(品种和栽培)、农化(水肥药调)和农机(农业机械化及轧花初级加工)的协和性差,必须改变"各唱各的调,各吹各的号"状态。比如,栽培技术中的种植方式、密度与水分不配套;农化即肥料、植物生长调节剂、脱叶剂不配套。而第一次化学调控与成铃距离地面高度20 cm问题、脱叶不彻底和落叶不干净、相关技术标准允许籽棉含杂率指标12%～13%等,都是在"迁就"高产技术。

南疆棉区常年发生局部的棉蚜、红蜘蛛暴发危害,而防控不力致使全田棉株因红蜘蛛危

害使叶片发红,因蚜虫危害叶片使茎秆"油腻"发黑,对产量和品质均造成很大的负面影响。

(四)机采棉群体呈现亚健康状态

在超窄行配置(66+10)cm 和超高密度(22.5 万～30 万株/hm^2)的群体结构下,并与高频率的滴灌水肥供给相耦合,一方面引起水肥的奢侈消耗和旺长的群体,另一方面最终导致棉花旺长,表现为叶片大、叶柄长、果枝长、节间稀和生物量大,高产田块 LAI 都超过 4.6 甚至达到 5,形成拥挤荫蔽的群体。过量水和氮的供给特别容易形成超大、贪青晚熟的群体,这是绿洲棉花群体亚健康的表现。

收购环节混等混级、超水分和混入异性纤维现象突出。

农机即采收质量和清花、轧花不配套,其中采净率要求 95% 和籽棉杂质含量高达 20% 都明显偏高,由此引起的籽棉和皮棉清花次数多的问题最为突出。

轧花加工企业片面追求效率而忽视质量,采用不规范的工艺和技术进行加工对纤维产生较大损害,导致短纤维率高、异性纤维多等问题突出。

第三节·新疆绿洲棉区气候变化及与绿洲棉花品质

一、新疆绿洲棉花纤维品质的时空变化

研究选取新疆绿洲 10 个区域试验站点 2013—2018 年 6 年的气象数据和对应的棉花纤维品质数据进行分析。品种区域试验对照(标准)品种北疆为新陆早 36 号,共 4 个试点;南疆为中棉所 49 号,共 6 个试点,10 个区域试验站点的基本信息如表 3-7。

表 3-7·2013—2018 年新疆国家棉花区域试验 10 个试点的环境地理因子

(潘学标,胡莉婷,2021 年)

区试分组	对照品种	试验地点	代码	经度(°E)	纬度(°N)
北疆早熟组	新陆早 36 号	乌苏市	WS	84.62	44.45
		精河县	JH	82.92	44.67
		第八师 121 团,沙湾县	SW	85.56	44.29
		第六师农科所,五家渠市	WJQ	87.53	44.17
南疆早中熟组	中棉所 49 号	莎车县	SC	77.25	38.45
		库车县	KC	82.97	41.68
		塔河种业,第一师阿拉尔市	ALE	81.28	40.55
		巴州农科所,库尔勒市	BZ	86.06	41.68
		第三师农科所,图木舒克市	TM	79.06	39.86
		阿克苏地区种子管理站,沙雅县(天宇公司)	SY	82.90	41.25

棉花生育期选取花期、铃期和吐絮期,主要气象指标选择 7 月、8 月、9 月的日最高温度、日最低温度、气温日较差、日照时数、≥15℃有效温度和降水量等。试图寻找区域试验标准品种品质指标与绿洲气候变化若干关系。

北疆品种区试对照早熟品种为新陆早 36 号,6 年间棉花纤维长度为 25.97～31.30 mm、断裂比强度 24.01～32.70 cN/tex、整齐度指数 80.30%～87.20% 和马克隆值 3.69～5.0,变幅分别为 5.4%、8.8%、2.2% 和 8.5%。

南疆品种区试对照早中熟品种为中棉所 49 号,6 年间棉花纤维长度为 28.10～31.92 mm、断裂比强度 27.73～33.70 cN/tex、整齐度指数 82.10%～87.20% 和马克隆值 3.70～5.40,变幅分别为 3.1%、4.7%、1.4% 和 8.1%。

比较可见,北疆亚区的棉花纤维长度、断裂比强度、整齐度指数和马克隆值均小于南疆亚区。4 个棉花纤维品质指标中,马克隆值和断裂比强度的变异较大,整齐度指数变幅较小(图 3 - 12)。

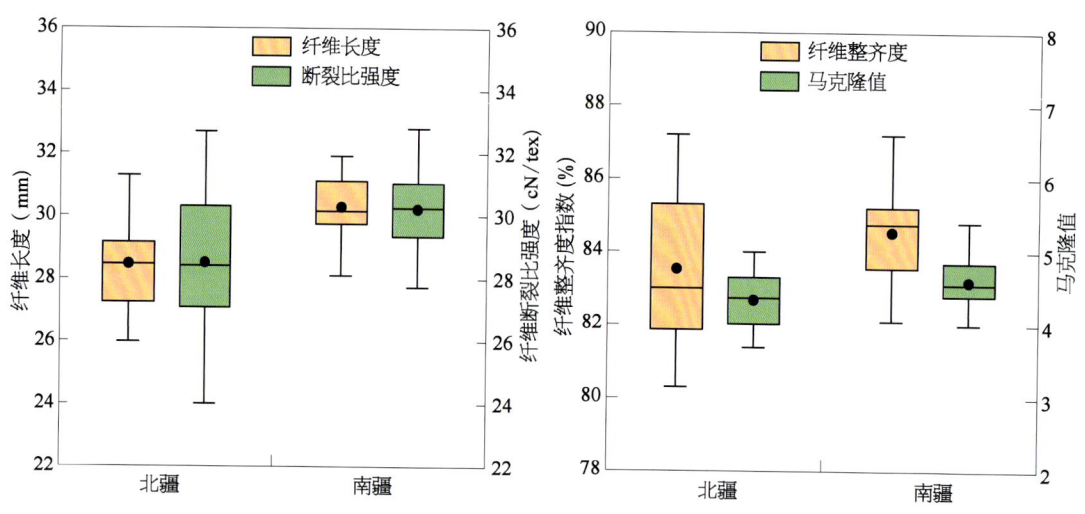

图 3 - 12 · 2013—2018 年新疆绿洲棉花纤维品质分析

(潘学标,胡莉婷,2021 年)

棉花纤维长度、整齐度和断裂比强度在地点间也存在显著差异($P \leq 0.01$),地点间差异的平均值分别为 3.47 mm、3.51% 和 4.37 cN/tex,地点间差异变幅分别为 3.6%、1.2% 和 4.1%。北疆亚区精河县的纤维品质指标值高于其他地区,南疆亚区莎车县棉花纤维长度和断裂比强度高于其他地区,巴州地区棉花纤维整齐度和马克隆值高于其他地区。

棉花纤维断裂比强度年际间存在极显著差异($P \leq 0.01$),年际差的平均值为 2.46 cN/tex,年际差异变幅为 3.2%;纤维长度和整齐度指数年际间差异均存在显著差异($P \leq 0.05$),年际差的平均值为 1.39 mm 和 1.68%,年际差异变幅为 1.7% 和 0.8%(表 3 - 8)。棉花纤维品质主要受遗传因素影响,中棉所 49 号的 4 个纤维品质指标均高于新陆早 36 号。

表 3-8 · 棉花纤维品质时空变化方差分析

变异来源	纤维长度	整齐度指数	马克隆值	断裂比强度
年　份	0.025 1	0.010 7	0.467 2	≤0.01
地　点	≤0.01	≤0.01	0.072 0	≤0.01
品　种	≤0.01	0.013 9	0.012 5	≤0.01

二、绿洲气候变化特征及对棉花纤维品质的影响

1990—2018 年新疆绿洲棉花 10 个试验区点 7—9 月气象因子年间变化见表 3-9。

▶ **(一) 生殖生长期气候变化特征**

1. *北疆区域试验点* · 近 30 年间,北疆区域点 7—9 月日最高气温、日最低气温、气温日较差、日照时数、≥15℃有效积温和降水量平均值分别为 30.5℃、16.8℃、13.6℃、882 h、778℃·d 和 47.4 mm。其中,7—9 月日最高气温第二个 10 年(2000—2009 年)、第三个 9 年(2010—2018 年)分别比第一个 10 年(1990—1999 年,下同)升高 0.2℃和 0.3℃;日最低气温第二个 10 年、第三个 9 年分别比第一个 10 年升高 0.7℃和 0.9℃。气温日较差平均值第一个 10 年为 14.0℃,而第二个 10 年为 13.6℃、第三个 9 年为 13.3℃,分别比第一个 10 年下降 0.4℃和 0.7℃,具有明显的规律性,这对纤维细度具有重要影响。

2. *南疆区域试验点* · 近 30 年间,南疆区域点 7—9 月日最高气温、日最低气温、气温日较差、日照时数、≥15℃有效积温和降水量平均值分别为 30.4℃、16.2℃、14.2℃、824 h、735℃·d 和 38.0 mm。其中,7—9 月日最高气温第二个 10 年、第三个 9 年分别比第一个 10 年降低 0.1℃和升高 0.1℃;日最低气温第二个 10 年、第三个 9 年分别比第一个 10 年升高 0.4℃和 0.8℃。气温日较差平均值第一个 10 年为 14.6℃,而第二个 10 年为 14.1℃、第三个 10 年 16.6℃,分别比第一个 10 年下降 0.5℃和 0.7℃,也同样具有规律性,同样对南疆纤维细度具有重要影响。

最近 30 年来的气候,气温日较差变小了,温室效应使绿洲在高温升高的同时低温升高更加明显,高温与低温之间的差值都在减少,人的舒适度和感受也发生很大变化,比如在南疆"围着火盆吃西瓜"的感受居然不那么明显了。

然而,气温日较差变化对棉花纤维发育产生的效果却很不相同。南疆区域棉花的马克隆值越来越大,已至 4.9 及以上(值越大表示纤维过成熟、纤维变得越来越粗),这时的气温日较差在 13.9℃;而北疆区域棉花的马克隆值越来越靠近最佳的 3.7~4.2,这时的气温日较差在 13.3℃上下,南疆地区日较差大于北疆地区 0.6℃。北疆过去被认为的次适宜棉区纤维内在品质特别是马克隆值已从 3.6 及以下(值越小,表示纤维越不成熟,也越细)提升到 3.7 及以上。≥15℃有效积温变化也具有规律性,北疆棉花试验点 7—9 月第一个 10 年 745℃·d,而第二个 10 年 786℃·d 和第三个 9 年 802℃·d 分别比第一个 10 年升高 41℃和 57℃;南疆棉花试验点 7—9 月第一个 10 年 719℃·d,而第二个 10 年 734℃·d 和第三个 9 年 752℃·d 分别比第一个 10 年升高 15℃和 33℃。北疆升高幅度

明显大于南疆。这种热量效应就解释了最近10年为什么北疆棉花产量大幅度提高和整体品质明显改善,升温有效弥补了无霜期短、生育期不足,升温对产量和品质产生的整体效果呈现正面效应。而南疆本身积温高于北疆,虽然高温升温不及北疆,但是升温产生的效果则对产量和品质整体呈现负面效应。

表3-9·1990—2018年新疆10个试验区点7—9月气象因子的年代间变化

(潘学标,胡莉婷,2021年)

气象因子	时期(月份)	北疆亚区				南疆亚区			
		1990—1999	2000—2009	2010—2018	平均值	1990—1999	2000—2009	2010—2018	平均值
日最高气温(℃)	7	33.5	33.3	33.8	33.5	32.5	32.3	33.0	32.6
	8	31.7	32.3	31.9	32.0	31.2	31.5	31.5	31.4
	9	25.4	25.9	25.9	25.7	27.4	27.0	27.0	27.2
	7—9	30.3	30.5	30.6	30.5	30.4	30.3	30.5	30.4
日最低气温(℃)	7	19.9	20.2	20.6	20.2	18.3	18.5	18.9	18.6
	8	17.4	18.4	18.7	18.2	16.8	17.5	18.0	17.4
	9	11.4	12.2	12.3	11.9	12.1	12.5	12.8	12.5
	7—9	16.3	17.0	17.2	16.8	15.8	16.2	16.6	16.2
气温日较差(℃)	7	13.6	13.1	13.1	13.3	14.2	13.8	14.1	14.0
	8	14.3	13.9	13.3	13.8	14.5	14.1	13.5	14.0
	9	14.0	13.7	13.6	13.8	15.3	14.6	14.2	14.7
	7—9	14.0	13.6	13.3	13.6	14.6	14.1	13.9	14.2
日照时数(h)	7	305	305	314	308	293	284	299	292
	8	304	304	303	304	279	279	268	275
	9	271	268	271	270	251	258	262	257
	7—9	880	877	889	882	823	821	828	824
≥15℃有效积温(℃·d)	7	351	355	370	359	315	314	330	320
	8	285	306	308	300	271	287	288	282
	9	109	125	124	119	133	133	133	133
	7—9	745	786	802	778	719	734	752	735
总降水量(mm)	7	23.6	21.2	20.4	21.7	15.1	17.3	15.9	16.1
	8	17.9	13.3	16.1	15.8	14.4	11.1	17.4	14.3
	9	8.1	11.5	10.1	9.9	4.8	8.0	9.9	7.6
	7—9	49.6	46.0	46.6	47.4	34.4	36.4	43.2	38.0

(二)气候变化对棉花品质的综合效应

在绿洲棉花生殖生长的关键期(7—9月),除气温日较差外,北疆棉区的其他气象因子值均高于南疆棉区。这表明,在全球气候变暖背景下,近30年北疆7—9月的日最高温度、日最低温度、日照时数和≥15℃有效积温的年间变化总体呈逐年递增趋势,气温日较差和降水量呈逐年递减趋势;南疆仅气温日较差呈逐年递减趋势。7—9月所选气象因子中降水量年间的变化幅度最大。7—9月北疆棉区日最高气温、日最低气温、气温日较差、日照时数和≥15℃有效积温的年间增减幅度大于南疆棉区,但总降水量增加幅度低于南疆(表3-10)。

表3-10 · 气候因子与棉花纤维品质性状的关联度及排序

(潘学标,胡莉婷,2021年)

气象要素	时期(月份)	纤维长度		整齐度指数		马克隆值		断裂比强度	
		关联度	排序	关联度	排序	关联度	排序	关联度	排序
日最高气温(℃)	7	0.963 3	3	0.974 0	2	0.949 2	3	0.954 4	4
	8	0.958 3	5	0.973 4	3	0.949 6	2	0.950 1	5
	9	0.964 3	2	0.961 1	5	0.939 2	6	0.962 9	1
	7—9	0.971 4	1	0.983 3	1	0.950 7	1	0.961 2	2
日最低气温(℃)	7	0.935 3	9	0.944 5	8	0.936 2	9	0.935 5	8
	8	0.932 8	10	0.943 1	10	0.937 3	7	0.934 9	9
	9	0.918 5	18	0.920 0	18	0.911 0	18	0.917 0	17
	7—9	0.935 3	8	0.943 7	9	0.936 6	8	0.934 8	10
气温日较差(℃)	7	0.929 3	12	0.927 0	14	0.911 4	17	0.921 1	14
	8	0.921 9	16	0.920 9	17	0.911 8	16	0.911 9	19
	9	0.921 4	17	0.916 3	19	0.906 0	19	0.917 5	16
	7—9	0.928 5	13	0.926 1	15	0.913 5	15	0.921 4	13
日照时数(h)	7	0.946 8	7	0.957 7	6	0.941 3	5	0.939 4	7
	8	0.922 5	15	0.934 1	13	0.917 8	13	0.918 8	15
	9	0.961 1	4	0.959 3	6	0.933 6	10	0.958 2	3
	7—9	0.952 8	6	0.966 8	4	0.942 1	4	0.945 8	6
≥15℃有效积温(℃·d)	7	0.927 7	14	0.934 3	12	0.922 4	12	0.923 9	12
	8	0.913 3	19	0.925 4	16	0.917 8	14	0.915 5	18
	9	0.849 8	20	0.844 8	20	0.833 5	20	0.852 4	20
	7—9	0.930 0	11	0.939 0	11	0.931 3	11	0.928 5	11
总降水量(mm)	7	0.711 6	23	0.711 8	23	0.696 7	23	0.706 6	23
	8	0.723 2	22	0.722 3	22	0.712 2	22	0.717 3	22
	9	0.694 7	24	0.696 4	24	0.687 7	24	0.692 3	24
	7—9	0.794 5	21	0.796 5	21	0.782 0	21	0.786 6	21

在种植过程中,环境气候变化强烈影响棉花纤维品质。研究发现,气候变化背景下,近年来新疆棉花纤维长度偏短、马克隆值偏高、断裂比强度偏低(毛树春等,2016年)。绿洲棉花生长发育关键时期(7—9月)的温度、光照和水分条件均影响棉花的纤维品质,但不同月份内的气象条件与棉花纤维发育的关联程度不一致;不同月份内的日最高气温、日最低气温、日较差和≥15℃有效积温对棉花纤维的影响程度呈现7月>8月>9月,而日照时数对棉花纤维品质的影响程度呈现出9月最高,降水量与棉花纤维品质的关联度则表现为8月最高。7月、8月和9月的日最高气温均与棉花纤维长度、整齐度指数、马克隆值和断裂比强度的关联度较高,即所选气象因素中,新疆绿洲棉花生殖生长阶段的日最高气温对棉花纤维品质影响最大;9月日照时数与棉花纤维长度、整齐度和断裂比强度的关联度较高,7月日照时数与棉花马克隆值的关联度较高(表3-10)。

温度是影响棉花品质的主要气候因素,它制约着纤维细胞的分化、伸长、干物质积累和次生壁加厚,最终影响纤维品质。光照是影响纤维品质的重要因素,光照对纤维特性的影响往往伴随着温度的变化,与温度共同影响,光照不足会影响棉纤维的发育,影响纤维素积淀所需的葡萄糖的合成。研究指出,纤维品质并不是由单一因子控制,表现为气象因子的综合作用。有研究表明,新疆绿洲棉花不同纤维性状受控的主要气象因子是不同的(韩春丽等,2005年)。尽管不同月份间,不同气象因子对棉花纤维特性的影响程度不一,但总体趋势是,7—9月日最高气温的影响效应最大,其次是日照时数,随后是日最低气温>有效积温(≥15℃)>日较差>降水量。

三、气候因子与棉花纤维品质的关联性

表3-11指出,不同生殖生长时期(7—9月)的光、温、水条件与棉花纤维特性之间的关系。

表3-11·棉花纤维品质与气象因子的相关系数

(潘学标,胡莉婷,2021年)

亚区与品种	时期(月份)	气 候 因 子	纤维长度	整齐度指数	马克隆值	断裂比强度
北疆, 新路早36号	7	日最低温	−0.306	−0.078	0.689**	−0.095
		日最高温	0.124	0.065	0.254	0.039
		气温日较差△T	0.310	0.099	−0.374	0.097
		日照时数	−0.078	0.110	0.268	0.038
		≥15℃有效积温	−0.120	0.040	0.669**	−0.011
		降水量	−0.337	−0.386	−0.263	−0.311
	8	日最低温	−0.272	−0.122	0.399	−0.059
		日最高温	0.093	−0.003	−0.310	−0.077

续 表

亚区与品种	时期(月份)	气候因子	纤维长度	整齐度指数	马克隆值	断裂比强度
北疆, 新路早36号	8	气温日较差△T	0.241	0.090	−0.420*	0.015
		日照时数	0.122	0.413*	0.048	0.289
		≥15℃有效积温	−0.219	−0.071	0.320	−0.012
		降水量	0.106	−0.108	−0.110	−0.157
		日最低温	−0.204	−0.192	0.316	0.002
		日最高温	0.323	−0.015	−0.248	0.300
	9	气温日较差△T	0.414*	0.152	−0.453	0.220
		日照时数	0.295	0.100	−0.220	0.302
		≥15℃有效积温	0.059	−0.078	0.184	0.198
		降水量	−0.243	0.033	−0.138	−0.263
		日最低温	0.062	0.028	0.064	−0.040
		日最高温	0.098	−0.108	−0.174	−0.142
南疆, 中棉所49号	7	气温日较差△T	0.007	−0.128	−0.231	−0.075
		日照时数	−0.139	0.155	0.094	−0.114
		≥15℃有效积温	0.082	0.040	0.003	−0.078
		降水量	−0.095	−0.185	0.079	−0.008
		日最低温	−0.238	0.064	0.262	0.201
		日最高温	−0.318	0.168	0.415*	−0.047
	8	气温日较差△T	−0.015	0.076	0.073	−0.262
		日照时数	−0.074	0.406*	0.242	−0.176
		≥15℃有效积温	−0.290	0.198	0.383*	0.098
南疆, 中棉所49号		降水量	0.102	−0.235	−0.242	0.118
		日最低温	0.074	−0.105	−0.042	0.189
		日最高温	0.146	−0.175	−0.082	0.376*
	9	气温日较差△T	0.045	−0.040	−0.025	0.118
		日照时数	0.234	0.230	−0.094	0.194
		≥15℃有效积温	0.238	−0.125	−0.058	0.375*
		降水量	−0.097	−0.276	−0.115	−0.283

注：*表示相关性达0.05显著水平，**表示相关性达0.01极显著水平。

整体来看,绿洲地区棉花纤维整齐度指数主要受8月日照时数影响,而显著影响马克隆值的气象因子较多,且均为温度热量因子;北疆棉区和南疆棉区影响纤维品质的气象因子不一致;在绿洲生态环境下,气温日较差与马克隆值为负相关关系(除8月南疆以外),即可以认为绿洲气温日较差与纤维的成熟度和细度为负相关性,昼夜温差过高或过低、低温过高,均对纤维的成熟、细度产生不利影响。

1. **纤维长度**·北疆亚区9月的气温日较差与早熟品种(新陆早36号)的纤维长度呈极显著正相关,即北疆9月日较差越大,纤维越长(图3-13);南疆亚区7—9月的气象因子与早中熟品种(中棉所49号)的纤维长度无显著相关性(表3-11)。

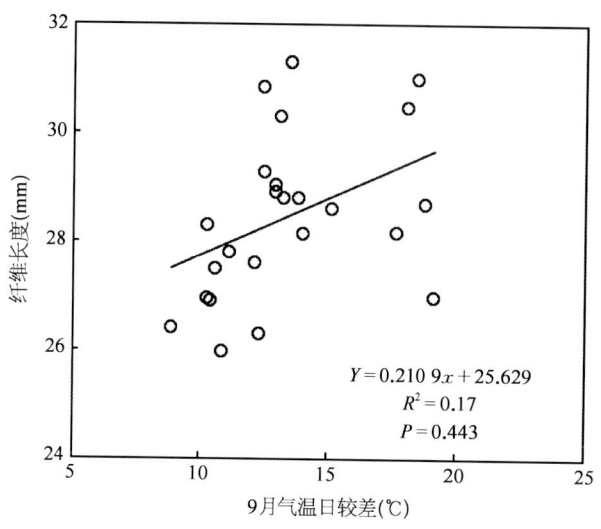

图3-13·北疆棉花纤维长度与气象因子的关系

(潘学标,胡莉婷,2021年)

2. **纤维整齐度指数**·北疆和南疆的8月总日照时数均与纤维整齐度指数呈极显著正相关,其中北疆8月日照时数对纤维整齐度指数的影响程度更大(图3-14),即绿洲8月总日照时数显著影响纤维整齐度指数,日照时数的增加有利于提高纤维整齐度。

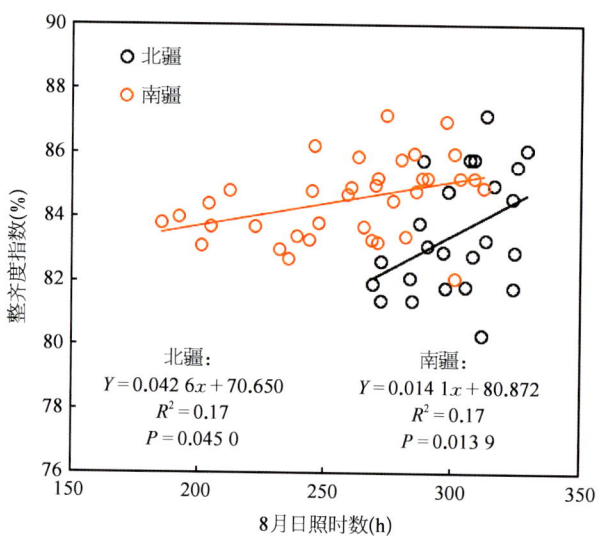

图3-14·新疆棉花纤维整齐度与气象因子的关系

(潘学标,胡莉婷,2021年)

3. **马克隆值** · 7—9月显著影响绿洲棉花马克隆值的气象因子较多。北疆7月日最低气温、7月≥15℃有效积温和9月日最低气温均与马克隆值呈正相关关系,其中7月的热量条件与马克隆值的相关性更高;但8月和9月气温日较差与马克隆值呈显著负相关。南疆8月日最高气温和≥15℃有效积温与马克隆值呈显著正相关(图3-15)。从生态区域看,北疆陆

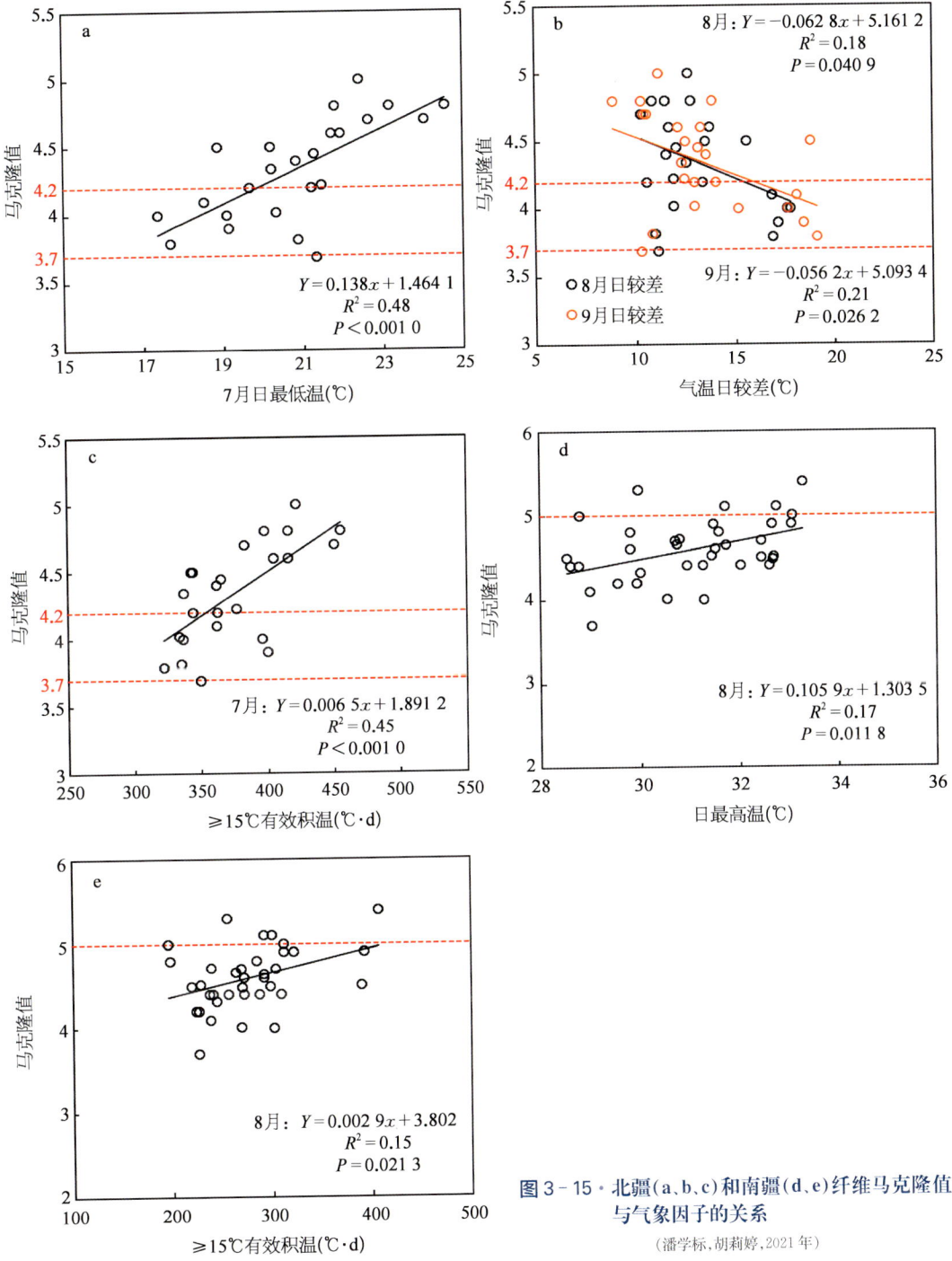

图3-15 · 北疆(a、b、c)和南疆(d、e)纤维马克隆值与气象因子的关系

(潘学标,胡莉婷,2021年)

地棉品种的最佳马克隆值为 3.7~4.2,因而若北疆地区 7 月日最低气温维持在 16~20℃,或 7 月≥15℃有效积温在 278~355℃·d,或 8 月气温日较差在 15~23℃,或 9 月气温日较差在 16~25℃时,该地区棉花马克隆值可以达到最佳(图 3-15a~c);而南疆陆地棉品种马克隆值 3.7~4.2 的极少,>5.0 为多(海岛棉以 4.0 为多),这可能是由于南疆地区 8 月日最高气温和≥15℃有效积温过高(图 3-15 d~e)。有研究指出,夜温升高、日较差变小,马克隆值升高,这可能是南疆棉花马克隆值越来越大的气候变化所致。

4. **断裂比强度** · 北疆 7—9 月所选定气象因子均与纤维比强度无显著相关性;南疆 9 月日最高气温和≥15℃有效积温与纤维比强度呈显著正相关(图 3-16),即南疆 9 月热量条件越好,对纤维的沉淀和生长越有利。

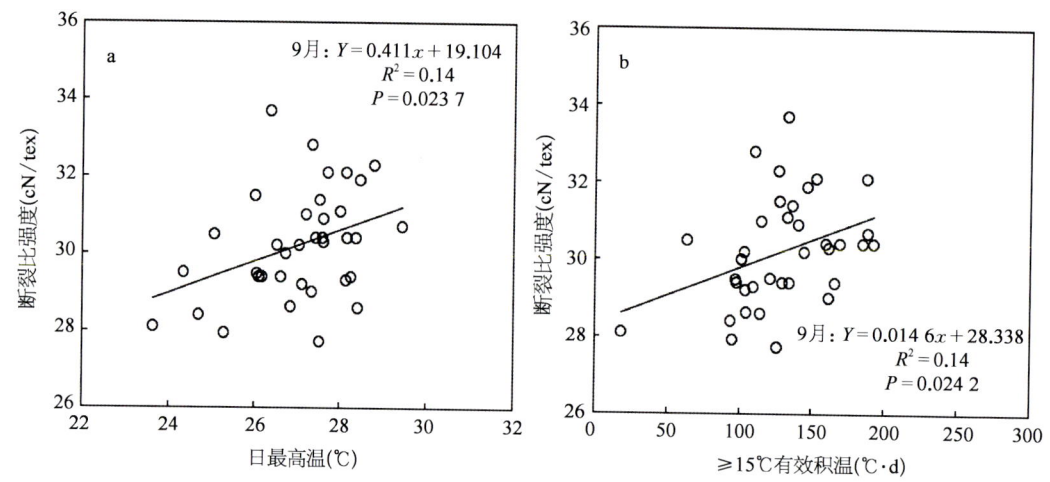

图 3-16 · 南疆棉花纤维断裂比强度与气象因子的关系

(潘学标,胡莉婷,2021 年)

在北疆,9 月的日较差与纤维长度呈正相关,与马克隆值呈负相关,即日较差越大纤维越长,但是成熟度越差(图 3-13 和图 3-15b)。因此,绿洲棉区在生产上需采取一定措施为棉铃的生长发育提供较为合适的气象条件,使棉铃发育时期与当地光热资源最丰富的时期相一致。目前在 7—9 月通过肥水管理、化控等措施适当改善棉田群体结构、通风透光,是提高新疆棉花纤维品质的有效途径。

根据棉铃发育期的气候条件与断裂比强度、马克隆值的关系,可以通过区域气候时空变化分析,合理选取棉花生产的地点,利用播种期和管理措施调控棉铃发育时间,从而在生产中获得更高比例的高品质原棉。

第四节 · 中、美、澳原棉品质对比和提质增效"金字塔"模型

单产高是我国棉花具有国际竞争力的重要表现,而品质中等则是我国棉花竞争力弱的又一重要表现。

一、中、美、澳原棉品质对比

(一) 中、美、澳原棉品质比较

对中、美、澳原棉品质进行比较发现,我国新疆绿洲机械化采收棉花的品质下降较多,长度短1~2 mm、断裂比强度低1~2 cN/tex、杂质含量高、有害杂质异性纤维含量更高。近几年由于高衣分率品种(系)的种植,品质指标不仅没有得到解决反而在恶化(表3-11)。

澳大利亚被认为是全球高品质棉花生产国家,该国灌溉棉田所产原棉品质几乎与遗传品质一样不存在品种品质的衰减问题,纤维长度、细度和断裂比强度指标相协调,加工轧花对品质几乎没有什么大的影响。然而,雨养棉田品质的稳定性差,纤维长度、断裂比强度也下降很多。

美国是一个棉花品质类型齐全的国家,在陆地棉品种中,爱字棉(SJV)为高品质品种。

美、澳两个国家的棉区热量都很丰富,在栽培措施方面都不采用地膜覆盖,也很少有异性纤维混入问题(表3-12)。

表3-12 · 美棉、澳棉M(中)级与我国新疆3(中)级原棉的品质指标对比

(毛树春等,2016年)

棉花来源	马克隆值	成熟度	长度(mm)	整齐度指数(%)	<12.7 mm短纤维率(%)	断裂比强度(cN/tex)	断裂伸长率(%)	杂质含量(%)
澳大利亚原棉	4.39	0.88	29.97	82.70	10.48	29.18	6.48	1.64
美国原棉	4.26	0.87	29.17	81.70	11.66	29.83	7.91	1.76
新疆机采原棉1	3.90	0.84	28.30	81.80	18.20	27.00	5.50	2.90
新疆机采原棉2	4.03	0.85	28.19	81.70	12.70	27.70	6.60	3.00
新疆机采原棉3	4.25	0.86	27.89	81.50	11.60	28.30	7.50	1.90

注:数据来源:
1. 毛树春,李付广.当代全球棉花产业[M].北京:中国农业出版社,2016:51-56,320-326.
2. 中国农业科学院棉花研究所.中国棉花栽培学.上海:上海科学技术出版社,2019:111-116.
3. 中国棉纺织行业协会.新疆机采棉须快马加鞭.中国纺织报,2015-04-13(2).

据对河南永安纺织有限公司、华孚时尚股份有限公司和安徽华茂集团有限公司等棉纺织企业的走访调查,企业反映,新疆机采棉断裂比强度低、纤维长度短、一致性差、含杂率高、异性纤维多、短绒率高等问题仍很突出。

澳棉是全球棉花价格最高的国家。据数据对比,2019年11月国际棉花到我国港口的平均价,Cotlook A指数为74.93美分/磅,澳棉-SM(相当于我国的2129级)均价为每磅87.28美分,美棉EMOT-M(相当于3128级)均价为每磅77.49美分,澳棉价格高于国际棉价(Cotlook A指数)12.35美分/磅(折合人民币1 905.9元/t),高于美棉9.97美分/磅(折合人民币1 510.8元/t)。数据表明,国际市场认可并遵循"优质优价"的交易原则。

2016年以来,绿洲在供给侧结构性改革项目、国家棉花产业联盟等推进下,新疆一些产地的棉花品质有所改进,推进品种"一主两辅""一主一辅"以期提高品质的一致性,也赢得了市场的认可;但是整体改进步伐较慢,高品质棉花的规模化种植程度低、产出少、市场认可程度还不高。早在2014年中国棉纺织行业协会等提出的长度短、断裂比强度低、残膜混入等有害杂质含量高等问题仍然存在(表3-12)。

(二) 美国棉花品种优势

中、美、澳棉花品质产生的差异,原因是多方面的,其中关于品种的品质和一致性有以下特点。

一是美国每年都有"大品种",这是美国棉花保持品质一致性的基础。据美国农业部每年发布的种植品种数据,2007—2019年,全美棉花播种面积333.33万～600万 hm^2,种植陆地棉商品品种数量从156个减少到118个,减少38个,减幅24.4%,个别年景种植品种仅88个,且种植品种的数量越来越少。单个最大品种播种面积占棉田面积的比例在9.4%～22.3%之间(表3-13)。

表3-13 · 2007年以来美国种植陆地棉转基因棉花品种数量
(毛树春,冯璐,2020年)

年份	陆地棉播种面积(万 hm^2)	种植陆地棉品种(个)	占播种面积0.5%以上的品种数(个)	陆地棉最大播种面积品种名称,占市场份额的(%)
2007	472	156	39	DP555BG/RR,占面积的18.1%
2008	306.7	155	44	DP555BG/RR,占面积的17.2%
2009	297.7	125	32	DP555BG/RR,占面积的17.2%
2010	436.0	114	43	FM9058F,占面积的10.4%
2011	559.2	115	39	PHY375WRF,占面积的10.7%
2012	423.0	100	43	PHY499WRF,占面积的9.7%
2013	404.7	88	39	PHY499WRF,占面积的9.4%
2014	399.9	96	44	PHY 499 WRF,占面积9.3% ST 4946 GLB2,占面积的6.7% DP 1044 B2RF,占面积的6.7%
2015	329.6	92	44	ST 4946 GLB2,占面积的10.9% PHY 499 WRF,占面积的6.1% DP 1044 B2RF,占面积的5.6%
2016	385.0	103	41	NG 3406 B2XF,占面积的12.0% PHY 333 WRF,占面积的5.9% FM 2011 GT,占面积的5.6%
2017	489.7	111	33	DP 1646 B2XF,占面积的14.8% NG 3406 B2XF,占面积的11.0% DG 3385 B2XF,占面积的5.0%
2018	570.5	122	40	DP 1646 B2XF,占面积的21.2% NG 3406 B2XF,占面积的6.7% NG 4689 B2XF,占面积的5.6%
2019	557.6	118	48	DP 1646 B2XF,占面积的22.3% DP 1518 B2XF,占面积的3.7% NG 4545 B2XF,占面积的3.6%

注: ① DP555、FM9058、PHY375等第一、第二个大写字母均为公司名称的简写,PD为岱字棉公司,555等数字为各公司对品种的编号; ② BG/RR中的BG为Bollgard(保铃棉)第一代的简写,RR为Roundup Ready的简写,为抗棉铃虫和抗草甘膦除草剂的品种标识;③ F为Flex®,是抗草甘膦除草剂的标识;④ WRF为widestrike为Cry1Ac (Bt protein)Cry1F (Bt protein)的简写,转有抗烟草夜蛾幼虫、棉铃虫、黏虫和红铃虫等的抗虫基因,RF为roundup ready Flex的简写;⑤ GLB2中的GL是GlyTol and LibertyLink weed control traits的简写,B2是Bollgard II®保铃棉第二代的简写;⑥ B2RF中的B2为第二代保铃棉Bollgard II® with Roundup Ready® Flex cotton的简写,RF为抗草甘膦加强型基因的简写,即棉株在2片真叶后喷施草甘膦也具有抗性;⑦ GT为Glyphosate herbicide tolerance的简写,抗草甘膦除草剂。
资料来源:冯璐、毛树春据美国农业部各年发布监测数据整理。

2017—2019 年,全美棉花播种面积 489.67 万～570.53 万 hm², DP1646 B2XF 是美国种植面积最大的品种,占全美棉花播种面积的 14.8%～22.3%,实际播种面积达到 72.33 万～124.27 万 hm²;其次是品种 NG 3406 B2XF,占全美棉花播种面积的 6.7%～11.0%,实际播种面积达到 38.2 万～53.87 万 hm²,足以保障纤维品质一致性水平。另有占播种面积 0.5%以上品种 33～48 个(表 3-13)。

二是美国转基因技术进入了多抗和综合抗性时代,各公司专利技术的标识非常清晰。转基因抗虫方面,如转 WideStrike(Bt-Cry1F with Bt-Cry1Ac protein)基因,具有抗烟草夜蛾幼虫、棉铃虫、黏虫和红铃虫等。抗多种杂草的转基因,如转抗除草剂基因有抗麦草畏、草甘膦和草铵膦基因,孟山都品牌等。综合抗性有 TwinLink® 为结合了针对鳞翅目害虫的全季 Bt 保护,包含 2 种拜耳专利 Bt 基因,对烟草夜蛾幼虫、棉红铃虫、棉铃虫和斜纹夜蛾等主要鳞翅目害虫危害提供有效的防控,以及强大的杂草管理技术,对 Liberty® 除草剂具有抗性。

三是美国棉花品种经营有主导公司,但又不致形成垄断地位。2017—2019 年,全美棉花种子经营公司有 10 家,其中以岱字棉公司经营品种播种面积占全美的 35%以上,经营的品种数量在 20 个以上,经营品种最大种植面积达到 133 多万 hm²,这家公司既有绝对市场优势又不构成市场的垄断地位。第二大公司是 Americot,经营的品种数量在 16 个以上,经营品种最大种植面积达到 66 多万 hm²。第三大公司是 Phytogen,经营的品种数量在 20 个以上,经营品种最大种植面积达到 66 多万 hm²。以上 3 家公司经营品种占全美棉花播种面积 75%(表 3-14)。

四是各公司经营什么品种,销售到什么农场,销售量和种植地点都有详细登记。我国亟须补上各公司经营什么作物品种,在什么地方种植,有多大面积这一政府层面的统计数据,以为科学决策提供支持。

表 3-14 · 2017—2019 年美国陆地棉棉花品种经营公司、市场份额和品种数量

(毛树春,冯璐,2020 年)

棉种公司名称	经营品种占播种面积比重(%)			经营品种数量(个)		
	2017 年	2018 年	2019 年	2017 年	2018 年	2019 年
Deltapine(岱字棉公司)	35.87	37.23	41.01	22	20	23
Americot(美棉公司)	26.95	30.71	22.75	16	20	22
Phytogen(植物基因公司)	14.36	15.06	17.78	24	29	20
Bayer CropScience — FiberMax(拜耳作物科学—纤维公司)	9.62	7.73	6.59	15	15	16
Dyna-Gro/All-Tex	7.0	4.22	5.53	18	15	14
Bayer CropScience — Stoneville(拜耳作物科学—斯字棉公司)	4.57	2.97	3.83	10	12	15
Croplan Genetics	0.88	1.66	2.24	3	7	7
Miscellaneous	0.48	0.37	0.27	1	1	1
Concho	0.28			1		
Seed Source Genetics	0.00	0.06	—	1	1	—

注:各年数据来自美国农业部网站。

(三)澳大利亚棉花品种优势

澳大利亚整个国家仅种植 2 个品种,真所谓"一主一辅"国家,主品种为 Sicot 71BRF,早熟类型品种;辅助品种为生育期长的中熟类型品种 Sicot 74BRF,仅在热量更丰富的地区种植。品种遗传品质都超过了"双 30",其中 Sicot 71BRF 纤维长度 31.0 mm,比强度 30.8 cN/tex,马克隆值 4.3,Sicot 74BRF 产量更高,纤维品质更优,长度、强度和细度指标项协调。

2019 年,澳大利亚全国只有 10 个棉花品种,其中 3 个品种为转 Bt 基因,抗棉铃虫、抗草甘膦,占全澳棉花面积的 85% 以上。这 3 个品种都是澳大利亚棉花研究所育成,为第三代转基因抗虫棉品种 Sicot746B3F、Sicot748B3F 和 Sicot714B3F。这 3 个品种主体纤维长度 30~31 mm、断裂比强度 30~32 cN/tex、马克隆值 4.5 以下。通过遗传改良,全澳棉花单产年均增长 1.8%,纤维长度、强度显著改善,马克隆值调整到适宜范围。

澳大利亚棉花采用垄作种植,有利减少杂质,利于机械化采收。机采棉种植模式采用隔行的宽行距和垄作方式种植,按机采模式看苗进行脱叶,叶片都落入地面,采收的籽棉杂质含量低,按机采标准进采收,按标准工艺进行轧花加工,品质优良。因此,我国进口澳棉平均单价达 2 143.9 美元/t,高于我国进口棉花均价 1 869.2 美元/t 的 14.7%(约高 1 731 元人民币/t)。这是我国从几十个经济体进口陆地棉来源地中单价最高的,可见优质棉在国际贸易中可以实现"优质优价"。

澳大利亚秉持棉花"质量至上"理念,注重提升棉花质量的稳定性,尤其在提供零污染棉花方面领先于全世界。从种植到运输的过程中,采取全产业链质量保障体系来确保零污染。澳棉的长度、强度和马克隆值较为稳定。

二、对采棉机的再认识

采棉机是顶尖的现代农业装备,机采棉栽培则是顶尖的农艺技术。"两个顶尖"的叠加意味着棉花机械化采收是一项全新的现代农业技术和现代农业装备,是一个庞大的系统工程。这一问题新疆生产建设兵团在试验示范期间早已提出,然而我们农学界、农机界、加工界等产业领域对此认识尚不到位,理解不深入。

美国从 1850 年批准第一个采棉机专利到研制改进形成生产力,耗时长达 100 年,直至 20 世纪 50 年代末关键装备才得以解决。在这 100 年时间里,还有几项重要的辅助性的发明助推了采棉机的发展和完善。比如,1942 年 2,4-D 除草剂投入使用,棉田杂草得以控制,籽棉杂质得以减少,使机采质量提高;1951 年美国发明了皮清机,1969 年清花设备不断完善,籽棉杂质清理得以完成,直到 20 世纪 70 年代才形成比较完整、先进的生产力。然而,围绕机采棉创新并没有停止,1976 年德国先灵公司研制噻苯隆脱叶剂才使棉花脱叶更安全,脱叶效果更好。

据美国得克萨斯州和佐治亚州的棉花生产管理指导手册,机采棉必须脱叶,分析认为美国机采棉花喷施脱叶剂取得好的脱叶效果有 3 个条件:一是低氮供给水平。中美差距极大,我国新疆绿洲棉花为典型的高氮供给,这与产量水平高低相一致;美国棉花单产水平低,氮供给水平极低。二是土壤湿度,较低土壤湿度有利于促进棉花成熟。新疆绿洲棉花依靠滴灌,较低的土壤湿度在滴灌棉田是可以自主控制的。三是棉株的成熟度。美国两个州都推荐在棉铃自然吐絮率达到 50%~70% 时喷施脱叶剂,此时脱叶剂的脱叶效果最佳。这一点新疆绿洲棉花的差距极大,正如前面所讲,喷施脱叶剂前绿洲棉花自然吐絮率达到40%都非常困难,由于叶片幼嫩年轻,脱叶剂可以致叶片、叶柄枯死但不脱落,叶屑杂质含量极高,且幼嫩叶片产生更多的细微粉尘带走叶面很多物质,包括叶片磷随着纤维的迁移而迁移(见第十章)。

国际上,采棉机长期以来由美国约翰迪尔与凯斯两家公司形成较强的垄断地位。机型为摘锭式(cotton picker)和统收机(cotton stripper)。这两种机型结构精巧、复杂庞大,对制造钢材的要求极高,稳定性和耐用性极强,自动化、信息化和智能化水平极高,操作简便,稳定性和可靠性强;所需配套的打圆包机或方垛机、籽棉装载、运输、储存等机械也较庞大,还需籽棉清花设备,全套设备价格高昂,是耕整机、播种机、农药机、康拜因等收获机中最为昂贵的农业装备。采棉机还是棉花作物的专一性农机具,它与其他任何农作物的收获机都不通用。

与手采棉相比,棉花机械化采收(即机采棉)对早熟性和熟性的一致性要求极高,在新疆绿洲无霜期短、后期土壤冻结导致耕作困难,故要求在较短时间内采收完毕。为了保障机采棉质量,对采收籽棉的杂质含量也有极高的要求。

我国于20世纪50年代由中国农业科学院棉花研究所、新疆生产建设兵团农机化研究所、中国农机化研究院引进相关设备研究后被停止。1989年新疆维吾尔自治区科委正式开展"采棉机及清花设备引进试验研究",1990年引进苏联新型整套棉田机具进行生产适应性试验,1991—1995年我国引进第一台美国凯斯(CASE IH)2022型水平摘锭双行采棉机,1996—2000年采棉机摘锭等关键部件和清花配套装置研制取得突破,开始小批量生产。近几年国产采棉机陆续研制和进入生产应用,成本下降(见第一章)。2001—2005年形成机采棉栽培技术规程,播种机和种植模式、脱叶剂和脱叶技术实现配套。2006—2010年,新疆采棉机数量从304台增加到708台,但仍没有形成有规模的生产力。2011年之后由于人工采收费用不断增长,加上"人难找",单位面积采收费用突破12 000元/hm^2,因此加快了采棉机的引进、推广应用。2011—2018年,全疆保有量从1 008台增长到3 600台,采收面积从25.7万hm^{2}增长到100万hm^{2}以上,形成了规模生产力(见第一章)。

然而,我国新疆绿洲机采棉和采棉机在引进、吸收、研发、试验、示范和应用过程中,一直沿用"密矮早"的高产栽培技术路线,同时,沿用手采棉生育期作为品种和栽培的熟性指标,实践证明,这一技术路线需要再研究、再认识,这些基础性指标需要重新研究和再确定、再定位。

三、棉花提质增效"金字塔"模型

针对棉花转型升级提质增效的新需求,毛树春等(2016年)提出了品质结构的"金字塔"模型。该模型含义:塔底层为纤维的清洁度,无异性纤维即无有害杂物的"三丝"污染,提升籽棉、皮棉的清洁度。第二层为纤维的一致性水平,一地种植一个品种,主推品种种植面积的比例高,单品种应单收、单轧花、单包和组成批数,通过建立从种植到纱厂的可追溯体系,提升产地品牌水平。第三层规范籽棉的加工,要求轧花加工对纤维品质的损害最小,目前专业认为机采籽棉的轧花清花加工可允许损害最大长度不超过0.8 mm以内(见第十四章)。第四层为品质检验的科学性、实用性需与内在品质和棉纺织品质检验品质相对接,即解决国家公检品质指标的通用性问题。第五个层级为种植高品质品种,要求品种的遗传品质:长度、强度、细度品质指标相协调。长度和断裂比强度达到"双30",马克隆值3.7～4.6,衣分率高低合适,同时兼顾整齐度指数和纺纱均匀性指数等指标(图3-17)。

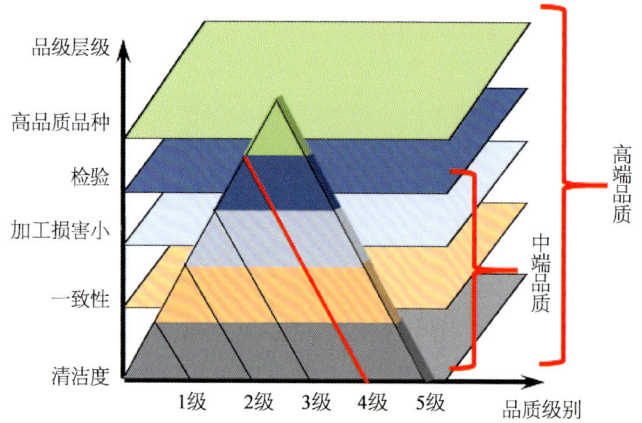

图3-17·棉花中高品质"金字塔"模型

(毛树春等,2016年,2017年,2019年)

(主笔:毛树春,潘学标,胡莉婷;主审:田立文;终审:毛树春)

参考文献

[1] 中国农业科学院棉花研究所主编.中国棉花栽培学,1959年版,1983年版,2013年版,2019年版.上海:上海科学技术出版社.
[2] 毛树春,李亚兵,董合忠.中国棉花辉煌70年.中国棉花,2019,46(7).
[3] 毛树春、李付广.当代全球棉花产业.北京:中国农业出版社,2016.
[4] 中国棉纺织行业协会.新疆机采棉须快马加鞭.中国纺织报,2015-4-13,第2版.
[5] 叶戬华.促进机采棉的使用.中国棉麻产业经济研究,2015(3):16-19.
[6] 中国棉花协会,中国棉纺织行业协会,中国棉麻流通经济研究会.关于提升和保障棉花质量的研究报告.中国棉麻流通经济研究,2018(3).
[7] 中国农业科学院棉花研究所,国家棉花产业联盟.高品质棉花产需研究报告[资料].安阳:中国农业科学院棉花研究所,2019.
[8] 毛树春,马小艳,程思贤,等.我国高品质原棉产需分析与发展建议.中国棉花,2020,47(3).
[9] 中国棉花流通经济研究会.我国机采棉产业发展整体解决方案(发布稿).中国棉麻产业经济研究,2017(1).
[10] 毛树春,李亚兵主编.中国棉花景气报告2016.北京:中国农业出版社,2017.
[11] 毛树春,李亚兵.中国棉花景气报告2017—2019.北京:中国农业出版社,2021.
[12] 王勇,马建军,李红英.新疆石河子地区霜期变化特征对棉花生产风险研究.绿洲农业科学与工程,2019,5(1).
[13] 毛树春,李亚兵,雷亚平,等.用"品质中高端"引领中国棉花产业发展——"十三五"中国棉花产业展望.农业展望,2016(3).
[14] 韩春丽,赵瑞海,勾玲,等.新疆不同棉花品种纤维品质变化与气象因子关系的研究.新疆农业科学,2005(2).
[15] 毛树春,李亚兵,王占彪,等.再论用"品质中高端"引领棉花产业发展.农业展望,2017,13(4).
[16] 毛树春,程思贤,马小艳,等.2018—2020年新疆棉花主栽品种的品质变化简析及高品质棉花品种的遴选推荐若干意见和建议.中国棉花,2021,48(3).
[17] 2018 GEORGIA COTTON PRODUCTION GUIDE COOPERATIVE EXTENSION/THE UNIVERSITY OF GEORGIA COLLEGE OF AGRICULTURAL AND ENVIRONMENTAL SCIENCES. UGA COTTON WEB PAGE.www.ugacotton.com.
[18] Cotton Production in Texas. http://cotton.tamu.edu/General%20Production/texascottonproduction/pdf/chapter1.pdf.
[19] 中国棉花质量公证检验网站.http://www.ccqsc.gov.cn/authorize/index.action.
[20] 农业农村部文件,农农发[2021]11号.农业农村部"十四五"全国种植业发展规划.http://www.moa.gov.cn/govpublic/ZZYGLS/202201/t20220113_6386808.htm.
[21] 胡莉婷.新疆棉花适应气候变化的种植区划与栽培措施研究.中国农业大学博士论文,2021.

第四章
新疆绿洲棉花可持续发展对策研究

研究结果表明，新疆绿洲棉花播种面积从 2000 年 101.2 万 hm^2 扩大到 2020 年的 250.2 万 hm^2，扩大了 147.2%，占全国面积的比例从 25.0% 扩大到 78.9%；产量从 2000 年 150.0 万 t 增长到 2020 年的 516.1 万 t，增长了 244.1%，占全国的比例从 34.0% 提高到 87.3%（见第一章），为国家做出重大贡献，也导致了全国棉花区域布局的严重失衡，对绿洲和全国棉花的可持续发展造成极大的隐患。同时，新疆绿洲棉花高端品质所占比例不高、集中度低、稳定性差、高端品质供给与需求的矛盾大。因此，新疆绿洲棉花的质量效益和竞争力都亟待提升。

研究结果指出，新疆绿洲棉花要以可持续思想为指导，以深化供给侧结构性改革为主线，以适度规模、质量兴棉、绿色兴棉为抓手，统筹转型升级实现高质量发展。一是规模适度，以 200 万 hm^2 保护区为基础，为绿洲生物、农业和棉花可持续发展提供基础性保障；二是以建设高品质棉花种植带为抓手，打造 100 万 hm^2 高品质棉花种植加工基地，大幅提升高品质生产的集中度和稳定性；三是以质量兴棉为抓手，破解"高产低质的魔咒"，打造绿洲棉花"由大变强"的可持续发展新路子；四是以绿色兴棉为抓手，持之以恒推进绿洲耕地生产力的改善和保护利用，创新出一条资源节约、环境友好的可持续发展的新路。

本章介绍全球可持续发展的由来、重要思想、理念和行动计划；可持续在我国国家层面的思想和具体行动，现阶段质量兴农、绿色发展的思想、内涵和目标。研究探讨绿洲水土资源开发利用的现状，农业和棉花发展面临的新情况、新问题；研究分析绿洲棉花在全国的合适比例结构，绿洲棉花发展过程中出现的新情况、新问题，研究绿洲棉花转型升级提质增效的途径、措施和方法，提出发展绿洲高品质棉花的思路、途径、措施和方案，供科学决策参考。

第一节·可持续发展和我国的实践

一、可持续发展的由来

针对人类经济社会发展造成的环境负荷大、资源不断减少、生态遭受破坏等新情况、新问题,如何寻找经济社会发展与人口、自然、资源、环境、气候变暖的协调、平衡发展关系,于是诞生了可持续发展理念。

"取之有度,用之有节"〔《资治通鉴》卷二百三十四(北宋)〕是宋代司马光(1019—1086年)总结历代经济社会发展提出的可持续思想,原典为"夫地力之生物有大限,取之有度,用之有节,则常足。取之无度,用之无节,则常不足",译义为"对于自然资源和生态环境这一大自然赐予的宝贵财富,索取一定要有限度,使用一定要有节制,万万不可挥霍掠夺"。在"取"和"用"的时候要注意"度"和"节",这样才可以做到"常足"。1 000年前我国古代先贤总结提出的可持续思想对现代文明人管好用好国土资源和水资源,实现经济社会可持续发展具有重要的借鉴作用。

纵观历史,全球可持续发展理念的起源经历了60年。1962年由美国海洋生物学家蒙切尔·卡逊撰写的《寂静的春天》环境保护科普著作,通过对海洋污染物的富集、迁移、转化的阐述,阐明了人类与大气、海洋、河流、土壤、动植物之间的密切关系,提出了"另外的道路",但"另外的道路"是什么?作者没有指出。《增长的极限》是1968年罗马俱乐部几十位专家研究撰写的一份报告,该报告深刻阐明环境的重要性以及资源与人口之间的基本联系,针对当时西方流行的高增长理论进行了深刻反思,但该报告也引起了巨大争议。

1972年,联合国人类环境会议在斯德哥尔摩召开,大会通过了《人类环境宣言》,宣布了37项共同观点和26项共同原则,号召各国政府和人民必须为全体人民和自身后代的利益而做出共同的努力。

1980年,联合国大会首次使用"可持续发展"概念。1987年,世界环境与发展委员会在《我们共同的未来》报告中第一次阐述了可持续发展的概念,原意表述为"既要满足当代人的需求,又不对后代人满足自身需求的能力构成危害的发展"。这一概念于1989年在联合国环境署第15届理事会通过的《关于可持续发展的声明》中得到接受和认可。即可持续发展指既要满足当代需求,又不削弱子孙后代满足其需要的能力的发展。

1992年6月,联合国环境与发展大会在巴西里约热内卢召开,大会通过了《里约环境与发展宣言》(又名《地球宪章》)和《21世纪议程》两个纲领性文件。《里约环境与发展宣言》是开展全球性环境与发展领域合作的框架性文件。《21世纪议程》是全球范围内可持续发展的行动计划,虽然这个计划没有法律约束力,但提议具有的纲领性和可持续被认为是适当的,该计划提出了各种各样的行动建议,包括如何减少浪费和消费型态、扶贫、保护大气、海洋和生活多样化,以及涵盖促进农业可持续的详细提议。

2015年9月,联合国193个会员国首脑会议一致通过了《2030年可持续发展议程》,该议程范围广泛,涉及可持续发展的社会、经济和环境,以及与和平、正义和高效机构相关的重要方面。《2030年可持续发展议程》设定了减贫、健康、教育、环保等17个领域的发展目标及169个相关具体目标。

2016年1月1日《2030年可持续发展议程》正式启动,呼吁各国采取行动,为今后15年实现17项可持续发展目标而努力,并于2016年在联合国大会第七十届会议上通过。时任联合国秘书长潘基文指出:"这17项可持续发展目标是人类的共同愿景,也是世界各国领导人与各国人民之间达成的社会契约。它既是造福人类和地球的一份行动清单,也是谋求取得成功的一幅宏伟蓝图。"

二、中国经济社会可持续发展的伟大实践

可持续发展是以保护自然资源环境为基础,以激励经济发展为条件,以改善和提高人类生活质量为目标的发展理论和战略,它是一种新的发展观、道德观和文明观。一直以来我国积极履行全球可持续发展行动,秉承可持续发展理念,并开展积极的实践。

1991年,我国发起并召开了"发展中国家环境与发展部长会议",发表了《北京宣言》。

1994年国务院通过了《中国21世纪议程》,制订了《中国21世纪议程优先项目计划》以推动落实。

1995年,党中央、国务院把可持续发展作为国家的基本战略,号召全国人民积极参与这一伟大实践。

2002年,党的十六大首次提出全面建成小康社会目标,把实施科教兴国和可持续发展战略一起列为全面建成小康社会的内容之一,以增强经济社会的"可持续发展能力"。

2007年,党的十七大提出必须坚持全面协调可持续发展,坚持生产发展、生活富裕、生态良好的文明发展道路,建设资源节约型、环境友好型社会,使人民在良好生态环境中生产生活,实现经济社会的永续发展。

2013年,党的十八大提出深入实施可持续发展战略,把可持续战略与科教兴国战略、人才强国战略一道作为不断解放和发展社会生产力的原动力。

2015年9月,习近平总书记出席联合国发展峰会,即联合国2030年可持续发展议程会议,郑重承诺,中国以落实2015年后发展议程为己任,团结协作,推动全球可持续发展事业不断向前。

2016年9月,我国把落实《2030年可持续发展议程》纳入国家发展总体规划,并在专项规划中予以细化,率先发布《中国落实2030年可持续发展议程国别方案》,包括落实2030年可持续发展议程的指导思想及总体原则、总体路径,以及对17项可持续发展目标的落实方案等内容进行了全面部署。

2018年,党的十九大把可持续发展战略与科教兴国战略、乡村振兴战略等一起作为全面建成小康社会纲领性内容写进《中国共产党章程》的总纲。强调建设生态文明必须树立和践行"绿水青山就是金山银山"的理念,坚持节约资源和保护环境的基本国策,统筹山水林田湖草系统治理,实行最严格的生态环境保护制度,形成绿色发展方式和生活方式,坚定走生产发展、生活富裕、生态良好的文明发展道路,建设美丽中国。

2019年10月,首届可持续发展论坛在北京召开,会议发布了《中国落实2030年可持续发展议程进展报告(2019)》,提出了中国加快推进2030年议程,大力实施精准扶贫精准脱贫基本方略。

在全面建成小康方面,2019年国民生产总值达到近百万亿元,为99.08万亿元;人均GDP突破1万美元,达到10 276美元。2020年全球新冠肺炎疫情暴发,我国抗击新冠肺炎疫情斗争取得了重大战略胜利。我国成为全球唯一实现经济正增长的主要经济体,GDP总量突破100万亿元,达到101.6万亿元,人均GDP达到10 700美元。

在消除贫困方面,我国创造了人类减贫彪炳史册的伟大奇迹,脱贫攻坚战取得了全面胜利[*]。到2020年,现行标准下9 899万农村贫困人口全部脱贫,832个贫困县全部摘帽,12.8万个贫困村全部出列,区域性整体贫困得到解决,完成了消除绝对贫困的艰巨任务,我国提前10年实现了联合国《2030年可持续发展议程》中减少贫困的目标任务。

三、近中期中国农业可持续发展目标

在农业层面,2015年农业部、国家发展改革委等8个部委联合发布了《全国农业可持续发展规划(2015—2030年)》,规划中提出"加快发展资源节约型、环境友好型和生态保育型农业""努力走出一条中国特色农业可持续发展道路"。

2017年10月,党的十九大提出了实施乡村振兴战略的伟大号召,这是中国共产党对"三农"工作领导的一份纲领性文件,是可持续发展在中国农业中的又一伟大实践。

2018年1月《中共中央、国务院关于实施乡村振兴战略的意见》(即2018年中央一号文件)[**]、2019年2月《中共中央、国务院关于坚持农业农村优先发展做好"三农"工作的若干意见》(即2019年中央一号文件)[***],两个一号文件系统全面地提出农业可持续发展目标和重点任务,把全国农区划分为"优先发展区、适度发展区和保护发展区",其中绿洲农业划分为"适度发展区",提出"退地减水、严格控制地下水开采"是可持续发展的主要任务。历史使命——质量兴农和绿色发展,关于绿色发展可以理解为当下和今后相当长时间我国农业可持续发展的具体实践行动。

按照2018年中央一号文件提出"实施质量兴农战略""调整优化农业生产力布局,深入推进农业绿色化、优质化、特色化、品牌化";2019年中央一号文件再次提出"推进农业由增产导向转向提质导向,大力发展紧缺和绿色优质农产品生产"的要求,树立农业绿色发展理念,积极践行绿色发展的途径方法措施,朝着"创新、协调、绿色、开放、共享"五大发展理念和现代

---

[*] 脱贫攻坚工作的总体目标:2012年,现行标准下全国农村贫困人口9 899万,贫困县832个,贫困村12.8万个,区域性整体贫困。现行标准为"两不愁、三保障"——不愁吃、不愁穿,义务教育、基本医疗和住房安全有保障。建档立卡贫困人口人均纯收入2020年(10 740元/人)比2015年(2 982元/人)翻一番以上,增长幅度比全国农民收入高20个百分点。

区域性整体贫困地区:六盘山区、秦巴山区、武陵山区、乌蒙山区、滇桂黔石漠化区、滇西边境山区、大兴安岭南麓山区、燕山—太行山区、吕梁山区、大别山区、罗霄山区等区域的连片特困地区和已明确实施特殊政策的西藏、四川藏区、新疆南疆三地州,作为脱贫攻坚主战场。这个决定指出了我国目前连片特困地区的范围。

2013—2020年,中央、省、市县财政专项扶贫资金累计投入近1.6万亿元,其中中央财政累计投入6 601亿元。全国累计选派25.5万个驻村工作队、300多万名第一书记和驻村干部,同近200万名乡镇干部和数百万村干部一道奋战在扶贫一线。

[**] 2018年"一号文件",《中共中央、国务院关于实施乡村振兴战略的意见》。

[***] 2019年"一号文件",《中共中央、国务院关于坚持农业农村优先发展做好"三农"工作的若干意见》。

农业强国的目标前进。

2019年1月,为了落实两个一号文件,推动质量兴农和绿色发展,农业农村部、国家发展和改革委员会等7部门联合出台《国家质量兴农战略规划2018—2022》,提出坚持质量第一,效益优先,坚持绿色引领,持续发展,加大农业投入。到2022年完成6 000万 hm^2 粮食功能区和1 533万 hm^2 棉花等重要农产品保护区的建设任务,并综合突出了《全国农业可持续发展规划(2015—2030年)》。

在农业部于2015年4月提出"一控两减三基本"任务的基础上,2017年9月中共中央办公厅、国务院办公厅印发《关于创新体制机制推进农业绿色发展的意见》、2018年11月生态环境部、农业农村部发布《农业农村污染治理攻坚战行动计划》等部门规划,归纳多部门联合发布文件整理了我国农业绿色发展具体指标,见表4-1。

表4-1·我国农业绿色发展相关指标

(毛树春,2020年)

类型	指标	2017年基础值	2022年目标值	指标属性
生产效率高	农业劳动生产率(万元/人)	3.4	5.5	预期性
	土地产出率(元/hm^2)	48 000	60 000	预期性
	农作物耕种收机械化率(%)	66.0	71.0	预期性
	农田灌溉水利用系数	0.548	0.560	预期性
	主要农作物农药利用率(%)	38.8	41.0	预期性
	主要农作物化肥利用率(%)	37.8	41.0	预期性
	东北、华北农作物秸秆综合利用率(%)	超过80	86以上	预期性
	重点覆膜区农膜回收率(%)	超过60	82以上	预期性
经营者素质高	国家农民专业合作社示范社认定数量(家)	6 284	10 000	预期性
	年均培养职业农民人数(万人次)	100	100	约束性
国际竞争力	农产品出口额年均增长率(%)	3.5	3.0	预期性

注:数据整理自《国家质量兴农战略规划2018—2022》。

近中期种植业主要指标为持续推进化肥、农药减量增效,减量替代,2020年和2022年主要农作物化肥农药从"零增长"到"负增长"。

(1)化肥、农药利用率2020年达到40%以上,2022年提高到41%以上;

(2)测土配方施肥技术覆盖率2020年达到90%,2022年提高到90%以上;

(3)主要农作物绿色防控覆盖率2020年达到30%以上,2022年提高到50%以上;

(4)主要农作物病虫害专业化统防统治覆盖率2020年达到40%,2022年提高到40%以上;

(5)整县推进秸秆全量化综合利用,秸秆综合利用率2020年达到85%以上,2022年提高到86%以上;

(6)在重点用膜地区,整县推进农膜回收利用,农膜回收率2020年达到80%以上,2022

年提高到 82% 以上；

（7）发展节水农业，灌溉水负增长，灌溉用水量 2020 年控制在 3 720 亿 m³ 以内，农田灌溉水有效利用系数达到 0.55 以上，2022 年提高到 0.56 以上。

根据人多地少的大国国情，长期以来我国一直倡导农业"高产、优质、高效"的发展目标，走以"石油农业"为特征的农业投入体系、产出体系和评价体系，要把农业从资源消耗型、石油发展模式逐步转变成资源节约型、环境友好型的用养结合、清洁生产模式的绿色发展道路上来，全社会都要不断加深对绿色发展的认识，形成绿色发展的共识，才能增强绿色发展的自觉性、主动性和创造性。

按照《乡村振兴战略规划（2018—2022 年）》的总体规划，我国采用分阶段推进农业从资源消耗型转向资源节约和环境友好型，切实把乡村振兴战略赋予农业"质量兴农绿色发展"新任务落到实处，同时提出建立健全质量兴农评价体系、政策体系、工作体系和考核体系。

四、绿洲水土资源的可持续利用

绿洲是依水而形成的生物、经济和社会的总体。绿洲农业，灌溉农业/灌溉植棉是最基本特点，绿洲走可持续生产之路，水资源及其利用至关重要。

水和土是人类赖以生存和发展的基础性、不可再生性的资源。水土资源的合理开发利用是一个国家、一个民族可持续生存的基石。水是绿洲经济社会发展的命脉，用水需有度，合理用水并保持水与经济社会的平衡是新时代可持续发展的首要任务。

新疆水资源丰富，多年平均年降水量为 2 544 亿 m³，2017 年全区人均水资源量 4 206 m³（3 483 m³，2018 年），在全国 31 个省（区、直辖市）中排列第 5 位，是 2017 年全国人均水资源量 2 075 m³ 的 2.03 倍（见第六章）。

新疆国土面积大，全区土地总面积 166.49 万 km²，是全国土地面积最大的省区（占 17.34%），绿洲适于农业耕种的可开垦农用地 5 173 万 hm²（2018 年），开发潜力巨大。然而，由于人类无节制地追求经济利益最大化、过度开发荒漠不断扩大绿洲耕地面积、过度利用水资源挤占生态用水，导致绿洲环境遭受破坏，生态不断恶化。如今绿洲由"水少地多"、供水不足，进一步演化成水与地的尖锐矛盾，经济社会可持续发展能力正在日益减弱。纠正绿洲水土资源的过度开发利用、遏制生态环境恶化，要牢牢树立"绿水青山就是金山银山"理念，保持绿洲生态、农业、工业和居民生活的用水平衡是当前和今后相当长时间绿洲经济社会可持续发展需要解决的根本问题（见第七章）。

新疆棉区隶属于全国的西北内陆棉区，现已成为全国最大的棉花种植区。20 世纪 90 年代中后期，在国家的鼓励和支持下，新疆棉花生产进入一个新的发展时期。在市场需求增加和国家多项政策的共同作用下，21 世纪以来新疆棉花生产进入了一个高速发展的"黄金期"。2018 年新疆棉花播种面积 249.1 万 hm²，占全国的 74.3%；新疆棉花产量 511.1 万 t，占全国总产的 83.7%，可见新疆棉花在全国的地位举足轻重（见第一章）。

棉花在新疆和全国国民经济中具有极其重要的地位。新疆早已成为全国棉花生产的最大基地，今后相当长的时间仍是全国棉花的重心，科学有效持续利用绿洲棉花生产能力对保持全国棉花可持续发展具有重要的现实意义和长远意义。转型升级、提质增效是农业供给侧结构性改革提出的新任务,实施质量兴农绿色发展,补上绿洲棉花的品质短板和绿洲绿色发展的短板需深入推动农业和绿洲棉花由增产导向转向提质导向,满足纺织业和居民对纺织品日益增长的质量需求是当前和今后较长时期棉花产业发展的重要任务。

分析指出,当把绿洲棉花置于全国棉花发展大局进行综合考虑和布局规划时,新疆棉花规模应适度,过高比重应大幅度调减,目的是让绿洲棉花保持更长时间更可持续的生产能力。

当前和今后新疆绿洲棉花仍是全国棉花的重心。就全国棉花而言,"南疆棉花好,则新疆好,新疆好则全国棉花好"。因此,在全国棉花转型升级、提质增效和补品质短板中,新疆绿洲棉花在提高国产棉花的竞争力中应有更多的责任担当,应有更大的作为和有更高的价值体现。

2020年3月,国家发展和改革委员会、财政部发布《关于完善棉花目标价格政策的通知》(发改价格〔2020〕474号),指出2020年度到2022年度新疆继续实行18 600元/t的目标价格,同时明确提出"新疆维吾尔自治区和新疆生产建设兵团要按照'控制面积、提质增效'原则,统筹考虑当地水资源和耕地等资源状况,综合采取退地减水、轮作休耕等措施,引导次宜棉区退出棉花生产"。这是国家层面综合利用水土规划和农业可持续发展规划等的研究成果,首次明确提出新疆要控制棉花规模,减少棉花播种面积。

如今,绿色荒漠开发利用正在经历开垦—限制—退耕还草(林、荒)几个阶段。随着新疆绿洲"退地减水"工程的推进,绿洲耕地面积和棉田面积将逐步减少(见第一章、第五章)。

第二节 · 绿洲水土资源及气候变化下的可持续利用对策

一、绿洲国土资源及开发利用对策

(一)绿洲国土资源开发利用现状

1. **国土资源开发快速,耕地面积不断扩大** · 据统计年鉴,新疆耕地总面积从1990年的308.69万 hm^2 增长到2018年的524.23万 hm^2,增长69.8%,年均净增7.7万 hm^2。与2017年的统计数据对比,2018年牧草地面积减少1 540.36万 hm^2,其中耕地面积增加111.78万 hm^2、园地面积增加25.56万 hm^2、林地面积增加219.25万 hm^2、其他农用地面积增加46.85万 hm^2(图4-1)。

新疆兵团耕地面积,从1990年的93.78万 hm^2 增长到2018的127.73万 hm^2,增长36.2%,年均净增1.21万 hm^2。与2017年的数据对比,2018年没有大的调整。

据2018年统计数据,全疆合计耕地面积640.04万 hm^2,比1990年增长201.57万 hm^2,增长50.1%,年均增长7.2万 hm^2。

全疆实际耕地面积的增长要大于统计面积。新增耕地面积主要来源于开垦荒地,最早规模开荒源自优质棉基地建设的鼓励支持(见第一章)。据陈亚宁等(2019年)遥感数据,

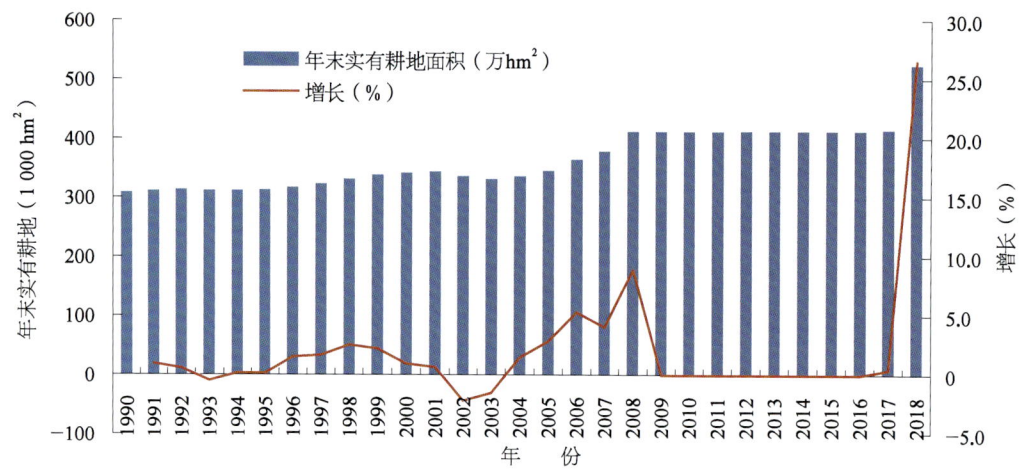

图 4-1·1990—2018 年年末绿洲实有耕地面积

(数据整理自《新疆统计年鉴》和《新疆生产建设兵团统计年鉴》,毛树春,2020 年)

2000—2015 年,南疆塔里木河流域耕地面积以每年 10.25 万 hm^2 的速度扩大,由 2000 年的 288 万 hm^2 扩大到 442 万 hm^2,增加了 154 万 hm^2,增幅高达 53.5%。据谢蕾等(2019 年)数据,北疆耕地面积 255.7 万 hm^2;又据统计数据,东疆耕地面积 18.4 万 hm^2。这样,南疆、北疆和东疆合计,全疆实有耕地面积达到 714.3 万 hm^2(表 4-2)。

表 4-2·新疆棉田面积占耕地面积的比例

(毛树春,2020 年)

项 目	南疆	北疆	东疆	合计
2017 年年末统计耕地面积①(万 hm^2)	236.0	364.1	18.4	618.5②
2017 年市场耕地面积(万 hm^2)	442.0③	256.9④	18.4①	717.3⑤

注:① 统计年鉴面积。② 618.5 万 hm^2 为 2017 年年末耕地面积数据,其中新疆地方 491.2 万 hm^2(不计省辖行政单位),兵团 127.2 万 hm^2 的合计数,据《新疆统计年鉴》(2018)和《新疆生产建设兵团统计年鉴》(2018),北京:中国统计出版社,2018。③ 442.0 万 hm^2 为 2015 年数据,据陈亚宁等,中国科学院院刊,2019,34(10)。④ 256.9 万 hm^2 为 2017 年数据,据谢蕾等,水利规划与设计. 2019(7)。⑤ 717.7 万 hm^2 为 2017 年市场数据。⑥ 遥感绿洲耕地面积达到 865 万 hm^2(见第五章)。⑦ 据 2022 年 1 月 20 日新疆维吾尔自治区第三次全国国土调查主要数据公报,以 2019 年 12 月 31 日为标准时点,耕地面积为 703.86 万 hm^2。

2. **农作物播种面积大幅度增长**·据统计年鉴,全疆农作物播种面积从 1978 年的 302.2 万 hm^2 增长到 2018 年的 625.3 万 hm^2,增长 1.07 倍。其中新疆生产建设兵团从 74.0 万 hm^2 增长到 138.3 万 hm^2,增长 86.9%(图 4-2)。

以水与土的平衡值进行计算,早期耕地已超出水供给可能承担的面积 27 万 hm^2,可见新疆国土过度开发现状非常严重,今后应严格控制耕地开发数量(第四章)。

3. **新疆水土资源的匹配性失衡**·新疆水源总量与土地面积相比,总体表现为地多水少、分布不均衡、利用程度低(在用水比例上,全疆农业用水占 98.2%,而农业用水效率为 50.0%)的问题。从土、水资源总量占全国的比例看,新疆土地资源占有率(1/6)和水资源占有率(1/29)比值相差极为悬殊,并且新疆水资源地区分布不均,北部多于南部,西部多于东

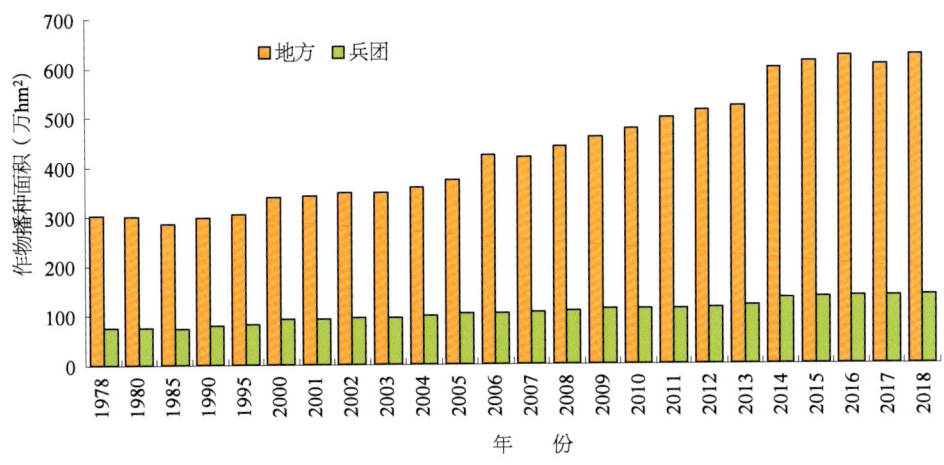

图 4-2·新疆地方和兵团农作物播种面积

(数据整理自《新疆统计年鉴》和《新疆生产建设兵团统计年鉴》,毛树春,2020年)

部。以天山脊线为南北界,南疆土地面积占总面积的 72.3%,北疆土地面积占总面积的 27.7%,但河流径流量却相当,单位面积占有水量北疆是南疆的 2.6 倍。

4. **耕地质量不高**·中产田占比 48.3%,低产田占比 40.7%(见第五章)。

5. **土壤盐渍化**·据中国科学院遥感数据,2013 年新疆耕地盐渍化面积 233.1 万 hm^2,占耕地总面积的 37.7%。其中北疆盐渍化面积占耕地总面积的 25.2%,南疆盐渍化面积占耕地面积的 49.6%,可见绿洲盐渍化问题比较普遍,且十分严重。治理盐渍化土壤要采取合理利用土地和以水为中心的综合措施(见第五章)。

6. **残膜污染与治理**·地膜覆盖在新疆绿洲农业的使用呈现广泛性和通用性的显著特点,新疆地膜覆盖面积大且仍在不断增长。据统计年鉴,2018 年新疆地区地膜覆盖面积 351.2 万 hm^2,占农作物播种面积的 56.2%,使用地膜量达到 25.4 万 t。其中 2018 年兵团地膜覆盖面积 102.1 万 hm^2,占农作物播种面积的 80.0%,分别比 2000 年增长 116.2% 和 28.1 个百分点。2018 年全疆棉花播种面积 249.1 万 hm^2 全部采用地膜覆盖,占农作物地膜覆盖面积的 55.0%(见第五章)。

自 20 世纪 80 年代初期地膜覆盖进入新疆以来,绿洲农作物地膜覆盖的使用面积、统计单位的用膜量和单位面积的用膜量均呈快速增长态势。据新疆生产建设兵团统计年鉴(表 4-3),2018 年兵团农作物播种面积比 1995 年增加了 47.0 万 hm^2,增长 57.8%。兵团地膜覆盖面积则比 1995 年增加了 73.1 万 hm^2,增长了 2.52 倍。地膜覆盖占农作物播种面积比 1995 年扩大了 44.4 个百分点。全兵团地膜使用量比 1995 年增加了 5.6 万 t,增长 3.11 倍。单位面积地膜使用量比 1995 年增加了 8.5 kg/hm^2,增长 13.3%。地膜覆盖面积的大幅度增长与覆盖地膜增加土壤温度、抑制土壤水分蒸发与地表盐碱上移运动,以及抑制杂草生长等诸多功能有密切关系。而单位面积使用量的增长与采用宽膜覆盖和地膜加厚至 0.012 mm 有关。据测算,地膜标准厚度从 0.008 mm 加厚至 0.012 mm,用量即可增加 50.0%(表 4-3)。

表4-3 · 1990—2018年新疆生产建设兵团地膜覆盖面积和地膜使用量

(毛树春,2020年)

年份	农作物播种面积（万 hm²）	地膜覆盖面积（万 hm²）	地膜覆盖占农作物播种面积(%)	地膜使用量	
				全兵团(万 t)	单位面积(kg/hm²)
1990	78.1	(棉花 3.65)		1.0	
1995	81.3	29.0	35.6	1.8	63.9
2000	91.0	47.2	51.9	3.4	72.9
2005	98.6	59.6	60.4	4.4	74.3
2010	111.9	70.6	63.1	5.0	70.8
2018	128.3	102.1	80.0	7.4	72.4

注：数据整理自历年《新疆生产建设兵团统计年鉴》。

新疆棉田残膜回收率大致在60%～70%，但不同市场主体、田块之间、年际之间的差异大，与2018年生态环境部、农业农村部发布《农业农村污染治理攻坚战行动计划》提出的国家要求回收率达到80%以上有很大差距。

整体看，新疆基本农户与兵团职工棉田残膜回收多些，工商资本、承包大户和专业合作社的回收少些，而一些"茬灌"地则不怎么回收，再加上20世纪80年代覆盖时不怎么强调回收，因此由地膜覆盖"白色革命"产生的"白色污染"对农业生态环境所产生的后果极为严重。随着种植年限的增加，土壤积累残膜数量日益增加，比如，种植年限为5年、9年、11年、13年、15年和19年的地膜残留密度分别为127.11 kg/hm²、215.85 kg/hm²、250.63 kg/hm²、294.17 kg/hm²、327.83 kg/hm²和348.83 kg/hm²，年平均增长量为11.2 kg/hm²。通过建模预测得到覆膜年限30年的棉田土壤残膜密度可达419.19 kg/hm²，是国家地膜残留标准限值75 kg/hm²的5.6倍，属于严重污染程度(第五章)。

(二) 绿洲国土资源的可持续利用

1. 强化绿洲水资源刚性约束 · 2020年12月，新疆维吾尔自治区发布总河(湖)长第3号令，强化绿洲水资源的刚性约束，深入推进最严格水资源管理，落实绿洲"以水定城、以水定地、以水定人、以水定产"，改变以往通过不断扩大人工绿洲、大量消耗水资源的发展方式，真正做到以水定需、空间均衡，确保人口规划、经济结构、产业布局与水资源、水生态承载能力相适应、相协调，保障绿洲经济社会和自然生态的可持续发展。

2021年9月，新疆维吾尔自治区发布《关于进一步强化水资源保护管理的实施意见》，明确指出，"节水优先、空间均衡、系统治理、两手发力"的治水思路，到2025年，持续推进节水工程建设，不断退减农业配水面积，将农业用水比例降至90%以下。到2035年，全区水网体系基本构建，基本实现水资源优化配置，水资源利用效率和效益达到国内同类地区先进水平；全区灌溉水利用系数提高到0.60，用水总量控制在指标范围内，地下水实现采补平衡，河湖生态状况得到显著改观。

2. 以水定地、构建水与地保持新的平衡是绿洲农业可持续发展的基本原则 · 退耕还水是减少农业用水的主要措施之一。然而，减少绿洲农业灌溉面积是一个极其敏感，但又是无法回避的问题。有研究指出,按现行绿洲农业平均灌溉用水量测算,绿洲灌溉面积需减少100万 hm² 以上,相应退出农业用水量约100亿 m³（李波,2015年；谢蕾,2019年）。

根据国务院《全国水土保持规划（2015—2030年）》（2012年）和《新疆用水总量控制方案》（2018年）,2016—2020年,全疆合计退减灌溉面积39.5万 hm²,其中地方退减31.8万 hm²、兵团退减7.7万 hm²。2021—2025年,全疆合计退减灌溉面积20.5万 hm²,其中地方退减15.3万 hm²、兵团退减5.1万 hm²。2016—2030年,全疆合计退减灌溉面积80.1万 hm²,其中地方退减62.1万 hm²、兵团退减18.0万 hm²。

严禁荒地开发,严厉打击乱开滥垦荒地行为。严禁除国家和自治区允许开发荒地和地下水资源以外,要从根本上遏制塔里木河流域扩大开荒和农业灌溉用水大幅增加的被动局面。严禁收复弃耕地与在地下水超采区开采地下水。国土部门要加强土地执法动态巡查责任制,加大日常巡查力度,抓早抓小。水利部门要加大执法力度,严查违规用水行为,严格和规范取水许可审批。对严重影响生态、用水严重超出区域水资源承载能力的土地要有计划、有步骤地实行退耕还林、还草、还湿、还荒。

实施农业节水提质工程。加强中低产田改造和高标准高产稳产农田建设,完善大中型灌排骨干工程和高效节水灌溉工程,加强输水渠道衬砌为主的灌区续建配套,推进小水利工程建设。规划新增高效灌溉面积,2020年比2015年增加136.6万 hm²,2030年比2015年增加163.3万 hm²。

盐碱地、风沙地采取退出与合理利用。制定出台盐碱地和风沙地治理方案。对轻度盐碱地、风沙地等中低产田实行有计划的休耕与种植绿肥培肥土壤,对盐碱地积极试验示范暗管排碱等新技术,对治理难度大的重盐碱地、无法排除盐碱地、需水量大的风沙地等低产田实行优先退出,对退出盐碱地、风沙地实行永久封闭,采取自然或人工恢复植被。有条件地区实行人工辅助力法种草、种树,实现减水、退地与生态环境治理的共赢。

加强绿洲生态环境建设。保护和修复自然生态系统,抓好城镇、村庄和兵团场部防护林、农田防护林、道路防护林和防风基干林为主体的绿洲生态屏障建设,要做到建设和管理紧密结合,保障水的供给。

关于地下水,随着人们对开采认识的不断加深,在思想上已取得了很大进步,定义绿洲地下水是一种战略资源,并确立了开发利用标准,设立禁止开发和限制开发利用两个限制条件,强调地下水禁止开发的等级,在禁采区禁止开采地下水,在地下水限采区,经过允许可限量开采。这是利用地下水的科学方法。

3. 持续治理残膜污染是绿洲绿色兴农的首要任务·综合治理残膜污染早已列入议事日程,国家和有关部门连续出台许多指导性文件,强调地膜回收,持之以恒"去存量减增量"。2018年11月,生态环境部、农业农村部发布《农业农村污染治理攻坚战行动计划》,2019年2月农业农村部等七部委发布《国家质量兴农战略规划2018—2022》,提出在重点用膜地区,整县推进农膜回收利用,在2020年农膜回收率达到80%以上,到2022年达到82%以上。然而,采取的治理措施和取得的实际效果还远未达到预期目标。残膜治理存在问题及针对性综合治理措施如下。

（1）残膜回收机械作业问题。一是棉花先机械化采收再回收残膜。陈学庚院士团队研制的随动式残膜回收机,可以完成起膜、上膜、清杂等全套作业程序,对加厚地膜回收效果达到 95%，而且收残膜混入籽棉机会少，是较为理想的回收机，并已进入生产，大面积应用还需时日。二是先揭膜再机采。在滴灌第一水之前，划破边膜，在 8 月或 9 月滴灌结束后，人工抽出残膜。本法残膜回效果可以达到 95%，但是残膜混入籽棉的机会多，比如侧膜不易抽起揭净，残膜挂在棉株上，最后都被采收到籽棉里，导致异性纤维含量增加。三是春季"茬灌"后回收，即在灌溉后边粉碎棉花秸秆边回收残膜，其效果差。

（2）残膜回收的经济补偿问题。国家对地膜覆盖地区残膜回收给予补贴，在实际执行过程中，在一些地区和农户做得比较到位，但是有的地区和农户做得很差。一些拿到补贴资金的农户没有用于回收，认为补贴 450 元/hm^2 的强度过低，这种获得补贴不用于回收反而增加农户的收入。据调查，新疆棉田回收地膜机械作业费用需要 750 元/hm^2，若农户回收反而赔本。这将造成新的不公平。在回收方面，新疆基本农户和新疆生产建设兵团基本落实到位，而流转后种植大户、种植专业合作社和工商资本租赁耕地则落实不到位。

（3）残膜处理也是一个非常棘手问题。回收的残膜先送到工厂进行集中，由工厂对残膜中的尘土和杂物进行清除，之后即可二次利用。由于当季回收残膜的尘土多、植物枝叶根系等杂质多，处理费用高，还对环境造成影响，处理企业难有收益。为此，建议对回收的农田残膜先实行集中深埋处理，若干年后待植物枝叶腐烂后再回收再利用，其效果可能比当季处理要好些，成本更低。

（4）棉田地膜覆盖的替代研究问题。培育抗旱、耐低温、耐盐碱的无膜栽培植棉包括品种和栽培技术，由喻树迅院士领衔的试验研究取得突破性进展，但生产应用尚有较大难度。虽然南疆无膜棉的试验产量在不断提高，但是无膜栽培产量仍比地膜覆盖栽培棉花低四分之一，籽棉产量损失 1 500 kg/hm^2，如何补偿问题也需要解决。据调查，南疆非盐碱地和质地偏轻的沙壤土面积约 10 万 hm^2，可见适合棉花无膜栽培的土壤条件十分有限。包括光降解、淀粉、光生物双降解膜等可降解膜在棉田试验示范效果都不易达到聚乙烯地膜的覆盖效果。降解速度不易控制，覆盖整体效果被降低，且成本高，还易产生破碎等混入棉花的新问题，经过 20 多年的试验示范证明，该技术方向在棉田是不可取的。

（5）残膜治理需要上下联动。中央和国家政府部门提出治理方法措施，要强调地方政府"守土有责""守土尽责""守土有方"，文件和法律必须明确执行主体是土地承包户的户主、家庭农场主、种植专业合作社和土地租赁经营者等。同时，鼓励和引导地方人大积极响应和跟进，出台地方《土壤清洁法》《耕地卫生法》等法律，加强地方政府、地方人大的执法检查和监督。比如，国家强制地膜加厚至 0.012 mm 是否落实到位；回收补贴资金是否发放；基本农户、新型农业经济体和农民专业合作社是否用于回收；回收实际效果如何等，都要进行实地跟踪、检查和督促，建议建档立卡。提议国家出台残膜治理的奖励和惩罚措施，促进地方政府主动回收。对治理成效显著的地方，要总结经验予以奖励；对治理不力的地方，要找出问题予以惩罚。建议将耕地残膜治理列入"十四五"国家目标，类似于国家层面的"蓝天保卫战"。

二、绿洲水资源和农业用水永续利用对策

（一）绿洲水资源开发利用现状

新疆属干旱内陆气候区，降水稀少，蒸发强烈，年均降水量 154.5 mm，年蒸发量 1 500～

3 400 mm,平均干旱指数达到 7 以上。目前绿洲水资源开发利用程度超过 70%,水资源超过承载力是新疆农业发展的突出问题。2000 年前,新疆农业用水量基本维持在 450 亿 m³ 左右;进入 21 世纪后,随着耕地面积的扩大、农田灌溉面积的增加,农业用水快速增长,至 2012 年年用水量增至 560 亿 m³,较 2000 年前年用水量增幅达 110 亿 m³,年均增加 9 亿 m³(李波,2015 年)。2015 年新疆农业用水 546.4 亿 m³,占新疆全社会用水总量 577.2 亿 m³ 的 94.7%,生态、居民生活、工业用水仅占 5.3%。其中农业用水比例南疆高达 97.0%、北疆为 91.4%、东疆 91.4%。农业用水量过大是造成新疆用水量现状超过红线控制指标的根本原因(见第六章)。

农业灌溉用水增加与灌溉面积的扩大紧密相关。据统计年鉴,1978—2000 年,全疆灌溉总面积从 260.67 万 hm² 增长到 338.8 万 hm²,2000 年比 1978 年增加 78.13 万 hm²,增长 30.0%,年均增加 3.6 万 hm²。到 2018 年,全疆灌溉总面积达到 493.67 万 hm²,比 2000 年增加 154.87 万 hm²,增幅高达 45.7%,年均增加 10.3 万 hm²(表 4-4)。

表 4-4 · 新疆绿洲灌溉面积增长

(毛树春,2020 年)　　　　　　　　　　　　　　　　　　　　　　　　　　　　(单位:万 hm²)

年份	全疆与兵团****	灌溉总面积*	其中				
			耕地灌溉***	林地灌溉	园地灌溉	牧地灌溉	其他灌溉
1978	全疆	260.67					
1980	全疆						
1985	全疆	260.46					
1990	全疆	273.55					
2000	全疆	338.80	309.43	42.60	14.20	43.90	12.50
	其中兵团	103.85	87.09	8.80	3.52	1.95	0.0
2005	全疆	353.20	233.40	55.60	18.70	40.90	4.60
	其中兵团	121.24	92.49	15.21	6.57	3.04	3.94
2009	全疆	393.35	266.65	45.86	40.74	34.05	6.07
	其中兵团	135.06	100.92	17.36	10.39	2.39	3.99
2010	全疆**						
	其中兵团	136.288	98.235	17.775	13.701	2.388	4.188
2018	全疆	493.67	374.91	66.00	26.84	25.93	0.0
	其中兵团	167.66	127.98	17.76	19.28	2.64	0.0

注:数据整理自历年《新疆统计年鉴》和《新疆生产建设兵团统计年鉴》;* 灌溉总面积;** 缺全疆 2010 年数据;*** 早期为耕地灌溉面积,后为有效灌溉面积;**** 兵团数据有可能为独立数据。

从灌溉用水量来看,农业用水灌溉量逐年减少。1980 年、1990 年、2000 年和 2015 年全疆农田每公顷灌溉水量分别为 14 535 m³、12 465 m³、11 310 m³ 和 9 405 m³,2015 年比 1980 年减少了 34.3%;1980 年、1990 年、2000 年和 2015 年全疆农业每公顷农田综合用水量分别为 15 180 m³、11 595 m³、10 215 m³ 和 9 015 m³，2015 年比 1980 年下降了 40.6%。从区域单位面积用水量来看，农业灌溉用水量北疆为 6 885 m³/hm²、东疆 8 820 m³/hm²，南疆用水偏高至 11 040 m³/hm²，单位面积用水量的差异表明绿洲农业节水仍有较大潜力。

从供水的水资源来看，1980—2015 年，全疆地表水（含外调水）供水量从 443.0 亿 m³ 增加到 456.8 亿 m³，占 79.1%；地下水供水量从 19.0 亿 m³ 增加到 119.4 亿 m³，占 20.7%；其他水源供水量 0.9 亿 m³。从区域来看，南疆地表水供水比例高达 85.8%，东疆地下水供水比例约占 53.7%，北疆地表水与地下水的比例约为 7∶3。

地面水紧张，必然使用地下水，全疆共有机井 61.39 万口，新打合法和非法机井是导致地下水严重超采的根源。据统计，全疆规模以上机井数量从 1985 年的 1.54 万口增长到 2011 年的 9.94 万口，增长了 5.45 倍。其中 2018 年新疆兵团统计机井数量 2.14 万口，比 2000 年的 0.81 万口增加了 162.9%。除这些允许的合法机井外，还有非法的新打机井。据报道，在新疆兵团，未经任何批准手续的机井约占 30%。

新疆地区地下水超采严重。新疆绿洲多年平均可采地下水量为 31.96 亿 m³，2015 年实际抽采量达到 71.82 亿 m³，地下水实际超采量达到 39.87 亿 m³。据新疆维吾尔自治区《新疆地下水超采区划定报告》(2018)，全疆划定 15 个超采区，超采面积 4.01 万 km²，形成多处较大面积的漏斗区，其中棉区超采区东疆有吐哈盆地超采区，北疆有"天山北坡"超采区，南疆有塔额盆地和焉耆盆地超采区等。

- **（二）绿洲农田灌溉用水量和综合农业用水量均在减少**

实际上，近几年绿洲农业用水量一直在减少。据新疆维吾尔自治区水资源统计公报，绿洲农田灌溉实际用水量从 2014 年的 9 295.5 m³/hm² 减少到 2017 年的 8 524.4 m³/hm²，减少 762.0 m³/hm²，减幅 8.2%。绿洲农业综合[含农、林果草、鱼（补水）面积]用水量从 2014 年的 9 022.5 m³/hm² 减少到 2017 年的 8 401.5 m³/hm²，减少 621.0 m³/hm²，减幅为 6.9%（表 4 - 5）。

表 4 - 5 · 2014—2017 年新疆绿洲主产棉区农业用水指标变化

（毛树春，2020 年）　　　　　　　　　　　　　　　　　（单位：m³/hm²）

行政分区	2014 年		2015 年		2016 年		2017 年	
	农田实灌用水量	农业综合用水量	农田实灌用水量	农业综合用水量	农田实灌用水量	农业综合用水量	农田实灌用水量	农业综合用水量
克拉玛依市	7 770.0	7 620.0	8 355.0	7 350.0	6 525.0	5 910.0	5 304.0	5 223.0
吐鲁番地区	11 377.5	8 965.5	11 445.0	10 080.0	11 655.0	9 690.0	11 736.0	9 571.5
哈密地区	6 820.0	6 562.5	6 810.0	6 540.0	9 975.0	7 305.0	7 186.5	6 879.0
昌吉州	6 280.5	6 237.0	6 045.0	5 700.0	6 225.0	6 165.0	5 076.0	4 905.0
博州	7 390.5	7 357.5	7 335.0	7 290.0	7 560.0	7 230.0	6 750.0	6 652.5
巴州	8 959.5	8 926.5	9 795.0	9 630.0	9 600.0	9 540.0	8 254.5	8 332.5
阿克苏地区	11 218.5	10 615.5	10 635.0	10 725.0	10 470.0	10 590.0	10 585.5	10 462.5
喀什地区	12 085.5	11 935.5	12 135.0	11 325.0	13 305.0	12 585.0	12 157.5	11 577.0

续表

行政分区	2014 年		2015 年		2016 年		2017 年	
	农田实灌用水量	农业综合用水量	农田实灌用水量	农业综合用水量	农田实灌用水量	农业综合用水量	农田实灌用水量	农业综合用水量
伊犁州（直属）	8 131.5	7 528.5	8 325.0	7 845.0	8 070.0	6 975.0	10 534.5	9 672.0
塔城地区	6 601.5	5 872.5	6 435.0	5 475.0	5 565.0	5 085.0	4 059.0	3 945.0
石河子市	8 023.5	7 447.5	7 980.0	6 930.0	5 115.0	4 995.0	5 500.5	4 923.0
全疆	9 295.5	9 022.5	9 255.0	8 925.0	9 120.0	8 895.0	8 524.5	8 401.5

注：数据源自 2014—2017 年新疆维吾尔自治区水利厅水资源公报。

就绿洲农作物来看，棉花灌溉用水量约占农田灌溉用水量的 40%。棉花用量所占比例高，节水潜力也大。

位于北疆棉花主产区，农田灌溉实际用水量和农业综合用水量指标减少幅度更大，迄今的量度已经很低，或许已接近绿洲棉花灌溉的临界用水量。

位于南疆棉花主产区的两个指标都较大，节水灌溉仍有较大潜力。

从区域和作物类型来看，各州（市、地）的灌溉用水指标值差别很大的原因，据分析，主要受作物面积和组成、节水水平、地理气候等三个因素影响，这对认识绿洲灌溉农业、种植业节水及其结构调整、提高品质提供了一种新的思路（表 4-5、图 4-3、图 4-4）。

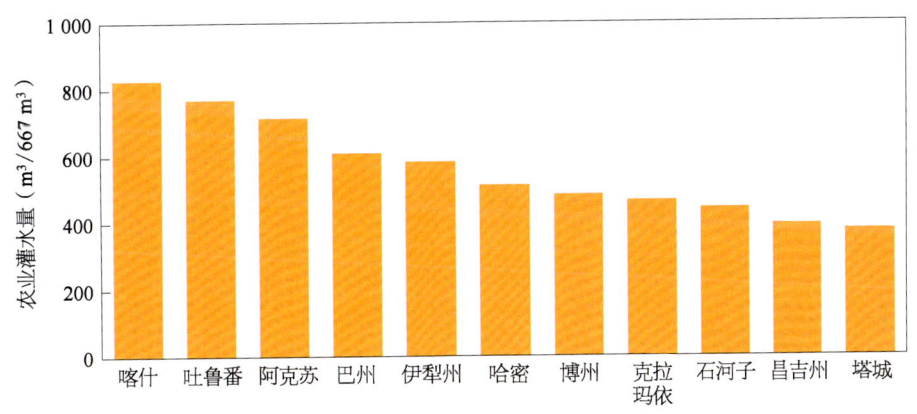

图 4-3·新疆绿洲不同地区农业灌水量

（数据整理自《2017 年水资源公报》；毛树春、王峰，2020 年）

从作物面积和组成而言，粮食种植面积排名依次为伊犁、喀什、塔城、昌吉、阿克苏。棉花种植面积依次为阿克苏、喀什、石河子、巴州、伊犁和塔城。果蔬种植面积依次为喀什、巴州、伊犁、阿克苏、昌吉。牧草种植面积大小依次为伊犁、喀什、塔城、和田、哈密（新疆地名全称和简称，见附录三）。

粮食以小麦和玉米为主，虽然需水量与棉花需水相当，但主要分布在北疆的伊犁河谷，降水充沛，农田补灌水量较少。该地区牧草面积较大，且牧草几乎不需灌溉，所以总灌溉定

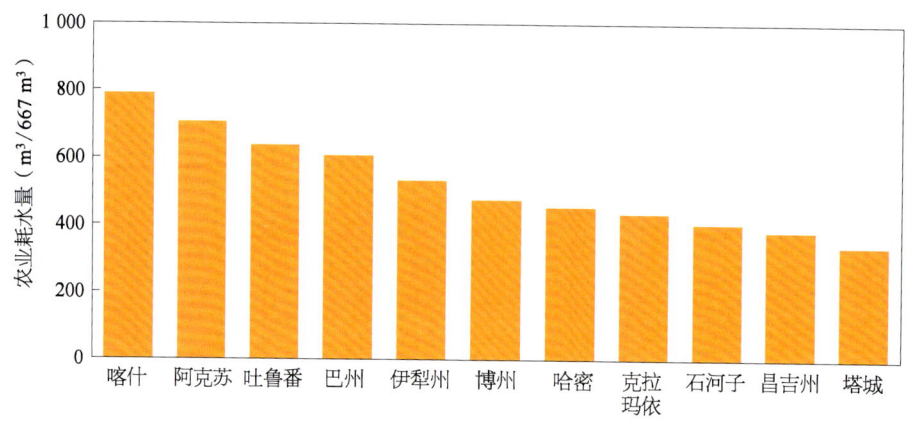

图 4-4 · 新疆绿洲不同地区农业灌水量
（数据整理自《2017年水资源公报》；毛树春、王峰，2020年）

额较小。

喀什地区包括第三师，粮食、棉花、果蔬的面积均较大，且多为需水量较多的作物，加上地处南疆，蒸发强烈、降水稀少，农业用水全靠灌溉提供，且果蔬灌溉仍以地面为主。棉田除生育期灌溉外，还需冬春灌溉洗盐，灌溉用水量和耗水量均排名第一。灌溉量不足，加上果棉间作方式中棉花与果树在全生育期都存在激烈的争水矛盾，这解释了喀什地区棉花品质偏差是因水分原因所造成。

阿克苏地区包括第一师，棉花种植面积最大，超过60万 hm^2，还有相当的果蔬面积，加上降水量少、蒸发量大，灌水量和耗水量均较高。

巴州包括第二师，情况与阿克苏基本相同，只是巴州果蔬面积更大，棉花面积比阿克苏和喀什地区的少。

吐鲁番地区，基本以果蔬为主，加上蒸发量大，滴灌和漫灌并存，灌溉量排名第二。

从灌溉水量上看，阿克苏地区灌溉量接近 97 500 m^3/hm^2。生产上，棉花的生育期灌溉 8~10次，每次 450~525 m^3/hm^2，单位面积灌溉水量 5 250 m^3/hm^2 左右，冬春灌保持水层深 25~30 cm，加上渗漏为 3 600~4 500 m^3/hm^2，灌水量合计 7 200~9 750 m^3/hm^2。

农业综合灌溉用水量从多到少的排名依次为喀什、吐鲁番、阿克苏、巴州、伊犁，耗水量依次为喀什、阿克苏、吐鲁番、巴州、伊犁。

（三）绿洲水资源永续利用对策

水土资源是人类赖以生存和发展的基础性、不可再生的资源。

2012年国务院印发《关于实行最严格水资源管理制度的意见》，下达了各省、自治区、直辖市的用水总量控制目标。其中新疆用水总量控制红线指标：2020年 550.23亿 m^3，比2015年实际用水总量减少 26.96亿 m^3，减幅 4.67%，其中地下水供水量控制在 80.7亿 m^3，比2015年实际供水量 119.41亿 m^3，减少 38.7亿 m^3，减幅 32.4%。2030年 526.74亿 m^3，比2015年实际用水总量减少 50.45亿 m^3，减幅 8.74%，其中地下水供水量控制在 75.0亿 m^3，比2015年实际供水量减少 44.41亿 m^3，减幅 37.2%（表4-6）。

表 4-6 · 新疆绿洲农业用水减量方案*

(毛树春、王峰,2020 年)

年 份	全疆(亿 m³)		地方	兵团(亿 m³)		全疆农业面积(万 hm²)	
	用水总量	农业用水		用水总量	农业用水	灌溉总面积	高效节水面积
2015 实际	577.2	546.4	—	123.0**	115.0**	606.2	256.7
2020	544.6***	492.0	430.5	114.1	101 左右	583.5	393.3
2030	517.8***	446.0	406.9	110.9	100 以内	546.8	420.0

注:* 数据源自新疆维吾尔自治区水利厅、新疆生产建设兵团水利局,《新疆用水总量控制方案》(资料),2018.1;数据因四舍五入而有差异;** 为 2000—2016 年实际平均值;*** 国务院《关于实行最严格水资源管理制度的意见》中,新疆用水总量控制目标为 2020 年 550.23 亿 m³、2030 年 526.74 亿 m³,被认为是控制用水最严格的"红线",其差异分别是"引额供水工程"和"艾比湖调水工程"等外调预留的水量分别为 5.60 亿 m³ 和 8.91 亿 m³。

根据《全国水土保持规划(2015—2030)》(2015 年)、《新疆水资源平衡论证报告》(2018 年)等,总体思路是以水资源和水环境承载能力为约束,以建设绿洲节水型社会为抓手,以强化绿洲生态环境保护为重点,以控制绿洲农业用水量为核心,保障新疆社会经济的可持续发展。

"以水定地"和构建新的"水与地的协调平衡"是绿洲农业可持续发展的基本遵循。主要途径是实行"退地减水",通过减少绿洲农业耕地灌溉面积予以减少农业用水总量;再通过农田水利工程措施、节水灌溉技术,扩大高效节水灌溉面积,提高灌溉保证率,以及调整农业种植结构,减少耗水农作物,优化灌溉制度,提高农业灌溉用水效率。

1. 关于新疆农业用水和灌溉面积规划

(1)用水总量控制指标。根据国家发展和改革委员会批复《新疆水资源平衡论证报告》,2020 年全疆实际落实分配用水总量指标 544.6 亿 m³,其中地方 430.5 亿 m³、兵团 114.1 亿 m³。全疆农业用水指标 492.0 亿 m³ 以内,比现状农业用水减少 54.4 亿 m³。扣除伊犁州(直)、阿勒泰地区由于扩大灌溉面积农业用水有所增加外,其他地州(含兵团)农业用水指标合计比现状减少 66.7 亿 m³。2020 年全疆灌溉总面积 584 万 hm²,其中高效节水面积 393 万 hm²(表 4-6)(见第六章)。

2030 年,全疆用水总量控制指标 517.8 亿 m³,其中地方 406.9 亿 m³、兵团 110.9 亿 m³。全疆农业用水指标 446.0 亿 m³,比现状农业用水减少 100.4 亿 m³。扣除伊犁州(直)、阿勒泰地区由于扩大灌溉面积农业用水有所增加外,其他地州(含兵团)农业用水指标比现状减少 117.0 亿 m³。2030 年全疆农业灌溉总面积 546.8 万 hm²,其中高效节水面积 420.0 万 hm²。

在兵团,2030 年地表水 105 亿 m³、地下水 18 亿 m³,仍以农业用水为主,农业用水量 115 亿 m³,占总用水量的 93.0%。

(2)灌溉面积退减指标。2016—2020 年,新疆合计退减灌溉面积 39.5 万 hm²,其中地方退减 31.8 万 hm²、兵团退减 7.7 万 hm²。2016—2030 年新疆合计退减灌溉面积 80.1 万 hm²,其中地方退减 62.1 万 hm²、兵团退减 18.0 万 hm²。

(3)扩大高效节水灌溉面积。"十三五"期间,全疆农业高效节水面积新增 101.5 万 hm²,其中地方新增 81.9 万 hm²、兵团新增 19.7 万 hm²。2021—2030 年,全疆再新增高效节水面积 74.5 万 hm^2。

（4）用水效率控制指标。2020 年全疆农田灌溉水利用系数达到 0.57，其中兵团达到 0.58 以上；2030 年全疆提高到 0.59，其中兵团提高到 0.60 以上。积极推进滴灌、喷灌、微量灌溉等农业高效节水措施是减少农业用水的有效途径。通过项目示范、建设高效节水试验区引导农民从传统大水漫灌转向节水灌溉转变。

（5）关于水价与水权改革。加大水资源费的征收力度，确保征收率不低于 95%。实行农业用水定额管理制度，推行超定额累进加价制度；建立健全可持续的农业用精准补贴和节水奖励机制。稳步推进水权改革，到 2025 年基本完成全区农业用水初始水权确权发证，建立水权体系和水市场格局。建立区、地（州、市）、县（市）、乡（镇）四级水权流转交易平台；积极培育和规范水市场，开展水权、水量交易。

2. 关于保障措施和实施办法· 一是积极争取国家政策和资金支持，推进相关规划的落实。二是科学合理制定退地减水相关政策，明确退地减水原则、步骤及补偿标准，确保退地减水工作顺利开展。三是健全计量体系和监控能力建设，实现对地表水、地下水动态有效监测，强化取用水计量监控，完善灌溉用水计量设施，提高农业灌溉科学计量水平。

在实施方法上，新疆实行"分步实施、远期达标"的退耕基本原则，严格保护永久基本农田、粮食棉花生产保护区、林果园地、草原生态保护项目建设的人工饲草地；对无合法土地开发手续的耕地一律退减，对承包国有土地的承包大户做较大幅度压减。在控制超采地下水方面，实行"治地先治水、治水先治井"和"以水定地、以电控井"的"封井、减水、退地"措施。

3. 阶段进展· 严格水管理在控制农业用水方面正在发挥作用。综合有关报道，近几年全疆关闭了大量机井，仅兵团关闭数量就达到 1 万多口，每关闭一口机井灌溉面积即减少约 33.3 hm^2，一些单位退减棉田面积超三分之一。过去依靠井水补充地面水的棉田，因机井被关闭，在 7—8 月每少灌溉一次水，籽棉可能减产 750～1 200 kg/hm^2。还因"减水"出现棉田"边播种边撂荒""能收就收"的情景。

三、气候变暖特征及绿洲棉花可持续发展对策

棉花是好光喜温的纤维作物，无霜冻期的提早和延后使作物生育期延长，气温是热量的载体，平均气温、≥10℃ 活动积温及持续日期是棉花重要的生长发育温度指标，≥20℃ 活动积温及持续日期是喜温棉花从营养生长转向生殖生长的重要温度指标，有利棉区北移和西移，种植区域进一步扩大。

温度日较差变化对棉花营养生长、生殖生长、纤维发育和品质形成有着极其重要的影响，这些变化自 20 世纪末以来都呈现加快的趋势（李景林等，2018 年）。然而，极端异常高温频率在增加，对棉花生殖生长和产量、品质产生一系列影响，其中北疆呈变好的趋势明显，南疆特别是塔里木盆地变差的趋势也较明显。

在全球气候变暖的大背景下，20 世纪 80 年代中后期以来，新疆绿洲气候也逐渐变暖增湿。1951—2010 年，绿洲年平均气温总体上明显升高，60 年来的绿洲平均气温增加了约 1.6℃，增温速率达到 0.27℃/10 年，高于全国平均气温增长率 0.22℃/10 年。综合归纳李景林等（2018 年）研究结果于表 4-7。

表4-7·全球气候变暖条件下的新疆绿洲气候变化

(李景林、普宗朝等,2018年)

气候指标	变化趋势	亚区
7月平均最高气温与平均最低气温	平均最高气温30.5℃,总体以0.111℃·d/10年的速率升高,53年升高了0.6℃ 平均最低气温16.5℃,总体以0.333℃·d/10年的速率显著升高,53年升高了1.7℃	南疆:塔里木盆地东部、喀什地区大部最高气温33.0℃以上,阿克苏、和田地区最高气温31~33.0℃;塔里木盆地大部最低气温17.0~19.0℃,盆地东北部最低气温19.0℃以上; 北疆:大部最高气温28~31.0℃,沿天山一带最高气温31~33.0℃;大部最低气温17.0~19.0℃,沿天山一带最低气温14.0~17.0℃; 东疆:土哈盆地最高气温33.0℃以上,最低气温19.0℃以上
8月平均最高气温与平均最低气温	平均最高气温29.5℃。总体以0.154℃·d/10年的速率升高,53年升高0.8℃ 平均最低气温15.1℃,总体以0.386℃·d/10年的速率显著升高,53年升高2.0℃	南疆:塔里木盆地最高气温32.0℃以上,最低气温在17.0℃以上; 北疆:大部最高气温27.0~30.0℃,沿天山一带最高气温30~32.0℃,最低气温15.0~17.0℃; 东疆:土哈盆地大部最高气温32.0℃以上,最低气温在17.0℃以上
9月平均最高气温与平均最低气温	平均最高气温24.4℃,总体以0.247℃·d/10年的速率升高,53年升高1.3℃; 平均最低气温9.6℃,总体以0.422℃·d/10年的速率升高,53年升高2.2℃	南疆:大部最高气温26.0~28.0℃,塔里木盆地东部最高气温28.0℃以上;大部最低气温3.0℃以上; 北疆:大部最高气温22~26.0℃,最低气温1.0~3.0℃; 东疆:土哈盆地中部最高气温28.0℃以上,盆地中部最低气温3.0℃以上
≥10℃活动积温	初日、终日气温稳定持续日数每10年增加2.202 d,53年延长11.5 d;每10年增加64.591℃·d;53年*增加335.9℃·d	南疆:塔里木盆地大部在4 200℃·d以上,持续时间205 d以上; 北疆:准噶尔盆地西南3 700~4 200℃·d,持续时间180~205 d; 东疆:吐鲁番盆地、哈密盆地4 200℃·d以上,持续时间205 d以上
≥20℃活动积温	初日、终日气温稳定持续日数每10年增加2.202 d,53年延长11.5 d;每10年增加61.453℃·d;53年增加319.6℃·d	南疆:塔里木盆地东部2 600℃·d以上,持续时间在110 d以上; 北疆:准噶尔盆地西南2 300~2 600℃·d,天山一带2 000~2 300℃·d,持续时间75~95 d; 东疆:吐鲁番盆地中部、哈密盆地4 200℃·d以上,持续时间110 d以上
平均气温日较差	绿洲平均气温日较差13.2℃; 绿洲年最高平均气温15.1℃; 绿洲年最低平均气温1.9℃	南疆:东部15.0℃以上,中部和东北部14~15℃,塔里木盆地周缘13~14℃; 北疆:大部12.0~13.0℃,北疆东部13~14.0℃; 东疆:土哈盆地大部14~15℃,南部15.0℃以上
	7月绿洲平均气温日较差16.5℃	南疆:塔里木盆地周边13~14℃,大部14~15℃,南疆东南部15.0℃以上; 北疆:大部13~14℃; 东疆:土哈盆地15.0℃以上
	8月绿洲平均气温日较差14.5℃	南疆:中西部14~15℃,东部15.0℃以上; 北疆:大部14~15℃; 东疆:土哈盆地15.0℃以上
	9月绿洲平均气温日较差14.8℃	南疆:大部15~16℃,塔里木盆地东南部16℃以上; 北疆:大部14~15℃; 东疆:土哈盆地16.0℃以上
初、终霜冻日期无霜冻期	终日提早8.1 d,初日延后11.0 d;每10年延长3.538 d,54年延长19.1 d	南疆:塔里木盆地大部终霜日期提早至3月下旬到4月上旬,初日延后至10月下旬后期;无霜冻期塔里木盆地中西部210 d以上; 北疆:沿天山一带终霜冻日期在4月上旬,初日延后至10月上中旬;无霜冻期准噶尔盆地南缘190~210 d; 东疆:吐鲁番盆地终霜日期提早至3月下旬到4月上旬,初日延至10月下旬后期;无霜冻期延长至210 d以上

注:* 53年指1961—2013年;54年指1961—2014年;数据整理自李景林,普宗朝,张山清,《气候变化对新疆农业的影响及区划》,北京:气象出版社,2018.

全球变暖、积温增加、无霜期延长对喜热的棉花作物而言是有利因素。比如棉区可以继续西移、北移,可种植棉花的区域扩大,原来划定的气候风险区保证率增加,霜前花率和早熟性保证率提高、生育期延长、纤维成熟度得到显著改善，棉纤维的可纺性增加。

降水增加、蒸发量减少、作物蒸腾量也减少，对区域生态环境和作物生产相对更加有利。

全疆不同产区对气候变暖的反应不一样。在增温背景下，北疆有利因素多，南疆次之，东疆最少。

(一) 气候趋势变化特征

1. 光能资源·太阳辐射和日照时数是表征光能资源的两个重要指标。

新疆的太阳总辐射量为 5 000~6 200 MJ/m^2，平均值为 5 630.9 MJ/m^2，比同纬度的华北地区多 12%，太阳能资源总量仅次于青藏高原，位居全国第二。南疆塔里木盆地大部、东疆吐哈盆地大部在 6 000 MJ/m^2 以上，北疆大部 5 600~6 000 MJ/m^2 均为太阳能的丰富区。然而，新疆太阳能整体呈现减少趋势，1961—2014 年，年太阳辐射以每 10 年 8.605 MJ/m^2 的速率减少，经过 54 年减少了 46.5 MJ/m^2，在一年四季中，春季太阳辐射增加，夏季、秋季和冬季太阳辐射均减少，以冬季太阳辐射减少最多。

新疆年日照时数为 2 858.0 h。哈密盆地在 3 200 h 以上，北疆和南疆在 2 850~3 200 h。同样，日照时数整体也呈现减少趋势，1961—2013 年，年日照时数总体以 14.999 h/10 年的速率减少，经过 53 年年日照时数减少了 78 h。在一年四季中，春季日照时数增加，夏季、秋季和冬季日照时数都减少，以冬季日照时数减少最多。

全球气候变暖条件下，尽管绿洲太阳辐射和日照时数在减少，但对棉花而言仍是非常丰富的。

2. 热量资源

(1) 平均最高、平均最低气温整体呈现升高，低温上升更多且呈加快趋势。棉纤维发展需要较高的气温，其范围在 20~30℃，温度越高，纤维的细胞壁加厚越快。纤维的细胞壁和次生壁加厚的最低温度为 15.0℃。

7 月、8 月和 9 月绿洲平均最高气温分别为 30.5℃、29.5℃和 24.4℃，最高平均气温分别以 0.111℃·d/10 年、0.154℃·d/10 年和 0.247℃·d/10 年的速率升高，经过 53 年分别升高了 0.6℃、0.8℃和 1.3℃。可见 9 月平均最高气温升高最多，有利秋桃的发育成熟。

7 月、8 月和 9 月绿洲平均最低气温分别为 16.5℃、15.1℃和 9.6℃，最低平均气温分别以 0.333℃·d/10 年、0.386℃·d/10 年和 0.422℃·d/10 年的速率上升，经过 53 年分别升高了 1.7℃、2.0℃和 2.2℃。可见 9 月平均最低气温升高最多，也证明有利秋桃的发育成熟。

(2) ≥10℃活动积温、≥20℃活动积温增加和无霜冻期延长的趋势明显。绿洲日平均气温稳定≥10℃初日提早、终日推后日数增加 2.202 d/10 年，经过 53 年来延长了 11.5 d；≥10℃活动积温每 10 年增加 64.591℃·d，经过 53 年增加 335.9℃·d。并且 1997 年以来绿洲日数延长速率和积温增加都呈现加快的趋势。

绿洲日平均气温稳定≥20℃初日提早、终日推后持续日数增加 2.462 d/10 年，经过 53 年延长了 12.8 d；≥20℃活动积温每 10 年增加 61.453℃·d，经过 53 年增加 319.6℃·d。并且 1997 年以来绿洲日数延长速率和积温增加都呈现加快的趋势。

(3) 无霜冻期呈现提早与延后的趋势。新疆绿洲终霜冻日提早 8.1 d，南疆提早至 3 月

27 日之前至 4 月 8 日,北疆提早至 4 月 8 日之前至 4 月 20 日,初霜冻日延后 11.0 d;南疆大部延后至 10 月下旬后期,北疆大部延后至 10 月中下旬。棉区大部无霜冻期在 190~210 d。

(4) 平均气温日较差整体呈现缩小趋势明显。绿洲 53 年年平均气温日较差以 0.236℃/10 年速率呈减小趋势,经过 53 年减小 1.2℃,并自 1987 年以来减小速率有加快的趋势,这与平均最高气温有紧密关系。绿洲平均最低气温以 0.48℃ 的速率升高,经过 53 年升高了 2.4℃,其中夏季升高 0.338℃/10 年,经过 53 年升高了 2.0℃,并且自 1989 年以来平均气温升高速率有加快趋势;绿洲年平均最高气温以 0.222℃ 的速率升高,经过 53 年升高了 1.2℃,其中夏季以 0.144℃/10 年的速率升高,经过 53 年升高了 0.7℃。可见低温升高比高温升高增加了一倍,常言道"围着火盆吃西瓜"的感觉消失了许多。

绿洲 7—8 月平均气温日较差的变化。7 月绿洲平均气温日较差 16.5℃,以 0.221℃/10 年的速率递减,经过 53 年减小了 1.1℃。8 月绿洲平均气温日较差 14.5℃,以 0.232℃/10 年的速率递减,经过 53 年减小了 1.2℃。同样证明"围着火盆吃西瓜"的感觉消失了。

马克隆值是反映纤维成熟度和细度的指标,陆地棉以 3.7~4.2 为最佳。马克隆值受气温日较差的影响最大。

一般认为,白天平均高温不很高,夜晚平均温度不很低,平均气温日较差 12.0℃,马克隆值则趋佳。这可以解释北疆天山北坡一带马克隆值为什么趋佳的气候原因。在北疆天山北坡一带,花铃期夜温 16~20℃、昼温 31~33℃,或夜温 17~22℃、昼温 32~34℃,马克隆值在 3.7~4.2。

白天高温偏高,夜间温度也偏高,气温日较差<12℃,马克隆值则趋大。这可以解释南疆塔里木盆地与东疆哈密、吐鲁番盆地、长江中游纤维马克隆值趋大的气候原因。花铃期夜间最低气温 28~29℃ 与白昼最高气温 38~39℃,或夜间最低气温 29~30℃ 与白昼最高气温 40~42℃,马克隆值则大至为 5.0~5.5。

白天平均气温很高,夜间平均气温较低,气温日较差>12℃,马克隆值则趋小。这可解释丘陵与河谷地区的马克隆值趋小,且纤维可能含有内糖的气候原因。比如夜间气温 15~20℃ 与白昼气温 33~35℃,或夜间气温 18~20℃ 与白昼气温 35~38℃,有"围着火盆吃西瓜"的感觉,纤维马克隆值在 3.0~3.6 之间,易含糖。

这是因为昼夜温差调控纤维的伸长、纤维素的沉积和纤维次生壁的加厚。

棉纤维的分化和形成有几个时期:① 纤维细胞分化突起——原始细胞的分化是指胚珠表皮细胞分化、形成纤维原始细胞的过程;② 纤维伸生长期——开花当天起经历 20~30 d,前 10 d 伸长极慢,后 10~20 d 伸长最快,到 30 d 伸长停止;③ 纤维次生壁增厚期——从纤维伸长基本结束直到裂铃前,这段时期内纤维加厚最快,历时 25~35 d,相当于棉铃内部充实期;④ 纤维脱水转曲期——从裂铃至吐絮,历时 5 d 左右。纤维由圆管状失水干涸呈扁管状,形成转曲。螺旋角小,次生壁厚,转曲就多,可纺性能好。

3. 水资源·新疆年降水量 155.1 mm,空间分布总体呈现北疆多、南疆少、东疆更少的特征。其中天山年降水量最多达到 300~500 mm,北疆次之为 100~150 mm,南疆不足 100 mm,东疆更少至不足 50 mm。在降水的时间分布上,5 月、6 月、7 月、8 月分别占 12.6%、14.7%、15.9% 和 11.5%。另外,10 月北疆天山北坡一带降水量在 18 mm 以上,经常可见国庆节期间降水影响棉花机械化采收的情形。

与此同时,新疆降水也呈现明显增多的趋势,1961—2013 年,降水量以 9.066 mm/10 年的速率增加,53 年来年降水量增加了 48.6 mm。

绿洲降水增多,来水偏丰,为提高农业灌溉保证率及扩大灌溉面积提供了一定的水资源条件,同时,降水日数的增加减少了植物蒸腾作用和地面的蒸发作用,进而可以减少农业灌水量。

最近 10 多年,在南疆塔里木盆地的阿拉尔,8 月降水量可达到湿润棉田的量级。9—10 月,北疆天山北坡一带和南疆塔里木盆地呈现较多的秋雨情形。近几年绿洲棉区春、夏、秋季出现频繁降水景象。整体看,降水增加大气湿度,减少地面水分蒸发,可适当减少灌溉量或推迟灌溉时间。

孙景生等(2018 年)研究指出,1959—2017 年 7 月 10 日至 8 月 10 日,南疆日均参考作物需水量为 5.19 mm,同期的平均作物系数为 1.14,据此推算,该期日均耗水量为 5.92 mm。计算日照时数为 0 时(阴天)、日照时数为多年平均值(9.26 h)和日照时数最大(14.3 h)时的作物需水量,其结果分别为 3.97 mm/d、5.92 mm/d 和 6.90 mm/d,即完全阴天情况下棉花日耗水量比多年平均值减小 1.95 mm。

如果当天降水 5~10 mm(小雨)或连续阴天 2~3 d,则灌溉日期可推后 1~2 d,或在原来计划灌水量的基础上减去相应时段内的降水量及因阴天而减少的棉花耗水量。如果降水量在 10 mm 以上,建议取消该次灌水,然后视天气和墒情变化确定下次灌水时间及灌水定额。

绿洲降水也会产生不利影响。2019 年 4—6 月北疆天山北坡一带降水量多达 200 mm,雨日多、气温低,导致大面积弱苗迟发,还有地块出现出苗死苗、缺苗断垄,并诱发除草剂丙炔氟草胺对幼苗的危害。即便在塔里木盆地周缘的阿拉尔市降水频率也很高。春季降水往往引起地面返盐和结壳(盐斑),出苗孔被结壳封闭而导致出苗困难,破除板结又造成幼苗损坏,有的地块不得不重播。根据降水概率并结合天气预报调整播种期是比较好的办法。北疆秋季降水影响吐絮和采收进度。

(二)气候变暖对绿洲棉花的影响

1. 前期低温寒潮·前期低温寒潮加上大风造成毁苗重播,苗期缓苗时间长,易弱苗迟发。2019 年北疆几乎没有棉田在 5 月现蕾,而常年约 30% 以上棉田现蕾,其原因是,4 月下旬至 6 月上旬持续低温多雨,降水量大,雨日数多,全疆呈现大面积迟发,还有棉田出现因低温高湿导致死苗和缺苗,其中北疆比南疆更重,这一年是典型的迟发年景。

2. 中期极端异常高温天气频发·7—8 月南疆长达 20 d 以上的极端异常高温"热害"引发一系列新问题,棉花蒸腾量加大、需水量增加,因高温缺水而导致蕾铃脱落增加、产量下降;高温条件下,纤维通常发育不良,伸长停止的时间提早,高温如果加上缺水将使纤维变得更短更粗,马克隆值变大,品质变差,对纺高支纱而言可纺性能明显降低。这可以解释南疆为什么马克隆值偏大,纤维变粗的气候原因。

关于极端异常高温应对措施:一是选育耐高温品种,由于高温会导致花粉细胞活力降低、授粉受精不良而脱落,而选用耐高温品种可以克服这一问题。二是增加灌溉降低地温,调节小气候的温度,保障水分供给,有条件的可采用喷灌,起到降低温度、改良田间小气候的显著功能。

3. **后期低温早临**·绿洲棉花在中后期往往遭遇冷空气天气过程,强度有高有低,时间有早有晚。北疆五家渠市于 2001 年 8 月下旬遭遇冷空气侵袭,且强度大,最低气温降到 10℃以下,有明显冻害症状导致上部蕾铃脱落。大部分冷空气出现在 9—10 月,导致大面积发生"红叶茎枯病",上部成铃发育提早终止,影响吐絮和成熟。选择早熟性好的品种和采用促进早熟栽培技术措施是最佳的应对措施。

(三) 气候变暖条件下新疆棉花发展对策(见第七章)

1. **气温的稳定性变化**·近 20 年绿洲气温整体升高背景下,活动积温年际间呈现较大幅度的变化,稳定性变差。2000—2019 年,≥10℃活动积温、≥20℃活动积温的年际间温差多达 400~500℃·d,其中 2001 年、2008 年、2019 年属于"冷凉"年景,2014 年、2017 年为热量丰富年景,其他年份属于正常年景。如 2019 年,虽然活动积温减少不多,但是 4 月中旬至 6 月中旬,因气温明显偏低、日照时数减少、降水日数增多且局部量大,全疆棉花呈现大面积迟发,最后对产量和品质造成极大影响。

气温稳定性变化大,导致年际间的产量变化大,稳定性变差,早熟性也受较大影响。霜冻期提早,纤维发育提早,霜前吐絮率减少;霜冻期延后,纤维发育延长,霜前花的吐絮率增加。

2. **对绿洲棉花影响**·西北新疆气候变化呈现典型的"暖湿化"趋势,对农业和棉花产生深远影响。绿洲无霜冻期延长,4—10 月棉花生产季节≥10℃活动积温、≥20℃活动积温增加,昼夜温差缩小,降水量增加,棉区可以西移、北移(高纬度),一些次适宜棉区变成了适宜棉区,整体呈现有利棉花发展的趋势。

但是,在"暖湿化"气候下,棉花前期大风低温寒潮和后期低温早临对棉花的稳产性和优质棉产出率的有利与不利并存,特别是极端异常高温频发对品质形成不利。为此,针对提出气候变暖条件下的机采棉提质增效的整体思路是,以提高早熟性为统领,以前期早发、中期稳长和后期早熟为总目标。

3. **防灾减灾方面**·营造宽带的防护林可防大风,降低低温强寒潮的侵袭;适时喷灌可防高温热害,早发早熟可防早霜冻。

(四) 近 20 年绿洲气候主要指标变化

在全球气候变暖的背景下,新疆绿洲棉区整体变化特征为热量显著增加,稳定通过≥10℃的初日延后,终日提早,无霜期明显延长,降水量增多,日照时数减少。从时间来看,近 20 年变暖趋势更为明显。与 59(1961—2019 年,下同)年平均值相比,近 20 年无霜期平均延长 10 d,≥10℃活动积温平均增加 184.2℃,≥15℃活动积温平均增加 207.3℃,≥20℃活动积温平均增加 237.4℃,降水量平均增加 12.2 mm,日照时数平均减少 30.6 h。从棉花亚区来看,近 20 年北疆无霜期延长,活动积温、降水量增加与日照时数对棉花向好的趋势更加明显,这是近 20 年北疆棉花单产提高更加显著和品质改善更加明显的气候原因(表 4-8)。

表 4-8 · 全球气候变暖背景下新疆绿洲棉区主要气候指标变化
(傅玮东,姚艳丽,2021年)

棉区	时间	≥10℃活动积温持续有效天数(d)	≥10℃活动积温(℃)	≥15℃活动积温(℃)	≥20℃活动积温(℃)	年日照时数(h)	年降水量(mm)	稳定通过≥10℃活动积温的初、终日(月/日)	
								初日	终日
全疆	59年	207.6	4 144.4	3 569.6	2 461.2	2 830.5	97.5	4/5	10/16
	30年	213.1	4 250.0	3 681.6	2 588.4	2 799.6	106.7	4/19	10/24
	20年	216.4	4 328.6	3 776.9	2 698.6	2 799.9	109.7	3/31	10/17
北疆	59年	185.6	3 672.1	3 102.3	2 064.6	2 773.0	184.7	4/16	10/7
	30年	192.0	3 817.4	3 224.0	2 208.2	2 724.2	199.1	4/13	10/9
	20年	194.4	3 885.1	3 300.5	2 324.2	2 711.1	204.2	4/10	10/9
南疆阿克苏巴州棉区	59年	211.6	4 189.9	3 626.2	2 468.1	2 887.4	55.7	4/2	10/17
	30年	215.8	4 263.2	3 708.5	2 591.2	2 861.0	60.5	4/1	10/17
	20年	218.1	4 319.6	3 799.7	2 709.2	2 870.9	59.3	3/31	10/18
南疆西部棉区	59年	225.8	4 358.9	3 724.2	2 454.6	2 762.6	63.1	3/28	10/22
	30年	230.6	4 443.9	3 849.0	2 568.3	2 745.9	72.9	3/26	10/23
	20年	236.0	4 549.5	3 962.2	2 647.3	2 743.5	78.0	3/23	10/24
东疆	59年	214.5	4 923.3	4 482.6	3 752.8	3 076.1	22.0	3/29	10/19
	30年	222.1	5 041.5	4 598.2	3 877.3	3 052.1	23.4	3/26	10/20
	20年	225.0	5 129.8	4 712.1	4 042.5	3 080.0	23.3	3/25	10/20

注:≥10℃活动积温持续有效天数(d)相当于无霜期,即为无霜期;时间划分为59年(1961—2019年)、30年(1990—2019年)和20年(2000—2019年)。

1. **≥10℃活动积温持续有效天数增加**·与59年平均值相比,全疆绿洲棉区近30年(1990—2019年,下同)和近20年(2000—2019年,下同)分别增加5.5 d和8.8 d,稳定通过≥10℃活动初日分别延后3 d和4 d,终日分别提早4 d和6 d,生育期分别延长7 d和10 d,可见最近20年棉花生长期延长更多、增速更快。不同亚区呈现一些差异,近20年≥10℃活动积温持续有效天数北疆平均为8.8 d,南疆阿克苏和巴州为6.5 d,南疆西部10.2 d,东疆10.5 d。这是最近20年南疆大部播种期提早到3月底或4月初、北疆大部也提早到4月初的气候变化原因,也是棉区进一步北移的原因。

2. **≥10℃活动积温明显增加**·与59年平均值相比,全疆绿洲棉区近30年和近20年≥10℃活动积温分别增加105.6℃和184.2℃,其中北疆分别增加145.3℃和213.0℃,南疆分别增加73.3~85.4℃和129.7~191.0℃,东疆分别增加118.2℃和206.5℃,可见近20年增温更加明显。

3. **≥15℃活动积温明显增加**·与59年平均值相比,全疆绿洲棉区近30年和近20年≥

15℃活动积温分别增加 112.0℃和 207.3℃,其中北疆分别增加 121.9℃和 198.2℃,南疆分别增加 82.3~124.8℃和 173.5~238.0℃,东疆分别增加 115.6℃和 229.5℃,可见≥15℃活动积温也是近 20 年增温更加明显。其中南疆西部和东疆因≥15℃活动积温明显增加而产生高温热害的概率也增加。

4. ≥20℃活动积温明显增加·与 59 年平均值相比,全疆绿洲棉区近 30 年和近 20 年≥20℃活动积温分别增加 127.2℃和 237.4℃,其中北疆分别增加 143.6℃和 259.6℃,南疆分别增加 113.8~123.1℃和 192.8~241.1℃,东疆分别增加 124.5℃和 289.7℃,可见≥20℃活动积温也是近 20 年增温更加明显。其中北疆、南疆和东疆因≥20℃活动积温明显增加而产生高温热害的概率也增加。

5. 年降水量整体呈现增加的态势·与 59 年平均值相比,全疆绿洲棉区近 30 年和近 20 年年降水量分别增加 9.2 mm 和 12.2 mm,其中北疆分别增加 14.4 mm 和 19.5 mm,南疆分别增加 4.8~9.8 mm 和 3.6~14.9 mm,东疆分别增加 1.4 mm 和 1.3 mm。近 20 年降水量北疆和南疆西北增加更加明显,而南疆的阿克苏和巴州及东疆则增加较少。

6. 年日照时数整体呈现减少趋势·除东疆近 20 年增加以外,与 59 年平均值相比,全疆绿洲棉区近 30 年和近 20 年年日照时数分别减少 30.9 h 和 30.6 h,其中北疆分别减少 48.8 h 和 61.9 h,南疆分别减少 16.5~26.4 h 和 16.5~18.9 h,东疆近 30 年减少 24 h,近 20 年增加 3.9 h,可见日照时数也是近 20 年增温更加明显。

(五) 气温日较差变化

在全球气候变暖背景下,绿洲棉花生殖生长时期(7~9 月,3 个月)气温日较差变化的主要特征是,高温升高,低温升高更多,气温日较差变小的趋势更加明显。研究表明,近 59 年、近 30 年和近 20 年日较差分别为 14.2~15.9℃、13.9~15.6℃和 13.4~15.4℃,与 59 年平均值相比,近 30 年缩小了 0.2~0.4℃,近 20 年缩小了 0.5~0.8℃(图 4-5、图 4-6、图 4-7)。

绿洲棉花生殖生长季节日较差变小特别是低温升高,这与最近 20 年绿洲棉花纤维含糖很少或无有紧密关系,也与宽膜覆盖条件下棉花早熟性得到明显改善有关。

日较差变小在不同棉区对纤维品质形成所产生的影响很不相同,7~8 月纤维形成关键期,北疆日较差在 13.6~14.6℃,日较差变小趋势对纤维形成有益或最大。南疆阿克苏和巴州日较差在 14.0~14.6℃,纤维长度、强度、细度指标变得更不协调了;南疆西部日较差在 12.7~13.6℃,理论上纤维品质应受益,但该地区的纤维品质与灌溉供水的关系更紧密。东疆日较差在绿洲棉区最高至 15.0~15.7℃,纤维则变得更短更粗,马克隆值变大的趋势也更明显。

在气候变暖背景下,绿洲棉花纤维品质形成比较适宜的日较差(阈)值可能在 13.6~14.0,低于这一阈值可能纤维不成熟,高于这一阈值可能纤维过成熟,关于日较差的阈值有待进一步研究阐述。

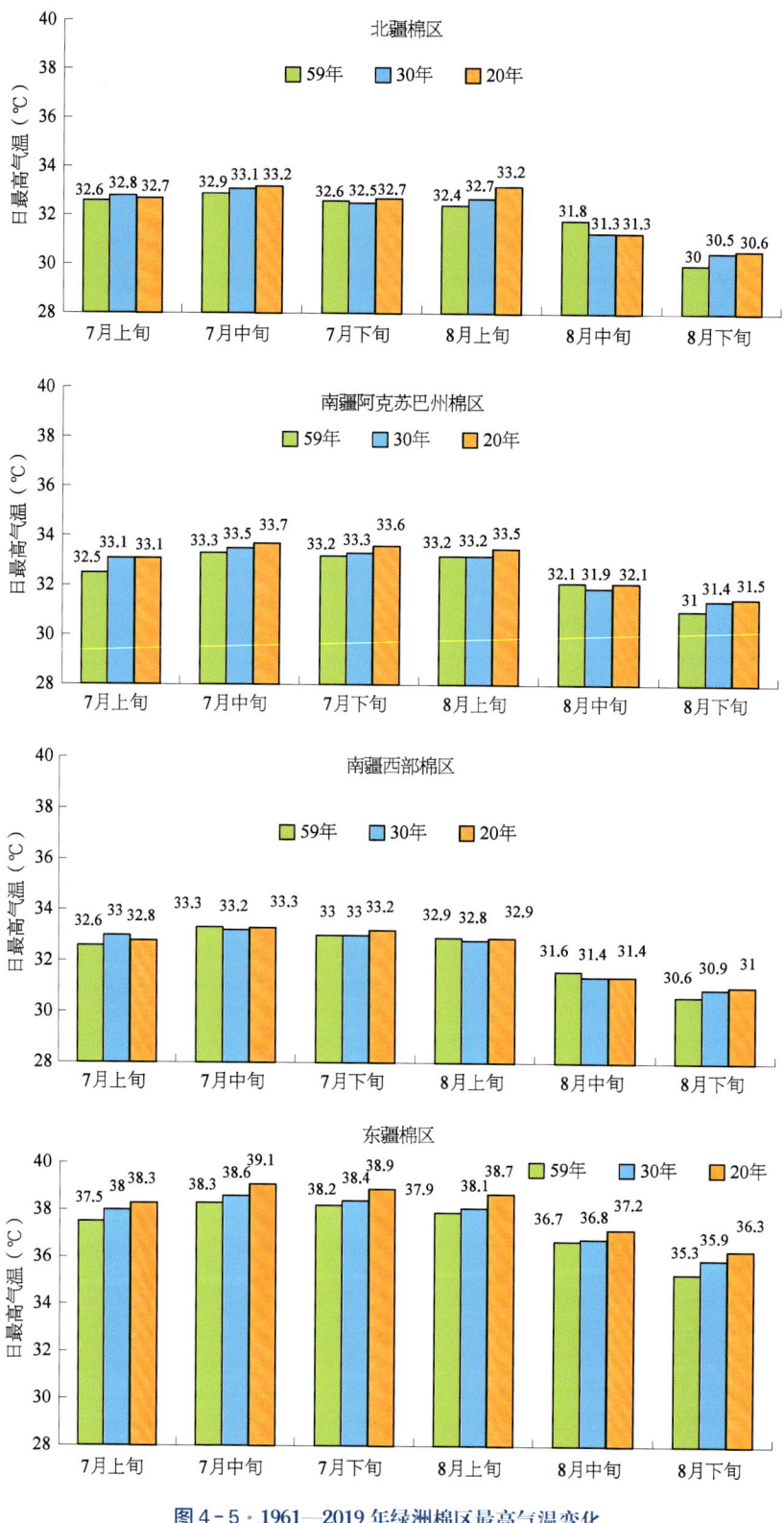

图 4-5 · 1961—2019 年绿洲棉区最高气温变化

(傅玮东、姚艳丽,2021 年)

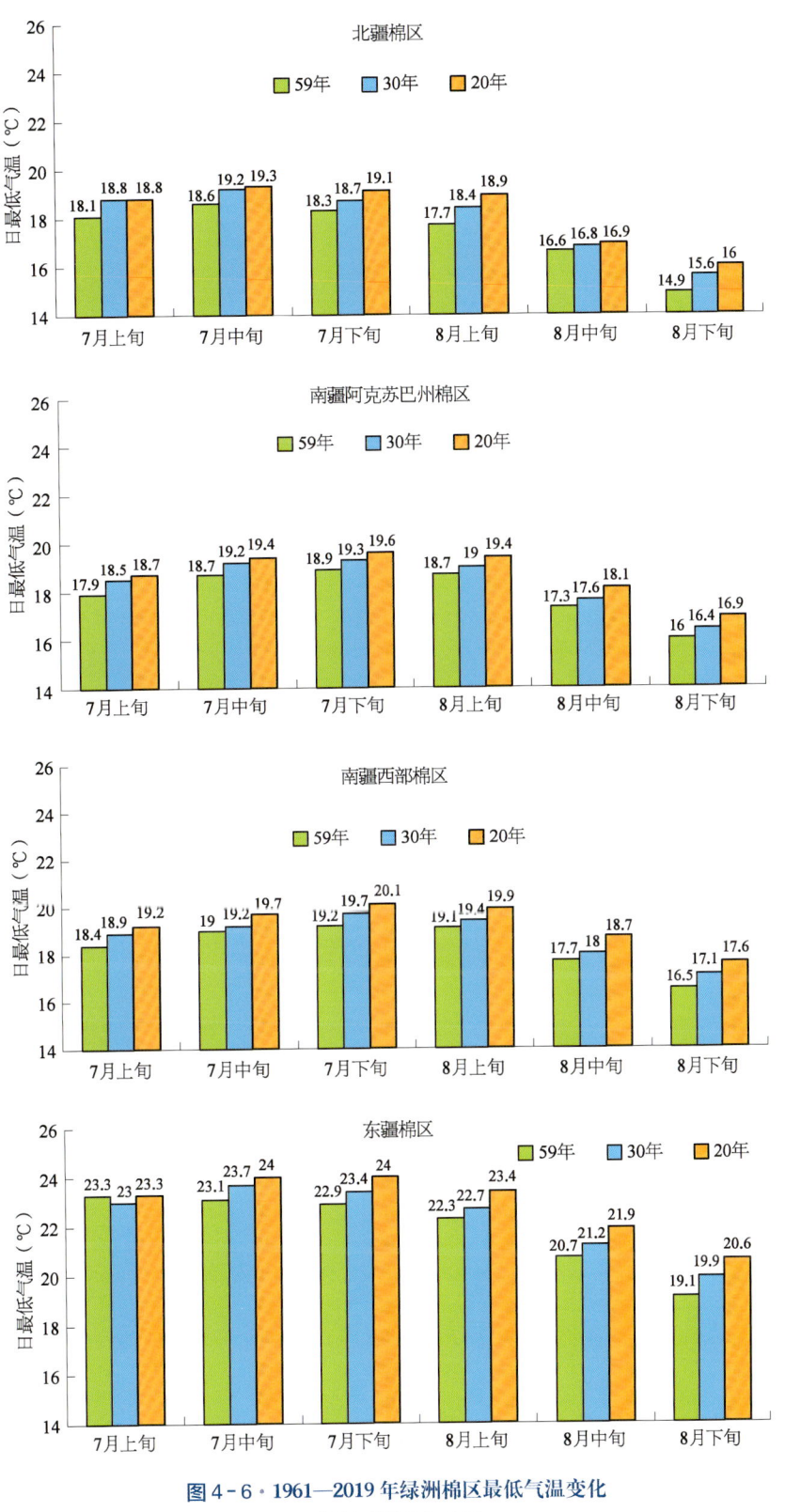

图 4-6 · 1961—2019 年绿洲棉区最低气温变化

(傅玮东、姚艳丽,2021 年)

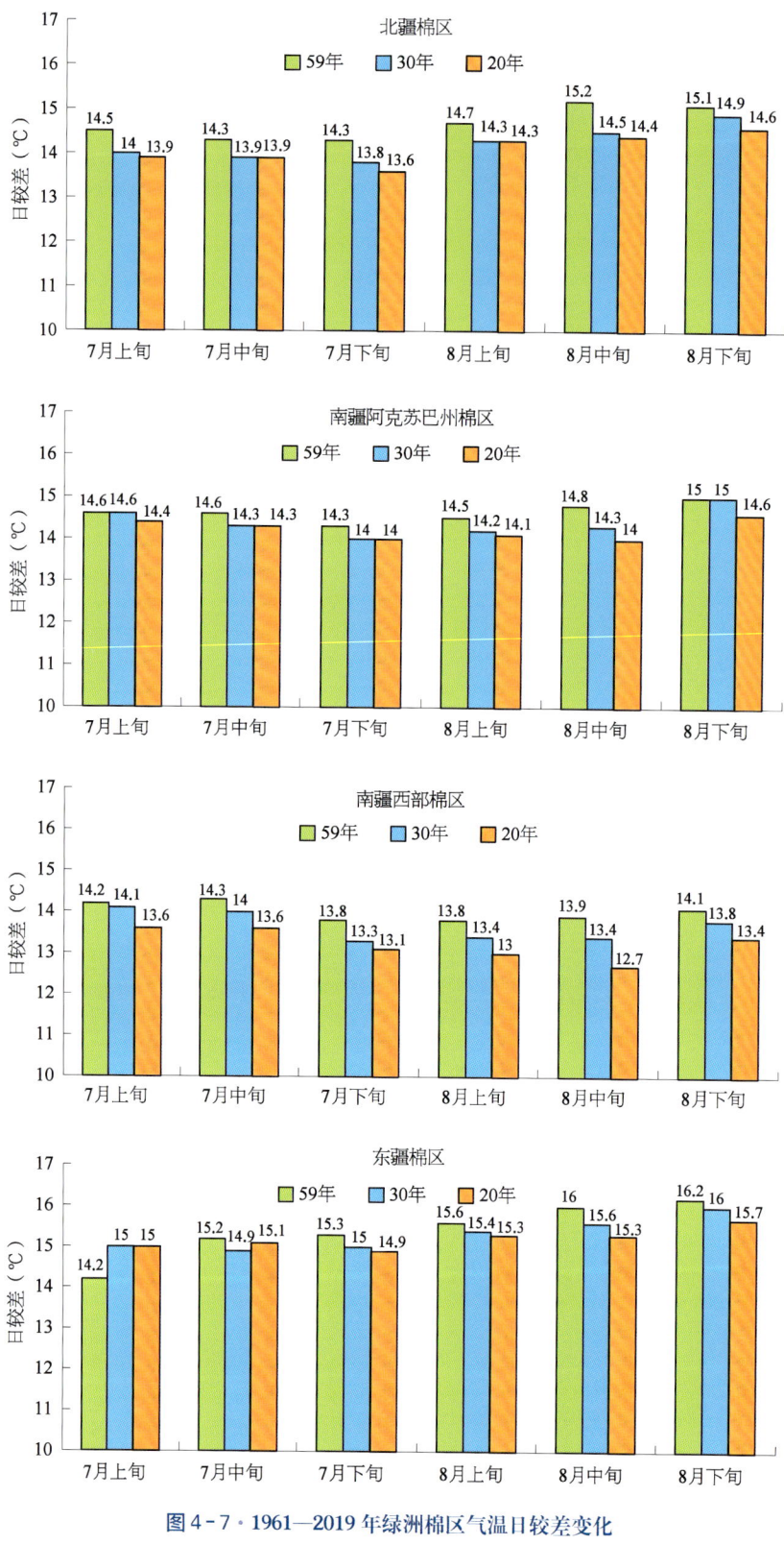

图 4-7·1961—2019 年绿洲棉区气温日较差变化

(傅玮东、姚艳丽，2021 年)

第三节 · 绿洲棉花结构比例

一、绿洲棉花种植比例和结构

新疆绿洲棉花播种面积占耕地面积的比例极高。综合科研和市场方面的数据,2017年新疆耕地面积714.3万hm^2,新疆绿洲棉花播种面积286.7万hm^2,按这一数据测算,新疆绿洲棉田面积占耕地面积的比例为40.0%。按统计面积测算,2017年新疆绿洲棉花播种面积占新疆耕地面积比例39.6%。由此可见,市场和统计数据均表明新疆绿洲棉花播种面积占耕地面积的比例极高(表4-9,图4-8)。

表4-9 · 新疆绿洲棉田面积占耕地面积比例

(毛树春,2020年)

数据来源	项目	南疆	北疆	东疆	合计
统计数据	2017年年末耕地面积*(万hm^2)	236.0	364.1	18.4	618.5**
	2017年棉花播种面积*(万hm^2)	148.6	90.4	5.7	244.7
	棉花播种面积占耕地面积(%)	63.0	24.7	31.0	39.6
市场数据	2017年耕地面积(万hm^2)	442.0***	256.9****	18.4*	717.3*****
	2017年棉花播种面积(万hm^2)*****	166.7	110.0	10.0	286.7
	棉花播种面积占耕地面积(%)*****	37.7	42.8	54.3	40.0

注:*为统计年鉴面积;**618.5万hm^{2}为2017年年末耕地面积数据,其中新疆地方491.2万hm^2(不计区辖行政单位)、新疆兵团127.2万hm^2,数据源自《新疆统计年鉴》(2018)和《新疆生产建设兵团统计年鉴》(2018),北京:中国统计出版社,2019年;***442.0万hm^{2}为2015年数据,源自陈亚宁等,《中国科学院》,2019;34(10);****256.9万hm^{2}为2017年数据,源自谢蕾等,《水利规划与设计》,2019(7);*****717.3万hm^{2}源自2017年市场数据。

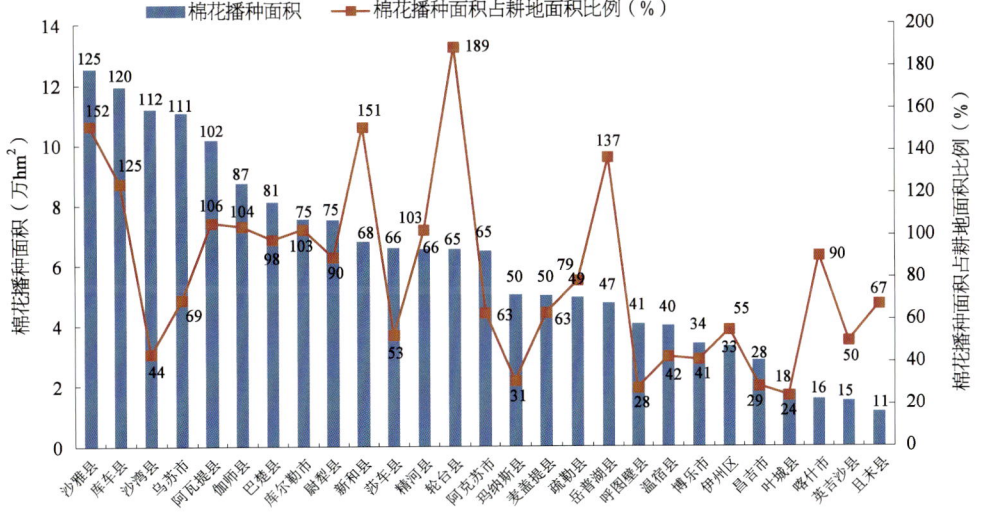

图4-8 · 2017年新疆绿洲棉花播种面积及占耕地面积比例

(据《新疆统计年鉴》(2018)、《新疆生产建设兵团统计年鉴》(2018)整理,毛树春,2020年)

然而,新疆棉区棉花播种面积占耕地面积的比例则更高。对位于北疆的伊犁哈萨克自治州为非产棉区统计,当不计伊犁州直属县(市)、阿勒泰地区,其中塔城地区不计沙湾县和乌苏市,2017 年该州非产棉耕地面积 138.3 万 hm^2。当扣除这些非产棉县市耕地面积,北疆棉花播种占耕地面积的比例为 40.0%;如果在全疆面积中扣除这些非棉区的耕地面积,则全疆棉花播种占耕地面积的比例高达 51.0%,即全疆棉区耕地面积一半以上种植棉花。

进一步分析,2017 年新疆地方各县市棉花播种面积占本地农作物播种面积比例时,发现全疆 103 个县市区中,产棉县市(区)有 79 个,占 76.7%,其中有 9 个县市棉花播种面积大于耕地面积(棉花播种面积占耕地面积比例=棉花播种面积/耕地面积),其比例超过 100%,轮台县最高为 189.2%,其次沙雅县为 152%、新和县为 151%,为什么?棉花补贴必须考量面积和产量两个要素,少报面积和产量涉及千千万万棉农的补贴利益,致使棉花播种可能更接近实际(图 4-8,图 4-9)。

按统计数据,2017 年新疆兵团 13 个师市中有 11 个种植棉花,占兵团师市数量的 84.6%;棉花播种面积占耕地面积的比例,南疆为 64.6%,北疆为 49.4%(除去非产棉和零星产棉师市为 59.5%),东疆为 59.1%,即全兵团棉花播种面积占耕地面积的比例高达 54.0%,其中第八师棉花播种面积大于耕地面积(图 4-9)。

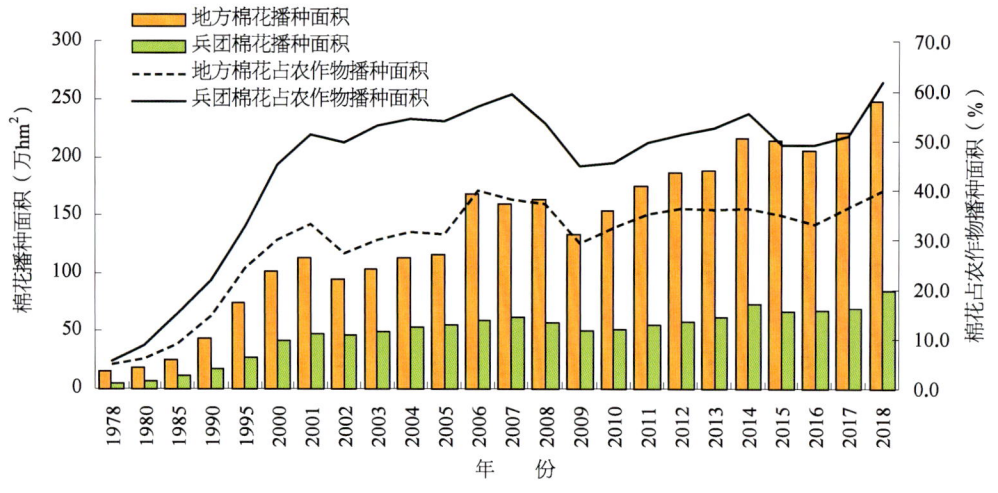

图 4-9・1978—2018 年新疆地方与新疆兵团棉花播种面积占耕地面积的比例变化

(据各年《新疆统计年鉴》《新疆生产建设兵团统计年鉴》整理,毛树春,2020 年)

二、绿洲棉花占全国的比例

2000—2018 年,全国棉区布局结构经历了较大变动,即从长江、黄河和西北"三足鼎立"到西北新疆一家独大的调整。全国棉花总产也经历了从不断增长达到顶峰再现下降的过程,呈现"开口向下"的抛物曲线,2006—2008 年全国棉花总产最高纪录不断被刷新。

(一)全国棉区布局从"三足鼎立"到一家独大

2000—2018 年,西北内陆新疆棉区棉花播种面积从 104.7 万 hm^2 增长到 251.3 万 hm^2,增长 140.0%；占全国比例从 25.9% 提高到 74.9%，扩大了 49.0 个百分点。新疆绿洲棉花总产从 151.3 万 t 增长到 514.6 万 t，增长 240.1%；占全国比例从 34.3% 提高到 84.4%，扩大了 50.1 个百分点。新疆绿洲棉花单产从 1 446 kg/hm² 提高到 2 048 kg/hm²，增长 41.6%；从为全国的 132.2% 下降到 112.7%（图 4-10、图 4-11）。

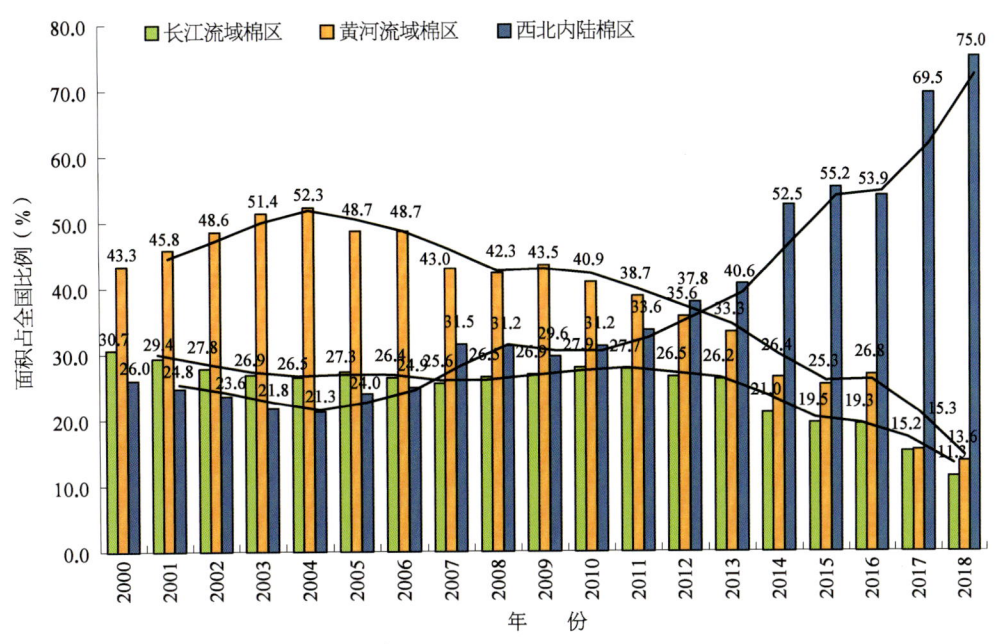

图 4-10 · 2000—2018 年中国各棉区面积及所占全国比例

(毛树春，2020 年)

注：面积比例数据是按各省、自治区、直辖市实际数据相加得到的全国数据，以此总数计算比例，不等于全国的统计数据，原因是国家统计局对 2006—2017 年全国数据进行了调整，但没有给出各省、自治区、直辖市调整数据；西北内陆棉区包括新疆、甘肃河西走廊和内蒙古西部的引黑灌区；本图数据包括甘肃，面积约占西北内陆的 1.0% 左右。

2000—2018 年，长江流域棉区棉花播种面积从 112.3 万 hm² 下降到 38.0 万 hm²，减少 66.2%；占全国比例从 30.5% 下降到 11.3%，缩减了 19.2 个百分点。实际总产量从 102.7 万 t 下降到 42.3 万 t，减幅高达 58.8%；占全国比例从 27.3% 下降到 6.9%，缩减了 20.4 个百分点。单产从 978 kg/hm² 提高到 1 112 kg/hm²，提高 13.7%；占全国比例由 89.5% 下降到 61.2%。

2000—2018 年，黄河流域棉区棉花播种面积从 174.4 万 hm² 下降到 45.7 万 hm²，占全国比例从 43.1% 下降到 13.6%，缩减了 29.5 个百分点。总产从 186.4 万 t 下降到 52.6 万 t，减少了 71.8%；占全国比例从 38.1% 下降到 8.6%，缩减了 29.5 个百分点。实际单产从 966 kg/hm² 提高到 1 148 kg/hm²，提高 18.8%；占全国比例由 88.3% 下降到 63.1%。

近两年，新疆绿洲棉花产能占全国的比例进一步提升。2019 年和 2020 年新疆绿洲棉花播种面积占全国比例分别为 76.1% 和 78.9%，产量占全国的比例分别为 84.9% 和 87.3%，呈现典型的"一花独放""一家独大"。

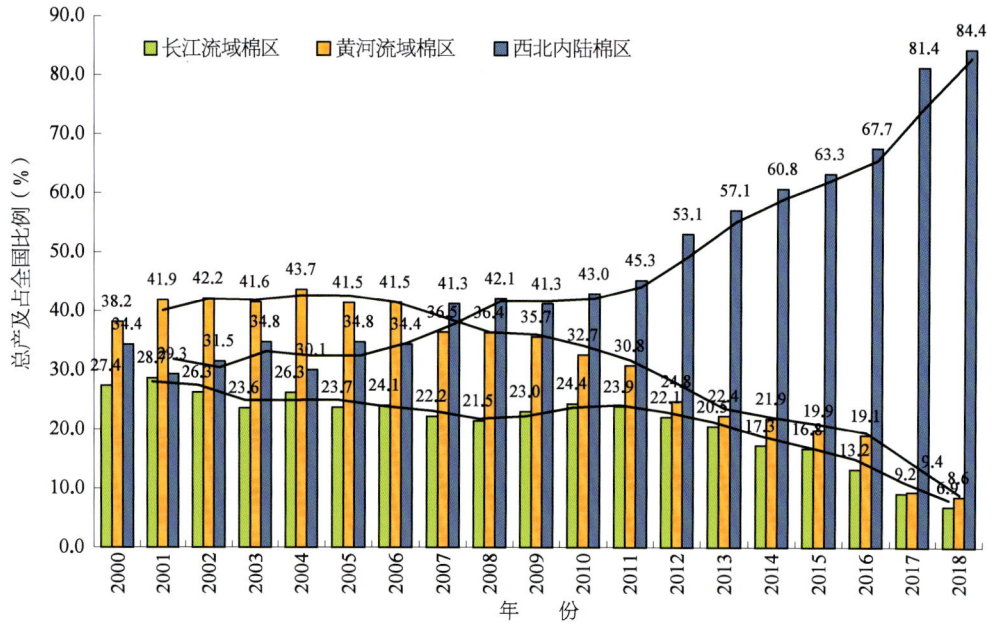

图 4-11 · 2000—2018 年中国各棉区棉花产量及占全国比例

(毛树春,2020 年)

注：产量比例数据按各省、自治区、直辖市统计的实际数据相加得到全国数据,以此总数计算比例,不等于全国的统计数据,原因是国家统计局对 2006—2017 全国数据进行了调整,但没有给出各省、自治区、直辖市的调整数据；西北内陆棉区包括新疆、甘肃河西走廊和内蒙古西部的引黑灌区；本图数据包括甘肃,产量约占西北内陆的 1.0% 左右。

(二) 全国棉区布局形成"三足鼎立"的优化结构

2000 年以来全国棉花产量达到历史最大,2006 年、2007 年和 2008 年,全国棉花总产纪录不断被刷新,分别达到 753.5 万 t、759.7 万 t 和 723.2 万 t,创历史新高。这几年平均,长江流域棉区和黄河流域棉区的面积占全国的 70%,西北内陆占 29.2%,面积比例被称之"七三"布局结构；长江流域棉区和黄河流域棉区的总产占全国的 58%,西北内陆占 42.1%,被称为"五八四二"结构(表 4-10)。

表 4-10 · 2006—2008 年中国三大棉区棉花面积、产量及所占比例

(毛树春,2020 年)

年份	面积及所占比例(%)				总产及所占比例(%)			
	全国面积 (万 hm²)	长江流域	黄河流域	西北内陆	全国总产 (万 t)	长江流域	黄河流域	西北内陆
2006	581.6	26.4	48.7	24.9	753.5	24.1	41.5	34.4
2007	592.6	25.6	43.0	31.5	762.4	22.2	36.5	41.3
2008	575.4	26.5	42.3	31.2	749.2	21.5	36.4	42.1
平均	583.2	26.2	44.7	29.2	755.0	22.6	38.1	39.3

注：面积和产量数据来源国家统计局,比例数据按各省、自治区、直辖市实际数据相加得到全国数据,以此总数计算比例,原因是国家统计局对 2006—2017 年全国数据进行了调整,但没有给出各省、自治区、直辖市的调整数据。

(三) 新疆棉花总产实现"两个翻番"

2000—2018年,在19年间,新疆棉花总产实现了两个"翻番"。总产从2000年的145.6万t增长到2007年的201.3万t,第一个"翻番"所花时间为7年。总产从2010年的249.7万t增长到2018年的511.1万t,第二个"翻番"所花时间为8年。第一个翻番得益于20世纪90年代中期之后国家鼓励开发新疆棉区,以及新疆地方"一白一黑"战略举措取得的规模扩大和总产增加。第二个翻番得益于国家临时收储、目标价格改革试点和目标价格长期连续的政策支持。

然而,我国是人口大国、棉花消费大国、纺织品服装消费大国,全国棉花布局过高的集中度将给保障棉花有效供给带来极大风险,一旦新疆绿洲棉花产区发生较大的灾害及其他因素,将对全国的棉花有效供给和国际市场产生极大的冲击。

新疆是绿洲农业,地处内陆,气候干旱、降水稀少、蒸发强烈,水资源时间、空间分配不均,单位面积产水量仅为每平方千米 5.3 万 m^3,是全国平均水平的1/6,在全国排名倒数第三,整个生态环境非常脆弱。农业用水占新疆全社会用水的95%,"退耕还水"已成为新疆经济社会可持续发展的重要目标任务。

第四节 · 绿洲棉花可持续发展对策研究

新疆棉花是全国棉花生产的重心,绿洲棉花的王国。

新疆绿洲棉花好,全国棉花才好。绿洲棉花的可持续发展,全国棉花才能可持续发展。今后绿洲棉花发展要服从和服务于国家棉花发展目标,在全国布局下承担数量保障和质量提升的双重任务。

因此,未来新疆棉花要立足和服从于国家棉花的可持续发展目标。新疆区域棉花发展应置于全国棉花大局之下,适宜的布局是提高国家生产效率和有效供给最佳的选择。本节就今后5~10年全国和新疆绿洲棉花发展进行探讨。

一、绿洲棉花可持续发展的重要性、必要性

棉花是重要的纺织工业原料。"衣食住行衣为首",发展棉花生产、保障棉花有效供给,对满足人民日益增长的纺织品服装需求具有重大意义。2017年,我国居民纺织品人均年表观消费量20 kg,已达到中等发达国家的消费水平。在扩大内需,加快构建以国内大循环为主体、国内国际双循环相互促进的新发展格局的背景下,预计2030年我国纺织品人均年表观消费量将达到30 kg,增长潜力巨大。

2000—2017年,我国居民人均拥有棉花量为4.70 kg/年[国际棉花咨询委员会(ICAC)数据]和4.53 kg/人(国家统计局数据)(两者平均值4.62 kg/年)。由此测算,棉花在纺织原料约占23.5%。

据ICAC统计数据,目前工业化国家人均表观纤维消费量在30 kg/年水平上,我国仍比工业化国家低30%。从发展来看,随着人民对美好生活的不断向往,居民消费水平不断提

高,扩大纺织品消费仍有较大潜力,未来居民衣着将更加丰富多彩。

棉花是我国的主要经济作物和大宗农产品。过去棉花在棉区农民脱贫致富奔小康中发挥了极其重要的作用。未来在乡村振兴中承担着产业兴旺、实现全体人民共同富裕的伟大目标中继续发挥基础性作用。

1. **植棉业为农村提供大量就业岗位,是产区农民经济收益的主要来源.** 我国棉花种植涉及 16 个省、自治区、直辖市和新疆生产建设兵团,植棉业为 500 万(加上帮工)农村劳动力提供就业岗位,是 2 000 万户农村家庭和 30 多万兵团团场职工的主要经济收益来源。经测算,新疆棉花中等水平产值 3.3 万元/hm^2,成本 1.8 万元/hm^2,中等收益达 1.5 万元/hm^2。如果一个家庭棉花种植面积 3.4 hm^2,年收益可达 5 万元,兵团的棉花单产高,双职工承包经营棉花面积 5.3 hm^2,年收益达 10 万元,是标准的小康家庭。在南疆少数民族贫困农户,只要提高棉花单产水平,脱贫致富效果就显著。

2. **国家重视棉花生产,出台目标价格保障农民收益.** 2004 年以来,我国先后出台水稻、小麦、棉花、玉米、油菜、大豆、糖等作物的最低收购价或临时收储价。但是,迄今全国所有大宗农产品中仅保留水稻、小麦的最低收购价与棉花的目标价格,现行新疆棉花目标价格 18 600 元/t 是按棉花与小麦 1∶8 的比例出台,为棉农收益提供较好预期和保障。

3. **纺织业为全社会提供更多的就业岗位.** 棉花的产业链长,产业之间的关联度极高。作为原料的棉花从植棉业到纺织业实现了深加工和产业的增值,其中包括纺纱、织布、印染、制衣等多道工序。纺织业仍是劳动密集型产业,当前棉纺织业仍为 700 万工人提供就业岗位,是农村劳动力成功转移重要的产业支撑。棉花包括初级加工、质量检验、交通运输行业等,又为全社会提供了更多的就业岗位。

4. **棉花副产品多,产值高,增值大.** 棉花主产品与副产品的产值之比为 1∶0.5。按年产皮棉 600 万 t 测算,可生产棉籽 1 500 万 t(其中种用棉籽约 30 万 t 不计),其中可产棉籽油 150 万~160 万 t,棉籽油富含不饱和脂肪酸,其含量高达 70%,其中双烯脂肪酸——亚油酸含量占 50%,具有降低血液中胆固醇、防止冠状动脉硬化的重要作用,与其他食物油相比,棉籽油堪称高品质的食用植物油;可产棉籽饼 800 万 t(或脱毒棉仁粉 350 万 t),为养殖业提供精饲料或食品原料;可产棉短绒 80 万 t,为造纸和黏胶等人造纤维等提供原料;可产 350 万 t 棉籽壳,是平菇、香菇、金针菇、银耳、黑木耳等食用菌的重要培养基,还可作为活性炭、糠醛、木糖、木糖醇等精细化工的原料,增值潜力大;可产棉酚 5.0 万 t,棉酚是重要医药原料,增值潜力更大。此外,棉花尚有棉柴 240 万 t(不计叶片、枝条)待开发利用。

综上所述,发展棉花生产无论从农村到城市,还是从农业到工业,对脱贫致富和全面小康社会建设都具有积极重要意义。

二、绿洲棉花可持续发展的指导思想和基本原则

(一) 指导思想

以新时代中国特色社会主义思想为指导,按照实施乡村振兴战略、可持续发展战略和坚持深化农业供给侧结构性改革的总要求,以转型升级提质增效、质量兴农和绿色发展为棉花发展的指导思想,同步推进棉花产量、质量、效益和环境友好的协调发展,同步推进棉花"质

与量""投入、产出和效益"的全面提升,使国产棉花竞争力得到显著提高。推进绿洲棉花"减量提质",推进绿洲棉花从"数量王国"转向"质量王国"。

展望未来,按照党的第十九次代表大会提出的乡村振兴战略赋予农业的质量兴农和绿色发展的新任务,绿洲棉花要以供给侧结构性改革为主线,推进棉花由增产导向转向提质导向,加大从做大棉花向做优做强棉花转变的力度,实现高质绿色的可持续发展。为此,绿洲棉花将面临如下主要任务。

1. **适度规模,为绿洲生物、农业和棉花可持续发展提供基础性保障**。棉花用水量占农业用水的比例高达40%,每年灌溉用水量高达220亿 m^3。综合考虑绿洲土与水的平衡状况,按照新一轮目标要求,实行退地减水,节约用水,控制和减少耕地面积,棉花播种面积逐步调减到棉花生产保护区200万 hm^2 的规模。

2. **质量兴棉,提高绿洲棉花竞争力**。通过转型升级提质增效,大力补品质短板,有效改变绿洲棉花品质,由目前的中端转向品质的高端,"由大变强"高质量发展,全面提高绿洲规模化棉花有品质的供给质量。实现高质高效发展是当前和今后需要长期攻克的关键问题。

3. **绿色兴棉,保护和培养绿洲耕地生产力**。持续加强绿洲土壤的清洁卫生特别是残膜治理力度;持续加强绿洲耕地土壤的培养,实行有计划的轮作、种植绿肥和休耕等。

(二) 基本原则

提出今后5～10年棉花发展"一优一扩四推进一探索"为基本原则。

1. **优化棉花种植结构,再建全国棉区"三足鼎立"的均衡布局**。立足资源禀赋和可持续发展目标,统筹全国棉花种植区域布局,适度调减西北内陆新疆棉区面积,逐渐恢复长江流域和黄河流域传统棉区面积;扩大棉花保护区面积,培育后备棉区,提高"量"的有效保障能力,再建西北内陆、长江流域和黄河流域棉区"三足鼎立"的新区域布局。

2. **推进质量兴棉,增加"高端原棉"的有效供给能力**。高品质是核心竞争力,是有效供给的重要组成部分,一个国家或地区的棉花强不强,归根到底要用质量来衡量。提高有效供给能力,需扩大棉花优质增量供给,急需补品质短板,力争补齐高品质的短缺量167.7万 t/年(2016—2018年3年平均的短缺量)。要全方位提高棉花质量,包括提高遗传品质、生产品质、初级加工品质,以及改进棉花公正检验标准。"基础不牢地动山摇",生产上要在一致性、清洁度和"柔性"加工上下硬功夫、苦功夫,切实提高棉花的基础品质。

3. **推进绿色兴棉,实现绿色可持续发展**。"一控两减三基本"由原农业部于2015年提出,2018年生态环境部、农业农村部发布《农业农村污染治理攻坚战行动计划》,2019年农业农村部、国家发展改革会等七部委联合印发《国家质量兴农战略规划2018—2022》。"一控",即控制农业用水总量,农田灌溉水有效利用系数达到0.56。"两减",即减少化肥和农药使用量,实施化肥、农药从"零增长"到"负增长"行动。"三基本",即畜禽粪便、农作物秸秆、农膜基本资源化利用,其中到2022年农膜回收利用率达到82%以上,"白色污染"得到有效防控。这是农业绿色的基础性技术指标。

4. **推进发展专业合作社和家庭农场,提高棉花适度经营水平**。鼓励和支持发展棉花家庭农场,积极构建现代农村家庭生产经营收益模式,形成以家庭为单位,棉花种植规模3.3～

6.7 hm^2,植棉年收益 5～10 万元的生产经营收益模式。积极发展多种棉花种植的社会化服务,带动分散植棉的小农户,保障其利益不受侵害,提高植棉收益预期。

5. **推进产销对接,探索棉花"三产"深度融合新模式。** 由于我国植棉业、初级加工业到棉纺织业的各市场主体极度分离,"订单生产、订单销售""优棉优用、优质优价"如何落地已成为制约高品质棉花生产发展的重大障碍,需要从政策、市场、科技、金融等多层面推动"产、供、销、纺"的深度融合,探索形成"三产融合"的新机制应作为深化市场化改革的基本原则和攻坚任务,为全面提升我国棉花产业的竞争力提供机制、政策保障。

三、2025—2030 年全国和绿洲棉花发展目标

(一)需求总量增加

以国产原棉人均占有量多年平均值作为我国居民棉花消费需求的预测基数,结合人口增长,消费质量提高,以及可承受的资源条件和生产能力,预测居民纺织品需求原棉 2025 年为 679.3 万 t,2030 年 703.3 万 t。这是作为负责任大国和满足人民对美好生活向往所必需的数量,也与中国工程院于 2012 年"经济作物产业可持续发展战略研究"项目中所预测 2020 年国产棉花产量 700 万 t 相接近(表 4-11)。

表 4-11 · 2025 年和 2030 年国产棉花需求预测

(喻树迅,毛树春,2017 年;毛树春,2020 年)

年 份	我国居民人口 (亿)[①]	国产棉 需求量 (万 t)[②]	国产棉人均 占有量 (kg)[③]	国产高品质 原棉需求量 (万 t)[④]	原棉库存量 (万 t)[⑤]	净进口原棉 (万 t)[⑥]
2000—2017(实际)	13.264 4	600.4	4.70	281.9	592.7	360.3
2018(实际)	13.953 8	610.3	4.39	287.8	877.0	152.6
2025(预测)	14.300 0	679.3	4.75	350.0	350.0	
2030(预测)	14.500 0	703.3	4.85	400.0	350.0	

注:① 我国居民人口按国家统计局数据,2025 年和 2030 年预测数据参考多家机构;② 本表为中国内地居民的棉花消费需求预测,不是整个纺织业的需求预测;③ 2000—2017 年国产棉产量按国际棉花咨询委员会(ICAC)产量数据计算;④ 高品质原棉需求数量由中国棉花协会和中国棉纺织行业协会提出,2000—2017 年平均值为 2016—2017 平均值;⑤ 2000—2017 年原棉库存按 ICAC 数据,2018 年库存棉数据参考 ICAC、美国农业部(USDA)和中国市场;⑥ 据《海关统计》数据整理。

市场认为,近几年我国棉纱线产量约 1 000 万 t,其中纺国产原棉 600 万 t,纺库存原棉 100 万 t,合计约 700 万 t;进口原棉约 150 万 t,进口棉纱线约 150 万 t。这一判断源于海关统计数据,2010—2018 年,我国原棉进口合计 2 302.6 万 t,出口 17.2 万 t,年均净进口 255.4 万 t;同期棉纱线进口合计 1 601.9 万 t,出口 381.1 万,净进口 1 220.78 万 t,年均 135.6 万 t。

在做中长期预测时,原棉和棉纱线进出口的贸易净值可以看作是我国棉及棉制服装的出口量。

需特别指出的是,我国高品质原棉的需求基数大,并且随着经济社会进入新时代,纺织业机械化、自动化、智能化等现代装备的提升,消费需求增长加快,需求量将越来越大,在前几年平均需求量 283.9 万 t 的基础上,预期 2025 年需求量将达 350.0 万 t,即占国产原棉预

期总需求量的44.2%。预期2030年需求量将超过400万t,占国产原棉预期总需求量的56.9%以上。由此可见,我国棉花生产要实现从"量"到"质"的彻底转变,需下更大力气发展高品质棉花生产,以期更有效提高国产原棉的供给能力。

还需指出的是,近几年我国棉花保持600万t的产量即可满足市场需求。这是因为我国尚有700万t的库存需要消化。按2016—2019年的去库存速度,每年可提供原棉资源100万t(2019年"拍卖"去库存99万t),充足的资源拥有量将为我国积极发展高品质棉花生产提供有利时机。

(二) 高品质原棉需求量大

提高质量,保障"质"的有效供给是未来全国棉花的主要任务,是我国棉花产业补品质短板和全面提升竞争力最为急迫的目标任务。2025年,在考虑高品质原棉市场最低增量300万t的条件下,规划国产高品质产量250万t,可保障83.3%的供给能力;2030年市场需求400万t,规划350万t,可保障87.8%的供给能力。

四、绿洲和全国棉花可持续发展目标的规划方案意见

(一) 重构"三足鼎立"规划方案

1. **西北内陆新疆棉花的重构方案**·基于全国棉花可持续发展的需要,继续调整优化棉区结构,调减西北内陆新疆棉区,棉花播种面积从2018年占全国比例的74%调减到2025年占全国比例的55%以下,符合《全国水土保持规划(2015—2030年)》《新疆水资源平衡论证报告》和《新疆用水总量控制方案》的总体要求,符合新疆"退耕还水"的实施方案。

继续调整优化棉区结构,调减西北内陆新疆棉区,播种面积从占全国比例的74%调减到占全国比例的55%以下,符合《全国水土保持规划(2015—2030年)》《新疆水资源平衡论证报告》和《新疆用水总量控制方案》的总体要求,符合新疆"退耕还水"的实施方案。适度恢复长江流域和黄河流域棉区,播种面积占全国比例从26%提高到45%。培育后备棉区,在黄河上游内蒙古以西逐步形成6.7万hm^{2}产能,为2030年形成33.3万hm^{2}生产能力提供产能储备(表4-12)。

按照"到2025年,新疆绿洲将农业用水比例降至90%以下"进行测算,当下新疆农业总用水的占比约97%上下,测算每个农业用水百分点灌溉农田面积6.7万hm^2,若农业用水减退5个百分点,即退减耕地面积33.3万hm^2/5年,减水27.5亿m^3。根据种植业内部平衡,保障绿洲200万hm^{2}棉田面积,以2017年为基数,需压缩一定比例的非口粮粮食作物面积和果园面积(见第六章)。

又据喻树迅、毛树春等2014年承担中国工程院"我国经济作物产业可持续发展战略研究"项目的研究结果,新疆棉花面积占全国的40%,产量占全国的50%,是一种水资源和全国棉花可持续发展的优化配置方案,即为了绿洲和全国棉花的可持续发展,新疆棉花规模还应进一步减少(毛树春等,2014;喻树迅等,2015)。最近新疆一些地方和团场按照"退地减水"要求,保障耕地面积水的供给约占当下棉花面积的52.0%,可见退减棉花面积的规模极大。

与此同时,适度恢复长江流域和黄河流域棉区,棉花播种面积占全国比例从2018年的

25.1%提高到2025年的44.9%。培育后备棉区,在黄河上游内蒙古以西逐步形成6.7万hm² 产能,为2030年形成33.3万hm²生产能力提供产能储备(表4-12)。

表4-12·长江流域棉区、黄河流域棉区和西北内陆棉区保障供给规划方案

(毛树春,2020年)

项目	年份	全国	长江流域	黄河流域	西北内陆	说明
播种面积 (万hm²)	2000—2017年实际 比例(%)	477.8 10.0	121.7 25.5	191.6 40.1	161.5 33.8	
	2018年实际 比例(%)	335.3 10.0	38.2 11.4	45.8 13.7	251.3 74.9	
	2025年规划 其中高品质 比例(%)	400.0 166.7 (41.7)	70.0 13.3 17.5	110.0 20.0 27.5	220.0 133.3 55.0	
	2030年规划 其中高品质 比例(%)	400.0 233.3 (58.3)	80.0 33.3 20.0	110.0 33.3 27.5	210.0 16.7 52.5	
总产 (万t)	2000—2017年实际 比例(%)	615.6 100	131.1 21.3	193.6 31.4	291.5 47.4	
	2018年实际 比例(%)	609.7 100	42.5 7.0	52.6 8.6	514.6 84.4	
	2025年规划 其中高品质 比例(%)	679.3 300.0 (44.2)	94.5 25.0 14.1	148.5 50.0 22.1	429.0 200.0 63.8	672(-9.3) 250(-25)
	2030年规划 (高品质产量) 比例(%)	703.3 (400.0) (56.9)	114.0 (50.0) 16.8	156.8 (80.0) 23.0	409.5 (250.0) 60.2	680.3(-23.0) (350.0)(-20.0)
单产 (kg/hm²)	2000—2017年实际	1 288(1 401)	1 077	1 007	1 805	
	2018年实际	1 818(1 905)	1 114	1 148	2 048	
	2025年预测	1 680(1 733)	1 350	1 350	1 950	
	2030年预测	1 701(1 741)	1 425	1 425	1 950	

注:西北内陆棉区包括新疆、甘肃和内蒙古黑河灌区;西北新疆因"帮忙田"计入总产使得单产"虚高"很多;2025年和2030年播种面积、总产带()为高品质原棉规划的百分率,其他百分率为占全国的比例;全国单产带()为加权平均数,不带()为算术平均数;说明栏目为预测数,带()数据为预测的差值;数据源自毛树春主笔《全国棉花生产供给保障方案(初稿)》,2020.2。

2. 提高产量,保障"量"的有效供给能力·2025年需保障650万t国产原棉产量,比2010—2017年国产棉平均产量604.0万t提高约50万t。

3. 规划提出三大棉区布局比例

(1) 西北内陆棉区。适度和逐步缩减规模,播种面积占全国的比例从2018年的74.9%调减到2025年的55%上下,面积保持210.0万~220.0万hm²,略高于棉花保护区200万hm²;面积压减后,产量占全国的比例从2018年的84.4%调减到2025年的60%,保持400万~450万t。农业用水比例过高是新疆经济社会和绿洲农业发展面临的突出问题,为了减少农业用水比例,目标价格政策要求新疆实施"退地减水"计划,棉花耗水量占农业总耗水量比例将从40%下调到30%。本规划提出适度缩减棉花规模,既符合新疆社会经济可持续发展目

标,又符合全国棉花可持续发展目标。大幅度提高中高端品质棉花的比例是新疆作为全国棉花生产重心的最主要任务,高品质原棉产量达到 200 万~250 万 t,占本流域产量的一半,占全国产量的 60%以上,可见新疆是全国棉花提质增效、发展高品质生产、补品质短板的主战场。

(2) 黄河流域棉区。适度和逐步恢复面积,棉花播种面积占全国的比例从 2018 年的 13.7%调增到 2025 年的 27.5%上下,面积逐步恢复到 110.0 万 hm^2。产量占全国比例从 2018 年的 8.6%调高到 2025 年的 23%以上,保持 150 万~160 万 t;其中高品质原棉产量提高 50 万~80 万 t,占全国比例 15%以上。本流域恢复生产具有较好条件,也有充足的信心,只要政策对头、"目标价格"全覆盖、支持保障技术和农业装备跟上,仍有较大恢复潜力。

(3) 长江流域棉区。适度和逐步恢复面积,棉花播种面积占全国的比例从 2018 年的 7.0%调增到 2025 年的 17.5%以上,面积保持 70.0 万~80.0 万 hm^2。面积恢复后,产量占全国的比例从 2018 年的 8.6%调高到 2025 年的 15%以上,保持 100 万 t 上下。在洞庭湖、江汉平原和鄱阳湖有高品质棉的生产潜力,力争高品质原棉产量达到 50 万 t 左右。但是,恢复本流域棉花生产面临的困难多,信心不足,无"目标价格"支持,生产规模小,棉区农业生产条件差,棉花支持保障技术和农业装备跟不上,实现目标仍有较大难度。

(4) 培育后备棉区。随着全球气候变暖,无霜期的延长,内蒙古西部棉花气候适宜度不断提高,作为后备棉区培育具有较大潜力。该引黄灌溉区,隶属于黄河流域棉区,今后 5~10 年力争棉花播种面积达到 6.7 万~33.3 万 hm^2,产量达到 12 万~60 万 t。

▶ **(二) 建设特大优质棉花生产基地和高品质原棉生产基地(种植带)**

1. **建设棉花保护区。**为了保障棉花有效供给,2017 年国务院出台《国务院关于建立粮食生产功能区和重要农产品生产保护区的指导意见》,划定全国棉花生产保护区面积 233.4 万 hm^2,其中新疆 160.0 万 hm^2(含兵团 40.0 万 hm^2)、山东省 26.7 万 hm^2、河北省 20.0 万 hm^2、湖北省 13.3 万 hm^2、湖南省 6.7 万 hm^2、安徽省 6.7 万 hm^2。2018—2019 年进入划定阶段,新疆地方实际划定面积 160.0 万 hm^2,加上兵团 40.0 万 hm^2,合计划定 200.0 万 hm^2。这样全国棉花生产保护区面积达到 273.4 万 hm^2,新疆所占比例高达 73.2%。提出棉花保护区走可持续生产之路,用现代科技和现代农业装备支持棉花轻简化、绿色化、机械化和组织化生产;以"品质中高端"为主攻方向,在"以质保量、保规模"新路子上创新形成资源集约高效的绿色高端品质的可持续生产方式。

2. **建设新疆特大优质棉生产基地。**2019 中央一号文件《中共中央 国务院关于坚持农业农村优先发展做好"三农"工作的若干意见》提出"恢复启动新疆优质棉生产基地建设"。新疆特大优质基地建设持续了 4 个五年计划(见第一章),"十三五"前 3 年被停止,2019 年重启。对此,全国棉花将有"一保一基"的双重任务,这将增强我国棉花基本生产能力。按照以往经验,新疆特大优质棉基地建设的投入资金额度在"十几亿元"强度上,即已具备 500 万 t 的生产能力。为此,建议新疆优质棉基地建设项目以"高品质"为统领,打造 200 万 t 高品质产能,建设内容包括提升高端品质、绿色发展的科技创新能力和提升高品质良种繁殖加工销售能力。

3. 建设高品质棉花生产带。 在棉花生产保护区基础上再建高品质棉花生产带，规划 2025 年建成 166.7 万 hm^2，其中西北新疆棉区 133.3 万 hm^2 [北疆地方和兵团"天山北坡经济带"66.7 万 hm^2（见第二章）、南疆阿克苏地区和兵团第一师 33.3 万 hm^2、南疆巴音郭楞蒙古自治州和第二师 13.3 万 hm^2]、黄河流域棉区 20.0 万 hm^2（河北黑龙港、山东鲁西北各 10.0 万 hm^2）、长江流域棉区 13.3 万 hm^2（江汉平原、洞庭湖各 6.7 万 hm^2）。规划 2030 年建成 233.3 万 hm^2，其中西北新疆棉区 166.7 万 hm^2、长江流域棉区和黄河流域棉区各 33.3 万 hm^2。

关于高品质棉花种植的建议已列入 2021 年 12 月农业农村部发布的《"十四五"全国种植业发展规划》，提出在"新疆天山北坡适宜棉区、南疆巴音郭楞蒙古自治州和阿克苏地区、河北黑龙港地区、黄河三角洲及环渤海湾地区，以及江汉平原、洞庭湖、鄱阳湖等沿江沿湖地区开展高品质棉花种植带建设，提升高品质棉花生产集中度。"

另外，全国棉花生产保护区在实际划定 273.3 万 hm^2 基础上，还应增加 60.0 万 hm^2 达到 333.3 万 hm^2，确保 600 万~650 万 t 棉花基本需求的有效供给。划定区域为长江中下游和黄河流域棉区。

（三）提高单产水平，增加总产，保障"量"的有效供给能力

1. 进一步提高单产水平。 单产水平高是我国棉花的核心竞争力，也是绿洲棉花应对高投入、高成本的关键要素。与 2000—2017 年全国棉花加权单产平均值比较，预测未来全国棉花单产仍有提高 23.7% 的潜力。从区域来看，黄河流域、长江流域棉区提高单产的潜力较大。西北新疆棉区的北疆，单产已达到极高水平，如果考虑建设高端品质棉花生产带，部分产量要让位于质量，能够保持现有水平尚需进一步努力。现实看，受全球气候变化、水资源供给短缺、病虫害发生危害和栽培管理措施等综合影响，南疆棉花单产水平呈现明显下滑态势，因此稳定南疆单产是进一步提高全国棉花单产水平的重点（表 4-12）。

2. 总产增加 50 万 t。 预测 2025 年 650 万 t 的国产原棉产量，比 2010—2017 年国产棉花平均产量 604.0 万 t 约需增长 50 万 t（表 4-12）。

（四）以质量兴棉绿色兴棉为统领和抓手，大力发展棉花科技，提高技术支撑能力

在提高机采棉认识的基础上，深入推进机采棉农艺、农化、农机"三农"技术的深度融合研究，借助智能化和数字技术研究优化机采棉"三农"融合技术，为机采棉转型升级、提质增效提供理论和技术支撑。

1. 选育适合机械化采收的棉花品种。 突出解决好早熟性和产量、高品质、抗性指标的协调性问题机采棉品种选育要以早熟性为主线，突出选育早熟性好，成熟相对集中，株型相对紧凑，叶型大小适中，落叶效果好，产量高，抗性好，纤维长度、细度（马克隆值）、断裂比强度指标相协调的新品种或杂交种，生育期要求超早熟 110 d、早熟 120 d、早中熟 125 d，纤维遗传品质达到"双 30"水平且与细度（马克隆值 3.7~4.6）相配套，要突出解决南疆马克隆值偏大问题，需从远缘杂交后代选育马克隆值适宜的新材料作为亲本培育（表 4-13）。

表 4-13 · 机采棉对品种和农艺、农化、农机技术的要求

(毛树春,2020 年)

项 目		主要技术指标
理想品种和群体目标	品种生育期指标	机采棉花生育期比常规手采缩短约 15 d； 特早熟 110 d； 早熟 120 d 以内； 早中熟 125 d 以内
	纤维品质指标	纤维长度≥31 mm； 断裂比强度≥30 cN/tex； 马克隆值 3.7～4.6； 整齐度指数 85%
	群体特性指标	滴灌高产棉田理论密度 14.6 万～18.8 万株/hm²； 采用 76 cm 等行距配置； 最适、最大 LAI 4.2～4.5
机采棉早熟性主要技术指标	早熟性长势总要求	四月苗,五月蕾,六月花,七月铃,八月絮
	播种出苗期、苗期一类苗	适时早播,出苗快,苗全、苗齐、苗壮,整齐度高
	蕾期一类苗	稳长现蕾,现蕾早,见花早(5 月下旬现蕾,6 月下旬见花)
	花铃期一类苗	长势稳健,整齐一致, 盛花期最适、最大 LAI 不超过 4.5； 打顶"枝到不等时,时到不等枝"； 打顶时间：北疆 6 月底,南疆 7 月 5 日前后
	吐絮期一类苗	喷施脱叶剂时,自然吐絮率 40%； 打脱叶剂时间：北疆 9 月 5—15 日,南疆 9 月 15—25 日； 落叶干净
	采收	籽棉采净率 92% 上下； 含杂率不超过 10%； 籽棉异性纤维控制在 0.3 克/t

注：中国农业科学院棉花研究所主编,《中国棉花栽培学》,上海：上海科学技术出版社,2019 年。

2. **创新种质资源,培育长度、强度、细度相协调的新品种** · 根据现行品种品质特性和绿洲生态区条件,对绿洲棉花品质育种途径、方法措施要深入细致分析,理出技术思路,明确清晰方向,通过顶层设计提出高产与优质相统一的育种方向、目标和技术路线。例如：利用几套陆海渐渗系通过全基因组鉴定获得纤维品质稳定的 QTLs(数量性状位点),定向创制优异种质资源,进一步培育优异高品质的骨干新品系资源材料,这是破解种业"卡脖子"的关键；采用陆海杂交种优质渐渗系转入陆地棉栽培品种可能是获得优质和高产相协调品种的重要途径,也可能直接利用陆海杂交种的杂种优势,培育的陆地棉中长绒品种和杂交组合已在北疆、南疆有规模推进,进展良好。当下热点基因组学中的优异基因、优质渐渗系相关优异基因已取得许多新进展,通过遗传转化创造新的优异种质、改良栽培品种结果可期。

3. **发展机采棉农艺农化技术,建立早熟性和一致性好的新型高产高品质群体** · 机采棉农艺农化技术要以提高早熟性为主线,以落叶干净为目标,在行株距配置、合理密植、水肥供给和化学调控方面建立新型的早熟高产群体结构,通过智能化和数字化技术的筛选运筹优化,提高群体的早熟性和熟性的一致性(表 4-13)。

比如,机采棉采用喷施脱叶剂吐絮率作为群体的早熟性指标,喷施脱叶剂时自然吐絮率

达到40%为早熟,喷施时间北疆为9月15日之前、南疆为9月25日之前。机采棉采用等行距配置,最低位置棉铃距离地面高度20 cm,植株高度不超过90 cm,群体最适、最大叶面积指数(LAI)不超过4.5,总氮供给不超过300 kg/hm^2,生育期灌溉供水量控制在3 300(南疆)~3 450(北疆)m^3/hm^2,水与氮肥耦合(见第十七章)。

开展棉铃虫、棉蚜、红蜘蛛、盲蝽等害虫的绿色防控技术研究,保产量保质量,集成以高产早熟、减肥、减水、节省成本的绿色轻简化栽培技术模式。

4. **发展机采棉农机化技术**。完善机采棉播种、铺膜、机械化喷施农药,植保农用无人机喷施调节剂和脱叶剂规程。加大国产采棉机、清花机的研发制造,提高国产化装备的供给率。加强机采棉清花除杂和轧花的"柔性"加工工艺和技术研发,减轻加工对纤维品质的损害。

5. **提高机采棉灾害防御和应对能力**。提出前期低温寒潮、后期低温早临,以及风沙抵御的防御措施。必须明确,在同一块棉田机采棉补种时间不能超过10 d,超过10 d将会降低群体成熟的一致性。还必须指出,新疆绿洲棉花不宜在5月播种,晚熟品种和晚播棉田不适合机械化采收。

6. **加大棉花技术培训和推广力度**。培养造就一支懂农业、爱农村、爱农民的棉花工作队伍。提高植棉技能,促进提高科技成果的转化效率,研究学习借鉴"良好棉花"培训推广方法,全面提高科学植棉水平。

五、提高保障能力

(一) 政策支持

加强棉花顶层规划设计,积极构建和完善"新疆棉花目标价格政策",创新内地棉花扶持政策,建议新疆目标价格政策覆盖生产保护区或全国棉区,积极探索棉花"期货＋保险政策"的落地。

继续出台棉花目标价格政策,不断探索和有序推进目标价格与品质挂钩的做法。过去农口本身对这一建议就有颇多顾虑,尽管近几年新疆推进"一主两铺"也有不少争议,然而经过摸索,一些经验经证实并可以扩大实践。具体思路是,以县或师市级为单位,按照推荐的高品质品种经真实性检验鉴定,并兼顾品种的早熟性,以适应机械化采收。在高品质生产基地需强调清洁生产和保质初级加工,这样即可把全面提升棉花生产品质和加工品质的系列措施落实到位。

(二) 组织保障

1. **提高认识**。以质量兴棉、绿色兴棉为统领和抓手,把发展棉花生产作为棉区落实乡村振兴战略和推进农业农村现代化来抓,主产区地方政府始终要把棉花作为主要大宗农产品和农民致富增收的社会型的主导产业来抓。

2. **政府重视**。纠正对棉花生产组织领导的"弱化",国家和主产区政府应有专人专班抓棉花;纠正和改进对农业/棉花技术推广队伍的"弱化",克服棉花管理、技术推广等工作中的官僚主义和形式主义。

3. **深化机制创新**。从机制上构建和推进"三产"的深度融合措施方法,补齐融合机制的短板。提高植棉业的组织领导能力和专业化技术水平。

4. **加强监管**。要秉持"好棉花是种出来的,好棉花也是加工出来的,好棉花还是监管出来的"。有人认为,棉花的好坏种植环节占70%,加工环节占30%,而市场监管则是乘数,监管到位效果大于一,监管不到位效果小于一。因此,新疆绿洲棉花转型升级必须全方位发力,才能提高转型升级效果。

(三) 财政支持

1. **加大投入**。建设棉花生产保护区和高标准的"高品质"棉花生产基地,在新疆继续加大优质棉基地的高产工程建设和高品质种植带建设,全国建成现代农业设施和高产稳产棉田273.3万 hm^2。

2. **提高改进植棉业和加工业装备**。购置建设现代植棉播种机、打药机、采收机、运输等装备,发展机械化植棉,提高内地机械化植棉水平;购置机械化的清花装备等。

3. **建立激励和约束机制**。鼓励和支持以县域或兵团师市级开展整建制的高品质棉花创建活动,对达到高品质原棉的县域或兵团师市进行奖励,对达到高品质的主栽品种实行后补贴。

(四) 加大试验研发投入,建设国家南疆绿洲棉花区域性科技创新中心

加大棉花种质资源收集整理和创新研究,加大新品种、新技术、新农业机械装备的试验研发投入。

"南疆棉花好,新疆棉花才好;新疆棉花好,全国棉花才好"。一直以来,南疆成为全国棉花科技创新的"洼地",科技对生产的支持力度不够,而通过建立南疆绿洲棉花科技创新中心机构,提高资助强度,吸引一批人才,留住一批人才,发挥人才在南疆棉花科技创新的基础性功能,以弥补南疆棉花科技创新机构和人才的不足,把南疆棉花科技创新"洼地"变成"高地"。

(五) 配额和关税管理

配额和关税是看好国门的钥匙与锁的关系。2002—2018年的贸易实践证实,如进口量超过200万t/年,将会对国内植棉业产生极大的冲击和破坏。为此,在2025年之前不能放开棉花配额管制,当国产高品质原棉达到市场需求总量的90%时,或拟考虑适时放开进口棉花的配额管制。

六、几项重要改革

(一) 建立棉花生产发展基金

从每吨原棉收取技术改进费10元,按400万t计算每年可收取4 000万元,基金资金主要用于棉花培训和生产技术指导。棉花是技术性最强的大田经济作物,技术培训和生产指导对科学植棉、生产管理、病虫害防治、自然灾害预防和救治等具有重要作用。有关研究指出,如果植棉者或农场主一年接受一次技术培训,即可改进生产管理方式方法,观念就有变化;一年接受2~3次培训和技术指导,可降低生产成本5%、增收5%~8%,实际效果极其显著。

由政府拟定培训计划、服务内容和服务区域,可组建专业的专家团队,委托专业的科研机构,购买农业社会化服务组织发挥其专业化、组织化和技术集成优势;开展技术培训和生

产指导，可采取招标购买方法组织实施。

实施方法可借鉴"良好棉花"，即以农户和面积为基本服务单位，采取"保姆式"跟踪服务到户主（人）、到家庭、到田间地头，可采用"明白纸""幻灯片"和口头宣传等形式，总之千方百计服务到位。同时，对服务结果进行第三方评价，包括评价服务过程指标（做了什么）、结果指标（取得什么效果）和农户满意程度等。

（二）改革棉花品种审定标准和方法

现行品种品质的审定标准与高品质不对应。早熟性指标与生态区、机械化采收、轻简种植制度应协调。新品种的纤维长度、断裂比强度和细度（马克隆值）应协调（图 4-12）。

> 新疆维吾尔自治区主要农作物品种审定委员会对外发布《新疆维吾尔自治区主要农作物品种审定标准》公告，新疆棉花审定品种类型如下。
> 根据 GB/T 20392—2006 检测的纤维品质上半部平均长度、断裂比强度、马克隆值三项指标的综合表现，将常规棉花品种分为 Ⅰ 型品种、Ⅱ 型品种、Ⅲ 型品种三种主要类型。同时根据新疆维吾尔自治区棉花品种类型增加了机采棉品种、长绒棉品种、彩色棉品种。
> 1. Ⅰ 型品种
> 两年区域试验平均结果，纤维上半部平均长度≥32 mm、断裂比强度≥33 cN/tex、马克隆值 3.7～4.2；较低年份上半部平均长度≥31 mm，断裂比强度≥32 cN/tex，马克隆值 3.5～4.4 的品种。
> 2. Ⅱ 型品种
> 两年区域试验平均结果，纤维上半部平均长度≥30 mm，断裂比强度≥30 cN/tex，马克隆值 3.5～4.7；较低年份上半部平均长度≥29 mm，断裂比强度≥30 cN/tex，马克隆值 3.5～4.9 的品种。
> 3. Ⅲ 型品种
> 每年区域试验，纤维上半部平均长度≥29 mm，断裂比强度≥29 cN/tex，马克隆值 3.5～5.0 的品种。
> 4. 机采棉品种
> 株型较紧凑，抗倒伏，第一果枝始节高度 20 cm 以上；霜前花率 90% 以上；对脱叶剂敏感，吐絮集中，含絮力适度。每年区域试验，纤维上半部平均长度≥30 mm，断裂比强度≥30 cN/tex，马克隆值 3.5～4.9 的品种。
> 5. 长绒棉品种
> 每年区域试验，纤维上半部平均长度≥36 mm，断裂比强度≥45 cN/tex，马克隆值 3.3～4.2 的品种。
> 6. 彩色棉品种
> 每年区域试验，棕色棉：纤维上半部平均长度≥29 mm，断裂比强度≥29 cN/tex，马克隆值 3.4～4.5 的品种。绿色棉：纤维上半部平均长度≥28 mm，断裂比强度≥28 cN/tex，马克隆值 3.2～4.5 的品种。

图 4-12 · 新疆维吾尔自治区棉花审定标准

现行常规棉审定标准中陆地棉分为 3 个类型，其中马克隆值过于宽泛至 3.5～5.0，建议修改为 3.7～4.6。

关于机采棉品种标准"株型较紧凑、抗倒伏、第一果枝始节高度 20 cm 以上；霜前花率 90% 以上；对脱叶剂敏感，吐絮集中，含絮力适度。每年区域试验，纤维上半部平均长度≥30 mm，断裂比强度≥30 cN/tex，马克隆值 3.5～4.9 的品种"中，霜前花率 90% 以上，拟修改为喷施脱叶剂自然吐絮率 40%；纤维品质马克隆值 3.5～4.9 修改为 3.7～4.6，长度和比强度指标不变。

（三）解决转基因品种历史遗留问题，大力改革棉花品种的区域试验

切实解决转基因抗虫棉的"历史遗留"问题，实行转 Bt 基因抗虫机采棉花品种的区域试验，取消常规非转基因品种的区域试验，从根本上解决西北内陆新疆棉花品种区域试验使用的非转基因品种与生产（商用）推广转 Bt 基因品种的"两张皮"问题（见第九章、第十四章）。

政府种子管理部门把该做的工作做好做到位，大力提高区域试验水平，切实履行职责。

对新疆和全国棉花品种审定进行"收放结合"的改革。建议将海岛棉（长绒棉）、彩色棉等特种棉花品种区域试验全部放开,同水稻、小麦等粮食作物一样走"绿色通道",由企业或科研单位组建的种业联合体自主开展试验,经过试验示范自主决定是否发放或商用,在品种审定机构备案即可(见第十四章)。

西北内陆新疆棉区,机采棉是大趋势,北疆机械化采收面积已超过90%,南疆亚区已占65%以上,为此建议西北内陆新疆棉区全部改为机械化采收品种区域试验,仅在南疆保留一组常规棉花品种的区域试验。

对参加区域试验品种(系)进行DUS测试,从源头检验新品种(系)的真实性,排除"假冒和套牌"参加品种区域试验。

植物新品种测试是对申请保护的植物新品种进行特异性(distinctness)、一致性(uniformity)和稳定性(stability)的栽培鉴定试验或室内分析测试的过程(简称DUS测试)。

（四）绿洲在全国棉花良种繁育中承担重任

我国棉花按照常规品种"西繁南北用"、杂交种"北制南西用"和"种苗结合"的技术路线进行繁殖制种基地建设的布局,绿洲在棉花良种繁殖中将承担更多重任。繁殖基地在全疆都有面积规划。

（五）开展棉花商用品种的真实性检验,提高商品供种的市场化水平

2017年以来,新疆地方和新疆兵团都在推进"一主两辅"到"一主一辅"的主推品种发布制度,试图提高纤维品质的一致性,逐步培育绿洲商品棉花的"大品种",从方向上讲是正确的,但在具体方法上仍需改进提高。遴选、检测的科学方法和市场化的商品供种措施如下。

1. **遴选**·通过品种区域试验、公检品质和其他抽检品质途径获得品种的遗传品质和生产品质,再从中遴选高品质品种。

在品质指标的权衡方面,上半部平均纤维长度、断裂比强度选择"双30"和马克隆值3.7~4.6是关键指标,表明纤维品质的长度、强度和细度相协调,对于绝大多数品种而言,因马克隆值偏大即被淘汰一半以上。同时,重要参考性指标——纺纱均匀性指数宜选择最高指标,长度整齐度指数选择85%,衣分率选择平均水平。同时所选品种需具备高产、抗病、抗虫等优异性状(见第三章)。

2. **真实性检测**·对品种的真实性开展检测,包括提供参加区域试验的新品系检测,如"同质性"极高即可阻止参加区域试验,从源头挡住了"假冒""套牌",以有效保护知识产权;审定检测结果记录档案,作为该品种终身身份,通过大田繁殖检测、加工检测和种子销售检测,以确保所供品种是"真实品种"。以此为基础建立可追溯的品种档案,并由检验机构予以公布,作为执法的重要依据。

3. **采用分子检测技术**·应用SSR(Simple Sequence Repeat marker,简单重复系列分子标记法)或SNP(Single Nucleotide Polymorphism,单核苷酸多态性标记技术单核苷酸多态性)方法进行检测。真实性检测可以是种子部门自检,也可委托第三方检测。

4. **提高商品供种的市场化水平**·"一主两辅"或"一主一辅"在一地的供种企业至少应有3家以上供种公司同时参加招标,同时参与市场供种,这才符合市场化原则(见第三章)。

5. **关于推荐品种的合法性问题**·《中华人民共和国种子法》(2015年修订)第四十四条

规定"种子使用者有权按照自己的意愿购买种子,任何单位和个人不得非法干预。"需要强调的是,推荐品种必须是审定品种,审定品种必须符合"三性"(特异性、一致性、稳定性)原则;"一主两辅"或"一主一辅"用种模式,品种是"推荐"引导而不能强制买卖。兵团实行优质优补到户,切实保障种植者利益的做法可取。正如前述,采用真实性检验是保障品种科学性的关键环节,其源头是把握品种品质的审定关口,应从源头提高品种的品质,减少劣质品种进入种植环节。

6. *严厉执法*·必须严厉打击"套牌""假冒"等"乱引、乱推、乱种"的不法行为,不管科研机构、种业公司还是家庭农场、专业合作社、棉花集团企业等都必须经营和种植合法品种。

七、鼓励支持开展绿洲棉花提质增效的立法实践

(一)鼓励、支持地方人大立法

为了发展现代植棉业,国家应鼓励产棉大地区、大县市、大师市人民代表常委会对棉花"一地一个品种"进行立法实践,支持地方人民代表大会常务委员会对棉花品种的真实性开展执法监督检查。

(二)对保护区植棉面积实现配额制管理

按照棉花生产保护区面积进行面积定额支持,超出定额面积的部分不支持或减少支持。结合棉花保护区面积并采取"配额"制是保障棉花播种面积不无限扩张的一种方法,这一方法20世纪70年代在美国进行了实践,达到了限制面积的目的。

(主笔:毛树春;主审:田立文;终审:毛树春)

参考文献

[1] 国家统计局.中国统计年鉴 2018.北京:中国统计出版社,401-406.
[2] 国家统计局.中国统计年鉴 2019.北京:中国统计出版社,385-392.
[3] 国家统计局关于 2019 年棉花产量的公告.http://www.stats.gov.cn/tjsj/zxfb/201912/t20191217_1718007.html.
[4] 国家统计局关于 2020 年棉花产量的公告.http://www.stats.gov.cn/tjsj/zxfb/202012/t20201218_1810113.html.
[5] 新疆维吾尔自治区统计局,国家统计局新疆调查总队编.新疆统计年鉴(各年).北京:中国统计出版社.
[6] 新疆生产建设兵团统计局,国家统计局兵团调查总队编.新疆生产建设兵团统计年鉴(各年).北京:中国统计出版社.
[7] 中国农业科学院棉花研究所主编.中国棉花栽培学.上海:上海科学技术出版社.1959 年版,1983 年版,2013 年版,2019 年版.
[8] 毛树春,李亚兵,董合忠.中国棉花辉煌 70 年.中国棉花,2019,46(7).
[9] 国发〔2017〕24 号.国务院关于建立粮食生产功能区和重要农产品生产保护区的指导意见.国务院,http://www.gov.cn/zhengce/content/2017-04/10/content_5184613.htm.
[10] 中共中央 国务院关于坚持农业农村优先发展做好"三农"工作的若干意见.人民日报,2019/2/20,第一、第二版.
[11] 农业农村部等七部门联合印发.国家质量兴农战略规划(2018—2022 年).农业农村部网站 http://www.moa.gov.cn/xw/zwdt/201902/t20190220_6172204.htm.
[12] 农业农村部印发.2019 年种植业工作要点.https://www.toutiao.com/a6660318230998942219/.
[13] 生态环境部、农业农村部联合印发.农业农村污染治理攻坚战行动计划.http://country.people.com.cn/n1/2018/1109/c419842-30390818.html.
[14] 钱易,唐孝炎.环境保护与可持续发展.北京:高等教育出版社,2000,132-139.
[15] 二十一世纪议程.https://baike.so.com/doc/24367281-25183785.html.
[16] 2030 年可持续发展议程.https://baike.so.com/doc/24367281-25183785.html.
[17] 冯国刚.中国是为全球减贫作出最大贡献的国家.中央纪委国家监委网站.http://www.ccdi.gov.cn/yaowen/202003/t20200309_213109.html.
[18] 习近平.决胜全面建成小康社会,夺取新时代中国特色社会主义伟大胜利.党的十九大报告学习辅导百问.北京:党建读物出版社,学习出版社,2017,1-56.

[19] 全国农业可持续发展规划(2015—2030年)(农计发[2015]145号).http://jiuban.moa.gov.cn/sjzz/jgs/cfc/yw/201505/t20150528_4620635.htm.
[20] 农业部关于打好农业面源污染防治攻坚战的实施意见(农科教发[2015]1号).http://jiuban.moa.gov.cn/zwllm/zwdt/201504/t20150413_4524372.htm.
[21] 中共中央办公厅,国务院办公厅印发.关于创新体制机制推进农业绿色发展的意见.中华人民共和国中央人民政府网站.http://www.gov.cn/zhengce/2017-09/30/content_5228960.htm.
[22] 农业农村部,国家发展和改革委员会等.国家质量兴农战略规划 2018—2022(农发[2019]1号).http://www.moa.gov.cn/nybgb/2019/201902/201905/t20190517_6309469.htm.
[23] 生态环境部,农业农村部.关于印发农业农村污染治理攻坚战行动计划的通知(环土壤[2018]143号).http://www.mee.gov.cn/xxgk2018/xxgk/xxgk03/201811/t20181108_672959.html.
[24] 水利部等七部门联合印发.全国水土保持规划(2015—2030年).中国水土保持建设网.http://www.360doc.com/content/18/0604/18/45559526_759648346.shtml.
[25] 国务院关于实行最严格水资源管理制度的意见(国发[2012]3号).https://www.360kuai.com/pc.
[26] 关于强化水资源刚性约束收入推进最严格水资源管理制度的通知(新疆维吾尔自治区发布总河(湖)长第3号令).新疆维吾尔自治区全面推行河(湖)长制领导小组办公室.2020-12-25.
[27] 新疆维吾尔自治区人民政府办公厅.关于进一步强化水资源保护管理的实施意见文件(新政办发[2021]80号).http://slt.xinjiang.gov.cn/.
[28] 高旺盛,杜伟.新疆农业高质量发展技术对策.北京:中国农业大学出版社,2018.
[29] 新疆维吾尔自治区水利厅,新疆生产建设兵团水利局.新疆用水总量控制方案[资料],2018.1.
[30] 新疆水资源平衡论证报告.http://www.xjslt.gov.cn/2017/03/21/gzdt/49483.html.
[31] 新疆维吾尔自治区水利厅.新疆维吾尔自治区水资源公报.2014年,2015年,2016年,2017年.
[32] 陈亚宁,郝兴明,陈亚鹏,等.新疆塔里木河流域水系连通与生态保护对策研究.中国科学院,2019,34(10).
[33] 谢蕾,李江,穆振侠.新疆北部水资源利用存在主要问题及对策.水利规划与设计,2019(7).
[34] 李波.新形势下新疆水资源开发利用应对策略研究.水利规划与设计.2015(9).
[35] 李景林,普宗朝,张山清.气候变化对新疆农业的影响及区划.北京:气象出版社.2018.
[36] 国家发展改革委,财政部.关于印发棉花目标价格改革试点方案的通知(发改价格[2014]1524号).中国棉麻流通经济,2016(4).
[37] 国家发展改革委,财政部.关于深化棉花目标价格改革的通知(发改价格[2017]516号).http://www.gov.cn/xinwen/2017-03/17/content_5178371.htm.
[38] 国家发展改革委,财政部.关于完善棉花目标价格政策的通知(发改价格[2020]474号).http://www.china-cotton.org//app/html/2020/03/26/86885.html.
[39] 中国棉纺织行业协会.新疆机采棉须快马加鞭.中国纺织报,2015-4-13;第2版.
[40] 叶戬华.促进机采棉的使用.中国棉麻产业经济研究,2015(3):16-19.
[41] 毛树春,李亚兵,冯璐,等.新疆棉花生产发展问题研究.农业展望,2014,10(11).
[42] 中国棉花协会,中国棉纺织行业协会,中国棉麻流通经济研究会.关于提升和保障棉花质量的研究报告.中国棉麻流通经济研究,2018(3).
[43] 中国农业科学院棉花研究所,国家棉花产业联盟.高品质棉花产需研究报告[资料].中国农业科学院棉花研究所,2019.
[44] 毛树春,马小艳,程思贤,等.我国高品质原棉产需分析与发展建议.中国棉花,2020,47(3).
[45] 喻树迅,马峙英,熊和平,等.中国棉麻丝产业可持续发展研究.北京:中国农业出版社,2015.
[46] 傅廷栋.经济作物产业可持续发展战略研究.北京:科学出版社,2017.
[47] 毛树春,李亚兵,冯璐,等.新疆棉花生产发展问题研究.农业展望,2014,10(11).
[48] 毛树春,李亚兵主编.中国棉花景气报告2016,北京:中国农业出版社,2017.
[49] 毛树春,李亚兵.中国棉花景气报告2017—2019,北京:中国农业出版社,2021.
[50] 李景林,普宗朝,张山清.气候变化对新疆农业的影响及区划.北京:气象出版社,2018.
[51] 毛树春,李亚兵,王占彪,等.再论用"品质中高端"引领棉花产业发展.农业展望,2017,13(4).
[52] 毛树春,程思贤,马小艳,等.2018—2020年新疆棉花主栽品种的品质变化简析及高品质棉花品种的遴选推荐若干意见和建议.中国棉花,48(3),2021.
[53] 农业农村部.农业农村部"十四五"全国种植业发展规划(农农发[2021]11号).http://www.moa.gov.cn/govpublic/ZZYGLS/202201/t20220113_6386808.htm.
[54] 新疆维吾尔自治区第三次全国国土调查领导小组办公室、新疆维吾尔自治区自然资源厅、新疆维吾尔自治区统计局.新疆维吾尔自治区第三次全国国土调查主要数据公报.http://tjj.xinjiang.gov.cn/tjj/wjtz/202201/68170344947f45afbed5cddfbae49d9f.shtml.

新疆绿洲棉花
可持续发展研究

第二篇

新疆绿洲资源环境和气候

本篇论述新疆绿洲国土资源农业开发和利用,水资源开发和农业利用,全球气候变暖背景下绿洲气候变化及其对棉花影响及其可持续发展的对策措施。

第五章
新疆绿洲农业资源利用和农田/棉田环境保护对策研究

研究指出,近30年,新疆土地资源利用结构总体表现出耕地、园地增加,草地减少,林地维持的状态。至2016年底,耕地面积达到了538万hm^2,大规模荒地开垦带来了两次棉田扩大的高潮,至2017年,棉田面积达到了222万hm^2。在耕地面积扩大的同时也导致土壤盐渍化与残膜污染加剧、养分利用效率低、防护林退化等诸多资源环境问题。针对此,未来需紧密结合"新一轮目标价格合理引导棉花生产"的要求,按照"控制面积、提质增效"的原则,通过规范后备耕地开发利用、持续开展高标准农田建设、加强农田残膜治理、控制减少化肥施用、开展绿洲防护林建设、创新绿洲盐碱化治理技术等举措,建设好绿洲200万hm^2棉花生产保护区。

第一节·新疆绿洲国土资源(耕地)开发利用进程和现状

土地利用是人类对土地这一自然经济综合体利用及其改造、影响的过程,其变化体现着人类与自然的相互作用。新疆地处祖国西北,由于干旱、缺水、风沙等自然环境特点,形成了独特的土地利用格局。1949年新中国成立以来,新疆土地开发取得了巨大成绩,特别是20世纪90年代以来,绿洲土地开垦持续升温,使得中国新增耕地重心向西北转移。绿洲作为新疆干旱区三大地理系统(山地、荒漠、绿洲)最为精华的部分,面积虽小却承担着当地人类及社会经济的主要活动,其动态变化影响着干旱区资源环境、社会经济及相互间的协调关系。

一、新疆绿洲国土资源及其开发利用

(一) 新疆绿洲变化

绿洲是人类以生产或生活等为目的,在干旱气候条件下有稳定水源供给,对荒漠土地投入劳动进行开发、整治,有稳定的承载力和较高的第一物质生产性,有清晰边界的人工生物群落的地理综合景观的镶嵌系统(刘新平,2004年)。实际上也是人类在干旱区的自然条件下依靠科学技术所创造的生物群落区,包括居住的人、农地、林地、园地、人工草地以及居民点,它的生存

和发展不是天然形成的产物,而必须依靠自然环境的支持和人的作用;不是孤立的,而是相互适应、同存共荣。绿洲最大的贡献在于以较少比例的土地养育着较多的人口,同时也带来对生态环境的影响,由于人类生产生活等活动,绿洲的面积和范围一直处于动态变化中。

1. **新疆绿洲分布及现状** · 新疆全区总土地面积 166.49 万 km^2,是全国土地面积最大的省区(占 17.34%),总轮廓呈现"三山夹两盆"的独特地貌特征。在新疆土地总面积中,山地、丘陵、平原分别占 38.07%、10.73% 和 51.20%。而平原中沙漠、戈壁、盐壳等不宜用地约为 62.89 万 km^2,合计有近 93 万 km^2 的土地不宜作为农牧业生产的土地资源。在宜利用的土地中,受干旱因素制约,水土承载力有限,利用难度较大,开发利用成本高,土地利用率很低。在所能利用的土地资源中,人们赖以生存的绿洲面积仅占全疆总面积的 9.93%(遥感数据),但却集聚着全疆 95% 以上的人口,绿洲内平均人口密度比全国高出近 1 倍,已接近我国东南沿海省份平均人口密度。

新疆绿洲是随着喜马拉雅造山运动及青藏高原的逐步隆升而造就的,在形成高山环绕盆地的同时,冰山融水和降雨补给河流,创造了适宜人类活动的空间。绿洲最初建立在天然绿洲上,农耕灌溉水初期仅限于绿洲内天然水源。随着社会的发展,人们逐渐开始改造绿洲,由简单逐渐复杂,并开始建设水利工程设施,从而形成人工复合的农业绿洲。特别是新中国成立后,绿洲发展进入了新时期,依靠科技进步,跨流域对水资源进行再分配,绿洲的形成已不完全依赖自然条件,不再局限于对天然绿洲的改造。

在不断改造、形成、消退的过程中,新疆绿洲形成了当前环状、带状和点状分布的格局,环状分布体现在准噶尔盆地边缘和塔里木盆地边缘;条带状主要依水系分布,如位于冲积扇上部的石河子、和田和阿尔泰地区,扇缘泉水溢出带的乌鲁木齐、库尔勒、塔里木河和叶尔羌河的冲积平原区,以及属于河谷平原的伊宁-博乐、塔城-额敏地区;而哈密、吐鲁番、伊吾-巴里坤地区被沙漠戈壁所包围,呈零星点状分布。总体而言,新疆绿洲主要分布在塔里木、准噶尔两大盆地边缘和其他盆地,集中连片不多,散布于广大荒漠地区,自然与人文环境相对封闭,全疆面积在 1 333 hm^2 以上的绿洲只有 200 多块,各个绿洲之间往往是一个个相对独立的经济区(图 5-1)。

2. **绿洲的组成及变化** · 绿洲根据人类的活动程度分为天然绿洲和人工绿洲。天然绿洲主要指干旱区荒漠自然景观,基本上无人类活动介入,靠自然因素形成的绿洲。人工绿洲又可分为人工天然复合绿洲和人工绿洲。人工天然复合绿洲是人类在天然绿洲基础上投入劳动而形成的、高于天然绿洲生产性的部分,新疆的大部分绿洲属于这种类型,如塔里木盆地的喀什绿洲、阿克苏绿洲和和田绿洲,现已成为新疆乃至全国的棉花生产基地。人工绿洲是通过人类劳动,开荒造田,引水灌溉而逐步形成的绿洲。

新疆绿洲面积究竟有多少?一直没有统一的说法,其主要原因是绿洲的概念没有明确的界定,亦缺少先进的测绘手段。长期以来,比较认可的数据是新疆绿洲占国土总面积的 3.73%(621 万 hm^2)。但通过不同阶段的遥感监测,发现新疆的绿洲面积高于这一数据,而且表现出稳步扩大的趋势:20 世纪 70 年代中期的占比为 8.18%,到 2015 年上升至 9.93%(1 653 万 hm^2),增长了 21.39%。而且各个时期绿洲中人工部分与天然部分的占比也是此长彼消,人工绿洲面积及占比逐步增大,从 1970 年代的不到 43.6% 增大至 2015 年超过

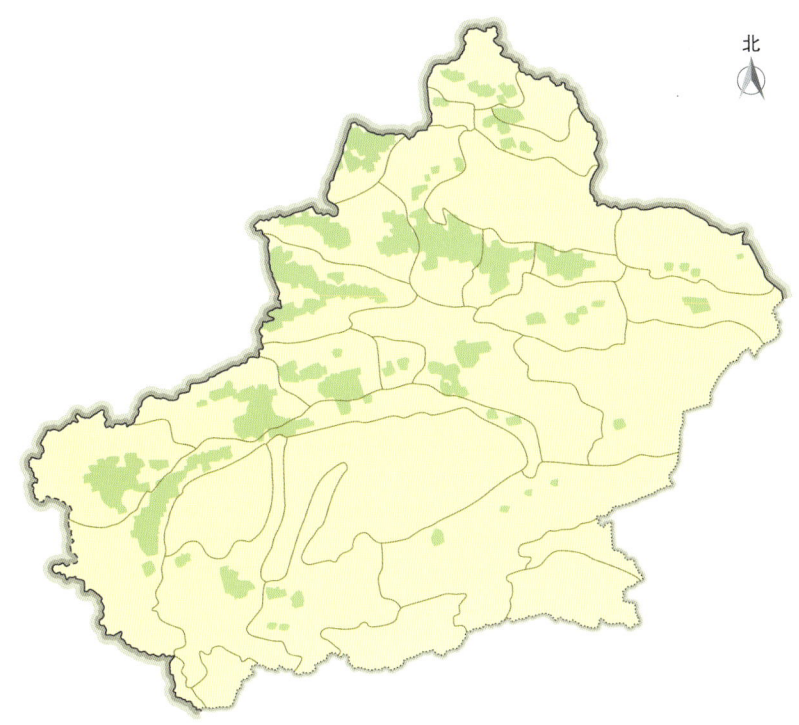

图5-1·新疆主要流域的绿洲分布格局

57.9%。而且对比1970年代中期及2015年土地利用的空间变化,人工绿洲面积增加的83.96%来自对低覆盖度草地(51.21%)和天然绿洲(32.75%)的开发利用,即人工绿洲面积的增加超过1/2来自低覆盖度草地,近1/3来自天然绿洲(图5-2)。

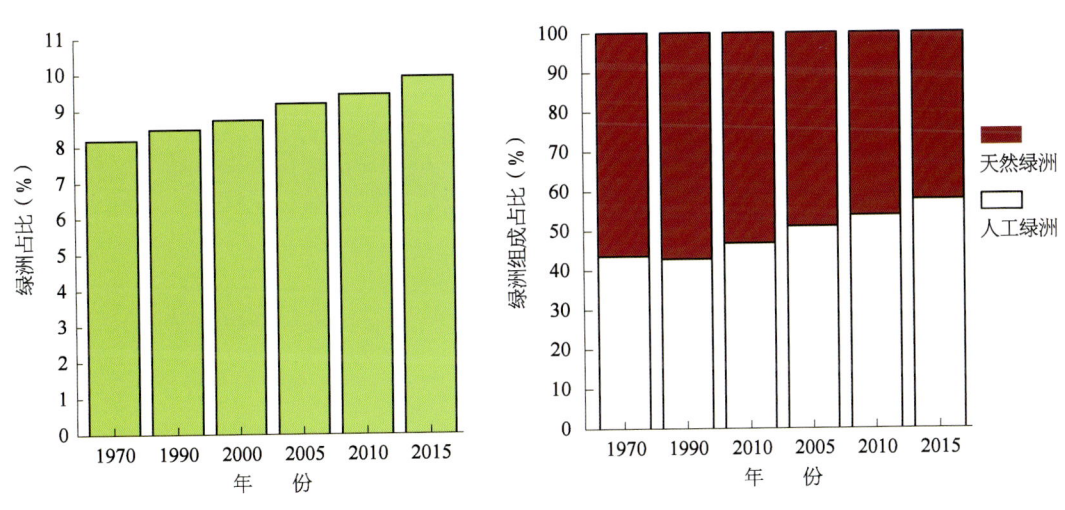

图5-2·新疆不同时期绿洲面积占比及其结构变化

从近40年新疆绿洲扩张来看,新疆绿洲及人工绿洲面积的最大增加类为各类耕地面积的增加,因此绿洲面积的扩张基本等同于耕地空间的扩张。其特点是:绿洲内部地类相互转换、耕地与城乡居民用地填缝式增长;绿洲周边以耕地增加为主的外延式扩展;其他荒漠区域工矿用地急剧增长(图5-3)。

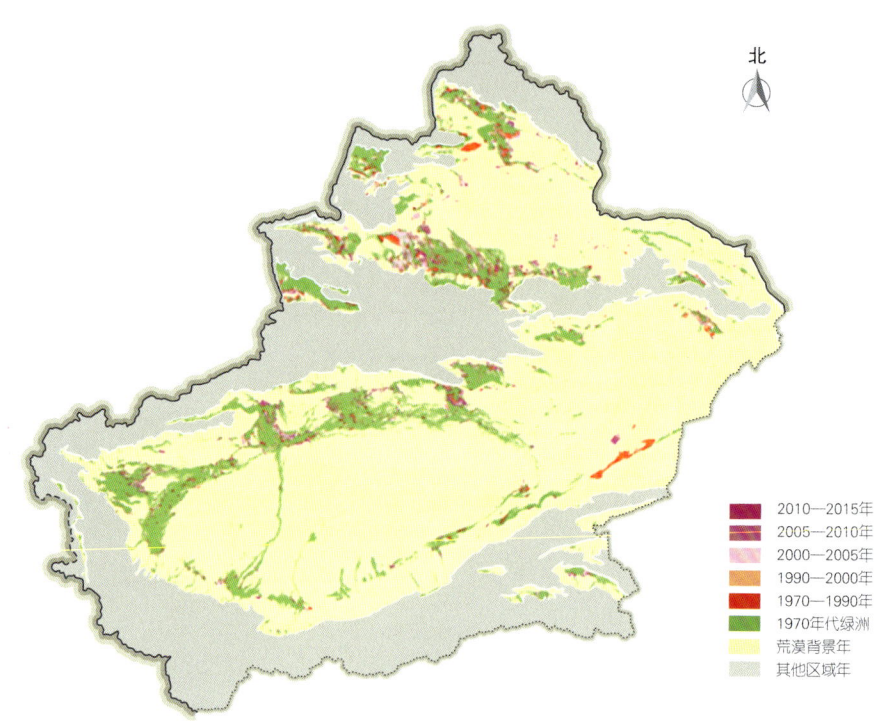

图5-3·1970—2015年新疆绿洲及其扩张

(二)新疆绿洲土地资源开发利用动态分析

1. **绿洲土地开发利用现状**·1990年以来,新疆土地利用结构发生了明显的变化(图5-4),具体表现如下。

(1) 耕地与园地面积明显增加。新疆地方1991—2000年农用地中耕地的数量增幅较大,由原来的330万hm^2增加至410万hm^2左右(增加了24.4%),之后15年变化不大。新疆兵团的明显增加发生在2010年前后,由104万hm^2增加至124万hm^2,此后维持在这一数量。地方园地面积的增加主要表现在2000年之后,与1990年的13.26万hm^2相比,近25年增加了将近2.75倍,达到了36.42万hm^2,年均增加10.6%;新疆兵团园地面积增加主要在2010年,由2009年的6.6万hm^2增加至15.1万hm^2,一年间增加了2.3倍,之后基本维持在这一数量。

(2) 林地面积稳定。新疆地方林地面积在2000年降低了30万hm^2,之后保持在670万hm^2左右,而新疆兵团由2009年的45万hm^2增加到2010年的90万hm^2,但从新疆整体来看,林地面积基本没有太大的变化。

(3) 草地面积较大幅度降低。新疆地方1993—1999年草地面积缩减很大,降幅达到12.78%,之后有所升高,从2000年至今变化很小,维持在5 100万hm^2左右。而新疆兵团草地

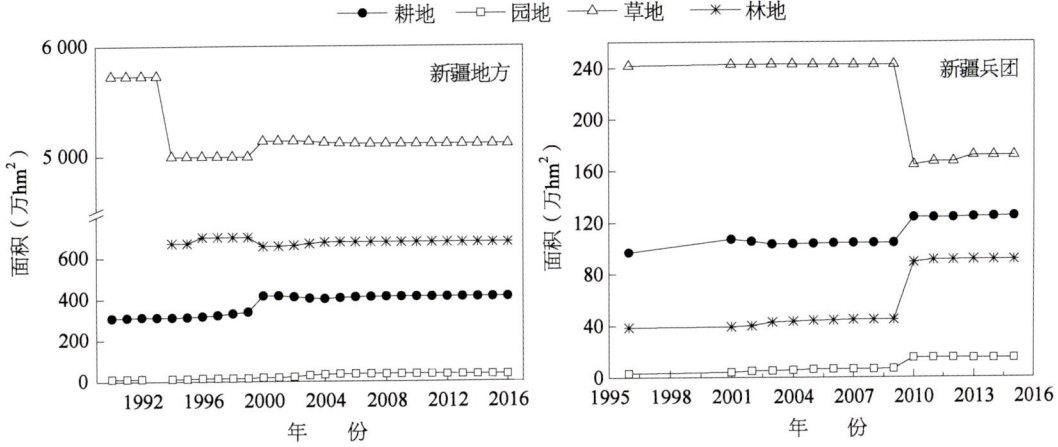

图 5-4 · 新疆绿洲土地利用年际变化趋势

注：据 2022 年 1 月 20 日新疆维吾尔自治区第三次全国国土调查主要数据公报，以 2019 年 12 月 31 日为标准时点，耕地面积为 703.86 万 hm^2，园地面积 107.01 万 hm^2，林地面积 1 221.25 万 hm^2，草地面积 5 198.60 万 hm^2。

(据《新疆统计年鉴》《新疆生产建设兵团统计年鉴》整理，买文选，2020 年)

面积的降低发生在 2009—2010 年，由 242 万 hm^2 缩减至 164 万 hm^2，降幅达到了 32%。

总体看，从 1990 年至今，新疆土地资源总体表现出耕地、园地增加，草地减少，林地维持的状态。而耕地的增加源头很可能是源自草地的减少。

2015 年，新疆地方农用地面积 6 308.49 万 hm^2，兵团 431.22 万 hm^2，合计占新疆土地总面积的 40.48%，其中牧草地所占比重最大，地方 81%、兵团为 39.9%；其次为林地，地方面积为 676.48 万 hm^2，占比 10.7%，而兵团这一比例更高，达到了 21.2%（91.43 万 hm^2）。当前，新疆地方和新疆兵团耕地面积分别为 412.46 万 hm^2 和 125.19 万 hm^2，分别占农用地的 6.5% 和 29%。园地面积均较小，分别为 36.42 万 hm^2（占 0.6%）和 15.01 万 hm^2（3.5%）（图 5-5）。

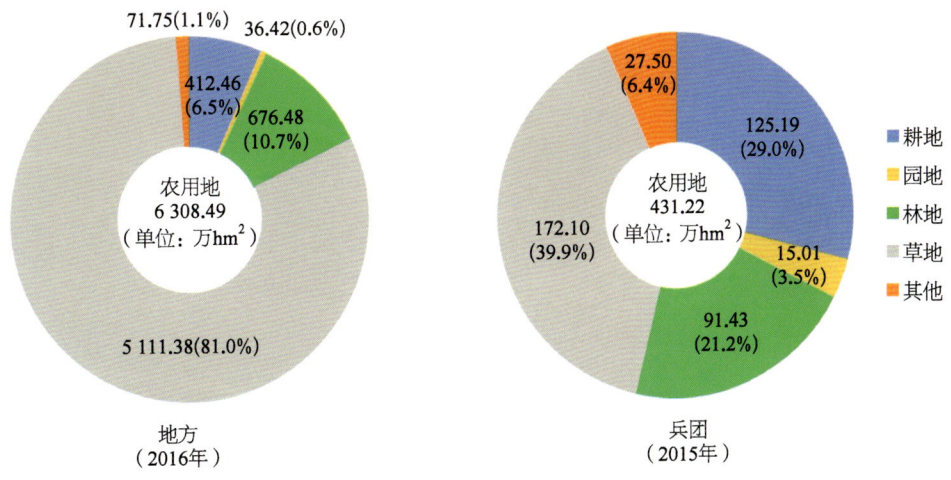

图 5-5 · 新疆农用地利用现状

(据《新疆统计年鉴》《新疆生产建设兵团统计年鉴》整理，买文选，2020 年)

在土地利用类型中,呈现出牧草地、未利用土地占绝大多数、耕地少的局面。在利用方式上,表现为山地以牧、林为主体,平原呈荒漠、绿洲农林牧结合利用的特点。从用地结构来看,未利用土地在全疆土地总面积中占有较大比重,反映出土地利用条件差、利用率低的特点,同时也显示了土地后备资源潜力巨大的信息。但未利用土地中只有10.4%的荒草地经过开发后是可利用的。这些荒草地生长着稀疏的乔木和灌木以及耐旱的草类,分布在塔里木盆地南部区和北部区以及准噶尔盆地北区,是新疆后备资源潜力较大的地区,同时也是生态用地和生态环境脆弱的地区。如何开发利用关系到绿洲生态安全,根本焦点在于生态保护与建设的思路和土地开发力度与合理性这两方面能否真正并重与协调的问题。

2. 绿洲土地利用结构的时空变化 · 天山南北冲洪积平原区,特别是人类活动的农耕—城镇区域是土地利用变化最为活跃的区域,山地—高原—荒漠腹地动态变化相对较少,成为相对稳定区域。各大活跃区中,最为显著的就是原农区之间及周边填缝式、外延式的耕地扩展。耕地的扩展遍布全疆各地,并出现了多处新垦农灌区。近40年新疆耕地有开垦有撂荒,但总量不断扩大,是新疆耕地面积急剧扩张的时期之一。从开垦的耕地来源看,增加大多来自对各类草地的开垦。从耕地开垦的分布来看,由20世纪90年代之前的伊犁地区、巴音郭楞蒙古自治州,到90年代的天山北坡、南疆塔里木河流域、额尔齐斯河流域,到21世纪初的阿克苏河流域、玛纳斯河流域、塔城盆地,再到近年来南疆各地的普遍开荒,整个开垦的热点已遍布全疆各地。林地总面积的减少主要来自疏林地和灌木林地面积的减少,大多是各类林地开垦成为耕地所致,主要分布于南疆塔里木河流域,而各类园地的面积有所增加(图5-6)。

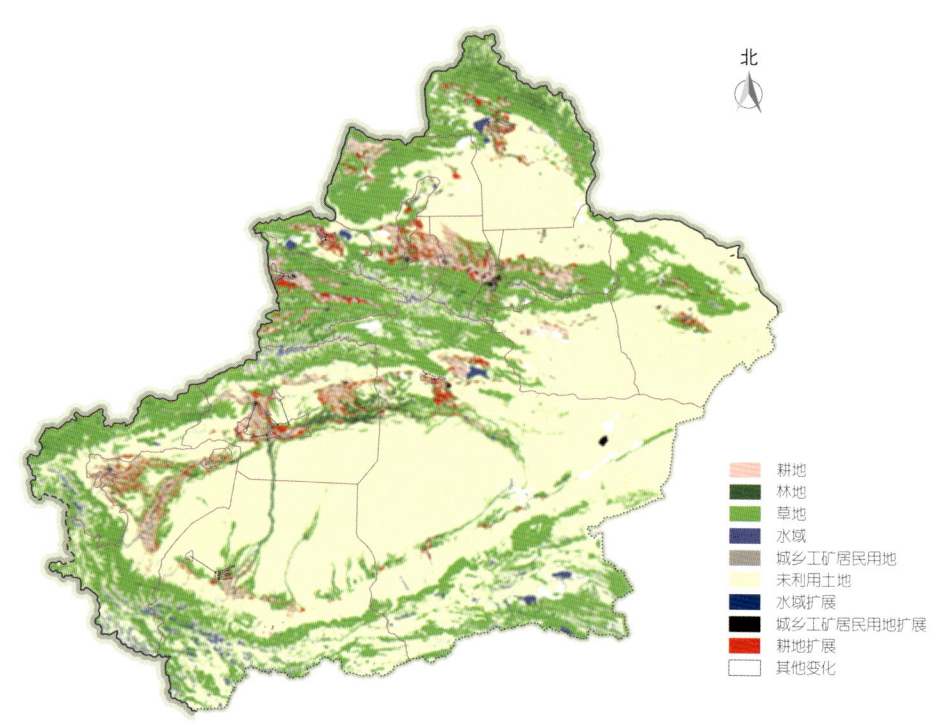

图5-6 · 1970年代至2015年新疆绿洲土地利用及其动态变化

二、绿洲农田/耕地面积的增长及其原因

(一) 绿洲耕地变化

新疆耕地在人工绿洲中占有60%以上的比重(孙九胜等,2012年),绿洲的农业经济活动大多围绕耕地进行,耕地利用是否合理和高效关系到绿洲经济的可持续发展,而耕地的变化关系到当地居民的生存、生活以及社会政治的稳定。

从1949年新疆和平解放至今,70多年来新疆各族人民和广大军垦战士艰苦创业,开荒造田,使新疆土地开发达到历史空前水平。截至2016年底,全疆耕地面积达到了537.9万hm^2,为1949年(120.9万hm^2)的4.45倍。整体来看,新疆耕地面积的变化可分为如下几个阶段(图5-7)。

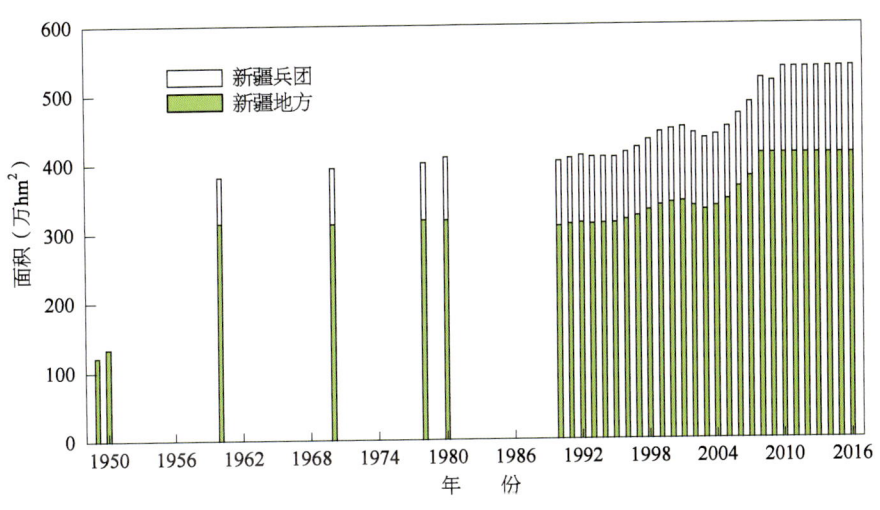

图5-7·新疆绿洲耕地面积变化情况

(据《新疆辉煌50年》《新疆统计年鉴》《新疆生产建设兵团统计年鉴》等整理绘制,买文选,2020年)

1. **1950—1960年快速增加阶段**·由于农业生产技术落后,这一阶段农业的发展主要依靠耕地面积的扩大取得。这10年共新垦荒地179万hm^2,使新疆耕地面积在1960年达到了314.51万hm^2。这一时期也是军垦农场开始建立时期,1954年成立了中国人民解放军新疆生产建设兵团,到1957年底兵团的耕地面积为22.5万hm^2,到1960达到66.67万hm^2,全疆合计381.17万hm^2。这一阶段的开荒重点主要在天山南北麓,北麓以乌鲁木齐河、玛纳斯河及奎屯河流域为主,南麓以开都河、孔雀河及阿克苏河流域为主。此外,南疆塔里木河流域也是重要的开发区域。在这一阶段的后几年,受"大跃进"影响,开荒表现出很大的盲目性,只注意开荒数量,不注意开荒质量,耕地面积增加虽多,却没有形成有效的生产力。

2. **1961—1977年开荒速度放缓**·在1966年之前,虽结束了开荒热,但每年仍以13.3万hm^2的速度增加,6年累计开荒89.6万hm^2。此后1967—1977年进入零星开发阶段,每年开荒面积仍不小,但弃耕大于开荒,耕地面积由1966年的336.0万hm^2降至1977

年的 315.5 万 hm²。加上新疆兵团 82 万 hm² 耕地，全疆耕地面积为 397.5 万 hm²，略高于 1960 年水平。

3. 1978—1995 年稳定期·耕地面积变化不大，耕地管理以提高单位面积产量为主。这一时期虽然每年都有零星开荒，但由于城市扩展，基础建设用地不断增加，全疆总耕地面积没有明显增加：1977 年为 315.5 万 hm²，1986 年下降至 305.0 万 hm²，1995 年为 312.8 万 hm²，比 1977 年减少 2.7 万 hm²。但在这一阶段，新疆兵团的耕地面积有较明显的增加，由 1978 年的 82.35 万 hm² 增加到 1995 年的 94.85 万 hm²，使全疆耕地总面积增加至 407.68 万 hm²。

4. 1996—2010 年新一轮快速增加期·由 1996 年的 312.8 万 hm² 增加至 2000 年的 345.7 万 hm²，平均每年新增耕地 7.7 万 hm²；2005—2008 年耕地面积增加更快，由 346.0 万 hm² 增加到 412.5 万 hm²，增加了 66.5 万 hm²，平均每年增加 16.6 万 hm²。若加上兵团同时期的耕地数量（124.2 万 hm²），2010 年底全疆耕地面积为 536.7 万 hm²，比 1995 年增加 122.1 万 hm²，平均每年增加 8.14 万 hm²，增长速度非常快。这一阶段耕地面积的增加主要得益于水利建设和膜下滴灌技术的应用，与常规灌溉相比，膜下滴灌技术可节水 30%～40%。截至 2015 年全疆累计形成高效节水灌溉面积已达 278.7 万 hm²，为全国之最，并且还以每年 20 万 hm² 速度推进。由于这一技术的大面积推广，使农业生产在很大程度上摆脱了水资源短缺的限制，并使作物的产量有了很大的提高。

（二）绿洲耕地分布

537.9 万 hm² 的绿洲耕地以串珠状呈环形分布于塔里木盆地和准噶尔盆地周围（图 5-8），其中北疆占 55.1%，南疆占 41.4%，东疆占 3.5%。主要在伊犁河流域、玛纳斯河流域，以及叶尔羌河流域。除此之外，阿克苏河、喀什噶尔河、艾比湖、额敏河、渭干河、开都河—孔雀河这些流域也有相当数量的耕地。其中，伊犁河流域耕地所占比重最大，约 11.4%。新疆的耕地以灌溉农业为主，旱地仅占总耕地的 8.2%，多分布于北疆山区。另外，新疆的轮歇撂荒地近 67 万 hm²，弃耕地约 67 万 hm²，垦殖指数很低，只有 2.0%。

从耕地的地区分布看（图 5-9），新疆地方耕地主要分布在昌吉回族自治州、塔城地区、阿克苏地区、伊犁州、喀什地区，五地耕地面积均超过 50 万 hm²，合计达到 296.4 万 hm²，占新疆地方耕地总面积的 72.0%；其次为巴音郭楞蒙古自治州，耕地面积 32.3 万 hm²，其余各地区均在 20 万 hm² 以下。新疆兵团耕地面积最多的是位于石河子的第八师、昌吉州的第六师、阿克苏的第一师、伊犁州的第四师，这四个师的耕地面积均超过了 10 万 hm²，其次为位于奎屯的第七师、塔城的第九师、喀什的第三师、库尔勒的第二师，这四个师的耕地面积在 5 万～10 万 hm²，其余各师的耕地面积均在 5 万 hm² 以下。

（三）绿洲后备耕地资源

除现有耕地外，新疆还有较为丰富的后备耕地资源（图 5-10），总面积约为 1 793 万 hm²，但是最适宜利用开发的耕地后备资源量不超过 460 万 hm²，占总量的 20.9%；隶属第二等级适宜度的资源量稍微多一些，占 26.6%。从分布范围看，最适宜用作耕地的后备资源主要集中在塔里木盆地北缘、天山北麓、塔城额敏盆地和少部分阿尔泰地区；叶尔羌河和阿克苏流域，以及伊犁河谷等地区分布着第二等级适宜度的部分后备资源；在塔里木盆地南缘

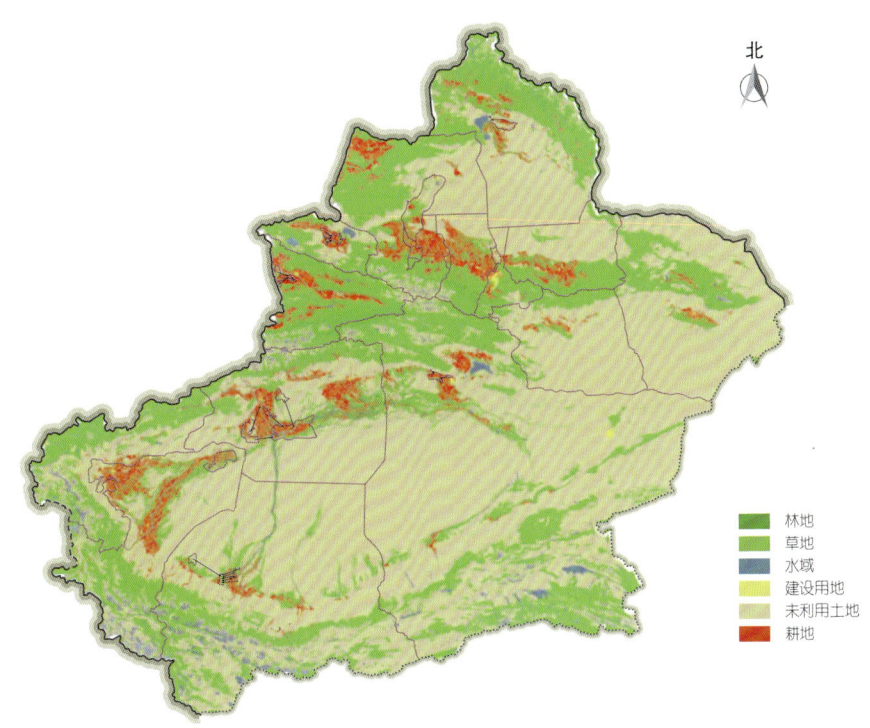

图 5-8 · 新疆绿洲耕地分布

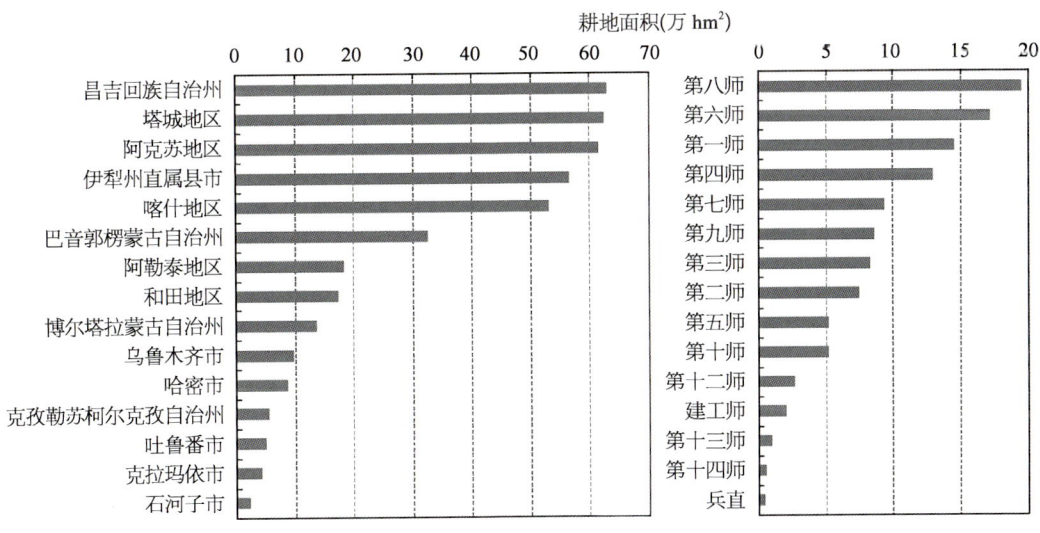

图 5-9 · 2016 年新疆绿洲耕地面积分布状况

(据《新疆统计年鉴》《新疆生产建设兵团统计年鉴》制作,买文选,2020 年)

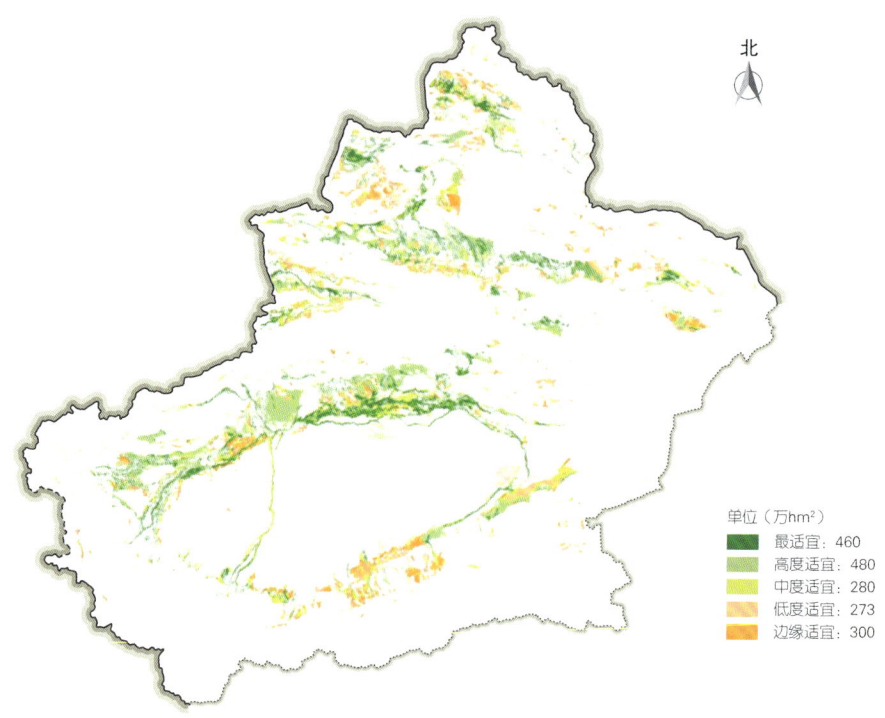

图 5-10 · 新疆绿洲后备耕地资源及其适宜性分布

与昆仑山北麓接壤的地区、古尔班通古特沙漠西部地区和哈密地区等分布着相当一部分的第三、第四、第五等级适宜度耕地后备资源,但是由于适宜度不高、水资源匮乏,或者灌溉技术不完善等原因的制约,这些地区的开发利用不太容易实现。总体来看,新疆后备耕地资源量是丰富的,但以水土平衡值计算后,目前已超出近 27 万 hm^2,开发现状非常严重,应严格控制耕地开发数量。同时有一些流域仍有少量的发展潜力,可以充分利用,如额尔齐斯河、伊犁河、车尔臣河以及和田河等流域。

新疆虽然后备耕地资源丰富,人均耕地面积也远高于全国平均水平,但根据自治区区情,保护耕地仍然是土地管理的重中之重。结合水资源的开发情况,按照"因地制宜,以水定地"和"开发与保护相结合,在开发中保护,在保护中开发"的原则,在绿洲农区内,通过井灌井排开采地下水资源对盐渍化土地进行综合治理;另一方面利用国家财力实施"引额济克""引额济乌"等大型水利工程,适度开垦一定数量的耕地后备资源,并且开一片必须成功见效一片,否则会造成边开边撂,年年开荒,年年撂荒,土地资源不断衰退和减少,生态环境进一步恶化的局面。

三、绿洲棉田面积变化及棉花生产情况

(一)棉田面积变化

新疆植棉自然条件优越,宜棉地带广阔,但在 1949 年全疆棉田面积仅有 2.34 万 hm^2,占全国棉田面积的 1.2%,其中喀什、和田两地种植面积占全疆棉田面积的 70.0%(张运生等,

1990年)。从新中国成立初期到20世纪60年代中期,南疆、东疆老棉区不断扩大,又新开辟了北疆棉区,形成了新疆的南疆、北疆和东疆的三大棉区。1965—1967年全疆棉田面积达到16.67万 hm²,与1949年相比,在不到20年的时间内,面积扩大4倍,由占全国棉花种植面积的1.2%增长为3.4%。1968—1978年,新疆棉花生产徘徊不前,面积维持在15.33万 hm² 左右。1978年之后,新疆棉花种植面积迅速扩大,1987年棉田面积比上年扩大8万 hm²,占耕地面积比例上升至11.64%,1990年全疆棉田面积达到43.52万 hm²,占当年耕地面积的14.1%,与1980年相比,棉田面积扩大140.2%。1995年,新疆棉田面积达到了74.3万 hm²,成为全国最大的产棉(省)区。此后10多年间,全疆棉花种植面积基本稳定在100万 hm² 以上,占全国的1/4。2010年以后,随着国家棉花种植区域布局的调整,黄河流域、长江流域棉区棉花种植规模大幅度压缩,而西北新疆棉花种植业持续发展,在全国棉花产业中的地位与重要性不断提升。到2017年,新疆棉花种植面积达到了221.8万 hm²,占全国的69.0%(图5-11)(见第一章、第二章、第四章)。

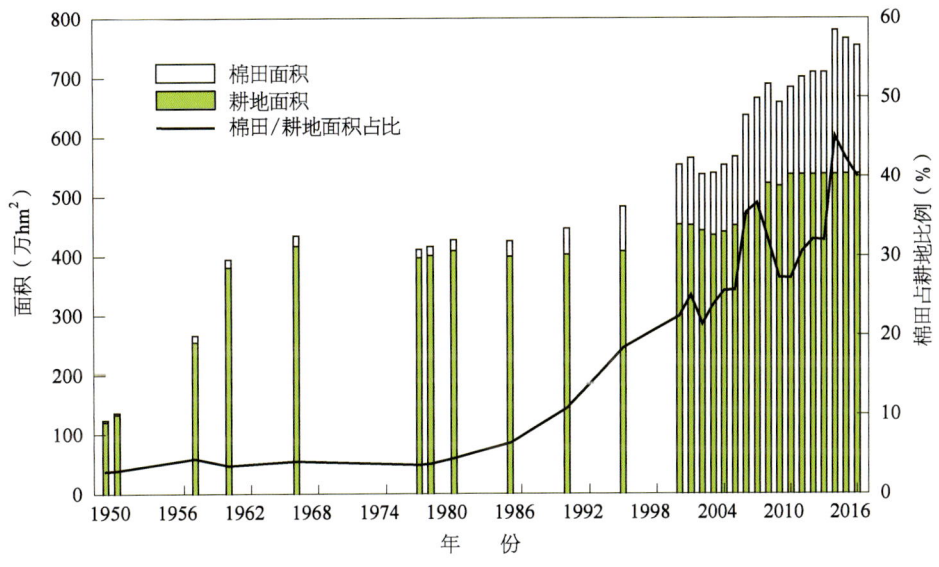

图 5-11 · 1949—2016 年新疆绿洲棉花种植情况

(据《新疆统计年鉴》《新疆生产建设兵团统计年鉴》制作,买文选,2021年)

(二) 新疆棉花生产

新疆棉花的产量随着不同时期新技术的应用和品种更新而不断提高(图5-12)。1949年全疆皮棉总产0.5万 t,占全国棉花总产的1.1%,平均单产150 kg/hm²,与全国平均单产相比低15 kg/hm²。这个阶段,吐鲁番地区生产水平最高,平均单产为全疆平均水平的1.7倍。1967年全疆棉花总产达到7.8万 t(占全国棉花总产的比例由1.1%增长到3.4%),单产达到468 kg/hm²,已与全国棉花单产水平持平,与1949年相比,总产增长近15倍,单产提高2倍多,是20世纪80年代以前历史最高水平。之后的十年,新疆棉花单产大多在375 kg/hm²上下,总产5万~6万 t,棉花生产停滞不前。1978年之后,随着地膜覆盖技术与"矮、密、早"

种植模式的迅速推广,以及化肥施用量的持续增加,新疆棉花种植开始快速发展,单产大幅度提高,总产量猛增,有力促进了新疆棉花生产的恢复和发展。1986年全疆棉花平均单产达到780 kg/hm²,突破了750 kg/hm²大关;1987年总产达到27.97万t,比上年增长29.4%;1990年全疆棉花总产量46.88万t,平均单产达到1080 kg/hm²,比1980年提高148.3%,总产增长4.92倍,达到新的水平。从1990年起新疆成为全国最大的产棉区,其总产、单产、人均占有量、质量和商品率均居全国第一。1995年,新疆棉花总产达到93.5万t,之后10年总产始终维持在150万t左右,占全国棉花总产量的1/3。2003年以后,随着膜下滴灌技术应用面积的不断扩大,在节水节肥的同时,新疆的棉花生产也达到了新的高度,2008年总产达到301.6万t,单产1807.8 kg/hm²,与1995年相比,分别增加了228万t和548.8 kg/hm²,增幅分别达到3倍和74%。2016年,新疆总产达到了420万t,占全国棉花总产量的78.6%,同时约占全球棉花总产量的1/6。从2002年起全疆棉花平均单产绝大多数年份超过1500 kg/hm²(除2005年),棉花大面积单产之高在世界主要产棉国是少有的,奠定了新疆棉花在全国的基础地位(见第二章、第三章)。

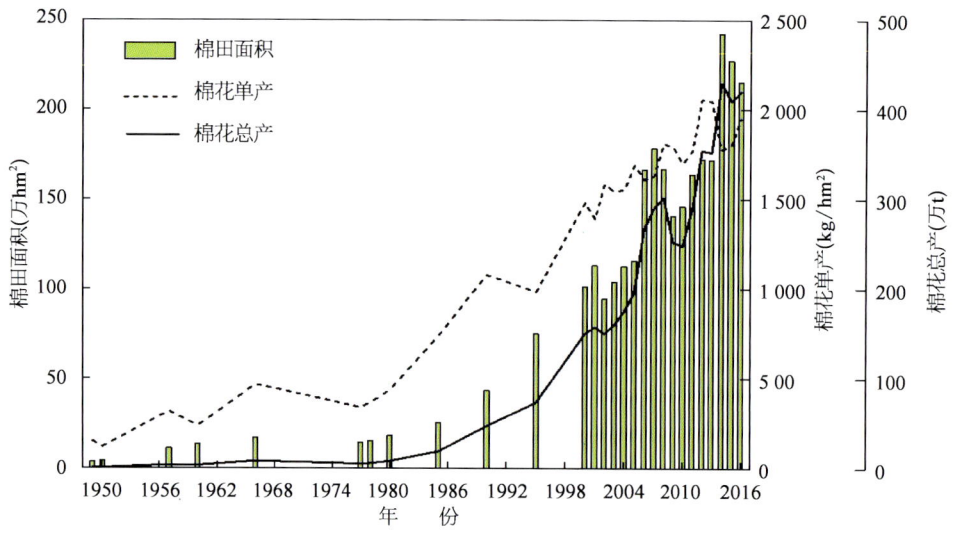

图 5-12 1949—2016年新疆绿洲棉花生产状况

(据《新疆统计年鉴》制作,买文选,2021年)

(三) 新疆棉田面积扩大的来源

近30多年新疆有两次较大规模的荒地开垦,以及由开荒带来的棉田扩大高潮行动。

第一次是20世纪90年代后期,随着国家棉区向西北内陆转移,加上新疆地方"一黑一白"战略的推进,国家鼓励新疆开发荒地,掀起一轮大规模的开荒高潮。随后国家和地方对开荒有所控制,地方和兵团都收回干部开垦的耕地,但同时仍有国土开发和低产田改良项目在支持,合法开荒仍在进行,只是规模小些。通过第一次开垦荒地,棉田扩大面积67万hm²左右。到2000年新疆棉田达到101.2万hm²,比1990年扩大了57.7万hm²,增幅高达132.6%。

第二次是2010年之后,因2010年度籽棉价格达到20000元/t,掀起了第二轮市场化、商业化的开垦高潮,新开垦耕地棉田有来自沙漠,也有不少来自草场,在这之后新疆棉田面积又扩大了 133 万 hm² 左右。2017 年新疆棉田面积达到了 221.8 万 hm²,比 2000 年扩大了 120.6 万 hm²,增幅 119.2%(表 5-1)。

表 5-1 · 新疆棉田面积、总产和单产变化

年 份	新疆			其中新疆生产建设兵团		
	面积(万 hm²)	单产(kg/hm²)	总产(万 t)	面积(万 hm²)	单产(kg/hm²)	总产(万 t)
1990	43.5	1 077	46.9	17.0	1 146	19.5
2000	101.2	1 438	145.6	40.5	1 693	68.6
2014	242.1	1 883	367.7	70.1	2 335	163.6
2017	221.8	2 056	456.6	68.7	2 443	167.9
2018	249.1	2 051	5 111	85.4	2 396	2 047
2019	254.1	1 969	5 002	86.9	2 334	2 028
2020	250.2	2 063	5 161	86.5	2 466	2 134

注:为国家统计局 2018 年修改后的数据;2017 年新疆各县市的产量之和,即全疆总产超过 500 万 t,比国家统计局总产多 9.5%;关于新疆棉花的总产和单产数据,国家统计局说明"不计非法开垦荒地、不计'帮忙田面积'的产量"。

但是,新疆实际棉田面积可能远远大于统计面积,为了落实按棉田面积补贴的任务,2014 年新疆各地对棉田面积进行了实地丈量,获得了最新的数据。

通过地方对面积的丈量测定核实,2014 年全疆植棉面积 272.1 万 hm²(表 5-2)(比表 5-1 国家统计局数据多约 30 万 hm²),其中地方 197.8 万 hm²,占 72.7%;兵团 74.3 万 hm²,占 27.3%,地方与兵团面积大致比例为 7∶3。在地方的植棉面积中,由基本农户种植 119.1 万 hm²,占总面积的 43.7%;地方国有农业生产经营单位种植面积 78.7 万 hm²,占总面积 28.9%。从产地看,南疆植棉面积约 160.0 万 hm²,占全疆 58.80%;北疆植棉面积约 101.3 万 hm²,占全疆 37.21%,东疆植棉面积 10.9 万 hm²,占全疆 3.99%。

从产量水平看,2014 年全疆棉花总产 451.0 万 t(比表 5-1 国家统计局多 83.3 万 t),其中地方 275 万 t,占 61.0%;兵团 176 万 t,占 39.0%,地方与兵团产量大致比例为 6∶4。2014 年全疆平均产量 1 654.5 kg/hm²(比表 5-1 国家统计局单产 1 882.5 kg/hm²,低 228 kg/hm²,低 12.1%),单产水平比较接近实际。其中,地方 1 386 kg/hm²,略偏低;兵团 2 368.5 kg/hm²,显然偏高。正常年景,地方与兵团单产水平的确存在差异,差距率即地方低于兵团约 30.0%,这样地方单产 1 650 kg/hm² 与兵团单产 2 100 kg/hm²,比较接近生产实际情况。

从新疆棉花的单产水平看,棉花种植面积很可能比 266.7 万 hm² 更多,如果加路渠林带,实际面积应该有 333.3 万 hm²。但这与 533.3 多万 hm² 的耕地很不相符,因此,全疆耕地面积不止 533.3 万 hm²。

表 5-2 · 2014 年新疆棉花产能和结构

(毛树春,2016 年)

数据来源	项目	播种面积(万 hm²)	面积占全疆比例(%)	皮棉产量(万 t)	产量占全疆比例(%)
新疆地方基本数据(2015 年 3 月 1 日)	全疆	272.1	100.0	451.0	100.0
	地方	197.8	72.8	275.0	61.0
	其中：基本农户农户生产	119.1	43.7		
	经营单位	78.7	28.9		
	兵团	74.3	27.3	176.0	39.0
入库最后数据(2015 年 4 月 1 日)	全疆			430.6	100
	其中：地方			261.9	60.8
	兵团			168.7	39.2
国家统计局核定数据(2015 年 1 月)	全疆	3 548.0	100.0	370.0	100
	其中：地方	2 517.0	71.0	222.0	60.0
	兵团	1 031.0	29.0	148.0	40.0

注：毛树春编著的《中国棉花景气报告 2014》,北京：中国农业出版社,2015,p172-176;2015 年新疆地方统计局最大面积达到 277.31 万 hm²。

很多学者利用遥感技术对新疆土地利用的动态变化情况进行了研究(陈曦等,2020 年;王丹等,2017 年;贺可等,2018 年),从 1975 年至 2015 年的 40 年间,新疆新增耕地面积呈波动上升趋势(表 5-3),由 1975 年的 392.28 万 hm² 增加到 2015 年的 896.15 万 hm²(毛面积),增加了 128%,净耕地面积约 672 万 hm²(净耕地系数按 75% 计)。这比目前的 533 万 hm² 明显高出不少,但与 333 万 hm² 的棉田面积比较匹配。

表 5-3 · 从遥感看新疆国土资源开发

(据陈曦等,2020 年)

| 类型 | 面积(万 hm²) | | | | | 1975—2015 年 | |
	1975 年	1990 年	2000 年	2010 年	2015 年	面积变化(万 hm²)	变化比率(%)
林地	528.93	508.97	536.33	587.71	623.82	94.89	17.94
草地	2 552.34	2 447.48	2 357.88	2 254.70	2 224.57	−327.66	−12.84
耕地	392.28	516.60	658.80	824.29	896.42	504.14	128.51
湿地	215.83	200.05	204.31	224.22	225.41	9.58	4.44
人工表面	37.96	64.67	76.47	97.24	112.93	74.97	197.51
其他	12 590.06	12 589.53	12 483.52	12 329.15	12 234.15	−355.91	−2.83

从耕地扩张模式看,增长高峰出现在 2000—2005 年与 2010—2015 年,其中北疆新增耕地空间上主要来自天山北麓中段的山前冲积平原、塔城及阿尔泰山南麓;南疆新增耕地主要

沿塔里木盆地边缘分布,特别集中在西缘与北缘。总体而言,耕地增加重心向南移动,南北耕地面积差距逐渐缩小。至2015年,南疆耕地面积448万 hm²,已与北疆耕地面积447万 hm² 基本持平,也比较符合现实生产条件。

新增耕地遵循一定时空分布规律:1975—1990年新增耕地集中分布在水土资源搭配较好的绿洲中心,1990—2000年增加的耕地主要分布在水土配置良好的绿洲外围。2000—2010年,伴随节水、种植等新技术发展,新增耕地大多分布在土地资源丰富,但水资源欠缺的地区。2010—2015年当耕地规模接近饱和时,新增耕地会零散出现在水资源丰富,但土地质量不佳的绿洲内部(图5-13)。

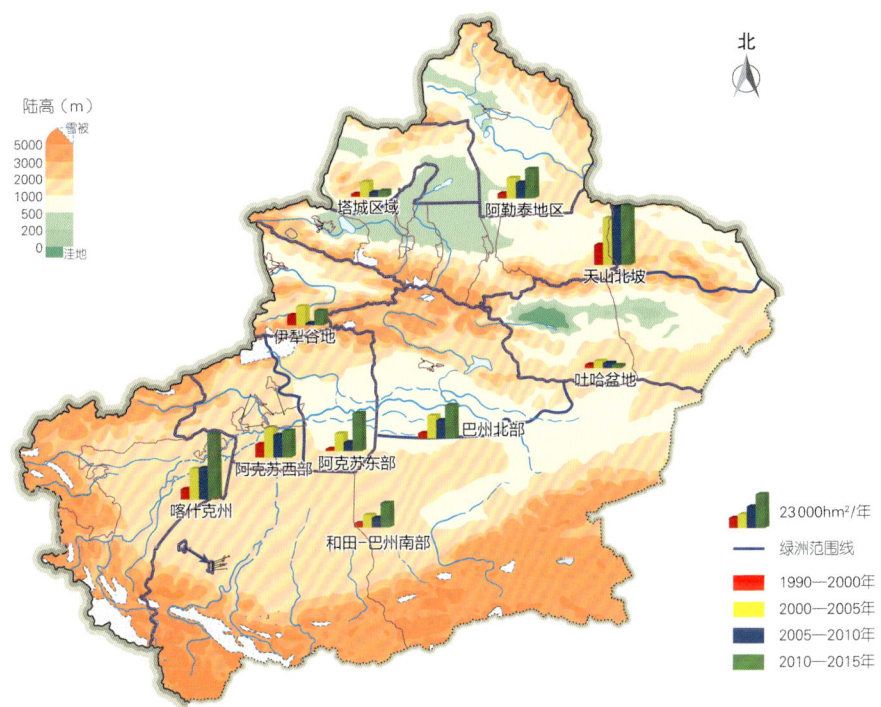

图5-13·新疆耕地扩张(1980—2015年)

由于对棉花的遥感识别比较困难,因此目前尚没有关于新疆棉田面积的具体遥感数据结果,但从耕地面积的增加程度和新疆农作物种植结构进行分析,新疆的棉田面积应该远不止目前的220万 hm²,而333万 hm² 应该是比较接近实际的数据。

基于新疆各时间段土地利用动态数据库,可得各时段开垦的耕地来源。近40年间,新疆耕地的增加大多来自对各类草地的开垦(1975—2005年占比均在90%以上)。随着新技术、设施农业、打井,以及灌溉方式的进步,近20年来,新疆的土地开垦模式发生着变化,土地利用由普遍的开垦-撂荒变为充分开垦利用;由逐水草地、开垦林草地向未利用土地发展,沙地、戈壁等原先概念上不能开垦利用的土地也被开垦利用,土地的开垦已经不完全受传统方式的束缚,表现出对草地的开垦比例在逐步下降,未利用土地的开垦比例则有快速增加

183

的趋势(表5-4)。从耕地开垦的分布来看,由20世纪90年代之前的伊犁地区、巴音郭楞蒙古自治州,到90年代的天山北坡、南疆塔里木河流域、额尔齐斯河流域,到21世纪初的阿克苏河流域、玛纳斯河流域、塔城盆地,再到近年来南疆各地的普遍开荒,整个开垦的热点已遍布全疆各地。同时也应看到,新疆地处内陆,干旱缺水现象普遍存在,如此的土地开垦规模与速度,以及对水资源的利用方式,势必带来对新疆生态环境及土地可持续利用的影响。

表5-4·新疆绿洲近40年各时段耕地开垦来源

(贺可等,2018年) (单位:%)

来源地类	1975—1990年	1990—2000年	2000—2005年	2005—2010年	2010—2015年
林 地	1.18	1.03	0.34	0.66	2.56
草 地	94.63	92.18	90.81	87.25	77.76
水 域	0.13	0.11	0.38	0.42	0.34
未利用土地	4.06	6.68	8.48	11.68	19.34
总 计	100.00	100.00	100.00	100.00	100.00

从1975年至2015年,全疆草地面积减少了327.66万hm^2,再加上逐渐增加的从未利用土地开垦为耕地的面积,它与40年间增加的504.14万hm^2面积是比较相符的。

第二节·绿洲农田/棉田土壤环境问题

一、绿洲土壤盐渍化问题

盐碱地是指土壤含有过量可溶性盐类的土地。全世界有近10%的陆地被不同类型盐碱土所覆盖,主要分布在干旱、半干旱地区。目前,全世界现有灌溉土地中约有一半存在土壤次生盐碱化的威胁,80%新开垦的盐碱荒地因灌溉与排水措施不当,产生新的土壤盐碱化问题。新疆盐碱地分布广泛,具有面积大、类型多、积盐重、形成复杂等特点,而且局部灌区因灌溉方式的改变,产生了新的盐渍化土壤,严重阻碍了当地农业的可持续发展和生态环境的保护。

(一) 绿洲土壤盐渍化现状及发展特征

1. 现状·新疆灌区盐渍化土壤主要分布在洪积、冲积扇缘、大河三角洲中下部、干三角洲低部、河流低阶地以及滨湖平原等处。具体看,北疆灌区内盐渍化土壤主要分布在天山北麓山前平原的呼图壁河流域、玛纳斯河流域、艾比湖流域冲积平原以及阿尔泰山两河流域(额尔齐斯河及乌伦古河)平原区,盐渍化等级以轻度为主。南疆的盐碱地重点分布于天山南麓山前平原(包括阿克苏流域区、开都河及孔雀河流域区、渭干河流域区)、叶尔羌河流域冲积平原、喀什河三角洲,而天山南麓山前平原、叶尔羌河流域冲积平原和喀什河三角洲等区的灌区土壤盐渍化占耕地的比重最大,中度和重度盐渍化耕地比例高于全疆其他地区,耕地盐渍化危害特别严重,是新疆盐渍化治理的重点区域(图5-14)。

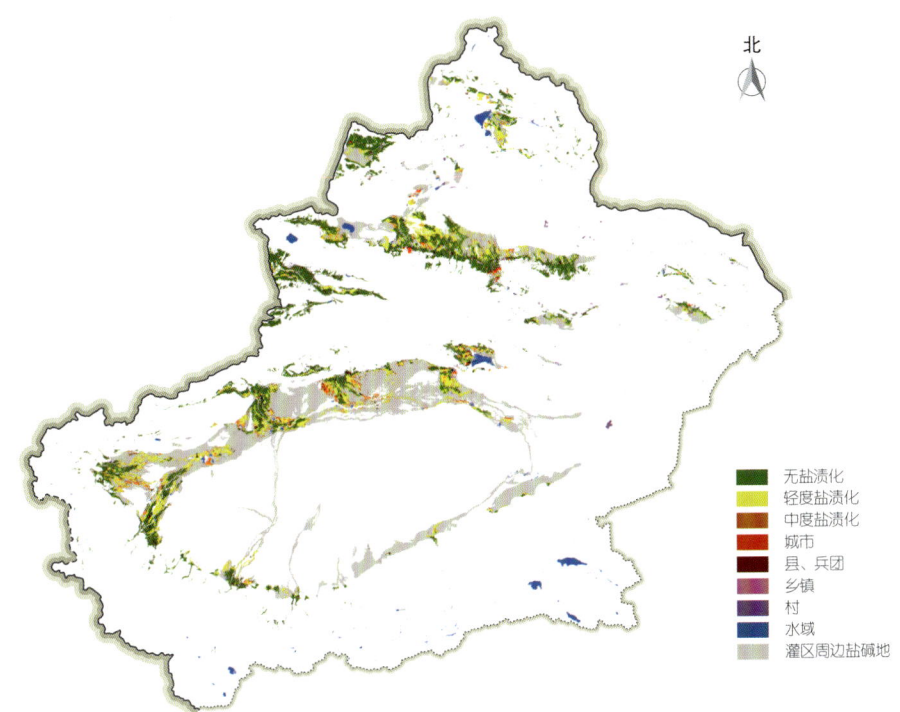

图 5-14 · 新疆绿洲灌区土壤盐渍化等级类型分布

2006年和2013年,中国科学院新疆生态与地理研究所利用遥感技术,并结合实际采样调研,分两次对全疆盐碱地的数量、分布、类型进行了系统的调研(有些数据和《新疆统计年鉴》等有出入,但总体趋势一致)。根据调研结果,2013年全疆耕地面积共计617.8万hm^2,其中盐渍化耕地面积233.05万hm^2,占耕地总面积的37.72%。在这些盐渍土中,轻度、中度和重度盐渍化耕地面积分别为178.32万hm^2、47.7万hm^2、7.02万hm^2,分别占耕地总面积的28.86%、7.72%和1.14%。从不同地域看,北疆耕地面积共计301.23万hm^2,盐渍化耕地面积76.03万hm^2,占北疆耕地总面积的25.24%,其中轻度、中度和重度盐渍化耕地分别为64.77万hm^2、10.72万hm^2、0.56万hm^2,分别占北疆耕地面积的21.50%、3.58%、0.18%。南疆耕地面积316.6万hm^2,盐渍化耕地面积157.02万hm^2,占南疆耕地总面积的49.6%,其中轻度、中度和重度盐渍化耕地分别为113.56万hm^2、36.99万hm^2、6.46万hm^2,分别占南疆耕地面积的35.67%、11.68%、2.04%,盐渍化耕地面积及比例均明显高于北疆(图5-15)。

按行政区划将全疆的盐渍化耕地进行划分,可分为阿勒泰地区、博尔塔拉蒙古自治州地区、乌昌区域(乌鲁木齐市和昌吉回族自治州)等15个区域(表5-5),盐渍化耕地(包括轻度、中度、重度)主要分布于阿克苏地区、喀什地区、巴音郭楞蒙古自治州地区、塔城地区及乌

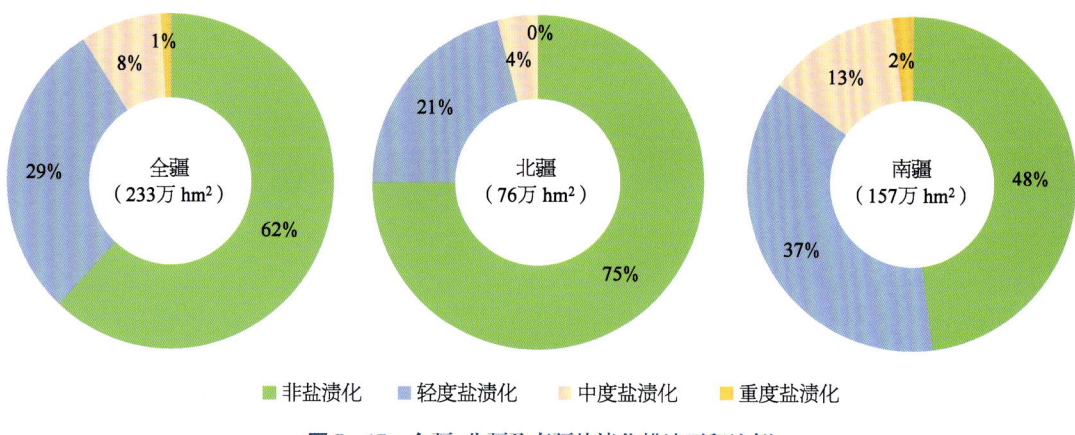

图 5-15 · 全疆、北疆及南疆盐渍化耕地面积比例

(据乔木等 2013 年调查结果绘制,未发表)

昌地区,这 5 个地区的盐渍化耕地占全疆盐渍化耕地面积的 79.95%,其中以阿克苏地区和喀什地区盐渍化耕地分布最广,其次是巴州、塔城及乌鲁木齐、昌吉地区。

表 5-5 · 新疆各区域土壤盐渍化耕地面积(单位:万 hm²)

地区	非盐渍化面积	盐渍化面积				耕地面积	盐渍化面积占比(%)	
		轻度	中度	重度	总计		占耕地	占全疆盐碱地
乌鲁木齐市	8.10	0.07	0.08		0.15	8.26	1.87	0.07
石河子市	1.76	0.11			0.11	1.87	5.88	0.05
克拉玛依市	3.71	3.52	0.09	0.26	3.87	7.58	51.03	1.66
阿勒泰地区	20.44	11.87	1.91	0.01	13.79	34.22	40.29	5.92
塔城地区	64.49	19.26	3.05	0.10	22.40	86.89	25.78	9.61
博尔塔拉蒙古自治州	16.12	3.80	1.41	0.12	5.33	21.45	24.85	2.29
昌吉回族自治州	50.92	20.01	3.30	0.00	23.31	74.23	31.40	10.00
伊犁哈萨克自治州	59.64	6.13	0.88	0.07	7.08	66.72	10.61	3.04
吐鲁番地区	7.67	1.73	0.05		1.77	9.44	18.80	0.76
哈密地区	9.33	2.61	0.33		2.94	12.27	23.96	1.26
克孜勒苏柯尔克孜自治州	7.22	1.12	0.70	0.21	2.03	9.25	21.98	0.87
喀什地区	43.23	39.66	10.23	1.12	51.01	94.23	54.13	21.89
阿克苏地区	53.76	33.43	15.38	3.14	51.96	105.72	49.15	22.29
巴音郭楞蒙古自治州	19.21	26.35	9.30	1.86	37.50	56.71	66.13	16.09
和田地区	19.19	8.66	1.00	0.13	9.79	28.98	33.79	4.20
共计	384.78	178.32	47.70	7.02	233.05	617.83	37.72	100.00

注:据乔木等 2013 年调查结果制作,未发表。

2. 绿洲土壤盐碱化发展趋势·50年来,全疆累计开垦盐碱荒地340万 hm^2,而实际保留面积只有186.6万 hm^2,其余153.4万 hm^2 的土地,大部分因发生土壤次生盐碱化,耕种后不久便被弃耕。1998—2000年,新疆耕地中盐碱化土地共计147.3万 hm^2,占耕地总面积的32%(据新疆耕地资源卫星遥感调查数据)。近几十年来,随耕地总量的不断增加,盐渍化耕地也逐步增多。据调查分析表明,2013年新疆耕地面积617.85万 hm^2(遥感数据),较2006年增加112.68万 hm^2,增长率22.31%;其中盐渍化耕地233.05万 hm^2,较2006年增加71.04万 hm^2,增长率43.84%。具体分析,轻、中、重度盐渍化耕地分别为178.33万 hm^2、47.41万 hm^2 和7.02万 hm^2,较2006年分别增加45.11%、50.27%和0.049%。总体而言,2006—2013年,新疆的耕地总体表现为中、轻度盐渍化耕地显著增加,重度盐渍化耕地保持稳定的特点。这主要是因为新垦耕地大多为盐碱地的缘故。而盐渍化耕地占耕地面积百分比则在30%~37%之间波动(图5-16),这充分说明新疆的耕地盐渍化危害严峻,严重阻碍了新疆农业的可持续发展。

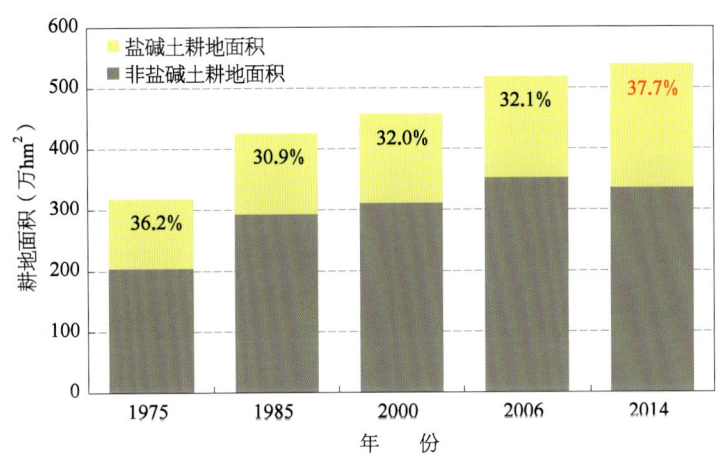

图5-16·1975—2014年新疆绿洲盐渍化耕地面积变化

(数据源自田长彦、乔木等调查结果,未发表)

(二) 绿洲土壤盐渍化成因

1. 土壤发育·由于新疆所处的特殊地理位置,土壤发育程度较低,母岩和母质含盐量高,山前地带普遍分布着含盐的第三纪和第四纪地层,盐分含量达到50~900 g/kg,一些山前洪积冲积物10 m深土层含盐量为50~100 g/kg,这些高盐分母质为绿洲区域的土壤盐渍化提供了盐分的源头。

2. 气候与地形·新疆地形地貌复杂,总体呈现南高北低,西高东低,"三山夹两盆"的格局(图5-17)。北面是阿尔泰山,南面是连接青藏高原的喀喇昆仑山、昆仑山及阿尔金山山脉,天山山脉横亘中部。而介于阿尔泰山和天山以及天山和昆仑山-阿尔金山之间的则为准噶尔盆地和塔里木盆地。总体上新疆的这两大盆地和低位巨大的山间盆地气候干旱,降水稀少,地形封闭,是土壤盐渍化形成的有利场所,并导致各类盐渍化土壤发育,具体原因如下。

(1)地形封闭,盐分无外泄条件。新疆几乎所有的河流均属于内陆河,内陆河从山区淋

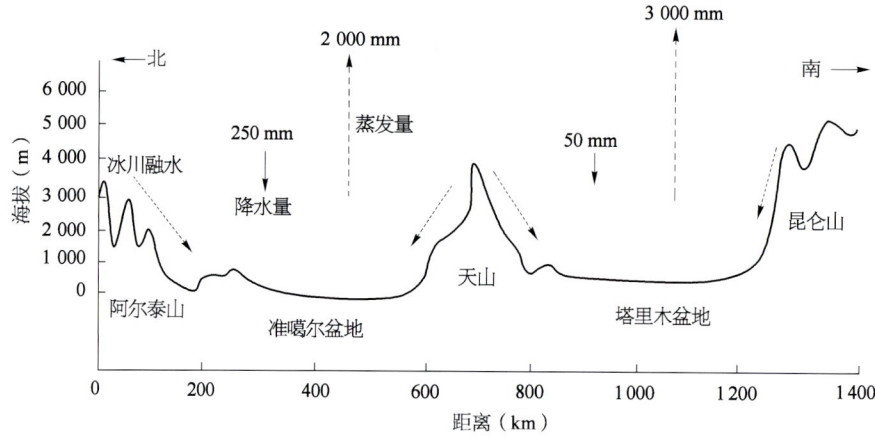

图 5-17·新疆土壤盐渍化的气候与地形原因

(买文选绘制,2021 年)

溶盐分,通过地表水和地下水径流,不断向盆地输送、累积而不能排出,最终积累在平原绿洲区域。初步估算,仅塔里木盆地和准噶尔内陆河每年带入两大盆地的盐分就达 7 935 万 t。

(2) 气候干旱、降水稀少、蒸发强烈。新疆平原地区年平均降水量 50~200 mm,而蒸发量却高达 1 500~3 000 mm。蒸发强烈,使含盐地下水通过毛管上升水流,向地表聚积;降水少,使聚积在土壤表层的盐分难以淋溶,从而在地表累积,形成盐碱土。

具体来看,新疆干旱区生态系统基本组成结构是:山地—绿洲—荒漠连续变化体系。其核心是水文过程,即高山融水→山地森林→山地草原→绿洲平原→荒漠,由于盐分在土壤中的分布受水分移动的控制,在绿洲平原区普遍采用大水洗盐的情况下,盐分主要向靠近沙漠边缘的区域聚集,因此这一区域的土壤不仅盐分含量很高,而且由于盐分已无处可排,成为盐碱累积区(图 5-18)。

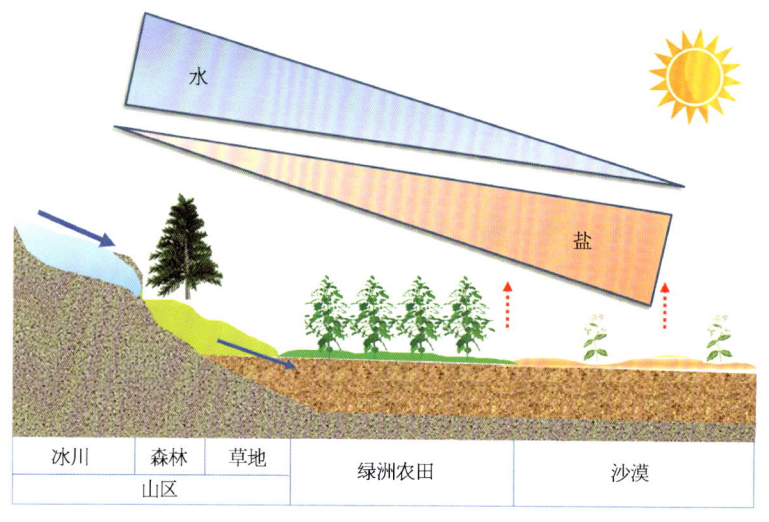

图 5-18·新疆绿洲农田土壤盐分累积模式

(买文选绘制,2021 年)

3. 农作措施

(1) 盲目开荒。新垦荒地的分布多在灌区边缘,大部分开垦的是重盐碱土。加之多数新垦荒地没有配套的排灌系统,增大了盐渍化耕地的面积和比例。

(2) 土地不平整。特别是新垦地,土地未精平细整,灌水不均匀,造成低处积水、高处积盐。

(3) 灌溉方式改变引起局部积盐现象。2000 年以后,因新疆的灌溉方式大范围由漫灌、沟灌向滴灌转变,生产力大幅度提高,但在滴灌条件下,水分的垂直移动距离不超过 50 cm,土壤盐分无法排出,并随着土壤水分的蒸发在膜间和耕层聚集,形成新的盐渍化类型,虽短期影响较小,但长期具有明显的危害(图 5-19)。

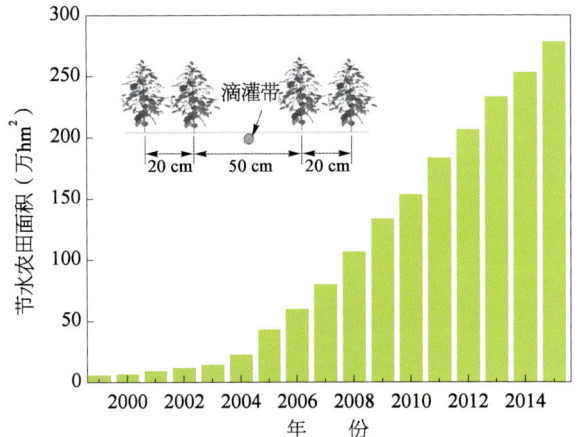

图 5-19 · 新疆绿洲节水农田面积变化及其对农田土壤盐分运移的影响

(买文选绘制,2021 年;左图数据参考《新疆统计年鉴》)

二、绿洲土壤污染问题

新疆农业长期以棉花种植为主,面积巨大,轮作倒茬困难,连作现象普遍,随着种植年限的增长,地膜、农药、化肥大量使用,棉田土壤状况发生了很大的变化,地膜残留问题凸显,农药残留和土壤重金属富集现象时有发生,土壤环境质量状况逐步恶化(金山,2006 年;郑琦,2018 年),已经对新疆的植棉业产生了不利影响,而且有逐步加剧的趋势。

(一) 地膜污染

20 世纪 70 年代后期,塑料膜覆盖技术引进中国,在干旱缺水的新疆,地膜覆盖技术被用来提高地温、保持土壤水分和控制杂草生长,从而改善作物的生态环境并加快作物的生长发育,使棉花产量明显提高(20%~60%),可以说,该项技术给新疆带来了农业生产方式的巨大改变和农业生产力的飞跃。当前,在新疆,地膜覆盖技术已逐渐推广应用到 40 多种农作物的种植上,自 2000 年以来新疆地区地膜覆盖强度呈直线上升趋势,尤其在棉花种植方面应用广泛,土壤中残膜污染问题在植棉区尤为突出。地膜在土壤里能够残留 200~400 年,土壤中残留的地膜会导致土壤物理性质恶化,影响土壤酶活性和微生物多样性,抑制棉花种子发芽和幼苗的生长,最终导致棉花减产,因此,解决新疆棉田土壤残膜问题已刻不容缓。

1. **现状分析**·自 20 世纪 80 年代以来,我国地膜使用量和覆膜面积持续增加(何文清等,2009 年)。统计数据显示,我国地膜使用量从 1982 年 0.6 万 t 增加到 2015 年的 145.5 万 t,增加了 240 多倍,未来仍有继续增加趋势。农作物地膜覆盖面积也一直保持持续增长态势,1982 年农作物地膜覆盖面积仅为 11.7 万 hm^2,1991 年达到 490.9 万 hm^2,2001 年上升到 1 096 万 hm^2,2011 年达 1 979.1 万 hm^2,到 2015 年超过 2 000 万 hm^2,主要分布在冷凉和干旱区域。过去 20 年,我国绝大部分地区的地膜使用强度均有不同程度的增加(图 5 - 20),但不同省(自治区)的提高幅度存在明显差异。总体上,西北干旱区的增加幅度和使用强度最大,其中新疆由 1991 年的 7.0 kg/hm^2 提高到 2011 年的 34.8 kg/hm^2,增加了近 5 倍,是全国增加幅度最大的省区,并呈现持续增长的趋势。

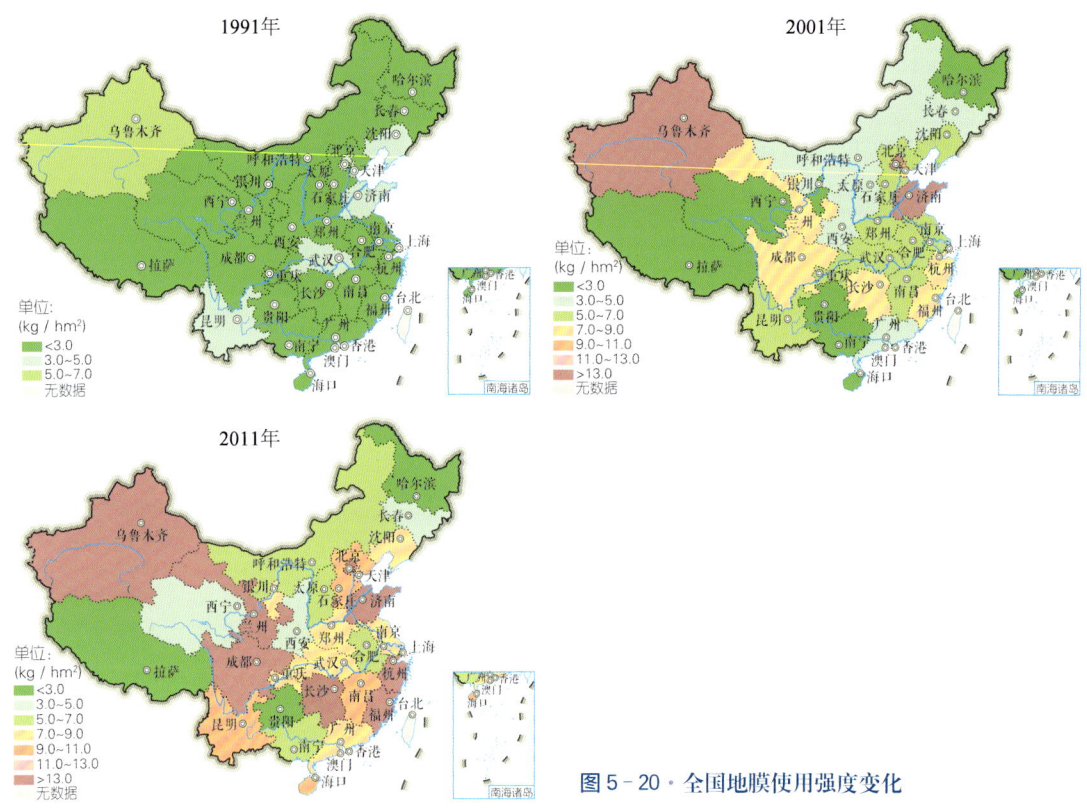

图 5 - 20 · 全国地膜使用强度变化

新疆是我国最大的商品棉生产基地,全疆约 50% 的农户从事棉花生产,农民人均纯收入的 30% 来自棉花种植,而新疆棉花产业的迅速发展在很大程度上得益于地膜覆盖技术的应用。棉田地膜使用量呈现快速增加趋势,1993 年,新疆棉田地膜使用量为 8 361.07 t,到 2014 年增加至 79 284.01 t(约占同年新疆地膜使用总量 18.5 万 t 的 43%),增长了 7.09 万 t,年均增速高达 13.67%。其中,从 2000 年前后膜下滴灌技术的大面积应用是地膜使用量显著增加的重要推手(图 5 - 21)。

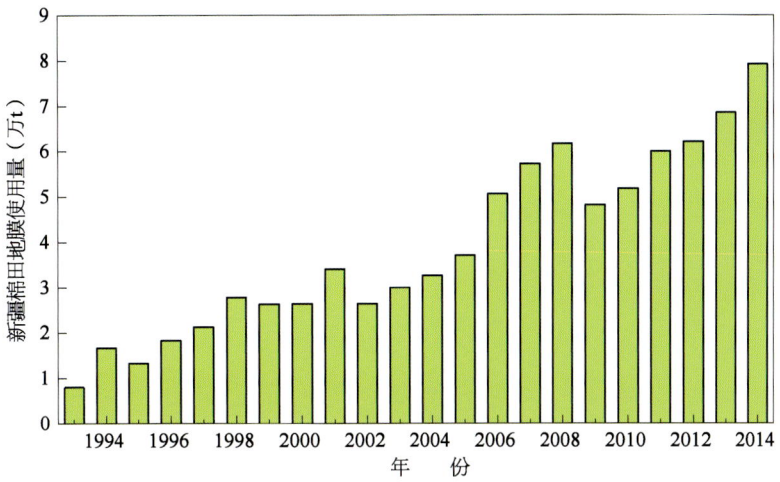

图 5-21 · 新疆棉田地膜使用量变化

(据王佳琪整理绘制,2016 年)

由于地膜使用量、覆膜率和种植模式不同,全国残膜空间分布存在明显区域性,而且与地膜使用量的空间分布规律类似。据调查,在华中地区,河南是覆膜种植面积最大的省份,其残膜量也最高,达到 53.54 kg/hm²;在华北地区,残膜量最高省份为河北省,高达 81.25 kg/hm²;但残膜量最高的区域分布在西北内陆地区,华中、华北、西南、东北、华东和华南地区的残膜量较西北地区分别少了 59.84%、40.23%、73.12%、44.87%、63.89% 和 72.41%。而西北地区以新疆最高,达到了 128.12 kg/hm²,其中兵团的棉田土壤中残膜量更高,最大值达 1 150 kg/hm²,最小值 75 kg/hm²,平均 286 kg/hm²,是现有调查资料中我国残膜量最高的地区,高出全国平均水平的 3~4 倍(图 5-22)。大量残留农膜污染着农田,对新疆农业发展带来的潜在危害已日益显露。

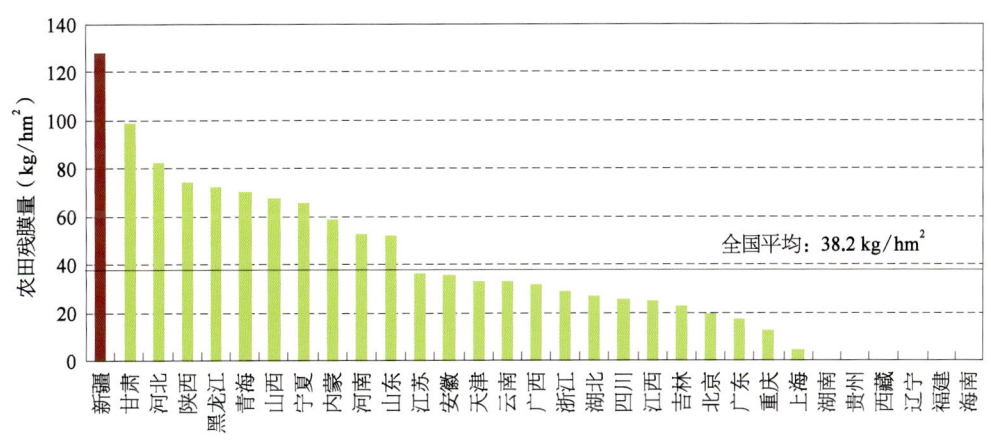

图 5-22 · 全国各省(自治区、直辖市)农田残膜量

(据邹小阳整理绘制,2017 年)

棉田土壤残膜的数量及分布与种植年限直接相关,随着种植年限的增加,土壤残膜数量明显增加,比如种植年限分别为 5 年、9 年、11 年、13 年、15 年和 19 年的地膜残留密度分别为 127.11 kg/hm²、215.85 kg/hm²、250.63 kg/hm²、294.17 kg/hm²、327.83 kg/hm² 和 348.83 kg/hm²,年平均增长量为 11.2 kg/hm²,而且通过建模预测得到覆膜年限 30 年的棉田土壤残膜密度可达 419.19 kg/hm²,是国家地膜残留标准限值 75 kg/hm² 的 5.6 倍,达到严重污染程度。当前,新疆的棉花种植中,覆膜种植普遍超过 20 年,因此,新疆的棉花生产面临着严峻的残膜污染挑战。

从残膜在土壤中的分布看,0~10 cm 土层中的残膜量普遍大于 150 mg/cm²,10~30 cm 土层中残膜量 100~200 mg/cm²,在更深的 30~40 cm 土层中残膜量明显减小,均在 50 mg/cm² 以下。表明随着覆膜年限的增加,质量较大的残膜仍然残留在 0~10 cm 深度的土壤中,且土壤浅层的残膜逐年碎裂并有向土壤深层移动的趋势(图 5-23)。

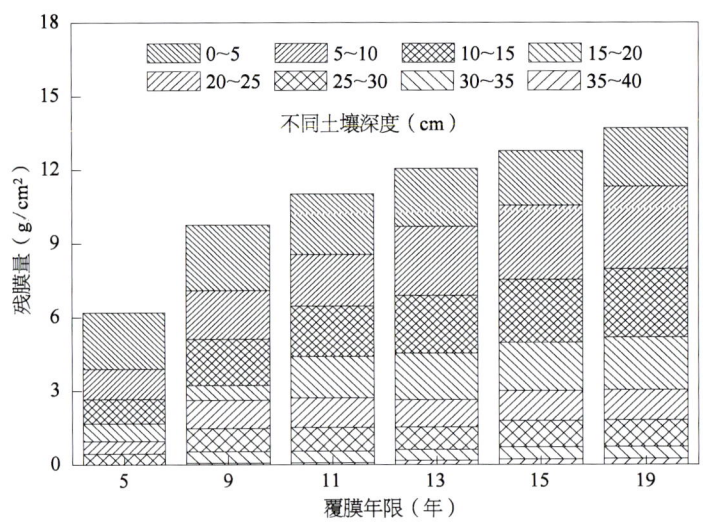

图 5-23 · 不同覆膜年限下土壤残膜分布
(据贺怀杰整理绘制,2018 年)

2. 残膜量不断升高的主要原因

(1) 超薄地膜广泛使用,回收难度大。长期以来,国家规定地膜生产企业按照国标生产(GB 13735-1992),农用地膜厚度最低标准为 0.008±0.003 mm。而在市场上,地膜按重量进行销售,企业为迎合农户降低植棉成本的需求,大量生产和销售厚度在标准以下的超薄地膜。超薄地膜易破碎、韧度差,受风吹日晒、人工铺膜撕损等因素的影响,增加了回收难度,也降低了再利用价值。

(2) 棉花收益波动大,植棉户地膜回收积极性低。2000 年以来,新疆植棉户生产成本不断上升,而棉花收益逐年降低。比如,2000 年,新疆每公顷植棉成本为 8 359.95 元,2014 年上升到 32 895.90 元,增加了近 4 倍。同期,新疆农户每公顷棉花的利润从 4 232.55 元下降到 -5 175.60 元。由于收益不佳,造成农户不愿意在棉田残膜的回收上增加投入,甚至倾向于选择价格低廉的超薄地膜来降低生产成本,这使得棉田残膜污染问题更加严峻。

(3) 地膜回收期短,回收机械严重不足。新疆尤其是北疆地区,棉花采收期短,棉花采收后,随即进入漫长的冬季,留给农户秋耕的时间极为短暂,残膜只能等到来年春耕时处理。而在春耕时期,为了抢墒播种,没有足够的时间将残留在耕地中的地膜进行有效回收。与此同时,回收机械的严重不足也加剧了这一矛盾。

(4) 土地承包期短,农地保护意识淡薄。随着棉花种植收益的下降,农户对耕地的依赖性越来越弱,耕地流转在新疆也日益盛行。据统计,2014 年新疆耕地流转面积为 37.9 万 hm^2,在这些流转的耕地中,绝大多数为 1 年或 3~5 年签约一次。由于土地使用期短,就土地流入方而言,对耕地利用缺乏长期规划,短期行为明显。

(5) 政府监管不到位,财政投入不足。虽然新疆近年来在推行厚度为 0.01 mm 的地膜,但长期以来,政府监管力度不强,缺乏完善的市场管理体系以及市场准入规范,造成生产、流通和销售超薄地膜的企业大量存在,间接加重了农田白色污染程度。同时,残膜的回收处理工作是一项十分复杂且涉及面广的系统工程,新疆经济发展相对滞后,各级财政支出相对困难,利用财政扶持资金回收残膜的力度相对有限且覆盖面小,地膜污染治理相关工作难以进一步开展。

3. 残膜对土壤基本理化性状的影响 · 残膜对土壤的影响首先表现在恶化土壤物理结构方面,而且由于残膜分布较浅,主要作用区域在土壤耕作层,残膜改变土壤结构和孔隙度等物理性质,从而影响土壤水分运移。不同连作年限下,随着残膜量增加,土壤容重增加,孔隙度和土壤田间持水量降低。此外,由于农膜中添加了稳定剂和增塑剂等各种化学品,在自然条件下分解产生毒害作用。残膜也会降低土壤通气性,破坏土壤空气循环过程,影响土壤微生物生理活动,使土壤养分的矿化率降低(李青军,2008 年)。在新疆等地,残留地膜还可能导致地下水难以下渗,造成土壤次生盐碱化,最终恶化土壤质量(图 5-24)。

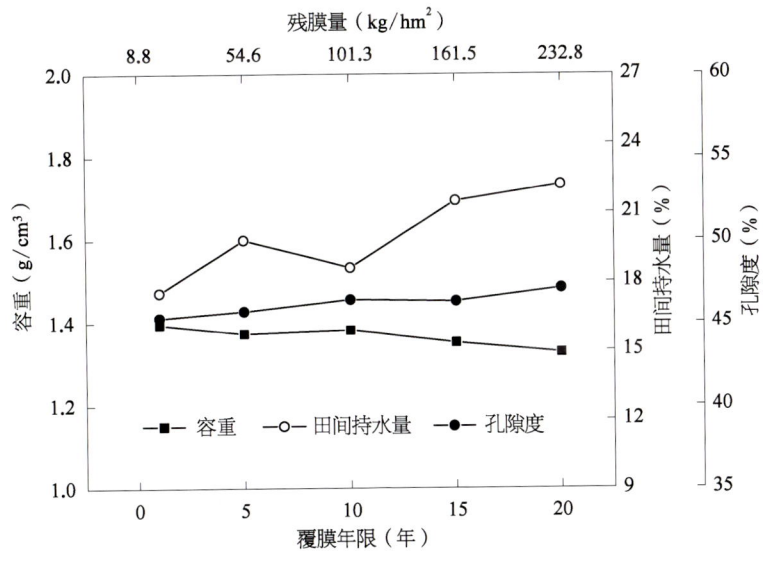

图 5-24 · 不同覆膜年限下土壤残膜对土壤物理性状的影响

(据刘建国整理绘制,2010 年)

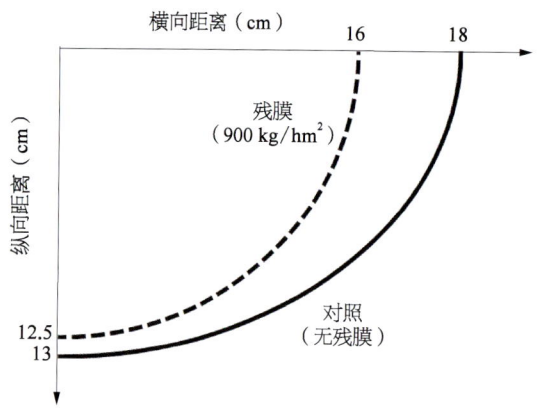

图 5-25 · 残膜与土壤水分运移的影响
（滴灌后 50 min 结果）

（据李元桥整理绘制，2016 年）

土壤中残膜会阻断或改变土壤孔隙连续性，增大水分入渗阻力，减少土壤水分入渗量。而且随地膜残留量的增加这种阻碍作用愈加明显，水分下渗速度与土壤中地膜残留量成对数关系，当残膜量达 1 440 kg/hm² 时，水分下移速度为无残膜处理的 53.3%。最终导致湿润锋运移和湿润体的大小产生变化：随着土壤中残膜量增加，滴灌湿润锋的运移距离和湿润体明显变小，而且在残膜存在区域湿润体的不规则性越明显，水分滞留在湿润体内，影响水分在土壤中正常运移与分布（图 5-25）。

4. 残膜污染对棉花生长和产量形成的影响· 土壤中残膜的聚集会阻碍水分的渗透，土壤孔隙度下降和通透性降低会在一定程度上破坏农田土壤空气的正常循环，使得土壤水分和养分分布不均等，造成土壤板结、地力下降。而且残留地膜作为一种外来侵入体，与根系的直接接触会阻碍根系生长发育，并对作物根系的生理特性产生不利影响，降低根系活力，影响作物对水分和养分的吸收，导致种子发芽困难，使棉花生长发育受到抑制（祖米来提·吐尔干等，2017 年）。研究发现，残膜量与棉花出苗率呈负相关关系，含残膜处理出苗率比无残膜低 9.9%～19.1%。

由于土壤中残留地膜对棉花根系生长的阻碍作用，会使棉花根系形态发生变化，在连作棉田中根系呈现 3 种典型形态：直根型（未受残膜影响）；丛生型（苗期受根下部团聚体残膜或平展残膜的阻碍作用，影响主根系生长，根基部膨大，刺激侧根发达，数量增多，粗度加大）；鸡爪型（苗期根系受土壤中斜向残膜影响，根系沿残膜倾斜角度斜向生长，形如鸡爪）。调查表明，与种植 1 年的棉田相比，连作棉田直根型棉株所占比例明显减少，在连作 5～20 年的棉田中直根型平均占 60.9%、丛生型占 16.5%、鸡爪型占 22.6%，其中连作 5 年和 10 年的根系异常型（即丛生型和鸡爪型）所占比重较高，分别为 48.5% 和 45.7%（图 5-26）。

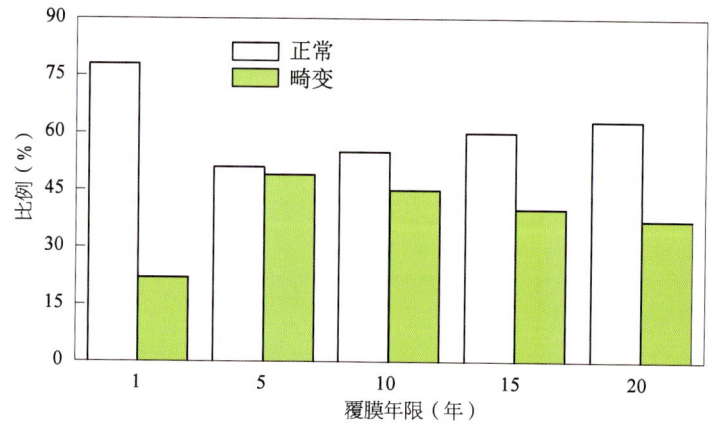

图 5-26 · 不同覆膜年限对棉花根系形态的影响

（畸变是相对于正常直根系形态而言，如鸡爪型、丛生型等；据刘建国整理绘制，2010 年）

残膜影响土壤理化性质,并阻碍根系在土壤中的扩展,影响作物吸收水分和养分。作物株间施肥时,大块残膜隔离,会影响肥效和作物正常生产发育。残留地膜对作物生长发育的不利影响主要在播种期和苗期,棉花种子播在残膜上,致使烂种率和烂芽率增高,棉花侧根比正常减少,棉花的死亡率提高,现蕾期推迟。同时,残留在土壤中的农膜也会对棉花的产量产生影响。大量调查结果显示,当土壤中地膜的残留量达到一定数量时会影响棉花正常吸收养分,影响肥料利用效率,进而影响棉花的产量。据测算,当土壤地膜残留量达到 58.5 kg/hm² 时,棉花减产幅度为 10%～22%,且随覆膜时间的推移,地膜残留对棉花产量的影响逐年增加。地膜残留越多,对棉花产量的影响就越大,降低幅度在 11%～49%不等。通过评价模型分析,认为当使用地膜覆盖技术 36 年后,地膜覆盖的增产率将小于地膜残留造成的减产率(图 5 - 27)。

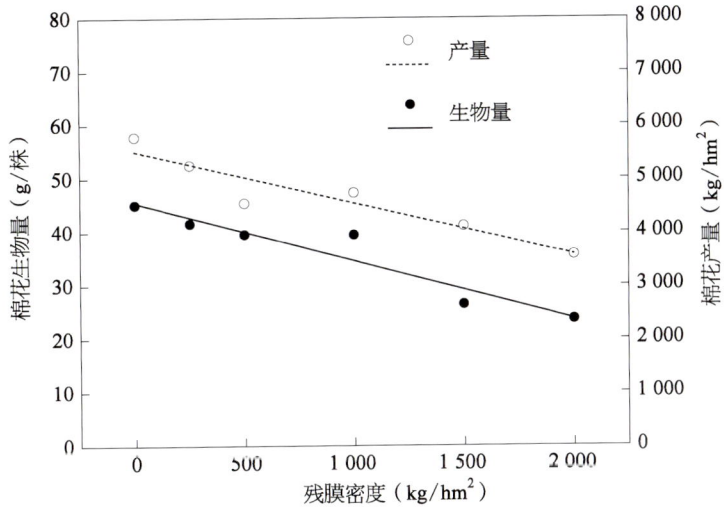

图 5 - 27 · 不同残膜密度对棉花生长和产量的影响

(生长量为铃期结果;据董和干整理绘制,2013 年)

5. 微塑料研究新进展・微塑料是农田残膜继续降解后的残余物。微塑料指最大单边粒径<5 mm 塑料的总称。由于农用地膜的主要成分是聚乙烯,在生产过程中为了提高其性能,加入了大量的增塑剂、耐老化剂、热稳定剂等添加剂,这些添加材料在农膜长期降解的过程当中逐渐释放出来形成微塑料。Eriksen 等(2014 年)研究预测,单个直径 200 mm,厚度 0.20 mm 的塑料颗粒,在紫外线、生物等条件下可逐步碎裂成 6.25 万个粒径约为 0.80 mm 的微塑料,造成严重污染。在长期采用地膜覆盖种植农作物的新疆,这一问题可能更为严重,这是因为农用地膜污染的土壤中微塑料丰度会因地膜覆盖年限的增加而增加。研究表明,新疆地膜覆盖期从 5 年增加到 30 年时,土壤中微塑料含量也从 91.2 mg/kg 增加到 308.5 mg/kg(Li 等,2020 年),而且中间土层微塑料污染丰度显著高于表层与犁底层,说明微塑料易在 5～20 cm 的中间土层富集(Huang 等,2020 年)。

微塑料对土壤的污染主要表现在 3 个方面:一是对土壤容重、渗透性、持水量以及水稳性团聚等土壤物理性质造成影响(Abeld等,2018年;Guo等,2020年)。二是微塑料颗粒直径微小,具有毒性和吸附性,从而影响土壤动物的生长,如高浓度的微塑料会显著降低蚯蚓的生长速度(韩丽花等,2020年)。三是微塑料的存在通过改变土壤生态系统中的微生物活性、微生物量和微生物功能多样性,影响土壤生态系统的健康发展(吴为等,2021年),最终不利于作物生长。

然而,我国农田土壤微塑料研究刚刚起步,新疆绿洲作为地膜使用强度最大地区,亟待对农田土壤微塑料污染开展深入系统研究与控制。

(二) 农药残留

棉花生长期较长,是虫害最严重的作物之一,新疆常见的棉花害虫多达50余种(潘洪生等,2018年)。20世纪90年代以来,新疆棉花种植突飞猛进,棉花害虫发生程度也逐渐加重,成为导致棉花产量损失的主要原因之一。此外,防治杂草是在棉花种植过程中一项必不可少的工作,新疆棉田杂草有19科50种,其中禾本科杂草占18%,阔叶杂草占82%。相对多度达10以上的棉田杂草有8种,其中双子叶杂草田旋花和灰绿藜、禾本科杂草马唐和稗草的相对多度在30以上,为新疆棉田杂草优势种群。由于虫害时有发生,而杂草的种类多、危害大,需要反复多次用药防治,但施用的农药80%～90%直接或间接进入土壤,并集中在0～20 cm耕层中,使土壤成为农药的贮藏库和集散地,是农业面源污染的重要来源。

1. 绿洲农田农药用量·在世界范围内,随着农产品生产的不断扩大,各种病、虫、草害给全球农业造成的损失高达35%～40%。为此各国对农药的投入也不断增加,世界农药产量(以有效成分计)已从20世纪60年代的20万t增至2014年的350万t,而我国每年的农药施用量也在持续增加,当前占了全世界总量的一半以上,达到了180万t。

全国农药使用量最多的省区是山东、河南、湖南、广东、安徽,均超过10万t(图5-28),其次为江西、河北、黑龙江、甘肃、江苏和广西,为6万～10万t,吉林、辽宁、四川、云南、浙江、福建等的用量在4万～6万t,其余各省区在4万t以下,其中新疆的用量为2.58万t,排名第22位,从全国层面看,尽管新疆为农业大区,但农药的用量并不高。

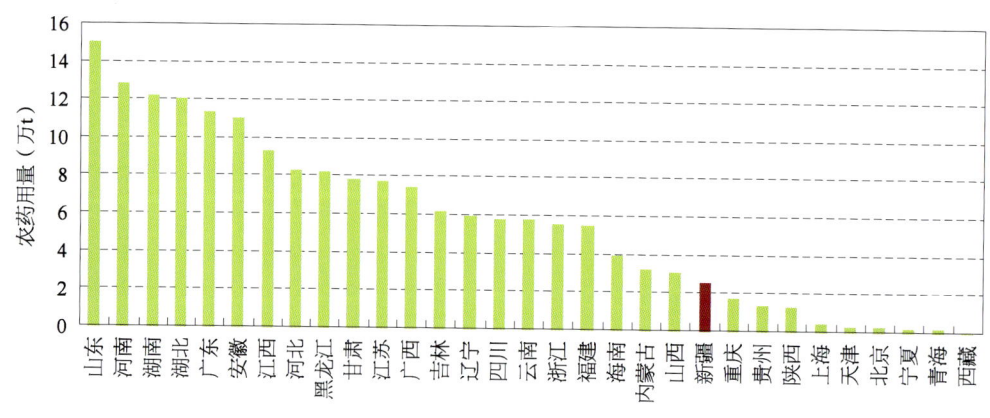

图5-28·全国各省(自治区、直辖市)农药使用量

(据国家统计局网站,2016年)

从农药的使用强度看(图 5-29),排在第一名的是海南,每公顷的农药使用量达到了 48 kg 远高于其他省区。除海南外,浙江、福建、广东、北京、甘肃、江西、湖北、上海、辽宁、湖南、山东等地的农药使用强度也均超过了全国平均水平(12.25 kg/hm^2)。新疆的农药使用强度为 4.4 kg/hm^2,是全国平均水平的 1/3,农药使用强度并不高。其可能原因,一是新疆的主栽作物为棉花,随着抗虫棉的大面积推广应用,减少了农药的用量;二是新疆属于典型的干旱绿洲农业区,气候干旱,各绿洲之间被沙漠分隔,病虫害不易传播;三是,新疆普遍采用规模化机械喷施农药,施用效率更高,相对减少了农药用量。

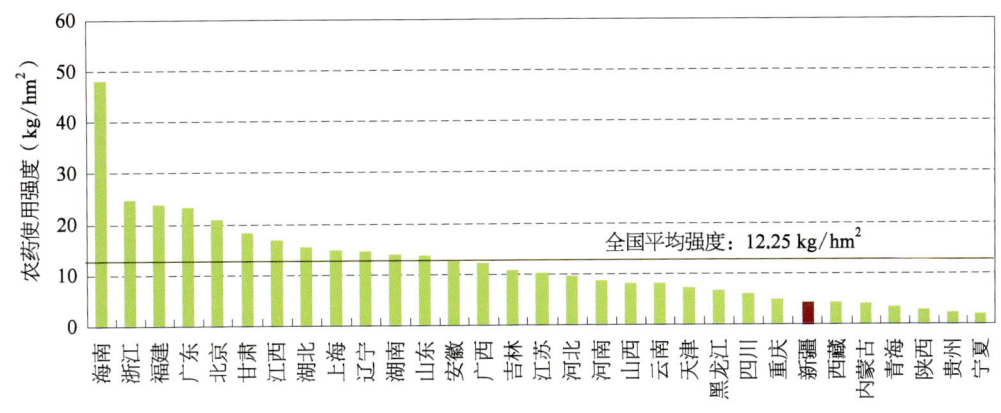

图 5-29 · 全国各省(自治区、直辖市)农药使用强度

(据国家统计局网站,2016 年)

总体来看,在新疆棉花生产中,农药使用情况主要体现两个特点:一是农药使用量呈现逐年增加的趋势(图 5-30),且增长速度略高于播种面积;二是新疆棉花总播种面积变化相对于农药使用总量并没有太大变化,但单位面积农药使用强度在不断加大。

图 5-30 · 新疆农药使用量及强度年际变化

(据国家统计局网站)

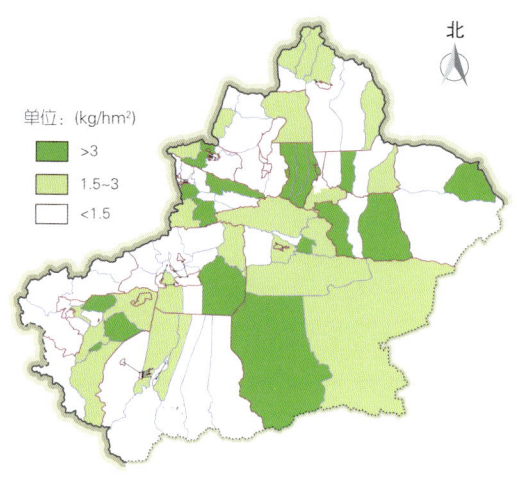

图 5-31 · 新疆不同区域农药实物使用强度

由于新疆地域辽阔,各县市具有独特的自然环境和经济社会发展环境,农业生产的地域差异悬殊,使得各地的农药使用强度也存在明显差异(图 5-31)。强度较高的区域主要集中在塔里木河、玛纳斯河、伊犁河流域等主要农作物产区。具体看,现阶段新疆各地区农药投入超过 3 kg/hm² 的地区有 18 个,包括玛纳斯、岳普湖、特克斯、沙湾和呼图壁县以及新疆生产建设兵团等,这些地区的农药污染也相对严重;农药投入 1.5~3.0 kg/hm² 的地区有 23 个,包括裕民、墨玉、博湖、巴楚县和察布查尔锡伯自治县等;其他地区的农药投入都低于 1.5 kg/hm²,这类地区农药污染较轻。

2. 农药对土壤的污染 · 由于新疆的农药使用强度普遍不高,从现有的调查研究看,新疆棉田的农药残留现象并不严重。比如对新疆各棉区棉田土壤中的氟乐灵和二甲戊乐灵两种农药的残留量进行测定后发现,其均值分别为 0.025 mg/kg 和 0.021 mg/kg,参照我国农业行业标准,均在适宜范围内。

但是,在时间尺度上,随连作年限的增加,棉田土壤中的农药残留水平总体呈增高趋势。对乙草胺、阿特拉津、氟乐灵 3 种农药在耕作 50 年和耕作 2 年土壤中的残留量进行对比发现,其残留量都以倍数增长,其中乙草胺提高了 6 倍,最高残留量达到 1.16 mg/kg。从在土壤中的分布看,由于在耕作过程中连年的翻耕和灌溉,农药在 20~40 cm 土层中的累积效应比较明显。而且随着种植年限的增加,农药在土壤中的残留有向下移动的趋势(图 5-32)。

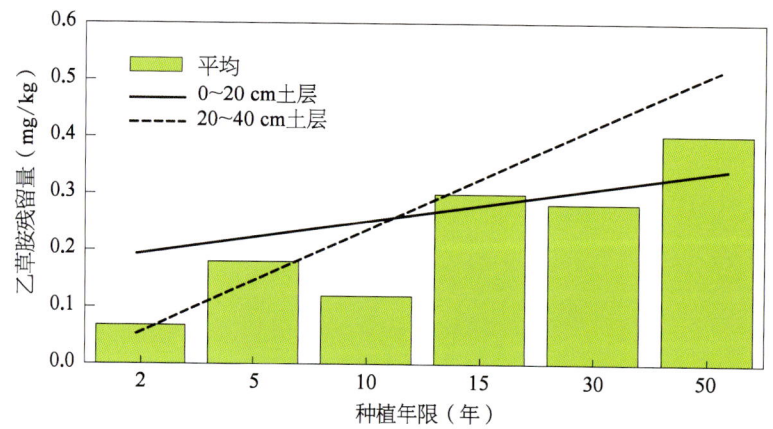

图 5-32 · 新疆棉田土壤农药残留情况

(以乙草胺为例;杨再磊,2014 年)

(三) 重金属污染

对新疆主要棉区1 355个土壤样品的测试调研显示(任力民等,2014年),对比《土壤环境质量标准》(GB 15618-1995),除个别样点的As元素超过二级标准外,新疆主要棉区土壤重金属Cr、Cu、Zn、As和Pb值均低于二级标准,分别为47.40 mg/kg、41.02 mg/kg、68.30 mg/kg、11.08 mg/kg和17.96 mg/kg,将其与新疆土壤元素背景值进行比较,发现重金属Cr和Pb值略低于新疆土壤背景值,而Cu、Zn、As均值均高于新疆土壤背景值,但均未超过TCLP浸出方法国际标准值。整体看,新疆主要棉田的重金属污染并不严重,在可控范围内(图5-33)。

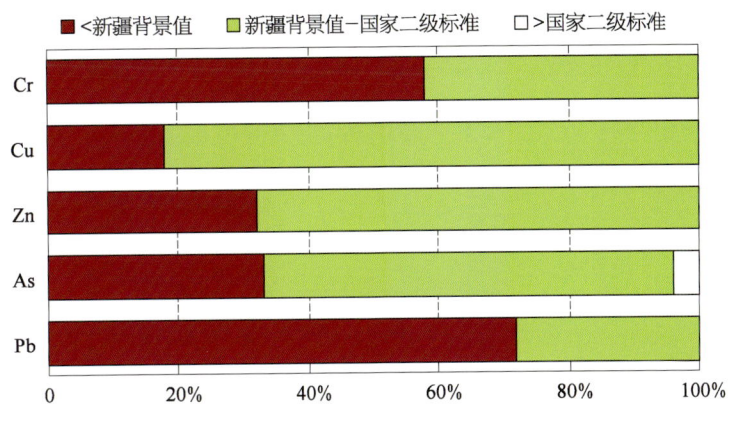

图5-33 · 新疆棉田土壤重金属等级分布比例

(据郑琦整理绘制,2018年)

土壤中各环境污染指标之间的相关性可以推测各环境污染物的来源是否相同,若它们之间存在相关性,则它们的来源可能相同,否则来源可能不同。新疆主要棉区土壤各种重金属含量之间呈现极显著正相关关系,说明新疆主要棉区土壤中的重金属污染具有同源性,可能以复合污染的形式出现积累。进一步研究表明,棉田土壤中重金属有效态含量与肥力之间的相关关系保持一致,特别是与土壤中的磷含量呈极显著相关性(王海江等,2017年),说明新疆主要棉区土壤重金属与磷肥的长期投入直接相关,这可能是由于磷肥来自磷矿,而磷矿中含有重金属元素的原因。

三、绿洲土壤肥力变化

随着新疆种植业结构的调整,作物单产水平和复种指数的提高,以及化肥用量的逐年增加,新疆棉区耕地土壤养分状况已经发生了明显变化。2005年,新疆开始实施测土配方施肥补贴项目,截至目前,项目工作已覆盖新疆全部棉区。通过项目的实施获得了大量的土样、田间试验和农户施肥调查数据,通过对棉区耕地土壤样品养分测试、分析、汇总,并与第二次土壤普查结果进行对照(吴三保等,1996年),已基本摸清了当前新疆棉区耕地的土壤养分现状,对新疆棉田近30多年的养分变化也有了较为清晰的认知(见第十章)。

(一) 新疆棉田土壤肥力综合变化

1. 变化特征 · 通过总结不同时期的研究结果(侯宗贤等,1995年;刘文惠2016年;汤明尧和王骞,2014年;张丹等,2008年;张炎等,2006年;朱敏等,2009年),并对当前新疆棉区耕地土壤养分状况进行统计分析发现(图5-34),当前新疆棉区土壤有机质平均含量为14.0 g/kg,与第二次土壤普查时(平均13.06 g/kg)相比稍有提高,增幅7.2%。土壤碱解氮显著提高,当前全疆棉田碱解氮平均值为61.8 mg/kg,较第二次土壤普查时的37.2 mg/kg提高了24.6 mg/kg,增幅66.1%。土壤速效磷含量有较大幅度的增加,当前全疆棉田有效磷含量平均值为13.7 mg/kg,较第二次土壤普查时的4.5 mg/kg增加了3倍,已达中等水平,土壤磷素极缺乏状态已明显改善,部分地区已出现了磷的积累。土壤速效钾则表现为较大幅度下降的态势,但尚未大面积缺乏,全疆棉区速效钾平均含量为161.3 mg/kg,较第二次土壤普查时的239.3 mg/kg下降了78.0 mg/kg,减幅32.6%。总体看,新疆棉田土壤已不十分丰富,全疆速效钾含量低于100 mg/kg的缺钾棉田为11.87万hm²,约占调查区域总面积的15%。

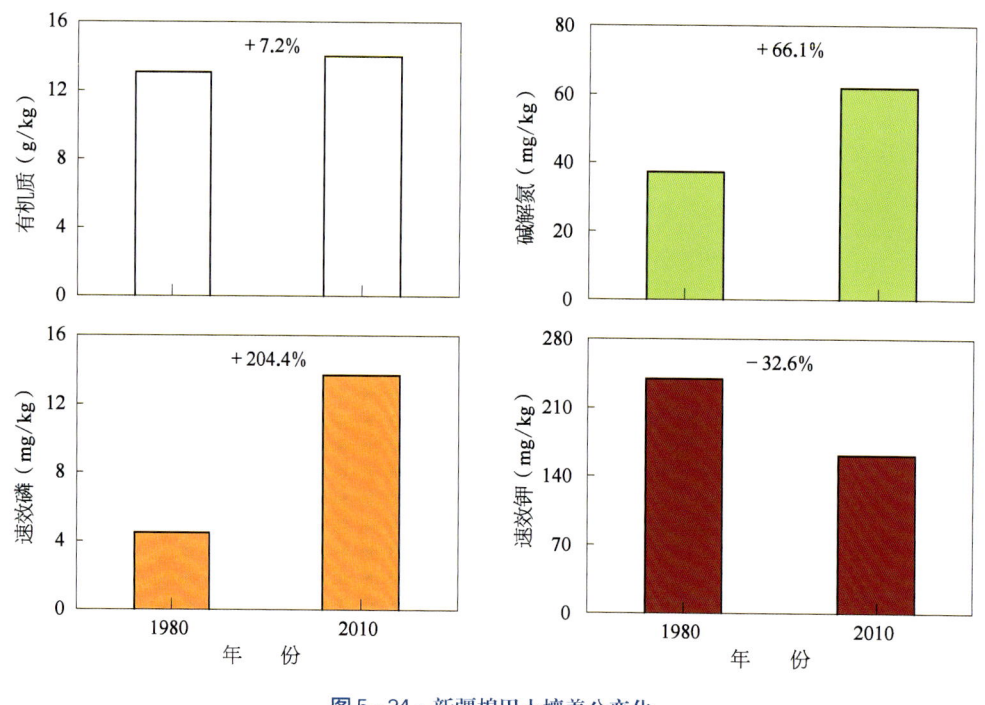

图5-34 · 新疆棉田土壤养分变化

(据1980年第二次土壤普查数据和2005—2013年测土配方数据绘制;买文选,2021年)

2. 综合评估 · 根据新疆棉田土壤养分分级标准(表5-6),当前新疆棉田28.9%的有机质、1.1%的碱解氮、24.8%的速效磷、2.2%的速效钾处于极低水平;22.4%的有机质、16.9%的碱解氮、39.1%的速效磷、20.4%的速效钾处于低水平;29.7%的有机质、65.1%的碱解氮、32.9%的速效磷、54.3%的速效钾处于中等水平;29.7%的有机质、17.0%的碱解氮、3.2%的速效磷、23.1%的速效钾处于高水平(图5-35)。

表5-6·新疆棉田土壤养分分级标准(新疆标准法)

(张炎等,2005年)

项　　目	极低	低	中	高
碱解氮(N,mg/kg)	<40	40～60	60～90	>90
速效磷(P,mg/kg)	<7	7～13	13～30	>30
速效钾(K,mg/kg)	<80	80～160	160～210	>210
有机质(g/kg)	<12	12～15	15～18	>18

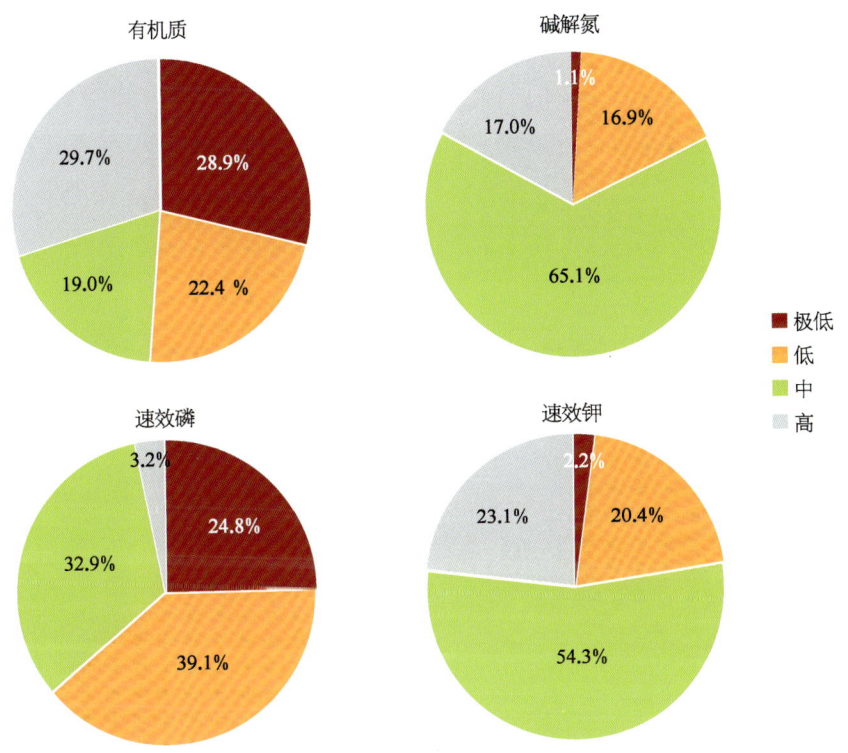

图5-35·新疆棉田土壤养分分级

(据2005—2013年测土配方数据绘制;买文选,2021年)

总体来看,新疆棉田的有机质、速效磷水平仍然较低,还需要提高,而碱解氮已经达到比较高的水平,速效钾含量有所下降,需要部分补充。整体看,与20世纪进行第二次土壤普查时相比,新疆主要棉区的耕地土壤肥力总体有了明显的提升,当前已处于中等水平。

(二) 绿洲土壤肥力变化原因分析

新疆棉田土壤养分水平的提高主要得益于几十年来化肥的持续投入(图5-36)。2017年新疆农田的化肥投入总量已经达到195万t(折纯N),是1987年投入量的10.3倍,而棉花产量也随着化肥的使用增加了16倍,总体来看,新疆棉花产量的增加与化肥的高投入直接相关。从单质肥料投入情况看,氮肥和磷肥的投入量增速更快,这也是新疆棉田土壤速效氮和速效磷含量明显增加的直接原因,而钾肥施用量只在近10年有较大的增幅。这一方面得益于新疆土壤普遍富钾,也说明随着几十年的棉花连作,土壤钾素下降后对产量有了影响,农民开始逐渐有了增施钾肥的意识。

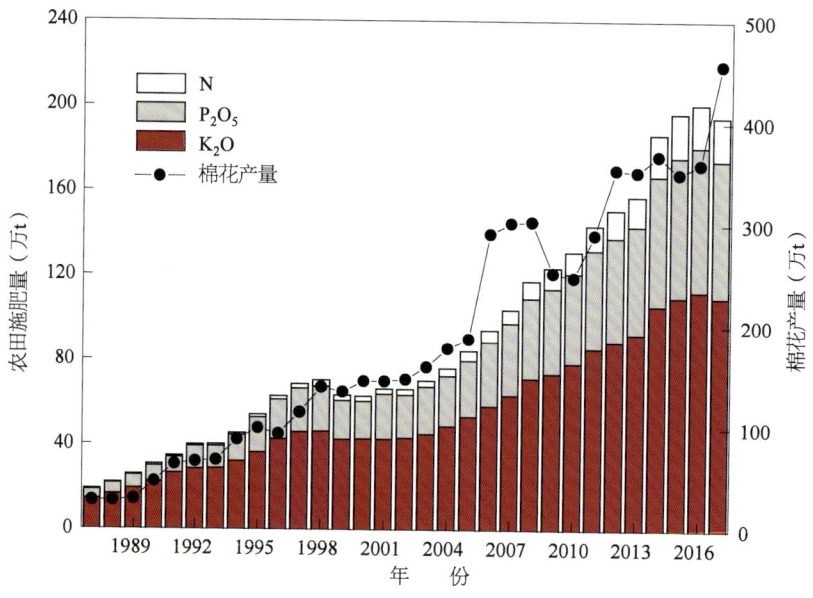

图 5-36 · 新疆绿洲农田施肥量与棉花产量变化
(数据源自国家统计局网站)

根据 2005—2013 年新疆棉花测土配方施肥 644 个"3414"试验统计结果,当前新疆主要棉区的化肥施用量平均为 451.5 kg/hm², 其中 N、P_2O_5、K_2O 分别为 275 kg/hm²、158.7 kg/hm² 和 17.8 kg/hm², 肥料的投入占农资投入的比例高达 32%(其中氮、磷化肥的投入成本分别占肥料总投入的 20% 和 75%)。而且南、北疆主要棉区的化肥投入强度不同(图 5-37), 总体呈现南疆高于北疆的特征,南疆棉区的氮肥投入达到 305.25 kg/hm², 远高于北疆的 233.1 kg/hm²; 南疆棉区的磷肥投入达到 174.75 kg/hm², 北疆为 136.8 kg/hm²。总体看,新疆特别是南疆棉区的氮、磷肥投入量已经明显超过新疆棉花养分投入的推荐范围。

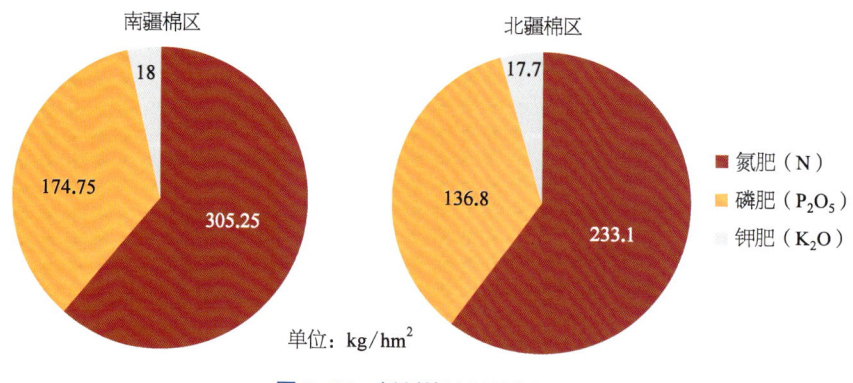

图 5-37 · 新疆棉田肥料施用量
(据 2005—2013 年测土配方数据绘制;买文选,2021 年)

四、绿洲农田防护林

新疆地处祖国西北,是一个极度干旱而又多风沙的典型灌溉农业带,干旱、风沙及盐碱是其自然环境条件的主要特点。绿洲农田防护林不仅有防风固沙、调节农田小气候的功能,同时也是人工绿洲生态系统不可或缺的重要组成部分。新疆兵团 134 个平原团场基本实现了农田林网化,80%的农田得到了农田林网的有效保护(张宜琳,2014 年)。而地方特别是南疆民族地区的农田防护林建设也非常有效。但近些年绿洲农田防护林退化严重,特别是兵团和工商资本经营的耕地尤其明显,其原因主要有以下四方面。

一是许多防护林是 20 世纪 80 年代营造的,主要树种是杨树,目前已经整体老化。

二是水资源日益短缺和耕地面积的扩大导致防护林正常生长的生态用水被农田挤占。以兵团为例,社会经济用水量从 2000 年的 118.84 亿 m^3 增至 2012 年的 131.36 亿 m^3,农业用水比例占 93.53%(周宏飞等,2017 年),增加的引水量不够维持同期增加的 19.23 万 hm^2 耕地的灌溉用水,需要依靠灌区节水来弥补。地处天山北坡玛纳斯河流域的兵团第八师灌区综合毛灌溉定额只有 6 731 m^3/hm^2。

三是灌溉方式的改变增加了防护林的管理难度。绿洲水资源总量为 545.95 亿 m^3,占全国水资源量的 1.9%,耕地平均水资源量 8 220 m^3/hm^2,约为全国平均水平的 1/3,属水资源严重紧缺省区(李红山和杨志刚,2013 年)。自 20 世纪 90 年代中期起,新疆广泛推广应用农田节水灌溉技术,截至 2017 年,全疆(含兵团)累计发展高效节水灌溉面积 333.6 万 hm^2,大大提高了水资源的利用效率。但随着渠道全面防渗和农田高效节水灌溉技术的普遍推广应用,灌区水资源渗漏量减少,地下水位持续下降,使得原来主要依靠灌溉回归水和渠系渗漏水维持的农田防护林出现了衰退死亡。

四是防护林经济权属。绿洲农田防护林能够防风固沙并具有良好的护田增产作用,还能产生可观的木材产值。但随着农田防护林进入成熟期,其胁地问题也日益表现出来,使靠近林缘两侧的作物生长不良而减产。而林权又为集体所有,农民看不到直观的木材经济效益和间接的生态效益。为了减小胁地负效益,长期存在着对农田周边防护林的人为破坏现象,对防护林的正常生长产生了不利影响,形成恶性循环。

第三节·绿洲农田/棉田可持续土壤环境保护对策

一、绿洲国土资源开发利用的基本原则和遵循

从土、水资源总量占全国的比例看,新疆土地资源占比(1/6,166.49 万 km^2)和水资源占比(1/29,832 亿 m^3)比值相差极为悬殊。而新疆水资源地区分布不均,北部多于南部,西部多于东部(覃新闻,2013 年)。以天山脊线为南北界,南疆土地面积占总面积的 72.3%、北疆占 27.7%,但河流径流量却相当,单位面积占有水量北疆是南疆的 2.6 倍。若以策勒—焉耆—奇台为界线,把新疆划分为西北和东南两部分,两者土地面积相近,但河流径流量前者

占全疆的93.0%,后者仅占7.0%。新疆水源总量与土地面积相比,总体表现出地多水少、分布不均衡、利用程度低(在用水比例上,全疆农业用水占98.2%,而农业用水效率为50.0%)的特点。以水土平衡值进行计算,早期耕地已超出水供给可能承担的面积27万hm^2,可见新疆国土过度开发现状非常严重。

因此,要确保新疆绿洲的可持续发展,首先需要严格限制土地开垦行为,加大退耕还林还草力度,优化调整种植业结构,完善人工绿洲生态系统的结构与功能。新疆是国家生态安全的重点治理区域,生态环境脆弱,一旦遭受破坏则很难恢复。目前,新疆耕地增加速度已经放缓,为了实现全疆灌溉面积控制在533万hm^2的规模,需要严格限制开荒行为,严禁擅自进行水土资源开发,以遏制荒漠生态系统被进一步破坏。需要加大退耕还林还草力度,有计划地对盐渍化和风沙危害重的中低产田、灌溉保证率低的耕地实施退耕封育计划,减少总灌溉面积,以缓解水资源的供需矛盾。通过人工绿洲内部种植业结构调整,增加林地和牧草地的面积,增加耗水量低的农作物品种,提高人工绿洲植被景观的多样性。

其次,需要协调生产用水、生态用水、生活用水之间的关系,探索新型的退耕还水政策,保障生态需水。据研究,在限制绿洲土地资源潜力的各种因素中,水分限制占30.87%,土壤质地限制占25.74%,盐碱限制占15.96%,肥力限制占8.96%(贾宝全和慈龙骏,2003年)。所以,水分是影响土地资源潜力的主要因素。绿洲的土地资源开发应根据水资源的配置、供给情况来进行科学合理的规划设计。目前,新疆节水灌溉面积占总灌溉面积的55%,规模和水平都很高,但是节约的水量仍然不能满足压减水量要求。所以,退减灌溉面积成为压减农业用水的另一条重要出路。

然而,退耕还水工作涉及种植户利益分配、补偿资金筹措、土地制度改革、政府部门协调等方面,实施起来困难重重。虽然已有个别地州(市)依照自身情况制定了相关政策,但缺少国家和自治区层面的政策支持,加上各地财政部门资金紧张,对退耕还水工作的实际投入较少,导致退耕还水工作进展缓慢。此外,除少部分非法耕地可以强制性退出外,退减的主要为大户承包的国有土地。国有土地大多签订了承包合同,承包期一般为30年,在承包期内退耕土地难度较大。因此,在全疆范围内实施退耕还水政策并不是一件容易的事。但是退减灌溉面积是落实新疆用水总量控制方案的关键措施。为全面贯彻新时期的治水方针,落实用水总量控制方案,必须实行退耕还水行动(王梦云等,2018年)。

棉花是新疆的主栽农作物,面积占到耕地面积的50%,为保持新疆水土资源的平衡,必须有效控制棉花种植面积,从现在的300万hm^2,退回到国家安排的棉花保护区面积160万hm^2上下或200万hm^2,实行退耕还水。

退耕还水的总体原则是减少生产用水比例,提高生态用水比例。需要制定保障人工绿洲生态系统稳定的合理灌溉制度,增加维护人工绿洲防护林和农田水盐平衡的水量。运用法律、行政、经济等综合手段,引导水资源向第二、第三产业以及生态修复和保护方向转移。建立新疆水资源统一调配与管理体制,建立水权分配和交易制度,建立农业退水补偿机制,建立生态用水保障制度,建立差别化的水价格体系,推行最严格的水资源"红线"控制制度。

具体需要在摸清基本情况的基础上,总结试点地区的经验,科学制订退地减水配套政策,完善补偿机制,加大补偿力度,做到补偿标准多样化、补偿主体多元化,坚持"谁受益,谁补偿"的原则。与节水型社会建设、农业结构调整相结合,稳妥有序推进退耕还水。

二、绿洲国土资源科学利用的主要技术途径和措施

(一) 建设高标准农田

高标准基本农田是一定时期内,通过土地整治建设形成的集中连片、设施配套、高产稳产、生态良好、抗灾能力强,与现代农业生产和经营方式相适应的基本农田。包括经过整治的原有基本农田和经整治后划入的基本农田。2013—2020 年,国务院相继批复并发布了《全国高标准农田建设总体规划》《国家农业综合开发高标准农田建设规划》《全国土地整治规划》。这些规划对全国各地有序推动高标准农田建设发挥了重要指导作用。原则上看,全国的高标准基本农田应该是高等级、集中连片的农田,但由于耕地质量等区域间不平衡,在保证一定面积的基础上,各地确定的高标准基本农田质量等级不完全相同。比如新疆兵团的高标准农田建设要求是:"田地肥沃、设施配套、道路畅通、林网适宜、生态优良、科技先进、全面节水、旱涝保收,实现农作物优质高产高效"。其中特别强调节水灌溉技术的推行、优良品种的推广及先进适用技术的应用,使农业科技贡献率明显提高,农作物单产达到较高水平(表5-7),主要农产品市场竞争力显著增强,经济、社会、生态效益同步显著提升。

表5-7 · 新疆兵团高标准农田综合生产能力

农田类型	评价参数	代表作物	产量标准(t/hm^2)	
			南疆	北疆
风蚀风沙危害较轻类型区	产出水平	小麦	>6.0	>6.3
		玉米	>12.0	>12.0
		甜菜	>75.0	>75.0
		籽棉	>7.2	>6.8
风蚀沙化严重类型区	产出水平	小麦	>5.7	>5.7
		玉米	>10.5	>10.5
		甜菜	>69.0	>69.0
		籽棉	>6.3	>6.0

注:数据源自新疆生产建设兵团颁布的高标准农田建设标准。

在实施和推动高标准农田建设过程中,从示范应用到全面推广实施,新疆需重点落实以下几方面内容:一是最大限度地进行土地资源整合,将小地块进行集中连片规划整理,形成具有一定规模的大面积条田地块,进行土地平整,并且尽最大可能对条田进行去弯取直,以增加土地利用率,便于机耕作业;二是科学设计规划条田灌溉系统,应用水泥混凝土防渗措施进行渠系改造防渗,最大限度地减少水资源浪费渗漏,同时加大设施灌溉的应用面积,包括输变电线路的配置等;三是建立条田防护林体系,按照条田规划,在条田四周及条田内设计定植宽 4 m、占条田面积 5% 的条田防护林,以改善农田生态环境,减轻和抵御风沙等自

然灾害的危害;四是通过农田道路硬化使农机作业及各类农事活动更加通畅便捷(齐西文等,2013年);五是通过各项农艺措施提高土壤质量,比如秸秆还田、油渣还田、全程施肥、深松土壤、拉沙改土、增施农家肥及商品有机肥等,此外还包括白色污染的清除。以新疆兵团为例,2011—2015年兵团总计批复计划实施的高标准农田项目215个,建设规模22.99万 hm^2,建设投资24.79亿元,涉及兵团13个师及兵团直属农垦科学院,共计87个团场。

(二) 加强农田残膜治理

1. 改变覆膜方式・使用宽幅、厚度大、抗老化能力强和拉伸强度大的地膜可有效减少土壤中的残膜留量。研究表明,宽度60 cm的地膜较140 cm的地膜在土壤中的残留率大2.5倍以上。当前,新疆为配合机械采棉的需要,正在大力推广宽度210 cm的地膜,采取1膜6行的种植模式,逐渐取代原来140 cm的窄膜及1膜4行的种植方式,这在一定程度上可有效提高地膜的回收率。另外,增加地膜回收的频率和强度,提高农民的环保意识也是重要的措施。

2. 机械除膜技术・国外地膜回收机械研究始于20世纪初,我国始于20世纪80年代。由于使用地膜的厚度和强度的不同,国内外残膜回收机械研究方向区别较大:国外使用地膜厚度大于0.20 mm,其原理主要利用地膜自身的拉伸力实现地膜与土壤的分离,研究重点是卷收机构和清理机构。国内使用的地膜厚度小,回收时地膜拉伸强度低、膜面破损严重,因此,国内残膜回收机械研究重点围绕起膜、收膜、脱膜、集膜等关键部件,还包括膜土分离部件和膜杂分离机构的研究。新疆是残膜污染最为严重的区域,使用的残膜回收机具以宽幅、大型为主,主要应用于地膜覆膜栽培的棉田。中国工程院院士、新疆农垦科学院陈学庚研究员自2013年开始研究地膜残留回收机具,现在已经达到三代规模。2016年10月,陈学庚院士第一次向全国的同行展示了15种自主研发的农膜回收机械,让所有人看到了用农业机械治理白色污染的希望。2017年,陈学庚院士的研究团队又获得了突破性的进展,他们展示的11种农膜回收机械中,有几个型号可以在对棉花秸秆进行粉碎回田的同时,有效解决土壤残膜问题,农膜回收率在90%以上。

目前,根据农艺作业时间的不同,可将地膜回收机具分为苗期地膜回收机、秋后残膜回收机和播前残膜回收机(图5-38),其中秋后残膜回收机应用最广泛,而在秋后残膜回收机中弹齿式收膜部件由于结构简单、造价低,在新疆地区广泛使用,但残膜回收率低。

整体而言,新疆的残膜回收机械研究已经比较充分,设计原理和核心部件结构也是随着农作物种植模式和农艺要求及技术措施的变化而不断改进,积累了丰富的基础性研究资料。当前影响机械回收残膜的障碍主要是:① 农民耕地保护意识不到位、作业成本增加和回收残膜附加值低,导致残膜回收的主动性不高。② 农用地膜厚度和强度达不到机械全回收的技术条件。③ 田间秸秆、残茬干扰收膜部件作业,土壤条件差异性大,不能满足机械化回收的基本条件。④ 在目前水平下,生产中投入使用的机型主要是结构简单、成本低的弹齿式搂膜机具,无法实现高效率、高回收率、低成本、轻简化的生产目标。

3. 示范应用新型地膜・除了采取机械回收外,要同时考虑减少普通塑料地膜在土壤中的投入量,其中一项技术是采用新型的可降解地膜,这类地膜主要包括生物降解地膜、

1LM-5.0型自卸式弹齿搂膜机
（新疆农垦科学院）

MSM-3型苗期残膜回收机
（新疆农垦科学院）

4JSM-2100型棉秸秆粉碎还田残膜回收联合作业机
（新疆农业科学院）

图 5-38 · 典型残膜回收机具
A：播前残膜回收机；B：苗期地膜回收机；C：秋后残膜回收机
（图片及资料参考赵岩，2017年）

光降解地膜、光/生物双降解地膜、植物纤维基地膜、液态喷洒式可降解地膜等。德国、美国、日本等国家在新型地膜材料方面的研究开展较早。我国山东、广东、江苏等地也开展了生物降解材料的研究，形成了一些产品。新疆兵团农业技术推广站曾对国内外主要公司生产的可降解地膜进行了试验，但当前这类地膜普遍存在一些问题，如加工困难、耐水性能和力学性能差，易破碎；降解时间和降解速度很难控制，无法起到当前塑料地膜的作用；降解地膜的宽度、延展性以及裂解起始期、裂解速率、降解率产品特性等需求差异较大，导致可降解地膜材料与农艺生产的配套性差。由于这些问题的存在，加上使用成本高，制约了降解地膜的大面积推广，在短期内还很难全部替代普通地膜，还不适宜新疆的棉花生产。

总体来看，大力推广地膜的机械回收仍是目前解决新疆棉田残膜污染问题最为有效和切实可行的手段。

（三）减施化肥

1. 减肥增效 · 棉花不同生育期对氮、磷、钾的吸收数量不同（图 5-39），不同品种和不同类型的棉株之间也有一定的差异。要实现棉花的养分资源综合管理，就是以高产优质棉花的生长发育规律、养分需求规律和土壤养分供应规律为基础，以养分平衡为主要手段，在充分考虑来自土壤和环境的养分供应的同时，针对不同养分的资源特征实施不同的管理策略，

建立基于土壤 N_{min} 测试和氮素营养诊断指标体系的氮肥优化管理技术、基于磷钾养分输入、输出平衡与土壤速效磷钾定期检测相结合的磷钾恒量监测技术以及因缺补缺的中微量元素管理技术体系。在此基础上，通过动态和区域性的棉花专用肥配方与产品调节区域养分平衡，实现棉花生产高产高效的目标（田长彦和冯固，2008 年）。

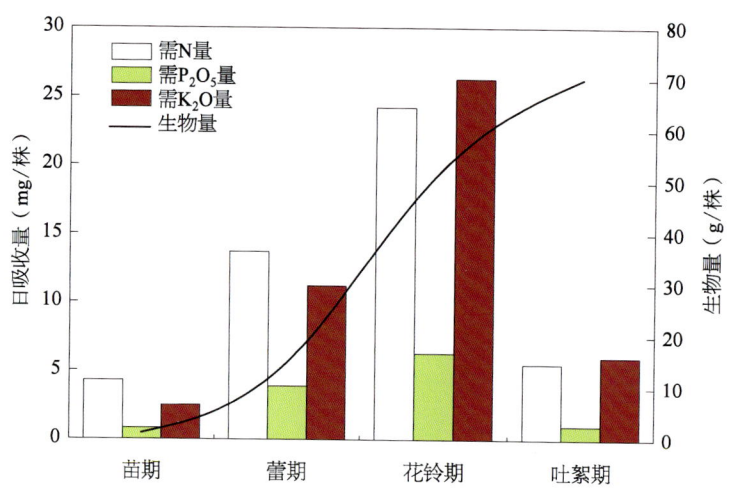

图 5-39 · 新疆棉花生长发育及养分吸收规律

(据田长彦、冯固整理绘制，2008 年)

减少施肥量是提高棉花肥效的主要手段，但前提是保证棉花获得高产，因此根据棉花的养分需求规律实时提供其所需的养分数量（如氮素）或充分发挥棉花的生物学潜力，提高对养分的利用效率（如磷）就成为通过减少施肥量以提高肥效的关键（张福锁等，2009 年）（图 5-40）。

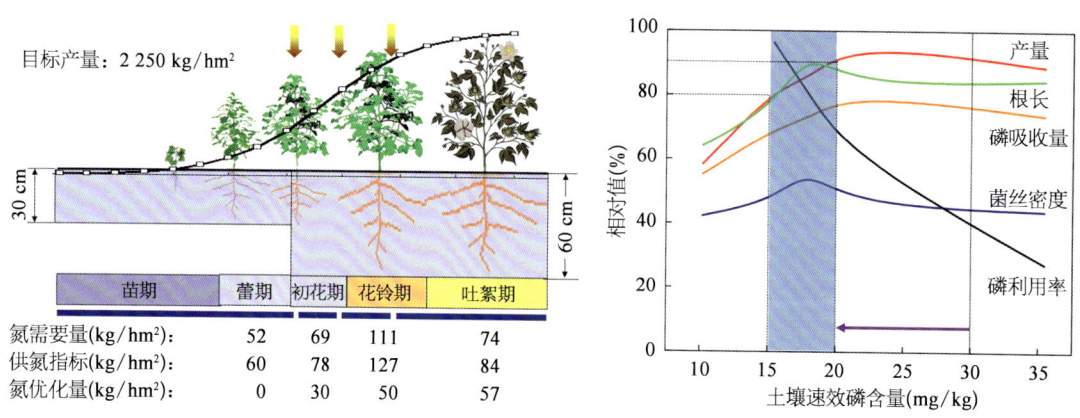

图 5-40 · 新疆棉花生产高产高效的氮、磷肥施用优化措施

(左：据王平研究成果绘制；右：Mai et al.，2018 年)

2. 增施有机肥 · 因为化肥的广泛使用，有机肥的作用被逐渐忽视，当前，全国有机肥使用量仅占肥料施用总量的 20% 左右，但有机质作为土壤组成的核心成分，是提高土壤肥力的

主要成分,有机肥料的施用对改良土壤结构、养分和生物学特性等有重要影响,是培育土壤、培肥地力的主要方法之一(田长彦和冯固,2008年)。当前,新疆棉田的有机肥投入方式主要是棉花秸秆的粉碎回田,据统计,2010年新疆的棉花秸秆数量达到750万t,秸秆的植物纤维含量丰富,在农业有机废弃物退还土壤后,可以大量补充和更新土壤有机质,提供丰富的氮、磷、钾、硅等元素(王鲁敬,2014年)。同时,农作物秸秆中含有大量的木质素和纤维素,腐烂分解后可使土壤腐殖质增加、孔隙度提高、通气透水,理化性状大为改善。然而棉花秸秆的高效回田,离不开秸秆粉碎机等配套机械,但当前的机械粉碎程度不高,加之秸秆的木质化程度高,回田后的分解速度很慢,影响了回田的质量,往往会对棉花幼苗的扎根产生不利影响。因此,研发新机械,提高秸秆回田的质量非常重要。

3. *研发新型肥料* · 当前我国在新型肥料的研发及应用方面与发达国家存在巨大差距,比如与固体肥相比,液体肥具有高效化、复合化、长效化、多元化、功能化和低碳化的优势,不仅可以提高肥料利用率、土壤肥力、农作物健康水平、农产品品质,而且方便农民使用,还有利于环境保护,减少碳排放。液体肥生产可通过工艺优化降低能耗,使污染物零排放,有效降低农业生产成本,可实现肥料生产的绿色化。在农业发达国家,液体肥料是施用肥料的主体。20世纪60年代以前美国的肥料销售以固体袋装化肥为主,约占销售总量的55%,散装化肥占30%,液体肥料占15%;到了90年代末,固体袋装化肥的销售量降至总量的15%,散装化肥和液体肥料则分别上升到50%和35%。以色列使用液体肥料方式更是高达80%～90%,而我国当前的肥料产品以传统的固体肥料为主,液体肥所占比例不到1%(图5-41)。

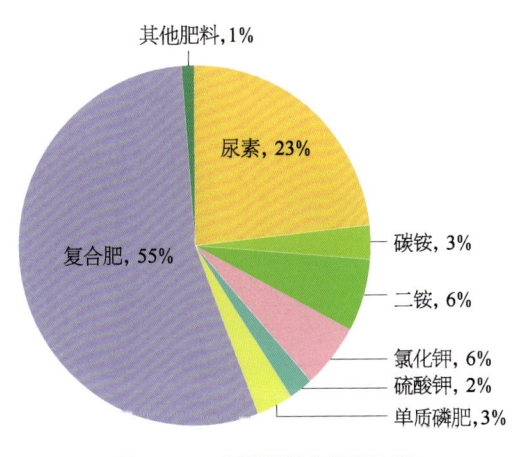

图5-41 · 我国肥料产品及比例

(国家统计局2009年数据)

在发达农业国家,除了提供优质的液体肥外,肥料管网输送设施,生产、销售、农化服务网络也比较健全(图5-42)。农用物资销售商可根据农场主提供的土壤养分数据或配方,在配肥站按不同的养分比例配制成所需的液体肥料运到农场或通过管网输送到农场,使用起来非常方便,这在一定程度上促进了液体肥料向品种多样化发展。我国在这方面刚刚起步,当前在集约化种植条件下如何推广应用液体肥仍处于学习探索阶段,也没有成熟的贮存、运输及施肥系统。

4. *改进施肥方法* · 根据农业农村部《推进水肥一体化实施方案(2016—2020年)》文件,结合国家"肥药双减的政策",到2020年,我国水肥一体化技术推广总面积达到1 000万hm^2。当前新疆棉花种植普遍采用膜下滴灌技术,在水肥一体化技术的推广应用方面处于全国前列,但在节水灌溉施肥和农技、农艺等措施和施肥的有机结合方面与发达国家还有一定的差距,阻碍了进一步提升施肥水平、提高农产品的产量和质量。而智能施肥系统可更好地满足水肥一体化的要求(图5-43),该系统根据不同作物的需肥特点、土壤环境和养分含量状况、需

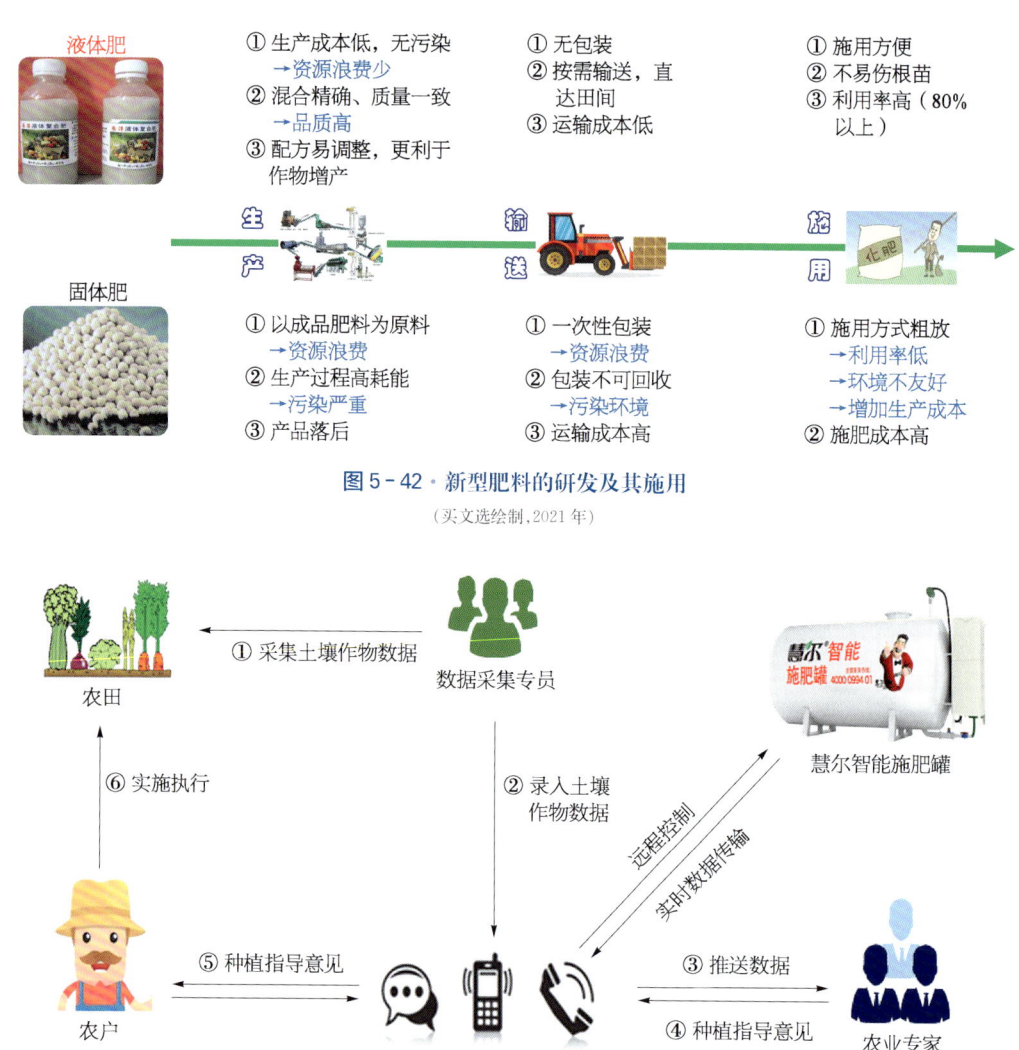

图 5-42·新型肥料的研发及其施用

(买文选绘制,2021年)

图 5-43·智能施肥系统的研发及其应用

(源自新疆慧尔农业集团有限公司)

肥规律情况进行不同生育期的需求设计,将水分、养分定时定量按比例直接提供给作物。同时,智能水肥一体化设备可定时定量灌溉,远程控制,具有明显的节肥增效潜力。这一技术在新疆具有显著的应用潜力,目前尚处于起步阶段。

(四)减施农药

目前新疆农田土壤中农药残留在全国范围内属于较低水平,加之棉花未进入食物链,相对安全。但农药残留会对土壤环境造成负面影响,因此仍需要加以适当控制。一方面加强棉花遗传育种的研究,使棉种具有较强的抗虫性和抗病性;另一方面提高棉花的栽培技术与植保措施,如优化棉田间作套种模式,采取合理作物搭配,不仅能够提高种植效率,还能通过引进大量害虫的天敌而减少害虫的数量,从而减少农药施用量,降低农药对作物的污染和环境的破坏。最后,还需要加强对新型无污染(或污染程度较小)农药产品的研发,在实现植保目标的同时减少对土壤及环境的污染。

1. 开发新型农药 · 在新型环保型农药开发方面,可充分利用新疆地区丰富的植物资源,开展植物源农药的研发(韩小强等,2015年)。但当前新疆的农药研发与国内其他省区及国外的研究相比还有一定差距,尚未开发出任何一种植物源农药产品,研究的水平总体上较低。因此,还需要继续扩大农药资源植物的筛选范围,并开发研究其综合效应;并在理论探索、产品研发、田间使用技术等方面同步进行,为农药减施寻求技术与产品突破。

2. 生态治理 · 自然界的各种动植物之间普遍存在相生相克的现象,在棉田病虫害防治方面可充分利用,做到不施或少施农药的情况下有效控制病虫害的发生。这方面的典型案例是,在棉田边缘种植苜蓿带涵养天敌,可以有效控制棉蚜发生(图5-44)。研究发现,苜蓿是涵养棉蚜天敌最重要的植物,苜蓿带中棉蚜天敌(瓢虫类、草蛉类为主)总量达到棉田的6.94～13.65倍,发生比棉蚜早10～15天,利用占农田5%的苜蓿带可以提供相当于占农田40%的天敌总量,可以控制棉蚜数量平均58.1头/株,处于防治指标(80头/株)之下。具体做法:在棉田边缘林荫下(通常为10 m范围)种植苜蓿带,当棉蚜进入棉田开始为害棉花时,割除苜蓿带;将割倒的苜蓿在棉田边缘放置24 h使天敌转移到棉田控制棉蚜,随着苜蓿种植年限的增加,棉田内瓢虫等天敌数量逐年增加,而害虫种群数量逐年减少。该项技术操作简便、效果持久、不污染环境,同时还有以下优点:① 苜蓿是优质牧草,适合发展农区畜牧业,增加农民收入;② 农田防护林林荫下农作物生长不良,种植耐阴植物苜蓿可以显著提高土地利用率;③ 苜蓿为豆科植物,利于提高地力,为农、林、牧协调发展提供了新途径。

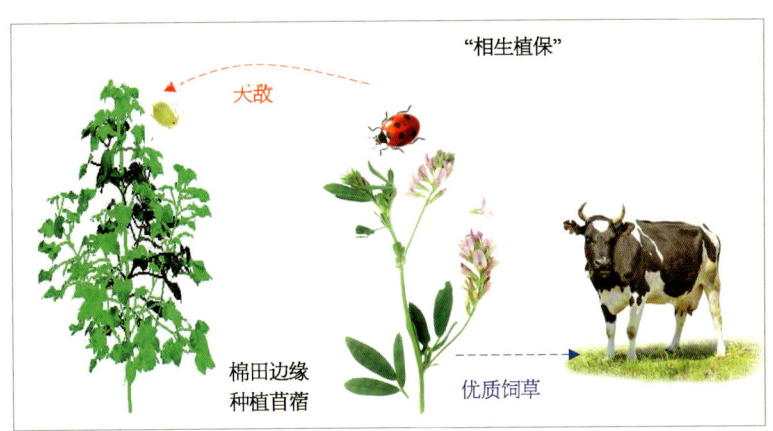

图5-44 · 利用"相生植保"理论治理棉田蚜虫

(据田长彦等研究成果绘制)

3. 推广种植抗虫、抗病新品种 · 新疆转基因抗虫棉的种植晚于内地。最早于2001年在东疆开始种植,南疆、北疆分别于2003年、2005年开始。至2012年,南疆、东疆、北疆转基因抗虫棉种植比例分别为57.8%、53.6%和33.2%。2016年,南疆棉区转基因抗虫棉种植比例上升至79.7%。2004—2010年种群监测表明,转基因抗虫棉的大面积种植有效控制了田间棉铃虫的种群发生,特别是在转基因抗虫棉种植比例高的棉区,棉铃虫成虫数量明显减少。据统计数据，2010年以来全疆棉铃虫总体发生呈明显下降趋势，可以说，转基因抗虫棉的大面积推广应用，为新疆农药用量的减少做出了巨大的贡献。

随着新疆转基因抗虫棉的大面积种植，棉铃虫不再是棉田的主要害虫，但是棉蚜、棉叶螨以及棉蓟马等逐渐成为棉花的主要害虫，理论上，其多种天敌，如食螨、瓢虫、捕食螨、捕食性蓟马以及小花蝽等数量也很大，对棉叶螨可起到一定的控制作用（潘洪生等，2018年）。然而天敌的出现总是滞后于害虫的出现，为了保护棉花、减少害虫的危害，害虫一出现农户就使用农药进行控制，结果往往杀死了天敌昆虫，增加了害虫的抗性，为害虫的再次猖獗创造了有利条件，并且增加了农药对土壤的污染程度。目前的转基因棉花对棉铃虫有抗性，但是对蚜虫、棉叶螨和棉蓟马等害虫没有抗性。若能从现有的棉花品种中筛选培育出发病较轻，同时虫害也较轻的品种进行种植，就可以减少病虫害的发生，有效减少农药的用量。

（五）高度重视绿洲防护林建设

1. **严格限制土地开垦行为，保障生态需水。** 协调好生产用水、生态用水、生活用水之间的关系，探索新型的退耕还水政策。目前，新疆国土面积6.29%的人工绿洲消耗了新疆水资源总量的74.16%。根据相关研究结果，水资源已经被过度开发利用，生态用水被挤占，按照《国务院关于实行最严格水资源管理制度的意见》，需要重点处理好生产用水、生态用水和生活用水之间的关系，总体原则是减少生产用水比例，提高生态用水比例。需要制定保障人工绿洲生态系统稳定的合理灌溉制度，增加维护人工绿洲防护林和农田水盐平衡的水量。

2. **采用新技术，革新灌水方式。** 为适应当前新疆农田的节水灌溉方式，林带的灌溉方式也应随之而变化。新植林带可利用农田管网，实施滴灌或涌泉灌，这样虽然增加了造林成本，但可以大幅度降低林床整地费用和林木生长用水，而且可提高新植林木的成活率，特别是对于盐碱较重的造林地进行喷、滴灌，不仅满足林木对水分的要求，还起到了压盐洗碱的作用。对于已郁闭的林带和部分老林带，由于根系较深，可利用田间滴灌设施的主管道进行改装，通过林带种植沟进行灌溉，以解决由于农田实施节水灌溉后无法保证林带的输水问题。总之，在林带规划时和田间管网铺设时应考虑林带的输水和灌水问题，以有效解决农田防护林带的输水问题，并使林木的生理用水达到最大的利用率。

3. **积极推进林权改革，完善管理体制。** 林权改革是林业发展的保障，可以促进农田防护林经营管护向良性循环发展，农田防护林带必须解决林木的权属问题。可采取灵活多样的管理办法，以兵团为例：沙漠前沿的大型防风基干林采用公管形式，即由团场进行管理；农区内部棉田四周的农田防护林带由目前的公管转变为由职工私管，林随地走，团场给予政策优惠，与职工鉴定长期的管护协议。对于原为团场管理的可有预期木材收益的林带，由团场作价拍卖给职工，鼓励职工自己营造农田防护林，成林后产生的木材效益由团场和职工进行分成。采取以上措施进行林权改革，既可减轻团场每年对农田防护林带投入的大量抚育管护费用，也可有效调动职工参与营造防护林的积极性，使职工自愿增加投入，并用心进行管护，可确保农田防护林带生态效益的稳定发挥，并能产生较好的经济效益。团场的分成部分既可作为对外围防风固沙基干林的抚育管护费用，又能使职工增收，促进兵团农田防护林的经营管护向良性循环发展。

▶ **(六) 持续开展绿洲盐碱化治理**

1. *新疆盐碱土改良历史*·有关土壤盐渍化形成演化与改良治理利用,一直是当前国内外工程和学术界研究和实践的热点。世界盐渍土的改良历史可追溯到20世纪初,在2000年前的100年间,尽管具体方法有所不同,但基本可分为工程和化学措施两类(前者占主体)。工程改良的核心是以"水盐运移"研究为基础的"以水压盐"措施。化学改良由于无法从根本上解决土壤盐分问题(对碱土有效),加之成本过高,自始至终都没有大面积应用。新疆从新中国成立初期开始了盐渍土的改良工作,并做了多方面的尝试,最终以兵团为主的大规模改良也采用"以水压盐"大灌大排的方法并一直延续至今,而且取得了显著效果。然而与内地不同,新疆降水量稀少,农业水资源日益匮乏,随着土地开垦面积的不断增加,这一措施越来越困难和不现实,当前以滴灌为代表的节水农业措施引起的土壤盐分表层局部集聚产生的危害已经初现。实质上,这一问题在世界其他地方(人多地少的干旱区)同样存在。针对这一现状,2000年后,科学家受盐碱地生长的大量盐生植物的启发,利用盐生植物进行生物改良或者通过对其耐盐机制的研究利用转基因手段提高普通作物的耐盐性逐渐成为研究热点。世界盐生植物研究权威英国萨塞克斯大学Flowers团队先后于2008年在Science、2014年在Environmental and Experimental Botany期刊上对盐碱土生物改良方面的研究成果及前景进行了总结,并提出了"盐土农业"的概念,其核心是从过去的以水洗盐创造可满足普通作物生长的土壤条件逐渐向利用生物手段改良土壤与盐生植物资源化综合利用相结合的方式转变(图5-45)。

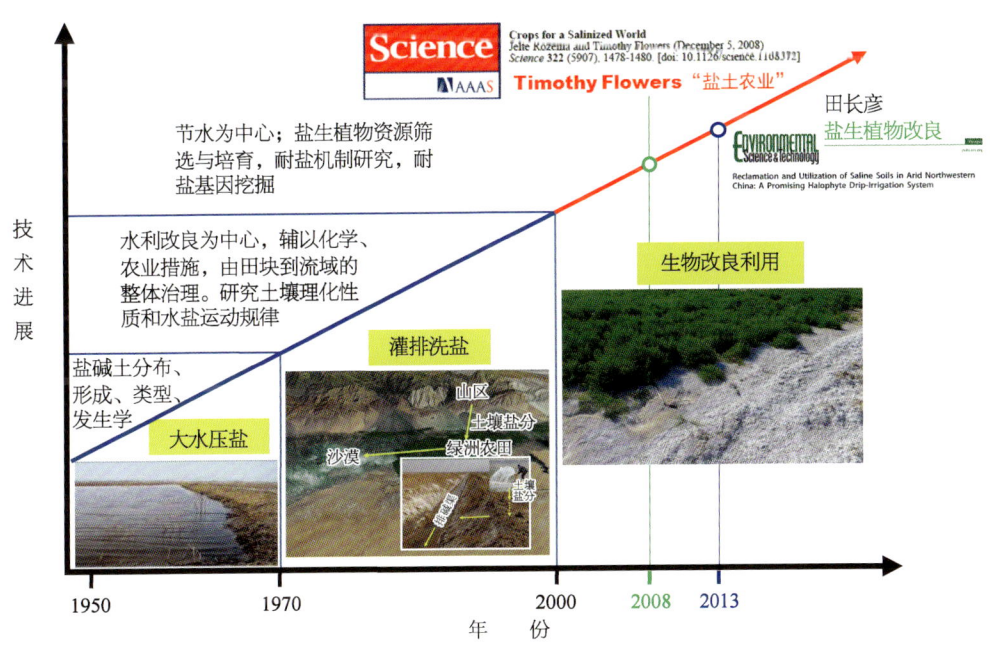

图5-45·新疆盐渍土改良历史

(买文选绘制,2021年)

2. 现阶段发展及治理方向

（1）分类治理原则。由于新疆耕地的盐碱障碍类型多、淡水资源依赖性强、改良周期长而易反复、现代工程化技术体系未建立等问题，必须要根据盐碱类型并结合当地的生产条件，依据"改良利用结合、增产增效并重、生产生态协调"原则，建立耕地盐碱地分类原则、依据、标准，应用多学科的综合分析方法，进行耕地盐碱地调查分析，首先需要搞清新疆耕地盐碱地分级类型的数量和分布规律，进而分析与评价耕地盐碱地成因和危害程度，提出新疆灌区盐碱地防治战略对策和措施，为新疆的农区盐碱地治理与改造服务。

（2）综合治理方法。纵观国内外盐碱改良已有的成果，主要是改良土壤，培育耐盐作物品种。在盐渍土改良技术方面，工程措施和化学改良是重要手段，排水系统迅速降低土壤中的盐分，是改良和防治土壤盐渍化的关键措施，但完全依赖于淡水资源。化学改良能有效改变土壤理化性状，却不能改变土壤含盐量。国际国内及新疆盐碱地改良主要体现在以水利工程措施为主的盐碱地综合治理技术，抗盐农作物品种、土壤培肥、测土施肥、覆盖栽培、土壤植物调理剂应用等农艺技术，深耕深松、消除障碍、水旱轮作及种植制度调整等耕作技术，微咸水利用、微灌节水、精灌控盐等综合节水技术，农作物综合配套栽培技术等。总体而言，需要对不同区域的盐碱地特征进行深入分析，因地制宜形成配套的盐碱地治理技术与方式（图5-46）。

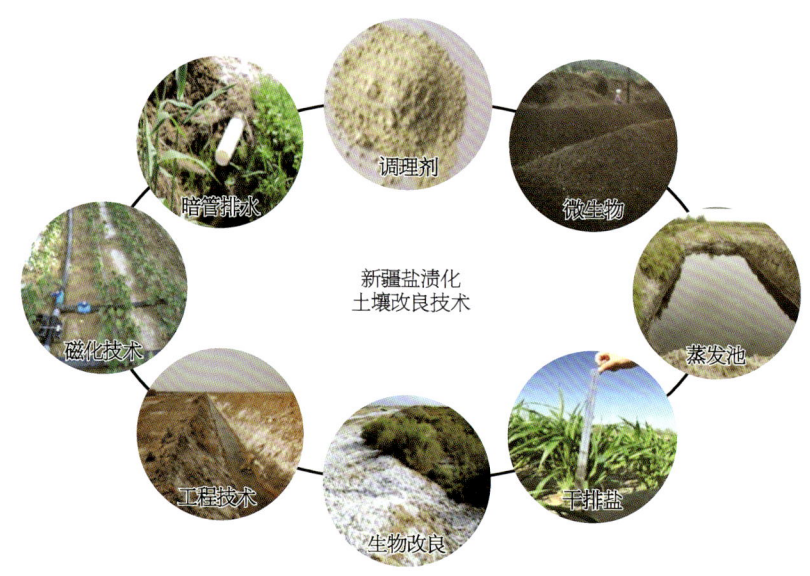

图 5-46 · 新疆盐渍土改良技术

（买文选绘制，2021 年）

（3）生物改良与利用。盐碱土很难种植一般的农作物，但适宜一些盐生植物的生长。长期以来，人们主要通过修建排水设施、大水洗盐来降低土壤的盐碱含量，实现农作物的种植，但这一过程不仅耗资巨大，而且在耕地面积不断扩大的前提下已无更多的水资源可用于洗盐。因此，在水资源匮乏的西部干旱区，利用盐生植物吸盐特性，开展盐碱土生物改良及盐生植物资源的开发利用，对于区域农业可持续发展意义深远。

关于利用盐生植物改良盐碱地的机制,当前比较明确的有两点(图 5-47):① 利用真盐生植物吸取土壤盐分。真盐生植物经过长期的进化,发育出特殊的器官(如茎、叶的肉质化,特殊的盐腺泌盐,液泡的区隔化),保证其可从土壤吸收大量的盐分而自身生长不受伤害,甚至土壤盐分成为参与自身生长生理过程所必需的营养元素(如钠离子)。② 影响土壤盐分运移。比如,盐碱地规模化种植可遮盖地面,从而减少了地面蒸发引起的土壤返盐过程。此外,由于植物的根际过程会显著改变土壤环境(如物理结构、化学特性、生物多样性),而土壤环境的改变对土壤盐分的运移及分布、有效性产生深刻的影响。比如在更疏松的土壤中,盐分对植物的伤害会减轻,提高土壤酸性会增加作物的生存机会,微生物群落的改变有可能会钝化土壤盐分。因此,理解盐生植物的根际过程对于回答盐生植物改良盐碱地的实质以及构建更为有效的生物改良模式具有重要意义。这一部分需要更进一步的研究。

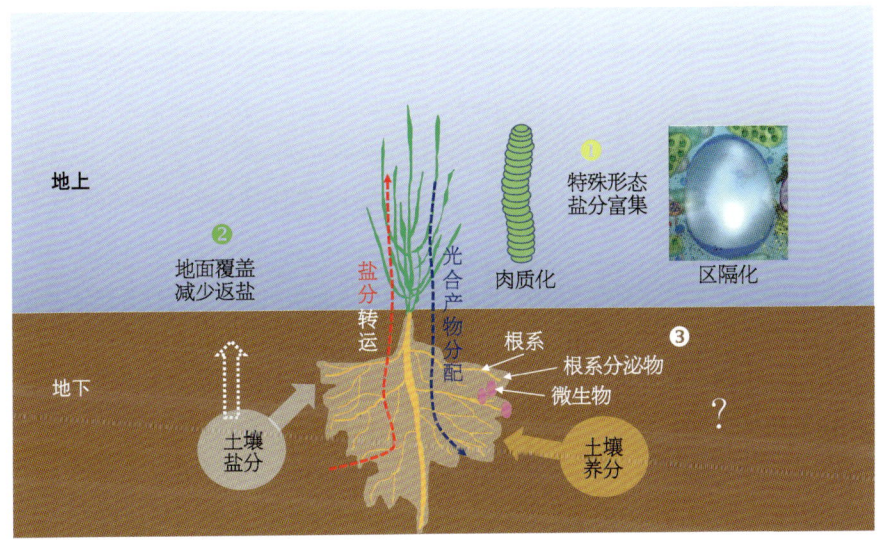

图 5-47·盐渍土生物改良原理

(买文选绘制,2021 年)

要实现盐碱土的生物改良与利用,首要解决的是适宜盐生植物种类的选择。由于特殊的地理环境,新疆拥有丰富的盐生植物资源,目前已鉴定出 305 种 11 变种 4 亚种,隶属 123 属 36 科,按其用途主要分为药用、食用、观赏、饲料牧草、纤维、濒危保护、蜜源植物和盐渍生境生态建设植物种(郗金标等,2006 年),从而为新疆盐碱土的生物改良提供了前提条件。在此基础上,需要解决的是盐生植物的规模化种植问题。由于盐生植物在萌发和萌发后出土阶段其整体耐盐机制尚未形成,是耐盐能力最弱的时期,因此这一时期是盐生植物人工栽培的关键期。而一旦植株建成,耐盐能力将会增强。所以,在不同于自然环境的种植实践中,面临土壤、播期、温度、湿度等的影响,而在幼苗建植期创造相对低的盐分环境是关键。通过多年研究,结合滴灌驱盐技术,目前已形成了较为成熟的盐生植物建植技术:"在重盐渍化土壤环境中铺设滴灌设施,调控水盐,创造低盐环境实现幼苗建植,将种子掺湿沙土拌成散粒条播于毛管两侧,能够在干旱区重盐碱土壤环境中为盐地碱蓬或其他盐生植物苗期建植创造低盐环境,以实现其规模化种植"。在此基础上建立了"重盐碱地→盐生植物吸盐→豆科植物肥地→经济作物种植"的重盐碱地生物改良技术体系(图5-48),并在实践中取得了很好的效果。这一技术体系的建立为盐碱土的改良和利用提供了新的思路及方向。

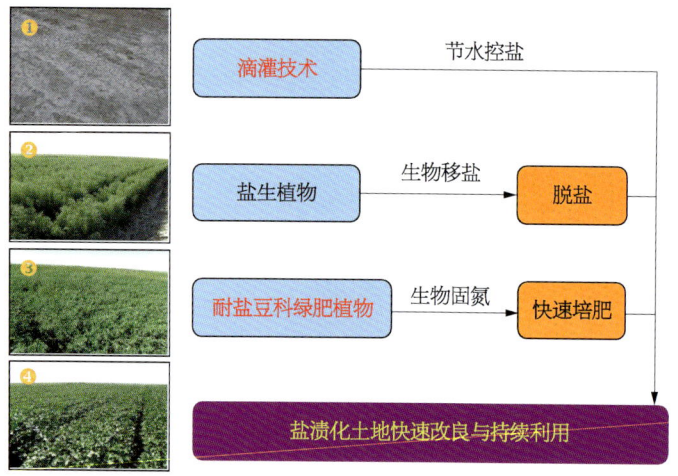

图5-48·盐渍土生物改良技术过程

(据赵振勇等研究成果绘制,2021年)

盐地碱蓬及盐角草等真盐生植物,具有显著的吸盐能力和积盐特征(表5-8),灰分含盐量很高,其中盐角草可达42.5%、盐地碱蓬为27.9%。在人工种植条件下,这两种植物地上干物质量均在6 500 kg/hm² 以上,计算得知,通过人工种植,盐地碱蓬和盐角草每年可带走盐量分别为6 468.9 kg/hm² 和4 855.3 kg/hm²,相当于5~9 年的滴灌灌溉所带入农田的盐量。

表5-8·利用盐生植物进行盐渍化土壤生物改良

(数据源自田长彦,赵振勇等,未发表)

项 目	野榆钱菠菜	盐地碱蓬	盐角草	高碱蓬	红叶藜
生物量干重(t/hm²)	27.03	18.84	11.34	17.55	9.42
含盐率(%)	28.2	27.9	42.5	26.4	17.5
移盐量(t/hm²)	7.62	5.25	4.82	4.56	1.65

种植耐盐碱植物可有效降低耕层土壤盐分,实现盐碱土生物改良的目的。以盐地碱蓬为例(图5-49),种植1年后,耕层0~20 cm 土壤盐分含量明显下降,降幅达49.6%;种植3年后,土壤盐分水平即可达到棉花种植的条件。不同盐生植物比较,草木樨根系发达且分布较深,种植后耕层0~30 cm 盐分的减少幅度较小;而盐角草根系多集中于耕层,种植后0~30 cm 土层盐分含量下降高于盐地碱蓬。整体来看,盐地碱蓬和盐角草的脱盐能力更好,从摄盐能力和土壤0~30 cm 土层盐分的下降方面都要优于草木樨。

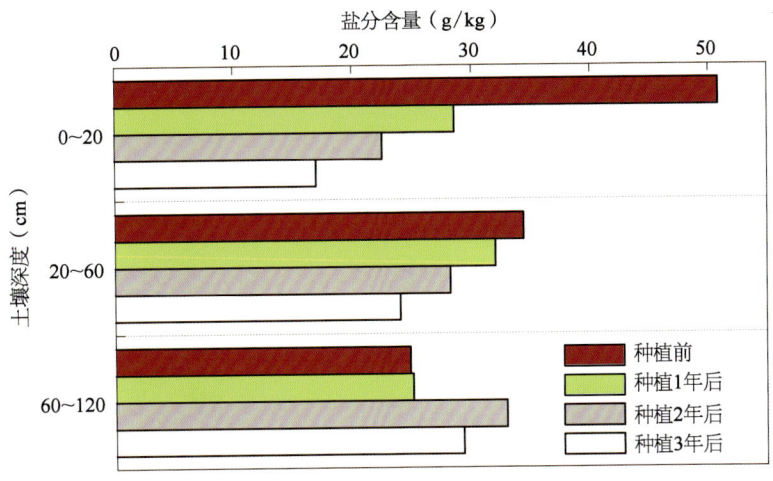

图 5-49 · 盐渍土生物改良效果（以盐地碱蓬为例）

（数据源自赵振勇等，未发表）

盐生植物种植是改良盐碱地的生态型技术措施，耐盐植物转移了盐碱地土壤盐分，但这些盐分的最终去向又成为需着手解决的问题。令人可喜的是，盐生植物有巨大的开发利用价值(图 5-50)，如盐角草、盐地碱蓬、高碱蓬、野榆钱菠菜和红叶藜等营养价值较高，可作为盐生饲草植物，单位面积生物量干重可达 12.0～25.5 t/hm²。一方面，盐生饲草本身含盐，可为牲畜提供所需的盐分而无需另外添加；另一方面，盐生饲草甜菜碱等次生代谢物质含量

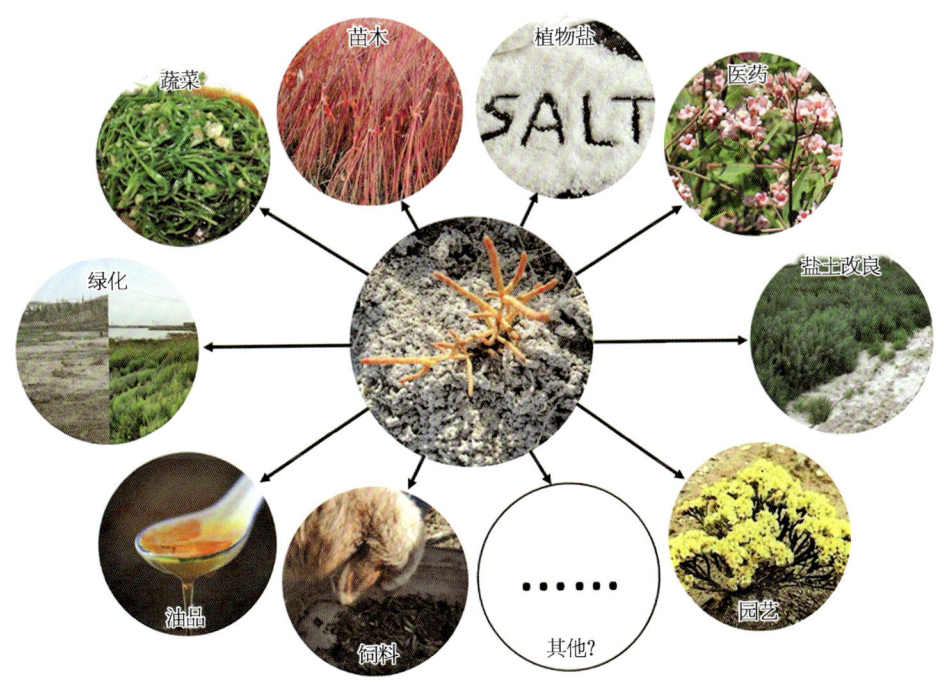

图 5-50 · 盐生植物资源开发利用

（买文选绘制，2021 年）

较高,具有显著提高畜禽生长性能、降低体脂肪沉积、增加瘦肉率、改善肉质等功效。这为新疆农牧业的发展提供了新的思路。此外,盐生植物还可以进行盐生鲜菜、生物盐/碱、盐基生物炭、盐生植物保健油品的开发等,从而在利用盐生植物改良盐碱土的同时形成一条完整的盐土产业之路。

三、绿洲国土资源可持续开发利用政策和立法保障

(一)土地开发与耕地保护

我国在土地开发和保护方面的法律、法规主要有《土地管理法》《土地管理法实施条例》和《基本农田保护条例》等,当前法律规定的耕地保护制度主要有:① 土地用途管制制度;② 农用地转用审批制度;③ 耕地总量动态平衡制度;④ 耕地占补平衡制度;⑤ 耕地保护目标责任制度;⑥ 基本农田保护制度;⑦ 土地开发整理复垦制度;⑧ 土地税费制度;⑨ 耕地保护法律责任制度。此外,2017年和2018年国务院分别发布了《中共中央、国务院关于加强耕地保护和改进占补平衡的意见》(中发〔2017〕4号)和《国务院办公厅关于印发〈省级政府耕地保护责任目标考核办法〉的通知》(国办发〔2018〕2号),坚持最严格的耕地保护制度和最严格的节约用地制度,守住耕地保护红线,严格保护永久基本农田。新疆早在1994年就发布了《土地复垦规定》;2013年,根据《国务院办公厅关于印发〈省级政府耕地保护责任目标考核办法〉的通知》(国办发〔2005〕52号)和《自治区党委办公厅自治区人民政府办公厅印发〈关于加强土地管理重点工作的意见〉的通知》(新党办发〔2011〕55号)有关规定,结合自治区实际,又制定了《自治区耕地保护责任目标考核办法》(新政办发〔2013〕41号),新疆兵团也于2018年发布了《兵团耕地保护责任目标考核办法》(新兵办发〔2018〕12号),这些法律法规的颁布为新疆国土资源可持续开发与耕地保护提供了保障。

国外绿洲区土地开发保护方面的制度建设也值得借鉴。在非洲,埃及国土的96%是沙漠和石质戈壁,是典型的荒漠地区。埃及政府将沙漠治理与国土整治开发工作归纳为一体工程,并将其定为国策。1986年把原来的农业部与国土开发部合并为农业与土地开发部,建立起比较完善的从中央到地方的土地开发与治理体系,并引进先进技术,推进基础设施建设,扩展了不同土地类型的使用面积,改善了土壤营养条件和土壤结构(姚洪林,1996年)。美国在西部开发进程中也制定了一系列的法律、制度,比如为鼓励移民进行绿化,1873年颁布了《草原植树法》,此法规定,任何人在自己的地产上种植一定面积的树木,并加以保护使其正常生长达10年之久,就有权获得160英亩(1英亩≈0.4 hm^2)的联邦土地;1877年又颁布了《沙漠土地法》,该法规定,如果移民在取得土地后的3年内,在自己的土地上兴修用于灌溉的水利工程,即可按每英亩25美分的价格再购得640英亩的土地。由此可见,美国在处理西部土地时,其政策较为灵活,在开发和保护并重的原则下,使西部的土地资源真正成为经济资源。1937年,美国开始建立土壤保护区,在保护区建立了防止土地侵蚀的几种强迫性的土地利用法规,规范土地开发利用。同时,国家加大投资,对土地保护采取有效的经济鼓励政策,1971年,艾奥瓦州实施的《风蚀控制鼓励计划》规定,政府提供资金,资助开发者建立和维持田间林障和草障。为了加强土地利用管理和规划,1946年7月在内政部成立了土地管理局,该局的职责是从维护国家的长远利益,保证土地最佳综合利用和保持地力出发,对联

邦土地进行宏观管理,要求资源开发和环境保护并重,对土地的用途实行管制(李春芳,2006年)。

(二) 退耕还林还草

2011年,自治区为规范退耕还林工程建设和管理,提高工程建设质量和巩固建设成果,保护退耕还林者的合法权益,促进经济社会可持续发展,根据《退耕还林条例》(国务院令第367号)、《国务院关于进一步完善退耕还林政策措施的若干意见》(国发〔2002〕10号)和《国务院关于完善退耕还林政策的通知》(国发〔2007〕25号)等精神,结合自治区实际,制定了《新疆维吾尔自治区退耕还林工程管理办法》(新政办〔2011〕66号),对退耕还林工程建设遵循的原则、工程管理措施、实施方案、补助兑现方式等进行了规定。

2018年,根据《退耕还林条例》《新一轮退耕还林还草总体方案》要求和有关规定,自治区发展改革委员会会同自治区财政厅、林业厅、畜牧厅、国土资源厅编制完成了《新疆维吾尔自治区新一轮退耕还林还草工程管理办法(暂行)》,进一步明确自治区退耕还林、还草的补助标准和资金来源。同时,该办法还规定退耕还林还草所用种苗草种应当就地培育、就近调剂,优先选用乡土树种草种和抗逆性树种草种的良种壮苗。而且对于各地推进的退耕还林工程不再限定还生态林与经济林比例,重在增加植被盖度。在不破坏植被、不造成新的水土流失前提下,允许退耕还林地间种豆类等矮秆作物,发展林下经济,以耕促抚、以耕促管。

(三) 加大高标准农田建设力度

2012年,新疆维吾尔自治区人民政府印发《关于加强土地整治推进高标准基本农田建设的意见》,要求各级人民政府要把农村土地整治工作作为一项重要任务来抓,加强农村土地整治,推进高标准基本农田建设,促进自治区经济社会又好又快发展。该意见提出,以大规模建设旱涝保收的高标准基本农田为重点,大力推进农用地整治;以改善农村生产生活条件为前提,稳妥推进村庄整治;以推进土地节约集约利用为出发点和落脚点,积极开展建设用地整治;以合理利用土地和改善生态环境为目的,加快土地复垦;以加大科技支撑、健全制度、强化项目监管为手段,加强土地整治法制、科技和队伍建设。到2015年,建设高标准基本农田63.2万 hm^2,新增耕地20.5万 hm^2。到2020年,建设高标准基本农田120.0万 hm^2。

2020年,按照《乡村振兴战略规划(2018—2022年)》和国务院办公厅《关于切实加强高标准农田建设提升国家粮食安全保障能力的意见》(国办发〔2019〕50号)要求,农业农村部共下达新疆高标准农田建设任务20万 hm^2,其中,高效节水农田15.3万 hm^2,高标准农田4.7万 hm^2;高标准农田任务向贫困地区特别是南疆四地州深度贫困地区倾斜,助推脱贫攻坚。

按照"先建机制、后建工程"的要求,在高标准农田建设和高效节水项目区建立健全建后管护制度方面,新疆正在探索建管护一体化体制机制,确保高标准农田建得好、用得上、有效益、管长远。同时,通过建立健全高标准农田建设稳定投入机制,地(州、市)、县(市、区)按规定及时落实财政支出责任,提高项目投资标准,充分发挥财政资金的引导作用,调动新型经营主体、涉农企业、广大农民等参与高标准农田建设的积极性,发挥农田建设工程吸纳贫困家庭劳动力就地就近就业的作用。

(四) 优质棉基地建设

1996年,为了充分发挥新疆水土光热资源优势,大力发展棉花生产,中央决定把新疆建成国家特大优质棉花基地,保证在"九五"期末,完成棉花种植面积107万hm^2,棉花总产150万t的规划任务,印发了《新疆维吾尔自治区棉花基地建设管理(试行)办法》的通知(新政办[1996]53号)。2017年,为进一步巩固新疆作为全国最大优质商品棉基地的地位,自治区发展改革委员会会同自治区农业厅、兵团发改委、兵团农业局等有关单位,编制了《新疆优质棉基地建设规划(2018—2025年)》,该规划以塔里木盆地边缘的西北部、西南部、天山北麓山前冲积平原棉花生产保护区为重点,拟建设"四大工程""两大体系"。"四大工程"包括规模化、标准化棉田综合整治工程,现代棉花种业整合提升工程,植棉全程机械化示范推广工程,高效节水灌溉工程;"两大体系"包括棉花科技创新支撑体系和棉花信息化、智能化服务体系。其目标是建成棉花生产基础设施条件更趋完备、棉花生产布局更趋合理、棉花生产能力更趋稳定、棉花生产水平更趋先进、棉花生产质量更高、效益更好的优质棉生产供给体系,形成布局合理、功能齐全、优质高效、运行规范的棉花产业。

(五) 建立绿洲棉田用养结合制度

新疆植棉面积大,轮作倒茬困难,长期连作现象十分普遍。据调查,全疆连作棉田面积超过80%(刘小龙等,2015年),棉秆还田率高达95%(刘建国等,2008年)。棉花长期连作会导致很多问题。

1. 加剧棉区病虫害的发生・长期连作导致棉花与其他作物的比例严重失调,生物多样性下降,食物网络过于简单,造成农田生态系统极脆弱。比如在适宜棉蚜大发生的特殊气候年份,天敌种群数量的增殖滞后于棉蚜种群数量增殖的速率,难于抑制棉花害虫数量剧增,致使成灾。据调查发现,棉田连作年限与棉叶螨发生数量呈正相关,7月是棉田叶螨发生的高峰期,而3年连作棉田是当年轮作棉田的7.6倍(陈建军,2004年)。另外,长期连作造成植物病原菌在土壤中逐年积累,最终导致棉花黄萎病在新疆发生愈加严重,新疆维吾尔自治区植保站公布的数据显示,仅2012—2014年,棉花黄萎病发生面积由6.3万hm^2增加到了9.8万hm^2(刘政,2015年)。2015年,黄萎病发生调查结果显示,在新疆26个主要植棉区的400块棉田中,发病棉田占54.0%(刘海洋等,2018年)。

2. 破坏土壤结构・棉田长期连作使土壤有机质减少,容重和紧实度增加,导致土壤物理性质恶化。新疆植棉机械化程度高,棉田连作和机械作业破坏耕层土壤的团粒结构,使土壤团聚体不断减小,土壤孔隙度减小,引起土壤板结,阻碍了耕层土壤内或耕层土壤与犁底层以下土壤的水、气、热的传输交换,破坏了土壤环境,最终影响棉花生长和产量形成(郭仁松等,2018年)。

3. 影响棉区土壤肥力・棉花对土壤养分的吸收具有选择性,棉花长期连作,必然造成某种或多种矿质元素的亏缺,棉田养分能否维持这种单一的种植模式,成为新疆棉花高产高效的一个重要课题,也是制约新疆棉花可持续健康发展的主要因素。研究表明,长期膜下滴灌背景下,一定连作年限内可形成土壤全量养分积累,但也存在土壤速效养分释放受限含量降低趋势,则可能会导致肥料利用效率下降的风险(高文翠等,2020年)。

基本上,在农业生产中,作物连作有害、轮作有益早已被人们所认识。比如生产上通过禾本科作物与棉花轮作可减轻黄萎病的发生(惠慧,2020年);棉花与大豆、玉米轮作,土壤中主要集中团聚体有机碳和微生物量碳的机械稳定性大团聚体含量高于棉花连作土壤(张凤华和王建军，2014年）；苜蓿棉花轮作后，土壤环境得到改善，为棉花根系的发育及其对水肥的吸收利用提供了有利条件，并进一步促进地上部生长（魏飞等，2019年）；长期连作棉田轮作大豆、绿肥后土壤有机质、速效氮含量增加，对棉花产生了明显的增产效果（李银平等，2010年）；在新疆南疆农业生产中，水旱轮作也被认为是改善棉田土壤微环境的有效方式，在水旱轮作后的几年中棉花的发病率较低，产量会明显提高（娄阳洋，2011年）。因此，采用轮作模式是改善新疆棉花连作问题的可行方式。

然而，当前新疆绝大多数棉农却选择了棉田连作，蒋旭平（2009年）对连作原因的分析：一是土壤质量。新疆耕地土壤普遍存在盐渍化问题，从而直接限制了农作物品种的选择空间。棉花耐盐碱能力往往超过许多大田农作物，因此成为很多耕地上唯一能够种植且经济效益较高的农作物。二是土地规模。相对国内其他地区，新疆的土地集中程度较大，容易形成规模化经营状态，大规模的棉田轮作意味着替代农作物的种类必然比较单一，而且替代农作物的种植收益应该与棉花种植相差不大，否则收益风险大。三是棉花经济效益高。新疆农业生产成本较高，而棉花的种植效益较其他作物（比如玉米、小麦）都高，加之棉花交易成本低也限制了替代农作物选择空间。四是耕地流转。新疆大量的耕地都经过流转，种植户更看重植棉带来的短期高经济效益，而棉花轮作的机会成本过高，大部分农户对轮作养地缺乏热情。

因此，新疆的棉花连作实际是有自然条件和市场经济条件共同决定的结果，要想降低连作比例，提高轮作比例，必然要在轮作效益的补偿方面采取切实可行的举措：一是选育一批高经济价值的耐盐碱轮作作物。比如，华中农业大学选育出了一批耐盐油菜品种，在新疆盐渍化地（pH $10.2\sim11.2$，含盐量 $0.4\%\sim0.5\%$）成功种植，单位面积产油菜鲜饲料（绿肥）$48\,000\sim67\,500\ \text{kg/hm}^2$（生长期62天）（汪波等，2021年），这正好可以填补新疆当前饲草缺乏的问题，经济价值较高，具有成为潜在棉花轮作作物的可能。二是实施轮作补贴制度。比如，政府主导下的有计划开展轮作，每5年轮作一次，与之相应，每5年发放一次轮作补贴。

（六）化肥农药减施

为了降低化肥农药不合理施用造成的农业面源污染问题，2015年2月，农业部制定了《到2020年化肥使用量零增长行动方案》和《到2020年农药使用量零增长行动方案》。化肥零增长的总体量化目标是：2015—2019年，逐步将化肥使用量年增长率控制在1%以内；力争到2020年，主要农作物化肥使用量实现零增长。农药零增长的总体目标是：到2020年，初步建立资源节约型、环境友好型病虫害可持续治理技术体系，科学用药水平明显提升，单位防治面积农药使用量控制在近3年平均水平以下，力争实现农药使用总量零增长（金书秦等，2017年）。

许多发达国家为了控制农田养分投入过多造成的环境问题，都制定了农田养分投入的限量标准，以此来限制一定区域内农田养分的投入量，保持比较好的环境。比如欧盟为了防止硝酸盐污染而制定了硝酸盐法，以控制向水体以及土壤的养分投入，该法令规定，施入农田的牲畜粪尿中的氮含量不能超过 $170\ \text{kg/hm}^2$。荷兰政府从2006年开始，针对各种作物实行化肥投入的限量标准。而我国至今尚未在化肥投入与管控方面立法。

为解决农药残留问题，我国已经制定并发布了七批《农药合理使用准则》国家标准，准则中详细规定了各种农药在不同作物上的使用时期、使用方法、使用次数、安全间隔期等技术指标。此外,在以棉花为主的纺织品方面,国家在 2009 年出台了《生态纺织品技术要求》,对纺织品中的农药残留成分规定了禁用或限量指标,其中在杀虫剂的限制目录中共列出了 60 种,这有利于从源头管控棉田农药的使用强度。

(七) 地膜污染治理

国家已经制定了地膜的厚度标准及相应的残膜利用技术规范,并于 2007 年开始进行地膜污染全国普查,了解地膜的应用与残留现状。2014—2017 年中央一号文件均明确指出加大农业面源污染防治力度,推广高标准农膜和残膜回收等试点,加强农业生态治理,开展农田残膜回收区域性示范。国务院制定了《土壤污染防治行动计划》,明确农用地膜的回收和再利用目标。农业农村部提出"力争到 2020 年,残膜回收率基本达到 80% 以上"。农膜应用重点省区建立残膜污染治理相关政策法规,以规范农膜应用和回收。新疆修订了《聚乙烯吹塑农用地面覆盖薄膜标准》,强制推广厚度为 0.010 mm 以上的地膜。2016 年 5 月《新疆维吾尔自治区农田地膜管理条例》颁布执行(苏海英和周明冬,2016 年),开创了全国首部农田地膜管理地方性法规,将农田废旧地膜污染治理工作纳入法制轨道,以法律条例的形式明确生产、销售和使用者的义务和法律责任。确定农田废旧地膜回收加工企业准入条件、管理办法和回收加工技术标准,制定对从事农田废旧地膜回收加工利用企业的优惠政策和生产、销售、使用不符合标准地膜的惩罚办法等,为进一步防治农田废旧地膜污染提供了依据,为主管部门管理农田地膜提供了抓手。但目前地膜的国家标准迟迟未能出台,地膜生产厂家采用的标准也不统一,给农民选择产品和市场监管部门查假打劣和残膜回收再利用都带来很大的困难。为此应制定相应的政策法规,规定地膜生产标准和地膜残留标准,如《农用地膜生产规格标准》《农膜收购验收细则》《农膜回收利用管理办法》等,对地膜的生产使用和残留量要有明确规定,使残膜污染防治工作走上法制轨道(刘晨,2013 年;舒帆,2014 年;周明冬等,2010 年)。

此外,还需要在地膜生产、流通和使用环节的监管、地膜生产及回收企业加大财政扶持力度、完善地膜回收和服务功能体系、加强宣传、提高认识等方面有更为完善的规章制度(王佳琪和徐莎莎,2016 年;周明冬等,2010 年)。

新疆是残膜污染的大区,但新疆土地大而平整,应该也是机械回收方法治理残膜污染最容易见效的区域,而且新疆生产建设兵团在推广技术方面相对容易。未来在政策明确的基础上,进一步完善各项管理制度及法规,提高地膜回收机械的应用程度,新疆的残膜必将逐步得到治理。

(撰稿:买文选;主审:田长彦;终审:毛树春)

参考文献

[1] Mai W X, Xue X R, Feng G, et al. 2018. Can optimization of phosphorus input lead to high productivity and high phosphorus use efficiency of cotton through maximization of root/mycorrhizal efficiency in phosphorus acquisition? Field Crops Research,216:100 – 108.

[2] 陈曦,常存,包安明,等.改革开放 40 年来新疆土地覆被变化的空间格局与特征.干旱区地理,2020,43(1).

[3] 董合干.地膜残留对棉花产量影响的极限研究.石河子大学硕士论文,2013.
[4] 董合干,刘彤,李勇冠,等.新疆棉田地膜残留对棉花产量及土壤理化性质的影响.农业工程学报,2013,29(8).
[5] 樊自立,吴世新,吴莹,等.新中国成立以来的新疆土地开发.自然资源学报,2013,28(5).
[6] 韩小强,谢慧琴,赵思峰,等.新疆植物源农药研究进展.农药,2015,54(11).
[7] 贺可,吴世新,杨怡近,等.40年新疆土地利用及其绿洲动态变化.干旱区地理,2018,41(6).
[8] 贺怀杰,王振华,郑旭荣,等.长期膜下滴灌棉田残膜变化趋势研究.干旱区研究,2018,35(6).
[9] 何文清,严昌荣,刘爽,等.典型棉区地膜应用及污染现状的研究.农业环境科学学报,2009,28(8).
[10] 侯宗贤,贾登泉,丁颖.新疆耕地土壤肥力变化及对策.新疆农业科学,1995,4.
[11] 贾宝全,慈龙骏.绿洲景观生态研究.北京:科学出版社,2003.
[12] 金山.新疆农业面源污染及治理对策研究.农业环境与发展,2006,4.
[13] 金书秦,张惠,吴娜伟.2016年化肥、农药零增长行动实施结果评估.观察,2017,DOI:10.14026/j.cnki.0253-9705.2018.01.008.
[14] 李春芳.近现代美国西部开发中的生态环境问题及对中国西北开发的借鉴意义.甘肃理论学刊,2006,2(174).
[15] 李红山,杨志刚.节水农业发展对农田防护林的影响.现代农业科技,2013,14.
[16] 李青军.土壤残膜对棉花生长及土壤微生物活性的影响.石河子大学硕士论文,2008.
[17] 李元桥.残留地膜对土壤水氮运移及作物苗期根系的影响.中国农业科学院硕士论文,2016.
[18] 刘晨.新疆地膜污染危害成因分析及治理建议.基层农技推广,2013,11.
[19] 刘建国,李彦斌,张伟,等.绿洲棉田长期连作下残膜分布及对棉花生长的影响.农业环境科学学报,2010,29(2).
[20] 刘时栋,徐丽萍,张婕.新疆土地生态安全时空变化.生态学报,2019,39(11).
[21] 刘文惠.1980年和2014年北疆四种典型土壤有机质、全氮和全磷的对比变化研究.新疆农业大学硕士论文,2016.
[22] 刘新平.新疆绿洲土地资源可持续利用问题研究.华中农业大学博士学位论文,2004.
[23] 潘洪生,姜玉英,王佩玲,等.新疆棉花害虫发生演替与综合防治研究进展.植物保护,2018,44(5).
[24] 齐西文,许芳艳,季志云,等.推动高标准农田建设促进团场经济和生态建设快速发展.新疆农业科技,2013,01.
[25] 覃新闻.水土资源综合管理保护新疆生态环境.中国水土保持科学,2013,11(s).
[26] 任力民,贾登泉,王飞.新疆农田土壤重金属含量调查与评价.新疆农业科学,2014,51(9).
[27] 舒帆.我国农用地膜利用与回收及其财政支持政策研究.中国农业科学院硕士论文,2014.
[28] 苏海英,周明冬.新疆农田残膜污染现状及对策建议.河南农业,2016,6.
[29] 孙九胜,单娜娜,王新勇,等.新疆耕地变化的时间特征与耕地保护的SWOT分析.新疆农业科学,2012,49(6).
[30] 汤明尧,王骞.新疆棉区耕地土壤养分现状分析.新疆农业科技,2014,5.
[31] 田长彦,冯固.新疆棉花养分资源综合管理.北京:科学出版社,2008.
[32] 王丹,吴世新,张寿雨.新疆20世纪80年代末以来耕地与建设用地扩张分析.干旱区地理,2017,40(1).
[33] 王海江,董大亨,朱永琪,等.玛纳斯河流域长期连作棉田土壤重金属剖面分布特征分析.农业环境科学学报,2017,36(11).
[34] 王佳琪,徐莎莎.新疆棉田白色污染现状、问题及治理对策研究.农村经济与科技,2016,27(9).
[35] 王龙龙,张永福.新疆土地利用动态变化及预测.湖北农业科学,2018,57(7).
[36] 王鲁敬.北疆地区有机肥的施用现状及前景分析.石河子大学硕士论文,2014.
[37] 王梦云,吴彬,杜明亮,等.新疆退耕还水补偿机制建设实践与探索.水利发展研究,2018,11.
[38] 王霞.新疆土地承载力问题研究.新疆大学博士研究生学位论文,2007.
[39] 吴三保,彭斌,吕双庆,等.新疆土壤.北京:科学出版社,1996.
[40] 郗金标,张福锁,田长彦.新疆盐生植物.北京:科学出版社,2006.
[41] 新疆维吾尔自治区统计局,国家统计局新疆调查总队.新疆统计年鉴,1990—2018.
[42] 新疆生产建设兵团统计局,国家统计局兵团调查总队.新疆生产建设兵团统计年鉴,1992—2017.
[43] 徐丽萍,杨其军,王玲,等.新疆地区农业面源污染空间分异研究.水土保持通报,2011,31(4).
[44] 杨再磊.新疆棉田土壤中三种农药残留量测定方法建立及分布特征研究.新疆农业大学硕士论文,2014.
[45] 严昌荣,刘恩科,舒帆,等.我国地膜覆盖和残留污染特点与防控技术.农业资源与环境学报,2014,31(2).
[46] 姚洪林.埃及沙漠治理考察报告.内蒙古林业科技,1996,1.
[47] 张丹,罗格平,许文强,等.新疆耕地土壤养分时空变化.干旱区地理,2008,31(2).
[48] 张福锁,冯固,申建波,等.根际生态学.北京:中国农业出版社,2009.
[49] 张炎,史军辉,罗广华,等.新疆农田养分与化肥施用现状及评价.新疆农业科学,2006,43(5).
[50] 张炎,王讲利,付明鑫,等.新疆农田土壤养分评价指标的建立.石河子大学学报(自然科学版),2005,23(S).
[51] 张宜琳.兵团生态环境分析与保护对策研究.新疆农垦经济,2014,1.
[52] 张运生,王岚,徐培秀,等.新疆植棉业.北京:中国农业出版社,1990.
[53] 赵岩,陈学庚,温浩军,等.农田残膜污染治理技术研究现状与展望.农业机械学报,2017,48(6).
[54] 郑琦.新疆绿洲棉田土壤环境质量综合评价研究.石河子大学硕士论文,2018.
[55] 周宏飞,吴波,王玉刚,等.新疆生产建设兵团农垦生态建设的成就、问题及对策议.中国科学院院刊,2017,32(1).
[56] 周明冬,秦晓辉,侯洪.新疆农田废旧地膜污染治理现状及建议.环境与可持续发展,2014,39(5).
[57] 周明冬,秦晓辉,赵前程.新疆地膜应用污染现状及防治措施.新疆农业科技,2010,6.
[58] 朱敏,梁智,徐万里,等.新疆绿洲棉田土壤养分时空分布特点.新疆农业科学,2009,46(5).
[59] 邹小阳,牛文全,刘晶晶,等.残膜对土壤和作物的潜在风险研究进展.灌溉排水学报,2017,36(7).
[60] 祖米来提•吐尔干,林涛,王亮.地膜残留对连作棉田土壤氮素、根系形态及产量形成的影响.棉花学报,2017,29(4).

[61] Abeld S M A,Wai L C,Jennifer T,et al. Impacts of microplastics on the soil biophysical environment. Environmental Science and Technology,2018,52(17).
[62] Eriksen M,Lebreton L C M,Carson H S,et al. Plastic pollution in the world's oceans:more than 5 trillion plastic pieces weighing over 250000 tons afloat at sea. PLoS One,2014,9(12):e111913.
[63] Guo X T,Hu G L,Fan X Y,et al. Sorption properties of cadmium on microplastics:The common practice experiment and A two dimensional correlation spectroscopic study. Ecotoxicology and Environmental Safety,2020,190(C):110118.
[64] Huang Y,Liu Q,Jia W Q,et al. Agricultural plastic mulching as a source of microplastics in the terrestrial environment. Environmental Pollution,2020,260:114096.
[65] Li W F,Wufuer H M J,Duo L,et al. Microplastics in agricultural soils:Extraction and characterization after different periods of polythene film mulching in an arid region. Science of the Total Environment,2020,749:141420.
[66] 韩丽花,李巧玲,徐笠,等.大辽河流域土壤中微塑料的丰度与分布研究.生态毒理学报,2020,15(1).
[67] 吴为,张敏,缪明,等.土壤环境中微塑料的发生、来源及影响研究进展.湖南生态科学学报,2021,8(3).
[68] 陈建军.奎屯棉区棉花害虫可持续综合治理体系的研究.西北农林科技大学硕士毕业论文,2004.
[69] 高文翠,杨卫君,史春玲,等.呼图壁县不同连作年限棉田土壤理化性质变化分析.新疆农业大学学报,2020,43(2).
[70] 郭仁松,林涛,马君,等.新疆连作棉田耕层土壤理化指标研究.中国农学通报,2018,34(5).
[71] 惠慧.棉花-玉米轮作减轻黄萎病发生的机制研究.石河子大学博士毕业论文,2020.
[72] 蒋旭平.新疆棉花长期连作对棉区生态环境的影响与棉花轮作可选择空间的思考.农业现代化研究,2009,30(5).
[73] 李银平,林忠东,李小斌,等.北疆连作棉田轮作倒茬模式的研究.干旱地区农业研究,2010,28(1).
[74] 刘海洋,王琦,王伟,等.新疆棉花黄萎病的发生现状及其病原菌的分子鉴定与ISSR分析.植物保护学报,2018,45(6).
[75] 刘建国,卞新民,李彦斌,等.长期连作和秸秆还田对棉田土壤生物活性的影响.应用生态学报,2008,5.
[76] 刘小龙,马建江,管吉钊等.连作对棉田土壤枯、黄萎病菌数量及细菌群落的影响.棉花学报,2015,27(1).
[77] 刘政.新疆黄萎病田棉花根部内生细菌和真菌群落结构分析.中国农业大学博士学位论文,2015.
[78] 娄田洋,张海燕,翟云龙,等.棉花连作与稻、棉轮作土壤细菌群落结构差异分析.塔里木大学学报,2011,23(4).
[79] 汪波,文静,张凤华,等.耐盐碱油菜品种选育及修复利用盐碱地研究进展.科技导报,2021,39(23).
[80] 魏飞,孙新展,刘建国,等.连作棉田轮作苜蓿、小麦后对棉花光合能力和根系生长的影响.江苏农业科学,2019,47(12).
[81] 新疆维吾尔自治区第三次全国国土调查领导小组办公室、新疆维吾尔自治区自然资源厅、新疆维吾尔自治区统计局.新疆维吾尔自治区第三次全国国土调查主要数据公报.http://tjj.xinjiang.gov.cn/tjj/wjtz/202201/68170344947f45afbed5cddfbae49d9f.shtml.
[82] 张凤华,王建军.不同轮作模式对土壤团聚体组成及有机碳分布的影响.干旱地区农业研究,2014,32(4).

第六章
新疆绿洲水资源和农业/棉花水可持续利用对策研究

随着新疆绿洲地区耕地面积的持续扩大和农业用水结构不合理导致生产与生态用水矛盾突出，引发了周边生态环境受损问题日益严重。2020 年，新疆棉花主产区农业水资源承载能力已超过可承载能力的 52.3%。根据水资源承载力合理确定水土开发与灌溉发展规模，加快渠道防渗改造，因地制宜推广节水高效灌溉技术，限制和压缩高耗水作物种植面积，退地减水，退耕还林还草，促进经济社会发展与水资源承载力和水环境承载力相协调，已经成为新疆解决水资源短缺、遏制生态环境进一步恶化的关键。

新疆绿洲棉花主产区的棉花种植面积约占农作物播种面积的 37.8%，耗水量占农业总耗水量的 37.5%。遵循绿洲节约用水、以水定地、水地平衡及新一轮棉花目标价格"控制面积、提质增效"等原则，以新疆水资源红线控制总量、退地减水面积和灌溉水利用系数等指标为刚性约束，综合采取高效节水灌区建设与改造、节水灌溉技术推广、渠道衬砌比例增加农业种植结构调整等措施，确定棉花全生育期灌溉定额：南疆为 6 300～6 900 m³/hm²（含冬春灌），北疆为 3 900～4 350 m³/hm²（含出苗水），东疆为 5 175 m³/hm²（含出苗水）。在 2020 年棉花主产区农作物适水种植面积 421 万 hm² 基础上，进一步压缩非口粮地的粮食作物面积 20% 至 145.7 万 hm²、压缩果园面积 10% 至 73.5 万 hm²，并强化推广节水灌溉技术，实行科学灌溉制度，降低灌溉定额等措施，方能在 2020—2030 年将农业用水总量控制在红线以内，并保证棉花保护种植面积 200.0 万 hm² 的需要，从而实现绿洲棉花生产的可持续发展与棉花的有效供给。

第一节·新疆绿洲水资源总量及其开发利用现状

一、新疆绿洲自然地理概况

新疆位于亚欧大陆腹地，祖国的西北边陲，其南北宽约 1 500 km、东西长 1 900 km，总面积 166.49 万 km²，周边与多个国家接壤，是我国陆地面积最大、交界邻国最多、陆地国界线最长的省级行政区。

新疆的地形地貌特点可以概括为"三山夹两盆",东北面是阿尔泰山,南面是昆仑山,天山山脉横亘中部。习惯上称天山以南为南疆,以北为北疆,而把天山东段的吐鲁番和哈密一带称之为东疆,南疆、北疆、东疆的面积分别为105万 km^2、40万 km^2 和21万 km^2。位于南疆的塔里木盆地是我国最大的内陆盆地,面积约53万 km^2,盆地中部的塔克拉玛干沙漠,面积约33万 km^2,是中国最大、世界第二大流动沙漠,贯穿于盆地的塔里木河全长约2 575 km,是我国最长的内陆河。北疆准噶尔盆地面积约38万 km^2,是我国第二大盆地。在天山的东部和西部,有分别被称为"火洲"的吐鲁番盆地和被誉为"塞外江南"的伊犁河谷。其中吐鲁番盆地的艾丁湖湖面低于海平面154.3 m,是我国陆地海拔的最低点。

在远离海洋和高山环抱的综合地理因素影响下,新疆形成了典型的温带大陆性干旱气候,常年干燥少雨,蒸发强烈,日照丰富,昼夜温差大。全疆7月平均气温22~26℃,白天较热,夜间凉爽。全疆多年平均降水量为152.8 mm,地区分布特点为北疆多于南疆,西部多于东部,山地多于平原,迎风坡大于背风坡。其中,北疆山地年降水量为400~800 mm,盆地边缘150~200 mm,盆地中心50 mm 左右;南疆山地年降水量一般为200~500 mm,盆地边缘50~80 mm,东南边缘20~30 mm,盆地中心10 mm 左右。全疆多年年水面平均蒸发量为1 500~3 400 mm,分布特点为北疆小、南疆大,西部小、东部大,山区小、平原大。一般山区的年蒸发量为800~1 200 mm,平原盆地为1 600~2 200 mm。新疆年太阳辐射总量为5 440~6 490 MJ/m^2,仅次于青藏高原,居全国第二位。年总日照时数为2 470~3 380 h,大于我国同纬度其他地区,居全国之首。新疆夏季高温,高山冰雪融水丰富,有利于农作物的生长。北疆植物生长期大于180 d,南疆大于200 d,全疆都可种植农作物。

新疆水资源整体比较丰富,共有大小冰川1.86万多条,河流3 355条,其中流域面积50 km^2 以上的河流3 276条,流域面积50 km^2 以下的河流79条。3 355条河流中兵团、地方共同开发利用的河流186条,兵团独立开发利用的河流34条。全区共有121个湖泊,其中水域面积1 km^2 以上的湖泊110个,水域面积1 km^2 以下的湖泊11个。按流域面积划分,流域面积1 000 km^2 以上的河流共262条,500~1 000 km^2 的河流245条,200~500 km^2 的河流604条,200 km^2 以下的河流2 244条。按照河湖长制体系中河湖分级,自治区区级河流9条、湖泊6个,地州市和兵团师级河流184条、湖泊9个,县市区和团场级河流1 627条、湖泊84个,乡镇级河流1 531条、湖泊11个。河流中除北部的额尔齐斯河(流入鄂毕河,最终注入北冰洋)和西南部的奇鲁卡普河(流入印度河,最终注入印度洋外),其余全为内陆河。其中年径流量1亿 m^3 以下的河流有487条,1亿~10亿 m^3 的河流有66条,10亿 m^3 以上的大河18条。北疆的主要河流包括伊犁河、额尔齐斯河、乌伦古河、玛纳斯河,南疆主要有塔里木河、叶尔羌河、阿克苏河、和田河、喀什噶尔河、开都-孔雀河。这些河流发源于盆地周围山地,向盆地内部流动,构成向心水系,河流的归宿点是内陆盆地和山间封闭盆地的低洼部位。新疆的主要湖泊有博斯腾湖、乌伦古湖、艾比湖、赛里木湖等(图6-1)。在有河流流过与湖泊分布的盆地边缘与河谷平原,分布着新疆的一片片绿洲,是新疆最主要的农业区。新疆现有绿洲面积14.3万 km^2,占新疆国土总面积的8.7%,其中天然绿洲面积8.1万 km^2,占绿洲总面积的 56.6%；人工绿洲 6.2 万 km², 占绿洲总面积的 43.4%。新疆有湿地总面积 394.82 万 hm², 占新疆国土面积的 2.4%（图 6-1）。

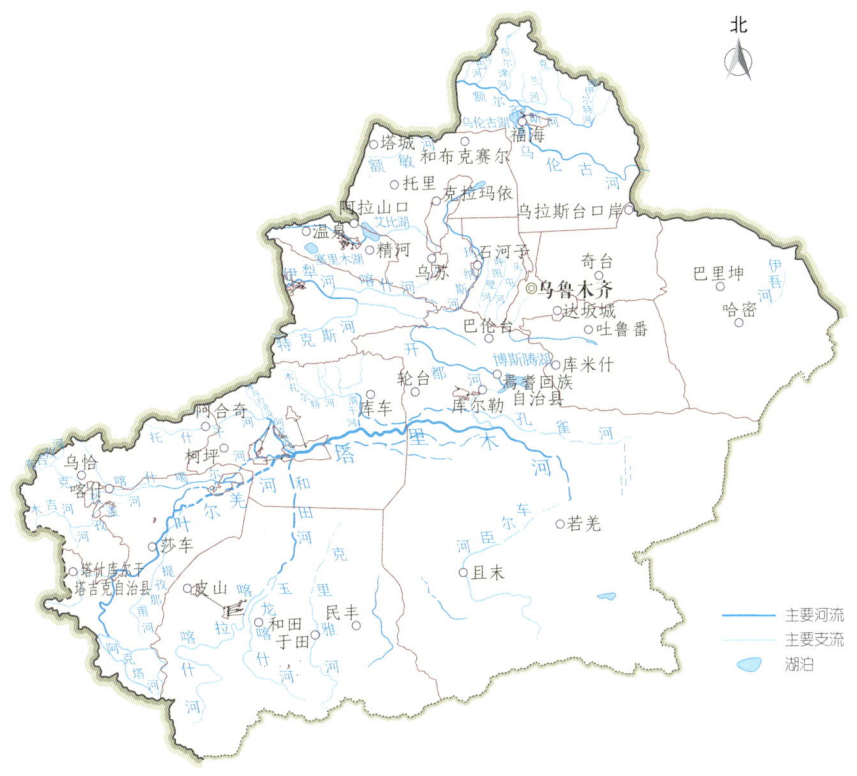

图 6-1·新疆主要河流与湖泊分布

因此，新疆内陆盆地与高山相间、丘陵与平原相间、绿洲与沙漠相间的多种地貌组合特点，形成了新疆复杂多样的气候和资源条件，呈现"高山盆地，荒漠绿洲，灌溉农业"的鲜明特点。

二、新疆绿洲水资源形成过程及其总量

新疆的独特位置、地形、地貌、土地面积、人口分布和气候条件决定了新疆水资源的形成、开发利用和分布特点。新疆水资源基本在山区形成，在平原区进行开发和利用。新疆人均水资源量较高，平均绿洲面积上的水资源量较丰富，但整体土地面积上的平均水资源量较低。近年来，随着农业种植面积的不断扩大，农业用水总量和占比过大，水资源供需不平衡的问题将越来越突出，水资源匮乏有可能成为制约未来新疆绿洲农业与社会经济可持续发展的重要限制因素。因此，建立与水资源相适应的土地利用和农业生产规模，发展节水灌溉技术，提高水资源利用率，建立节水型社会已经迫在眉睫。

（一）新疆绿洲水资源形成过程

水资源通常指在水循环过程中可以得到恢复和更新的淡水，主要表现形式是河川径流

量和浅层地下淡水。进入新疆上空的水汽,遇到大的山体可截获大量水汽形成降水。因此,山区降水较丰沛,可形成众多的河流,是径流形成区;而平原区和沙漠区,降水稀少,蒸发强烈,降水除少量补给地下水外很少产生或不产生地表径流,是径流散失区和无流区。根据新疆地貌特征和水循环过程特点,新疆拥有大约 71 万 km^2 的山区径流形成区,盆地周边 10 万 km^2 的径流散失区,84 万 km^2 的沙漠和荒漠区则是无流区。

按大气水分循环和地面水量平衡的原理,可分析新疆水资源形成和运移转化的大体规律。新疆多年平均年降水量为 2 544 亿 m^3,其中山区年降水量为 2 062 亿 m^3,占 83%;平原区降雨 482 亿 m^3,占 17%。山区降水到达地表后,首先被植物少量截留,通过蒸发返回空中,大部分降水到达地面。这部分降水一部分补给河网、湖泊、冰川等各种水体,另一部分从地表入渗到土壤中。当降水强度超过土壤下渗强度时,可形成坡面流进入河网。渗入土壤的水量,一部分由土壤直接蒸发和通过植物蒸散返回空中,一部分以壤中流的形式补给河道,其余部分下渗补给地下水。坡面流、壤中流、冰川融化等补给河道的水量组成了河道的地表径流。山区的地下水又以基流的形式补给河流,成为河道径流的组成部分,也即由地下水转化为地表水。因此,如果将境外产流直接流入本区河道的水量计算在内,则新疆山区地表水资源量由三部分组成,即河道地表径流、基流与境外流入量,这些水量组成了山区的河川径流总量。

新疆的平原和盆地降水基本不产生径流,其生态系统的平衡主要依赖山区河川径流来维系,一个流域就是一个完全独立的地表水与地下水相互依存的生态功能单元。山区河川径流进入平原区后,首先以河床入渗形式补给平原区地下水,其次通过工程引水以水库入渗、渠系入渗、田间入渗的形式补给平原区地下水资源,在引水过程中,还有部分河川径流量补给湖泊、沼泽或直接流入荒漠区。剩余部分的河川径流量除流出境外的水量外,通过各种形式转化消耗掉,主要是通过河川地表引水,地下水开发成地表水,通过水体蒸发、土壤蒸发、潜水蒸发、植物腾发等各种形式的蒸散返回空中。据统计,在新疆平原区的 482 亿 m^3 降水量中,有 14.2 亿 m^3 入渗补给平原区地下水资源,平原区整体蒸散发量为 1 140 亿 m^3,巨大的差额只能借助山区河川径流,依靠水资源开发来补给(图 6-2)。

(二)新疆绿洲水资源总量

从新疆水资源形成过程可知,新疆的山区是水资源形成区,平原区是径流散失区和水资源开发利用区。在计算全流域水资源总量时,主要以河流出山口径流量为区域地表水资源的计算断面,且要分析地表水与地下水以及山区与平原之间的水量转化关系。全流域水资源总量通常以地表水资源量与地下水资源量之和减去地表水与地下水互相转化的重复水量计算。根据《全国水资源综合规划》成果,按照 1956—2000 年系列计算,新疆多年平均年降水总量 2 544 亿 m^3,多年平均地表水资源量 788.7 亿 m^3、地下水 503.4 亿 m^3,地表水与地下水不重复量 44.1 亿 m^3,自产水资源总量为 832.7 亿 m^3,占降水总量的 32.7%。其中,现状条件下多年平均流入自治区的水量为 93.7 亿 m^3,流出自治区的水量为 233.1 亿 m^3(王鹏等,2017 年)。另据《新疆水资源公报》显示,2001—2017 年,全疆年均水资源量为 931.6 亿 m^3,与 1956—2000 年系列的平均值相比,增多 98.9 亿 m^3,其中地表水增多 92.6 亿 m^3,地下水增加 62.1 亿 m^3,气候变化对新疆水资源的影响已经显现(表 6-1、表 6-2)。

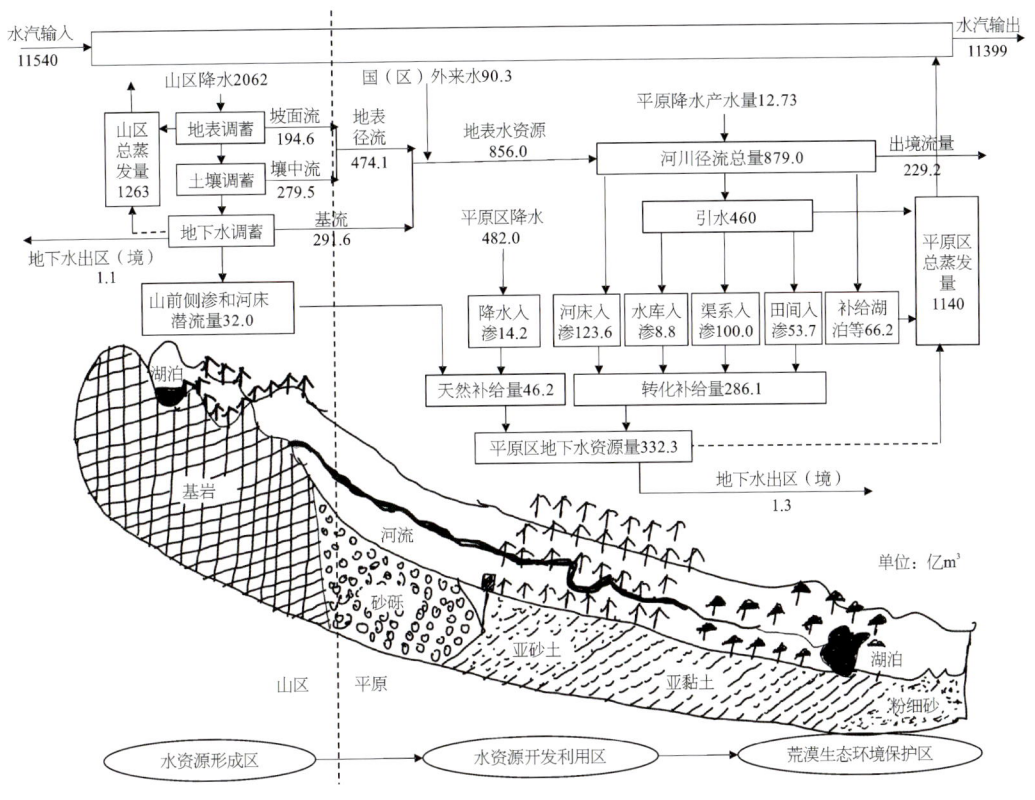

图 6-2 · 新疆绿洲水资源运移转化示意(单位: 亿 m³)

(选自"新疆水问题未来发展趋势及面临的挑战", http://www.doc88.com/p-9979565878396.html; 王峰, 2021年)

表 6-1 · 1956—2017年不同时段新疆各区域年均水资源总量

(王峰整理, 2021年) (单位: 亿 m³)

项 目	系 列	全 疆	北疆地区	东疆地区	南疆地区
水资源总量	1956—2000 年	832.7	405.9	25.1	401.8
	2001—2012 年	926.5	434.7	27.0	464.8
	2013—2017 年	943.9	438.5	23.4	482.0
	2001—2017 年	931.6	435.8	25.9	469.9
	1956—2017 年	859.8	414.1	25.3	420.5
	近 17 年偏多	98.9	29.9	0.8	68.1
地表水资源量	1956—2000 年	788.7	387.9	20.9	379.8
	2001—2012 年	875.6	414.2	22.1	439.3
	2013—2017 年	895.0	418.8	19.2	457.0
	2001—2017 年	881.3	415.6	21.2	444.5
	1956—2017 年	814.1	395.5	21.0	397.5
	近 17 年偏多	92.6	27.7	0.3	64.7

续 表

项　目	系列	全　疆	北疆地区	东疆地区	南疆地区
地下水资源量	1956—2000 年	503.4	208.2	17.44	277.7
	2001—2012 年	572.1	231.1	17.70	323.3
	2013—2017 年	549.5	218.4	16.8	314.4
	2001—2017 年	565.5	227.4	17.4	320.7
	1956—2017 年	520.4	213.5	17.4	289.5
	近 17 年偏多	62.1	19.2	−0.0	43.0

注：数据整理自《新疆各行政区水资源评价成果》《新疆水资源公报》及《新疆统计年鉴》。

表 6-2·2017 年新疆不同区域水资源量统计

(王峰整理，2021 年)　　　　　　　　　　　　　　　　　　　(单位：亿 m³)

地　区	水　资　源　量			
	合　计	地　表	地　下	重　复
全　疆	1 013.09	963.96	586.99	537.85
北疆地区	474.11	454.39	242.39	222.67
东疆地区	23.70	19.08	17.30	12.68
南疆地区	515.28	490.49	327.30	302.50

注：数据整理自《新疆统计年鉴》(2018)。

（三）新疆绿洲水资源总量的特点

1. 人均水资源占有量高，单位国土面积水量少，单位绿洲面积水量基本持平·按照 2017 年新疆水资源总量和人口数，新疆全区人均水资源量为 4 206 m³，在全国 31 个省、自治区、直辖市中列第 5 位，是全国人均水资源量 2 075 m³ 的 2.03 倍。从单位国土面积占有水资源看，新疆为 6.1 万 m³/km²，是全国的 1/5，列全国倒数第 3 位。如果结合新疆的地貌特点，仅以有人类活动的绿洲面积 14.3 万 km² 计算，新疆单位绿洲面积水资源量为 70.8 万 m³/km²，与 2017 年浙江省平均土地水资源占有量 84.9 万 m³/km² 相比没有本质的差异。而且，从单位面积人口密度看，2017 年，新疆是全国人口密度最低的省(区)之一，平均每平方千米只有 14.7 人，然而，新疆 95% 的人口集中分布在只占新疆面积 3.5% 的人工绿洲上(唐树红，2010 年)。绿洲人口密度高达 399 人/km²。按实际居住区域计算，与浙江省的人口密度 470 人/km² 接近。因此，新疆的人均水资源量比较丰富，平均总土地水资源占有量较低，但绿洲内的人口密度和土地水资源量则与沿海省份差别不大。

2. 水资源时空分布不均·新疆"三山夹两盆"的地理条件决定了新疆水资源时空分布的不均匀性。在空间尺度上，新疆水资源表现为西多东少、北多南少、山区多平原少。以天山为界将新疆分为北疆和南疆两大部分，面积分别占新疆的 28% 和 72%，年径流量则各占约 50%。从和田地区的策勒县经巴州的焉耆县到昌吉州的奇台县划一直线，将新疆分为面积大致相当的西北和东南两部分，西北部地表水资源占新疆地表水资源量的 93%，而东南部仅占 7%。在时间分布上,由于新疆河川径流主要来源为山区降水和冰川融水,新疆河川径流量年际变化幅度较小,但年内分配极不均匀。河流来水量高度集中在夏季,春季(3—5 月)水量占年水量的 10%~20%,夏季(6—8 月)水量占年水量的 50%~70%,秋季(9—11 月)水量占年水量的 10%~20%,冬季(12—2 月)水量占年水量的 10%以下。春旱、夏洪、秋缺、冬枯的水资源条件决定了新疆局部地区洪水灾害和旱灾时有发生,必须通过修建必要的水资源调配工程加以解决。

3. **干旱少雨,生态脆弱,人与自然争水矛盾十分突出。** 新疆常年平均年降水量 152.8 mm,属于地球相同纬度最少地区之一(李波,2015 年)。由于新疆整体的土均水资源少、蒸发量大,致使新疆沙漠面积大且土地极易沙化,全疆约 48%的地区为沙漠、戈壁、荒原,由于该部分区域的水资源匮乏且干旱少雨,生态环境极为脆弱。此外,从 1950 年至今,新疆人工绿洲面积从 3.8 万 km^2 扩大到 6.2 万 km^2,增长 0.63 倍。不断扩大的人工绿洲消耗了大量水资源,使天然绿洲获取的水量和面积不断减少,最终导致沙化土地面积不断扩大,人工绿洲与天然绿洲争水现象日益加重,天然绿洲面临十分严峻的生态危机。

4. **气候变化增加水资源总量与不确定因素并存。** 受气候变化和全球升温的影响,从 2000 年以来,新疆区域气温和降雨均呈增多趋势,特别是近 10 多年来更为明显。气候变化引起降雨和蒸发增多,增加了水资源量,但加速冰川和冻土的消融后,冰川和积雪的固体水库调节作用将减弱,这有可能增加水资源总量的年际变化幅度,年内季节性分布也可能更加不均。与 1956—2000 系列多年平均值相比,2001—2017 年新疆水资源总量增加约 11.9%,其中北疆、东疆和南疆分别增加 7.4%、3.2%和 16.9%(表 6-1)。来水偏丰、降水增多,为提高灌溉保证率甚至扩大灌溉面积提供了一定的水资源条件,但来水具有的随机性和周期性,使得新疆供水保障的风险和不确定性始终存在,枯水期特别是连续枯水段降水和来水急剧减少时,新疆的农业灌溉将无法得到充分满足,甚至还可能对经济社会发展及生态环境保护带来风险。

三、新疆绿洲水资源开发利用现状

(一) 兴修水利工程现状

水利工程建设是开发新疆水资源,解决新疆水资源时空分布不均、兴利除害的重要手段。自古以来,"水利兴则新疆兴"始终是新疆治理中的核心,自治区党委政府始终把水利工作摆在关系全局的战略位置,坚持不懈建设农田水利,加大水利工程的建设力度,加强水资源的开发、利用、保护和管理,形成了有特色的节约用水模式,水利事业取得了巨大成就。据 2011 年新疆水利普查数据,全疆共有水库 655 座,总库容 198.5 亿 m^3,其中山区水库 214 座、库容 131.5 亿 m^3,平原水库 441 座、库容 67 亿 m^3。共建成水闸 4 579 座,其中引(进)水闸 1 251 座,引水能力 1 617 亿 m^3;泵站 3 258 座,总流量 866.5 m^3/s;流量在 0.2 m^3/s 以上的灌溉渠道 10.55 万处,渠道长度 18.9 万 km,衬砌长度 6.97 万 km,防渗率 36.9%;已建机井 61.39 万眼,其中规模以上机井数量 9.94 万眼(表 6-3)。

表 6-3 · 2011 年新疆主要水利工程情况

(王峰整理，2021 年)

分 区	需水工程			水闸数量（座）	渠 系		规模以上机井数量（万眼）
	水库数量（座）	总库容（亿 m³）	有效库容（亿 m³）		渠道长度（万 km）	衬砌长度（万 km）	
全　　疆	655	198.5	138.9	4 579	18.87	6.97	9.94
北疆地区	413	139.1	98.7	1 975	7.25	4.00	4.11
东疆地区	66	2.9	2.1	169	0.80	0.44	1.26
南疆地区	176	56.5	38.1	2 435	10.82	2.53	4.57

注：数据整理自 2011 年全国水利普查数据。

(二) 社会经济发展现状

2017 年，全疆总人口 2 444.67 万人，其中城镇人口 1 207.2 万人，城镇化率 49.4%，实现地区生产总值 10 882 亿元。其中，第一、第二、第三产业比例为 14.3∶39.8∶45.9，人均生产总值 44 941 元。作为传统农牧业区，农业在新疆生产格局中占有重要地位，2017 年国家审订的农作物总播种面积 606.2 万 hm²，其中粮食面积 226.0 万 hm²，占总播种面积的 37.3%，棉花播种面积 221.7 万 hm²，占 36.6%。实现粮食总产 1 426.6 万 t，单产 6 315 kg/hm²；棉花总产 456.6 万 t，单产 2 059.5 kg/hm²。截至 2017 年底，全疆共有水库 683 座，总库容 205 亿 m³。全疆农业灌溉面积 496.9 万 hm²，其中农田灌溉面积 381.8 万 hm²，林园地和牧草地 115.1 万 hm²，节水灌溉面积 270.5 万 hm²，微灌面积 227.6 万 hm²。牲畜年末存栏 4 946.5 万头(《新疆统计年鉴》2018 年)。

(三) 现状水资源开发供水量

2017 年新疆不同区域供水量统计(表 6-4)，2017 年全疆合计供水量为 552.4 亿 m³，水资源整体开发率为 54.5%。其中北疆、东疆和南疆的供水量分别为 201.0 亿 m³、23.4 亿 m³ 和 328.0 亿 m³，分别占各自水资源总量的 42.4%、98.6% 和 63.7%。但在各区域内部，各市的水资源总量开发利用程度并不相同，特别是天山北坡的乌鲁木齐、克拉玛依、石河子、昌吉以及南疆的阿克苏、喀什地区，水资源开发利用程度均大于 120%。从供水水源看，2017 年全

表 6-4 · 2017 年新疆不同区域供水量统计

(王峰整理，2021 年)

地 区	供水量（亿 m³）				供水结构（%）		
	合计	地表水	地下水	其他水源	地表水	地下水	其他水源
全　　疆	552.4	441.0	109.8	1.6	79.8	19.9	0.3
北疆地区	201.0	149.0	51.1	0.9	74.1	25.4	0.5
东疆地区	23.4	10.6	12.7	0.1	45.3	54.2	0.6
南疆地区	328.0	281.4	46.0	0.6	85.8	14.0	0.2

注：数据整理自《新疆统计年鉴》(2018)。

疆地表水(含外调水)供水量 441.0 亿 m³,占 79.8%;地下水供水量 109.8 亿 m³,占 19.9%;再生水利用等其他水源供水量 1.6 亿 m³,占 0.3%。从空间分布看,北疆、南疆地表水供水占比高,分别为各自供水总量的 74.1% 和 85.8%,是该区地表水资源总量的 32.8% 和 57.4%。东疆地区的地表水占比小于地下水,地下水开采严重,当年供水量为 12.7 亿 m³,占供水总量的 54.3%,占当年东疆可开采地下水资源量的 73.4%。

(四)现状水资源的用水结构

从绿洲水资源不同用途看,2017 年全疆用水总量为 552.4 亿 m³,其中农业用水量 514.3 亿 m³,占 93.1%;工业用水量 14.0 亿 m³,占 2.5%;城乡生活用水量 11.8 亿 m³,占 2.1%;河道外生态用水量 10.2 亿 m³,占 1.8%。从不同地区的用水结构看,农业用水量占总用水量的比重,南疆最大为 95.8%,北疆其次为 89.3%,东疆最小为 88.0%。与北疆和东疆相比,南疆的工业基础相对薄弱,人口密度较小,工业和生活用水占比均为 1.5%,用于生态的用水仅占 0.9%(表 6-5)。

表 6-5 · 2017 年新疆绿洲不同区域用水量统计

(王峰整理,2021 年)

地 区	用水量(亿 m³)						用水结构(%)				
	合计	农业	工业	服务业	生活	生态	农业	工业	服务业	生活	生态
全 疆	552.4	514.3	14.0	2.0	11.9	10.2	93.1	2.5	0.4	2.1	1.9
北疆地区	201.0	179.5	7.6	1.0	6.2	6.7	89.3	3.8	0.5	3.1	3.3
东疆地区	23.4	20.6	1.4	0.0	0.7	0.7	88.0	5.8	0.1	2.8	3.0
南疆地区	328.0	314.2	5.0	1.0	5.0	2.8	95.8	1.5	0.3	1.5	0.9

注:数据整理自《新疆统计年鉴》(2018)。

四、新疆绿洲水资源利用的主要问题

长期以来,受自然条件、经济社会发展阶段及水利投入等多种因素的影响,新疆水资源的开发利用问题主要表现在以下几方面。

(一)现状用水量超过用水总量控制指标

根据《国务院办公厅关于印发实行最严格水资源管理制度考核办法的通知》(国办发〔2013〕2 号),国家下达新疆用水总量红线控制目标 2020 年为 550.2 亿 m³,2030 年为 526.7 亿 m³。而 2017 年全疆水资源开发利用量为 552.4 亿 m³,与国家下达的全疆 2020 年用水总量红线相比,超出 2.2 亿 m³,比 2030 年全疆用水总量指标超出 25.7 亿 m³,占现状总用水量的 4.7%。

进一步分析表明,全疆超采主要集中在地下水部分,2017 年全疆地下水开发利用量为 109.8 亿 m³,与 2020 年和 2030 年地下水控制指标相比,分别超过 19.0 亿 m³ 和 34.1 亿 m³,超采率为 20.9% 和 45.0%。从不同地区看,北疆的用水总量和地表水开发量均不超过 2020 年和 2030 年的控制指标,但地下水超采严重,比控制指标分别超采 12.5 亿 m³ 和 23.2 亿 m³。

东疆用水总量不超过 2020 年的控制指标,但超过 2030 年控制指标 1.1 亿 m³,地下水则超出 2020 年和 2030 年控制指标 1.6 亿 m³ 和 4.8 亿 m³。南疆地表水和地下水均超采严重,其中地表水比 2020 年和 2030 年控制指标分别超采 13.6 亿 m³ 和 36.6 亿 m³,分别占总超采量的 73.5% 和 85.5%;地下水超采 4.9 亿 m³ 和 6.2 亿 m³,分别占 26.5% 和 14.5%。因此,北疆和东疆的水资源总量超采不大,但地下水超采严重,南疆的总量超采严重,且超采部分主要在地表水部分,地下水占比小于 30%(表 6-6)。

表 6-6 · 2017 年供水量与 2020 年和 2030 年用水总量控制指标对比

(王峰整理,2021 年) (单位:亿 m³)

地区	2017 年供水量			2020 年用水总量控制目标			2030 年用水总量控制目标			2017 年与 2020 年差值			2017 年与 2030 年差值		
	合计	地表水及其他	地下水	合计	地表水及其他	地下水	合计	地表水及其他	地下水	合计	地表水及其他	地下水	合计	地表水及其他	地下水
全疆	552.4	442.6	109.8	550.2	459.4	90.8	526.7	451.1	75.7	2.1	−16.9	19.0	25.6	−8.5	34.1
北疆	201.0	149.9	51.1	216.8	178.2	38.6	219.3	191.4	27.9	−15.8	−28.3	12.5	−18.3	−41.5	23.2
东疆	23.4	10.7	12.7	24.0	12.9	11.1	22.3	14.4	7.9	−0.7	−2.2	1.6	1.1	−3.7	4.8
南疆	328.0	281.9	46.0	309.4	268.3	41.1	285.2	245.3	39.8	18.5	13.6	4.9	42.8	36.6	6.2

注:数据整理自《新疆统计年鉴》(2018)和《2015 年新疆水资源平衡论证报告》。

(二) 水资源过度开发导致生态环境恶化

由于干旱少雨、蒸发强烈的自然地理特点,绿洲生态极为脆弱,生态环境对水资源的依存度高。绿洲现状水资源总体开发利用程度超过 50%,个别地方超过 100%,水资源处于过度开发状态,人工绿洲挤占天然绿洲用水现象十分严重。生态环境用水被大量挤占,导致生态环境持续恶化,新疆自然生态演变基本特征呈现"两扩大一减少",即沙漠与绿洲面积同时扩大,荒漠和绿洲之间的过渡带减少。在绿洲面积中,人工绿洲面积扩张式开垦,而天然绿洲面积却呈萎缩态势。尤其是南疆地区由于干旱缺水和生态用水被大量挤占,天然绿洲植被减少,沙漠化加剧,塔里木河流域生态脆弱的局面在加剧,扩大垦荒和增加灌溉用水现象没有得到有效控制,遭遇干旱年份生态趋于恶化的迹象明显。新疆几个主要典型缺水地区,如天山北坡、吐哈盆地、塔里木河流域、艾比湖均存在地下水严重超采,地下水位持续下降,坎儿井干枯,土地沙化与荒漠化加剧等生态问题。

(三) 农业用水占比高,用水结构不合理

长期以来,新疆经济结构以第一产业为主,与之相适应,新疆水资源利用特点是农业用水比例居高不下。1990—2000 年,全疆农业用水量增加 9.3 亿 m³,增幅 2.1%,年均增长 0.2%。2001—2010 年,农业用水量增加 45.9 亿 m³,增幅 10.2%,年均增长 1.0%。2011—2015 年,农业用水量增至 546.4 亿 m³,增加了 50.4 亿 m³,增幅 10.1%,年均增长 2.0%。工业和生活生态用水量也稳步增加,其中工业用水 1990—2000 年增加了 1.6 亿 m³,2000—2010 年增加了 4.8 亿 m³,同比增长 200%。生活和生态用水 1990—2000 年增加了 2.6 亿 m³,增幅 36.6%,年均增长 3.7%;2000—2010 年增加了 14.7 亿 m³,增幅 151.5%,年均增长 15.2%;2010—2015 年,增加 11.4 亿 m³,增幅 46.7%,年均增长 9.3%。从不同地区看,

2010—2015年北疆、东疆、南疆农业用水量分别增长15.7%、1.9%和7.7%,2015年农业用水量占总用水量的比例分别为91.4%、90.8%和97.0%(表6-7)。这些数据表明,农业用水增长快、占比高,是造成新疆用水结构不合理的主要原因,而农业土地大规模、过度无序开发,是引发水资源问题的根本原因。

表6-7·1990—2017年新疆绿洲各地区用水量统计

(王峰整理,2021年)

地区	年份	用水量(亿 m³)						用水结构(%)				
		合计	农业	工业	服务业	生活	生态	农业	工业	服务业	生活	生态
全疆	1990	455.1	440.8	7.2	—	7.1		96.8	1.6	—	1.6	
	2000	468.6	450.1	8.8		9.7		96.1	1.9		2.1	
	2010	535.1	496.0	13.6	1.2	7.0	17.4	92.7	2.5	0.2	1.3	3.3
	2015	577.2	546.4	12.8	2.2	10.0	25.8	94.7	2.2	0.4	1.7	1.0
	2017	552.4	514.3	14.0	2.0	11.9	10.2	93.1	2.5	0.4	2.2	1.8
北疆地区	2010	195.0	168.0	9.7	0.6	4.2	12.5	86.2	5.0	0.3	2.1	6.4
	2015	212.7	194.4	8.2	1.1	5.1	3.9	91.4	3.9	0.5	2.4	1.8
	2017	201.0	179.5	7.6		6.2	6.7	89.3	3.8		3.3	3.3
东疆地区	2010	23.8	21.3	0.9	0.1	0.4	1.1	89.5	3.8	0.4	1.7	4.6
	2015	23.9	21.7	0.8	0.2	0.8	0.4	90.8	3.8	0.8	3.8	1.7
	2017	23.4	20.6	1.4		0.7	0.7	88.3	5.8		3.0	
南疆地区	2010	316.4	306.6	3.1	0.5	2.4	3.8	96.9	1.0	0.2	0.8	1.1
	2015	340.6	330.3	3.8	0.9	4.1	1.5	97.0	1.1	0.2	1.2	0.5
	2017	328.0	314.2	5.0	1.0	5.0	2.8	95.8	1.5	0.2	1.5	0.9

注:数据整理自《新疆统计年鉴》(2018)和《2015年新疆水资源平衡论证报告》。

▶ (四) 耕地扩大过量,用水效益较低

农业用水量增长和占比过大与农业耕地面积及灌溉面积比例的增长关系密切。据统计数据,农作物播种面积2017年为606.2万 hm²,比2000年增加267.3万 hm²,增幅78.9%,年均增长4.6%。其中粮食面积增加量占总增加量的30.1%,棉花为45.1%,其他为24.8%。从灌溉面积看,2017年新疆灌溉面积为496.9万 hm²,其中耕地381.8万 hm²,林园地和牧草地115.1万 hm²。农业灌溉面积比2000年灌溉面积309.4万 hm² 增加187.5万 hm²,年均增幅3.6%(表6-8、表6-9)。与农业用水量迅速增加形成巨大反差的是,农业增加值占GDP的比重却很低,2017年,农业、工业和服务业GDP占总量的比例分别为14.3%、39.8%和45.9%。每立方水农业GDP仅为3.0元,而工业和服务业的每立方水GDP则分别为309元和357元(《新疆统计年鉴》2018年)。因此,新疆必须降低农业用水比重,逐步转移农业用水用于发展工业和服务业等高产出产业。

表6-8 · 1990—2017年新疆绿洲农作物播种面积的变化

（王峰整理，2021年） （单位：万 hm²）

年 份	农业人口数（万人）	农作物播种总面积	作物播种面积		
			粮 食	棉 花	其他农作物
1990	378	298.0	182.7	43.5	71.8
2000	314	338.9	144.6	101.2	93.1
2010	376	475.9	199.2	146.1	130.6
2015	527	612.6	236.6	227.3	148.7
2017	535	606.2	226.0	221.7	158.5

注：数据整理自历年《新疆统计年鉴》。

表6-9 · 1990—2017年新疆绿洲灌溉面积的变化

（王峰整理，2021年） （单位：万 hm²）

年 份	农业灌溉面积	耕地灌溉面积	林园地、牧草地及其他
1990	285.8		
2000	309.4		
2010	403.1	273.9	129.2
2015	491.1	380.0	111.1
2017	496.9	381.8	115.1

注：数据整理自历年《新疆统计年鉴》。

（五）水资源优化配置格局尚未完全建立

新疆水资源分布与经济社会发展格局不匹配，天山北坡经济带集中了新疆约60%的经济总量、24%的人口，而水资源仅占新疆的7.4%。吐哈盆地及准噶尔盆地东部是石油、天然气、煤炭资源富集区，但水资源十分匮乏，缺水严重。目前全疆水库总库容仅占河流径流量的14%，多数河流缺少控制性工程。在国家大力支持下，新疆骨干水利工程相继建设，但对形成水资源优化配置格局起关键作用的重大水资源配置工程和山区控制性水库工程的建设十分迫切。

（六）水资源综合管理和能力建设仍较薄弱

水资源管理在体制、机制改革等方面取得了明显进展，但流域管理与区域管理相结合的水资源统一管理体制尚不完善，最严格水资源管理制度尚未落实到位。新疆是我国31个省级行政区中唯一的用水总量超过红线指标的省份，调控水资源开发利用的有效机制还没有建立。此外，水资源监测、计量等手段落后，水价、水权、水市场等改革尚未全面推进，区域之间、城乡之间、兵团与地方之间、行业之间供用水缺乏统筹调配，主要河流控制性工程的防洪、发电与供水之间矛盾较为突出，流域水资源监控预警系统尚未建立。

（七）几个典型问题区域

如果按照人均及绿洲平均面积水资源量测算，新疆不能被称为缺水地区。但由于新疆地域广大，不同地区的水资源开发保护程度和农业生产状况差异较大，个别地区仍然面临着较严重的缺水问题，进而产生一系列生态与环境问题。尤其是在2000年以后，随着经济发展用水越来越多，新疆部分地区出现了以河流断流和湖泊干枯为特征的严重生态缺水和环境问题，其中主要有南疆的塔里木河流域、北疆的艾比湖流域和天山北坡的乌鲁木齐—昌吉经济带以及东疆的吐哈盆地。

1. **塔里木河流域**·塔里木河（以下简称塔河）位于南疆，是我国最长的内陆河，全长约 2 575 km，流域总面积 102 万 km^2。从水文地理看，该流域是由塔里木盆地周边向心聚流的九大水系组成，汇聚后沿塔河干流至台特玛湖，并消失在罗布泊洼地，构成我国最大的内陆河流域。目前，在塔里木河流域九大水系中，仅有较大的阿克苏河、和田河和叶尔羌河3条支流尚有径流汇入塔里木河。其中，阿克苏河与塔河干流保持常年的地表水力联系，是塔河的主要补给水源；和田河和叶尔羌河仅在丰水期短暂补给干流。开都—孔雀河流域在孔雀河下游通过库塔干渠与塔河下游干流连接在一起，是塔河下游生态输水的主要途径之一。由此形成了塔河"四源一干"的补给模式。其他的迪那河、渭干—库车河、喀什噶尔河、克里雅河和车尔臣河五源流都先后断流，与塔河干流失去了地表水力联系，消失在各自河流水库和灌溉绿洲中。这种地表断流的结果直接打破了流域水系的完整性，截断了流域水系和盐分的迁移，致使流域内绿洲盐分因无法随水带出而聚集，导致绿洲土壤盐渍化问题不断加重。据统计，塔河流域约48%耕地存在不同程度的土壤盐渍化；同时，由于河道断流，干流来水有限，加之上中游取水量不断增加，导致干流下游的荒漠区因缺水而自然植被衰败甚至大片死亡。据相关遥感影像解译结果显示，塔河流域2015年的天然林地面积与2000年相比，减少了6.6%，减少的区域主要分布在开都—孔雀河、和田河、叶尔羌河以及迪那河流域；中、低覆盖度草地面积分别减少了9.2%和12.4%，减少的区域主要分布在阿克苏河流域和渭干—库车河等流域，天然植被面积减少的同时，裸地面积增加了约2.9%。塔河流域下游是过去30年塔里木盆地生态退化最为严重区域（陈亚宁，2019年）。

2. **艾比湖流域**·艾比湖位于北疆精河县城以北35 km处，是新疆最大的咸水湖和准噶尔盆地最大的湖泊。博尔塔拉河、精河分别从西、南两个方向注入艾比湖，成为湖水的主要来源。艾比湖面积在20世纪50年代为1 300 km^2，而自2000年以来基本维持在540～900 km^2，2008年9月湖面面积锐减到不足400 km^2，只相当于2000年丰水期1 045 km^{2}的1/3（李波，2015年）。湖面的严重萎缩，不但导致该地区地下水位下降，使该流域周边地区荒漠化大大加快，而且引发风沙天气，使艾比湖地区成为我国西部沙尘暴主要策源地之一，直接威胁天山北坡经济带的可持续发展和新亚欧大陆桥的安全运行。据统计，艾比湖干缩荒漠化速度已高达每年38 km^2，大风从艾比湖底卷起的沙尘和盐尘每年高达480万t。位于艾比湖旁的精河县浮尘天气年平均达到112 d，是20世纪60年代的9倍，精河县过去十年被沙化和碱化的草场占全县可利用草场面积的70.2%。艾比湖生态恶化成为困扰新疆的第二大生态问题。分析艾比湖生态恶化原因，仍然是水资源可利用总量的供需矛盾所引起。艾比湖平均水深仅1.4 m，对入湖水量十分敏感，每增减1亿 m^{3}入湖水量，湖面即增缩80 km^2。据测算，要想维持艾比湖湖面和湿地现状，每年的入湖水量至少在8亿 m^{3}以上。然而，由于人口增加和大规模水土开发，灌溉大量新开垦的耕地，在湖泊上、中游地区大规模修渠引水，使艾比湖的主要河流奎屯河、四棵树河、古尔图河被拦截断流,精河、博尔塔拉河每年补给到艾比湖的地表水只有 6 亿 m^3,无法满足需求。随着社会经济的进一步发展,博州水资源日益紧缺的局面对博州社会经济实现可持续发展,实现人口、资源、环境的和谐共处形成了巨大压力。

为了扭转艾比湖流域的生态进一步恶化,新疆先后实施了艾比湖主风道治理工程、两河(精河、大河沿子河)下游节水工程和植树种草工程、艾比湖流域人工增水工程,使这一地区的荒漠植被得到有限的恢复,在一定程度上缓解了艾比湖生态恶化的趋势,但艾比湖生态恶化速度仍然大于治理改善速度。

3. **东疆吐哈盆地** 吐哈盆地是吐鲁番盆地和哈密盆地的统称,位于东疆。其中吐鲁番盆地面积 50 140 km^2,哈密盆地 53 500 km^2。吐哈盆地主要的问题是地下水超采严重,泉水、坎儿井枯竭,地下水降落漏斗,湖泊湿地萎缩沙漠化与风沙危害加剧。据统计,哈密地下水开采率高达 223%,吐鲁番有水的坎儿井从 1949 年的 1 084 条下降到 2014 的 214 条。吐鲁番绿洲边缘沙化土地平均每年以 3~5 m 的速度推进。据统计,目前吐鲁番盆地水资源地区境内产水量与不重复地下水补给量之和为 6.56 亿 m^3,加上区外流入水量,可利用水资源量为 10.7 亿 m^3。按吐鲁番地区水资源总量计算,平均每 666.7 m^2 土地可用水量约为 500 m^3,而目前当地气候条件下作物正常生长需水量为 650 m^3,农业用水需求已远远超过水资源的可供应量。近 20 年来吐鲁番地区工农业发展速度相当快,地表水资源基本耗尽,对地下水资源的需求量日益增大,迫使地下水开采力度不断加大,目前吐鲁番地区绿洲区域凿井密度每平方千米机井数量超过 6 眼(冶永新,2013 年)。从多年的地下水开发利用统计数据可以看出,1980 年吐鲁番地区地下水开采量为 2.49 亿 m^3,到 2001 年猛增到 7.37 亿 m^3,2002 年政府开始采取措施,严加控制和管理开采地下水,地下水资源的开采量有所减少,但到 2010 年地下水开采量仍达到 7.7 亿 m^3。据《吐鲁番盆地浅层地下水动态监测年报》数据,地下水连续多年超采,超采量达 2 亿~3 亿 m^3/年,引起地下水位大幅度下降。吐鲁番地区地下水严重超采,已到了地下水不能承受、水资源无以为继的地步。

总之,从新疆地区的区情、水情来看,新疆是灌溉农业,大部分地区只有全程灌水才能保证农业生产。而新疆水资源总量有限,地均相对较少;水资源时空分布不均衡,水资源的调蓄能力不足及未来不确定性因素增大;水资源分布与作物布局不匹配,利用效率低;水资源开发利用过度,部分地区地下水超采严重,生态环境用水被挤占;水利改革推进缓慢,水资源监管乏力等问题业已成为新疆治水问题的主要矛盾和矛盾的主要方面,必须下大力气解决。

第二节 新疆绿洲水资源总量和农业用水的调控目标及主要技术措施

从上节对新疆水资源的开发利用和供用水现状分析可知,无序开荒使得农业耕地面积和灌溉面积增长过大过快,是导致农业用水量激增、农业用水比例居高不下、生态用水被挤占、水资源短缺和生态环境恶化等一系列问题的根本原因。为了扭转这种局面,同时贯彻中央领导在新疆调研期间的重要讲话和中央新疆工作协调小组第 14 次全体会议精神,新疆维吾尔自治区组织编制了《新疆水资源平衡论证报告》(以下简称《论证报告》),并在此基础上完成了《新疆用水总量控制方案》(以下简称《控制方案》)的编制。《控制方案》在深入分析新疆水资源特点、水资源开发利用现状及存在主要问题的基础上,按照"节水优先、空间均衡、系统治理、两手发力"的新时期水利工作方针,以水资源和水环境承载能力为约束,以强化生态环境保护为前提,以节水型社会建设为抓手,以控制农业用水量为核心,以国家批复的用水总量红线指标为依据,将新疆用水总量控制指标落实到各州(市、地)、各兵团师(市),落实到县级行政区和兵团团场,并对年度计划、进度指标、管理政策和保障措施进行统筹安排,这是今后一段时期新疆实行最严格水资源管理制度及实现水资源可持续发展的根本依据。

一、新疆绿洲用水总量控制目标

根据《控制方案》,到 2020 年,全疆用水总量控制指标为 550.2 亿 m^3。调水工程的外调水量尚有 5.6 亿 m^3 没有完全明确落实到用水户,这部分水量作为预留水量暂不分配。全疆实际落实分配的用水总量指标为 544.6 亿 m^3,其中地方 430.5 亿 m^3,占比 79%;兵团 114.1 亿 m^3,占比 21%。2030 年,全疆用水总量控制指标为 526.7 亿 m^3。调水工程外调水量尚有 8.9 亿 m^3 没有明确落实到用水户,这部分水量作为预留水量暂不分配,实际落实分配的用水总量指标为 517.8 亿 m^3,其中地方 406.9 亿 m^3,兵团 110.9 亿 m^3(表 6-10、表 6-11)。

表 6-10 · 全疆绿洲用水总量控制指标

(王峰整理,2021 年)

分区		用水总量(亿 m^3)						
		2016 年	2017 年	2018 年	2019 年	2020 年	2025 年	2030 年
全疆	地方	454.7	448.6	442.9	437.1	430.5	418.2	406.9
	兵团	116.4	115.7	115.0	114.3	114.1	112.4	110.9
	外调预留	3.2	3.2	3.2	3.2	5.6	5.6	8.9
	合计	574.3	567.5	561.1	554.6	550.2	536.2	526.7
北疆	地方	147.7	148.5	149.3	150.1	152.2	153.3	154.4
	兵团	61.1	60.7	60.4	60.0	59.9	58.9	57.9
	外调预留	3.2	3.2	3.2	3.2	4.6	4.6	6.9
	合计	212.0	212.4	212.9	213.3	216.7	216.8	219.2
东疆	地方	20.2	19.9	19.7	19.5	19.6	18.1	17.0
	兵团	3.7	3.7	3.6	3.6	3.5	3.4	3.4
	外调预留	0.0	0.0	0.0	0.0	1.0	1.0	2.0
	合计	23.9	23.6	23.3	23.1	24.1	22.5	22.4
南疆	地方	286.8	280.2	273.9	267.4	258.7	246.8	235.5
	兵团	51.6	51.3	51.0	50.7	50.7	50.1	49.7
	合计	338.4	331.5	324.9	318.1	309.4	296.5	285.2

注:数据整理自《新疆用水总量控制方案》。

表 6-11 · 全疆绿洲地下水总量控制指标

(王峰整理,2021 年)

分 区	地下水总量(亿 m³)						
	2016 年	2017 年	2018 年	2019 年	2020 年	2025 年	2030 年
全疆	117.7	111.6	105.2	98.7	90.8	83.3	75.7
北疆	55.1	51.8	48.2	44.5	38.6	33.7	27.9
东疆	13.7	13.0	12.3	11.6	11.1	9.3	8.0
南疆	48.9	46.8	44.7	42.6	41.1	40.2	39.8

注：数据整理自《新疆用水总量控制方案》。

二、新疆绿洲农业用水总量及相关控制指标

新疆 2017 年农业用水量在国民经济总用水量中的比重为 90% 左右，为顺利实现全疆用水总量达到红线控制指标，应实施灌溉面积和农业用水总量"双指标"控制，同时大力发展高效节水灌溉技术，提高农业水资源利用率。

1. **灌溉面积总量控制指标**·控制灌溉面积发展规模是控制新疆用水总量和农业用水的关键措施。在现状用水量严重超指标地区，除大力发展节水灌溉技术，节约水资源的同时，还需要退减部分灌溉面积，还水于生态，并为工业、城市发展提供必要的供水空间。《论证报告》提出，全疆除伊、额两河流域所在地州（含兵团）灌溉面积尚有一定发展潜力外，其他地州和兵团师均要退减灌溉面积。2012—2020 年，全疆需退减灌溉面积 53.3 万 hm²，其中地方退减 42.1 万 hm²、兵团退减 11.3 万 hm²，伊、额两河流域新增灌溉面积 19.1 万 hm²，全疆灌溉面积规模控制在 583.5 万 hm²。2021—2030 年，全疆再退减灌溉面积 40.5 万 hm²，其中，地方退减 30.3 万 hm²、兵团退减 10.2 万 hm²，伊、额两河流域新增灌溉面积至 22.9 万 hm²，全疆灌溉面积规模控制在 546.8 万 hm²。为了落实《论证报告》退减灌溉面积的目标要求，在考虑未来经济社会发展、水资源变化趋势以及各地州（市）、兵团师的实际灌溉面积及用水量的前提下，经协调平衡后，制定各县（市）、团场的退减灌溉面积计划，即 2016—2020 年，全疆共退减灌溉面积 39.4 万 hm²。其中，地方退减 31.8 万 hm²、兵团退减 7.6 万 hm²；在此基础上，2021—2030 年，全疆再合计退减 40.7 万 hm²，实现 2016—2030 年共退减 80.1 万 hm²。其中地方退减 62.1 万 hm²，占比 77.5%；兵团退减 18.0 万 hm²，占比 22.5% 的目标（表 6-12）。

2. **高效节水灌溉面积发展指标**·依据《新疆水利发展"十三五"规划》和《南疆水资源利用和水利工程建设规划》，"十三五"期间全疆农业高效节水面积新增 101.6 万 hm²，其中，地方新增 81.9 万 hm²、兵团新增 19.6 万 hm²。2021—2030 年，全疆再新增高效节水面积 74.5 万 hm²。全疆分年度新增高效节水灌溉面积实施计划见表 6-13。需要指出的是，在大力发展高效节水灌溉的同时，还要着力加强渠道衬砌为主的灌区续建配套与节水改造、种植结构调整、灌溉制度优化等综合措施，从而切实有效地控制农业用水总量、有效提高农业灌溉用水效率。

表6-12·绿洲退减灌溉面积控制指标

(王峰整理,2021年)

分区		退减灌溉面积(万 hm²)							
		2016年	2017年	2018年	2019年	2020年	2021—2025年	2026—2030年	合计
全疆	地方	5.4	5.8	6.4	6.8	7.4	15.3	15.0	62.1
	兵团	1.6	1.4	1.5	1.5	1.6	5.1	5.1	18.0
	小计	7.0	7.2	7.9	8.3	9.0	20.5	20.2	80.1
北疆	地方	1.4	1.7	2.3	2.7	3.4	5.5	5.6	22.6
	兵团	1.0	0.9	1.0	1.0	1.1	2.9	2.9	10.6
	小计	2.4	2.6	3.2	3.7	4.4	8.4	8.4	33.2
东疆	地方	0.4	0.3	0.4	0.4	0.3	1.9	1.6	5.2
	兵团	0.1	0.1	0.1	0.1	0.1	0.3	0.3	1.0
	小计	0.5	0.4	0.5	0.5	0.4	2.2	1.9	6.2
南疆	地方	3.7	3.7	3.7	3.7	3.7	7.9	7.9	34.3
	兵团	0.5	0.5	0.5	0.5	0.5	2.0	2.0	6.4
	小计	4.2	4.2	4.2	4.2	4.2	9.9	9.9	40.7

注:数据源自《新疆用水总量控制方案》。

表6-13·全疆绿洲高效节水灌溉面积发展指标

(王峰整理,2021年)

分区		高效节水灌溉面积(万 hm²)								
		2016年	2017年	2018年	2019年	2020年	2016—2020年合计	2021—2025年	2026—2030年	2021—2030年合计
全疆	地方	17.7	16.1	15.8	16.6	15.8	81.9	35.9	35.9	71.8
	兵团	4.2	4.0	3.9	3.9	3.8	19.7	1.4	1.3	2.7
	小计	21.9	20.0	19.7	20.5	19.6	101.5	37.3	37.2	74.5
北疆	地方	7.5	4.7	2.7	2.6	2.6	20.1	9.2	9.2	18.4
	兵团	2.5	2.3	2.2	2.2	2.1	11.3	0.1	0.0	0.1
	小计	10.0	7.0	4.9	4.8	4.7	31.4	9.3	9.2	18.5
东疆	地方	0.7	0.7	0.7	0.7	0.7	3.5	0.8	0.8	1.7
	兵团	0.1	0.1	0.1	0.1	0.1	0.4	0	0	0
	小计	0.8	0.7	0.8	0.8	0.8	3.9	0.8	0.8	1.7
南疆	地方	9.5	10.7	12.4	13.3	12.5	58.3	25.9	25.9	51.8
	兵团	1.6	1.6	1.6	1.6	1.6	8.0	1.3	1.3	2.7
	小计	11.1	12.3	14.0	14.9	14.1	66.3	27.2	27.2	54.5

注:数据源自《新疆用水总量控制方案》。

3. 农业灌溉水利用效率控制指标·农业灌溉水利用系数是指在一次灌水期间被农作物利用的净水量与水源渠首处总引水量的比值,是衡量灌区从水源引水到田间作物用水过程中水利用程度的一个重要指标;是集中反映灌溉工程质量、灌溉技术水平和灌溉用水管理的综合指标;是农业水资源利用水平高低的评价指标,对指导节水灌溉和大中型灌区续建配套及节水改造具有重要参考价值。虽然新疆的节水工作成效显著,但农业灌溉水利用效率总体仍然偏低,这不仅是新疆存在的主要水资源问题,而且也是通过提高灌溉水利用效率后,利用节约出来的水量进行节流开源的重要空间所在。依据《"十三五"水资源消耗总量和强度双控制行动方案》和《关于实行最严格水资源管理制度落实"三条红线"控制指标的通知》,2020—2030年全疆平均农业灌溉水利用系数从0.57提高到0.59。按照2020年和2030年全疆农业灌溉水利用系数控制目标要求,结合各地州(含兵团)农业用水现状及未来节水规划安排,经过分析测算,经综合协调,确定了新疆各地州(含兵团)农业灌溉水利用系数控制指标,见表6-14。

表6-14·全疆各地州(含兵团)农业灌溉水利用系数控制指标

(王峰整理,2021年)

分区		灌溉水利用系数						
		2016年	2017年	2018年	2019年	2020年	2025年	2030年
北疆	乌鲁木齐市	0.616	0.623	0.636	0.648	0.661	0.699	0.746
	克拉玛依市	0.640	0.643	0.646	0.649	0.652	0.655	0.663
	昌吉州	0.605	0.617	0.624	0.642	0.652	0.670	0.684
	博州	0.570	0.580	0.590	0.600	0.610	0.625	0.640
	伊犁州	0.520	0.529	0.538	0.547	0.556	0.588	0.620
	塔城地区	0.612	0.623	0.628	0.637	0.645	0.659	0.679
	阿勒泰	0.500	0.510	0.520	0.530	0.545	0.565	0.580
	石河子	0.690	0.698	0.705	0.713	0.720	0.735	0.750
东疆	哈密	0.597	0.607	0.617	0.626	0.638	0.641	0.647
	吐鲁番	0.605	0.616	0.628	0.639	0.650	0.665	0.680
南疆	巴州	0.579	0.587	0.596	0.604	0.612	0.626	0.630
	阿克苏地区	0.517	0.525	0.533	0.542	0.550	0.560	0.578
	克州	0.477	0.486	0.495	0.503	0.512	0.523	0.534
	喀什地区	0.510	0.520	0.530	0.540	0.550	0.560	0.570
	和田地区	0.500	0.510	0.530	0.550	0.570	0.580	0.600

注:数据源自《新疆用水总量控制方案》。

4. 农业用水总量指标·依据《论证报告》及各地州(市)、兵团现有数据,结合灌溉面积控制指标、高效节水灌溉面积发展指标、灌溉水利用系数指标等,综合分析测算和协调平衡全疆各地区总用水量及农业用水量控制指标,到2020年,全疆农业用水量控制在492.1亿m³,

比 2016 年农业用水量 533.3 亿 m³ 减少 41.2 亿 m³,扣除伊犁州(直)、阿勒泰地区因扩大灌溉面积农业用水增加的 16.72 亿 m³ 外,其他地州(含兵团)农业用水指标合计较现状减少 58.0 亿 m³。到 2030 年,全疆农业用水规模控制在 446.2 亿 m³,比 2016 年减少 87.1 亿 m³,扣除伊犁州(直)、阿勒泰地区因扩大灌溉面积农业用水 20.0 亿 m³,其他地州(含兵团)农业用水指标合计较现状减少 106.2 亿 m³(表 6-15)。

表 6-15 · 全疆各地州(含兵团)农业用水量控制指标

(王峰整理,2021 年) (单位:亿 m³)

	分区	2016 年现值	2020 年控制指标	2030 年控制指标	2016 年与 2020 年控制指标差值	2016 年与 2030 年控制指标差值
	全疆	533.3	492.1	446.2	41.2	87.1
北疆	乌鲁木齐市	6.2	6.3	4.4	−0.1	1.8
	克拉玛依市	3.2	3.2	3.1	0	0.1
	昌吉州	40.8	32.5	28.6	8.3	12.2
	博州	15.0	13.7	12.7	1.3	2.3
	伊犁州	41.2	57.7	58.9	−16.5	−17.7
	塔城地区	41.6	33.3	28.5	8.3	13.1
	阿勒泰	31.8	32.0	33.0	−0.2	−1.3
	石河子	4.4	3.0	2.3	1.4	2.1
	合计	184.2	181.7	171.5	2.5	12.6
东疆	哈密	9.4	8.5	6.7	0.9	2.7
	吐鲁番	12.2	10.6	8.0	1.6	4.2
	合计	21.6	19.1	14.7	2.5	6.9
南疆	巴州	50.1	41.8	39.9	8.3	10.2
	阿克苏地区	106.3	99.1	85.5	7.2	20.8
	克州	10.7	10.0	9.2	0.7	1.5
	喀什地区	115.0	101.3	87.3	13.7	27.7
	和田地区	45.4	39.1	38.1	6.3	7.3
	合计	327.5	291.3	260.0	36.27	67.5

注:数据源自《水资源公报》及整理自《新疆用水总量控制方案》。

三、减少农业用水的关键技术与措施

2020 年和 2030 年新疆实际用水总量应控制在 544.6 亿 m³ 和 517.8 亿 m³ 以内,农业用水量应控制在 492.1 亿 m³ 和 446.2 亿 m³ 以内,如果将此作为新疆的可供水量,在现有的灌溉技术水平和灌溉用水量条件下,维持 2017 年农作物播种面积 606.2 万 hm²,并考虑 2018—2020 年累计退减面积 25.2 万 hm²,2018—2030 年累计退减面积 65.9 万 hm²,则

2020年新疆农业用水实际需求量为493亿m³,比较控制水量指标,超出1亿m³;2030年,新疆农业用水实际需求量为459亿m³,与可供水量比较超出13亿m³,缺口较大。因此,必须在退地减水措施之外,加大水利建设,提高输配水能力,减少水资源沿程损失,强化农田高效节水灌溉技术推广,加快农业种植结构调整,提高农业灌溉利用系数,以使新疆用水总量达到国务院下达的用水总量控制指标。

1. **全面推行河(湖)长制**。江河湖泊是水资源的重要载体,保护并利用好水资源就是保护和管理好江河湖泊。但这是一项十分复杂的系统工程,涉及上下游、左右岸、不同行政区域和行业。解决这一问题,需要大力推行河(湖)长制,发挥各级党委政府的龙头作用,明确责任分工,强化统筹协调,才能形成河湖水生态环境保护的合力。2017年7月3日,新疆维吾尔自治区党委办公厅、政府办公厅联合印发《新疆维吾尔自治区实施河长制工作方案》,成立了自治区全面推行河长制领导小组,明确自治区总河长、副总河长由自治区和兵团主要领导担任,建立自治区和兵团、地(州、市)和兵团师、县(市、区)和兵团团场、乡(镇)和兵团连队四级河长制组织体系,明确河长制体系的主要任务、工作机制和保障措施。2018年上半年,自治区3 355条河流、110个湖泊,分级、分段设置了15 789名河长、河段长、湖长、湖段长,各级行政区共设置总河(湖)长3 633名,全区共设置各级河(湖)长19 422名,并健全了河长制组织体系、制度体系和工作机制。

河长制实施后,建立了自治区党委统一领导下的河(湖)长制工作体系,各级党政的责任更加明确、对河湖保护更加重视、责任落实更加有力、协调推动更加高效。在相关河流湖泊河长湖长的统一领导和组织协调下,一些流域多年难以解决的水资源统一管理、统一调度、统一监测等问题得到了较好解决,河湖综合管理得到加强。新疆生态治理成效显著,重要江河湖泊水功能区水质达标率由2016年的94.0%提高到2018年的98.6%。各级河(湖)长以河湖巡查为牵引,推动解决了一大批突出问题,河湖生态环境质量明显提升。通过各种媒体,加强河(湖)长制宣传,增强了公众对河湖保护的责任意识,增加了社会共同参与保护水域生态环境的意识,畅通了监督举报渠道,营造了全民关注河湖、保护河湖的良好氛围。河(湖)长制已由全面"建立"向全面"见效"转变。

2. **加大水利建设,提高水库调蓄和管网输送水能力**。新疆地域辽阔,各区域水资源差异很大,天山北坡和东疆是资源型缺水区,南疆是水资源短缺重点区,而水资源可开发潜力区则集中在伊犁河和额尔齐斯河流域(王志杰,2008年)。针对新疆水资源区与农业生产区不匹配的问题,新疆需建立长期投资和改善水利设施的信心和策略,将冰川和河流的水资源进行新调动和再分配,如兴建冰川融水拦截、改道、存储和农田分配渠系配套等大型系列灌溉工程,跨地区连接水系和土地,做好收集、储存和调配的水利建设项目。在加快推进重大控制性水利工程、水资源调配工程建设的同时,完善水库、河流、渠系和农田灌溉体系,进一步加快大中型灌区续建配套和节水改造建设,增强河流和渠道防渗比例,推进末级渠道配套建设,增加暗河渠系,减少输配水过程的无效蒸发,逐步形成节水型输水管网系统。

3. **坚持以水定地,以水定粮,水地协调**。新疆是绿洲农业,先有水后有地。结合新疆用水总量超标严重、用水效率较低的实际情况,必须强化用水需求管理,建立灌溉面积与灌溉水量、地下水取用水量与水位的控制制度,以水定需、量水而行,使耕地和灌溉面积总规模根据可供水量控制在一定范围内,实行灌溉水量与灌溉面积双总量控制、双总量协调的用水制度。根据新疆维吾尔自治区总河(湖)长令"关于强化水资源刚性约束深入推进最严格水资源管理制度的通知",自治区仍将坚持生态优先、绿色发展、以水而定、量水而行的发展理念,把水资源总量作为最大的刚性约束,优化水资源配置,逐级分解用水总量控制指标,落实"以水定城、以水定地、以水定人、以水定产",改变以往通过不断扩大人工绿洲,大量消耗水资源的发展方式,真正做到以水定需、空间均衡,确保人口规模、经济结构、产业布局与水资源水生态水环境承载力相适应、相协调,维护全区经济社会和自然生态的可持续发展。

4. **强化地下水保护和管理,关井压田,退地减水**·新疆机电井数量多,地下水开采量大,分布区域广,管理难度大,同时,地下水超采区治理难、恢复难,地下水位过度下降危害局部区域生态,必须加强地下水保护和管理。要加快开展地下水管控指标的确定,严格实行地下水开采总量和开采强度控制。对未超采区要合理开发,科学调控;对采补平衡区,限制新增取用地下水;对地下水超采区,禁止新增取用地下水,并按照《新疆地下水超采区治理方案》,开展机电井关停和开采量压减工作,并全面推进地下水"井电双控"。2020 年非农用机井全部安装取水计量设施,年开采地下水 5 万 m³ 以上的非农取水单位必须安装在线监控设施;2021 年底前,全面完成农业灌溉机井安装计量设施任务。

对超出用水范围的耕地实行退地减水,退地减水可从用水总量超标严重地区退减,对排水无出路、治理难度大的重盐碱地要优先退出。要认真研究解决灌溉面积压缩对地区农民生存与发展的影响,将退地减水与农业高效节水和农业用水向工业用水转换紧密结合起来。对退地减水区域实施封禁,恢复自然植被,也可实施人工辅助方式种植抗旱耐盐碱树种,实现治沙、减水和致富双赢,防止退地复耕。

5. **加快农业高效节水技术推广,提高水资源利用率**·加强先进实用节水技术的引进和推广应用,加大滴灌、微喷灌等节水技术及水肥一体化的集成推广,建立促进农业高效节水发展的相关政策措施,通过政策倾斜、典型示范等方式,引导农户从传统灌溉向高效节水灌溉模式转变。此外,通过引进现代监测和管理手段,开展地区农作物蒸散量的研究,并以控制耗水量为基础,通过改进灌溉技术和灌溉制度,降低无效耗水,并依据耗水量和灌溉区主要作物类型和灌溉方式,制定不同灌溉取水量,从供水源头控制农业用水和耗水,实现农田系统中的资源性节水。

6. **调整作物种植结构,降低高耗水作物比例**·加大作物种植结构调整,在保证粮食生产功能区和重要农产品生产保护区基础上,尽量减少高耗水作物的生产规模,用耗水较少的作物面积补足生产用地。面积压缩后,要以节本增效的途径,通过提高机械化水平、降低农药和化肥用量等方式降低其他作物的生产成本,达到补足高耗水作物面积缩减所造成的总体损失(田龙,2017 年)。

7. **积极推进水资源费分级定价,稳步推进水权改革**·首先,在《农业灌溉用水定额》(DB 65/3611-2014)标准的基础上,按照"总量控制、定额管理"的原则,结合本地区农业生产情况和土壤、气候等自然条件,在满足当地主要作物正常用水需求的基础上,合理核定本地的农业用水定额,并根据《新疆维吾尔自治区水资源费征收管理办法》(政府令第128号)和《关于自治区水资源费征收使用管理有关问题的通知》(新财非税〔2010〕3号)相关规定,规范水资源费征收使用管理。在保障二轮承包土地、村集体5%以内机动地、公益性林地、牧民定居饲草料地、国有农牧场改制后的职工身份用地定额用水基础上,实行超定额(计划)累进加价制度,加价幅度按自治区统一标准执行,即:超额20%以内的,按征收标准的2倍收取水资源费;超计划20%~50%的,按征收标准的3倍收取水资源费;超计划50%以上的,按征收标准的5倍收取水资源费。对于核定的兵团连队职工身份地的农业用水定额,可以确定水权,依法量化到户。根据《关于印发新疆水权改革和水市场建设指导意见(试行)的通知》(新政发〔2017〕30号),到2025年基本完成全区农业用水初始水权的确权发证,初步建立与自治区区情、水情相适应的流域、区域和用水户的水权体系和水市场格局,逐步建立自治区、地(州、市)、县(市)、乡(镇)四级水权流转交易平台;积极培育和规范水市场,开展水权、水量交易,逐步建立节水转换水价核算体系,鼓励农业用水向高效益行业优先转换。

8. **深化水资源管理体制机制改革,为水资源高效管理提供保障。**按照流域管理与行政区域管理相结合、行政区域管理服从流域管理的原则,突出流域整体理念,强化流域综合管控,加快推进流域建管局的改革工作,建立权威、高效、协调的水资源流域管理体制,依法制定水资源调度方案、应急调度预案和调度计划,加强城乡水务一体化管理,促进城乡供水、水环境治理和防洪排涝的统筹协调。创新水资源管理机制,充分认识水的资源属性和商品属性,全面推进农业水价和水权综合改革,建立"国有水利工程供水价格+末级渠系维护费"的终端水价形成机制,推行分类水价和超定额累进加价制度,探索建立水权市场。

第三节·新疆绿洲棉区水量平衡分析与可持续发展

从上两节分析可知,推广高效节水灌溉技术,调整农业种植结构,提高水资源利用效率是有效降低农业用水总量和占比,解决新疆农业水资源问题的主要措施。棉花作为新疆最主要和面积最大的经济作物,消耗了新疆约40%的农业水资源,是新疆农业水资源优化配置中需要重点考虑的作物。因此,分析棉花种植现状、需水分区、作物需水量及区域水平衡,确定与水资源承载力和控水方案指标相适应的棉花适宜种植规模,将对调整绿洲农业种植结构、实现水资源既定控制目标和棉花产业可持续发展具有重要意义。

一、新疆绿洲棉花种植现状

(一)绿洲棉花种植现状

据《新疆统计年鉴》和《新疆兵团统计年鉴》,2017年全疆绿洲实际农作物播种总面积为637.2万 hm^2,其中新疆维吾尔自治区500.9万 hm^2,占比78.6%;新疆兵团136.3万 hm^2,占比21.4%。

2017年自治区农作物播种面积主要分布在喀什地区、阿克苏地区、塔城地区、伊犁州和昌吉州。其中喀什面积最大,为110.6万 hm²,占自治区总量的22.1%;阿克苏市为88.4万 hm²,占比17.6%。棉花是自治区的主要作物,2017年自治区棉花播种面积和产量分别为176.1万 hm² 和339万 t,约占自治区农作物面积的35.2%,占新疆地区棉花总面积和产量的72.0%和66.9%。种植面积和产量从大到小依次是阿克苏、喀什、巴州、塔城、昌吉州、博州、哈密和和田等8个地区,累计面积占比达97.8%,产量占比达98.1%。其中阿克苏地区的面积和产量最大,分别为52.7万 hm² 和100.4万 t,占自治区总量的29.9%和29.6%;喀什地区排名第二,种植面积和产量分别占自治区总量的25.2%和21.4%;哈密和和田地区种植面积和产量小于2%(图6-3)。

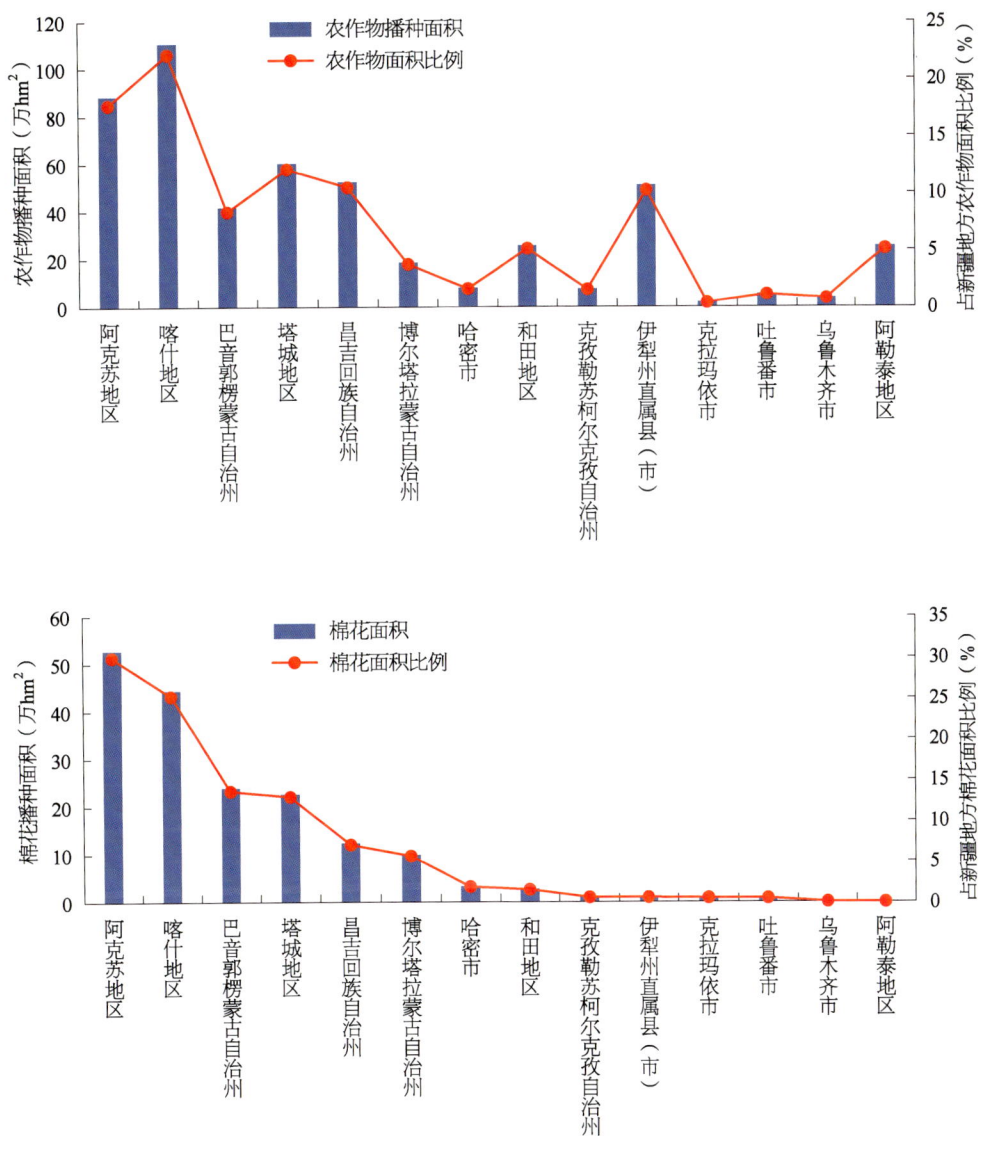

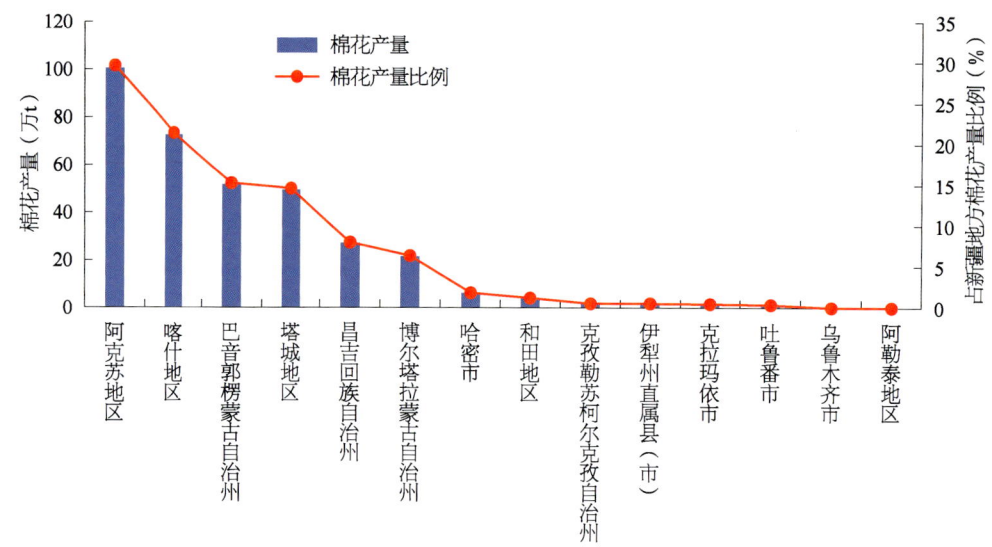

图 6-3 · 2017 年新疆维吾尔自治区各地农作物种植面积、棉花种植面积和棉花产量及其占比

新疆生产建设兵团是新疆地区的重要组成部分,在棉花生产中具有举足轻重的作用。2017 年兵团农作物播种面积为 136.3 万 hm^2,棉花播种面积为 68.7 万 hm^2(占兵团农作物比例为 50.4%),棉花总产量为 167.9 万 t,分别占当年新疆地区总量的 21.4%、28.0% 和 33.1%。兵团棉花种植主要分布在第八师、第一师、第六师、第七师、第三师、第五师、第二师和第十三师,8 个师的合计播种面积和产量分别占兵团总量的 98.4% 和 98.7%。其中第八师棉花种植面积和产量分别为 20.1 万 hm^2 和 50.3 万 t,约占兵团总量的 29.3% 和 30.0%;排名第二的为第一师,分别为 13.8 万 hm^2 和 33.4 万 t;第十三师的面积和产量最小,分别为 1.6 万 hm^2 和 3.9 万 t,占兵团总量为 2.3% 和 2.4%(图 6-4)。

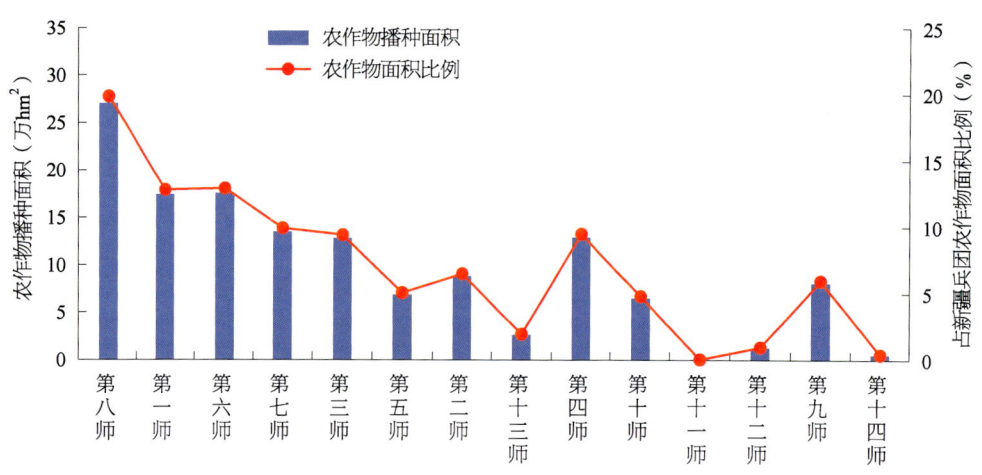

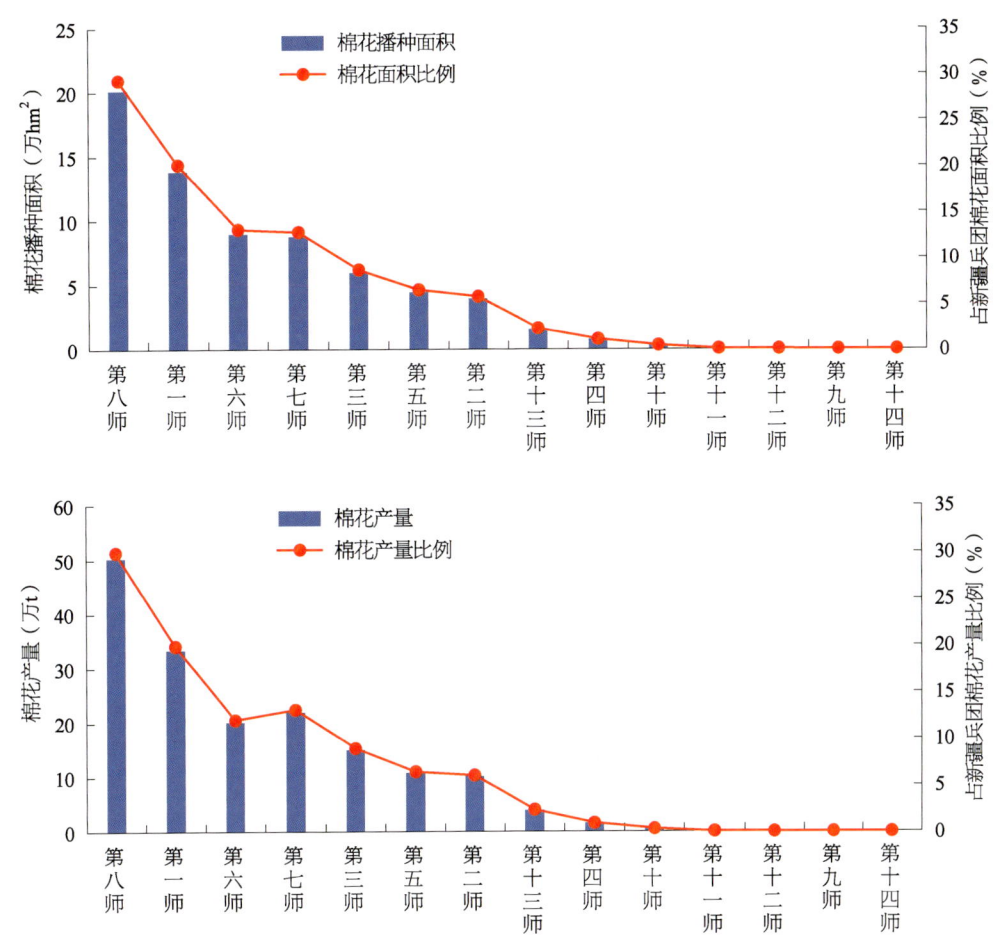

图 6-4·2017 年新疆生产建设兵团各师农作物种植面积、棉花种植面积和棉花产量及其占比

- (二) 2017—2019 年新疆兵团农业种植结构调整趋势

农业种植结构调整是压缩农业用水总量,降低农业用水占比,提高农业水利用效率和效益的重要措施。兵团作为新疆地区先进农业措施的先行先试单位,在 2017—2019 年率先进行了农业种植结构的调整。从图 6-5 看出,在棉花种植面积排名前 8 位的师中,除了第五师外,2019 年其他各师的粮食作物(指谷物、豆类和薯类)播种面积较 2017 年均有一定下降,其中下降最明显的为第三师和第七师,粮食播种面积分别降低了 80.7% 和 69.1%,第八师和第一师分别降低 22.1% 和 26.4%。总体上,兵团 2019 年粮食播种面积和产量较 2017 年分别降低 18.8% 和 7.3%。此外,果园面积也进行了压缩,第八师、第一师、第七师和第六师 2019 年果园面积较 2017 年分别降低了 19.5%、8.3%、11.0% 和 14.9%,第二师和第十三师分别降低了 13.0% 和 3.1%。与粮食和果园面积降低形成对比的是棉花播种面积和产量的持续增加。从图 6-5 看出,2019 年兵团棉花种植面积总量较 2017 年增加 18.2 万 hm^2,增幅 26.5%,其中增幅最大的为第七师、第六师和第三师,分别增加 4.6 万 hm^2、3.2 万 hm^2 和 1.5 万 hm^2,增幅分别为 52.3%、35.2% 和 25.1%。第八师、第二师和第一师分别增加 23.8%、18.9% 和 12.2%,第十三师由于棉花种植面积较小,基本维持不变。这说明,新疆兵团农业种植结构

的调整方向为压缩粮食和果园种植面积,适当增加棉花种植面积。但这种调整是否合理,如果根据各地区的水资源承载能力,从保障粮食安全与棉花保护区规模的角度出发,对比各种作物的经济效益,粮食和棉花的适宜种植规模应该是多少还不十分明确,需要进一步分析。

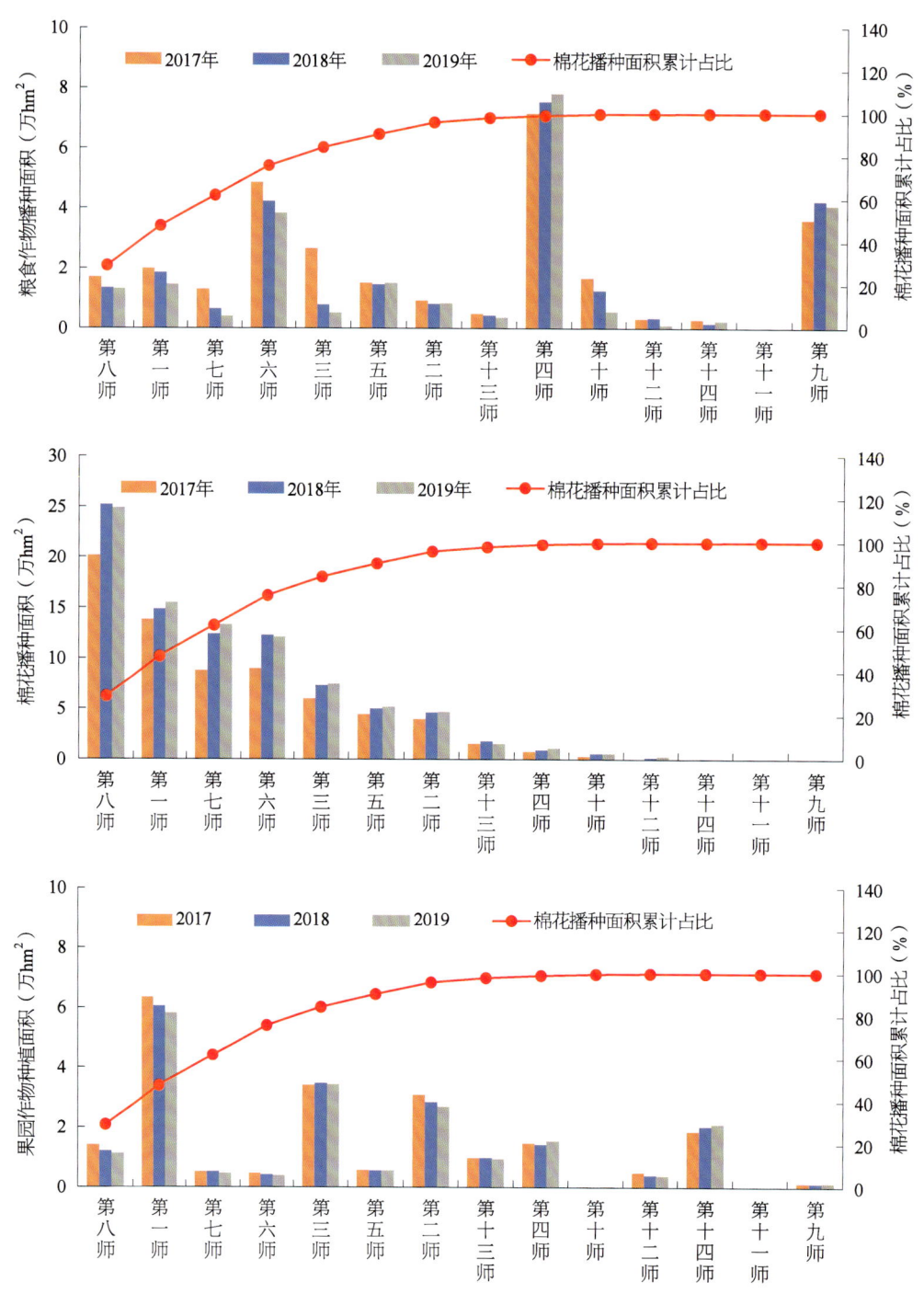

图6-5 · 2017—2019年新疆生产建设兵团各师粮食作物、棉花、果园种植面积及棉花种植面积累计占比

二、新疆绿洲棉花用水分区及各区种植结构

(一) 棉花用水分区原则及分区结果

1. 分区原则 · 遵照"归纳相似性、区别差异性、照顾行政区界"的原则,根据各县市的地理位置、主要农业区气候、地形地貌、土壤、水文地质、水资源状况以及目前的灌溉管理和节水技术发展水平,以自然条件和棉花种植用水特点进行分区。具体而言,新疆棉花种植用水分区原则如下。

一是气候、地形地貌等自然条件基本一致或相似;

二是水资源条件、开发利用手段及灌溉管理水平基本相同;

三是棉花种植的物候期及用水特点基本一致;

四是以县级行政区界为基本单元,适当照顾地、州行政区界及流域水系和大型灌区的完整性。

2. 分区指标体系

(1) 根据地理位置和地貌划分。以所处的地理位置和按照平原、河谷平原和盆地进行地貌类型划分。

(2) 根据农业气候和棉花生育特征划分。根据气候积温、无霜期、年降水量、年蒸发量、棉花物候期、棉花用水定额进行划分。

(3) 根据水资源状况、灌水管理技术发展水平、棉花灌溉需水量进行划分。

各指标之间是相互关联的,需要综合考虑。参照上述原则及指标,结合经验分析将新疆棉花用水特点种植分区分为3个1级区,5个2级区。这些分区的棉花种植面积和产量占新疆棉花面积和产量总量的98%以上。

3. 分区结果 · 见表6-16。

表6-16 · 新疆绿洲棉花用水特点的分区结果

(王峰,2021年)

一级区	二级区	行政单位	棉花面积(万 hm²),占新疆总量比例	棉花产量(万 t),占新疆总量比例	典型县市
北疆棉区	准噶尔盆地南缘区	五家渠市(第六师),胡杨河市(第七师),石河子市(第八师),昌吉回族自治州,塔城地区	73.0,(29.8%)	168.8,(33.3%)	一二一团,玛纳斯县,呼图壁县,沙湾,乌苏市
	准噶尔盆地西南区	双河市(第五师),博尔塔拉蒙古自治州	14.4,(5.9%)	32.3,(6.4%)	双河市,精河县,博乐市
东疆棉区	哈密盆地	兵团第十三师,哈密市	4.9,(2.0%)	10.1,(2.0%)	伊州区
南疆棉区	塔里木盆地西缘和北缘平原区	图木舒克市(第三师),喀什地区,阿拉尔市(第一师),阿克苏地区,铁门关市(第二师),巴音郭楞蒙古自治州	144.8,(59.2%)	283.1,(55.9%)	伽师县,巴楚县,莎车县,麦盖提县,阿瓦提县,沙雅县,库车县,库尔勒市,轮台县,尉犁县
	塔里木盆地南缘平原区	和田地区	2.7,(1.1%)	4.0,(0.8%)	墨玉县,和田县

注:区域棉花面积和产量数据源自《新疆统计年鉴》(2018)。

(1) 北疆棉区（I_1）

I_1-1——准噶尔盆地南缘区；

I_1-2——准噶尔盆地西南区。

(2) 东疆棉区（I_2）

I_2-1——哈密盆地。

(3) 南疆棉区（I_3）

I_3-1——塔里木盆地西缘和北缘平原区；

I_3-2——塔里木盆地南缘平原区。

(二) 棉花用水种植分区的主要气候特点及作物种植结构

1. **北疆棉区** · 从农业气候分区来讲，本区主要包括准噶尔盆地中南部区和西南部温暖干旱区。中南部区包括四棵树以东、阜康市以西、312国道两侧至准噶尔盆地腹地的广大地区，包括塔城地区的乌苏市和沙湾县、胡杨河市（第七师）、石河子市（第八师）、玛纳斯县、呼图壁县、五家渠市（第六师）的广大平原地区。本区光热资源在整个北疆最优越，日照时间长，热量丰富，无霜期较长。丰富的热量条件既能满足喜凉作物又能满足喜热作物的需要，主要作物有棉花、小麦、甜菜、玉米、蔬菜等，棉花种植面积和产量分别占全新疆总量的29.8%和33.3%。本区在用水分区上属干旱缺水引、井、蓄灌区，地形地貌为山溪冲积扇平原，大部分为全防渗县市，渠系防渗率高，灌溉技术先进。准噶尔盆地西南部的温暖干旱区地势相对较低，海拔高度300 m左右，本区受阿拉山口风区的影响，多大风，降水不多，但热量充足，空气干燥。行政区域包括乌苏市古尔图镇以西博尔塔拉河下游的博乐市、精河县、双河市（第五师）。适宜特早熟陆地棉、玉米、小麦、油料作物的栽培，棉花面积和产量占全新疆总量的5.9%和6.4%。

北疆棉区的两个2级分区内，棉花均是种植面积最大的作物，种植面积分别占农作物种植总面积的42.8%和56.3%，其他作物主要为小麦和玉米。果园作物以葡萄为主，分别占56.3%和33.3%。农作物与果园作物种植面积比例分别为34.2∶1和14.2∶1（表6-17）。

表6-17 · 2017年北疆棉区作物种植结构

（王峰，2021年）

作物类别	准噶尔盆地南缘区			准噶尔盆地西南区		
	作物	种植面积（万hm²）	占比（%）	作物	种植面积（万hm²）	占比（%）
农作物	棉花	73.0	42.8	棉花	14.4	56.3
	小麦	31.4	18.4	玉米	4.8	18.8
	玉米	29.6	17.3	小麦	1.8	7.0
	蔬菜	8.3	4.9	油料	0.8	3.1
	苜蓿	4.3	2.5	苜蓿	0.6	2.3
	果用瓜	1.9	1.1	甜菜	0.4	1.6
	甜菜	1.6	0.9	其他	2.8	10.9
	其他	20.7	12.1			

续 表

作物类别	准噶尔盆地南缘区			准噶尔盆地西南区		
	作物	种植面积(万 hm²)	占比(%)	作物	种植面积(万 hm²)	占比(%)
果园	葡萄	2.8	56.3	坚果	1.1	61.1
	坚果	1.0	19.8	葡萄	0.6	33.3
	苹果	0.8	16.9	苹果	0.1	5.6
	桃	0.2	3.4	其他	0	0
	杏	0.1	1.7			
	红枣	0.1	1.7			
	其他	0	0			

注：数据整理自《新疆统计年鉴》(2018)。

2. 东疆棉区·从农业气候分区来讲,本区主要包括吐鲁番盆地西部和东部炎热干旱区以及哈密盆地温热干旱区。吐鲁番盆地西部和东部的炎热干旱区包括托克逊县、高昌区和鄯善县,年降水量仅 6.9 mm,是新疆乃至全国降水最少的地区,气候干旱,干热风频繁,无霜期长,在灌溉条件配合下,特别适合发展经济作物和园艺作物,主要作物为瓜果、蔬菜和葡萄,是最负盛名的瓜果之乡。棉花仅在托克逊县和高昌区有少量种植,不到全疆总量的1%,并没有计入此次分区内。哈密盆地温热干旱区包括东天山南部的哈密市全部以及鄯善县火焰山以北和以东地区,本区太阳辐射和日照条件是新疆最多的地区,主要作物有棉花、小麦、苜蓿,同时也是葡萄、哈密大枣和甜瓜的重要产地(表 6-18)。在节水灌溉分区上属于干旱缺水引、井、蓄灌区,地形地貌为盆地,渠系一般较短,防渗率高,灌溉技术先进。

表 6-18 · 2017 年东疆棉区作物种植结构

(王峰,2021 年)

类 别	作 物	哈密盆地	
		种植面积(万 hm²)	占比(%)
农作物	棉花	4.9	46.1
	小麦	2.4	22.7
	苜蓿	1.2	11.3
	果用瓜	0.7	7.0
	蔬菜	0.4	3.8
	薯类	0.1	0.9
	玉米	0.1	0.9
	其他	0.8	7.5
果园	红枣	2.7	71.1
	葡萄	0.9	23.6
	杏	0.2	5.3
	其他	0	0

注：数据整理自《新疆统计年鉴》(2018)。

3. 南疆棉区·从农业气候分区看,本区主要包括塔里木盆地西缘和北缘温热干旱平原区以及南缘温热干旱平原区。塔里木盆地西缘和北缘平原区包括西部温热干旱区(喀什三角洲部分)、北部温热干旱区(阿克苏地区)和东北部温热干旱区(铁门关及巴州部分地区),包括自治区的伽师、巴楚、麦盖提、莎车、疏勒县、岳普湖、阿瓦提、库车、沙雅、阿克苏、尉犁县以及兵团的图木舒克市(第三师)、阿拉尔市(第一师)和铁门关市(第二师)。本区积温高,无霜期长,是新疆最适宜的棉花栽培区。除棉花外,还适宜种植小麦、玉米、蔬菜以及梨、苹果、红枣、桃和杏等作物,特别是喀什的坚果、阿克苏的苹果、库尔勒的香梨和轮台及库车的杏子品质非常好。棉花面积和产量占全疆总量的 59.2% 和 55.9%,是新疆最大的棉区。本区春季风沙、浮尘和干热风频繁,春水不足,用水分区上属干旱微量缺水引蓄灌区,渠系防渗率高,灌水技术先进。塔里木盆地南缘温热干旱平原区主要指塔里木盆地南偏西部分的和田温热干旱区,包括皮山县、墨玉县、和田县、策勒县和于田县等平原地区。本区积温在南疆地区是最多的,无霜期也最长,适宜种植小麦、玉米、棉花和蔬菜,瓜果以红枣、坚果和核桃为主。棉花面积和产量占全疆总量的 1.1% 和 0.8%(表 6-19)。与西缘和北缘温热干旱平原区类似,本区域春季浮尘天气较多,春水短缺,在用水分区上属干旱微量缺水引蓄灌区,地形地貌为冲积平原,水资源相对较多,渠系防渗率不高,防渗标准较低。

表 6-19·南疆棉区作物种植结构

(王峰,2021 年)

类别	作物	塔里木盆地西缘和北缘平原区		类别	作物	塔里木盆地南缘平原区	
		种植面积(万 hm²)	占比(%)			种植面积(万 hm²)	占比(%)
农作物	棉花	144.8	51.8	农作物	小麦	9.3	36.4
	小麦	44.5	15.9		玉米	7.5	29.3
	玉米	31.9	11.4		棉花	2.7	10.6
	蔬菜	16.5	5.9		苜蓿	1.8	7.1
	果用瓜	7.3	2.6		蔬菜	1.4	5.3
	苜蓿	5.4	1.9		水稻	0.8	3.1
	水稻	2.7	1.0		果用瓜	0.6	2.2
	其他	26.6	9.5		其他	1.5	5.9
果园	红枣	36.0	39.4	果园	坚果	11.6	57.6
	坚果	33.2	36.4		红枣	6.0	29.9
	梨	7.3	8.0		杏	1.1	5.6
	杏	6.8	7.4		葡萄	1.1	5.5
	苹果	4.0	4.4		其他	0.3	1.5
	葡萄	3.1	3.4				
	其他	0.9	1.0				

注:数据整理自《新疆统计年鉴》(2018)。

三、新疆绿洲棉花用水分区内的作物灌溉定额

(一) 新疆棉花用水分区主要作物的灌溉定额

本研究采用灌溉用水定额是以新疆维吾尔自治区地方标准《农业灌溉用水定额》(DB 65/3611-2014)中所列数据为依据,结合最新研究成果加以调整获得。农业灌溉用水定额是指作物自播种到成熟的全生育期内(多年生作物以一年为期)单位面积上的田间灌溉用水量,或作物全生育期内各次田间灌水定额之和,单位为 m^3/hm^2。常规灌溉是指农田地面自流灌溉,即灌溉水通过各级渠道或管道输送至田间,水流以小水流方式沿农田地面流动,并借助重力和土壤毛细管作用下渗湿润土壤的灌溉方法,包括沟灌、畦灌、漫灌等。微灌是滴灌、渗灌和微喷灌的统称,滴灌(主要指膜下滴灌)是利用专门的管道系统和灌溉设备,将有压水流通过管道系统送达安装在末级管道上的灌水器,以水滴方式浸润作物附近土壤和根区的局部灌溉方法。冬灌是利用冬季(10月底或11月初至12月)来水量,在作物非生长阶段进行的田间灌水定额(指灌水一次的田间单位面积用水量),以增加土壤储水量,冬灌采用较大田间灌水定额(2 400~3 000 m^3/hm^2)进行灌溉,如畦灌、漫灌。播前灌则是利用开春之季(3—4月)来水量,在作物非生长阶段,为保证作物种子萌芽和苗期用水,在播种前进行的田间灌水定额。播前灌,采用较大的田间灌水定额 975~1 650 m^3/hm^2 进行灌溉,如畦灌、漫灌、膜下滴灌。对于膜下滴灌"干播湿出"模式,出苗水可采用较小的田间灌水定额 300~525 m^3/hm^2 进行灌溉。棉花用水特点分区与标准中农业用水的灌溉分区对应关系见表6-20。调整后的主要作物农业灌溉定额如表6-21至表6-23所示,表中其他作物的灌溉定额使用单一作物定额的算术平均值代替。

表6-20·绿洲棉花用水特点种植分区与标准中农业用水灌溉分区对照

(王峰,2021年)

棉花用水特点种植分区		农业用水灌溉分区
一级区	二级区	
北疆棉区	准噶尔盆地南缘区	准噶尔盆地南、西缘区
	准噶尔盆地西南区	
东疆棉区	哈密盆地	东疆吐哈盆地东缘区及低山区
南疆棉区	塔里木盆地西缘和北缘平原区	南疆塔里木盆地西缘和北缘平原区
	塔里木盆地南缘平原区	塔里木盆地南缘平原区

(二) 不同分区综合灌溉定额对比

分区综合灌溉定额是以该分区内作物种植面积占比为权重计算的该分区综合灌溉用水定额,计算结果如表6-24所示。结果表明,由于自然条件和灌溉条件的差异性,从不同分区分析,灌溉用水定额总体规律为:农作物南疆棉区最大,东疆棉区次之,北疆棉区最小;果园则以南疆南缘平原区最大,其次为东疆、北疆、南疆西缘和北缘平原区则相差不大。二级分区中,准噶尔盆地西南区大于南缘区。这说明,除个别区和个别作物外,分区主要作物灌溉定额的差异性体现了各分区具有的自然条件和灌溉条件的规律性。

表 6-21 · 北疆棉区主要作物农业灌溉用水定额
(王峰,2021年)

类别	作物	准噶尔盆地南缘区				类别	作物	准噶尔盆地西南区			
		冬灌 (m^3/hm^2)	播前灌或春灌 (m^3/hm^2)	生育期灌水量 (m^3/hm^2)	总定额 (m^3/hm^2)			冬灌 (m^3/hm^2)	播前灌或春灌 (m^3/hm^2)	生育期灌水量 (m^3/hm^2)	总定额 (m^3/hm^2)
农作物	棉花(干播湿出加微灌)	450	3 900*	4 350		农作物	棉花(干播湿出加微灌)	450	3 450**	3 900	
	冬小麦(常规加滴灌)	1 350	3 750	5 100			玉米(常规加滴灌)	1 350	4 170***	5 520	
	玉米(常规加滴灌)	1 350	3 675	5 025****			冬小麦(常规加滴灌)	1 350	4 725***	6 075	
	蔬菜(常规加滴灌)	1 350	3 825	5 175			油料(漫灌)	1 350	5 400	6 750	
	苜蓿(漫灌)	1 350	4 875	6 225			苜蓿(漫灌)	1 350	4 875	6 225	
	果用瓜(常规加滴灌)	1 350	3 450	4 800			甜菜(漫灌)	1 350	3 450	4 800	
	甜菜(漫灌)	1 350	5 475	6 825			其他			5 545	
	其他			5 337							
果园	葡萄(漫灌)	1 350	6 225	7 425		果园	坚果	1 350	7 125	8 475	
	坚果(漫灌)	1 350	7 125	8 475			葡萄	1 350	6 225	7 575	
	苹果(漫灌)	1 350	7 125	8 475			苹果	1 350	7 125	8 475	
	桃(漫灌)	1 350	7 125	8 475			其他			8 175	
	杏(漫灌)	1 350	7 125	8 475							
	红枣(漫灌)	1 350	7 125	8 475							
	其他			8 475							

注:数据整理自新疆维吾尔自治区地方标准《农业灌溉用水定额》;* 郭金强等,2005年;** 张学东等,2012年;*** 古海尔·买买提等,2017年;**** 翟超等,2017年。

表 6-22 · 东疆棉区主要作物农业灌溉用水定额
(王峰,2021年)

类别	作物	哈密盆地			
		冬灌 (m^3/hm^2)	播前灌或春灌 (m^3/hm^2)	生育期灌水量 (m^3/hm^2)	总定额
农作物	棉花(干播湿出加滴灌)	450	4 950	5 400*	
	春小麦(常规加滴灌)		1 275	3 600	4 875
	苜蓿(漫灌)		1 275	5 100	6 375
	果用瓜(沟灌)		1 275	5 475	6 750
	蔬菜(沟灌或畦灌)		1 275	6 075	7 350
	薯类(滴灌)		1 275	3 900	5 175
	春玉米(滴灌)		1 275	4 050	5 325
	其他				5 895

续 表

类 别	作 物	哈密盆地			
		冬灌 (m³/hm²)	播前灌或春灌 (m³/hm²)	生育期灌水量 (m³/hm²)	总定额
果园	红枣(漫灌)		1 350	7 800	9 150
	葡萄(沟灌)		1 350	8 100	9 450**
	杏		1 350	8 100	9 450
	其他				9 350

注：数据整理自新疆维吾尔自治区地方标准《农业灌溉用水定额》；* 贺军勇等，2011 年；** 荆汝康，1993 年。

表 6-23 · 南疆棉区主要作物农业灌溉用水定额
(王峰，2021 年)

类别	作物	塔里木盆地西缘和北缘平原区				类别	作物	塔里木盆地南缘平原区			
		冬灌 (m³/hm²)	播前灌或春灌 (m³/hm²)	生育期灌水量 (m³/hm²)	总定额 (m³/hm²)			冬灌 (m³/hm²)	播前灌或春灌 (m³/hm²)	生育期灌水量 (m³/hm²)	总定额 (m³/hm²)
农作物	棉花(常规加滴灌)	3 000		3 900*	6 900	农作物	冬小麦(滴灌)		1 650	3 675	5 325
	冬小麦(滴灌)	1 650		3 975	5 625		春玉米(滴灌)		1 650	3 825	5 475
	春玉米(滴灌)		1 650	3 825	5 475		棉花(滴灌)		1 650	4 650	6 300
	蔬菜(滴灌)		1 650	4 425	6 075		苜蓿(漫灌)		1 650	5 100	6 750
	果用瓜(滴灌)		1 650	3 675	5 325		蔬菜(沟灌)		1 650	7 950	9 600
	苜蓿(漫灌)		1 650	5 100	6 750		水稻			14 775	14 775
	水稻			14 850	14 850		果用瓜		1 650	6 300	7 950
	其他				7 285		其他				8 025
果园	红枣(漫灌)	1 650		7 275	8 925	果园	坚果(漫灌)	1 650	1 650	7 725	11 025
	坚果(漫灌)	1 650		5 250**	6 900		红枣(漫灌)	1 650	1 650	7 725	11 025
	梨(漫灌)	1 650		6 000***	7 650		杏(漫灌)	1 650	1 650	7 725	11 025
	杏(漫灌)	1 650		5 100****	6 750		葡萄(沟灌)	1 650	1 650	6 750	10 050
	苹果(漫灌)	1 650		6 525*****	8 175		其他				10 785
	葡萄(漫灌)		1 650	6 675	8 325						
	其他				7 788						

注：数据整理自新疆维吾尔自治区地方标准《农业灌溉用水定额》；* 王萍，2010 年；** 刘新华，2020 年；*** 茹仙古丽·买买提，2017 年；**** 玛依努尔·吐拉洪，2014 年；***** 邓秀山等，2021 年。

表6-24 · 新疆绿洲棉花用水分区的综合灌溉定额

(王峰,2021年)

(单位:m³/hm²)

一级区	二级区	农作物综合灌溉定额	果园综合灌溉定额
北疆棉区	准噶尔盆地南缘区	4 260	7 890
	准噶尔盆地西南区	4 185	8 100
东疆棉区	哈密盆地	5 175	9 240
南疆棉区	塔里木盆地西缘和北缘平原区	6 105	7 860
	塔里木盆地南缘平原区	5 865	10 965

四、新疆绿洲棉花用水分区的水量平衡分析

(一)新疆棉花用水分区的作物净灌溉用水量

1. **不考虑退地减水的作物净灌溉用水量。** 根据2017年各分区农作物播种面积和年末果园面积,结合农作物和果园各自的综合灌溉定额,计算得出2017年各分区作物净灌溉用水量和平均综合灌水定额(表6-25)。2017年,新疆棉花主产区的作物净灌溉用水量为377.5亿 m³。其中,南疆塔里木盆地西缘和北缘区用水量最大,为242.5亿 m³,占比64.0%;北疆地区的两个分区净灌溉用水量总和为88.8亿 m³,占比为23.5%;东疆只有9.0亿 m³,占比为2.4%。从农业平均综合灌水定额看,南疆最高,其次为东疆,北疆平均综合灌水定额最小。

表6-25 · 2017年新疆绿洲棉花用水分区的作物净灌溉用水量

(王峰,2021年)

一级区	二级区	农作物综合灌溉定额 (m³/hm²)	农作物播种总面积 (万 hm²)	果园综合灌溉定额 (m³/hm²)	果园总面积 (万 hm²)	作物净灌溉用水量 (亿 m³)	平均综合灌水定额 (m³/hm²)
北疆棉区	准噶尔盆地南缘区	4 260	170.8	7 890	5.0	76.7	4 363.5
	准噶尔盆地西南区	4 185	25.6	8 100	1.7	12.1	4 435.5
东疆棉区	哈密盆地	5 175	10.6	9 240	3.9	9.0	6 261.0
南疆棉区	塔里木盆地西缘和北缘平原区	6 105	279.7	7 860	91.3	242.5	6 537.0
	塔里木盆地南缘平原区	5 865	25.6	10 965	20.2	37.2	8 112.0
	合 计		512.3		122.1	377.5	

2. **考虑退地减水后2020年、2025年和2030年的作物净灌溉用水量。** 退地减水是新疆为加快建立和落实最严格水资源管理制度,提高水资源配置效益和加强生态环境保护、提升区域水资源承载能力、实现社会稳定和长治久安的重要措施。退地减水是以2012年水利普查确定的新疆总灌溉面积为基数,自2015年开始在全疆分年度分批次实施的计划,预计2012—2030年,全疆共实施退地减水93.8万 hm²。2017年以及2018—2030年不同年份阶段的棉花用水分区退地减水计划面积见表6-26。由表可知,2018—2020年,全疆棉花种植区共退地24.2万 hm²,2021—2025年退地18.0万 hm²,2026—2030年退地18.0万 hm²。不

考虑田间灌溉水利用系数提升和灌溉定额的降低,以 2017 年农业平均综合灌水定额和退地后的耕地面积计算出 2020 年、2025 年和 2030 年的净灌溉用水量(表 6-27)。从中可以看出,三个年份全疆棉花分区的总灌溉用水量分别为 364 亿 m^3、354 亿 m^3 和 344 亿 m^3,较 2017 年的 377.5 亿 m^3 分别降低 3.6%、6.7% 和 9.9%。

表 6-26 · 新疆绿洲棉花用水分区退地减水计划面积

(王峰,2021 年)

一级区	二级区	退地减水面积(万 hm^2)			
		2017	2018—2020	2021—2025	2026—2030
北疆棉区	准噶尔盆地南缘区	2.4	10.5	6.8	7.2
	准噶尔盆地西南区	0.1	0.5	0.5	0.1
东疆棉区	哈密盆地	0.2	0.7	1.0	1.0
南疆棉区	塔里木盆地西缘和北缘平原区	4.1	12.3	9.6	9.6
	塔里木盆地南缘平原区	0.0	0.2	0.1	0.1
	合 计	6.8	24.2	18.0	18.0

注:数据整理自《新疆分地州退地年度实施计划表》。

表 6-27 · 新疆绿洲棉花用水分区未来耕地面积和作物净灌溉用水量

(王峰,2021 年)

一级区	二级区	2017 年耕地平均综合灌水定额(m^3/hm^2)	2017 年末农业耕地面积(万 hm^2)	2020 年末		2025 年末		2030 年末	
				耕地面积(万 hm^2)	净灌溉用水量(亿 m^3)	耕地面积(万 hm^2)	净灌溉用水量(亿 m^3)	耕地面积(万 hm^2)	净灌溉用水量(亿 m^3)
北疆棉区	准噶尔盆地南缘区	4 363.5	175.8	165.3	72.1	158.5	69.2	151.3	66.0
	准噶尔盆地西南区	4 435.5	27.3	26.8	11.9	26.3	11.7	26.2	11.6
东疆棉区	哈密盆地	6 261.0	14.5	13.8	8.6	12.8	8.0	11.8	7.4
南疆棉区	塔里木盆地西缘和北缘平原区	6 537.0	371.0	358.7	234.5	349.1	228.2	339.5	221.9
	塔里木盆地南缘平原区	8 112.0	45.8	45.6	37.0	45.6	37.0	45.5	36.9

注:数据据表 6-24 和表 6-25 整理所得。

(二) 棉花用水分区的作物总灌溉引水量计算

1. 渠系水利用系数的确定 · 作物渠系水利用系数是作物净灌溉用水量与引水量的比值,是反映灌区田间节水灌溉技术应用水平及渠系衬砌完备程度的一个重要指标。依据《"十三五"水资源消耗总量和强度双控行动方案》(水资源〔2016〕397 号)、《关于实行最严格水资源管理制度落实"三条红线"控制指标的通知》(新政函〔2013〕111 号文),2020 年全疆农业灌溉水利用系数达到 0.57,2030 年提高到 0.59。区域综合渠系水利用系数应该按照分区内各县市提供的不同灌区(自流灌区、井水灌区、高效节水灌区)灌溉水量、灌溉面积、用水定额、节水规模、渠系防渗等相关资料,采用水量加权平均的方式获得。但由于一直没有该部分的统计数据,或者统计资料与实际情况相差太大,因此本研究采用的数据是参照新疆维吾尔自治区地方标准《农业灌溉用水定额》(DB 65/3611 - 2014)附件 1 中对各灌溉分区斗渠以下渠系水利用系数,结合近年来干支斗渠渠道水设计利用系数 0.95 计算,结果表明,东疆和北疆的渠系水利用系数大于南疆(表 6 - 28)。

表 6 - 28 · 新疆绿洲棉花用水分区的渠系水利用系数

(王峰,2021 年)

一级区	二级区	干支斗渠道水利用系数	斗渠出口到田间水利用系数	渠系水利用系数
北疆棉区	准噶尔盆地南缘区	0.95	0.74	0.70
	准噶尔盆地西南区	0.95	0.74	0.70
东疆棉区	哈密盆地	0.95	0.74	0.70
南疆棉区	塔里木盆地西缘和北缘平原区	0.95	0.68	0.65
	塔里木盆地南缘平原区	0.95	0.66	0.63

注:数据整理自新疆地方标准《农业灌溉用水定额》。

2. 净灌溉引水量的确定 · 由棉花各分区净灌溉用水量和渠系水利用系数,计算获得不同年份渠首的净灌溉引水量结果,见表 6 - 29。结果表明,在保证所有退地减水后的农作物灌溉、作物种植结构比例及灌溉定额不变情况下,2017 年、2020 年、2025 年和 2030 年,棉花主产区的农业净灌溉引水量分别为 573.8 亿 m^3、553.7 亿 m^3、538.7 亿 m^3 和 523.3 亿 m^3。即使与《控制方案》中各年全疆用水总量控制红线指标相比,棉花产区的农业净灌溉引水量均有超量。这说明,以当前全疆的农业种植规模、灌溉定额和渠道水利用系数计算所得的农业需水总量定额远大于控制红线水量。为了改变这种状况,除了实施退地减水措施外,还必须采取大力推广田间高效灌溉技术、增加毛渠衬砌、优化农业种植结构等综合措施,才有可能将用水总量控制在红线指标以内。

表 6 - 29 · 新疆绿洲棉花用水分区各年份的净灌溉引水量

(王峰,2021 年)

一级区	二级区	净灌溉引水量(亿 m^3)			
		2017 年	2020 年	2025 年	2030 年
北疆棉区	准噶尔盆地南缘区	109.1	102.6	98.4	93.9
	准噶尔盆地西南区	17.2	16.9	16.6	16.5
东疆棉区	哈密盆地	12.8	12.2	11.4	10.5
南疆棉区	塔里木盆地西缘和北缘平原区	375.4	363.0	353.3	343.5
	塔里木盆地南缘平原区	59.3	59.0	59.0	58.9
	全 区	573.8	553.7	538.7	523.3

注:数据整理自表 6 - 26、表 6 - 27 和表 6 - 28。

(三) 棉花用水分区的农业用水平衡分析

1. 棉花用水分区的农业可供水量·针对现状年新疆用水量超过红线指标较多的实际情况,《新疆水资源平衡论证报告》按照"高效利用,利于稳定,分步实施,远期达标"的原则,经过多方案论证比选,提出了 2020 年和 2030 年全疆及各地州(含兵团)的水资源平衡方案,方案中涉及了年度用水总量、分水源供水量、农业用水总量等指标。结合棉花用水分区,确定各棉花分区 2020 年、2025 年(2020 和 2030 的平均值)和 2030 年的用水总量和农业用水总量控制指标(表 6-30),结果表明,2020 年、2025 年和 2030 年棉花主产区农业用水量分别为 363.6 亿 m^3、342.9 亿 m^3、322.2 亿 m^3,分别占当年新疆棉区总水量的 92.3%、90.5% 和 88.5%。

表 6-30·新疆绿洲棉花用水分区和用水总量控制计划参考方案

(王峰,2021 年) (单位:亿 m^3)

一级区	二级区	2020 年 总水量	2020 年 农业水量	2025 年 总水量	2025 年 农业水量	2030 年 总水量	2030 年 农业水量
北疆棉区	准噶尔盆地南缘区	71.8	62.3	68.9	58.2	66.0	54.1
	准噶尔盆地西南区	14.6	13.7	14.5	13.2	14.3	12.7
东疆棉区	哈密盆地	11.3	8.5	11.4	7.6	11.5	6.7
南疆棉区	塔里木盆地西缘和北缘平原区	257.6	242.2	245.5	227.5	233.5	212.7
	塔里木盆地南缘平原区	38.8	36.9	38.8	36.5	38.8	36.0
	合计	394.1	363.6	379.1	342.9	364.1	322.2

注:数据整理自《新疆用水总量控制方案》。

2. 棉花用水分区的农业用水平衡分析测算·以 2017 年农业平均综合灌水定额和各年退地减水后的耕地面积,结合现有渠系水利用系数,计算 2020 年、2025 年、2030 年的农业需水量,并将其与新疆农业用水总量控制方案中各区在每个年份的农业可供水量进行对比分析(表 6-31),结果表明,各棉区未来年份的农业需水量均大于农业可供水量。2020 年、2025 年、2030 年北疆棉区的供需比为 0.61~0.64,东疆为 0.64~0.70,南疆为 0.62~0.66。这说

表 6-31·新疆绿洲棉花主产区水量平衡分析

(王峰,2021 年) (单位:亿 m^3)

一级区	二级区	2020 年 农业供水量	2020 年 农业需水量	2020 年 差额水量(供需比)	2025 年 农业供水量	2025 年 农业需水量	2025 年 差额水量(供需比)	2030 年 农业供水量	2030 年 农业需水量	2030 年 差额水量(供需比)
北疆棉区	准噶尔盆地南缘区	62.3	102.6	40.3(0.6)	58.2	98.4	40.2(0.6)	54.1	93.9	39.8(0.6)
	准噶尔盆地西南区	13.7	16.9	3.2(0.8)	13.2	16.6	3.4(0.8)	12.7	16.5	3.9(0.8)
	合计			43.5(0.6)			43.6(0.6)			43.7(0.6)
东疆棉区	哈密盆地	8.5	12.2	3.7(0.7)	7.6	11.4	3.8(0.7)	6.7	10.5	3.8(0.6)
	合计			3.7(0.7)			3.8(0.7)			3.8(0.6)

续 表

一级区	二级区	2020年			2025年			2030年		
		农业供水量	农业需水量	差额水量（供需比）	农业供水量	农业需水量	差额水量（供需比）	农业供水量	农业需水量	差额水量（供需比）
南疆棉区	塔里木盆地西缘和北缘平原区	242.2	363.0	120.6(0.7)	227.5	353.3	125.9(0.6)	212.7	343.5	130.8(0.6)
	塔里木盆地南缘平原区	36.9	59.0	22.1(0.6)	36.5	59.0	22.5(0.6)	36.0	58.9	22.9(0.6)
	合计			142.7(0.7)			148.4(0.6)			153.7(0.6)
合 计		363.6	553.6	190.0(0.7)	342.9	538.7	195.8(0.6)	322.2	523.4	201.3(0.6)

注：数据整理自表6-29和表6-30。

明，为了将用水总量严格控制在红线以内，即2020年、2025年、2030年全疆农业用水量分别控制在492亿 m^3、469亿 m^3 和446亿 m^3 以内，棉花产区农业用水控制在363.6亿 m^3、342.9亿 m^3 和322.2亿 m^3 以内，必须减掉农业用水的约1/3。需要采取的途径方法：一是建设高效节水灌区，大力推行节水灌溉微灌技术，有效降低农业灌溉定额；增加渠道衬砌比例，提高渠系水利用系数。二是在退地减水基础上，继续减少作物种植面积，优化调整作物种植结构。

五、新疆绿洲棉花可持续发展的适宜规模

通过对新疆棉区的水资源供需平衡计算可知，在退地减水的基础上，如果不考虑棉区农渠衬砌带来的渠系水利用系数提高、高效节水灌溉技术推广降低作物净灌溉定额、提高田间灌溉水利用系数以及调整农业种植结构等因素，仅依靠降低作物种植面积来达到农业用水总量红线控制指标，则棉区作物播种面积应降低30%~42%（见供需水比部分）。例如，按照2020年的棉区可供农业水量计算，可保证灌溉的农作物面积为401.3万 hm^2，较2017年的634.4万 hm^2 降低233.1万 hm^2，降幅36.7%。分配到棉花作物，则其种植面积由239.9万 hm^2 降至151.7万 hm^2，其他农作物降至172.3万 hm^2，果园面积降至77.2万 hm^2。在此基础上，2030年的作物种植面积仍有小幅降低，降至353.7万 hm^2，其中棉花种植面积降至133.8万 hm^2，其他作物面积降至151.7万 hm^2，果园面积降至68.0万 hm^2。

但是，通过高效节水灌区建设，推广节水高效灌水技术，增加渠道衬砌，提高渠系水利用系数和灌溉水利用系数等一系列措施，红线控制水量可提供的农作物灌溉面积有所增加。根据新疆用水总量控制方案对灌溉水利用系数的计划，2017—2020年，新疆灌溉水利用系数将从0.54提高到0.57；2020—2030年，从0.57提高到0.59。与此相对应，在保持田间水利用系数为0.81不变的情况下，2017—2020年和2020—2030年两个时段内的渠系水利用系数将提高3.7个百分点和2.5个百分点，按照2020年棉区可供农业水量363.6亿 m^3、2030年可供农业水量322.2亿 m^3 计算，则2020年和2030年田间灌溉水量可提高13.5亿 m^3 和8.1亿 m^3。如果不考虑灌溉定额降低的影响，按照2017年棉区农作物平均综合灌水定额5 940 m^3/hm^2 计算，则可以增加灌溉面积22.7万 hm^2 和13.6万 hm^2。2020年农作物灌溉面积可达424.0万 hm^2，棉花面积同比例增至160.3万 hm^2，粮食面积增至182.1万 hm^2，果园面积增至81.6万 hm^2；2030年农作物播种面积增加至367.3万 hm^2，棉花面积同比例可

增至 138.9 万 hm^2，粮食面积为 157.5 万 hm^2，果园面积为 70.6 万 hm^2。

根据《国务院关于建立粮食生产功能区和重要农产品生产保护区的指导意见》（国发〔2017〕24 号）与《新疆农业高质量发展技术对策》（邓秀山等，2021 年；高旺盛等，2018 年），全国棉花保护区面积为 233.3 万 hm^2，按照 85％ 比例计算，新疆棉花保护区面积应接近 200 万 hm^2。因此，必须压缩高耗水的果园种植面积，适当减少非口粮地的粮食作物面积，通过调整农作物种植比例来保证棉花保护区 200 万 hm^2 的农业用水。统计 2017—2019 年新疆兵团的农业种植结构调整数据可知，与 2017 年相比，2019 年 8 个棉花主产兵团师的粮食播种面积累计降低 33.5％，果园面积降低 8.0％。如果自治区参照兵团进行农业结构调整，按照 2020 年粮食面积降低 20.0％、果园面积降低 10.0％计算，则 2020 年非口粮地的粮食面积将退出 36.3 万 hm^2，果园面积将退出 8.1 万 hm^2，按照粮食平均净灌水定额 4 890 m^3/hm^2、果园平均净灌水定额 8 422.5 m^3/hm^2 计算，将节省 24.57 亿 m^3 水资源量，用全疆平均棉花净灌溉定额 5 901.0 m^3/hm^2 计算，粮食和果园节省的水量可用于 41.7 万 hm^2 棉花的灌溉。即在提高渠道水利用系数基础上，2020 年棉花种植面积可扩大至 202.0 万 hm^2，粮食面积为 145.7 万 hm^2，果园面积为 73.5 万 hm^2，总面积达 421.0 万 hm^2 左右。如果维持此总面积和面积比例不变，将渠系水利用系数由 2020 年的 0.67 提高 0.025，增至 0.695，则 2030 年棉区农作物渠首引水量为 360 亿 m^3，与 2030 年农业供水量 322.2 亿 m^3 差值 37.8 亿 m^3（供需比为 1∶1.12），该部分水量可以通过推广节水灌溉技术、实行优化灌溉制度、降低灌溉定额等措施来实现（灌水定额降低 10％ 左右）。

综上，以 2017 年农作物播种面积 634.4 万 hm^2，棉花播种面积 239.9 万 hm^2，灌溉水利用系数 0.54 为基准，通过退地减水措施，2018—2020 年退减耕地 24.2 万 hm^2，2021—2030 年再退减 35.9 万 hm^2，农业灌溉水利用效率至 2020 年提高到 0.57，2030 年提高到 0.59，以新疆棉区 2020 年和 2030 年可供农业红线水量 363.6 亿 m^3 和 322.2 亿 m^3 为约束条件。通过高效节水灌区建设，推广节水高效灌水技术，增加渠道衬砌，提高渠系水利用系数和灌溉水利用系数，压缩非口粮地的粮食作物面积 20.0％、果园面积 10.0％等一系列措施，2020 年农作物适宜种植面积为 421.0 万 hm^2，其中棉花种植面积 202.0 万 hm^2，粮食种植面积 145.7 万 hm^2，果园种植面积 73.5 万 hm^2。2020—2030 年，可以通过进一步推广节水灌溉技术，实行科学灌溉制度，降低灌溉定额等措施来实现 2030 年 37.8 亿 m^3 的农业用水缺口。由此可将农业用水总量控制在红线以内，且能确保 200.0 万 hm^2 棉花生产保护区灌溉水的有效供给，从而实现绿洲棉花生产的可持续发展，为保障国家棉花的有效供给做出贡献。

第四节·新疆绿洲棉花的节水灌溉技术

一、农业节水灌溉定义及节水灌溉系统组成

（一）农业节水灌溉定义

节水灌溉是节水农业的重要组成部分，是提高农业灌溉用水有效性的灌溉。节水灌溉

需要解决的中心问题是提高灌溉水的利用效率和效益,即通过运用水利综合措施,使在一定水资源消耗量条件下取得最佳农业经济效益、社会效益和生态效益。

1. 节水灌溉的范围界定。水环境是一个复杂的时空系统,灌溉是影响水环境最重要的直接因素之一。节水灌溉对水环境必然产生直接和重要的影响,但节水灌溉影响的是一个空间的水环境系统,所以在探讨节水灌溉时必须明确其研究范围,只有明确了研究范围,才能对节水灌溉系统设计、评价和重点主攻方向等做出正确的理解和界定,才能有效实施各种节水措施并发挥其最大节水潜力,同时对节水效果做出较全面和正确的评价。

2. 节水效果评估指标。按照节水灌溉的目的,节水灌溉效果的最根本指标是单位灌溉水量的农业净效益($元/m^3$),决定农业净效益的主要因素是农作物产量,因此将单位灌溉水量生产的农作物产量,即可将灌溉水生产效率作为节水灌溉的评估指标(kg/m^3)。灌溉用水量受地下水补给和降水的影响,在不同条件下,单用灌溉水生产效率还不能正确评价灌溉的合理性,而采用作物单位耗水量产生的农作物产量,即耗水生产率,则是能排除地下水和降水影响、正确评估灌溉合理性的指标。灌溉水利用系数是指灌入农田供作物吸收利用的水量与从水源取用的灌溉水量的比值,它定量反映了渠系输水和田间灌水总的损失程度。为了区分渠系和田间的水量损失情况,还可以分别采用渠系水利用系数和田间水利用系数两项指标,二者的乘积为灌溉水利用系数。

3. 真实节水概念。从节约流域或地区水资源角度出发,认为采取节水措施后减少田间和输水过程中的蒸发蒸腾量从而提高水的生产率的节水是真实节水;而减少渠系输水过程和田间灌水过程中的渗漏量与地表流失量,从而提高灌溉水的利用率不属于真实节水。也就是说,节省不可回收的利用水量属真实节水,而节省可回收利用的水量就不属于真实节水。实施节水灌溉措施应着重于真实节水。但这并不是否定减少渗漏损失和地表径流的节水措施在降低灌溉成本、提高灌溉效率中所起到的巨大作用,而是启示人们从整体上认识节水灌溉的真实情况和意义,从而可以更加全面和客观地认识和分析灌溉措施的有效性。

进一步讲,就是要区分节约灌溉用水量和节约水资源量两个不同概念。节约灌溉用水量是为了实现作物一定产量和提高水分利用效率的目的,在节水灌溉过程中相对于某一标准减少或节省的灌溉水量,所省的灌溉水量可以包含降低的蒸散发水量,也包含可能减少的渠道或田间深层渗漏量,还可包含对雨水或其他自然条件可供水量的利用。但节约的水资源量则主要是指灌溉过程中实际减少的不可回收并再次利用的水量,是真实节约水资源量。若所节约的灌溉水量大部分是不可回收并再次利用的,则节约的灌溉用水量与节约水资源量基本一致。在本书中,节水灌溉量主要是指在实施节水灌溉系统后相对于某一标准实际减少的灌溉水量,包括真实节水、深层渗漏和其他自然条件的利用水量。

4. 节水灌溉的时空条件。节水灌溉是相对的,对节水灌溉的要求及采取的措施要与当地的时空条件相匹配。不仅不同的水资源、气候、土壤、地形、水文地质条件和社会经济发展水平对节水的要求以及应采取的措施不同,而且同一地区、不同发展阶段的要求和措施也有差异。此外,在一个节水灌溉工程中,当涉及不同的节水措施执行主体时,如流域管理机构、地区水务机构、灌区管理机构和农户等,其实施的节水对象和范围、关心的节水内容和效果以及采取的措施也不同,只要有利于提高灌溉水的生产率和灌溉水利用系数,最终提高水的经济效益、社会效益和生态效益,就可以灵活采取各种措施,不必强求一致的节水灌溉措施。

(二)节水灌溉系统组成

从水源到形成作物产量的系统中,有两个水的转化环节,一是灌水或降水转化为土壤水,二是由土壤水转化为生物水,并通过作物生理过程形成经济产量。前者不与作物生理过程直接相关,而是通过兴建水利工程、应用节水技术和实施科学管理提高水的输送效率和转化效率,一般称为工程节水。后者与作物生理过程直接相关,主要通过利用作物特性来控制蒸发和蒸腾,从而提高作物对水的利用效率,一般也可称为生物节水。这里所指的节水灌溉系统主要指灌水转化为土壤水环节中的节水工程技术措施,包含输配水工程、节水灌溉技术和节水灌溉制度。

1. 输配水工程·灌溉输配水工程的作用是将适宜的水量逐级输送并分配到田间,包括渠道或管道系统,以及系统上的建筑物或控制管件等。输配水渠道系统通常分为干、支、斗、农四级,在各级渠道上根据需要再修建渠系建筑物,包括分水闸、节制闸、渡槽、跌水、陡坡、倒虹吸、桥梁、涵洞和量水建筑物等。管道灌溉系统进口设计流量应根据全系统同时工作的各配水口所需要设计流量之和再考虑一定损失来确定,设计压力和管道规格应经技术经济比较后确定。管道系统由各级管道、控制管件及量水与测量设施组成。渠道系统的水分损失是灌溉用水总损失中的主要部分,但通过渠系配套和防渗,可以将渠道水的利用率由0.5提高到0.7或者更高。而管道输水几乎不产生渗漏损失,水利用率可达到95%以上。

2. 节水灌溉技术·田间灌溉技术是指农渠以下的输水系统和灌溉技术。当前主要的节水灌溉方法有喷灌、微灌和先进的地面灌溉技术。其中地面灌溉节水技术采用农田畦或开沟输水,包括长畦分段灌、细流沟灌、沟植沟灌、波涌灌和小畦灌等,田间水的损失主要包括三部分,即田间灌溉渠系的输水损失、灌溉水入渗产生的深层渗漏、灌溉水自灌水沟或畦尾端的流失。喷灌和微灌均采用管道输水。微灌主要分为微喷灌和滴灌,滴灌又分为地表滴灌和地下滴灌;喷灌分为固定式、半固定式和移动式喷灌。喷灌和微灌由于采用管道输水,且灌水定额较小,因此其田间输水基本无损失,深层渗漏损失也很小,田间水利用效率远大于地面灌溉。

3. 节水灌溉制度·节水灌溉制度主要解决什么时候灌、灌多少以及怎么灌的问题。灌溉制度与作物种类及其生长发育阶段息息相关,同种作物同一生长发育阶段采用不同的灌溉方法其灌溉制度也不同。科学的灌溉制度应该是与作物生长发育相配合,灌溉水利用效益最高。灌溉制度是灌溉系统设计的重要依据,也一直受到灌溉研究人员的重视,积累了丰富的研究成果并不断涌现新的成果。

二、棉花需水规律及田间需水量

(一)棉花需水规律

水分是棉花生长发育的重要条件,认识和掌握棉花的需水规律,可为选择适宜的灌溉技术和制定科学灌溉制度提供依据。

1. 棉花各生育期对水分的需求·棉花是较耐旱的作物,需水的一般规律是:苗期、蕾期需水量少,花铃期需水量多,吐絮以后需水量又减少。

(1) 出苗需水。棉花出苗要求有较充足的土壤水分,10~20 cm 土层的水分,以保持在田间持水量 70% 或稍多一点为合适。以质量百分数表示棉籽出苗时的土壤含水量下限,黏土为 18%~20%,壤土 15%~17%,砂壤土 12%~14%,砂土 10%~20%。

(2) 幼苗需水。棉花出苗到现蕾阶段,由于气温不高,植株体较小,叶面蒸腾量较低,需水也较少,而且主要耗水是由田间蒸发造成的。经过冬灌或早春底墒足的棉田,采用地膜覆盖,在现蕾前土壤水分可以满足棉苗生长的需要。此阶段的需水量占全生长期总需水量的 15% 以下,0~40 cm 土层含水量占田间最大持水量的 55%~70% 为宜,低于 55% 或超过 70% 对幼苗的生长发育均不利。

(3) 蕾期需水。棉花现蕾以后,气温逐渐升高,棉花生育加快,土壤蒸发也随之增加,需水量逐渐加大。此阶段的需水量占全生长期总需水量的 12%~20%,0~60 cm 根系层含水量保持在田间最大持水量的 65%~75% 为宜。肥沃的棉田,此期田间持水量如超过 80%,易引起疯长,蕾数减少,脱落增加。这类棉田蕾期水要稳,掌握好灌头水的时间和灌水量,使封垄推迟到盛花以后,达到充分通风透光的目的。

(4) 花铃期需水。棉花开花以后,气温高,棉株生长旺盛,叶面积指数和根系吸收能力均达到高峰,需水量最大,而且主要耗水由植株蒸腾所造成,此期缺水对棉花生长发育以及产量形成影响最大。此阶段需水量占全生育期总需水量的 45%~65%,一般以 80 cm 土层土壤含水量平均值在田间持水量的 70%~80% 为宜。如果土壤水分低于 55%,会严重影响发育,引起蕾铃的大量脱落,铃重减轻,产量和品质下降。

(5) 吐絮期需水。进入吐絮期,气温逐渐降低,棉株生长缓慢,水肥需求减少。此阶段的需水量占全生育期总需水量的 10%~20%,60 cm 土层的平均含水量保持在 55%~70% 为合适,低于 50% 会影响种子和纤维的发育。适宜的土壤水分能促进上部成铃和增加铃重,但后期棉株生长旺盛或郁闭的情况下,不过分干旱便不需要浇水,否则常引起贪青晚熟。

2. 干旱对棉株生长发育的影响。棉株的正常生长发育,除适宜的气候条件外,还取决于棉株对水的生物需要在多大程度上能够协调一致地得到满足。如果棉株缺水,即使是在永久萎蔫出现以前,干旱也会对棉株生长发育产生多方面的不利影响,主要表现如下。

(1) 对光合作用的影响。缺水时淀粉转变为糖,在叶片内积累,光合作用受到抑制,物质运输受阻;叶片内水分减少,会引起气孔关闭,使 CO_2 供应不足。缺水严重时,叶绿体中固定 CO_2 减慢,并抑制叶绿素的形成。

(2) 对呼吸作用的影响。棉株的呼吸强度受组织含水程度的制约。萎蔫时棉叶的蒸腾速度比正常叶片低,叶温升高,可溶性物质积累使呼吸作用增强,酸溶液有机磷化物含量下降;释放的能量不能有效利用,以热的形式消耗,削弱各种代谢过程和生物合成。在蕾铃期,则由于呼吸作用减弱,使蕾铃得不到足够的营养而脱落。

(3) 对各部位间水分平衡的影响。水分不足时,不同器官和组织间按各部位的水势大小而重新分配,水势低的部分从水势高的部位夺取水分,如干旱时幼叶从老叶中夺取水分,促使老叶衰亡。

3. 水分过多对棉株生长发育的影响。棉株正常生长需要土壤中有合适的水气比例。当水分过多而氧气不足时,根系被迫进行无氧呼吸,释放的能量小,能量的转化利用率低,根系的延长生长终止,根系发育不良,呼吸面积大大缩小,因此主动吸水和对有机质的吸收十分缓慢。同时,一些有害的厌氧微生物活跃,土壤中酸度增高,不利于棉根吸收矿质营养。好气性细菌的正常活动受阻,影响矿质营养的供应,并产生有害还原物质,毒害根部。

(二) 新疆绿洲棉花的田间需水量

棉花的田间需水量是指棉花全生育期中棉株蒸腾和棵间蒸发水量之和。影响需水量的因素有气象(温度、日照、湿度和风速等)、土壤类型及含水状况、棉花品种、生育阶段和农业措施等。新疆各棉区的气候、土壤、棉花品种和栽培措施不同,其需水量也不同,在生产实践中多通过田间试验的方法直接测定。在没有田间试验资料时,常采用某些计算方法估算作物的需水量。

1. 新疆绿洲棉花田间需水量的估算方法·估算需水量的公式很多,目前国内外多根据参考作物蒸发蒸腾量与作物系数的乘积来计算作物需水量。这种方法将影响需水量的因素分成三大类分别考虑:① 参考作物蒸发蒸腾量(ET_0),反映气象条件对作物需水量的影响;② 作物系数(K_C),反映棉花生物学特性对棉花需水量的影响;③ 土壤类型,反映土壤含水状况和农业措施对棉花田间需水量的影响。

(1) 参考作物蒸发蒸腾量(ET_0)。这是一种假想的参考作物冠层的蒸发蒸腾速率,一般假设作物高度为 0.12 m,固定叶面阻力为 70 s/m,反射率为 0.23。这非常类似于表面开阔、高度一致、生长旺盛、完全覆盖地面而不缺水的绿色草地的蒸发蒸腾率。大多数研究表明,无论在干旱地区还是湿润地区,估算 ET_0 的方法以 Penman-Monteith 法的计算精度最高。其日尺度计算公式如下(Allen R G,1998 年):

$$ET_0 = \frac{0.408\Delta(R_n - G) + \gamma \frac{900}{T+273}u_2(e_s - e_a)}{\Delta + \gamma(1 + 0.34u_2)}$$

式中:γ 为湿度计常数,kPa/℃;Δ 为饱和水汽压梯度,kPa/℃;e_s 为饱和水汽压,kPa;e_a 为实际水汽压,kPa;R_n 为净辐射值,W/m²;G 为土壤热通量,W/m²;T 为平均气温,℃。

根据各棉花需水分区内典型气象站点的资料计算的 ET_0 见表 6-32。从表中可以看出,各棉区的 ET_0 值呈现规律性变化,前期较低,6月、7月、8月 ET_0 值较高,之后逐渐降低。其中吐鲁番棉区因生态条件特殊,温度较高,棉花生育期的 ET_0 值大多高于其他棉区,说明该棉区棉田蒸腾量大,棉花生长期所需水分比其他棉区多。

表 6-32 · 新疆绿洲不同棉区棉花生育期的平均 ET_0 值

(王峰,2021 年) (单位: mm)

	分 区	站点(年份)	4月	5月	6月	7月	8月	9月	10月
北疆棉区 (C_1)	准噶尔盆地南缘区 (C_1-1)	石河子 (1953—2008)	94.9	142.4	160.0	162.4	137.9	88.7	42.5
	准噶尔盆地西南区 (C_1-2)	精河 (1953—2019)	100.2	151.8	166.1	169.0	145.2	94.5	43.9

续 表

分 区		站点(年份)	4月	5月	6月	7月	8月	9月	10月
东疆棉区(C_2)	哈密盆地(C_2-1)	吐鲁番(1952—2019)	128.1	177.4	197.9	201.6	171.4	112.5	55.1
南疆棉区(C_3)	塔里木盆地西缘和北缘平原区(C_3-1)	阿克苏(1953—2019)	113.3	148.2	161.3	163.9	139.3	95.5	54.4
	塔里木盆地南缘平原区(C_3-2)	和田(1954—2019)	130.2	161.0	172.7	169.2	148.6	114.6	78.5

(2) 作物系数(K_C)。在一定农业条件下，作物实际蒸发蒸腾量与参考作物蒸发蒸腾量的比值，即为作物系数。作物系数不仅反映作物的生物学特性，还反映栽培等条件对实际蒸发蒸腾量的影响。实际的作物系数是一个连续变化的值，因供水条件的不同而有不同的值。联合国粮食及农业组织(FAO)推荐两种标准状态(无水分胁迫)下作物系数的计算方法：一是单作物系数法，这是一种比较简单实用的计算方法，可用于灌溉系统的规划设计和灌溉管理；二是双作物系数法，该方法需进行逐日水量平衡计算，计算复杂，需要的数据量大，一般只用于实时灌溉决策和田间水分动态研究。作物系数一般要通过灌溉试验获得，并且用该作物系数估算全生育期的棉花田间需水量是可信的。根据试验结果，新疆不同棉区的棉花各生育阶段内无水分胁迫的作物系数值如表6-33所示。

表6-33 · 新疆绿洲不同棉区棉花生育期的K_C值

(王小兵,2008年;李萌,2020年)

分 区	苗期(4—5月)	蕾期(6月)	花铃期(7—8月)	吐絮期(9—10月)
北疆棉区(C_1)	0.24	0.47	1.37	0.63
东疆棉区(C_2)				
南疆棉区(C_3)	0.26	0.47	1.08	0.64

注：东疆可参考北疆棉区。

(3) 不同棉区作物需水量的估算。棉花生育期某一生育阶段的参考作物腾发量和作物系数的乘积即为棉花相应生育阶段的田间需水量。新疆不同棉区的棉花各生育阶段田间需水量的估算值如表6-34所示。

表6-34 · 新疆绿洲不同棉区棉花生育期的田间需水量估算值

(王峰,2021年) (单位：mm)

分 区		苗期(4—5月)	蕾期(6月)	花铃期(7—8月)	吐絮期(9—10月)	全生育期
北疆棉区(C_1)	准噶尔盆地南缘区(C_1-1)	34.2	75.2	411.4	82.7	603.4
	准噶尔盆地西南区(C_1-2)	36.4	78.1	430.5	87.2	632.1
东疆棉区(C_2)	哈密盆地(C_2-1)	42.6	93.0	511.0	105.6	752.2

续 表

分 区		苗期 (4—5月)	蕾期 (6月)	花铃期 (7—8月)	吐絮期 (9—10月)	全生育期
南疆棉区 (C_3)	塔里木盆地西缘和北缘平原区(C_3-1)	68.0	75.8	327.5	95.9	567.2
	塔里木盆地南缘平原区(C_3-2)	75.7	81.2	343.2	123.6	623.7

2. 由田间试验得到的新疆棉花田间需水量·表6-35是根据大田试验结果得到的新疆部分棉区棉花生育期的田间需水量值。由表可知,北疆实际棉花需水量为538 mm,南疆为550 mm,略低于采用作物系数和ET_0乘积计算的估算值。这可能是因为,估算值没有考虑土壤水分状况的影响,也可能与不同的灌溉制度和栽培模式有关。

表6-35·新疆绿洲不同棉区棉花生育期的田间需水量估算值

(张金珠,2010年;哈丽代姆·居麦,2020年)　　　　　　　　　　　　　　　　　(单位: mm)

分 区		苗期 (4—5月)	蕾期 (6月)	花铃期 (7—8月)	吐絮期 (9—10月)	全生育期
北疆棉区 (C_1)	准噶尔盆地南缘区(C_1-1)	57.2	117.5	287.6	75.6	538
	准噶尔盆地西南区(C_1-2)					
东疆棉区 (C_2)	哈密盆地(C_2-1)					
南疆棉区 (C_3)	塔里木盆地西缘和北缘平原区(C_3-1)	59	105	343	43	550
	塔里木盆地南缘平原区(C_3-2)					

3. 棉花水分生产函数·棉花水分生产函数是棉花生长过程中用水量与产量关系的数学表达式。由于作物产量和水分的不同表达,水分生产函数主要分为两类:一类是全生育期耗水量与产量的关系模型,另一类是不同生育阶段耗水量与产量的关系模型。前者以全生育期的灌溉量或耗水量为自变量,以棉花产量为因变量,形式可以为线性模型,也可以为非线性模型,模型比较直观,可以直接得出以最大作物产量为目标的最优灌溉定额。后者以各生育阶段的棉花蒸散量或棉花蒸散量与最高产量条件下蒸散量的比值为自变量,以棉花实际产量或者实际产量与最大可能产量的比值为因变量,形式有相加模型或相乘模型。通过水分生产函数,可以确定不同供水情况下棉花的产量水平,是研究节水灌溉和灌区优化配水的一个重要指标。

(1) 根据相关灌溉试验结果,得出以全生育期耗水量为自变量和籽棉产量为因变量的非线性水分生产函数模型,见图6-6。

(2) 根据灌溉试验结果,得出以不同生育阶段耗水量相对值为自变量和籽棉产量相对值为因变量的棉花水分生产函数模型,从表6-36可以看出,棉花各生育阶段的水分敏感指数变化规律与其相应的需水量变化规律一致,其中苗期最低,现蕾期棉花对水分的敏感性迅速增强,花铃期因营养生长和生殖生长交替进行,生理代谢水平较高,对水分的敏感性也最强,其水分敏感指数为苗期的3~4倍,进入吐絮期后,棉花对水分的需求减少,敏感性变弱。

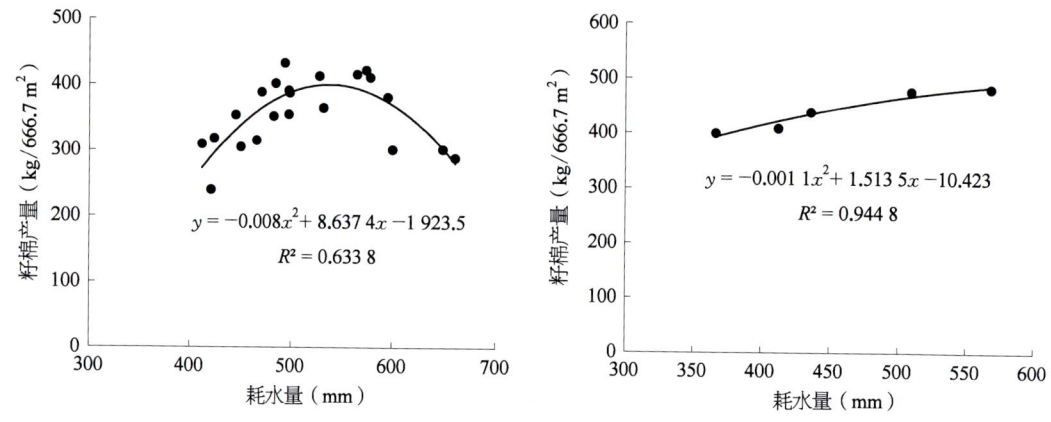

图 6-6 · 基于全生育期耗水量的棉花生产函数

(张金珠,2010 年;何平如,2020 年)

表 6-36 · 绿洲南疆棉区棉花的水分敏感指数

(胡顺军等,2004 年)

分 区	水分敏感指数				备 注
	苗期 (4—5 月)	蕾期 (6 月)	花铃期 (7—8 月)	吐絮期 (9—10 月)	
南疆棉区(C_3)	0.186 4	0.202 9	0.678 0	0.135 8	Jensen 乘法模型

三、新疆绿洲棉田的灌溉方法和灌水技术

(一)影响棉田灌溉方法和灌水技术的主要因素

1. 土壤因素 · 新疆植棉的绿洲土壤有以下特点。

(1) 沙性为主。塔里木盆地土壤主要是第四纪湿润时期,昆仑山古河流形成的三角洲堆积物所成。沙粒粒径以 0.15～0.25 mm 为主,由这样的沉积物为主形成的荒漠干旱土壤,土层深厚,多为缺磷少氮富钾的壤土和砂壤土,蓄水保水能力低。

(2) 土壤盐碱含量大。由于成土母质含盐分较高,在形成土壤过程中缺乏淋溶,而且广大农业区主要位于封闭的内陆盆地边缘,地下水和盐分缺乏出路,在干旱条件下,盆地内进行着强烈的积盐过程。新疆棉区一般地下水位较高,次生盐渍化风险比较大。

(3) 土壤肥力低。盐碱土、板土、水蚀和风蚀土占全疆耕地的 43.3%,棉区低肥力土地面积约占 80% 以上。

2. 气候因素 · 新疆年平均降雨量 147 mm,平原绿洲降雨更为稀少。南疆和东疆棉区,一次降雨达 10 mm 的机会很少,通常少量的降水只能湿润土壤表面,不能渗及根区,作物根本无法利用。而且上层土壤在蒸发过程中又将土壤下部的盐碱带到地表,引起土壤返盐。在棉花出苗时,降雨还易使种孔的封土形成板结而影响棉苗正常出土。所以在新疆全年降雨量为 50 mm 及以下的棉区,降雨一般都没有积极作用,反而因降雨而导致降温和返盐,对棉花生长的不利作用很大。在北疆棉区,全年降雨量在 200～260 mm,且 70%～80% 集中在

4—8月，如果单次降雨量较大，降雨可以起到补充棉花需水、减少灌溉的作用。一般来讲，灌溉季节如遇到单次降雨量大于 15 mm，灌溉可推迟 1～3 天；单次降雨量大于 25 mm，可以考虑减少灌溉一次。

3. **农业措施影响**・新疆地多人少，农业规模化种植比例很大，对机械化、集约化、自动化程度要求比较高。选择灌溉技术应当结合新疆的农业生产实际，选择机械化程度高、易于水肥一体化与灌水控制自动化设备安装的技术和模式，从而有效降低人工成本，提高灌溉管理效能，提高水肥利用效率。

因此，灌溉是新疆农业赖以生存和发展的基础条件，没有灌溉就没有农业。选择新疆地区适宜的灌溉方法和灌水技术，主要应注意减少无效蒸发和渗漏损失，防止返盐并有利于压碱洗盐。一般情况下，应积极发展管道输水，因地制宜地采用地膜栽培条件下的地面灌溉技术，在经济条件好的地方推广膜下滴灌技术。由于蒸发强烈、飘逸损失大、耗能高、管理困难等因素，新疆棉区一般不采用喷灌技术。

▶ **(二) 新疆棉田的灌溉方法和灌水技术**

1. **地面灌技术**

(1) 沟灌技术。沟灌是棉花最好的地面灌溉方法之一。它的优点是不破坏棉花根部附近土壤的结构，减少土壤蒸发和渗漏损失；缺点是在土壤含盐的情况下，盐分会逐渐积累在垄背。沟灌布置时，灌水沟应按垂直地面的等高线布置，在地面坡度大时，则与等高线成锐角。地面坡度要求 0.3%～0.8%，最大不超过 2%，地面起伏不超过 10 cm。由实践经验可知，灌水沟的间距轻质土为 50～60 cm，中壤土为 65～70 cm，黏重土壤为 75～80 cm。为了使沟灌的水量入渗均匀，水量损失低，通过求解各种条件下适宜的沟长、入沟流量和灌水时间。无论采用理论研究结果还是根据经验，沟灌参数计算都要以田间试验资料为依据。新疆多年来推荐的入沟流量为 0.1～0.5 L/s，土壤透水性差的宜小，土壤透水性大的宜大。新疆沟灌灌水沟的长度可以参照表 6-37。

表 6-37・新疆绿洲棉田灌水沟参考长度

土 质	不同地面坡度(为坡面和地面角度的正切值)的灌水沟长度(m)		
	<0.2%	0.2%～0.5%	0.5%～1.0%
砂壤土	30～50	40～70	50～80
轻壤土	40～60	50～80	60～90
中壤土	50～70	60～90	70～100
黏壤土	60～80	70～100	80～120

(2) 畦灌技术。畦灌也是新疆棉区常采用的一种灌水方法。当地面坡度为 0.1%～0.3%，最大不超过 1%，地面起伏不超过 5 cm 时，可以考虑采用畦灌。畦灌的技术要素有畦田规格、入畦单宽流量及灌水时间。确定这些技术要素的依据为地面坡度、土壤透水性、土地平整情况和灌水定额。畦灌水流的形式和沟灌一样，是随时间和流程变化的水流，求解技术要素的方法与沟灌基本相同。地面坡度大、土壤透水性差、土地平整好，可以适当加长畦

田长度,并减少单宽流量;反之,则单宽流量大,畦田长度减小。多年来新疆各地灌水畦的长度参考表6-38。畦田宽度应为当地农业机具的整倍数。畦埂高20~25 cm,入畦单宽流量控制在3~6 L/s·m,以水量在畦面上分布均匀和不冲刷土壤为原则。如果土壤坡度小,土壤透水性强,则适当缩短畦长,加大入畦单宽流量,以保证灌水的均匀性和防止产生深层渗漏。

为使水层在畦面上各点停留的时间相同,往往采用三、七或二、八改口停水的办法,即水流距畦尾三成或二成时封住畦口,一般轻质土壤封口晚,重质土壤封口早。

表6-38·新疆绿洲棉田灌水畦长度参考

(王峰,2021年)

土 质	不同地面坡度(为坡面和地面角度的正切值)灌水畦长度(m)		
	<0.2%	0.2%~0.8%	0.8%~1.4%
轻质土	40~50	60~80	80~100
中质土	60~70	80~100	100~120
重黏质土	80~90	100~120	120~150

(3)膜上灌溉技术。膜上灌是新疆近年来随着地膜栽培面积逐渐扩大而推广的一种新型灌水技术,即灌溉水在膜上流动,通过放苗孔和地膜缝入渗。与一般地膜栽培的沟灌相比,可省水20%~50%,增产5%~20%。新疆膜上灌的形式主要有平铺打埂膜上灌和翘边扶埂膜上灌。平铺打埂膜上灌,也叫高垄低流沟畦膜上灌。其做法是在铺膜条播机前装上打埂器,铺膜播种时利用打埂器刮去地表5~8 cm干土,在膜床两侧筑起15~18 cm高的土埂,形成一条畦,膜在畦中间,膜曝光面小于畦宽,膜两边有10~15 cm的渗水带。翘边扶埂膜上灌又称膜孔渗灌,将地膜铺成梯形断面,两边5 cm埋入土内,膜两边埂高15~18 cm,水分只通过放苗孔给作物供水,节水效果较好。

膜上灌溉的水流状态与常规地面灌相同,是一种随时间和空间变化的非均匀不稳定流,其灌水技术参数与土壤入渗性能、地面坡度和灌后要求的土壤湿度均匀度有关。新疆棉花膜上灌的技术参数见表6-39。

表6-39·新疆绿洲棉田膜上灌溉技术要素

(王峰,2021年)

地面坡度(为坡面和地面角度的正切值)	畦长(m)	入畦流量(L/s)	备 注
1%~2%	20~30	3~5	封闭畦灌
3%~4%	30~40	1.7~3	封闭畦灌
5%~8%	40~60	1.5~2	畦尾不封闭

2. 喷灌·喷灌是由管道将水送到位于田地中的喷头中喷出,有高压和低压的区别,也可以分为固定式和移动式。喷灌的主要优点是灌水均匀度高,自动化程度高,而且喷灌在补充

农田土壤水分的同时,提高了空气湿度,有效调节农田局部小气候,对于缓解干热风影响有积极作用。缺点是灌溉过程容易受风的影响,而且喷洒过程会增加蒸发损失,水存留在叶面上容易造成霉菌的繁殖,如果灌溉水中有化肥的话,在炎热、阳光强烈的天气会造成叶面灼伤。是否采用喷灌主要取决于当地的气候、土壤和地形条件。一般来讲,喷灌适用于较湿润、风小、地形复杂、坡度大和土层薄的地区,而且更适合密植作物、草坪和花卉类作物。在新疆棉田中推广喷灌的试点表明,喷灌在新疆棉田中应用还有不少局限,主要表现在以下几方面。

(1)易受气候条件限制。新疆地区多风而且风速大,不利于喷灌灌水的均匀度。而且干旱荒漠绿洲区的蒸发强烈,飘逸损失大,与地面灌溉相比,未必就能实现节水目的。

(2)受土壤条件和管理水平的限制。喷灌设备的移动性差,需要耗能增压才能保证均匀度,成本高,而且新疆多为盐碱地,灌水后黏度大,移动式喷灌转动轮容易生锈,导致转动轮启动和运行困难,而且对农田耕种以及田间管理和机械化收获均会带来不便,费时费工。

(3)喷灌不便于肥水一体化。覆膜种植还阻碍灌溉水向棉花根区运移,影响肥料在棉花根区的分布,降低棉花水肥利用率。此外,对棉花授粉和棉铃形成也有一定影响。

因此,新疆荒漠绿洲区灌溉一般不适合发展常规喷灌,适合发展常规喷灌的地区是在作物生育期降雨较多、蒸发相对较小、风力不大的补充灌溉区和牧区。棉田一般不采用喷灌。

3. 膜下滴灌技术 · 滴灌是将作物所需的水肥溶液一滴一滴、均匀而又缓慢地滴入植物根系附近土壤中的灌溉形式,滴水的流量小,水滴入土缓慢,可以最大限度地减少蒸发损失。将常规滴灌与覆膜栽培技术相结合就形成了膜下滴灌技术,该技术既发挥地膜的增温、保墒、抑盐、增产功效,又兼顾了滴灌技术的无渗漏、节水、节肥、高产和易于自动化的优点。自1996年膜下滴灌技术在新疆农八师试验成功以来,在我国西北干旱半干旱地区,特别是在新疆得到迅速推广。实践证明,该技术是最适合新疆气候和土壤的灌水形式,对实现新疆作物栽培和灌溉的规模化、机械化、集约化和自动化发展具有重大作用。相比其他灌溉技术,膜下滴灌具有以下优点。

(1)节水抑盐。膜下滴灌是将滴灌毛管铺设于地膜之下,阻断了土壤水分和大气之间的直接联系,改变了蒸发体的上边界条件,从而减少了棵间蒸发,这不仅增加了土壤水分的有效性,起到节水的效果,而且抑制了盐分上移减少表层返盐的过程。同时水分滴入土壤当中把盐分携带到湿润锋附近,在滴头附近形成淡化区,使作物的主根区与淡化区最佳耦合,为作物的生长提供一个好的水盐环境。膜下滴灌也可适时适量调控作物的水、肥、气、热等适于作物生长的有利环境,使作物的光合利用率趋于最大,提高作物产量。

(2)水肥一体化。膜下滴灌是采用管道输水的局部灌溉方法,实现了水肥一体化。它不但能使可溶性肥料随水滴施入土壤,直接灌到作物主根区,而且还可以定时定量满足植株的水肥要求,作物主根区上有地膜覆盖,下有湿润锋,杜绝了水分深层渗漏和地表径流。所灌入土壤的水量和肥量,绝大部分被作物吸收和利用,很少产生田间深层渗漏,具有明显的节水和节肥效果。

(3)自动化控水程度高。膜下滴灌灌水系统是嫁接了有压提水、管道输水、毛管配水的田间管道化,管网输水利用率高达95%以上,这不但降低了劳动强度,提高了工作效率和效益,而且为农业智能化管理提供了技术基础,使传统农业向集约化、规模化、智能化方向发展。

4. 不同灌水方法的对比

(1) 灌溉水效率。灌溉水效率包含分布效率和利用效率两个概念,分布效率表示灌溉水分布均匀程度,利用效率则反映灌溉水被作物利用的程度。只要设计正确,喷灌可以得到85%以上分布效率,滴灌可以达到90%,长畦分段灌溉可以达到80%～85%的分布效率。常规地面灌溉的利用效率比较低,为30%或更低,长畦分段灌溉利用率可以达到80%以上,滴灌的利用率可以达到90%以上。

(2) 适应性比较。地面坡度对滴灌的影响要比地面灌小得多,地面灌不适宜陡坡、无坡和地面不平整的地块采用,土壤渗透率低时,中度坡也无法采用地面灌。灌溉水中泥沙含量大,对地面灌无影响,但滴灌则要增加过滤装置。灌溉水和土壤中含盐量大时,采用滴灌不易发生积盐,即使积盐也比地面灌溉的慢。地面灌对劳动者的技能要求不高,但滴灌要求灌水员必须掌握起码的滴灌系统的运行管理、维修和养护技能。

(3) 对耕地的影响。地面灌溉的地表蒸发量大于滴灌,土壤耕层容易出现盐化和沙化,沟灌则容易在垄背出现积盐,对作物产生盐害,增加淋洗盐分的用水量。覆膜虽然可以起到增温、保墒的作用,但地膜残留污染对土壤产生长期危害,地膜清理难度很大。而且膜下滴灌节约出来的水常常被用来扩大耕地面积,而不是用来植树种草以改善生态环境,这增加了水资源的承载力,对生态环境产生潜在危害。

(主笔:王峰;主审:毛树春;终审:孙景生)

参考文献

[1] 国家发展改革委,水利部.全国水资源综合规划.北京:2010.
[2] 王鹏,关东海.新时期新疆水资源管理新思路.水利发展研究,2017,17(9).
[3] 唐树红.对新疆水问题的基本认识.干旱区研究,2010,27(5).
[4] 李波.新形势下新疆水资源开发利用应对策略研究.水利规划与设计,2015,9.
[5] 刘炎昆.新疆水资源保护与水利开发问题研究.中国水运,2013,13(8).
[6] 国务院第一次全国水利普查领导小组办公室.第一次全国水利普查公报[R].北京:2012.
[7] 新疆维吾尔自治区统计局,国家统计局新疆调查总队.新疆统计年鉴 2018年.北京:中国统计出版社,2018.
[8] 国务院办公厅.国务院办公厅关于印发实行最严格水资源管理制度考核办法的通知(国办发〔2013〕2号).北京:2013.
[9] 新疆维吾尔自治区水利厅,新疆生产建设兵团水利局.新疆水资源平衡论证报告[R].乌鲁木齐:2015.
[10] 陈亚宁,郝兴明,陈亚鹏,等.新疆塔里木河流域水系连通与生态保护对策研究.科学与社会,2019,34(10).
[11] 冶永新.对吐鲁番地区农田及其水资源管理的思考.新疆水利,2013(2).
[12] 新疆维吾尔自治区水利厅,新疆生产建设兵团水利局.新疆用水总量控制方案[R].乌鲁木齐:2018.
[13] 新疆维吾尔自治区水利厅,新疆生产建设兵团水利局.水利改革发展"十三五"规划.新疆水利,2016(6).
[14] 新疆维吾尔自治区水利厅,新疆生产建设兵团水利局.南疆水资源利用和水利工程建设规划.乌鲁木齐:2015.
[15] 水利部,国家发展改革委."十三五"水资源消耗总量和强度双控行动方案(水资源〔2016〕379号).北京:2016.
[16] 新疆维吾尔自治区人民政府.关于实行最严格水资源管理制度落实"三条红线"控制指标的通知(新政函〔2013〕111号).乌鲁木齐:2013.
[17] 王志杰.新疆地表水资源概评.北京:中国水利水电出版社,2008.
[18] 新疆维吾尔自治区人民政府.新疆地下水超采区治理方案(新政函〔2018〕90号)[R].乌鲁木齐:2018.
[19] 田龙,李锡铜,邝海菊.基于农业用水的新疆水资源利用策略研究.山西科技,2017,32(5).
[20] 新疆维吾尔自治区质量技术监督局.农业灌溉用水定额(DB 65/T 3611-2014).乌鲁木齐:2014.
[21] 新疆维吾尔自治区人民政府.新疆维吾尔自治区水资源费征收管理办法(新政令〔2004〕128号).乌鲁木齐:2014.
[22] 新疆维吾尔自治区人民政府财政厅.关于自治区水资源费征收使用管理有关问题的通知(新财非税〔2010〕3号).乌鲁木齐:2010.
[23] 新疆维吾尔自治区人民政府发改委.关于印发新疆水权改革和水市场建设指导意见(试行)的通知(新政发〔2017〕30号)[R].乌鲁木齐:2017.

[24] 郭金强,危常州,侯振安,等.北疆棉花膜下滴灌耗水规律的研究.新疆农业科学,2005,42(4).
[25] 张学东,艾则孜.博乐市棉花高产栽培技术.现代农业科技,2012(17).
[26] 古海尔·买买提,阿丽亚·肉孜.2017年博乐市冬春小麦及玉米施肥指导技术.现代农业科技,2017(14).
[27] 翟超,周和平,赵健.北疆膜下滴灌玉米年际需水量及耗水规律.中国农业科学,2017,50(14).
[28] 贺军勇,刘伟.新疆哈密市棉花膜下滴灌高产栽培技术.中国种业,2011(10).
[29] 荆汝康.新疆吐鲁番葡萄需水规律.灌溉排水,1993,12(3).
[30] 王萍.棉花膜下滴灌耗水规律的研究.新疆农垦科技,2010(2).
[31] 刘新华.不同灌水定额对成龄核桃耗水量及水分利用效率的影响.中国农村水利水电,2020(7).
[32] 茹仙古丽·买买提.新疆库尔勒香梨丰产栽培关键技术.农业工程技术,2017(12).
[33] 玛依努尔·吐拉洪.新疆阿克苏地方品种库车小白杏高效丰产栽培技术.栽培技术,2014(4).
[34] 邓秀山,丁洪涛,李艺.阿克苏苹果简约化栽培技术及效益分析.果树资源学报,2021,2(2).
[35] 高旺盛,杜伟.新疆农业高质量发展技术对策.北京:中国农业大学出版社.2018.
[36] 国务院.国务院关于建立粮食生产功能区和重要农产品生产保护区的指导意见(国发〔2017〕24号)[R].北京:2017.
[37] Allen R G, Pereira L S, Raes D, Smith M. Crop Evaporanspiration-Guidelines for Computing Crop Water Requirement. Rome: Food and Agriculture Organization of the United Nations, 1998.
[38] 王小兵.膜下高频滴灌棉花耗水量与灌溉制度研究.石河子大学学报,2008.
[39] 李萌.南疆膜下滴灌棉花灌溉和施肥调控效应及生长模拟研究.西北农林科技大学学报,2020.
[40] 张金珠.北疆膜下滴灌棉花土壤水盐运移特征及耗水规律试验研究.新疆农业大学学报,2010.
[41] 哈丽代姆·居麦.膜下滴灌棉花生境调控下蒸散发特征研究.西安理工大学学报,2020.
[42] 何平如.土壤水分调控对南疆滴灌棉花生长及土壤水盐肥运移的影响.西北农林科技大学学报,2020.
[43] 胡顺军,王仰仁,康绍忠,等.棉花水分生产函数Jensen模型敏感指数累积函数研究.沈阳农业大学学报,2004(Z1):423-425.
[44] 中国农业科学院棉花研究所.中国棉花栽培学.上海:上海科学技术出版社,2019:858-862.
[45] 新疆维吾尔自治区发布总河(湖)长第3号令,关于强化水资源刚性约束收入推进最严格水资源管理制度的通知.新疆维吾尔自治区全面推行河(湖)长制领导小组办公室.2020-12-25.
[46] 新疆维吾尔自治区人民政府办公厅文件,新政办发〔2021〕80号,关于进一步强化水资源保护管理的实施意见.http://slt.xinjiang.gov.cn/.
[47] 新疆维吾尔自治区人民政府新闻办公室,新疆举行全面推行河湖长制有关情况新闻发布会,2019-08-26,http://www.scio.gov.cn/.

第七章
新疆绿洲棉区气候变化特征及其应对策略

在全球变暖背景下,近59年(1961—2019年)新疆绿洲气候出现了明显变化。新疆及北疆、天山山区、南疆各分区的年平均气温呈现一致的上升趋势,其中新疆年平均气温上升趋势显著,升温速率为0.31℃/10年,高于同期全球和全国升温速率。1997年以后出现了明显增暖,且有21年气温较常年偏高,2000年代和2011—2019年均比1960年代升高了1.3℃。年降水量呈现一致的增多趋势,其中新疆年降水量增多速率为9.42 mm/10年,1987年以后降水偏多的年份明显增多,年平均降水最多时段出现在2011—2019年,比1960年代增多41.3 mm,增幅约为29%。初霜日呈现一致的显著推迟趋势,终霜日呈现一致的提前趋势,无霜期呈现一致的显著延长趋势;稳定≥0℃、≥10℃、≥15℃、≥20℃积温呈现一致的显著增多趋势。虽然上述各种要素变化趋势空间分布存在一定差异,但差异普遍较小,全疆大部分地方变化趋势一致。

研究指出,提高绿洲农业/棉花灾害的应对防御能力,要加强气象基础设施建设,扩大站点的覆盖度,加强气象人才的培养和利用,建立健全棉花气象灾害监测、预警和防控体系,提高气象灾害预报的准确率和时效性,为农业/棉花防灾减灾提供强有力的气象支撑。

本研究绿洲气象站点如下。

全疆气象要素分析站点(62个)。北疆(23个):哈巴河、福海、阿勒泰、青河、塔城、和布克赛尔、托里、乌苏、伊宁市、阿拉山口、博乐、温泉、精河、克拉玛依、炮台、莫索湾、石河子、北塔山、蔡家湖、奇台、木垒、乌鲁木齐、达坂城;天山山区(10个):尼勒克、新源、昭苏、天池、小渠子、大西沟、巴里坤、伊吾、巴仑台、巴音布鲁克;南疆(含东疆29个):库米什、托克逊、吐鲁番、鄯善、十三间房、红柳河、焉耆、轮台、库尔勒、铁干里克、若羌、且末、阿克苏、拜城、库车、阿拉尔、乌恰、阿合奇、吐尔尕特、喀什、巴楚、岳普湖、塔什库尔干、麦盖提、莎车、叶城、和田、民丰、于田。

全疆棉区气象站点(39个)。北疆:伊宁市、霍城、博乐、精河、乌苏、沙湾、石河子、炮台、莫索湾、呼图壁、昌吉、蔡家湖、吉木萨尔;南疆阿克苏巴州:轮台、库尔勒、尉犁、且末、若羌、阿克苏、阿拉尔、库车、沙雅、新和;南疆西部:喀什、巴楚、岳普湖、英吉沙、莎车、叶城、阿图什、阿克陶、和田、于田、民丰、策勒；东疆：吐鲁番、哈密、鄯善、托克逊。

各棉区站点。北疆棉区（13个）：伊宁市、霍城、博乐、精河、乌苏、沙湾、石河子、炮台、莫索湾、呼图壁、昌吉、蔡家湖、吉木萨尔。另外，阿克苏和巴州棉区（10个）：轮台、库尔勒、尉犁、且末、若羌、阿克苏、阿拉尔、库车、沙雅、新和；南疆西部州棉区（12个）：喀什、巴楚、岳普湖、英吉沙、莎车、叶城、阿图什、阿克陶、和田、于田、民丰、策勒。东疆棉区（4个）：吐鲁番、哈密、鄯善、托克逊。

棉花发育期分析站点。北疆棉区（7个）：博乐、精河、乌苏、石河子、炮台、莫索湾、昌吉；阿克苏和巴州棉区（5个）：库尔勒、阿克苏、阿拉尔、且末、若羌；南疆西部棉区（6个）：喀什、巴楚、莎车、和田、于田、阿克陶。

气温日较差站点。北疆棉区（10个）：博乐、精河、乌苏、沙湾、石河子、炮台、莫索湾、呼图壁、昌吉、蔡家湖；阿克苏和巴州棉区（10个）：轮台、库尔勒、尉犁、且末、若羌、阿克苏市、阿拉尔、库车、沙雅、新和；南疆西部棉区（8个）：喀什、巴楚、岳普湖、英吉沙、莎车、叶城、于田、策勒；东疆棉区（2个）：吐鲁番、哈密。

第一节·新疆绿洲区域气候变化事实

一、新疆绿洲年平均气温变化特征

1961—2019年的59年间，新疆区域年平均气温呈明显上升趋势，升温速率为0.31℃/10年，远远高于全球近百年（1909—2011年）平均升温速率0.07℃/10年（IPCC，2007年），也高于全球1961—2010年升温速率0.13℃/10年和我国同期平均升温速率0.22℃/10年（《气候变化国家评估报告》，2007年）。1960年代中期以前、1970年代后期至1990年代中期年平均气温在历年平均值附近波动；1960年代中期至1970年代后期为明显偏冷阶段，其中仅有1年接近历年平均值；1997年以后出现明显增暖，有21年的年平均气温较常年偏高，仅有2年接近或略低于历年均值。1997—2019年年平均气温较1961—1996年期间升高了1.1℃，增幅为15.3%。年际间波动明显，历年平均气温为7.8℃，2015年为近59年最暖的年份，比历年平均值偏高1.1℃；1984年为近59年最冷的年份，比历年年平均值偏低1.7℃。

北疆、天山山区、南疆各分区年平均气温变化趋势与新疆区域一致，均呈现明显的上升趋势，升温速率分别为0.31℃/10年、0.30℃/10年、0.31℃/10年，天山山区升温速率最小。各分区与新疆区域均在1997年以后出现明显增暖，北疆有7年、天山山区有3年、南疆有2年略低于历年平均值，其他年份均高于历年平均值。

北疆、天山山区、南疆年平均气温分别为6.2℃、2.8℃、10.3℃，各分区最暖的年份分别出现在2015年、2007年、2016年，比历年平均值分别偏高1.3℃、1.2℃、1.2℃；最冷的年份分别出现在1969年、1984年、1967年，比历年平均值分别偏低2.5℃、2.0℃、1.4℃，即最暖的年份出现在2000年代以后，最冷的年份出现在1960年代和1980年代（图7-1）。

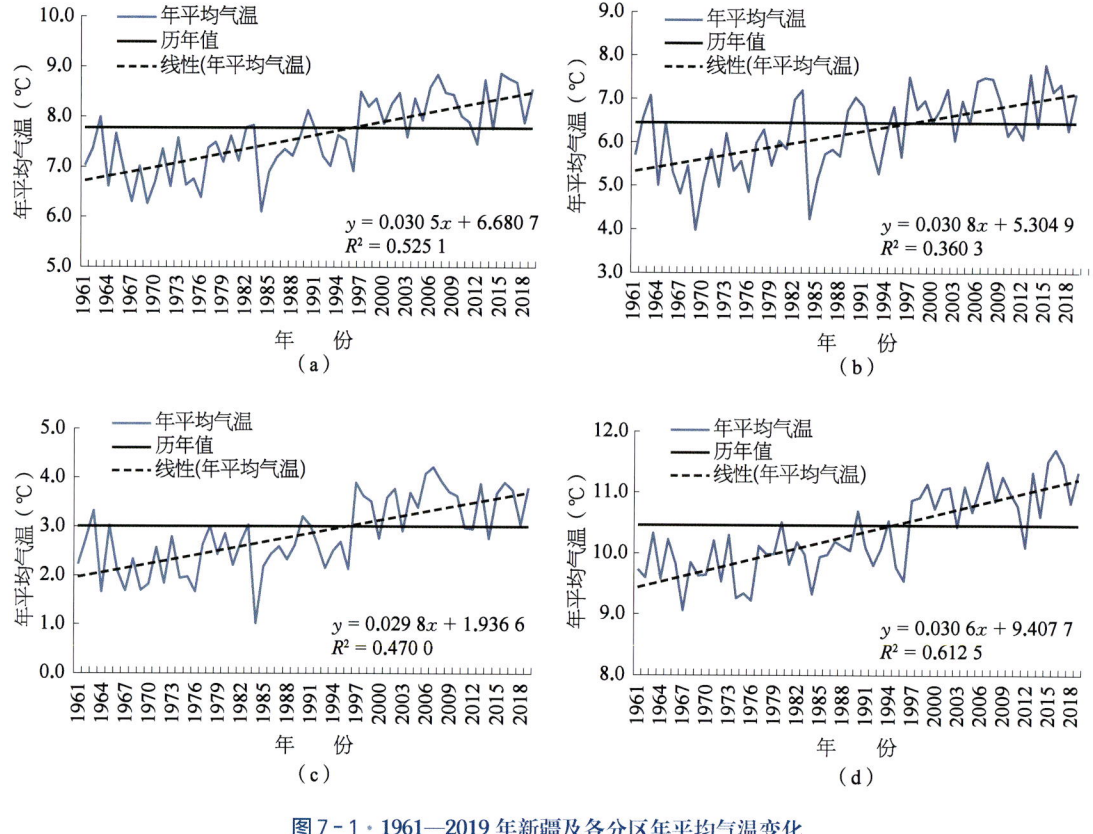

图 7-1 · 1961—2019 年新疆及各分区年平均气温变化
(a) 新疆;(b) 北疆;(c) 天山山区;(d) 南疆
(傅玮东、姚艳丽,2021 年)

近 59 年(1961—2019 年,下同)新疆年平均气温变化趋势的空间分布差异较小,仅南疆的库车、阿克陶呈降温趋势,降温速率在 0.1℃/10 年以内;全疆其他绝大部分地方均呈现升温趋势,北疆北部、西部和天山山区的部分地方,以及哈密市、吐鲁番市、阿克苏地区、和田地区的个别地方升温速率大于 0.4℃/10 年,其他地方小于 0.4℃/10 年。其中,富蕴升温趋势最明显,趋势系数为 0.67℃/10 年,巴里坤次之,为 0.61℃/10 年;库车降温趋势最明显,趋势系数为 -0.10℃/10 年,阿克陶次之,为 -0.02℃/10 年。可见,升温趋势远远大于降温趋势(图 7-2)。

二、新疆绿洲年降水量变化特征

1961—2019 年,新疆年降水量呈明显增多趋势,增多速率为 9.42 mm/10 年。1986 年以前降水量变化趋势不明显,多数年份少于历年平均;1987 年以后明显增多,多数年份多于历年平均;1987—2019 年年降水量较 1961—1986 年的年降水量增加了 34.1 mm,增幅为 23.5%。年际间波动明显,历年平均年降水量为 170.5 mm,2016 年是最多的年份,比历年平均值偏多 73.4 mm,偏多 43.0%;1997 年是最少的年份,比历年年平均值偏少 57.9 mm,偏少 34.0%。

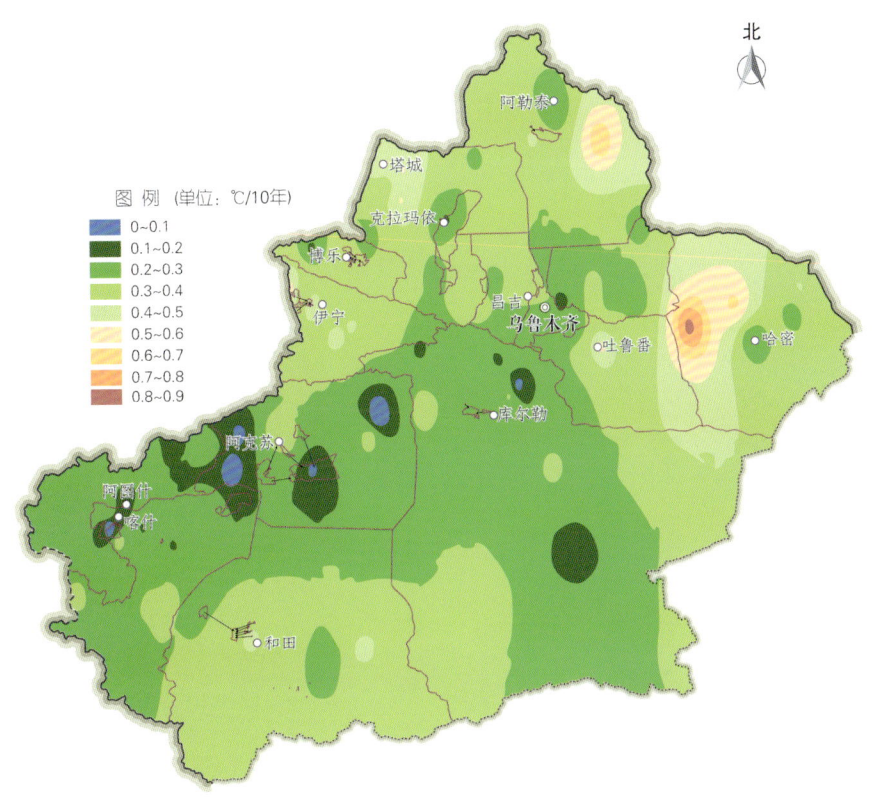

图7-2·1961—2019年新疆年平均气温变化趋势空间分布

北疆、天山山区、南疆各分区年降水量变化趋势与新疆区域一致，均呈现较明显的增多趋势，增多速率分别为11.74 mm/10年、14.49 mm/10年、5.82 mm/10年，天山山区增多速率最大，南疆最小；北疆和天山山区增多速率大于新疆区域，南疆小于新疆区域。各分区与新疆区域一样，1980年代中期以前降水量变化趋势不明显，1980年代中期以后明显增多。

北疆、天山山区、南疆年降水量的平均分别为186.6 mm、380.2 mm、71.2 mm，各分区年降水量最多的年份分别出现在2016年、2016年、2010年，比历年平均值分别偏多92.2 mm、131.7 mm、52.9 mm，偏多幅度分别为47.1%、33.8%、70.8%；最少的年份分别出现在1974年、1997年、1985年，比历年平均值分别偏少81.3 mm、114.9 mm、39.5 mm，偏少幅度分别为41.5%、29.5%、52.9%。天山山区降水量最多，而变化幅度最小；南疆降水量最少，而变化幅度最大（见图7-3）。

近59年，新疆年降水量的空间分布差异较小，仅南疆塔里木盆地以东的吐鲁番市高昌区、鄯善以及巴州北部的尉犁呈减少趋势，减少速率为-0.18~-0.06 mm/10年；全疆其他绝大部分地方均呈现增多趋势，北疆和天山山区增多趋势大于南疆。增多趋势较大的区域主要位于北疆西部、沿天山一带的个别地方和天山山区部分地方。其中尼勒克、新源、乌鲁木齐、大西沟、天池、木垒、阿合奇增多趋势在20 mm/10年以上，北疆和天山山区的其余大部

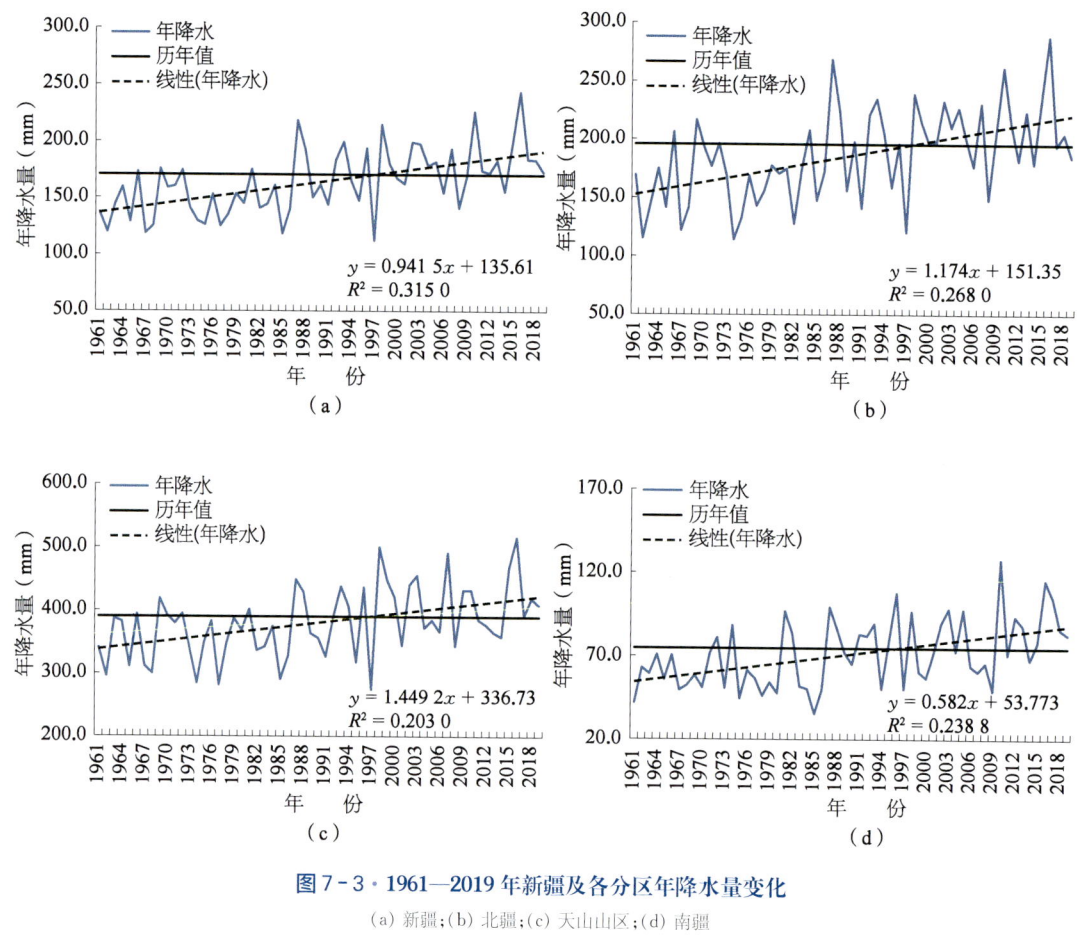

图 7-3 · 1961—2019 年新疆及各分区年降水量变化
(a) 新疆;(b) 北疆;(c) 天山山区;(d) 南疆
(傅玮东、姚艳丽,2021 年)

分地方在 10 mm/10 年以上,南疆大部分地方在 10 mm/10 年以下。乌鲁木齐增多趋势最明显,趋势系数为 25.88 mm/10 年,大西沟次之,为 23.92 mm/10 年(图 7-4)。

三、新疆绿洲霜期变化特征

(一) 初霜日

1961—2019 年,新疆区域平均初霜日呈明显的推迟趋势,推迟速率为 1.80 d/10 年。1970 年代中期以前初霜日提前趋势明显,1970 年代中期至 1990 年代中期变化趋势不明显,1990 年代中期以后推迟趋势明显,2011—2019 年平均值比 1960 年代推迟 8.0 d。年际间波动明显,历年平均初霜日为 10 月 10 日,最早出现在 1968 年 9 月 25 日,比历年平均值提前 15 d;最晚出现在 2006 年 10 月 25 日,比历年平均值推迟 15 d。

北疆、天山山区、南疆各分区平均初霜日变化趋势与新疆区域一致,均呈现明显的推迟趋势,推迟速率分别为 1.93 d/10 年、2.11 d/10 年、1.59 d/10 年,天山山区推迟速率最大,南疆最小;北疆、天山山区推迟速率大于新疆区域,南疆小于新疆区域。北疆、天山山区、南疆

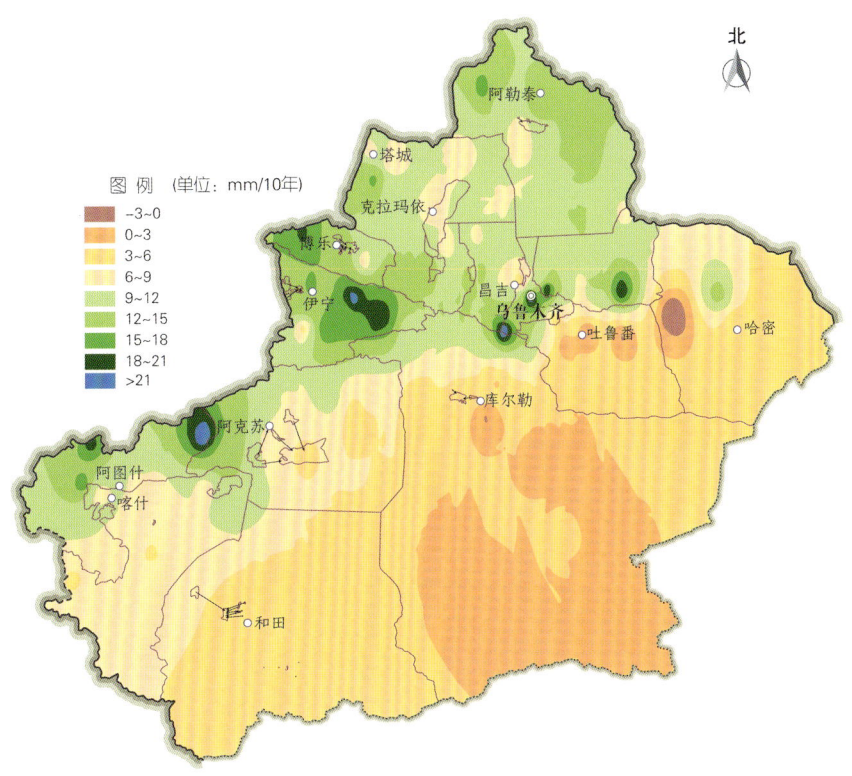

图 7-4·1961—2019 年新疆年降水量变化趋势的空间分布

2011—2019 年平均值比 1960 年代分别推迟 9.0 d、7.0 d、7.0 d。

北疆、天山山区、南疆历年平均初霜日分别为 10 月 8 日、9 月 18 日、10 月 19 日,最早分别出现在 1968 年 9 月 14 日、1968 年 8 月 31 日、1984 年 10 月 9 日,比历年平均值分别提前 24 d、18 d、10 d;最晚分别出现在 2006 年 10 月 22 日、2006 年 10 月 2 日、2006 年 11 月 4 日,比历年平均值分别推迟 14 d、14 d、16 d。最早均出现在 1980 年代以前,最晚均出现在 2000 年代(图 7-5)。

新疆初霜日变化趋势的空间分布差异较小。南疆的和硕、阿克陶、阿克苏部分地区、喀什部分地区和天山东部的伊吾初霜日呈提前趋势,提前速率在 2 d/10 年以内;全疆其他大部分地方呈推后趋势,其中北疆除北部的其他大部分地方、天山山区以及南疆西部部分地区和吐鲁番市、哈密市部分地区推后速率大于 2 d/10 年。霍尔果斯推后趋势最明显,趋势系数为 4.79 d/10 年,尼勒克次之,为 4.58 d/10 年;库车提前趋势最明显,趋势系数为 −1.43 d/10 年,和硕次之,为 −1.32 d/10 年。可见,推后趋势远远大于提前趋势(图 7-6)。

▶ (二) 终霜日

1961—2019 年,新疆区域平均终霜日呈明显的提前趋势,提前速率为 1.95 d/10 年,大于初霜日的推迟速率。1990 年代中期以前终霜日以推迟为主,1990 年代中期以后以提前为主,2011—2019 年平均值比 1960 年代提前了 10.0 d。年际间波动明显,历年平均终霜日为

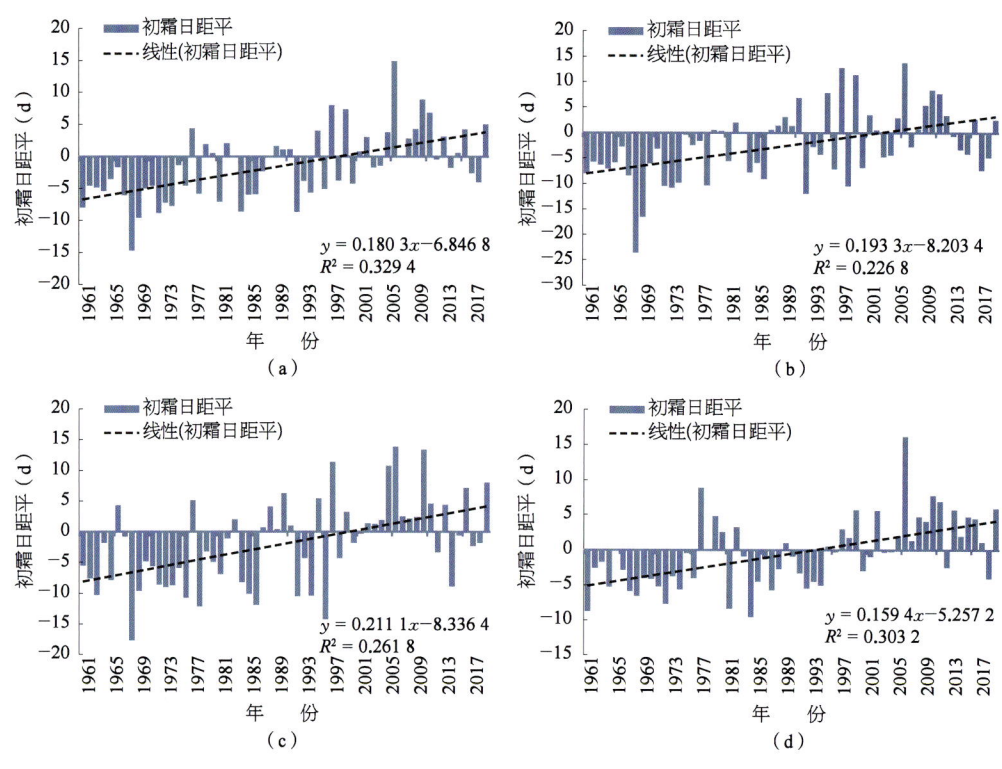

图 7-5·1961—2019 年新疆及各分区初霜日年变化

(a) 新疆；(b) 北疆；(c) 天山山区；(d) 南疆

(傅玮东、姚艳丽，2021 年)

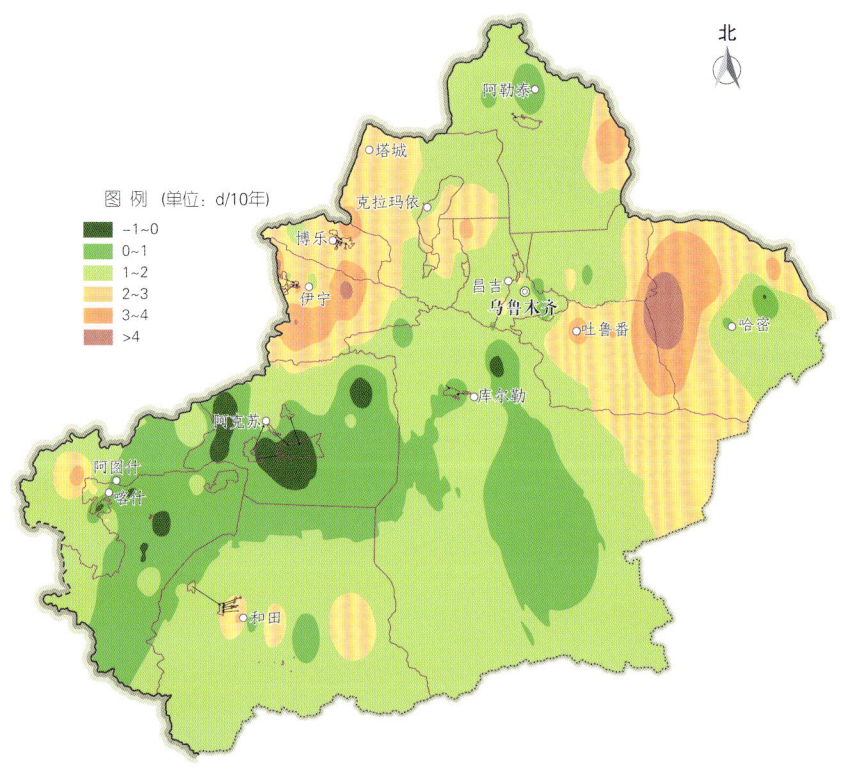

图 7-6·1961—2019 年新疆初霜日变化趋势的空间分布

4月18日,最早出现在2016年4月3日,比历年平均值提前15 d;最晚出现在1975年4月28日,比历年平均值推迟10 d。

北疆、天山山区、南疆各分区终霜日变化趋势与新疆区域一致,均呈现提前趋势。提前速率分别为1.64 d/10年、1.64 d/10年、2.41 d/10年,南疆提前速率较大,北疆和天山山区较小;北疆和天山山区提前速率小于新疆区域,南疆大于新疆区域。北疆、天山山区、南疆2011—2019年平均值比1960年代分别提前7.0 d、9.0 d、13.0 d。

北疆、天山山区、南疆历年平均终霜日分别为4月22日、5月20日、4月3日,最早分别出现在2016年4月5日、2015年5月4日、2016年3月20日,比历年平均值分别提前17 d、15 d、14 d;最晚分别出现在1975年5月10日、1985年6月5日、1962年4月14日,比历年平均值分别推迟18 d、16 d、11 d。最早均出现在2011—2019年间,最晚均出现在1980年代以前(图7-7)。

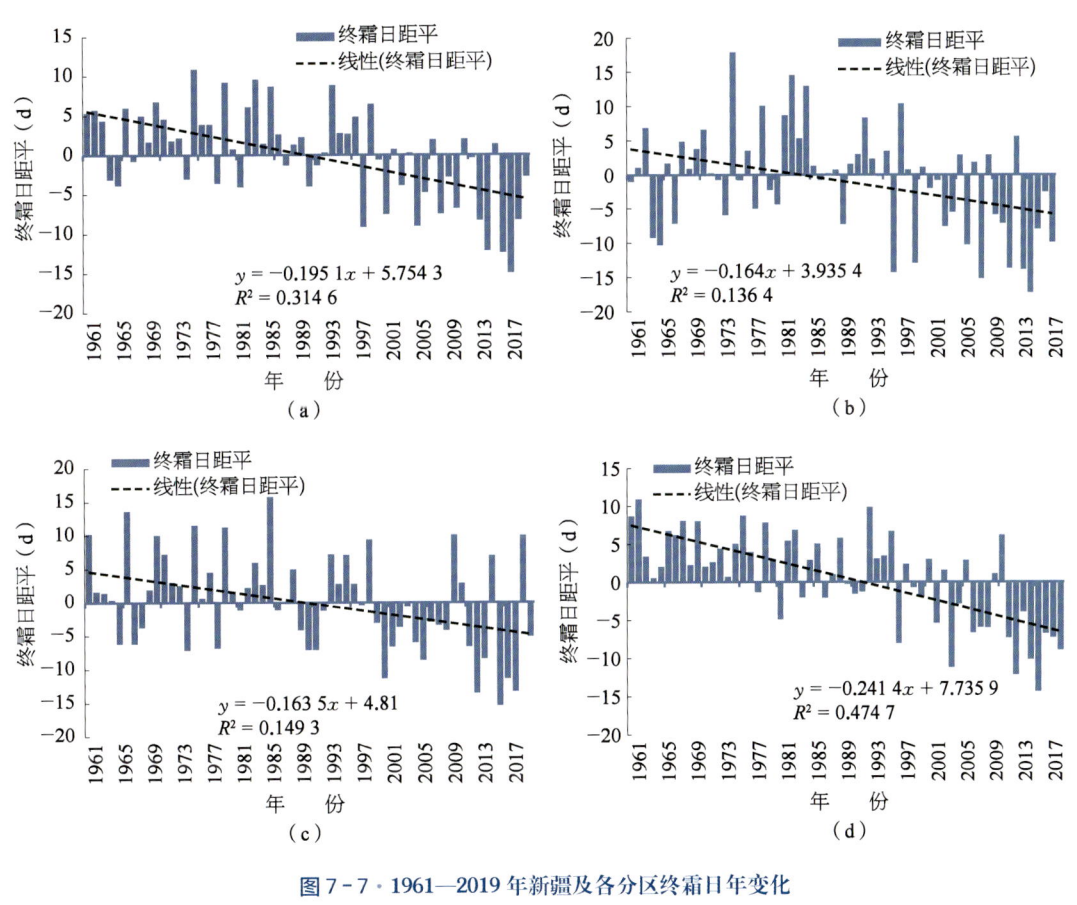

图7-7·1961—2019年新疆及各分区终霜日年变化

(a) 新疆;(b) 北疆;(c) 天山山区;(d) 南疆

(傅玮东、姚艳丽,2021年)

新疆终霜日变化趋势的空间分布差异较小,北疆阿勒泰、吉木萨尔和天山山区的巴仑台与伊吾以及南疆的库车与阿合奇终霜日呈推后趋势,推后速率在2 d/10年以内;全疆其他大部分地方呈提前趋势,其中提前速率大于 2 d/10 年的区域主要位于南疆塔里木盆地南部、东部的大部分地方以及北疆西部、东部、沿天山一带、天山山区个别地方。特克斯提前趋势最明显,趋势系数为−4.72 d/10 年,塔城次之,为−4.38 d/10 年;吉木萨尔推后趋势最明显,趋势系数为 2.31 d/10 年,巴仑台次之,为 1.51 d/10 年。可见,提前趋势大于推后趋势(图 7-8)。

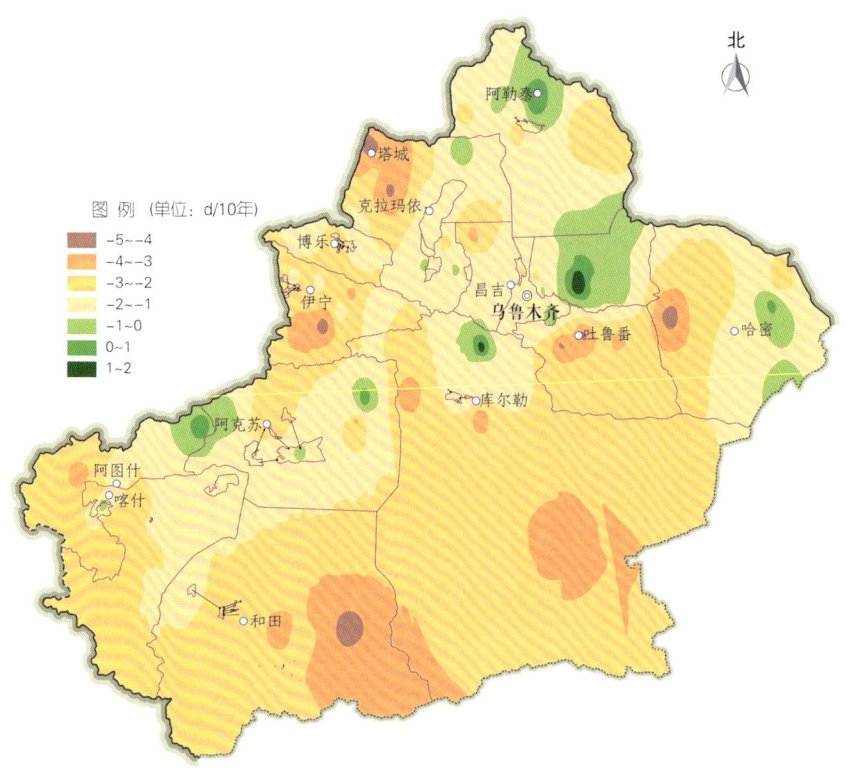

图 7-8·1961—2019 年新疆终霜日变化趋势的空间分布

(三) 无霜期

1961—2019 年,新疆区域平均无霜期呈明显的延长趋势,延长速率为 3.78 d/10 年。近 59 年,新疆无霜期呈波动延长趋势,2011—2019 年平均值比 1960 年代延长了 17.5 d。年际间波动明显,历年平均无霜期为 176.1 d,最大值出现在 2016 年,比历年平均值偏多 19.2 d;最小值出现在 1968 年,比历年平均值偏少 19.7 d。

北疆、天山山区、南疆各分区无霜期变化趋势与新疆区域一致,均呈现明显的延长趋势,延长速率分别为 3.56 d/10 年、3.78 d/10 年、3.95 d/10 年,南疆延长速率最大,北疆最小;南疆延长速率大于新疆区域,北疆、天山山区小于或接近新疆区域。北疆、天山山区、南疆 2011—2019 年平均值比 1960 年代分别延长 15.8 d、15.8 d、19.3 d。

北疆、天山山区、南疆历年平均无霜期分别为 170.0 d、121.5 d、199.7 d,最大值分别出现在 1997 年、2005 年、2016 年,比历年平均值分别偏多 27.2 d、19.3 d、18.8 d;最小值分别出现在 1968 年、1985 年、1961 年,比历年平均值分别偏少 28.4 d、25.8 d、17.4 d。最大值均出现在 1990 年代以后,最小值均出现在 1980 年代以前(图 7-9)。

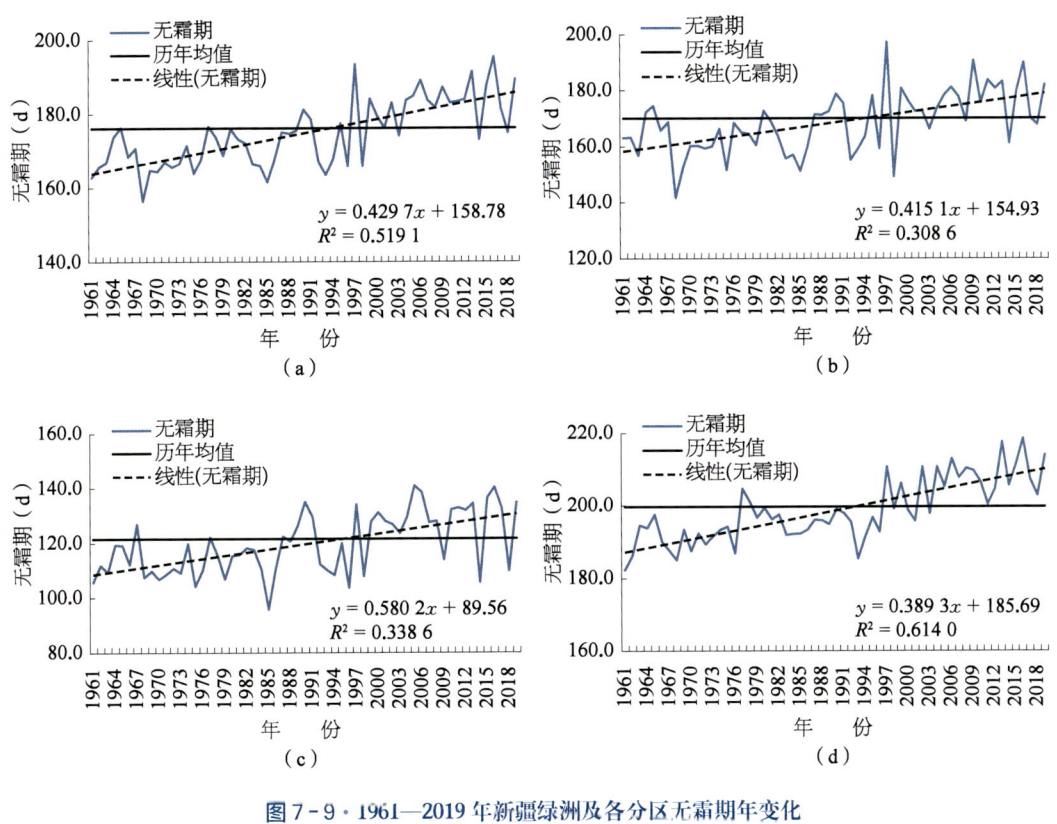

图 7-9 · 1961—2019 年新疆绿洲及各分区无霜期年变化

(a) 新疆;(b) 北疆;(c) 天山山区;(d) 南疆

(傅玮东、姚艳丽,2021 年)

新疆无霜期变化趋势的空间分布差异较小,仅北疆北部的阿勒泰和南疆的和硕、乌什、库车、阿拉尔、阿克陶以及天山山区东部的伊吾呈缩短趋势,缩短速率小于 1 d/10 年;全疆其他大部分地方呈延长趋势,其中北疆青河、塔城、额敏、托里、霍尔果斯、莫索湾和天山山区部分地方以及南疆吐鲁番市、乌恰、策勒、民丰增大速率大于 6 d/10 年,其他地方小于 6 d/10 年。特克斯延长趋势最明显,趋势系数为 8.38 d/10 年,尼勒克次之,为 7.88 d/10 年;库车缩短趋势最明显,趋势系数为 -2.21 d/10 年,乌什次之,为 -0.60 d/10 年。可见,延长趋势远远大于缩短趋势(图 7-10)。

四、新疆绿洲不同界限温度积温的变化

(一) 稳定≥0℃积温

1961—2019 年,新疆区域平均稳定≥0℃积温呈明显增多趋势,增多速率为 70.58℃·d/10 年。1990 年代中期以前变化趋势不明显,1990 年代中期以后出现了明显增多趋势,2011—2019 年平均值比 1960 年代增多了 320.3℃·d。年际间波动明显,历年平均≥0℃积

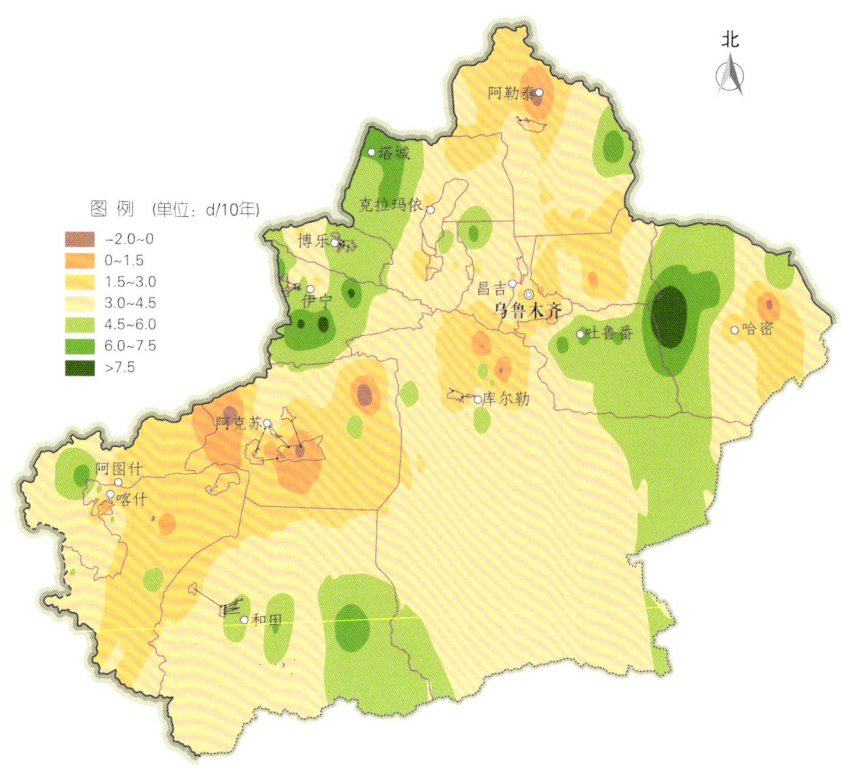

图 7-10·1961—2019 年新疆无霜期变化趋势的空间分布

温为 3 778.0℃·d,最大值出现在 2008 年,比历年平均值偏多 324.8℃·d;最小值出现在 1972 年,比历年平均值偏少 274.2℃·d。

北疆、天山山区、南疆各分区≥0℃积温变化趋势与新疆区域一致,均呈现明显的增多趋势,增多速率分别为 71.08℃·d/10 年、63.37℃·d/10 年、72.66℃·d/10 年,南疆增多速率最大,天山山区最小;北疆、南疆增多速率大于新疆区域,天山山区小于新疆区域。北疆、天山山区、南疆 2011—2019 年平均值比 1960 年代分别增多了 343.2℃·d、278.4℃·d、316.8℃·d。

北疆、天山山区、南疆历年平均≥0℃积温分别为 3 639.0℃·d、2 376.1℃·d、4 371.6℃·d,最大值分别出现在 1997 年、1997 年、2016 年,比历年平均值分别偏多 484.4℃·d、321.6℃·d、351.2℃·d;最小值分别出现在 1969 年、1993 年、1972 年,比历年平均值分别偏少 376.0℃·d、276.4℃·d、278.5℃·d。最大值均出现在 1990 年代后期以后,最小值出现在 1990 年代前期以前(图 7-11)。

新疆≥0℃积温变化趋势的空间分布差异较小,仅北疆的乌鲁木齐和南疆的乌什、库车、柯坪、阿克陶呈减少趋势,减少速率在 3~60℃·d/10 年;全疆其他绝大部分地方呈增多趋势,其中北疆北部、西部、北疆沿天山一带个别地区以及吐鲁番市高昌区、哈密市部分、阿克苏、阿拉尔、轮台、且末、英吉沙、和田地区部分增多速率大于 100℃·d/10 年,其他地方小于 100℃·d/10 年。淖毛湖增多趋势最明显,趋势系数为 141.66℃·d/10 年,吐鲁番市高昌区

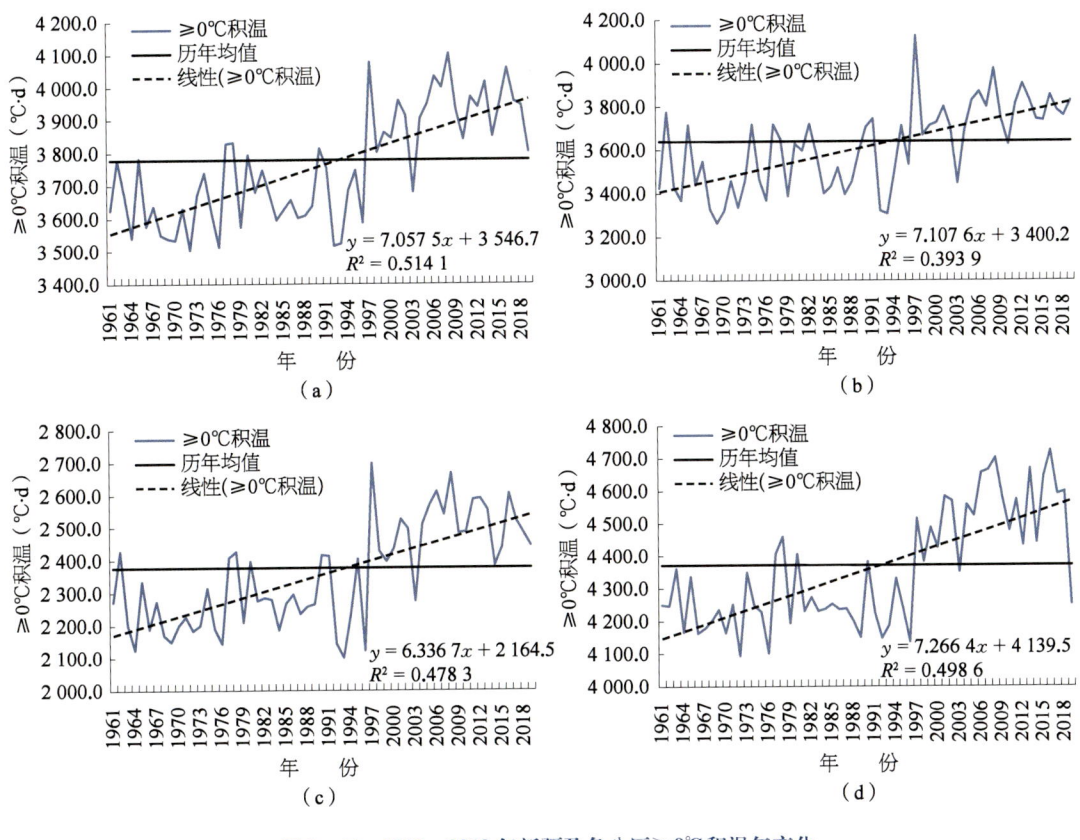

图 7-11 · 1961—2019 年新疆及各分区≥0℃积温年变化

(a) 新疆;(b) 北疆;(c) 天山山区;(d) 南疆

(傅玮东、姚艳丽,2021 年)

和察布查尔次之,分别为 138.76℃·d/10 年、138.08℃·d/10 年;库车减少趋势最明显,趋势系数为 -55.53℃·d/10 年,柯坪次之,为 -36.62℃·d/10 年。可见,增多趋势远远大于减少趋势(图 7-12)。

(二) 稳定≥10℃积温

1961—2019 年,新疆区域平均稳定≥10℃积温呈明显增多趋势,增多速率为 61.97℃·d/10 年,比≥0℃积温的增多趋势小。1990 年代以前变化趋势不明显,1990 年代以后出现明显增多趋势,2011—2019 年平均值比 1960 年代增多了 315.2℃·d。年际间波动明显,历年平均≥10℃积温为 3 325.1℃·d,最大值出现在 2016 年,比历年平均值偏多 456.4℃·d;最小值出现在 1992 年,比历年平均值偏少 317.9℃·d。

北疆、天山山区、南疆各分区≥10℃积温变化趋势与新疆区域一致,均呈现明显的增多趋势,增多速率分别为 63.88℃·d/10 年、58.74℃·d/10 年、62.00℃·d/10 年,北疆增多速率最大,天山山区最小;北疆、南疆增多速率大于新疆区域,天山山区小于新疆区域。北疆、天山山区、南疆 2011—2019 年平均值比 1960 年代分别增多 315.5℃·d、264.6℃·d、333.9℃·d。

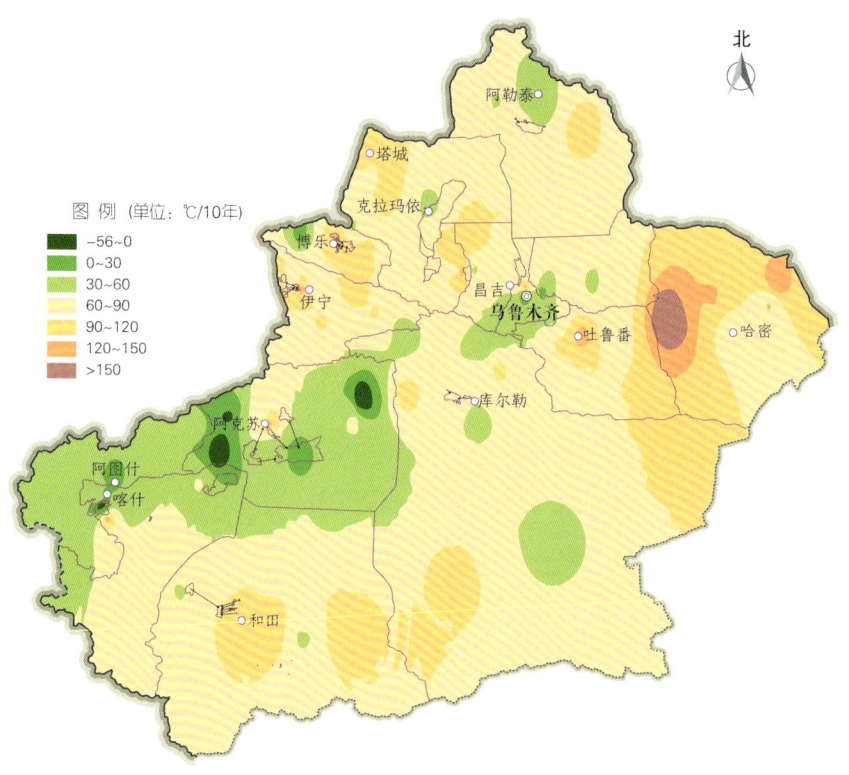

图 7-12 · 1961—2019 年新疆≥0℃积温变化趋势的空间分布

北疆、天山山区、南疆历年平均≥10℃积温分别为 3 154.3℃·d、1 861.8℃·d、3 927.0℃·d,最大值分别出现在 1997 年、2008 年、2016 年,比历年平均值分别偏多 554.7℃·d、475.2℃·d、581.5℃·d;最小值分别出现在 1992 年、1975 年、1968 年,比历年平均值分别偏少 457.2℃·d、362.5℃·d、308.2℃·d。最大值均出现在 1990 年代后期以后,最小值出现在 1990 年代前期以前(图 7-13)。

新疆≥10℃积温变化趋势的空间分布差异较小,与≥0℃积温变化趋势的空间分布相似,仅北疆的温泉以及天山山区两侧的个别地方呈减少趋势,减少速率小于 60℃·d/10 年;全疆其他绝大部分地方呈增多趋势,其中北疆西部、沿天山一带以及吐鲁番市高昌区、哈密市部分地区、阿克苏、轮台、且末、英吉沙及和田部分地方增多速率大于 100℃·d/10 年,其他地方小于 100℃·d/10 年。淖毛湖增多趋势最明显,趋势为 145.43℃·d/10 年,察布查尔次之,为 139.43℃·d/10 年;库车减少趋势最明显,趋势为 -55.55℃·d/10 年,柯坪次之,为 -45.47℃·d/10 年。可见,增多趋势远远大于减少趋势(图 7-14)。

(三) 稳定≥15℃积温

1961—2019 年,新疆区域平均稳定≥15℃积温呈明显增多趋势,增多速率为 71.18℃·d/10 年,比≥0℃积温、≥10℃积温的增多趋势大。1990 年代中期以前变化趋势不明显,1990 年代中期以后出现明显增多趋势;2011—2019 年平均值比 1960 年代增多 351.3℃·d。年际间波动明显,历年平均≥15℃积温为 2 737.9℃·d,最大值出现在 2016 年,比历年平均值偏

第七章·新疆绿洲棉区气候变化特征及其应对策略

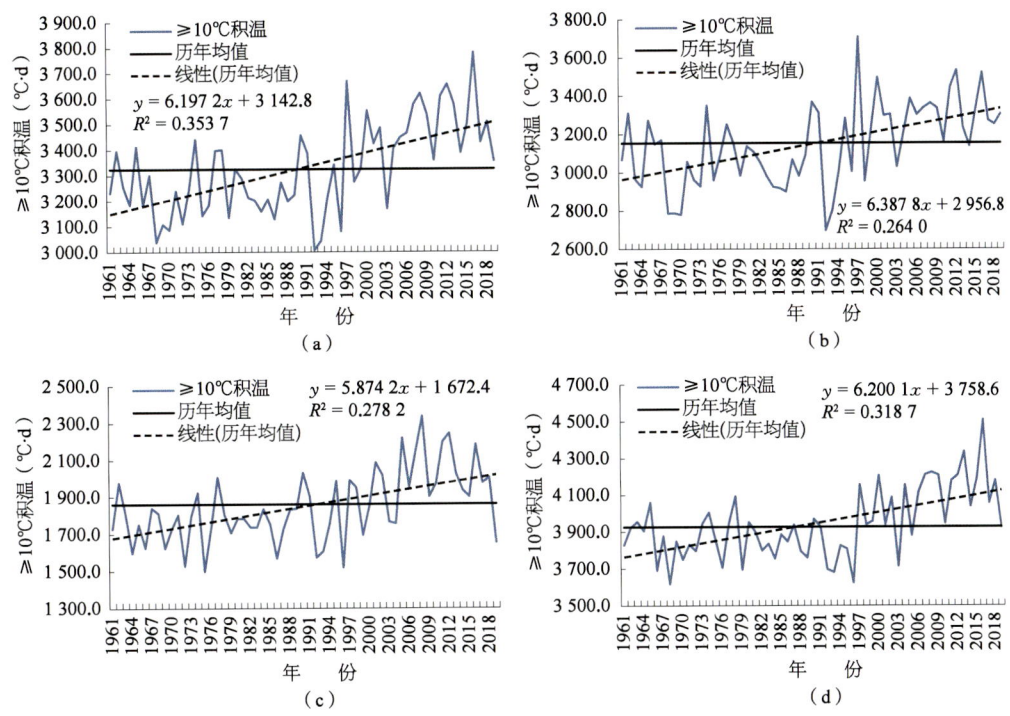

图 7-13·1961—2019 年新疆及各分区≥10℃积温年变化

(a) 新疆;(b) 北疆;(c) 天山山区;(d) 南疆

(傅玮东、姚艳丽,2021 年)

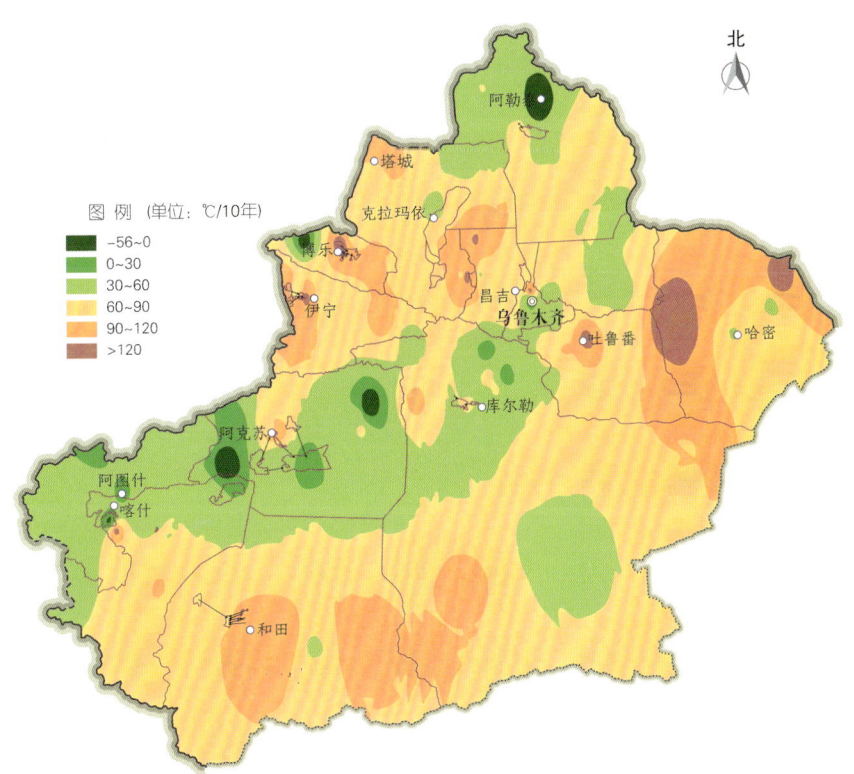

图 7-14·1961—2019 年新疆≥10℃积温变化趋势的空间分布

多 490.6℃·d;最小值出现在 1993 年,比历年平均值偏少 396.6℃·d,可见 1990 年代以后年际间波动加大。

北疆、天山山区、南疆各分区≥15℃积温变化趋势与新疆区域一致,均呈现明显的增多趋势,增多速率分别为 60.38℃·d/10 年、78.98℃·d/10 年、79.81℃·d/10 年,南疆增多速率最大,北疆最小;南疆、天山山区增多速率大于新疆区域,北疆小于新疆区域。北疆、天山山区、南疆 2011—2019 年平均值比 1960 年代分别增多 289.0℃·d、372.5℃·d、409.8℃·d。

北疆、天山山区、南疆历年平均≥15℃积温分别为 2 497.4℃·d、1 116.5℃·d、3 408.9℃·d,最大值分别出现在 2012 年、2011 年、2016 年,比历年平均值分别偏多 432.1℃·d、472.2℃·d、586.5℃·d;最小值分别出现在 1992 年、1972 年、1982 年,比历年平均值分别偏少 487.8℃·d、458.8℃·d、495.2℃·d。最大值均出现在 2011—2019 年间,最小值出现在 1990 年代前期以前(图 7-15)。

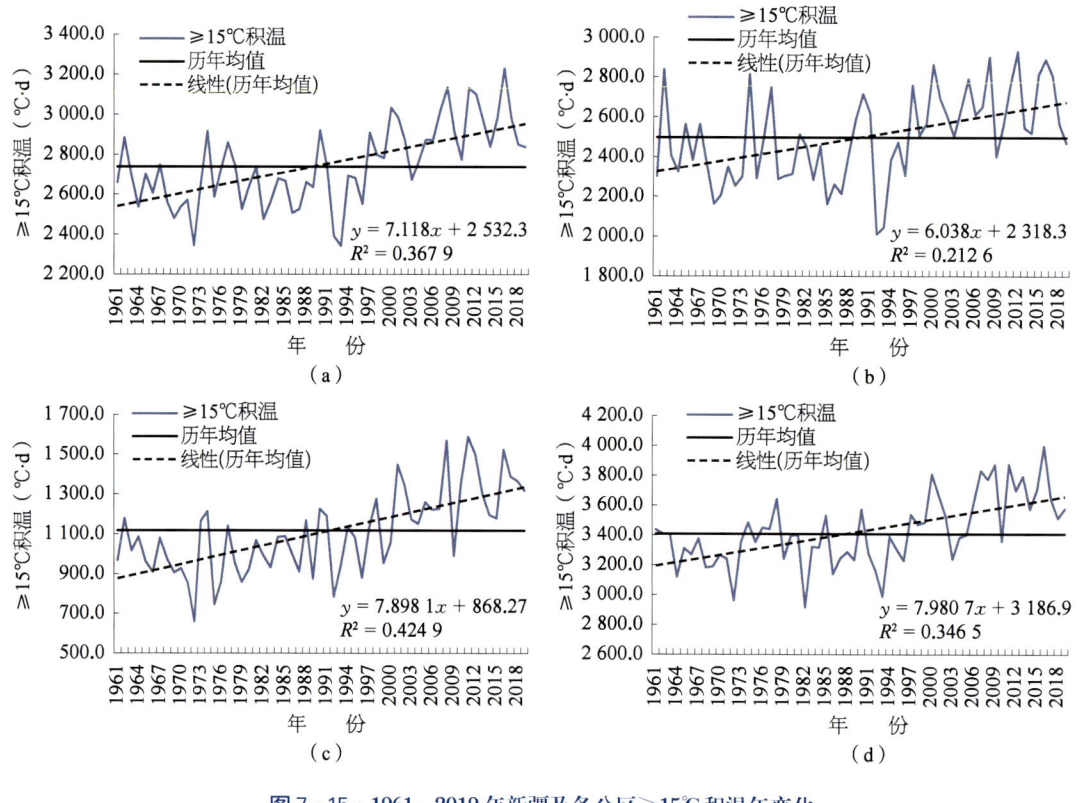

图 7-15·1961—2019 年新疆及各分区≥15℃积温年变化

(a) 新疆;(b) 北疆;(c) 天山山区;(d) 南疆

(傅玮东、姚艳丽,2021 年)

新疆≥15℃积温变化趋势的空间分布差异较小,与≥0℃积温、≥10℃积温变化趋势的空间分布相似,仅北疆的温泉以及天山山区两侧的个别地方呈减少趋势,减少速率小于 100℃·d/10 年;全疆其他绝大部分地方呈增多趋势,其中北疆北部与东部的个别地区、伊犁河谷大部以及吐鲁番市部分、南疆西部和南部部分地方、哈密市大部增多速率大于 100℃·d/10 年,其他地方小于 100℃·d/10 年。和田增多趋势最明显,趋势为 154.21℃·d/10 年,民丰和策勒次之,分别为 150.37℃·d/10 年、149.45℃·d/10 年;库车减少趋势最明显,趋势为 -67.99℃·d/10 年,乌鲁木齐次之,为 -40.92℃·d/10 年。可见,增多趋势远远大于减少趋势(图 7-16)。

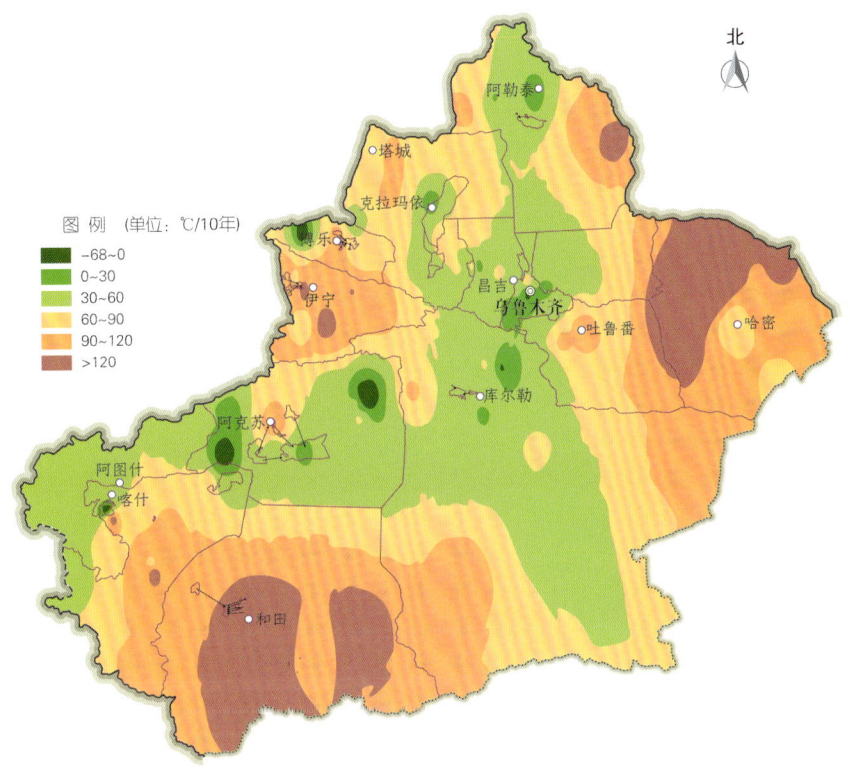

图 7-16 · 1961—2019 年新疆≥15℃积温变化趋势的空间分布

(四) 稳定≥20℃积温

1961—2019 年,新疆区域平均稳定≥20℃积温呈明显增多趋势,增多速率为 57.70℃·d/10 年,比≥0℃积温、≥10℃积温及≥15℃积温的增多趋势小。1990 年代以前变化趋势不明显,1990 年代以后出现明显增多趋势,2011—2019 年平均值比 1960 年代增多 254.9℃·d。年际间波动明显,历年平均≥20℃积温为 1 761.8℃·d,最大值出现在 2008 年,比历年平均值偏多 459.8℃·d;最小值出现在 1972 年,比历年平均值偏少 473.4℃·d。

北疆、天山山区、南疆各分区≥20℃积温变化趋势与新疆区域一致,均呈现明显的增多趋势,增多速率分别为 64.08℃·d/10 年、45.74℃·d/10 年、70.05℃·d/10 年,南疆增多速率最大,天山山区最小;北疆、南疆增多速率大于新疆区域,天山山区小于新疆区域。北疆、天山山区、南疆 2011—2019 年平均值比 1960 年代分别增多 378.1℃·d、286.4℃·d、199.5℃·d。

北疆、天山山区、南疆历年平均≥20℃积温分别为 1 379.4℃·d、356.2℃·d、2 359.4℃·d,最大值分别出现在 2008 年、2014 年、2008 年,比历年平均值分别偏多 623.8℃·d、301.2℃·d、464.2℃·d;最小值分别出现在 1993 年、1993 年、1972 年,比历年平均值分别偏少 444.4℃·d、205.5℃·d、591.4℃·d。最大值均出现在 2000 年代以后,最小值出现在 1970 年代和 1990 年代(图 7-17)。

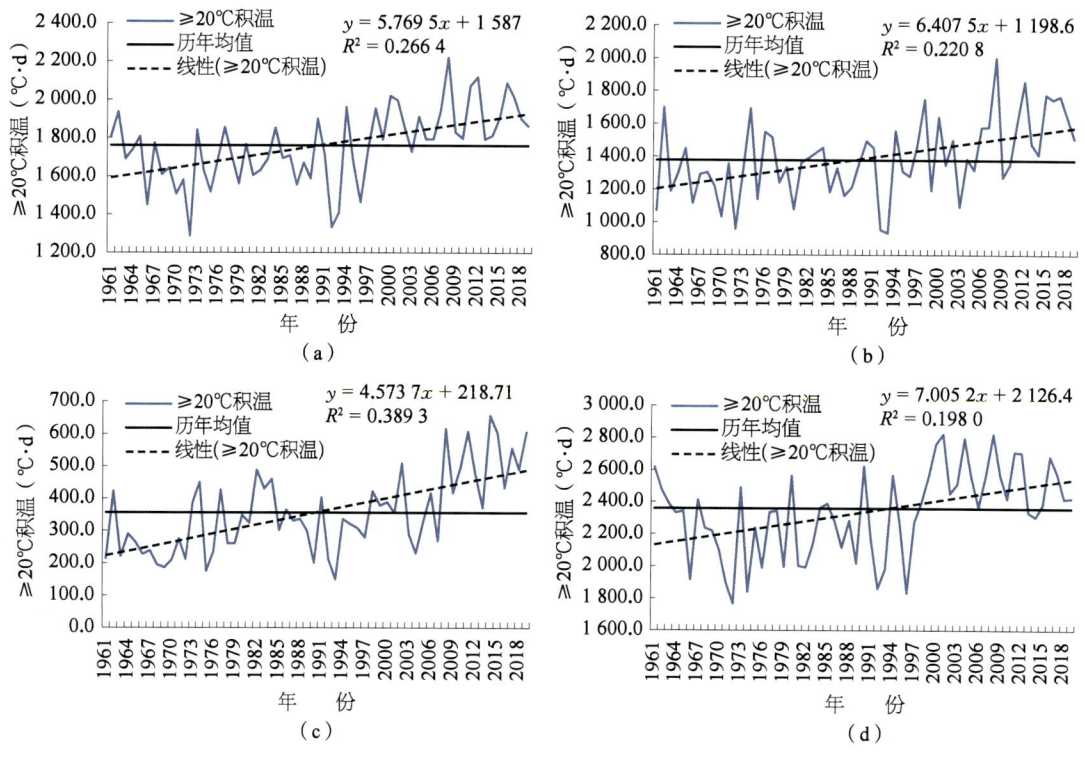

图 7-17·1961—2019 年新疆及各分区≥20℃积温年变化

(a) 新疆;(b) 北疆;(c) 天山山区;(d) 南疆

(傅玮东、姚艳丽,2021 年)

新疆≥20℃积温变化趋势的空间分布差异较小,与≥0℃积温、≥10℃积温、≥15℃积温变化趋势的空间分布相似。仅北疆的阿勒泰、温泉以及天山山区两侧的个别地方呈减少趋势,减少速率小于 100℃·d/10 年;全疆其他绝大部分地方呈增多趋势,其中北疆北部、东部、西部部分地区以及天山南麓个别地方、塔里木盆地南缘大部分地区增多速率大于 100℃·d/10 年,其他地方小于 100℃·d/10 年。温宿增多趋势最明显,趋势系数为 189.62℃·d/10 年,且末次之,为 168.01℃·d/10 年;库车减少趋势最明显,趋势系数为 -97.30℃·d/10 年,阿克陶次之,为 -84.17℃·d/10 年。可见,增多趋势大于减少趋势(图 7-18)。

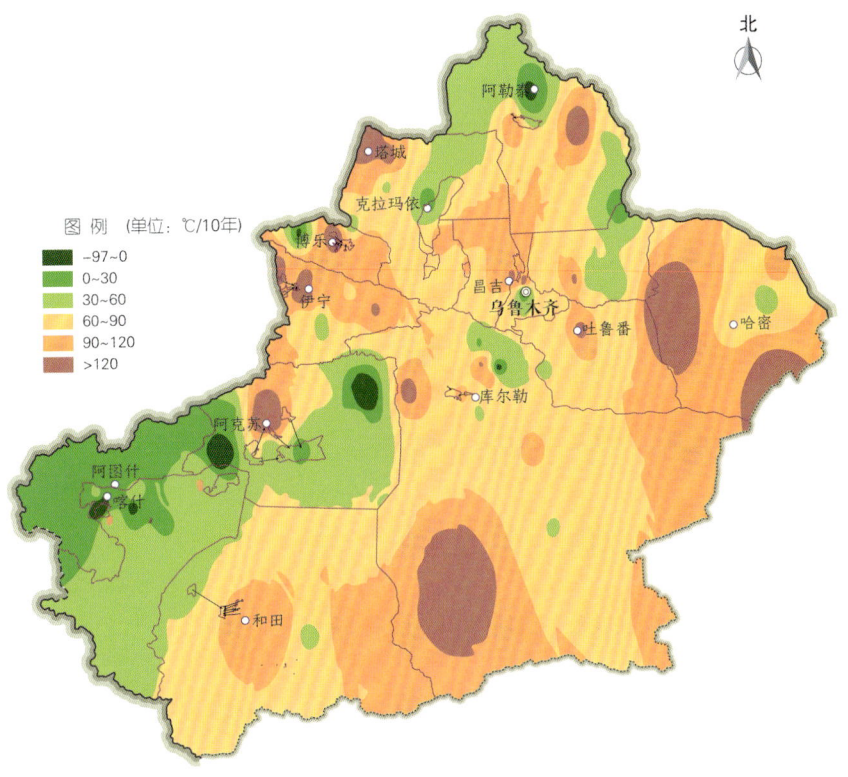

图 7-18 · 1961—2019 年新疆≥20℃积温变化趋势的空间分布

第二节 · 新疆绿洲主产棉区气候变化

研究表明,在新疆棉花生产的光、热、水条件中,以热量的变化对棉花生产影响最大。近年来新疆的气候变化,尤其是棉花生长季热量状况的改变,已对棉花生产产生了较大的影响。

一、棉花生长季气温变化

▶ **(一) 气温空间分布特征**

新疆棉区棉花生长季(4—10月,下同)平均气温分布基本同年平均气温分布,南疆高于北疆,东部高于西部。南疆大部棉区在19~21℃,北疆棉区大部在17~20℃,东部的吐鄯托盆地最高为25℃左右。

从近59年新疆棉区棉花生长季平均气温年代际变化来看,新疆棉区21世纪以来生长季平均气温高于21世纪以前各年代,且高于1961—2019年的平均值;尤其21世纪前10年升温最明显,平均气温较1990年代增高0.6℃。1990年代以前各年代生长季平均气温变化不大,且均低于1961—2019年平均值,1960年代最低。

各棉区棉花生长季平均气温年代际变化基本同新疆棉区,21世纪以来平均气温高于59年平均值和21世纪以前各年代平均气温,21世纪前10年升温最明显;1990年代以前低于59年平均值,其中1970年代高于1960年代和1980年代(表7-1)。

表7-1·新疆主棉区及各棉区棉花生长季(4—10月)平均气温年代际变化

(傅玮东、姚艳丽,2021年)

棉 区	平均气温(℃)						
	1961—1970	1971—1980	1981—1990	1991—2000	2001—2010	2011—2019	59年平均
新疆棉区	19.5	19.7	19.6	19.9	20.5	20.7	20.0
北疆棉区	17.8	18.2	18.2	18.7	19.1	19.4	18.6
阿克苏和巴州棉区	19.8	19.8	19.7	20.0	20.6	20.5	20.1
南疆西部棉区	20.0	20.4	20.0	20.1	20.9	21.1	20.4

新疆棉区棉花生长季平均气温为20.0℃,其中北疆棉区为18.6℃,南疆西部棉区、阿克苏和巴州棉区分别为20.4℃、20.1℃(图7-19)。

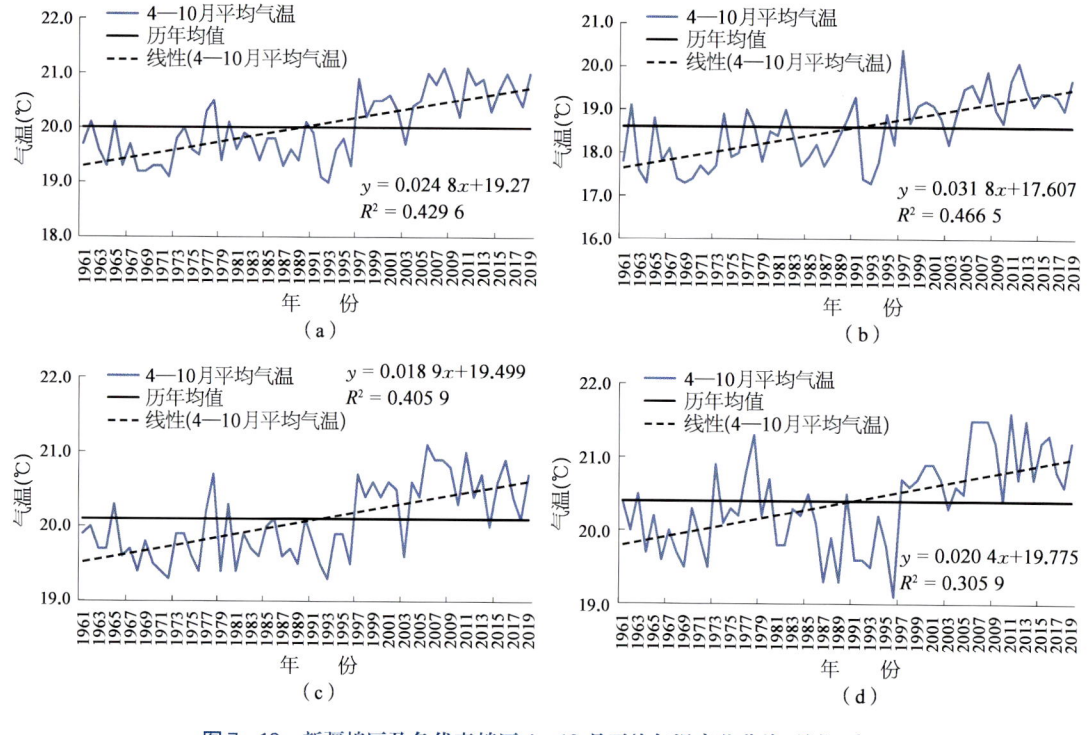

图7-19·新疆棉区及各代表棉区4—10月平均气温变化曲线(单位:℃)

(a)新疆棉区 (b)北疆棉区 (c)阿克苏和巴州棉区 (d)南疆西部棉区

(傅玮东、姚艳丽,2021年)

近 59 年,新疆棉区及北疆棉区、阿克苏和巴州棉区、南疆西部棉区生长季平均气温均呈现增温趋势,新疆棉区以 0.25℃/10 年的速率增加,各棉区中北疆棉区增温最明显,速率为 0.32℃/10 年,其次是南疆西部棉区为 0.20℃/10 年,阿克苏和巴州棉区为 0.19℃/10 年。

在全球气候变暖的背景下,尤其是进入 20 世纪 90 年代中后期以来,新疆棉区及各棉区棉花生长季平均气温升温趋势也更为显著,平均气温最高的年份也都出现在近 30 年;其中,北疆棉区出现在 1997 年(平均 20.4℃),阿克苏和巴州棉区出现在 2006 年(平均 21.1℃),南疆西部棉区出现在 2011 年(平均 21.6℃)。

(二) 积温

年平均气温虽能表示某地总的冷暖程度,但它不能准确表示当地可供农作物利用的热量资源。指示农作物生长发育及农事活动开始和终止的温度称为农业界限温度,简称界限温度。不同的界限温度的初日、终日、初终间持续日数和累积温度(即积温)在农业生产中各有不同的意义,对棉花生产影响较大的界限温度有 10℃、15℃、20℃。

1. 稳定≥10℃初(终)日、持续日数与积温

(1) 新疆棉区:日平均气温稳定通过 10℃的初日平均出现在 4 月 5 日,终日平均出现在 10 月 16 日;持续日数平均为 195 d,最长出现于 1997 年为 217 d,最短出现于 1968 年为 173 d,最长与最短极差为 44 d。≥10℃积温平均 4 132.8℃·d,最多出现于 2016 年 4 573.0℃·d,最少出现于 1992 年 3 752.0℃·d,最多与最少极差 821.0℃·d。从近 59 年变化来看,日平均气温稳定通过 10℃初日提早、终日推迟,持续日数明显延长,≥10℃积温以 80.28℃·d/10 年的速率显著增加(表 7-2)。

表 7-2 · 稳定≥10℃初(终)日、持续日数、积温平均值和变化趋势

(傅玮东、姚艳丽,2021 年)

棉 区	初 日		终 日		持续日数(d)		积温(℃·d)	
	平均	日变化	平均	日变化	平均	日变化	平均	日变化
新疆棉区	4 月 5 日	−0.183 8	10 月 16 日	0.082 2	195	0.266	4 132.8	8.028**
北疆棉区	4 月 15 日	−0.174 9	10 月 7 日	0.147 9	175	0.327 9	3 661.4	9.122**
阿克苏和巴州棉区	4 月 2 日	−0.143 1	10 月 17 日	0.023 3	199	0.166 4	4 176.4	5.767 1**
南疆西部棉区	3 月 28 日	−0.232 7	10 月 22 日	0.060 5	209	0.293 2*	4 344.2	8.311 4**

注:表中日变化项,* 表示显著水平通过 0.05 的信度检验,** 表示显著水平通过 0.01 的信度检验。

(2) 北疆棉区:日平均气温稳定通过 10℃的初日平均出现在 4 月 15 日,终日平均出现在 10 月 7 日;持续日数平均为 176 d,最长出现于 1997 年为 210 d,最短出现于 1968 年为 147 d,极差为 63 d。≥10℃积温平均为 3 661.4℃·d,最多出现于 1997 年 4 365.3℃·d,最少出现于 1992 年 3 089.4℃·d,极差为 1 275.9℃·d。

(3) 阿克苏和巴州棉区:日平均气温稳定通过 10℃的初日平均出现在 4 月 2 日,终日平均出现在 10 月 17 日;持续日数平均为 199 d,最长出现于 2013 年为 221 d,最短出现于 2003 年为 173 d,极差为 48 d。≥10℃积温平均 4 176.4℃·d,最多出现于 2016 年 4 595.1℃·d,

最少出现于 2003 年 3 756.2℃·d,极差 838.9℃·d。

(4) 南疆西部棉区:日平均气温稳定通过 10℃的初日平均出现在 3 月 28 日,终日平均出现在 10 月 22 日;持续日数平均为 209 d,最长出现于 2013 年为 234 d,最短出现于 1996 年为 189 d,极差为 45 d。≥10℃积温平均为 4 344.2℃·d,最多出现于 2013 年为 4 905.9℃·d,最少出现于 1969 年为 3 775.9℃·d,极差为 1 130.0℃·d。

从近 59 年变化来看,各代表棉区日平均气温稳定通过 10℃的初日均提早、终日推迟,持续日数延长,其中北疆棉区持续日数以 3.28 d/10 年的速率显著延长;≥10℃积温均显著增加,北疆棉区、阿克苏和巴州棉区、南疆西部棉区分别为 91.22℃·d/10 年、57.67℃·d/10 年、83.11℃·d/10 年的速率增加。

新疆棉区日平均气温稳定通过 10℃初日、终日、持续日数与积温的年代际变化(图 7-20)如下:

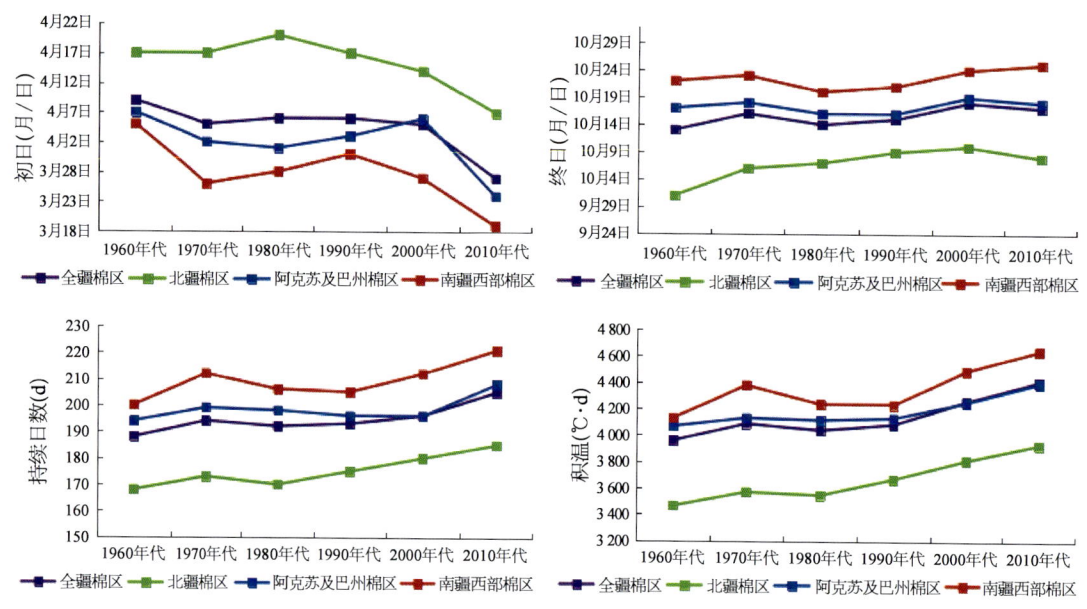

图 7-20 · ≥10℃积温、持续日数、初终日期的年代变化
(傅玮东、姚艳丽,2021 年)

(5) 初日:新疆棉区 1970 年代比 1960 年代明显提早,1980 年代和 1990 年代持平,均较 1970 年代推迟,21 世纪初略提早,2010 年代显著提早。北疆棉区变化趋势与全疆棉区基本一致,1970 年代与 1960 年代持平,1980 年代比 1970 年代推迟,1990 年代以来持续提早,2010 年代显著提早;阿克苏和巴州棉区 1970 年代和 1980 年代变化不大,比 1960 年代明显提早,1990 年代以来比 1980 年代持续推迟,但 2010 年代显著提早;南疆西部棉区 1970 年代比 1960 年代明显提早,1980 年代和 1990 年代较 1970 年代持续推迟,21 世纪以来持续提早。尤其进入 2010 年代以来,新疆棉区及各代表棉区均较多年平均偏早 8~10 d。

(6) 终日:新疆棉区 1970 年代、1980 年代和 1990 年代终日出现的早晚变化不大,均比 1960 年代推迟,21 世纪以来继续推迟。北疆棉区 1970 年代和 1980 年代变化不大,比 1960 年代明显推迟,1990 年代以来持续推迟,但 2010 年代比 21 世纪初略有提早;阿克苏和巴州棉区变化趋势与全疆棉区基本一致,1980 年代与 1990 年代持平,1960 年代、1970 年代与 20 世纪以来变化不大,比 1990 年代推迟;南疆西部棉区 1970 年代比 1960 年代推迟,1980 年代比 1970 年代明显提早,1990 年代以来持续推迟。尤其进入 2010 年代以来,北疆棉区终日出现的平均日期与多年平均持平,新疆棉区及其余代表棉区均较多年平均偏晚 1~2 d。

(7) 持续日数:新疆棉区 1970 年代、1980 年代和 1990 年代的持续日数变化不大,均比 1960 年代延长,21 世纪以来持续明显延长,尤其 2010 年代比多年平均延长 11 d。北疆棉区 1960 年代最短,1970 年代比 1960 年代明显延长,1980 年代缩短,1990 年代以来持续延长;阿克苏和巴州棉区 1960 年代最短,1970 年代比 1960 年代明显延长,1980 年代以来持续缩短,但变化幅度不大,2010 年代明显延长;南疆西部棉区 1960 年代最短,1970 年代比 1960 年代明显延长,1980 年代、1990 年代持续缩短,21 世纪以来持续明显延长,尤其 2010 年代比多年平均延长 12 d。2010 年代,新疆棉区及各代表棉区日平均气温稳定通过 10℃的持续日数均为近 59 年中最长的时段。

(8) 积温:新疆棉区 1960 年代最少,1970 年代增加,1980 年代减少,1990 年代以来持续增加。北疆棉区变化趋势与全疆棉区一致;阿克苏和巴州棉区 1960 年代最少,1970 年代、1980 年代和 1990 年代变化不大,比 1960 年代增加,21 世纪以来持续明显增加;南疆西部棉区 1960 年代最少,1970 年代比 1960 年代明显增加,1980 年代、1990 年代持续减少,21 世纪以来明显增加。尤其进入 21 世纪以来,新疆棉区及各代表棉区≥10℃的积温持续增加,其中 2010 年代均为近 59 年中最多的 10 年,均比多年平均增加 216~294℃·d。

2. 稳定≥15℃初(终)日、持续日数与积温

(1) 新疆棉区:日平均气温稳定通过 15℃的初日平均出现在 4 月 29 日,终日平均出现在 9 月 29 日;持续日数平均为 154 d,最长出现于 2013 年为 175 d,最短出现于 1982 年为 134 d,最长与最短极差为 41 d。≥15℃积温平均为 3 407.7℃·d,最多出现于 2016 年为 4 035.8℃·d,最少出现于 1982 年为 3 143.6℃·d,最多与最少极差为 892.2℃·d。从其近 59 年变化来看,日平均气温稳定通过 15℃初日提早,终日推迟,持续日数延长,≥15℃积温以 78.63℃·d/10 年的速率显著增加(表 7-3)。

表 7-3 · 稳定≥15℃初(终)日、持续日数与积温平均值和变化趋势

(傅玮东、姚艳丽,2021 年)

棉 区	初 日		终 日		持续日数(d)		积温(℃·d)	
	平均	日变化	平均	日变化	平均	日变化	平均	日变化
新疆棉区	4 月 29 日	−0.146 5	9 月 29 日	0.122 3	154	0.268 8*	3 540.7	7.862 7**
北疆棉区	5 月 9 日	−0.069 5	9 月 20 日	0.125 7	135	0.195 2	3 068.3	6.893 2*
阿克苏和巴州棉区	4 月 26 日	−0.062 4	10 月 1 日	0.101 5	159	0.163 9	3 598.5	5.339 8
南疆西部棉区	4 月 25 日	−0.298 8	10 月 4 日	0.137 1	164	0.435 9*	3 695.7	10.486 1*

注:表中日变化项,* 表示显著水平通过 0.05 的信度检验,** 表示显著水平通过 0.01 的信度检验。

(2) 北疆棉区:日平均气温稳定通过15℃的初日平均出现在5月9日,终日平均出现在9月20日;持续日数平均为135 d,最长出现于2000年为160 d,最短出现于1985年为109 d,极差为51 d。≥15℃积温平均为3 068.3℃·d,最多出现于2000年为3 640.8℃·d,最少出现于1985年为2 533.7℃·d,极差为1 107.1℃·d。

(3) 阿克苏和巴州棉区:日平均气温稳定通过15℃的初日平均出现在4月26日,终日平均出现在10月1日;持续日数平均为159 d,最长出现于2009年为186 d,最短出现于1982年为132 d,极差为54 d。≥15℃积温平均为3 598.5℃·d,最多出现于2009年为4 131.2℃·d,最少出现于1982年为3 072.1℃·d,极差为1 059.1℃·d。

(4) 南疆西部棉区:日平均气温稳定通过15℃的初日平均出现在4月25日,终日平均出现在10月4日;持续日数平均为164 d,最长出现于2013年为196 d,最短出现于1972年为130 d,极差为66 d。≥15℃积温平均为3 695.7℃·d,最多出现于2013年为4 390.2℃·d,最少出现于1972年为2 856.8℃·d,极差为1 533.4℃·d。

从近59年变化来看,各代表棉区日平均气温稳定通过15℃的初日均提早、终日推迟,持续日数延长,其中南疆西部棉区持续日数以4.36 d/10年的速率显著延长;≥15℃积温均显著增加,北疆棉区、阿克苏和巴州棉区、南疆西部棉区的增加速率分别为68.93℃·d/10年、53.40℃·d/10年、104.86℃·d/10年。其中北疆棉区和南疆西部棉区的增加趋势通过0.05的信度检验。

新疆棉区日平均气温稳定通过15℃初日、终日、持续日数与积温的年代变化(图7-21)如下。

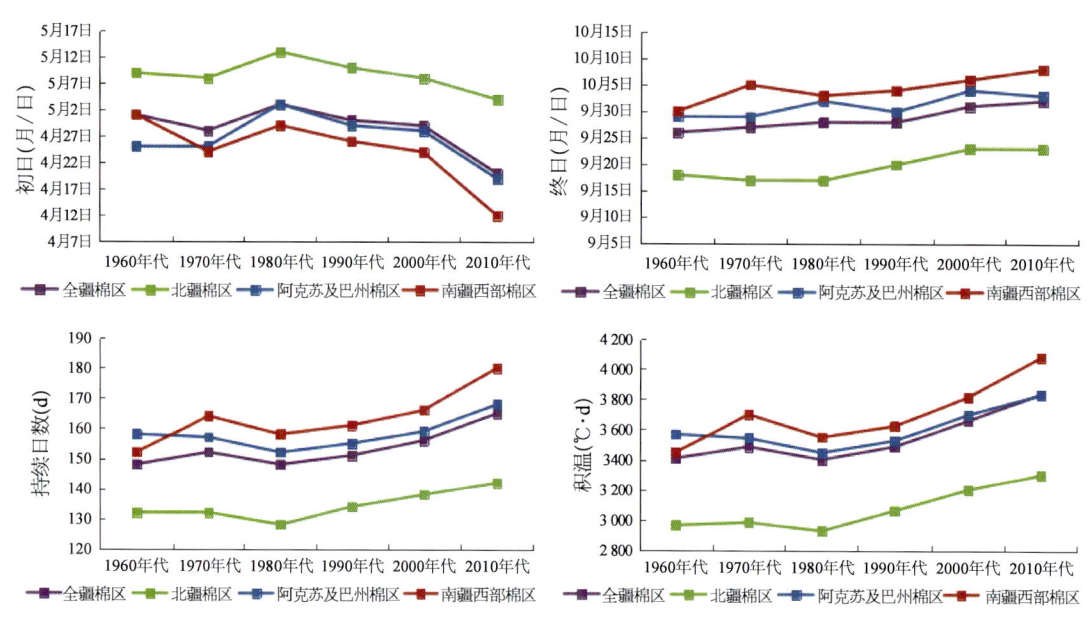

图7-21·≥15℃积温、持续日数、初终日期的年代变化

(傅玮东、姚艳丽,2021年)

(5) 初日:新疆棉区1970年代比1960年代明显提早,1980年代较1970年代推迟,1990年代以来持续提早。各代表棉区初日变化趋势与全疆棉区一致,2010年代提早最明显,新疆

棉区及各棉区均比多年平均偏早 5~12 d,也为近 59 年中最早的 10 年。

(6) 终日:新疆棉区 1970 年代、1980 年代和 1990 年代终日出现的早晚变化不大,均比 1960 年代略有推迟,21 世纪以来继续推迟。北疆棉区 1960 年代至 1980 年代变化不大,1990 年代以来持续推迟;阿克苏和巴州棉区,1960 年代和 1970 年代变化不大,1980 年代推迟,1990 年代提早,21 世纪以来均推迟;南疆西部棉区终日 1960 年代终日出现最早,1970 年代推迟,1980 年代至 1990 年代提早,21 世纪以来持续推迟。进入 21 世纪以来,新疆棉区及各代表棉区终日出现的平均日期均较多年平均偏晚 2~4 d。

(7) 持续日数:新疆棉区 1960 年代和 1980 年代为日平均气温稳定通过 15℃持续日数相对短的时段,1970 年代比 1960 年代延长,1990 年代以来持续延长。北疆棉区 1960 年代与 1970 年代持平,1980 年代持续日数最短,1990 年代以来持续延长。阿克苏和巴州棉区变化趋势与北疆棉区一致,南疆西部棉区变化趋势与全疆棉区一致。2010 年代,新疆棉区及各代表棉区日平均气温稳定通过 15℃的持续日数均为近 59 年中最长的年代,均比多年平均延长 8~17 d。

(8) 积温:新疆棉区 1960 年代和 1980 年代为日平均气温稳定通过 15℃的积温相对较少的时段,1970 年代比 1960 年代明显增加,1990 年代以来持续增加。北疆棉区、南疆西部棉区积温年代变化趋势与全疆棉区一致;阿克苏和巴州棉区 1960 年代和 1970 年代变化不大,1980 年代以来变化趋势与全疆棉区一致。进入 2010 年代以来,新疆棉区及各代表棉区日平均气温稳定通过 15℃的积温均为近 59 年中最多的年代,均比多年平均增加 231~384℃·d。

3. 稳定≥20℃初(终)日、持续日数与积温

(1) 初日:新疆棉区 1960 年代至 1980 年代略有推迟的趋势但变化不大,1990 年代以来持续提早。北疆棉区 1970 年代较 1960 年代推迟,1980 年代以来持续提早;阿克苏和巴州棉区初日变化趋势与全疆棉区一致;南疆西部棉区初日的出现 1970 年代较 1960 年代明显提早,1980 年代推迟,1990 年代以来持续提早,2010 年代推迟。21 世纪初,新疆棉区、阿克苏和巴州棉区、南疆西部棉区均为近 59 年中最早的 10 年,比多年平均偏早 6~8 d,北疆棉区 2010 年代为最早的年代,比多年平均偏早 6 d。

(2) 终日:新疆棉区终日的年代变化呈"W"形波动,1970 年代和 1990 年代为终日出现的相对早的时段,1960 年代、1980 年代和 21 世纪以来为终日出现的相对晚的时段。北疆棉区 1960 年代至 1980 年代持续推迟,1990 年代较 1980 年代提早,21 世纪以来又转为推迟;阿克苏和巴州棉区、南疆西部棉区终日变化趋势与全疆棉区一致。进入 21 世纪以来,新疆棉区及各代表棉区终日出现的平均日期均较多年平均偏晚 4~7 d。

(3) 持续日数:新疆棉区持续日数 1970 年代比 1960 年代明显缩短,1970 年代至 1990 年代略有延长趋势、但变化幅度不大,21 世纪以来明显延长。北疆棉区 1960 年代至 1980 年代持续延长,1990 年代较 1980 年代缩短,21 世纪以来持续明显延长;阿克苏和巴州棉区、南疆西部棉区变化趋势和新疆棉区基本一致。进入 21 世纪以来,新疆棉区及各代表棉区日平均气温稳定通过 20℃的持续日数均比多年平均延长 5~14 d。

(4) 积温:新疆棉区 1960 年代、1980 年代和 1990 年代日平均气温稳定通过 20℃的积温基本相当,1970 年代略有减少,21 世纪以来明显增加。北疆棉区积温年代变化趋势与持续

日数的变化一致,1960年代至1980年代持续增加,1990年代较1980年代减少,21世纪以来明显增加;阿克苏和巴州棉区、南疆西部棉区变化趋势也与其持续日数变化相对应,1970年代比1960年代明显减少,1970年代至1990年代略有增加但变化幅度不大,21世纪以来明显增加,但2010年代比21世纪初明显下降。21世纪初,新疆棉区及阿克苏和巴州棉区、南疆西部棉区日平均气温稳定通过20℃的积温均为近59年中最多的10年,比多年平均增加230~291℃·d,北疆棉区2010年代为近59年中最多的年代,比多年平均增加374℃·d。

(5) 新疆棉区:日平均气温稳定通过20℃的初日平均出现在5月31日,终日平均出现在9月3日;持续日数平均为96 d,最长出现于2008年为118 d,最短出现于1972年为69 d,最长与最短极差为49 d。≥20℃积温平均为2 398.4℃·d,最多出现于2008年为3 032.1℃·d,最少出现于1972年为169.2℃·d,最多与最少极差为1 722.4℃·d。从其近59年变化来看,日平均气温稳定通过20℃初日提早,终日推迟,持续日数延长,≥20℃积温以82.38℃·d/10年的速率显著增加(表7-4)。

表7-4 · 稳定≥20℃初(终)日、持续日数与积温平均值和变化趋势

(傅玮东、姚艳丽,2021年)

棉 区	初 日		终 日		持续日数(d)		积温(℃·d)	
	平均	日变化	平均	日变化	平均	日变化	平均	日变化
新疆棉区	5月31日	−0.173	9月3日	0.111 8	96	0.285**	2 398.4	8.238**
北疆棉区	6月7日	−0.239 9	8月26日	0.180 9	81	0.420 8**	1 999.5	11.452**
阿克苏和巴州棉区	5月31日	−0.146 5	9月5日	0.091 1	97	0.237 6	2 410.5	6.975
南疆西部棉区	6月1日	−0.139 2	9月5日	0.052	97	0.191 3	2 388.1	5.565

注:表中日变化项,* 表示显著水平通过0.05的信度检验,** 表示显著水平通过0.01的信度检验。

(6) 北疆棉区:日平均气温稳定通过20℃的初日平均出现在6月7日,终日平均出现在8月26日;持续日数平均为81 d,最长出现于2008年为116 d,最短出现于1972年为53 d,极差为63 d。≥20℃积温平均为1 999.5℃·d,最多出现于2008年为2 915.0℃·d,最少出现于1972年为1 254.1℃·d,极差为1 660.9℃·d。

(7) 阿克苏和巴州棉区:日平均气温稳定通过20℃的初日平均出现在5月31日,终日平均出现在9月5日;持续日数平均为98 d,最长出现于2001年为124 d,最短出现于1972年为66 d,极差为58 d。≥20℃积温平均为2 410.5℃·d,最多出现于2001年为3 072.4℃·d,最少出现于1972年为1 588.9℃·d,极差为1 483.5℃·d。

(8) 南疆西部棉区:日平均气温稳定通过20℃的初日平均出现在6月1日,终日平均出现在9月5日;持续日数平均为97 d,最长出现于2001年为128 d,最短出现于1974年为51 d,极差为77 d。≥20℃积温平均为2 388.1℃·d,最多出现于2001年为3 108.5℃·d,最少出现于1974年为1 260.6℃·d,极差为1 847.9℃·d。

从近59年变化来看,各代表棉区日平均气温稳定通过20℃的初日均提早、终日推迟,持续日数延长;≥20℃积温均增加,北疆棉区、阿克苏和巴州棉区、南疆西部棉区的增加速率分别为 114.52℃·d/10 年、69.75℃·d/10 年、55.65℃·d/10 年,其中北疆棉区增加趋势通过 0.01 的信度检验。

新疆棉区日平均气温稳定≥20℃初日、终日、持续日数与积温的年代际变化(图 7-22)如下。

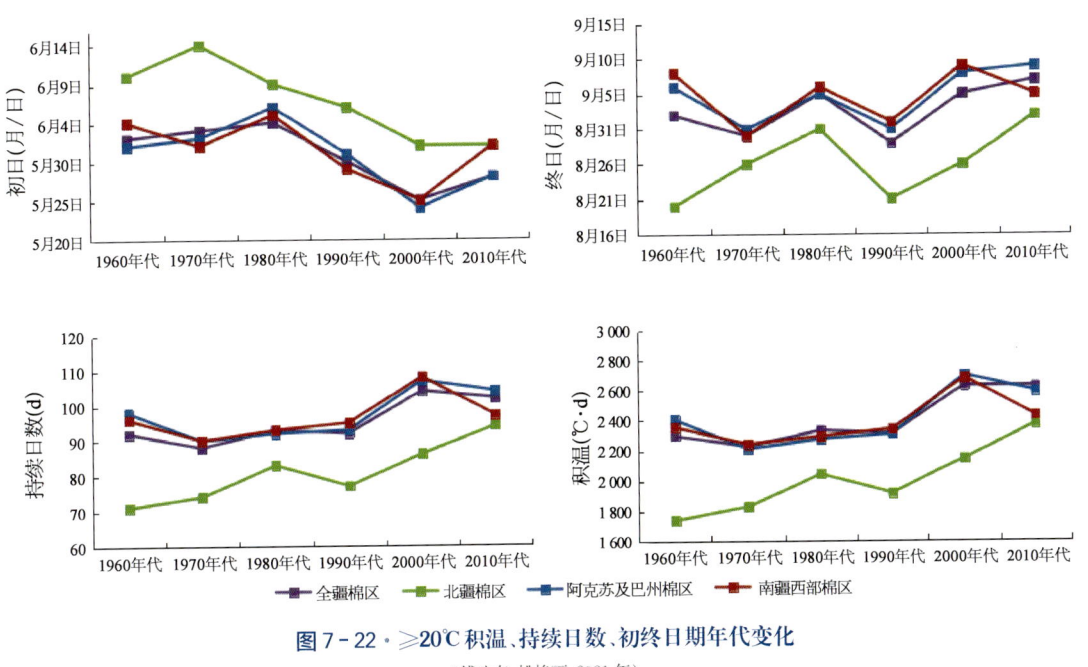

图 7-22 · ≥20℃积温、持续日数、初终日期年代变化

(傅玮东、姚艳丽,2021 年)

二、绿洲棉花生长季无霜期变化

(一) 无霜期分布特征

无霜期长度是指春末日最低气温最后一次出现 0℃ 或 0℃ 以下日期,到秋季日最低气温最早出现 0℃ 或 0℃ 以下日期之间的日数。

新疆的无霜期差异显著,从南向北逐渐减少,山区无霜期短。据计算,新疆境内纬度每向北移动 1°平均无霜期缩短 7～10 d;海拔高度每升高 100 m,平均无霜期缩短 4 d 左右。南疆西部喀什、莎车、策勒一带可达 220 d 左右,和田一带可达 230 d 左右,为全疆无霜期最长的地区;南疆北部从阿克苏到库尔勒一带无霜期一般在 200～210 d,南疆东南部哈密、且末一带在 200 d 以下。北疆昌吉州大部棉区在 170～180 d,北疆其他棉区大部在 190～210 d。

(二) 无霜期年代间变化特征

从近 59 年无霜期年代际变化来看,新疆棉区 1990 年代以来无霜期持续延长,较 1980 年代共延长了 14.4 d,其中 1990 年代接近 1961—2019 年平均值,2000 年代较 1990 年代延长 9.7 d,2010 年代较 21 世纪初延长 1.8 d;1990 年代以前无霜期均比 1961—2019 年平均值短,1960 年代最短,年平均为 199.3 d。各棉区也表现为 1990 年代以前无霜期短于 1961—

2019年平均值,1990年代以来无霜期持续延长,21世纪以来明显延长,且长于1961—2019年平均值(表7-5)。

北疆棉区1960年代最短,1970年代和1980年代基本相当、且长于1960年代;1990年代以来无霜期持续延长,较1980年代共延长了14.8 d。

阿克苏和巴州棉区无霜期年代际变化呈现持续延长,1960年代最短;2000年代和2010年代无霜期长度相当,为最长时段。

南疆西部棉区1960年代和1980年代无霜期长度相当,为相对短的时段,1970年代长于1960年代和1980年代;1990年代以来无霜期持续延长,尤其是2010年代较1990年代延长了17.4 d。

表7-5·新疆主棉区及各棉区无霜期年代间变化

(傅玮东、姚艳丽,2021年)

棉 区	无霜期(d)						
	1961—1970	1971—1980	1981—1990	1991—2000	2001—2010	2011—2019	59年平均
新疆棉区	199.3	204.0	203.4	206.3	216.0	217.8	207.6
北疆棉区	176.0	181.4	181.3	187.2	192.7	196.1	185.6
阿克苏和巴州棉区	205.2	208.2	209.3	210.6	218.7	218.6	211.6
南疆西部棉区	219.5	223.7	218.9	220.4	235.7	237.8	225.7

(三)无霜期的年际变化特征

新疆主要棉区无霜期平均日数为207.6 d,其中北疆棉区为185.6 d,阿克苏和巴州棉区为211.6 d,南疆西部棉区为225.7 d。近59年,新疆棉区及北疆棉区、阿克苏和巴州棉区、南疆西部棉区无霜期均呈现延长的趋势,新疆棉区以3.83 d/10年的速率延长,各棉区中北疆棉区延长最明显,速率为4.10 d/10年,其次是南疆西部棉区为3.79 d/10年(图7-23)。

在全球气候变暖加剧的背景下,尤其是进入21世纪以来新疆棉区及各棉区无霜期延长的趋势也更为显著,无霜期最长的年份大多出现在这期间;其中,新疆棉区出现在2016年(平均228.4天),北疆棉区出现在1997年(平均213.9天),阿克苏和巴州棉区出现在2006年(平均232.4天),南疆西部棉区出现在2015年(平均247.2天)。

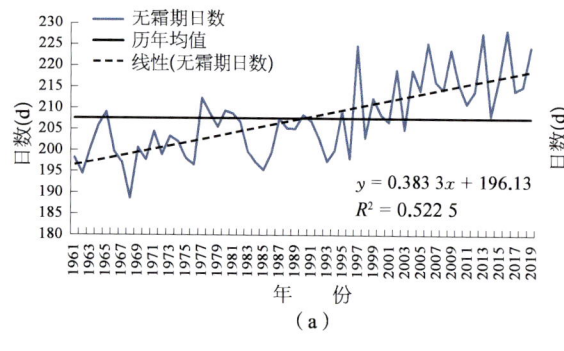

(a)

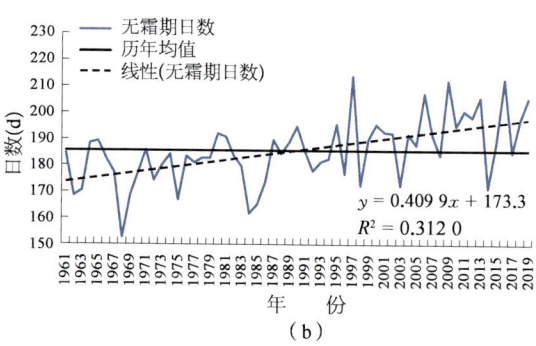

(b)

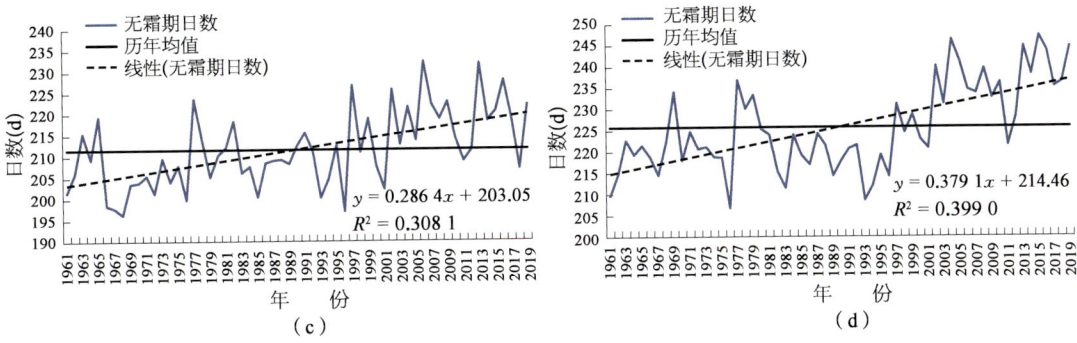

图 7-23·近 59 年新疆棉区及各代表棉区无霜期日数变化曲线(单位: d)

(a) 新疆棉区；(b) 北疆棉区；(c) 阿克苏和巴州棉区；(d) 南疆西部棉区

(傅玮东、姚艳丽,2021 年)

三、绿洲棉花生长季日照变化

1. **新疆 4—10 月日照分布特征**·新疆日照时间长,是我国日照时数最多的地区之一,分布规律是北疆多、南疆少,东部多、西部少,平原多、山区少。4—10 月,北疆棉区日照时数 1 910.1～2 095.8 h,阿克苏巴州棉区 1 773.8～2 013.2 h,南疆西部棉区 1 688.2～1 929.6 h。

2. **新疆主要棉区及各代表棉区生长季日照变化特征**·新疆棉区近 59 年 4—10 月的多年平均日照时数为 1 935.7 h。59 年来,全疆棉区日照时数呈略微减少的趋势;共有 28 年日照时数偏少,其中 1960 年代为 3 年,1970 年代为 3 年,1980 年代为 6 年,1990 年代为 7 年,2000 年代为 5 年,2011—2019 年为 4 年。日照最多的年份为 2011 年,为 2 031.5 h;最少的年份为 1962 年,为 1 849.7 h(图 7-24)。

北疆棉区近 59 年 4—10 月的年平均日照时数为 2 014.1 h。近 59 年来,北疆棉区日照时数也呈略减的趋势;共有 31 年日照时数偏少,其中 1960 年代为 5 年,1970 年代为 3 年,1980 年代为 6 年,1990 年代为 7 年,2000 年代为 5 年,2011—2019 年为 5 年。日照最多的年份为 2012 年,为 2 175.5 h;最少的年份为 1992 年,为 1 887.8 h。

阿克苏巴州棉区近 59 年 4—10 月的年平均日照时数 1 900.1 h。59 年来,阿克苏巴州棉区日照时数呈微弱的下降趋势;共有 32 年日照时数偏少,其中 1960 年代为 4 年,1970 年代为 3 年,1980 年代为 9 年,1990 年代为 7 年,2000 年代为 4 年,2011—2019 年为 5 年。日照最多的年份为 2009 年,为 2 024.5 h;最少的年份为 2001 年,为 1 778.9 h。

南疆西部棉区近 59 年 4—10 月的年平均日照时数 1 837.1 h。59 年来,这一棉区日照时数呈略减的趋势;共有 30 年日照时数偏少,其中 1960 年代为 4 年,1970 年代为 6 年,1980 年代为 5 年,1990 年代为 6 年,2000 年代为 4 年,2011—2019 年为 5 年。日照最多的年份为 2011 年,为 1 983.7 h;最少的年份为 1962 年,为 1 677.4 h。

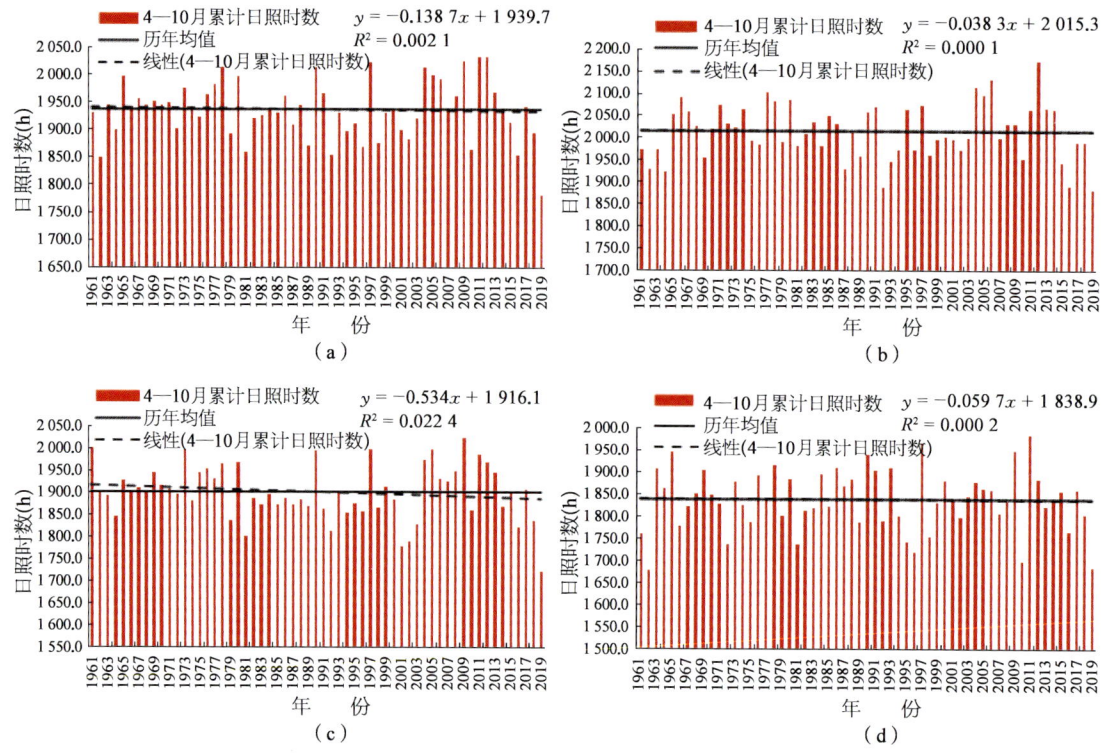

图 7-24·新疆棉区及各代表棉区日照时数变化曲线(单位：h)

(a) 新疆棉区；(b) 北疆棉区；(c) 阿克苏和巴州棉区；(d) 南疆西部棉区

(傅玮东、姚艳丽，2021 年)

四、绿洲棉花生长季降水量变化

(一) 主要棉区 4—10 月降水量空间分布特征

新疆是以干旱为主要特征的大陆性气候，自然降水较少而且时空分布很不均匀。北疆棉区降水多于南疆棉区，阿克苏巴州棉区多于南疆西部棉区；但从降水的变率来说，北疆棉区高于南疆棉区，阿克苏巴州棉区低于南疆西部棉区。

(二) 主要棉区 4—10 月降水量时间变化特征

全疆绿洲棉区近 59 年 4—10 月的平均降水量为 72.7 mm，整体降水呈增加的趋势；共有 28 年降水偏多，其中 1960 年代为 1 年，1970 年代为 2 年，1980 年代为 5 年，1990 年代为 6 年，2000 年代为 7 年，2010 年代为 7 年。降水最多的年份为 1987 年，为 137.6 mm；最少的年份为 1985 年，为 46.0 mm(图 7-25)。

北疆棉区 4—10 月 59 年平均降水量为 131.3 mm，整体呈现降水明显增加的趋势；共有 26 年降水偏多，其中 1960 年代为 3 年，1970 年代为 2 年，1980 年代为 4 年，1990 年代为 5 年，2000 年代为 7 年，2010 年代为 5 年。降水最多的年份为 1987 年，为 231.4 mm；最少的年份为 1997 年，为 73.3 mm。

阿克苏和巴州棉区 4—10 月 59 年平均降水量为 49.3 mm，整体呈现降水增加的趋势；共有 26 年降水偏多，其中 1960 年代无降水偏多年，1970 年代为 4 年，1980 年代为 6 年，1990

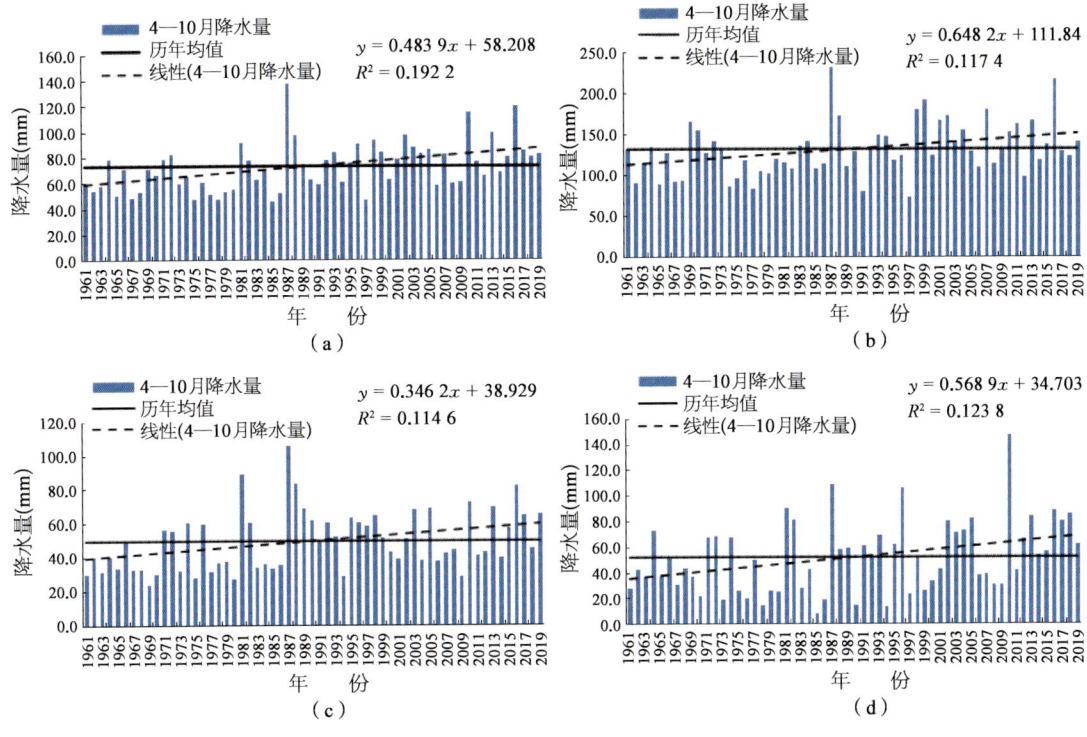

图 7-25 · 新疆棉区及各代表棉区 4—10 月降水量变化曲线（单位：mm）
(a) 新疆棉区；(b) 北疆棉区；(c) 阿克苏和巴州棉区；(d) 南疆西部棉区
(傅玮东、姚艳丽，2021 年)

年代为 7 年，2000 年代为 4 年，2010 年代为 5 年。降水最多的年份为 1987 年，为 99.0 mm；最少的年份为 1969 年，为 21.9 mm。

南疆西部棉区 4—10 月 59 年平均降水量为 51.8 mm，整体呈现降水增加的趋势；共有 26 年降水偏多，其中 1960 年代为 1 年，1970 年代为 3 年，1980 年代为 5 年，1990 年代为 4 年，2000 年代为 5 年，2010 年代为 8 年。降水最多的年份为 2010 年，为 118.6 mm；最少的年份为 1985 年，为 7.3 mm。

五、绿洲棉花生殖生长期(7—9 月)气温日较差及变化

气温日较差亦称气温日振幅，是指一日中的气温最高值与最低值之差。其大小与纬度、季节、地表性质及天气情况有关。据研究，气温日较差变化对作物生长发育的影响很大。一般气温日较差大的地区，白天日照充足、气温高，有利于作物的光合作用，可制造、积累较多的营养物质；而夜间气温降低，减弱了作物的呼吸作用，降低能量消耗，促进光合作用制造的营养物质输送到作物的根、茎、叶、果中去，有利于有机物质积累，从而提高作物产量，改善品质。

(一) 各棉区 7—9 月平均最高气温变化特征

1. 全疆棉区 · 近 59 年 7—9 月各月平均最高气温，北疆棉区、南疆阿克苏巴州棉区、南疆西部棉区及东疆棉区分别为 29.8℃、30.8℃、30.6℃和 35.0℃，其中东疆棉区最高，北疆棉区最低。近 20 年，北疆棉区、南疆阿克苏巴州棉区和东疆棉区 7—9 月平均最高气温均高于

近30年和近59年同期；而南疆西部棉区则与近30年(1990—2019年，下同)同期相同，高于近59年同期(表7-6)。

表7-6·新疆绿洲棉花生殖生长期(7—9月)气温日较差变化

(傅玮东，姚艳丽，2021年)

气象因子	时期	北疆棉区 59年	北疆棉区 30年	北疆棉区 20年	南疆阿克苏巴州棉区 59年	南疆阿克苏巴州棉区 30年	南疆阿克苏巴州棉区 20年	南疆西部棉区 59年	南疆西部棉区 30年	南疆西部棉区 20年	东疆 59年	东疆 30年	东疆 20年
日最高气温(℃)	7月上旬	32.6	32.8	32.7	32.5	33.1	33.1	32.6	33.0	32.8	37.5	38.0	38.3
	7月中旬	32.9	33.1	33.2	33.3	33.5	33.7	33.3	33.2	33.3	38.3	38.6	39.1
	7月下旬	32.6	32.5	32.7	33.2	33.3	33.6	33.0	33.0	33.2	38.2	38.4	38.9
	7月平均	32.7	32.8	32.9	33.0	33.3	33.5	33	33.1	33.1	38	38.3	38.7
	8月上旬	32.4	32.7	33.2	33.2	33.2	33.5	32.9	32.8	32.9	37.9	38.1	38.7
	8月中旬	31.8	31.3	31.3	32.1	31.9	32.1	31.6	31.4	31.4	36.7	36.8	37.2
	8月下旬	30.0	30.5	30.6	31.0	31.4	31.5	30.6	30.9	31.0	35.3	35.9	36.3
	8月平均	31.3	31.5	31.6	32.0	32.1	32.3	31.6	31.7	31.7	36.6	36.9	37.4
	9月平均	25.5	25.8	26.0	27.3	27.7	27.6	27.3	27.6	27.5	30.5	31.0	31.2
	7—9月平均	29.8	30.0	30.2	30.8	31.0	31.1	30.6	30.8	30.8	35.0	35.4	35.8
日最低气温(℃)	7月上旬	18.1	18.8	18.8	17.9	18.5	18.7	18.4	18.9	19.2	23.3	23.0	23.3
	7月中旬	18.6	19.2	19.3	18.7	19.2	19.4	19.0	19.2	19.7	23.1	23.7	24.0
	7月下旬	18.3	18.7	19.1	18.9	19.3	19.6	19.2	19.7	20.1	22.9	23.4	24.0
	7月平均	18.3	18.9	19.1	18.5	19.0	19.2	18.9	19.3	19.7	22.8	23.3	23.8
	8月上旬	17.7	18.4	18.9	18.7	19.0	19.4	19.1	19.4	19.9	22.3	22.7	23.4
	8月中旬	16.6	16.8	16.9	17.3	17.6	18.1	17.7	18.0	18.7	20.7	21.2	21.9
	8月下旬	14.9	15.6	16.0	16.0	16.4	16.9	16.5	17.1	17.6	19.1	19.9	20.6
	8月平均	16.3	16.9	17.2	17.3	17.6	18.1	17.7	18.1	18.7	20.7	21.2	21.9
	9月平均	10.4	10.9	11.2	11.9	12.3	12.5	12.6	13.3	13.7	14.0	14.8	15.3
	7—9月平均	15.0	15.6	15.8	15.9	16.3	16.6	16.4	16.9	17.4	19.2	19.8	20.3
日较差(℃)	7月上旬	14.5	14.0	13.9	14.6	14.6	14.4	14.2	14.1	13.6	14.2	15.0	15.0
	7月中旬	14.3	13.9	13.9	14.6	14.3	14.3	14.3	14.0	13.6	15.2	14.9	15.1
	7月下旬	14.3	13.8	13.6	14.3	14.0	14.0	13.8	13.3	13.1	15.3	15.0	14.9
	7月平均	14.3	13.9	13.8	14.5	14.2	14.2	14.1	13.8	13.4	15.2	15.0	14.9
	8月上旬	14.7	14.3	14.3	14.5	14.2	14.1	13.8	13.4	13.0	15.6	15.4	15.3
	8月中旬	15.2	14.5	14.4	14.8	14.3	14.0	13.9	13.4	12.7	16.0	15.6	15.3
	8月下旬	15.1	14.9	14.6	15.0	15.0	14.6	14.1	13.8	13.4	16.2	16.0	15.7
	8月平均	15.0	14.5	14.4	14.7	14.5	14.2	13.9	13.5	13.0	15.9	15.7	15.4
	9月平均	15.1	14.9	14.8	15.5	15.4	15.1	14.7	14.3	13.7	16.5	16.2	15.8
	7—9月平均	14.8	14.4	14.3	14.9	14.7	14.5	14.2	13.9	13.4	15.9	15.6	15.4

注：59年为1961—2019年，30年为1991—2019年，20年为2001—2019年。

2. 北疆棉区 · 近59年7—9月各月平均最高气温分别为32.7℃、31.3℃和25.5℃,呈逐月递减的趋势。3个月的月平均最高气温均呈较显著增加的趋势,增率分别为0.15℃/10年、0.14℃/10年和0.27℃/10年,其中9月的增幅最大。近20年,3个月的月平均最高气温均高于近30年和近59年同期,比近59年分别增加0.2℃、0.3℃和0.5℃。

3. 南疆阿克苏巴州棉区 · 近59年7—9月各月平均最高气温分别为33.0℃、32.1℃和27.3℃,呈逐月递减的趋势。7月、9月的月平均最高气温均呈显著增加的趋势,增率分别为0.25℃/10年和0.07℃/10年,而8月的增加趋势不显著,其中7月的增幅最大。近20年,3个月的月平均最高气温均高于近30年和近59年同期,比近50年分别增加0.5℃、0.3℃和0.3℃。

4. 南疆西部棉区 · 近59年7—9月各月平均最高气温分别为33.0℃、31.6℃和27.3℃,呈逐月递减的趋势。9月的月平均最高气温呈显著增加的趋势,增率为0.08℃/10年,而7月、8月的增加趋势均不显著。近20年,3个月的月平均最高气温均略高于近30年和近59年同期,比近59年分别增加0.1℃、0.1℃和0.2℃。

5. 东疆棉区 · 近59年7—9月各月平均最高气温分别为38.0℃、36.6℃和30.5℃,呈逐月递减的趋势。3个月的月平均最高气温均呈极显著增加的趋势,增率分别为0.29℃/10年、0.27℃/10年、0.32℃/10年,与北疆棉区变化趋势一致,也是9月的增幅最大。近20年,3个月的月平均最高气温均高于近30年和近59年同期,比近59年分别增加0.7℃、0.8℃和0.7℃。

(二) 各棉区7—9月平均最低气温变化特征

1. 全疆棉区 · 近59年7—9月各月平均最低气温,北疆棉区、南疆阿克苏巴州棉区、南疆西部棉区及东疆棉区分别为15.0℃、15.9℃、16.4℃和19.2℃,其中东疆棉区最高,北疆棉区最低。近20年,四大棉区7—9月平均最低气温均高于近30年和近59年。

2. 北疆棉区 · 近59年7—9月各月平均最低气温分别为18.3℃、16.3℃和10.4℃,呈逐月递减的趋势。7月、8月的月平均最低气温均呈极显著增加趋势,9月平均最低气温呈显著增加趋势,增率分别为0.39℃/10年、0.40℃/10年和0.40℃/10年,相差不大。近20年,3个月的月平均最低气温均高于近30年和近59年同期,比近59年分别增加0.8℃、0.9℃和0.8℃。

3. 南疆阿克苏巴州棉区 · 近59年7—9月各月平均最低气温分别为18.5℃、17.3℃和11.9℃,呈逐月递减的趋势。3个月的月平均最低气温均呈极显著增加趋势,增率分别为0.35℃/10年、0.30℃/10年和0.27℃/10年,其中7月的增幅最大。近20年,3个月的月平均最低气温均高于近30年和近59年同期,比近59年分别增加0.7℃、0.8℃、0.7℃。

4. 南疆西部棉区 · 近59年7—9月各月平均最低气温分别为18.9℃、17.7℃和12.6℃,呈逐月递减的趋势。3个月的月平均最低气温均呈极显著增加趋势,增率分别0.31℃/10年、0.35℃/10年和0.42℃/10年,其中9月的增幅最大。近20年,3个月的月平均最低气温均略高于近30年和近59年同期,比近59年分别增加0.8℃、1.0℃、1.1℃。

5. 东疆棉区 · 近59年7—9月各月平均最低气温分别为22.8℃、20.7℃和14.0℃,呈逐月递减的趋势。3个月的月平均最低气温均呈极显著增加的趋势,增率分别为0.46℃/10年、0.51℃/10年和0.59℃/10年,与北疆棉区、南疆西部棉区变化趋势一致,也是9月的增幅最大。近20年,3个月的月平均最低气温均高于近30年和近59年,比近59年分别增加1.0℃、1.2℃和1.3℃。

(三) 各棉区7—9月平均气温日较差变化特征

1. 全疆棉区·近59年7—9月各月平均气温日较差,北疆棉区、南疆阿克苏巴州棉区、南疆西部棉区及东疆棉区分别为14.8℃、14.9℃、14.2℃和15.9℃,其中东疆棉区最大,南疆西部棉区最小。近20年,各大棉区7—9月平均气温日较差均小于近30年和近59年同期,各棉区近59年7—9月平均气温日较差均为最大。

2. 北疆棉区·近59年7—9月各月平均气温日较差分别为14.3℃、15.0℃和15.1℃,呈逐月递增的趋势。7月、8月的月平均气温日较差均呈极显著减小趋势,9月平均气温日较差呈显著减小的趋势,变化率分别为−0.25℃/10年、−0.28℃/10年和−0.14℃/10年,其中8月的减小幅度最大。近20年,3个月的月平均气温日较差均小于近30年和近59年,比近59年分别减少0.5℃、0.7℃和0.3℃。

3. 南疆阿克苏巴州棉区·近59年7—9月各月平均气温日较差分别为14.5℃、14.7℃和15.5℃,呈逐月递增的趋势。7月、8月的月平均气温日较差呈极显著或显著减小的趋势,变化率分别为−0.11℃/10年和−0.23℃/10年,9月的减小趋势不显著。近20年,8月、9月的月平均气温日较差均小于近30年和近59年同期,7月的月平均气温日较差与近30年同期相同,但低于近59年;比近59年分别减少0.3℃、0.5℃和0.4℃。

4. 南疆西部棉区·近59年7—9月各月平均气温日较差分别为14.1℃、13.9℃和14.7℃,其中8月最小。3个月的月平均气温日较差均呈极显著减小趋势,变化率分别为−0.21℃/10年、−0.33℃/10年和−0.27℃/10年,其中8月的减小幅度最大。近20年,3个月的月平均气温日较差均小于近30年和近59年,比近59年分别减少0.7℃、0.9℃和1.0℃。

5. 东疆棉区·近59年7—9月各月平均气温日较差分别为15.2℃、15.9℃和16.5℃,呈逐月递增的趋势。3个月的月平均气温日较差均呈极显著减小的趋势,变化率分别为−0.18℃/10年、−0.25℃/10年和−0.28℃/10年,其中9月的减小幅度最大。近20年,3个月的月平均气温日较差均小于近30年和近59年,比近59年分别减少0.3℃、0.5℃和0.7℃。

关于气温日较差变化对棉花品质的影响见第三章、第四章。

六、绿洲棉花生长季主要气象灾害变化

(一) 新疆霜冻时空分布及变化特征

1. 初霜冻·每年入秋后最早一次出现的霜冻,称为初霜冻。北疆北部阿勒泰地区和塔城地区北部一般9月下旬出现,青河县9月中旬出现,伊犁河谷和沿天山一带10月上中旬出现;南疆东北部初霜冻出现时间为10月下旬,西南部和吐鲁番盆地为10月底至11月初;东疆南部淖毛湖戈壁初霜冻出现时间为10月中旬,巴里坤盆地为9月12日。平均初霜冻日和最晚初霜冻日,北疆可相差半个月至1个月,南疆和东疆相差10~20 d。最早初霜冻日和最晚初霜冻日之差在北疆最长可相差近2个月,最短也相差半个月,一般都在1个月左右;南疆最长可相差1个月至1个半月。平均来讲,北疆比南疆约早1个月出现。初霜冻出现时多数

作物都已成熟并停止生长，一般不会受害，但是如果初霜冻来得特别早，作物未成熟就会出现严重受害，如棉花的霜后花增加，使质量大打折扣。

近 59 年来，新疆棉区初霜偏早的站数随时间呈减少的趋势，递减率为 2.8 站/10 年。从年代际的变化上来看，1960 年代初霜偏早的站数最多，为 26 站，1970 年代为 19 站，1980 年代为 23 站，1990 年代为 19 站，21 世纪以来的 19 年间，气温显著上升，全疆棉区 12 站初霜偏早（图 7-26）。

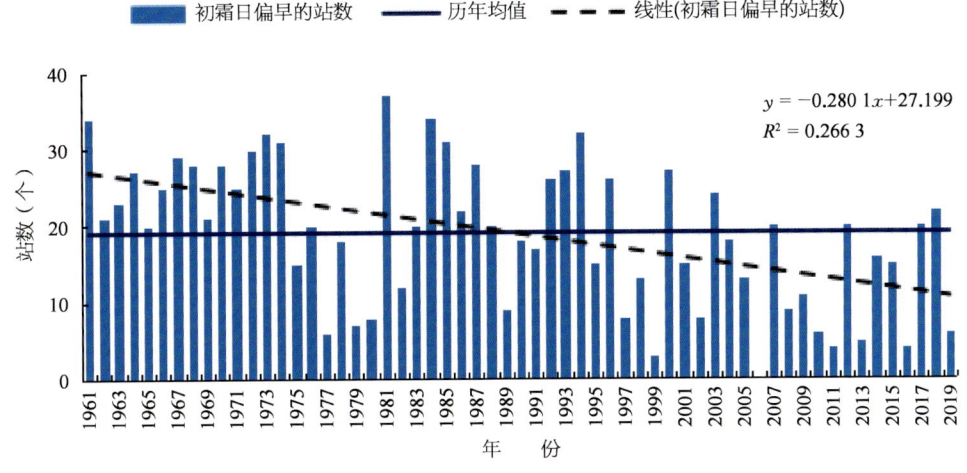

图 7-26·新疆棉区初霜期偏早站数的变化曲线

(傅玮东、姚艳丽，2021 年)

2. **终霜冻**·终霜冻发生在春季。平均终霜冻日和最晚终霜冻日，北疆一般相差半个月至 1 个月，南疆一般相差 1 个月至 1 个半月。而最早终霜冻日和最晚终霜冻日之差，北疆最长可达 74 d，最短 31 d，一般都在 40 d 左右；南疆最长 68 d，最短 40 d，一般都在 50 d 左右。终霜冻出现的日期平均来讲，北疆比南疆约晚 1 个月。新疆多数时候终霜冻日都是在喜温作物播种前出现，对作物影响不大，只有终霜冻出现特别晚的年份容易造成危害。北疆北部阿勒泰、塔城地区一般出现在 4 月底至 5 月上旬末，伊犁河谷和沿天山一带在 4 月中旬出现；南疆东部在 3 月底至 4 月初出现，南疆西南部和吐鲁番在 3 月中下旬出现；东疆南部和淖毛湖在 4 月中旬、巴里坤盆地最迟到 5 月中旬出现（图 7-27）。

春季，与棉花霜冻灾害最为密切的是终霜期的早晚。近 59 年来终霜偏晚的站数随时间呈减少的趋势，递减率为 3.5 站/10 年。从年代际的变化来看，1960 年代、1970 年代终霜偏晚的站数最多，为 25 站左右，1980 年代为 20 站，1990 年代为 22 站，21 世纪以来气温显著上升，终霜偏晚的站数明显下降，至 2010 年代，新疆棉区终霜偏晚站数仅为 6 站。

▶ **(二) 新疆主要棉区初(终)霜冻日的变化特征**

1. **初霜冻日**·从近 59 年新疆棉区初霜冻日的年代际变化来看，新疆棉区 21 世纪以来为初霜冻日相对最晚的时期，且迟于 1961—2019 年平均值，较 59 年平均值推迟 4~5 d；1970 年代和 1990 年代均与 59 年平均值相当；1960 年代和 1980 年代为初霜冻日相对较早的时期，且早于 1961—2019 年平均值，其中 1960 年代为最早，较 59 年平均值提早 4 d（表 7-7）。

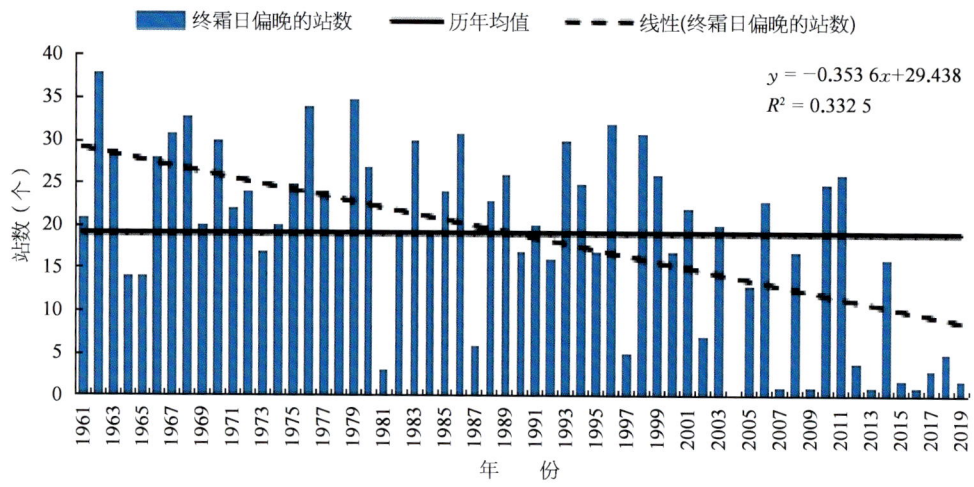

图 7-27·新疆棉区终霜期偏晚站数的变化曲线

(傅玮东、姚艳丽,2021 年)

表 7-7·新疆主棉区及各代表棉区初霜冻日的年代变化

(傅玮东、姚艳丽,2021 年)

棉 区	初 霜 冻 日						
	1961—1970	1971—1980	1981—1990	1991—2000	2001—2010	2011—2019	59 年平均
新疆棉区	10 月 17 日	10 月 22 日	10 月 20 日	10 月 22 日	10 月 26 日	10 月 25 日	10 月 21 日
北疆棉区	10 月 4 日	10 月 11 日	10 月 14 日	10 月 15 日	10 月 18 日	10 月 15 日	10 月 13 日
阿克苏和巴州棉区	10 月 22 日	10 月 25 日	10 月 21 日	10 月 22 日	10 月 27 日	10 月 24 日	10 月 23 日
南疆西部棉区	10 月 28 日	10 月 29 日	10 月 25 日	10 月 28 日	11 月 2 日	11 月 3 日	10 月 29 日

(1) 北疆棉区:初霜冻日呈逐年代持续推迟的趋势。1960 年代初霜冻日出现最早,为 10 月 4 日;1980 年代以来各年代平均初霜冻日均晚于 1961—2019 年平均值,其中 21 世纪前 10 年出现最晚,为 10 月 18 日,较 59 年平均值偏晚 5 d。

(2) 南疆阿克苏和巴州棉区:初霜冻日呈"N"形变化趋势。1970 年代和 21 世纪以来初霜冻日出现相对较晚,且晚于 1961—2019 年平均值,其中 21 世纪前 10 年出现最晚,较 59 年平均值偏晚 4 d;1980 年代出现最早,较 59 年平均值提早 2 d。

(3) 南疆西部棉区:初霜冻日出现晚于北疆棉区、阿克苏和巴州棉区。从年代变化看,21 世纪以来为初霜冻日出现最晚的时段,比 59 年平均值晚 4~5 d;1980 年代为相对最早的时段,比 59 年平均值早 4 d。

新疆主要棉区初霜冻日出现日期平均为 10 月 21 日,其中北疆棉区为 10 月 13 日,阿克苏和巴州棉区为 10 月 23 日,南疆西部棉区为 10 月 29 日。近 59 年,新疆棉区及北疆棉区、阿克苏和巴州棉区、南疆西部棉区初霜冻日出现日期均呈现推后的趋势,新疆棉区以 1.63 d/10 年的速率推迟,各棉区中北疆棉区推后最明显,速率为 2.17 d/10 年,其次是南疆西部棉区为 1.43 d/10 年,阿克苏和巴州棉区为 0.70 d/10 年(图 7-28)。

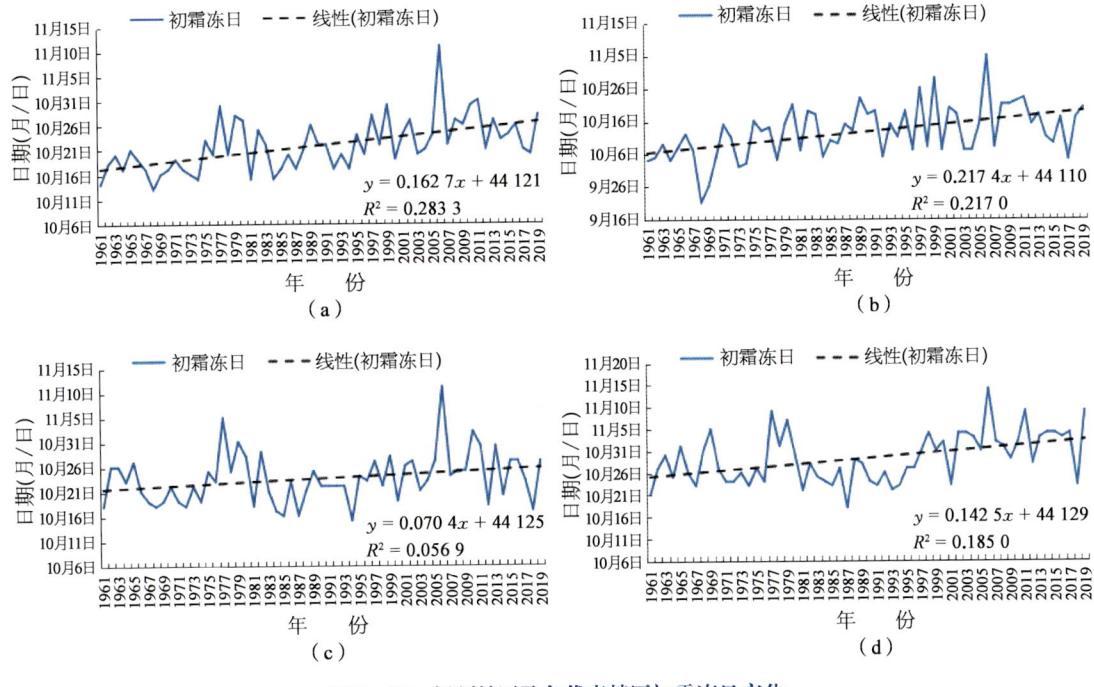

图 7-28 · 新疆棉区及各代表棉区初霜冻日变化

(a) 新疆棉区;(b) 北疆棉区;(c) 阿克苏和巴州棉区;(d) 南疆西部棉区

(傅玮东、姚艳丽,2021 年)

2. 终霜冻日 · 从近 59 年新疆棉区终霜冻日的年代际变化来看,新疆棉区 21 世纪以来为终霜冻日相对最早的时期,且早于 1961—2019 年平均值,较 59 年平均值提早 3~7 d;1980 年代和 1990 年代较 59 年平均值晚了 2~3 d;1960 年代和 1970 年代为终霜冻日相对较晚的时期,且晚于 1961—2019 年平均值,较 59 年平均值晚 4 d(表 7-8)。

表 7-8 · 新疆主棉区及各代表棉区终霜冻日的年代变化

(傅玮东、姚艳丽,2021 年)

棉 区	终 霜 冻 日						
	1961—1970	1971—1980	1981—1990	1991—2000	2001—2010	2011—2019	59 年平均
新疆棉区	4月1日	4月1日	3月31日	3月30日	3月25日	3月21日	3月28日
北疆棉区	4月11日	4月13日	4月16日	4月11日	4月8日	4月2日	4月10日
阿克苏和巴州棉区	3月31日	3月31日	3月26日	3月26日	3月20日	3月20日	3月26日
南疆西部棉区	3月20日	3月15日	3月18日	3月20日	3月13日	3月17日	3月17日

北疆棉区终霜冻日 1990 年代以来呈逐年代提早的趋势,其中 2010 年代终霜冻日出现最早,为 4 月 2 日,较 59 年平均值提早 8 d;1960—1980 年代呈逐年偏晚的趋势,其中 1980 年代最晚,晚于 59 年平均值 6 d。

阿克苏和巴州棉区终霜冻日 1960 年代和 1970 年代终霜冻日出现较晚,均晚于 59 年平均值5 d,自1980年代起呈逐年代提早趋势,1980年代、1990年代与59年平均值相当,2000年代比59年平均值提早3 d,2010年代出现最早,较59年平均值提早6 d。

南疆西部棉区终霜冻日呈"W"形变化趋势,出现日期早于北疆棉区、阿克苏和巴州棉区。从年代变化看,21世纪前10年为终霜冻日出现最早的时段,比59年平均值早4 d;1960年代和1990年代为相对最晚的时段,比59年平均值晚3 d。

新疆主要棉区终霜冻日出现日期平均为3月28日,其中北疆棉区为4月10日,阿克苏和巴州棉区为3月26日,南疆西部棉区为3月17日。近59年,新疆棉区及阿克苏和巴州棉区、南疆西部棉区终霜冻日出现日期均呈现显著提早的趋势,而北疆棉区提早的趋势不显著;新疆棉区以-2.22 d/10年的速率提早,各棉区中阿克苏和巴州棉区、南疆西部棉区提早明显,速率分别为-2.19 d/10年和-2.24 d/10年,北疆棉区为-1.88 d/10年(图7-29)。

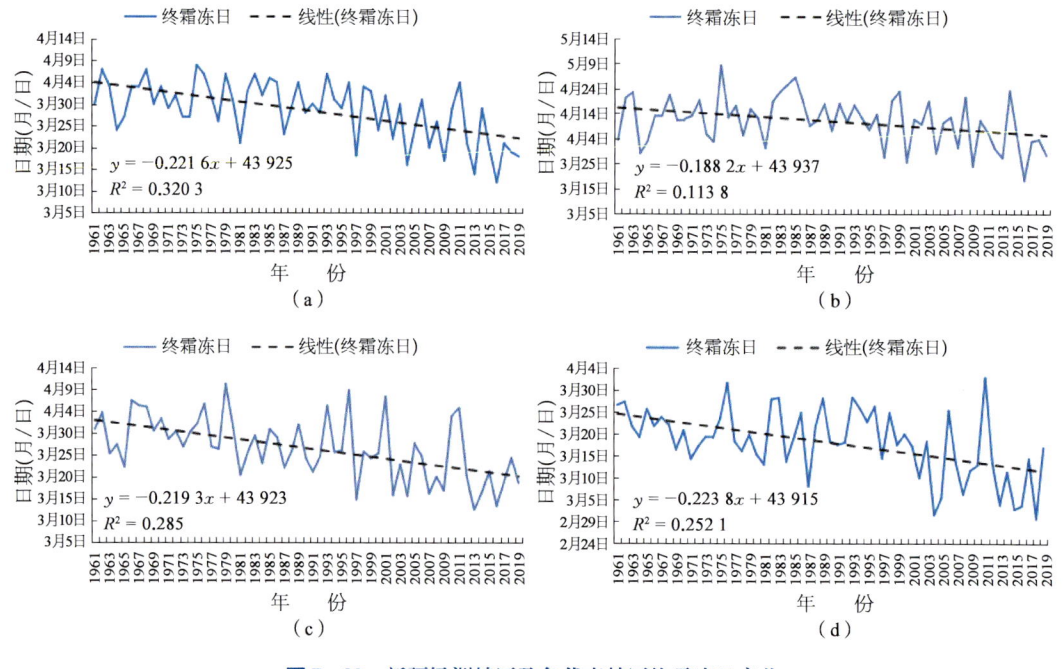

图7-29·新疆绿洲棉区及各代表棉区终霜冻日变化

(a) 新疆棉区;(b) 北疆棉区;(c) 阿克苏和巴州棉区;(d) 南疆西部棉区

(傅玮东、姚艳丽,2021年)

(三) 高温

根据新疆棉花生产实践和科研成果,棉花生长的最适宜温度为20~25℃,这时棉花生长最快,处于"热量饱和"状态。而28℃以上时,棉花生长速度明显减慢,处于"热量过剩"状态,光合生产率下降。当温度高达36~37℃时,棉花生长受到抑制,处于"停止生育"状态。

1. 新疆高温时空分布及变化特征·就高温(日最高气温≥35℃)而言,新疆除高山站外,从南到北都有出现,只是日数多少不同而已(图7-30)。其中,北疆北部和伊犁河谷地区大部高温日数不足10 d,准噶尔盆地、博州大部以及塔里木盆地大部在10~30 d,而东疆和塔里木盆地东部在50 d左右,高温日数出现最多的是吐鲁番盆地,是我国著名的热中心。吐鲁番气象站的年平均高温日数为101.1 d,为全国之最,其中2008年最多达122 d;建站以来极端最高气温为47.8℃,出现在2008年8月24日(图7-30)。

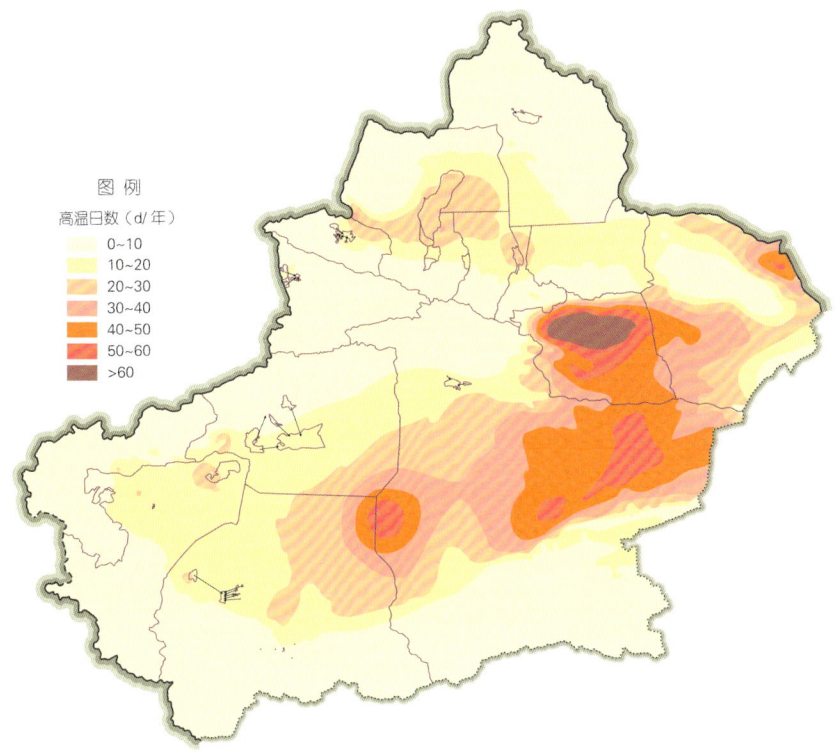

图7-30·新疆绿洲年平均高温(日最高气温≥35℃)日数分布(1961—2019年)

新疆棉区夏季平均高温日数,吐鄯托盆地最多为80 d左右,其次是蔡家湖、若羌、哈密在30~50 d,其余大部棉区在10~30 d。

随着全球气候变暖,近59年新疆气候也在增暖,新疆高温出现站次呈现增加的趋势,但每年高温出现的站数变化不大。在1970年代中期至1980年代中期、1990年代中后期至21世纪,新疆高温出现的频率相对多、范围大,其他时段高温出现相对较少。

2. **新疆主要棉区及各代表棉区夏季高温变化特征**·从近59年夏季高温日数年代变化来看,新疆棉区21世纪以来为高温日数相对多的时期,且长于59年平均值,其中2010年代较1961—2019年平均值偏多3.5 d;1970年代、1980年代和1990年代基本相当,变化不大,1960年代最短,年平均为19.5 d(表7-9)。

表7-9·新疆绿洲主产棉区及各代表棉区夏季平均高温日数年代变化

(傅玮东、姚艳丽,2021年)

棉 区	高温日数(d)						
	1961—1970	1971—1980	1981—1990	1991—2000	2001—2010	2011—2019	59年平均
新疆棉区	19.5	21.8	21.1	21.0	23.7	25.6	22.1
北疆棉区	14.1	16.4	15.5	17.4	17.9	19.3	16.6

续 表

棉 区	高温日数(d)						
	1961—1970	1971—1980	1981—1990	1991—2000	2001—2010	2011—2019	59年平均
阿克苏和巴州棉区	16.6	17.3	17.2	17.2	21.6	22.5	18.7
南疆西部棉区	13.3	18.2	17.2	14.2	16.3	19.9	16.5

北疆棉区夏季高温日数1970年代、1990年代至21世纪以来为相对多的时段,1960年代和1980年代为相对少的时段,1960年代最少;1990年代以来夏季高温日数持续增加,2010年代高温日数最多为19.3 d。

阿克苏和巴州棉区夏季高温日数年代变化基本呈现持续延长;其中1970年代至1990年代变化不大,1960年代最短(平均为16.6 d),21世纪以来明显增多,2010年代最多(平均为22.5 d)。

南疆西部棉区夏季高温日数接近北疆棉区,少于阿克苏和巴州棉区。从年代变化看,1970年代、1980年代和21世纪以来为夏季高温相对多的时段,其中2010年代最多(平均为19.9 d),1960年代和1990年代为相对少的时段,其中1960年代最少。

新疆主要棉区夏季高温平均日数为22.1 d,其中北疆棉区为16.6 d,阿克苏和巴州棉区为18.7 d,南疆西部棉区为16.5 d。近59年,新疆棉区及北疆棉区、阿克苏和巴州棉区、南疆西部棉区夏季高温日数均呈现增加的趋势,新疆棉区以1.07 d/10年的速率延长,各棉区中阿克苏和巴州棉区延长最明显,速率为1.26 d/10年,其次是北疆棉区为1.01 d/10年,南疆西部棉区为0.72 d/10年(图7-31)。

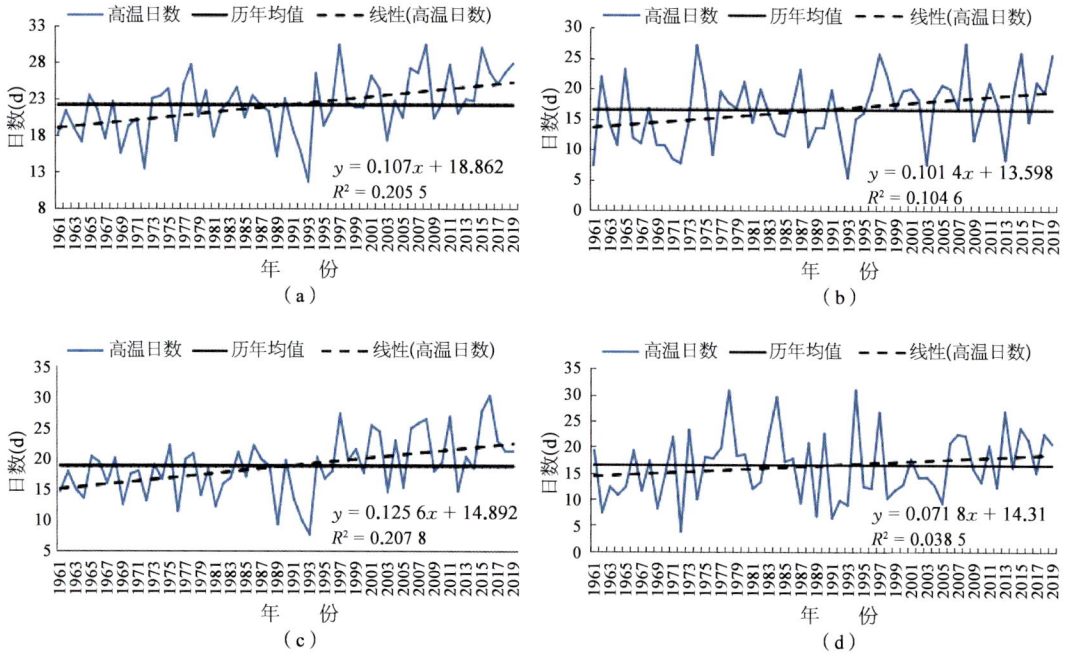

图7-31·新疆绿洲棉区及各代表棉区夏季(6—8月)高温日数变化(单位: d)
(a) 新疆棉区;(b) 北疆棉区;(c) 阿克苏和巴州棉区;(d) 南疆西部棉区
(傅玮东、姚艳丽,2021年)

第三节·气候变化对新疆绿洲棉花生产影响评估

一、气候变化对新疆绿洲棉花生产影响的事实

新疆是我国最大的优质商品棉基地。过去 50 多年里,影响新疆棉花生产的光、温、水资源发生了较明显的变化,气候变暖使棉花整个生育期延长,尤以南疆西部棉区延长更为明显;棉花气候生产潜力上升;1980 年代以来棉花种植面积呈现明显增加的趋势。

(一) 棉花发育期的变化特征

整理北疆棉区 7 个棉花气象监测站、南疆棉区 11 个棉花气象监测站的棉花发育期资料,由于大部分站点棉花自 1980 年代后期都开始采用地膜栽培技术,因此统一采用 1987—2019 年资料,分析播种、出苗、现蕾、开花、裂铃、停止生长等发育期日期及各发育期间隔日数的变化。

由表 7-10 可见,北疆各站中,气候变化对棉花发育期的影响以前期各发育期(播种至开花)提前为主,石河子及其以西的北疆沿天山棉区较为明显,其中博乐、乌苏、乌兰乌苏、炮台四站播种至开花各发育期提早绝大部分通过了显著性水平 0.05 以上的检验,乌苏棉花现蕾期和开花期、炮台棉花出苗期和开花期及莫索湾棉花开花期通过了显著性水平 0.10 的检验。各发育期间隔日数,苗期(出苗至现蕾)、花铃期(开花至裂铃)及全生育期(播种至停止生长)变化趋势较一致,均呈现延长的趋势。

表 7-10·新疆绿洲棉花气象监测站棉花发育期及发育阶段变化率

(傅玮东、姚艳丽,2021 年)　　　　　　　　　　　　　　　　　　　　(单位: d/年)

监测站	播种	出苗	现蕾	开花	裂铃	停止生长	播种至出苗	出苗至现蕾	现蕾至开花	开花至裂铃	裂铃至停长	全生育期
博乐	−0.39***	−0.32**	−0.12	−0.23**	0.11	0.10	0.08	0.19*	−0.10	0.34**	−0.003	0.50*
精河	−0.20	−0.16	0.16	−0.09	0.10	0.36**	0.04	0.32**	−0.24***	0.19	0.26	0.56***
乌苏	−0.55***	−0.47***	−0.19*	−0.22*	−0.06	−0.18	0.07	0.29**	−0.04	0.16	−0.12	0.37*
乌兰乌苏	−0.72***	−0.74***	−0.58***	−0.40*	−0.10	−0.08**	−0.01	0.16	0.18*	0.30**	−0.25	0.37*
炮台	−0.34***	−0.18*	0.13	−0.17*	−0.10	−0.20	0.16*	0.31**	−0.29**	0.06	−0.10	0.14
莫索湾	−0.01	0.06	0.33**	0.20*	0.33**	−0.37**	0.26**	−0.12*	0.12	−0.70**	−0.36	
昌吉	0.21	0.02	0.21		−0.14	−0.20**	0.20	−0.23*	0.06	−0.42	−0.35	
库尔勒	−0.15*	−0.07	0.49***	0.37**	0.55***	0.23**	0.07	0.56***	−0.11*	0.17	−0.32	0.38**
若羌	0.10	0.02	0.26**	0.19*	−0.15		0.24**	−0.07	−0.16	−0.18	−0.25	
且末	−0.06	−0.17	0.32*		0.40***	−0.11	0.48**	0.03	0.14	0.46**		
阿克苏	−0.06	−0.25**	−0.12	0.32	−0.47**	0.33**	−0.19**	0.13	0.44**	−0.79***	0.80**	0.39**
阿拉尔	−0.31***	−0.19**	0.05	−0.01	−0.37**	0.01	0.11**	0.24**	−0.06	−0.36**	0.37*	0.31***

续 表

监测站	播种	出苗	现蕾	开花	裂铃	停止生长	播种至出苗	出苗至现蕾	现蕾至开花	开花至裂铃	裂铃至停长	全生育期
						变 化 率						
喀什	−0.29***	−0.39***	−0.42**	−0.21	−0.01	0.25	−0.10	−0.03	0.21*	0.21	0.25	0.54***
巴楚	−0.25**	−0.24**	−0.31***	−0.12	−0.12	0.35***	0.01	−0.07	0.18	0.004	0.47***	0.60***
莎车	−0.23**	−0.25**	−0.29***	−0.19*	0.04	0.33***	−0.02	−0.04	0.09	0.23*	0.30	0.56***
和田	−0.01	−0.17*	−0.46***	−0.27**	0.25	0.47***	−0.16*	−0.29**	0.19**	0.52***	0.23	0.49**
于田	0.09	0.01	0.09	0.12	−0.06	0.23**	−0.09**	0.09	0.03	−0.18	0.29	0.14
阿克陶	0.11	0.03	0.19	−0.001	0.40*	0.98***	−0.08	0.16	−0.19*	0.40*	0.59**	0.87***

注：* 为通过 0.10 的显著性检验，** 为通过 0.05 的显著性检验，*** 为通过 0.01 的显著性检验。

南疆棉区11个站中，棉花播种至开花各发育期大部分出现提早的趋势，大部分棉区棉花停止生长期呈推迟趋势，其中5个站的棉花播种期、6个站的棉花出苗期、4个站的棉花现蕾期、2个站的棉花开花期提早以及8个站的棉花停止生长期推迟通过了显著性水平0.10～0.01检验。各发育期间隔日数，阿克苏和巴州棉区4个站的苗期(出苗至现蕾)、南疆棉区9个站的棉花全生育期呈现显著延长的趋势。南疆棉区气候变化对棉花发育期的影响以播种至出苗期的提早、停止生长期的推迟和全生育期的延长最为明显。

- **(二) 各代表棉区棉花发育期的变化特征**

根据新疆各主要棉花种植区的地理位置、气候特点和棉花生产情况，将新疆主要植棉区划分为三个棉区，即北疆棉区、阿克苏和巴州棉区、南疆西部棉区(包括克州、喀什及和田棉区)进行分析。

1. **北疆棉区** · 棉花播种和出苗期均有明显提前，变化速率分别为−3.1 d/10年和−2.7 d/10年，2011—2019年提前最多，分别比近33年(1987—2019年)平均日期提前3 d和2 d。棉花的开花期、停止生长期呈不显著的提早趋势，2011—2019年提前较多，比近33年均值分别提前1 d和2 d；棉花的现蕾期、裂铃期呈不显著的偏晚趋势，2011—2019年偏晚较多，比近33年均值分别晚1 d和2 d(表7-10、表7-11)。

表7-11·新疆绿洲各棉区棉花发育期及发育阶段变化率(1987—2019年)

(傅玮东、姚艳丽，2021年) (单位：d/年)

棉区	播种	出苗	现蕾	开花	裂铃	停止生长	播种至出苗	出苗至现蕾	现蕾至开花	开花至裂铃	裂铃至停长	全生育期
						变 化 率						
北疆棉区	−0.31***	−0.27***	0.05	−0.11	0.08	−0.09	0.03	0.32***	−0.16*	0.19***	−0.17	0.22
阿克苏和巴州棉区	−0.09	−0.13*	0.20**	0.22**	0.002	0.17**	−0.04	0.33***	0.02	−0.22**	0.16	0.26*
南疆西部棉区	−0.08	−0.16**	−0.20**	−0.12	0.06	0.44***	−0.08	−0.04	0.08	0.18	0.38***	0.52***

注：* 为通过 0.1 的显著性检验，** 为通过 0.05 的显著性检验，*** 为通过 0.01 的显著性检验。

各发育期的间隔日数,播种至出苗期以及裂铃至停止生长期的间隔日数呈不显著的延长趋势;苗期(出苗至现蕾)和花铃期(开花至裂铃)的间隔日数呈较明显的延长趋势,分别延长 3.2 d/10 年和 1.9 d/10 年;蕾期(现蕾至开花)的间隔日数呈明显的缩短趋势,平均为 −1.6 d/10 年(表 7-11,图 7-32)。

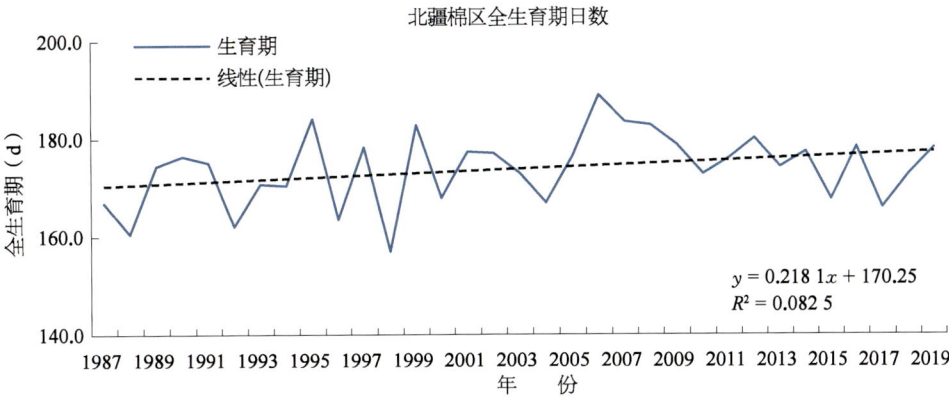

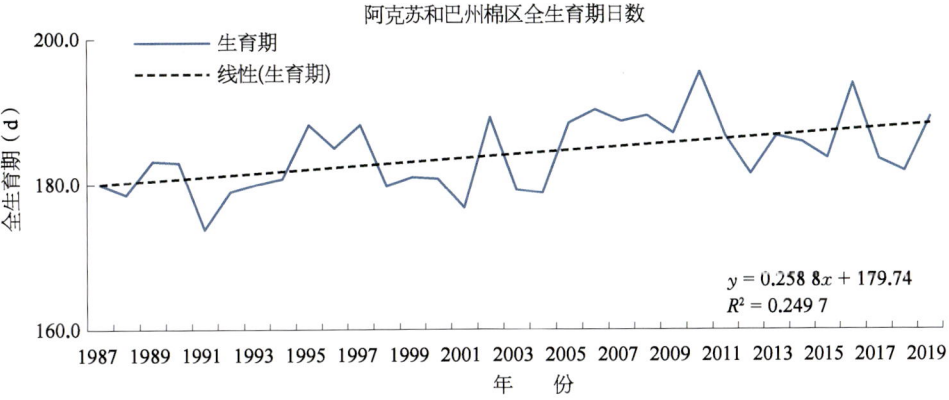

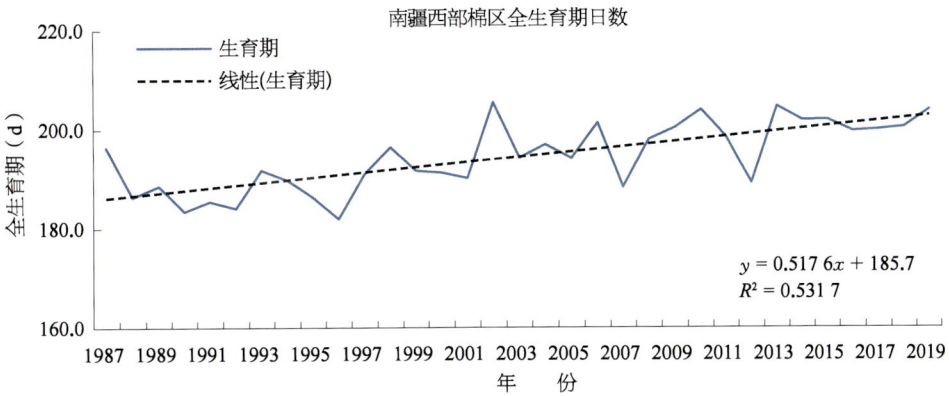

图 7-32 · 新疆绿洲各棉区棉花全发育期(d) 变化趋势(1987—2019 年)

(傅玮东、姚艳丽,2021 年)

整体上棉花全生育期明显延长,变化速率为2.2 d/10年,2000年代延长最多,分别比近33年平均天数、1990年代和近9年(2011—2019年)延长了4 d、7 d和3 d(表7-11,图7-32)。

2. 阿克苏和巴州棉区·棉花自播种至出苗期均呈现提前趋势,现蕾至停止生长期均出现偏晚趋势。其中播种期和出苗期的提早趋势明显,变化速率分别为-0.9 d/10年和-1.3 d/10年,且近9年与2000年代提前最多,均比近33年平均日期提前1 d。棉花现蕾至开花期及停止生长期的偏晚趋势显著,变化速率分别为2.0 d/10年、2.2 d/10年和1.7 d/10年,现蕾至开花期近9年偏晚最多,与近33年均值相比晚5 d和4 d;棉花停止生长期2000年代偏晚最多,与近33年均值相比晚2 d(表7-12,图7-32)。

表7-12·新疆绿洲各棉区棉花主要发育期变化趋势(1987—2019年)

(傅玮东、姚艳丽,2021年)

棉区	年份	播种	出苗	现蕾	开花	裂铃	停止生长	全生育期(d)
北疆棉区	1987—2019年平均	4月20日	5月3日	6月12日	7月7日	9月5日	10月11日	174
	1991—2000年平均	4月22日	5月5日	6月11日	7月7日	9月3日	10月10日	171
	2001—2010年平均	4月18日	5月2日	6月12日	7月6日	9月5日	10月13日	177
	2011—2019年平均	4月17日	5月1日	6月13日	7月6日	9月6日	10月9日	175
阿克苏和巴州棉区	1987—2019年平均	4月16日	4月28日	6月6日	7月4日	9月8日	10月17日	184
	1991—2000年平均	4月17日	4月29日	6月4日	7月2日	9月8日	10月16日	182
	2001—2010年平均	4月15日	4月27日	6月5日	7月1日	9月7日	10月19日	186
	2011—2019年平均	4月15日	4月27日	6月11日	7月8日	9月9日	10月18日	186
南疆西部棉区	1987—2019年平均	4月7日	4月19日	6月1日	7月2日	9月8日	10月18日	195
	1991—2000年平均	4月8日	4月20日	6月2日	7月3日	9月3日	10月15日	190
	2001—2010年平均	4月5日	4月17日	5月30日	6月29日	9月7日	10月20日	198
	2011—2019年平均	4月6日	4月19日	6月1日	7月1日	9月10日	10月24日	200

各发育期的间隔日数,苗期、全生育期的间隔日数呈显著的延长趋势,变化速率为3.3 d/10年、2.6 d/10年;花铃期的间隔日数呈显著的缩短趋势,变化速率为-2.2 d/10年。

棉花全生育期明显延长,变化速率为2.6 d/10年,近9年与2000年代延长最多,比近33年平均天数和1990年代延长了2 d和4 d。

3. 南疆西部棉区·棉花自播种至开花期均呈提前的趋势,其中出苗期和现蕾期的提早趋势较为明显,变化速率分别为-1.6 d/10年和-2.0 d/10年,且2000年代提前最多,均比近33年平均日期提前2 d,比1990年代提早2~3 d(表7-11);棉花播种期和开花期的提前趋势不显著,2011—2019年播种期比近33年均值和1990年代分别提早1 d和2 d、比2000年代晚1 d。裂铃期与停止生长期均呈偏晚的趋势,其中棉花停止生长期偏晚趋势明显,变化速率为4.4 d/10年,近9年偏晚最多,分别比近33年均值、1990年代和2000年代晚6 d、9 d和4 d;棉花裂铃期偏晚趋势不明显,近9年比近33年均值、1990年代和2000年代分别晚2 d、7 d

和 3 d(表 7-12,图 7-32)。

各发育期的间隔日数,裂铃至停止生长期的间隔日数呈明显的延长趋势,变化速率为 3.8 d/10 年;播种期、苗期的间隔日数呈不显著的缩短趋势,蕾期、花铃期的间隔日数呈不显著的延长趋势。

棉花全生育期亦明显延长,变化速率为 5.2 d/10 年,近 9 年延长最多,分别比近 33 年平均天数、1990 年代和 2000 年代分别延长 5 d、10 d 和 2 d。

二、新疆绿洲各棉区棉花气候生产潜力的变化特征

气候生产潜力是指充分合理利用当地光、温、水气候资源,而其他条件(如土壤、养分、栽培技术等)处于最适宜状况时,单位面积土地上可能获得的最高生物学产量或农业产量。

棉花 4—10 月生长期间,1961—2019 年新疆棉区的棉花平均气候生产潜力由北向南递增,为 1 905～2 666 kg/(hm^2·年),近 59 年平均值为 2 222.5 kg/(hm^2·年)。

(一) 年际变化特征

从近 59 年新疆棉区棉花生长季(4—10 月)平均气候生产潜力年际变化来看,新疆棉区 1990 年代以来生长季平均气候生产潜力高于 1990 年代以前各年代,且 21 世纪以来各年代平均气候生产潜力高于 1961—2019 年平均值;尤其 2011—2019 年增加最明显,较 1961—2019 年平均值多 48.3 kg/(hm^2·年);1960 年代—1980 年代棉花生长季平均气候生产潜力为相对较少的时期,其中 1960 年代最少,较 1961—2019 年平均值少 31.9 kg/(hm^2·年)(表 7-13)。

表 7-13·新疆绿洲棉花生长季(4—10 月)平均气候生产潜力年代变化

(傅玮东、姚艳丽,2021 年) [单位:kg/(hm^2·年)]

棉 区	平均气候生产潜力						
	1961—1970	1971—1980	1981—1990	1991—2000	2001—2010	2011—2019	近 59 年平均
新疆棉区	2 190.6	2 205.7	2 199.3	2 214.9	2 258.5	2 270.8	2 222.5
北疆棉区	2 072.4	2 097.1	2 103.0	2 133.7	2 167.4	2 187.4	2 125.8
阿克苏和巴州棉区	2 212.5	2 215.8	2 212.0	2 227.1	2 267.3	2 265.0	2 232.8
南疆西部棉区	2 232.5	2 254.5	2 226.8	2 233.0	2 288.5	2 298.9	2 255.0

北疆棉区棉花气候生产潜力呈逐年代递增的趋势;1990 年代以来生长季平均气候生产潜力高于 1990 年代以前各年代,且高于 1961—2019 年平均值;尤其 2011—2019 年棉花气候生产潜力增加最明显,较 1961—2019 年平均值多 61.6 kg/(hm^2·年);1960 年代至 1980 年代棉花生长季平均气候生产潜力为相对较少的时期,其中 1960 年代最低,较近 59 年平均值偏少 53.4 kg/(hm^2·年)。

阿克苏和巴州棉区棉花气候生产潜力年代变化基本上呈"M"形。其中 21 世纪前 10 年棉花气候生产潜力最高,2011—2019 年平均值次之,分别比近 59 年平均值多 34.6 kg/

(hm²·年)和32.2 kg/(hm²·年);1960年代至1990年代棉花生长季平均气候生产潜力为相对较少的时期,其中1980年代棉花气候生产潜力最低,比近59年平均值少20.8 kg/(hm²·年)。

南疆西部棉区棉花气候生产潜力高于北疆棉区、阿克苏和巴州棉区。从年代变化看,呈"N"形。自1980年代起呈现持续增加的趋势,其中2000年代以后棉花气候生产潜力高于2000年代以前各年代,且高于1961—2019年平均值,尤其2011—2019年增加最多,较近59年平均值增加43.9 kg/(hm²·年);1980年代棉花气候生产潜力最低,比59年平均值少28.2 kg/(hm²·年)。

近59年4—10月的平均棉花气候生产潜力新疆棉区为2 222.5 kg/(hm²·年),其中北疆棉区为2 125.8 kg/(hm²·年),阿克苏和巴州棉区为2 232.8 kg/(hm²·年),南疆西部棉区2 255.0 kg/(hm²·年)(图7-33)。

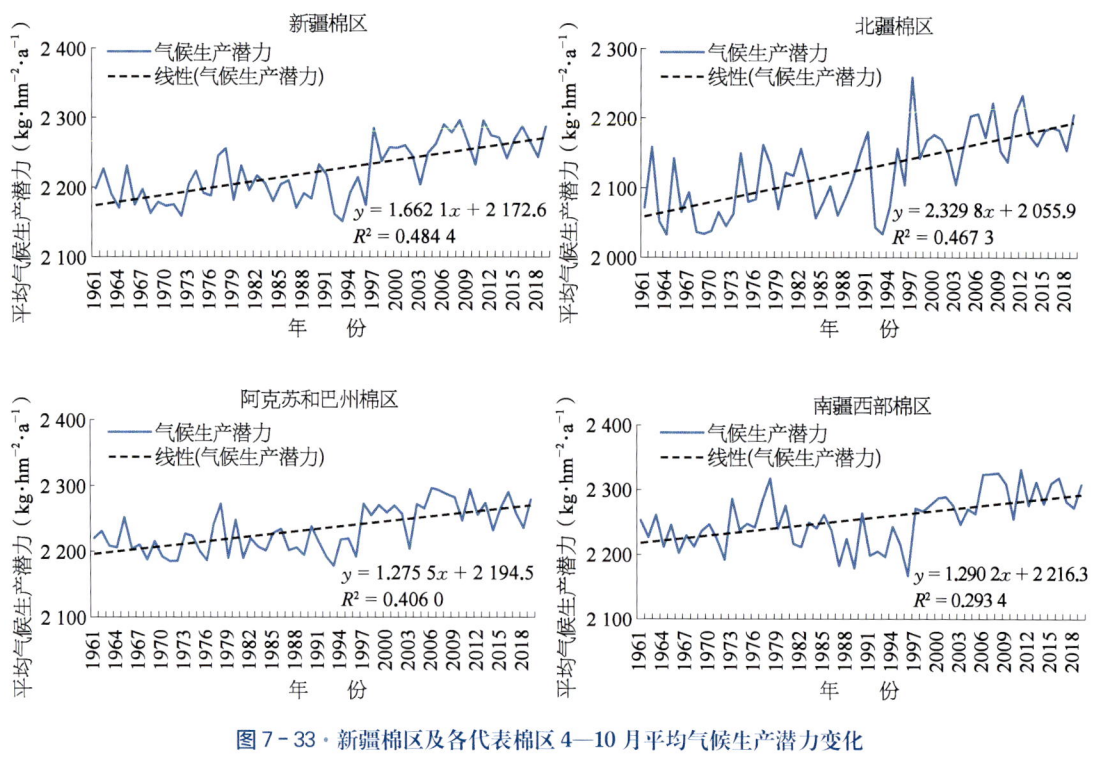

图7-33·新疆棉区及各代表棉区4—10月平均气候生产潜力变化

(傅玮东、姚艳丽,2021年)

近59年,新疆棉区以及北疆棉区、阿克苏和巴州棉区、南疆西部棉区生长季平均棉花气候生产潜力均呈现增加趋势。各棉区中北疆棉区增加最明显,速率为23.3 kg/(hm²·10年),高于新疆棉区的增速;其次是南疆西部棉区为12.9 kg/(hm²·10年),阿克苏和巴州棉区为12.8 kg/(hm²·10年),均低于新疆棉区的增速。各代表棉区棉花气候生产潜力的相关系数为0.541 6~0.696 0,t检验结果,新疆棉区以及三大代表棉区显著水平均达到0.01(图7-33)。

(二) 新疆棉区及各主要代表棉区棉花种植面积的变化特征

棉花是新疆国民经济最重要的优势和支柱产业之一,其优势种植区域主要集中在南疆叶尔羌河流域及其沿岸绿洲平原和塔里木河流域,是新疆最大的优质陆地棉和优质长绒棉生产基地;北疆玛纳斯河流域、奎屯河流域、博尔塔拉河流域下游及伊犁河下游棉区,适宜种植早熟、特早熟陆地棉,是我国最北的棉区;东疆吐鄯托盆地以种植中晚熟陆地棉和早中熟长绒棉为主。21世纪初,根据新疆各地热量条件、无霜期长短,将新疆棉区划分为4个亚区(特早熟棉亚区、早熟棉亚区、早中熟棉亚区、中熟棉亚区),它涵盖了全国不同熟性的所有棉区,具有独特的生产条件,能生产各种类型的原棉。

统计分析1961年以来新疆植棉业的调查数据可知,新疆植棉规模不断扩大,植棉面积(包括兵团)从1961年的13.05万 hm^2 上升到2019年的254.0万 hm^2,植棉面积多于长江流域棉区或黄淮流域棉区任一植棉省,且表现出明显的阶段性和波动性。三个代表棉区即北疆棉区、阿克苏和巴州棉区、南疆西部棉区(均不包括兵团)植棉面积变化特点各异。

1961—2019年,从新疆棉区棉花种植面积的年代变化来看,新疆棉区20世纪60年代以来植棉面积呈逐年代增加的趋势,且自1980年代以来增幅加大,尤其2011—2019年增加最明显,较20世纪60年代平均植棉面积扩大了约12.8倍(表7-14)。

表7-14 · 新疆各棉区棉花种植面积年代变化

(傅玮东、姚艳丽,2021年)

棉 区	种植面积(万 hm^2/年)					
	1961—1970	1971—1980	1981—1990	1991—2000	2001—2010	2011—2019
新疆棉区	14.61	15.45	30.93	79.80	129.60	213.06
北疆棉区	0.32	0.71	1.83	9.13	19.12	38.79
阿克苏和巴州棉区	2.51	3.04	3.75	15.71	31.49	65.45
南疆西部棉区	7.34	7.11	10.98	22.85	21.45	40.10

北疆棉区以及阿克苏和巴州棉区均自20世纪60年代以来植棉面积呈逐年代增加的趋势,且自1980年代以来增幅加大,尤其2011—2019年增加最明显,较20世纪60年代平均植棉面积分别扩大了约113.8倍和24.6倍。

南疆西部棉区棉花种植面积变化波动较大。20世纪80年代、90年代和2011—2019年植棉面积呈增加的趋势;但20世纪70年代和21世纪前10年植棉面积与前10年相比却有所减少。其中2011—2019年植棉面积最多,比20世纪60年代增加了4.5倍;21世纪前10年植棉面积虽较20世纪90年代略有减少,但仍高于20世纪60年代至80年代,且面积比20世纪60年代增加了1.9倍;20世纪70年代植棉面积最少,比20世纪60年代减少了3.0%。

1961—2019年,新疆棉区以及北疆棉区、阿克苏和巴州棉区、南疆西部棉区植棉面积均呈现增加趋势,且均自 1990 年起增幅加大,这与全球气候变暖背景、地膜栽培技术应用以及近十几年国家加大新疆棉花生产投资力度等有关(图 7-34)。

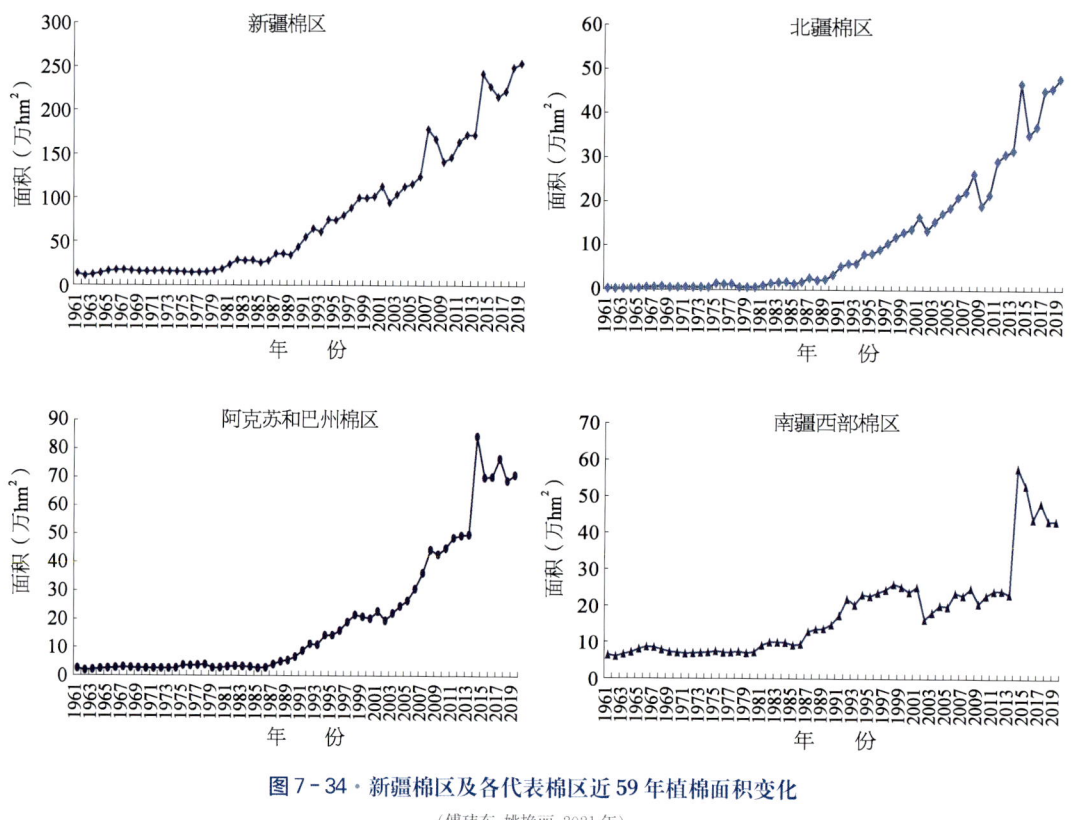

图 7-34·新疆棉区及各代表棉区近 59 年植棉面积变化

(傅玮东、姚艳丽,2021 年)

新疆棉区 1990—2019 年植棉面积以 68.1 万 hm^2/10 年的速率递增,2003 年以来一直稳定在 100 万 hm^2 以上,其中 2014 年面积最大为 242.1 万 hm^2,2015—2017 年植棉面积略有回落。各代表棉区中 1990 年以来植棉面积增幅最大的是阿克苏和巴州棉区,速率为 24.7 万 hm^2/10 年,其次是北疆棉区为 14.6 万 hm^2/10 年,南疆西部棉区为 8.8 万 hm^2/10 年(图 7-35)。

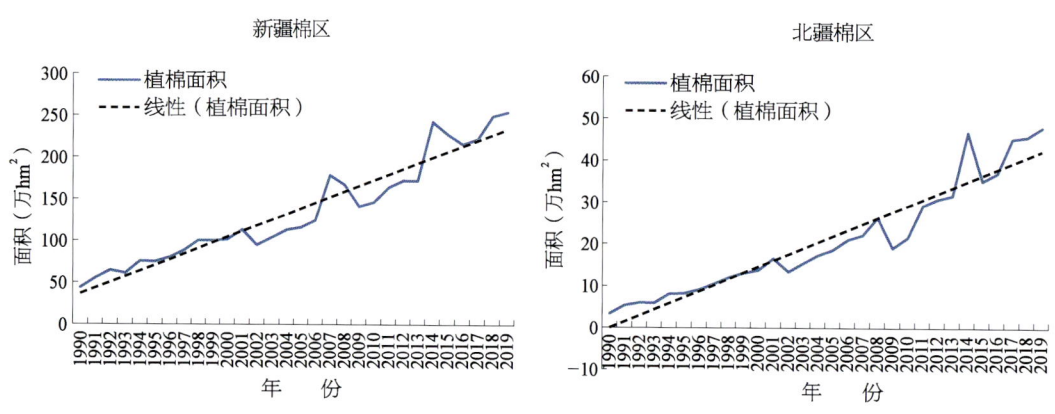

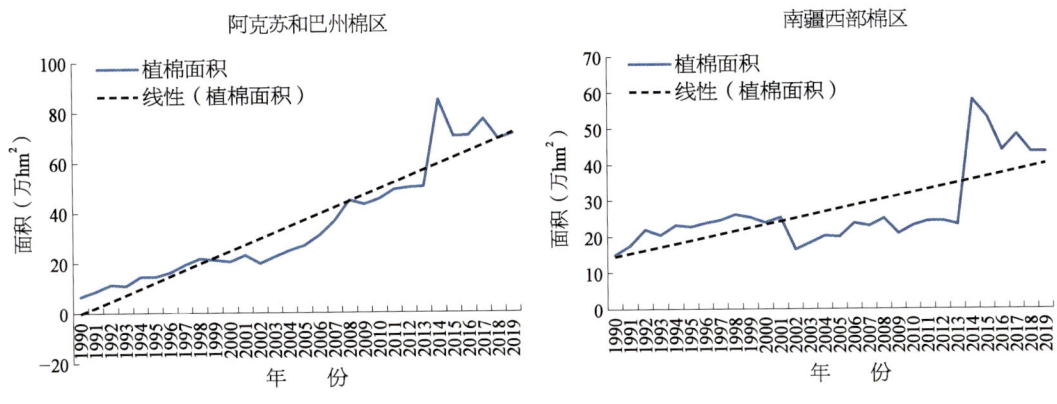

图 7-35 · 1990—2019 年新疆棉区及各代表棉区植棉面积变化趋势

(傅玮东、姚艳丽，2021 年)

三、气候变化对新疆绿洲棉花生产的影响评估

事实表明，在全球变暖的气候背景下，近 59 年来，新疆棉区棉花生长季气温也呈现明显升高的趋势，对棉花生长有利，棉花产量以及气候生产潜力呈明显的上升趋势，但夏季高温日数和范围的增加、病虫害的发生蔓延等都会影响棉花产量和品质的提升。

(一) 绿洲棉花生育期延长，尤以南疆西部延长更为明显

从北疆 7 个监测点棉花发育期变化特征来看，气候变化对棉花发育期的影响以前期各发育期（播种至开花）提前为主，2011—2019 年各主要发育期平均值较 20 世纪 90 年代同期提前 1~4 d，其中石河子及其以西的北疆沿天山一带棉区提前较为明显。各发育期间隔日数、苗期（出苗至现蕾）、花铃期（开花至裂铃）及全生育期（播种至停止生长）变化趋势较一致，均呈显著延长趋势。

从南疆 11 个监测点棉花发育期变化特征来看，棉花播种至开花各发育期大部分出现提早的趋势，大部分棉区棉花停止生长期呈推迟的趋势，各发育期间隔日数，阿克苏和巴州棉区 4 个站的苗期（出苗至现蕾）、南疆棉区 9 个站的棉花全生育期呈现显著延长的趋势。南疆棉区气候变化对棉花发育期的影响以播种至出苗期的提早、停止生长期的推迟和全生育期的延长最为明显。

其次，气候变化对不同地区、不同棉花生育期的影响是不同的。总体上，气候变化对棉花发育期的影响表现为自播种至开花期多呈提早的趋势，而棉花裂铃之后的发育期则多呈推迟的趋势，从而致使棉花整个生育期延长，就平均状态而言，北疆棉区、阿克苏和巴州棉区、南疆西部棉区 2011—2019 年棉花全生育期比 1990 年代分别延长 4 d、4 d 和 10 d，尤以南疆西部棉区延长最多。但不同棉区棉花发育期的间隔日数变化趋势差异较大。

(二) 热量增加对棉花生长及种植区域扩大有利

近 59 年来，新疆棉区及北疆棉区、阿克苏和巴州棉区、南疆西部棉区棉花生长季平均气温均呈现增暖趋势，各棉区中北疆棉区≥10℃、≥20℃增温最明显，南疆西部棉区≥15℃增温最明显；同时，≥10℃、≥15℃、≥20℃积温及其持续日数增加或延长。由于热量条件是新疆植棉最关键的气象因子，热量增加对全疆各棉区棉花生长较为有利，且有利于棉花产量和

品质的提高,如气温升高使阿图什市棉花增产,且棉花气候产量与≥10℃积温关系密切,积温越高产量越高,阿图什市 20 世纪 90 年代棉花气候产量比 80 年代增加了 30% 左右(胡江玲等,2010 年)。

新疆一般以≥10℃积温≥3 190℃·d 作为棉花种植的北界。在气候变暖背景下,2001 年以来新疆棉花种植北界较 1980 年代北移了 1°~2°N。如北疆北部位于准噶尔盆地西北边缘、和布克赛尔蒙古自治州县境内的新疆生产建设兵团第十师 184 团,从 2001 年开始连续大面积植棉成功,单产由 2005 年的 3 268.4 kg/hm² 增长到 2008 年的 4 572.7 kg/hm²,增长 39.9%,创造了棉花种植北界推移到 46°23′N 的纪录。利用 184 团 2001—2008 年试种棉花的品种及生育期的分析指出,进入 21 世纪,随着气候变暖趋势的延伸,北疆北部部分地区大面积生产性植棉是完全可能的;对于早熟、生育期较短的棉花品种如新陆早 7 号、新陆早 10 号及新石 K4、新石 K8 号有较好的丰产性。

(三)降水增多、日照时数减少对棉花生产有利有弊

近 59 年来,全疆棉区及北疆棉区、阿克苏和巴州棉区、南疆西部棉区 4—10 月平均降水量呈增多的趋势,尤其是 21 世纪以来 6 月、7 月北疆大部棉区降水量增多。由于此时正是棉花由生殖生长和营养生长并存时期(蕾期)逐渐转向生殖生长的花铃期,是形成产量的关键时期,也是需水关键期;同时还是各类春播作物灌溉的集中期,其间降水量增多,有利于缓解棉花与其他粮食作物争水的矛盾。

此外,新疆棉区及三个代表棉区近 59 年来 4—10 月的日照时数呈不显著的减少趋势,尤其是 21 世纪以来 7—8 月日照时数的持续偏少,可能会对正处于花铃后期的棉花蕾铃生长产生不利影响,从而影响棉花的产量和品质。

(四)终霜提早、初霜偏晚对棉花生产有利

近 59 年来,新疆棉区平均终霜期呈较明显偏早的趋势,且从年代间的变化上来看,2011—2019 年新疆棉区平均终霜期在各年代中是最早的,对棉花的播种非常有利,使棉苗生长避开了霜冻的不利影响。只有在终霜冻出现特别晚的年份才造成部分棉区棉花受害,导致棉花烂根、烂芽,甚至棉苗受冻死亡。

全疆棉区平均初霜期延迟趋势明显,尤其是 21 世纪以来平均初霜期晚于 20 世纪各年代,对于棉花后期生长有利,导致棉花后期生长热量条件好、遭遇霜冻的风险减小,霜前花产量高、品质好。如生长后期提早遭遇霜冻危害,则使棉株叶片脱落,棉铃停止生长,棉纤维停止填充。

(五)夏季高温日数增加、高温范围大对棉铃发育和品质形成产生不利影响

夏季新疆日照充足,若遇到高温干旱的天气,将造成棉花中上部棉铃大量脱落,严重减产。

近 59 年随着全球气候变暖,新疆气候也在增暖,新疆高温出现站次呈现增加的趋势,但每年高温出现的站数变化不大。在 1970 年代中期至 1980 年代中期、1990 年代中后期至 21 世纪,新疆高温出现的频率相对多、范围大。新疆棉区及北疆棉区、阿克苏和巴州棉区、南疆西部棉区夏季高温日数均呈现增加的趋势,尤其北疆棉区、阿克苏和巴州棉区最为显著,高温天气的增加会导致棉花蕾铃脱落率增加,影响棉花产量和品质。

(六) 受气候变化影响棉花产量呈明显上升趋势,但风险加大

利用 COPRAS 动力评估模型对新疆地区棉花生长发育情况进行模拟,研究了气候变化对棉花产量形成的影响,结果表明:气候变化对新疆各棉花产区产量影响是不同的,且新疆地区棉花模拟产量受气候变化的影响呈明显的上升趋势,尤其表现在北疆棉区。另外 1970 年代和 1990 年代棉花产量增产较多,分别比上一个年代增产 26.4 kg/hm² 和 25.4 kg/hm²。新疆地区棉花模拟产量另一个特征是波动性明显加强,即 1960 年代、1970 年代、1980 年代和 1990 年代棉花模拟产量的均方差分别为 51.9、92.4、118.9 和 120.6,均方差呈增长趋势,表明 1960 年代至 1990 年代由于气候变化棉花产量波动性加强,棉花生产风险加大(宋艳玲等,2004 年)(表 7 - 15)。

表 7 - 15 · 气候变化对新疆绿洲棉花产量的影响

(宋艳玲等,2004 年)

区 域	1960 年代 (kg/hm²)	较 1960 年代增减百分比(%)			
		1950 年代	1970 年代	1980 年代	1990 年代
北疆棉区	937.9	-3.3	8.1	18.2	30.6
东疆棉区	1 337.7	23.9	13.0	4.5	1.1
南疆盆地北缘区	1 284.7	4.1	-5.9	-2.5	-8.0
南疆盆地西缘区	1 291.4	-17.6	11.9	4.4	10.5
南疆盆地东缘区	1 356.8	12.2	-5.2	-8.0	-0.6

(七) 气候变暖导致棉花病虫害发生危害扩大,防治成本增长

气候变暖与病虫害发生有密切关系,暖冬有利于棉花病虫安全越冬,这使翌年棉花病虫危害提前发生,发生程度与面积不断扩大。同时,热量增加促使病虫繁殖加快,危害期延长。如棉铃虫,近年来在乌苏市逐渐由次生害虫上升为主要害虫,发生态势日趋严重。特别是 2008 年棉铃虫由过去的二三代危害棉花上升为从一代就开始危害棉花,从而增加了防治成本(陈金梅等,2008 年)。

(八) 气候变暖对棉花品质影响的利与弊

有利一面:绿洲棉花早熟性得到明显改善,霜前花率明显提高,有利机械化采收。北疆区域生育期延长,单产大幅提高,品质明显改善,其中天山北坡一带纤维长度、强度和细度等品质指标的改善更加明显,有利生产高品质棉花(见第三章)。

不利一面:南疆棉花产量在近 20 年特别是近 10 年呈现下降的趋势明显。南疆西部的棉花纤维长度变短、细度变粗、强度变低,品质变差的趋势明显;南疆阿克苏巴州也呈现这一趋势(见第三章)。

(九) 绿洲气候变化与绿洲棉花丰歉平年景

2000—2019 年,尽管绿洲整体气温升高,热量增加,无霜期延长,但是绿洲气候变化的强度也在加大,极端异常气候频发,对棉花年景产生较大影响。从概率来讲,近 20 年,绿洲棉花丰收年景有 3 年——2002 年、2008 年和 2012 年,歉收年景有 4 年——2001 年、2003 年、2010 年和 2013 年,平产年景有 13 年(表 7 - 16、表 7 - 17)。

表7-16 · 近20年新疆绿洲气候变化与棉花丰歉年景

(傅玮东、姚艳丽、毛树春,2021年)

项 目	年 份	气 候 简 述
丰收年景	2002	全疆棉区棉花播种至停止生长≥10℃积温为3 309~5 616℃·d,大部分较常年偏多7~500℃·d。南疆棉区棉花生长气象条件明显好于常年;北疆棉区虽然前期热量条件略为不足,但后期(尤其是裂铃吐絮后多晴好天气)光热充足,有利于棉花成铃的完全吐絮,棉花生长的气象条件好于常年
丰收年景	2008	全疆棉区从棉花播种到停止生长≥10℃积温为3 528~5 792℃·d,与常年相比,棉区大部偏多67~651℃·d。4~10月大部气温偏高;虽降水偏少,但大部农田灌溉比较适时,气象条件对大部分地区棉花生长较为有利
丰收年景	2012	全疆棉区棉花播种至停止生长≥10℃积温为3 515~5 342℃·d。与常年同期相比,大部棉区偏多8~354℃·d。4~10月棉区大部气温偏高,≥10℃和≥15℃界限温度积温多于常年;日照时数偏多,对棉花生长发育及产量形成较为有利
歉收年景	2001	2001年棉花整个生长期光热充足,播种到停止生长≥10℃积温为3 373~5 529℃·d。与常年同期相比,大部棉区偏多40~530℃·d。但入夏以来北疆沿天山一带棉区持续高温干旱,棉叶螨和棉蚜发展蔓延,虫害十分严重;南疆棉区棉铃虫和棉蚜危害也较重。尤其7月28日至8月1日北疆出现的低温连阴雨天气,使大部棉区棉花遭受罕见的障碍型低温冷害,严重影响棉花产量和品质
歉收年景	2003	全疆大部棉区春季热量条件及棉花生长的基本热量条件(≥10℃积温)差于常年和上一年,影响了棉花的生长发育速度。棉花整个生长期的气象条件,北疆棉区弊大于利,尤其7月中下旬的低温对北疆部分棉花的产量及品质造成一定影响;南疆部分棉区的热量条件亦略显不足,导致大幅度减产
歉收年景	2010	棉花生长季,全疆大部棉区≥10℃积温好于常年,但差于上一年;≥15℃积温差于常年和上一年; 北疆:3月下旬至5月雨雪天气多,其中4月中旬气温异常偏低,降水偏多,播期推迟;苗期和蕾期热量条件差于常年和上一年,前期迟发苗弱,僵苗面积大; 南疆:棉花裂铃、吐絮期间,巴州大部及克州棉区,喀什大部棉区气温偏低,尤其是阿克苏大部棉区及南疆西部棉区降水明显偏多,导致部分裂铃吐絮期进一步推迟,生长偏旺,棉花棉桃霉烂、僵瓣率增加,"水蜜桃"多,品质大幅下降,棉花产量也受到一定影响
歉收年景	2013	全疆大部棉区棉花生长前期(出苗至花铃生长前期)的热量条件差于常年和上一年,大部棉区棉花发育进度晚于常年和上一年,棉花长势偏差;花铃生长中后期,全疆棉区气温偏高,部分棉区棉花长势转好。但低温、强降水、冰雹、大风沙尘、渍涝等灾害天气频发;降水偏多,分布不均,前期多;≥20℃积温明显少于常年和上一年,对棉纤维生长不利
平常年景	2000、2004—2007、2009、2011、2014—2019	天气相对平稳,一些年景相对增加或减产,但幅度都在一成以内; 2014年4—5月遭遇大风强寒潮侵袭,晚熟,大量的"水蜜桃""有铃无产",是一个减产幅度不大的年景; 2015年,苗早苗全,但7—8月遭遇"干热风"20d,从增产转为平产; 2018年前中期为"冷凉"年景,大面积迟发,"五月蕾"面积的比例极低,中后期则为"热量丰富"年景,特别是秋爽对前中期的热量不足产生了极大的补偿作用,有利秋桃成熟、吐絮和采收,是一个平产年景

表7-17 · 2000—2019年新疆绿洲棉区棉花丰/歉年的主要气候指标

(傅玮东、姚艳丽,2021年)

年份	年景	无霜期(d)	≥10℃活动积温(℃)	≥15℃活动积温(℃)	≥20℃活动积温(℃)	年日照时数(h)	年降水量(mm)	稳定通过≥10℃初日(月/日)	稳定通过≥10℃终日(月/日)
2000	平	208.5	4 341.8	4 026.5	2 844.2	2 860.7	87.0	3/29	10/13
2001	歉	206.8	4 178.2	3 789.9	2 882.7	2 840.3	94.7	4/9	10/13
2002	丰	219.1	4 330.9	3 651.7	2 579.2	2 756.0	128.7	3/31	10/19
2003	歉	205.0	3 908.1	3 387.5	2 469.5	2 782.4	123.2	4/16	10/10
2004	平	219.0	4 260.7	3 599.8	2 850.3	2 874.0	126.7	3/30	10/13
2005	平	214.2	4 185.0	3 651.4	2 737.8	2 844.1	110.9	4/11	10/15
2006	平	225.4	4 287.8	3 715.1	2 635.9	2 699.9	88.3	4/16	10/30
2007	平	216.3	4 431.8	3 863.9	2 791.7	2 801.9	102.6	3/28	10/16

续 表

年份	年景	无霜期(d)	≥10℃活动积温(℃)	≥15℃活动积温(℃)	≥20℃活动积温(℃)	年日照时数(h)	年降水量(mm)	稳定通过≥10℃初日(月/日)	稳定通过≥10℃终日(月/日)
2008	丰	214.4	4 455.5	3 867.4	3 103.7	2 866.2	81.8	4/3	10/20
2009	平	223.8	4 515.2	3 922.8	2 568.2	2 891.2	90.0	3/20	10/22
2010	歉	215.7	4 182.7	3 513.2	2 436.2	2 744.8	168.0	4/8	10/18
2011	平	211.1	4 385.0	3 957.4	2 820.9	2 880.4	105.5	4/8	10/20
2012	丰	214.0	4 396.3	3 878.9	2 954.5	2 907.3	103.2	3/28	10/17
2013	歉	227.7	4 527.8	3 983.5	2 442.0	2 886.9	114.0	3/21	10/21
2014	平	208.3	4 219.4	3 751.2	2 559.3	2 827.9	93.6	3/31	10/14
2015	平	216.8	4 418.6	3 938.1	2 588.8	2 722.5	112.0	3/27	10/16
2016	平	228.4	4 590.9	4 071.7	2 828.0	2 668.9	150.1	3/21	10/18
2017	平	214.2	4 265.3	3 776.0	2 799.2	2 744.7	110.9	3/30	10/12
2018	平	215.2	4 414.2	3 627.6	2 574.2	2 772.5	105.2	3/21	10/18
2019	平	224.4	4 277.2	3 564.1	2 505.8	2 621.6	97.1	3/22	10/18
20年均值		216.4	4 328.6	3 776.9	2 698.6	2 799.9	109.7	3/31	10/17

按照农艺评价棉花丰歉平年景的指标如下。

丰收年景：棉花单产增长一成及以上,早熟性好,霜前花的比例达到80%及以上,表明生产品质好,其中棉铃吐絮早、吐絮畅,实现"八月絮",易采收是主要指标。

歉收年景：棉花单产减少一成及以上,早熟性差,霜前花的比例低于60%,这一比例低得越多越晚熟,表明生产品质差,秋桃多,"水蜜桃"多,吐絮晚,吐絮不畅,采收困难是主要指标。

平常年景：棉花单产与上年接近或持平,早熟性一般,霜前花的比例在70%~80%。

绿洲棉花丰收年景有2002年、2008年和2012年。这几年比上一年的热量多,积温多,早熟性好,"八月絮"面积比例大。基本实现"四月苗、五月蕾、六月花、七月铃和八月絮"的高产早熟长势长相,是丰产年景。

2001年、2003年、2010年和2013年为绿洲棉花的歉收年景。这几年比上一年的热量减少,无霜期缩短,降水日数和雨量增多,呈现典型的"冷凉"特征,"八月絮"的面积比例低。据记录,2001年绿洲遭受了罕见的障碍型低温冷害,2003年、2010年、2013年的热量严重不足,是典型的"冷凉"年景。

平产年景的天气相对平稳,单产与上年接近或持平,一些年景相对增加或减产,但幅度都在一成以内。其中2014年4—5月遭遇大风强寒潮侵袭,晚熟,秋桃不成熟表现为"水蜜桃""有铃无产",是一个减产幅度不大的年景。2018年绿洲前中期为"冷凉"年景,大面积迟发,"五月蕾"面积的比例极低,中后期则为"热量丰富",特别是秋爽,对前中期的热量不足产生了极大的补偿作用,有利秋桃成熟、吐絮和采收,是一个平产年景。

此外,2020年也是绿洲棉花的丰收年景。这一年热量丰富,全疆大部棉区热量条件好于常年和上一年,单株成熟增加,单位面积成熟数多于常年和2019年。虽然北疆棉花前中期遭遇严重干旱,6月出现"蕾包头"的受旱情景,中期因新疆新冠肺炎疫情"宅家",田间管理特别是灌溉次数和灌水量减少,但是这一年秋爽、霜期推后,无霜期延长,秋季高温多阳有利吐絮和采收,其中衣分明显偏高,皮棉单产因此提高,是一个丰收年景,但是纤维长度缩短、强度降低,纤维品质明显偏差。

第四节·新疆绿洲棉花应对气候变化的对策措施建议

气候变化背景下,一方面改善了新疆棉区的热量资源,棉花生长季延长,并且降低棉花生产过程中春季低温、霜冻灾害以及延迟型冷害风险;另一方面气候变暖导致虫害越冬基数增大、加重危害,还会加重夏季高温蕾铃脱落等系列农业灾害问题;同时棉花播种期间的极端气候事件频发导致不利影响。这些影响致使新疆棉花生产的不稳定性增加。采取有效的应对气候变化的适应性对策,既能充分利用气候变化带来的农业气候资源,也能降低气候变化引起的灾害损失,促进新疆棉花的可持续发展。

一、科学确定绿洲棉花地位,优化绿洲农业布局

(一)科学确定棉花,优化绿洲作物布局

棉花是喜温作物,近几十年来新疆棉花生产实践表明,热量条件不足是影响新疆棉花生产最主要的制约因素。新疆地处温带气候带,近59年来特别是近20年棉区生长季热量条件好转,未来情景预估同样说明了热量继续好转的可能性极大。在全疆经济发展中需要不断调整和优化农业生产结构,做到与水资源的相互匹配,充分发挥棉花节水功能,调减耗水多的作物类型和品种,利用好棉花生产保护区面积,促进绿洲棉花提质增效生产更多的高品质棉花,有效提升绿洲棉花质量效益和竞争力,促进棉花可持续发展(见第四章)。

(二)气候变暖棉花种植品种和技术难点

近年来,随着全球气候变暖,新疆棉区的气候也发生了很大变化。无霜期延长和有效积温的增加,使新疆棉花种植品种和品质也相应改变。如2006年以前乌苏市棉花种植品种基本以新陆早系列为主,生育期一般在125 d左右,霜前花达85%以上。2007年乌苏市引进种植了新陆中26号,生育期135 d左右。由于2007—2008年乌苏市≥10℃、≥15℃、≥20℃、≥25℃有效积温都满足了棉花生长的需求,且秋季气温高、降水少,初霜期延后,因此乌苏大部棉花都能正常吐絮,霜前花比率达80%以上,表现出良好的早熟性和丰产性(陈金梅,2010年)。由于棉花生长季呈现增温的趋势,所以给棉花的化控带来一定难度,而且易形成高脚苗和使棉花疯长。

(三)加强绿洲生态和农田防风林建设

生态防风林和农田防风林是绿洲农业和棉花的重要保护屏障,对防御大风沙尘侵袭和抵挡沙尘危害农作物具有特殊功能,对防御极端强寒潮和极端异常高温也具有特殊功能。农田防护林要有一定宽度,其中保障水供给是基础,日常维护管理是保障。

二、改善农业基础设施，强化棉花科学管理和科技支撑作用

(一) 加强农田水利建设

加强以农田水利设施建设和防灾减灾为重点的基础设施建设，增强抵御气候变化风险能力。面对日益恶化的气候变化，须加强建设、改造农业排灌工程设施，扩大灌溉、排水的面积，防止土壤盐碱化。

(二) 大力发展棉花灌溉节水技术

水是制约新疆经济发展的最主要因素，主要通过灌溉来提供棉花生长所需要的水分。在棉花生长季节，新疆的用水供需矛盾十分突出，充分利用有限的水资源，推行高效节水灌溉综合配套技术，是应对气候变化，保证新疆棉花生产节水、增产、增效、可持续发展的基础。推行膜下滴灌为主的棉花节水综合技术模式，随水施肥、施药，既节约了化肥和农药，又减少了对土壤和环境的污染，同时，膜下滴灌在根系范围内形成一个低盐区，盐分不易返回地面，在盐碱地上也可获得较高产量。

(三) 提高科学植棉水平

依靠科学技术，推进新疆棉花精细化种植管理。气候变暖对不同棉区各生育期的影响有差异，依靠科学技术，加强棉花高产栽培各个环节的技术管理，力争在棉花精细种植方面有所突破，提高抗御自然灾害的能力。

三、研究气候变暖棉花病虫害发生规律，提高综合防控能力

气候变暖，棉花生育期延长，而棉花生长季的病虫发育进程同样加快，害虫繁殖代数增加，对棉花的危害加剧。

由于气温升高特别是冬季温度增加，使越冬病虫卵、蛹死亡率降低，病虫群数量上升，易造成棉花病虫危害。新疆棉区冬季增温显著，未来仍维持升温态势，棉花病虫危害风险加大。

棉花生长季节的高温干旱等频发，对棉花的热量需要有利，但同时也有利于棉蚜、红蜘蛛等病虫害的发生和蔓延，棉花病虫害的防治难度增大。

针对新疆主要棉花病虫害开展研究，分析其气候变化影响范围和适应性，开展化学防治、生物防治和综合防治技术的研发。加强棉区主要病虫测报及气象测报，增强对棉区气象及病虫灾害的预测能力，有效控制棉花主要病虫害的流行和蔓延，保障棉花生产健康有序发展。

要研究全球气候变暖和绿洲气温增加背景下，绿洲大农业的结构和作物耗水统筹，提出绿洲耕地、种植业、养殖业的可持续利用对策和措施方法。

四、建立农业气象服务体系，提高绿洲棉花防灾减灾能力

结合新疆各棉区具体的气象条件，针对普遍多发的极端气象灾害，制订具体可行的棉花生产应急预案，降低减产的风险，提高新疆农业对气候资源的利用水平和气象灾害防御能力。

一是开展棉花精细化种植区划。充分利用气候变化带来的有利因素和极端事件的不利影响，加强气候变化背景下的新疆棉花精细化种植区划分析工作，在宜棉区统筹规划、合理布局，努力提高单产和棉花品质，为新疆棉花可持续发展、确保农民增收做好基础工作。

二是建立健全棉花气象灾害监测、预警和防控体系,提高棉区的农业抗灾减灾能力。加大区域农业监测站网建设,增加监测覆盖度,加强干旱、大风、低温冻害等方面预测、预报和预警设施建设,提高预报的准确率和时效性,为农业防灾减灾提供技术支撑,降低棉花生产风险。

三是积极应对棉花生长季内极端天气气候事件频发带来的不利影响,增强棉区防灾减灾能力。为适应气候变化,提高农业气象服务水平,滚动开展气候变化对区域内棉花生产影响评估与对策分析;在全球气候变暖背景下,棉区春季气温回升较快,但需关注春播期间的冷空气活动,做好棉花适宜播期预测预报服务工作。

(主笔:傅玮东,姚艳丽;主审:李新建;终审:毛树春)

参考文献

[1] 李景林,普宗朝,张山清.气候变化对新疆农业的影响及区划.北京:气象出版社,2018.
[2] 石玉林,李文彦,张运生,等.中国植棉业.北京:中国农业出版社,1994.
[3] 新疆维吾尔自治区统计局,国家统计局新疆调查总队.新疆统计年鉴 2016.北京:中国统计出版社,2017.
[4] 毛树春,孔庆平,孙景生,等.新疆棉花生产发展问题研究.农业展望,2014,10(11).
[5] 中国农业科学院棉花研究所.中国棉花栽培学.上海:上海科学技术出版社,2013.
[6] 中国农业科学院棉花研究所.中国棉花栽培学.上海:上海科学技术出版社,2019.
[7] 姚源松.新疆棉花品种问题及解决途径.新疆农业大学学报,1997,20(1).
[8] 李江风.新疆气候.北京:气象出版社,1991.
[9] 任宜勇.新疆决策气象服务指导手册.乌鲁木齐:新疆大学出版社,2006.
[10] 姚源松.新疆棉花高产优质高效理论与实践.乌鲁木齐:新疆科学技术出版社,2003.
[11] 张家宝,史玉光.新疆气候变化及短期气候预测研究.北京:气象出版社,2002.
[12] 张学文,张家宝.新疆气象手册.北京:气象出版社,2006.
[13] 郑维,林修碧.新疆棉花生产与气象.乌鲁木齐:新疆科技卫生出版社,1993.
[14] 徐德源.新疆农业气候资源及区划.北京:气象出版社,1989.
[15] 王馥棠.气候变化对我国农业影响的研究.北京:气象出版社,1996.
[16] 徐培秀,张运生,王岚.新疆棉花基地布局研究.地理学报,1990.
[17] 汪若海.充分利用热量资源是我国棉花生产和研究的关键.中国棉花,1991(5).
[18] 贺晋云,张明军,王鹏,等.新疆气候变化研究进展.干旱区研究,2011,28(3).
[19] 刘丽娜,师庆东,张飞.北疆地区近 41 年来积温变化趋势特征研究.干旱区资源与环境,2007,21(10).
[20] 宋艳玲,张强,董文杰.气候变化对新疆地区棉花生产的影响.中国农业气象,2004,25(3).
[21] 李迎春,谢国辉,王润元,等.北疆棉区棉花生长期气候变化特征及其对棉花发育的影响.干旱地区农业研究,2011,29(2).
[22] 王建刚,王建林,徐建春,等.气候变化对北疆北部棉花生产的影响及对策.中国农业气象,2009,30(Supp.1).
[23] 李晓川,张仕明,周雪英,等.气候变暖对巴州地区农业生产的影响.现代农业科技,2010(22).
[24] 唐湘玲,刘姣娣,吕新.石河子近 48 年来气候变化对棉花产量影响分析.中国农学通报,2010,26(20).
[25] 唐湘玲,吕新.石河子垦区气候变化与棉花产量的关系.湖北农业,2011,50(8).
[26] 胡江玲,满苏尔·沙比提,娜斯曼·那斯尔丁.新疆阿图什市气候变化特征及其对农业生产的影响.干旱地区农业研究,2010,28(4).
[27] 李迎春,谢国辉,傅宗伤,等.塔城地区气候变化对作物生育期影响.地球科学进展,2007,22(特).
[28] 张丽娟,熊宗伟,陈兵林,等.气候条件变化对棉纤维品质的影响.自然灾害学报,2006,15(2).
[29] 陈金梅,沈建知,王剑峰.气候变化对新疆乌苏市棉花生产的影响及应对措施.中国棉花,2009(6).
[30] 傅玮东,姚艳丽,毛炜峰.棉花生长期的气候变化对棉花生产的影响——以新疆昌吉回族自治州为例.干旱区研究,2009,26(1).
[31] 陈金梅.棉花"新陆中 26 号"在乌苏市种植情况及表现.新疆农业科技,2010(1).
[32] 李新建,唐风兰.北疆棉区棉花盛夏受灾原因分析.新疆农业大学学报,2002,25(3).
[33] 杨媛媛,徐文修,张巨松.冰雹灾害对不同棉花品种(系)生长发育及产量的影响.新疆农业科学,2004,41(6):402-406.
[34] 朱玉国,张巨松,辛涛.新疆棉花生产现状与可持续发展途径.新疆农业科技,2010(5).
[35] 吕子鹤,丁松爽,卢瑞琳.中国农作物气候适宜性研究进展.中国农学通报,2020,36(4).
[36] 吴秀兰,张太西,王慧,等.1961—2017 年新疆区域气候变化特征分析.沙漠与绿洲气象,2020,14(4).
[37] 赵黎,李文博,吾米提·居马泰,等.气候变化对新疆棉花种植布局与生长发育的影响.新疆农垦科技,2018,41(7).
[38] 毛树春.中国棉花生产景气报告 2004.北京:中国农业出版社,2005.
[39] 毛树春.中国棉花生产景气报告 2010.北京:中国农业出版社,2011.
[40] 毛树春.中国棉花生产景气报告 2013—2016.北京:中国农业出版社,2014,2015,2016,2017.
[41] 毛树春.中国棉花生产景气报告 2017—2019.北京:中国农业出版社,2020.
[42] 毛树春,程思贤,马小艳,等.2018—2020 年新疆棉花主栽品种品质变化及高品质棉花品种遴选推广建议.中国棉花,2021,48(3).

新疆绿洲棉花
可持续发展研究

第三篇

新疆绿洲棉花技术发展篇

本篇总结绿洲棉花栽培、品种、植保、土肥、智能化等技术的发展路径、技术体系和关键技术要素,论述可持续生产面临的新问题,提出质量兴棉、绿色兴棉的新路径、新技术、新方法等对策措施。

第八章
新疆绿洲棉花栽培技术进步及可持续发展对策

本章全面回顾绿洲栽培技术的发展过程，收获密度经历了"稀植——密植——高密植——合理密植"，栽培方法从露地到窄膜覆盖再到宽膜覆盖，调控从自然调控到化学调控再到综合调控和看苗调控，以地膜覆盖为基础形成"密、矮、早、膜"的绿洲棉花栽培模式和栽培理论，具有鲜明的中国特色。研究揭示绿洲高产棉花有较高的光能利用率，南疆光能利用率为 1.43%～1.85%，平均 1.65%（光能利用率 0.927 g/MJ）；北疆 1.602%～2.128%，平均 1.836%（光能利用率 1.031 g/MJ），而提高光能利用率仍有潜力。实践证明，绿洲棉花生产的快速发展和单产呈倍数的提高，以地膜覆盖为核心的栽培技术发挥了基础性、关键性作用，在产量因素构成中，栽培因素约占 50%。

然而，面对高质量发展的新需求，绿洲机械化采收的高品质棉花产出率不高，稳定性差，因此在总结绿洲棉花高产栽培技术发展的成就和经验基础上，找出影响绿洲棉花产量、质量和效益提升的栽培因素；深入研究揭示提高绿洲光能利用率和"量与质"同步提升的光合生理生态规律，建立高光效早熟群体是绿洲棉花"向光要高产要高质"的核心，期待在打破机械化采收棉花"高产与优质矛盾的魔咒"方面取得新突破；针对质量兴棉、绿色兴棉提出农艺、农化和农机"三农"深度融合的改进途径、方法和措施，将对提升绿洲棉花产量质量和效益具有重要意义。

第一节·绿洲棉花栽培技术的发展历程

中华人民共和国成立 70 多年来，新疆棉花栽培技术的发展经历了三个主要时期：以技术引进、吸收、转化为主的时期，以自主创新为主的时期和引进与创新并举的时期，形成了绿洲"密、矮、早、膜"的高产栽培技术体系，绿洲棉花高产纪录水平不断刷新，由李雪源等于 2014 年在南疆第一师 16 团创立的绿洲最高籽棉单产 8.0 t/hm² 的纪录，至今无人超越。

一、以技术引进、吸收、转化为主的时期(1950—1979年)

1950年代中国人民解放军进驻新疆后,开始在南北疆垦荒造田,组建军垦农场(1954年,军垦农场组建为新疆生产建设兵团,见第二章),为绿洲农业新技术的引进和推广提供了组织保障。1950年代初,绿洲棉花生产技术落后,农业科技人员稀缺,为了发展棉花生产,军垦农场(后组建为生产建设兵团)先后从苏联与国内的黄河流域棉区引进了多项植棉新技术。这些新技术经过军垦战士和农业科技工作者的吸收、消化和推广,形成一系列适合绿洲的植棉新技术,使棉花植种面积迅速扩大,单产不断提高。

(一) 播前准备

1. **秋耕冬灌**·绿洲降雨少,气候干旱,北疆地下水位低,南疆冬季无积雪。所以,第二年播种前土壤干旱。传统的做法是播种前灌水、耕整地,这种方法地温回升慢,播期难以掌握,土壤偏干或偏湿,影响出苗率。自1950年代推广秋耕冬灌技术,问题基本得到解决。

2. **施用基肥**·1950年代主要用有机肥作基肥;1960年代推广有机肥+适量N、P化肥作基肥。

3. **平整土地**·1960年代推广人工耙点,畜力耙片,机力全面耙地技术。

(二) 播种

1. **种子处理**·军垦农场1953年开始进行人工选种,1957年推广机械选种;1953年开始采用晒种和温水浸种,以后改用赛力散等药剂拌种;1954年采用硫酸脱绒。这些技术有效提高了种子发芽率。

2. **适期播种**·1950年代中期,开始根据气象预报进行适期播种。

3. **播种方式**·1950年代初,以70 cm等行距条播代替人工撒播。1957年推广方型穴播,1958年军垦农场方型穴播面积达到植棉面积的30%。1970年代推广"70 cm+30 cm"宽窄行播种。

4. **密度**·1950年代初期,采用稀植技术,每公顷留苗3.0万~4.5万株;1953年军垦农场推广密植,保苗株数7.5万~12.0万株/hm^2。

(三) 田间管理

1. **苗期耙地与中耕**·1950年代末期,开始推广苗期耙地、破除板结和现行中耕、苗期中耕技术。

2. **间、定苗**·1950年代,推广在棉花齐苗后人工间、定苗。

3. **灌溉**·1950年代初,采用大水漫灌;1953年,开始推广沟灌或畦灌;1954年,开始推广细流沟灌。同时总结了一套灌溉经验:灌溉时间上做到头水晚,停水早;灌溉水量上做到前期小,中期大,后期小;灌溉方法上,前期和后期隔沟灌,中期细流沟灌。

4. **整枝**·1952年,广泛采用精细整枝。后因作业繁琐、用工多,1956年开始改进为简化整枝(只在中后期进行打顶和打旁心作业)。

(四) 收获

20世纪50年代初,棉花人工混合采收,也有采摘棉铃晾干后再取棉絮的;50年代中期开始按脚花、腰花、霜后花等分别采收;60年代,进一步要求做到"分拾、分晒、分运、分轧"。

(五) 植棉机械化

1. **播种机**。50 年代采用马拉播种机条播代替人工撒播,60 年代广泛采用机引播种机播种。

2. **采棉机**。1952 年,从苏联引进 CXM——48 采棉机,因行距不配套、含杂率高和一次性投资大等原因而终止。

(六) 品种

20 世纪 50—60 年代,先后从苏联引进棉花品种 100 多个,从国内其他棉区引进棉花品种 324 个。其中,C-1470、108-ф、611-Б、KK-1543 等品种在绿洲的棉花生产和发展中发挥了重要作用。

(七) 试种长绒棉

1953 年,在兵团第一师沙井子垦区和吐鲁番试种长绒棉成功;1955 年长绒棉种植面积达 0.013 万 hm^2,开创了我国大面积种植长绒棉的历史。

(八) 引进新技术推动新疆棉花生产

1. **棉区北扩,面积扩大**。1949 年新疆棉花面积只有 3.34 万 hm^2。1950 年中国人民解放军在阿克苏垦区垦荒植棉 1 793 hm^2,1953 年在北疆的玛纳斯河流域(北纬 45°)垦荒植棉 1 333 hm^2,首次突破植棉北界北纬 44°的禁区。以后,植棉面积不断扩大,到 1980 年,棉花面积达到 18.12 万 hm^2,为 1949 年的 5.4 倍。

2. **单产提高,高产纪录不断出现**。随着植棉新技术的引进与推广,棉花单产快速提高。其中,1949—1966 年,单产提高了 3.2 倍;但之后的单产停滞不前,甚至有所下降。

20 世纪 50 年代至 70 年代中期,不仅平均单产不断提高,而且,创造了全国的高产纪录。1954 年兵团玛纳斯河流域垦区 5 333.3 hm^2 棉田平均皮棉单产 825 kg/hm^2,为当时全国棉花单产的 2.4 倍。

二、以自主创新为主的时期(1980—1999 年)

1980 年以后,农业科技工作者在分析新疆棉花生产的有利条件和不利因素之后,在传统技术或引进技术的基础上,创造并推广应用了"密、矮、早、膜"技术体系,对 20 世纪 80—90 年代新疆棉花生产高速发展发挥了主导作用。

(一) "密、矮、早、膜"高产技术思路形成的背景

作物生长发育和产量形成是遗传基因及其生长发育环境共同作用的结果。作物生长发育的环境包括气候、土壤等生态环境和栽培技术等人为环境。其中,气候条件对作物产量和品质的形成有重要作用。对棉花而言,绿洲夏季日照长、光照强度大、光能资源丰富是其有利条件,但也有 3 个对棉花生产不利的重要气象因素,具体如下。

1. **热量不足**。棉花是喜温好光作物,对温、光的要求较高。与黄河流域、长江流域棉区相比,西北内陆棉区春季升温快、秋季降温也快、无霜期短,热量相对不足是限制棉花产量和纤维品质提高的重要原因(表 8-1)。

2. **高能同步时间短**。高能同步期是棉花充分利用光、热资源,并使之转化成经济产量的最佳时期,也是形成优质大铃的最佳时期。正常年份,南疆高能同步期集中在 6 月下旬至 7 月底,为 30~35 d;北疆高能同步期集中在 6 月底至 7 月下旬,为 25~30 d。这种短而集中的

表8-1·西北内陆新疆棉区与黄河、长江流域棉区气候条件比较

项目	西北内陆新疆棉区			黄河流域	长江流域
	南疆棉区	北疆棉区	东疆棉区		
无霜冻期(d)	186～230	170～185	193～224	190～220	210～240
≥10℃积温(℃)	4 000～4 500	3 400～3 630	4 500～5 400	4 000～4 500	4 500～5 500
≥15℃天数(d)	155～169	134～148	150～189	150～170	180～210
≥10℃期间光合有效辐射(MJ/m^2)	2 000～2 200	1 740～2 060	2 200～2 300	1 600～1 700	1 700～1 790
≥10℃期间日照时数(h)	1 650～1 800	1 600～1 700	2 026	1 500～1 650	1 300～1 400
降雨量(mm)	30～60	90～199	16～25	560～700	1 000～1 600

注：李星华，2002年(作者引用时做了部分调整)。

高能同步期特征，限制了新疆棉花的单株有效果枝数和单株结铃数。

3. 灾害性天气多·春季霜冻、风灾，夏季雹灾、高温，秋季降雨、降温、早霜等，常常给棉花生产带来不利影响。

另外，新疆棉区的土壤肥力较低，棉花个体发育差，提高单株产量的空间小；土壤盐碱重，抓全苗的难度大，决定了新疆产棉区不能走"稀植大棵"的技术路线。同时，绿洲光能丰富，使得有较大叶面积指数群体的下部棉叶仍可获得光补偿点以上的光照。这为绿洲棉花通过增加种植密度进一步挖掘光能利用潜力、提高单产提供了可能。

基于绿洲气候环境资源的利弊分析，结合生产实践，为扬长避短，逐步找到了一条能充分利用有限的光、热资源，实现棉花优质、高产的"密、矮、早"栽培技术路线。以后"密、矮、早"技术又融合地膜覆盖高产技术路线，形成了对20世纪80—90年代新疆棉花生产快速发展起主导作用的"密、矮、早、膜"技术体系。

▶ **(二) "密、矮、早、膜"栽培技术体系的形成**

棉花"密、矮、早、膜"栽培技术体系，从提出到基本成熟经历了一个不断发展、不断融合、不断完善的过程，历时20多年(图8-1)。

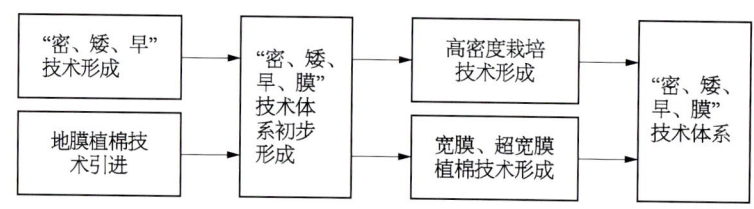

图8-1·绿洲棉花"密、矮、早、膜"技术体系发展进程

1. 地膜覆盖植棉技术的引进·1980年，新疆兵团在石河子农科所等3个点的0.5 hm^2棉田开展地膜覆盖栽培试验，单产皮棉达到1 500 kg/hm^2以上。1981年兵团在南、北疆垦区建立16个地膜棉试验点，开展播种期、种植方式、密度、施肥等多项对比试验，初步形成了膜宽40～50 cm、一膜覆盖2行棉花的窄膜模式。同年，兵团推广地膜植棉面积1 073.3 hm^2，

平均单产 1 185 kg/hm²，比露地棉增产 71.7%。1981—1983 年铺膜播种机械研制成功并批量生产后，地膜植棉在南、北疆棉区迅速推广，棉花单产也随之提高。到 1990 年，全疆地膜棉面积达到 33.9 万 hm²，占全疆棉花种植面积的 78.5%，平均皮棉单产 1 080 kg/hm²，比地膜棉推广前的 1980 年提高了 1.5 倍。

2. "密植"的形成・20 世纪 60—70 年代，绿洲棉花播种密度一般为 6.0 万～12.0 万株/hm²，与内地种植密度相差不大，单产水平很低，皮棉单产平均 400～500 kg/hm²。20 世纪 80 年代初，新疆兵团通过调查研究对新疆产棉区的生态特点有了清晰的认识，即：春季升温慢且不稳定、秋季降温快、有效积温不足、无霜期短，降雨稀少、土壤和大气干旱，棉田土壤有机质和氮、磷有效养分含量低。这些生态特点限制了棉花单株生产力的提高。对此，提出了通过增加收获株数、依靠群体夺高产的基本思路。1985 年，兵团石河子棉花研究所肖晶荣、郝伯钦等在地膜棉田开展"密植"高产试验，将密度从 12.0 万株/hm² 提高到 16.5 万株/hm²；同时采用早中耕、早除草、早定苗、早追肥等促早熟技术。至此，"密植"作为"密、矮、早"技术的雏形业已形成，并很快在北疆示范、推广。

3. "密矮早"技术・20 世纪 80 年代中期，随着密度的增加，棉田群体郁蔽问题凸显。为了塑造"矮个体，匀群体"，改善棉田通风透光条件，在"密植"促早基础上配套了化学调控矮化技术，从而形成了"密、矮、早"技术。

4. "密、矮、早、膜"模式・20 世纪 80 年代以后，地膜覆盖技术推广迅速，"密矮早"模式也相继在全疆示范、推广。两者在推广过程中融合形成了"密、矮、早、膜"栽培技术体系。

(三) "密、矮、早、膜"栽培技术的发展

1. 超宽膜覆盖・1990 年，农七师 128 团针对本团夏季高温、干旱、缺水，为了进一步增温保墒，试行增加地膜宽度(由原来的 40～50 cm、一膜覆盖两行棉花，扩大到 140 cm、一膜覆盖 4 行棉花)并取得成功。同时，喀什地区也从甘肃敦煌引进宽膜植棉技术。于是宽膜植棉技术迅速在南、北疆推广应用。1995 年新疆兵团棉花宽膜面积 0.2 万 hm²，1996 年扩大到 6.9 万 hm²，1997 年增长到 20.7 万 hm²，占兵团植棉面积的 65.5%。从此，新疆步入宽膜植棉时代。

20 世纪末，农一师 16 团开始进行 210 cm 超宽膜试验，一幅地膜覆盖 6 行棉花，进一步提高了地膜栽培生态效应和增产效果。随着超宽膜植棉技术的快速推广，地膜植棉技术又进入超宽膜植棉阶段。

2. 超高密植・20 世纪 90 年代初，兵团第七师 125 团针对本团土壤盐碱重、出苗率低、肥力不高、棉花个体发育差等情况，开展超高密度试验示范。全团棉花收获株数达 18.0 万～22.5 万株/hm²，取得了显著增产效果。1997 年第一师 12 团在土壤肥力较低的新开垦条田进行地膜棉高密度栽培(22.5 万～30.0 万/hm²)试验，1998—1999 年又在中上等肥力棉田和较大面积上进行试验示范，均取得良好的增产效果，从而推动了高密度栽培技术在南、北疆棉区的迅速推广。

90 年代，北疆第七师 128 团、南疆第一师 12 团和 16 团在地膜棉田进行"两超"(超高密度和超宽膜覆盖)融合试验示范，至此绿洲超"密、矮、早、膜"栽培模式基本形成，棉花栽培进入超高产发展的新阶段。

3. "密、矮、早、膜"栽培技术体系的完善・90 年代中期以后，随着密度增加和水肥条件的改

善,棉田群体不断扩大,但棉田群体结构进一步恶化。为了提高对群体的调控力度,试行将植物生长调节剂、水、肥等多种调控手段配套到"密、矮、早、膜"栽培技术体系中,取得较好效果。

20世纪末至21世纪初,陈冠文等在南、北疆棉区开展了"高密度+超宽膜"棉花生育规律、器官同伸关系的试验、研究,提出以苗情诊断为前提的"看苗管理技术",融合到"密、矮、早、膜"技术体系中,进一步完善成"密、矮、早、膜"栽培技术体系。

(四)"密、矮、早、膜"早熟高产机制

"密、矮、早、膜"是充分利用新疆资源条件,因地制宜、扬长避短建立起来的棉花早熟优质高产栽培技术体系。在此体系中,密植(密)、矮化(矮)、覆膜(膜)是手段,早是目的和目标,其中"密"是核心手段,"矮"和"膜"是保障手段。

1. 提高光能利用率 棉花是喜温好光作物,新疆棉区光能资源丰富,但热量不足。因此,提高光能利用率是实现棉花优质高产的必然途径。

(1)地膜覆盖增加棉田群体内的光照强度。覆膜棉田在叶面积较小的苗期、蕾期,由于地膜自身及其膜下水珠的反光作用,增加了近地面空间的光量,使植株(尤其下层叶片)能获得较好的光照。据测定,苗期在离地面 0～100 cm 高度内的有效辐射量比露地棉田多 53.6 $\mu mol/m^2/S$,增加了 31.2%(表 8-2)。

表8-2·绿洲棉田近地层有效辐射量测定结果

(田笑明等,2000年)

项 目	离地面不同高度辐射量($\mu mol/m^2/S$)						平均
	10 cm	20 cm	40 cm	60 cm	80 cm	100 cm	
覆膜大行	268.1	272.9	224.9	203.1	184.5	181.8	225.4
露地大行	167.3	181.6	174.9	177.1	164.2	165.4	171.8
差值	118.8	91.3	50.0	24.0	20.3	15.4	53.6
差值/露地	71.0	50.3	28.6	13.6	12.4	9.3	31.2

棉田群体中下部有效辐射量的增加,使宽膜棉田棉株叶片的光合速率明显提高。新疆农垦科学院1997年的测定结果为:宽膜棉田棉株叶片的光合速率比露地棉田分别高 3.25 倍(多云)和 5.71 倍(晴天)。

(2)增加叶面积指数(LAI)。叶片是棉花进行光合作用的主要器官,棉田群体的叶面积大小、空间分布和叶片形态是决定棉田群体光能利用率的主要因素。

"密、矮、早、膜"栽培技术能实现壮苗早发,苗期、蕾期叶面积增长快,漏光率减少;季节高能期(6—8月)叶面积大,持续时间长,有利于对光热资源的充分利用。新疆农业大学(1996—2000年)的研究表明,随着密度增加,群体叶面积增长速度快:密度21万株/hm^2 处理与12万株/hm^2 处理相比,蕾期叶面积增加 68.7%,花铃期增加 21.6%,铃期增加 49.5%(表 8-3)。

生产实践表明,随着"密、矮、早、膜"技术体系的完善和高产品种的推广,LAI呈进一步增加的趋势。陈冠文等(2009年)对鸡爪叶型的杂交棉标杂A1超高产(3 000 kg/hm^2 以上)棉田测定,结果为最大 LAI 达到 4.28(表 8-4)。

表8-3 · 绿洲不同密度棉田叶面积指数(LAI)比较

(姚源松,2004年)

播种密度 (万株/hm²)	LAI						
	蕾期		花铃期			铃期	
	6月5日	6月20日	7月5日	7月20日	7月30日	8月10日	8月/8日
12	0.10	0.57	1.06	1.71	2.08	1.78	1.25
15	0.15	0.57	0.98	1.66	1.88	2.36	1.19
18	0.18	0.77	1.15	1.68	2.21	2.21	1.40
21	0.22	0.91	1.38	2.04	2.48	2.62	1.91
24	0.27	1.07	1.10	1.88	2.54	1.97	1.65

表8-4 · 149团棉花品种标杂A1的LAI测定结果

(陈冠文等,2009年)

生育期	叶面积指数	生育期	叶面积指数
现蕾期	0.44	盛花期	4.02
盛蕾期	1.31	盛铃期	4.28
开花期	3.68		

杜明伟等(2009年)的研究表明,皮棉产量3 200 kg/hm²的超高产棉田(品种为标杂A1),盛铃期的叶面积指数高达4.3~4.5(图8-2)。

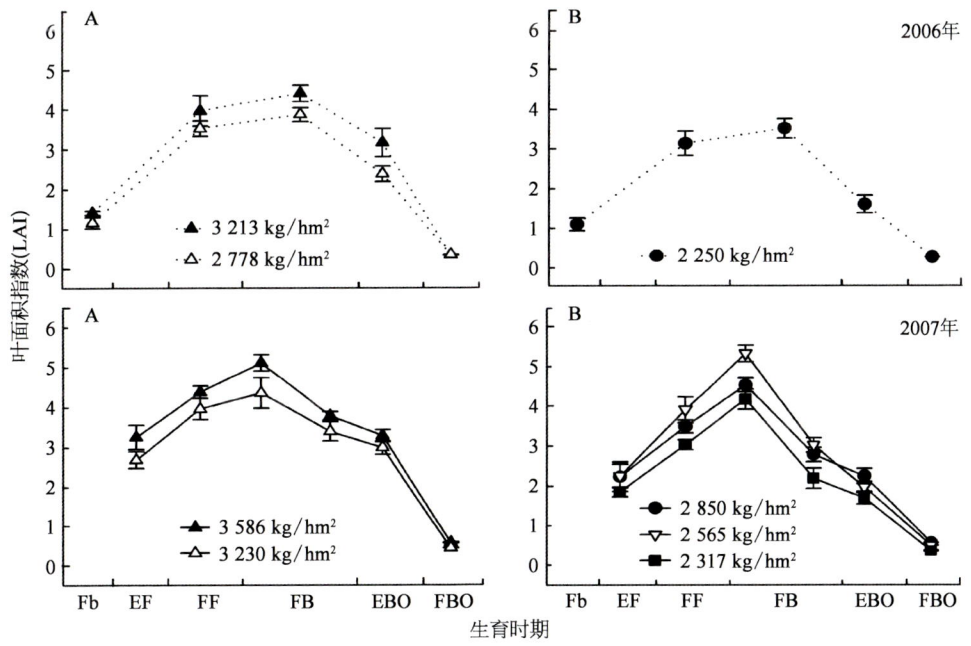

图8-2 · 绿洲不同产量水平下棉花LAI的变化(2006—2007年)

注:Fb—盛蕾期,EF—初花期,FF—盛花期,FB—盛铃期,EBO—初絮期,FBO—盛絮期,A—杂交棉品种,B—常规棉品种。

那么,棉田群体的 LAI 是否可以无限扩大呢? 陈冠文等 1998 年的测定结果表明,高产棉田在叶面积指数达到 4.31 时,上午 8:00—11:00 时的群体下部光照强度已接近棉叶的光补偿点(表 8-5)。这表明,在新疆棉区的生态条件下,现有品种继续增加叶面积指数,可能会降低光能利用率。

表 8-5 · 绿洲棉田叶面积累计量对相对有效辐射量的影响

(陈冠文、余渝等,2014 年)

群体高度(cm)	不同时间相对有效辐射量						LAI(%)
	8:00	11:00	15:00	18:00	21:00	平均	
76~90	60.6	37.6	41.9	26.4	64.8	46.5	1.21
61~75	16.6	22.4	13.2	16.1	27.0	19.1	2.06
46~60	9.0	17.4	7.3	8.4	13.1	11.0	3.14
31~45	2.8	15.0	6.2	7.3	13.9	9.0	3.90
16~30	3.4	9.1	5.9	6.6	11.5	7.3	4.31
0~15	1.9	1.6	4.5	6.4	12.3	5.3	4.34

注:相对有效辐射量=(群体内有效辐射量测定值/群体上空有效辐射量测定值)×100%。

(3) 优化棉田群体结构和群体内的光分布。

① 合理密植和地膜覆盖有利于优化棉田群体结构。陈冠文等于 1997 年用三维切片法对不同密度和不同覆膜宽度处理的叶面积空间分布的测定结果(图 8-3)表明,密度为 12.0 万株/hm^2 的棉株较低,叶面积主要集中在 30~60 cm 高度内;但宽膜处理的横向分布较宽,光的截获率较露地处理高。密度为 21.0 万株/hm^2 的叶面积上移,主要集中在 45~75 cm 高度内;但宽膜处理的空间分布较均匀,有利于光在群体内均匀分布;露地处理的叶面积集中在 45 cm 以上的空间,且横向分布较宽,群体下层较郁蔽。密度 16.5 万株/hm^2 的叶面积分布居于上述两者之间,但宽膜处理的叶面积较大,且横向分布较宽,有利于截获光能。

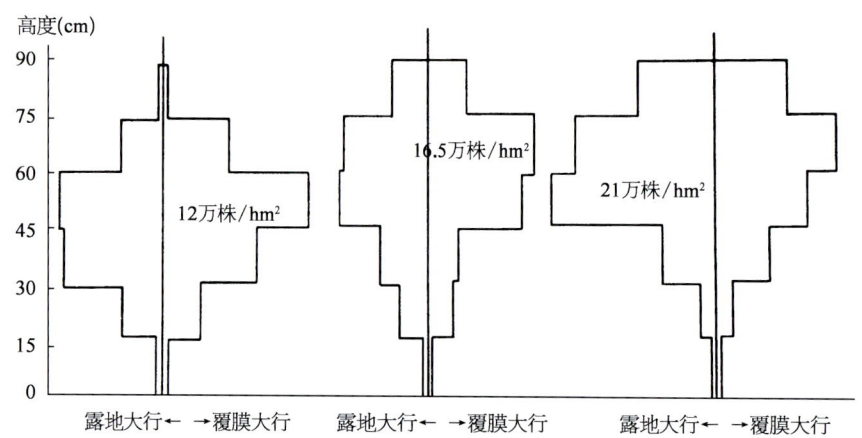

图 8-3 · 三种密度的叶面积分布

(田笑明等,2000 年)

② 化学调控。化学调控是"密、矮、早、膜"技术体系的重要技术,它能有效改善棉株性状,塑造理想株型。科学的化学调控对果枝数和果节数影响不大,但可有效降低棉株和第一果枝高度,缩短果节长度,使高密度棉田的群体结构更合理(表8-6)。

表8-6 · 缩节胺化学调控对棉株性状的影响

(姚源松,2004年)

化调次数(次)	用量(g/hm²)	株高(cm)	果枝数(个/株)	果节数(个/株)	第一果枝高度(cm)	果节长度(cm)
0	0	66.5	10.9	17.6	21.2	4.7
1	45	65.9	10.9	15.9	19.6	4.4
2	90	60.4	10.0	17.5	17.5	4.0
3	135	57.9	10.6	16.0	16.0	3.8
4	180	55.2	10.3	17.8	16.3	3.5

注:引用时稍有删减。

(4)提高光合产物转化率。干物质积累量反映棉株光合产物变为生物量的转化率。研究表明,"密、矮、早、膜"技术能有效增加棉田群体的光合产物转化率,提高干物质积累量。

合理密植可增加棉田群体的干物质积累量。新疆农业科学院和新疆农业大学在南、北疆的密度试验结果表明,单株干物质随密度增加而减少,但单位面积总干物质呈单峰曲线。北疆以密度21.0万株/hm²最高,南疆以16.5万株/hm²最高(表8-7)。

表8-7 · 绿洲棉花不同群体吐絮期干物质重量

(姚源松,2004年)

区 域	密度(万株/hm²)	单株干物质(g/株)	总干物质(kg/hm²)
北 疆	12.0	65.26	7 813.2
	15.0	53.45	8 017.5
	18.0	49.74	8 953.2
	21.0	46.85	9 838.5
	24.0	40.16	9 636.4
南 疆	10.5	98.82	10 376.1
	13.5	89.43	12 073.1
	16.5	76.41	12 607.7
	19.5	59.25	11 553.8
	22.5	50.33	11 324.3

新疆农垦科学院研究表明(1998年),合理密植棉田棉株干重和蕾铃干重的分布明显下移,使棉田群体的棉铃能集中在季节高能期发育,从而为增加中下部优质铃数、单位面积总铃数和提高单铃重打下基础(表8-8)。

表8-8 · 绿洲棉花不同密度棉株干重空间分布

(田笑明等,2000年)

群体高度(cm)	密度(万株/hm²)	茎叶干重(kg/hm²)	蕾铃干重(kg/hm²)	蕾铃/茎叶(%)
45~60	12	118.7	10.7	9.0
	19.5	35.3		
	25.5	63.3		
30~45	12	371.7	46.5	12.5
	19.5	355.7		
	25.5	379.7	1.5	0.4
15~30	12	339.5	16.4	4.8
	19.5	472.4	42.6	9.0
	25.5	407.3	39.9	9.8
0~15	12	275.3	8.1	2.9
	19.5	359.0	56.6	15.8
	25.5	357.0	16.4	4.8

覆膜棉田干物质的空间分布更趋合理。覆膜棉田的干物质总量和生殖器官的干重均明显高于露地棉田。其中,宽膜棉田的蕾铃干重在群体中、下部的比例最大(图8-4)。

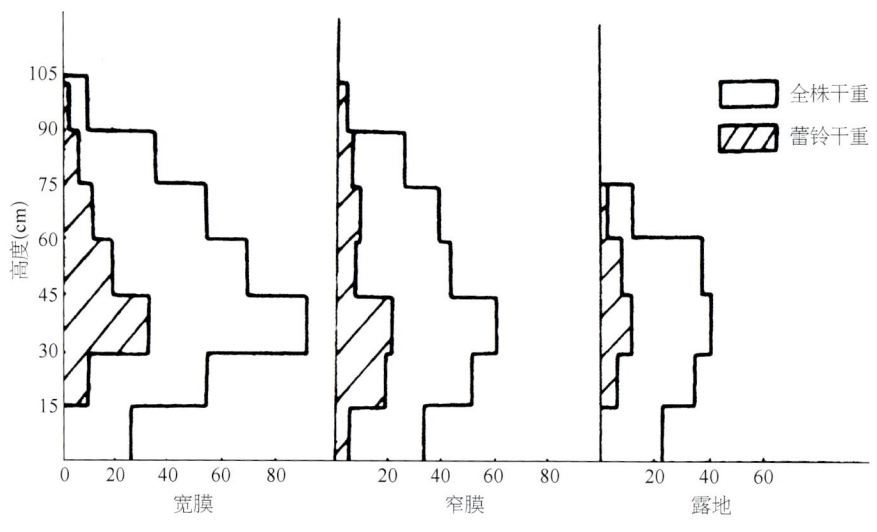

图8-4 · 不同覆膜处理绿洲棉花干物质分布

(田笑明等,2000年)

化学调控提高光合产物转化率。适宜的化学调控有利于提高光合产物转化率,增加生殖器官干重的比例。且随着生育期的后移,光合产物的转化率也随之提高(表8-9)。

表 8-9 · 缩节胺化学调控对绿洲棉花光合产物转化率的影响(南疆)

(姚源松,2004 年)

化调次数	化调用量 (g/hm²)	光合产物转化率(%)		
		盛花期	盛铃期	吐絮期
0	0	0.288	1.176	1.724
3	90	0.383	1.370	2.041
3	180	0.360	1.471	2.273

注：引用时,作者将 R 值(营养器官干物重/生殖器官干物重)改为 1/R(生殖器官干物重/营养器官干物重),便于读者更容易理解。

2. 提高棉田的热能利用率

(1) 地膜的增温效应。朱德明(2003 年)在阿克苏对不同宽度地膜覆盖效果的研究结果表明：4—5 月 5 cm 土壤温度窄膜、宽膜、超宽膜分别比露地增温 2.0℃、5.0℃、5.8℃;10 cm 地温三种膜比露地分别增温 1.6℃、4.3℃和 5.0℃(表 8-10)。

表 8-10 · 绿洲棉田不同宽度地膜覆盖土壤的增温效果(平均日地温)

时 间	地 膜 覆 盖	5 cm 土层温度(℃)	10 cm 土层温度(℃)
3 月 15—31 日	露地	8.5	8.1
	窄膜	11.1	10.2
	窄膜较露地±	+2.6	+2.1
	宽膜	12.9	12.0
	宽膜较露地±	+3.4	+1.9
	超宽膜	13.6	12.4
	超宽膜较露地±	+5.1	+4.3
4—5 月	露地	19.9	19.5
	窄膜	21.9	21.1
	窄膜较露地±	+2.0	+1.6
	宽膜	24.9	23.8
	宽膜较露地±	+5.0	+4.3
	超宽膜	25.7	24.5
	超宽膜较露地±	+5.8	+5.0

(2) 地积温对气积温的补偿效应。棉田地温的增加对气积温有一定的补偿效应。陈冠文等在库尔勒进行的宽、窄膜对比试验结果表明：棉花出苗至现蕾期,1℃地积温可补偿气积温 0.97℃。这种补偿效应为加快棉苗生长提供了能量资源(表 8-11)。

表8-11 · 地积温对绿洲气积温的补偿效应

(田笑明等,2000年)

覆膜处理	出苗期（月/日）	现蕾期（月/日）	苗期地积温		苗期气积温		补偿效应
			(℃)	宽膜比窄膜±(℃)	(℃)	宽膜比窄膜±(℃)	
宽膜	5/1	5/28	439.3	+95.8	240.7	-92.6	0.97
窄膜	5/2	6/5	343.5		333.3		

(3) 地膜覆盖增加棉花生育期内的有效积温。多年的生产实践表明,5 cm 地温连续 3 d 稳定在 12℃ 为棉花的始播期。表 8-12 指出,当露地的地温达到 8.5℃ 时,超宽膜棉田的地温已达到 13.6℃,超过播种的地温指标 1.6℃。因此地膜棉田比露地棉田的播种期一般可早 7~10 d,地膜的覆盖度越大,播种期提前的天数越多。

地膜覆盖不仅可以提前播种,而且可以加快出苗。窄膜棉田和宽膜棉田的出苗期分别比露地棉田早 5 d 和 9 d。播种期和出苗期的提前,自然增加了棉花生育期内的有效积温(表 8-12)。

表8-12 · 覆膜宽度对绿洲棉花生育进程的影响

(田笑明等,2000年)

处 理	播种期（月/日）	出苗期（月/日）	现蕾期（月/日）	开花期（月/日）	高能同步期(±)(d)
宽 膜	4/15	4/28	6/4	7/3	+6
窄 膜	4/15	5/1	6/9	7/6	+3
露 地	4/15	5/6	6/14	7/9	

(4) 合理密植保障了上部铃的发育。陈冠文(2001年)的研究表明,在棉铃发育过程中,温、光具有互补效应,即上部铃虽然积温不足,但由于丰富光能的补偿效应使其能正常发育成熟。"密、矮、早"技术通过提高种植密度来增加棉田群体上部铃的数量,并通过光温互补效应使之正常成熟,这就巧妙地将新疆丰富的光能资源转化为热能资源了(表 8-13)。

表8-13 · 各叶位棉铃性状及其对应的温光值

主茎叶位	≥15℃有效积温(℃)	有效辐射量(μmol·m²/s)	单铃重(g)	绒 长(mm)	比强度(cN./tex)
7	712.0	117.5	5.0	30.5	18.0
9	699.8	238.2	4.6	30.0	17.0
11	689.1	330.4	6.1	29.7	17.2
12	653.8	376.9	5.9	31.2	18.4
13	617.9	405.6	5.2	29.5	18.1
14	583.9	503.9	5.7	29.5	17.5
15	555.6	512.4	4.8	29.2	16.9

注：有效辐射量为 6 月 26 日、7 月 27 日和 8 月 26 日 3 次测定的平均值。

3. **延长棉花的高能同步期**。"密、矮、早、膜"棉田的播种期和出苗期提前,生育进程加快,使生育期前移,从而增加了高能同步期。窄膜棉田和宽膜棉田的开花期分别比露地棉田早 3 d 和 6 d,即将高能同步期延长了 3~6 d。高能同步期的延长使棉区的光、热资源能更多地转化为经济产量(表 8-14)。

4. **优化产量结构,实现早熟、优质、高产**

(1) 增加单位面积总铃数,提高单产。棉花的产量结构由单位面积收获株数、单株结铃数和单铃重 3 个因素构成。其中,收获株数(密度)是产量结构的主导因素,它的变化直接影响单株结铃数和单铃重。科学研究与生产实践均表明,"密、矮、早、膜"栽培技术能增加单位面积总铃数。

合理密植是"密、矮、早、膜"栽培技术体系的主要技术之一,它能有效增加公顷结铃数。在一定范围内,随着密度的增加单株铃数减少,但单位面积总铃数和单产增加。南疆以 16.5 万株/hm^2,北疆以 21.0 万株/hm^2 的产量最高(表 8-14)。

表 8-14 · 绿洲不同密度的棉花产量结构比较

(姚源松,2004 年)

区域	密度(万株/hm^2)	单株铃数(个)	单铃重(g)	总铃数(万个/hm^2)	皮棉单产(kg/hm^2)
北疆	12.0	8.4	5.56	100.8	2 259.0
	15.0	6.0	5.16	90.0	2 092.5
	18.0	6.8	5.07	122.4	2 410.5
	21.0	6.0	5.01	126.0	2 583.0
	24.0	4.9	4.96	117.6	2 362.5
南疆	10.5	8.49	89.1	4.66	1 735.4
	13.5	6.91	93.3	4.64	1 735.4
	16.5	6.67	110.1	4.80	2 135.9
	19.5	5.57	108.6	4.58	1 971.2
	22.5	4.38	98.6	4.54	1 779.3

(2) 地膜覆盖增铃效应显著。地膜覆盖的增温效应使棉株的生长发育进程加快,现蕾、开花早,因而单株现蕾、结铃多,成铃率高。宽膜处理的单株现蕾数比露地处理多 2.4 个,增加 16.3%;单株结铃数比露地处理多 1.25 个,增加 19.8%(表 8-15)。

表 8-15 · 绿洲棉田覆膜与露地处理蕾铃发育动态

(姚源松,2004 年)

处理	部位	发育动态(个/株)						
		5月30日	6月15日	6月30日	7月15日	7月30日	8月15日	9月10日
露地	蕾	0	5.2	10.8	14.7	2.6	1.6	0
	花	0	0	0	0.5	0.7	0.1	0
	铃	0	0	0	0	3.5	6.0	6.3

续 表

处理	部位	发育动态(个/株)						
		5月30日	6月15日	6月30日	7月15日	7月30日	8月15日	9月10日
宽膜	蕾	7.05	16.4	17.1	4.25	0.4	0.2	0
	花	0	0.2	0.65	0.4	0.25	0	0
	铃	0	0	0	5.4	7.15	7.55	7.55

注：引用时作者做了适当删减。

(3) 合理的化学调控有利于棉花增加单株铃数。从表 8-16 可以看出，缩节胺喷洒 2～4 次，用量在 90～180 g 时，单株铃数和皮棉单产均明显高于未化学调控的产量；以化学调控 3 次、用量 120 g/hm^2 处理的单株铃数和皮棉单产最高。

表 8-16 · 缩节胺化学调控对绿洲棉花产量结构的影响(北疆)

(姚源松，2004 年)

化调次数	化调用量(g/hm^2)	单株铃数(个)	单铃重(g)	皮棉单产(kg/hm^2)
0	0	3.6	5.39	1 560.0
1	45	3.4	5.36	1 510.5
2	90	5.1	5.02	2 092.5
3	120	5.6	5.27	2 409.0
4	180	4.9	4.9	1 972.5

(4) 增铃重效应。陈冠文等的调查和试验资料表明，种植密度在合理范围内时，单铃重随密度增加而增加；超过合理密植范围，单铃重则随密度增加而降低(表 8-17)。

表 8-17 · 绿洲棉花密度与单铃重的关系

(田笑明等，2000 年)

	大田调查			密度试验			
密度(万/hm^2)	19.2	21.9	30.3	13.5	18.0	22.5	27.0
单铃重(g)	5.31	5.37	4.83	5.71	5.78	5.52	5.49
单铃重比较(±，%)		+1.1	−9.0		+1.2	−3.3	3.9

地膜覆盖增铃重效应显著。新疆兵团第一师 6 团 1983 年的调查结果显示，地膜棉比露地棉的单铃重高 1.6 g(品种：军棉 1 号；钟祝融，1989 年)。石河子农学院 1982 年调查，新陆早 1 号的单铃重地膜棉田较露地棉田高 0.35～0.85 g(文启凯，1993 年)。

化学调控的增铃重效应。新疆兵团第一师 12 团于 1984—1985 年在 2 000 多 hm^2 棉田(品种：军棉 1 号)使用缩节胺化学调控，结果表明，化调的单铃重比未化调高 0.21 g；第一师 5 团于 1985 年进行的化学调控剂比较试验结果显示，缩节胺处理的单铃重比对照高 0.29 g，矮壮素处理比对照高 0.09 g(钟祝融，1989 年)。

5. 增加优质铃比例

(1) 合理密植可增加中下部铃的比例。增加群体中下部内围铃,实现早熟、优质。李蒙春(1994年)的调查结果表明,在 9.0 万～18.0 万株/hm² 的密度范围内,随密度增加内围铃(第一果节铃)比例提高,中下部果枝尤为明显(表 8-18)。

表 8-18 · 密度对绿洲棉铃空间分布的影响

密度 (万株/hm²)	1～3 果枝		果枝成铃 (%)	4～6 果枝		果枝成铃 (%)	7～10 果枝		果枝成铃 (%)
	果节1(%)	果节2(%)		果节1(%)	果节2(%)		果节1(%)	果节2(%)	
9	59.57	40.43	55.34	74.07	25.93	31.76	54.55	45.45	12.9
12	90.0	10.0	46.97	81.82	18.18	33.33	84.62	15.38	19.7
15	92.59	7.41	54.0	94.1	5.9	34.0	100	0	12.0
18	84.62	15.38	42.27	92.75	6.25	29.09	100	0	23.64

合理密植,还能有效增加霜前花产量。姚源松等(1986 年)在三坪农场(在乌鲁木齐)的密度试验结果表明,霜前花产量随密度增加而增加,生产上一般霜前花率提高 20 个百分点,早熟性明显改善,生产品质因此大幅度提高。

(2) 地膜覆盖增加内围铃比例。地膜棉田棉花生育进程快,在高能同步期内发育的蕾铃多,因此,能增加内围铃,提高成铃率,宽膜棉田的效果尤为突出。陈冠文等(1997 年)对两种膜型棉田各果枝不同果节蕾、铃发育数量进行了统计,结果见表 8-19。由表可以看出:① 宽膜棉田各果枝第 1 果节的现蕾、开花和成铃的数量比窄膜棉田多;② 第 1 年种植宽膜棉,在促控技术不配套、前期出现徒长、落蕾较多的情况下,宽膜棉田的单株铃数、现蕾成铃率仍比窄膜棉田高。

表 8-19 · 绿洲宽膜棉与窄膜棉蕾铃空间分布比较

(田笑明等,2000 年)

覆膜类型	现蕾数(个)			开花数(朵)			吐絮数(个)			现蕾成铃率(%)			
	果节1	果节2	果节3	果节1	果节2	果节3	果节1	果节2	果节3	果节1	果节2	果节3	全株
宽膜	10.5	9.7	5.3	9.8	3.8	0.3	6.7	0.1	0	63.8	1.0	0	26.7
窄膜	10.0	9.1	6.8	8.8	5.8	0.6	6.1	0.5	0	61.0	5.5	0	25.5

(3) 化学调控增加中下部内围铃比例。余渝等(1999 年)的试验结果表明,合理的化学调控(本试验中第 2 处理)可增加中下部的优质铃,其中部的内围铃明显高于其他两处理(表 8-20)。

表 8-20 · 缩节胺对绿洲棉铃空间分布的影响

缩节胺用量 (g/hm²)	各部位第一果节成铃数(个)			第二果节 成铃数 (个)	叶枝成铃数 (个)	单株铃数 (个)
	下部(6～8)	中部(9～13)	上部(14～16)			
90(22.5+30.0+37.5)	2.0	3.0	1.2	1.0	0.3	7.5
150(37.5+52.5+60.0)	1.7	3.6	1.2	1.0	0.3	7.8
210(42.0+70.0+98.0)	1.4	3.1	0.9	2.1	0.3	7.8

注:缩节胺用量括号内为 3 次喷施量,喷药时期分别为 6 月 13 日、7 月 5 日和 7 月 27 日。

6. 改善纤维品质

(1) 地膜覆盖改善纤维品质,降低纤维含糖量。地膜覆盖使棉花的现蕾、开花期提前是其纤维品质优于露地棉田的生物学原因。前人的研究表明,棉纤维的品质与棉纤维发育环境条件密切相关。而棉纤维发育环境条件决定于该位蕾的开花期。陈冠文等的研究结果表明,覆膜棉田比露地棉田的现蕾期分别提前 5~10 d,开花期分别提前 3~6 d,从而使多数的蕾铃发育处于高能同步期。因此,宽膜棉田棉铃干重的积累速度快(图 8-5),这为纤维发育打下了物质基础(表 8-21)。

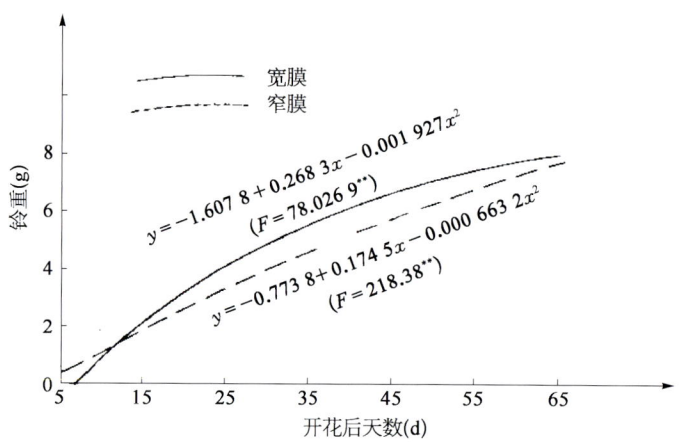

图 8-5 · 宽膜与窄膜覆盖棉铃干重增长曲线

(陈冠文、王登伟、余渝等,1997 年)

表 8-21 · 覆膜宽度对绿洲棉花生育进程的影响

(田笑明等,2000 年)

处理	播种日期	出苗日期	现蕾日期	开花日期	比裸地高能同步期延长日数(d)
宽膜覆盖	4月15日	4月28日	6月4日	7月3日	6
窄膜覆盖	4月15日	5月1日	6月9日	7月6日	3
露地不覆盖	4月15日	5月6日	6月14日	7月9日	

塔里木大学棉研室(1982 年)、新疆兵团第一师 6 团农科所(1983 年)和新疆农业厅、农科院(1983 年)的资料表明,由于地膜棉生育进程快,季节高能期开花、结铃比例大,棉铃吐絮早,霜前花比例大,棉纤维品质好(表 8-22、表 8-23)

表 8-22 · 地膜覆盖对绿洲棉铃性状的影响

(钟祝融,1989 年)

棉田类型	单株结铃数(个)	大暑前		大暑至立秋		立秋后		霜前花率(%)	单铃重(g)	衣分(%)	纤维强力(g)
		结铃数(个)	占比(%)	结铃数(个)	占比(%)	结铃数(个)	占比/%				
地膜棉	15.7	14.3	91.08	1.4	8.92	0	0	89.0	7.6	36.5	3.34
露地棉	11.3	7.5	66.37	3.0	31.88	0.2	1.77	76.0	6.0	36.4	3.23

表 8-23 · 绿洲地膜棉与露地棉纤维品质比较

纤维品质	覆膜	露地	差值
细度(g/m)	7 114	7 749	-635
强度(g)	3.8	3.58	+0.22
成熟度	1.59	1.49	+0.10

注：新疆农业厅、新疆农科院1983年试验报告。

地膜覆盖还能降低纤维含糖量。王维岗(1994年)对莎车的地膜棉田和露地棉田(品种：军棉1号)定位取样分析结果(表8-24)表明，由于地膜棉田比露地棉田现蕾、开花早，其棉纤维含糖量低于露地棉田。

表 8-24 · 绿洲地膜棉田与露地棉田棉纤维含糖量比较

种植方式	含 糖 量		
	第2果枝第1果节	第5果枝第1果节	第8果枝第1果节
地膜棉	微	稍多	多
露地棉	稍多	多	多

（2）合理密植改善棉纤维品质。陈冠文等于1997年对不同密度的纤维品质测定结果表明，纤维长度随密度增加而增长，马克隆值随密度增加而变小，纤维强力以16.5万株/hm² 处理最高(表8-25)。

表 8-25 · 种植密度对绿洲棉花纤维品质的影响

(陈冠文等，2003年)

密度(株万/hm²)	纤维长度(mm)	比强度(cN/tex)	马克隆值
12.0	28.6	18.3	4.7
16.5	29.1	18.9	4.6
21.0	29.5	18.6	4.1

注：表中数值测定于1997年。

张运生(1994年)研究表明，棉纤维含糖量随果枝节位的升高而增加。第8果枝棉铃的含糖量比第5果枝高1倍以上。合理密植可以使棉铃向棉株的中下部和第1果节集中，因此，适当增加密度可以降低棉纤维的含糖量(表8-26)。

表 8-26 · 绿洲棉花不同品种和果节位含糖量比较　　　(单位：%)

品 种	果 节 位			平 均
	第2果节	第5果节	第8果节	
新陆早1号	0.38	0.44	1.12	0.65
军棉1号	0.44	0.55	1.76	0.92
平均	0.41	0.50	1.44	

注：作者引用时做了适当删减。

(3) 化学调控改善棉纤维品质。陈冠文等(2003年)对花铃期进行缩节胺处理,定株观察结果表明,适量化调(112.5 g/hm^2)处理,纤维长度和纤维比强度均优于重控(150.0 g/hm^2)处理(表8-27)。

表8-27·缩节胺用量对绿洲棉花纤维品质的影响

缩节胺用量 (g/hm^2)	开花期 (月/日)	铃期 (d)	纤维长度 (cm)	纤维比强度 (cN/tex)	马克隆值
112.5	8/20	57.2	29.6	19.4	4.7
150.0	8/17	55.8	29.1	18.9	4.6

注:数值为10个果枝的平均值。

综上所述,"密、矮、早、膜"棉田的棉铃主要在棉株的中下部,开花期集中在6月下旬至7月中旬,因而棉纤维发育好。"密、矮、早、膜"技术体系大面积推广后的1990年比推广前的1979年,棉花品质明显提高(表8-28)。

表8-28·1979—1990年收购的陆地棉品质比较

(中国科学院新疆资源开发综合考察队,1994年)

年 份	品 级		长 度	
	平 均	一级比重	平 均	29 cm比重
1979	2.17	54.80	26.90	27.00
1985	2.47	33.40	27.68	45.30
1990	1.37	77.60	29.70	93.20

注:引用时作者做了删减。

(五)"密、矮、早、膜"技术要点

1. 主体技术

(1) 合理密植技术。20世纪80年代,播种的理论株数为12.0万～15.0万株/hm^2,90年代为18.0万～22.5万株/hm^2;行距为60 cm+30 cm的宽窄行;株距根据密度确定。

(2) 地膜植棉技术。20世纪80年代为40～50 cm的窄膜,一膜覆盖两个播种行;90年代为140～150 cm的宽膜,一膜覆盖四个播种行。

(3) 综合调控技术。该体系是以生物调控为基础,以水肥调控为主体技术,以化学调控、地膜调控等技术为配套的技术体系。其基本调控方案如下。

① 肥地或旺苗棉田,以控为主:紧凑型品种+适当稀植→苗、蕾期中耕或缩节胺调控→揭膜+晚灌头水+少施或不施蕾肥→一水后5～7 d缩节胺化控→推迟二水或盛花期缩节胺中控→打顶后5～7 d缩节胺重控→摘叶枝、空枝和群心。

② 壮苗棉田,促控结合:紧凑型品种+合理密植→蕾期中耕或缩节胺调控→揭膜+初花期水肥促+水后化控→盛花期肥水促+打顶后缩节胺中控+人工适当整枝。

③ 沙壤土或弱苗棉田,以促为主:长势强、不早衰的品种+适当密植+覆膜→苗、蕾期

叶面肥促→初花期肥水促→花铃期肥水促→打顶后控→铃期叶面肥促。

综合调控技术还配套苗情诊断指标和调控效果的预测技术。

（4）灌溉技术。20世纪80—90年代主要采用沟灌技术。80年代还试验、示范了喷灌技术；90年代初期创新了膜上灌技术（见第六章）。

（5）施肥技术。20世纪80年代采用测土施肥技术；90年代发展为测土配方平衡施肥技术（见第十章、第十七章）。

2. **配套技术**。一是选用早熟、抗病、高产品种（见第九章），二是采用以农业防治为主的病虫害综合防治技术（见第十一章）。

（六）"密、矮、早、膜"技术体系对新疆棉花生产发展的贡献

一是为棉花种植区域进一步北移和扩大植棉面积提供了技术支持。

二是单产大幅度提高，为增产增收增效益提供了技术保障。"密、矮、早、膜"模式创造了一批高产典型，1989—1991年，中国棉花学会专家组对南疆33块高产棉田进行测产验收，其中24块棉田（面积46.16 hm^2）皮棉单产达到2 250 kg/hm^2。1990年，新疆兵团第三师43团职工张斗兰植棉面积1.42 hm^2，用军棉1号品种创造了皮棉3 013 kg/hm^{2}的全国棉花高产纪录。

三、引进与创新并举时期（2000—2019年）

21世纪前20年是新疆绿洲现代植棉技术发展最快的时期。这个时期主要特点有三：一是积极引进国外的现代农业新理念、新技术，如以色列的滴灌技术、美国的机械采棉技术等；二是在引进的基础上进行创新，如将滴灌技术与地膜植棉技术结合为"膜下滴灌"技术和"水肥一体化"技术，将机械采棉技术与"密、矮、早、膜"技术结合为机采棉高产栽培技术等；三是根据棉花生产的需要进行自主创新，而内地一些棉花科研团队进疆，进一步促进了自主创新，轻简化栽培、化学封顶、精准调控等新技术应运而生。

（一）现代植棉技术体系的形成与发展

1. **机械采棉技术与"密、矮、早、膜"栽培技术体系的融合**

（1）机械采棉技术的引进与研究。1995年，新疆兵团从美国引进新型采棉机进行试验研究，并把该项目列为重点科技项目。

采棉机9965型的采摘行距为76 cm。为了适应采棉机对行距的要求，1996年项目组在新疆兵团第一师8团进行了"76 cm等行距"与"60 cm+30 cm"宽窄行对比试验，结果由于"76 cm等行距"的收获株数太少而大幅度减产。为了增加收获株数，1997年采用了"68 cm+8 cm"的带状种植方式，带内播种穴呈"之"字形排列，上覆50 cm的窄膜，一膜一带。这种方式虽然增加了一定的收获株数，产量有所提高，但由于覆膜面窄，仍未能达到与常规栽培平产的目标。1998—1999年项目组采用了宽膜（1.15 m,）一膜覆盖两带的种植方式，这种方式虽然株数仍然较对照少，但其单株结铃数和单株铃重均高于对照，测产结果与宽窄行种植的产量相当（表8-29）。

为了进一步增加带状种植方式的收获株数和产量，2000年又试用了"66 cm+10 cm"种植方式，理论株数达到1.4万/hm^2。测产结果为产量超过宽窄行种植棉田栽培的产量。至此，初步实现了"密、矮、早、膜"与机采棉技术的融合。

表 8-29 · 绿洲棉花不同种植方式的产量结构

(陈冠文、余渝等,2001 年)

种植方式	1997 年			1998 年				1999 年			
	收获株数（万/hm²）	铃数（个）	籽棉产量（kg/hm²）	收获株数（万/hm²）	铃数（个）	单铃重（g/个）	籽棉产量（kg/hm²）	收获株数（万/hm²）	铃数（个）	单铃重（g/个）	籽棉产量（kg/hm²）
带状种植	14.25	6.36	3 853.5	14.51	5.95	4.89	4 221.0	15.65	7.60	5.26	6 253.5
常规种植	15.90	7.09	4 794.0	17.35	5.47	4.74	4 456.5	17.40	6.91	4.96	5 964.0

（2）机采棉技术与其他农业技术的优化组装。1996—2000 年，项目组先后完成了采棉机的田间采收试验；采棉机农艺配套技术的研究和机采棉田栽培规程的制定；化学脱叶技术的研究与国产脱叶剂的开发；机采棉田田间作业标准的制定等工作。这些试验研究工作，从技术上解决了机械采棉的种植方式、水肥管理和化学脱叶等技术难点，保障了棉花的高产、稳产，为机采棉技术的大面积推广提供了技术支持。

进入 21 世纪后，围绕采棉机采后配套的打模机、运模机、开模机及异性纤维清理机（主要清理地膜）等机械开始研发、改进、组装配套和技术集成，使机械采棉技术得到进一步的完善和推广。2017 年新疆兵团棉花机采率达 80%，地方棉花机采率也达到 17.2%（见第一章）。

2010 年以后，随着机采棉的不断发展，新疆棉花种植密度不断提高，棉田群体结构恶化，水肥一体化的不合理运用进一步恶化了群体结构，导致机采棉化学脱叶率效果差，机采籽棉含杂多，加之水肥投入大、生产成本高，丰产难丰收。于是，新疆开始自主创新，解决难题，加上内地一些优秀棉花栽培科研团队先后进疆开展研究，大大推进了自主创新的速度。其中，中国农业科学院棉花研究所毛树春团队提出了新疆棉花要走轻简节本发展的路子并深入人心；中国农业大学李召虎团队研制出化学封顶剂和脱叶剂并在新疆推广应用；山东棉花研究中心董合忠团队提出了新疆棉花在"降密健株"基础上，综合运用水肥药调控棉花群体，实现优化成铃、高效脱叶、轻简高效的途径并得以实施。

2. 以机采棉技术为主体的现代植棉技术体系的形成 · 1999—2002 年，新疆兵团高密度栽培项目组在总结高密度栽培技术的同时，将兵团新推广的现代农业技术——膜下滴灌与水肥一体化、精量播种、病虫害综合防治、综合调控、农业信息化、智能化等新技术与高密度、超宽膜栽培技术进行优化组装，形成了具有兵团特色的、构成单元多、总体结构优、系统协同性好、输出效能高的"高产高效现代植棉技术体系"（图 8-6），从而将新疆的植棉技术向现代农业技术推进了一大步。这个体系也是对新疆原有的"矮、密、早、膜"技术体系的发展和重大创新。

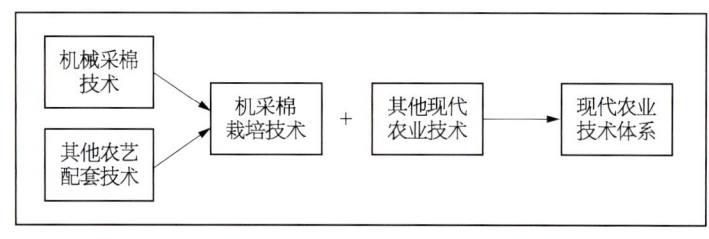

图 8-6 · 绿洲现代植棉技术体系形成过程示意

3. 现代植棉技术体系的高产机制

(1) 增加了群体中下部的有效辐射量。以机采棉技术为核心的现代植棉技术体系与"密、矮、早、膜"技术体系高产机制的主要区别：一是带状种植方式的叶面积指数小于常规田，二是带状种植棉田的叶面积主要分布在大行和群体上层，三是带状种植方式棉田群体中下部有效辐射量多于常规棉田。结果表明，在生育中后期带状种植方式的棉株向大行倾斜后，有效辐射量直接投射到群体中下部，从而为中下部棉铃的发育提供了更多的光能(8-30)。

表 8-30 · 绿洲棉花两种种植方式棉田的叶面积指数和有效辐射量空间分布

(陈冠文、余渝等，2001年)　　　　　　　　　　［单位：μmol(m²·s)］

群体高度	测定项目	带状种植棉田			常规种植棉田		
		大行中心～1/3处	1/3～2/3处	2/3～小行中心	大行中心～1/3处	1/3～2/3处	2/3～小行中心
顶部	LAI	0.46	0.44	0.28	0.24	0.37	0.26
2/3	相对有效辐射	44.50	15.90	91.30	100.00	87.00	96.90
	LAI	0.36	0.17	0.32	0.34	0.30	0.49
1/3	相对有效辐射	9.60	4.00	9.30	4.50	8.10	1.00
	LAI	0.20	0.06	0.08	0.24	0.17	0.20
地面	相对有效辐射	6.75	3.34	3.50	5.90	2.90	2.60

(2) 优化棉铃空间分布。陈冠文等(2001)研究表明，中等产量棉田带状方式的棉株下部成铃比例大于常规棉田。高产棉田则相反，棉株中、上部成铃比例大于常规棉田。无论中产还是丰高产带状方式棉田，其棉株的第2、第3果节成铃比例均大于常规棉田(表 8-31)。

表 8-31 · 绿洲棉花两种种植方式棉铃空间分布差异

(陈冠文、余渝等，2001年)

单位	年份	种植方式	纵向分布(%)			横向分布(%)		籽棉产量(kg/hm²)
			8叶以下	9～12叶	13叶以上	第1果节	第2、第3果节	
8团大田	1998	带状	47.2	38.0	14.8	87.8	12.2	4 221.0
		常规	40.2	40.2	19.6	90.0	10.0	4 456.5
	1999	带状	41.3	36.6	22.7	69.8	30.2	6 253.5
		常规	52.4	33.2	14.4	81.5	18.5	5 964.0
1团试验区	1998	带状	47.4	38.6	13.9	85.7	14.3	4 735.5
		常规	53.9	38.9	7.2	88.0	12.0	4 560.0

注：常规棉田指"60 cm＋30 cm"的宽窄行种植棉田。

(3) 增加棉铃干重。由于机采棉种植模式改善了棉田群体中下部光照条件，因此，单铃重和纤维品质优于常规棉田。李新裕等(2000年)的研究表明，开花后21 d内，带状种植方式的棉铃鲜重、干重、体积均大于宽窄行种植方式，其最终的棉铃鲜重、干重、体积等也大于宽窄行种植方式。1998年和1999年,带状种植方式在收获株数少于常规种植方式的情况下,单铃重高成为其增产的重要因素(表8-32)。

表8-32·绿洲棉花不同株行距配置棉铃鲜重、体积、干重的变化

(田笑明等,2016年)

开花天数(d)	鲜重(g)		体积(m³)		棉籽干重(g)		纤维干重(g)		棉铃干重(g)	
	带状	常规	带状	常规	带状	常规	带状	常规	带状	常规
10	7.24	8.69	7.76	9.22	0.31	0.34			0.97	1.18
21	21.00	24.99	23.00	26.98	1.07	1.11	0.33	0.46	2.68	3.16
30	28.49	27.88	29.82	29.28	1.40	1.40	1.19	1.12	4.24	4.23
40	23.19	24.23	24.74	25.42	1.54	1.60	2.02	1.96	5.09	5.21
50	26.69	27.79	28.72	29.46	2.41	2.40	2.97	2.84	7.00	7.02
61	24.86	22.66	28.56	24.72	3.18	3.22	3.21	2.93	8.04	7.70

注:常规棉田指"60 cm+30 cm"的宽窄行种植棉田。

4. 现代植棉技术体系的主要技术·以机采棉植棉技术为主体的现代植棉技术体系,除了"密、矮、早、膜"技术体系的主要技术外,特别强调下列技术。

(1) 种植方式。采用"66 cm+10 cm"的带状种植方式;覆盖1.15 m的宽膜,一膜覆盖两条播种带,并留足边膜采光带。

(2) 早中耕、深中耕,开深沟,提高灌水质量,促使根系向土层深处生长,防止后期倒伏。

(3) 适当增加花铃肥比例,防止后期脱肥,保证中上部棉铃正常发育。

(4) 实施早、轻、勤化学调控技术,保证棉株稳健生长,缩短下部节间长度,增加下部节间粗度,防止后期倒伏。

(5) 化学脱叶技术。

① 脱叶时间:采收前18~25 d,在平均气温稳定于18~20℃时的前1~3 d喷洒脱叶剂;要求喷洒时的棉田吐絮率在30%~40%,上部棉铃的铃期在40 d以上。

② 脱叶剂配方:21世纪元年代的常用配方为脱落宝450~600 g/hm²+乙烯利1 050~1 500 g/hm²。近10年常用的脱叶剂配方有:脱吐隆150~180 mL/hm²+伴宝450~750 mL/hm²+乙烯利1 200 mL/hm²;哈威达1 200 mL/hm²+乙烯利1 500 mL/hm²;脱落宝600 mL/hm²+乙烯利1 500 mL/hm²;落叶净525~600 g/hm²+杰效利75~150 mL/hm²+乙烯利1 200 mL/hm²;瑞脱龙300~375 g/hm²+乙烯利1 050~1 200 mL/hm²等。

(6) 品种要求。除早熟、优质、高产、抗病等要求外,还有下列特殊要求:株型较紧凑,叶片大小适中,茎干坚韧抗倒伏;始果节位离地面20 cm以上;对脱叶剂较敏感;结铃、吐絮较集中,含絮力中等。

(二) 机采棉优质栽培技术的形成

1. 机采棉76 cm等行距种植方式提出的背景·由于机械采收的籽棉含杂率达到13%以上,所以棉花加工要增加3次籽清和一次皮清;同时,由于一次性采收中含有较多的未成熟花和过熟花,所以机采棉的纤维长度较手摘棉差 1 mm,断裂比强度较手摘棉差 1.08 cN/tex,短纤维率高于手摘棉,棉花主体品级为 3 级,较手摘棉低了近 1 级。

在高产栽培条件下,高密度、大群体是化学脱叶效果差,机采棉含杂量大的主要原因,因此,解决机采棉田的种植密度和种植方式就成为解决机采棉含杂量的首要问题。

2010 年,河南省农业科学院马奇祥在北疆乌苏市用杂交棉标杂 A1 进行 60 cm 等行距试验、示范。相邻的新疆兵团第七师 127 团受到启发,将杂交棉等行距种植技术与机采棉种植技术结合,形成了"76 cm 等行距"的机采棉种植模式。以后几年,经过第七师农科所和相关团场科技人员的共同努力,形成了以"76 cm 等行距"种植方式为特征的机采棉优质栽培技术,并迅速在全师示范推广,收到了较好的效果。

2. "76 cm 等行距"种植方式的理论依据

(1) "76 cm 等行距"种植技术的生态学依据。一是新疆的光能资源丰富(比长江、黄河流域多 45~298 MJ/m^2),尚有很大的潜力空间;二是新疆棉花的高能同步期主要集中在 6 月下旬至 7 月下旬,这种短而集中的高能同步期特征,限制了新疆棉花的单株生产潜力。因此,等行距种植是新疆棉花在"向温要棉"的基础上"向光要棉",进一步提高产量的新途径。

(2) 等行距种植优质、高产、稳产的生理学依据。

① 棉田群体呈梯形立体受光态势,光合面积大,光能利用率高。在高产栽培条件下,采用等行距种植的棉田群体呈梯形立体受光态势,群体中下部相互遮光少,光能利用率高。"66 cm+10 cm"带状种植棉田的群体呈近平面受光态势,群体中下部相互遮光多,光能利用率较低(图 8-7、图 8-8)。

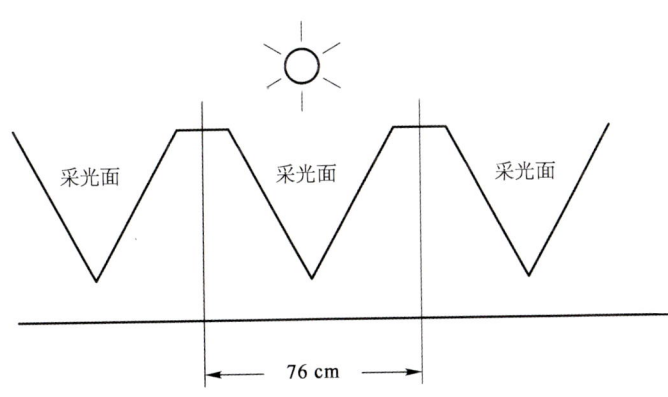

图 8-7 · 绿洲 76 cm 等行距种植棉田群体受光态势示意

② 个体生产效率和生殖器官积累速率高。与带状种植的棉株相比,等行距种植的棉株受光面积大,光合器官上的光照强度也大,而无光合功能的器官比例较少,因而干物质积累量多。新疆兵团第七师农科所棉花栽培课题组的调查结果表明,出苗后 65 d,等行距种植比带状种植的单株总干物质积累速率高 51%,生殖器官的积累速率高 60%;出苗后 120 d,等行距种植比带状种植单株的总干物质积累速率高 90%,生殖器官的积累速率高 98%。这充分说明,等行距种植不仅单株干物质积累量多、积累速度快,而且能将更多的光合产物向生殖器官输送(表 8-33)。

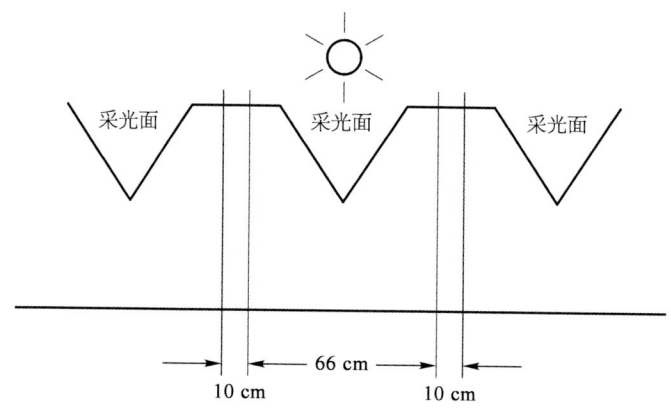

图 8-8 · 绿洲"66 cm+10 cm"带状种植棉田群体受光态势示意

表 8-33 · 绿洲棉花两种种植方式干物质积累量比较

(陈冠文、王光强等,2014 年)

出苗后天数(d)	种植方式	叶(g/株)	茎(g/株)	蕾铃(g/株)	生物产量(g/株)	生物产量(kg/hm²)	生殖器官比例(%)
65	等行距种植	16.00	12.00	2.96	30.96	3 808.5	9.6
	带状种植	11.29	8.00	1.98	21.27	4 971.0	9.3
120	等行距种植	23.74	23.32	76.64	123.70	15 214.5	62.0
	带状种植	14.28	12.88	40.40	67.56	15 789.0	59.8

(3) 等行距种植高产、稳产的生物学依据

① 生育进程快。生物的每一个生育阶段都需要一定的能量(包括光能、热能等)才能完成。在相同的温度条件下,等行距种植棉田比带状种植棉田单株所获得的光能多,积累的总能量也多,因此,能较早地启动下一个生育阶段,从而使整个生育进程加快。

新疆兵团第七师农科所棉花栽培课题组的研究结果表明,生育前期,等行距种植与带状种植的生育进程差异较小;生育中期以后,两种种植方式的生育进程差异逐渐增大,等行距种植的个体生长发育优势明显,表现为主茎日生长量大、出叶速度和现蕾速度快、蕾铃量大、成铃多(表 8-34)。

表 8-34 · 绿洲棉花两种种植方式器官发生量比较

(陈冠文、王光强、田永浩等,2014 年)

出苗后天数(d)	栽培模式	株高(cm)	叶(片/株)	蕾(个/株)	果台(台/株)	铃(个/株)	叶枝(个/株)
15	等行距种植	5.9	2.0				
	带状种植	6.7	2.0				

续 表

出苗后天数(d)	栽培模式	株高(cm)	叶(片/株)	蕾(个/株)	果台(台/株)	铃(个/株)	叶枝(个/株)
35	等行距种植	20.7	7.5	3.1	0.6		
	带状种植	20.8	7.0	2.7	0.4		
50	等行距种植	43.9	10.8	13.3	5.0		2.2
	带状种植	37.7	9.8	8.6	3.7		1.0
120	等行距种植	75.5			9.6	9.4	
	带状种植	59.5			7.3	5.0	

② 棉铃发育快，单铃重高。等行距种植棉田外围铃的光照好于带状种植棉田，所以棉铃发育期缩短，外围铃也能正常吐絮。陈冠文在库尔勒对不同种植方式试验的定株观察结果表明，等行距种植的下部铃和中部外围铃的铃期均短于带状种植棉田，而中部外围铃数明显增多（表8-35）。

表8-35·绿洲棉花两种种植方式开花至吐絮天数
（陈冠文、王光强、田永浩等，2014年）
（单位：d）

种植方式	第1果枝		第5果枝		
	果节1	果节2	果节1	果节2	果节3
等行距种植	60.1	65.8	63.7	65.7	65
宽窄行带状种植	61.6	66.7	60.4	71.6	

新疆兵团第七师的调查结果表明，在单位面积铃数相近的情况下，等行距种植棉田由于光照充足，其单铃重较带状种植棉田高（表8-36）。

表8-36·绿洲棉花两种种植方式产量结构比较
（陈冠文、王光强等，2014年）

种植方式	调查项目	内围铃	外围铃	上部铃	中部铃	下部铃
等行距种植	单株铃数(个)	7.6	1.8	0.6	4.8	4.0
	铃数(万个/hm²)	93.48	22.14	7.38	59.04	49.20
	单铃重(g)	5.75	4.45	4.67	5.39	5.82
宽窄行带状种植	单株铃数(个)	4.7	0.6	0	2.0	3.0
	铃数(万个/hm²)	109.06	7.79	0	46.74	70.11
	单铃重(g)	5.10	3.93	0	4.87	5.11

新疆兵团第七师的调查研究结果表明，两种种植方式的产量差异不大，但产量结构差异较大：等行距种植较带状种植方式，单株成铃增加4.4个，单铃重增加0.54 g，单株成铃率提高5.4%。这种产量结构更有利于实现高产、稳产（表8-37）。

表8-37 · 绿洲棉花两种种植模式产量及其性状比较
(蔡晓莉等,2014年)

种植方式	衣分(%)	铃重(g/个)	铃数(个/株)	铃数(万个/hm²)	籽棉产量(kg/hm²)	皮棉产量(kg/hm²)	单株成铃率(%)
等行距种植	42.7	5.54	9.4	137.15	6 639.0	2 834.9	37.5
宽窄行带状种植	45.3	5.0	5.0	122.89	5 869.5	2 658.8	32.1

(4)化学脱叶效果好,机采棉含杂率低。等行距种植棉田群体空间分布合理,脱叶剂喷洒较均匀,脱叶率比带状种植方式提高5.7%,机采籽棉含杂率降低4.6%,采净率提高5.4%(表8-38)。

表8-38 · 绿洲棉花两种种植方式化学脱叶效果比较
(蔡晓莉等,2014年)

种植方式	脱叶率(%)	采净率(%)	籽棉含杂率(%)
等行距种植	93.7	95.5	9.7
宽窄行带状种植	88.0	90.1	14.3

等行距种植方式在新疆兵团第七师大面积推广后,棉纤维品质有了较大的提高。与以带状种植方式为主的第八师棉纤维品质相比,纤维长度、长度整齐度和断裂比强度都有一定的改善,只有马克隆值有所降低(表8-39)。

表8-39 · 新疆兵团第七师、第八师部分年度棉花公检质量指标统计

年度	单位	颜色级		纤维长度		马克隆值级		长度整齐度		比强度	
		白棉1~3级比率(%)	白棉4~5级比率(%)	30~32 mm比率(%)	平均长度(mm)	A级比率(%)	A+B级比率(%)	高等及以上比率(%)	平均长度整齐度值(%)	强及以上比率(%)	比强度(CN/tex)
2016/2017	第七师	85.64	13.95	30.81	29.19	8.15	81.60	62.63	83.30	63.03	29.43
	第八师	87.49	12.53	11.38	28.82	16.50	96.92	58.86	83.15	47.08	28.88
2018/2019	第七师	98.1	1.7	40.2	29.8	16.7	96.9	30.8	82.4	69.3	29.6
	第八师	95.0	3.6	20.3	29.5	36.1	98.9	27.9	82.3	47.4	28.9

注:数据源自新疆生产建设兵团市场监督管理局;引用时,作者做了部分删减。

综上所述,与现行的带状种植相比,等行距种植具有下列优越性:① 正常年份,等行距种植有利于提高光能利用率,充分发挥杂交棉及与杂交棉相似的常规棉品种的生长发育优势,争取外围铃和上部铃成铃,实现高产;低温年份,能充分利用光对温度的补偿效应,促进外围铃和上部铃在温度较低的情况下发育成熟,实现稳产。② 适宜机械采收,且化学脱叶效果好,能提高机采棉的采收质量。③ 棉田群体内通风透光好,病虫害轻,农药用量少,有利于保护农田生态环境。

3. 机采棉优质栽培主要技术 · 与带状种植方式的栽培技术相比,"76 cm等行距"优质

栽培技术要点如下。

(1) 种植方式。76 cm 等行距,株距 9.5 cm,理论密度 13.8 万株/hm²;2.05 m 的超宽膜,1 膜 3 行,1 行 1 管,膜边采光面宽度 13 cm。

(2) 灌溉技术。等行距种植棉田的单株结铃多、吐絮期长,因此确定最后一水的原则是:以防止贪青晚熟为重点,同时也要防止早衰。一般棉田在 8 月下旬停水;沙壤土和弱苗棉田可于 9 月上旬停水。

(3) 施肥技术。等行距种植棉田中下部外围铃是产量的重要组成部分,因此初花期至盛花期的氮肥量要比带状种植棉田同期追肥量高 0.5 倍以上,以增加中下部果枝的果节数和果节成铃率。

(4) 化学调控技术。包括苗蕾期化调和花铃期化调。

苗蕾期化调:等行距种植棉田由于行距较宽,苗蕾期化调宜少、宜轻;化调量比带状种植棉田少 1/3,次数少 1/2。

花铃期化调:花铃期化调主要是调节叶面积的空间分布,塑造塔形株型,以增加棉株的光合总量。所以,化调的次数和时间要根据苗情灵活确定。

(5) 整枝技术。一是主茎打顶时间,比带状种植棉田晚 3~5 d,以争取棉株的上部铃和防止棉株上部丢鞭子。打顶标准:棉株高度 80~85 cm,果枝 10~11 台;打掉一心至一叶一心。二是叶枝打顶尖,等行距种植棉田,叶枝对产量有一定贡献。因此,应适时给叶枝打顶,以争取叶枝多结铃。棉花蕾期,当每株有 2~3 台叶枝现蕾 2~3 个时,摘去其顶心,同时抹去小叶枝。

4. 品种选择。除了带状种植方式机采棉田对棉花品种要求外,等行距种植还有下列要求。一是由于等行距种植的行距宽,因此要求棉花品种生长势强,自动调节能力强;结铃性好,生产潜力大。二是叶片中等大小、上举;中长果枝,但叶枝少,以利于构建立体受光的群体和争取外围铃。

(三) 超高产栽培技术体系的形成与发展

1. 项目提出的背景。1990 年新疆兵团第三师出现超高产(皮棉 3 000 kg/hm² 以上)棉田之后,相当长一段时间再没有出现过超高产棉田。从 2003 年开始,兵团棉区又陆续出现多个超高产典型,但这些超高产棉田的分布随机性大,重演性差。为了提高超高产棉田的稳定性,2004 年兵团组织了兵团农技推广站、新疆农垦科学院、石河子大学、塔里木大学等科技人员,实施"棉花大面积超高产综合栽培技术研究与示范"项目。与此同时,连续几年组织兵团专家咨询组和验收组对南、北疆的超高产棉田进行现场调研、咨询和验收工作。上述研究与调研工作为棉花超高产栽培技术的形成提供了大量宝贵、翔实的技术资料,同时也加快了棉花超高产技术的推广。

2. 超高产理论与技术的试验研究。2004 年,项目组提出了"作物栽培工艺化"的思路,即以棉花苗情诊断为栽培的"图纸",以调控技术为栽培的"工具",按照工厂化的生产模式进行棉花栽培。按照这个思路,项目组经过三年的试验研究,总结了超高产棉花的生育规律——叶龄模式,提出了超高产棉花不同生育时期的形态、生理、生态诊断指标;同时,将叶龄模式、苗情诊断指标与综合调控技术结合,形成超高产棉田的叶龄调控技术体系。

叶龄调控技术体系的实施,有效地提高了超高产棉田的重演性。2007 年对采用该技术体系的兵团植棉师团多点大面积超高产试验、示范田进行验收,结果成功率达到87.5%。

3. 大面积超高产实践的调查总结 从2003年开始,新疆兵团农业局每年组织棉花专家组在棉花生育期进行科技咨询和调研工作;秋天组织专家组对超高产棉田进行现场验收。通过对调研和验收资料的整理、分析,专家组先后提出了超高产棉田的五大特征,总结了不同生态条件下棉花超高产的主要经验与技术。

2007年,项目组在上述试验研究和调查验收的基础上组装完成了"棉花超高产栽培技术体系"。

4. 超高产棉田的主要特征

(1) 产量结构特征。新疆兵团棉花超高产验收组对2004—2005年超高产棉田验收资料进行分析,总结了超高产棉田"两高两中"的产量结构特征,即:每公顷收获株数24万～27万的高密度、40%左右的高衣分;6～8个的中等单株结铃数、5.0～6.0g的中等单铃重。随着棉花超高产栽培技术到位率的逐渐提高,产量结构各项指标出现的概率逐渐向众数集中。

(2) 棉铃空间分布特征。棉铃空间分布是一个三维结构,是以主茎为纵坐标、以果枝为横坐标、以果节为计量单位的立体结构。从表8-40可以看出超高产棉田的棉铃空间分布特征:中下部内围铃为产量的主体,中下部外围铃和上部内围铃为实现超高产的潜力。

表8-40 · 2005年绿洲超高产棉田的棉铃空间分布资料
(陈冠文、田笑明等,2006年)

团场	品种(系)	产量(kg/hm²)	株铃数(个)	棉铃纵向分布(%)			棉铃横向分布(%)		
				下部	中部	上部	果节1	果节2	其他
32团-1	K8	3 174.0	6.4	19.6	39.3	41.1	62.6	28.0	9.4
32团-4	K8	3 340.5	6.5	10.1	50.5	39.4	72.5	26.6	0.9
3团	中棉所35	3 015.0	5.9	24.8	41.9	33.3	91.5	8.5	
43团	冀668	3 045.0	6.4	27.5	48.0	24.5	93.3	6.7	
32团扩	K12	3 534.0	7.0	21.3	55.1	23.6	64.0	27.0	9.0
45团	99B	3 022.5	6.7	29.7	49.3	21.0	86.3	8.9	4.8
阿场	中棉所35	3 109.5	7.5	43.0	39.1	17.9	99.3	0.7	
28团	98-6	3 378.0	5.9	35.9	46.7	17.4	70.6	27.2	2.2
二场	K8	3 316.5	6.3	34.9	50.6	14.5	81.9	18.1	
105团	早13	3 118.5	6.0	35.3	51.5	13.2	70.6	26.5	2.9
103团	早13	3 039.0	6.0	40.8	51.4	8.1	97.3	2.7	
平均		3 190.5	6.4	29.3	47.6	23.1	80.9	16.4	2.7

(3) 株型特征。在相同的生态环境中,株型是影响棉田群体的受光态势和群体内温、光、气、湿等生态因子的主要因素。棉花的株型是由主茎、果枝、叶、花、铃等器官所构成的空间形态,它包括棉株器官的纵向分布和横向分布。

横向分布特征:从2004—2005年的测产资料看,超高产棉田的横向分布特征是中下部果枝较长,上部果枝较短。这种特征有利于改善群体中、下部的温、光、气、湿条件,提高中下部的成铃率和单铃重。

纵向分布特征:超高产棉田株型的纵向分布特征为下部主茎节间短,随节间位的上升,主茎节间逐渐变长,上部 3 个节间又逐渐变短。这种特征有利于拉开中上部叶层间距,改善棉田群体的通风透光条件(表 8-41)。

表 8-41 · 绿洲棉花不同株型主茎节间长度及其成铃情况

(陈冠文、田笑明、杜之虎等,2006 年)

品种(系)	株型	项目	主茎节间位										
			5	6	7	8	9	10	11	12	13	14	15
中棉所35	塔形	节间长(cm)	4.8	4.8	6.4	7.0	9.4	9.0	10.0	7.7	7.5	5.5	4.3
		成铃数(个)	0.9	0.9	0.9	0.7	0.9	0.8	0.7	0.5	0.4	0.2	0.2
		成铃率(%)	100	100	100	76	89	78	71	53	47	71	125
98-6	筒形	节间长(cm)	6.2	5.7	7.1	6.9	8.0	6.1	5.6	4.9	4.5	3.0	
		成铃数(个)	0.9	1.3	1.3	1.0	1.2	1.0	0.9	0.8	0.5	0	
		成铃率(%)	150	144	130	111	120	100	90	89	71	0	
K14	倒塔形	节间长(cm)	4.5	5	6.9	6.9	8.0	7.6	6.7	6.5	5.6	4.5	
		成铃数(个)	0.3	0.8	1.0	1.1	1.3	1.3	1.4	1.2	0.8	0.4	
		成铃率(%)	150	114	100	110	130	130	156	171	160	200	

(4)库容量特征。库容量是反应棉田生产力和生产潜力的指标之一。其中库容利用率在一定程度上反映了库、源关系的协调程度和栽培技术的合理性。

超高产棉田的库容量特征为:果枝数为成铃数的 1.1~1.3 倍,果节数为成铃数的 2.5~3.0 倍,库容利用率在 32%~41%(表 8-42)。

表 8-42 · 绿洲超高产棉田库容量

(陈冠文、田笑明等,2006 年)

团场	果枝数(万/hm²)	果节数(万/hm²)	节枝比	铃枝比	铃节比
28 团	209.55	464.70	2.22	0.72	0.32
32-1	191.70	497.85	2.60	0.97	0.37
32 扩	211.05	478.35	2.26	0.81	0.36
32-4	252.30	543.30	2.15	0.71	0.33
二场	228.15	415.65	1.82	0.90	0.49
3 团	229.05	536.85	2.34	0.76	0.32
阿场	225.15	407.10	1.96	0.77	0.39
45 团	190.65	403.50	2.13	0.87	0.41
43 团	260.85	558.45	2.14	0.56	0.26
平均	218.25	478.35	2.17	0.81	0.36

(5) 栽培技术特征。新疆兵团棉花超高产栽培技术特征可以归纳为"两个跨越"。

① 由以经验为主的"精细管理"向由精准技术支撑的"现代农业技术"的跨越。20 世纪 90 年代初,张斗兰依靠辛勤劳动和应用传统农业技术的精细管理创造了小面积(0.9 hm^2)3 090 kg/hm^2 皮棉的超高产记录;21 世纪兵团各棉区的大面积超高产依靠的是科技进步,包括装备机械化、灌溉自动化、管理信息化、栽培规范化等现代农业技术。

② 由单项技术无序混用向多项技术优化集成的跨越。20 世纪 90 年代以来,每一单项技术研究成功后都及时插入到原来的栽培技术体系中。由于这种插入是临时的、无序的,因而限制了这些单项技术对原有技术体系整体功能的"叠加"和"放大"效应。21 世纪以来,新疆兵团加强了对多项技术的优化组装,先后集成了"棉花高密度优质高产栽培模式"和"精准农业技术体系"。特别是精准农业技术与高密度栽培模式结合,形成了具有核心技术支撑,关键技术配套,技术含量高,可控性强,能在不同条件下满足作物生长发育水肥需求及调控作物生长,获取优质、高产、高效的标准化农业生产模式。这是近几年兵团超高产棉田面积迅速扩大的重要原因。

5. 超高产栽培技术体系的关键技术——叶龄调控技术。"密、矮、早、膜"技术和现代植棉技术有机结合与优化集成是实现棉花超高产的基础,叶龄调控技术是实现棉花超高产的关键技术。

叶龄调控技术是以叶龄作为调控的时间指标,以器官同伸关系作为调控的生物学依据,以各种调控技术的调控效应作为调控的技术参数,科学确定调控技术实施的叶龄,准确实施对与该叶龄对应的器官群进行调控的技术体系。因此,它具有调控目标明确,调控时间准确,调控强度精确和调控结果可预见等其他调控技术体系所不具备的特点。

(1) 叶龄调控技术的生物学依据——器官同伸关系。陈冠文等(2009 年)通过连续多年对超高产棉花生长发育规律的研究,总结了超高产棉花的器官同伸关系(表 8-43)。

表 8-43 · 绿洲棉花各项调控技术的调控效应期

(陈冠文等,2009 年)

调控技术	生物调控	覆膜调控	水肥调控	整型调控	化学调控	耕作调控
调控效应期	从出苗至采收前。其中,出苗至盛花期的调控强度较大	从覆膜开始到 6 月上旬	效应叶龄为 $n+0.5$ 至 $n+3.0$,最大肥水效应叶龄为 $n+1.5$ 至 $n+2.0$	一般可维持 7～10 d,其中打顶心对株高的效应期到吐絮	效应叶龄为 $n-0.6$ 至 $n+0.7$	约 1 周左右或稍长

① 主茎叶(n)与第一果枝叶的同伸关系:普通棉花为 $Mn=n-1$ 至 $n-2$ 叶龄。杂交棉花为 $Mn=n-1.5$ 至 $n-2$ 叶龄(M 为果枝叶的展平期,n 为主茎叶龄)。

② 主茎叶与主茎节间的同伸关系:n 叶与 n 叶着生的节间直接对应。

③ 主茎叶与第一蕾的同伸关系:随现蕾果枝位上升而从负值渐变成正值,其数值在 $n-2.3$ 至 $n+1.2$ 之间(即现蕾期从晚于同位主茎叶展平期到早于同位主茎叶展平期)。

④ 叶、花的同伸关系:普通棉果枝第一朵花开花期与同位主茎叶的展平期相差 24～32 d,两者的同伸关系为 $n-7.6$ 至 $n-6.6$ 叶龄(n 为主茎叶龄),且随开花的果枝位上升而逐渐下降。杂交棉果枝第一朵花开花期与同位主茎叶的展平期相差较短,为 5～7 个

叶龄。

(2) 调控技术效应期。陈冠文等通过连续多年对超高产棉花调控技术的研究,总结了各项调控技术的效应期(表8-43)。从表中可以看出,生物调控和覆膜调控效应期长,水肥调控和整形调控的效应期中等,化学调控和耕作调控的效应期短。

一项调控技术于某一叶龄实施后,一般可以对其上下各4张叶片及其同伸的器官群产生不同程度的调控效应。其中,对被调控叶片及其上下相邻叶片和它们的同伸器官调控效应最大。如在5叶实施调控,则1～9叶及其同伸器官都会受到不同程度的影响,但以4～6叶及其同伸器官受影响最大。因此,在棉花全生育期内,如果调控措施安排得当,只要2～3次调控即可对棉花全部器官的生长发育发生不同程度的影响,其中部分器官可能接受2次以上的调控效应,即叠加效应。因此,参照各项调控技术的效应期,科学合理地安排各项调控技术之间的衔接,可以实现调控成本最低、调控次数最少、调控强度(包括叠加效应)恰到好处的目标。

(3) 棉田叶龄调控技术体系。超高产棉田叶龄调控技术体系是以叶龄(打顶后按生育期)为调控时间序列,以器官同伸关系为依据,各项调控技术分段实施,共同构成的对棉花生长发育全过程进行科学、精确而有效调控的技术体系(图8-9)。叶龄调控技术体系主要包括下列调控技术。

① 生物调控:是指通过品种、密度、种植方式等生物体自身的生长发育特性对棉田群体大小和空间分布进行中、长期调控的技术。

② 水肥调控:水调是通过灌水时期、灌溉量和灌溉方式对棉花个体和群体进行促控的技术。肥调是通过施肥时期、施用品种和数量对棉花个体和群体进行促控的技术。

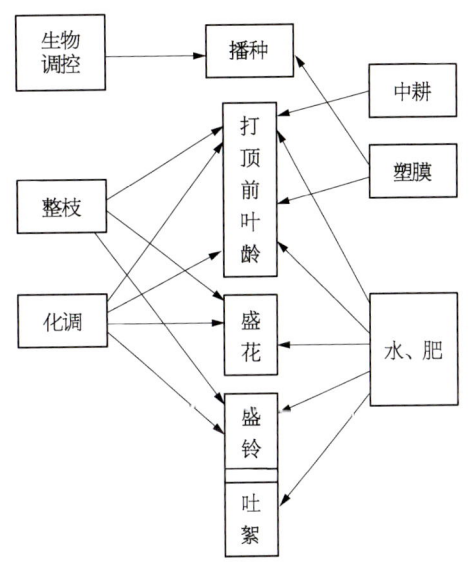

图8-9·绿洲棉花叶龄调控技术体系

(陈冠文等,2009年)

③ 化学调控:是指应用植物生长调节剂,通过影响棉株内源激素系统,改变植株体内激素平衡关系,实现对棉株生长发育调控的技术。

④ 塑膜调控:它是通过覆膜、揭膜或切膜,改变土壤温度和墒情,对棉苗进行促、控的技术。

⑤ 整型调控:是指通过人为摘去部分棉株的茎、枝、叶、花、蕾的器官,以改变棉花各器官的空间分布,改善群体的生态条件,调节棉株体内的养分分配,促进生殖器官发育的技术。

⑥ 耕作调控:是指通过机械作业,如通过中耕散墒,提高土壤温度,促进棉苗生长;或通过切断部分浅层根系,短时间内抑制地上部分生长,促进根系的纵深生长的技术。

(4) 叶龄调控方法。

① 按叶龄定位调控。根据要调控的器官或器官群与主茎叶片的同伸关系和调控技术的

效应期,准确地确定进行调控的叶龄,使调控效应刚好发挥在拟调控的器官或器官群上,实现调控的目标。

② 看苗情定量调控。看苗调控是棉田调控技术体系的核心和灵魂。棉株长势长相是确定调控技术的种类、调控组合的搭配、调控强度大小等的依据。旺苗,选用调控强度大的技术或组合和较大的用量;弱苗,选用调控强度较小的技术或组合和较少的用量。

③ 根据预测结果超前调控。根据器官同伸关系、调控技术的效应期和棉株的长势长相,在苗情出现偏旺或偏弱之前就进行适时、适量的调控,使棉花始终按壮苗指标生长发育。

6. 推广现代植棉技术体系

(1) 单产继续提高,高产纪录不断刷新。在现代植棉技术体系和超高产栽培技术大面积推广后,新疆绿洲棉花单产继20世纪80—90年代快速提高之后,21世纪前20年,全疆棉花单产继续提高,但年均增幅放缓,从20世纪80—90年代的11.38%下降到1.65%。

棉花的年均增幅虽然大幅放缓,但高产纪录不断刷新。表8-44为2000年以后经相关专家鉴定或验收的刷新纪录的部分超高产棉田。

表8-44·绿洲棉花部分超高产纪录统计

(陈冠文,2020年)

年份	地点	面积 (hm²)	收获株数 (万株/hm²)	成铃数 (万个/hm²)	单铃重 (g)	衣分 (%)	皮棉单产 (kg/hm²)	品 种 (系)
2004	32团	3.53	24.90	176.25	5.03	39.0	3 436.5	K-8
	33团	5.33	24.15	174.75	5.06	40.0	3 495.0	冀668
2005	兵团32团	4.53	26.63	186.03	5.00	40.0	3 534.6	K-12
	兵团149团	1.13	18.46	142.35	6.75	42.8	3 549.2	标杂A1
	33团	1.07	23.83	162.50	5.95	43.1	3 972.9	K-7
2006	16团	1.07	23.82	162.60	6.32	44.0	4 065.0	鲁棉研21
	89团	0.96	17.37	151.30	6.30	44.7	4 136.4	标杂A1
	149团	1.14	14.56	168.15	5.90	45.8	4 189.1	标杂A1
2009	16团	4.00	25.41	185.49	6.50	43.5	5 259.0	10-108-3
2012	16团	3.30	21.83	2 210.00	5.69	43.2	5 433.0	新陆中42号

注:2004—2006年资料源自新疆生产建设兵团农业局,《兵团精准农业技术论文汇编》(2005年、2006年、2007年);2009年和2012年资料源自新疆农业科学院经济作物研究所(兵团第一师16团为新疆农业科学院经济作物研究所开展高产创建的基地之一)。

(2) 劳动生产率快速提高。进入21世纪,随着现代农业技术的推广,绿洲棉花生产的劳动生产率大幅度提高(见第二章)。

夏新燕、石来斌(2009年)的研究表明,2002年以来,新疆兵团棉花的土地生产率和劳动生产率都呈不同程度的上升趋势。从棉花土地生产率来看,2002年棉花产量为5 629.5 kg/hm²,到2008年提高到8 277 kg/hm²,年均增长6.64%。与此同时,劳动生产率的增长更为明显。

从每个工日产出的棉花数量看,2002 年棉花生产中每个工日产出棉花 44.2 kg,2005 年以后,由于机采棉大面积应用,劳动生产率上升更明显,到 2008 年每个工日产出棉花达到 178 kg,年均增长 26.16%。从每 666.7 m² 投入的人工来看,2002 年和 2003 年棉花生产需要 8.5 个工作日,2004 年每 666.7 m² 棉花生产工作日下降到 6.3 个,2004 年以后就一直稳定在 3.1 个工作日。另外,新疆兵团职工人均管理棉田面积由 2005 年的 1.7 hm² 提高到 2010 年的 6.7 hm²,增长了近 4 倍。

第二节 · 绿洲棉花高产栽培基本经验和存在问题

近 40 年来,新疆棉花栽培技术取得了巨大进步,但也存在不少问题。认真总结这些经验与问题,将对新疆棉花产业的可持续发展具有重要意义。

一、新疆绿洲棉花光能利用率研究

光能利用率是表征植物固定太阳能效率的指标,受到两个方面影响,一是反映叶片群体截获光的比率,二是截光后的光能转化效率。群体截光率受叶面积指数(LAI)、株形结构和光照条件本身的影响;光能转化效率受叶片功能和环境条件的影响,用来表示植物通过光合作用将群体所截获的光能转化为有机干物质的效率,单位用 g/C·MJ 来表示(Monteith et al.,1997 年)。简单来讲,光能利用率就是指在一定的时间内,投射到单位面积土地上的光合有效辐射能被植物吸收利用为生物化学能的比率,常用% 表示,也有简单采用单位能量形成的植物生物量(g/MJ)表示,后者会因植物含能量不同而有差异。

(一)新疆绿洲棉花生长季光能分布研究

试验品种选用陆地棉早熟品种新陆早 36 及陆地棉早中熟品种中棉所 49。这 2 个品种均为国家棉花品种区域试验和新疆棉花品种区域试验对照品种,为各年区试数据整理结果。

气象资料选择新疆棉花种植区具有 2010—2018 年完整时间序列的逐日气象资料的台站,共计 51 个,分布于南疆、北疆,实验站点共计 15 个,如图 8-10 所示。棉花生长季为 4 月中旬至 9 月下旬,按平均播种至吐絮期计。气象数据下载自中国气象科学数据共享服务网的中国地面气候资料日值数据集(V3.0)。数据处理均利用 Matlab2019 软件实现;空间分布图利用 ArcGIS10.1 软件反距离权重插值法(inverse distance weighted interpolation,IDW)制作,分辨率为 0.02;折线图、箱式图使用 Origin9.1 制作。

计算研究区域内 51 个气象站点 2010—2018 年新疆棉花生长季内太阳辐射的平均值,并绘制空间图,如图 8-11 所示。结果表明,新疆棉花生长季的平均辐射处于 2 634~3 307 MJ/m²,由东北至西南逐渐递减。东部地区辐射值最高,达 3 000 MJ/m² 以上,中部、南部地区平均辐射低于 2 900 MJ/m²,辐射高值区较低值区的生长季辐射高 7.0%。

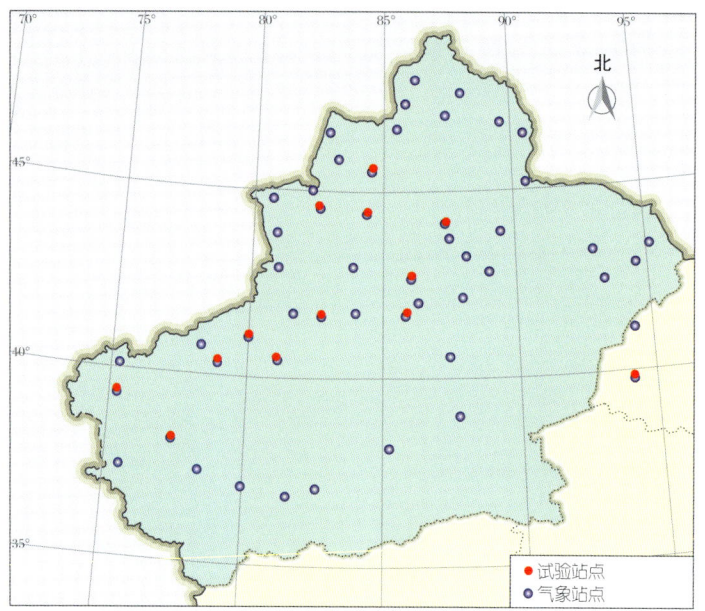

图 8-10 · 研究区域气象站点及实验站点分布

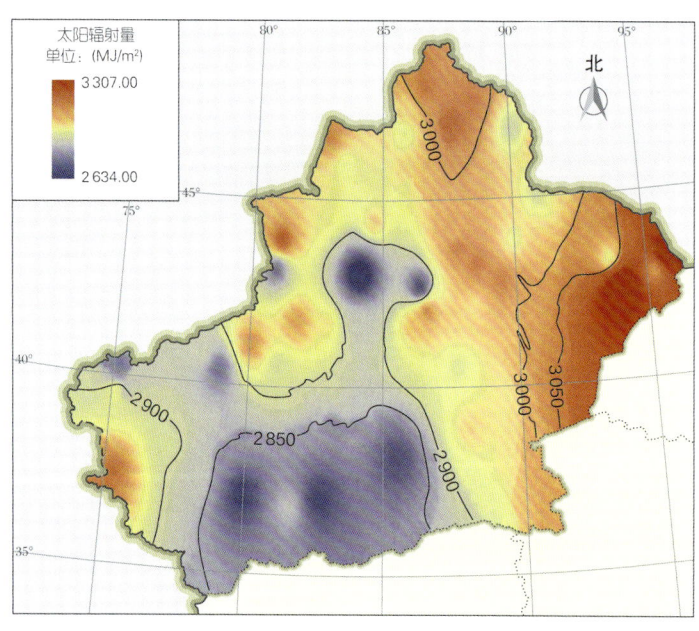

图 8-11 · 新疆绿洲棉花生长季(4月中旬至9月下旬)辐射空间分布

计算 2010—2018 年北疆、南疆棉花种植区逐年生长季太阳辐射,结果如图 8-12 所示,其中实线代表该年该地区生长季辐射平均值,阴影区域代表最大值、最小值之间的范围。北疆 2010—2018 年太阳辐射波动较大而南疆表现出更稳定的变化趋势,北疆平均辐射高于南疆,但南疆每年各站点辐射差异较大,表现为阴影区域面积更大。北疆生长季太阳辐射为 2 782.8～3 116.9 MJ/m^2,南疆为 2 853.3～3 009.7 MJ/m^2。总体上北疆太阳辐射呈现逐渐递减的趋势,变化率为每 10 年减少 120 MJ/m^2,而南疆辐射量逐渐增加,变化率为每 10 年增加 49 MJ/m^2。

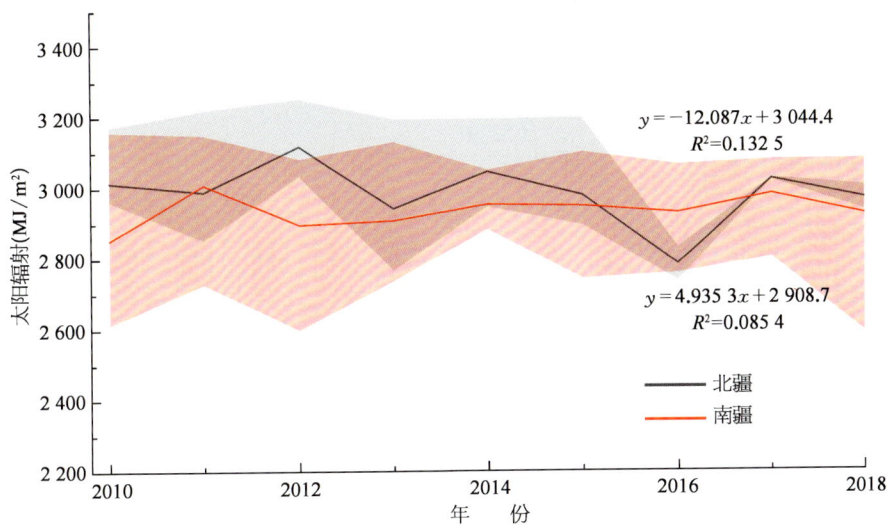

图 8-12 · 2010—2018 年新疆绿洲棉花生长季(4 月中旬至 9 月下旬)太阳辐射变化趋势

(潘学标,胡莉婷,2020 年)

(二) 新疆绿洲棉花生长季光能利用率研究

根据 2010—2018 年新疆地区 15 个品种区域试验站点棉花的生育期数据,将棉花生长季辐射量逐日累加,用来计算每个站点 2010—2018 年的棉花光能利用率。太阳辐射能利用率为单位面积生物量与太阳辐射能或光合有效辐射能的比值(g/MJ),如转化为能量利用百分率还需要乘上生物的燃烧值,也可将皮棉产量与辐射量直接相比作为太阳辐射能的经济转化率,这样可避免生物量和燃烧值参数不确定性带来的误差。

图 8-13 表明,北疆棉花平均光能利用率显著高于南疆,分别为 0.90～1.16 g/MJ、0.83～1.04 g/MJ。北疆棉花光能利用率范围较南疆更大,为 1.602%～2.128%、平均 1.836%,南疆为 1.431%～1.908%、平均 1.650%,北疆高于南疆 11.3%。北疆地区 2010—2018 年间各站点光能利用率最小值也显著高于南疆。

从区域点的平均光能利用率看,北疆棉区光能利用率高,太阳辐射的皮棉转化率也较高,表明其平均生产水平比南疆略高,生产水平约高出 10%,但因南疆区试站点的平均辐射资源量较高,二者相抵后南疆平均产量偏低约 5%。1980 年代末,安阳高产栽培田间试验水平的太阳辐射能利用率高值可达到 0.70 g/MJ,平均为 0.55 g/MJ,皮棉的辐射转化效率平

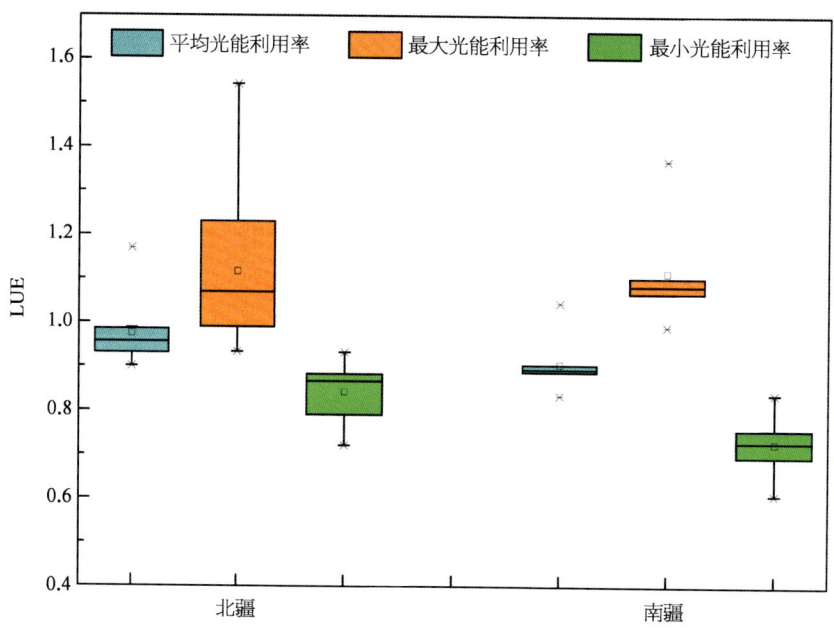

图 8-13 · 2010—2018 年新疆绿洲棉花光能利用率(单位:g/MJ)

(潘学标、胡莉婷,2020 年)

均为 0.065 g/MJ,高值为 0.068 g/MJ(潘学标等,1989 年)。目前绿洲皮棉的辐射转化效率(生产率)比当年安阳的结果略高,但太阳辐射能利用率和光能利用率甚至还偏低,说明新疆棉花生产水平和产量水平还有提升的空间(表 8-45)。

表 8-45 · 2010—2018 年绿洲棉花品种区域试验站点籽棉、皮棉产量和生长季辐射及光能利用率

(潘学标、胡莉婷和骈芸,2020 年)

地区	试验站点	籽棉产量 (kg/hm²)	皮棉产量 (kg/hm²)	生长季太阳总辐射量 (MJ/m²)	总生物量 (g/m²)	太阳辐射能利用率 (g/MJ)	光能利用率 (g/MJ)	光能利用率 (%)	总辐射皮棉生产率 (g/MJ)
北疆亚区	乌苏市	5 435.61	2 185.73	2 823.06	1 457.15	0.516	1.032	1.838	0.077
	精河县	4 354.56	1 843.55	2 716.54	1 229.03	0.452	0.905	1.611	0.068
	第八师 121 团	4 711.01	1 872.15	2 774.12	1 248.10	0.450	0.900	1.602	0.067
	第七师 125 团	5 491.57	2 343.18	2 696.57	1 562.12	0.579	1.159	2.062	0.087
	第六师农科所	5 181.96	2 120.25	2 834.35	1 413.50	0.499	0.997	1.775	0.075
	第七师农科所	5 724.23	2 455.35	2 738.54	1 636.90	0.598	1.195	2.128	0.090
	平均	5 149.82	2 136.70	2 763.86	1 424.47	0.516	1.031	1.836	0.077
南疆亚区	疏附县	4 505.85	1 844.55	2 924.6	1 229.70	0.420	0.841	1.497	0.063
	莎车县	4 464.44	1 813.64	2 907.96	1 209.09	0.416	0.832	1.480	0.062
	库车县	4 895.06	2 031.82	2 912.62	1 354.55	0.465	0.930	1.656	0.070
	塔河种业(阿拉尔市)	5 172.35	2 255.80	2 907.93	1 503.87	0.517	1.034	1.841	0.078

续 表

地区	试验站点	籽棉产量 (kg/hm²)	皮棉产量 (kg/hm²)	生长季太阳 总辐射量 (MJ/m²)	总生物量 (g/m²)	太阳辐射 能利用率 (g/MJ)	光能 利用率 (g/MJ)	光能 利用率 (%)	总辐射皮 棉生产率 (g/MJ)
南疆亚区	巴州农科所	4 998.57	2 189.45	2 974.27	1 459.63	0.491	0.982	1.747	0.074
	石河子大学巴州试验站	4 276.67	1 882.26	3 099.00	1 254.84	0.405	0.810	1.442	0.061
	第三师农科所（图木舒克市）	5 649.38	2 320.50	2 886.06	1 547.00	0.536	1.072	1.908	0.080
	阿克苏地区种子管理站（沙雅县）	4 554.56	1 882.50	3 122.62	1 255.00	0.402	0.804	1.431	0.060
	富全新科（尉犁县）	5 468.25	2 318.00	2 974.28	1 545.33	0.520	1.039	1.850	0.078
	平均	4 887.24	2 059.84	2 967.70	1 373.22	0.464	0.927	1.650	0.070

注：计算光能利用率时，总生物量＝皮棉产量/收获指数，收获指数取 0.15，生长季的光合有效辐射 PAR 按太阳总辐射的 50% 计，燃烧值按 17.8 kJ/g 计。太阳总辐射统计的时段为播种至吐絮期，时间在 4 月中旬至 9 月下旬。

二、绿洲棉花单产提高的基本经验

(一) 不断改善农业生产的基础条件

新疆土地辽阔，光能资源丰富是发展棉花生产的有利条件。但新中国成立初期，农业生产的基础条件差，土壤盐渍化面积大、程度重，水资源不足，水利设施落后，这些都严重制约了农业生产的发展。因此，70 多年来，新疆维吾尔自治区党委和政府一直把改善农业生产的基础条件作为发展新疆农业生产的主要任务之一来抓，继续兴修农田水利设施（见第一章、第五章）和改良与培肥土壤（详见第五章）。

(二) 不断创新和发展植棉理论与技术

1. 根据新疆棉花生产条件进行理论与技术创新

(1) 技术体系创新。新疆农业科技工作者根据新疆棉区的农业生产条件，创造性地提出了"以密增温""以密增光"的栽培途径和"增群体，控个体，以密增产"的技术思路，并通过多年、多点的试验、研究，构建、发展和完善了"密、矮、早、膜"栽培技术体系。

(2) 形成绿洲栽培学若干规律性理论。钟祝融等（1989 年）通过"长绒棉高产优质生育规律研究"，提出了长绒棉产量与品质在棉株上分布的"中段优势"规律，为制定长绒棉优质、高产栽培技术提供了理论依据。陈冠文等（2004 年）总结提出了陆地棉"密、矮、早、膜"栽培棉花营养器官与生殖器官的同伸关系以及棉花生育中心有序转移和有序抑制的规律，对协调棉花营养生长和生殖生长的关系，确定棉田的调控方案、时机、力度和制定救灾措施等方面有较强的指导意义。张权中等（1990 年）、姚源松等（1992 年）、张运生（1994 年）研究了新疆棉纤维含糖量偏高的原因并提出解决的途径。

(3) 农田生态学方面的创新。陈冠文等通过多年对地膜棉田生态系统的研究，提出了地膜棉田独具的"四层次"生态系统结构和"双环式"物质、能量交换方式的新理论；总结了地膜覆盖"增温、保墒、增光、抑盐、灭草"的五大生态效应和"早熟、增铃、优质"的三大生物学效应（田笑明等，2000 年）。陈冠文等（2001 年）提出在棉铃发育过程中，温、光具有"互补效应"的新观点,从而为提高光、热资源利用率提供了新思路。陈冠文等(2001年)在分析新疆绿洲棉区的"高能同步期"特点的基础上,提出"两促"(促早发、促早熟)的主攻方向。

(4) 作物栽培生理方面的创新。李蒙春等(1994年)在棉田群体的光合生理、营养生理、水分生理等方面进行了深入研究,明确了新疆棉田群体光合日变化呈单峰曲线,指出"密、矮、早"棉田净光合时间长、呼吸消耗少是其高产的生理原因。陈冠文等(1994年)在对长绒棉早衰进行调查研究后,提出"打顶后棉株体内激素不平衡是长绒棉早衰的生理原因"的新观点,为解决棉花早衰问题提供了新思路。之后张旺锋团队、张巨松团队等在棉花光合生理、机采棉产量形成规律,董合忠团队在膜下分区灌溉机制等方面的研究,进一步揭示了新疆机采棉轻简节本、丰产高效的栽培学规律,为机采棉的轻简高效栽培提供了重要的理论依据。

2. 引进国内外先进理论与技术进行再创新

(1) 地膜植棉技术的引进与创新。20世纪80年代初,地膜植棉技术引入新疆棉区后,经历了不断发展、创新的过程,一是覆膜宽度从70 cm扩宽到140 cm再扩宽到210 cm;二是覆膜空间,在单膜覆盖的基础上创新了增温效果更好,保苗率更高的"双膜覆盖"技术。

(2) 滴灌技术的引进与创新。1977年,新疆兵团开始引进滴灌技术进行试验、示范。1996年,第八师创造性地将滴灌与地膜植棉技术结合,形成了"膜下滴灌"新技术,收到了节水、增产和抑制盐碱的效果。这项技术很快在新疆棉区推广,并成为现代农业技术体系的重要组成部分。

(3) 化学调控等技术的引进与发展。20世纪80年代,"密、矮、早"技术推广后,北疆的棉花科技工作者总结出了"全程化调,系列化调"的化调技术。这项技术在定向诱导棉花生长发育进程,培育理想株型,实现"密、矮、早"技术体系早熟、优质、高产目标方面发挥了重要作用。2010年以后,为了提高劳动生产率,又开始试验、示范、推广化学控顶技术。

(4) 施肥技术的引进与发展。20世纪80年代,新疆开始测土配方施肥技术的研究和示范,90年代中期发展为测土配方平衡施肥技术。滴灌技术引进、推广后,施肥技术与滴灌结合,形成了水肥一体化技术;同时根据新疆棉区的土壤养分状况开始研制和生产滴灌专用肥。在推广测土配方平衡施肥技术的同时,新疆农垦科学院、新疆农业大学和石河子大学等单位开始研究、示范微机推荐施肥系统、地理信息系统与水肥一体化相结合的精准施肥技术。

(5) 机械采棉技术的引进与农艺配套技术创新。1952年以后新疆兵团先后多次从国外引进采棉机,但由于种种原因,均未能推广应用。1995年,由新疆农垦科学院、新疆兵团第一师等单位组成的兵团机采棉试验示范项目组引进了美国的自走式采棉机和机采籽棉清花设备进行试验。在试验过程中,项目组创造性地设计了机采棉田的带状种植方式,研究了与之配套的高产栽培技术,总结了适合于新疆"密、矮、早"棉田的化学脱叶技术。

3. 从生产实际需要出发不断创新

(1) 膜上灌技术的提出与推广。地膜棉推广后,为了充分利用地膜的不透水性来减少畦灌水量,1986年,新疆兵团第七师杨杰提出"膜上灌溉"的设想,并在128团进行了试验,取得明显节水效果,1988年在新疆棉区推广。

(2) 综合调控技术的提出与发展。20世纪90年代前期,陈冠文通过试验研究,提出了"化学调控与水肥调控的同步调节技术"。1996年,陈冠文等在新疆兵团第八师148团科技服务中,发现水、肥对棉株的调控作用比化学调控的效果更明显,经过大量的调查研究和资料分析,提出了"以水肥调控为主体技术,以化学调控、地膜调控、耕作调控等为配套技术"的综合调控技术体系。后来第一师将这个技术体系浓缩为"水肥膜化"综合调控技术。现在,综合调控技术体系已在新疆棉区广泛应用。

(3) 苗情诊断与看苗管理技术的提出与发展。20世纪末,陈冠文等在新疆兵团第二师29团科技服务工作中,深刻认识到"看苗管理是棉花栽培的核心和灵魂",而"苗情诊断是看苗管理的必要前提"。几年后,他们先后完成了《新疆棉花苗情诊断图谱》和《超高产棉花苗情诊断与调控技术》等著作,形成了新疆棉花苗情诊断与看苗管理技术体系。

4. 深入调查研究,不断总结和丰富新疆植棉技术

(1) 20世纪80年代,新疆兵团第五师90团总结了地膜棉每公顷产量1 500 kg栽培技术;第三师45团刘凯旋等总结了地膜棉每公顷产量2 973 kg栽培技术;第一师和第八师分别总结了塔河垦区棉花综合丰产技术和玛河垦区"百万亩"综合丰产技术。

(2) 20世纪90年代,新疆兵团第七师128团阳秋云等总结了"棉花节水节肥简化栽培技术"。姚源松等总结了"棉花高密度矮化高产优质栽培模式"。

(3) 21世纪00年代,新疆兵团农业局组织开展了棉花超高产综合栽培技术的研究,同时连续多年组织专家组对南、北疆棉区的超高产棉田进行咨询、调研和测产验收。项目组在这些工作的基础上,组装了棉花超高产栽培技术体系,提出了新疆棉区超高产棉田"两高两中"产量结构等五大特征。

(三) 坚持开展科学普及和科技培训工作

1. 开展科学普及与科技培训,不断提高农民(农工)的科学种田水平・先进的科学技术只有与生产相结合,才能转化为生产力,而科普工作是将两者结合起来的有效方法。1983年新疆兵团就在基层生产单位全面开展"素质工程""科技之冬"等科普工作,每年利用农闲季节,兵团、师、团和连队都举办各种形式的科技培训活动,宣传植棉新观念、新理论、新技术,不断提高职工的科学种田水平。1996年以来,兵团每年培训职工40多万人次,培训面达90%以上。

2. 通过"科技服务""科技扶贫"等形式,全面提高基层单位的生产水平・20世纪90年代开始,各级科研、教学单位通过"科技服务""科技扶贫""蹲点""挂职"等形式,向生产比较落后的单位派遣"服务(扶贫)工作组"或派遣科技干部挂职,以提高这些单位的整体生产水平。据初步统计,1992—2002年,新疆兵团科委先后向238个(次)贫困团场派出101个科技扶贫服务开发团,累计派出科技扶贫服务专家664人(次),推广科技成果和先进适用技术342项,举办各类培训班3 700期,参加培训人数达46.3万余人(次)。

3. 深入田间地头,现场咨询服务・每年生产季节,新疆兵团各级科技部门或科研、推广单位还组织科技人员深入田间地头,开展科技咨询活动,现场为职工解决疑难问题。

三、绿洲棉花栽培存在的主要问题

(一) 高产与优质的矛盾

1. 现有棉花高产栽培理论具有局限性。20世纪80年代以来,针对新疆棉区热量不足的问题,广大棉花科技工作者经过长期的研究和生产实践,形成了棉花的"密、早、矮、膜"栽培技术体系。这个技术体系在新疆棉花生产的快速发展中发挥了极其重要的作用。"密、早、矮、膜"栽培技术体系的核心是"以密争温""以膜增温"和"以密争光"。但是,随着各项新技术的应用和棉花单产的大幅度提高,"以密争温""以膜增温"和"以密争光"可挖掘的潜力越来越小,甚至出现负效应。

2. "以密争光"的局限性。在棉花超高产阶段,继续增加密度,必将恶化群体中、下部光照条件,增大呼吸消耗,降低群体的光合生产力。陈冠文等(1998年)测定结果表明,高产棉田在叶面积指数达到4.31时,上午8:00—11:00时的群体下部光照强度已接近棉叶的光补偿点。因此,在超高产条件下继续增加密度必然会导致群体光合生产力下降。同时,在超高产条件下,高密度、大群体棉田的光照条件恶化,光照对积温的补偿作用会大打折扣,群体中、下部的外围铃发育期延长,秋桃比例增加。因此,在超高产条件下,继续增加密度表现减产趋势。从新疆兵团农业局棉花高产验收组2003—2005年的部分测产资料可以看出,最高产量出现在中密度(24万株/hm^2)棉田。

3. "以膜增温"的局限性。目前新疆棉区已普遍采用超宽膜栽培。超宽膜的覆盖率已达到77.8%,继续增加地膜覆盖率的空间很小。

综上所述,与20世纪80年代相比,在棉花单产提高已近4倍的今天,让曾经使新疆棉花单产快速提高的栽培理论与技术再进一步提高新疆棉花单产的空间已经不大了。但新疆棉区光热资源的潜力还很大。因此,另辟蹊径创新新疆棉花再高产的理论与技术成为保持新疆棉花持续发展的必然选择。

(二) 机采棉花"三农"不配套问题突出

机械化采收原棉的品质明显差于美国、澳大利亚(见第三章),高成本与低品质矛盾突出,其重要原因是现有的农艺综合技术不利于提高机采棉的品质,如农艺即品种、栽培技术中的种植方式、其中宽窄行的带状配置落叶困难,导致叶屑杂质含量极高;密度与水分不配套。农化即肥料、植物生长调节剂、脱叶剂不配套,比如,第一次化学调控与成铃距离地面高度20 cm问题,脱叶不彻底和落叶不干净,相关技术标准允许籽棉含杂率指标12%~13%等都在迁就高产技术。农机即采收质量和清花、轧花不配套,其中采净率要求95%和籽棉杂质含量高达20%都偏高,由此引申的籽棉和皮棉清花次数多的问题最为突出。

此外,解决棉田土壤残膜污染,保护农田生态安全业已刻不容缓(见第五章)。

第三节 · 推动绿洲棉花高产高质栽培技术进步的对策措施

围绕绿洲机采棉转型升级提质增效,应在高产高质高效方面取得新的突破,打破绿洲高产与高质矛盾的魔咒,推进农业由增产导向转向提质导向,为绿洲质量兴棉、绿色兴棉提供新的理论和技术支撑(见第三章)。

一、揭示绿洲光能利用率和"量与质"同步提升的光合生理生态规律

(一) 绿洲棉花光能生产潜力大

目前,绿洲高产棉花的籽棉产量为 5 724.23 kg/hm^2,高产棉花的皮棉产量为 2 455.35 kg/hm^2,而光能利用率仅为 2.128% 和 1.195 g/MJ,太阳辐射能利用率仅 0.598 g/MJ。因此,挖掘光能利用潜力,从光要产量、要品质应是绿洲棉花提质增效、提升竞争力的理论和实践的突破口。

(二) "光温互补效应"潜力大

陈冠文等(2001 年)研究指出,在棉铃发育过程中,光能与热能具有很好的互补效应。积温比发育最好的中部棉铃少约 100℃ 的上部棉铃,由于有比中部棉铃多约 150 μmol/(m^2·s) 的有效辐射量的补偿而正常吐絮。因此,研究在棉株生长发育过程中最大限度地提高"光温互补效应"将是挖掘光能利用率的重要途径之一。

新疆兵团第七师对棉花蕾、花的挂牌统计结果表明,在适宜密度范围内的上部铃和外围铃,由于有丰富的光能补偿,可以在低于传统温度界限指标下正常吐絮。8 月 7 日挂牌的上部和外围的蕾和花,基本上在霜期前后吐絮,铃期明显缩短;密度越小,吐絮率越高。

(三) 探讨建立绿洲棉花"打破高产与优质矛盾'魔咒'"的新理论、新方法

1. *探索构建高光效群体的新理论、新指标*·叶片是作物进行光合作用的主要器官,直接影响光合速率的是叶片在群体内的空间分布及其受光态势。而群体结构决定着叶片在群体内的空间分布及受光态势。同时,为了提高机采棉品质还必须解决建立棉田合理的群体结构,在有效解决群体早熟性的基础上,大幅改进化学脱叶效果。因此,应尽快研究构建绿洲以早熟为统领的高光效群体的新理论、新指标。

2. *研究延长高能同步期的新措施、新方法*·高能同步期是棉株充分利用光、热资源生产经济产品的时期。陈冠文等(2001 年)研究提出绿洲棉区高能同步期呈现"短而集中"的特点,指出"短而集中"是产量进一步提高的重要限制因素。因此,研究探讨延长绿洲棉花的高能同步期,充分利用同步期丰富的光能资源,进一步提高绿洲棉花产量和产量与质量同步的新措施、新方法也势在必行。

二、加强绿洲机采棉高产高质栽培技术研究

(一) 影响机采棉纤维品质的因素(见第三章)

(1)品种特性。目前机采棉田种植的多数棉花品种的熟期偏晚,成熟的一致性较差,影响了棉纤维成熟的一致性;棉株主茎的节间较短,叶片相互重叠较多,叶片对脱叶剂的敏感性较差等,直接影响化学脱叶效果。

(2)化学脱叶质量差,是机采棉含杂量多的重要因素。

(3)棉田群体空间分布不够合理,影响棉铃成熟的一致性。

(4)棉田的残膜量直接影响采收过程中异性纤维的含量。

(二)提高机采棉纤维品质的思路

(1) 研究和建立有利于化学脱叶的群体结构指标及其调控技术优化组合。
(2) 筛选早熟、吐絮期集中、株型呈塔形、叶片对脱叶剂敏感的品种。
(3) 研究、开发轻简高效的脱叶剂产品和施药技术。
(4) 研究、推广促早栽培的种植方式和相关技术。

三、构建绿洲现代植棉业体系,为绿洲棉花可持续发展提供技术支持

(一)加强绿洲棉花生理生态和产量品质形成的生理学和分子生物学研究

绿洲特别是南疆绿洲棉花产量和品质形成的生理生态和分子生物学研究非常薄弱,许多环节存在空白,亟须开展基础理论研究。在绿洲,棉花品种选育的科研人力多,栽培和生理生态研究人力少,故要注重栽培生理研究科研队伍的培养,提高栽培研究经费的支持强度,吸引和留住人才。

(二)积极研究和开发与现代植棉技术相配套的农艺技术

加快与现代植棉技术相适应的品种选育工作,如适应机械采棉和新的覆膜技术或无膜栽培的早熟、优质品种。研究现代植棉技术条件下,棉株的生育规律及其计算机模拟模型,为研发精准实施棉田管理的决策系统提供依据。研究现代植棉技术条件下,棉株的需肥规律和需水规律,为研发水肥管理决策系统提供理论依据。进一步研究现代植棉技术条件下,棉田的苗情诊断指标和综合调控技术及相应的遥感技术。引进和开发棉田管理自动化、信息化软件及其相关技术、设备。

(三)科学规划绿洲棉区

根据新疆农区灌溉水总量控制原则,在宜棉区内贯彻"稳定面积,提升品质,主攻单产,增加总产;降低成本,提高效益",科学规划种植和品质的区域划分。

(四)构建绿洲现代栽培技术体系

体系包括四大系统:一是构建以农业信息采集和网络传输组成的信息采集系统;二是由精确的图像解读、数据分析软件等组成的信息处理系统(决策辅助系统);三是由作物生长过程的形态演变及其调控模型、生态生理指标系统、栽培管理软件等组成的决策系统;四是由社会化服务系统和大型、高速、多功能农业机械及智能化装备、滴灌及水肥一体化设施等组成的智慧决策支持系统。这四大系统通过信息传递而结合为一个整体,并使整个系统实现系统化、数字化、智能化、自动化和功能全覆盖。

(五)培育"三农"人才,加强示范推广和技术培训工作

培养一批懂农业、爱农村、爱棉花的"三农"人才。加强农业技术推广培训工作,提高植棉者科学技术素质,提高科学植棉水平,促进棉花生产的可持续发展(见第四章)。

(主笔:陈冠文,潘学标,余渝,刘政;主审:董合忠;终审:毛树春)

参考文献

[1] 新疆生产建设兵团史志编纂委员会.新疆生产建设兵团农业志.乌鲁木齐:新疆生产建设兵团出版社,2009.

[2] 中国农业科学院棉花研究所,主编.中国棉花栽培学.上海：上海科学技术出版社,1959,1983,2013,2019.
[3] 中国科学院新疆综合考察队.新疆农业..北京：科学出版社,1965.
[4] 中国科学院新疆资源开发综合考察队.新疆植棉业.北京：中国农业出版社,1994.
[5] 蔡晓莉,曾庆涛,刘令义,等.机采杂交棉等行距高产机理初探.新疆农垦科技,2014(11).
[6] 陈冠文,杨立江,刘奇峰.长绒棉早衰生理原因与防治技术研究/中国、乌兹别克斯坦、土库曼斯坦、塔吉克斯坦新疆国际棉花学术讨论会论文集,1994.
[7] 陈冠文,王登伟,余渝,等.宽膜棉生物学特点与配套技术的系统调查.新疆农垦科技,1997(增刊).
[8] 陈冠文,余渝.棉铃发育温光效应的初步研究.棉花学报,2001.
[9] 陈冠文,余渝,李新裕.机采棉田带状种植方式研究初探.新疆农垦科技,2001(2).
[10] 陈冠文,余渝,朱彪,等.新疆陆地棉棉铃发育特点研究.新疆农业大学学报,2003(4).
[11] 陈冠文,余渝.棉花生育中心的有序转移和有序抑制规律初探.新疆农业大学学报,2004(5).
[12] 陈冠文,田笑明,杜之虎,等.新疆超高产棉田的基本特征.新疆农业大学学报,2006.
[13] 陈冠文,陈谦,宋继辉.超高产棉花苗情诊断与调控技术.乌鲁木齐：新疆科学技术出版社,2009.
[14] 陈冠文,余渝,林海.试论新疆棉花高产栽培理论的战略转移——从"向温要棉"到"向光要棉"/中国棉花学会论文集(2010).新疆农垦科技,2014(1).
[15] 陈冠文,王光强,田永浩.再论新疆棉花高产栽培理论的战略转移——"向光要棉"的技术途径及其机理.新疆农垦科技,2014(2).
[16] 陈冠文,杨秀理,张国建,等.三论新疆棉花高产理论的战略转移——机采棉田等行距密植的优越性和主要栽培技术.新疆农垦科技,2014(4).
[17] 杜明伟,冯国艺,姚炎帝,等.杂交棉标杂 A1 和石杂 2 号超高产冠层特性及其与群体光合生产的关系.作物学报,2009,35(6).
[18] 李蒙春.棉花早密矮高产群体冠层的控制程序及其同步技术的研究/中国、乌兹别克斯坦、土库曼斯坦、塔吉克斯坦新疆国际棉花学术讨论会论文集,1994.
[19] 李星华.新疆棉花"密、矮、早"栽培的气候条件.新疆气象,2002,25(6).
[20] 宋敏,王海标,高文伟.新疆早熟植棉区机采棉和手摘棉纤维品质比较.中国棉花,2015,12(12).
[21] 田笑明,陈冠文,李国英.宽膜植棉早熟高产理论与实践.北京：中国农业出版社,2000.
[22] 田笑明,李雪源,吕新,等主编.新疆棉作理论与现代植棉技术.北京：科学出版社,2016.
[23] 王光强.农七师杂交棉育苗稀植产量形成及综合配套技术研究.石河子大学硕士学位论文,2010.
[24] 王维岗.新疆棉纤维含糖原因初探/降低棉纤维含糖量提高纤维强力研究论文汇编,1994,5.
[25] 文启凯,主编.新疆作物覆膜土壤生态与栽培.乌鲁木齐：新疆科技卫生出版社,1993.
[26] 肖晶荣,郝伯钦,黄血训."密、矮、早、膜"棉花栽培技术体系的探讨/1988 年棉花论文选编(第一集),1989,7.
[27] 姚源松,姜春恒.新疆棉花高强低粉的原因及其解决途径.新疆农业科学,1992(5).
[28] 姚源松.新疆棉花高优质高效理论与实践.乌鲁木齐：新疆科学技术出版社,2004(2).
[29] 余渝,陈冠文,林海,等.北疆棉区棉花蕾铃脱落规律的初步研究.新疆农业大学学报,1999,22(1).
[30] 张旺峰,李蒙春,李正尚,等.北疆高产棉花群体光合速率及其与产量关系的研究.新疆农业大学学报,1997,20(增刊).
[31] 张权中,冯怀章.新疆棉纤维含糖来源及黏着原因初探.新疆农业科学,1990(2).
[32] 张运生.关于新疆棉花纤维强力和含糖问题的探讨/降低棉纤维含糖量提高纤维强力研究论文汇编,1994(5).
[33] 钟祝融主编.新疆棉花优质高产栽培理论与实践.乌鲁木齐：新疆大学出版社,1989.
[34] 朱德明.棉花超宽膜栽培增温效应探讨.中国农业气象,2003,24(3).
[35] Luo Z, Kong XQ, ZhangYJ, et al. Leaf-derived jasmonate mediates water uptake from hydrated cotton roots under partial root-zone irrigation. Plant Physiol, 2019(180)：1660 - 1676.
[36] Luo Z, Liu H, Li WP, et al. Effects of reduced nitrogen rate on cotton yield and nitrogen use efficiency as mediated by application mode or plant density. Field Crop Res, 2018(218)：150 - 157.
[37] 董合忠,张艳军,张冬梅,等.基于集中收获的新型棉花群体结构.中国农业科学,2018,51(24)：4615 - 4624.
[38] Feng L, Dai JL, Tian LW, et al. Review of the technology for high-yielding and efficient cotton cultivation in the northwest inland cotton-growing region of China. Field Crop Res, 2017(208)：18 - 26.
[39] Zhang DM, Luo Z, Liu SH, et al. Effects of deficit irrigation and plant density on the growth, yield and fiber quality of irrigated cotton. Field Crop Res, 2016(197)：1 - 9.
[40] 黄高宝.作物群体受光结构与作物生产力研究.生态学杂志,1999,18(1).
[41] 吕新,张伟,曹连莆.不同密度对新疆高产棉花冠层结构光合特性和产量形成的影响.西北农业学报,2008,20(8).
[42] 潘学标,邓绍华,蒋国柱,等.高产棉花太阳辐射能利用率及干物质分配规律研究.棉花学报,1992,4(增刊).
[43] 徐文英.当前我国棉花增产的几项关键技术措施.中国棉花,1994(12).
[44] 张旺锋,王振林,余松烈,等.种植密度对新疆高产棉花群体光合作用、冠层结构及产量形成的影响.植物生态学报,2004,28(2).
[45] Niinemets, Ü. A review of light interception in plant stands from leaf to canopy in different plant functional types and in species with varying shade tolerance. Ecological Research, 2010, 25.
[46] Zhang, D., Zhang, L., Liu, J., et. al. Plant density affects light interception and yield in cotton grown as companion crop in young jujube plantations. Field Crops Research, 2014, 169.
[47] Peng S, Krieg DR. 1991. Single leaf and canopy photosynthesis response to plant age in cotton. Agronomy journal, 83.

第九章
新疆绿洲棉花品种科技进步、问题和对策研究

本章回顾新疆绿洲70多年来棉花新品种的育成过程,包括陆地棉、海岛棉和彩棉品种的发展历程及遗传改良;从国外引进品种为主阶段,到"引育"相结合,再到自育品种为主阶段,最终取得重大突破;育种目标从高产、优质,具有良好的抗病性品种选育过渡到适合机采、优质、高产、抗病、早熟等多种优良性状为一体的综合育种新阶段。

棉花机械化采收对品种提出了新的要求,育种目标和品种区域试验需进行调整,突出早熟性、高产、高品质,有效解决农艺与农机的深度融合,取消常规非机采棉区域试验。分析揭示了绿洲棉花育种存在问题,如新疆转基因抗虫棉品种的选育与应用脱节,机采棉品种选育滞后于生产需求,基础研究薄弱,分子育种滞后,商业化育种集中度低,新疆种子企业实力弱,缺乏核心竞争力,科研人才缺乏等;提出了绿洲棉花育种可持续发展建议——加大支持棉花育种技术平台建设,组建大规模育种科研队伍,创新绿洲棉花育种新方法、新技术,力争在基础理论研究和育种技术方面取得新的进展;推进绿洲棉花种业实现产业化、规模化、品牌化等。从技术、政策、立法三个方面提出了对策措施,具有决策支持价值和功能。当前急需解决绿洲转 Bt 基因抗虫棉的历史"遗留问题"。

第一节·新疆绿洲棉花品种科技进步

品种是科技进步的重要载体,是农业和作物生产竞争力的重要体现,"一粒种子可以改变世界",可见育种创新的地位极其重要。70多年以来,与全国棉花供给品种发展历程一样(毛树春等,2019年),新疆绿洲棉花品种经历了20世纪50—70年代的供给短缺,到20世纪80—90年代的供给基本平衡,再到21世纪供给从平衡到过剩的快速发展变化过程。陆地棉、海岛棉与彩色棉等系列棉花新品种的育成为绿洲棉花发展做出了重要贡献。如今绿洲棉花新品种的科技含量不断提高,遗传育种方法不断改进,棉花产量、熟性、品质和抗性得到全面进步。随着科学技术的不断发展进步,棉花品种的遗传改良将对绿洲棉花生产可持续发展发挥越来越大的作用。

一、陆地棉品种选育和利用历程

(一) 20 世纪 50—70 年代

新疆最早种植的是草棉,后引进种植陆地棉。新中国成立前,新疆绿洲棉花生产落后,种植品种完全是从苏联引进的陆地棉品种和混杂种植的草棉(从巴基斯坦传入)。生产上种植多是引进后形成的各具特色的地方品种,如库尔勒光子、莎车土棉和若羌黄绒等品种,也混杂种植草棉。20 世纪 30 年代主要种植 8517、1306、2034 和 36M2 等品种,40 年代中期主要种植 C-460、18819 等品种,这些品种产量低、类型单一。

50 年代,新疆绿洲棉花品种仍以引进苏联品种为主,经过试种、比较、筛选,生产上主要种植产量、品质较好的 C3173、1306、KK1543、611 波、108 夫等品种,绒长增加 2~4 mm,衣分提高 2~4 个百分点(表 9-1)。

表 9-1 · 20 世纪 50 年代新疆南、北疆引进品种相关信息

亚 区	品 种 名 称	来 源 地	育/引年代
南 疆	C-3173	苏联	1950
	C-1470	苏联	1956
	C-4744	苏联	1956
	108-夫	苏联	1955
	611-波	苏联	1945
北 疆	C-3173	苏联	1950
	KK-1543	苏联	1955

注:数据源自新疆品种公告和农业部作物品种审定公告。

20 世纪 60—70 年代,新疆绿洲棉花品种为引进和自育相结合的阶段,并逐渐代替引进品种。1960 年以后,北疆棉区主要种植引进的 KK-1543,自育的 61-72 和 66-241 等品种;南疆棉区主要种植引进的 C1470、C4744,自育的新陆 201、新陆 202、巴州 172、莎车 27-1、大铃棉等品种,东疆种植的 108 夫等品种。20 世纪 70 年代末,新疆兵团第二师农科所以 C-1470 为母本与(五一大桃+C-3521+早落叶棉+2N3+C1470)多父本混合花粉杂交,从后代中连续选择培育出早熟、大铃军棉 1 号,逐步成为南疆棉区主栽品种。1969 年,新疆兵团第七师下野地试验站从铁 5 棉(斯字 5AA×611 波)的 722 选系中,选育出了特早熟高产的新陆早 1 号,并逐步成为北疆棉区主栽品种(表 9-2)。

表 9-2 · 1960—1977 年代新疆南、北疆育/引品种相关信息

亚 区	品 种 名 称	来 源 地	育/引年代
南 疆	军棉 1 号	新疆兵团农二师	1968
	大铃棉	莎车牌楼农场	1962

续 表

亚 区	品种名称	来 源 地	育/引年代
南 疆	新陆 201	新疆农科院	1978
	军海 1 号	新疆兵团农一师	1967
北 疆	新陆早 1 号	新疆兵团农七师	1972
	车 66-241	新疆兵团农七师	1969

注：数据源自新疆品种公告和农业部作物品种审定公告。

(二) 20 世纪 80—90 年代

1. 常规品种 20 世纪 80 年代后，国家调整棉花生产布局，提出"南方稳定，北方发展，新疆大发展"的指导方针。90 年代以来，新疆的棉花产业发展迅速，棉花总产、单产、调出量连续 19 年位居全国首位。这一阶段的育种目标是高产、优质、具有良好的抗病性。

这一时期，南疆、北疆垦区种植由新疆兵团自育的品种。其中军棉 1 号于 1978 年审定，种植时间持续到 2006 年，是我国种植年限最长的品种（毛树春等，2019 年）。该品种出苗好，适应性强，较耐瘠薄、耐旱、耐盐碱，平均铃重 6.6～7.0 g，纤维长度 29～32 mm，整齐度 82.5%～92.5%，衣分 36%，细度 5 515 m/g，单强 3.9 g。

新陆早 1 号具有抗旱、早熟、适应性强、株型紧凑、结铃性强、吐絮集中、品质好等优点，生育期 110～125 d，植株呈塔形，株高 60～80 cm，绒长 29.5～30.9 mm，细度 5 900～6 900 m/g，单强 4.33 g，衣分 35.36%。1981—1985 年累计推广超 34 万 hm^2，成为北疆地区的主栽品种。陕西、甘肃、山东等也有种植。从 1980—1984 年新疆第五次品种更换起，新疆结束了依靠国外品种的历史，棉花生产品种完全实现新疆自育和国内引进。

20 世纪 90 年代以后，北疆相继育成了高产优质的新陆早 6 号、新陆早 7 号、和新陆早 8 号并在生产上大面积推广。随着棉花重茬面积的扩大和重茬年限的延长，导致病虫害逐年加重，从黄河流域和辽河流域棉区大量引进抗病品种，如辽棉 10 号、辽棉 12 号、中棉所 16、中棉所 12 和中棉所 35 等，有效地遏制了棉花病害蔓延的势头。

20 世纪 80—90 年代，通过棉花育种遗传改良提高产量 5%～10%，产量性状改良进一步优化，衣分提高 5～10 个百分点，蕾铃脱落减少，形成了新疆特色的早熟、大铃、株型紧凑（零式、Ⅰ-Ⅱ型果枝）的高产育种理论（表 9-3）。

表 9-3 · 新疆审定品种性状比较（1978—1999 年）

（郑巨云等，2020 年）

品 种 名 称	成铃数（个/株）	铃重（g/个）	衣分率（%）	枯萎病指数	黄萎病指数	马克隆值
军棉 1 号	10.0	7.0	38.0			4.6
新陆早 7 号	7.0	5.8	40.2	耐	耐	3.5
新陆早 8 号	5.0	5.4	39.9		26.4	4.0
豫棉 15 号	7.0	5.7	40.0	12.5	19.4	4.2

续表

品种名称	成铃数(个/株)	铃重(g/个)	衣分率(%)	枯萎病指数	黄萎病指数	马克隆值
新陆早9号	6.0	5.8	42.0	抗	耐	4.8
新陆早10号	5.6	6.2	42.0	5.0	29.1	4.3
新陆早11号	6.0	5.0	40.5	13.4	6.9	4.4
中棉所35	7.6	5.6	38.5	抗	耐	4.1

注：数据源自1978—2014年新疆棉花品种审定信息表。

2. 转基因抗虫棉品种选育·"九五"时期(1996—2000年)新疆棉花育种攻关第一次将生物技术与常规育种结合选育棉花品种列为专题项目，并将转基因抗虫性状列为育种目标。其间由国家"863"计划安排，新疆科技厅、自治区和兵团种子管理站、新疆农业科学院组织实施了国家"863"转基因抗虫棉联试，对1个转基因棉参试品系进行2年8个试点的比较鉴定，初步筛选出综合性状较优的GK19。

2007年，由新疆农业科学院经济作物研究所与中国农业科学院生物技术研究所合作选育的新疆第一个转基因抗虫棉品种新陆棉1号通过国家审定，2011年合作选育的转基因抗虫棉品种新桑塔6号通过国家审定。

主推品种有：20世纪80年代生产上大面积种植的棉花品种108夫、新陆早1号、大铃棉、新陆早201、巴州6017、军棉1号，20世纪80—90年代新疆种植的品种(相当于第五次更换)：主要推广品种有军棉1号、新陆早1号成为北疆主栽品种，随后又在南疆推广了新陆中2号、3号、4号，但推广面积都不大。该时期自育品种的推广面积已达到棉区总面积的95%以上。

20世纪90年代，新疆棉花生产进入高速发展阶段。由于棉花面积迅速扩大，棉花连作面积大、年限长、区内外引调种频繁，加之区内抗病育种滞后，现有品种大多不抗病等原因，棉花枯、黄萎病危害加重，生产上急需抗病品种。东疆棉区仍以岱字80为主栽品种，北疆及南疆早熟品种种植新陆早7号、8号、11号、12号和中棉所16已逐步取代新陆早1号，南疆豫棉15号、中棉所17等为主栽品种，加速推广新陆中7号、新陆中8号等。

20世纪90年代中后期：中棉所35，2000年全国已推广14.7万 hm^2，是继军棉1号以后在全疆推广面积最大的品种；这是新疆棉花的第六次换种。

(1) 自育品种为主阶段(1978—1993年)。20世纪80年代前，棉田面积小、品种单一、品质差；80年代初，早熟、优质、高产、适应性强的自育品种开始大面积推广，为新疆棉花生产在面积、单产、总产和出口上跃居全国首位起到了重要作用。

1977年"新疆维吾尔自治区农作物品种审定委员会"成立，为农作物品种审定提供政策上的支持。从1978年起，南疆先后审定棉花品种军棉1号、新陆中1号、新陆中2号和3号，北疆新陆早1号等高产自育品种。新育品种一经审定，很快在生产上推广应用，南疆从80年代到90年代，主栽品种是军棉1号；北疆从70年代到90年代，主栽品种是新陆早1号。1982年新疆棉花要组织出口，对纤维内在品质提出了高要求，特别是纤维主体长度要求达到29 mm以上，而108夫只有27 mm，军棉1号纤维长度达到29 mm以上，内在品质也比108

夫好,很快代替了108夫。从此新陆早1号在北疆,军棉1号在南疆成为主栽品种,这是新疆育种者辉煌的时期。

1980年开始,军棉1号由农二师迅速扩大到农一师和阿克苏地区、农三师和喀什地区及南疆其他地区,成为南疆陆地棉主栽品种。据自治区科委1981—1991年10年的统计,军棉1号推广种植面积达99.37万 hm^2,加上20世纪70年代及90年代末统计的面积,推广面积约166.67万 hm^2,在此期间还多次创出每公顷单产2 250~3 000 kg的全国高产纪录。

1985年,国家农牧渔业部决定大批繁育军棉1号种子。1988年,31团用这个新品种创造了21.8 hm^2 条田平均单产突破2 250 kg的纪录。当时农业部还为此专门派来了专家测产验证,得出的结论是:这里创造了全国单产最高纪录。1989年,军棉1号每公顷皮棉单产分别达到2 563.5 kg及2 602.5 kg,又创全国纪录。1990年,军棉1号每公顷皮棉单产达2 977.5 kg,实收3 013.5 kg,再创全国最高纪录。军棉1号很快推广至全国16个省区,年种植面积平均在6.7万 hm^2 以上。1989年四川省引种军棉1号,经鉴定,比当地种植的简阳棉花品种具有明显优势,棉桃增长一倍,纤维长、品位普遍高一级,对土质要求不高。被正式列为该地区用于扶贫的"短、平、快"项目。

新疆生产建设兵团农二师34团场农科所技术员杨树新(1979年)利用现有的种子资源通过以司1470为母本,五一大铃、147大、C1470、早落叶棉、C3521、新海棉、2依3等品种为父本,通过混合授粉多次选择培育出军棉1号,相比于从前种植的C1470、4744、18819等品种,其保苗结铃好、产量高、纤维长、质量优、耐碱、耐瘠薄能力大幅提高,一般增产在10%以上,是南疆亚区产量较高、抗逆性较强、适应性广的大铃陆地棉品种。1985—1987年南疆陆地棉品种区域试验比108夫增产霜前皮棉5.2%。生育期(地膜覆盖)136天,属次早熟品种类型。株型紧凑,茎秆粗壮,不倒伏。铃重7.2 g,籽指13.9 g,衣指7.2 g,衣分38.6%。绒长29.5 mm,强力3.6 g,细度6 215 m/g,断裂长度21.6 km,成熟系数1.6,且耐瘠、耐旱、耐盐碱。该品种不抗枯、黄萎病。自1983年推广以来,迅速成为南疆的主要栽培品种,1991年种植面积达21万 hm^2。

军棉1号遗传组分明显较苏棉品种的遗传组分拓宽了许多。首先表现为军棉1号通过多父本杂交在遗传组分中较全面地集纳了多个苏棉品种和自育品种C1470、C3521、大铃棉、2依3等的遗传组分;其次是拓展输入了具有海岛棉遗传背景的遗传组分,同时输入了具有早熟特性的早落叶品种的遗传组分。这些遗传组分的拓展,使军棉1号稳产性、适应性、早熟性及纤维品质均得到明显提高。

(2) 自育和引进抗病品种并重阶段(1993—2005年)。自20世纪90年代初,新疆棉花面积因单产的提高而快速发展。连年种植棉花,重茬面积大,加之引种工作不规范,枯黄萎病棉田成几倍几十倍地扩展。当时新疆自育品种不抗病,急需更换抗病品种,南疆棉区陆续从黄河流域等棉区引进中熟抗病品种,解决自育品种不抗病的问题。1992年开始,南疆棉区引进中棉所系列品种(如中棉所12、19号等品种)在南疆开始大面积示范推广。由于引种盲目性大,1995—1998年新疆棉花引进品种出现多乱杂现象,主栽品种不明确。1992—2000年新疆引进棉花品种达60多个,由于主栽品种不明确,良繁工作难以跟上,从而导致期间南疆植棉区棉花品质不断下滑。2000年前后引进品种中棉所35号,因其具有抗性强、衣分高、产量潜力大等特点成为新疆南疆棉花种植面积最大的品种,也是继军棉1号之后新疆南疆的主栽品种。

从实际生产来看,棉农比较倾向于种植大铃品种,如军棉1号和108夫,虽然在产量上表现不如近期引进的抗病品种,由于其大铃性状、易管理等特点,在新疆棉区仍有较大面积种植。1999年,军棉1号种植面积为13.27万 hm^2、105夫1.27万 hm^2;2002年军棉1号仍有0.73万 hm^2 的种植面积。

1990—2005年新疆棉花存在重引进轻自育,在很大程度上阻碍了新疆棉花自主创新能力提高。

新疆陆地棉纤维强力低于全国平均水平。1998年度新疆棉区棉纤维平均强度20.0 cN/tex,比全国平均水平低0.83 cN/tex,无法满足高等级棉花出口的需要,且棉纤维含糖量高,因此增加了棉花的加工成本,而且异性纤维依然存在。近年来,新疆棉区特别是南疆早中熟棉区,由于枯萎病蔓延,自育品种抗病性差,引进品种已占主导地位,但由于新疆棉区属于高纬度、高海拔典型大陆性气候,内地引进品种比强度经区试多年多点汇总分析,下降1~2 cN/tex。新疆棉花原棉品质下滑的问题比较严重,已引起棉花科研、生产、加工、流通、纺织等部门的重视。

1998—1999年,中国标准化协会纤维棉花专业委员会对全国16省(市区)流通领域商品棉纤维品质调查,结果表明:新疆棉花纤维品质总体水平低于全国水平,在棉花品质中的长度、比强度、黄度、气纺品质、环缕纱强力等主要指标,均低于全国平均水平。农业农村部2000—2001年对全国12个主产棉省(区)36个陆地棉主栽品种的纤维品质抽样检测,新疆棉花纤维品质仍然低于全国平均水平,没有大的变化,在棉花品质中比强度、长度、整齐度、马克隆值、气纺品质、环缕纱强力等主要指标均低于全国平均水平,特别是新疆棉花的比强度是我国较差的省(区)之一(表9-4)。

表9-4·新疆与全国原棉纤维品质比较

(郑巨云等,2020年)

棉 区	年份	长度(mm)	比强度(cN/tex)	马克隆值	等级	长度(mm)	整齐度(%)	反射率(%)	伸长率(%)	环缕纱强力	气纺品质
黄河流域	1998	28.6	20.6	4.6	B2	29.2	47.6	78.3	7.2	127.8	1 917
	2001	28.7	21.0	4.6	B2	29.7	46.8	75.0	6.4	124.0	1 947
长江流域	1998	29.2	22.4	4.1	A	28.6	47.5	75.5	6.9	113.5	1 793
	2001	28.9	21.9	4.3	B2	28.8	47.4	72.7	6.0	112.1	1 835
西北内陆	1998	28.6	20.0	4.2	A	28.6	48.2	79.1	7.5	119.8	1 784
新 疆	2001	28.7	19.3	4.1	A	28.9	47.2	77.7	6.7	119.0	1 841

注:数据源自新疆品种公告和农业部作物品种审定公告。

从反映棉花品质的最关键指标看,1998—1999年度新疆棉花纤维长度28.6 mm,低于黄河流域棉区的29.2 mm,与长江流域棉区持平;比强度20.0 cN/tex,低于黄河流域棉区的22.4 cN/tex,也低于长江流域棉区的20.6 cN/tex;马克隆值4.2优于长江流域的4.6,但不如黄河流域棉区的4.1。2002年农业农村部公布的13个主要植棉省(区)的46个主栽品种的纤维品质测试结果,长江流域棉区呈上升趋势,黄河流域呈下降趋势,新疆棉区仍继续下滑。

由表9-4可见,在三大棉区中,新疆棉纤维长度最短,仅为28.2 mm,比强度仅为19.3 cN/tex,比1998—1999年度下降0.73 cN/tex,处于三大棉区最低点,但马克隆值处于3.7~4.2最佳范围内。由表9-5可以看出,在新疆栽培的12个品种中,仅新陆早4号、新陆早9号两个品种比强度在20.0 cN/tex,而且新陆早9号马克隆值过高。这两个品种在新疆面积均不大,而其他品种面积大、品质差,必然使新疆棉花整体品质下降。

表9-5·新疆与全国原棉纤维品质比较表(1998—1999年)

(郑巨云等,2020年)

品种名称	长度(mm)	整齐度(%)	比强度(cN/tex)	伸长率(%)	马克隆值	纺纱均匀性指数
新陆早4号	28.1	47.3	21.5	6.6	2.7	144.8
新陆早7号	27.8	47.1	19.8	6.6	3.5	136.8
新陆早8号	28.4	47.0	19.2	7.0	4.0	132.0
新陆早9号	28.6	48.0	20.6	6.5	4.8	138.5
中棉所24号	28.1	47.7	18.7	7.7	3.9	133.4
中棉所36号	26.4	46.4	18.0	6.9	4.2	115.3
新陆早11号	27.6	46.9	18.9	6.9	4.4	124.1
新陆早12号	28.1	47.3	19.3	7.1	4.1	131.7
军棉1号	28.4	46.8	19.0	8.0	4.6	124.8
豫棉15号	28.7	47.1	18.2	7.7	4.2	126.9
中棉所35号	28.3	46.7	18.3	7.6	4.1	124.2
冀棉14号	28.6	47.0	20.6	6.8	4.2	135.0
新疆平均	28.2	47.0	19.3	7.4	4.1	127.7
全国平均	28.7	47.1	20.5	6.9	4.4	133.9

注:数据源自《新疆棉花纤维品质性状与优化对策》。

针对东疆吐鲁番盆地高温极高、热量极为丰富的生态特殊性,20世纪80年代初从美国引进陆地棉品种——光叶岱字棉和岱字棉80在东疆种植,其中岱字棉80种植时间持续较长,直到21世纪头十年才陆续被内地培育的杂交种——中棉所28、中棉所29、湘杂棉1号、湘杂棉2号等中熟类型品种替代。

(三) 21世纪以来

1. 常规品种选育 · 2006年以来,新疆棉花新品种选育工作进入了适合机采优质、高产、抗病、早熟等多种优良性状为一体的综合育种新阶段(见第十三章)。

21世纪前10年新疆棉花种植品种,北疆以新陆早12号、新陆早13号、新陆早33号、新陆早36号、新陆早26号为主,南疆以中棉所35、中棉所43、中棉所49、新陆中28、新陆中26号、新陆中31号为主,各品种的性状见表9-6。

表9-6 · 新疆审定品种性状比较(2006—2014)

(郑巨云等,2020年)

品种名称	成铃数(个/株)	单铃重(g)	衣分率(%)	枯萎病指数	黄萎病指数	马克隆值
新陆早12号	8.0	6.5	38.5	高抗	高抗	4.3
新陆早13号	9.0	5.6	40.7	高抗	感	4.3
新陆早33号	9.0	5.9	39.5	抗	耐	4.3
新陆早36号	9.0	5.6	42.0	24.5	4.6	4.3
新陆早26号	9.0	6.6	42.9	2.2	9.6	4.8
中棉所43	6.4	5.2	39.6	4.4	20.6	4.8
中棉所49	7.7	6.1	41.8	抗	耐	4.4
中棉所35	7.0	5.7	38.5	3.4	28.4	4.3
新陆中28号	7.0	5.8	44.0	较抗	耐	4.5
新陆中26号	5.7	5.8	43.0	抗	耐	4.3
新陆中31号	12.4	4.2	40.2	高抗	耐	4.3

注:数据源自1978—2014年新疆棉花品种审定信息表。

21世纪初,新疆棉花生产已达到较高水平,品质育种取得成效。以新陆中2号、新陆早4号、新陆早9号,新海12号、新海32号为代表的优质棉花品种,其纤维内在品质达优质棉标准,一些品质之指标可与美国比马棉、埃及吉扎长绒棉相媲美。其中新疆农业科学院选育的陆地棉新陆中9号,纤维绒长33~34 mm,比强度36~39 cN/tex,可单独适纺80支以上高支纱,填补了新疆中长绒棉品种的空白。新疆兵团农一帅阿拉尔农科所选育的长绒棉品种新海32号,纤维绒长37.1 mm,比强度44.6 cN/tex,马克隆值3.8。这为提高新疆棉花纤维品质,满足市场对长绒棉、中长绒棉、超级长绒棉的需求以及为棉花品质结构的调整提供了核心技术支持。

2. **机采棉品种选育** · 机采棉品种选育需要在兼顾原有育种目标的基础上侧重形态育种,农艺性状与农业机械的相互吻合,以提高机械控制采摘的采净率、棉品品质等指标要求。因此,机采棉新品种群体整齐度、稳定性、吐絮集中性、含絮率、对脱叶剂敏感性也成为机采棉品种选育研究方向的重要组成部分(表9-7)。

表9-7 · 新疆机采棉品种性状比较

(郑巨云等,2020年)

品种名称	成铃数(个/株)	单铃重(g)	衣分率(%)	枯萎病指数	黄萎病指数	马克隆值
子鼎6号	5.5	5.4	42.4			4.2
新陆早53号	5.6	5.8	39.2	抗	耐	4.1
N331	5.7	4.7	40.6	抗		3.2
金垦1042	5.6	5.6	40.7	11.9	59.9	4.2

续　表

品种名称	成铃数 (个/株)	单铃重 (g)	衣分率 (%)	枯萎病指数	黄萎病指数	马克隆值
新陆早 62 号	5.1	5.6	41.2	0.2	51.2	4.7
金垦 56-21	4.9	6.2	37.2	抗		4.3
新陆早 45 号	5.2	5.5	38.8	高抗	耐	3.9
N427	5.4	4.5	42.0			3.8
NK37-8	5.0	6.2	41.8			4.5
惠远 12	4.2	5.4	38.5	抗	耐	4.1
N355	4.7	4.9	36.4			4.3

注：数据源自《新疆早熟棉区不同品种机采棉机采性状的研究》。

　　为适应棉花机械化采收，就需要选育适宜机采棉新品种。"九五"期间，新疆兵团开始了机采棉种质资源收集、评价及机采棉的育种工作。适宜机采的棉花品种应具备早熟、纤维品质优良、吐絮集中、始果枝高度适中、株型较紧凑、对脱叶剂敏感等特性，但是目前兵团还没有培育出既优质丰产又适宜机械采收的专用机采棉品种，也没有制定出统一的机采棉品种标准。近年来，随着拾花劳动力紧缺和拾花费用提高，兵团不得不选择比较适宜机采的常规品种替代机采棉品种，加快推进棉花机械化收获步伐。关于棉花性状分子育种方面，大多集中在产量、纤维品质性状 QTLs 定位及关联分析方面的研究，其中与籽棉产量、皮棉产量、铃重、籽指、衣指、纤维强度、纤维长度、纤维细度有关的 QTL 研究报道较多，而与适宜机采的相关性状研究较少。从 1996 年开始，兵团加大了对机采棉技术的试验力度，经过多年试验，现阶段已进入到生产实用阶段。各地筛选出了多个比较适宜机采的棉花新品种，如新陆早 25 号、新陆早 33 号、新陆早 36 号、新陆早 45 号等，同时探索适合当地机采棉的种植栽培模式，指导棉农通过适时早播、适期打顶、水肥控制、株行距配置，使棉花株高适中、结铃性好、成熟一致、吐絮集中，提高了机采棉采净率。

　　2005 年以来，新疆棉花品质育种工作取得了明显的进展，尤其现在新疆大力推广机采棉，对棉花品种的纤维长度、比强度、马克隆值又提出了新的要求。从表 9-8 可以看出，新疆棉区的纤维品质优于黄河流域棉区和长江流域棉区，棉纤维长度 30.2 mm、比强度 30.1 cN/tex、马克隆值 4.3，比黄河流域和长江流域棉区的棉纤维明显高。

表 9-8 · 2005—2014 年新疆与全国原棉纤维品质比较

(郑巨云等，2020 年)

棉　区	长度 (mm)	比强度 (cN/tex)	马克隆值	纺纱均 匀指数
黄河流域	29.70	29.5	5.0	143
长江流域	29.9	29.9	5.1	145
西北新疆	30.2	30.1	4.3	156

注：数据源自《2005—2014 年新疆审定早中熟棉花品种性状综合评价》。

主推品种：① 北疆机采棉花品种标准为生育期 120～125 d，株高 65～70 cm，始果枝节位高度 18～20 cm，果枝数 6～7 台/株，单株结铃 6～7 个/株，始果节位 5～5.8 节，果枝类型 Ⅰ-Ⅱ式分枝，株型紧凑。② 南疆机采棉花品种标准为生育期 130～135 d，株高 70～75 cm，始果枝节位高度 18～20 cm，果枝数 8～9 个/株，成铃 8～9 个/株，始果节位 5～5.8 节，果枝类型 Ⅱ式分枝，株型紧凑。③ 现有机采棉花品种的株型紧凑程度对棉花纤维品质的影响显著，紧凑型株型棉花纤维品质好于松散型棉花纤维品质。新陆早 62 号生育期为 121 d，株型较紧凑，株高 72.6 cm，果枝始节高度为 24.5 cm，衣分率 41.2%，上半部平均长度 29.8 mm，断裂比强度 31.6 cN/tex；子鼎 6 号生育期 120 d，株型紧凑，株高 70.2 cm，果枝始节高度为 20.1 cm，衣分率 42.4%，上半部平均长度 30.31 mm，断裂比强度为 32.76 cn/tex；这两个品种的机采性状符合早熟性好、产量水平高、品质较优良的机采要求。通过试验和综合研究分析发现，新陆早 62 号、子鼎 6 号早熟性好，果枝始节高度、株高符合机采要求，吐絮集中、含絮好，产量水平高，内在品质优良，适合机采种植。

3. 转基因抗虫棉品种选育·截至 2019 年，新疆转基因抗虫棉经历了 20 年发展历程。

"九五"期间（1996—2000 年）新疆棉花育种攻关第一次将生物技术与常规育种结合选育棉花品种列为专项，并将转基因抗虫性状列为育种目标，其间依据国家"863"计划，新疆科技厅、新疆维吾尔自治区和新疆兵团种子管理站、新疆农业科学院组织实施了国家"863"转基因抗虫棉联试，对 11 个转基因棉参试品系进行了 2 年 8 个试点的比较鉴定，初步筛选出综合性状较优的 GK19。

1998 年，为保障我国棉花生产的可持续发展，农业部提出短期内新疆暂不发展抗虫棉的管理要求。在特定时期内，该管理要求有力促进了我国抗虫棉的发展，促进了新疆棉花生产向科学化、规范化方向发展，提升了我国抗虫棉的竞争力。

新疆转基因抗虫棉育种研究起步较晚，始于 20 世纪 90 年代中期。1994 年新疆农业科学院核生物技术研究所和原塔里木农垦大学分别对海岛棉体细胞胚状体的发生及胚性细胞悬浮系的建立、外源 DNA 导入海岛棉引起性状变异进行了研究，摸清了海岛棉胚性愈伤组织诱导条件，获得了 6 个海岛棉品种胚性愈伤组织和转导 DNA 后的变异后代。

21 世纪初，随着生物技术的推广应用及转基因抗虫棉的不断选育成功，新疆转基因棉研究得到进一步加强，"十五"计划中新疆科技厅的棉花育种攻关各专题已将转基因抗棉铃虫、蚜虫列为育种目标。在转化技术上，育种单位主要采取花粉管通道、农杆菌介导和杂交回交转育等方法。目前在转基因抗棉铃虫品种选育、多种抗性基因转化和鉴定选择技术上已取得一定进展。其中，新疆农业科学院郝秀英在棉花茎尖多芽发生方面获得了完整棉花再生植株，并建立了多芽发生再生体系；同时，筛选出了诱导芽生根的培养基，解决了海岛棉组织培养诱导过程中出现的外植体褐化问题。孙国清和李雪源以中长绒棉新陆早 9 号为受体，利用改进的花粉管通道法转导 Bt 基因取得较高转导频率，获得 18 个分离后代，并对分离后代进行生物学鉴定选择。祝建波等对转基因棉材料卡那霉素检测筛选效果进行了应用研究。2002 年，新疆农业科学院经济作物研究所获得我国转基因安全环境释放许可。2007 年由新疆农业科学院经济作物研究所与中国农业科学院生物技术研究所合作选育的新疆第一个转基因抗虫棉品种新陆棉 1 号通过国家审定，2011 年合作选育的转基因抗虫棉品种新桑塔 6

号通过国家审定。

新陆棉1号作为新疆第一个转基因抗虫棉品种,其地位尤为关键。新疆农业科学院经济作物研究所(2007年)采用冀棉22×386-5(自育品系),进行杂交后代的选择,优异性状的稳定,经过多年的定向选择,筛选出优异单株1772。以1772为受体进行花粉管通道法注射,通过田间检测(卡纳检测)、实验室分子检测(RT-PCR检测、Southern杂交分析、Western杂交分析)、接虫鉴定、安全评价鉴定、多年南繁加代、系统选择获得了适应性好,且高抗棉铃虫、丰产性好、高产、优质品系GK62(2000-2)。2004—2005年参加西北内陆棉区品种区域试验,平均666.7 m² 产籽棉333.58 kg,皮棉666.7 m² 产量134.87 kg,霜前皮棉666.7 m² 产量120.55 kg,分别较对照品种中棉所35增产5.89%、6.44%和3.03%,丰产、稳产性好,尤其在较高的栽培技术条件下更能发挥出增产的潜能。2004—2005年由国家西北内陆棉区品种区试点供样,农业部棉花品质监督检验测试中心用HVI900系列(HVICC标准)测试,其结果为:平均纤维绒长32.25 mm,整齐度83.38%,比强度>31 cN/tex,伸长率7.24%,反射率77.53%,马克隆值4.4,纺纱均匀性指数139。各项指标搭配合理,适合当前纺织工业要求,可纺中支精梳棉纱,品质明显优于对照品种中棉所35,其抗虫性和抗病性均已达到较高水准。相比原来推广的品种不仅有较好的品质,还获得了优秀的抗病虫能力,使得产量大幅度提高。

新陆棉1号选育过程如下。

1994—1997年: 配组,冀棉22×386-5杂交;进行杂交后代的选择,优异性状的稳定;
↓
1998年新疆 选择优株,种植优选株,自然选择和人工选择品质优、丰产单株1772;
↓
1998年海南 采用花粉管通道法转化 Bt 抗虫基因,获得 T_0 代种子;
↓
1999年新疆 T_0 代转基因植株阳性鉴定,实验室PCR扩增分析;
↓
1999年海南 T_1 代转基因植株阳性鉴定,实验室PCR扩增分析,选择目的基因纯系材料;
↓
2000年新疆 T_2 代转基因植株阳性鉴定,实验室RT-PCR扩增分析,Southern杂交分析,获得 T_3 代种子;
↓
2000年海南 T_3 代转基因植株阳性鉴定,实验室分子检测,获得 T_4 代种子;
↓
2001年新疆 T_4 代转基因植株阳性鉴定,实验室分子检测,接虫鉴定,获得 T_5 代种子;
↓
2001年海南 T_5 代纯系western杂交分析,接虫鉴定,定向筛选,获 T_6 代转基因纯系;
↓
2002年新疆 T_6 代抗虫材料选择鉴定;
↓
2002年海南 T_7 代抗虫材料选择鉴定,获得转基因新品系2000-2,进行品系比较试验;
↓
2003年新疆 2000-2继续进行品系比较试验;
↓
2004年 参加国家西北内陆棉区区试;
↓
2005年 继续参加国家西北内陆棉区区试,同时进行生产性试验,同年获得国家转基因生物应用安全证书:农基安证字(2005)第084号。

新疆棉花抗病虫育种取得显著成效,有效抑制了新疆棉花生产中的枯黄萎病危害。20世纪90年代中期,新疆棉花枯黄萎病危害日益严重,新疆采取引进与自育结合的办法,引进中棉所12、中棉所19和中棉所36,选育出新陆早10号、新陆早12号、新陆中14号、新陆中26号与新海18号等抗枯黄萎病棉花品种,有效解决了20世纪90年代中期新疆自育品种不抗病的问题和枯黄萎病进一步加重的问题。新疆棉花抗病育种工作虽然起步晚,但经过"十五""十一五"抗病育种攻关,抗病育种已取得显著成效,为解决新疆日益严重的枯黄萎病危害提供了技术储备。新疆农业科学院选育出新疆第一个转基因抗虫棉花新品种新陆棉1号,为有效抑制新疆棉花生产中的棉铃虫危害提供了技术储备和核心资源。

根据调研,2012年新疆转基因抗虫棉种植面积过半,新疆转基因抗虫棉种植不推自广。2012年,李雪源等对新疆棉区抗虫棉种植情况进行了调研,采用了实地问卷调查、电话访问、种子检测3种方法,调查棉花种植面积、抗虫棉种植面积、抗虫棉种植比例、棉铃虫发生情况以及抗虫棉需求等内容。结果表明,新疆抗虫棉种植比例平均已达52.5%,在南疆、北疆、东疆不同程度种植抗虫棉。其中,南疆抗虫棉种植比例最高,达57.8%;其次为东疆,抗虫棉种植比例占53.6%;北疆抗虫棉种植比例最小,为33.2%。新疆兵团抗虫棉种植比例也较大,达57.0%。南疆、北疆抗虫棉种植面积呈明显的上升趋势。调研表明,棉农种植抗虫棉的积极性高,100%种植者愿意选用抗虫棉,这是实际诉求。

二、海岛棉品种选育和利用历程

海岛棉即长绒棉属(*G.barbadense* L),纤维长度35 mm以上,系特种纺织工业和高档纺织品用棉不可缺少的原料。新疆长绒棉因纤维较长而得名,长绒棉生长期长,需要的热量大,在热量条件相同的情况下,长绒棉的生长期比陆地棉长10~15 d。世界主要长绒棉生产国如埃及、美国、秘鲁、印度、巴基斯坦、苏丹、乌兹别克斯坦等都十分重视长绒棉生产的发展。新疆的南疆棉区是我国最适宜种植长绒棉的区域,有着80年的种植历史,是目前我国唯一种植长绒棉的地区,因而在国内长绒棉市场上基本是独树一帜,同时长绒棉天然就是高档纺织品用棉。新疆长绒棉各品种的主要性状都高于陆地棉品种(表9-9)。截至2021年,新疆选育出了胜利1号、军海1号、新海2~48号等49个海岛棉品种以及较多具有优良品质抗病性的品系,已积累了较丰富的海岛棉种质资源。但实践发现,能够真正在育种上有效利用的种质资源并不多,种质资源老化、缺乏的问题日益突出,已成为制约海岛棉品种取得重大突破的根本因素。为了更有效地对现有新疆海岛棉种质资源进行利用,必须加强对种质资源的深入研究和评价,发掘出具有优良性状的种质资源,进一步拓展新疆海岛棉种质资源遗传基础,提高海岛棉遗传育种水平。

表9-9·绿洲长绒棉品种主要性状

(郑巨云等,2020年)

品种名称	产量(kg/hm²)	衣分(%)	绒长(mm)	比强度(cN/tex)	整齐度(%)	马克隆值
军海1号	750	31.0	41.0	33.2	—	3.9
新海3号	650	31.0	38.2	29.3	82.0	4.2

续 表

品种名称	产量 (kg/hm²)	衣分 (%)	绒长 (mm)	比强度 (cN/tex)	整齐度 (%)	马克隆值
新海 7 号	1 245	34.5	37.0	31.9	—	4.5
新海 14 号	1 194	32.9	35.5	29.9	—	3.8
新海 16 号	1 557	32.4	35.8	32.7	76.5	3.7
新海 21 号	1 465	32.1	36.5	32.3	48.4	4.1
新海 24 号	1 377	31.3	36.2	43.0	85.8	3.9
新海 27 号	1 588	33.5	39.1	44.8	88.7	3.9
新海 35 号	1 725	33.4	36.4	42.8	88.8	4.0
新海 36 号	1 650	31.6	38.0	44.5	88.9	3.7
新海 39 号	1 896	33.5	36.4	44.8	88.1	3.9
新海 41 号	1 680	33.2	36.7	45.6	88.7	3.9
新海 43 号	2 055	32.8	36.8	47.44	88.5	4.1
新海 45 号	2 022	33.1	37.5	46.7	87.5	4.2
新海 46 号	1 950	32.4	38.6	45.9	87.6	4.2
新海 58 号	1 616	33.1	39.1	45.4	88.8	3.9

1959年,南疆沙井子试验站从苏联引入的海岛棉品种2И3,通过选择变异株,育成早熟、零式果枝长绒棉品种胜利1号,改写了我国没有自育长绒棉品种的历史;军海1号作为20世纪60年代初至80年代新疆南疆长绒棉的主栽品种,是我国种植时间最长的长绒棉品种;新海13号的育成,实现了我国长绒棉品质的重大突破,是第一个品质与进口的埃及棉吉扎70相媲美的优质长绒棉品种;新海21号是当前种植面积最大的长绒棉品种;新海25号是可纺270支纱的优质长绒棉品种;2010年育成的新海36号,实现了长绒棉抗病、优质、丰产性状在更高层次的协调统一;近年育成的优质、抗病长绒棉新品种新海42号、新海46号、新海54号,正逐步进入生产领域。目前,新疆长绒棉新品种选育工作进入了集优质、高产、抗病、早熟等多种优良性状于一体的综合育种新阶段。

(一) 20世纪50—70年代

1960年,新疆根据生产发展的需要进行了长绒棉的育种工作,选育成功新疆第一个长绒棉品种胜利1号以及军海1号等品种,开辟了新疆长绒棉新时代。

胜利1号是新疆兵团农一师农业科学研究所于1963年首次育成的我国第一个长绒棉品种,改写了我国没有自育长绒棉品种的历史。1963—1966年累计推广面积4 600 hm²,成为一师垦区及邻近各县海岛棉主栽品种。

军海1号纤维品质较好,1971—1985年成为塔里木盆地的主栽品种,推广种植22年,累计推广种植面积24.9万 hm²,是我国海岛棉种植年份最长的品种。

(二) 20世纪80—90年代

1978年以来,新疆培育了一批"新海棉"系列的优良长绒棉品种,共计60多个,育成品种的产量、品质、抗病性得到较快提升,满足了不同时期市场对优良品种的需求,为新疆长绒棉生产提供了品种保障。

1978—1990年,共培育出新品种10个,从新海2号到新海10号。育种重点为早熟性、产量、抗病性的改良。代表性品种为新海3号、新海7号。

1991—2000年,共育成新品种8个,从新海11号到新海18号,品种的丰产性和纤维品质明显提升。代表性品种为新海13号和新海14号。新海13号较好地解决了我国长绒棉纤维品质存在的主要问题,其高强力和高产品质堪与埃及吉扎70棉相媲美。结束了我国不能生产优质长绒棉的历史,为开拓国内外市场奠定了基础。1995—1999年推广种植面积2万hm^2。

(三) 21世纪以来

2001—2010年,共培育新品种18个,从新海19号到新海36号。这一时期培育的品种在产量、品质、抗病等性状上明显提升,特别是"十一五"末,育成品种抗病性显著提升。代表性品种是新海21号、新海24号、新海27号(超优)、新海35号、新海36号。新海21号是我国累计种植面积最大的长绒棉品种,种植面积达100万hm^2以上,仍是新疆海岛棉主栽品种。(表9-10)

表9-10·中国、美国、埃及长绒棉主栽品种品质比较(2006年)

(郑巨云等,2020年)

国 家	主栽品种	主体长度(mm)	比强度(cN/tex)	马克隆值
中 国	军海1号	41.0	33.2	3.9
	新海6号	35.3	30.8	4.2
	新海13号	36.1	31.9	3.5
	新海15号	35.1	33.6	3.8
	新海21号	36.5	33.5	4.2
	新海24号	36.2	43.0	3.8
	新海37号	36.6	45.2	4.1
	新海45号	37.5	46.7	4.2
	新海58号	39.1	45.4	3.9
美 国	UA4	35.2	31.0	4.0
	Pi米aS-7	35.3	31.0	3.9
埃 及	吉扎70aiji	34.6	31.7	4.3

新海21号是新疆兵团农一师农科所于1993年经(新海8号×吉扎75)F_2×(新海10号×A杂交铃)F_2杂交南繁北育而成。1993年冬南繁加代,1994年杂种二代进行单株选择,1994年冬继续南繁加代,1995年建立4代株行,进行鉴定、筛选,1996年继续进行鉴定,筛选出96—107行系,其产量、品质、综合性状均十分突出。1997年、1998年参加品系比较试验,1999年在所内

进行大田示范,均表现高产、优质。2000 年参加自治区第八轮长绒棉区域试验,2002 年参加自治区生产试验。2003 年 2 月经新疆维吾尔自治区农作物品种审定委员会审定定名。

2011—2019 年,共培育新品种 24 个,从新海 37 号到新海 61 号。"十二五"期间,育成品种的品质、抗病性及机采性得以显著提高。其中新海 36 号、新海 43 号综合性状突出,新海 43 号比强度达到 47.4 cN/tex,是历史上审定品种强力最好的一个。新海 36 号纤维品质优异,各项指标配比较为合理,且使抗病、优质、丰产三者性状在更高层次得到协调统一,从"十二五"至今累计推广种植面积 3.3 万 hm^2。

"十三五"以来,长绒棉育种目标以丰产、优质、抗病、适宜高效采收的长绒棉资源创新和优良新品种选育为工作核心,育成品种较好实现了产量、品质、抗性和适采性的稳步改良。新海 58 号是一个超优质海岛棉品种,纤维长度平均为 39.1 mm,比强度 45.4 cN/tex,产量性状突出。

三、彩色棉品种选育和利用历程

(一)总体进展

彩色棉的纤维具有天然棕、绿等颜色,用彩棉纤维生产的纺织物本身带有天然的颜色,因此可以免去漂白、印染等过程,既对人体健康有利,又降低了产品的生产成本,也减轻了织染过程中的环境污染,是真正意义上的生态棉。

新疆彩色棉的发展已有十多年,已成为国内最大的彩棉生产及彩棉制品原料基地,以中国天彩集团、新疆西域彩棉集团为龙头企业。在新疆兵团农业"十五"至"十一五"攻关期间,中国天然彩色棉研究所(新疆)、新疆农垦科学院棉花所、石河子棉花研究所和农七师棉花研究所、农一师农科所等科研单位先后培育出拥有自主知识产权的彩色棉新品种 18 个,表现出早熟、高产、优质、抗病等特点,为新疆彩棉发展提供了有力的支撑。北疆形成了以石河子垦区、南疆以阿瓦提和库尔勒地区为中心的彩棉种植基地,最高年份种植面积达 1.33 万～2 万 hm^2,成为国内最大的优质棕色和绿色原棉生产基地。通过十几年的努力,新疆彩棉的科研、种植加工、纺织制成品和市场销售产业链已初具规模,彩色棉规模化生产的基础条件已经具备。

新疆彩色棉的育种取得了丰硕的成果。到 2010 年,新疆维吾尔自治区共审定 18 个彩色棉新品种。其中中国天然彩色棉研究所审定的彩色棉新品种有 12 个,包含棕色棉 8 个、绿色棉 4 个(新彩棉 9 号为棕色陆海三系杂交优质棉),新疆农垦科学院棉花所审定棕色棉与绿色棉彩色棉品种各 1 个,石河子棉花研究所审定棕色棉品种 2 个,第七师棉花研究所、第一师农科所各审定棕色棉品种 1 个。新疆彩色棉品种的研发单位由最初的一家科研机构(新疆天彩)发展到目前的 7 家(除以上单位外还有农五师农科所、新疆石河子大学棉花所)。彩色棉研发的整体水平不断提升,表现在彩色棉新品种的产量及纤维品质指标不断提高,一些彩色棉新品种的品质指标已达到或超过白色棉普通型的品质指标,较大程度地改善了彩色棉产量低、品质差、色素遗传不稳定等问题。新疆彩色棉新品种的选育方法以杂交选育及系统选育为主(单交选育占 66.7%,系统选育占 33.3%),选育方法还需多样化,以创造更多的彩色棉新品种。

目前,新疆已经培育了 8 个彩色棉品种,其中 5 个棕色,3 个绿色。实验室已研发成功的彩棉颜色有棕色、绿色、紫色、灰红、靛蓝等颜色,但因个别色彩基因的不稳定会产生变色,故广泛用于大面积种植的只有棕色和绿色两个色系。中国彩棉科研的技术取得突破,一是彩棉纤维已培育出的棕长绒彩棉系列,品质得到逐步改善;二是通过杂交性辅导成功获得抗棉铃虫、抗棉蚜的抗虫彩棉品系和抗黄萎兼抗枯萎病的品系,解决了彩棉抗虫性、抗病性差的问题,可避免产量因病虫危害而减产;三是利用蜘蛛丝基因、膨大基因改良彩棉纤维品质的研究已见成效,已选育出衣分率突破 40%(棕)和 30%(绿)的彩棉新品系,克隆了彩色棉纤维特异表达启动子并建立了各品种的分子标记等。

新疆所培育的彩色棉品种及大量的野生彩色棉资源全部为棕、绿两大色系,色泽单调、组配空间狭小,纤维色泽素淡且绿色棉产品存在色泽牢固度较差等问题。新疆所审定的彩色棉新品种也只有棕色、绿色两大色系,并且伴随着彩棉品质的不断提高,彩色棉的色彩深度有变浅的趋势,表现为纤维品质越好,色彩越淡,这种现象的存在与目前彩色棉资源匮乏和彩色棉选育手段单一有直接关系。因此在彩色棉育种中应加强资源创新并打破色泽深度与纤维品质间的负相关。国家应当加大对彩色棉的色彩创新支持力度,重点攻关,深入研究彩色棉色泽的调控机制,积极引进和创新彩色棉资源,开展彩棉色彩转基因育种,实现彩色棉色彩的创新。

彩色棉的色彩类型根据纤维色泽划分,目前仅有绿色和棕色两大基本类型。但由于纤维颜色深浅程度不同,不同学者在纤维色泽分类和识别上存在着较大差异,出现了不同的色彩名称。绿色按着色程度又分为墨绿色、绿色和浅绿色,也有人把墨绿色称为黑色或蓝色,把棕色称为棕红、铁红、粉红、褐色、咖啡色甚至红色等,把浅棕色称为黄色、淡色、米色、奶油色等。彩色棉的色彩随着纤维细胞的逐渐分化与日趋成熟而不断形成与加深。目前认为,彩色棉的纤维中腔里沉积着某种色素物质,色素本质还不太清楚,可能是花器内的花青素及黄酮色素类物质,且受遗传因子控制。随着纤维的不断成熟,色素物质由内而外沉积,并附着于纤维细胞中。当棉铃成熟开裂时,就绽露出带有色彩的纤维,这时在太阳光的照射下,绿絮棉纤维外部色彩变浅,而棕色棉纤维外部色彩加深,表现出明显的光反应行为。经过水洗,绿色和棕色棉颜色都加深。由此看来,受太阳光照射的棉纤维会形成一层与蜡相类似的物质,经过数次水洗,色彩达到最佳效果,表现出持久的自然色。而经过染料涂染的白色棉制品,水洗若干次后,颜色会变浅甚至褪色,彩色棉的纤维色彩能够遗传,其叶色、铃色也可遗传,并且紫色叶在太阳光的照射下逐渐变红,专家称此现象为"日光红",表现出与棕色棉絮色相似情况。但是,两者没有明显的相关性,叶色越深的棉株不一定其纤维色彩就越深。

▶ (二) 棉纤维颜色的遗传

1. 棕色纤维的遗传 · 纤维颜色的表现一般是在棉铃吐絮后 1 周,Shirsat(1994 年)报道二倍体棉有色纤维最先出现的时间是在开花后 51 d,但来自阿肯色州的绿色棉在开花后 25 d 纤维开始加厚时色素就开始表现,有色纤维发育时间的长短和颜色的深浅因基因型不同而异。有色纤维主要是纤维中腔里某种色素物质沉积所致,纤维颜色的遗传和进化主要受多基因位点控制,具有加强、抑制和不完全显性的特点。陆地棉、海岛棉、亚洲棉的白色棉纤维由隐性基因控制,海岛棉的棕色纤维由一对主基因的若干修饰基因控制;而亚洲棉和陆地棉的纤维遗传结果多不一致。冯肇传(1926 年)和冯泽芳、孙逢吉(1928 年)研究亚洲棉有色纤维遗传指出,棕色是显性,白色是隐性,为一对简单性状遗传。R. Balasubrabmnayan 等(1950年)指出,亚洲棉淡棕絮(L&2)纤维颜色的高度变异是由大气环境所引起,而不是微效基因修饰的结果。Shisat 和 Khadi(1998年)研究说明大多数棕色亚洲棉与白色亚洲棉杂交,F_1 表现中间色,F_2 分离出白色、灰白、乳白、很淡棕色、淡棕色、棕色等;仅有两个组合,棕色:绿色的比例为15:1,表现两对基因的互作遗传。西蒙古良(1973年)对白色陆地棉与棕色墨西哥半野生棉杂交群体分析认为,墨西哥半野生棉的棕色纤维受 Le,Ler,$Lc3$ 三个基因控制,其中,Le 和 Ler 为互补主基因,决定纤维颜色的发育,缺少其中1对显性的等位基因,纤维则为白色;而 Ley 为互补基因,加强了另两对基因的作用,若该基因不为显性,纤维即为淡黄色,互补基因的显性等位基因数目决定杂种纤维颜色的深浅。除白色纤维外(海岛棉纤维为乳白色),在陆地棉种中,还发现受显性基因控制的棕色和绿色纤维种质。Rhyne(1957年),Endrizi,Turot,Kohel(1984年,1985年,1985年)对新世界和旧世界棉种的有色纤维研究认为,棕色纤维是由 La,Ico 和 Dw 等7个基因控制,位点 Dw 与 La 同源,Dw 位于 D 染色体组的第16染色体上,而 Le 位于 A 染色体组的第7染色体。在陆地棉遗传背景中,Le,$Le2$,$Le3$,Ls 和 Dw 表现为深棕或棕色纤维,Les 和 $Ic6$ 均表现为单基因不完全显性遗传,并且 Le 基因对皮棉产量、衣分、子指、纤维长度、比强度、马克隆值表现一定程度的有害效应,对铃重及产量影响不明显。在亚洲棉和海岛棉中,棕色基因抑制纤维长度。在陆地棉中,棕色和绿色纤维基因都抑制纤维的发育,通常绿色纤维棉纤维很细、衣分很低。

张秉贤(2000年)以棕色纤维种质为父本所配置的两个杂交组合,所有 F_1 棉株的纤维均呈灰白色,即为白色与棕色的中间色。F_2 的有色与白色植株之比符合3:1的分离比率,因而认为,主要受一对显性基因控制,但表现为不完全显性。周雁声(2000年)用白色棉与棕色棉杂交,无论正反交,F_1 的纤维均为浅棕色,介于双亲之间;F_2 分离为棕色、浅棕色与白色,符合1:2:1的理论比例,这也说明棕色棉的纤维颜色由单基因控制,棕色表现为不完全显性。石玉真、杜雄明等(2001年)研究认为,棕色纤维由一对主效基因控制,表现为不完全显性遗传,棕色纤维相对白为显性,同时,棕色纤维显性性状的表现还受控制短绒颜色的隐性基因的抑制。

2. 绿色纤维的遗传·四川省农业科学院经济作物研究所2001年以棕色和绿色纤维为父、母本同白棉配置两组组合,棕色组杂交 F_1 纤维表现为中间类型色,绿色组杂交 F_1 纤维表现为浅绿色,而更加接近白色亲本。两组杂种 F_2 纤维色泽的分离比,有色与白色植株分别为13:3和15:1,符合两对基因模式的遗传。上述结果还表明,棕色纤维遗传存在基因的抑制作用,而绿色纤维的遗传仅存在基因的累加作用。

Kohel(1985年)研究证明,绿色纤维基因(Ig)表现为单基因不完全显性遗传,该基因位于第 I 连锁群第15号染色体上,具有绿色短绒和绿色纤维的品系 Ig 基因,而白色纤维和绿色短绒的品系则由 If 基因控制,Igf 基因控制绿色短绒的表现。周雁声(2000年)用绿色棉配置的组合,F_1 表现浅白色,颜色很淡;F_2 则分离出颜色深浅不同的类型,且连续地由深到浅,认为绿色棉的纤维性状可能是由多基因控制的数量性状遗传。张秉贤(2000年)以引进的绿绒彩色棉为亲本和常规白色棉品种杂交,结果表明,绿绒的 F_1 纤维的颜色为中间型,比绿绒亲本淡,而比白色棉亲本深;F_2 纤维的颜色出现由浅到深不同的个体,且以中间颜色的个体居多，认为绿绒可能由多基因控制。朱乾浩等（1998年）利用徐203与绿色纤维种质8891正反交，与种质8892（父本）杂交，三个组合的F_1均表现浅绿色纤维，F_2分离出绿、浅绿、灰白和白4种纤维的植株，但有色纤维植株与白色纤维植株不符合3∶1的比例。其中，以徐203为母本的2个组合，F_2有色纤维植株和白色纤维植株基本符合9∶7的比例，这一结果与前人报道不同。分析推测认为，在徐203品种中可能存在对基因Ig表达起抑制作用的隐性突变基因，与Ig基因独立遗传；只有在该基因呈显性时，Ig基因才能表达。石玉真、杜雄明等（2002年）研究认为，绿色纤维也由1对主效基因控制，表现为不完全显性遗传，绿色纤维相对棕色为显性，同时，绿色纤维显性性状的表现还受控制短绒颜色的隐性基因抑制。

▶（三）彩色纤维遗传分析

张雪林等（1994年）以原始彩色棉为亲本和常规白色棉品种进行杂交，F_1纤维的颜色为中间型，其颜色比原始彩色棉淡、比白色棉亲本深，F_2出现纤维颜色由浅到深不同的个体且以中间颜色的个体居多。由此可推断，彩色性状是由众多的微效基因控制的数量性状。彩色棉经杂交转育后，其单株结铃性、衣分、纤维强力、生育期和彩色稳定性都有较大的改进，并选出了可直接应用的绿104，但其衣分和纤维强力还不十分理想，需要进一步改进。为此，1997年张雪林引进了美国高强纤维品种贝尔斯诺和国内高强纤维品种朝阳70与绿104进行杂交，以提高它们的纤维强力和衣分。

目前，新疆所选育的抗枯萎病的彩色棉品种占总审定品种数量的72.2%，其中对枯萎病高抗及免疫的品种只有4个，整体对枯萎病的抗性表现较好；对黄萎病抗性达到耐病以上等级的品种占总审定品种数量的47.1%，其中对黄萎病抗及高抗的品种只有2个，整体表现抗黄萎病中等水平。当前在棉花生产上随着黄萎病致病生理小种的变化，有些抗病品种在生产中抗性水平较差，影响了推广。今后彩色棉育种的工作难点是要继续加强彩色棉多抗性品种的选育力度，尤其是同步提升新品种枯黄萎病的抗性水平。

新疆彩色棉审定的18个品种，除新彩棉9号外，其他品种所产原棉只能纺40支以下的彩棉纯纱，缺少可纺60支以上纱的品种，整体表现为纤维品质一般、类型单一。当前新疆审定的棕色棉品种的纤维品质主要集中在纤维上半部长度≥27 mm，断裂比强度>27 cN/tex、马克隆值3.4~4.6；绿色棉品种纤维品质主要集中在纤维上半部长度≥26 mm，断裂比强度>24 cN/tex、马克隆值2.4~2.7。针对以上问题，新疆品种审定组织在2007年将彩色棉的审定标准进行了相应的修改，将彩色棉纤维品质审定标准调整为棕色棉纤维上半部长度≥29 mm、断裂比强度>28 cN/tex、马克隆值3.5~4.5；绿色棉纤维上半部长度≥28 mm、断裂比强度>24 cN/tex、马克隆值3.5~4.5，并且加大了品质指标提高的加分幅度，这就要求进一步加强天然彩色棉的纤维品质。

新疆天然彩色棉的皮棉单产不断提升主要来自新品种的贡献。其中棕色棉的皮棉产量由2000年的1 313 kg/hm² 增加到2010年的1 980 kg/hm²，皮棉增产幅度高达50.8%；绿色棉的皮棉产量由2002年的750 kg/hm² 增加到2009年的1 440 kg/hm²，皮棉增产幅度高达92%。其增产主要因素在于产量构成因素中衣分及单株有效铃数的提高。棕色彩棉的衣分由原来的33%增长到39%~42%，提高了7~9个百分点，绿色彩棉的衣分由25.6%增长到34.3%。棕色棉、绿色棉的单株结铃平均提高1个，并结合"矮、密、早、膜、滴灌"等配套栽培技术体系,使当前棕色棉、绿色棉皮棉产量分别增加 667 kg/hm² 和 690 kg/hm²,增产幅度达到了极显著(表 9-11)。

表 9-11 · 新疆绿洲自育彩棉品种

(郑巨云等,2020 年)

品种名称	絮色	纤维上半部长度(mm)	断裂比强度(cN/tex)	马克隆值	衣分(%)	皮棉产量(kg/hm²)	抗病类型 枯萎病	抗病类型 黄萎病	选育方法	选育单位及审定年份
新彩棉 1 号	棕	29.4	30.7	3.4	33	1 313	S	S	系选	新疆天彩,2000
新彩棉 2 号	棕	28.3	28.1	3.6	34.5	1 425	S	S	系选	新疆天彩,2000
新彩棉 3 号	绿	27.9	21.5	2.7	25.6	750	S	S	系选	新疆天彩,2002
新彩棉 4 号	绿	26.3	24.9	2.5	23.8	750	S	S	系选	新疆天彩,2002
新彩棉 5 号	棕	26.9	22.6	3.4	36.3	1 470	R	R	杂交	新疆天彩,2004
新彩棉 6 号	棕	27.2	24.2	3.8	39.8	1 463	HR	T	杂交	新疆天彩,2005
新彩棉 7 号	绿	26.0	26.6	2.7	26.8	879	O	HR	杂交	新疆天彩,2005
新彩棉 8 号	绿	26.1	20.4	2.4	28.8	789	R	T	系选	新疆农垦科学院棉花所,2005
新彩棉 9 号	棕	30.7	33.9	3.4	31.3	1 455	O	T	杂交	新疆天彩,2006
新彩棉 10 号	棕	28.2	25.8	3.8	32.1	1 343	HR	T	杂交	新疆石河子棉花研究所,2006
新彩棉 11 号	棕	27.8	30.2	4.0	38.1	1 695	R	T	杂交	新疆天彩,2007
新彩棉 12 号	绿	30.1	26.7	2.5	31.8	1 262	R	T	杂交	新疆天彩,2007
新彩棉 13 号	棕	28.9	27.6	4.6	38.7	1 709	R	S	杂交	新疆石河子棉花研究所,2007
新彩棉 14 号	棕	28.0	27.4	3.9	37.7	1 674	R	S	系选	新疆农七师棉花研究所,2007
新彩棉 15 号	棕	29.9	27.9	3.9	38.7	1 335	S	S	杂交	新疆农一师农科所,2009
新彩棉 16 号	绿	30.6	24.8	2.7	34.3	1 440	R	S	杂交	新疆天彩,2009
新彩棉 17 号	棕	29.7	28.7	4.1	39.7	1 647	R	S	杂交	新疆天彩,2009
新彩棉 18 号	棕	29.2	27.8	4.2	41.8	1 980	R	S	杂交	新疆农垦科学院棉花所,2010

第二节 · 新疆绿洲棉花品种科技经验和问题

一、主要经验

新中国成立以来特别是改革开放以来,在国家科技攻关、新疆特大优质棉基地建设等项目的支持下,新疆棉花种业在种子引育、生产、加工、销售、推广、管理等方面成效显著,提升了新疆棉花综合生产能力。

(一) 建设棉花育种技术平台

2001—2015 年("十五"至"十三五"规划)国家特大优质棉基地建设项目,持续支持加强了育种科研平台、育种基地以及良繁田、检验检测设备,有效改善了育种科研和育种家种子生产基础条件(见第一章)。

2001—2005年,设立棉花品种优化工程项目104个。建成育种基地项目16个、商品种子生产基地57个,合计面积66.7万hm^2;生物中心项目1个,实验室面积1 776 m^2,备荒种子库3个,海南繁育中心基地1个,育种设备和仪器6台套等。建成棉花纤维监测中心1个、棉花质量监测中心4个等。

2006—2010年,建成育种家种子基地3个,构建以育种家、原种和商品种子基地三级种子繁育体系为支撑的良种产业体系。棉花育种技术体系和设施平台的建成,全面改善了良种繁育的条件,提高了繁育水平和良种化率。

2011—2015年,建成种质资源创新与育种研发平台1个、品种选育和良种引进试验基地1个,至目前,全疆共有棉花原种场151个,良种轧花厂102个,棉种库房300多万m^2,可储藏种子11亿kg,种子加工成套设备近800多套,加工单机9 800多台(套),保障了种子生产和233.3万hm^2以上用种需求。全疆已建成种子检测中心1个、省部级种子检测中心38个、区域种子检测中心84个,种子加工精选、色选等技术的进步,极大地提升了种子质量(见第一章)。

(二) 形成较大规模育种科研队伍

新疆拥有地方和兵团省级农业科学院2家、农业大学3家,地方地区级和兵团师市级拥有一定实力的科研机构数十家,拥有专业育种科研人才200人上下。2000年《种子法》颁布以来,企业育种科研队伍不断形成,据不完全统计,种业公司拥有育种科研专业人员300多人,其中国家棉花专业科研机构中国农业科学院棉花研究所在南疆阿拉尔市、北疆石河子市等建有育种基地,常年在疆育种科研人员达到50多人。近几年全国各地棉花育种机构的科研人员陆续进入新疆,集聚了全国棉花优势科研力量。据估计,当前在疆的棉花育种专业人员有400多人。

(三) 形成绿洲棉花育种新方法、新经验

1. **系统选种**。系统选种法又称单株选择法,是一种改进品种品质的简便方法,在开展群众性育种工作中最能发挥作用。根据育种目标,从原始材料中选出优良个体分别进行繁殖,使入选个体后代形成一个系统(品系),然后通过比较试验,育成新的品种。其中岱字棉15号、硕丰1号等就是采用系统方法选育而成的,其技术路线见图9-1。

2. **常规杂交育种**。有性杂交是基因重组,扩大遗传变异,创造新类型、新品种的有效途径。通过人工杂交,把分散在不同亲本上的优良性状组合到杂种中,对其后代进行多代培育选择,比较鉴定,以获得遗传相对稳定,具有栽培利用价值的品种,比如新陆早1号,混合

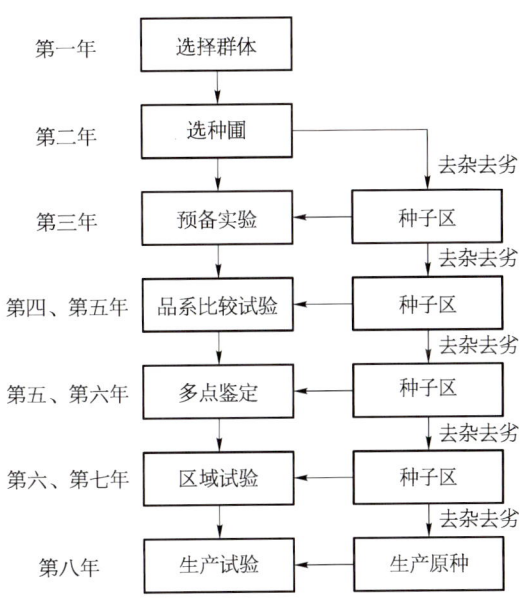

图9-1·绿洲棉花系统选育技术路线

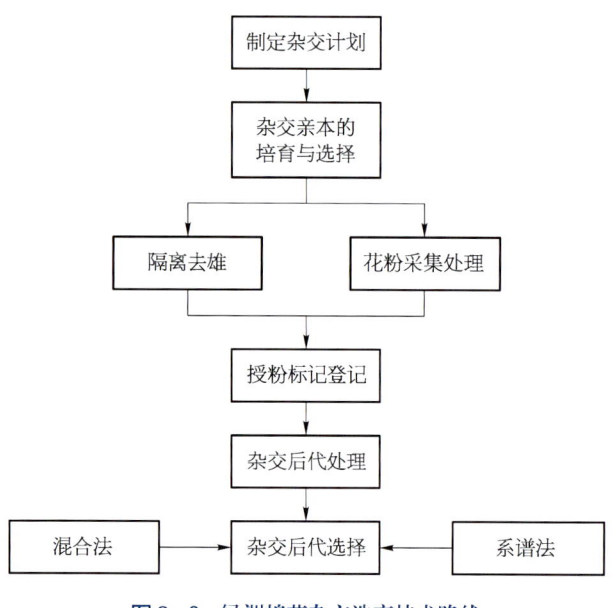

图9-2·绿洲棉花杂交选育技术路线

杂交选育的军棉1号等,其技术路线见图9-2。

新疆棉花育种自20世纪80年代开始转为以杂交育种为主的阶段。90年代中、后期陆续审定的杂交自育品种9个,其中早熟陆地棉新品种6个,分别是新陆早4号(以66-241×沣74-47W的F_1为母本再与岱70复合杂交选育)、新陆早6号(以85-174为母本,美国高强长绒贝尔斯诺为父本杂交选育)、新陆早7号(自育优良品系347-2为母本,苏联品种塔什干2号为父本杂交选育)、新陆早8号、新陆早9号(以自育品系5×贝尔斯诺的F_1为母本、中棉所17号为父本复合杂交选育)、新陆早10号(以自育优良组合黑山棉×02为母本,中381为父本杂交选育);早中熟陆地棉新品种2个,分别为新陆中6号、新陆中7号(以自育品系85-113为母本、中棉所12为父本杂交选育);海岛棉新品种1个,为新海15号(以1120为母本、A杂交铃为父本杂交选育)。当前新疆绿洲棉花生产上大面积推广的主栽品种,如新陆早45、新陆早49、新陆中34、新陆中35等主要是由杂交方法育成的。

军棉1号,1960年以C1470为母本,与五一大铃棉、3521、147-夫、早落叶、2依3新海棉等多类型父本等量混合花粉杂交,这个多父本混合花粉杂交组合,F_1即表现出株叶铃形、大小及特征上的多样性,包括陆地棉及海岛棉,有十多种类型,F_2、F_3、F_4继续分离,这一情况,为选择提供了更多机会,从F_1开始,分类型定向连续单株选择,从性状不同的变异中连续进行优中选优,直至稳定。第一代从优良陆地棉型中选择优异单株;第二代入选株型较紧凑,植株健壮较高大、生长势强,结铃多,铃絮大(达8g以上),吐絮比C-1470早,绒长32 mm,衣分40%以上;第三代选择标准同F_2,继续优中选优;第四代植株形态特征大体趋于一致,实际上一些主要性状仍有差别,继续加强优中选优,鉴定、分系纯化;第五代决选一系,混合选株留种;第六代起比较鉴定,并选优留种,经3年比较试验,决出第一批品系(编号为"12412"),以后决选的"32"系为现在军棉1号的定型品系。株高61~68.8 cm,果枝10.4~11.9个,霜前吐絮果枝达到10~12个,单株成铃6.9~9.1个,其中第一果节成铃6.3~8.5个,分达到总成铃数的90.79%~94.93%,基本上按预定目标育成优于C-1470品种的中熟、大铃、丰产类型新品系。

新疆棉纺织业的提质增效及转型升级亟须适纺60支纱以上的优质抗病适宜机采的棉花新品种(系)。源棉11号具有优良纤维品质、抗黄萎病强、稳产性好等特点,是适合机采的中早熟陆地棉品种,早熟、高产、品质优、多抗,具有突出品质特性,聚合纤维品质优良、稳产、抗逆性强等优良性状。它以早熟性好、丰产性好、霜前花率高、易机采、适宜中早熟棉区种植的新陆中42号为母本,以高产、优质、抗病的转基因抗虫棉新品种新桑塔6号为父本,通过杂交选育而成(图9-3)。该品种稳产的、具有高抗枯、高耐黄萎病、能保持新桑塔6号优良纤维品质的新品种。全生育期132~135 d,植株塔形,Ⅱ式果枝,茎干紫红色,茸毛较少,茎干和叶柄有腺体,叶片较大,叶色深、缺刻较深,铃长尖形,单株结铃8.3个,单铃重6.1克,衣分43.1%,子指10.8 g,霜前花率96%。HVICC纤维上半部平均长度31.2 mm,断裂比强度31.9 cN/tex,马克隆值4.3。枯萎病指数17.2,黄萎病指数7.5。抗枯萎病、耐黄萎病。

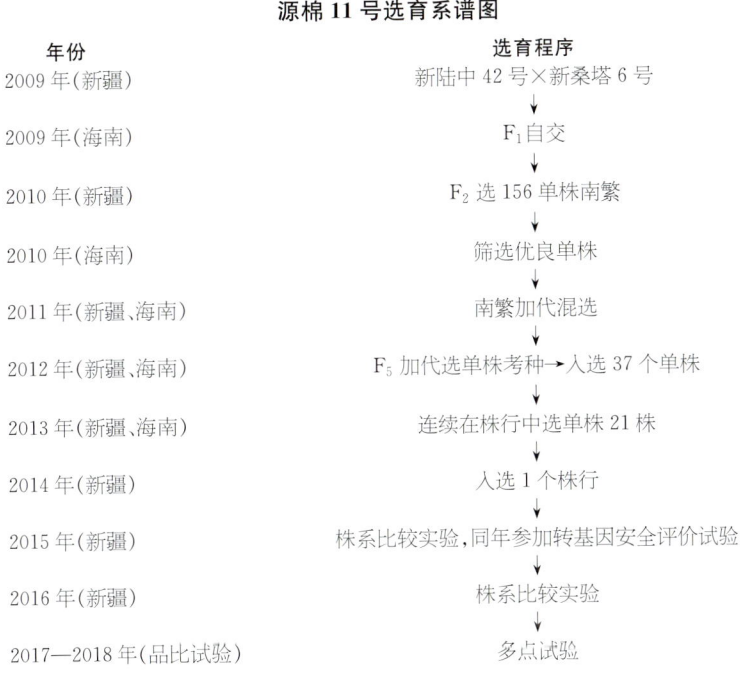

图9-3·绿洲高品质棉花选育技术路线

3. **杂交回交育种**·回交法是品种间杂交的一种特殊类型,适于将需要基因快速转入农艺性状优异的品种,选育出抗病丰产的优良品种。从杂种一代起多次用杂种与亲本之一继续杂交,从而育成新品种,其中最有代表性的新陆中1号,其杂交回交选育技术路线如图9-4所示。

双亲杂交,① F_1回交于轮回亲本;② 从回交后代中选择具有目标性状(像非轮回亲本)和综合性状(像轮回亲本)的植株与轮回亲本连续回交;③ 自交纯化,在自交过程中选择具有目标性状且农艺性状优良的植株及稳定系;④ 按常规进行产量比较试验,区域试验,生产试验。

4. **远缘杂交育种**·农作物的近缘野生种属具有对多种病害的高度抗病性,通过远缘杂交,可以将异源抗病基因转移到农作物中,选育出高抗和多抗品种,同时还极大丰富了农作物的遗传基础。

远缘杂交的目的主要是为了转育陆地棉品种中所缺乏,而野生种具有的一些优良性状,如高抗某些病虫害、抗旱、抗寒、抗盐碱、纤维强度和细度特别好及种子高含棉酚或种子无腺

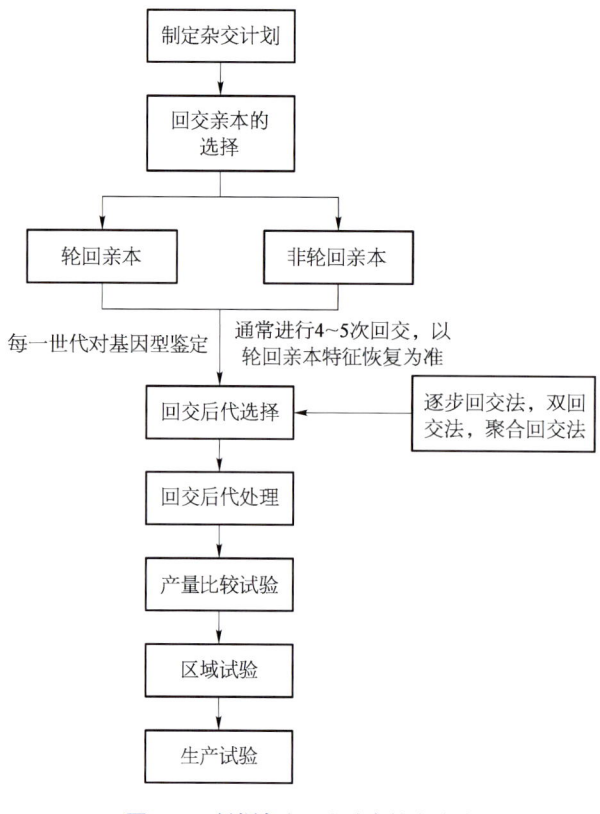

图 9-4 绿洲杂交回交选育技术路线

体等性状。因此远缘杂交的育种目标是培育丰产、优质、具有野生种某一优良性状的新品种或种质材料。育种目标确定后选配亲本时可参考前人对野生种具有哪些优良性状,以及哪些组合较易获得杂种等方面的研究报道,以克服选配亲本中的盲目性。

进行种间杂交一般采用两种途径,一为人工合成异源四倍体的方法,即将二倍体栽培种或野生种×二倍体野生种的 F_1 进行染色体加倍,获得异源四倍体,然后用陆地棉杂交和回交;另一途径为六倍体育种,即将四倍体栽培种(陆地棉或海岛棉)×二倍体野生种的 F_1 进行染色体加倍,获得六倍体,再用陆地棉多次回交。在长期的远缘杂交工作中,虽未对两种途径进行严格的比较试验,但在实践中认识到后一途径优越性较大,其优点是:染色体数目多的亲本做母本,较易获得杂种;二元杂种比三元杂种遗传基础较简单,后代分离的时间较短,类型较集中,有利于后代的培育和选择;从改良现有陆地棉品种的某个或某些性状出发,采用(陆地棉×二倍体野生种)×陆地棉,再用陆地棉回交的途径,可达到陆地棉品种间常规回交育种法的目的。前一途径获得的杂种(核质杂种)其细胞质是二倍体棉种的,可能会给后代带来不利影响,如以二倍体野生种为母本,表现更为突出。

远缘杂种 F_1 染色体加倍后,一般用栽培品种杂交或回交 1~2 次,单株结铃性可初步恢复但单铃种子数比栽培品种少得多,一般 10 多粒。总之在远缘杂种的低世代,培育的重点是促使杂种育性迅速恢复。

(1)单株选择。远缘杂种后代选择单株最适宜的时间,笔者认为应具有以下两个条件:一是要求结铃性基本恢复正常,在大田栽培条件下,单株结铃 8 个左右,单铃种子数 15~20 粒;二是要求回交后代混合群体至少有 20~30 株。一般杂交组合的 BC_1F_2 和 BC_2F_2 代达不到以上要求。后代群体有一定的数量,才有可能通过分离重组,选出优良基因组合的个体。后代群体大,分离类型多,选出较理想类型的可能性也大。与陆地棉品种间杂种比较,远缘杂种分离世代长、稳定慢,即使从 BC_3F_2 或 BC_4F_2 中选出的优株形成的株行或株系,其表型性状或某些内在性状可能还要继续分离。因此,通过形态观察和某些内在性状的鉴定,还要连续选择 1~3 次,才能获得较稳定类型。

(2)进一步回交或优行(系)间的杂交。为了从远缘杂种后代中获得丰产、优质并具有某种目标性状的新种质材料,常需用大面积栽培的丰产、优质品种对其进一步回交1~2次;或将各具特色能互相取长补短的优行(系)间进行杂交。这两种方法可分别采用,也可兼用,最后都可获得育种目标所需的新种质。

(3) 后期采用系谱法选育。经过多次回交选择,获得遗传性较稳定的优良单株后,即可用常规的系谱法选育,进行株行、株系、品系比较,以当地栽培的丰产优质品种为对照,考查材料的产量和品质性状,同时对育种目标要求的特殊性状进行鉴定,保留优系,淘汰劣系,最后获得所需要的材料。

(4) 对转育特殊性状材料的鉴定。在培育选择材料的始终,对目标性状的要求不能放松。因采用90系列测定纤维品质,单株即可鉴定。而抗病虫或抗逆境的鉴定,因条件限制,难容纳1 000株以上的单株,且鉴定费用大。所以应从优良株行开始鉴定。总之,在条件许可下,尽早对较多材料进行鉴定,以免有利基因流失。

利用远缘杂交创造抗逆、优质种质,国内外已有成功先例,但在新疆特殊气候环境下,此方面的研究较少。新疆农业科学院经济作物研究所原遗传生理组(1983—1988年)从国内引进15种野生棉,通过组织培养手段保证其发芽、出苗,通过室内外结合及短日照处理,其中有10个野生棉开花结实,除用于杂交外,还收到种子。其次改进杂交方法,克服了远缘杂交不孕的难关,使二倍体野生棉与四倍体长绒棉杂交成功,杂交结实率达72%。同时摸索出一套远缘杂种F_1染色体加倍技术,成功地获得了远缘杂种F_1种子。

5. 诱变育种·与自然突变相比,人工诱变突变率高、突变谱广,适于打破植物性状间的不利连锁,能促进基因重组,所诱致的突变性状遗传稳定,育种年限较短。

诱变育种的原理是基因突变。就是利用各种物理因素和化学因素诱发农作物产生异常变异现象,同时经过选择一定育种程序育成新的品种。物理因素主要包括各种X射线、射线、紫外线、中子、激光及电离辐射等;化学因素包括碱基类似物、硫酸二乙酯、亚硝酸、秋水仙素等。

经诱变处理产生的诱变一代,以M_1表示。由于受射线等诱变因素的抑制和损伤,M_1的发芽率、出苗率、成株率、结实率一般较低,发育迟延,植株矮化或畸形,并出现嵌合体。但这些变化一般不能遗传给后代。诱变引起的遗传变异多数为隐性,因此M_1一般不进行选择,而以单株处理为单位收获。

诱变二代(M_2)是变异最大的世代,也是选择的关键时期,可根据育种目标及性状遗传特点选优良单株(穗)。多数变异是不利的,但也能出现早熟、矮干、抗病、抗逆、品质优良等有益变异,变异频率为0.1%~0.2%。

诱变三代(M_3)以后,随着世代的增加,性状分离减少,有些性状一经获得即可迅速稳定。经过几个世代的选择就能获得稳定的优良突变系,再进一步试验育成新品种。具有某些突出性状的突变系,还可用作杂交亲本。

航天诱变也属物理诱变的范畴。利用棉花种子在宇宙空间条件下受到微重力和宇宙射线、高真空和交变磁场的影响,诱导某些性状发生遗传变异。新疆农业科学院利用航天诱变技术,创制了早熟、高衣分等变异材料。

(1) 航天诱变陆地棉种质。李雪源、孙国清(1999—2000年)从航天搭载15 d的7个棉花品种SP_1群体中筛选出16个早熟变异单株,这些单株的早熟性明显比搭载群体和对照群体的早熟性提早2～15 d。对这些特异单株继续观察种植，其SP$_2$的株行基本保持了变异后的特性，其他经济性状也呈现出一定规律性的变异。

（2）航天诱变海岛棉种质。新疆巴州农科所利用"实践8号"育种卫星搭载海岛棉B-3029种子，通过太空综合环境因素诱发种子的基因变异，增加变异系数，改良海岛棉的部分性状，期望获得更丰富的育种资源。经过田间研究，选育出了综合性状表现优良的3702、3706、3710、3715、3721五个新品系，改良创新出一批育种中间材料。并重点进行生育期观察、产量性状研究、品质测试和抗病性鉴定等。目前，有7个株系综合性状表现优异，另选育出近10个部分性状特别突出的育种中间材料，如超长绒类型、超高衣分类型、超强度类型、植株松散型等。其中有5个海岛棉株系生育期比对照提前了3～5 d；霜前皮棉产量比对照增产10%以上（表9-12）。

表9-12·航天育种在绿洲试验田选特异单株结果

(郑巨云等，2020年)

航载品种	入选单株	生育期(d) 单株	较ck	铃重(g/个) 单株	较ck	衣分(%) 单株	较ck	铃数(个/株) 单株	较ck	纤维长度(mm) 单株	较ck	比强度(cN/tex) 单株	较ck
新陆早4号	1-SP1	126	−15	5.3	−0.7	30.3	−4.5	7.0	+1.1	28.5	−1.9	20.4	−2.6
	1-SP2	130	−10	5.6	−0.7	33.1	−3.1	7.8	−0.5	29.1	−0.5	20.8	−0.9
	2-SP1	125	−14	5.2	−0.8	41.2	+6.4	5.0	−0.9	26.5	−3.9	19.3	−3.7
	2-SP2	130	−9	5.5	−0.2	39.8	+6.0	6.4	−0.1	27.3	−0.3	20.1	−1.8
	3-SP1	132	−9	3.9	−2.1	31.4	−3.3	9.0	+3.1	27.7	−2.0	20.4	−2.6
	3-SP2	135	−7	5.0	−0.7	34.2	−0.8	7.9	+1.3	28.0	+0.2	19.8	−0.2
	4-SP1	134	−7	6.4	+0.4	32.8	−2.0	5.0	−0.9	30.6	+0.2	23.4	+0.4
	4-SP2	138	−5	5.9	0	32.3	+1.7	6.2	−0.2	29.7	−0.2	21.8	+1.3
军棉1号	1-SP1	131	−12	6.4	−0.8	39.2	+4.2	6.0	+1.0	29.0	−2.8	18.6	−2.5
	1-SP2	133	−10	6.9	−0.3	40.1	+2.7	6.4	−0.3	30.1	−0.7	19.3	+0.2
新陆早6号	1-SP1	126	−13	5.1	−1.4	37.2	+1.8	11.0	+3.9	28.7	−1.1	19.7	+0.1
	1-SP2	130	−9	5.6	−0.6	37.6	+0.9	8.9	−0.7	28.3	−0.7	20.7	+1.1
新陆早7号	1-SP1	128	−2	4.0	−1.3	38.6	−1.2	10.0	+5.2	28.9	+0.2	18.6	+1.8
	1-SP2	132	−3	5.1	−0.3	38.3	−0.7	8.9	+3.7	29.0	−0.3	19.4	+0.7
	2-SP1	125	−5	6.1	+0.8	38.6	−1.2	4.0	−0.8	27.5	−1.2	17.0	+0.2
	2-SP2	129	−3	7.0	+0.5	37.3	0	5.3	−0.1	28.1	−0.6	18.0	+0.5
	3-SP1	128	−5	6.2	+0.9	35.1	−4.7	6.0	+1.2	28.7	0	19.8	+3.0
	3-SP2	131	−4	6.8	0	36.1	−2.1	6.7	+1.3	28.6	−0.2	21.7	+1.9
	4-SP1	128	−2	3.8	−1.5	40.0	+0.2	4.0	−0.8	27.2	−1.5	16.6	−0.2
	4-SP2	132	−1	5.0	−0.2	39.3	+0.6	5.9	0	27.7	−1.6	18.1	+0.1

续表

航载品种	入选单株	生育期(d) 单株	生育期(d) 较ck	铃重(g/个) 单株	铃重(g/个) 较ck	衣分(%) 单株	衣分(%) 较ck	铃数(个/株) 单株	铃数(个/株) 较ck	纤维长度(mm) 单株	纤维长度(mm) 较ck	比强度(cN/tex) 单株	比强度(cN/tex) 较ck
C-6524(苏联)	1-SP1	130	−10	5.4	−0.7	26.4	−0.3	6.0	0	29.8	−1.2	22.6	+1.0
	1-SP2	133	−7	5.4	0	31.1	+0.1	7.1	−0.3	30.1	−0.7	22.9	+0.8
	2-SP1	130	−10	6.3	+0.2	23.3	−3.4	5.0	−1.0	30.2	+0.2	22.3	−0.2
	2-SP2	132	−9	5.8	+0.2	30.8	−1.4	5.8	+0.1	29.9	+0.4	23.1	+1.0
新海12号(海岛棉)	1-SP1	119	−14	2.2	−0.8	35.0	+0.7	7.0	−2.8	32.3	−2.0	26.4	−1.7
	1-SP2	123	−9	2.1	−0.1	34.9	+1.3	6.9	−1.0	32.8	−1.1	28.7	−2.1
	2-SP1	119	−14	2.5	−0.5	26.7	−7.6	6.0	−3.8				
	2-SP2	121	−11	2.3	0	30.1	−4.0	6.6	−1.9				
	3-SP1					30.2	−4.1	12.0	+2.2	34.1	−2.0	29.1	+0.1
	3-SP2	125	−6	2.3	−0.4	30.8	−0.6	9.7	+0.1	35.4	+0.1	31.2	0
	4-SP1	121	−12	2.6	−0.4	36.5	+2.2	10.0	+0.4	32.4	−1.9	23.6	−4.5
	4-SP2	126	−8	2.6	−0.6	33.9	+0.4	9.0	−0.8	33.8	−0.8	25.8	−5.0

6. **南繁加代。** 新疆与全国棉花育种一样,利用海南岛热带气候进行冬季南繁加代,育种进程加快,许许多多新陆早、新陆中、彩色棉品种都是经南繁北育系统选育而成的,缩短了育种时间。全疆许多单位都在海南省三亚市建立了南繁基地,成为育种科研的理想基地,提高了育种效率。

7. **若干基础理论研究进展**

(1) 棉花分子标记辅助育种进展。近十几年来,棉花分子生物学的发展,为棉花品种选育及性状改良提供了重要的间接选择手段,使传统的棉花育种技术发生了深刻的变化。在传统的植物育种中,遗传变异通常通过目视选择进行鉴定,这种选择方法周期长且效率很低。随着分子生物学的发展,遗传变异可以通过基于DNA水平的变化和相应的表型从分子水平上进行鉴定,分子水平上的变化可以通过标记和扩增DNA以鉴别出个体之中的DNA变异。一旦从植株或它们的种子中提取出DNA,就可以通过聚合酶链式反应(PCR)或DNA杂交,基于它们的片段大小、化学构成和带电量结合聚丙烯酰胺凝胶电泳(PAGE)或毛细管电泳(CE)鉴定出样品中的变异。近年来,分子标记已在棉花育种研究中得到广泛应用,并将发挥越来越大的作用。棉花遗传图谱构建和分子标记辅助育种在纤维品质性状、抗黄萎病、雄性不育恢复系培育、抗根线虫病等方面具有巨大的运用价值和潜力。

陈全家团队(2017年)结合传统育种技术,开始对长绒棉优异纤维形成的分子机制进行研究。团队通过转录组学方法,鉴定了海岛棉不同纤维发育时期特异表达的基因,通过构建遗传群体对影响海岛棉纤维长度、比强度、马克隆值、整齐度、伸长度等主要性状,进行初步QTL(数量性状位点)定位;还从22个棉花纤维品质QTL中,筛选、克隆了6个可为新疆棉花纤维品质改良的基因,再利用分子生物学方法,验证候选基因与纤维发育的关系,获得10

余种棉花抗虫抗病优良纤维转基因棉花种质。

余渝等(2017年)利用覆盖全基因组有多态性的214对SSR标记对118份含有1个或多个机采性状的种质资源的株高、始节高、始节位、第一果枝平均长度、生育期及脱叶率6个机采相关性状进行关联分析。利用Structure 2.3.1软件进行群体结构分析,并结合2年2点12个重复的田间表型数据,采用Tassel 5.0软件的混合线性模型MLM关联定位。结果检测到460个等位基因,涉及905个基因型,基因多样性指数平均为0.5151,PIC值平均为0.4587,基因多样性指数和PIC值都大于平均数的标记有99个,占总标记数的46.3%,说明该批SSR标记具有较多的等位变异数和较高的遗传多样性。群体结构分析将118份供试材料划分为4个亚群,结果显示各类群中材料与地理来源无对应关系。关联分析结果显示4种环境中,在显著条件下($P<0.05$),共检测到124个与6个机采相关性状相关的位点,对表型变异解释率范围为2.23%~14.15%;在极显著条件下($P<0.01$),共检测到20个与机采相关性状相关的位点,对表型变异解释率范围为4.84%~14.15%。基于本研究的结果,鉴定出典型的载体材料11份,分别为系7、金垦9号、Y11、豫棉18、AY-4、K2、朝阳棉2号、DZ22、中棉所43、C2、关农长早B14。以上发掘的控制棉花适宜机采性状的优异等位基因及优异亲本资源,可为机采棉的分子辅助选择育种提供理论依据。

(2)棉花离体培养再生技术进展。利用胚轴外植体或上胚轴外植体直接诱导多芽发生、伸长和生根的不依赖基因型、简单、快速的棉花离体培养再生植株技术,建立棉花再生体系,并在此基础上建立了新陆中9号、新陆中13号、新陆中15号、新陆中17号的遗传转化体系,对于花粉管通道方法,利用本专利方法更容易获得低拷贝转化体,相对于体细胞胚胎发生方法,本专利方法获得转化体变异率极低,几乎不产生畸形苗,为生产上应用的棉花品种进行基因工程遗传改良奠定基础。采用基因组学、生物信息学理论和技术,开发大量EST-SSR及SNP标记,构建高密度和高精度的遗传连锁图谱;精细定位棉花优质(纤维品质)、高产(株高、产量因子)、抗病(黄萎病、枯萎病等)、抗虫(蚜虫、红蜘蛛等)、耐旱、高油等重要性状基因/主效QTL。将QTL与微阵列结合起来,全基因组水平上定位重要性状表达的QTL(eQTL)。

结合转基因技术与分子标记技术,建立棉花重要性状多基因聚合育种体系平台;聚合不同来源、不同类型的目标功能基因,同步改良和提高纤维品质、产量和抗病虫等主要性状,筛选综合性状优异的适于不同生态区种植的优质、高产、多抗、高效棉花聚合育种新材料、新品种。

邓莉等(2018年)采用农杆菌介导法,对海岛棉胚性愈伤组织进行遗传转化。经抗性培养基筛选得到抗性胚性愈伤组织,进而嫁接得到抗性植株。通过对抗性植株进行PCR以及Southern blot检测,确定了Bt基因已经整合至抗性植株的基因组中。通过对这些转基因植株进行室内抗虫性鉴定,调查棉铃虫幼虫的死亡情况、幼虫对转基因植株叶片的取食情况以及幼虫的生长状况,以此为指标来综合评价其抗性程度。

(3)棉花遗传多样性分析及QTL定位进展。李雪源团队采用世代平均值法、主—多基因混合遗传模型分离分析法和QTL分析法完成了对目标组合纤维品质性状即纤维绒长、比强度、整齐度、伸长率的准确标记定位及遗传分析,F_2群体标记出4个纤维品质性状的6个QTL位点,其中纤维长度1个QTL位点,整齐度1个QTL位点,比强度3个QTL位点,伸长率 1 个 QTL 位点,得到 4 个连锁群,并且 13 个标记全部进入连锁群,连锁图谱总长 117.3 cm,标记间平均距离为 9.02 cm。B_1 群体标记出 2 个 QTL 位点,其中纤维长度标记出 1 个 QTL 位点,比强度标记出 1 个 QTL 位点。经连锁分析,得到 3 个连锁群,有 8 个标记进入连锁群,连锁图谱总长 151.4 cm,标记间平均距离为 18.93 cm。

采取分子标记 QTL 定位与聚合回交育种相结合,对优良纤维品质[(新陆早 7 号×中 2621)×新陆中 9 号]×新陆早 16 号群体材料定向选择培育,获得了优良纤维品质、高产的新品种——新陆中 42 号,该品种纤维绒长 30.3 mm,比强度 30.8 cN/tex,马克隆值 4.6。长度、强力、细度指标匹配合理,产量综合性状突出,衣分高达 43.21%。

从新陆中 9 号的 $F_{2,3}$、回交分子标记遗传群体中,选育了优质中长绒棉花新品系 338,绒长 32.8 mm、比强度 38.3 cN/tex、马克隆值 4.0,纤维品质主要指标搭配合理,尤其是比强度特别高,有力地解决了新疆棉花纤维比强度偏低的问题,同时具备高抗枯、黄萎病性。枯萎病鉴定:苗期枯萎病指 1.7,剖秆鉴定 3.2。黄萎病鉴定:花铃期枯萎病指 7.6,剖秆鉴定 15.7。

通过标记定位优良纤维品质基因位点,创制了含有优良纤维品质标记的新材料 20 余份。其中纤维长度大于 36 mm 的新材料有 18 份,代号为 754 的绒长最长,达到 36.6 mm,较主栽品种的纤维长度提高 20%。纤维比强度大于 38 cN/tex 的新材料 13 份,代号 169 的纤维比强度达到 41.4 cN/tex,较主栽品种的比强度提高 30%。

艾先涛、龚照龙(2014 年)利用 SSR 标记对 94 份新疆自育陆地棉品种的遗传多样性进行研究分析,结果表明:从分布于棉花全基因组的 206 对 SSR 标记中筛选出 54 对具有稳定多态性的引物,共检测出 153 个多态性位点,每对引物的等位变异为 2~6 个,平均为 2.93 个;基因型多样性(H')变幅为 0.043 9~0.714 9,平均为 0.449 1;引物多态信息含量(PIC)为 0.043 0~0.664 0,平均为 0.383 1。表明 SSR 标记在品种间可以反映较丰富的遗传多样性信息。94 份品种间成对遗传相似系数变幅为 0.384 6~0.983 5,71.9% 的品种相似系数在 0.601~0.800,反映出新疆陆地棉品种间的遗传相似性相对较高。根据 UPGMA 聚类分析,在阈值为 0.63 时,将 94 份品种划分为 2 个类群,说明新疆陆地棉品种间遗传关系相对简单,品种的遗传基础相对狭窄,品种遗传组分差异较小,总体上遗传多样性不够丰富;分子聚类结果与品种本身遗传系谱背景和演变趋势吻合度较高,符合品种的真实特性。研究表明,自育品种在分子水平上差异不大,需要努力拓宽品种选育的遗传基础。

聂新辉等(2014 年)以新疆截至 2012 年审定的 51 个新陆早常规棉花品种(杂交棉品种除外)为材料,利用 SSR 标记进行遗传多样性分析。实验从 5 000 对 SSR 引物中筛选出多态性高、稳定性好且明确定位在棉花 26 条染色体上(每条染色体上选择 2~3 对)的核心引物 75 对。SSR 扩增检测到多态性基因型位点数共计 226 个,每个标记检测到的基因型位点数在 2~12 之间,平均为 3.01 个;引物多态信息量(PIC)值介于 0.079 9~0.875 2,平均值为 0.662 4。聚类分析显示,51 个新陆早棉花品种遗传相似系数变化范围为 0.426 9~0.987 3,平均值为 0.707 1,表明新陆早棉花品种之间遗传多样性较狭窄;遗传相似系数矩阵和聚类分析将 51 个新陆早品种分为 4 大类型,与原品种选育系谱高度吻合。

孔令磊等(2017 年)以陆海高代回交自交获得的 2 套优质海岛棉染色体片段渐渗系材料

为亲本,分别构建了以广泛种植的陆地棉中棉所 36 和中棉所 45 为遗传背景的双交 F_1 分离群体及 $F_{1:2}$ 验证群体。对其产量和纤维品质性状进行评价,利用微卫星标记(SSR)对亲本和双交 F_1 群体进行基因型分析,并对 2 个世代的产量和纤维品质性状进行 QTL 定位。对不同遗传背景下双交 F_1 和 $F_{1:2}$ 群体的产量和纤维品质性状进行描述性统计分析,均呈正态分布。中棉所 36 遗传背景下的 2 个群体的上半部平均长度、断裂比强度的超亲比例在 78.31% ～ 94.85%,衣分的平均值分别为 35.10%、42.32%,超亲比例分别为 55.38%、47.43%;中 45 遗传背景下的 2 个群体的上半部平均长度、断裂比强度的超亲比例在 82.18% ～ 98.30%,伸长率的平均值分别为 7.10%、7.17%,超亲比例分别为 97.70%、83.82%。利用均匀覆盖棉花全基因组的 527 个 SSR 标记对亲本及双交 F_1 分离群体进行分子检测,中棉所 36 遗传背景下亲本(MBI4098、MBI4097、MBI4068、MBI4067)的背景恢复率均达 95% 以上,群体单株恢复到中棉所 36 背景的平均比率为 96.58%,渐渗片段数量主要集中在 14 ～ 21 个,渐渗片段长度主要集中在 120 ～ 160 cM。中棉所 45 遗传背景下亲本(MBI7115、MBI7412、MBI7153、MBI7346)的背景恢复率均达 97% 以上,群体单株恢复到中 45 背景的平均比率为 97.70%,渐渗片段数量主要集中在 12 ～ 18 个,渐渗片段长度主要集中在 100 ～ 160 cM。利用 Icimapping 分别对不同遗传背景下的两个世代进行产量和纤维品质性状 QTL 定位,中棉所 36 遗传背景群体共定位到 75 个 QTL,其中纤维品质相关的 QTL 有 59 个,产量相关的 QTL 有 16 个,在两个世代中能同时检测到的有 12 个,10 个属于新发现的 QTL。中 45 遗传背景群体共定位到 41 个 QTL,其中纤维品质相关的 QTL 有 30 个,产量相关的 QTL 有 11 个,在两个世代中能同时检测到的有 5 个,均为新发现的 QTL。发现多个控制不同性状的 QTL 与同一个标记位点紧密连锁,有成簇分布的现象。在中棉所 36 背景群体中有 20 个标记分别与 62 个 QTL 紧密连锁,中 45 背景群体中有 7 个标记分别与 27 个 QTL 紧密连锁。发现 3 个 QTL 簇可用于 MAS 对陆地棉产量和纤维品质进行同步提高。

李常凤等(2018 年)利用生物信息学方法对陆地棉 ADH 家族基因进行全基因组挖掘和分析,系统地解析 Gh ADHs 的序列特征、基因结构、染色体分布、非生物胁迫下基因表达模式以及蛋白进化关系、结构域特征与亚细胞定位等。结果表明,陆地棉基因组中共鉴定得到 28 个 ADH,分布在 16 条染色体上;对应氨基酸可分为 ADH1、FDH1、ADH0 和 BAD1 等 4 个亚家族,长度从 292 ～ 440 个不等。均含有两个主要的结构域——催化结构域及辅酶结合结构域,且具有相同的亚细胞定位;表达分析显示大部分 Gh ADHs 对 ABA、干旱、盐、碱、涝、低温和高温等一种或多种胁迫表现出显著应答,暗示 Gh ADHs 在抵抗非生物胁迫中可能发挥重要作用。

王娟等(2017 年)对 118 份陆地棉种质资源的衣分、单铃重、单株铃数及子指等 4 个产量相关性状进行 2 年 2 点的表型鉴定,并利用覆盖全基因组的、有多态性的 214 对 SSR 标记进行标记与性状的关联分析。结果表明,118 份材料的 4 个产量相关性状表型变异丰富,平均变异系数的变幅在 6.1% ～ 19.1% 之间,且在各环境中表现较为稳定;基因型分析表明,214 对标记共检测到 460 个等位变异,基因多样性指数平均为 0.515 1,PIC 值平均为 0.458 7,表明该批标记具有较多的等位变异数和较高的基因多样性;群体结构分析表明该批材料可分为 4 个亚群,且各类群中材料与地理来源无对应关系;关联分析结果显示,在显著条件下

($-\log 10P > 1.3$，$P < 0.05$），共有 39 个标记位点能够在 2 个及 2 个以上的环境中同时检测到，其中有 4 个标记位点同时与 2 个以上性状相关联，进一步比较发现，有 7 个位点与前人研究结果一致，其余 32 个位点为新发现的位点。研究结果可为陆地棉产量性状遗传改良的分子标记辅助选择提供理论依据。

田文刚（2019 年）从陆地棉中克隆了 S-腺苷甲硫氨酸脱羧酶基因，并通过相关生物信息学和 qRT-PCR 分析了该基因基本的理化性质和不同逆境胁迫条件下的表达特性，通过转化模式植物拟南芥和烟草，分析 *GhSAMDC1* 基因的功能，通过解析 *GhSAMDC1* 基因调控多胺合成代谢、植物生长发育以及参与抗逆过程的基本原理和作用机制，为后期多胺相关功能研究和植物抗逆育种提供新的理论依据。

朱超等（2016 年）利用花粉管通道法获得的转 A1-二氢吡咯-5-羧酸合成酶（Pyrroline-5-carboxylate synthetase，MvP5CS）高代棉花材料，比较田间干旱胁迫下转 *MvP5CS* 基因的 T_6 代 3 个株系植株与受体棉花材料 D5 主要生理生化指标和农艺性状的差异，发现从生理生化指标分析，转基因棉花比非转基因棉花植株更有利于在干旱胁迫条件下生长。从干旱胁迫后测量的农艺性状、产量性状和纤维品质的比较发现，转基因棉花植株的叶片颜色更绿；植株的主根更长，须根更多、更强壮；转基因棉花的单铃重、籽棉产量、皮棉产量、棉花衣分等性状明显优于非转基因棉花，纤维长度和强度略有增加，马克隆值降低，品质得到改善。

赖成霞等（2016 年）应用涡旋混合器对传统的棉花基因组 DNA 的提取过程进行改进，获得的棉花基因组 DNA 具有高完整性、高纯度的特性，SSR 分子标记结果明显。利用涡旋混合器能有效提高棉花基因组 DNA 完整性及纯度，将为后续开展棉花分子育种奠定了基础。

(四) 推进绿洲棉花育繁产业化

1. **组建棉花生物育种工程技术研究中心**。建立生物育种、栽培生理、棉种检测实验室，扩建种质资源库，建设育种所需的各种鉴定圃（池）及温室。

2. **开展分子标记、转基因和生物育种研究**。以研究棉花遗传转化和分子标记为切入点，重点开展与棉花遗传育种密切相关的分子生物学应用基础研究，建立棉花功能基因规模化高效转化、分子标记辅助育种和棉花生物技术育种三大技术体系。

3. **做好常规抗虫棉及杂交棉品种的选育研究**。侧重做好二系、三系配套及中、长绒和彩棉新品种的选育与研究。根据目前二系、三系配套及彩棉品种的特性，选育品质优良、色彩鲜艳、着色稳定、产量高的新品系。

4. **技术集成创新**。当前，单项技术的创新已很难满足生产对品种、技术的高要求。为此，开展了棉花品种、农技（机）、农艺有机结合的研究，以尽快走出一条适合我国国情的棉花品种、农机、农艺有机结合的棉花生产机械化之路。

二、存在问题

转基因技术在新疆棉花应用中的尴尬境地。20 世纪 90 年代末转基因在内地种植，21 世纪前 10 年，转基因开始陆续进入新疆，但应用仍存在问题。

(一) 新疆转基因抗虫棉品种的选育与应用脱节

虽然新疆和全国一样,棉花转基因抗虫棉研究应用已有 20 年发展历程,培育和审定了转基因抗虫棉品种,但是未能在生产中推广应用,这是新疆棉花品种多、乱、杂的重要原因之一,致使新疆区试评价品种与生产种植品种的两张皮,延伸至种子市场的套牌、假冒,种子监管的被动造成很大的浪费。

前面所述,新疆转 Bt 基因抗虫棉种植不推自广的主要原因是抗虫棉对遏制棉铃虫的危害起到了重要作用。自转基因抗虫棉不推自广以来,新疆绿洲棉铃虫再没有出现大发生现象。不仅如此,种植转基因抗虫棉农民还增加了直接收入。1999—2001 年调查表明,种植抗虫棉品种棉农每公顷增加收入 1 800 元。

再据中国科学院农业政策研究中心对黄河流域棉区、长江流域棉区的多年、多点、多样本调查结果,种植转基因抗虫棉能提高单产、节约劳动力、节约农药、改善环境、减少农民打药中毒机会。其中,转基因抗虫棉产量显著高于非抗虫棉产量的 13.5%~62.3%。从转基因抗虫棉作为农药的产出效率看,可增加棉花产量 8.8%。转基因抗虫棉对农药使用有显著影响,抗虫棉较非抗虫棉可节约农药 56%。种植转基因抗虫棉比非抗虫棉农民因打药中毒的概率减少 11%。种植抗虫棉单位面积用工较非抗虫棉用工减少 24.4 个/hm^2。随着时间推移,也会出现抗虫棉的农药使用量与非抗虫棉相比差距逐步缩小的问题。

起因自农业部《关于加强转基因抗虫棉管理的通知》(农农发[1998]2 号),其中一句"西北内陆棉区近年不要推广抗虫棉"。当时担心我国抗虫棉技术跟不上国外,以防市场"全军覆没"。2015 年以来,中国农学会棉花分会及有关专家向有关政府部门提出放开新疆种植转基因抗虫棉的建议,也向政府有关部门专门汇报。

2016 年 5 月 30 日,农业部宣布一批失效文件,其中包括农业部(农农发[1998]2 号)《关于加强转基因抗虫棉管理的通知》。应该认为,转基因在新疆开展试验示范和环境释放不存在制度上的问题。2019 年新疆开展了转基因抗虫棉区试,南疆、北疆分别有 11~13 个品种参试。2020 年抗虫棉区域试验被停止,这一历史遗留问题引发新疆棉花品种区域试验参加试验为非抗虫棉,商品推广品种多为抗虫棉的问题,它是引起品种"套牌、假冒"的原因(见第四章、第十三章)。

(二) 机采棉品种选育没有跟上生产的需求

绿洲棉花机械化采收始于 21 世纪初,迄今机采棉种植模式达到 80%,机械化采收面积占 50% 以上,然而,机采棉花的育种没有跟上生产的需求。

从实践来看,现行生产突出问题是杂质含量高,机采清花对品质损害过大,而杂质含量高与品种熟性的关系更为密切。主要表现为:① 生育期过长。由于机采棉需要提早 15 d 左右脱叶,生育期也应提早,现行审定品种生育期应缩短 8~10 d。② 纤维长度、强度和细度的遗传品质指标的协和性差,其中南疆马克隆值偏大问题最为突出。③ 农艺性状不配套,其中前发性不够强后发性强易晚熟。同时,需要具备高产稳产、抗病抗虫特性,株型比较紧凑,脱叶剂敏感,自然落叶更好等。

(三) 棉花育种科研自身问题

迄今为止,除棉花品种中棉所 49 在绿洲育成并于 2016 年获得国家科技进步二等奖以外，新疆本土育成的新陆早系列、新陆中系列、长绒棉系列、彩色棉系列品种均无获得国家奖励，也从侧面证实新疆本土培育的品种无论育种技术、方法还是理论都存在严重不足。当前外来科研机构和棉种企业对新疆育种科研和种子市场既产生冲击也产生相互促进的竞争。

1. **品种科技含量急需提高**·育种基础研究、种质资源创制能力十分薄弱。在育种新材料、育种新方法和植物基因工程育种方面基础薄弱，缺少持续发展的后劲。目前新疆绿洲棉花育成品种的遗传多样性非常单一，难以育成突破性的"大品种"。

分子育种滞后。这是制约新疆棉花育种创新的"瓶颈"问题。

商业化育种集成度低。新疆棉花种业科技创新的主体是科研院所，而科研单位育种与企业相互割裂，导致商业化育种集成度低。

新疆种子企业实力弱，缺乏核心竞争力。种子基地建设中企业单个规模水平偏低，较低的资本规模限制了企业在技术创新、产业整合和市场开发等方面的投资能力和成本控制能力。从从业人员及构成上看，高水平的职业经理人和技术人才都很缺乏。棉种生产经营分散，规模小，目前新疆各地州、各县市都有自己的种业，各种业的销售区域基本局限在本区域范围内，自身能够做大做强的困难太大。

2. **外来棉种企业对新疆市场的冲击大**·随着黄河流域、长江流域棉区的种植面积逐年减少，内地的企业开始进驻新疆这个全国最大的棉花生产基地。这些内地企业进入新疆带来了更好的育种资源、育种技术、育种人才，同时在新疆很快建立起育种基地、良繁基地和推广营销体系。如深圳创世纪种业公司、河北国欣棉业公司、中国农业科学院棉花研究所组建的中棉种业公司、山东新疆鲁丰种业等，这些外来企业给原本的新疆棉花种业带来各种冲击。据统计，目前新疆每年通过各种形式参加自治区试验的外来企业、科研单位参试品种已占全部参试品种数的25%左右，并且还在不断提高。

3. **科研人才缺乏，支撑能力不足**·由于绿洲地域广阔、试验条件和仪器设备支撑保障弱，试验研究的工作量大但工作效率低。棉花育种材料积累少，基础研究薄弱，种质创新手段较为传统和落后。棉花育种科研人才不足，领军人才缺乏；种业企业投入少，棉花育种专业人才少等。

第三节·提升绿洲棉花品种可持续供给能力对策

一、技术方面

（一）加强条件建设，提高育种支持保障能力

建立棉花种业创新平台，继续创新引进和改良企业核心种质资源；对高代材料进行多点、多生态区测试，对稳定品系进行抗病、转基因、纤维品质、DUS、DNA 检测，继续杂交组培，在海南进行加代、鉴定，决选新材料；参加早熟陆地棉区试、预试，审定品种，建立共享测试网络、共享示范点。

(二)加强基础研究和高新技术研究,提高基础育种技术水平

新疆在基础研究和生物技术研发方面滞后,要加强基础和生物技术研发,重视具有自主知识产权的转基因棉花品种的开发,提高新疆棉花种业的核心竞争力。

1. **抗性育种方面·**选育耐旱、抗盐碱品种,解决南疆棉区水资源匮乏、次生盐碱危害加重的现状。选育耐旱、抗盐碱综合性状较好,原棉符合市场需求的棉花新品种。

2. **生物技术方面·**加强棉花优异基因挖掘及新材料创制、优异基因克隆、转基因技术及转基因新材料创制;加强棉花重要性状多基因聚合育种体系平台建设(分子标记技术、分子聚合培育优质、高产、多抗棉花新品种研究);加强筛选综合性状优异的适于不同生态区种植的优质、高产、多抗、高效棉花聚合育种新材料、新品种。

3. **转基因品种选育方面·**针对新疆转基因棉花研究起步较晚、基础薄弱等现状,应加强投入。转基因抗虫棉还存在许多问题需要解决,要有超前意识和技术储备。新疆种植结构单一,棉铃虫庇护所面积少,抗性风险比较大,要引起重视。

4. **机采棉品质选育方面·**通过筛选和机械采收,选育早熟好、脱叶干净、采净率高、采收品质好的"双30"(绒长30 mm、纤维比强度30 cN/tex)品种,以及抗逆性好的高产优质机采棉花新品种。

二、政策方面

(一)加大品种研发投入是提高育种技术水平的重要保障

全疆拥有科研能力的种子企业不到1.5%,科研经费投入不到种业收入的1%,低于国际公认的5%的"死亡线"。

建议设立棉花现代种业发展基金和专项资金,支持生物技术方面的投入,加大品种选育力度,坚持自主知识产权品种创新。支持产学研相结合的育、繁、推一体化棉花良种攻关,支持良种联合攻关共性技术平台建设、攻关队伍建设,推动产学研深度融合,解决我国种业面临的多、散、弱问题,淘汰没有竞争力的企业。

(二)制度上推进种业的产学研协同创新

发挥现有资源优势,实现种业企业与科研院校产学研合作,在南、北疆建立棉花生态试验站,建立早熟、早中熟优质机采陆地棉、常规陆地棉、优质长绒棉选育中心,开展商业化育种,实现资源共享,提高棉种企业科技竞争力。

(三)加强种业发展的组织制度建设和机制建设

成立新疆棉花种业发展联盟工作组,建立合作、联合、重组、分配、协调机制,协调统筹各项工作。如探索建立成果转化利益分配机制,包括科研人员和育种材料有条件共享机制,成果收益按比例分成与股权激励机制等,为种业发展提供制度机制保障(见第十三章)。

(四)加强种业发展规划的政策配套

积极争取国家在政策和项目上对新疆棉花种业的支持,引导企业与科教相结合、实现育繁推一体化,解决种业问题,自治区制定扶持种业重组整合的优惠政策和相关配套政策。

(五)构建新疆棉花品种DNA身份鉴定体系

开展棉花商用品种的真实性检验。应用SSR(Simple Sequence Repeat,SSR,简单重复

系列)或 SNP(simple nucleotide polymorphism,单核苷酸多态性)方法,从区域试验、审定公告发布到良种繁殖再到商业经营需进行全程跟踪检验,建立可追溯的品种档案,并由检验机构予以公布,作为执法的重要依据。

(六) 改进和提高品种区域试验水平

区域试验是棉花新品种选育的重要环节和审定的主要依据。区域试验制度既要有利于对新品种的科学评价,又要满足育种工作的需要和利于新品种的产生。新疆地域辽阔,自然条件差异显著,棉花区域试验设立了南疆早中熟陆地棉区、南疆长绒棉区、"吐鄯托"长绒棉区、北疆早熟陆地棉区等4个亚区。

提高区域试验质量是提高品种筛选的最主要方法,新疆棉花区域实验一直采用统一组织、分亚区按轮进行,每轮开始时确定参试品系,连续3年,结束时进行综合评定,而后开始下一轮的工作。此法的优点是参试品系具有相对稳定性和连续性。但对个例适应性明显差、综合性状不良的品系不能及时淘汰,育种单位在每轮区域试验期间培育的优良品系也不能及时进行区域鉴定,若一轮结束后无合格品系,则该亚区至少在6年内不会有新品种出现,加之组织工作不强,试验准确性不高、分析方法简单,新品种选育工作受到很大影响。因此,对于区域试验结果,除各试点每年有统计分析结果外,主持单位要采用多因子综合分析方法,对各试点每年和多年的试验结果进行综合分析,作出科学评价。

改进棉花品种审定标准。现行品种品质的审定标准与高品质不对应,要求新品种的纤维长度、强度和细度(马克隆值)应协调(南疆马克隆值偏大、北疆成熟度偏低),早熟性指标与生态区、轻简种植制度应协调。

改革棉花品种审定制度。建议对品种审定进行"收放结合"的改革,比如海岛棉(长绒棉)和彩色棉放开,实行"绿色通道",由企业或科研单位决定是否发放或商用,在品种审定机构备案即可。

三、立法方面

(一) 深化种业管理体制改革,提高保障能力

建立政企分设、管理和经营相分离的种业管理体制,切实加强种子执法管理体系的建设,突出保证品种权保护、品品质、种子质量和种子事故仲裁,创造一个公平、合理、有序的竞争环境和市场氛围。

(二) 完善公共机构的服务职能,提高服务能力

以"制定规则,引导市场,解决纠纷,搞好服务"作为新时期行业管理的行为取向,强化市场监管。

(三) 加强种子法制管理

在《种子法》《植物新品种保护条例》等法律、法规及配套规章下,应逐步完善棉种产业的研发、生产、经营、销售流通等各环节,制定有关种子管理法规和制度,建立一支强有力的种子质量监督、检验、执法队伍,为依法治理种子市场提供有力的保障。种子管理由过去以种子质量监督为主发展为品种管理、质量管理、生产经营许可管理和市场管理(见第十三章)。

(主笔:郑巨云,李雪源,王俊铎,梁亚军;主审:李雪源;终审:毛树春)

参考文献

[1] 中国农业科学院棉花研究所.中国棉花遗传育种学.济南:山东科学技术出版社,2003.
[2] 新疆棉花学会.新疆棉花论文集(资料),1994.
[3] 中国农业科学院棉花研究所.中国棉花栽培学.上海:上海科学技术出版社,2019.
[4] 邓福军,陈冠文,余渝,等.中国棉业科技进步30年——新疆兵团篇.中国棉花,2009,36(增刊).
[5] 李雪源,郑巨云,王俊铎,等.中国棉业科技进步30年——新疆篇.中国棉花,2009,36(增刊).
[6] 汪飞,马祁,李号,等.转基因抗虫棉品种在新疆的抗虫性表现及利用研究.新疆农业科学,1999(4).
[7] 李保成,陈红.新疆转基因抗虫棉研究现状与建议.中国棉花,2002,29(6).
[8] 农业部.关于加强转基因抗虫棉管理的通知(农农发[1998]2号).
[9] 农业部.关于宣布失效一批文件的决定(农发[2016]2号),2016-5-30.
[10] 张朝晖,李雪源,王俊铎.棉花种业发展相关问题思考与政策建议.中国种业,2014(03).
[11] 王俊铎,赵素,琴谭新,等.新疆植棉区2018年棉花生产概况与种业报告.棉花科学,2019,41(6).
[12] 王俊铎,李雪源,梁亚军,等.新疆植棉区2017年棉花种业报告.棉花科学,2018,40(5).
[13] 董合忠.中国棉花种业和原棉品质的国际竞争力分析.中国棉麻流通经济,2014(4).
[14] 棉花良种科技创新规划(2016—2020).中国农业信息,2017(1).
[15] 于雅雯,余国新,魏敬周.供给侧改革背景下新疆棉花生产布局空间变化及影响因素分析.干旱区资源与环境,2019,33(5).
[16] 肖丽,黄润,任红松,等.基于SWOT分析的新疆农作物种业创新发展研究.农业科技管理,2016,35(3).
[17] 尤春源,聂新辉,吕军,等.新疆彩色棉育种进展现状及存在的问题.中国棉花,2011,38(2).
[18] 赵战胜,丁变红,吴新明,等.新疆早熟棉区不同品种机采棉机采性状的研究.江苏农业科学,2017,45(21).
[19] 孔宪良,万英,郭景红,等.新疆早熟彩色棉育种初报.新疆农垦科技,2002(2).
[20] 樊亚利.新疆棉花产业60年发展回顾与展望.新疆财经,2009(5).
[21] 喻树迅,范术丽,王寒涛,等.中国棉花高产育种研究进展.中国农业科学,2016,49(18).
[22] 毛树春,李亚兵,冯璐,等.新疆棉花生产发展问题研究.农业展望,2014(11).
[23] 陈小梅,李萍,陈雅欢.浅析新疆棉花育种存在问题及主要技术.种子科技,2019(8).
[24] 毛树春,李亚兵,董合忠.中国棉花辉煌70年.中国棉花,2019,46(7).
[25] 张秉贤,王国祥.试论我国彩色棉的发展.中国棉花,2000,27(12).
[26] 张雪林.彩色棉引种试验小结.中国棉花,1996,23(1).
[27] 陈全家.棉纤维发育相关基因转录组学表达谱分析研究[D].中国农业大学,2014.
[28] 王娟,董承光,余渝,等.棉花适宜机采相关性状的SSR标记关联分析及优异等位基因挖掘.作物学报,2017,43(7).
[29] 邓莉,张霞,曲延英,等.农杆菌介导转Bt基因海岛棉的获得及抗棉铃虫效果分析.分子植物育种,2018,16(2).
[30] 郑巨云,龚照龙,艾先涛,等.新疆陆地棉遗传连锁图谱构建及叶绿素含量和光合速率的QTL定位.新疆农业科学,2014,51(9).
[31] 聂新辉,尤春源,林忠旭,等.新陆早棉花品种DNA指纹图谱的构建及遗传多样性分析.作物学报,2014,40(12).
[32] 孔令磊,石玉真,袁有禄,等.棉花陆海渐渗系双交分离群体产量和纤维品质性状的QTL定位.棉花学报,2018,30(2).
[33] 李常凤,徐道青,郑曙峰,等.陆地棉ADH基因家族的全基因组鉴定及表达分析.分子植物育种,2018,16(7).
[34] 王娟,董承光,余渝,等.棉花适宜机采相关性状的SSR标记关联分析及优异等位基因挖掘[J].作物学报,2017,43(7).
[35] 朱超,杨云尧,游朝,等.转MvP5CS基因棉花抗旱性及其育种价值评价.干旱区研究,2016,33(1).
[36] 赖成霞,高丽娟,孔杰,等.利用涡旋混合器对棉花基因组DNA提取方法的优化及SSR技术应用.中国棉花,2016,43(5).
[37] 李雪源,王俊铎,梁亚军,等.新疆转基因抗虫棉发展回顾、现状及建议.中国棉花,2019,46(8).
[38] 邵红忠,卢金宝,练文明.南疆棉花自育品种发展前景展望.中国棉花,2013,40(5).
[39] 田文刚.棉花S-腺苷甲硫氨酸脱羧酶基因(GhSAMDC1)功能的初步研究[D].石河子大学,2019.

第十章
新疆绿洲棉花科学施肥问题和可持续对策研究

施肥是提高绿洲棉花产量和改进品质的一项重要的措施。据统计,在各项增产措施中,肥料所起的作用占30%~50%。本章回顾了绿洲棉花从有机肥到有机肥和无机肥配合再到无机肥为主的施肥发展进程。历史数据表明,绿洲棉田每投入1万t化肥养分可增产皮棉4.5万t,施肥与棉花产量呈现高度正相关,氮肥是第一要素,磷肥和钾肥分别为第二和第三要素,微量元素肥料主要是硼和锌。绿洲灰漠土长期定位研究结果表明,长期不施肥的灰漠土土壤有机质、氮、磷、钾的养分减少,长期施用磷肥具有明显的"富集效应",采用平衡施肥有利培肥土壤、改良土壤结构、提高作物产量和养分生产效率。

按照绿色发展的新要求,在秸秆还田基础上,绿洲棉田要采用有机肥和无机肥相结合、大量元素和微量元素相结合、基施与追肥相结合、注重肥和水与作物品种相配合的科学施肥方法。要不断改进提高绿洲棉花施肥技术和土壤管理能力,建议以家庭农场为单位定期开展土壤养分测定,开展肥料试验和营养诊断,制订家庭农场科学施肥计划,不断增施有机肥,不断减少化肥投入和碳排放,为绿洲的环境友好和棉花的可持续发展做出新贡献。在灰漠土长期定位试验的基础上,建议在南疆棕漠土增加长期定位试验点。

第一节·新疆绿洲棉花科学施肥回顾

一、绿洲棉花施肥发展阶段

回顾新疆绿洲棉花70年施肥的发展历程,大致划分为有机肥为主、有机无机肥结合、无机肥为主等几个发展阶段。

第一阶段:以施用有机肥为主,化肥氮使用量缓慢增长,化肥引进试验示范与技术准备初始阶段(1949—1966年)。

新中国成立前,新疆农民习惯于以轮休撂荒措施恢复与提高地力,除城镇附近施用少量有机肥外,根本没有施用过化肥。20 世纪 50—60 年代,化肥使用量很少,农业生产主要依靠有机肥料。为了保证农业增产,有机肥的积、制、保、用便成为当时肥料工作的中心任务。高温堆肥、沤肥、藏肥和近田养畜积肥、造肥措施得到广泛应用,使积肥、造肥、施肥面积和数量大量增加,改变了传统的赤地播种的状况。1952 年全疆施肥面积占播种面积的 20%,有机肥施用量 1.125 万 kg/hm²;1957 年施肥面积占播种面积的 40%,有机肥施用量 1.725 万 kg/hm²,1958—1960 年,施肥面积占播种面积提高到 60%~70%,有机肥施用量达到 3 万~3.75 万 kg/hm²;60 年代农家肥施用一般占播种面积的 30%~40%,有机肥施用量 2.25 万~3 万 kg/hm²。

厩肥、土杂肥等是良好的肥料,在棉花播种面积迅速扩大和化肥资源稀缺的情况下,要提高棉花产量,完全依靠厩肥资源有一定的困难。1955 年玛纳斯河流域、乌鲁木齐区部队农场曾提出,每年在冬小麦、春小麦收割之后大量栽种豆科作物(豌豆、绿豆、大豆、草木樨等)作为绿肥以提高土壤肥力,从而提高棉花产量。并明确提出,提高棉花单产必须施用氮磷化肥,目标籽棉产量 3 000 kg/hm²,至少施用磷酸钙 300 kg/hm²、氮肥 202.5 kg/hm²、钾肥 105~150 kg/hm²。

1953 年,新疆最早开展化肥试验示范,1955 年开展化肥施用方法——基肥、根部追肥、根外追肥、种肥、叶面喷施试验示范。1953 年 11 月 8 日,省农林厅在省棉花生产工作会议上安排化肥试验,指出:"重工业部已提供了硫酸铵和过磷酸钙等化肥,各地要积极进行试验示范,并总结经验,以便推广"。试验任务由农业部棉产实习班第一组和岳普湖县农业技术推广站承担。1955 年农业部棉产实习班第一组在 23 个团场承担试验,棉花施硝酸铵 262.5 kg/hm²,平均每千克硝酸铵增产籽棉 2 kg;施硝酸铵 157.5 kg/hm²、过磷酸钙 52.5 kg/hm²、钾肥 67.5 kg/hm²,平均每千克混合肥料增产籽棉 4 kg。岳普湖县农业技术推广站在该县铁力木乡试验,棉花深施有机肥中掺过磷酸钙 375 kg/hm²,收获籽棉 5 700 kg/hm² 的高产。

1956 年,农业部棉产实习班在新疆生产建设兵团的 24 个团场及巴楚县开展化肥试验,按 5% 棉种量的硫酸铵拌种,能培育棉花壮苗和促进生长,示范面积 267 hm²;棉花根外喷施 0.3% 硫酸铵溶液和 0.5% 过磷酸钙溶液,具有壮苗和促进生长发育的功能。

1955—1957 年,棉花等作物上用过磷酸钙和硝酸铵作基肥、追肥都有增产作用。通过试验初步肯定了棉花施用氮肥都能增产,为新疆棉花施用化肥奠定了基础。

1958—1967 年,化肥试验示范和推广扩大,化肥供应量和施用量也在不断增长。

1957 年,全国化肥试验网建立。1958 年成立了新疆化肥试验网三要素试验组。由自治区农林牧科学研究所牵头,参加单位有各地农科所、国营农场和试验站等。开展化肥试验网三要素基础试验,并在北疆玛纳斯县、五一农场等建立示范点,以点带面。

20 世纪 50—60 年代,新疆耕地土壤缺磷还不明显,磷肥肥效低于氮肥。施氮肥肥效快,立竿见影,因此农民乐于施用白化肥(氮肥),不愿施用黑化肥(磷肥)。以后随着氮肥施用时间的延续和用量的增加,耕地土壤缺磷越来越明显。

这时期化肥试验的主要内容和取得的成果:明确了氮、磷、钾肥在新疆各类型农业土壤都有增产作用,其作用大小:氮肥>磷肥>钾肥。由于广泛的试验示范证明了化肥对新疆农作物具有显著的增产作用,因此化肥施用量从 1956 年的 0.3 kg/hm² 逐步上升到 1966 年的 67.5 kg/hm²,棉花总产和单产分别由 4 582.5 万 kg 和 375 kg/hm² 增加到 15 862 万 kg 和 465 kg/hm²。

第二阶段：深施化肥和带肥下种，施磷技术处于孕育准备阶段，化肥投入增长起步阶段（1967—1979 年）。

改革开放以后，各地土壤肥料工作者重返土壤肥料工作岗位，又开始了化肥的试验研究工作，试验方案为氮磷钾三要素试验。

化肥品种多样，化肥用量增长。1976 年开始，国家从天津、上海为新疆调进了大量三料磷肥和磷酸二铵等高含量复合肥。加之新疆磷肥厂的投产，使新疆商品化肥在最初只有碳酸铵、硝酸铵 2 个品种的基础上又增加了尿素、硫酸铵、普通过磷酸钙、三料磷肥、二元素复合肥和三元素复合肥等品种。

1978 年 3 月，自治区农林局在印台区小麦生产经验交流会上提出化肥深施措施，要求各地"应将化肥深施作为一项重大技术措施加以推广"。

1979 年，第二次土壤普查试点发现自治区耕地土壤普遍缺氮少磷，不少地区单产原地徘徊，缺磷是主要限制因素。为了推广磷肥，首先从供应计划上调整了氮磷比例，适当减少氮肥，增加磷肥，并大力宣传耕地土壤缺磷及施用磷肥的增产作用。施肥方法主抓磷肥深施和磷肥做种肥及氮磷配合。

实行带肥下种，这样不仅肥料用量和挥发流失少，而且肥效集中，可大大提高肥料的吸收利用率，收到较好的经济效益，是合理用肥和节约用肥的一种好方式，其效果大于基施和追施。

第三阶段：氮、磷、钾化肥猛增，微量元素开始使用，平衡施肥、配方施肥等技术得到普遍应用（1980—2000 年）。

1980 年起，由于化肥供应用量增加迅猛，农家肥施用量下降，但仍保持在占播种面积的 30%～40%，单位面积施用量 1.5 万～2.25 万 kg/hm²。1994 年全疆积造农家肥 4 285 万 t，40% 的播种面积施用农家肥，用量 1.5 万 kg/hm² 左右。20 世纪 80 年代后期，由于棉田面积的迅速扩大，种植制度也随之改变，绿肥面积有较大幅度的减少，1994 年农区种草近 18 万 hm²，秸秆还田约 8 万 hm²。

80 年代初期开始，新疆开展了微量元素肥料试验。根据对全疆不同土壤类型各层次的土壤化验，摸清了土壤锌、钼、铁、铜、硼等微量元素含量及分布，编制了含量分布图，制定了新疆土壤微量元素含量的分级标准。先后在 36 个县市开展棉花微量元素肥料施用效果和施用技术试验，取得了十分显著的效果。90 年代初，微肥施用已在全疆普及，1994 年推广 39 万 hm²。这一时期，喷施宝、叶面肥、促控素等植物生长调节肥料也开始试验、示范、推广。

1980 年，全疆化肥施用量 62 万 t（实物量）、平均施用量 210 kg/hm²，1995 年化肥用量增加到 158 万 t、平均 525 kg/hm²，比 1980 年分别增加 1.6 倍和 1.4 倍。

随着化肥的普遍应用，施用技术也在不断改进。

化肥深施技术推广迅速。1984 年以后，化肥深施技术在全疆基本普及，试验结果指出，化肥深施比表施增产 15%～20%，利用率提高 16%～18%。80 年代初，带种下肥作为重大增产措施在全疆推广，与基肥和追肥相比，增产效果提高了 1 倍。如磷酸二铵用作长绒棉种肥，增产籽棉 1.06 kg。带肥下种的方式也由早期与种子混播发展到种、肥分层分行播施。

配方施肥。在 20 世纪 80 年代初由施用单一营养元素发展到多种营养元素配合，由定性施肥向定量施肥发展。1984年自治区农业厅提出在全疆地方开展配方施肥工作,据自治区土肥站80年代末对全疆12个地州近500个小区试验点的统计,配方施肥与习惯施肥相比,在肥料量相近时,可节约化肥15.3%,每千克标准肥可增产皮棉0.38 kg,比习惯施肥多增产0.12 kg。

第四阶段:由棉花专用肥、复合肥、复混肥等高浓度固体肥转向水溶性肥料为主导、水肥一体化、测土配方施肥、平衡施肥等新产品和技术应用,施肥向多元化、精量化转变(2000—2018年)。

进入21世纪以来,新疆棉花肥料从通用型复合肥向专用型方向发展。随着棉花产量水平的提高,氮、磷、钾配合施用显得更为必要和重要。

近年来,随着滴灌技术的发展,水肥耦合的滴灌施肥引起了关注。1996年,新疆兵团部分团场开展了棉花膜下滴灌施肥技术试验和示范,2000年在兵团各植棉团场及地方农场全面普及。棉花滴灌施肥可以将水、肥同时直接输送到棉花的根部区域,充分发挥肥水耦合效应,有利于促进根系对养分的吸收利用。根据棉花不同生育期需水量,灵活调节养分和水分,可减轻棉花旺长与肥水胁迫导致的减产。试验示范结果表明,滴灌施肥与传统地面灌溉施肥方式相比,棉田节水40%以上,棉花增产20%;氮肥利用率从40%左右提高到60%~70%,磷肥利用率达30%~35%。

2015年以来,新疆大力推进有机肥替代化肥行动,先后建立了11个化肥减量增效万亩示范片区,形成了绿洲棉花等作物化肥减量增效技术新模式。在这一过程中,全区积极推广测土配方施肥、膜下滴灌等高产高效、生态环保的施肥技术模式。

二、绿洲棉花施用肥料的增产作用

棉花施肥不仅能够快速提高土壤有机质和全氮含量,提高土壤肥力,还可以富集和转化土壤养分、改善土壤物理现状、加速土壤熟化、改良地产土壤、改变田间小气候、控制土壤返盐渍化。

化肥显著提高绿洲棉花产量。1980年施用化肥以来,棉花总产平均年增长率为9.64%,单产平均年增长率为3.68%。同期绿洲化肥(纯养分)总用量平均年增长率为6.95%。化肥年均增长率超过了粮食和棉花单产的年均增长率。

养分是限制绿洲棉花高产的主要因子。据长期定位肥料试验结果,土壤氮素是第一限制因子,施氮对棉花提高单产的平均贡献率为20.9%;土壤磷素是第二限制因子,施磷对提高单产的平均贡献率为13.2%;土壤钾素是第三限制因子,施钾对提高单产的平均贡献率8.8%。锌是绿洲棉花高产的潜在限制因子,硼、锰等各地表现有差异(表10-1)。

表10-1·新疆绿洲棉花高产的养分限制因子

(刘骅、王西和,2021年)

类 型	因 素	平均贡献率(%)
第一因子	氮	20.9
第二因子	磷	13.2
第三因子	钾	8.8

(一) 化肥投入对绿洲棉花的增产作用

施肥是棉花增产关键技术措施,也是调节土壤养分供应和改善棉株营养状况的主要手段。至 2018 年,新疆棉花连续 24 年实现棉花面积、单产、总产和调出量的全国第一,2018 年新疆棉花产量达 511.1 万 t,占全国的 83.8%,其主要贡献在于化肥的投入。

图 10-1 表明,从新中国成立初到 1958 年的 10 年间,新疆棉田主要以农家肥、有机肥投入为主,基本没有化肥投入,棉花总产平均仅为 2.6 万 t/年。

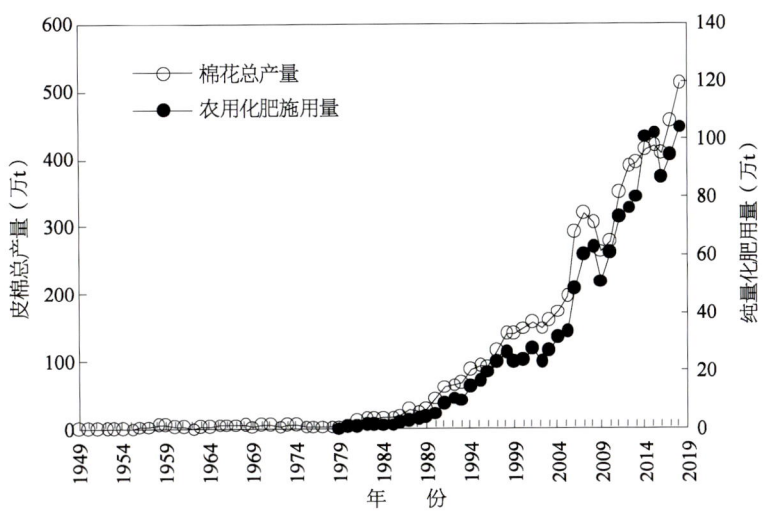

图 10-1·新疆绿洲棉花产量与化肥用量 70 年的变化

(数据根据 1950—2019 年《新疆统计年鉴》整理)

(王西和、刘骅,2021 年)

1959—1978 年的 20 年间,化肥投入有较快增长,平均单位面积投入量约为 42 kg/hm²,但总投入仍属较低水平,棉花总产平均为 5.5 万 t/年,是 1949—1958 年平均产量的 2.1 倍。

1979—1988 年的 10 年间,棉花化肥投入量较上一阶段略有增加,化肥总投入量为 1.7 万 t,单位面积平均用量约为 61.4 kg/hm²,是 1959—1978 年平均产量的 1.5 倍,棉花产量平均为 17.0 万 t/年。

1989—1998 年的 10 年间,棉花化肥投入量以前所未有的速度快速增长,化肥总投入量平均为 14.0 万 t/年,是 1979—1988 年的 8.2 倍,年均增加 2.4 万 t/年,增幅为 17.5%,单位面积平均用量约为 193.6 kg/hm²,棉花总产平均为 80.6 万 t/年,年均增幅为 15%。

1999—2004 年,棉花化肥投入量经历短暂的徘徊波动期。1998 年全疆化肥使用量达到历史最高的 85.6 万 t,随后几年则时高时低,徘徊不前,棉花产量也基本维持在 155.5 万 t/年。其原因首先是遵从报酬递减规律,随着化肥施用量的增加,单位化肥养分的增产量必然出现下降趋势。农民感觉到化肥的增产效果大大降低,施用化肥的积极性下降。其次,20 世纪 90 年代后期,由于国家政策等原因,农技推广工作面临资金缺乏、人员流失等困难,农技推广工作的力度有所下降。最后,在市场经济占主导地位的情况下,农民的收入水平对其购买化肥的行为有着重要的影响。农产品收购价格起落影响农民的收入水平,农产品价格高、农户收入好时,购买农资的积极性就高,化肥的使用量也高;反之亦然。1999年全疆的农业生产受到多种自然灾害的影响,而全国性的农产品调价使粮棉的价格大幅下降,其中小麦价格下降0.15元/kg,玉米价格下降0.20元/kg,棉花价格由11.4元/kg下降至7.4元/kg。农产品价格的下降使主要植棉区农民的收入受到严重影响,阿克苏、克州、喀什、和田的农民收入分别较上年降低了28.3%、17.7%、20.6%和15.0%,导致农民对生产资料的需求降低,化肥的施用量大幅下降。

2005—2018年,新疆棉田化肥投入恢复并持续增长。随着"九五"和"十五"科技攻关成果的推广,植棉区逐步开始实行测土配方平衡施肥技术,在全疆有80%以上的植棉县开展了县级土壤养分状况调查,并应用调查结果直接指导棉花平衡施肥,其间,化肥总投入和棉花总产分别年均增加5.5万t和24.3万t,年均增加率分别为7.4%和6.4%。通过平衡施肥,棉花施肥与产量实现同步增加,化肥增长率高于棉花产量增长率1.0%。尽管如此,平衡施肥还是提振了棉农施肥的积极性,平衡施肥技术已是新疆棉花增加产量、降低成本的最重要措施之一。

1979—2018年,新疆棉花产量与化肥用量的关系表明(图10-2),棉花产量与化肥用量间存在极显著正相关关系($P<0.01$),两者关系式为$y=4.4826x+21.18$(其中:y代表棉花总产量,x代表棉花化肥施用量,$R^2=0.9804^{**}$),充分说明施用化肥是新疆棉花总产和单产增加的重要因素。

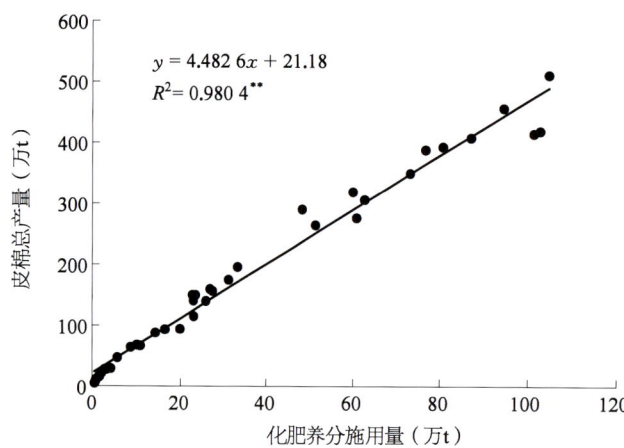

图10-2·1979—2018年新疆绿洲棉花产量对化肥施用量的响应

(数据根据1979—2019年《新疆统计年鉴》整理)

(二)不同肥料元素对新疆棉花的增产作用

随着新疆农业生产水平的提高,农业的科技和物质投入不断加大,增加了化肥的用量。1987—2018年32年间新疆棉花单位面积化肥折纯总用量由80.8 kg/hm² 增至420.1 kg/hm²,棉花单产由785.0 kg/hm² 增至2 051.5 kg/hm²,棉花化肥投入与单位面积产量分别增长了5.2倍和2.6倍,化肥投入与棉花产量增长的比例为2∶1,即棉花产量增加1倍,需要化肥投入增加2倍,此关系的成立至少需要在肥料边际效益内才能实现。此期间,氮肥(N)用量由48.6 kg/hm² 增至181.0 kg/hm²,磷肥(P_2O_5)由14.7 kg/hm² 增至107.3 kg/hm²,钾肥(K_2O)由1.4 kg/hm² 增至34.4 kg/hm²,氮、磷、钾肥增加量分别为132.4 kg/hm²、92.6 kg/hm²、33.0 kg/hm²,氮肥增加量>磷肥>钾肥,其差异主要因棉花对氮、磷、钾养分需求量的不同而引起(图10-3)。

通过对氮、磷、钾肥施用比例的分析发现,N∶P_2O_5∶K_2O由1∶0.3∶0.03逐步调整为1∶0.6∶0.2,前期化肥施用以氮肥为主,基本不施钾肥,随着对平衡施肥和新疆土壤养分特征的深入认识,目前磷肥得到充分补充,钾肥得到重视,氮、磷、钾匹配更趋合理。复合肥折纯量由1987年的16.1 kg/hm² 增加到2018年的97.4 kg/hm²,增加量为81.3 kg/hm²,其

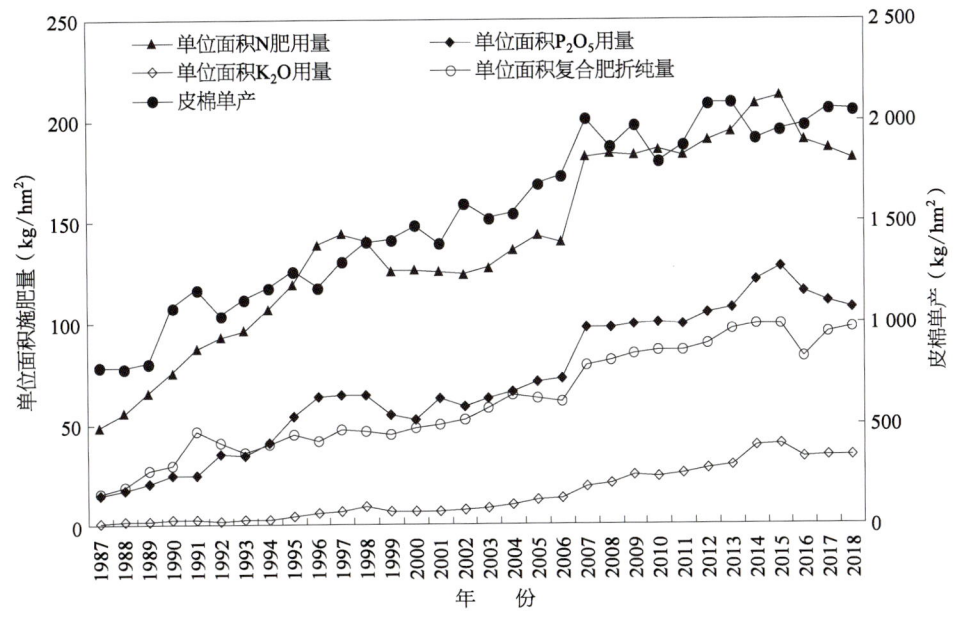

图 10-3 · 新疆棉花单产与化肥用量的变化

(数据根据 1979—2019 年《新疆统计年鉴》整理,王西和、刘骅,2021 年)

增加量大于钾肥,接近于磷肥,说明复合肥的施用得到普及,其对棉花的增产作用功不可没,尤其是一些栽培技术水平较低的棉农,通过施用棉花专用肥,操作上相对较为简单高效。

绿洲土壤氮缺乏,是限制棉花产量的主要因子,所以氮肥的投入要具有一定的合理性。但是,高产区和高肥力田,要控制氮肥的用量,防止过量投肥造成效益下降或减产。第二种限制因子就是磷,磷在土壤中移动性较小,长期施用磷肥,土壤会积累大量的磷肥,土壤含磷量较高时,可以少施或采取隔年施的方法。

有些田地由于长时间大量施用磷肥,土壤的有效磷含量较高,这种盲目施磷不仅浪费了大量的肥料,还阻碍了其他元素发挥有效作用。但是,对于新垦地和有效磷含量较低的地块,要施用磷肥。

新疆土壤含有丰富的钾,要有针对性地施用钾肥。作物对钙、镁、硫的需要量介于大量元素与微量元素之间,故这些元素被称为中量元素。新疆的土壤性质属于石灰性土壤,含有丰富的中量元素,一般不用施加中量元素肥料。铁、锰、锌、钼、硼、铜、氯等元素,作物需要量很少,被称为微量元素,要根据每个地区的化验测试或试验结果来决定是否需要补施微量元素。如果土壤中的营养元素含量不能满足棉花生长所需,就需要补施该元素肥料;如果没有一定的测试条件,可以根据各种微肥的田间试验,试验成功,说明该土壤缺乏此元素,要进行适量的补充。

棉花是一种对水肥比较敏感的经济作物。国内一些专家就滴灌施肥条件下棉花水肥耦合效应做了较多的研究。王海江等(2011 年)对膜下滴灌棉花水氮耦合研究表明,在灌水量 $4\,800\ m^3/hm^2$、施氮肥 $300\ kg/hm^2$ 条件下,棉花的干物质积累、水分利用效率和产量最大。龚江等(2011 年)膜下滴灌棉花灌水量、施氮量、密度耦合效应表明,高水、氮条件下棉花干重和产量都有所增加,但收获率有很明显的下降,所以过多的水肥投入并不利于棉花的增产。

保证充分的养分供应是棉花获得较高产量和效益的关键。长期以来,由于特殊的气候和地理条件,新疆棉花种植形成了重施基肥、补施追肥的施肥模式,这对早期棉花增产发挥了较好的促进作用。但随着滴灌和水肥一体化应用,以及水溶肥的发展,追肥作用逐渐加大,重施基肥作用在下降,过多的基肥易造成养分流失,也对土壤理化性质产生影响。因此,减施基肥、增施追肥为主要研究内容之一。然而,针对目前追求较高投肥量下获得高产的情况,如何做到科学投肥,实现减肥增效的目的,是当前急需要研究解决的问题。

对不同施肥方式下棉花平均产量和品质性状分析表明,施肥方式对棉花绒长和马克隆值影响未达显著水平,但少施基肥处理的棉花单铃重和衣分最高,免施基肥处理的棉花籽棉产量和皮棉产量最高,均显著高于常规基肥处理。从棉花产量、品质综合性状考虑,免施基肥处理达显著水平,棉花品质好、产量高,比常规基肥处理的籽棉产量高 419.3 kg/hm²、皮棉产量高 238.5 kg/hm²;比少施基肥处理的籽棉产量提高 352.5 kg/hm²、皮棉产量提高 38.3 kg/hm²。

滴灌施肥是一种有发展前途的局部灌水施肥技术,它是在适宜时候向缺肥部位输送肥料的方法,特别适合于干旱地区和一年生作物。以少量、频繁供给的方式向作物输送平衡养分,这本身在施肥方面就是一个重要的突破。但是,由于大田作物种植密度较大,使滴灌施肥的应用受到了限制。

氮肥对棉花的产量符合报酬递减率,氮肥施用量越多,棉花的氮肥单位产量越低,对于棉花生产,不能以氮肥单位棉花产量为研究目标,因为肥料资源并不严重缺乏。因此在棉花的施肥过程中,应以棉花肥料生产函数为参考。新疆绿洲棉花生产主要受水量、气候的影响,肥料的供应相对充足,在水文预报部门预报较准确的情况下,平衡棉花施肥是很有意义的(表 10 - 2)。

表 10 - 2 · 绿洲棉花不同施氮量和产量水平氮、磷、钾养分吸收量及其比例与全国水平比较

(刘骅、王西和整理,2021)

资料来源	施氮水平 (kg/hm²)	皮棉产量 (kg/hm²)	养分吸收量(kg/hm²)			氮磷钾吸收比例 N : P₂O₅ : K₂O	每 100 kg 皮棉吸收量(kg)		
			N	P₂O₅	K₂O		N	P₂O₅	K₂O
陈冰等(1998 年)		1 762.0	258.3	107.5	249.1	1 : 0.42 : 0.96	14.7	6.1	14.1
		1 824.0	244.7	72.5	268.8	1 : 0.30 : 1.10	13.4	4.0	14.7
张旺峰等(1998 年)	254.4	1 851.0	266.8	72.5	270.7	1 : 0.27 : 1.02	14.4	3.9	14.6
		1 932.0	271.0	75.6	271.2	1 : 0.28 : 1.00	14.0	3.9	14.0
	391.5	2 404.5	259.6	91.8	209.0	1 : 0.35 : 0.81	10.8	3.8	8.7
白灯沙等(2002 年)	522.0	2 544.0	368.2	133.8	301.7	1 : 0.36 : 0.82	14.5	5.3	11.9
	391.5	2 632.5	350.4	134.8	323.2	1 : 0.38 : 0.92	13.3	5.1	12.3
伍维模等(2002 年)		2 256.0	263.9	68.0	334.7	1 : 0.26 : 1.27	11.7	3.0	14.8
王克如(2003 年)	276.0	3 000.0	385.8	244.7	340.3	1 : 0.63 : 0.88	12.9	8.2	11.3
新疆 5 个试验平均	367.08	2 243.8	296.5	111.2	285.4	1 : 0.36 : 0.98	13.3	4.8	12.9
全国 13 个试验平均		1 683.0	229.8	89.0	210.0	1 : 0.93 : 0.91	13.7	5.3	12.5

注:中国农业科学院棉花研究所.中国棉花栽培学.上海:上海科学技术出版社,2019.P776.

三、绿洲化肥工业发展与棉花施肥

新中国成立前,新疆的化肥工业基本是个空白。新中国成立后,随着人口的增加和耕地面积的扩大,20世纪50年代开始从外省购进少量化肥,60年代中期随着国民经济的好转,同时也为了适应农业发展的需要,新疆开始办起化肥厂。到80年代末,新疆化肥工业不断进行调整、改造、扩建而逐步发展完善起来,建成了大型化肥厂1家、中型化肥厂2家、小型化肥厂约18家。生产的化肥品种有尿素、硝铵、普钙、液氨、腐植酸以及少量的复混肥料,化肥产量由1966年的264 t(折纯养分)增加到1988年的25.91万t(折纯养分),增长3 981倍,化肥自给水平逐年提高,由1966年0.63%提高到1988年90.06%(其中,氮肥占总产量的98%)。截至2018年,新疆复合肥生产企业已达182家,2018年新疆农用氮、磷、钾化肥产量为285.5万t(折纯)。2019年,新疆共积造农家肥5 600万t,有机肥施用量达5 783万t,秸秆还田面积达252万 hm²(表10-3)。

表10-3·新疆绿洲化肥生产和消费

(刘骅、王西和,2021年)

年份	化肥量		氮磷钾化肥产量 (折纯,万t)	共积造农家肥 (万t)	有机肥施用量 (万t)
	自给率(%)	1988年比1966年增长(倍)			
1966—1988	0.63~90.06	3 981	2.64~259.11		
2018			285.50		
2019			300.12	5 600	5 783

绿洲棉花的施肥历史划分为三个阶段,每个阶段都是一次突破。第一阶段是由不施肥到施用农家肥,大概持续了1 000多年。在此期间施用的肥料基本上以农家肥为主,包括部分绿肥。第二阶段是由以施农家肥为主改为以施化肥为主,主要时间段为20世纪60—90年代,经历了20~30年时间。在此期间施用的肥料基本以化学肥料为主体,包括部分农家肥和绿肥。随着化学肥料的大量施用,农作物产量较以前有了大幅度的提高。第三阶段是化控综合调节肥的施用。化控综合调节肥是20世纪90年代的新产品,它具有养分含量全、综合调控功能强、使用操作方便、配方灵活可调、增产效果明显等特点,因而一问世便得到普遍应用,显示出强大的生命力。同时,化控综合调节肥的种类也日益增多。

四、绿洲农艺技术发展与施肥

绿洲棉花优势的确立,离不开科学有效的农业综合技术水平的提升。配合水利工程、土壤改良为主的棉田基本建设,消除了障碍因子,改善了棉田灌溉条件,同时大力推广宽膜植棉、更换新品种及三控技术(缩节胺化控、水控、人控)、病虫害防控技术等,使棉花综合管理水平、生产技术水平实现了第一次飞跃。膜下滴灌技术的大面积推广应用提高了"矮、密、早"条件下棉花的单株生产能力,进一步提高了棉花的单产水平,又一次实现了棉花生产的技术飞跃。主要的栽培技术包括:高密度栽培技术模式(一膜六行模式、一膜四行缩株模式、一膜四行缩行缩株模式)、高产栽培综合技术模式(膜下滴灌栽培技术、水肥一体化技术、病虫害防控技术)、高密度条件下株型调控及综合农艺技术模式,直至机械化轻简化高产栽培技术模式,这是新疆棉花发展趋势和努力的方向。纵观新疆棉花的各个发展阶段,施肥技术是必不可缺的有效措施之一。

由于拾花劳力日益紧缺和拾花价格不断上涨,人工采棉越来越不适应市场的需求,实行机械化采棉,一方面可缓解本地区拾花季节的劳力短缺;另一方面可提高植棉的劳动生产率,降低拾花费用,增加职工的收入。机采棉种植对传统农艺栽培技术提出了三大要求:一是要提高单产;二是要提高棉花纤维质量;三是要有利于机采,降低生产成本。传统人工拾花方式效率低,劳动力需求量大,阶段性用工矛盾突出,而且随着人们生活水平的提高,人工采摘费用还会进一步增加,导致生产成本不断上涨。所以推广机械化采收可进一步节约成本,增加农民收入。

绿洲机采棉花地膜异性纤维数量多、易碎、颜色浅。在纺纱工序,无论是梳理、落物,还是除尘的方式都很难将地膜性异性纤维清除干净。与新疆手摘棉花相比,新疆机采棉花另一个较大的危害性就是含有大量不成熟纤维的短绒率,还含有带不孕籽、软籽表皮和僵斑类破碎量大的杂质,这些会给纺纱厂的开松、除杂、除短绒、梳理、落物的控制带来严重麻烦,造成新疆机采棉花生产的半成品、棉纱、面料均出现大量的危害性疵点。而且新疆机采棉花在纺纱过程中表现出落物率剧增,严重的还会造成纺纱成本增加。

弄清在纺纱过程中新疆机采棉花与新疆手摘棉花的差距,解决新疆机采棉花在纺纱生产中存在的问题,寻求新疆机采棉花合适工艺流程、工艺速度和优选纺纱工艺参数、调整纺纱器材、调整纺纱元件,将有利于新疆机采棉花在纺纱过程中有效控制半成品质量。根据新疆机采棉花的特性进行棉纱生产控制,是提高新疆机采棉花生产过程中质量的重点。

五、开展绿洲长期定位试验,取得典型灰漠土肥料效应结果

通过开展长期定位试验,可对土壤自然供肥能力、作物营养吸收量及吸收比例、养分利用率等参数进行准确的判定,从而对过去短期试验获得的参数加以修订,为指导生产实践(如肥料规划和施肥建议)、建立系统仿真和动态预测模型提供新的、更为合理的数据。

绿洲灰漠土长期定位试验地点在"国家灰漠土肥力与肥料效益监测站",该站位于新疆乌鲁木齐市以北 25 km 的新疆农业科学院"国家现代农业科技示范园区"内(北纬 43°95′26″,东经 87°46′45″),地势东高西低,南高北低,坡度 1/100~1/70,海拔高度 600 m,地下水位 30 m 以下,依天山雪水和地下水灌溉,年供水量在 450 万 m^3。常年降水量 310 mm、蒸发量 2 570 mm,年平均气温 7.7℃,年平均日照时数 2 594 h,无霜期 156 d。

供试土壤为灰漠土,主要发育在黄土状母质上。长期定位肥料试验始于 1990 年,并在 1988—1989 年进行了 2 年匀地试验。匀地后耕层(0~20 cm)土壤基本性状:有机质含量 15.200 g/kg,全氮 0.868 g/kg,全磷 0.667 g/kg,全钾 19.80 g/kg,碱解氮 55.200 mg/kg,速效磷 3.400 mg/kg,速效钾 288.000 mg/kg,缓效钾 1 764.000 mg/kg,pH 8.100,阳离子代换量 CEC 16.200 cmol(+)/kg,土壤容重 1.250 g/cm^3。

1990 年进入定位试验,设计 8 个处理:① 不施肥(CK),② 氮(N),③ 氮磷(NP),④ 氮

钾(NK)、⑤ 磷钾(PK)、⑥ 氮磷钾(NPK)、⑦ 常量氮磷钾＋常量有机肥(NPKM)、⑧ 氮磷钾＋秸秆还田(4/5NPK＋S)(表10-4)。

定位试验小区面积468 m²，小区长34.4 m，宽13.6 m，不设重复，每小区间隔40 cm，采用预制钢筋水泥板埋深70 cm，地表露出10 cm加筑土埂，避免了漏水渗肥。N、P、K化肥分别用尿素、磷酸二铵、重过磷酸钙(仅PK处理施用)和硫酸钾，N：P_2O_5：K_2O＝1：0.6：0.2；有机肥为羊粪，秸秆还田处理用的是当年作物的秸秆全部还田，其他处理秸秆均移出。

表10-4 · 绿洲灰漠土长期定位试验肥料处理
(刘骅、王西和，2021年)

处理	干羊粪(t/hm²)	N(kg/hm²)	P_2O_5(kg/hm²)	K_2O(kg/hm²)
不施肥(CK)	0	0	0	0
氮(N)	0	241.5	0	0
氮磷(NP)	0	241.5	138.0	0
氮钾(NK)	0	241.5	0	61.9
磷钾(PK)	0	0	138.0	0
氮磷钾(NPK)	0	241.5	138.0	61.9
氮磷钾＋常量有机肥(NPKM)	30	84.9	51.4	12.4
氮磷钾＋秸秆还田(NPKS)	0	216.7	116.6	52.0

总氮量60%的氮肥及全部磷、钾肥作基肥，在播种前将基肥均匀撒施地表，深翻后播种；40%的氮肥作追肥，冬小麦追肥在春季返青期和扬花期各一次，春小麦在拔节期和扬花期各追肥一次，玉米在大喇叭口期一次沟施追肥，棉花在蕾期、花铃期各追肥一次。有机肥(羊粪)每年施用一次，于每年作物收获后均匀撒施深耕，秸秆利用当季作物收获后的全部秸秆粉碎撒施后深耕。各小区灌水量相同，2008年起由沟灌改为滴灌，玉米、棉花由裸地种植改为覆膜种植，小麦各年均为裸地种植，一年一熟，轮作设为冬小麦、玉米、春小麦(棉花)，2009年以后将春小麦季改为棉花季。

各作物对应的年份分别为：种植玉米的年份分别为1990、1993、1996、2000、2003、2005、2008、2010、2013、2016、2019年，种植小麦的年份分别为1991、1992、1994、1995、1997、1998、2001、2002、2004、2006、2007、2011、2014、2017、2020年，种植棉花的年份分别为1999、2009、2012、2015、2018年。

▶ **(一) 长期施肥下土壤有机质和氮养分的演变规律**

1. 灰漠土有机质含量变化 · 土壤有机质含量是土壤中各种营养元素特别是氮、磷的重要来源。由于它具有胶体特性，能吸附较多的阳离子，因而使土壤具有保肥供肥能力，提高土壤对酸、碱、盐的缓冲能力，促进土壤团粒结构的形成，改良土壤的物理特性，协调土壤水、肥、气、热之间的关系。一般来说，土壤有机质含量的多少，主要取决于有机物质的年矿化量和年输入、输出量，是土壤肥力高低的一个重要指标。

不同施肥制度下，灰漠土的土壤有机质含量的变化趋势明显(图10-4)。化肥配施有机肥能加速土壤有机质积累,且有机肥施用量越大土壤有机质积累得越快。随着施肥年限的延长,不施肥(CK)处理,土壤有机碳呈下降趋势,年下降速率为 0.022 g/kg。配施有机肥(NPKM)处理,土壤有机碳含量持续增加,年增加速率为 0.319 g/kg。化肥配施秸秆(NPKS)处理,土壤有机碳含量较稳定并有增加趋势,为 0.021 g(kg·年),但在 1989—2000 年的前 11 年,其有机碳年增加速率为 0.015 g/kg,2001—2014 年的 14 年间,有机碳以 0.065 g/kg 的年增加速率大幅度增加,年增加速率是前一阶段的 4.3 倍,说明长期秸秆还田对提高土壤有机碳含量效果明显。而施用有机肥(NPKM)土壤有机碳的增加速率是秸秆还田(NPKS)的 15.2 倍。因此,配施有机肥对提高土壤有机碳含量的效果显著优于秸秆还田。

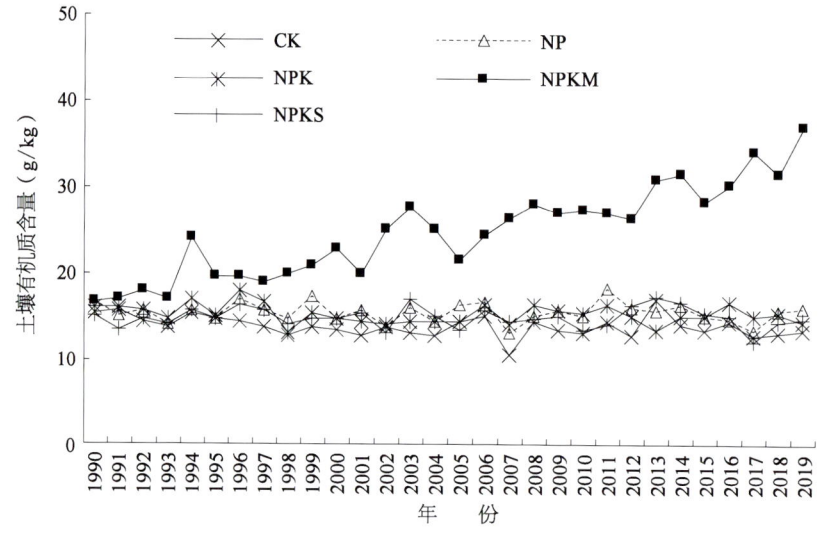

图 10-4 · 绿洲灰漠土长期定位试验不同施肥量下的土壤有机质含量变化

(刘骅、王西和,2021 年)

单施化肥条件下,土壤有机碳含量变化较缓慢,氮磷(NP)处理,土壤有机碳有增加趋势,年增加速率为 0.015 g/kg;其他处理(NPK、NK、N、PK)均呈下降趋势,年下降速率分别为 0.027 g/kg、0.024 g/kg、0.031 g/kg、0.059 g/kg,各处理的下降速率大小依次为 PK>N>NPK>NK,且下降速率均大于 CK 处理;PK 处理有机碳下降速率分别是 N、NPK、NK、CK 处理的 1.9 倍、2.2 倍、2.4 倍、2.7 倍,说明,不施氮肥或不施肥,增加了土壤中氮素的消耗从而加大了有机质的矿化,减少了有机质的累积。

综上表明,长期施用化肥和化肥配合秸秆还田可缓慢提高绿洲灰漠土的土壤有机质含量,化肥与有机肥配合施用有助于绿洲灰漠土有机质的快速积累,维持和提高土壤肥力。

2. 灰漠土全氮含量变化 · 土壤中氮的形态分为无机态和有机态两大类,无机态氮主要为铵态氮和硝态氮,其在土壤中的含量较少,一般只占全氮的 1%~2%,土壤中的氮主要以有机态存在,土壤氮素的变化主要取决于生物积累和分解作用的相对强弱。全氮量通常用于衡量土壤氮素的基础肥力,不同施肥的作物生长不同,土壤全氮的变化也不同。

NPKM 处理的土壤全氮从 1990 年的 1.00 g/kg 上升到 30 年后的 1.82 g/kg,不施有机肥的土壤全氮随试验年份的延长呈下降趋势,不施氮肥的土壤全氮下降速度较快、含量最低。化肥氮素除供给当季作物吸收外，还存在淋溶和气体挥发损失，而施有机肥，作物生长较好，归还的根茬量较多，有机氮易于在土壤中积累。说明在灰漠土上增施有机肥有利于土壤全氮的积累，施用化肥、秸秆，土壤全氮难以得到提高（图10-5）。

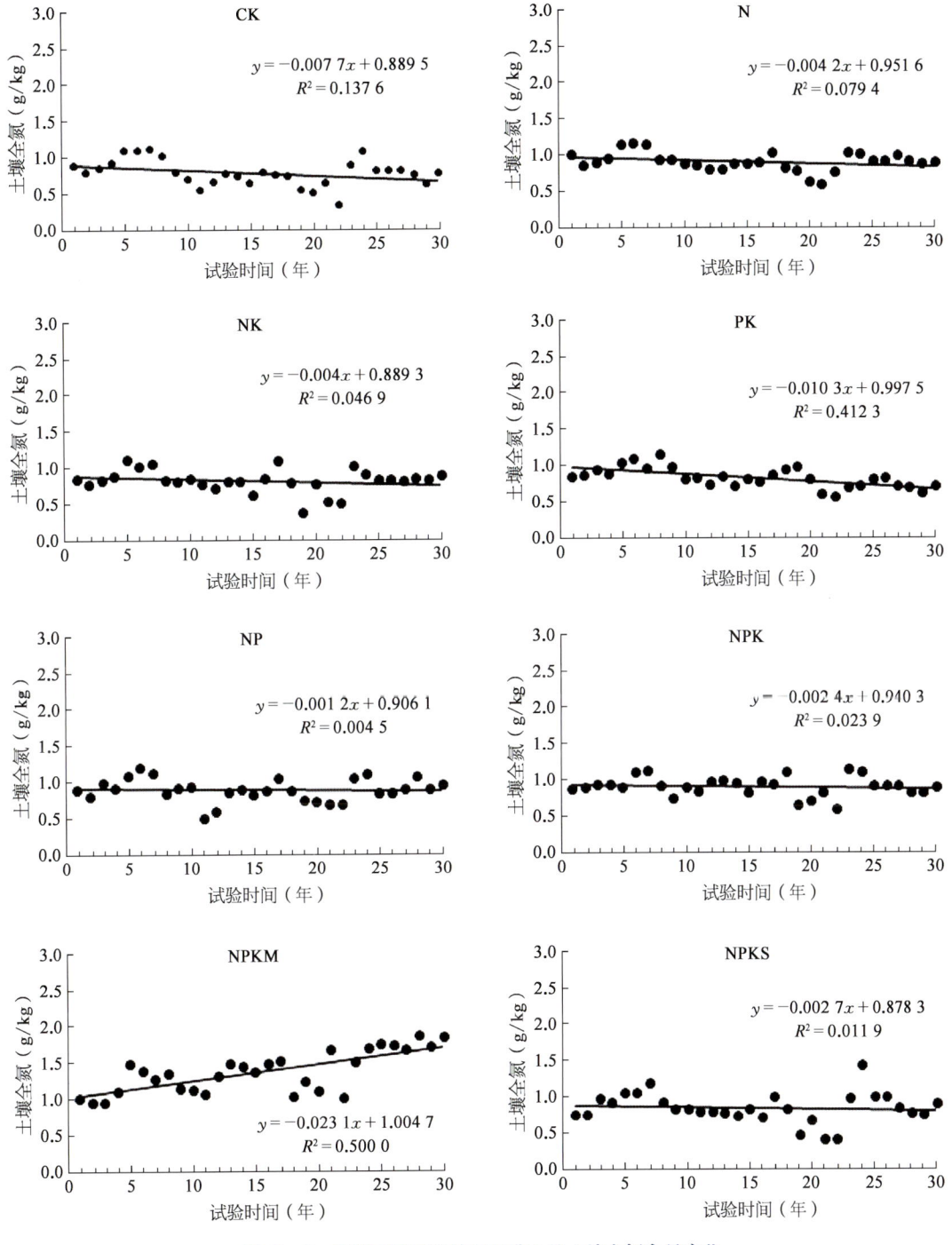

图10-5 · 绿洲不同施肥处理灰漠土的土壤全氮含量变化

(刘骅、王西和，2021年)

3. 长期施肥对灰漠土有效氮含量的影响·土壤有效氮是指土壤中能够迅速被当季作物吸收利用的氮素,主要包括存在于土壤水溶液中或部分吸附在土壤胶体颗粒上的氨和硝酸根,还有少部分能够直接被作物吸收利用的小分子氨基酸。

从灰漠土碱解氮 30 年的变化趋势看,N、NK、NPKM 处理的土壤碱解氮随试验年份延长而呈显著增加趋势($P<0.05$),CK、PK 呈显著下降($P<0.05$),NP、NPK、NPKS 处理基本能够维持起始水平。其中 NPKM 处理的土壤碱解氮增加量最大,从 1990 年的 61.8 mg/kg 增至 2019 年的 101.94 mg/kg,有效氮提高了 40.1 mg/kg,年均增加 1.3 mg/kg,增幅为 65.0%,年均 2.2%;而不施肥处理的土壤碱解氮下降幅度最明显,从 60.4 mg/kg 下降到 24.1 mg/kg,减少了 40.3 mg/kg,年均减少 1.3 mg/kg,减少幅度为 31.2%,年均降幅约 1.1%(图 10-6)。

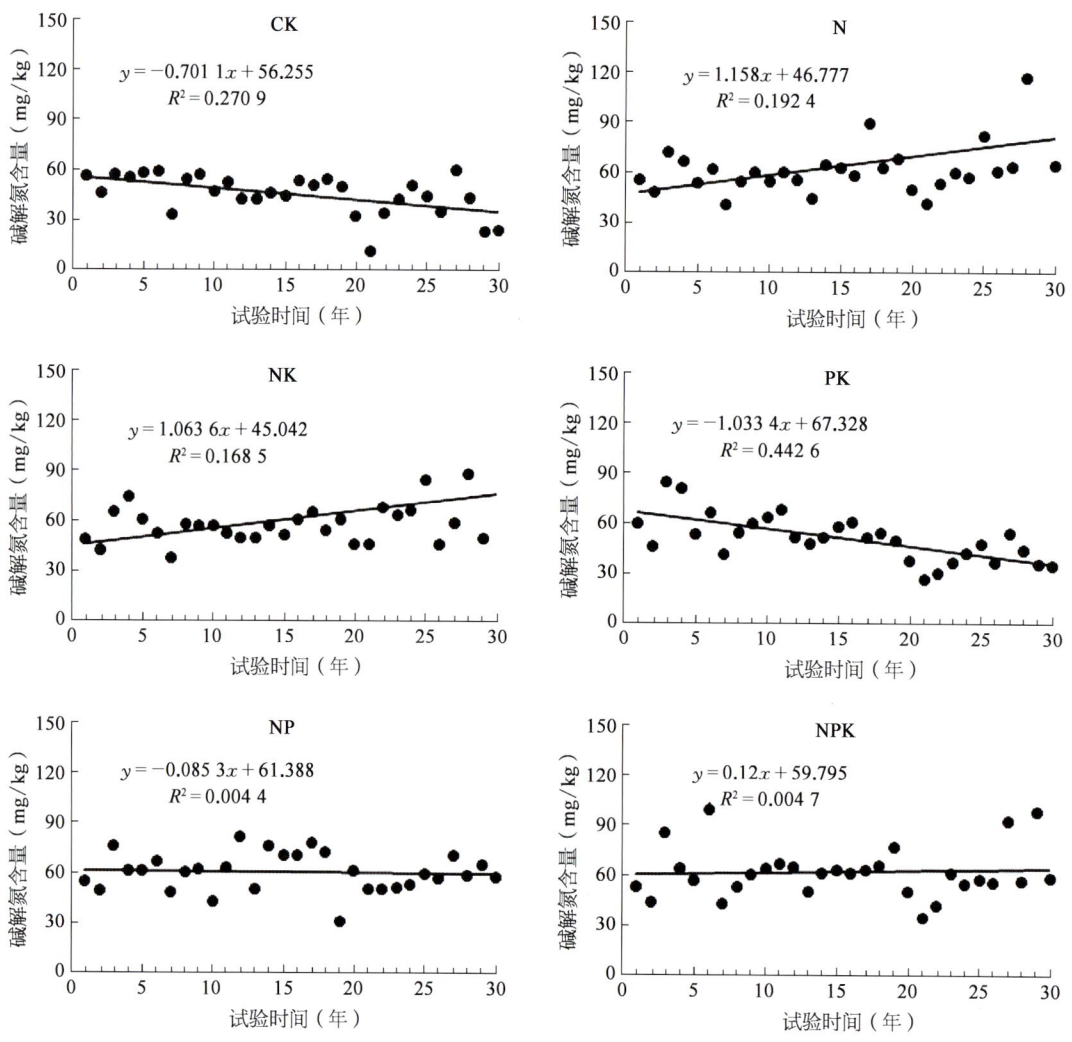

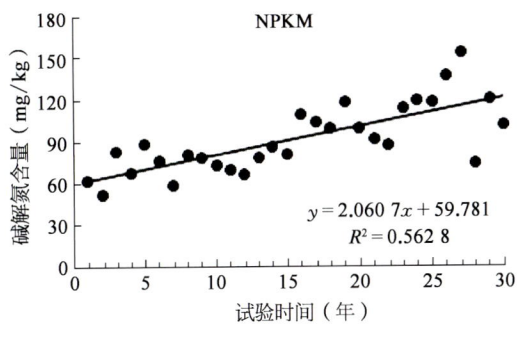 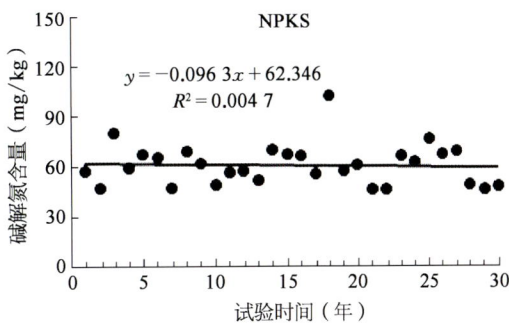

图10-6·绿洲长期施肥下灰漠土的土壤有效氮含量变化

(刘骅、王西和,2021年)

4. 灰漠土全氮、有效氮含量和氮肥投入量的关系·各施肥处理中,NPKS 处理的土壤全氮仅比 CK 处理提高 0.03 g/kg,全氮储量增加 76.5 kg/hm²,氮储存率为 1.7%,在所有处理中为最低;其次 NK 处理的有效氮仅比 CK 处理增加 8.27 mg/kg,也为最低水平。NPKM 处理的全氮比 CK 处理提高了 0.75 g/kg,有效氮提高了 58.47 mg/kg,全氮储量为 3 703.5 kg/hm²,为最高水平,而 NPKM 处理的氮储存率达 25.8%,是所有处理中的最高值,说明施用有机肥对增加土壤氮储量有较好的效果。N、NP、NPK 处理,氮投入对土壤全氮和有效氮的影响效果相当,氮平均储存率为 6.7%,仅为有机肥处理氮储存率的 27%。结果表明,在新疆灰漠土仅施用化肥,则氮素损失大;而配合施用有机肥,才是氮素保持的有效手段(表10-5)。

表10-5·绿洲灰漠土投入氮与土壤全氮、有效氮的关系

(刘骅、王西和,2021年)

处理	N 投入 (kg/hm²)	全 N		有效 N		容重 (g/cm³)	全 N 储量		N 储存率 (%)
		含量 (g/kg)	与 CK 差	含量 (mg/kg)	与 CK 差		kg/hm²	比 CK 增加量	
CK	0	0.76		47.20		1.35	2 050.5		
N	208.5	0.87	0.11	58.05	10.85	1.37	2 397.0	23.1	7.5
NK	208.5	0.81	0.05	55.47	8.27	1.34	2 176.5	8.4	2.7
NP	208.5	0.86	0.10	60.55	13.35	1.39	2 398.5	23.2	7.6
NPK	208.5	0.89	0.13	59.84	12.64	1.28	2 283.0	15.5	5.1
NPKS	208.5	0.79	0.03	60.96	13.76	1.34	2 127.0	5.1	1.7
NPKM	208.5	1.24	0.48	82.38	35.18	1.31	3 232.5	78.8	25.8

5. 长期施肥土壤氮素的表观平衡·不同施肥条件下,作物氮素吸收、氮肥利用率、硝态氮累积量及累积率有较大差异(表10-6)。不同处理的作物年吸收氮素量表现为配施有机肥高于平衡配施氮磷钾化肥,高于不平衡施化肥,高于不施肥,即:NPKM>NPK>NP>CK。而不同处理的氮肥利用率不尽相同,化肥配施处理的氮肥利用率高于配施有机肥料处理,化肥配施有机肥处理的氮肥利用率较低,顺序为 NPK、NP>NPKM。

表 10-6 · 绿洲灰漠土不同施肥处理土壤氮素利用与土壤硝态氮累积*

(刘骅、王西和,2021 年)

处 理	作物年吸收 (kg/hm^2)	氮肥利用率 (％)	硝态氮年累积量 (kg/hm^2)	硝态氮累积率** (％)
CK	45.7			
NP	129.9	40.40	9.05	4.3
NPK	138.4	38.86	13.62	6.5
NPKS	120.5	28.81	7.85	3.6
NPKM	162.1	33.17	3.71	0.6
1.5NPKM	175.4	19.09	3.98	1.3

注:*土壤硝态氮累积量为0～100 cm土壤总硝态累积量;**硝态氮累积率(％)=(施肥处理硝态氮累积量－对照处理硝态氮累积量)/总施氮量×100。

通过对 0～100 cm 土壤硝态氮含量的测定,计算得出各处理的土壤硝态氮累积量分别为 NPK＞NP＞NPKM＞CK,表现为化肥处理高于配施有机肥处理。单施化肥处理土壤硝态氮累积率为 4.3％～6.5％,显著高于配施有机肥处理,因此长期投入化学氮素,硝态氮在土壤中累积量增高,环境污染的风险也增加。

在干旱半干旱的灰漠土区,土壤氮素输入项主要包括肥料、种子和作物的根茬三部分。长期定位肥料试验,除对照 CK 不施肥外,其他处理每年肥料投入的氮量占总输入的 95％ 以上,有机肥(羊粪)中氮素按 0.8％ 计入;种子含氮量加和平均计算,相当于每年投入纯 N 3.75 kg/hm^2;土壤氮素输出项主要是作物地上部氮素吸收带走的部分。

根据作物产量和平均含氮量计算,每年作物带走 45.7～162.1 kg/hm^2,各处理间差异很大;不同施肥处理的作物吸收带走氮量高低顺序为 NPKM＞NPK＞NP,与盈余率变化趋势相一致,除不施肥处理外,其他各处理氮素均有盈余,盈余值在 74～141.5 kg/hm^2(表 10-7)。

表 10-7 · 绿洲不同施肥处理的土壤氮素输入、输出与平衡

(刘骅、王西和,2021 年)　　　　　　　　　　　　(单位: kg/hm^2·a)

处 理	输 入			输 出	盈 余	±％
	氮 肥	种 子	小 计	作物带走		
CK	0	3.75	3.75	45.7	−42.0	
N	208.6	3.75	212.3	87.2	125.1	58.9
NP	208.6	3.75	212.3	129.9	82.5	38.6
NPK	208.6	3.75	212.3	138.4	74.0	34.8
NPKS	216.8	3.75	220.5	120.5	100.0	45.3
NPKM	299.8	3.75	303.6	162.1	141.5	46.6
1.5NPKM	586.2	3.75	589.9	175.4	414.5	70.3

(二)长期施肥下土壤磷的演变规律

1. 土壤全磷变化 · 全磷是反映土壤肥力的一个重要指标,其含量水平代表着土壤供磷潜力的大小。土壤全磷含量高并不一定能够满足植物对磷吸收的需求;反之,土壤全磷含量低基本可以说明土壤磷素供应不足。

长期不同施肥下的灰漠土全磷含量变化如图 10-7 所示,不施磷肥的三个处理(CK、N、

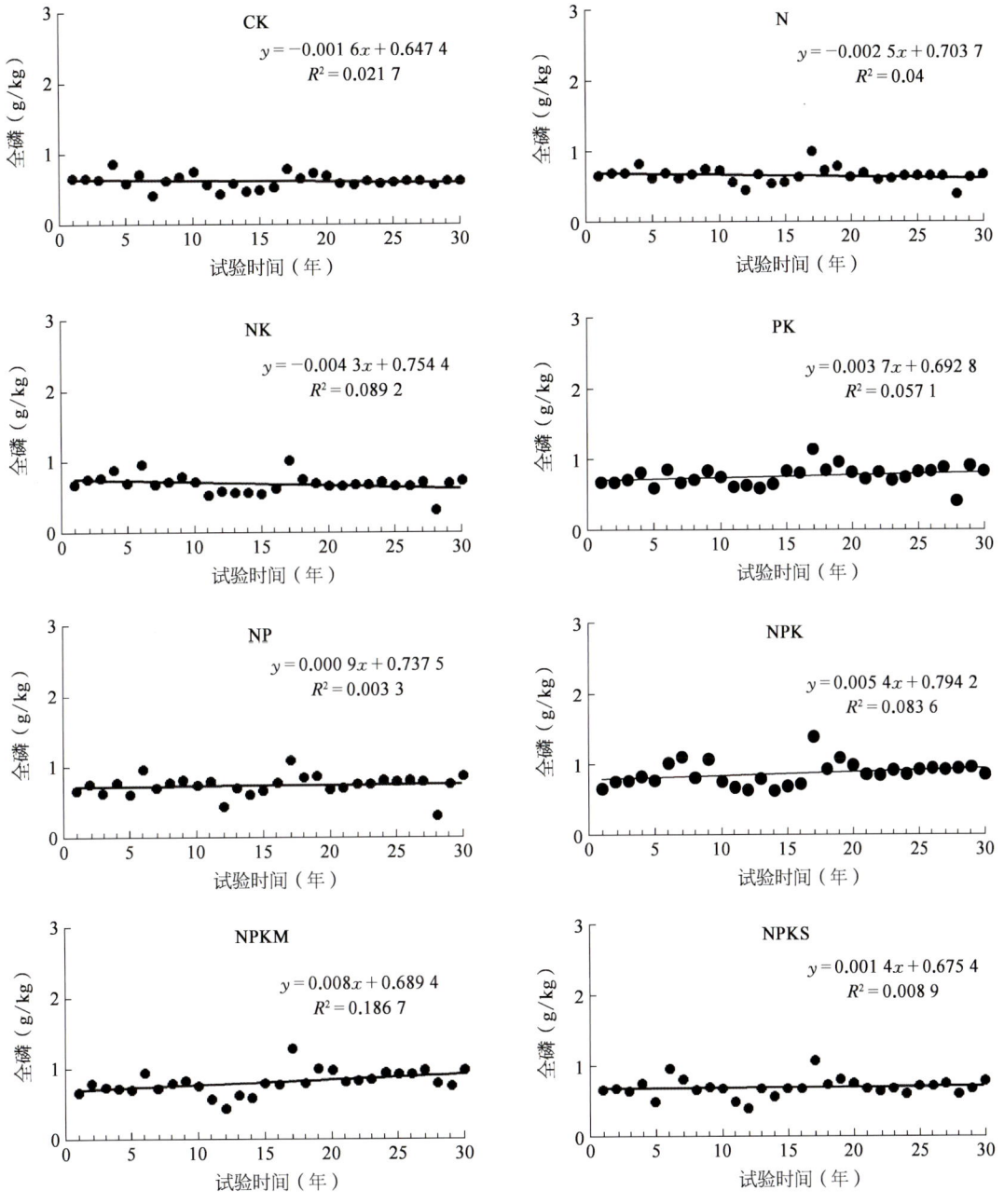

图 10-7 · 绿洲长期施肥对土壤全磷含量的影响

(刘骅、王西和,2021 年)

NK)基本维持在同一水平,由于作物吸收土壤磷等原因,土壤全磷略有下降,但均未出现显著变化。施磷后,土壤全磷含量与时间均呈正相关,其中 NPKM 呈显著性相关($P<0.05$),即随试验年份延长表现出上升趋势。施用化学磷肥的三个处理(NP、PK、NPK),由试验开始时的 0.667 g/kg 分别上升到近三年平均的 0.835 g/kg、0.847 g/kg、0.897 g/kg,分别上升了 25.2%、27.0%和 34.4%,全磷维持在同一水平,未见显著上升。化学磷肥配施秸秆还田处理(NPKS),土壤全磷年均增加量为 2.4 mg/hm^2,基本维持稳定。有机肥配施化肥的处理(NPKM),土壤全磷增加最多,从开始时的 0.667 g/kg 分别上升到近 3 年平均值的 0.978 g/kg,全磷年均增加量为 10.3 mg/hm^2,增加比例达 46.6%。

可见,有机肥配施化学磷,土壤全磷显著增加,且增加速率较大,其主要原因在于磷素的总投入远高于作物携出量,以至于土壤磷素大量积累而引起全磷的显著增加。

2. 土壤有效磷变化· 土壤有效磷可以被植物吸收利用,其含量的高低反映了土壤供磷能力的大小,直接影响作物的生长发育和最终的产量、品质。因此,掌握土壤中的有效磷含量状况,尤其是长期施肥下的土壤有效磷的连续变化及累积效应,将对指导农业生产合理施肥、提高肥料利用率、防止面源污染等具有重要的现实意义。

如图 10-8 所示,通过施肥时间与土壤有效磷之间的关系计算两者间的线性方程,并用其斜率代表有效率的平均变化速率。不施肥(CK)处理的土壤有效磷(Olsen-P)由起始值的 3.4 mg/kg 下降到近 3 年平均值的 2.4 mg/kg,降幅为 29.4%;单施氮肥(N)的土壤 Olsen-P 含量下降到近 3 年平均的 2.0 mg/kg,降幅为 41.2%;NK 处理的 Olsen-P 含量上升到近 3 年平均值的 4.0 mg/kg,增幅为 17.6%,可能是硫酸钾的施用生成硫酸钙,从而减小了钙对磷的固定;不施磷土壤的 Olsen-P 均表现为极缺水平。NP、PK、NPK、NPKS 处理的土壤

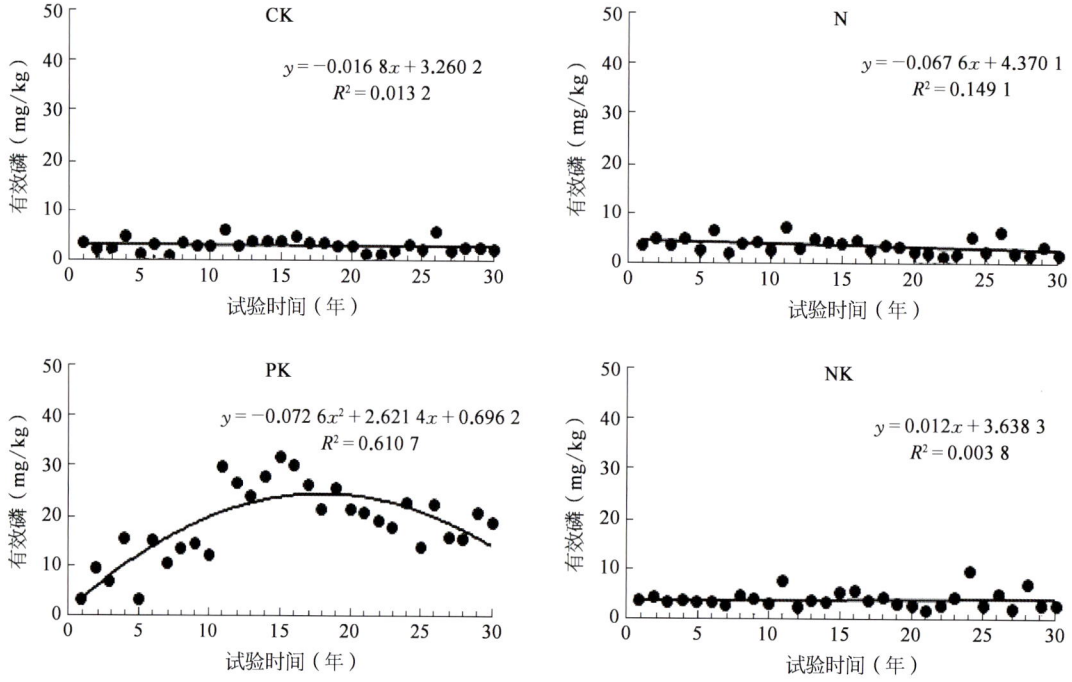

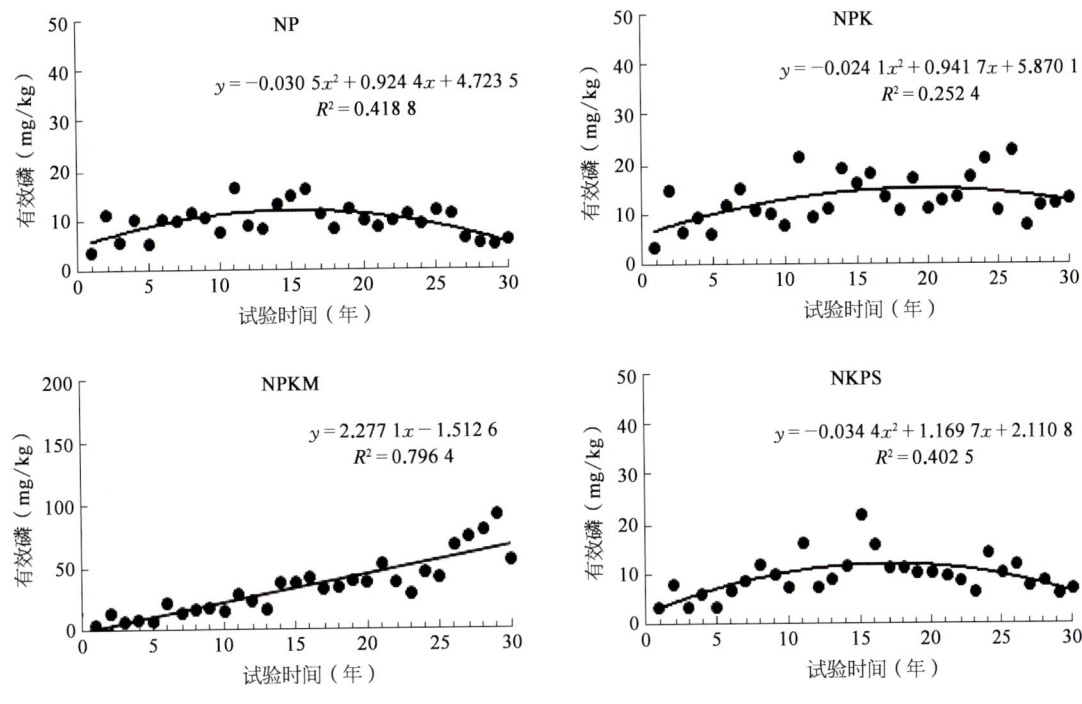

图 10-8 · 绿洲长期施肥对灰漠土土壤有效磷(Olsen P)含量的影响

(刘骅、王西和,2021 年)

Olsen-P 含量均随种植时间延长呈现先增加后下降的趋势($P<0.01$),Olsen-P 含量分别上升到近 3 年平均值的 5.2 mg/kg、18.2 mg/kg、12.3 mg/kg、7.2 mg/kg,分别增加了 1.8 mg/kg、14.8 mg/kg、8.9 mg/kg 和 3.8 mg/kg。

化肥配施有机肥处理(NPKM)的土壤 Olsen-P 含量随种植时间呈现极显著增加($P<0.01$),分别提高到近 3 年平均的 74.7 mg/kg,其含量已超出高产田肥力水平,年增量为 2.3 mg/kg。

灰漠土属碱性石灰性土壤,土壤溶液中的无机磷酸盐(主要为 HPO_4^{2-})与钙镁结合,生成一系列的钙镁磷化合物,使得土壤磷素有效性降低,而有机肥的投入不但通过增加外源磷提高了土壤磷肥力,而且还可通过增加土壤对磷的吸附作用来提高土壤磷肥力。与此同时,有机酸与磷酸根的交换作用加强,也可能使得有效磷增加。

3. **土壤磷素盈亏特征** · 由试验中各处理的当季土壤表观磷盈亏可知,不施磷肥处理(CK、N、NK)的土壤磷呈现连续亏缺状态,每年土壤磷平均亏缺量分别为 8.9 kg/hm²、14.3 kg/hm²、15.5 kg/hm²,由于磷素缺乏会影响作物的产量,作物磷年亏损值会随种植时间延长而增加。施化肥磷或有机肥处理(NP、PK、NPK、NPKM、NPKS)的当季土壤磷呈盈余状态,NP、PK、NPK、NPKS 处理的土壤磷年盈余的平均量分别为 35.4 kg/hm²、38.9 kg/hm²、32.3 kg/hm² 和 25.4 kg/hm²,盈余水平相近;有机肥(NPKM)处理的土壤磷年盈余值较高,平均值为 49.6 kg/hm²。

对各处理的土壤表观磷盈亏分析表明,前 13 年,土壤磷素盈亏量波动较小,基本保持稳定,在第 13 年后,随种植时间延长同一施肥措施下年际间波动增大,且施磷和不施磷处理的土壤磷盈余和亏缺量分别减小和增加,即作物携出量增加,这一现象一方面受施肥量的变化影响,另一方面可能与作物品种、种植措施的改善增加了作物产量等因素有较大关系(图 10-9)。

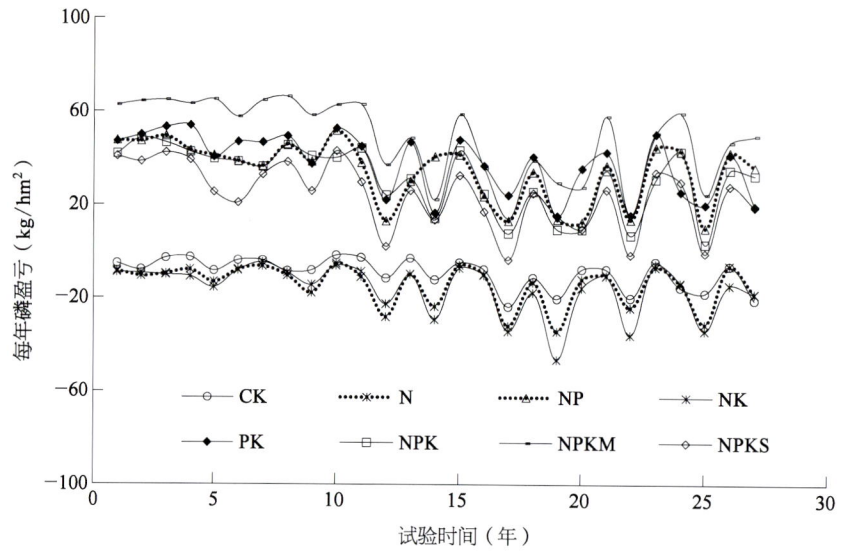

图 10-9·绿洲灰漠土长期定位试验土壤年表观磷盈亏量
(刘骅、王西和,2021 年)

由试验各处理的土壤累积磷盈亏表现可知,不施磷肥处理(CK、N、NK)的土壤磷处于累积亏损缺态,且累积亏损量随种植时间延长而增加,其中 CK 处理的土壤磷亏损值最少,是因为土壤中没有任何肥料的供应,作物产量最低,携出的磷也较低。而氮钾肥配施或单施氮肥(NK、N)处理,由于氮、钾得到补充,促进作物对磷的吸收,导致土壤累积磷缺损值最高,累积亏损量分别为 413.8 kg/hm² 和 369.8 kg/hm²。施化肥磷的三个处理(NP、PK、NPK)的土壤磷连续处于盈余状态,且随种植时间延长累积盈余量增加,土壤累积磷盈余值分别为 1 074.2 kg/hm²、1 168.2 kg/hm² 和 992.1 kg/hm²。秸秆还田配施化学磷肥(NPKS)处理的土壤累积磷素也处于盈余状态,盈余量和变化趋势与 NP、PK、NPK 处理相似,土壤累积磷盈余值为 776.0 kg/hm²。化肥配施有机肥处理(NPKM)的土壤累积磷盈余值均较高,达到 1 522.7 kg/hm²,说明化肥配施有机肥能有效提高土壤累积磷盈余,而氮磷肥配施、磷钾肥配施与氮磷钾肥配施对土壤磷累积盈亏的影响差异不大(图 10-10)。

4. 土壤有效磷变化对土壤磷素盈亏的响应·图 10-11 表示长期不同施肥措施下灰漠土 Olsen-P 变化量与土壤耕层磷盈亏的响应关系。不施化肥磷的处理中,CK、NK 处理土壤 Olsen-P 变化量与土壤累积磷盈亏值均无显著相关,而 N 处理的土壤 Olsen-P 变化量与土壤累积磷盈亏值间呈显著相关($P<0.05$),土壤每亏损 100 kg/hm² 磷,Olsen-P 下降 0.54 mg/kg。

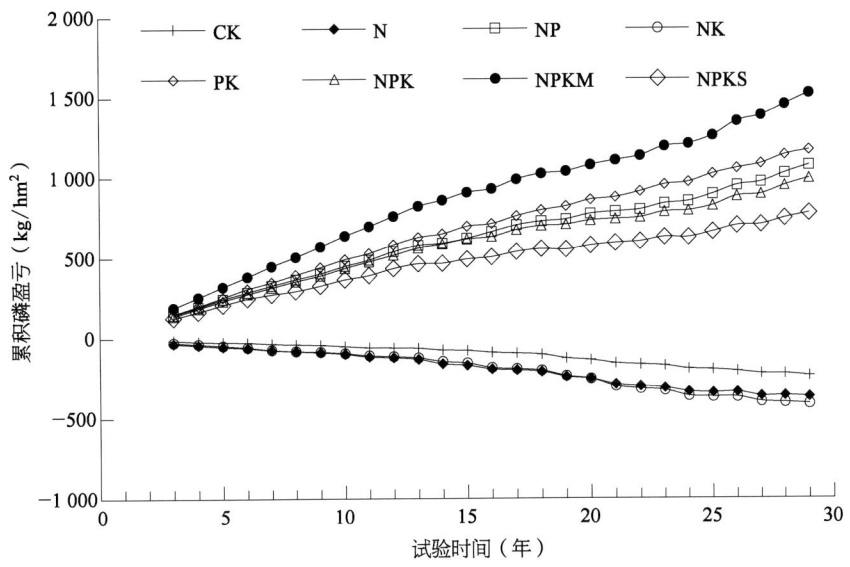

图 10-10 · 长期施肥下的土壤累积磷盈亏量

(刘骅、王西和,2021 年)

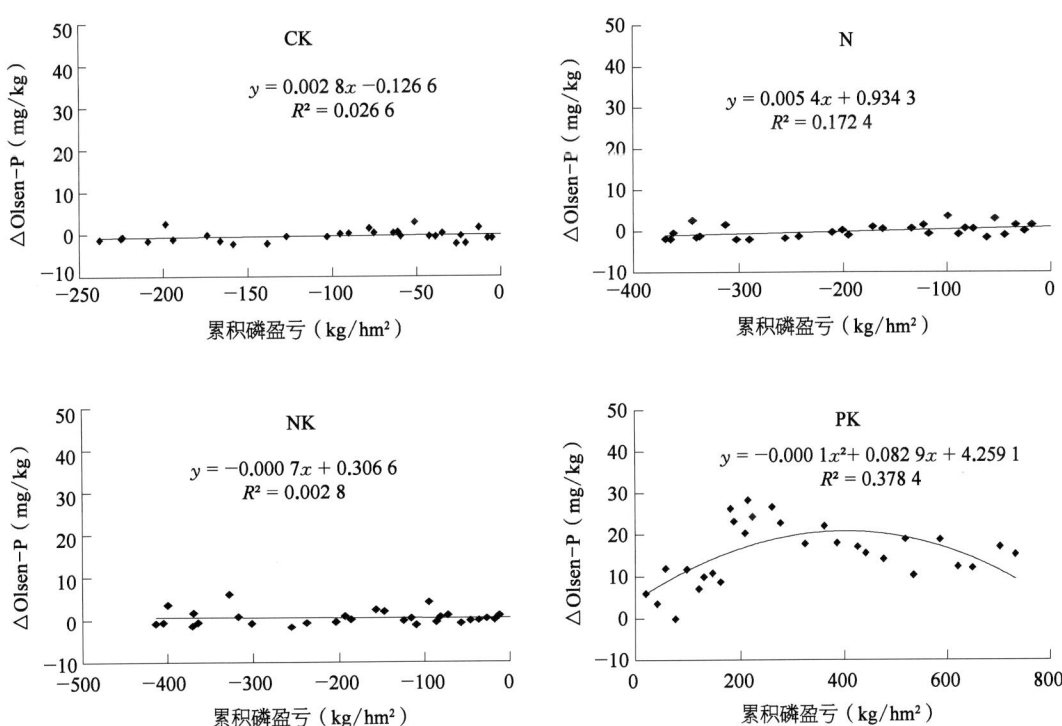

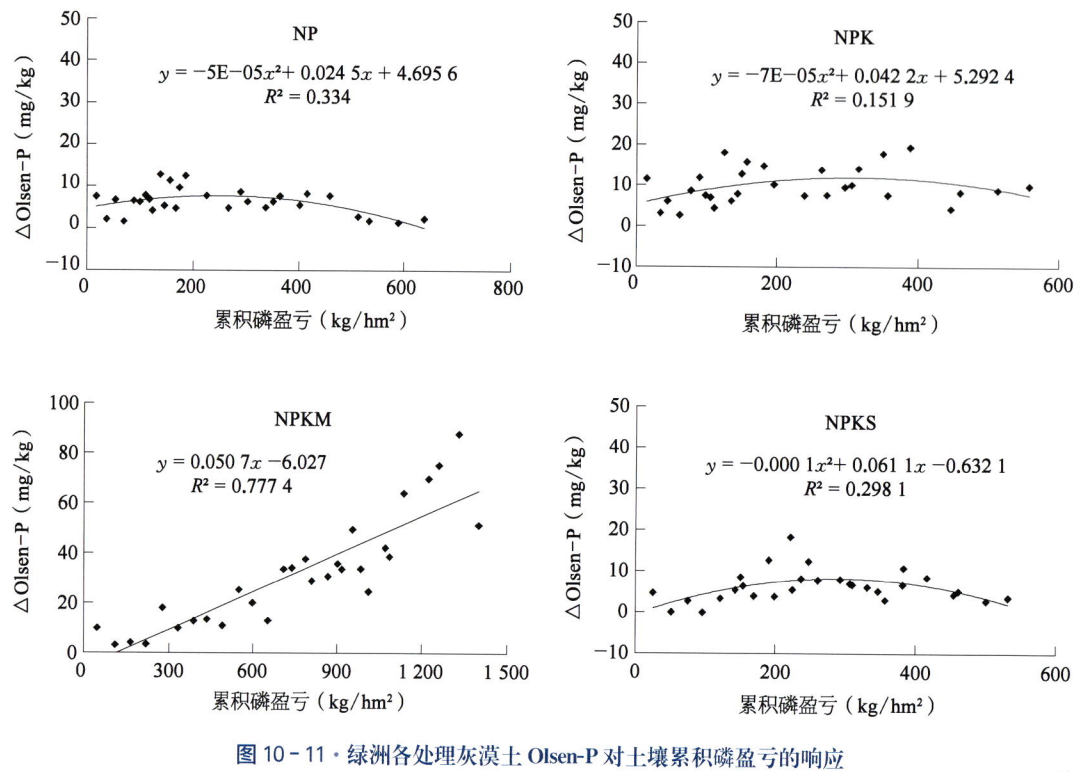

图 10-11·绿洲各处理灰漠土 Olsen-P 对土壤累积磷盈亏的响应

(刘骅、王西和,2021)

施用化学磷肥的处理中,NP、PK、NPK、NPKS 处理的土壤 Olsen-P 变化量随土壤累积磷盈余的增加更加符合先增加后下降的二次抛物线式变化,其中 NP、PK、NPKS 呈极显著相关($P<0.01$),NPK 呈显著相关($P<0.05$)。NPKM 处理的土壤 Olsen-P 变化量与磷盈余表现为极显著正相关($P<0.01$),土壤每积累 100 kg/hm² 磷,Olsen-P 浓度分别上升 5.07 mg/kg。

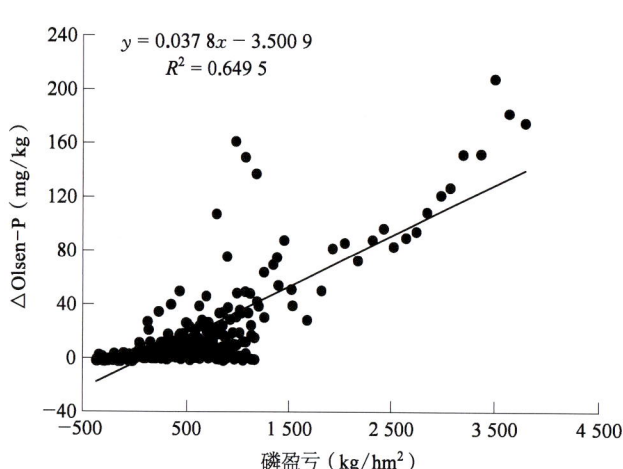

图 10-12·绿洲灰漠土长期定位试验所有施肥措施 Olsen-P 与土壤累积磷盈亏的关系

(刘骅、王西和,2021 年)

如图 10-12 所示,综合每个处理土壤 Olsen-P 变化量与土壤累积磷盈亏值间的关系分析表明,两者间达到极显著正相关性($P<0.01$),综合显示,灰漠土每盈余 100 kg/hm² 磷,Olsen-P 浓度上升 3.78 mg/kg。

5. 土壤有效磷的农学阈值及与棉花产量的关系·磷是植物生长中很多生物化学和生理学过程不可取代的元素,因此,磷是植物生长不可缺少的营养元素之一。土壤中的有效磷含量较低时,不能满足作物的生长需求,造成作物明显减产;但当土壤有效磷含量过高时,则对作物的增产效果不明显,甚至可能由于淋溶或者地表径流造成环境污染,因而确保土壤有效磷含量的适宜水平对作物产量与环境保护具有非常重要的意义。为了获得作物高产,农民常施用超过最佳推荐施肥量的磷肥,因而,农田耕作土壤磷素逐年累积,当土壤中这种盈余的磷素超过一定量时,作物产量将对增施的磷肥没有响应。科学家们将作物产量不再提高时土壤有效磷的最低值叫作土壤有效磷的农学临界值或农学阈值。

采用绝对产量来比较小麦、玉米、棉花产量对施用磷肥的响应,绝对产量计算公式为:$Y_A = Y_{NPK} - Y_{CK}$,其中,Y_A 代表绝对产量,Y_{NPK} 代表 NPK 处理的作物产量,Y_{CK} 代表 CK 处理的作物产量。即绝对产量由施肥处理与对照处理的作物产量之差决定。采用绝对产量主要是减小因作物品种等因素引起的年际间作物产量变异。

将线性模型、线平台模型以及米切里西模型,对灰漠土长期定位施肥条件下棉花产量对土壤有效磷含量的响应数据进行拟合,其相关性均达极显著水平(表 10-8,$P<0.01$),说明各模型均可靠,进一步计算可得棉花的土壤有效磷阈值为 18.0 mg/kg、20.1 mg/kg 和 38.2 mg/kg,平均值为 25.4 mg/kg(表 10-9)。

表 10-8 · 绿洲籽棉产量与土壤有效磷的响应关系

(刘骅、王西和,2021 年)

作 物	模 型	公 式	R^2
棉 花	LL	$Y=-0.214+0.163X$ $Y=2.61+0.00621X$	0.897^{**}
	LP	$Y=-0.214+0.163X$ $Y=3.06$	0.895^{**}
	Exp	$Y=3.16[1-e^{-0.0625(X-1.34)}]$	0.838^{**}

注:表中 LL 代表线性模型,LP 代表线平台模型,Exp 代表米切里西模型,下同。

表 10-9 · 绿洲棉花灰漠土有效磷的农学阈值

(刘骅、王西和,2021 年)

作 物	平均绝对产量 (t/hm²)	不同模型模拟所得阈值			平均值 (mg/kg)
		LL(mg/kg)	LP(mg/kg)	Exp(mg/kg)	
棉花	2.84±0.04	18.0	20.1	38.2	25.4

灰漠土长期施用磷肥下,从棉花产量与磷素吸收变化趋势关系可以看出,棉花产量与磷素吸收呈极显著正相关关系(图 10-13)。棉花的直线方程为 $y=165.71x+1204.8$($R^2=0.8587^{**}$,$n=26$,$P<0.01$)。根据两者相关方程可以计算出灰漠土种植棉花时,1 kg 作物地上每吸收 1 kg 磷(P),能够生产的籽棉产量为 165.7 kg/hm²。

6. 灰漠土全磷、有效磷含量和磷肥投入量 · 施磷措施中,NPKS 处理的土壤全磷比 CK 处理提高 0.07 g/kg,有效磷提高 6.67 mg/kg,储存率为 6.6%,均为最低水平;单施化肥处

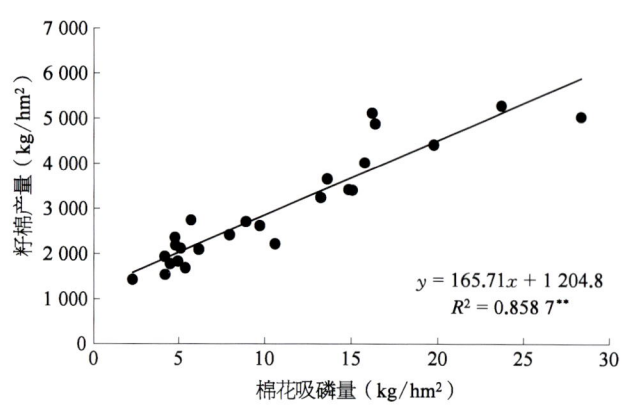

图 10-13 · 绿洲灰漠土长期定位条件下棉花产量与磷素吸收的关系
(刘骅、王西和,2021 年)

理与 CK 相比,NPK 处理全磷提高了 0.25 g/kg,提高量最大,有效磷提高了 9.89 mg/kg,磷储存率达 20.3%,在所有处理中最高;PK、NP 处理和 CK 相比,全磷提高量相同,而 PK 处理有效磷提高量大于 NP 处理,这主要是与作物生长有关(表 10-10)。

表 10-10 · 绿洲灰漠土投入磷与土壤全磷、有效磷的关系
(刘骅、王西和,2021 年)

| 处理 | 磷投入 (kg/hm²) | 全磷 | | 有效磷 | | 容重 (g/cm³) | 全磷储量 | | 磷储存率 (%) |
		含量 (g/kg)	比 CK±	含量 (mg/kg)	比 CK±		含量 (kg/hm²)	比 CK±	
CK	0	0.62		3.01		1.35	1 692.3		
PK	121.8	0.75	0.13	19.13	16.12	1.34	2 013.6	21.44	12.0
NP	121.8	0.76	0.13	10.31	7.30	1.39	2 107.8	27.72	15.5
NPK	121.8	0.87	0.25	12.90	9.89	1.28	2 237.3	36.35	20.3
NPKS	121.8	0.70	0.07	9.68	6.67	1.34	1 868.1	11.74	6.6
NPKM	121.8	0.79	0.17	25.37	22.36	1.31	2 067.0	25.00	14.0

7. 土壤磷素的表观平衡 · 磷素极易被土壤固定并转化为难溶性磷酸盐而累积在土壤中。施入土壤中的磷,部分被作物吸收带走,其中大部分累积在土壤中。在干旱半干旱灰漠土区,土壤磷素输入主要有肥料、种子,输出项主要是作物地上部磷素吸收带走。

长期定位肥料试验,磷肥的施用占总输入的 99% 以上,其中有机肥(羊粪)中磷素按 0.23% 计入;种子带入的磷量加和平均计算,相当于每年投入磷 0.61 kg/hm²。根据作物产量和平均含磷量计算,每年作物带走为 7.8~33.9 kg/hm²,处理间差异最大的达 4 倍之多(表 10-11)。

表 10-11 · 绿洲灰漠土不同施肥处理土壤磷素(P_2O_5)输入、输出与平衡

(刘骅、王西和,2021 年) (单位:kg/hm²·a)

处理	输入			输出	盈余	±%
	磷肥	种子	小计	作物带走		
CK	0	0.61	0.61	7.83	−7.22	
N	0	0.61	0.61	14.00	−13.40	
NP	138.0	0.61	138.60	25.10	113.50	81.90
NPK	138.0	0.61	138.60	26.90	111.70	80.60
NPKS	122.8	0.61	123.40	25.30	98.10	79.50
NPKM	120.4	0.61	121.00	33.90	87.10	72.00

(三) 灰漠土钾素的演变规律

1. **土壤钾含量演变** · 灰漠土全钾含量虽然很丰富,但土壤的供钾能力主要取决于速效钾和缓效钾的含量。长期施化肥处理的土壤速效钾含量呈现下降趋势,尤其是 CK 处理的土壤有效钾含量下降最多,30 年总下降量为 97.5 mg/kg,平均每年下降 3.25 mg/kg;其次是 NP 和 N 处理,总减少量分别为 64.6 mg/kg、82.5 mg/kg,年均下降分别为 2.72 mg/kg 和 2.15 mg/kg。化肥配施有机肥处理(NPKM)能大幅度提高土壤有效钾含量,增加量为 421 mg/kg,平均每年提高 14.03 mg/kg,增幅为 146.2% (图 10-14)。

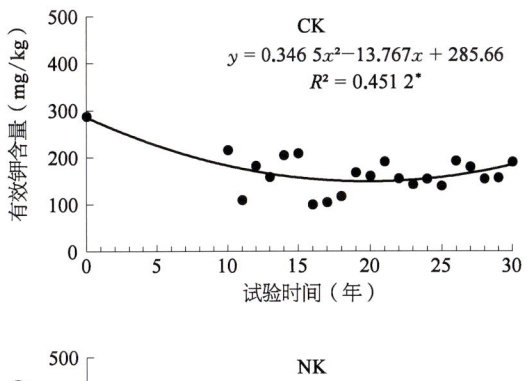

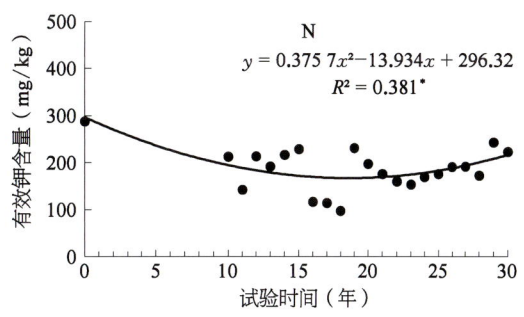

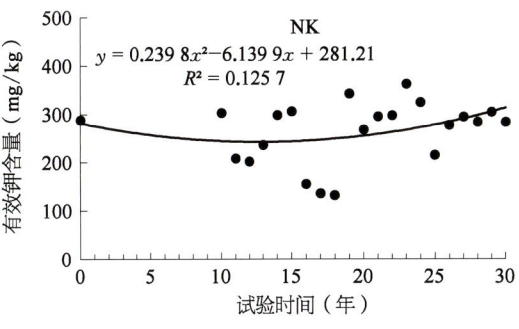

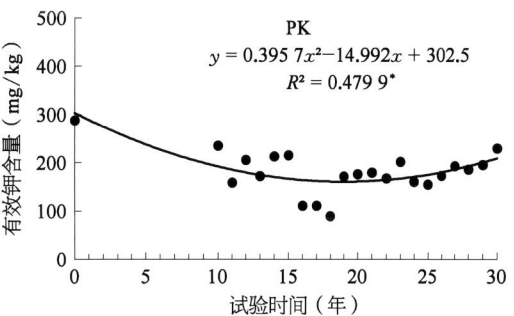

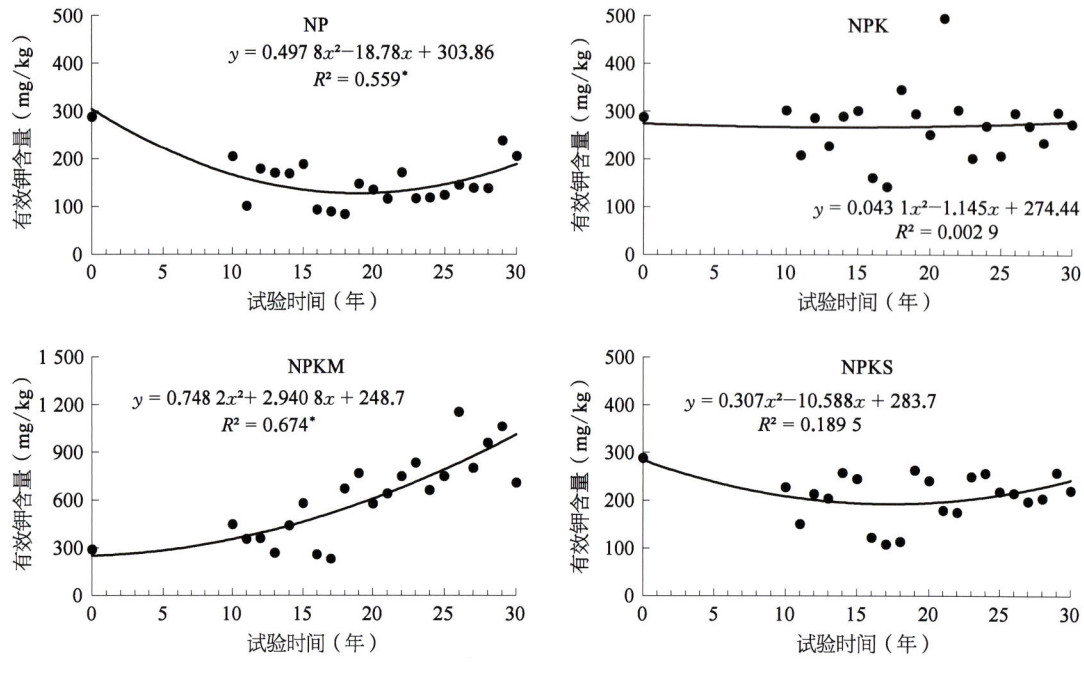

图 10-14 · 绿洲灰漠土长期定位条件下土壤钾素的演变

(刘骅、王西和,2021 年)

2. 长期施肥下土壤钾素的表观平衡 · 灰漠土是含钾丰富的土壤,对作物供钾能力较强,长期不施肥土壤每年供给作物的钾素为 60.8 kg/hm²,施用钾肥占总输入的 99% 以上,施钾与不施钾土壤钾素均表现出亏损状态,不同处理的土壤钾素亏缺值范围为 −16.9 ~ −87.2 kg/hm²(表 10-12)。

长期单施氮肥(N)土壤平均年供给作物钾素 93.3 kg/hm²,年亏缺 92.7 kg/hm²;配施有机肥的处理作物带走钾素显著高于化肥处理,配施常量有机肥(NPKM)处理亏缺钾素较高,与化肥处理一致达到 86 kg/hm² 以上;秸秆还田(NPKS)处理作物带走钾素与化肥处理基本持平,亏缺量相对较低。

表 10-12 · 绿洲不同施肥处理土壤钾素(K_2O)输入、输出与平衡

(刘骅、王西和,2021 年) (单位: kg/hm²·a)

处 理	输 入			输 出	盈 余
	钾肥	种子	小计	作物带走	
CK	0	0.59	0.59	60.80	−60.2
N	0	0.59	0.59	93.30	−92.7
NPK	58.50	0.59	59.10	146.30	−87.2
NPKS	127.00	0.59	127.60	144.50	−16.9
NPKM	101.70	0.59	102.30	189.00	−86.7

第二节·新疆绿洲棉花科学施肥经验和问题

一、绿洲施肥主要经验

测土配方施肥是指通过土壤测试,及时掌握土壤肥力状况,按不同作物的需肥特征和农业生产要求,实行有机肥与化肥、氮肥、磷钾肥及中、微量元素等肥料适量配比平衡施用,提高肥料养分利用率,促进农业生产高产、优质和高效的一种科学施肥方法。1992年,联合国开发计划署与我国农业部签订了平衡施肥项目合作协议,这让我国接触到当时国际上最先进的科学施肥技术,国内科学施肥技术得到大幅度提高。20世纪90年代以来,各种形式的测土施肥工作在我国广大地区推行。2005年起,新疆依托国家测土配方施肥项目,大规模开展测土配方施肥技术应用,取得了显著成效。2005—2010年,已从最初的2个项目县发展到87个项目单位,覆盖全疆所有县级农业行政区,全疆推广应用测土配方施肥面积493万hm^2,施用配方肥面积151万hm^2次,免费为156万农户提供测土配方施肥技术指导服务。实施测土配方施肥技术与农民习惯施肥相比,减少了不合理化肥投入33 kg/hm^2,节本增效558.3元$/hm^2$。

2008年,伽师县棉花品种中棉49播种面积2万hm^2,平均籽棉产量4 672.5 kg/hm^2;测土配方施肥技术示范田平均籽棉产量5 062.5 kg/hm^2,比常规施肥技术区域增产6.0%。

2009年,尉犁县棉花面积36 693 hm^2,单产皮棉1 719 kg/hm^2;测土配方施肥比常规施肥增产4.0%,单位节本增效1 246.95元$/hm^2$,总节本增效达4 574.64万元。

2010年,尉犁县棉田配方施肥相对于空白增产率为69.62%,相对于常规增产率为10.8%,配方施肥与空白产投比为1∶0.26,配方施肥与常规施肥产投比为1∶0.25。

2012年,尉犁县棉田常规施肥肥料成本为4 305元$/hm^2$,测土配方施肥肥料成本为3 555元$/hm^2$,节省750元$/hm^2$;棉田配方施肥相对于空白增产率为90.85%,相对于常规施肥增产率为33.01%;配方施肥比常规施肥增收12 618元$/hm^2$。

2014年,根据"3414"试验结果,构建了巴州棉花测土配方施肥模型和土壤养分丰缺指标推荐施肥体系,测土配方施肥较常规施肥增产448 kg/hm^2,增产率为9.5%。

研究结果显示,新疆全面推广测土施肥及时,给全区带来了几百万吨的新增粮食,节约化肥投入几十万吨;科学合理地实施化肥,不仅提高了化肥的利用率,也减少了化肥对环境和农产品的污染。

测土配方施肥技术的科学使用直接对农业增效、农民增收起到了巨大的积极作用。归纳2013—2015年统计数据可以得出,在测土配方施肥技术推广应用之后,农业行业的主要农作物平均每公顷实现了增产480.15 kg,直接性减少化肥使用量(折纯)34.95 kg/hm^2,最终实现了节约投资成本129.60元$/hm^2$。由于测土配方施肥技术明显提高肥料的经济效益,使得该技术呈现较好的应用前景。

二、绿洲长期定位试验取得重要基础数据

在新疆灰漠土区长期定位肥料试验设置的轮作制度下，不同施肥措施的土壤有机质含量的变化趋势明显。和基础值相比，不施肥（CK）处理耕种10年后，土壤有机质含量由15.20 g/kg下降到13.80 g/kg，下降了1.40 g/kg，下降率为9.21%，之后的20年和30年基本稳定13 g/kg左右。施用化肥（NPK）处理，土壤有机质含量前10年、20年基本维持土壤基础水平，30年后较基础值低0.75 g/kg，下降率为4.93%。施用有机肥（NPKM）能加速土壤有机质积累，30年间土壤有机质含量呈持续上升趋势，和基础值相比，三个阶段分别增加了5.80 g/kg、11.72 g/kg、32.00 g/kg，增加率分别为38.2%、84.9%、209.2%。氮磷钾化肥平衡配施，虽然能维持作物高产，但对提高土壤有机质作用较小，化肥配施有机肥提高土壤有机质的效果优于只施用化肥。

不施肥（CK）处理耕种后的10年、20年、30年后，土壤全氮由基础含量的0.868 g/kg分别下降到0.684 g/kg、0.495 g/kg、0.757 g/kg，分别下降了0.184 g/kg、0.373 g/kg、0.111 g/kg，下降率分别为21.4%、43.0%、12.8%。施用化肥（NPK）处理，土壤全氮含量由基础值增加到10年后的0.897 g/kg，增加了0.029 g/kg，增加率为3.3%；施肥20年后全氮较基础值下降了0.172 g/kg，下降率为19.8%；施肥30年后，较基础值增加0.023 g/kg，增加率为2.6%。化肥配施有机肥（NPKM）10年、20年、30年后，土壤全氮较基础值分别增加0.242 g/kg、0.231 g/kg、0.952 g/kg，增加率分别为27.9%、26.6%、109.7%。

不施肥（CK）处理耕种后的10年、20年、30年后，土壤碱解氮由基础含量的55.20 g/kg分别下降了8.20 mg/kg、22.74 mg/kg、31.11 mg/kg，下降率分别为14.9%、41.2%、56.4%，下降量连续增加。施用化肥（NPK）处理，土壤碱解氮含量和基础值相比，10年后增加了8.89 mg/kg，增加率为16.1%；施肥20年后下降5.56 g/kg，下降率为10.1%；施肥30年后，较基础值增加3.05 mg/kg，增加率为5.5%。化肥配施有机肥（NPKM）10年、20年、30年后，土壤碱解氮较基础值分别增加了17.44 g/kg、44.08 g/kg、46.74 g/kg，增加率分别为31.6%、79.9%、84.7%。

不施肥（CK）处理耕种后的10年、20年、30年后，土壤全磷由基础含量的0.667 g/kg分别下降了0.107 g/kg、0.085 g/kg、0.176 g/kg，下降率分别为16.0%、12.7%、26.4%。施用化肥（NPK）处理，土壤全磷含量和基础值相比，10年、20年、30年后分别增加了0.013 g/kg、0.199 g/kg、0.23 g/kg，增加率分别为1.96%、29.86%、34.56%。化肥配施有机肥（NPKM）10年后，土壤全磷较基础值下降了0.097 g/kg，下降率为14.5%，20年、30年后分别增加了0.156 g/kg、0.243 g/kg，增加率为23.4%、36.4%。

灰漠土速效磷基础含量3.40 mg/kg，为极低水平，不施肥10年后，增加了2.81 mg/kg，增加率为82.6%，20年和30年后，则分别下降2.26 mg/kg和0.98 mg/kg，下降率分别为66.5%和28.8%。施用化肥（NPK）处理，土壤速效磷含量和基础值相比，10年、20年、30年后分别增加18.01 mg/kg、9.45 mg/kg、8.93 mg/kg，增加率分别为529.7%、277.9%、262.6%。化肥配施有机肥（NPKM）10年、20年、30年后，土壤速效磷分别增加25.21 mg/kg、49.36 mg/kg、145.06 mg/kg，增加率分别为741.5%、1 451.8%、4 266.5%。

灰漠土不同施肥措施下，CK、NPK 处理 30 年后，土壤全钾分别较基础值下降 0.20 g/kg、0.37 g/kg，下降率分别为 1.0%、1.9%。NPKM 处理，土壤全钾较基础值增加 0.20 g/kg，增加率为 0.8%。因土壤全钾基数较高，施肥措施对全钾的影响相对较小。

对灰漠土速效钾含量变化进行比较可知，不施肥 10 年、20 年、30 年后，土壤速效钾较基础值分别下降了 71.7 mg/kg、127 mg/kg、97.5 mg/kg，下降率分别为 24.9%、44.1%、33.9%。施用化肥（NPK）处理，土壤速效钾含量和基础值相比，10 年后增加了 14.2 mg/kg，增加率为 4.9%，20、30 年后分别下降 35.6 mg/kg 和 13.6 mg/kg，下降率分别为 16.5% 和 4.5%。化肥配施有机肥（NPKM）10 年、20 年、30 年后，土壤速效钾分别增加 159.6 mg/kg、289.4 mg/kg、421.0 mg/kg，增加率分别为 55.4%、133.8%、139.3%。

对土壤 pH 的比较表明，施肥 20 年后，CK、NPK、NPKM 处理的 pH 分别提高 0.66、0.5、0.44 个单位，提高率分别为 8.1%、6.2%、5.4%；30 年后的 pH 分别下降了 0、0.3、0.34 个单位，下降率分别为 0%、3.7%、4.2%。

对土壤容重的比较表明，施肥 20 年后，CK、NPK、NPKM 处理的土壤容重分别增加 0.32 g/cm³、0.26 g/cm³、0.21 g/cm³，增加率分别为 25.6%、20.8%、16.8%；30 年后分别增加 0.1 g/cm³、0.03 g/cm³、0.06 g/cm³，增加率分别为 8.0%、2.4%、4.8%。各施肥处理 30 年后土壤容重较第 20 年是有所回落的（表 10 - 13）。

表 10 - 13 · 1990—2019 年绿洲灰漠土长期定位试验 0～20 cm 土层土壤理化性质变化

(刘骅、王西和，2021 年)

项 目	1989 年	10 年（1990—1999）			20 年（2000—2009）			30 年（2010—2019）		
		CK	NPK	NPKM	CK	NPK	NPKM	CK	NPK	NPKM
有机质（g/kg）	15.20	13.80	15.30	21.00	13.50	15.78	26.92	13.47	14.45	47.20
全氮（g/kg）	0.868	0.684	0.897	1.110	0.495	0.696	1.099	0.757	0.891	1.820
碱解氮（mg/kg）	55.20	47.00	64.09	72.64	32.46	49.64	99.08	24.09	58.25	101.94
全磷（g/kg）	0.667	0.560	0.680	0.570	0.582	0.866	0.823	0.491	0.897	0.910
速效磷（mg/kg）	3.40	6.21	21.41	28.61	1.14	12.85	52.76	2.42	12.33	148.46
全钾（g/kg）	19.80							19.60	19.43	19.96
速效钾（mg/kg）	288.0	216.3	302.2	447.6	161.0	252.4	577.4	190.5	274.4	709.0
pH	8.10				8.76	8.6	8.54	8.10	7.80	7.76
容重（g/cm³）	1.25				1.57	1.51	1.46	1.35	1.28	1.31

注：1989 年为基础数据，1990—1999 年为 1999 年数据，2000—2009 年为 2009 年数据，2010—2019 年为 2019 年数据。

根据长期定位试验的氮肥施入量和作物吸收量两项指标计算氮素盈亏率，灰漠土不同肥料配施导致氮素盈亏状况发生明显变化。不施肥（CK）处理，作物从土壤中带走的 N、P_2O_5、K_2O 量也是土壤的亏缺量，代表着土壤的自然供给量，土壤养分盈亏状态见表 10 - 13、表 10 - 14。

表 10 - 14 · 1990—2019 年绿洲灰漠土长期定位试验养分输入、输出表观平衡

(刘骅，王西和，2021 年)

(单位：养分 kg/hm²)

养分种类	有机质投入养分			化肥养分投入			投入合计			带走部分			表观平衡	
	CK	NPK	NPKM	CK	NPK	NPKM	CK	NPK	NPKM	CK	NPK	NPKM	CK	NPK	NPKM
第一个 10 年(1990—1999 年)															
N			2 400.0		1 704.3	573.5		1 704.3	2 973.5	500.1	1 261.8	1 221.6	-500.1	442.5	1 751.9
P_2O_5			690.0		1 024.7	357.0		1 024.7	1 047.0	118.8	382.1	475.2	-118.8	642.6	571.8
K_2O			900.0		416.6	103.5		416.6	1 003.5	83.6	215.5	208.8	-83.6	201.1	794.7
第二个 10 年(2000—2009 年)															
N			2 400.0		2 415.0	849.0		2 415.0	3 249.0	466.9	1 496.6	1 768.5	-466.9	918.4	1 480.5
P_2O_5			690.0		1 380.0	514.0		1 380.0	1 204.0	206.3	718.1	951.3	-206.3	661.9	252.7
K_2O			900.0		619.0	124.0		619.0	1 024.0	121.8	303.1	379.9	-121.8	315.9	644.1
第三个 10 年(2010—2019 年)															
N			2 400.0		2 415.0	849.0		2 415.0	3 249.0	729.3	2 186.7	2 060.8	-729.3	228.3	1 188.2
P_2O_5			690.0		1 380.0	514.0		1 380.0	1 204.0	324.0	901.1	1 061.5	-324.0	478.9	142.5
K_2O			900.0		619.0	124.0		619.0	1 024.0	146.5	381.3	488.5	-146.5	237.7	535.5

注：① CK(完全对照)处理，不施任何有机肥、化肥，NPK 为化肥氮磷钾处理，NPKM 为常量氮磷钾+常量有机肥处理；② 带走部分包括小麦、玉米、棉花地上部带走的氮磷钾(NPK)量；③ 平衡=投入量-带走量；④ 1990—1999 年、2000—2009 年、2010—2019 年均为 10 年累加数据。

不施肥(CK)处理第一个10年(1990—1999年),土壤N、P_2O_5、K_2O分别亏缺500.1 kg/hm²、118.8 kg/hm²和83.62 kg/hm²。

不施肥(CK)处理第二个10年(2000—2009年),土壤N、P_2O_5、K_2O分别亏缺466.9 kg/hm²、206.3 kg/hm²和121.8 kg/hm²,其中N的亏缺比第一个10年减少33.2 kg/hm²,P_2O_5和K_2O分别增加87.5 kg/hm²和38.2 kg/hm²。

不施肥(CK)处理第三个10年(2010—2019年),土壤N、P_2O_5、K_2O分别亏缺729.3 kg/hm²、324.0 kg/hm²、146.5 kg/hm²,N、P_2O_5、K_2O亏缺分别比第二个10年增加262.4 kg/hm²、117.7 kg/hm²、24.7 kg/hm²。

在3个10年中,作物从土壤中带走的N、P_2O_5、K_2O逐渐增加,土壤N、P_2O_5、K_2O的亏缺量相应逐渐增加,说明土壤的自然生产力并没有因逐渐消耗而导致作物吸收部分带走量的下降,这可能与滴灌、覆膜、品种栽培手段的改良等措施有关。30年间,N、P_2O_5、K_2O累积亏缺量分别达到1 696.2 kg/hm²、649.1 kg/hm²、352.0 kg/hm²,年平均亏缺量分别为56.5 kg/hm²、21.6 kg/hm²、11.7 kg/hm²,说明灰漠土自然肥力消耗速度N>P_2O_5>K_2O。

平衡施用氮磷钾肥(NPK)处理(表10-13、表10-14),作物从土壤中带走的N、P_2O_5、K_2O量较不施肥大量增加。

第一个10年,NPK处理作物从土壤中带走的N、P_2O_5、K_2O分别为1 261.8 kg/hm²、382.1 kg/hm²、215.5 kg/hm²,分别是同期不施肥处理的2.5倍、3.2倍、2.6倍;土壤中N、P_2O_5、K_2O分别盈余442.5 kg/hm²、642.6 kg/hm²、201.1 kg/hm²,分别占施肥量的26.0%、62.7%、48.3%,说明氮磷钾化肥的施用不但提高了作物产量,而且有培肥地力的效果。

第二个10年间,NPK处理作物从土壤中带走的N、P_2O_5、K_2O分别为1 496.6 kg/hm²、718.1 kg/hm²、303.1 kg/hm²,分别是同期不施肥处理的3.2倍、3.5倍、2.5倍,比例较第一个10年有所增加;土壤中N、P_2O_5、K_2O分别盈余918.4 kg/hm²、661.9 kg/hm²、315.9 kg/hm²,分别占施肥量的38.0%、48.0%、51.0%。

第三个10年,NPK处理作物从土壤中带走的N、P_2O_5、K_2O分别为2 186.7 kg/hm²、901.1 kg/hm²、381.3 kg/hm²,分别是同期不施肥处理的3.0倍、2.8倍、2.6倍,带走量进一步增加;土壤中N、P_2O_5、K_2O分别盈余247.3 kg/hm²、478.9 kg/hm²、237.7 kg/hm²,分别占施肥量的9.5%、34.7%、38.4%。

有机肥配施化肥(NPKM)处理(表10-13、表10-14),作物从土壤中带走的N、P_2O_5、K_2O量较不施肥大量增加,分别是同期不施肥处理的2.4倍、4.0倍、2.5倍;而和NPK处理相比,N、K_2O分别下降40.3 kg/hm²和6.7 kg/hm²,P_2O_5增加93.1 kg/hm²,这可能受有机肥的矿化速率及有机碳对磷的活化有关;此期土壤中N、P_2O_5、K_2O分别盈余了1 751.9 kg/hm²、571.8 kg/hm²、794.7 kg/hm²,分别占施肥量的58.9%、54.6%、79.2%。

第二个10年,NPKM处理作物从土壤中带走的N、P_2O_5、K_2O分别为1 768.5 kg/hm²、951.3 kg/hm²、379.9 kg/hm²,分别是同期不施肥处理的3.8倍、4.6倍、3.1倍,同样比第一个10年有所增加;土壤中N、P_2O_5、K_2O分别盈余了1 480.5 kg/hm²、252.7 kg/hm²、

644.1 kg/hm², 分别占施肥量的 45.6%、21.0%、62.9%。第三个 10 年，NPKM 处理作物从土壤中带走的 N、P_2O_5、K_2O 分别为 2 060.8 kg/hm²、1 061.5 kg/hm²、488.5 kg/hm²，分别是同期不施肥处理的 2.8 倍、3.3 倍、3.3 倍，比第二个 10 年有所降低；土壤中 N、P_2O_5、K_2O 分别盈余了 1 188.2 kg/hm²、142.5 kg/hm²、535.5 kg/hm²，分别占施肥量的 36.6%、11.8%、52.3%。

总体来看，30 年的施肥不仅增加了作物产量，更重要的是培肥了地力，进一步保障了作物的高产稳产，其效果也因施肥量、肥料类型和栽培措施的不同而产生明显的差异。30 年不施肥，灰漠土仍能保持一定的生产力。

定位试验还获得了土壤养分迁移转化规律、土壤固碳与温室气体排放足迹、生物群落结构变化、土壤酶活性特征等基础研究结果，为绿洲灰漠土土壤利用、土壤养分、土壤微生物和土壤质地变化提供重要参考。

三、棉花专用肥

棉花专用肥是针对棉花需肥规律和不同土壤条件而配制的复混肥料，具有配比合理、使用方便等特点，逐渐为广大农户认可和接受。

新疆棉花专用肥于 20 世纪 80—90 年代开始规模生产，配方大多为 N+P_2O_5+K_2O>40%，并配加硼、锌和锰等微量元素。典型配方之一为 N：P_2O_5：K_2O=10：5：4。

生产上，棉花施用专用化肥与施用磷二铵和尿素混肥，氮、磷含量相等，两者相比的结果是，施用专用化肥比施用磷二铵和尿素混肥增产 8%~20%。同时施用一次专用化肥可抵多次单施磷二铵、尿素再加微肥，施肥次数减少且显著增产。

1986—1990 年，施用棉花专用肥 300~525 kg/hm²，分播种穴施和花期追肥，较传统施肥增产皮棉 141.5~453.3 kg/hm²，并改善纤维长度和强度，光泽度好，经济价值高。1992 年明确了棉花对各种营养元素的需求量。在此基础上提出的棉花专用肥配方，使其总养分及其配比与棉花需肥、吸肥特点相吻合。主要采用节氮、控磷、补钾措施，达到提高肥效、防止棉花早衰、降低成本、简化施肥技术的目的，本项技术是棉花高产稳产优质栽培的重要内容。

2015 年，全疆开展了 5 个不同用量处理的小区试验，结果显示，施用 2 820 kg/hm² 标准肥料，其中棉花专用滴灌肥 253.5 kg/hm² 为最佳配比，籽棉产量最高达到 5 296.5 kg/hm²，投入产出比为 1：4.95，经济效益最高。

四、绿洲滴灌及水肥一体化

（一）滴灌及发展

新疆地处欧亚大陆腹地，远离海洋，降水稀少，灌溉农业，气候干燥少雨，蒸发量大，其中北疆降水在 150~200 mm，南疆棉区不足 100 mm，最少仅 10 mm，农业用水量占绿洲用水量的比重高达 95%，其中灌溉用水占农业用水的 90%，农业用水量过大与粗放型灌溉方法紧密相关，加大了绿洲农业耗水量。

滴灌技术产生于 19 世纪 60 年代，成熟于 20 世纪 60 年代，进入 70 年代后发展迅速，到 1982 年，全球滴灌面积达到 42.7 万 hm²。自从滴灌技术发明以来，一直是农业领域的重要研究内容之一。我国自1974年引进滴灌技术,经过几起几落,发展速度与规模都十分有限。1996年,新疆兵团引进滴灌技术,与大面积推广的薄膜覆盖技术相结合形成膜下滴灌技术,并展开试验示范,一举获得成功。从此绿洲节水农业发展极为迅速,进入21世纪新疆已成为全国节水农业的重要示范基地。

推动棉花膜下滴灌技术发展有以下关键性三步。

第一步,棉花膜下滴灌技术试验示范取得成功,为节水技术革命性发展拉开了序幕。1996—1998年,石河子地区棉花膜下滴灌技术完成初试、小试和中试三个过程,成为我国微灌技术大田应用与发展的一个里程碑。国内当时的滴灌技术主要用于蔬菜、花卉、果树等经济价值较高的作物,还没有应用于大田作物上的成功范例。1996年新疆兵团第八师121团在1.67 hm²、总含盐量为0.8%的弃耕次生盐渍化土壤上开展大田棉花膜下滴灌试验,皮棉产量达到1 335 kg/hm²,为膜下滴灌技术应用增强了信心。1997—1998年第八师3个团场10块条田膜下滴灌皮棉单产达到1 800 kg/hm²以上,为膜下滴灌技术的推广应用起到了良好的示范作用。

第二步,建立膜下滴灌模式理论与技术基础。1998年新疆兵团组织开展"干旱区棉花膜下滴灌综合配套技术研究与示范"重大科技攻关项目,经过3年攻关取得重大进展,成果鉴定指出:"在滴灌洗盐、水肥耦合及以滴灌为中心的棉花栽培管理模式上有所创新,取得很好的经济、社会、生态效益,应用前景广阔"。

第三步,滴灌设备本地化,成本大幅降低,为大面积应用提供了效益保证。1996—1998年所用滴灌系统以进口或内地产品为主,单位面积一次性投入高达18 000元/hm²以上,其中滴灌带占总投入的70%以上,昂贵的滴灌带成为制约膜下滴灌技术的"瓶颈"问题。基于这种情况,新疆天业集团引进滴灌带生产线,实行本地化生产,1999年投放市场,使滴灌带成本降低58.3%至7 500元/hm²左右,年均运行成本6 000元/hm²左右,为大面积推广应用创造了低成本保障。

2000年以来,随着膜下滴灌技术的日渐成熟和滴灌设备本地化生产,滴灌系统投资逐渐降低,滴灌技术快速发展,膜下滴灌用水量仅为传统灌溉用水量的12.5%、喷灌用水量的50%、露地滴灌用水量的70%。新疆兵团滴灌施肥面积从2000年的1.6万hm²迅速增加到2012年的66.7万hm²以上,增长了40倍;绿洲全疆滴灌施肥面积突破200万hm²,占总耕地面积的50%;与沟灌相比节水53.96%,增产18.4%~39.0%,籽棉增幅达到870.0~1 411.5 kg/hm²,经济、社会、环境效益极为显著。

(二) 水肥一体化技术及实施效果

水肥一体化技术源于以色列。20世纪60年代初随着塑料工业的发展,农田中开始应用塑料制造滴灌设备,随之水肥一体化技术开始广为应用,至今以色列已成为全球使用水肥一体化技术比例最高的国家。从世界范围看,应用水肥一体化的大多为干旱缺水和经济发达的地区和国家。

水肥一体化技术是将灌溉与施肥融为一体的农业新技术。水肥一体化是借助压力灌溉系统,将可溶性固体肥料或液体肥料配兑而成的肥液与灌溉水一起,均匀、准确地输送到作物根部土壤。采用灌溉施肥技术,可按照作物生长需求,进行全生育期需求设计,把水分和养分定量、定时、按比例直接提供给作物。压力灌溉有喷灌和微灌等形式,目前常用形式是微灌与施肥的结合,且以滴灌、微喷与施肥的结合居多。微灌施肥系统由水源、首部枢纽、输配水管道、灌水器四部分组成,水源有河流、水库、机井、池塘等。首部枢纽包括电机、水泵、过滤器、施肥器、控制和量测设备、保护装置,输配水管道包括主、干、支、毛管道及管道控制阀门,灌水器包括滴头或喷头、滴灌带。

水肥一体化技术具有提高水分利用率和养分利用效率、增加作物产量、改善作物品质、促进农业可持续发展等诸多优点。棉花在滴灌水肥一体化条件下,水分可直接供给根系同时减少了株间蒸发,有效提高了水分利用效率,棉花耗水量较常规畦灌处理减少,棉花增产可达到50%左右(表10-15)。

表10-15·绿洲棉花水肥一体化节肥效果

(刘骅、王西和,2021年)

处 理	施肥量 (kg/hm²)	产量 (kg/hm²)	产值 (元/hm²)	投入 (元/hm²)	收益 (元/hm²)	产投比
常规灌溉施肥	442.5	1 188.0	17 820	6 271.5	11 548.5	1:2.84
滴灌+节肥10%	397.5	1 225.5	18 390	6 099.0	12 291.0	1:3.02
滴灌+节肥20%	352.5	1 176.0	17 640	5 883.0	11 757.0	1:3.00
滴灌+节肥30%	307.5	1 125.0	16 875	5 742.0	11 133.0	1:2.94

五、绿洲棉花施肥问题

(一) 有机肥施用量不足

新疆绿洲面积广阔,加上各地种植、养殖的习惯极不相同,故获得的有机肥差异极大。在新疆南部地方,以家庭为单位饲养牛羊等牲畜多,可以为当地农民提供不少有机肥料源,所以大多数农民就会将这些肥料施用到棉花田中。新疆兵团以家庭为单位的团场职工基本不养殖牛羊等家禽家畜,故有机肥源极少或无。

随着农村经济的发展,现在大部分农民也不喂养牲畜,所以有机肥源大幅减少,施肥转向化肥,即使有少量有机肥也投入到粮食作物上。农民使用有机肥的观念在改变,有机肥集中施用在瓜果、蔬菜等附加值更高的作物上。

棉田主要依靠秸秆还田获得有机物。农村秸秆资源使用参差不齐,小麦、玉米和叶类秸秆等大部分作为饲料使用,棉花等木质素含量高的秸秆经田间直接粉碎还田,但由于粉碎的程度不够细小,在机械整地时又被带到地面,没有实现秸秆还田。

种植大户包括租赁耕地,由于种植面积较大,油渣、饼肥等传统的有机肥来源不足,同时牛羊鸡粪等有机肥的价格也已大幅上涨;为了降低成本,连续多年少施或不施有机肥的现象越来越普遍,导致土壤板结、供肥能力下降、土壤有机质含量连年下降。

(二) 化肥施用问题

据专家评估和大面积生产观察,绿洲棉花存在施肥不足、不平衡和过量问题,预估约各占面积的三分之一。施肥不足主要发生在家庭承包经营农户,南疆比北疆多。施肥过量主要发生在新疆兵团团场职工管理的棉田和部分租赁的经营棉田,全疆都有分布,不过近年兵团职工经营管理棉田已大有改进。施肥不平衡,则出现在部分家庭承包经营棉田和部分租赁棉田上。

过量问题。主要是氮肥投入过量,氮施用量达到 390~450 kg/hm²。投入化肥的氮多磷多钾多以及灌溉水多,特别是氮多和后期施肥过多,导致棉花旺长,不少田块花铃后期长势旺盛,贪青晚熟,出现枝多叶、叶柄长、叶片大,群体叶面积大。近几年团场放开以后,化肥过量和灌溉过量有较大改进。

不足问题。据调查,采用滴灌的基本农户滴施棉花专用肥不超过 450 kg/hm²,有的甚至不足 300 kg/hm²,这与大的家庭农场滴施专用肥 1 050~1 200 kg/hm² 的水平存在巨大差距。

关于绿洲磷及磷迁移问题。纺织企业反映新疆棉纤维磷含量及印染工业废水磷含量超标,究其原因,绿洲棉花和棉田磷来自肥料(磷酸一铵、磷酸二铵、磷酸二氢钾、重过磷酸钙)、杀虫剂(乙酰甲胺磷、辛硫磷、毒死蜱、马拉硫磷)、杀菌剂和种子包衣剂(甲基立枯磷、多·福·立枯磷、多福甲枯由多菌灵、福美双、甲基立枯磷复配混剂)、除草剂(草甘膦、草铵膦)、催熟剂(乙烯利)、脱叶剂(脱叶磷、脱叶亚磷),这些农化产品都含磷(膦),通过叶面喷施残留在叶片、叶屑上混入纤维被迁移。

以上可见,棉田磷素除从肥料获得外,还可从杀虫剂、杀菌剂、催熟剂和脱叶剂获得。这也是磷过量的重要原因,易形成表层土壤的"富磷化"以及磷迁移的污染问题。

▶ (三) 滴灌及水肥一体化产生的新问题

1. **滴灌棉田棉花叶面积易增大,不利于通风透光**。滴灌棉花花铃期叶面积指数一般增大 0.5 左右,这与新疆高密度栽培模式和有限的生长条件不一致。若在高水高肥条件下很容易在花铃期造成荫蔽,通风透光性差,以致蕾铃脱落,棉铃不能正常发育成熟,甚至出现贪青晚熟等问题。

2. **宽窄行配置容易引起棉花根系争水争肥**。研究证明,目前新疆主要采取的宽窄行配置栽培模式,土壤中根系密度差异很大,宽行中部根系密度低,窄行中水分足使根系更加集中。由于根系发育的向水、向肥性,这种方式一方面不利于棉花根系合理利用宽行的养分和水分,另一方面使争水争肥更加激烈。

3. **滴灌棉田肥水配比、平衡施肥问题还有待于研究**。据了解,有些地方采用"一水一肥"的肥水滴施方法,即肥料的施用量遵循少量多次的原则,使棉花生长在不同生育时期都不脱肥。从大量资料显示,目前还没有一个较为科学合理的肥水配比方法,该问题还有待于进一步研究。

4. **缺少适合滴灌的棉花品种**。滴灌棉花根系分布较浅,抗、耐旱能力差,抗倒伏性能力弱,不利于根系吸收土壤深层的水分和养料,易造成蕾铃脱落和早衰。可见滴灌对棉花品种特性提出了新的要求。目前适合滴灌的棉花新品种极少,选育滴灌下高效水肥利用的棉花新品种已势在必行,这是棉花节水节本增效技术体系的重要内容,也是关键核心技术之一。

▶ (四) 肥料市场

新疆市场销售的水溶性肥料品种呈现多、乱、杂的特点,滴灌专用肥大多是通用的配方。

随水滴施在常用的尿素、磷酸二氢钾基础上,还有许多复合配置滴灌肥品种,其养分含量不同、价格高低不一,且养分含量在25%～35%,滴灌肥占主导地位。一些生产商为了牟取利益,降低大量元素含量,添加一些价格相对便宜的微量元素、激素和植物生长剂,很难达到因土、因作物施肥,平衡施肥效果难以发挥。

一些单位或农户对水溶性肥料缺乏相关专业知识,辨别能力差,听信经销商的宣传,有的贪图便宜随意购买价格低廉的肥料,盲目选择水溶性肥料致使施用后不但没有增产,反而导致减产,不但损害了广大农民消费者,还严重扰乱了化肥市场的正常秩序。

第三节·新疆绿洲棉花科学施肥的对策

2018年,生态环境部、农业农村部发布《农业农村污染治理攻坚战行动计划》;2019年,农业农村部等七部委发布《国家质量兴农战略规划2018—2022》,提出种植业主要指标:持续推进化肥、农药减量增效,减量替代,主要农作物化肥农药从2020年的"零增长"到2022年的"负增长"。有几项重要技术指标:化肥、农药利用率从2020年的40%以上提高到2022年的41%以上;测土配方施肥技术覆盖率达90%以上(2022年90%)。

然而,随着绿洲土地的利用率不断提高,休闲耕地的减少,休闲时间的缩短,加以复播面积大、高产品种推广,土地利用强度不断增强,而有机肥料投入不仅没有增加反而在减少,土壤有机质和营养元素的消耗大于积累,化肥用量大幅度增长,一些产地氮过量、磷过量问题突出,导致土地用养失调,养分平衡被打破,肥力普遍下降。2021年中央"一号文件"再次提出"化肥农药使用量持续减少"。为了实现绿洲棉花的可持续发展,绿洲肥料工作要认真贯彻执行以有机肥为基础,有机肥和化肥相结合的肥料工作方针,建立牢固的科学施肥体系,做到科学施肥,提高化肥利用率,为棉花生产可持续稳定增长创造条件。

一、可持续技术对策

(一)建立绿洲科学施肥的评价指导方法

土壤化验、肥料效应函数和植物分析(营养诊断)是指导科学施肥的基础性、经常性工作。

农业技术部门应掌握农田土壤质地和养分变化状况。除国家组织开展的土壤普查以外,大型专业合作社、家庭农场和棉花企业都应对承包经营的耕地面积进行定位分析,每5年开展一次土壤有机质、全氮、速效磷、有效钾、硼锌微量元素、钙钠盐分、pH等的测定,并对典型棉田的土壤剖面结构、土壤颗粒和质地等指标剖面化验,全面掌握耕地质量的变化。这是耕地可持续利用的基础性、保障性工作,必须坚守。同时,要积极引导和推进"测、配、产、供、施"一体化服务工作,深入全面分析掌握滴灌棉田表层土壤的"富营养化"问题。

农业肥料主管部门,应对本地主要作物特别是棉花开展肥料效应试验,结合气候变化、新品种、肥水耦合等因素,合理确定本地主要土壤类型和肥力水平,对主要目标产量提出最佳肥料养分投入、配比和使用方法,为制订本地科学施肥方案提供基础数据。

定期开展营养诊断,为实时施肥提供指导。

(二) 重视土壤地力培养,实现土壤可持续生产

有计划休闲和轮作,建立绿洲棉田轮作用养结合的制度。一是推进轮作,轮作方法有棉花与粮食轮作、棉花与绿肥轮作等,按 10 年为一个轮作周期,建立棉花—粮食—绿色轮作种植制度(见第五章)。

近几年,新疆正在南疆地区开展耕地休耕试点工作,落实保护性耕作措施,改良土壤盐碱,增施有机肥,一方面减少地下水开采,缓解塔里木河流域地下水超采问题,另一方面探索和推广耕地休耕技术模式,引导带动南疆逐步退出果粮、果棉间作种植模式,提高南疆粮食安全保障能力,提升棉花品质,推动实现林果业和棉花的提质增效。

有计划地开展耕地土壤深耕,农谚讲"翻地翻得深,黄田变成金",每 5 年进行一次深耕,耕深 60～80 cm。

(三) 提高科学施肥水平,提高养分利用率

一是增施有机肥,做到有机无机结合。比较合理的方法是,每季作物使用有机肥 22.5～30 t/hm^2,或使用商品有机肥 1 500 kg/hm^2,可维持绿洲棉田土壤的有机质含量。二是氮磷钾和微量元素配合施用,微量元素主要是硼肥和锌肥的补充,可较大幅度提高肥料利用率。三是提高追肥特别是花铃肥占总施量的比例,将过去花铃肥占总肥量的 25%～30% 提高到 40% 以上,总滴肥量达到 600 kg/hm^2 以上,满足高产棉田花铃期对养分的需求,提高肥料利用率。四是着重抓好滴灌专用肥的购置和到位(施肥推进技术见第十七章)。

要研究杀虫剂、杀菌剂、包衣剂、催熟剂和脱叶剂磷的替代问题,减少和控制叶面施磷的残留和迁移等环境问题,研究高磷肥料品种的表层磷富营养化问题。

科学施肥要解决磷过量和磷的迁移问题。磷来源于叶面喷施的磷酸二氢钾肥料、杀虫剂等,叶片获得磷,磷通过原棉迁移到纺织基地,经过纺纱印染的工业废水导致磷含量超过排放标准,这一问题也需研究解决。

(四) 加强以家庭农场为单位的养分管理

评估棉田土壤养分和肥力变化,对比分析当年和近几年气候、施肥、品种、灌溉供水和产量水平变化,制订以家庭农场为单位的施肥方案,包括有机肥、化肥品种及其氮磷钾比例,微量元素,施用具体田块、基施与追施的比例和施肥方法,提出改进意见和具体方法,有条件听取专家意见并进行修改完善,购买正规肥料品种,这样可以提高施肥效率和施肥水平,降低肥料成本,提高植棉的经济效益。

多数农户在确定化肥施用量时没有根据土壤肥力和产量水平,而只是从众心理确定施肥量,故施肥方法不科学、施肥量总体偏高,常见问题是,很多农户将磷肥作追肥使用,尤其是氮肥用量很高,基、追肥比例不合适,大部分农户基肥比例偏大。

(五) "两水两肥"轻简栽培棉花高产案例

在南疆果树与棉花的混合种植区,无滴灌条件,棉田冬灌或春灌为第一水,在冬季或春季棉田施有机肥 225～450 m^3/hm^2,磷肥 450～600 kg/hm^2;6 月底至 7 月初大水漫灌为第二水,灌水前追施尿素 225～300 kg/hm^2,之后有水则灌;采用"密矮早膜"栽培模式,单位面积籽棉产量不低于 4 500 kg/hm^2。

二、政府干预方面

政府资助支持耕地的深耕计划，支持土壤残膜的清理。

国家要高度重视有机肥的积造、运输和利用。

鼓励和支持化肥和有机肥“统一招标询价”购买。可由农技部门提供配方，县政府采购办统一组织招标询价，确定数家中标肥料企业，确定肥料养分含量，确定肥料最高限价，农户以村为单位送派代表与中标企业轮流谈判，从中选定几家签订合同。这种方式既有政府的统一组织，也有农民的自由选择，简单易行且效果不错。

政府需加大化肥、有机肥和水溶性肥料市场的监管，并整治源头，把好流通渠道和出厂关，严厉打击劣质生产企业和不诚信零售商，净化化肥经营市场。

三、立法实践方面

长期定位试验为国家和专业部门提供大量有益的基本数据，是科学利用土壤和科学施肥决策的基础，要长期坚持，同时建议在南疆棕漠土安排长期土壤肥料定位。

在国家有计划开展土壤普查的基础上，对典型土壤类型和棉花主要产地定位开展土壤养分测定，以获得土壤经营管理对土壤肥力和土壤质地变化的基础数据。

（主笔：王西和，毛树春；主审：刘骅；终审：毛树春）

参考文献

[1] 中国农业科学院棉花研究所.中国棉花栽培学.上海：上海科学技术出版社，2013.
[2] 中国农业科学院棉花研究所.中国棉花栽培学.上海：上海科学技术出版社，2019.
[3] 毛树春，李亚兵，董合忠.中国棉花辉煌 70 年.中国棉花，2019，46(7).
[4] 秦畅生，邱均实，齐俊民副.新疆通志・农业志资料汇编第 1—4 辑合订本 . 1997.
[5] 新疆维吾尔自治区科学技术委员会.科技进步与新疆农业.新疆科技卫生出版社，1996.
[6] 孙森，李鹏程，郑苍松，等.低磷胁迫对不同基因型棉花苗期根系形态及生理特性的影响.棉花学报，2018，30(1).
[7] 文启孝.我国土壤有机质和有机肥料研究现状.土壤学报，1989，26(3).
[8] 索东让.长期定位试验中化肥与有机肥结合效应研究.干旱地区农业研究，2005，23(2).
[9] 包兴国，邱进怀，刘生战，等.绿肥与氮肥配合施用对培肥地力和供肥性能的研究.土壤肥料，1994(2).
[10] 马富裕，周治国，郑重，等.新疆棉花膜下滴灌技术的发展与完善.干旱地区农业研究，2004.
[11] 夏金平.不同施肥方式对滴灌棉花生长及产量的影响.新疆农垦科技，2015，38(8).
[12] 刘洪光，郑旭荣，王振华，等.地下滴灌不同施肥量对棉花耗水量和产量影响研究.节水灌溉，2010(2).
[13] 王西和，刘骅，贾宏涛，等.长期施肥对灰漠土有机质和物理性质的影响.新疆农业科学，2014，51(1).
[14] 王斌，刘骅，李耀辉，等.长期施肥条件下灰漠土磷的吸附与解吸特征.土壤学报，2013，50(4).
[15] 王斌，刘骅，马义兵，孙雪晴，等.长期施肥对灰漠土无机磷组分的影响 . 土壤通报，2017，48(4).
[16] 许咏梅，刘骅，王西和.长期不同施肥下新疆灰漠土有机碳储量演变分析.资源科学，2016，38(7).
[17] 王西和，刘骅，孙雪晴，等.大量元素水溶肥在棉花上的应用研究.新疆农业科学，2015，52(10).
[18] 王海江，崔静，侯振安，等.不同品种棉花水氮效应差异性比较.西北农业学报，2010，19(3).
[19] 马志雯，高霄鹏，桂东伟，等.高效氮肥对新疆膜下滴灌棉田土壤氧化亚氮排放的影响.应用生态学报，2016，27(12).
[20] 王西和，吕金岭，刘骅.灰漠土小麦-玉米-棉花轮作体系钾平衡与钾肥利用率.土壤学报，2016，53(1).
[21] 刘骅，林英华，王西和，等.长期配施秸秆对灰漠土质量的影响.生态环境，2007(5).
[22] 刘骅，王西和，郑惠琴，等.长期定位施肥对灰漠土钾素形态的影响.新疆农业科学，2008(3).
[23] 田长彦，冯固，危常州，等.新疆棉花养分资源综合管理.北京：科学出版社，2008.
[24] 刘骅，赵秉强.新疆作物专用复混肥料农艺配方.北京：中国农业出版社，2014.
[25] 徐明岗，梁国庆.中国土壤肥力演变.北京：中国农业科学技术出版社，2015.
[26] 陈冰，周抑强，张巨松，等.新疆次宜棉区棉花养分吸收动态.新疆农业大学学报，1998，24(2).

[27] 张旺锋,李蒙春,勾玲,等.北疆高产棉花养分吸收特性的研究.棉花学报,1998,10(2).
[28] 白灯莎·买买提艾力,冯固,黄全生,等.南疆高产棉花营养特征及施肥方式的研究.中国棉花,2002,29(11).
[29] 伍维模,郑德明,董合林,等.南疆棉花干物质和氮磷钾养分积累的模拟分析.西北农业学报,2002,11(1).
[30] 王克如,李少昆,曹连莆,等.新疆高产棉田氮、磷、钾吸收动态及模式初步研究.中国农业科学,2003,36(7).
[31] 龚江,李君,刘茂,等.膜下滴灌棉花水分管理效应研究.中国棉花,2011,38(2).

第十一章
新疆绿洲棉花病虫草害综合防治和可持续治理对策研究

棉花一生遭遇多种有害生物的侵袭,综合治理能使危害降低到最低水平,为棉花生长和产量形成发挥着保驾护航作用。据 FAO 估计,全球棉花常年虫害、病害、草害导致产量损失分别为 16.0%、12.0%、5.8%。虽然新疆绿洲棉花病虫草害的种类相对较少,但是危害程度重、产量损失大。随着绿洲荒漠开发的加快、全球气候的变暖、绿洲荒漠生态脆弱性的增强,棉花病虫草的种群数量呈现倍数增长,对棉花可持续发展造成较大胁迫。进入 21 世纪绿洲棉田化学农药防治呈现大幅增长趋势,成本倍数增加,特别是裂铃、烂铃病害的发生或将对绿洲棉花发展造成更大的威胁。按照 2021 年中央"一号文件"再次提出的"化肥农药使用量持续减少"要求,应加快研究和应用绿色防治和综合防治技术措施,明确引起绿洲铃病的环境(气候因素、技术措施)、病原菌及其防治对策措施,尽快解决绿洲转 Bt 抗虫棉"历史遗留"问题,保障绿洲棉花的可持续发展。

第一节·新疆绿洲棉花病虫草综合防治回顾

一、20 世纪 50—70 年代

20 世纪 50—70 年代,新疆棉田病虫草害种类达 60 多种,发生严重危害的有 10 余种(表 11-1)。50 年代棉花主要病虫害有蚜虫、棉叶螨(红蜘蛛)、盲蝽象、棉铃虫、地老虎、蓟马、烂根病和角斑病等。60—70 年代,地老虎成为各棉区的主要害虫,棉铃虫也曾严重发生,大发生区域产量损失达到 30%。阿克苏地区棉花盲蝽象危害株率 25.0%,蕾铃脱落率达 35.7%。

新疆维吾尔自治区和新疆生产建设兵团在 1964 年联合普查玛纳斯河流域、吐鄯托盆地、喀什等地的棉花黄萎病、枯萎病,提出"预防为主、即发即治、土洋结合"方针,采取"以抗病品种为基础,农业措施为主,并结合药剂拌种"的防治策略。选用抗病品种降低了黄萎病、角斑病等发生,"留健苗、去劣苗、拔病苗"以及赛力散拌种或闷种防治角斑病。针对棉花黄萎病、

枯萎病，建立无病种子田，选育抗病品种，种植前对土壤、种子进行消毒，清除棉田病枝病叶，不施带菌肥料，轮作倒茬，无病田棉花采取单收、单轧、单藏措施。

表 11-1·新疆绿洲棉花病虫草危害和综合防治技术

时间	项目	状态表述	主要防治技术
20世纪50—70年代	病害	角斑病、立枯病、炭疽病、黄萎病、枯萎病、烂根病、红腐病、轮纹叶斑病，其中随着棉花引种与种植面积扩大，50年代角斑病为主，其次为黄萎病；60年代枯萎病出现，黄萎病、枯萎病发生严重	建立无病种子田，选育抗病优良品种，药剂拌种全消毒，留健去劣拔病苗，清除田间病枝病叶，轮作倒茬不施带菌肥，种田单收单轧单储
	虫害	华北蝼蛄、油葫芦、黄地老虎、警纹地老虎、八字地老虎、显纹地老虎、金针虫、切蝇、种蝇、根螨、棉长管蚜、棉蚜、苜蓿蚜、桃蚜、根蚜、榆叶蝉、绿叶蝉、青叶蝉、棉叶蝉、红蜘蛛、烟蓟马、花蓟马、牧草盲蝽、苜蓿盲蝽(象)、小叶盲蝽(象)、六月金龟子、棉金龟子、黄跳甲、沙地伪步行虫、绿象鼻虫、灰象鼻虫、意大利蝗、苜蓿盲蝽蛾、甘蓝夜蛾、玉米螟、麦长腿蜘蛛、棉铃虫，其中烟蓟马、黄地老虎、棉长管蚜、苜蓿蚜、红蜘蛛、棉铃虫、榆叶蝉危害重	规划农田，布局作物，秋耕冬灌，清除杂草，铲埂除蛹；六六六拌种；制杨枝把，熬糖醋液，释放赤眼蜂；喷施有机磷，DDT，六六六
	杂草	芦苇、稗草、田旋花、苋苣、马唐、三棱草、苘麻、灰绿藜、反枝苋、马齿苋、龙葵、苍耳、野西瓜苗、苦豆子、狗尾草、地肤、骆驼刺、甘草、蒿类、水介菊、独行菜、遏蓝菜等，其中田旋花、芦苇、稗草和三棱草危害严重	春耕秋耕来除草，人工防除最主要；70年代引入化学除草剂敌稗、除草醚防稗草，稗草和三棱草混生，二甲四氯和除草醚制毒土
20世纪80—90年代	病害	黄萎病、枯萎病、烂根病、黑斑病、角斑病、立枯病	"预防为主，综合防治"，摒弃"治早、治少、治了"；严禁滥调乱引，选育和引用抗病品种；合理轮作，减轻病害；增加有机质，提高土壤肥力；药剂拌种
	虫害	棉长管蚜、棉蚜、棉黑蚜、苜蓿蚜、棉蓟马、榆叶蝉、黄地老虎、盲蝽、棉铃虫、红蜘蛛、双斑萤叶甲(1998年)，首次证明新疆棉蚜适应性强，可于1月平均气温-5℃以下的条件下在室外寄主上安全越冬，其室外越冬寄主要有石榴、黄金树、花椒、木槿、梓树和葡萄	"以草养害、以害养益，引益入田、以益控害"。加强农业措施，铲埂除蛹，秋耕冬灌；诱杀；药剂拌种，隐蔽施药，减少有机氯，点片挑治；尝试少用药，关注耐药性，基于新技术，建立专家系统
	杂草	芦苇、马唐、田旋花、稗草、灰绿藜、野西瓜苗、苘麻、藜	深耕耙地，人工拣拾，以旱改水，药剂混土，膜前封闭；用草甘膦主治芦苇
2000—2020年	病害	棉苗烂根病、枯萎病、黄萎病、角斑病、叶斑病、黑色根腐病、红粉病、黑霉病、灰霉病、棉铃疫病、炭疽病、白粉病和红叶茎枯病等，其中分布最广、危害最重的是棉苗烂根病、棉花枯萎病和黄萎病	药剂拌种；选用抗(耐)病品种，品种轮换；枯草芽孢杆菌防治黄萎病
	虫害	棉铃虫、棉蚜、棉叶蝉、地老虎、棉盲蝽、烟蓟马、双斑长跗萤叶甲、榆叶蝉、烟粉虱，其中棉铃虫因转基因棉花种植而数量下降，棉蚜、蓟马、棉叶螨、盲蝽象上升为主要害虫，尤其是棉蚜	农业措施应用，前期秋耕冬灌、铲埂除蛹；拌种，点片挑治；药剂防治；大规模推广灯光、性诱杀
	杂草	稗草、狗尾草、灰绿藜、画眉草、反枝苋、野西瓜苗、田旋花、苘麻、芦苇、龙葵、小藜、苦苣菜、荠菜、白苋、葵花蒿、苍耳、马齿苋、蒿蓄、骆驼刺、苣荬菜、地肤、马唐、扁秆藨草、凹头苋、车前草、曼陀罗、苍耳、刺儿菜、节节草、花花柴、宽叶独行菜、碱蓬等，其中龙葵、田旋花、扁秆藨草成为最难防治的恶性杂草	药剂混土，膜前封闭；定向喷雾；涂抹

防治棉花虫害采用农业措施和化学防治并举的策略。以消减越冬虫口基数为主，药剂拌种处理为基础，通过秋耕冬灌、铲埂除蛹，降低地老虎、棉铃虫、金针虫等害虫基数；清除田间杂草，消灭害虫越冬产卵场所；播种前采用六六六粉拌种处理，防治地老虎、蓟马、金针虫效果好；留健苗和去弱苗，清除田间杂草，减少产卵量；采用人工捕捉幼虫，以杨枝把或糖浆来诱杀蛾子，防治地老虎、棉铃虫效果好；化学防治药剂主要有DDT粉和六六六粉。

棉田杂草防除基本采用翻耕除草措施。一年耕翻2次，即播种前春耕，10月份秋收后深翻，生育期间人工防除杂草。随着除草剂的大面积使用，主要用敌稗、除草醚混合液进行稗草、三棱草化学防除。

二、20 世纪 80—90 年代

地膜覆盖植棉技术应用引起棉花病虫草害演变。此阶段全面开展了病虫草及天敌普查。普查结果显示,天敌有 2 纲 12 目 68 科 388 种。棉花病虫种类增加到 71 种,其中病害 18 种、虫害 53 种(表 11-1)。农林蜘蛛种类 12 科 33 属 45 种,不同生境和不同时间蜘蛛群落特征呈现多样性差异。

棉花枯萎病、黄萎病发生危害面积迅速扩大和逐渐加重,已严重威胁棉花生产。棉花枯萎病从在南疆个别棉田发现零星病株后扩展到全疆(表 11-1)。1995—1996 年南疆局部地块因枯萎病危害而绝产,北疆重病田发病率达 20%～30%,个别棉田经 7 年改种其他作物后再种棉花。针对棉花枯萎病、黄萎病,采取"预防为主,综合防治",选育和引用抗病品种,加强棉花种子调运的监督管理,严禁滥调乱引,防止危险病虫体传播蔓延;轮作倒茬,增加土壤有机质,提高土壤肥力,减轻病害发生。

棉铃虫在 20 世纪 80 年代初期,曾是北疆垦区棉花危害最重的害虫,80 年代中期之后,有机磷农药被拟除虫菊酯类杀虫剂取代,军棉 1 号和新陆早品种全面推广,栽培水平和综合防治水平提高,棉铃虫基本不用喷药防治。南疆棉铃虫发生面积和危害程度逐年扩大,喀什地区棉铃虫发生范围涉及 12 个县市 0.67 万 hm^2 棉田,不少地方因危害导致毁种或绝收。1996 年新疆兵团第三师小海子垦区诱蛾棉铃虫 2 828.1 万只,人工捉虫 1 835.38 万头,8—11 月人工挖蛹 1 151.76 万头。库尔勒垦区棉铃虫越冬蛹多达 27 头/m^2。1998 年霍城垦区棉田二代棉铃虫幼虫百株虫量达 30～60 头,产量损失 30%;1999 年棉田百株虫量高达 200～300 头,产量损失达 80%,有些田块近乎绝收。

棉蚜被发现能够在平均气温－5℃以下的石榴、黄金树、花椒、木槿、梓树和葡萄等室外寄主上安全越冬。1985 年吐鲁番地区突发成灾,继而在全疆棉区普遍发生,造成年均皮棉损失超 3 000 t。1994 年北疆棉区因棉蚜危害导致产量损失达 30%以上。1997 年喀什地区局部棉蚜暴发成灾。

棉叶螨是绿洲棉花主要害虫之一。土耳其斯坦叶螨和敦煌叶螨为绿洲棉花的优势种。另外突叶螨、兄弟叶螨和短须螨也危害棉花。过去棉叶螨主要在田边渠埂等枯枝落叶下越冬,然后向棉田转移。采取地膜覆盖后,由于棉苗早发,为棉叶螨提早进入棉田创造了条件,导致棉田发生早。

1998 年在北疆车排子首次发现双斑萤叶甲危害棉花,并快速扩散和传播,成为北疆新的害虫。同年,还发现烟粉虱入侵哈密地区,且对吐哈盆地长绒棉造成危害。

在虫害防治方面,依然贯彻"预防为主、综合防治"的植保方针,为了增加和保护天敌,提倡种树种草,诱集和繁殖天敌,达到"以草养害,以害养益,引益入田,以益控害"的防治目的。同时,糖浆诱蛾、杨树枝把诱蛾和黄板诱蚜,重视越冬虫源防治(表 11-1)。尽管如此,化学防治依然占有重要地位,主要采用药剂拌种、隐蔽施药,保护自然天敌繁殖生息。为了取代DDT、六六六等有机氯农药,新疆兵团在 1981—1982 年引进了氯氰菊酯进行棉铃虫防治,1985 年采用抗蚜威防治对有机磷、有机氯产生耐药性的蚜虫。同年,新疆首次报道了辛硫磷效果优于 DDT、西维因、杀螟松等农药,推广应用甲拌磷拌种控制苗期虫害。

棉田杂草防除主要通过深耕、耙地，人工拣拾根茎来减轻危害。对弃耕地芦苇4~5叶期时用茅草枯和草甘膦防治。

三、21世纪至今

21世纪棉花病害以枯萎病、黄萎病和苗期病害（立枯病）为主，铃病、角斑病、炭疽病和生理性早衰等其他病害在一些年份和区域也有发生，危害相对较轻，黄萎病成为棉花重要病害。

2007年发现烂铃病在新疆发生和危害，田间发病率10%~30%，减产10%~20%。在幼铃和成铃上经常可以看到锈色斑纹或黑色至墨绿色的霉层，这种症状若发生较早、较重，则铃壳不能正常开裂，形成僵铃；发生较晚或症状较轻，则因表皮木质化甚至坏死，而内部组织仍正常生长，导致内外组织生长不均衡，常在棉铃未成熟前造成裂铃，致使产量和纤维品质大幅下降。

2017年新疆兵团棉花苗期病害偏轻至中等发生，局部有偏重发生，发生面积20万hm^2次。棉花枯萎病偏轻发生，发生面积8万hm^2次；黄萎病中等发生，部分田块黄萎病偏重发生，发生面积10万hm^2次。2018年棉花枯萎病、黄萎病中等发生，发生面积20万hm^2次，局部偏重发生。

为了明确新疆棉田有害生物种类及其群落多样性，而开展的研究结果表明，棉田节肢动物有403种，包括昆虫纲382种、蜘蛛纲20种、唇足纲1种，其中棉花害虫33种、自然天敌226种（捕食性天敌91种、寄生性天敌135种）和中性节肢动物144种（表11-1）。

2010年以前虫害主要种类有棉铃虫、棉蚜、棉叶螨、烟粉虱等。近10年棉蚜、棉叶螨、棉盲蝽、棉蓟马、双斑萤叶甲和棉铃虫为主要害虫。

自从1997年我国政府正式批准商业化种植抗虫棉后，Bt棉在黄河流域、长江流域、西北内陆棉区广泛种植，有效减轻了棉铃虫危害。2011年，棉铃虫在新疆兵团棉田发生37.89万hm^2次，局部田块大发生，其他垦区偏轻及以下程度发生。2016年棉铃虫总体偏轻发生，局部棉区中等发生，累计发生面积28.4万hm^2次。2019年总体轻发生，发生面积23.4万hm^2次。一代轻发生，发生面积1.9万hm^2次，较2018年略轻，减少了0.8万hm^2次。二代偏轻发生，在阿克苏中等发生，发生面积12万hm^2次，较2018年减少了4.6万hm^2次。三代轻发生，发生面积9.5万hm^2次，较2018年增加0.3万hm^2次。四代棉铃虫轻发生，发生面积0.01万hm^2次，主要在吐鲁番托克逊县局部棉区发生。2020年发生面积为10.95万hm^2次，较上年减少4.7万hm^2次。

北疆地区棉蚜在2001—2003年连续大暴发，繁殖速度极快，最高百株密度高达7.5万头左右，田间危害期长达42 d；迁飞有翅蚜一夜之间棉田有蚜株率达100%，3 d时间棉花卷叶株率达20%以上，百株虫量能迅速上升至3.5万头以上，造成棉花产量减产25%左右。南疆局部或大部常年暴发危害。2004—2005年，喀什棉区棉蚜大暴发，2006年伏蚜大发生，减产30%以上。2011年阿克苏地区棉伏蚜大发生，7月8日有蚜株率100%，百株蚜量25 272.5头。2019年棉蚜整体中等发生，新疆兵团第一师、第六师局部偏重发生。苗蚜北疆垦区常年发生轻，南疆垦区为中等发生，局部偏重发生。伏蚜南疆垦区常年偏重发生，北疆垦区中等发生。

棉叶螨常年发生，间断性局部暴发危害。进入 21 世纪，新疆农田受作物种类、种植方式和作物布局变化影响，农田景观发生了较大的变化，棉田面积的扩大使农田生态系统更加脆弱，天敌种群相对缩小，导致害螨种群扩大，为棉叶螨等大发生创造了环境基础；而秋耕冬灌面积减少，"矮、密、早、膜、匀"栽培模式快速发展，棉花早播早发，现蕾开花提前 10～15 d，使棉叶螨较早进入棉田危害。此外，连作年限长短也是影响棉叶螨大发生的原因之一。

2004—2006 年，双斑萤叶甲在北疆的博乐、石河子和新湖垦区发生面积迅速扩大，成为该垦区棉田中继棉铃虫、棉蚜和棉叶螨后的另一主要害虫。因农药种类增加和防治力度加强，最近 10 年棉田危害较少。

农田杂草种类出现演变。南疆棉田杂草种类有 15 科 42 种，禾本科杂草占 14.3%、阔叶杂草占 83.3%、莎草科杂草占 2.4%、一年生杂草占 83.3%、多年生杂草占 16.7%，主要有马唐、稗草、芦苇、田旋花和灰绿藜。北疆棉田杂草主要有稗草、狗尾草、画眉草、灰绿藜、反枝苋、野西瓜苗、田旋花、苘麻。目前，新疆棉田杂草以龙葵、扁秆藨草、田旋花、灰绿藜、狗尾草、芦苇等为主。

根据棉花不同生育阶段病虫草发生种类、发生特点，贯彻"预防为主，综合防治"的植保方针，主要进行抗（耐）品种合理布局、苗期预防、生长期控害、铃期保铃保产，以及虫情监测、绿色防控、统防统治、联防联控等措施。注重合理用药、隐蔽用药、精准用药、轮换用药，降低化学农药使用量。

第二节·新疆绿洲棉花病虫草害综合防治主要经验和问题

一、主要经验

▶（一）防治成效显著，挽回产量损失

棉花病虫害防控作为农业生产抗风险减灾的重要环节之一，对保障新疆棉花产量和品质具有重要作用。自治区和兵团各级农业部门高度重视棉花病虫害防治工作，相关农业院校、科研机构和企业也积极投入到棉花病虫害的研究和防控工作中，随着科学技术发展不断进行基础研究和应用研究，研究成果应用于棉花病虫害防控中，确保了棉花可持续发展。

从图 11-1 可以看出，2000—2017 年自治区棉花病虫害发生量逐年增加，危害愈来愈严重。其中 2002—2004 年发生和防治面积都在低位，且呈"V"型走势；2005—2008 年发生和防治面积都快速增长；2008—2017 年在高位上有所下降并回升。实际上，防控面积远远大于发生面积，其中 2006—2009 年发生面积分别为 123.3 万 hm^2 次、135.0 万 hm^2 次、160.7 万 hm^2 次、124.3 万 hm^2 次，而实际防治面积分别为 219.0 万 hm^2 次、207.0 万 hm^2 次、235.8 万 hm^2 次、166.2 万 hm^2 次。从图 11-2 可以看出，棉花病虫害防治后，挽回的损失越来越多，充分显示了防控技术越来越成熟，防治效果越来越显著。

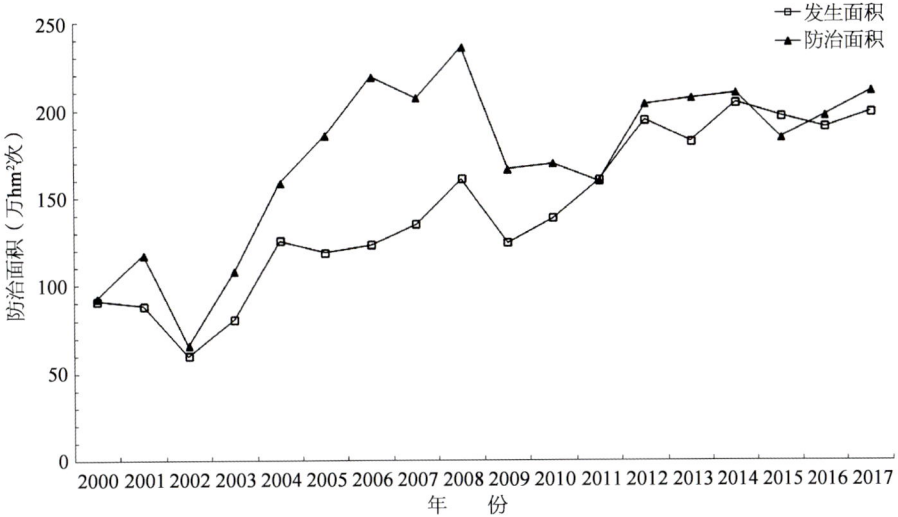

图 11-1 · 新疆维吾尔自治区棉花病虫害防治面积

(姚举,2020 年)

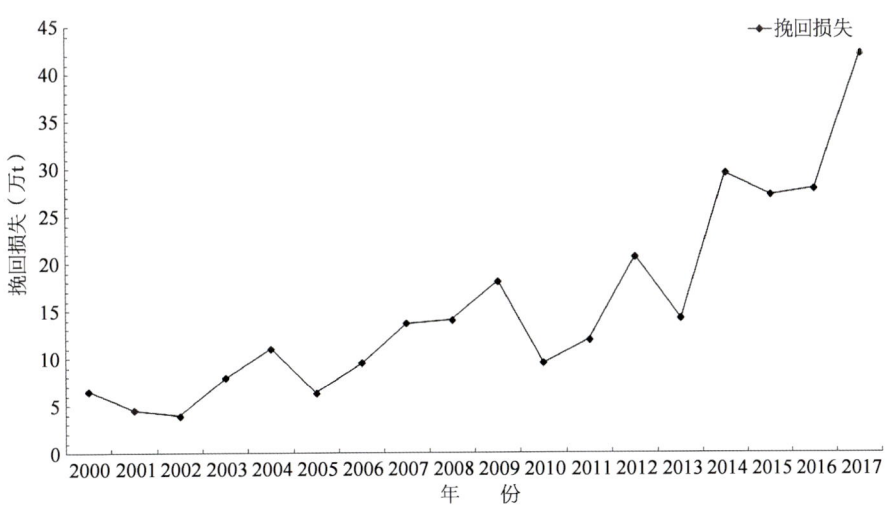

图 11-2 · 新疆维吾尔自治区棉花病虫害防治损失评估

(姚举,2020 年)

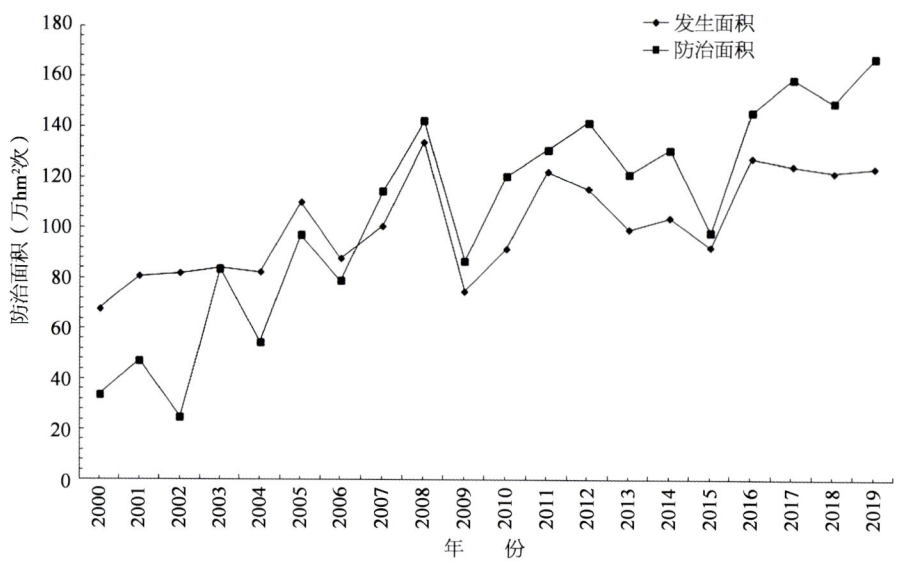

图 11-3·新疆生产建设兵团棉花病虫害防治面积

(赵冰梅,2020)

从图 11-3 可以看出,新疆兵团棉花病虫害发生面积整体呈上升趋势,年际间波动幅度较大,但其防控面积与发生面积相一致,表明兵团在病虫害控制方面的及时性。2015 年后,发生和防治面积趋势出现背离,表明近期内防治压力呈现上升,病虫害发生程度有整体增加趋势。但整体产量损失仍控制在较低水平,表明兵团目前棉花病虫害控制水平较高(图 11-4)。

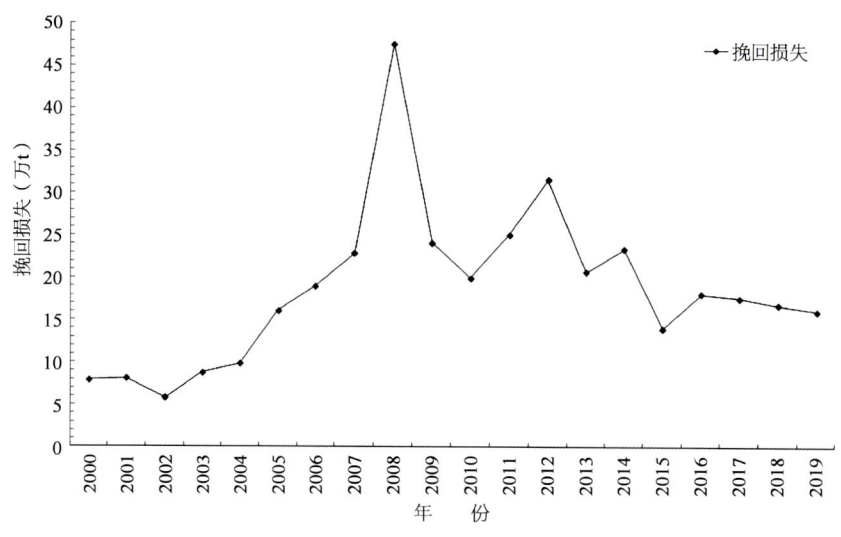

图 11-4·新疆生产建设兵团棉花病虫害防治损失评估

(赵冰梅,2020 年)

总之,新疆棉花的健康持续发展,植物保护工作起到了很重要的作用。

(二) 形成了以生物生态防治为主体的综合防治体系

1. **完善了植物保护工作方针,贯彻新疆棉花病虫草害防治新理念**。随着农业经济发展、生产条件改善、生态条件变化,新疆棉花病虫草害防治工作的指导方针大体经历了三个发展阶段:1954—1958年,提倡防重于治;1959—1968年,提倡以防为主,全面防治,土洋结合,重点治理;1970年之后,防治并举,以防为主,综合防治,结合农业措施,做到早防早治,全面消灭,重点控制。1975年全国植物保护工作会议首次提出并确定了"预防为主,综合防治"的植保工作方针,新疆棉花病虫草害防治随即按照这一指导方针开展工作,并取得了很大的进展和提高。2012年,在中国植物保护学会成立50周年之际召开的全国农作物重大病虫害防控高层论坛上,农业部提出全面树立"科学植保、公共植保、绿色植保"的现代植保理念。在此基础上,新疆棉花病虫草害防治深入贯彻"预防为主,综合防治"方针,牢固树立"公共植保、绿色植保、科学植保"理念,在棉花病虫草害防治、示范区建设、统防统治与绿色防控融合、新产品和新技术试验示范推广、植保机械与安全用药培训、抗药性监测、农药市场需求预测分析及植保信息服务等方面做了大量扎实工作,并付诸生产应用,将棉花病虫草害控制在最低危害水平,确保新疆棉花产业健康可持续发展。

20世纪50—70年代,棉花病害采取"以种植抗病品种为基础,农业措施为主,并结合药剂拌种"的防治策略,效果极为显著。棉花虫害采用"以消减越冬虫口基数为主,药剂拌种处理为基础,农业措施和化学防治并举"的防治策略,主要推行秋耕冬灌、铲埂除蛹,降低地老虎、棉铃虫、金针虫等害虫的虫口基数,并适当调整播期。

20世纪80—90年代,新疆棉花病虫草害综合防治成效显著。1983年开始,各地逐渐开展综合防治,坚决遵循"预防为主"的原则,利用农区生态优势,充分发挥自然天敌的控害作用达到持续防治的目的。全疆用药在2次以下的棉田,每年均达几万公顷以上。综合防治方面明确提出"预防为主"和"保益灭害、增益控害"的防治原则,加以辅助措施,或者采取人工诱集天敌技术,增强前期天敌量,以达控害目的。90年代末期,新疆棉花生产创造了7个全国第一,其中,病虫害综合防治水平全国第一。

本着有害生物区域化综合治理的原则,在精准测报的基础上,以管理为手段,通过行政推动,达到防治工作中的统一防治时间、统一防治措施和统一用药。同时,新疆兵团依托兵团特殊的管理体制,实现了农业防治、物理防治、生物防治、生态调控、化学防治等各项病虫害防治措施的综合协调运用,创造了和谐农田生态环境,为兵团农业生产的可持续发展提供了有力保障。实践证明,统防统治是综合防治、绿色植保的重要平台,是保障兵团棉花连续高产优质的有力措施之一。

2. 新疆棉花病虫草害防治

(1)棉花主要病虫害防治策略,包括棉铃虫防治策略、棉蚜防治策略、棉叶螨防治策略和棉花黄萎病、枯萎病防治策略。各种病虫害防治策略的要点如下。

棉铃虫防治策略:① 农业防治为基础;② 保护利用天敌的自然生态调控为中心;③ 压低越冬基数,狠治一代保顶尖,严控二代保蕾花,主治三代保成铃的策略;④ 协调好棉铃虫与棉蚜及其他害虫防治的关系。

棉蚜防治策略:① 优化作物布局、合理灌水、科学施肥的农业技术措施,是有效控制棉蚜的基础;② 消灭越冬虫源是棉蚜防治的关键;③ 将棉蚜消灭在点片发生阶段,是大田防治的重要环节;④ 合理用药,局部挑治的化防措施要慎之又慎。保护、利用天敌,是控制棉蚜危害的有效途径。

棉叶螨防治策略：① 高度重视农业技术防治措施，压低棉叶螨越冬基数，以降低害螨种群密度的平衡位置；② 充分保护利用天敌；③ 勤于治早、治小、点片控制，及时挑治；④ 科学地、有选择地和隐蔽地施用化学农药，将害螨种群数量控制在经济允许水平以下。

棉花黄萎病、枯萎病防治策略：① 选育和种植抗病品种；② 加强种子田的管理，生产无病良种，保护无病区；③ 实行轮作倒茬；④ 增施底肥和磷肥。

（2）棉花主要病虫害生态调控措施。主要包括以下几个方面。

一是构建生物多样性，实施生态调控。建设和完善新疆农田防护林和乔、灌、草相结合的绿洲防护林体系，利用各种植物上和农田外围植物上的大量植食性昆虫，招引和繁殖大量天敌，使棉田天敌数量明显增多，成为控制田间害虫的主力军，形成"以草养害，以害养益，引益入田，以益控害"的防控思想。

在棉田边缘种植苜蓿带，可以有效控制棉蚜发生。在棉蚜刚进入棉田时，棉田周围的苜蓿带上已经滋养了瓢虫、草蛉、食蚜蝇等大量天敌，苜蓿上天敌密度是棉花上的10多倍。苜蓿刈割迫使其上的捕食性天敌迁入棉田，发挥对棉蚜的控制作用，苜蓿刈割对棉蚜和天敌的影响可持续约14 d。在棉田周围林带内人工种植苜蓿，随着种植年限的增加，棉田内瓢虫等天敌数量逐年增加，而害虫种群数量逐年减少。

棉花与小麦邻作，麦田麦蚜的优势天敌瓢虫、草蛉等也是棉蚜、棉铃虫等棉田害虫的优势天敌，麦收后大量天敌向棉田转移。棉田距麦田远近直接影响棉田天敌的数量，与麦田相距较远的棉田天敌数量偏少，麦-棉-麦-棉镶嵌式布局中棉田捕食性天敌的数量最高，麦棉比例1∶1～1∶5对天敌的增益效果最好。此外，油菜上害虫也可吸引和繁殖自然天敌，种植油菜诱集带技术在南疆棉区被广泛应用，其中芥菜型油菜品种对棉田瓢虫等天敌的诱集效果最好。

棉田害虫的天敌与周围非作物生境（野生植物、杂草或树林等）中天敌种类具有一定的相似性，棉花生长季大量天敌迁入棉田控制害虫。调查发现，南疆棉田周围的榆树、芦苇以及杂草可为瓢虫、草蛉等天敌提供多样的栖息地和食物源，北疆棉田周边留种苦豆子、芦苇、骆驼刺、碱蓬、滨藜等植物有利于保护涵养瓢虫、草蛉、食蚜蝇等天敌。

新疆大面积种植棉花的同时，也在快速发展特色林果业，为了提高土地利用率，人们开展果棉间作、套作种植模式，而该模式往往为果棉病虫害的发生提供了特殊的环境，如何提高果棉间作模式对有害生物的影响成为当前研究的热点。

二是选用抗病品种。新疆棉花育种强调抗病性能，大力推广抗病品种。南疆棉区近年来大量引种中棉系列抗病品种，对减轻棉花枯萎病的发生起到了重要作用。北疆棉区引进辽棉10号、辽棉15号、中棉所24、中棉所27对减轻北疆棉区棉花枯萎病的发生起到了一定作用。

新疆 Bt 棉花的种植晚于内地。2001年以来，绿洲开始种植 Bt 棉花品种，到2012年南疆、东疆、北疆 Bt 棉花种植比例分别为57.8%、53.6%和33.2%，之后全疆基本普及。2016年，南疆 Bt 棉花种植比例上升至79.7%。种群监测表明，2004—2010年，Bt 棉花的大面积种植有效控制了田间棉铃虫的种群发生，在 Bt 棉花种植比例高的棉区，棉铃虫成虫数量明显减少。据统计数据，2010年以来全疆棉铃虫总体发生呈明显下降趋势。

三是采用诱杀技术。所谓"诱杀技术"就是利用灯光、颜色、性诱剂、植物（或者食物）来诱杀害虫，具体方法如下。

① 光诱技术：国内外从20世纪60年代开始就在棉田或其他作物大田中用灯光预测、防治多种害虫。频振式杀虫灯对棉铃虫、地老虎等棉花害虫均具有诱杀作用，杀虫谱广，尤其对棉铃虫的控害作用非常明显。1999年尉犁县越冬代棉铃虫成虫密度高达281头/灯，2000年大田统一安装频振式杀虫灯后，越冬代的诱蛾量减少到31头/灯，大幅度降低了田间的落卵量和虫量，减轻了棉铃虫的发生危害。

② 色诱技术：新疆主要用黄板诱集棉蚜，用于防治或预测预报。

③ 性诱技术：化学杀虫剂既杀伤天敌，增加害虫的抗药性风险，又增加农药残留，还造成很大浪费。而利用性信息素则具有较好的效果。由于其高效、无毒，不伤害益虫，不污染环境，具有灵敏度高、准确性好、使用简便、费用低等优点，正在获得越来越广泛的应用。2005—2007年在新疆阜康市，新疆兵团第六、第七、第八师，吉木萨尔县等区域均利用棉铃虫性诱剂诱杀技术，进行棉铃虫测报和防治。

④ 植物诱集技术：利用棉铃虫对杨树叶挥发物具趋性和作为白天隐藏场所的特点，在成虫羽化期摆放杨树枝把诱蛾，日出前捕杀。越冬代在菜地、麦田和玉米地摆放，压低虫源，二代则在棉田摆放。杨树枝把上喷洒草酸和乙酸能够显著提高棉铃虫诱捕量。玉米能够诱集棉铃虫产卵，平均卵量是棉花上的25倍左右，幼虫量是棉花上的13.2倍。高粱、苘麻诱集带对棉铃虫的诱集效果优于玉米。鹰嘴豆、木豆上棉铃虫卵和幼虫的种群数量均显著高于棉花上的。也可以利用棉铃虫成虫对苯甲醛、水杨醛、正庚醛、正辛醇、苯乙醇等植物挥发性组分的喜好，研发并应用棉铃虫食诱剂。

四是采用耕作技术，实行生态调控。

① 实行轮作，对棉花枯萎病、黄萎病重发田，实行粮棉轮作，有条件的提倡水旱轮作。禁止重病田棉花秸秆还田，以减少病菌迅速传播、扩散和积累。

② 进行土壤深翻和秋耕冬灌，具体措施如下。

土壤深翻：2007年新疆兵团第一师三团在1 200 hm² 重病田开展深翻技术，2008年种植棉花的数据显示，深翻能够提高土壤肥力，增强土壤蓄水性，促进棉花根系向深土层及横向伸展，改善土壤的通气透水性，切断多年生杂草宿根，把地表的杂草种子及害虫虫卵等深埋土中，或翻到地表冻死，大大减轻了杂草和病虫的危害；同时又有利于晒垡杀死土壤中的病菌，减轻了棉花病害，使黄萎病病情指数下降。

秋耕冬灌：棉田实行秋耕深翻灭茬和翻晒，可破坏和恶化害虫越冬场所和环境，提高害虫越冬死亡率，达到预防和防治棉田虫害的目的。有调查显示，未冬灌棉田棉铃虫越冬蛹死亡率仅为6.2%，冬灌棉田可达59.6%；而秋耕加冬灌的棉田，越冬蛹死亡率在80%以上。同时，秋耕冬灌对越冬棉叶螨的防效在85%以上。此外，棉叶螨主要在渠埂和田边枯枝落叶等处越冬，早春消灭地边的杂草，可减少进入棉田的虫口基数。

五是释放天敌，生物防治。20世纪60年代开始，科研人员对天敌引进、室内繁殖、田间释放、天敌普查及主要天敌生活习性和利用等进行广泛研究，取得成效。在大面积利用自然天敌控制农田害虫方面，"利用赤眼蜂防治棉铃虫试验""普通草蛉生物学特性及室内饲养研究""颗粒体病毒防治棉铃虫研究"等取得成效,其中"赤眼蜂防治棉铃虫的研究"荣获1978年新疆科学大会优秀科技成果奖。

南疆螟黄赤眼蜂对棉铃虫卵具有明显的控制作用,田间放蜂量为每667 m² 6万~8万头、放蜂点为3~6个,螟黄赤眼蜂最高寄生率达51.5%,棉铃虫虫口减退率25.3%~64.2%,蕾铃被害减退率46.8%~76.8%。麦蛾柔茧蜂是棉田棉铃虫幼虫优势寄生蜂,占棉田寄生蜂总量的41%,对棉铃虫幼虫的防治效果达43.9%。草蛉是新疆棉田常见的一类捕食性天敌。室内用麦蛾和人工饲料繁殖的普通草蛉以每株60粒卵在棉田进行释放,13 d后对棉蚜的防效达78.7%。

"以螨治螨"是生物防治害螨最有效的措施。胡瓜钝绥螨能有效控制棉叶螨,投放30 d后防效达89.5%。2007年新疆兵团开展"以螨治螨"示范推广,在害螨发生量较低区域可以有效控制螨害;但限于大田环境和人力因素等影响,田间大面积应用具有较大局限性。此外,新疆本地捕食螨——双尾新小绥螨对土耳其斯坦叶螨和截形叶螨也具有较强的控制力。

(三) 建立了适合绿洲棉花植物保护管理服务体系

1. 构建绿洲植物保护管理服务体系・新疆维吾尔自治区、新疆生产建设兵团两个行政管理体系下,形成了具有不同特色的植物保护管理服务体系服务于棉花种植。

新疆维吾尔自治区1977年建立了自治区级植物保护站,1981年自治区级农业技术推广总站正式恢复。1986年县级植保站纳入全额预算管理事业单位,经费实行全额预算管理并被确定为公益类事业单位。建成地、州级农业技术推广机构13个,每个地(州、市)都设有农业技术推广机构,13个地(州)全部建成农业科技开发中心,资金主要靠自治区和地(州)自筹。成立县(市)农业技术推广站84个,设有植保专业,资金来源主要有农业部农业技术推广体系建设专项、中央棉花基地建设专项、中央粮食基地建设专项、地方自筹等。全疆864个建制乡设有农业技术推广站657个。

新疆生产建设兵团的新疆农垦科学院和各师(局)农科所,从1988年起都成立了农业技术推广中心,13个农业建制师市和175个农牧团场设有植保专业。1993年,国家颁布实施《农业法》和《农业技术推广法》,实行政事分开。1996年成立了兵团农业技术推广总站,各师(局)先后成立了相对独立的农业技术推广站(中心)。2018年兵团改革后成立经济发展科与农业发展服务中心,承担农业技术推广、林业、畜牧、农机等相关工作。

2. 构建预测预报体系,提高预测预报水平・新疆维吾尔自治区先后建立了7个国家级农业有害生物预警与控制区域站,1个自治区农业有害生物预警与控制区域站病虫害监控中心,12个优质棉无公害植保工程监测体系建设站和40多个区域性测报站,建有农业有害生物预警与控制区域站70个,建立农作物病虫害趋势会商制,每年会商1~2次,制订《新疆农业有害生物首席测报员管理办法》,全面提升有害生物灾害预警能力。

新疆兵团1958年在垦区组建4个病虫测报站,之后扩大到7个中心测报站,建有测报站(点)86个。1997年,兵团在南疆棉花基地建立5个中心测报站,2001年垦区建立中心病虫测报站15个、团级测报站94个。兵团本级建立了31个垦区中心病虫测报站。

在监测工作中,新疆地方和兵团安排好监测预警手段,积极做好监测预警能力提升工作,引进和推广应用信息化、智能化和自动化设备,提升工作及时性。

新疆地方和兵团联合开展病虫害监测预警工作,发布病虫害监测预警信息。采用佳多牌新型智能虫情测报灯取代老式黑光灯。使用"病虫调查统计器""GPS""信息网络技术""绿十字预测博士""有害生物病虫预警专用软件"进行汇总、统计、分析,可使测报的数据更加准确,提高防治效果。

预测预报工作坚持"四定一查",即定点、定人、定时间、定对象,调查病虫草发生危害,掌握农作物病虫发生动态,及时准确发布预报。自治区级病虫预测预报的准确率长期预报提高到85%以上、中期预报90%以上、短期预报95%以上。兵团级长期病虫预报准确率达85%以上,中、短期预报准确率达90%以上。

3. 开展病虫害预测预报研究。加强棉花病虫害预测预报新技术研究与应用。主要有:① 基于ARM-Linux的棉花病虫检测系统,实现了基于Qt的棉花病虫害检测系统应用程序,实现对静态图像的显示和图像处理功能。构建基于Android的棉花红蜘蛛虫害检测系统和地理信息服务平台,为准确、有效地进行全过程监测提供技术支撑。② 棉蚜的快速实时监测预警。构建棉蚜发生量信息快速获取新方法,实现棉蚜信息的自动采集与识别计数,建立棉田棉蚜发生量快速估测模型,构建快速监测预警系统。③ 基于无人机遥感的棉花螨害动态监测,建立了棉田螨害识别的Logistic回归模型;基于图像识别的棉花黄萎病实时诊断,提出棉田监控视频关键帧提取方法和病害图像叶片分割模型,构建棉花黄萎病病害识别诊断模型。④ 棉蚜快速诊断。采用高光谱成像的棉蚜危害监测,提取和分析受棉蚜危害叶片高光谱成像光谱反射率与图像数据,建立模型集成安装于安卓平台棉蚜危害监测系统中。

4. 实行植保联动,实现棉花有害生物入侵协同防御。在重大疫情控制方面,新疆地方和兵团及时互通信息,联合开展调查防控工作。2011年地方与兵团实行联动机制,开展扶桑绵粉蚧的调查和控制。

(四) 绿洲棉花病虫草科学研究重要进展

1. 棉花病害方面。主要完成:① 常年注重棉花烂根病防治,分离鉴定其病原,获得棉立枯丝核菌、镰刀菌、腐霉菌和黑色根腐病菌等多种病原物。② 明确棉花角斑病在棉花生长发育前期发生的普遍性,种子处理能使发病率低于3%,而未经种子处理的发病率高达50%~80%,易造成严重减产。③ 不论在1982年以前,还是后来的普查,人们始终关注棉花枯萎病和黄萎病的科学研究工作,提出了南疆枯萎病重、黄萎病轻、北疆黄萎病重;明确了两种病害每年以几倍甚至几十倍速度扩展的原因是大量调种引种。通过棉花黄萎病典型症状研究,确定病原菌为轮枝菌,具有黄色斑驳型、枯斑型、落叶型、隐蔽型四种类型,南、北疆落叶型菌株和非落叶型菌株分别占25.8%和74.2%,而在阿克苏、图木舒克、伊犁、博乐、五家渠、石河子、塔城地区以落叶型菌系为优势菌株,喀什、吐鲁番、奎屯地区以非落叶菌系为优势菌株。棉花黄萎病的发生、发展和蔓延与连作、温湿度、地下水位、土壤质地和土壤中盐碱含量等关系密切。新疆棉花黄萎病菌系遗传分化明显,目前研究主要集中在抗病品种的选育和生防菌的筛选、应用。

2. 棉花虫害方面。早期主要研究了地老虎、蓟马、棉盲蝽的发生规律、造成的损失以及防治方法。随着抗虫棉的种植,棉盲蝽呈加重趋势,成为主要害虫。

对于棉铃虫研究,主要是依据新疆棉铃虫滞育蛹过冷却点,进行了棉铃虫在新疆的越冬区划;筛选出对棉铃虫有诱集效果的植物。明确了 Bt 棉花能够降低棉铃虫种群数量,但长期大面积种植对棉铃虫存在抗性风险,营建"庇护所"是延缓抗性产生的策略之一。通过碳稳定同位素技术从群体水平分析棉铃虫 C3/C4 寄主的来源性质和雌雄群体之间的差异性,明确了新疆地区棉铃虫的 C4 庇护所作物——玉米的种植比例。根据棉铃虫抗性水平监测结果显示,2011 年,转 Bt Cry1A+CP4 EPSPS 基因抗棉铃虫、抗草甘膦棉花对新疆南部第二代棉铃虫表现为中抗。

棉花蚜虫在新疆发生的种类远较内地为多,以棉蚜发生最重。研究明确了棉蚜能够在室外越冬。棉蚜大发生往往与有翅蚜迁飞有关,研究发现,在 21~30℃范围内,温度的变化与有翅蚜比例呈线性关系,21℃形成有翅蚜比例最高,约为 10%;棉蚜拥挤度与有翅蚜比例成正相关;温度与拥挤度两因子的正交试验也进一步证实了低温、高拥挤度组合更有利于有翅个体的形成;母代效应对棉蚜 F_1 有翅蚜的形成有显著性影响,天敌胁迫促进有翅个体的形成。棉蚜在翅型分化过程中保护酶发挥着重要的作用,增加棉蚜的抗逆性。棉花蚜虫取食、排泄、吸收与棉花品种抗蚜性有相关性。植物生长调节剂缩节胺可以抑制棉蚜种群增长,但当频繁高剂量使用缩节胺也会诱导棉蚜耐药性产生,这是因为喷施缩节胺后,棉花会启动防御机制诱导合成次生代谢物质,次生物质聚集的棉花叶片或使棉花叶片增厚而影响了棉蚜的取食行为。

依托棉田棉蚜与棉长管蚜长期共存现象,研究分析了其竞争关系,发现棉蚜的净增率和内禀增长率都大于棉长管蚜,棉蚜比棉长管蚜更有竞争力;无翅棉蚜喜欢选择无蜜露寄主,而有翅棉蚜对棉长管蚜选择蜜露不敏感;棉蚜更偏向于取食健康植株,更易在棉田扩散,危害棉花;棉蚜比棉长管蚜更能适应棉蚜诱导的棉花,所以在与棉长管蚜的竞争中可以占据主导地位。

棉叶螨也是棉花主要害虫之一,棉蚜和棉叶螨在棉花上种间竞争,有相互干扰,干扰程度依赖于起始密度。

烟粉虱通过风的携带从越冬场所侵入大田,随后迁飞扩散。温室是大田烟粉虱的主要冬季庇护所,也是春季虫源中心,成虫呈聚集分布。烟粉虱适应新疆局部地区特殊气候和生态环境,在新疆呈现由东往西、由北往南的扩展趋势,对棉花种植业产生巨大威胁。

3. **田间观察表明棉田杂草种类和数量因耕作制度不同而差异很大**。以旱作轮作为主的棉田以一年生阔叶杂草为主,同时混生禾本科杂草。以水稻和旱作轮作为主的棉田,则以双子叶藜科杂草和禾本科稗草等混合发生,数量很大。棉花播种后,杂草即同棉花一起萌发出土,由于杂草种子在土壤中垂直分布的深浅不同,浅土层中的杂草往往比棉花出苗早。一般棉田杂草出苗高峰期有 2 次,第一次出现在 5 月上旬,第二次出现在 7 月中旬至 8 月上旬。扁秆藨草、龙葵、田旋花成为棉田恶性杂草,对棉花的产量和品质造成很大的影响。

二、主要问题

(一) 绿洲棉花(田)病虫草害发生危害日趋加重,防治成本大幅度上涨

棉花病虫草害防治,20 世纪 50—60 年代主要使用六六六、DDT、乐果、"1605""1059"等杀虫剂,50 年代末开始进行农田化学除草试验,主要对少数除草剂品种进行小面积多点试验和小范围示范,以筛选出适用于棉田的除草剂品种及制订相应的使用技术。70 年代因地制

宜采用赛力散、六六六拌种,在棉花蕾铃期采用六六六或六六六与 DDT 混合、DDT 与硫黄粉、六六六与硫黄粉、DDT 加六六六加硫黄粉等混合使用,田间杂草采用人工拔草或锄草等方法防除。70 年代中期以后,开始应用伏草隆、敌草隆、除草剂一号、扑草净及除草醚等除草剂防除杂草。尽管如此,棉花病虫草害的防治成本相对较低。

20 世纪 80 年代以后,自地膜植棉技术推行,植棉面积不断扩大,连片种植,作物结构单一,以及秋耕冬灌等农业措施不能及时到位和玉米种植制度改变,导致棉花病虫害在不同区域此起彼伏地暴发成灾。面对这种情况,大面积应用药剂防治已经成为保证棉花丰收的主要技术手段之一。新疆棉花病虫害防治工作从改变棉田用药结构、降低广谱化学农药使用入手,引进、试验示范、筛选了一批高效低毒、环境友好型生物农药和专性农药,并制订相应使用技术。

据《新疆生产建设兵团统计年鉴》统计,兵团农药用量不断增长,1990 年使用量 3 557 t、2012 年 9 930.1 t、2018 年 12 526 t,按农作物总播种量平均摊算,单位面积农药表观实物使用量分别为 4.56 kg/hm²、8.41 kg/hm²、7.78 kg/hm²。2018 年比 1990 年增长了 70.6%。表 11-2 和表 11-3 调查结果显示,北疆 20 世纪 80—90 年代农药实物用量 4.5～5.5 kg/hm²、21 世纪元年代为 8.5～10.0 kg/hm²、21 世纪 10 年代为 15.0～18.5 kg/hm²,上述三个年代的农药费用分别为 100～120 元/hm²、950～1 000 元/hm²、1 200～1 500 元/hm²,作业费用分别为 70 元/hm²、2 362 元/hm²、3 112 元/hm²。南疆农药使用量分别高于北疆的 2.3～3.0 倍、1.6～2.1 倍、0.60～0.98 倍,农药费用分别高于北疆的 0.79～1.1 倍、0.29～0.35 倍、0.3～0.62 倍。

表 11-2 · 新疆绿洲棉花病虫草化学防治及植物生长调节剂使用和成本调查(北疆垦区)

(赵富强等,2020 年)

时间	药剂类型	主要药剂名称及使用剂量	药剂成本(元/hm²)	作业成本(元/hm²)
20 世纪 80—90 年代	除草剂	氟乐灵 2.25 kg/hm²;扑草净 10 kg/hm²	15～20	65～78
	杀虫剂	3911 乳油 0.45 kg/hm²;高效氯氟氰菊酯 0.45 kg/hm²;敌敌畏 0.5 kg/hm²	52～60	
	杀菌剂	敌克松 0.45 kg/hm²;甲基立枯灵 0.50 kg/hm²;五氯硝基苯 0.75 kg/hm²	12～18	
	调节剂	缩节胺 200～250 g/hm²	20～25	
	合计:农药实物用量 4.5～5.5 kg/hm²		100～120	
21 世纪元年代 (2000—2009)	除草剂	氟乐灵 1.5 kg/hm²;二甲戊灵 3 kg/hm²	135	1 800～2 362
	杀虫剂	啶虫脒 0.4 kg/hm²;哒螨灵 0.20 kg/hm²;溴氰菊酯 0.45 kg/hm²;功夫 0.50 kg/hm²;乐果 0.30 kg/hm²	395	
	杀菌剂	乙蒜素 2.0 kg/hm²;敌克松 1.2 kg/hm²	133	
	调节剂	缩节胺 250～300 g/hm²	27.5～33.0	
	脱叶剂	噻苯隆+敌草隆 0.15 kg/hm²	225	
	催熟剂	乙烯利 2.0 kg/hm²	42	
	合计:农药实物用量 8.5～10.0 kg/hm²		950～1 000	

续　表

时间	药剂类型	主要药剂名称及使用剂量	药剂成本（元/hm²）	作业成本（元/hm²）
21世纪10年代（2010—2018）	除草剂	二甲戊灵 2.7～5 kg/hm²；扑草净 0.6 kg/hm²	174	2 200～3 112
	杀虫剂	啶虫脒 0.9 kg/hm²；阿维菌 1.35 kg/hm²；克螨特 1.5 kg/hm²；吡虫啉 0.45 kg/hm²	516	
	杀菌剂	枯草芽孢杆菌 3.0 kg/hm²；乙蒜素 2.4 kg/hm²；恶霉灵 1.0 kg/hm²	180	
	调节剂	缩节胺 300～350 g/hm²	36～42	
	脱叶剂	噻苯隆＋敌草隆第一次 0.75 kg/hm²，第二次 0.3 kg/hm²	300	
	催熟剂	乙烯利 1.5 kg/hm²	42	
	合计：农药实物用量 15.0～18.5 kg/hm²		1 200～1 500	

表 11-3 · 新疆绿洲棉花病虫草化学防治及植物生长调节剂使用和成本调查（南疆垦区）

（练文明等，2020 年）

时间	药剂类型	主要药剂名称及使用剂量	药剂成本（元/hm²）	作业成本（元/hm²）
20世纪80—90年代	除草剂	氟乐灵、草甘膦 5.0 kg/hm²	40.0	90～100
	杀虫剂	氧化乐果、溴氰菊酯、氯氰菊酯、甲胺磷、毒死蜱、辛硫磷、丁硫克百威、灭多威、硫双威、三氯杀螨醇、灭扫利等 10.6 kg/hm²	134.0	
	杀菌剂	多菌灵、甲基托布津等 2.2 kg/hm²	15.4	
	调节剂	矮壮素、缩节胺 150 g/hm²	10.0	
	合计：农药实物量 17.95 kg/hm²		199.4	
21世纪元年代（2000—2009）	除草剂	氟乐灵、二甲戊灵、高效盖草能、百草枯、草甘膦等，除草剂实物使用量 3.8 kg/hm²	112	1 620～1 625
	杀虫剂	氧化乐果、硫丹、毒死蜱、啶虫脒、吡虫啉、阿维菌素、哒螨灵、唑螨脂、甲维盐、虫敌、氟铃脲、杀铃脲等 17.6 kg/hm²	618	
	杀菌剂	福美双、甲基立枯灵、多菌灵、宁南霉素、枯草芽孢杆菌、乙蒜素等 1.8 kg/hm²	96	
	调节剂	缩节胺 300 g/hm²	30～35	
	脱叶剂	噻苯隆、脱吐隆等 0.18 kg/hm²	380	
	催熟剂	乙烯利 2.25 kg/hm²	45	
	合计：农药实物量 25.93 kg/hm²		1 281～1 286	
21世纪10年代（2010—2018）	除草剂	二甲戊灵、氟乐灵、扑草净、丙炔氟草胺、乙草胺、乙氧氟草醚、高效盖草能等 3.6 kg/hm²	135.0	1 800～2 320
	杀虫剂	吡虫啉、啶虫脒、噻虫嗪、高效氯氰菊酯、哒螨灵、阿维菌素、甲氨基阿维菌素苯甲酸盐、炔螨特、苏云金杆菌(Bt)、核多角体病毒、多杀菌素、氯虫苯甲酰胺、茚虫威等 20.6 kg/hm²	1 260.0	
	杀菌剂	甲基立枯灵、多菌灵、宁南霉素、枯草芽孢杆菌、甲基硫菌灵、噻菌铜等 2.6 kg/hm²	140	
	调节剂	缩节胺 300～350 g/hm²	36～45	
	脱叶剂	噻苯隆、脱吐隆等 0.18 kg/hm²	330	
	催熟剂	乙烯利 2.25 kg/hm²	45	
	合计：农药实物量 29.15～29.65 kg/hm²		1 946～1 951	

绿洲棉花病虫草防治成本大幅度上涨,究其原因主要有以下几方面。

1. **气候和栽培模式的改变**。从图 11-1、图 11-3 可知,绿洲棉花病虫害发生面积增加,与棉花种植品种的选择、栽培模式的改变、气温升高紧密相关。植棉面积的增加提供了丰富的生物多样性,气候变暖、降水增多为病虫害发生提供有利环境条件。地膜覆盖,棉田害虫发生普遍提早、世代增加。灌溉方法从漫灌到滴灌,种植密度从低密度到超高密度,均对病虫害发生种类和发生程度影响加深,特别是棉蚜和棉叶螨发生和危害加重。

2. **棉蚜、棉叶螨防治难度越来越大,占化防费用极高比例**。北疆棉蚜防治 4~5 次,每次费用 300~360 元/hm^2。南疆棉叶螨防治次数最多 6~8 次,每次费用 240~300 元/hm^2。

3. **农药成本和人工费用上升**。2020 年机械作业成本 150 元/hm^2,为 10 年前 75 元的 2 倍多;同类农药,吡虫啉价格从 2015 年的 7 万多元/t 增长到 2016 年 9 万元/t,到 2017 年达 17 万元/t。尽管近几年价格下降,2020 年仍在 10 万元/t 以上。

4. **缺乏科学合理技术,普遍盲目施药**。棉花种植户对绿色防控和统防统治认识不够,对化学农药产生依赖性,导致病虫害耐药性不断增强,导致病虫害防治效果下降,从而增加了农药使用量和病虫害防治成本。

棉花种植户对病虫防治大多是按相关单位发布的预报防治时期进行施药防治,但是不少人员不懂得查病虫情,不懂得应用化学防治指标,且不管棉田病虫发生不发生、是否达到防治指标,也不采用点片发生、点片治理的局部控制方法,而采用全田喷药,甚至多种药剂混合一起用,盲目施药;同时,不管病虫发生情况,均每隔 10~15 d 打药 1 次,造成防治时间提前或是滞后,错开了防治适期,导致防治效果差。

棉花种植户由于不能正确识别病害症状和害虫形态,缺乏对农药性能、防治对象、防治范围、持效期等的了解而错误使用农药,加之市场上农药名称五花八门、一药多名,严重干扰了农民对农药的正确选用。

农药市场乱象丛生,致使植棉者依附于农药经销商的推荐进行配药和防治,也导致了农药使用剂量加大、成本增加。

(二)有害生物监测预警体系不健全,外来有害生物入侵形势严峻

农作物有害生物监测预警是各级植保部门的主体工作,是贯彻落实"预防为主,综合防治"植保方针、主动及时控制有害生物危害、保障农业安全的重要手段。由于密切的地缘关系,新疆与中亚同属干旱和半干旱地区,生态地理条件接近,农作物种类、病虫害发生情况也十分相似。未来包括新疆在内我国西北绿洲荒漠生态区农林外来生物入侵风险也将不断加剧。据报道,1950—2015 年,新疆农林外来入侵生物多达 94 种,其中害虫 55 种、病害 22 种、杂草 17 种。

跨境电子商务高速发展也加大了外来生物入侵潜在风险等安全隐患,必须引起高度重视。

(三)绿洲棉花病虫草害发生和危害的主要因素简析

一是地方植保服务体系不完善,基层植物保护服务得不到保障。二是植保基础装备不足、基层植保队伍人员和经费缺乏,地方农资农村营销人员能力不足、整体素质较低。三是

针对全球气候变暖和绿洲生物多样性、耕作制度的变化,重大病虫草发生危害和对策研究储备不够。

(四) 绿洲棉花铃病害新问题

裂铃、僵铃和烂铃统一称为棉花铃病,这是绿洲棉花新发生的棉铃病害。据报道,裂铃、僵铃和烂铃最早由刘雅琴等于 2008 年在北疆发现。南疆第一师记录年份为 2014 年。2014 年 7 月底第一师农业科学研究所对相关团场调查,棉花铃病的发病率在 2.5%~15.4%之间,2016 年调查平均发病率可达 4.8%。近几年绿洲棉花裂铃、僵铃、烂铃发生范围广,已蔓延绿洲各地,有危害加重趋势,且南疆重于北疆。

1. 绿洲棉花僵铃和裂铃的发生特点·据 2017 年调查,北疆棉田裂铃、僵铃和烂铃率在 2.0%~54.7%之间,平均值为 17.9%,其中遭棉蚜危害而发生的铃病有加重趋势(表 11-4)。

表 11-4·2017 年绿洲北疆棉花裂铃、僵铃调查

(练文明提供,2021 年)

地 点	品种(系)	调查铃数(个)	僵铃数(个)	裂铃数(个)	僵铃、裂铃率(%)	说 明
133 团 20 连 2 斗 1 号地	新陆早 50 号	100	21	5	26.0	棉蚜危害严重
133 团 20 连 2 斗 1 号地	新陆早 50 号	100	10	1	11.0	棉蚜危害轻
147 团 19 连 10 号地	新陆早 72 号	100	7	1	8.0	棉蚜危害重
136 团 3 区 3 号地	新陆早 61 号	100	2	0	2.0	棉蚜危害轻
145 团 4 分场 4 连 21-3 号地	新陆早 72 号	100	15	2	17.0	棉蚜危害严重
145 团 4 分场 4 连 21-3 号地	新陆早 72 号	100	7	2	9.0	棉蚜危害较轻
石河子大学实验场	根也王	100	20	17	37.0	棉蚜危害重
石河子大学实验场	石惠 13 号	100	1	1	2.0	棉蚜危害轻
12 团 11 连 64 号地	J206-5	53	16	37	54.7	棉蚜危害重
12 团 11 连 64 号地	J206-5	62	6	11	27.4	棉蚜危害轻
第八师农科所 2 号地		100	0	3	3.0	蚜虫危害很轻
		94	3	10	13.8	棉蚜危害严重
合计		1 109	108	90	17.9(平均)	

又据 2017 年 8 月 28 日至 8 月 31 日在南疆第一师调查,结果显示,所有调查田块都发生铃病,其中裂铃率在 0.5%~58.8%之间,平均值 6.7%;僵铃率在 1.7%~58.8%之间,平均值 16.5%,总体铃病发病率在 8%上下,严重田块高达 18%。可见品种之间有差异,如塔河 1 号和中棉所 641 表现相对较轻,但因不在等同条件下不能进行准确比较(表 11-5)。

表 11-5 · 2017 年绿洲南疆第一师各团不同条田棉花品种铃病调查结果
(练文明、武钢整理,2018 年)

品种(系)	团场	裂铃率(%)	僵铃率(%)	品种(系)	团场	裂铃率(%)	僵铃率(%)
J206-5	14 团	19.2	34.0	新陆中 70 号	11 团	15.6	47.4
	7 团	12.0	19.2		塔河种业(1)	5.3	10.1
	10 团	8.3	16.6		7 团	3.4	12.5
	幸福农场	5.9	10.1		塔河种业(2)	0.9	3.1
	2 团	3.4	10.7		塔河种业(3)	0.5	2.3
	3 团	2.8	5.6	塔河 1 号	7 团	3.0	5.6
新陆中 38 号	13 团	10.1	22.1		塔河种业(1)	1.0	1.6
	3 团	8.0	22.9		12 团	0.8	1.7
	14 团	5.8	14.1		塔河种业(2)	0.6	0.9
	2 团	3.1	13.4	中棉所 56	阿拉尔农场(1)	12.5	23.1
中棉所 65	11 团	7.1	21.3		阿拉尔农场(2)	11.4	27.5
	7 团	4.7	16.8		幸福农场	8.4	20.2
	10 团	2.4	4.0	新陆中 78 号	11 团	6.1	21.9
新陆中 59 号	11 团	12.1	34.1		13 团	4.2	15.2
	1 团	10.0	27.5	中棉所 641	1 团	3.9	9.6
中棉所 96	8 团(1)	9.1	13.4		12 团	2.6	2.6
	8 团(2)	7.4	13.3		10 团	1.3	1.7
	12 团(1)	1.6	1.6		8 团	3	3.7
	12 团(2)	1.5	9.2	源棉 5 号	16 团	7.2	21.3
	3 团	1.4	6.3	1799	16 团	8.8	22.8
科棉 4 号	8 团	7.5	16.4	瑞杂 818	2 团	1.1	3.3
	14 团(1)	6.1	21.9		10 团	2.2	4.4
鄂杂 38	16 团	6.7	21.9		13 团	10.0	24.4
	7 团	8.2	21.4	荆杂 88	阿拉尔农场	27.7	38.3
冀杂 708	14 团(2)	21.7	58.8	鲁棉研 24	1 团(1)	2.4	14.5
	16 团	5.7	19.6		1 团(2)	14.8	36.0
	12 团	5.9	20.4				

注:同一品种(系)、同名称团场后面的序号为不同的田块。

2. 裂铃、僵铃和烂铃发生时间 · 绿洲烂铃部位发生在棉株的中上部,发生时间在 7—9 月。烂铃过程为铃先开裂,接着霉变、僵烂,有的形成"粉末"症状,也有形成僵瓣症状。这与其他内地棉区烂铃发生在下部、形成有种子的僵瓣症状完全不同(图 11-5)。

图 11-5 · 2020 年 8 月 30 日，绿洲北疆第七师棉田烂铃、僵铃症状

(铃开裂、霉烂发生时间在 7—8 月，第七师农业科学研究所赵富强提供)

2022 年 8 月 1 日，在南疆巴音郭楞蒙古自治州库尔勒市棉田观察到裂铃、烂铃达到 5 个/株之多（图 11-6），导致严重减产降质。另据 2022 年 8 月 5 日上午观察，北疆新疆生产建设兵团第七师 123 团棉田发现成铃的铃柄基部发病，导致铃倒下症状，并发生病铃或将脱落。该团赵煜现场调查 10 株，成铃 67 个，发病铃柄 37 个，比例高达 37%（品种为 k-07-12）。这对铃重和衣分都将产生不利影响（图 11-7）。可见绿洲新发现的棉花病害在增多。

图 11-6 · 2022 年 8 月 1 日巴州库尔勒市棉花烂铃 5 个/株

(郭世学提供)

图 11-7 · 2022 年 8 月 5 日第七师 123 团棉花铃柄发病症状

(赵煜提供)

3. 引起原因和病原菌 · 裂铃、僵铃和烂铃引起原因有多种。据初步分析，气候变化特别是气温日较差的变化或是引起裂铃的主要天气因素。其次为大水、大氮肥的供给，通常这类棉田密度大，群体大，频繁滴灌供水，田间湿度大，易引起裂铃、僵铃和烂铃发生，且发病率

高。这些原因在《中国棉花栽培学》(2019年)也有记录。第三为棉蚜等害虫的危害。这些观察到的现象都需要进行系统调查和认真研究分析,才能获得可靠结论。

然而,引起铃病的病原菌及其侵染途径、致病机理迄今尚不清楚。因此,应引起科学研究的足够重视,通过研究明确病原菌和致病机理,提出绿洲棉花铃病的防治方法和措施。

4. 裂铃、僵铃和烂铃的防治措施·一是降低种植密度:密度过大田间荫蔽越严重,适当降低密度,以保持田间良好的通风透光,如等行距配置的通风透光比宽窄行的好。二是减水减氮:适当减少灌溉水量和氮肥施用,有利降低田间湿度,防治旺长,培育健壮群体。三是切实抓好棉蚜、红蜘蛛等害虫的综合防治:有条件的选用抗(耐)棉蚜、抗(耐)红蜘蛛品种。四是铃病防治:由于引起僵铃、烂铃、铃柄的病原菌不明确,目前尚无有效的化学防治药剂。据新疆生产建设兵团第一师农业科学研究所有关试验报告(2017年),在发病初期,喷施杀菌剂一类农药,比如多菌灵加噻菌铜对僵铃和烂铃或有一定防治效果。

第三节·新疆绿洲棉花病虫草害可持续治理对策

2018年,生态环境部、农业农村部发布《农业农村污染治理攻坚战行动计划》;2019年,农业农村部等7部委发布《国家质量兴农战略规划2018—2022》,种植业主要指标:持续推进化肥、农药减量增效,减量替代,主要农作物化肥农药从2020年的"零增长"到2022年的"负增长"。有几项重要技术指标:化肥、农药利用率从2020年的40%以上提高到2022年的41%以上;农作物绿色防控覆盖率从2020年的30%以上提高到2022年的50%以上;农作物病虫害专业化统防统治覆盖率从2020年的40%提高到2022年的40%以上。然而,绿洲棉花的杀虫剂、杀菌剂和除草剂农药的使用量仍在增长。2021年中央" 号文件"再次提出"化肥农药使用量持续减少",为了实现绿洲棉花的可持续发展,绿洲棉花植保工作要坚持预防为主、综合防治的方针,当前和今后要认真贯彻落实绿色高质量发展方针,急需遏制绿洲棉田农药使用量的增长态势,加强科技进步、政府支持和法律保障。

一、技术层面对策措施、意见建议

(一)针对绿洲生物多样性、生态脆弱性,研究绿洲病虫草生物生态控制的理论基础

研究认识绿洲荒漠生态系统中的生物多样性、生态脆弱性对生物多样性的影响,阐明绿洲生物多样性和脆弱性下的自然恢复、辅助修复和生态重塑对生态系统的增强功能,评价自然、人工修复对病虫草生物生态控制功能性。

研究绿洲棉蚜、棉叶螨、棉铃虫和铃病重大病虫草灾变规律,构建和评价棉花与粮食作物、瓜果林园、青储牧草的不同配置模式,评价生物生态防控的功能;构建健康持续的农田防护林体系,丰富棉田周边植物种类多样性,尤其是增加天敌昆虫栖息植物、银行植物种群数量,达到涵养天敌昆虫、控制棉蚜和棉叶螨种群数量的目的。

(二)加强新疆棉花病虫草害监测预警研究与应用

应用遥感、全球定位和人工智能识别等先进技术,研究建立绿洲病虫草气象卫星数据

库,开发实时监测技术、精准施药技术、预测预报和决策系统,发生危害程度和防治效果的数字化评价。

(三)基于分子水平的棉花病虫草害成灾机制及其防治

解析病毒对寄主生理和生化代谢及蛋白翻译等的影响和调控,阐明病毒致病机制;以RNA沉默为切入点解析植物参与抗病毒侵染过程的抗性机制。开展棉花基因组与功能基因解析研究,为研究病虫成灾与调控机制,以及病虫害控制新理论与新方法奠定基础信息。

(四)棉花病虫草害生物防治研究

研究捕食螨、赤眼蜂、瓢虫、草蛉等天敌的营养与生殖生理,人工饲料配方和高效率饲养猎物等规模化生产技术,大面积安全有效的简易释放技术等。建立科学规范的天敌资源利用评价体系,为筛选优良天敌资源提供参考。控制芽孢杆菌遗传改良研究,增强抗菌活性和扩大抑菌谱,创制高效、多功能的新型芽孢杆菌生物菌剂。

(五)棉花病虫草害农业防治研究

(1)选育抗病虫害品种。研究目前主栽品种对靶标害虫棉铃虫生长发育及繁殖力、种群数量动态的影响;主栽品种对棉蚜、棉蓟马、棉叶螨等非靶标害虫种群数量、生长发育的影响;评估目前主栽品种对天敌昆虫安全性及其对生态环境安全性。

(2)研究作物配置模式、耕作制度、水肥管理等方面对棉花病虫草害的影响。

(六)棉花病虫草害化学防治研究

(1)研究应用具有良好环境相容性的高效、低毒、低残留、高选择性绿色生态农药,满足环境生态和人类健康和谐发展的需要。

(2)研究植物源农药的作用机制,包括对棉花病虫草害的拒食、忌避、触杀、胃毒、熏杀、不育、干扰行为,阻止表皮形成,抑制生长发育等作用。

(3)病虫草害通过自身抗性机制不断进化、环境选择压致其产生耐药性,针对不同药剂,密切关注病虫草害抗性机制。

二、政府干预层面对策、意见建议

建立绿色公共植保是我国农业和棉花可持续发展的有效对策措施。

(一)高度关注和综合治理主要病虫害

一是棉蚜和棉叶螨是绿洲棉田的顽固性害虫,发生频率高、范围广、面积大,是化学防治和综合防治投入最多的害虫。要以局部控制、点片治理为关键措施,落实"查、抹、摘、打、追"的局部控制措施,并采用无人机测报和绿色防治技术等进行有效控制。

二是裂铃和烂铃病害。由裂铃引起的烂铃在绿洲棉田常年有发生,局部棉区发生危害严重,它是否会成为导致绿洲棉花减产降质的重大病害值得关注。1992—1993年黄河流域黄萎病和棉铃虫大暴发诱导该流域棉花生产持续衰退值得关注。目前初步认识到裂铃与灌溉水和氮过量有紧密关系,治理技术措施尚不明确,需要加强研究。

三是转 Bt 抗虫棉品种的使用问题。生产上种植抗虫棉面积大,但是在建立抗虫棉"庇护所"和综合防治技术方面未能列入试验研究范畴,科研落后于生产实践,致使抗虫棉综合防治技术滞后。这一历史遗留问题要尽快解决(见第四章、第九章、第十三章)。

(二) 健全棉花植物保护管理服务体系

大力推进植保推广机制创新,逐步建立一套组织体系完整、管理制度健全、职责任务明确、方式方法先进、绩效评价公正的推广运行机制。完善植保体系,着重发展乡(镇)村(连)植保社会化服务体系,构建新型的乡村植保社会化服务体系,推动植保服务的社会化。着力培育植保专业化服务组织,承担起病虫害统防统治的重任。

(三) 强化棉花植物保护工作的保障措施

增加植保工作经费投入,落实好棉花植保工作的四项经费,即人员公用经费、设施建设经费、植保队伍素质建设经费和重大植保项目专项经费。同时,完善植保办公场所、试验示范基地、检测检验仪器、现代通讯与办公设备设施,配备必要的交通工具,不断提高植保服务能力和水平。

(四) 努力实现棉花植保工作的转变

棉花有害生物防控策略要由主要依赖化学防治向综合防治和绿色防控转变,注重生物防治和物理防治等非化学措施的应用;防控方式要由分散防治方式向专业化统防统治转变,注重提升防治工作的组织化程度和科学化水平。

充分利用现代通讯传播手段,加快信息与技术传播速度。同时,采取参与式、培训式、带动式等及时发布病虫监测预警信息和防控技术,宣传和推广植保新技术、新产品,使植保新技术和新产品能够在农业生产中得到推广和广泛应用。

三、立法层面的对策措施

农药对防治农业有害生物,保障农业生产、农民增收及农产品贮存起着不可或缺的作用。建议新疆棉花在病虫草害植保工作中进行化学农药防治时应建立规范化的专业指导和化学农药准入制度,同时规范建设棉花病虫草害防治队伍。主要应加强以下工作。

(一) 建立健全农药管理体制

依据《农药管理条例》建立科学合理的农药行业管理体系,改革和完善现行管理方式。环保部门应对农药生产、使用对农业和环境造成的现实和潜在影响进行检测评估,并把有关结果及时通报给农业、工商等部门,提高农药生产经营管理的针对性和及时性。工商、商务、质检等部门配合农业管理部门对农药流通进行监督检查和行政执法。

(二) 构建长效市场监管机制

构建政策与法规体系、基础设施建设体系、登记管理体系、市场监管体系、科学用药体系和应急管理体系等"六大体系",切实提高依法行政能力、技术支撑能力、市场监管能力、残留监控能力和应急反应能力等"五大能力"。农药监管工作要源头治理与市场整顿规范并举,杜绝假冒伪劣农药流入市场,严肃查处假冒伪劣农药案件,严厉打击各类坑农害农的违法行为。建立以农资经营者信用管理为基础、农资商品质量承诺为补充、农资商品质量监测为手段,加强日前监管为保障的农资商品质量安全保障体系,探索建立农资市场科学监管体系。

(三) 强化上岗培训制度

从事农药经营的单位或个人必须每年进行上岗培训,经考核合格取得上岗证后方能持证上岗。禁止非专业部门和个人擅自发布病虫情报而误导农民防治。积极推行农药诚信经营，每年向农民推荐优质农药名单。

（四）建立严格的诚信机制

开展农药经营单位诚信评价，建立诚信档案。将失信经营单位列为重点监管对象，采取曝光违法行为方式予以惩戒。对有质量、包装等问题的农药及其生产厂家予以曝光，把无不良记录的农药生产企业及其产品推荐给农民。

（主笔：王俊刚，姚举，赵冰梅，马小艳；补充：练文明，赵富强，毛树春，张全成，王小丽，韩睿，魏迎凤，李贤超；主审：姚举，赵冰梅；终审：毛树春）

参考文献

[1] 崔伯泉.带叶杨枝诱杀棉铃虫地老虎初步试验.新疆农业科学,1959(1).
[2] 冯宏祖,王兰.新疆南部棉区棉田杂草发生规律及综合防治.中国棉花,2008(4).
[3] 冯志超,王永安,程国荣.新疆北部棉区棉蚜大发生原因及综合防治.新疆农业科学,2005(4).
[4] 郝彦俊,李广阔,王剑,等.新疆棉田杂草发生及防治.新疆农业科学,2003(1).
[5] 黄春明.地膜棉田病虫害发生特点及其防治.新疆农垦科技,1982(1).
[6] 黄大文,刘芳政,吴庆敦.新疆北部棉铃虫(*Heliothis armigera* Hübner)的初步研究.新疆农业科学,1959(6).
[7] 蒋平安,玉山江,马德英.新疆棉花病虫害管理专家系统.新疆农业大学学报,1997(4).
[8] 焦瑞莲,任毓忠,李国英,等.新疆棉田一种新棉铃虫害病原菌的鉴定.棉花学报,2019,31(6).
[9] 李国英.新疆棉花病虫害及其防治.北京：中国农业出版社,2017.
[10] 李海强,李号宾,王冬梅,等.转基因抗棉铃虫抗草甘膦棉花对棉铃虫的抗虫性及对二种地老虎幼虫生长发育的影响.应用昆虫学报,2012,49(4).
[11] 李进步,吕昭智,王登元.新疆棉区主要害虫的演替及其机理分析.生态学杂志,2005(3).
[12] 吕宁,石磊,刘海燕,等.生物药剂滴施对棉花黄萎病及根际土壤微生物数量和多样性的影响.应用生态学报,2019,30(2).
[13] 吕昭智,王涛,沈佐锐,等.棉铃虫监测和预警网络数据库的设计与数据建设.新疆农业科学,2007(01).
[14] 缪卫国,田逢秀.新疆棉花枯黄萎病发生趋势及研究现状.新疆农业科学,2000(S1);6.
[15] 潘洪生,姜玉英,王佩玲,等.新疆棉花害虫发生演替与综合防治研究进展.植物保护,2018,44(5).
[16] 孙利忠,刘彤,陈吉全,等.滴灌下天山北坡棉田杂草生态位及其排序分析.石河子大学学报(自然科学版),2009,27(5).
[17] 王冬梅,李海强,丁瑞丰,等.新疆地区棉铃虫自然种群对Bt棉的抗性频率监测.植物保护学报,2012,39(06).
[18] 王敬儒,杨海峰,孟昭金,等.新疆牧草盲蝽象的危害特点与棉花"中空"问题.新疆农业科学,1979(03).
[19] 王佩玲,张建华,贺福德,等.石河子地区棉蚜越冬规律及防治.石河子大学学报(自然科学版),2003(01).
[20] 新疆和田地区植物保护学会,新疆和田地区农业科技开发中心编印.和田地区植物保护科技资料汇编,1999.
[21] 新疆生产建设兵团史志编撰委员会,《新疆生产建设兵团农业志》编撰委员会编.新疆生产建设兵团农业志.五家渠：新疆生产建设兵团出版社,2009.
[22] 新疆维吾尔自治区地方志编纂委员会,《新疆通志·农业志(1986—2010)》编纂委员会编.新疆通志·农业志(1986—2010).北京：方志出版社,2018.
[23] 姚举,李号宾,王伟,等.喀什棉区第一二代棉铃虫对棉花的复合危害和防治指标研究.新疆农业科学,2008(1).
[24] 余潞,田英,李红.进一步加强新疆生产建设兵团植保体系建设的建议.中国植保导刊,2020,(5).
[25] 张娟,马吉宏,徐养诚,等.从卵巢发育特点揭示新疆地区棉铃虫迁飞习性.生态学杂志,2013,32(06).
[26] 张克斌,董家伦,翟延засід.以C^{14}标记棉花研究棉蚜取食、排泄、吸收与棉花品种抗蚜性关系.核农学报,1985(03).
[27] 赵冰梅,李红.2018年新疆兵团棉花主要病虫害发生预测及应对措施.中国棉花,2018,45(4).
[28] 赵莉,张荣,肖艳,等.危害棉花的重要害虫烟粉虱在新疆发现.新疆农业科学,2000(1).
[29] 张润志,王福祥.扶桑绵粉蚧(棉花粉蚧).北京：中国农业出版社,2010.
[30] 朱有勇.农业生物多样性控制作物病虫害的效应原理与方法.北京：中国农业大学出版社,2012.
[31] 周继军.新疆玛纳斯县双斑萤叶甲的发生及综合防治.中国棉花,2007(8).
[32] 中国农业科学院棉花研究所.中国棉花栽培学.上海：上海科学技术出版社,2019.
[33] 毛树春,李亚兵.中国棉花景气报告2017—2019.北京：中国农业出版社,2021,P46-47.
[34] 刘雅琴,杨丽,李国英.成团泛菌引起的棉花烂铃病对棉花产量因子和品质的影响.植物保护,2008,34(5).

第十二章
新疆绿洲智慧棉花技术发展和应用对策

智慧农业被认为是全球未来十年改变人类生产生活的十大颠覆性技术之一。2021年4月21日李稻葵在博鳌亚洲论坛演讲时指出,未来GDP的50%可能是数字经济。2016年以来,智慧农业成为全社会的时尚"热词",备受关注。

智慧农业是数字中国战略在农业领域的应用和实践,也是国家数字经济的重要组成部分。2017年10月中国共产党第十九次全国代表大会提出了"数字中国"建设目标,2020年10月中国共产党第十九届五中全会指出"建设智慧农业"。近几年的"中央一号文件"都强调智慧农业技术创新。在国家的指导下,各级农业农村部门都在积极引导,大力推动智慧农业落地,相信智慧农业将为棉花发展插上"数字科技翅膀"。

本章全面论述棉花智能化、数字化技术的形成、发展,智慧棉花的技术构成和设备要素,智慧棉花在长势监测和诊断、田间光温水等生态数据的获得和识别判断、指导精准施肥和灌溉、病虫草监测预报,以及耕整地、播种、施药和采收机械作业的智能化引导等生产应用上取得的实际效果,为智慧棉花应用提供理论实践指导。具体应用所需的设备和条件、操作方法见第十七章。

第一节 · 棉花智能化、数字化技术发展

智能化农业即在动态环境下,先进的农业技术通过电子信息技术的逻辑运算、传导、传递,发出适宜指令指挥科研仪器、农业机械来完成正确的动作,从而实现农业生产和管理的智能化。智能化农业包含农业专家系统、农业智能化控制系统和农作物智能化机械。此外,智能化机械在我国也已经被科技界和社会广为接受。智能化和信息化涵盖了农业产前、产中、产后各过程的信息采集、传输、处理,包括作物生长模拟模型、作物生产决策系统和农业专家系统等。

近20多年来,现代农业信息技术的快速发展使作物栽培学进入定量化和精确化的研究与应用阶段。美国已建成世界上最大的农业计算机网络系统——飞行试验空地一体化综合测试网络系统(AGNET)。我国棉花生产智能化起步较晚,近年来才发展较快。20世纪90

年代,新疆兵团一直坚持农业信息技术发展道路"高水平集成,大面积示范"的原则。2005年开始,新疆兵团结合棉花种植的实际情况和基础条件,利用地理信息系统(GIS)、遥感(RS)、全球定位系统(GPS)和专家系统(ES)等新技术,组装集成了一套包含精准播种、节水灌溉、变量施肥、病虫害预测预报与防治、长势监测等产前、产中管理决策的棉花生产管理智能化决策系统。随后石河子大学、南京农业大学、中国农业科学院棉花研究所、中国农业大学、新疆农垦科学院等单位先后在棉花生产数据库与信息管理系统、长势监测、肥水管理、生长发育和形态模拟、专家系统、决策支持系统以及3S[地理信息系统(GIS)、遥感(RS)和全球定位系统(GPS)]技术的应用等方面开展了一系列研究,取得良好的进展,建立了基于遥感的棉花生长监测模型。目前已基本实现利用全球定位系统导航和生长模型对棉花进行精量播种,利用遥感和地理信息系统技术进行棉花面积和长势的提取、产量的估测,建立了棉田信息监测系统、智能节水灌溉系统以及微机决策平衡施肥系统,制订了多项现代农业的技术指标与技术规程,进行广泛的棉花信息化和机械化技术的试验、示范和推广。

在棉花全程生产精准管理方面,石河子大学经过多年研究攻关,建立了棉花规模化生产关键环节精准监控技术体系。在水肥一体化智能管理方面,综合利用光谱、图像和无线通信等信息获取和传输技术,实时获取棉花生长过程水肥信息,创立滴灌棉田全程养分、水分快速监测与定量诊断技术;发明滴灌棉田"养分监测→施肥决策→分区处方→精量控制"的全程养分精细管理技术及产品;研发低能耗灌溉自动控制系统,构建了滴灌棉田水肥一体化精准管理技术与应用云平台,实现水分监测、决策与控制的一体化精准管理,极大地提高了水肥利用效率。在棉蚜监测与预警方面,构建了基于深度学习的复杂背景下棉蚜精准识别模型,发明了基于图像识别的棉蚜发生量信息精准提取技术,研发了手持可调式棉蚜发生量监测系统,实现复杂背景下的棉蚜实时发生量的精确监测;构建了基于气象和棉蚜实时发生量的棉蚜种群增长模型,发明了棉蚜早期虫害预测预警方法,实现3~5 d内棉蚜种群数量预测预警;构建了集"数据采集→无线传输→分析决策→预警发布"的棉蚜监测预警体系,攻克了大田复杂背景下棉蚜信息难以精确实时获取和预警滞后的技术瓶颈。

在黄萎病智能监测与防控方面,新疆农垦科学院通过引入中分辨率陆地卫星(Landsat)监测棉花黄萎病,利用图像识别技术快速获取棉花水分信息的方法,对棉花群体数字图像的颜色特征值和实测叶绿素含量进行分析,可以监测黄萎病的发生。石河子大学将作物病虫草害识别的专家知识与数字图像处理、神经网络结合,综合运用人工智能和网络技术,研究实现了作物病虫草害的远程图像识别与诊断。同时,研究设计了一种基于ARM-Linux的棉花嵌入式图像处理系统,实现棉花病虫害的智能检测,该系统具有体积小、成本低、实时性好、稳定性高等优点。

在智能化灌溉管理方面,新疆兵团绿洲生态农业重点实验室主持完成的《基于GSM的农田水分管理智能监控系统(棉花)的研究与示范》项目,建立了基于农田水分管理决策支持系统的灌溉管理网络化信息平台,开发了《棉田环境参数实时采集与远程管理装置》《农田信息自动采集与灌溉智能控制装置》《农田水分管理决策支持系统(棉花)V1.0》《SDLab数据采集与处理系统V1.0》《触摸式CAN总线滴灌监控系统V1.0》《农田墒情远程监测信息管理系统V1.0》等水分智能管理系统,实现了农田墒情实时监测、数据远程传输和灌溉自动控制等多种功能。目前,基于GIS的作物精准施肥和养分管理系统已经在新疆兵团4个师局、超过1.333万 hm² 的农田上应用,经济效益显著。同时采用 Borland Delphi7.0 高级编程语言 Microsoft SQL Server 2000 数据库、模块化程序设计思想、面向对象的集成开发模式开发了棉田墒情远程监测分布式结构的信息管理系统,该系统运用农田墒情远程监测设备系统实时获取水分监测数据,通过互联网远程获取中国气象科学数据共享平台中新疆全境自动气象站的实时气象数据、棉田苗情数据,判断棉花是否缺水并向农户手机发布棉田墒情状态和灌溉决策。

在棉花机械智能化方面,新疆棉花机械智能化种植技术在市场刚需、政策支持、科研机构及企业研发推广下,从2015年开始迅速发展,棉花种植机械智能化融合于土壤处理、播种、田间管理、收获、收获后棉花深加工及棉田再处理的各个环节。近年来在新疆棉花生产种植中,卫星遥感GIS系统集成棉花种植普查技术、北斗卫星导航定位信息采集技术、手持卫星终端设备、棉花无人机飞防等技术设备,以及棉花精量滴灌施肥技术等得到广泛应用。2018年底,新疆兵团有农机卫星导航系统4 659台(套),新疆石河子市安装北斗卫星导航设备超过2 200台(套)。新疆兵团石河子总场数字农业试点项目运用物联网技术,集中展示了包括北斗导航、规模化农情监测、水肥一体精准控制、无人机精准对靶喷药等数字农业技术、装备及农机信息管理运营能力,建设完成了国家级数字农业基地,已初步形成集监测、决策、控制为一体的精准作业技术体系。

在农业大数据技术研发与应用方面,石河子大学从新疆棉花生产和市场营销的实际需求出发,研发了新疆棉花生产农业大数据平台,平台由下至上可以分为数据层、模型层、系统层和应用层共4层。该平台从新疆现代植棉理论和技术出发,围绕农业资源、棉花生产管理、棉田遥感监测、农机作业和棉花市场价格五个维度展开大数据关键技术研发,综合运用智能传感、多维遥感、人工现场采集、历史数据收集等方式进行数据获取;通过资源类型界定技术、标准化处理技术、时空剖分、深度学习、智能追溯和预警等技术研发和时空一体化插值、生产管理智能决策、作物精准监测、农机运维调度、棉花产品和价格预测预警等模型研发;在系统层融合构建覆盖棉花全产业链的大数据平台,在此基础上向各级用户提供农业资源管理和共享、棉花生产精准决策与管理、棉花生产精准遥感监测、棉田农机作业及运维管理和棉花产品质量追溯和市场预警等服务。

虽然新疆绿洲棉花种植方式逐步向高度集约化、智能化、组织化、规模化种植发展,但在目前仍然存在以下问题。

一是棉花从播种保苗、控害除草、整枝化控到采收,生产程序繁多,种植管理复杂,棉花生产人工成本高,仍存在高成本和低效益并存的现象。自2011年起新疆棉花生产成本逐年上升,现金收益逐年减少,综合效益下降趋势尤为明显。

二是目前新疆绿洲棉花生产农业传感器与物联网、动植物生命与环境信息感知、多尺度农业遥感信息融合、农业飞行器智能控制与信息获取、农业精准作业技术与装备、全自动智能化动植物工厂等技术已初步形成,但与美国、日本、欧盟等发达国家或地区相比,在技术创新能力、产业化水平和体制机制等方面均存在较大差距。

三是智能化技术集成程度较低,需面向智能农业生产价值链,全面推进智能化技术与农业深度跨界融合,研究智能化管理总体技术、理论方法、核心技术和软硬件工具,构建棉花生产应用的理论方法和技术架构体系,构建高效能、高效率、高效益的全新生产方式,保障棉花生产安全,推进新疆绿洲农业现代化进程。

第二节·新疆绿洲棉花精量播种技术及装备

一、播种精准监测技术及装备

持续发展新疆棉花就必须提高棉花生产的机械化水平,特别是播种和采收环节的机械化水平。新疆农业机械化、智能化程度的不断提高,让种棉花也成了具有科技含量的精细活。精准农业作为一种新的农业微观经营管理方式,已成为农业发展的趋势之一,作为精准农业重要装备之一的精量播种机已经成为现代农业播种的主要特征。播种机的播种量监测是实施精量播种自动控制的关键,也是判断播种作业质量水平的基础。

新疆农业播种技术的发展经历了条播技术、半精量播种技术,正向单穴单粒的精量播种技术迈进(图12-1,图12-2)。棉花精量播种机械化技术,是指用精量播种机械将棉花种子按农艺要求的播量、行距、株距、深度精确播入土壤的技术,一般要求达到1穴1粒种子,从而简化间、定苗操作。精量播种技术作为精准农业技术体系的重要组成部分,也是推进精准农业发展的关键技术之一。精量播种技术是承接精准种子工程产生的优秀成果,为作物增产创造优越的环境,以精量播种机械为载体,把品质优良的种子转变成均匀苗壮、能充分发挥种子特征和生产能力的种苗群体的高新农业播种技术。通过大面积的推广应用,其表现出的主要优点为降低成本、减轻间苗定苗强度、增加职工收入、提高经济效益以及实现了一播全苗的目标。此外,优质的种子、合格的待播地块是精准播种的前提。具备合格的优良的精准播种机械,可以实现技术难度很大的每穴单粒穴播技术。

图12-1·精量播种技术应用

(新疆生产建设兵团网)

图12-2·棉花精量播种机

(百度图片)

目前,国内使用的精播机绝大多数是机械式(图12-3)和气力式播种机(图12-4),然而,精播机在播种作业时具有播种过程全封闭的特点,仅凭人的视听无法直接监视其作业质量,如在播种作业时发生机械传动故障、种箱排空、导种筒堵塞、开沟器被土块堵塞、排种器传动失灵等故障时均会导致一行或数行下种管不能够正常播种,造成漏播。尤其是大型宽幅精播机,其作业速度高、播幅宽,一旦发生上述现象则会造成大面积的漏播,必然造成农业生产的严重损失。因此,必须配备一套监控系统以确保播种性能。精量播种机的监测系统是现代精播机的一个重要组成部分,其性能优劣将影响精量播种的质量,也是判断播种作业质量的基础。精播机对不同性能有不同的要求,而且其参数覆盖面广。播种机的监测装置主要有:传统的播种机试验装置、基于电子技术的播种机排种监测系统、单片机控制的排种监测系统、基于计算机视觉的排种监测系统以及虚拟仪器技术监控播种机的排种。

图 12-3 · 机械式精量播种机
(新疆钵施然智能农机股份有限公司,百度图片)

图 12-4 · 气力式精量播种机
(百度图片)

传统的排种器试验装置主要是测定种子间的距离,其中用得最多的测定方法是涂黄油的帆布带法。这种装置虽然结构比较简单,但是用黄油来固定下落的种子,导致种子不能重复使用,既产生了浪费,污染了环境,又降低了工作效率。智能单片机在精播机上的应用,使得现代化的播种机监测系统有了新的发展空间,近年来对微型单片机控制的播种机监测装置的研究越来越多。采用单片机进行控制有很多优点,如功能强大、成本低、体积小、便于安装等。基于计算机视觉的播种机排种监测,被认为是一种非接触的快速检测方法,因为它具有省时省力的特点,所以在播种机排种监测中具有重要的意义。王丽娟等在播种机监测系统设计过程中引入了嵌入式 Linux 系统和 ZigBee 网络,采用光纤传感器、报警装置及显示屏等组成一套高精度的播种质量监测系统,实现对播种质量进行有效监测(图 12-5、图 12-6)。

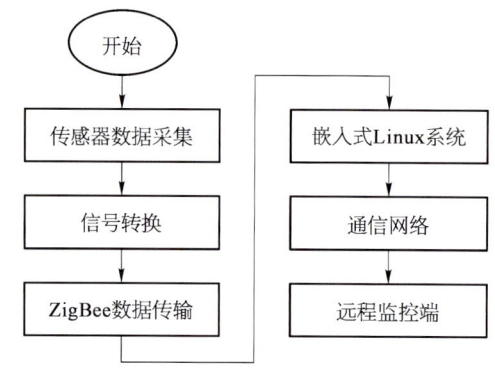

图 12-5 · 播种机质量监测系统和远程控制系统框架
(王丽娟等,2019 年)

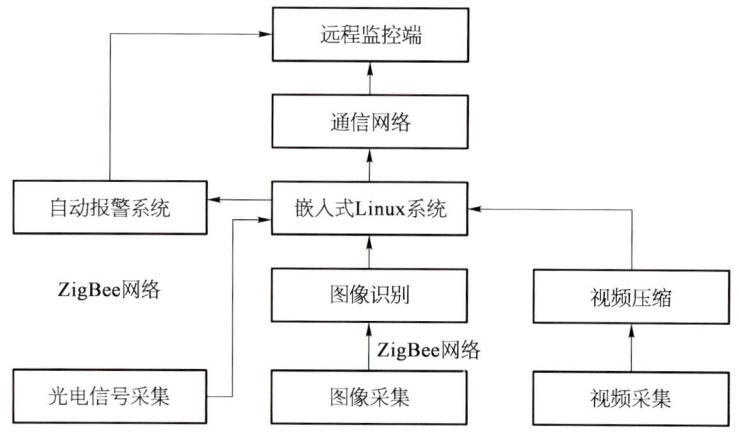

图 12-6 · 基于嵌入式 Linux 和 ZigBee 播种机自动控制系统框架
(王丽娟等,2019 年)

随着电子技术和计算机技术的迅速发展,出现了各种新的监测技术和监测手段,使得精播机性能监测逐渐向自动化、智能化方向发展。如虚拟仪器技术,它是计算机技术与仪器技术深层结合的产物,是一个全新的概念,它的出现拉开了测控领域的新帷幕。张定良等设计的监测系统采用光纤植入感应的新型传感器,具有体积小、精度高、防震、防尘的特点,在监测形状较大、圆度饱满的种子时性能稳定、报警及时准确,误报率为 0.1% 左右,对排种量监测平均精度达 98.56%(图 12-7)。

对于当下监控系统的真正目的是能够迅速且灵敏地将种子的播种轨迹捕捉然后进行反馈。考虑到报警对于挽救播种错误是一项十分有利的解决办法。因此,将播种监控系统装置和报警装置紧密联系在一起,大大减少了漏种现象。精播机上采用的监测和报警装置大致有机械式报警器、机电信号式报警器和电子仪器式监视装置 3 种类型。现代精播机上安装

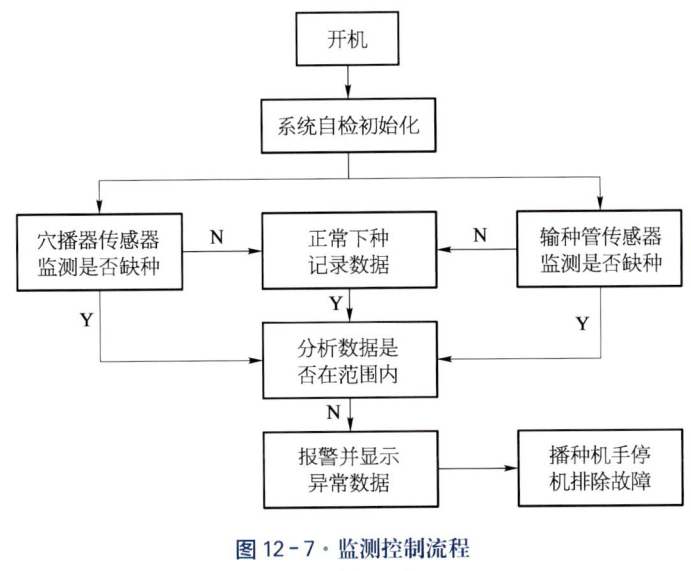

图 12-7·监测控制流程

(张定良等,2018 年)

的一般是电子监视装置,由传感器、光电转换电路、报警装置和显示装置等构成。为完成对精密播种机工作状况的监测与控制,首先需制定系统的工作过程(图 12-8)。

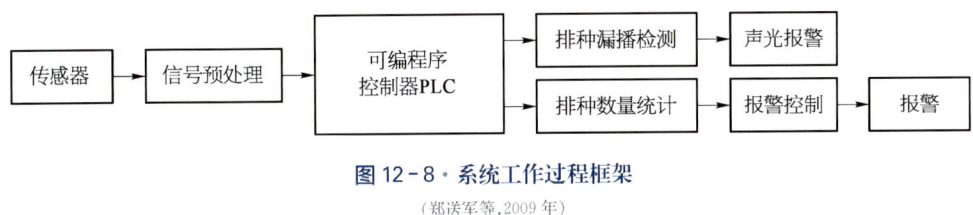

图 12-8·系统工作过程框架

(郑误军等,2009 年)

播种在农业生产中占据重要地位,在农业机械广泛应用的今天,监测系统能够准确监测精密播种机的工作状况,及时报警播种机作业过程中出现的故障,这对加强播种质量、增加粮食产量和提高农机化水平具有重要意义。

二、播种量决策技术及系统

播种机是最常见的农业机械之一,其工作性能的优劣将直接影响播种作业生产率及出苗质量。在播种机中,控制系统起到非常重要的作用,播种机控制系统要完成速度检测、行距设定、自动排种、补种等功能。播种机控制系统性能的好坏会直接影响播种行距、漏播率等。播种机械作业时,根据播种机械上装配的 GPS 接收机确定播种机在田间所处的位置,对应机载计算机提供的播种决策 GIS 电子地图,由控制系统提供对播种量的控制决策,并由播种量控制执行机构完成变量播种的实施。

播种机的播量控制系统虽然经过多年的发展取得了一定进步,但仍然存在一些问题。当前排种器无论是机械式播种,还是气吸式播种、气压式播种,均采用依靠拖拉机带动播种机地轮转动前行,地轮通过链条或齿轮传递动能给排种器,排种器依据链轮传动比或齿轮传动比控制播种,该控制方式理论上能够保障播种均匀性,但由于播种机的工作场合是野外耕地,地面情况复杂,无法充分保障播种均匀性。因此,播种机上的控制系统存在控制精度低、反馈不及时、带负载能力差等缺陷。但是,随着电子技术、信息技术、生物技术的快速发展,一些新的控制方法和策略得以应用。

田克君分析了三个播种机的控制模型,包括行距控制模型、排种控制模型和补种控制模型,并提出播种机控制系统方案。行距控制模型如图12-9所示。随着播种机的行进,光电编码器检测出播种机地轮的旋转速度,通过速度检测电路滤波,换算后计算出播种机前进速度,由于行距和播种机前进速度基本呈线性比例关系,给定行距通过换算因子折算后,可以计算出步进电机转速。控制器发送脉冲信号给驱动器,驱动器收到脉冲信号后驱动步进电机1达到设定的播种叶轮速度。

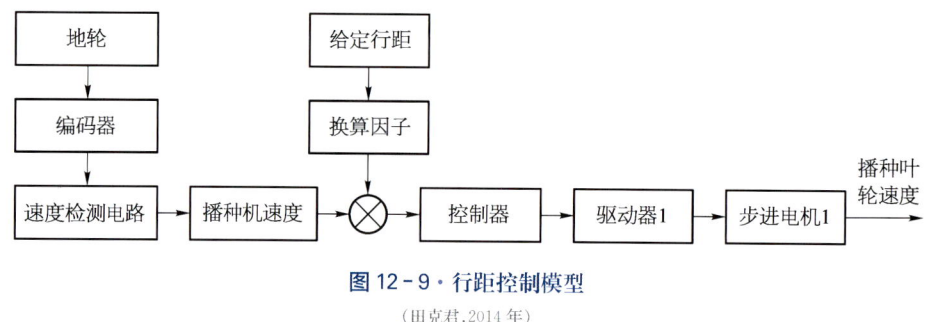

图 12-9 · 行距控制模型

(田克君,2014年)

排种控制模型如图12-10所示。播种机的排种控制通过排种角度检测、排种角度调整来实现。根据播种机的行进速度,控制器控制驱动器和马达,调整排种器开口角度,使种子下落时不跳动,提高播种效果。

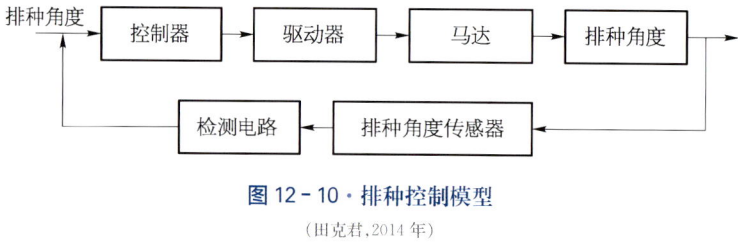

图 12-10 · 排种控制模型

(田克君,2014年)

补种控制模型如图12-11所示。播种机的补种控制通过缺种检测和补种来实现。光电开关检测是否出现缺种,当出现缺种时,控制器发出缺种信号,控制补种电磁铁,拉动补种开关,进行补种。

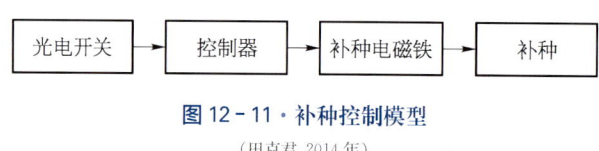

图 12-11 · 补种控制模型

(田克君,2014年)

控制系统总体方案如图 12-12 所示。播种机控制系统需要实现行距控制、排种控制和补种控制，显示相关控制信息和故障信息，另外要考虑防雨、防晒、抗震。

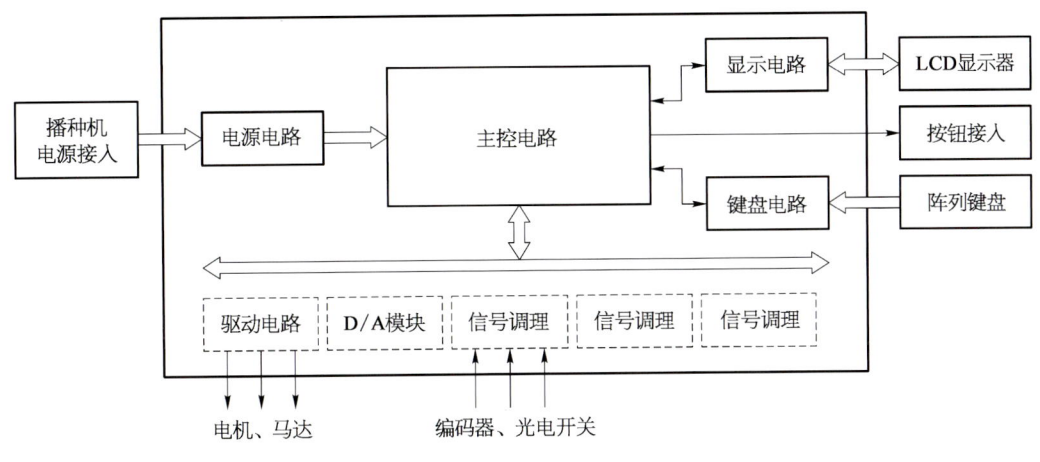

图 12-12 · 控制系统硬件方案

(田克君,2014 年)

刘蕾采用嵌入式和隐马尔可夫模型 HMM 语音识别技术，应用 WTV180 语音芯片，优化设计了英语语音识别控制系统，并利用 MatLab 软件平台进行了仿真试验，结果表明系统英语识别准确率较高，且智能播种机能够准确响应英语语音命令的控制(图 12-13)。

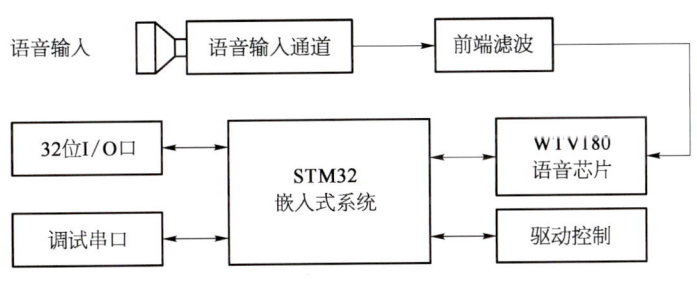

图 12-13 · 语音识别控制系统的硬件框架

(刘蕾,2018 年)

王宇清等设计了一种新型精密播种机控制系统(图 12-14)，以 STC12C5A60S2 单片机为控制系统的芯片，结果表明选用的硬件装置为非接触式电容传感器能够精准检测到目标的种子流、种箱排空、输种管堵塞等反馈信号，播种准确率达 97% 以上。

郝向泽采用红外传感技术、单片机技术、PID 控制技术相结合的方法，按照分布式系统设计理念，将主控机构、播量调节执行机构、数码管显示机构以及车载信号采集机构四部分的系统中主要功能模块封装为独立功能的单元，构建一个便于拓展的分布式控制系统。胡恒东设计出一种以 PLC 为核心的播量控制装置，该装置是在播种机的基础上，对原有传动装置加以改进。其控制部分是以可编程控制器 PLC 为核心，通过建立播种机行进速度与步进电机转速建立随动的模型，实现了播量调节的目的。梁方等设计了一种外槽轮式播量自动控制系统(图 12-15)，该系统通过采集机组行进速度信号，同时控制槽轮转速与槽轮长度，实现播量调节与控制。

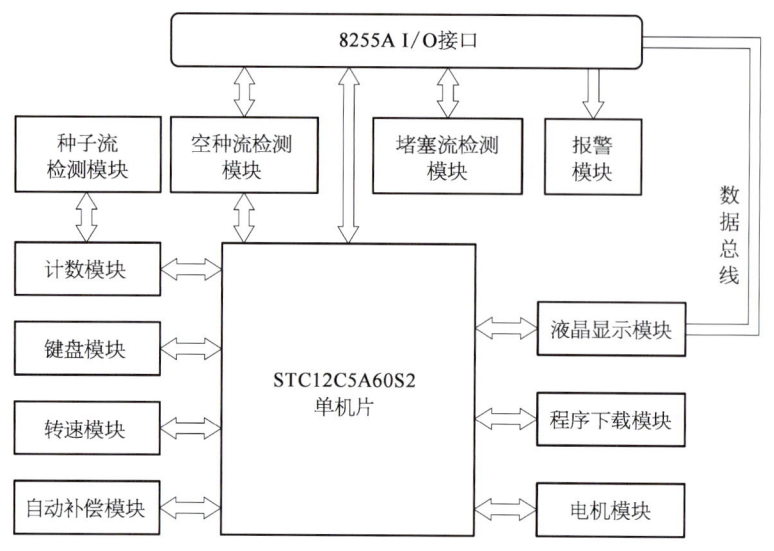

图 12-14 · 系统的硬件总体框架

(王宇清等,2019 年)

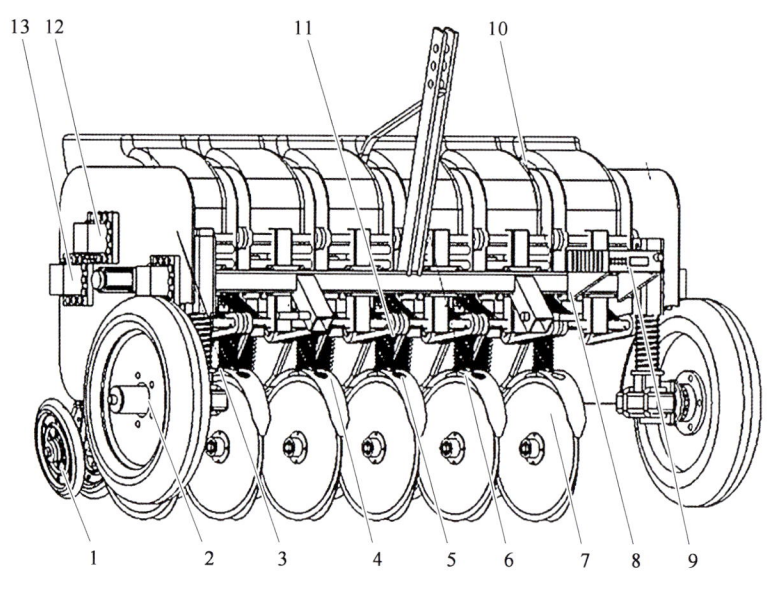

图 12-15 · 播量自动控制播种机整机结构

(梁方等,2018 年)

1. 镇压轮;2. 限深轮;3. 左侧板;4. 下悬挂点;5. 单体排种系统;6. 上悬挂点;7. 双圆盘式开沟器;8. 控制盒支架;9. 控制盒;10. 右侧板;11. 第1支撑梁;12. 第2支撑梁;13. 第3支撑梁

随着播种机自动控制技术的发展,精密播种机的控制系统也将越来越稳定。但目前,精密播种机控制系统会出现排种轴堵转、负载过大等现象,导致控制不稳定、控制精度降低等问题。因此,迫切需要提高整个控制系统的性能质量、稳定性,加快新技术的应用,进一步提高整个控制系统的自动化和智能化水平。

三、棉花播种自动控制技术及装备

自 18 世纪中后期第一次工业革命起,人类正式迈进蒸汽时代。机器的出现,代替了手工劳作,这是一场技术革命也是一场社会变革。而 19 世纪中期,第二次工业革命悄然而至,电气时代来临了。电气的面世成就了机械化生产,并投入农业劳作中,大幅度提高了农业生产力,并超越了闭关锁国的旧中国。20 世纪 40 年代,第三次科技革命促使人类迈入互联网时代。西方国家由于前两次革命打下的坚实基础,很早便开始了改革,因此自动控制技术在农业机械方面的应用具有极丰富的实战经验,他们的农业自动控制技术成就屹立于国际水平的巅峰,依靠自动控制技术,甚至可以做到一人控制近千公顷大田。新中国成立至今,我国与时俱进的改革步伐始终未停歇,农业生产早已实现了机械自动化,我们正在向世界先进水平迈进,全力提高农业生产力。目前新疆棉花的综合机械化水平在 80% 以上。

▶ **(一)基于北斗导航系统的棉花精量播种**

在播种方面,通过卫星导航播种机,实现了从开沟、下种、铺膜、覆土全过程精准化、自动化(图 12 - 16)。尤其是我国北斗导航农机自动驾驶系统的技术及装备应用,利用高精度的北斗卫星定位导航信息,由控制器对农机的液压系统进行控制,使农机按照设定的路线(直线或曲线)进行起垄、播种、喷药、收割等农田作业。在新疆安装了北斗导航系统的农机可同时实现铺膜、播种、铺管三合一的棉田作业,且旱、水田都可正常作业,完成了人工不可能完成的工作,真正实现了高效益生产。

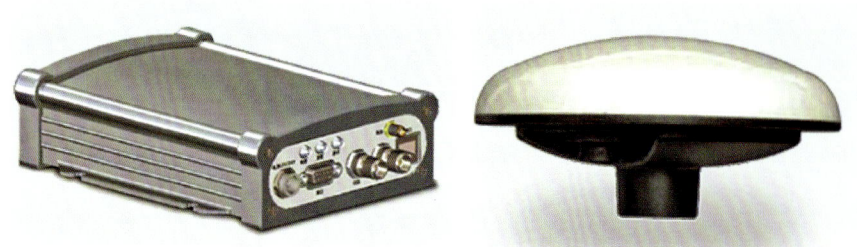

北斗/GNSS接收机　北斗/GNSS天线

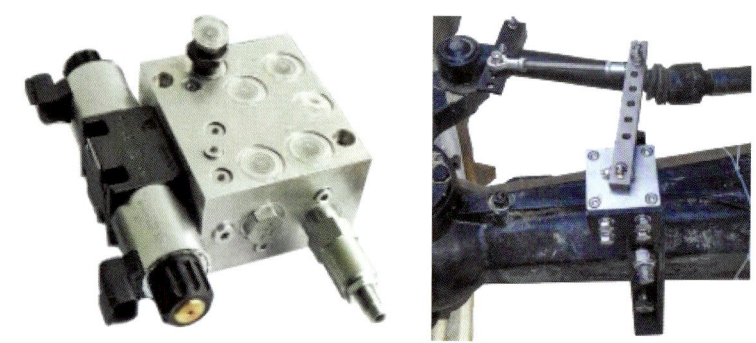

液压阀　角度传感器

图12-16·北斗导航农机自动驾驶系统硬件设备

(合众思壮科技,2018年)

▶ **(二) 基于车载视觉系统的棉花精量播种**

基于车载视觉导航控制系统是将图像采集器材固定安装在车辆上,检测识别车辆前方的道路和障碍物,经过信息处理和融合,自主地控制车辆在期望的路径上高速平稳行驶。在硬件设备方面,出于对驾驶空间分布的考虑,需要安装各类传感器,比如摄像头、角度位移传感器等,另外对于农用车辆的转向系统,可通过方向盘设置一个内嵌齿轮机的转向机构来安装步进电机(图12-17)。

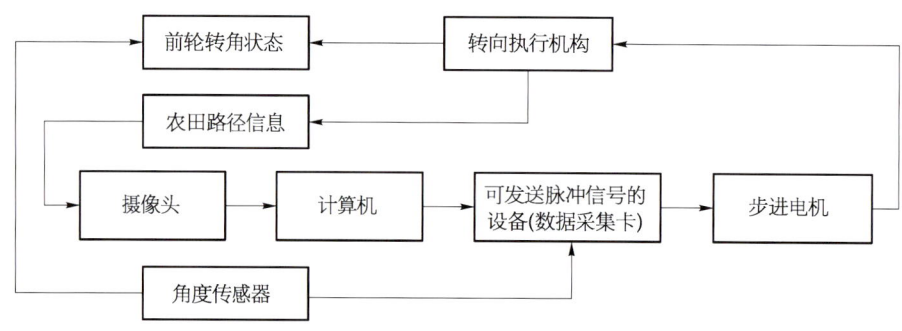

图12-17·农业车辆视觉导航硬件模块基本组成

(王晨,2016年)

传感器系统由图像采集传感器、角度位移传感器组成,传感器参数见表12-1、表12-2。

表 12-1 · 图像采集——CMOS 传感器参数

(王晨,2016年)

适 用 类 型	笔记本、台式机
系统要求	支持主流操作系统
像素	1 200 万
捕捉画面	640×480,352×288 320×240,160×120
接口类型	USB2.0
驱动类型	免驱
感光元件类型	CMOS

表 12-2 · 角度位移传感器——通磁伟业 WYH2-3 参数

(王晨,2016年)

项目名称	技 术 指 标	项目名称	技 术 指 标
量程	360°测量,正弦输出	重复性	±0.05%
线性量程	±45°±30°±20°	灵敏度	≈40 mV/1°(V_{in}=5 V)
独立线性度	1.5%1.0%0.5%	分辨率	连续
工作电压	典型:DC5V(DC3.8~8V)	工作电流	10 mA<I<20 mA
输出(V_{in}=5 V)	1~4 V	转动方式	轴承固定360°,可连续转动
温度范围	0~95%RH IP65*	使用温度 储存温度	−25~+75℃ −40~+75℃
防护等级	轴承转动需另做防护处理	工作环境	变换频繁,环境恶劣 耐水、油、气、抗震

数据接收及输出系统由模拟输入、模拟输出、计数器、数字量输入、数字量输出等环节组成。转向系统由转向机构和步进电机组成。

1. **转向机构** · 见图 12-18。

图 12-18 · 农用拖拉机转向机构

(王晨,2016年)

2. **步进电机**·减速比 1∶10,轴径 8 mm,机身长 56+32 mm(减速机),步距角 1.8°,电流 3 A,转矩 1.2 NM,减速后扭力 12 NM(图 12-19)。

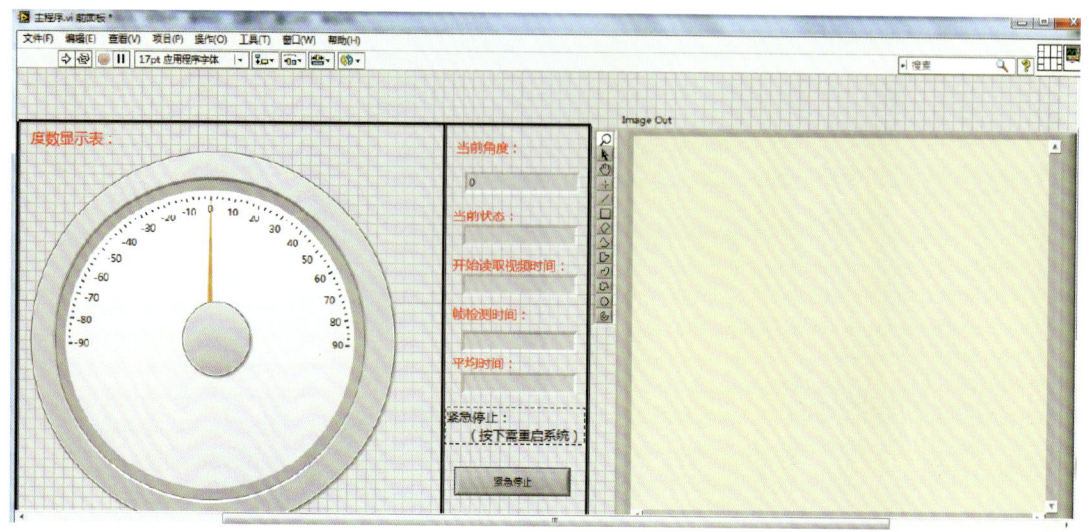

图 12-19·转向控制系统前面板 UI 界面

(王晨,2016 年)

3. **软件系统**·主要模块由系统自检、图像采集、转向控制、行车安全几个部分组成。

① 系统自检。在计算机工作之前对各个硬件系统检查能否正常工作。

② 图像采集。摄像头能否在系统运行时打开,能否通过摄像头进行采集与计算机后台处理。

③ 转向控制。图像处理获得的路径参数和角度传感器获得的前轮转角参数,将二者传输到采集卡,并通过采集卡发送脉冲,输入到步进电机驱动器,从而获得需要修正的前轮转角信号。

④ 行车安全。农业作业车辆导航时,如果控制器对车辆的控制失效,设置一个紧急停止,可以有效地保证车辆行驶过程中的安全性。

第三节·新疆绿洲棉花水肥智能管理技术及装备

一、棉花水肥精准监测技术及装备

(一) 棉田土壤养分监测

土壤养分分析测试主要测定的是土壤中的有效养分,对土壤中的全量养分一般不进行测定。具体来说,一般会测定土壤中的大量元素、中量元素、微量元素含量及平衡状况,包括 pH 和有机质,以及氮、磷、钾、钙、镁、硫、铁、硼、锰、锌、铜共 11 种元素速效含量。传统化学分析法是通过特定浸提液提取土壤样品中的某种特定元素,从而对其含量进行定量化学分析。目前根据测土配方施肥的需要,便携式养分速测仪(图12-20、表12-3)被广泛应用,其操作简单,功能较全,配置 GPS 定位系统,有的产品内置专家施肥系统,有电脑链接即可使用,便于数据的传输功能,可在短时间内测定土壤养分状况,并快速给出专家施肥决策。

表12-3·土壤养分速测仪参数和主要型号

(梁宏玲等,2013年)

参　数	仪　器　型　号			
	FK-CT01	FK-CT02	FK-CT03	FK-CT04
测量精度	0.55	0.55	0.55	0.55
尺　寸	500×400×300(mm)	500×400×300(mm)	500×400×300(mm)	500×400×300(mm)
类　型	土壤、肥料	土壤、肥料	土壤、肥料、植株	土壤、肥料、植株

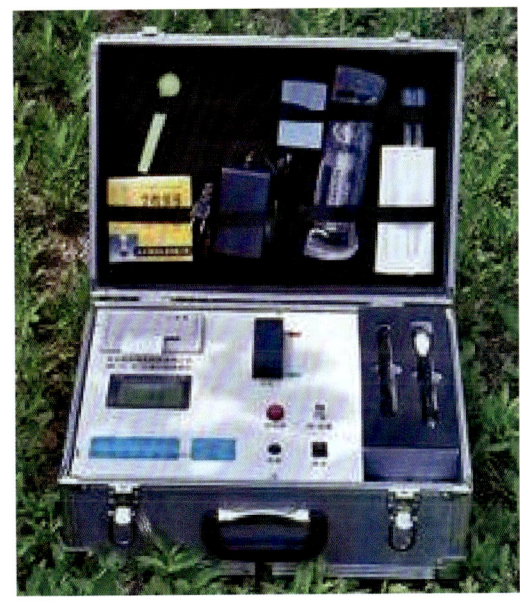

图12-20·土壤养分速测仪
(百度图片)

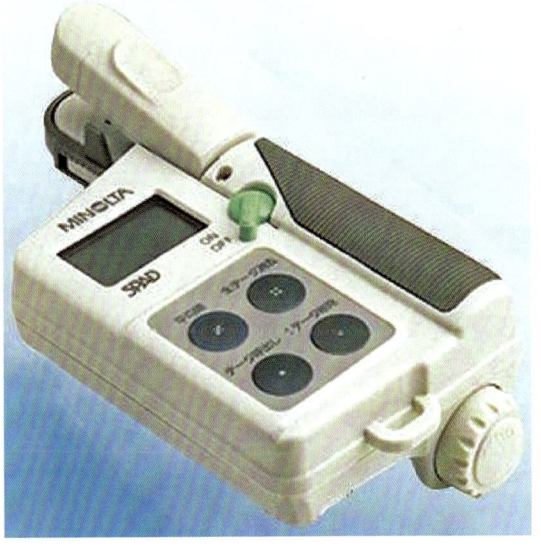

图12-21·手持式SPAD-502型叶绿素计
(百度图片)

(二) 棉花植株养分监测方法

1. **叶绿素速测方法**·手持式SPAD-502型叶绿素计(chlorophyll meter)(图12-21)是一种手持式叶绿素仪,可以用来估计作物氮营养状态和进行氮肥推荐。这种仪器以叶绿素对红光和近红外光的不同吸收特性为原理,可快速、无损地测定植物叶片的叶绿素相对含量,通过叶绿素含量与叶片全氮量的关系来反映作物的氮营养状况,进而确定作物是否缺氮。

2. **图像监测方法**·数码相机于晴天的12:00—14:00时段获取棉花冠层数字图像,相机垂直拍摄高度为距离冠层1.5 m,相机设置为自动曝光和自动白平衡模式,选择JPEG格式保存,采用的图像分辨率为2 592×1 944像素。冠层图像采集时期包括现蕾期、初花期、盛花期、盛铃期等关键生育时期。用 Adobe Photoshop 软件的直方图程序获得冠层基本颜色参数(红、绿、蓝光绝对值,即 R、G、B),通过相关和回归分析方法来监测棉花营养含量。

3. 光谱监测方法 · 太阳以电磁波的形式向外传递能量,称为太阳辐射,太阳辐射的电磁波包括无线电波、微波、红外线、可见光、紫外线、X 射线和 γ 射线等。地球上任何物体对这些电磁波都具有不同的吸收、反射、辐射光谱的性能。光谱被看作是辨别物质的"指纹"。光谱遥感技术是利用植物叶片及冠层的光谱特性,通过检测冠层或叶片的光学反射来了解植物的营养状况。

便携式地物光谱仪,其光谱仪波段范围为 350~2 500 nm,采样间隔为 1 nm。选择在晴朗无云、无风或风速很小的天气进行冠层光谱测定,测定当天的时间控制在 12:00—14:00。测量时传感器探头垂直向下,光谱仪视场角为 25°,距棉花冠层顶垂直高度为 1~1.5 m。每个小区采集 3 个点,每个点采集 5 条光谱数据,最后用 5 条数据的平均值作为该小区采样点的光谱值。棉花叶片光谱数据可以使用地物光谱仪自带的叶片夹进行,内置光源,无需考虑天气因素。为保证数据的可靠性,每片棉花至少采集 3 个点,在每个点的光谱曲线无误时,采用其平均值作为该叶片的叶片光谱值。

研究表明,综合绿、红和近红外波段反射率数据的植被指数能够对氮素营养状况进行快速检测。陈鹏飞等(2019 年)依据低空无人机超高分辨率影像,分析土壤背景对棉花冠层反射光谱的影响,通过设计不同的情景,利用光谱指数与主成分回归相结合的方式建立植株氮浓度的反演模型,结果表明剔除土壤背景会提高建模估测植株氮浓度的精度;影像纹理特征与棉花植株氮浓度之间具有显著相关关系,增加影像纹理特征,采用图像光谱和纹理信息结合的方式建模,会显著提高植株氮浓度的估测精度。吕新等(2018 年)通过研究棉花的 4 个生育时期(现蕾期、盛蕾期、花铃期和吐絮期)中冠层叶片叶绿素含量与光谱指数的关系,构建了不同品种滴灌棉花氮营养指数的高光谱诊断模型,均可对棉花氮素养分进行诊断。

表 12 - 4 · 滴灌棉花氮营养指数的高光谱诊断模型

(吕新等,2018 年)

品 种	回 归 模 型	R^2	RMSE
新陆早 45 号	$y = 0.365 + 37.01x_{12} + 8.515x_9 + 2.761x_4$	0.591	0.100
新陆早 62 号	$y = 1.535 + 19.706x_9 - 0.522x_2 + 0.158x_8 + 26.366x_{15}$	0.760	0.126
新陆早 50 号	$y = -0.179 - 0.256x_{16} + 0.266x_{17}$	0.616	0.095
新陆早 58 号	$y = -76.594 - 4.288x_{11} - 1.836x_{13} + 0.114x_{10}$	0.681	0.447
鲁研棉 24 号	$y = 5.187 - 3.306x_{11} + 0.079x_8 - 1.466x_7$	0.881	0.071

二、棉花水肥实时诊断与决策技术及系统

作物营养管理是作物管理最重要的环节之一,通过对作物的营养诊断来推荐施肥能够进行高效施肥管理。作物营养诊断经历了几个阶段:传统的植株、土壤测试方法;肥料窗口法;叶色卡片法;多光谱反射数据和激光法;数字图像特征诊断法;高光谱遥感诊断法。传统

的测试手段因为费时费力且时效性差,不利于推广应用。快捷、实时、准确的作物氮素营养监测与诊断是作物施肥科学管理的必要手段。

近年来,基于光谱遥感的养分监测技术得到了广泛的关注。光谱营养诊断技术正由定性或半定量向精确定量方向发展,由手工测试向智能化测试方向发展。目前,针对作物光谱氮素诊断的无损测试技术已成为国内外研究的热点。基于光谱遥感营养诊断的主要方法有:便携式叶绿素仪法、近地面高光谱遥感技术和数字图像等。

(一) 基于叶绿素的棉花营养诊断

Wu 等(1998 年)提出初花期、盛花期、结铃期、吐絮初期、吐絮期棉花倒 4 叶 SPAD 值临界值分别为 32.4、33.1、35.0、43.55、39.7,当实测 SPAD 值低于该临界值 1 个单位时,需要施氮 24.2~25.0 kg/hm^2。汪玲(2010 年)等通过南疆膜下滴灌棉花不同施肥策略和不同灌水量对农田环境影响的田间试验,利用叶绿素仪测定了不同施氮比例下棉花功能叶叶绿素 SPAD 值的变化,分析了叶绿素 SPAD 值积累量与棉花产量的关系,认为在棉花整个生育期采用不同的追肥策略。叶绿素计读数 SPAD 值可以间接反映作物叶片的叶绿素含量及植株全氮含量,可以进一步指导追施氮肥。但因测定结果受品种、耕作、环境等因素的影响很大,要精确估测氮素营养水平,还需建立校正曲线或改进计算方法。所以在使用 SPAD 中要通过多点(至少 30 点)随机测试才能降低测定的变异,选择合适的时间、叶位、叶片测试部位,结合其他光谱诊断技术来提高诊断的准确性。

(二) 基于光谱的棉花营养诊断

研究学者利用多光谱和高光谱遥感设备进行氮素营养指标实时估算,并且确定了作物氮素营养状况的敏感波段主要集中于可见光和近红外波段,以"红边"区域表现最为显著等结论。高光谱设备波段范围较大、光谱分辨率高,其特征波段能很好地匹配作物氮素营养指标,但高光谱设备价格高昂,需要专业人员操作,在实际应用推广中受到了一定限制。

吕新等(2018 年)通过获取滴灌棉花地上部生物量和植株氮浓度,建立了滴灌棉花临界氮浓度稀释模型($Nc=3.91\times W^{-0.24}$),并通过计算各生育时期的氮营养指数(NNI),实现了对棉花各生育时期的氮营养状况的诊断(图 12-22)。通过建立不同棉花品种的临界氮浓度稀释模型,确定不同品种滴灌棉花各生育期的氮营养指数,建立基于高光谱指数的氮营养指数模型,为采用高光谱技术进行棉花植株氮营养无损、快速诊断提供了理论和技术支撑(表 12-5)。

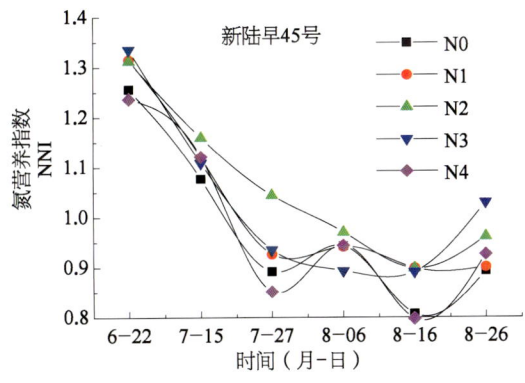
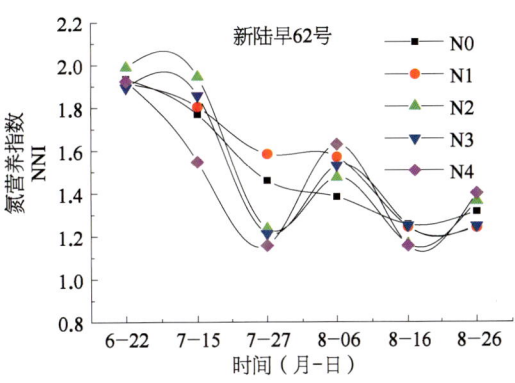

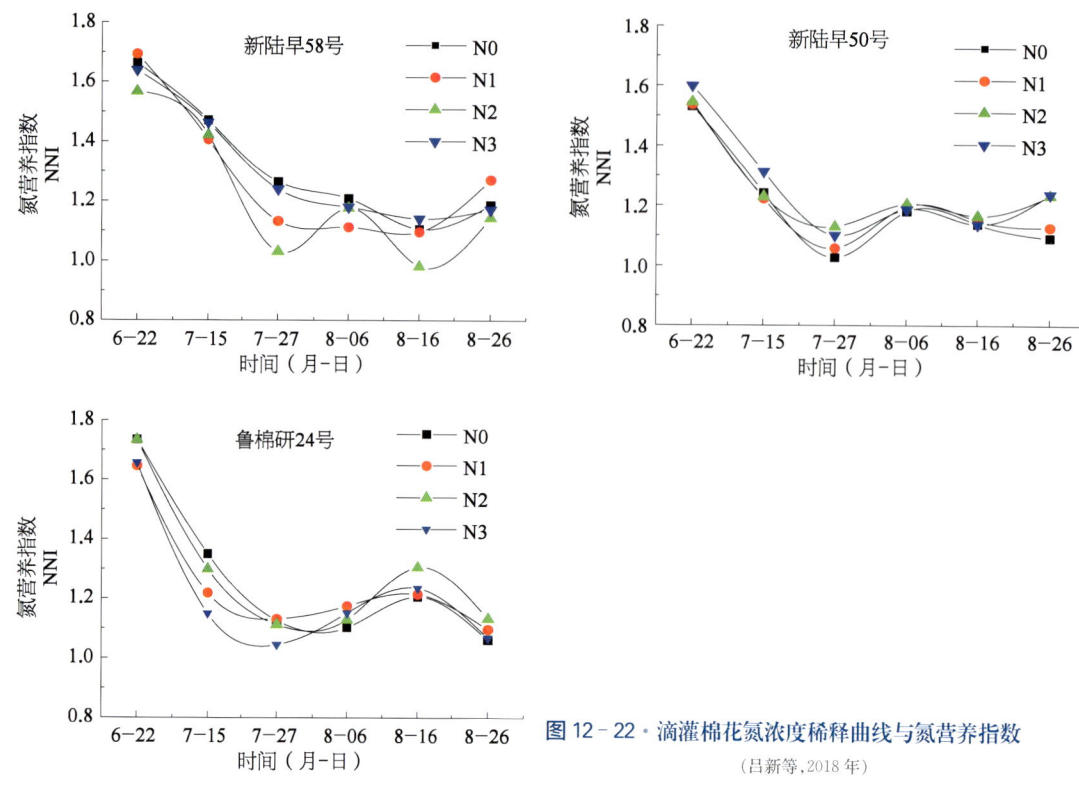

图 12-22 · 滴灌棉花氮浓度稀释曲线与氮营养指数

(吕新等,2018 年)

表 12-5 · 基于高光谱棉花氮营养指数反演模型

(吕新等,2018 年)

品　种	回　归　模　型	R^2
新陆早 45	$y = -0.086mSR705 - 11.713RENDVI + 41.664PRI - 61.02D_r + 10.315S_{Dr} + 44.783D_b - 91.817S_{Db} - 0.067(R_g - R_r)/(R_g + R_r) + 6.533$	0.568
新陆早 62	$y = 20.303PRI - 0.265REPLI + 192.362$	0.205
新陆早 50	$y = -40.06PRI - 0.368REPLI + 0.114R_g/R_r + 267.455$	0.516
新陆早 58	$y = -0.142REPLI - 4.549S_{Dr} + 106.393$	0.341
鲁棉研 24	$y = 0.114mSR705 + 6.391RENDVI + 54.143RI - 1dB - 43.593VOG - 0.104FD - NDNI - 0.257REPLI - 276.387D_r + 3.053S_{Dr} - 0.126R_g/R_r + 0.364(R_g - R_r)/(R_g + R_r) + 62.28$	0.873

(三) 基于数字图像的棉花养分诊断方法

数码相机是可方便采集光谱信息的电子设备,相机的感光元件能记录红(R)、绿(G)、蓝(B)三个宽波段(宽度 80~130 nm)和部分近红外(NIR)波段的光谱信息,这些波段恰好与利用高光谱设备进行氮素营养指标估算的常用波段一致(图 12-23)。陈敏等(2017 年)利用数码图像识别的棉花氮营养诊断,发现数码图像色彩参数 B 值、蓝光标准化值 NBI、NRI 与棉花氮素营养指标间有较好的相关性,棉花叶片硝态氮含量、SPAD 值、叶绿素含量均与 NBI 的相关性最大,呈正相关关系,相关系数分别为 0.712 8、0.823 8、0.790 3。同时研究表明,在进行数码图像诊断时应注意叶位上的选择,视不同的氮素营养指标和颜色参数来选择。贾彪等(2016年)通过数字图像识别系统提取了不同氮素处理的棉花群体冠层图像的颜色特征参数,基于 RGB 模型的红光值(R)、绿光值(G)和基于 HIS 模型的亮度值(I)能充分反映棉花群体生长发育规律,且相关性好,其动态模拟曲线的函数通式为:$y=a-b\ln(x+c)$,其中饱和度值受氮水平影响较小,认为颜色特征指数 R、G 和 I 能作为棉花群体监测的量化指标(图12-24)。

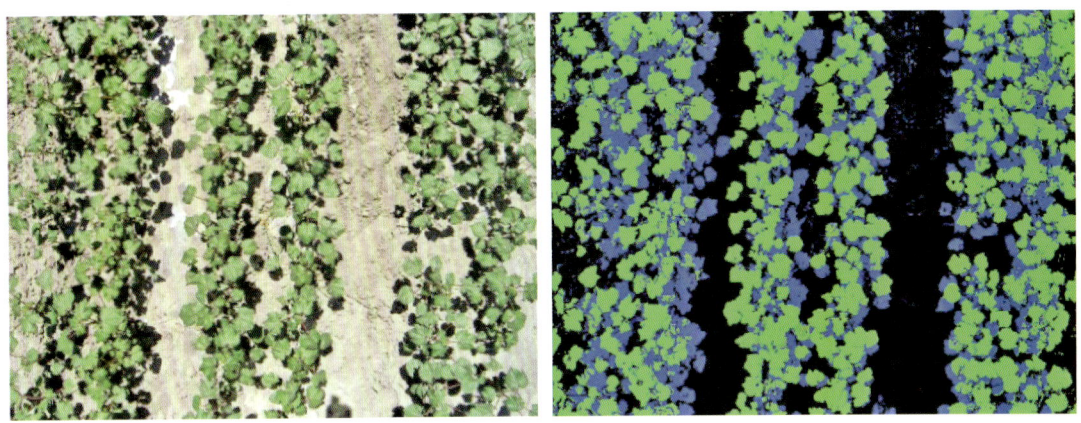

图 12-23 · 棉花冠层图像 4 个分量的分割
(王方永,2011年)

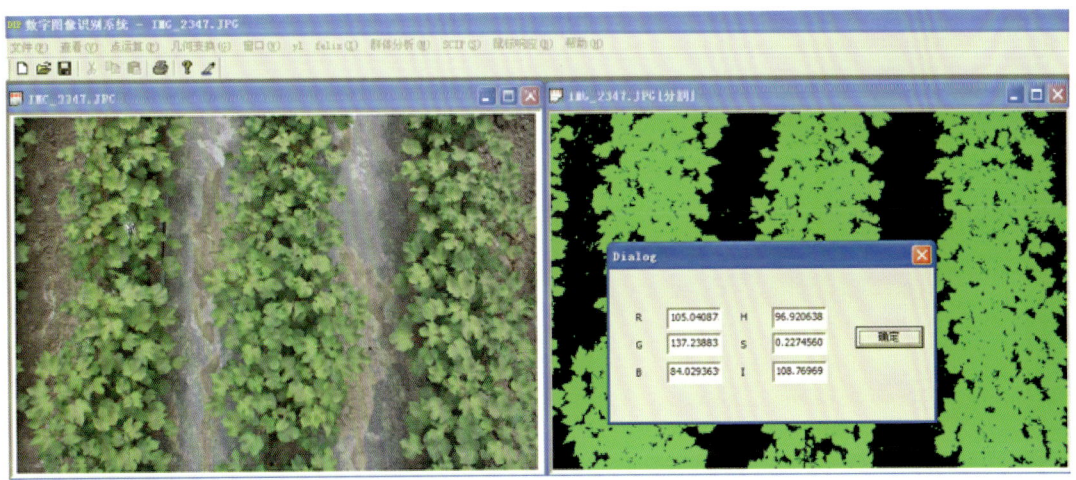

图 12-24 · 棉花不同生育阶段冠层图像 R、G、B 和 H、I、S
(贾彪,2016年)

棉花叶片数字图像所反映的叶色不仅会受氮素营养状况的影响,还会受其他因素的影响,其他营养元素缺乏、环境条件变化、病虫害发生都会影响其叶色。同时,数码相机获取叶片及冠层图像时也会受到外界环境(光照强度、入射光角度等)及相机本身的影响;拍照时,是顺光还是逆光;相机拍摄时参数如何设置(白平衡如何设置、曝光补偿如何设置)。利用图像颜色信息构建的氮素营养指标估算模型准确度并不十分理想(Wang,2014年),相机的测光和成像系统较为复杂,如何有效地对图像进行校正还需要进一步的研究。

三、棉花水肥智能控制系统及装备

新疆棉花滴灌水肥一体化应用技术由高效节水灌溉设计与实施、水溶肥料、根据作物需水需肥规律拟合灌溉施肥方案组成。主要是借助压力系统或者地形的自然落差情况,并结合土壤养分含量以及作物营养需求,将可溶性固体肥料或液体肥料配兑成肥液,与灌溉水一起通过管道系统向植物根部供水、供肥。棉花水肥一体化智能控制系统是基于棉花营养诊断与施肥决策技术,综合互联网、物联网、云计算、大数据、智能应用、空间地理等现代信息技术形成的适合滴灌棉花水肥精准施用的系统。

石河子大学吕新和马富裕等人围绕滴灌水肥智能控制系统及装备开展了多年研究和应用工作,形成了一批成果。其中,棉田墒情远程监测设备系统由土壤水分传感器、GPRS模块、墒情数据接收软件等组成,土壤水分传感器可以使用频域反射仪(FDR)土壤水分传感器或时域反射仪(TDR)土壤水分传感器;普通用户使用的信息接收终端为接收GSM或GPRS信息的普通手机;互联网用户可授权享受多重与农田墒情监测和水分管理相关的网络服务。系统服务器管理端采用C/S结构,客户操作功能采用B/S结构(图12-25、图12-26)。

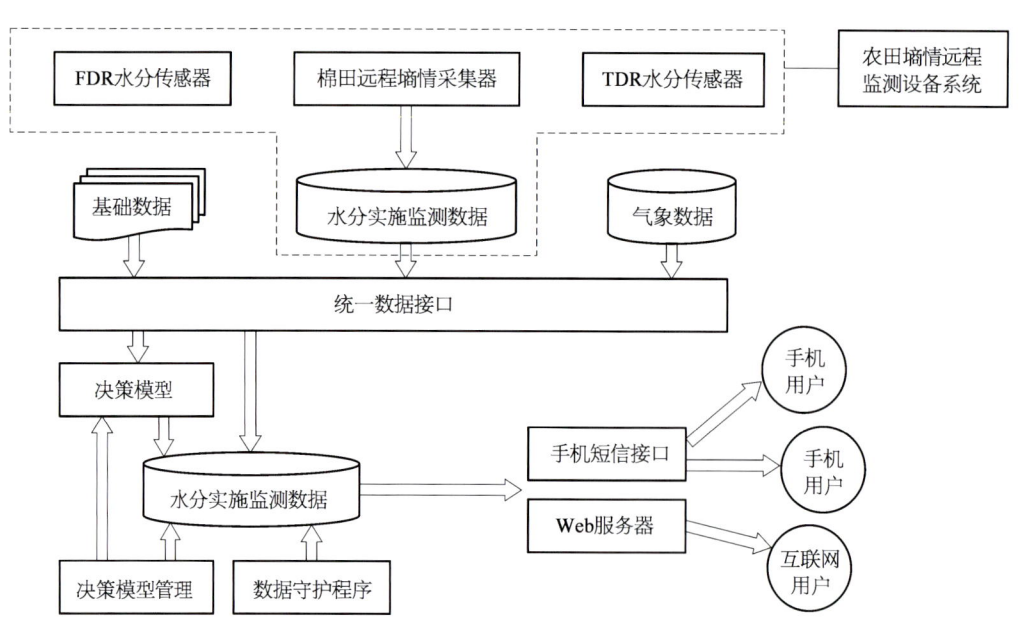

图 12-25 · 棉田墒情远程监测设备系统

(马富裕,2013年)

灌溉自动控制系统包括节点通讯情况(节点连接、异常、掉线)、灌溉量、电磁阀的启闭状态(正常打开、正常关闭、异常打开、异常关闭)、电磁阀的启闭时间、RTU电压等;同时还设有报警装置,当电磁阀失灵(节点掉线或异常)、线路发生短路等意外情况发生时,软件会对实时信息进行报警并记录。用户也可查看历史记录来查询某节点的历史灌溉时间、灌溉时长、灌水量等信息。

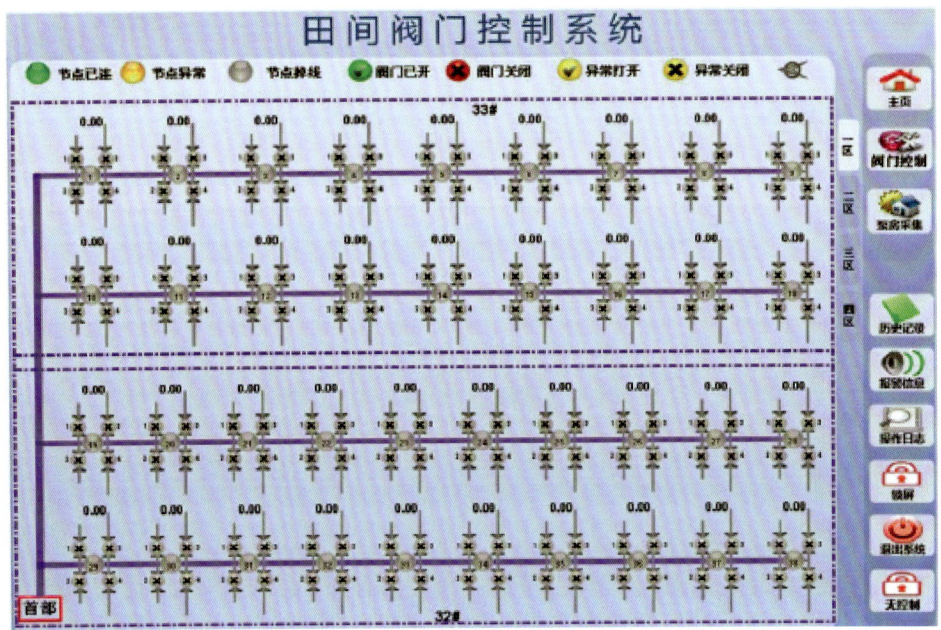

图 12-26 · 田间阀门控制系统界面
(马富裕,2013 年)

石河子大学吕新教授团队研发了"基于物联网技术的作物养分信息快速获取与精准施肥智能控制系统"(图 12-27)。精量施肥云平台实现基于物联网采集棉田氮素营养数据,按生育期提供施肥决策,同时能够智能地以控制施肥量,达到省时、省力、节约并方便管理的目标。

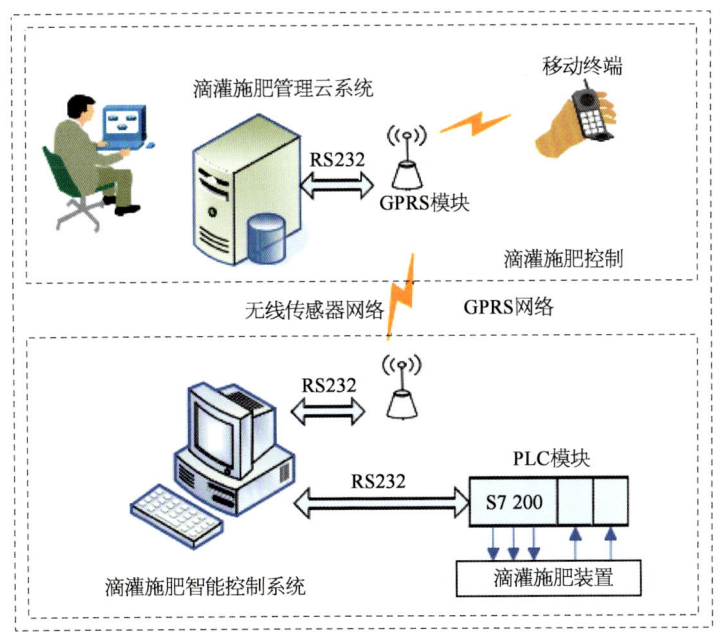

图 12-27 · 施肥智能控制系统结构
(吕新,2018 年)

精量施肥云平台系统(图 12-28、图 12-29)的主要功能是能在远离施肥作物现场的地点，实现作物施肥控制的智能化与自动化，为提高棉花产量及质量打下基础。数据采集控制主要由高光谱传感器、CCD 传感器、控制箱、变送器、执行机构等组成。

图 12-28 · 精量施肥云平台的系统构架

(吕新,2018 年)

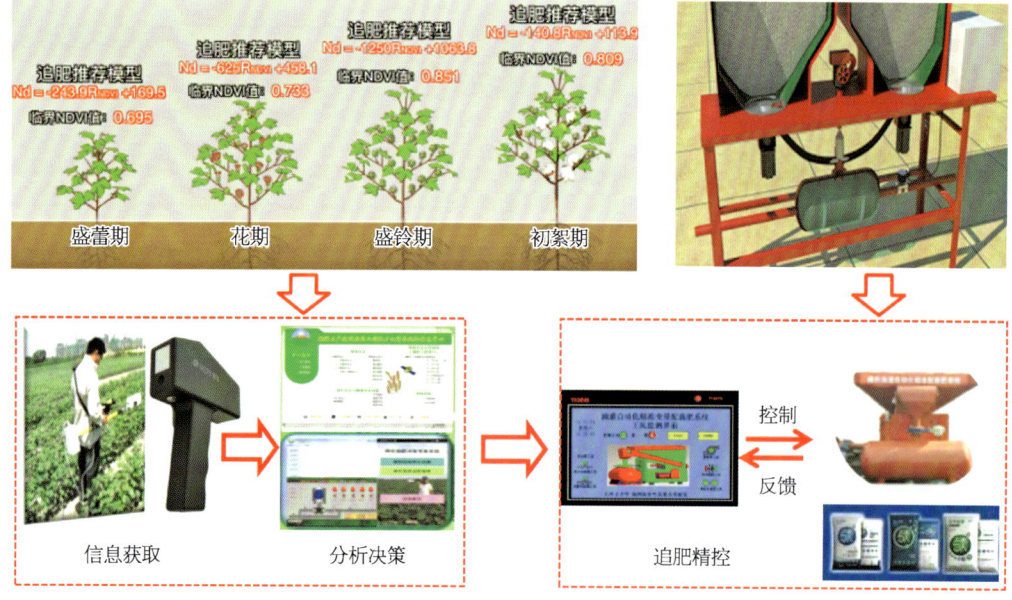

图 12-29 · 滴灌施肥智能控制系统

(吕新,2018 年)

第四节·新疆绿洲棉花智能化植保管理技术及装备

棉花从播种到收获全过程均会不断受到病虫的危害,其中最为主要的是"三虫""两病",即:棉铃虫、棉叶螨、棉蚜和枯萎病、黄萎病。所以,做好棉花不同时期的植保管理工作,做到病虫害的精准监测与智能决策,确保棉花生产的安全和高效性,将对棉花的提质增效具有重大意义。

一、棉花病虫害精准监测技术及装备

随着信息科学技术的发展,棉花生产中各种软硬件设备逐渐被研发。吕新等利用棉蚜趋黄特性,研究确定了棉田棉蚜信息最佳监测条件,同时结合网络高清拍照、无线远程传输、机械自动化控制等现代信息技术,自主研发了棉蚜发生量信息快速采集装置(图12-30),实现棉蚜图像信息的自动采集,进一步结合图像识别计数技术构建棉蚜发生量信息快速获取方法。在此基础上建立了棉蚜信息快速监测预警模型,并开发了棉蚜信息快速监测预警与决策一体化系统,为农业一线生产者提供所在地区棉蚜发生量信息查询服务。

图 12-30·棉蚜发生量信息快速采集装置

(吕新,2017年)

当前基于数字图像的棉蚜预测预报技术的难点是标准化的算法与多样化的棉田复杂背景之间的矛盾。高攀等人自主研发了一种棉田复杂背景下手持式可调控棉蚜拍摄装置,并基于此装置开展田间试验,有效地解决了棉蚜图像粘连分割的问题,完成基于数字图像的复杂背景下棉蚜快速精准计数。

研发了棉蚜快速精准监测系统(图12-31),系统功能分为4块:图像采集、区域定位、虫

情预警和防治决策。其中,图像信息包括地块、经纬度、温度、湿度、时间、采集者 ID。通过棉蚜发生量散点地图显示,用户可以实时查看棉蚜虫害分布散点图,了解对应田块的棉蚜发生量。用户可以根据热力图实时查看棉蚜预警信息,掌握蚜量预警田块,为棉蚜防治提供棉蚜防治处方地图,与精准施药实现对接。

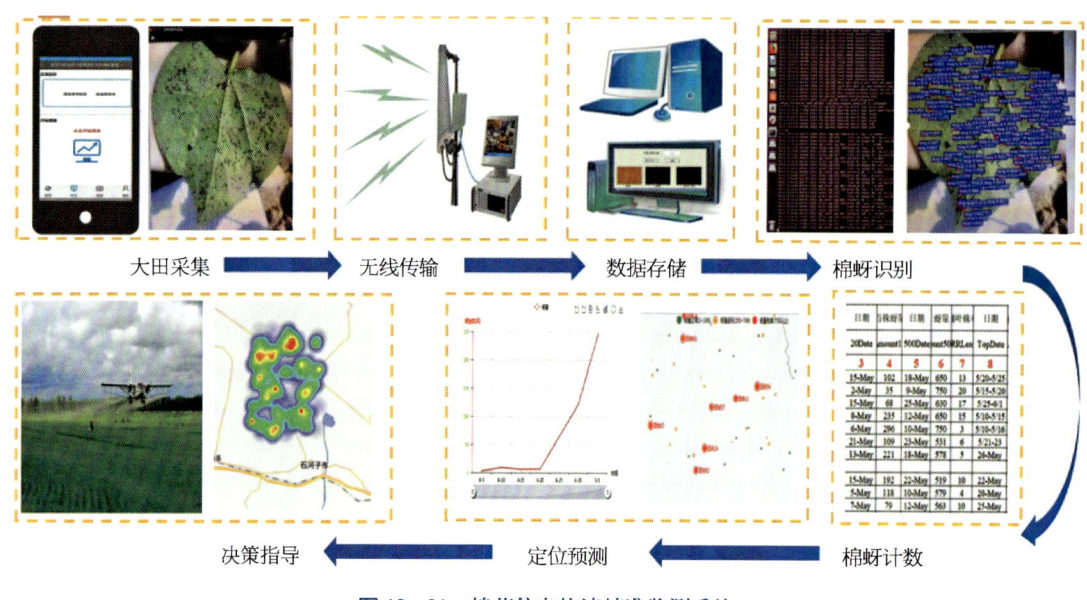

图 12-31 · 棉花信息快速精准监测系统

(高攀,2018 年)

当作物被病原菌侵染时,作物内部结构和农学参数通常会发生变化,对农学参数进行提取,可预测病害发生的可能性,而利用遥感技术可无损、快速、大面积进行作物光合参数监测。陈兵等人采集不同感病阶段病害叶片的光谱反射率并提取光谱信息,同时测量对应叶片光合生理参数,建立棉花黄萎病叶片光合生理参数的反演模型(表 12-6):选择与光合参数相关性最好的光谱敏感波段 R_{704}、R_{706}、R_{699}、R_{690}、FD_{688}、FD_{732}、FD_{690}、FD_{731}、FD_{681} 组建新的光谱特征参数并与传统参数一起对净光合速率、蒸腾速率、气孔导度和胞间 CO_2 浓度进行反演,其中以光谱参数 $PRI[FD_{732},FD_{688}]$、R_{706}、$RVI[890,670]$、R_{690} 为自变量建立的净光合速率、蒸腾速率、气孔导度和胞间 CO_2 浓度反演方程精度最高,预测 R^2 分别为 0.827、0.810、0.658、0.573;RMSE 分别为 5.466、2.801、10.950、63.500;RE 分别为 0.041、0.137、0.158、0.021。表明通过高光谱遥感可以实现棉花黄萎病叶片光合生理参数的提取。

传统的病害监测方法费时费力,且手段存在滞后性。因此,提高信息技术手段在棉花黄萎病诊断中的准确率,提供一种实时、可靠的黄萎病诊断方法具有重要意义。吕新等以棉田监控视频为数据源,提出了基于图像识别的棉花黄萎病实时诊断方法。构建了棉田监控视频关键帧提取模型,获取包含疑似棉花黄萎病信息的关键帧图像;研究颜色空间技术、形态学处理方法和叶片分割方法,构建了棉花黄萎病病害叶片分割模型,实现对复杂背景下棉花病害关键帧图像中的棉花叶片进行分割;研究图像处理方法、机器学习方法,构建了棉花黄萎病诊断模型,实现了棉花黄萎病的实时识别(图 12-32)。

表12-6 病害叶片光合参数与高光谱特征参数间的相关性

(陈兵等,2019年)

净光合速率 A		蒸腾速率 E		气孔导度 GH_2O		胞间CO_2浓度 CI	
光谱参数	相关系数	光谱参数	相关系数	光谱参数	相关系数	光谱参数	相关系数
R704*	−0.881**	R706*	−0.874**	R699**	−0.788**	R690*	0.769**
FD688*	−0.86**	R1 200	−0.639**	R564*	−0.742**	R564*	0.689**
FD732*	0.879**	FD690*	−0.842**	FD731*	0.844**	FD681*	0.752**
NDVI[704,1 309]*	0.867**	DVI[1 200,706]*	0.716**	PRI[570,531]	0.828**	NDVI[670,890]	−0.691**
DVI[560,450]	−0.825**	NDVI[670,890]	0.835**	NDVI[670,890]	0.762**	DVI[560,450]	0.658**
DVI[FD732,FD688]*	0.9**	DVI[FD690,FD2265]*	−0.853**	DVI[560,450]	−0.731**	DVI[FD681,FD2291]*	0.759**
RVI[FD732,FD688]*	0.863**	RDVI[FD690,FD2265]*	0.806**	DVI[FD731,FD183]*	0.844**	NDVI[690,1 357]*	0.646**
PRI[570,531]	0.829**	PRI[570,531]	0.901**	RVI[890,670]	0.838**	RVI[690,1 357]*	0.672**
PRI[FD732,FD688]*	0.93**	PPR[450,550]	−0.598**	OSAVI	0.753**	PRI[690,1 357]*	0.646**
GreenNDVI	0.896**	OSAVI	0.829**	SAVI	0.728**	SAVI	−0.662**
TCARI	−0.864**	GreenNDVI	0.852**	GreenNDVI	0.807**	GreenNDVI	−0.626**
Area[672]	0.862**	TCARI	−0.866**	TCARI	−0.78**	TCARI	0.757**
NDVI[670,890]	0.808**	DVI[560,450]	0.8**	Area[672]	0.802**	OSAVI	−0.666**
OSAVI	0.787**	Area[672]	0.877**	NDVI[350,2 155]	0.676**	CCII	0.781**
Lo	0.706**	Lo	0.081**	P-Area[2 230]	0.663**	DVI[560,450]	0.658**
Lwidth	−0.797**	Lwidth	−0.797**	Lwidth	−0.732**	Lo	−0.79**
REP	0.805**	REP	−0.819**	DREP	0.825**	Lwidth	0.711**
DREP	0.912**	DREP	0.82**	Lo	0.565**	REP	−0.732**

注:光谱参数一栏加标*表示此参数为新创建的特征参数;相关性一栏加标**表示相关性已达0.01显著水平。

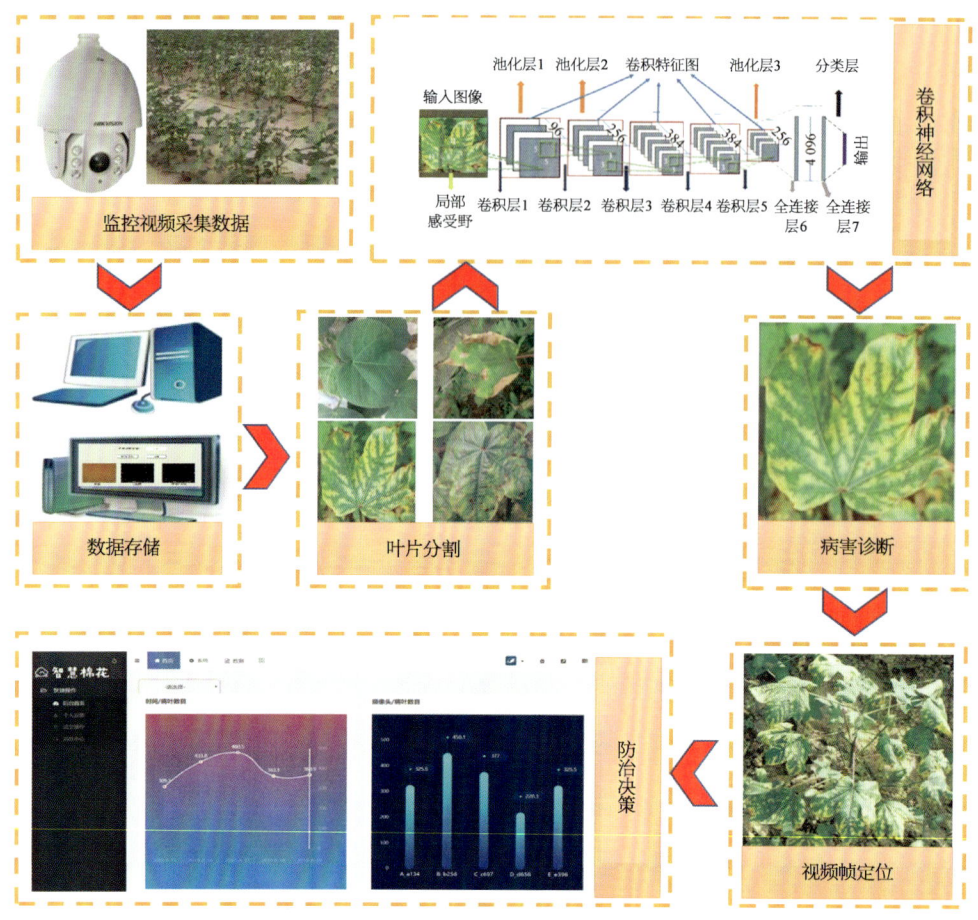

图 12-32·基于视频的棉花黄萎病快速精准监测系统

(吕新,2018年)

二、棉花病虫害分析与决策技术及系统

为解决当前植保专家系统使用难度大以及携带不便的问题,在 Android 智能手机上开发了基于图像规则的棉花病虫害诊断系统(图 12-33、图 12-34)。采用二叉树检索规则构建二叉诊断决策知识树,利用面向对象技术将诊断决策树中的知识节点及其相对应的田间典型图像进行封装,形成图像化知识表达形式,系统提供指认式和推理式两种诊断方式,基于田间病虫害实时图像进行人机交互,实现了推理过程的可视化,具有便携、实用、图文并茂、人机交互友好以及不受网络环境限制等特点,能够实现现场式的专家服务。经应用测试,数据库中包含的病虫害诊断正确率在 95% 以上。

棉花病虫害发生和发展主要与环境信息相关,由于环境信息多且复杂多变,使得棉花病虫害预测方法研究具有一定的挑战性。王献锋等人提出一种基于环境信息和深度信息网络的棉花病虫害预测模型(图 12-35、表 12-7)。结果表明,与传统棉花病虫害预测模型相比,提出的预测模型能够深度挖掘棉花病虫害发生与环境信息之间的深层次相关关系,具有更高的预测精度,预测平均正确率在 83% 以上,因此,该方法是一种有效的农作物病虫害预测方法,为棉花病虫害防治提供了有效的技术支持。

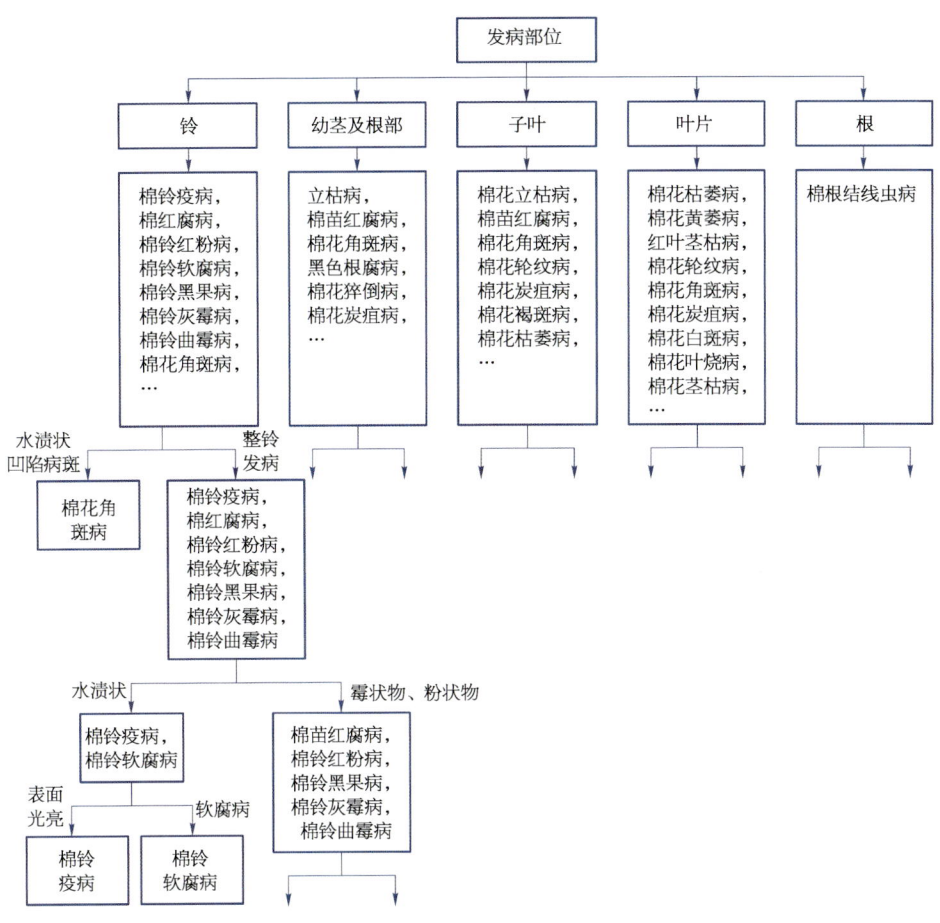

图 12-33 · 棉花病害诊断决策树

(戴建国等,2015年)

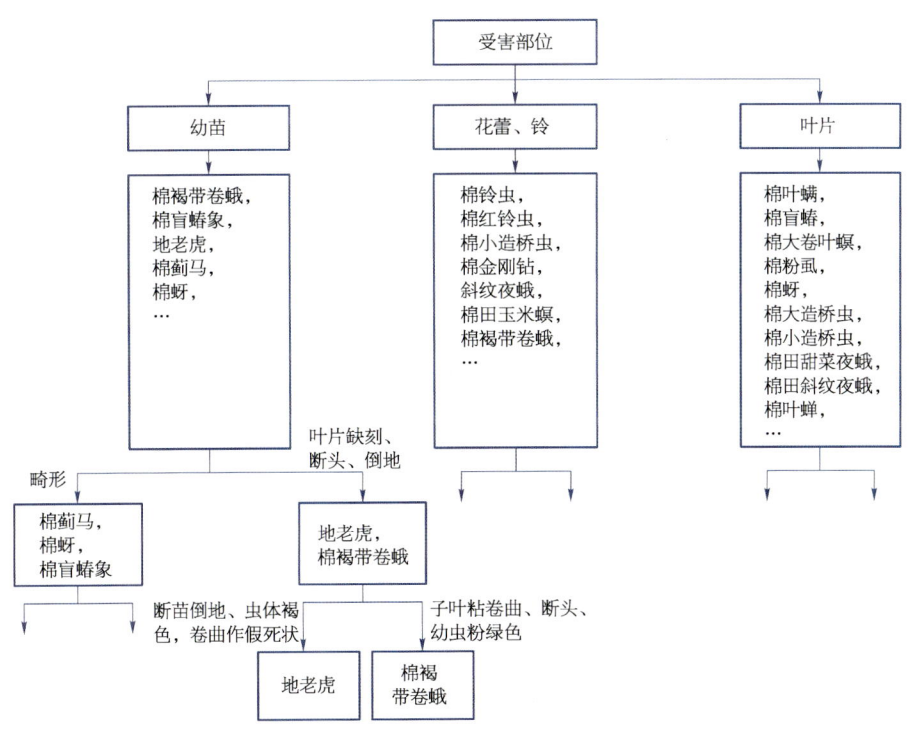

图 12-34 · 棉花虫害诊断决策树

(戴建国等,2015年)

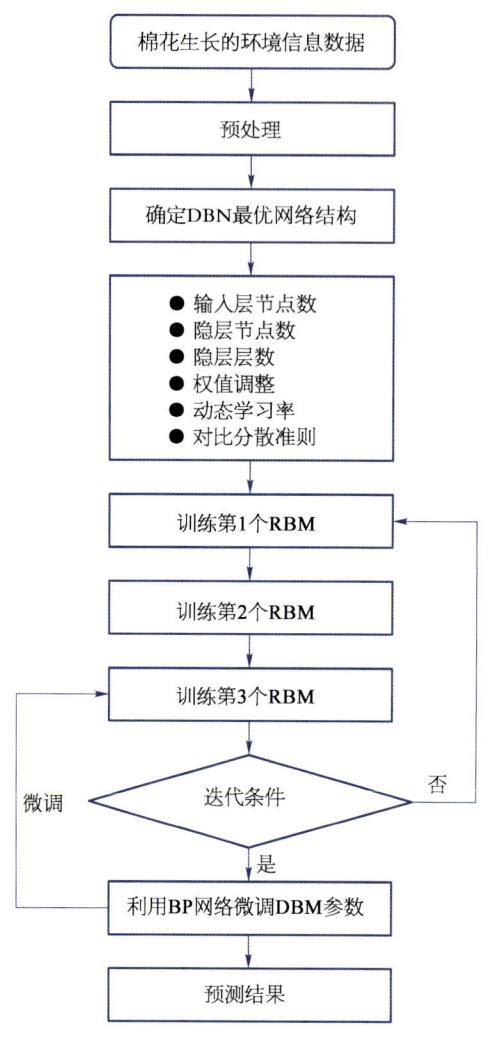

图 12-35 · 基于 DBN 的预测模型

(王献锋等,2018 年)

表 12-7 · 棉花病虫害预测正确率及平均训练识别时间

(王献锋等,2018 年)

预测模型	预测正确率(%)						训练(识别)时间(s)
	棉铃虫	棉蚜虫	红蜘蛛	黄萎病	枯萎病	平均值	
MTM	60.78	66.25	69.04	58.82	64.27	63.832	25(11)
BPNN	62.15	65.34	68.25	60.74	61.58	63.612	34(9)
RBFN	59.35	61.52	67.17	59.12	58.26	61.084	41(13)
Apriori	64.26	67.14	67.56	63.18	61.81	64.79	23(8)
DBN	80.44	83.08	83.86	84.22	83.5	83.02	253(6)

基于互联网的远程监控技术的飞速发展,王强等人提出了一种基于 3G 网络的远程视频传输系统(图 12-36),系统利用成熟的 ARM 嵌入式系统开发,利用 Video4linux 应用编程接口,采集棉田视频信息,通过日趋成熟的 3G 网络技术,将数据流发送给远程监控中心,以便于农业技术人员对农作物病虫害做出快速反应,利于棉花的高质量、高产出。利用 VPN 技术解决监控中心向采集端的数据连接问题,使监控中心由固定变为移动,可以让农业技术专家摆脱地理位置的限制(图 12-37、图 12-38)。

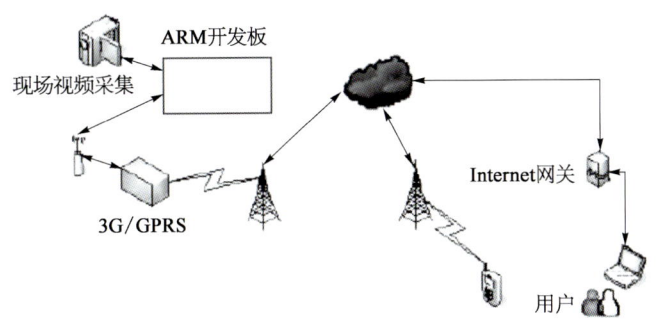

图 12-36 · 远程视频传输系统架构
(王强等,2013 年)

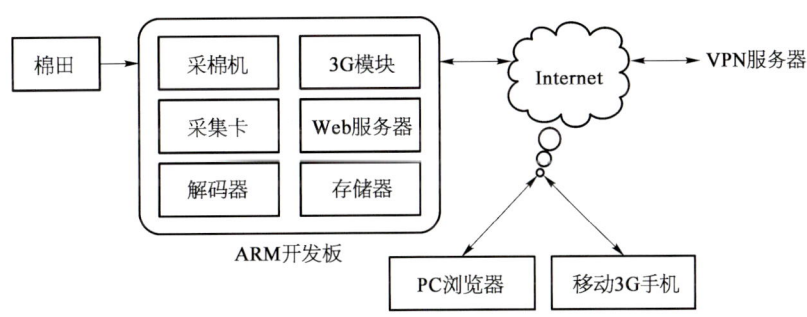

图 12-37 · 远程视频监控功能
(王强等,2013 年)

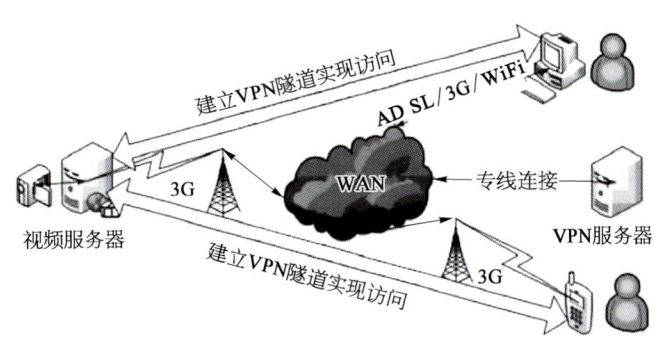

图 12-38 · 网络通信示意
(王强等,2013 年)

棉叶螨作为棉花最难防治的害虫之一,因其个体微小、隐蔽性强、传播性广、危害周期长的特点,导致防治困难、危害程度深。传统棉叶螨危害等级识别主要依靠有经验的植保人员进行实地人工抽查,其检测范围小、时效性差、农业信息化水平低,难以准确评估整块棉田的受害情况,在一定程度上会影响棉花的产量和品质。杨丽丽等人以普通手机采集棉叶图像作为实验对象,首先使用大津法和连通区域标记算法,将棉花叶片图像与背景分离,然后提取不同棉叶螨危害等级棉叶图像的颜色、纹理和边缘特征数据,使用支持向量机(Support vector machine,SVM)单独进行分类实验,得到平均识别正确率为76.25%,采用SVM和AdaBoost相结合的算法,生成最优判别模型,实现对棉叶螨危害等级的识别,平均识别正确率为88.75%(图12-39、图12-40)。

(a) 正常叶片　　(b) 1级虫害　　(c) 2级虫害　　(d) 3级虫害

图12-39·不同棉叶螨危害等级图像

(杨丽丽等,2019年)

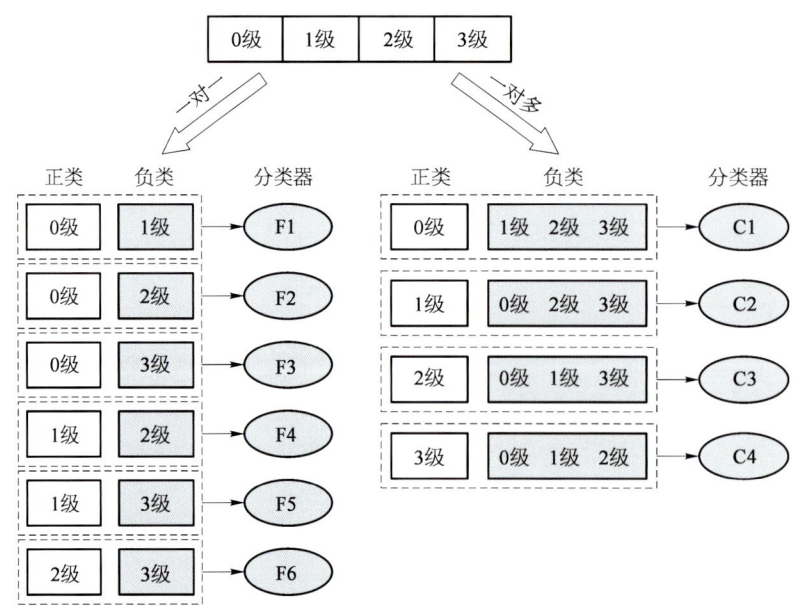

图12-40·多分类拆分策略

(杨丽丽等,2019年)

为实现自然条件下棉花病害图像准确分类,张建华等人提出基于改进 VGG-16 卷积神经网络的病害识别模型(图 12-41、图 12-42)。该模型在 VGG-16 网络模型基础上,优化全连接层层数,并用标签 SoftMax 分类器替换原有 VGG-16 网络中的 SoftMax 分类器,优化了模型结构和参数,通过微型迁移学习共享预训练模型中卷积层与池化层的权值参数。从构建的棉花病害图像库中随机抽取病害图像样本作为训练集和测试集,用以测试该方法的性能。试验结果表明,该模型能有效提取棉花病害叶片图像的多层特征图像,并通过 Rule 激活函数的处理更能凸显棉花病害的边缘信息与纹理信息,分辨率为 512×512 像素图像在

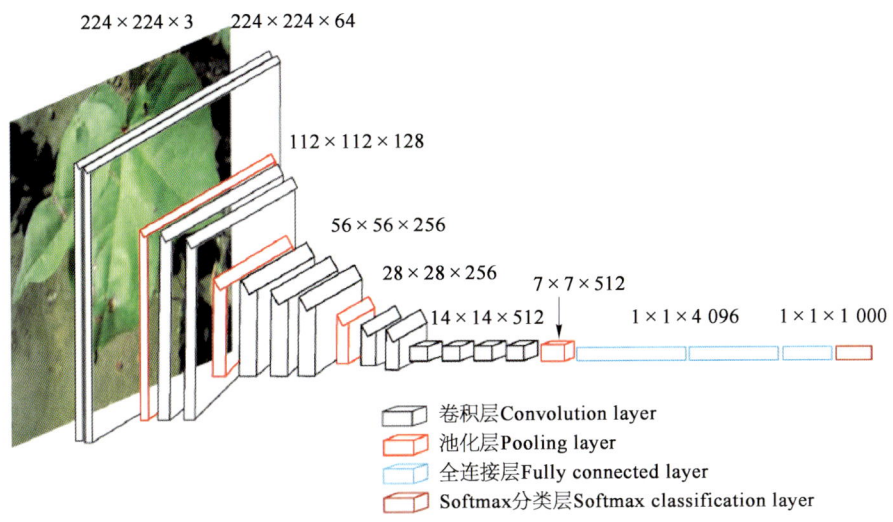

图 12-41 · VGG-16 卷积神经网络示意图

(张建华等,2018 年)

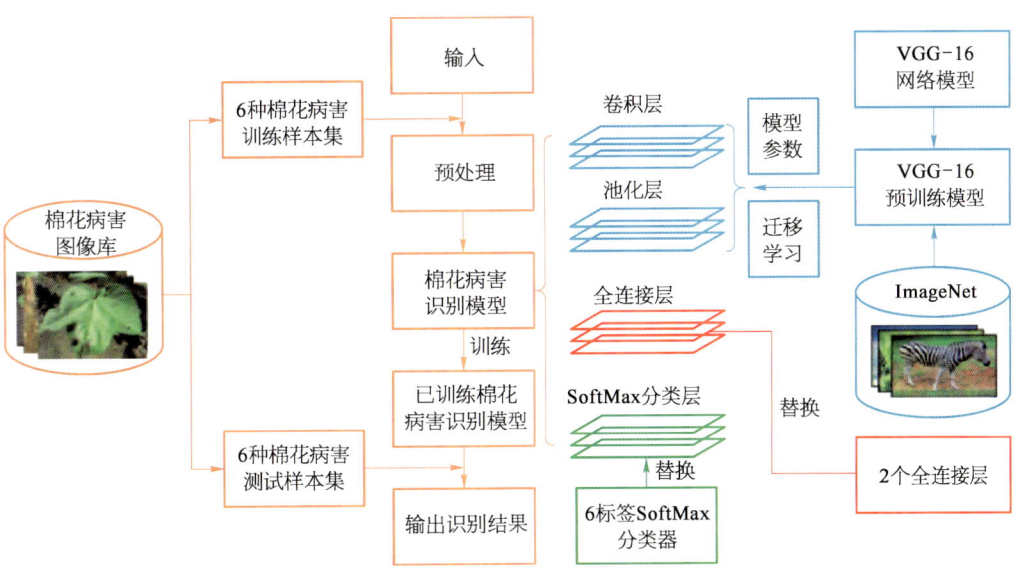

图 12-42 · 棉花病害识别模型框架

(张建华等,2018 年)

样本训练与验证试验效果最好。在平均识别准确率方面,本研究模型较 BP 神经网络、支持向量机、AlexNET、GoogleNET、VGG-16NET 效果最好,达到 89.51%,实现对棉花的褐斑病、炭疽病、黄萎病、枯萎病、轮纹病、正常叶片的准确区分(表 12-8)。该模型在棉花病害识别领域具备良好的分类性能,可实现自然条件下棉花病害的准确识别。

表 12-8 · 棉花病害识别模型测试结果

(张建华等,2018 年)

识别模型	单个病害识别准确率(%)						平均识别准确率(%)
	褐斑病	炭疽病	黄萎病	枯萎病	轮纹病	正常叶片	
BP 神经网络	61.91	59.16	62.67	61.86	59.81	70.81	62.7
支持向量机	66.53	62.13	65.15	63.19	62.06	73.68	65.45
AlexNET	86.39	82.55	81.44	86.32	83.46	91.81	85.33
GoogleNET	88.55	82.69	86.71	84.11	82.6	92.07	86.12
VGG-16NET	86.74	85.95	89.44	89.79	87.35	93.22	88.75
本研究模型	87.85	86.61	89.37	90.77	88.91	93.54	89.51

传统图像识别方法存在准确率低、手工提取特征等问题,赵立新等人以棉花叶部病虫害图像为研究对象,利用迁移学习算法并辅以数据增强技术,实现棉花叶部病虫害图像准确分类,试验结果表明,通过迁移学习能把从源领域(PlantVillage 数据集)学习到的知识迁移到目标领域(棉花病虫害数据集),数据增强技术能有效缓解过拟合(图 12-43)。

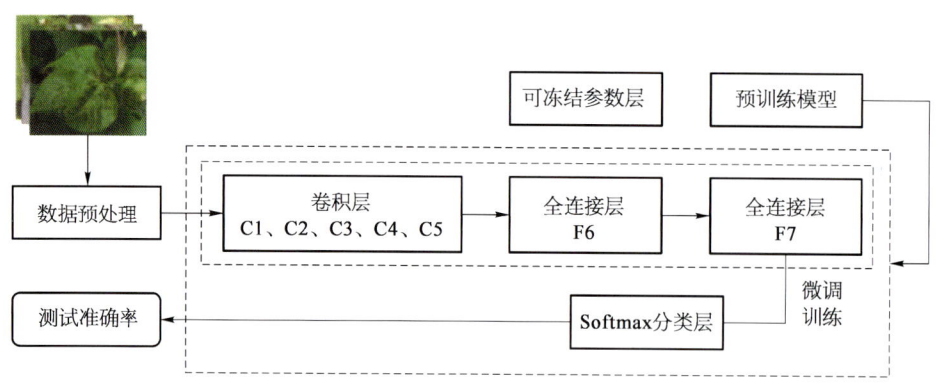

图 12-43 · 迁移学习训练机制

(赵立新等,2020 年)

三、棉花无人机精准植保技术及装备

近几年来,随着我国农药零增长行动的深入推进,精准植保、精准施药越来越受到各方关注,2018 年我国植保无人机保有量突破 3 万架,作业面积达 1 780 万 hm^2,有人驾驶的飞机作业面积达 273.33 万 hm^2。航空植保总作业面积突破 2 000 万 hm^2。3 万架和 2 000 万 hm^2 代表

我国农药施用进入了一个全新时期,精准植保不再是遥不可及,已经在我国得到了广泛应用。作为现代植保新型技术,无人机喷雾作业技术,具有广泛、安全、高效、节水、方便等优点(图12-44)。通过对传统棉花脱叶剂喷施技术与无人机喷施技术相比较,无人机喷雾棉花脱叶剂不损伤棉花,棉花脱叶率、吐絮率和拖拉机喷施效果一致,拖拉机在喷施棉花脱叶剂过程中对棉花有损伤,成本远远超过无人机防治成本,且效果较无人机差。

图 12-44 · 无人机喷施脱叶剂
(百度图片)

基于无人机技术的植保工作,根据实际情况,需要设定不同的参数来保证工作的精准执行。张亚林等人对无人机飞防对棉花生长调控效果进行研究,结果显示,当无人机飞行高度为 1.5 m、速度为 4 m/s 时喷施缩节胺,棉花株高、果节增长值显著低于清水对照,对调控棉花生长效果最好,且优于喷雾器喷施效果,这对塑造棉花合理株型提供了有益探索。

田志伟等人通过对无人机白天和晚间进行棉花棉蚜防控试验进行研究发现,无人机夜间作业更有利于棉蚜防治,其防效显著优于白天作业和其他两种常规设备,且农药剂量减少 20% 对棉蚜防效无显著影响(图12-45)。

植保无人机低空低容量喷洒施药,虽然具有很多优势,但飞防技术体系还不完善。沙帅帅以 P20 植保无人机为研究对象,通过系统调查和全面普查相结合的方式,对麦盖提垦区棉田主要害虫发生规律进行研究,对 P20 植保无人机施药防治棉花不同生长时期 3 种害虫的作业参数进行优选,对防效进行评价(表12-9、表12-10、表12-11)。结果表明,施药后 1 d,植保无人机飞行速度和喷施总流量两个因素对棉蓟马的防效有显著性影响,无人机高度 1.5 m、速度 4 m/s 和喷施总流量为 1.6 L/min 时,最高防效为 61.3%;施药后 3 d,飞行速度对防效有显著性影响,作业参数组合为:1.5 m-4 m/s-1.6 L/min 时,防效最高达到 90.5%,达到了理想的防治效果。该作业参数下,植保无人机较机力牵引式喷雾机节约农药 25%、用水量节省 97%、作业效率约为机械喷雾的 5 倍左右,与机力牵引喷药相比更具优势。施药后 7 d,飞行速度和喷施总流量均对棉蚜的防效有显著性影响,无人机高度 1.5 m、速度

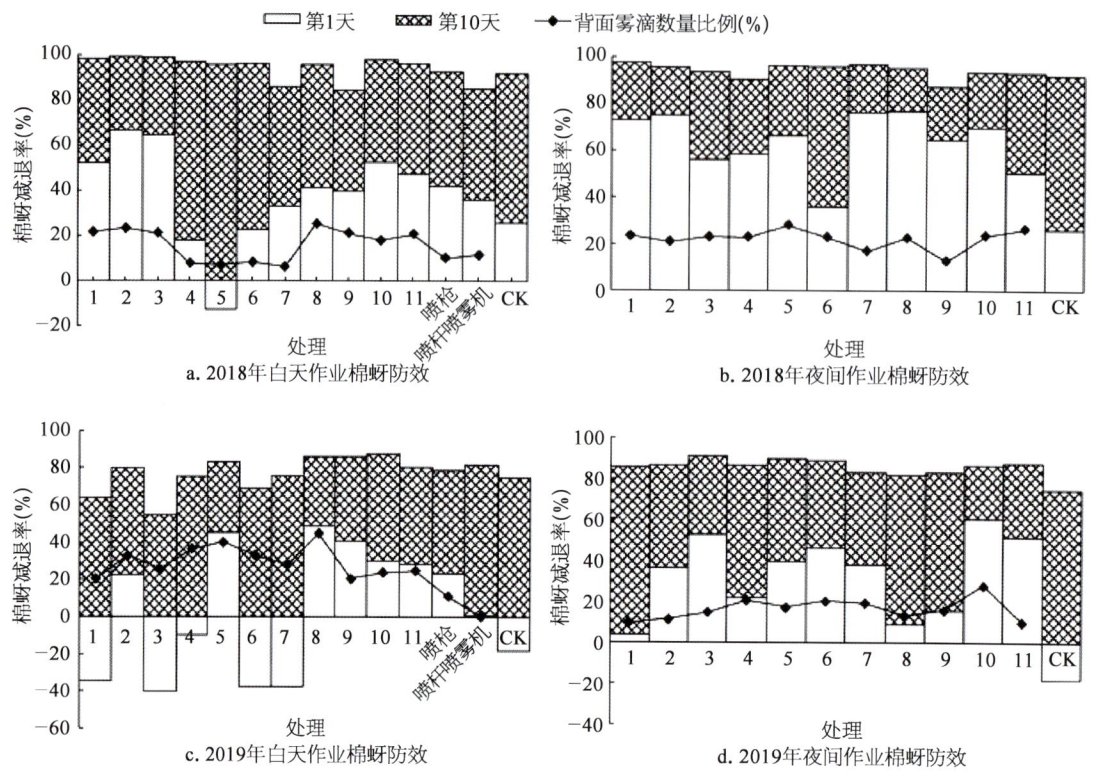

图 12-45 · 白天、夜间施药的棉蚜防效对比

(田志伟等,2020年)

4 m/s、喷施总流量 1.4 L/min 和高度 2 m、速度 5 m/s、喷施总流量 1.4 L/min 时防效均达到 95%以上,与机力牵引式喷雾机施药防效差异不显著,能够及时控制虫害。施药后 3 d,无人机处理最大防效达到 94.6%,与机力牵引式喷雾机处理防效无显著性差异。推荐使用 P20 植保无人机防治铃期棉叶螨的作业参数为:作业高度 1.5 m、飞行速度 4 m/s、喷施总流量 1.6 L/min。能够解决棉花生长中后期防治虫害造成棉花枝叶损伤和防治不及时错过最佳时机等问题。

表 12-9 · 试验因素对苗期棉花棉蓟马防治效果的影响

(沙帅帅等,2019年)

	方差来源	离差平方和	自由度	均 方	F	P 值
	模型	955.1a	6	159.2	14.7	0**
	作业高度	4.8	2	2.4	0.2	0.803
药后 1 d	飞行速度	589.2	2	294.6	27.2	0**
	喷施总流量	361.0	2	180.5	16.7	0**
	误差	216.6	20	10.8		

续 表

	方差来源	离差平方和	自由度	均方	F	P值
药后3 d	模型	1 308.9a	6	218.2	17.7	0**
	作业高度	26.6	2	13.3	1.1	0.359
	飞行速度	1 148.7	2	574.4	46.6	0.012*
	喷施总流量	133.6	2	66.8	5.4	0.053
	误差	246.6	20	12.3		
药后7 d	模型	324.7c	6	54.1	1.5	0.234
	作业高度	93.8	2	46.9	1.3	0.298
	飞行速度	188.2	2	94.1	2.6	0.101
	喷施总流量	42.7	2	21.3	0.6	0.566
	误差	729.3	20	36.5		

表 12-10·试验因素对蕾期棉蚜防治效果的影响

(沙帅帅等,2019年)

	方差来源	离差平方和	自由度	均方	F	P值
药后1 d	模型	668.2	6	278.0	40.5	0.03*
	作业高度	16.5	2	8.2	1.2	0.103
	飞行速度	901.1	2	350.6	65.6	0.012*
	喷施总流量	750.6	2	275.3	54.7	0.020*
	误差	137.3	20	6.86		
药后3 d	模型	412.8	6	235.5	42.5	0.012*
	作业高度	53.8	2	26.9	4.9	0.019*
	飞行速度	1 199.4	2	299.7	108.3	0.027
	喷施总流量	159.5	2	76.7	14.4	0.018*
	误差	110.7	20	5.5		
药后7 d	模型	478.3	6	79.7	14.0	0.060
	作业高度	130.8	2	65.4	11.5	0.124
	飞行速度	249.1	2	124.6	21.9	0.411
	喷施总流量	98.4	2	49.2	8.6	0.012*
	误差	113.7	20	5.6		

表 12-11 · 试验因素对棉花铃期棉叶螨防治效果的影响

(沙帅帅等,2019 年)

	方差来源	离差平方和	自由度	均 方	F	P 值
	模型	735.5a	6	122.6	14.8	0**
	作业高度	3.7	2	1.9	0.2	0.80
药后 1 d	飞行速度	453.8	2	226.9	27.3	0**
	喷施总流量	277.9	2	138.7	16.7	0**
	误差	166.1	20	8.3		
	模型	1207b	6	201.2	17.7	0.020*
	作业高度	24.4	2	12.2	1.1	0.360
药后 3 d	飞行速度	1 059.7	2	529.9	46.7	0**
	喷施总流量	122.9	2	61.4	5.4	0.013*
	误差	226.9	20	11.3		
	模型	325.4c	6	54.2	1.5	0.240
	作业高度	132.9	2	66.5	1.8	0.360
药后 7 d	飞行速度	151.2	2	75.6	2.0	0.156
	喷施总流量	41.2	2	20.6	0.56	0.580
	误差	741.3	20	37.1		

第五节 · 新疆绿洲棉花精准采收管理技术及装备

一、棉花产量实时监测技术及装备

棉田产量是棉田农业生产效率的重要体现,棉田产量分布的时空变异是影响产量的诸因素共同作用的集中反映。对棉花产量进行实时监测,获得产量的空间分布信息是指导农田变量作业的基础。快速便捷准确地获取产量分布信息,对于判断经济效益、开展精细农业耕作、提高农田作业效率、科学管理棉花和指导变量作业具有重要的意义。

20 世纪 90 年代以来,产量监测研究在全球一些发达国家率先发展起来,不同类型的产量监测系统分别应用于小麦、玉米、大豆、棉花、茶叶和甜菜等不同作物的收获。目前,国外已商品化的棉花产量监视系统主要有美国 CASEIH 公司的 AFS(Advanced Farming System)系统、英国 AGCO 公司的 FieldStar 系统、美国 JohnDeree 公司的 Greenstar 系统、美国 AgLeader 公司的 PF(Precision Farming)系统及英国 RDS 公司的产量监测系统等。这些系统都具有较强的 GIS 综合功能,能自动完成产量监测和生成产量分布图。工作原理类似,均通过非接触式流量传感器实时测量通过采棉机输棉管道的棉花瞬时质量流量,与该瞬时的空间定位信息对应起来,生成反映地块产量空间变异情况的产量图。

(一) 产量实时监测技术

作物产量是指某特定条件下每单位面积耕地的产出,它是作物生长在众多环境因素和农田生产管理措施综合影响下的结果,是实现作物生产过程中科学调控投入和制定管理决策措施的基础。产量实时监测技术思想也正是从获得田间小区产量的差异性信息出发,分析原因,指导管理决策。小区产量空间分布图经过各种统计处理后,可显示整个地块的潜在趋势,为来年(来季)的栽培管理提供决策支持。

新疆的现代精准农业发展很快,与之相配的现代农业机械大力发展,而具有智能化、信息化功能的采棉机就是其中之一。产量的实时监测技术则是通过结合采棉机与棉花产量在线监测系统,可以避免生产过程中的盲目性和随意性,达到优化生产技术和生产投入的目的。通过准确地判断农药、化肥和水分等对棉花生产的促进程度,采取精准变量作业,可以有效降低农药、化肥以及水分的使用量,节约生产资料,同时降低农药和化肥对农田环境的污染,也有助于促进棉花生产产量和质量的提高,通过在棉花生育期实现变量作业,定时定量地监测棉花产量,同时为棉花的生长发育提供指导。

(二) 棉花产量实时监测装备

为实现棉花产量的实时测量,将测产系统搭载在联合收割机上是最好的选择,通过安装在联合收割机上的各种专门传感器进行综合测量,进而估算产量。将这种技术与全球定位系统GPS结合,能使棉花农业经营者在逐块区别管理的基础上记录产量,找出影响产量的因素。在新疆,联合收割机的发展已趋于成熟,目前需要在产量监测系统上取得突破。

目前,已经在新疆利用较好的棉花产量实时监测系统主要由四大子系统组成:一是传感器系统,包括棉花流量传感器、采摘头高度传感器、风机转速传感器和行走速度传感器4种,一般来说风机转速传感器和行走速度传感器是采棉机所固有的;二是DGPS系统,其主要功能是动态采集位置数据;三是产量监测智能终端,通过智能终端对相关数据的计算得到实时的棉花产量空间分布数据;四是数据处理与产量分布图的生成系统。棉花产量实时监测系统安装示意如图12-46所示。

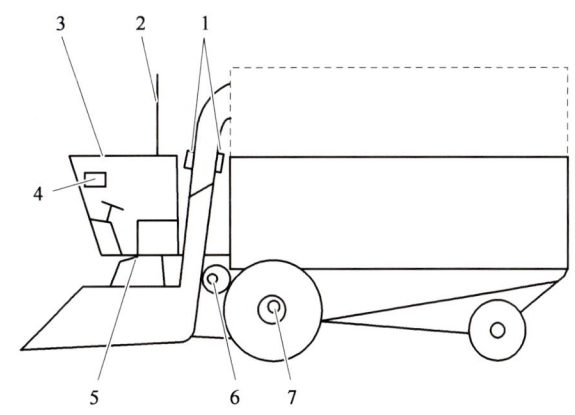

图12-46·棉花产量监测系统安装示意

(陈伟等,2011年)

1. 棉花流量传感器;2. GPS差分信号接收天线;3. GPS信号接收天线;4. 产量监视器控制终端;5. 采摘头高度传感器;6. 风机转速传感器;7. 行走速度传感器

产量在线监测系统(图12-47、图12-48)一般主要包括车载监测系统、远程监控平台两个部分。车载监测系统由无线传感器网络和车载监测终端构成,主要完成设备配置、传感器数据采集、数据储存、数据处理、短报文通讯和产量计算。无线传感器网络负责采棉机作业的同时,采集输棉管道内棉花流量信息,并采集整理棉花流量信息传输至车载监测终端。车载监测系统具体如下。

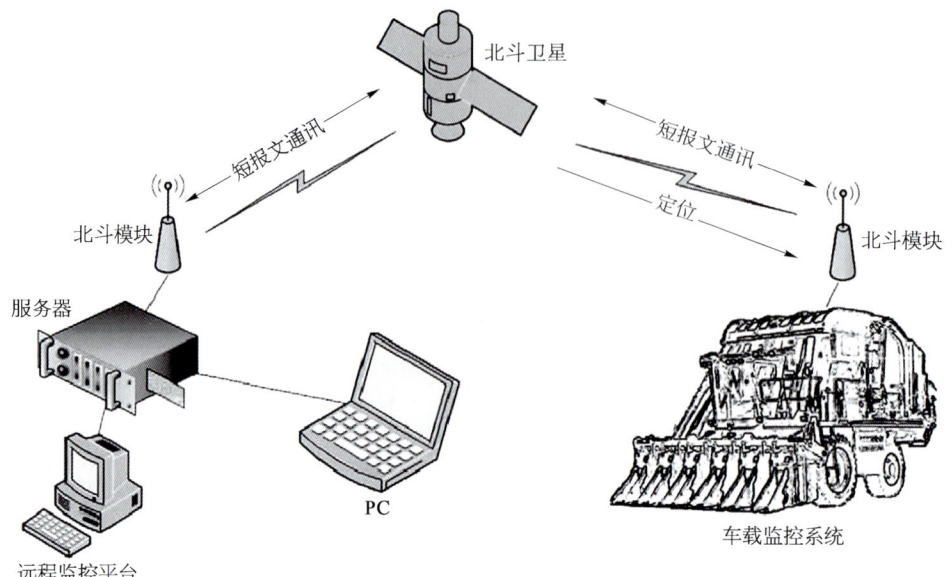

图 12-47 · 采棉机产量在线监测示意
(王欢,2020 年)

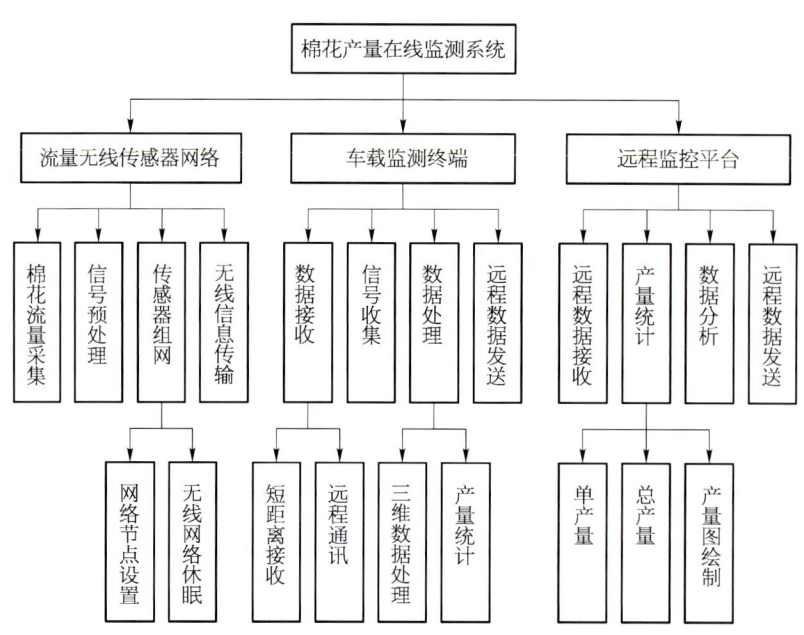

图 12-48 · 棉花产量在线监测系统各部分功能展示
(王欢等,2020 年)

1. **设备配置** · 主要包括棉花监测流量数据采集模块、北斗定位和短报文接收、CAN 总线实现数据采集模块的配置,相关设备参数的设置。

2. **数据实时采集** · 主要采集包括流量传感器的数据采集、数据汇总和短程无线传输,用以实现对 6 组输棉管棉花流量信息的采集;其次采集定位坐标信息和 CAN 总线上的采摘头升降,获得地面行走速度和风机转速信息。

3. **数据处理**· 主要对流量传感器采集信息进行预处理和三维数字化处理，从而实现棉花产量的获取，其次对北斗坐标、采摘头信息、地面行走速度和风机转速信息处理获取采棉机作业面积。

4. **产量计算**· 根据数据处理后的作业面积和采收量进行测算校准，实现采棉机总产量、小区产量和平均产量的获取。

5. **短报文通讯**· 基于北斗短报文通信协议，编写采棉机短报文远程数据传输协议，实现采棉机作业面积、产量、作业位置信息的远程传输和远程调度指令的获取。

二、棉花产量预测分析与决策技术及系统

(一) 棉花产量预测分析技术

我国棉花总产量从 500 万 t 到 800 万 t 跨度不断变化，但确切数字是多少，有多种答案，就以 2014 棉花年度为例，生产、收购、加工等环节基本结束，但答案仍未明确。而采棉机在棉田里采摘棉花，人们坐在驾驶室里，通过安装在采棉机上的显示器就可以清楚地知道这块棉田的产量。

要预测新疆整个区域内的棉花产量，需要选择和掌握科学的预测方法。预测方法可分为定性和定量两类。定性的预测方法通常借助决策者的主观判断和经验，适用于当有关待测变量的历史数据不适用或不可获得的情况，对简单明了允许误差较大的决策可以采用，但遇到复杂、模糊的问题时，特别是类似棉花产量，本身误差精度要求较小时，定性预测的质量大打折扣。定量分析方法是把待决策事物规范化、数量化，然后运用数学模型和现代计算工具，对产量进行模拟分析，因此，历史数据和已知数据是预测分析的基础。定量预测方法适用于以下三种情况：① 已知待测变量的历史信息；② 待测变量的历史信息可定量化；③ 假设过去的模式可以持续到未来。本预测就是基于定量预测，采用的方法就是时间序列模型，选取加工量作为变量，对加工量每天测量 1 次。因此可以建立时间序列模型图，时间在水平轴，时间序列值在纵轴上，通过已知的变化，对未来进行预测。本课题主要用到时间趋势模型和指数趋势模型。利用已知数据对未来真实产量进行一定的预测，模型可以模拟出未来时间节点的产量，这就是建立模型的价值和意义。

(二) 产量预测及决策分析系统

北京中棉机械成套设备有限公司重点投入搭建了"棉花加工检验综合数据平台"，从 2013 年度监测新疆阿克苏，到 2014 棉花年度在新疆全区推广应用。该系统精确统计每包棉花的产量，每一包棉花都有自己的条码编号，每一个加工厂精确统计，每个地区涵盖所有加工企业。以棉包条码信息系统作为数据终端，通过网络技术实现数据集中存储形成数据平台，实现数据价值。准确采集全国收购、加工、检验、批次数据，为政府部门、行业协会等提供产量等宏观数据服务。

围绕新疆棉花产量统计难题，各种数据滞后，调控、经营决策不合理的现状，建立科学合理的数据模型。目前关于产量监测，大多通过人工测产。近几年流行的光谱技术在棉花测产上也取得了一定的进步。通过光谱技术与作物生理参数的相关性，构建产量监测模型。这种技术已经趋于成熟，在产量监测上有了一定的可靠性。当前，关于产量监测技术主要是

模型构建方法的探究,一些农业工作者用了大量模型构建的方法,以提高产量估测模型的精准度。高光谱遥感技术已经在林业、农业中得到广泛应用,利用冠层的光谱特征可以预测棉花的产量指标,关键是在冠层光谱特征中寻找相应的光谱反射率或其衍生指数与棉花产量指标之间的相关关系,并建立预测模型(图12-49)。

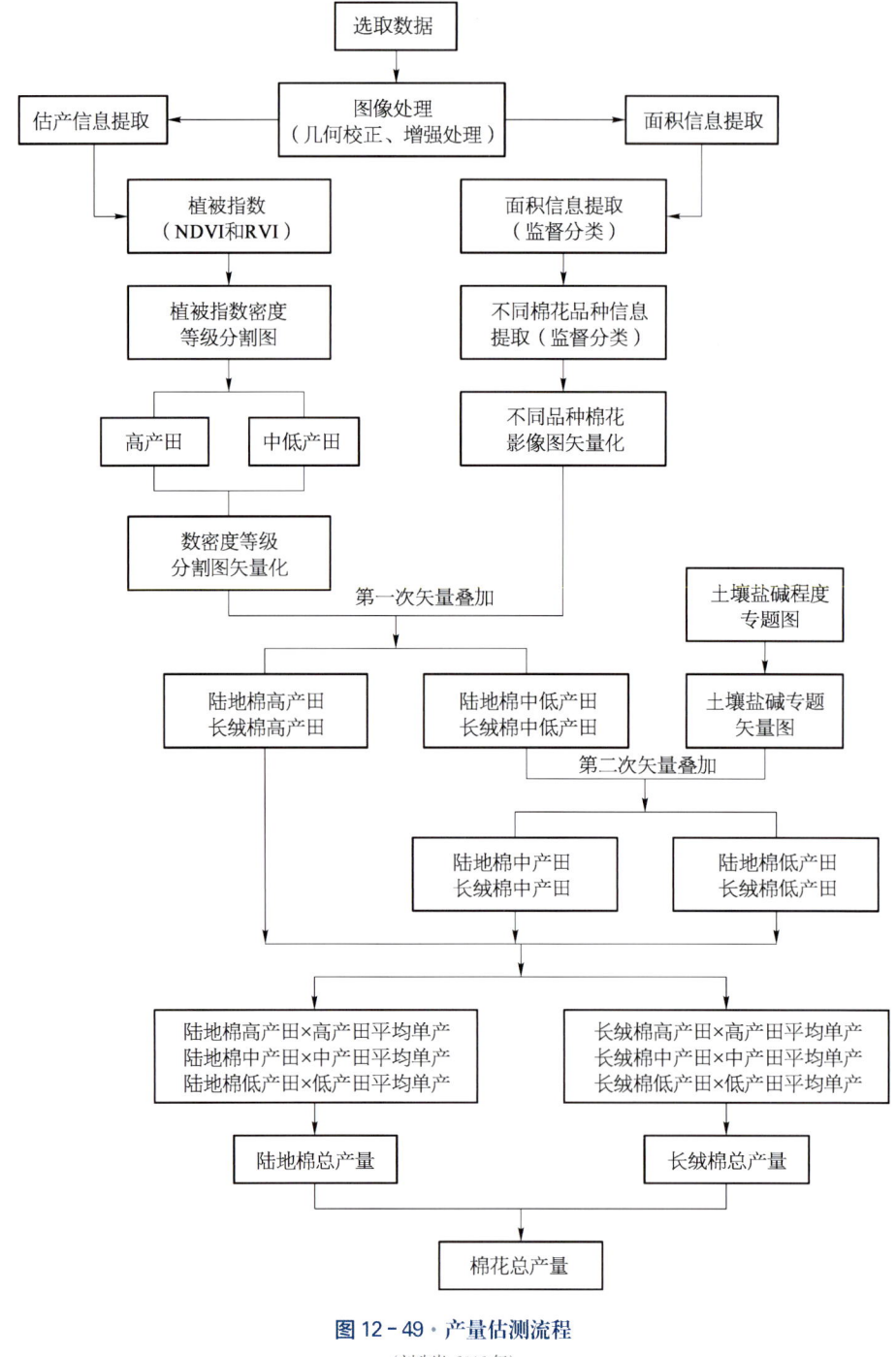

图 12-49 · 产量估测流程

(刘政岑,2006 年)

通过棉花产量预测分析系统最终形成集加工、检验、仓储、物流、纺织等各环节信息支撑系统,实现棉花全产业链信息化。建立棉花现代物流体系需要的信息流,围绕中央一号文件要求的农产品价格形成机制试点,形成新疆目标价格补贴试点,作为按照产量发放补贴的依据。

以平台为中心围绕棉花产业链开发应用服务,与现有交易平台形成对接,按照详细质量指标实现精准购棉,建立适合国产棉使用的计算机辅助配棉系统,实现纺织企业国产棉精细化用棉。2014年9月1日建成了全国加工检验综合数据平台系统,系统覆盖了全疆846家400型棉花加工厂的1 118条生产线。

三、采收精准控制技术及装备

棉花采收的精准控制技术指利用现代信息处理技术,使得棉花采收迅速、便捷,经过分析处理和误差消除,准确率达95%以上,以便准确、及时、完全地获取反映农作物生长状况的营养、水分等指标状况,以及影响农作物生长的生态因素,再根据各种因素在作物生长中的作用规律或相互关系,迅速做出科学合理的管理决策。

采收精准控制技术的研究不仅能够为棉花生产提供方便,也可用于提高棉花加工过程的效率。在棉花的自动传送装置或者输送管道上安装棉花流量传感器,可以获取棉花传输过程中任何时刻的传输情况,有利于连续生产,提高效率。此外流量传感器的测量原理可适用于类似于棉花的物料,例如谷物、木屑等,具有很大的实用空间,为其他类似机械的应用提供技术参考。

(一)采收精准控制装备

新疆兵团利用GPRS系统进行棉花精准收获试验,绘制了棉花区域产量分布图(图12-50)。棉花产量监测系统由卫星接收器、传感器、差分站和数据处理器四部分组成。采摘棉花时,卫星接收的数据经过分析处理和误差消除,准确率可达95%以上。通过棉花产量监测仪,可以准确地测出一块条田不同区域的产量变异情况,然后根据每个单元的变量情况实施变量技术,如变量施肥、变量播种、变量施药,从根本上改变传统管理方式,实现节本增效的目的。

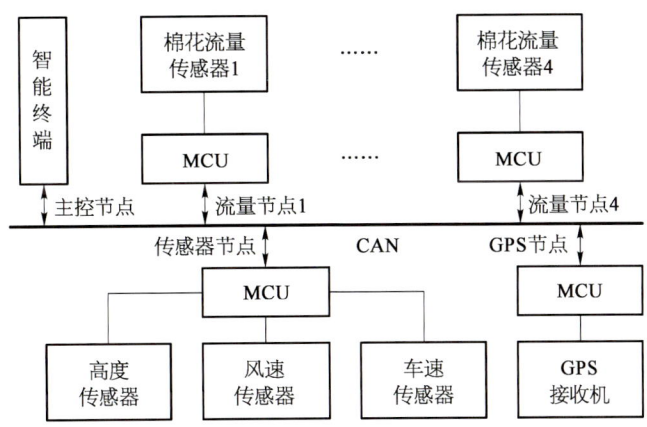

图12-50·棉花产量监测系统总体结构

(薛龙等,2014年)

在采棉机智能控制系统研究方面,突破了采棉机的在线产量测量、基于动态负荷的行走速度调控、指式水平摘锭复合运动采棉机械手的对行和微地貌自动仿形与离地间隙调控等共性关键技术,实现了智能化控制系统的集成,提高了作业性能,实现我国自走式采棉机的智能化控制升级,掌握了智能化采棉机的核心技术。有效解决了棉花种植生产中的打顶和采摘环节占用劳动量大、机械装备水平较低、关键重大装备来自进口的问题,形成了自主知识产权的技术装备,为实现棉花生产全程机械化提供了重要的支撑,提高了我国棉花产量和质量,使棉花每公顷收入比通过人工打顶、采收增加1 500~2 250元,较大幅度增加农民收入。促进了棉花产业发展方式转变,提升了产业发展水平,提高了产业竞争力,推进了新疆等棉花产区实现资源优势向经济优势转变,促进地区经济社会发展。

(二) 火情预警技术及系统

采棉机在棉花收获过程中的安全防火性,不仅影响棉花收获的效率,而且还威胁采棉机、棉花、棉田以及驾驶人员和其他现场人员的安全,一旦发生安全事故,很多损失无法追回,让人追悔莫及。另一方面,如果采摘的棉花中带有未发现的火源,则会对下游的棉花存储仓库、运输设备以及棉花加工生产线的安全造成威胁。火灾检测系统多为研究建筑体及机车内火灾而设计,采棉机火灾检测器为特种火灾检测器。新疆采棉机在工作过程中容易起火的问题,主要通过分析和研究棉花燃烧的红外光谱性质,研究检测火灾的检测时间、探测器的报警阈值,实现一整套的火灾检测系统(图12-51)。

图 12-51 · 采棉机火灾预警检测装置示意

(鱼博,2016年)

火灾预警检测装置的结构可以分为两个模块,分别是检测判断模块和报警显示模块。探测器将探测到的信号传输给检测判断电路进行模数转换,并将检测值与报警阈值进行比较,如果检测值小于报警阈值则继续检测,如果检测值大于报警阈值则检测判断电路向报警显示电路发出报警信号,同时将自身的编号信息传输给报警显示电路,报警显示电路接收信号后,发出声光报警指令进行报警并驱动显示器显示报警电路的编号,达到对火灾检测报警的目的(图12-52)。

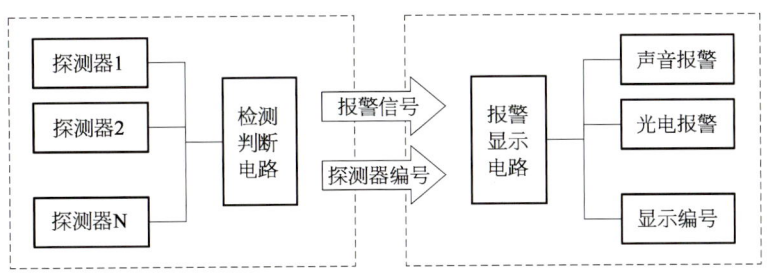

图 12-52 · 火警监测系统结构

(鱼博,2016 年)

第六节 · 新疆绿洲智慧棉花技术及装备发展趋势与展望

一、新疆绿洲智慧棉花技术及装备发展趋势

(一) 棉花精量播种技术及装备发展趋势

目前大部分自动化精量播种技术及装备还处于研究阶段,许多产品还不够成熟,没有达到大规模推广的标准,因此,在以下几个方面还亟须加强。

(1) 在设计时只考虑播种精度与充种和清种装置的关系,以及可变模块的设计,并未在整个系统设计中进行更深一步的发掘,使得整个设计只考虑了一些简单的情况。

(2) 通过优化控制系统的程序算法,实现更高精度的变量作业,并且提高整体系统的响应时间,减少由于系统精度误差带来资源的浪费和成本的投入。

(3) 田间施肥播种作业漏施漏播区域的监控与报警极其重要,由于田间作业需要保证一次成功,当出现漏施漏播突发状况时,系统能够报警并且停催,因此补救措施开发也是控制系统下一步的研究重点。

(4) 合理选择棉花种子,确保包衣质量。应用棉花精量播种技术时,应该重视棉花种子的准确选择,并保证包衣质量。棉花种子在加工后应确保有良好质量的包衣,破碎率不应超过 3%,避免出现黄籽,应使种子发芽率超过 95%。

(二) 棉花水肥智能管理技术及装备发展趋势

(1) 农业智能传感器技术急需突破。农业智能传感器的研究涉及新技术的突破,光纤、纳米、量子技术的发展,使新型传感器技术的突破逐渐变成了现实,这为农业新型智能传感器的诞生起到强大的推动作用。

(2) 网络传输技术急需快速发展。目前新疆兵团农业物联网应用大部分在农情信息传输与监控上,其农业地域宽广,农作物数据量巨大,这使得无线传感器网络数据是海量的,这要求物联网节点造价低、网络吞吐交换能力极强,能够支撑海量数据的传输,因此 5G 应用于农业物联网传输是热点之一。

(3) 人工智能技术(AI)是近年研究的热点之一,尤其是深度学习、卷积神经网络技术、机器视觉技术的发展,给人工智能技术在其他技术的应用中注入了新的活力,可通过基于人工智能的实时监控,自主决策分析与处理农作物营养与生长状况,无论从大尺度(单位面积作物)还是小尺度(每片叶子),对农业灌溉、施肥等数据进行智能分析与处理。

(4)探索大面积棉田高效低耗的水肥管理模式。基于"物联网"技术的水肥一体化综合管理系统具有覆盖示范园区和生产基地的能力,最终实现作物生产基地水肥管理的互联互通,管理所有的"物联网"精准灌溉控制系统,建立全疆水肥管理网络,实现棉花生产基地的少人化管理,降低生产成本,减少肥料投入,节约农业用水,提高棉花的产量和品质,提高生产区综合经济效益,促进新疆棉花产业的信息化和智能化发展。

(三)棉花智能化植保管理技术及装备发展趋势

在传统农业生产方式中,棉花病虫防控的劳动强度相对较大,且农药浪费现象严重,给农业生态环境造成不良影响。随着农业现代化的发展,棉花全程病虫草害防治机械化、智能化成为广大植棉农户的迫切需求,棉花植保智能化通过近几年的不断推广,效果已得到了农户的肯定,虽然现在的管理方式还是有些粗放,但是随着未来信息技术的不断发展、革新,棉花智能化植保管理措施会日渐完善,为我国农业产业绿色道路发展提供良好案例。

一是继续加大政策引导和落实力度。2015年5月27日发布的《全国农业可持续发展规划(2015—2030年)》(农计发[2015]145号)提出:大力发展农机装备,推进农机农艺融合,到2020年主要农作物耕种收综合机械化水平达到68%以上,加快实现粮棉油糖等大田作物生产全程机械化。着力加强农业基础设施建设,提高农业抵御自然灾害的能力。推广高效、低毒、低残留农药、生物农药和先进施药机械,推进病虫害统防统治和绿色防控,到2020年全国农作物病虫草统防统治覆盖率达到40%,努力实现农药施用量零增长。

二是从战略高度认识智能化植保的社会和经济效益。棉花乃至其他农作物的无人机农业植保,有利于更好地抑制病虫害大面积暴发,特别是最近植保无人机还参与实施了绿色植保。

三是不断完善和健全智能化植保技术体系。要加强技术培训,学习交流,提前制订应急预案。

四是做好地区差异、环境差异、作物差异等情况分析,研究制定针对性解决方案。要考虑棉花主产区种植面积大、病虫害暴发点集中、植保作业效率和连续作业要求高等特点,开发和配置符合要求的植保系统。

(四)棉花精准采收管理技术及装备发展趋势

目前已实现采棉机上棉花流量在线测量方法、系统开发及系统测量模型的有关研究。但研究条件和水平有限,针对棉花精准采收管理技术及装备发展依然存在很多问题值得探究。

(1)在研究光学测量棉花流量原理的过程中,发现一般的普通光源对高密度棉花的静态光透效果还不十分理想,需要寻求更强的光源和接收光电载体,光测量方法也值得进一步挖掘,比如与视觉技术的结合。

(2)在系统实现上系统可以进一步集成化,结合强大的软件处理能力,进一步向智能型传感器发展。

(3)鉴于季节性和地理性因素,实验平台和实验条件可以进一步完善和科学理想化,引入更多真实的模型变量,进一步提高系统模型的精度和实效性,确保可用于真实田间试验的检测。

二、新疆绿洲智慧棉花技术及装备发展展望

站在新时代的起点,实施乡村振兴战略,加快推进农业农村现代化,仍然面临着谁来种地、怎样把地种好的重大问题,面临着质量效益不高和农业产业国际竞争力不强等严峻挑战。回顾过去,农业信息技术为引领和支撑现代农业发展提供了强有力的科技支撑,展望未来,新一代人工智能技术迅猛发展,智能农业技术已成为中国未来一段时期的发展重点。新疆绿洲棉花种植面积大、机械化生产水平高、规模种植覆盖率高等特点适合智能化技术及装备的发展。鉴于此,进一步促进新疆棉花智能化技术发展,加快建立信息化主导、生物技术引领、智能化生产、可持续发展的现代农业技术体系,对新疆乃至全国棉花产业提质增效意义重大。

(一) 现代信息技术与传统管理方式进一步融合

物联网是推动实现农产品精细化生产管理的重要技术支撑。基于物联网的精准管理技术是未来农业发展的重要方向,也是实现智能农业、智慧农业的重要组成部分。一方面要积极开发成本低、性能好、能耗低、技术先进的农业作物与土壤信息检测传感器,以实现作物生长及其生产环境的精准监测和肥料施用量的精准控制。另一方面应该加强物联网技术与现代农业机械装备的协同,使其逐步向大型化、精准化、智能化方向发展,为实现农业物联网的智能化变量施肥提供技术支持。

由于机械收获面积的逐步增加,市场对机采棉皮棉品质要求的提升,棉花品种对机械采摘的适应性以及加工后皮棉的品质一致性成为机采棉技术推广要突破的重点。机械采摘技术对新疆棉农增产增收具有明显的成效,培育优良机采棉品种和建立配套的栽培技术是机采棉产业发展的关键环节,对新疆棉花发展具有长期而深远的意义。当前,精简化、机械化、规模化和高效益是棉花生产发展的必然趋势。

在新疆棉区,棉花生育期间的机械化管理(精量播种、化学除草、机械采收等)已达到较高水平。棉花技术快速发展,而打顶仍无法摆脱手工操作,成为新疆棉花生产全程机械化和规模化的限制因素。因此,应联合新疆内外育种、栽培、耕作和植保专家,加快制定棉花化学打顶综合配套技术规程,不仅能够显著提高新疆兵团棉花全程机械化水平,而且对减少植棉种植成本,扩大规模化种植及可持续发展具有重要意义,为新疆兵团棉花实现全程机械化服务。

随着可持续发展理念的不断普及,在病虫害防治技术方面,生态调控理论及技术也在不断发展,更加强调预防和调节,利用虫害寄主植物来引诱天敌、以生态环境系统、药剂使用等方式来综合调控虫害种群。如何运用生物学信息技术及其他相关学科的知识来为虫害综合防治服务,实现经济效益和生态保护利益的最优化,将是今后棉花种植产业要面临的一个问题,同时也是新疆棉花产业将要面临的问题。

(二) 新一代智能化技术的深入应用

智慧农业是物联网技术与传统农业的深度结合,其中最重要的是传感器技术。通过传感器,既可以摆脱天气等自然因素的限制,实现田地、大棚、水产和畜牧等领域的远程科学监测,在提高棉田水肥利用率的同时,有效降低人力消耗和生产成本;还能够利用科学分析提高整个农业抗灾抗风险的能力,提升农业产率。并且,对该技术进行自主研发,大大降低了设备成本,可以使棉花智能化管理技术惠及普通棉农,农业传感器让传统的农业生产走向智

能化、自动化和远程控制化的智慧农业发展之路,从而实现棉花生产的智能化田间管理及全程机械化生产。

农业大数据被认为是推动精准农业向智慧农业发展的关键。通过卫星遥感、无人机、田间物联网设备共同架设"天眼地网",实时获取苗情数据,变原先的"拍脑袋""凭经验"为如今的手握"明白纸"、分类"开处方",通过精确化、差异化的田间指导方案,实现更为均衡的大面积丰产增效。为了进一步提升农业大数据在精准施肥中的作用,一方面应该着力构建健全的农业生产管理数据的采集整理网络,完善各种农情信息资源的类别,提升农情数据更新的时效性。与此同时,应该进一步推进数据和数据库的标准化,实现各地各系统数据库建设进程的统一规划和部署,统一各种空间数据库的类型和采用的数据格式。另一方面要积极开发基于农业大数据的农田养分管理技术体系,将大数据分析挖掘的输出结果与农田养分管理平台相对接,进一步提升养分管理决策的准确性和实时性。

新疆棉花信息智能化技术目前主要体现在播种和灌溉两个方面。在棉花播种作业时,播种机械上装有 GPS 卫星定位和自动导航系统,能实现无人自动驾驶操作,且白天黑夜均可作业。自动化智能滴灌系统采用无线数据采集监控技术及滴灌自动化技术,能根据地块位置和棉田用户不同层次用水的实际需求,实现棉田滴水、施肥的自动控制。应在继续完善提升和加大应用智能化播种和灌溉技术的基础上,研发智能化综合调控技术、植保技术和机械采收标准化技术。

(三)智慧棉花最新版

智慧棉花由中国农业科学院棉花研究所李亚兵团队 2019 年研制完成,整个系统由云平台(数据处理器和储存器,类似于人的大脑)、数据库和作物管理模型、天(气象、大气环境)、地(土壤环境)和作物(群体气候)的数据采集、传输和控制系统组成(图 12-53)。

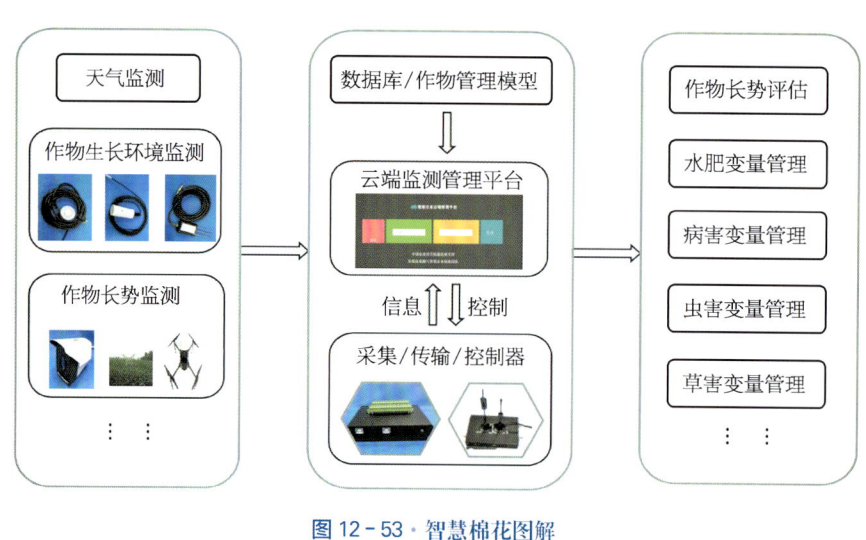

图 12-53 · 智慧棉花图解

(李亚兵团队 2019 年研制)

1. 棉花智能化管理技术的主要优点 · 快速获取天、地和作物长势信息,效率高;自学习能力强大,拟合性能好,适应性广;主件自主,成本低,操作简单;可移动,可固定。

2. 在棉花作物上的主要功能·一是随时了解棉田的土壤水分、养分含量及其变化,自主控制施肥和灌溉;二是随时了解棉花病虫草发生危害情况,指导病虫草防治;三是一套系统可以管理很大面积,如一个区域或全国的棉花;四是促进劳动生产率和资源利用效率显著提高。

(四)棉花大数据技术及平台发展

大数据作为新一代信息技术,在农业领域的应用任重道远。目前在大数据技术和大数据应用方面关注较多,相比之下,大数据科学和大数据工程问题尚缺乏足够的重视。农业大数据属于技术和应用层面,但同时也需要不断吸收大数据的科学思想、引进大数据的最新研究成果,才能保持农业大数据的生命力。农业数据是非常复杂的,决定了农业大数据的研究和应用更具有复杂性和挑战性,具体表现在数据源分布广、可控度低、受干扰大、类型多样、结构复杂和获取困难等;另外,农业生物个体和群体的差异、"点"数据和"面"数据的差异等,均导致数据采集和积累效率低、数据质量差等,因此更需要长时期的数据积累,只有形成大数据才有意义。从各种各样类型的海量数据中,快速获得有价值的信息,对农业发展的各个过程、农业环境和资源、产业链和产品市场等进行科学预测,为科学管理和调控提供支持,是农业大数据的核心任务。

移动互联网、物联网和云计算发展的必然结果是走进大数据时代,从本质上看,这些都是获取数据的手段,产生大数据——获得智慧才是终极目标。在新一轮农业现代化建设中,要将农业大数据纳入国家农业信息化发展战略,夯实智慧农业的基石,让大数据创造出真正的智慧,支撑智慧农业的稳健发展。要密切跟踪国际大数据前沿技术,积极抓住发展契机,基于政府的强有力推动和引导,做好顶层设计、实现有序发展。围绕国家农业特点和重大需求,梳理农业大数据重点发展领域,凝练农业大数据关键技术,重点培养和支持一批农业大数据的应用与示范项目。尤其是要通过云计算和大数据技术的融合,不断加强基于农业物联网成果的示范应用,促进智慧农业的不断发展。

棉花智能化管理技术是一项具有划时代意义的技术,突破了传统栽培的限制,利用新一代信息技术,进行智能化棉花长势和环境监测与管理,大大减少了人工投入与物化投入,该技术与机采棉技术相结合,将对棉花节本增效发挥重要作用,具有重要的经济效益和社会效益。

(主笔:吕新,张泽,补充:李亚兵;主审:李亚兵;终审:毛树春)

参考文献

[1] 喻树迅,张雷,冯文娟.棉花生产规模化、机械化、信息化、智能化和社会服务化发展战略研究.中国工程科学,2016,18(1).
[2] 赵春江,杨信廷,李斌,等.中国农业信息技术发展回顾及展望.农学学报,2018,8(1).
[3] 武建设,陈学庚.新疆兵团棉花生产机械化发展现状问题及对策.农业工程学报,2015,18(31).
[4] 田笑明,李雪源,吕新,等.新疆棉作理论与现代植棉技术.北京:科学出版社,2016.
[5] 毛树春,李亚兵.中国棉花景气报告 2016.北京:中国农业出版社,2017.
[6] 吕新,梁斌,张立福,等.新疆生产建设兵团棉花生产大数据平台建设与探索.农业大数据学报,2020,2(1).
[7] 梁亚军,李雪源,郑巨云,等.新疆 2019 年棉花产业情况概述及存在问题与策略.棉花科学,2020,42(1).
[8] 王宇清,郭登科,郭建华,等.基于电容传感器精密播种机的控制系统设计.农机化研究,2020,42(7).
[9] 王丽娟,李东琦.播种机播种质量监测系统研究——基于嵌入式 Linux 和 ZigBee.农机化研究,2020,42(6).
[10] 张定良,于永良,臧象臣,等.膜上精量播种机光纤实时监测装置的设计.新疆农机化,2018(6).
[11] 梁方,杨淦光,许丰,等.外槽轮式播种机播量控制系统设计与试验.农机化研究,2019,41(10).
[12] 刘雷.智能播种机嵌入式英语语音识别控制系统设计与研究.农机化研究,2018,40(12).

[13] 王晨.适于棉花铺膜播种的视觉导航控制系统的设计与研究.石河子大学研究生论文,2016.
[14] 田克君.播种机控制系统.自动化应用,2014(6).
[15] 郑送军,杨卫民.精密播种机排种器自动监测系统设计.农机使用与维修,2009(2).
[16] 沈剑波,王应宽.北斗导航与精准农业在新疆棉花种植中的典型应用.农业工程技术,2019,39(36).
[17] 陈兵,韩焕勇,王方永,等.利用光谱红边参数监测黄萎病棉叶叶绿素和氮素含量.作物学报,2013,39(2).
[18] 周利明.基于电容法的棉花产量和播种量检测技术研究.中国农业大学研究生论文,2014.
[19] 棉花精量播种技术知多少? https://www.sohu.com/a/229353334_569636.
[20] 新疆科技报:智能化装备让我区棉花种植管理更精准高效.http://www.xaas.ac.cn/index.jsp.
[21] 精准播种技术.http://www.xjbt.gov.cn/c/2015-01-19/2183859.shtml.
[22] 温浩军,陈学庚,颜利民.精量播种电子监测装置的研究.新疆农垦科技,2008(6).
[23] 王应宽.北斗导航融合精准农业助力新疆现代农业发展.农业工程技术,2019,39(36).
[24] 贾彪,马富裕.基于机器视觉的棉花氮素营养诊断系统设计与试验.农业机械学报,2016,47(3).
[25] 李鹏程,郑苍松,孙淼,等.国内棉花氮营养诊断和推荐施氮研究进展.中国棉花,2019,46(6).
[26] 陈鹏飞,梁飞.基于低空无人机影像光谱和纹理特征的棉花氮素营养诊断研究.中国农业科学,2019,52(13).
[27] 梁宏玲,袁辉.土壤养分速测仪与常规方法测定土壤养分含量的比较研究.安徽农业科学,2013,41(35).
[28] 汪琼,朱靖蓉,杨涛等.氮肥施用策略对膜下滴灌棉叶片中绿素含量变化的影响.棉花学报,2010,22(5).
[29] 罗新宁.基于SPAD的棉花氮素营养诊断及氮营养特性研究.新疆农业大学,2010.
[30] 屈卫群,王绍华,陈兵林等.棉花主茎叶SPAD值与氮营养诊断研究.作物学报,2007(6).
[31] 洪娟,张泽,张立福,等.滴灌棉花不同生育时期冠层叶叶绿素含量的高光谱估测模型.棉花学报,2019,31(2).
[32] 陈敏,郑曙峰,刘小玲等.基于数码图像识别的棉花氮素营养诊断研究.农学学报,2017,7(7).
[33] 王自强,王晓旭,段卫力,等.水肥一体化应用技术集成及推广.现代园艺,2020,43(9).
[34] 郑钦华,马富裕.基于墒情监测模型的膜下滴灌棉花水分管理决策支持系统.石河子大学,2013.
[35] 田敏,吕新.基于物联网技术的作物养分信息快速获取与精准施肥智能控制系统研究.石河子大学,2018.
[36] 张国龙,吕新.棉蚜发生量信息快速获取方法与监测模型的建立研究.石河子大学,2017.
[37] 高攀,顾佳敏,吕新,等.一种棉田复杂背景下手持式可调控棉蚜拍摄装置:ZL201720493225.4[P].2017年12月19日.
[38] 崔美娜.基于无人机遥感的棉花螨害动态监测研究.石河子大学,2019.
[39] 陈兵,王刚,刘景德,等.高光谱的病害棉叶光合参数提取.光谱学与光谱分析,2018,38(6).
[40] 高攀,吕新.基于图像识别的棉花黄萎病实时诊断方法研究.石河子大学,2019.
[41] 王献锋,丁军,朱义海.一种改进的深度置信网络在棉花病虫害预测中的应用.棉花学报,2018,30(4).
[42] 杨丽丽,张大卫,罗君,等.基于SVM和AdaBoost的棉叶螨危害等级识别.农业机械学报,2019,50(2).
[43] 张建华,孔繁涛,吴建寨,等.基于改进VGG卷积神经网络的棉花病害识别模型.中国农业大学学报,2018,23(11).
[44] 赵立新,侯发东,吕正超,等.基于迁移学习的棉花叶部病虫害图像识别.农业工程学报,2020,36(7).
[45] 刘琴.让智能化、信息化为植保事业再添一把火.农药市场信息,2019(1).
[46] 徐金虹.无人机、拖拉机喷施棉花脱叶剂效果对比试验.农村科技,2019(2).
[47] 张亚林,黄群,马小艳,等.无人机飞防对棉花生长调控效果研究.中国棉花,2019,46(1).
[48] 田志伟,薛新宇,崔龙飞,等.植保无人机昼夜作业的雾滴沉积特性及棉蚜防效对比.农业工程学报,2020,36(5).
[49] 沙帅帅.麦盖提垦区棉田害虫发生规律及无人机作业效果评价.塔里木大学,2019.
[50] 白岩,毛树春,田立文,等.新疆棉花高产简化栽培技术评述与展望.中国农业科学,2017,50(1).
[51] G. Vellidis, C. D. Perry, G. C. Rains, etc. Simultaneous Assessment of Cotton Yield Monitors. Power & Machinery Division of ASAE, 2003.
[52] 陈伟,马蓉,芦帅,等.机采棉在线测产技术及其关键装备.农机化研究,2011,33(10).
[53] 薛龙,马蓉.采棉机产量监测系统CAN通信设计与研究.农机化研究,2014,36(12).
[54] 鱼博.采棉机火灾预警检测装置的设计与试验研究.石河子大学,2016.
[55] 林昌建.基于光电传感的棉花产量在线监测系统研究.上海交通大学,2013.
[56] 张闻,韩金,单旭.2016年度新疆棉花产量预测分析.中国棉麻产业经济研究,2016,207(6).
[57] 雷斌,王永冬,张云生,等.新疆棉花机械采收技术及发展展望.新疆农业科学,2007,44(S3).
[58] 王欢.基于WSN的采棉机产量在线监测系统设计与研究.石河子大学,2019.
[59] Huiyun Xue, Yingchun Han, Yabing Li. Spatial distribution of light interception by different plant population densities and its relationship with yield. Field Crops Research, 2015, 184.
[60] 赵欣欣,陈焕轩,韩迎春,等.数字图像监测作物生长特征的研究进展.中国农学通报,2021,37(4).
[61] 冯璐,邢芳芳,杨北方,等.基于红外热成像的棉花叶片温度分布量化方法研究.棉花学报,2020,32(6).
[62] 陈焕轩,韩迎春,冯璐,等.智慧农业在棉花生产管理中的应用.棉花学报,2020,32(3).
[63] 雷亚平,韩迎春,王国平,等.无人机低空数字图像诊断棉花苗情技术.中国棉花,2017,44(5).
[64] 陈伟,马蓉,芦帅,等.机采棉在线测产技术及其关键装备.农机化研究,2011,33(10).
[65] 刘玫岑.基于遥感和GIS的棉花面积提取和产量估测研究.新疆农业大学,2006.

新疆绿洲棉花
可持续发展研究

第四篇

新疆绿洲棉花产业发展

本篇论述新疆绿洲棉花种业、绿洲棉花加工、绿洲棉纺织业发展历程及可持续发展对策。

第十三章
新疆绿洲棉花种子产业研究

本章回顾了70多年来我国棉花品种从引种、自育到引种再到自育的发展历程,繁种、供种经历了"就地繁殖、就地推广"(建国初期)、"四自一辅"(计划经济)到"四化一供"(改革开放后)再到市场化的新时代(2000年《种子法》颁布和2011年国务院提出"育繁推"),棉花商用品种供给从短缺到极大丰富到过剩的发展历程。全国棉花种业产值25亿元,其中约90%在绿洲。

研究揭示,绿洲棉花品种极大丰富,但是高品质品种短缺,品种多乱而杂,真实性差,纯度不高,种业企业呈"多、散、小"状况,创新能力严重不足。因此,提出提高绿洲棉花品种可持续创新和可持续供种能力对策,即构建绿洲棉花新品种选育核心技术,修订完善机采棉品种品质标准,潜心培育"大品种";大幅改革品种区域试验方案,合并减少相关区域试验,放开海岛棉和彩色棉品种区域试验,有效提高品种区域试验质量;提高种子管理部门履行职责,严厉打击品种的非法"套牌、假冒";加快推进种业体制改革和机制创新,构建种业新的创新体系;全面提升绿洲棉花现代种业经营与管理水平。当务之急需解决转Bt基因抗虫棉的"历史遗留"问题导致"两张皮",使之合规。

第一节·新疆绿洲棉花种业发展

一、新疆绿洲棉花种业发展历程

新中国成立至今,我国的种子产业经历了一个从无到有、从小到大的发展历程,新疆也不例外,其棉花种子产业发展历程与全国一样,大致经历了新中国成立初期的"就地繁殖、就地推广"、计划经济的"四自一辅"、改革开放后的"四化一供"、市场经济产业发展时期的"现代种子产业"四个发展阶段。

▶ (一) 发展阶段

1. **"就地繁殖、就地推广"阶段**·新中国成立初期,基于当时落后的棉花种植技术和棉花品种为农家品种这一现实,农业部及时制订并发布了《五年良种普及计划》,在种子管理部门的组织与指导下,广泛开展群众性优良农家品种评选和组织推广工作,选育出的品种就地繁殖、就地推广,在农村实行家家种田、户户留种,促进各地评选出来的优良农家品种快速推广。

2. "四自一辅"阶段·指20世纪50年代末期至80年代初期以前。1958年,农业部在总结种子工作经验的基础上,提出了农村用种主要靠农业社自选、自繁、自留、自用,辅之以必要的调剂的"四自一辅"种子工作方针,明确种子站对生产队选种、留种的技术指导地位,以及辅之以调剂短缺种子的种子经营作用,使农民所采用的种子既能保证较高的种子质量,又不增加成本,同时还可及时得到最新的优良品种。此时的种子经营主要以交换方式进行,种子商品化程度不高。其间新疆棉花长时间采用毛棉种人工播种,至70年代初,开始用浓硫酸地头脱绒人工或半机械播种。

3. "四化一供"阶段·20世纪80年代初期至21世纪初为"四化一供"阶段。新疆种子站先后建立了种子公司,实现种子经营与管理一套班子两块牌子的体制。该体制将育种科研排除在种子经营外,即科研单位通过区试审定的棉花新品种无偿交给种子公司销售,自己无权建立公司并销售种子。

20世纪80年代初,新疆开始推广应用地膜覆盖和配套的机械播种技术,由于地膜种植技术有突出的丰产性优势,机械播种有明显的高效性特点,促进了新疆棉花种植规模呈快速增长势头,已有的一家一户浓硫酸地头脱绒人工或半机械播种棉花种子生产技术和播种技术已不能适应生产需要,迫切需要种子生产专业化、加工机械化、质量标准化,从而满足大面积机械播种的种子质量要求,这是棉花种子"四化一供"因种植技术的变化而被带动,进而得到真正落实。为此,新疆各种子公司积极引进棉种泡沫酸脱绒设备,淘汰对环境污染严重的浓硫酸脱绒土作坊简易设备,后又引进稀硫酸脱绒成套设备,在种子精选方面已开始使用国内仿制的重力选和风力选机械。

为进一步促进棉花种子"四化一供",1987年新疆维吾尔自治区第六届人民代表大会常务委员会第二十八次会议通过了《新疆维吾尔自治区农作物种子管理条例》。

为推动棉花种子"四化一供"上高水平,90年代实施了以推进产业化为重点的种业体系建设,包括1996年新疆启动种子工程建设项目,主要完成的标志性建设项目有:自治区级种子检测中心、国家种子贮备库、哈拉苏国家级原种场和6个区域性原种场,明显提高了种子"三率"(商品种子标牌统供率、精选率和包衣率),进而提高了种子质量、商品率和良种普及率,加速了品种的更新换代,同时出现了一批育、繁、销一体化的种子企业,种子对农业增产的贡献率达到了35%以上。

4. 现代种子产业阶段·进入21世纪,特别是随着《国务院办公厅关于推进种子管理体制改革,加强市场监管的意见》[国办发(2006)40号]的颁布,完成了种业商业化改革,建立了符合市场经济规律的新的种子体制,创新利用与挖掘种质资源材料,消化吸收棉花育种新技术,配套种子生产加工新工艺装备,大大提升了新疆棉花新品种选育、种子生产、加工、储运、经营管理水平,从而开创了新疆种子产业商业化改革的新局面,取得了如下显著成绩。

(1) 涌现多个现代化的棉花种子企业(表13-1)。全疆有较大市场影响力的棉花种子生产经营企业25家,年销售棉花种子量达58 657 t,占市场总供应量的83.8%,其中21家注册资金3 000万元以上,注册资金1亿元以上的企业6家。新疆年销售棉花种子3 000 t以上企业 6 家,依次是新疆金丰源种业股份有限公司、新疆塔里木河种业股份有限公司、新疆承天种业科技股份有限公司、九圣禾种业股份有限公司、新疆合信科技发展有限公司、新疆富全新科种业有限责任公司,以上种子企业年销售种子量分别占当年总需求量的 7.9%、7.8%、6.6%、5.7%、5.4%、4.7%,其中"金丰源"年销售量最大,达 5 500 t,其次是"塔里木河"销售量达 5 450 t。此外,年均销售量 2 000~3 000 t(不含 3 000 t)的 7 家,年销售量 1 000~2 000 t 的 7 家,年销售量 600~1 000 t(不含 1 000 t)的 5 家。

表 13-1 · 有较大市场影响的新疆棉花种子企业基本情况*

(田立文,2020 年)

企业名称 (按棉花种子年销量 由大到小排序)	注册资金 (万元)	种子加工 生产线 (条)	2018— 2019 年均销售 种子量(t)	年均市 场份额 (%)	年投入 研发资金 (万元)	育种 人数 (人)	良繁 人数 (人)	销售 人员 (人)
新疆金丰源种业股份有限公司	10 000	1	5 500	7.9	700	8	10	45
新疆塔里木河种业股份有限公司	11 000	2	5 450	7.8	750	14	42	30
新疆承天种业科技股份有限公司	6 583.1	1	4 600	6.6	500	6	10	35
九圣禾种业股份有限公司	14 300	0	4 000	5.7	100	15	10	50
新疆合信科技发展有限公司	1 500	1	3 755	5.4	260	6	10	21
新疆富全新科种业有限责任公司	3 200	2	3 300	4.7	7	12	5	5
新疆国欣种业有限公司	3 000	1	2 850	4.1	400	7	29	5
新疆天玉种业有限责任公司	3 000	1	2 700	3.9	500	5	6	42
新疆惠远种业股份有限公司	5 100	2	2 650	3.8	250	6	6	15
巴州友质种业有限公司	3 000	2	2 500	3.6	150	5	80	15
新疆同氏德海农业科技有限公司	3 000	1	2 500	3.6	240	6	11	37
新疆华绿种业有限责任公司	1 009	1	2 300	3.3	500	3	6	11
阿克苏科润种业有限责任公司	3 000	4	2 052	2.9	300	3	10	5
新疆耕野种业有限公司	1 003	1	1 900	2.7	200	20	30	40
新疆晶华种业有限公司	3 000	1	1 850	2.6	330	5	4	5
巴州禾春洲种业有限公司	1 500	1	1 850	2.6	210	9	6	5
新疆中棉种业有限公司	10 000	2	1 600	2.3	161	6	7	24
新疆惠民种业有限公司	3 000	1	1 450	2.1	40	3	6	35
新疆植金种业有限公司	3 000	1	1 300	1.9	70	2	6	10
新疆劲丰合农业科技有限公司	3 033.6	1	1 200	1.7	180	5	8	4
新疆守信种业科技有限责任公司	10 000	1	800	1.1	100	7	8	12
新疆金宏祥高科农业股份有限公司	5 000	1	650	0.9	120	3	8	6
新疆巴棉种业有限公司	3 000	1	650	0.9	20	3	7	8
新疆庆丰种业有限责任公司	1 216	1	650	0.9	50	4	10	45
新疆圣丰种业科技有限公司	3 000	1	600	0.9	60	2	12	9
合计	114 444.7	32	58 657	83.8	6 198	167	345	520

注:* 表中数据来源网上公布、企业咨询、行业专家与政府主管部门反馈信息,经作者综合多方因素统计所得,其中年销售种子量是个估值,仅供参考。不包括近年正在重组的区域性大型种业公司新疆锦棉种业科技股份有限公司和具有发展棉花种业优势的新疆利华棉业股份有限公司。

(2) 初步形成了新疆棉花种业人才队伍。棉花新品种培育、扩繁生产与经营是种子产业发展的重要环节,其中品种培育是种子产业最需要人才的地方。据初步统计,目前全疆从事棉花育种的专职人员主要来自科研院所和企业,有25家主要种子企业均有自己的棉花育种团队,累计从事棉花育种的专职人员167人(表13-1),育种团队人数明显较从事良种扩繁与销售人员少,良种扩繁和销售人员分别是棉花育种人员的2.1倍和3.1倍,反映了企业对良繁,特别是经营方面较重视。科研院所棉花育种专职人员约80人,其中行业内公认的有影响的棉花育种专家较少,不到30人,且绝大多数为科研院所的专家、教授,主要集中在新疆地方和兵团农业科学院、农科所和中国农业科学院棉花研究所及新疆农业大学和塔里木大学农学院等。

(3) 棉花品种育、繁、推成绩斐然。目前新疆已由过去的单纯依靠科研、教学单位育种,转向科研、教学和企业协同发展。多年来,通过引进与自育相结合、传统选育技术与现代选育技术相结合,为新疆棉花生产培育了多个具有国际先进水平的优质、多类型棉花品种。截至2021年已累计选育并审(认)定棉花品种341个(含认定的19个棉花品种),审(认)定的棉花品种最高数量是2018年,共审定棉花品种29个。

成功选育并审(认)定的多个类型的棉花品种中不乏在生产中大面积推广应用的主栽品种(见第九章),近年新疆南疆大面积种植的陆地棉棉花品种有新陆中37号、新陆中42号、新陆中46号、新陆中47号、新陆中54号、新陆中64号、新陆中68号、新陆中75号、中棉所88号、国审J206-5等;北疆有新陆早57号、新陆早61号、新陆早62号、新陆早63号、国审惠远720、新陆早70号、新陆早76号、新陆早78号等。种植的海岛棉品种有新海35号、新海39号、新海41号、新海43号、新海44号、新海45号、新海47号、新海78号等。新疆棉花新品种的选育加快了棉花品种更新换代频率,同时为新疆不同生态区大面积种植高产优质棉花品种,包括陆地棉、彩色棉以及海岛型长绒棉提供了品种保障,促进了新疆棉花种子产业化工作的开展。目前,北疆地区80%以上生产用种是自育棉花品种,南疆大部分棉区生产用种是自育棉花品种。

目前,生产中年种植面积达7 000 hm² 以上品种有40余个,年种植面积达6.7万 hm² 以上品种10个,显然其主导品种推广应用数量和规模在不断优化中,生产中大面积推广更加适合本土生长环境的自育棉花品种,全区棉花品种丰产性不断提高,对棉花增产的科技贡献率高达43%左右,确保全区棉花平均单产居全国第一,创世界大面积棉花单产纪录。新疆棉花品质的提升和多样性不断满足了纺织工业对原棉多层次的需求,因而棉花高产优质的背后,以及其为全疆开展农业供给侧结构性改革提供有力支撑,棉花种业发挥的作用不可小觑(表13-2)。

表13-2 · 2017—2021年新疆审定棉花品种区试产量及品质情况

(田立文,2020年)

种植区域	类型	皮棉产量(kg/hm²)	长度(mm)	比强度(cN/tex)	马克隆值	整齐度指数(%)
北疆	特早熟陆地棉	2 016.0	30.6	31.6	4.4	85.2
南疆	早中熟陆地棉	2 623.5	31.7	31.6	4.2	85.2
南疆	早熟海岛型长绒棉	1 690.5	39.0	45.2	4.1	88.8
新疆	彩色陆地棉	2 178.0	30.7	31.5	4.4	85.4

由表 13-2 可知，新疆选育的棉花品种分为北疆特早熟陆地棉、南疆早中熟陆地棉、南疆早熟海岛型长绒棉和新疆彩色陆地棉 4 个类型，包括陆地棉和海岛型长绒棉 2 个栽培种类型，新疆棉花品种种类与数量均能较好地满足生产需要。从纤维类型看，不仅有普通细绒棉，还有中长绒棉、超级长绒棉（即海岛型长绒棉）、彩色棉等。近三年审定的棉花品种的产量与品质指标均较好。

新陆中和新陆早系列陆地棉为生产主导的商用品种，占新疆棉花种植面积的 94% 以上，在高产植棉县（市、团场），其籽棉产量达 6 000 kg/hm² 左右棉田占所在县（市、团场）种植面积的 30% 以上，其生产品质主要指标：2.5% 跨长平均 29.1 mm、比强度约 28.2 cN/tex、整齐度约 83.5%、马克隆值以 B 级为主，品质总体为中等偏上水平。海岛型长绒棉种植面积约占新疆总种植面积的 4%，现主要集中种植在南疆塔里木盆地阿瓦提县，高峰期时阿瓦提县长绒棉种植面积约占该县棉花总面积的 80% 左右，但近些年有加速向南转移至喀什岳普湖、伽什等县的趋势。海岛型长绒棉籽棉产量也出现大面积 6 000 kg/hm² 的水平。根据多年纤维品质公检成果和纺织企业有关棉花品质报告表明，新疆海岛型长绒棉品种生产品质主要指标：2.5% 跨长平均约 36.0 mm、比强度约 43.0 cN/tex、整齐度约 85.5%、马克隆值以 B 级为主，适纺高支，特别是超高支，其漂白纱原料具有不可比拟的优势，为新疆棉花高产优质提供有力保障。

为满足常年种植面积约 255 万 hm² 新疆棉区棉花用种需求，种子用量按 2.7 kg/hm² 计，新疆棉区年约需种子量 7 万 t，包括抗灾用种；种子价格平均约 25 元/kg，销售额约 17.5 亿元，企业直接经济效益 10 亿元以上。新疆种子企业常年棉花种子扩繁田面积近 9.3 万 hm²，累计生产种子量达 11 万 t 以上，已成为全国最大的棉花种子生产基地，不仅满足新疆本区域商品种子的需求量，实现新疆棉花种子自给自足和良种覆盖率达 100% 的目标，现还正在开拓国内其他棉区市场，甚至新疆周边中亚国家棉花种子市场，并取得了初步成效。如新疆金丰源种业股份有限公司不仅每年向市场供应棉花种子约 5 500 t，还每年给内地企业代繁棉花种子数百吨，以及通过第三方向塔吉克斯坦、哈萨克斯坦等中亚地区供应棉花种子。

研究还表明：每隔 2～5 年，新疆棉区常出现一次异常天气，这种异常天气通常表现为两种类型：一是当年热资源明显较常年差，包括前中期积温偏低、后期降温过快，导致霜降过早，有时伴有雨水天气，这是最常见的类型；二是夏季异常高温干旱，吐絮期长时间保持相对较好的光温资源，但同时伴有棉田干旱危害，也可造成棉花产量和品质较明显的下降。多年数据分析表明，后期异常丰富的光温资源，棉田必然出现干旱现象，极易造成棉纤维粗，表现为马克隆值高（见第四章），这在南疆棉区以及该地区海岛型长绒棉上特别容易发生。

2019—2020 年，通过对鲁泰 700Q、MCR3915、新海 62 号、新海 61 号、新海 57 号、新海 52 号、新海 56 号、新海 51 号、新海 63 号、新海 48 号、新海 49 号、新海 44 号和新海 46 号等 13 个海岛型长绒棉品种主要纤维品质指标测试表明：2019 年其纤维长度、强力、马克隆值、整齐度分别为 37.5 mm、43.9 cN/tex、88.2、4.3，2020 年其纤维长度、强力、马克隆值、整齐度分别为 37.1 mm、44.4 cN/tex、88.2、3.9。虽然 2020 年其纤维长度稍有下降（新疆海岛型长绒棉纤维自身存在长度有余现象），但新疆海岛型长绒棉长期存在强力不足、马克隆值高的问题在2020年有极明显的改善,表现为马克隆值下降0.4,纤维细度得到显著优化,纤维强力提高0.5 cN/tex,强力明显提升,因而2020年长绒棉品质优良。

基于以上研究还可得出:不同品种品质和产量对异常天气反应存在显著差异现象,即不同品种对异常天气反应存在不一致和稳定性差异现象,由此可启发:有必要加快选育产量与品质对不利气候因素反应不敏感甚至迟钝的品种,生产用种的产量和品质指标也应尽快筛选,同时注重筛选对异常气候条件反应不敏感或温和的优质高产品种(见第三章)。

不同年份气候因素对海岛型长绒棉和陆地棉品质影响不完全一致。大部分年份对品质趋势一致,但个别年份出现明显差异,如在南疆阿瓦提2015年的长绒棉品质较常年好,而陆地棉品质较常年差。

随着新疆种业的发展与整体技术进步,至少有5家企业已实现棉花种子育、繁、推、产、供、销一体化,新疆棉花扩繁系数常年高达55左右,扩繁效率高,多数种子企业的棉花种子加工工艺流程实现种子"抛光→风选→重力选→色选→磁选→包衣"一条龙作业。通过该工艺,实现棉花发芽率达85%以上,远超国内外行业发芽率标准80%的指标,其种子加工工艺技术已达国际领先水平,从而满足了新疆精量播种棉田对种子高发芽率的要求。

(4) 种子工程建设有成效。为促进新疆棉花生产,提高我国棉花生产水平,2000年以来,国家出台了一系列鼓励和支持新疆棉花生产的政策,连续实施了多个五年计划,明确将新疆优质棉基地建设项目作为国家扶持的重点农业项目,这是新中国成立70年来国家对单一省区、单一农作物投资年限最长的一个项目,其间累计投入中央预算内基本建设资金近40亿元,该项目完成的种子工程项目建设内容及其成效见表13-3(见第一章)。

表13-3·种子工程项目建设内容及其成效

(田立文,2020年)

	基 地 建 设	创新研发平台建设
主要投资建设内容	① 新建1个国家级棉花原种场、3个育种家基地、5个区域原种基地; ② 配套完善主产棉县(市)29个商品种子生产基地; ③ 新建和配套完善种子加工生产线60余条,包括购置加工设备120余台件、种子检验仪器180台件、新建彩钢结构种子加工厂房8 000 m²和种子库房20 000 m²; ④ 新建海南新繁基地,占地33.3 hm²,包括研发人员办公室、仪器设备室、实验室、工作人员休息室、高标准试验田以及配套的现代化农机装备	① 新建农作物,包括1个棉花种质资源创新与育种研发平台; ② 新建国家级种子储备库、自治区级农作物种质资源自然保存中期库各1个(座),配合建设西北地区及中亚植物种质资源数据库网络平台; ③ 新疆6个国家和自治区级农作物品种区试站,建设配套14个品种选育和良种引进试验点; ④ 新建1个农作物种子质量检测中心; ⑤ 设立新疆棉花科学观测实验站
成效	确保种子生产、加工工艺先进,设备精良、配套设施完善,包括建成了国内一流的种子精选加工生产线和质量检验配套设备,部分基地的示范带动作用突现; 促进了新疆棉花种子"育、繁、推"一体化的种子良繁体系建设,带动了全区棉花加工质量整体水平的提高,其中商品棉种子质量达标率提高了15个百分点,种子检测能力提高了40个百分点; 南繁基地已成为新疆广大育种工作者有效缩短棉花育种年限的必要手段,并在新疆棉花新品种选育方面发挥重要作用	棉花转基因种子检测水平达国内先进水平,引进、改良、创新棉花种质资源8 000余份,核心种质达百余份,实现了各类植物,包括棉花种质资源的实物共享和信息共享,为开展棉花新品种研发联合攻关和创新提供必要条件

新疆已初步构建了棉花育种家种子基地、原种繁育基地和商品种生产基地三级品种优化体系,有了比较完善的棉花种子生产、加工与检测系统,棉花产业已初步形成从棉花新品

种选育、高标准原种生产到大面积推广应用完整的棉花良种"育、繁、推"一体化产业体系,可为新疆优质棉生产目标的实现奠定坚实的基础。

(二) 新疆棉花品种更替

20世纪80年代以后,新疆棉花新品种研发取得突破,先后有7次重大更换,具体如下。

第一次品种更换于20世纪50年代,主要通过引进苏联陆地棉或海岛棉品种,取代长期种植的草棉和新中国成立前大量种植的未经人工驯化的那勿罗斯基、什万得尔等退化的陆地棉,棉花单产提高25%~30%。其间先后推广的苏联品种有C-3173、C-1396、C-1470、C-4744、611波、KK-1543、2依3、5904和自育海岛棉品种长绒3号等。

第二次于20世纪60—70年代,引进种植大铃棉、108夫、岱65、新海棉、8763依等陆地棉或海岛棉品种,较第一次更换的品种产量再提高10%左右。

第三次于20世纪70年代末至90年代,自育品种61-72、66-241、农垦5号、军棉1号、新陆早1号快速在生产中推广应用。公开报道表明:从新中国成立初期到1992年的40余年间,在南、北疆总共种植的陆地棉品种仅40余个,多数为引进品种。其间军棉1号、新陆早1号两个品种长期分别作为南、北疆的主栽品种,其中新陆早1号在北疆棉区,甚至在河西走廊棉区种植规模长期占当地棉花种植面积的95%以上,每年种植面积在18.7万hm^{2}左右,为北疆棉花生产曾做出巨大贡献,基本解决了当时新疆棉花品种早熟、高产、优质问题。

第四次于20世纪90年代中后期,由于新疆棉田发生枯萎病,并迅速加重,原外引和南疆自育品种抗病性差,为防治枯萎病,新疆此时从内地及独联体国家再次引进了大量的棉花新品种,其中以中棉所系列品种最多,有少数品种获得当地认定推广。表现较突出的品种有中棉12、中棉16、中棉19、中棉35等,在南疆大面积推广应用,北疆自育抗病品种新陆早10号、新陆早13号等获得大面积推广,从而实现在南疆以引进的抗病品种、北疆以自育抗病品种分别替代之前的当地不抗病主栽品种军棉1号和新陆早1号的目标。

第五次"十五"(2001—2005年)期间,新疆南、北疆推广面积最大的品种分别为中棉35、新陆早13号,高峰期时,其种植规模占新疆总播种面积的50%~60%,同时生产中出现不同县(市或团场)棉花主栽品种差异化现象,打破了过去一个棉区(新疆共有南疆、北疆、东疆三棉棉区)一两个品种打天下的局面,且自育品种推广面积在全疆各棉区均呈迅速增长趋势,并逐渐呈主导地位。

第六次"十一五"(2006—2010年)期间,自育品种在各棉区主导地位不断加强,2007年全疆明确的自育主栽品种有6个——新陆中26号、新陆中28号、新陆早23号、新陆早24号、新陆早25号、新陆早26号,而引进的主栽品种仅有2个——中棉所49、中棉所43。

第七次"十二五"以来(2011年迄今),新疆棉花品种进入全新阶段,2011—2017的7年间审定的棉花品种82个,自育品种主导地位进一步加强。其间审定的棉花品种命名按新陆中、新陆早、新海、新彩棉共四个系列进行,其中新陆中系列、新陆早系列、新海系列、新彩棉系列选育品种分别为27个、24个、21个、10个,年平均审定3.9个、3.4个、3.0个、1.4个品种,年平均审定品种总数为11.7个。

2000—2021年,新疆北疆特早熟陆地棉和南疆早中熟陆地棉棉花品种审定情况见表13-4。

表 13-4 · 2000—2021 年新疆北疆特早熟陆地棉和南疆早中熟陆地棉棉花品种审定情况

(田立文,2020 年)

品种类型	年 份	育成品种数(个)	生育期(d)	铃重(g)	衣分(%)	长度(mm)	强度(cN/tex)	马克隆值	育种单位数量(个)		高抗品种数量(个)		抗品种数量(个)	
									种子生产经营企业数量(个)	科研单位和生产单位数量(个)	枯萎病	黄萎病	枯萎病	黄萎病
南疆早中熟陆地棉	2000—2009	37	134.4	6.0	41.9	29.4	29.5	4.5	12	10	9	0	11	9
	2010—2021	61	135.0	5.9	43.2	30.5	31.1	4.6	29	10	45	0	10	4
北疆特早熟陆地棉	2000—2009	33	125.5	5.9	40.9	29.6	29.1	4.3	7	7	9	7	16	10
	2010—2021	62	123.4	5.8	42.6	30.3	30.6	4.4	17	7	43	1	18	1

据统计,截至 2021 年新疆已累计审(认)定棉花品种 341 个,其中自 2000 年《种子法》颁布以来,即 2000—2021 年,共选育适宜南疆的早中熟品种(简称南早中)和适宜北疆的早熟棉品种(简称北早)分别为 98 个和 95 个。进一步分析表明,2010—2021 年培育的南早中和北早品种数量均较 2000—2009 年有大幅度提高,分别为 2000—2009 年的 1.9 倍和 1.6 倍。2000—2021 年南早中品种生育期变化不大,可能与南疆机采面积较小有一定关系,而北早生育期有缩短的趋势,这与北疆气候变暖更明显以及生产中机采棉大面积推广有密切关系;南早中和北早两类品种铃重均呈减少趋势,这可能与丰产、稳产品种的结铃性须有明显优势,而结铃性强的品种其铃重一般不可能太大有关;2010—2021 年培育的南早中和北早品种衣分均有明显提高,较 2000—2009 年分别提高 1.3 个百分点和 1.5 个百分点;纤维综合品质明显优化,2010—2021 年培育的南早中品种纤维长度、强度较 2000—2009 年分别提高 1.1 mm、1.6 cN/tex 个百分点,2010—2021 年培育的北早品种纤维长度、强度较 2000—2009 年分别提高 0.7 mm、1.5 cN/tex,但两种类型品种的马克隆值均有增大的趋势。

2010—2021 年,虽然参与品种培育的科研单位和生产单位数量没有变化,但参与培育品种的企业数有较大幅度的增加,其中参与培育南早中与北早品种的企业数分别由 12 家增加至 29 家、7 家增加至 17 家,显示企业参与品种育种有较高的积极性。

在抗病方面,抗枯萎病育种取得突破,而抗黄萎病育种形势严峻。2010—2021 年培育的南早中和北早品种中高抗枯萎病占比分别由 27.0% 提高至 73.8%、27.3% 提高至 69.4%,高抗和抗枯萎病占比分别由 54.1% 提高至 90.2%、75.8% 提高至 98.4%。2000—2021 年培育的南早中没有高抗黄萎病品种,抗黄萎病品种占比由 2000—2009 年的 24.3% 降至 2010—2021 年的 6.6%;北早高抗黄萎病品种占比由 2000—2009 年的 21.2% 降至 2010—2021 年的 1.6%。抗黄萎病品种占比由 2000—2009 年的 30.3% 降至 2010—2021 年的 1.6%。造成抗黄萎病品种特别是高抗黄萎病品种占比少的原因,与原先新疆黄萎病发病较轻甚至没有,而现在不但有而且很普遍,有些棉田还很严重,特别是与落叶型黄萎病小种的出现有关,导致过去鉴定为抗甚至高抗黄萎病的品种,现在却成为耐甚至感病品种。以新疆农业科学院培育的新陆早 57 号为例,当时审定时被鉴定为高抗黄萎病品种,而现在育种单位自己再次鉴定却是感病品种。专家分析认为,此结果与新疆棉区黄萎病生理小种变化和病情加重有关(表 13-4)。

对近年最新培育的品种分析可知,2014—2021期间审定的棉花品种106个,包括陆地棉品种74个、海岛棉品种27个、彩色棉品种5个(表13-5)。

表13-5·2014—2021年新疆绿洲审定棉花品种

(毛树春,田立文,2021年)

品种名称	类型*	适宜棉区	枯指	黄指	长度(mm)	比强度(cN/tex)	马克隆值	整齐度指数(%)	审定号	生育期(d)	年份
新陆早64号	非/常	北疆	13.9	57.7	30.0	29.5	4.4	85.5	新审棉2014年55号	128	2014
新陆早65号	非/常	北疆	16.2	77.8	30.2	30.3	4.0	85.2	新审棉2014年56号	125	2014
新陆早66号	非/常	北疆	0.5	58.8	33.9	32.1	3.8	87.4	新审棉2014年57号	126~128	2014
新陆早67号	非/杂	北疆	16.6	61.7	30.0	32.4	4.4	85.5	新审棉2014年58号	121	2014
新陆中70号	非/常	南疆	9.8	54.1	29.6	32.6	4.4	85.3	新审棉2014年59号	135	2014
新陆中71号	非/常	南疆	8.6	感	29.6	29.0	4.0	84.3	新审棉2014年60号	143	2014
新陆中72号	非/常	南疆	抗	耐	28.9	28.6	4.9	84.0	新审棉2014年61号	132~134	2014
新陆中73号	非/常	南疆	13.4	57.5	30.4	30.0	4.4	84.6	新审棉2014年62号	136	2014
新陆中74号	非/常	南疆	1.3	50.6	29.7	28.1	4.5	85.4	新审棉2014年63号	133	2014
新陆中75号	非/常	南疆	耐	感	30.7	33.0	4.4	866.1	新审棉2014年64号	133	2014
新陆中76号	非/常	南疆	高抗	耐	30.4	28.4	4.6	84.9	新审棉2014年65号	139	2014
新海45号	非/海	南疆	抗	抗	37.5	46.7	4.2	87.5	新审棉2014年66号	136	2014
新海46号	非/海	南疆	抗	抗	38.6	45.9	4.2	87.6	新审棉2014年67号	138	2014
新海47号	非/海	南疆	耐	抗	37.7	46.1	4.2	88.2	新审棉2014年68号	140	2014
新海48号	非/海	南疆	抗	抗	38.6	46.5	3.9	88.2	新审棉2014年69号	136~140	2014
新陆早68号	非/杂	北疆	耐	耐	30.0	31.3	4.7	85.5	新审棉2015年30号	119	2015
新陆早69号	非/杂	北疆	5.1	53.0	30.5	32.1	4.5	85.4	新审棉2015年31号	120	2015
新陆早70号	非/常	北疆	高抗	感	29.3	30.5	4.6	85.1	新审棉2015年32号	120	2015
新陆早71号	非/常	北疆	1.8	40.8	29.8	30.5	4.1	85.6	新审棉2015年33号	120	2015
新陆早72号	非/常	北疆	2.1	45.4	29.3	29.1	4.4	84.0	新审棉2015年34号	123	2015
新陆早73号	非/常	北疆	0.9	51.0	30.3	29.9	4.4	85.4	新审棉2015年35号	125	2015
新陆中77号	非/常	北疆	3.2	14.8	29.8	29.7	4.4	84.5	新审棉2015年36号	138	2015
新海49号	非/海	南疆	2.5	8.8	37.9	43.9	4.1	88.2	新审棉2015年37号	140	2015
新海50号	非/海	南疆	16.8	15.5	37.5	45.7	4.1	88.1	新审棉2015年38号	141	2015
新海51号	非/海	南疆	高抗	高抗	39.1	43.9	3.7	88.2	新审棉2015年39号	139	2015
新海52号	非/海	南疆	抗	抗	38.6	45.3	3.9	88.7	新审棉2015年40号	138	2015
新海53号	非/海	南疆	高抗	高抗	39.2	45.3	4.0	88.7	新审棉2015年41号	141	2015
新海54号	非/海	南疆	3.2	6.0	37.2	46.1	4.5	87.6	新审棉2015年42号	139	2015

续 表

品种名称	类型	适宜棉区	枯指	黄指	长度(mm)	比强度(cN/tex)	马克隆值	整齐度指数(%)	审 定 号	生育期(d)	年份
新陆早 74 号	非/杂	北疆	6.4	41.5	30.5	31.3	4.2	85.3	新审棉 2016 年 33 号	120	2016
新陆早 75 号	非/杂	北疆	耐	耐	29.6	29.2	4.4	84.7	新审棉 2016 年 34 号	130	2016
新陆早 76 号	非/杂	北疆	8.5	34.7	30.3	30.4	4.0	85.4	新审棉 2016 年 35 号	125	2016
新陆中 78 号	非/常	南疆	5.1	37.2	30.2	33.1	4.2	85.4	新审棉 2016 年 36 号	135	2016
新陆中 79 号	非/常	南疆	5.5	34.8	30.7	30.9	4.4	85.0	新审棉 2016 年 37 号	136	2016
新陆中 80 号	非/常	南疆	4.1	19.4	30.2	30.3	4.6	85.2	新审棉 2016 年 38 号	135	2016
新陆中 81 号	非/常	南疆	8.3	39.2	30.1	31.2	4.3	84.7	新审棉 2016 年 39 号	137	2016
新海 55 号	非/海	南疆	高抗	抗	38.1	45.9	4.2	87.8	新审棉 2016 年 40 号	141	2016
新海 56 号	非/海	南疆	7.1	16.1	38.7	46.2	3.9	88.3	新审棉 2016 年 41 号	139	2016
新海 57 号	非/海	南疆	4.2	15.0	38.4	45.6	3.9	87.6	新审棉 2016 年 42 号	139	2016
新海 58 号	非/海	南疆	8.6	18.2	38.7	45.4	4.0	87.8	新审棉 2016 年 43 号	138	2016
新陆早 77	非/常	北疆	3.4	44.1	30.7	32.5	4.7	86.4	新审棉 2017 年 41 号	122	2017
新陆早 78	非/常	北疆	10.1	24.5	30.1	31.7	4.4	84.4	新审棉 2017 年 42 号	115	2017
新陆早 79	非/常	北疆	3.4	36.4	31.3	31.4	4.2	84.7	新审棉 2017 年 43 号	118	2017
新陆早 80	非/常	北疆	5.7	22.4	30.0	31.4	4.7	85.3	新审棉 2017 年 44 号	117	2017
新陆早 81	非/常	北疆	5.1	25.1	29.8	31.5	4.3	85.1	新审棉 2017 年 45 号	125	2017
新陆早 82	非/常	北疆	3.7	32.9	29.6	30.1	4.6	85.5	新审棉 2017 年 46 号	120	2017
新陆早 83	非/杂	北疆	3.1	34.8	30.6	31.6	4.4	85.4	新审棉 2017 年 47 号	118	2017
新陆早 84	非/常	北疆	3.7	31.8	31.3	32.7	4.1	84.6	新审棉 2017 年 48 号	120	2017
新陆中 82	非/常	南疆	5.3	35.1	30.0	31.1	4.5	84.9	新审棉 2017 年 49 号	133	2017
新陆中 83	非/常	南疆	6.2	16.3	33.1	34.0	4.0	85.7	新审棉 2017 年 50 号	136	2017
新陆中 84	非/常	南疆	3.9	30.2	30.9	31.9	4.1	85.5	新审棉 2017 年 51 号	140	2017
新陆中 85	非/常	南疆	4.1	10.2	31.6	32.2	4.0	84.7	新审棉 2017 年 52 号	139	2017
新陆中 86	非/常	南疆	3.8	43.3	30.8	31.6	4.3	85.2	新审棉 2017 年 53 号	136	2017
新陆中 87	非/常	南疆	3.7	32.2	29.7	29.3	4.3	84.3	新审棉 2017 年 54 号	135	2017
新陆中 88	非/常	南疆	5.4	31.9	31.9	32.9	4.3	86.0	新审棉 2017 年 55 号	137	2017
新海 59 号	非/海	南疆	4.4	5.3	39.4	45.4	4.1	89.4	新审棉 2017 年 56 号	130	2017
新海 60 号	非/海	南疆	3.6	5.3	40.1	43.5	3.9	90.1	新审棉 2017 年 57 号	135	2017
新海 61 号	非/海	南疆	3.8	6.5	38.3	45.3	4.4	88.6	新审棉 2017 年 58 号	130	2017
新海 62 号	非/海	南疆	3.8	5.5	38.8	46.2	4.1	88.7	新审棉 2017 年 59 号	129	2017
新海 62 号	非/海	南疆	3.8	5.2	38.3	43.1	4.1	88.0	新审棉 2017 年 60 号	137	2017
新彩 28 号	非/彩	北疆	3.8	28.8	30.8	30.8	4.4	86.8	新审棉 2017 年 61 号	125	2017

续 表

品种名称	类型	适宜棉区	枯指	黄指	长度(mm)	比强度(cN/tex)	马克隆值	整齐度指数(%)	审定号	生育期(d)	年份
新石选12-2	非/常	北疆	2.2	30.0	30.5	32.3	4.3	84.3	新审棉2018年37号	124	2018
子鼎6号	非/常	北疆	2.4	28.4	30.1	31.5	4.7	85.0	新审棉2018年38号	120	2018
金垦1161	非/常	北疆	2.4	33.1	30.2	30.2	4.6	84.6	新审棉2018年39号	123	2018
金垦1441	非/常	北疆	2.1	30.7	30.7	31.0	4.3	85.6	新审棉2018年40号	122	2018
新石K25	非/常	北疆	2.8	28.3	30.3	31.1	4.2	85.1	新审棉2018年41号	123	2018
新石K24	非/常	北疆	3.2	25.4	30.7	31.4	4.3	85.1	新审棉2018年42号	123	2018
K2725	非/常	北疆	2.7	19.4	30.8	30.9	4.4	85.3	新审棉2018年43号	125	2018
Y21	非/常	北疆	2.1	32.1	30.8	30.3	4.4	85.9	新审棉2018年44号	123	2018
金垦杂1062	非/杂	北疆	2.7	29.5	30.0	30.9	4.7	85.2	新审棉2018年45号	120	2018
T11-5	非/常	北疆	1.9	32.1	30.0	30.5	4.5	84.6	新审棉2018年46号	122	2018
NH12026	非/常	北疆	3.0	27.6	30.3	31.5	4.4	85.1	新审棉2018年47号	119	2018
金垦1442	非/常	北疆	2.0	43.2	30.3	30.7	4.3	84.6	新审棉2018年48号	121	2018
新石K26	非/常	北疆	2.7	28.3	30.0	30.4	4.4	84.6	新审棉2018年49号	119	2018
Z1146	非/常	北疆	2.2	38.3	30.8	31.8	4.4	84.9	新审棉2018年50号	121	2018
金垦1402	非/常	北疆	2.3	31.9	31.6	33.2	4.5	84.5	新审棉2018年51号	121	2018
K-418	非/常	南疆	2.2	13.3	31.8	30.5	4.3	84.2	新审棉2018年52号	138	2018
春秋S36	非/常	南疆	2.8	30.0	31.4	29.5	4.4	84.8	新审棉2018年53号	130	2018
欣试518	非/常	南疆	2.7	35.3	30.8	30.7	4.4	84.8	新审棉2018年54号	135	2018
盛棉2号	非/常	南疆	2.4	17.8	31.5	33.5	4.0	83.5	新审棉2018年55号	136	2018
塔河2号	非/常	南疆	2.2	21.4	30.0	31.1	4.4	84.4	新审棉2018年56号	136	2018
金凯9号	非/常	南疆	2.8	29.3	30.0	30.5	4.5	84.1	新审棉2018年57号	132	2018
源棉新13305	非/常	南疆	2.6	36.6	30.6	31.3	4.4	84.1	新审棉2018年58号	134	2018
耕野21-86	非/常	南疆	2.4	26.0	32.3	33.3	3.9	85.0	新审棉2018年59号	137	2018
新78	非/海	南疆	3.1	8.5	39.4	45.1	4.2	89.0	新审棉2018年60号	129	2018
MCR3915	非/海	南疆	6.1	9.0	36.6	44.6	4.4	87.7	新审棉2018年61号	129	2018
鲁泰700Q	非/海	南疆	3.3	9.8	37.9	44.0	3.8	87.4	新审棉2018年62号	125～130	2018
元龙17号	非/海	南疆	2.7	9.3	38.2	47.0	4.2	89.3	新审棉2018年63号	135	2018
H39012	非/海	南疆	3.2	8.6	39.3	46.2	4.1	88.9	新审棉2018年64号	130	2018
九棉27	非/海	南疆	2.7	9.3	39.1	44.9	4.0	88.7	新审棉2018年65号	130	2018
新石H12	非/常	北疆	2.0	32.2	30.9	32.5	4.3	85.5		126	2021
金垦1565	非/常	北疆	2.5	33.3	31.8	34.4	4.1	85.7		127	2021
JKB16	非/常	北疆	2.8	28.6	33.7	35.1	4.3	88.8		136	2021

续 表

品种名称	类型	适宜棉区	枯指	黄指	长度(mm)	比强度(cN/tex)	马克隆值	整齐度指数(%)	审定号	生育期(d)	年份
庄稼汉701	非/常	北疆	3.3	20.4	30.0	33.6	4.3	84.2		127	2021
天云2119	非/常	北疆	2.6	26.7	30.9	30.2	4.4	84.8		130	2021
惠远722	非/常	北疆	3.0	21.4	30.1	31.2	4.3	85.5		128	2021
桑塔木6号	非/常	南疆	3.2	20.4	33.2	29.2	4.2	85.6		134	2021
HD02	非/常	南疆	3.0	29.7	33.2	29.5	3.9	85.9		132	2021
中棉所96A	非/常	南疆	3.6	19.3	32.5	31.9	4.1	85.7		134	2021
鸿泰6636	非/常	南疆	3.1	11.6	32.6	32.9	4.0	86.1		135	2021
AW04	非/常	南疆	3.1	15.5	32.8	32.5	4.2	86.8		138	2021
AW05	非/常	南疆	3.3	21.7	33.2	32.7	4.1	86.8		133	2021
新6015	非/常	南疆	7.6	22.0	33.1	32.3	4.0	87.1		136	2021
棕234	非/彩	南疆	3.2	23.4	30.4	31.6	4.3	84.3		126	2021
石彩17	非/彩	南疆	高抗	抗	30.9	32.1	4.4	85.2		125	2021
K426	非/海	南疆			40.4	45.6	4.0	89.2		129	2021
长丰10号	非/海	南疆	抗	高抗	41.4	46.1	4.0	90.0		130	2021

*：“非”指非转 *Bt* 基因品种，“常”指常规品种，“海”指海岛棉品种，“杂”指杂交种 F_1 代，“彩”指彩色棉品种。

通过长期不懈努力，海岛棉品种已实现品质更优、丰产性更好、抗病性更强的目标，表现为目前选育的海岛棉品种纤维长度、比强度、整齐度指数普遍可达≥37 mm、≥44 cN/tex、≥88%，马克隆值4.2左右，品种由过去的感病、纤维色泽乳黄为主，改良为抗病甚至高抗枯（黄）萎病、纤维色泽洁白类型，其示范田可稳定实现大面积籽棉产量达 6 000 kg/hm² 以上，部分棉田产量可达 7 500 kg/hm² 以上高产水平的格局。新疆生产的海岛型长绒棉已成为纺超高支漂白棉纱无以媲美的最好原料。

彩色棉品种选育取得重大突破，以棕色为主的彩色棉品种选育始于2000年。起步之初，其纤维长度、比强度、整齐度指数、衣分普遍分别≤28 mm、≤25 cN/tex、≤82%、≤35%，品种不抗枯（黄）萎病，产量较低。经改良后，现培育的品种纤维长度、比强度、整齐度指数分别≥29 mm、≥30 cN/tex、≥84%、≥40%，抗枯萎病甚至高抗枯萎病，耐黄萎病，且丰产性较好。

二、新疆棉花种子管理发展历程

(一) 种子管理机构

在古代新疆，棉花种子的研发几乎完全由民间自发组织与开展，国家没有相应的种子管理机构。近代，除民国时期政府零星参与种子管理工作外，其他时期也没有专门的种子管理与研究机构以及相关种子管理政策出台的报道。

新中国成立后,为尽快促进新疆棉花产业发展,提高棉花种植科技水平,在党和政府的重视下,在1958年前(不含1958年),新疆已明确新疆种子管理与经营业务由粮食、油脂部门代管,实行行政、技术两位一体的种子指导与推广体制,其主要工作是围绕群众性的优良农家品种的评选并组织推广。

1958年,新疆维吾尔自治区农业厅成立了专门的种子管理部门——种子处,随后多数地(州)、县成立了种子站,形成了区、地、县种子管理、经营体系,改变1958年前由粮食、油脂部门代管种子业务的局面,从而有效确保与农业部设立的种子管理局工作的正常对接。

1962年11月,根据中共中央国务院下达的《关于加强种子工作的决定》,明确已成立的种子站是集行政、技术与经营"三位一体"的种子工作体制,基本的体制模式是种子经营与管理"一套人马,两块牌子"。

20世纪80年代初,新疆维吾尔自治区为建立健全种子机构、巩固发展良种繁育体系和建立种子专业化生产基地,1980年全区恢复和新建种子公司(站)95个,从而全面落实区、地、县种子行政、事业、经营"三位一体"的种子机构,先后还成立了自治区品种审定委员会、自治区种子学会,建立了海南南繁基地,种子部门的基础设施建设和设备更新得到了政府部门强有力的支持,种子事业呈现前所未有的好形势。

1987年,新疆维吾尔自治区种子管理处变更为新疆维吾尔自治区种子管理总站,其间种子站仍既有管理职能又有生产经营职能,各级种子站与种子公司实为一家单位,这种政企不分的管理机构刚开始对规范种子管理和经营也确实发挥了重要的作用,表现为:品种更新更换速度明显加快,全区良种覆盖率大幅度提高,到20世纪90年代初良种覆盖率达到90%左右。

20世纪90年代中期,随着市场经济体制的建立和不断完善,种子产业也在不断发展与壮大,特别是2001年中国加入WTO后的市场变化,已有的种子工作方针和管理体制越来越不适应形势的要求。随着《种子法》和《关于推进种子管理体制改革加强市场监管的意见》[国办发2006(40号)]的出台,于2008年9月新疆种子政企不分的运营模式完全被打破,即种子站和公司实现分设,目前新疆政府种子管理机构已从过去的"三位一体"的计划模式彻底转变为"以市场为导向的"现代种业管理模式,政府种子管理机构主要行使行政和事业职能,不再参与种子经营活动。至2009年,自治区、地(州、市)、县(市)三级能正常行使行政管理职能的种子站达102个,同时完成了种子企业产权制度改革,明确了企业的市场主体地位。

近十余年,新疆根据党中央文件精神和农业部的部署,制定了全面实施国家种子工程的计划和措施,从而推动了种业机制创新,加速了全区棉花产学研结合的商业化育种进程,这是种子工作向现代化目标迈进的又一次重大革命,是我国种子工作继"四自一辅""四化一供"后的新里程碑。

目前新疆棉花种子管理和经营已完全脱钩,实现了政企分设,同时建立了自治区、地(州、市)、县(市)三级种子管理机构,拥有管理人员600余人。其中大学本科以上工作人员占30%左右,形成了一支专业化的种子管理队伍,强化了种子管理和执法职能,主要行使行政管理职能,加强种子管理与执法体系、质量监督检测体系工作,加大种子法律、法规的宣传贯彻力度,使种子行业真正有法可依,进一步提高了全系统、全社会法律意识和法治观念。

新疆维吾尔自治区种子站还负责棉花新品种区域试验、抗性和真实性鉴定工作、新品种审定、生产用品种推荐、老品种淘汰等工作,在主产棉区建设多个区域试验(鉴定)站,全面提升种子管理水平。

(二) 政策

新疆种子产业的发展与国家和自治区及时出台的政策密不可分,主要政策如下。

1958年,农业部在总结种子工作经验的基础上,提出了农村用种主要靠农业社自选、自繁、自留、自用,辅以必要调剂的"四自一辅"种子工作方针。

1962年11月,中共中央国务院下达《关于加强种子工作的决定》,明确种子站集行政、技术与经营三位一体的种子工作体制。

1978年,国务院批转农林部关于实现种子"四化一供"(即品种布局区域化、种子生产专业化、加工机械化和质量标准化,以县为单位有计划地组织统一供种)的报告,实现种子经营与管理一套班子两块牌子的体制。

1987年9月5日,为了加强农作物种子管理,提高种子质量,保护品种选育者和生产者、经营者及使用者的正当权益,促进农业生产的发展,根据国家有关规定,结合自治区实际,新疆维吾尔自治区第六届人民代表大会常务委员会第二十八次会议通过了《新疆维吾尔自治区农作物种子管理条例》。

1989年3月,国务院发布《中华人民共和国种子管理条例》,对种子管理工作首次做出规定:国务院农业、林业主管部门,分别主管全国农作物、林木种子工作;县级以上地方人民政府农业、林业主管部门,分别主管本行政区域内农作物、林木种子工作。种子管理机构是农业行政主管部门下属的一个管理类型的职能部门,对于保护品种选育者、种子生产者、经营者和使用者的合法权益,促进种子产业健康、迅速发展,保障农业生产安全具有重要作用。

1994年,新疆维吾尔自治区第八届人民代表大会对1987年颁布的《新疆维吾尔自治区农作物种子管理条例》进行修正。

1997年3月20日,国务院通过《中华人民共和国植物新品种保护条例》。

1999年4月23日,我国加入国际植物新品种保护联盟(UPOV 1978年文本),并正式开始受理来自国内外的植物品种权申请。

2000年7月8日,第九届全国人民代表大会常务委员会第十六次会议通过《中华人民共和国种子法》(自2000年12月1日起施行),标志着中国国有种子公司垄断经营历史的结束,进入了政府指导下的市场经营阶段,开创了种子产业商业化改革的新局面,种业主体多元化格局基本形成。原有的排除种子科研在外的"以县为单位组织统一供种"的体制被彻底打破,一大批集育种、科研与种子经营为一体的种子公司应运而生,确立了品种权的法律地位,品种知识产权受到保护,实施了国际双边贸易,鼓励发展种子的进出口业务,确保我国种业成为农业领域市场化进程最好的产业之一,种业领域呈现百花齐放、百强竞雄的局面。

2006年5月,国务院办公厅印发《关于推进种子管理体制改革加强市场监管的意见》[国办发2006(40号)],明确规定种子管理机构应履行行政许可、行政处罚、行政管理三大职能,种子站必须在限定时间内和种子公司分设。至2008年9月,新疆所有种子站和公司完全实现分设,种子行业完成了商业化改革。

2011年4月7日,国务院以国发(2011)8号印发《关于加快推进现代农作物种业发展的意见》,并于 2011 年 8 月 22 日,中华人民共和国农业部公布《农作物种子生产经营许可管理办法》,明确农作物种业是国家战略性、基础性核心产业,推动种子企业兼并重组,提高"品种准入门槛"和"企业准入门槛",如"育、繁、推"一体化企业,要求注册资本 1 亿元、固定资产 5 000 万元;进出口企业,注册资本 3 000 万元、固定资产 3 000 万元;"两杂"生产经营要求注册资本 3 000 万元、固定资产 1 000 万元;非"两杂"农作物生产许可要求注册资本 500 万元,经营许可要求注册资本 200 万元。同时各项扶持现代种业发展的政策密集出台,这一系列政策对新疆的棉种企业产生较大的影响,通过新疆棉种企业的改革与重组,公司数量减少幅度高达 50%,标志着新疆棉花种业进入产业升级的新阶段。

2011 年 11 月,新疆维吾尔自治区人民政府出台《自治区关于加快现代农业种业发展的意见》(新政发[2011]90 号),总结新疆种子工作的经验教训,安排部署抓好种业管理工作,优化种业发展环境的具体措施,包括加快新疆种子企业兼并重组,自治区财政安排支持现代种业发展专项经费,加强对"育、繁、推"一体化种子企业的税收、融资和保险支持政策,扎实推进现代农作物种业发展,贯彻落实《国务院关于加快推进现代农作物种业发展的意见》精神,充分发挥新疆种业资源优势,做大做强现代农业种业,提高新疆现代农业的核心竞争力。

2001 年,发布《农业部植物新品种复审委员会审理规定》《农业植物新品种权侵权案件处理规定》,2012 年发布了《农业植物品种命名规定》等配套规章制度。随后 2013 年和 2014 年国务院相继对 1997 年制定的《中华人民共和国植物新品种保护条例》进行了两次修改完善,同时为了配合《中华人民共和国植物新品种保护条例》的实施,农业部对原有的《中华人民共和国植物新品种保护条例实施细则(农业部分)》进行相应的修改完善。

2015 年 4 月,农业部公布《农作物种子生产经营许可管理办法》。

2015 年 11 月,中华人民共和国第十二届全国人民代表大会常务委员会第十七次会议修订《中华人民共和国种子法》,修订后的《中华人民共和国种子法》发布,自 2016 年 1 月 1 日起施行。

2016 年 7 月,中华人民共和国农业部发布新修订的《农作物种子生产经营许可管理办法》(农业部令 2016 年第 5 号),自 2016 年 8 月 15 日起施行。

2018 年 1 月 19 日,新疆维吾尔自治区主要农作物品种审定委员会公布了包括棉花在内的《新疆维吾尔自治区主要农作物品种审定标准》。

第二节 · 新疆棉花品种区域试验

棉花品种试验是对棉花新品种(系)的农艺性状、经济性状及抗病性等重要农艺性状和经济性状进行综合鉴定、评价来判断是否符合棉花审定标准的相关试验。依据 2016 年 8 月 15 日农业部颁布实施的《主要农作物品种审定办法》,棉花品种试验主要包括区域试验、生产试验和品种特异性、一致性和稳定性测试。棉花品系需经过 3~4 年品种试验,对于符合审定条件的,首先由棉花专业审定小组进行初审,初审通过的品系再提交国家农作物品种审定委员会或自治区农作物品种审定委员会进行审定和命名。

一、新疆绿洲棉花育种目标

目前,新疆棉花审(认)定棉花品种包括陆地棉、长绒棉和彩色棉,因品种农艺性状不同,其育种目标也有明显差异,根据自治区审定标准以及纺织企业对棉花纤维方面的要求,同时结合棉花种植对品种经济、农艺性状的要求,新疆棉花育种目标分别如下。

(一) 陆地棉品种

依据不同品质指标,新疆陆地棉现划分为三个类型,即特优质陆地棉、优质陆地棉和普通陆地棉,分别对应新疆维吾尔自治区棉花品种审定标准的Ⅰ型品种、Ⅱ型品种、Ⅲ型品种。不同类型的品质、产量和抗性应达到的指标见表13-6。

表13-6·不同类型陆地棉育种目标

品种类型	纤维上半部平均长度(mm)	断裂比强度(cN/tex)	马克隆值	抗病性(接种病指) 枯萎病	抗病性(接种病指) 黄萎病	霜前花率	区试皮棉产量	生产皮棉产量	增产试验点占比	备注
特优质常规陆地棉品种	≥32	≥33	3.7~4.2	≤15.0	≤35.0	≥85.0% 注:特殊年份与对照相当	对照品种增产≥0.0%,且区域试验较低年份比对照增产≥-5.0%	比对照品种增产≥-5.0%	每年区域试验、生产试验皮棉产量增产≥-10.0%,试验点比例≥60%	枯萎病病指≤5.0,黄萎病病指≤20.0的品种,皮棉产量水平可比上述规定的指标降低3%
优质常规陆地棉品种	≥30	≥30	3.5~4.7	≤5.0	≤20.0	≥85.0% 注:特殊年份与对照相当	两年区域试验皮棉平均产量比对照品种增产≥7.0%,且区域试验较低年份增产≥5.0%	比对照品种增产≥5.0%	每年区域试验、生产试验皮棉产量增产≥5.0%,试验点比例≥60%	
普通常规陆地棉品种	≥29	≥29	3.5~5.0	≤5.0	≤20.0	≥85.0% 注:特殊年份与对照相当	两年区域试验皮棉平均产量比对照品种增产≥10.0%,且区域试验较低年份增产≥8.0%	比对照品种增产≥8.0%	每年区域试验、生产试验皮棉产量增产≥8.0%,试验点比例≥60%	

(二) 其他类型品种

1. 长绒棉品种品质指标·每年区域试验,纤维上半部平均长度≥36 mm,断裂比强度≥45 cN/tex,马克隆值3.7~4.2;产量指标应达到:单铃重≥3.3 g,衣分≥33%,皮棉平均产量比对照品种稳定增产≥8.0%,抗枯、黄萎病,第一果枝结位较高,吐絮畅而集中,不落絮。

2. 彩色棉品种品质指标·每年区域试验,棕色棉:纤维上半部平均长度≥29 mm,断裂比强度≥29 cN/tex,马克隆值3.4~4.5;绿色棉:纤维上半部平均长度≥28 mm,断裂比强度≥28 cN/tex,马克隆值3.2~4.5。

3. 机采棉品种品质指标·针对新疆棉区对机采棉品种的需求,明确新疆机采棉品种株型适应松散、抗倒伏、第一果枝始节高度20 cm以上等特点;同时,霜前花率90%以上,对脱叶剂敏感,吐絮集中,含絮力适度。每年区域试验,纤维上半部平均长度≥30 mm,断裂比强度≥30 cN/tex,马克隆值3.5~4.9。

二、新疆绿洲棉花品种区域试验

目前,新疆棉区开展的棉花品种试验有西北内陆棉区品种试验,新疆棉花品种试验以及棉花品种联合体试验。

(一)西北内陆棉花品种试验

西北内陆棉花品种试验由全国农业技术推广中心进行组织管理,在新疆、甘肃两省区实施,试验点主要集中在新疆。

新疆品种试验最早于 1956 年参加全国西北内陆棉区棉花品种试验,包括新疆、甘肃和宁夏三省区,新疆的试验点位于石河子。早中熟陆地棉品种比较试验点分别位于新疆的库尔勒、吐鲁番、阿克苏和莎车。海岛棉品种比较试验点为新疆的吐鲁番、阿克苏和莎车。早熟、早中熟陆地棉试验由于没有合适的统一对照品种,因此不同试验点采用不同对照进行比较试验,其中早熟棉区石河子对照品种为 611 波,甘肃永宁、宁夏安息对照为 C-3173;中晚熟棉区的吐鲁番对照品种为 8517,其他三个试验点对照为 108 夫。在完成几轮试验后,西北内陆棉区试验于 20 世纪 60 年代中断,于 1978 年恢复。

1978—1981 年,西北内陆棉区开展第一轮品种试验,南疆中熟陆地棉区域试验点 9 个,参试品系 8 个;吐鄯托长绒棉区试验点 9 个,参试品系 7 个;北疆早熟棉区试验点 9 个,参试品系 9 个;1979—1981 年南疆开展第一轮长绒棉区试,试点 7 个,参试品系 7 个。

1978—2000 年,西北内陆棉花区域试验完成 8 轮区试,前六轮区试每轮进行三年,第七、第八轮区试每轮进行两年。

2000—2020 年,参试棉花品系采用滚动制,对于当年不达标的品系直接淘汰,补充新品系进行参试。参试品系连续两年区域试验达标后,可以进入生产试验,对于通过区域试验、生产试验达到审定标准后可以申报品种审定。2000 年后品种试验包含区域试验 2 年,生产试验 1 年。目前,西北内陆棉区品种试验分为 3 组:早熟棉、早熟机采棉、早中熟组。试验类型及承担单位见表 13-7。

表 13-7 · 2020 年西北内陆棉区品种试验承担单位

组 别	试验承担单位	
	区 域 试 验	生 产 试 验
早熟棉组	石河子农业科学研究院,新疆锦棉种业科技股份有限公司,新疆兵团第六师农业科学研究所,博乐市种子管理站,新疆兵团第七师农业科学研究所,新疆惠远种业股份有限公司,甘肃省农业科学院作物研究所	石河子农业科学研究院,新疆锦棉种业科技股份有限公司,新疆兵团第六师农业科学研究所,新疆兵团第七师农业科学研究所,甘肃省农业科学院作物研究所
早中熟组	新疆金丰源种业股份有限公司,麦盖提县种子管理站,新疆兵团第三师农业科学研究所,莎车县种子站,新疆农业科学院库车试验站,新疆塔里木河种业股份有限公司,新疆巴音郭楞蒙古自治州农业科学研究院,新疆富全新科农业有限责任公司	新疆金丰源种业股份有限公司,新疆兵团第三师农业科学研究所,莎车县种子站,新疆农业科学院库车试验站,新疆塔里木河种业股份有限公司,新疆巴音郭楞蒙古自治州农业科学研究院,新疆富全新科农业有限责任公司
早熟棉机采组	石河子农业科学研究院,新疆锦棉种业科技股份有限公司,新疆兵团第六师农业科学研究所,博乐市种子管理站,新疆兵团第七师农业科学研究所,新疆惠远种业股份有限公司,甘肃省农业科学院作物研究所	石河子农业科学研究院,新疆锦棉种业科技股份有限公司,新疆兵团第六师农业科学研究所,新疆兵团第七师农业科学研究所,甘肃省农业科学院作物研究所

早熟棉组：品种试验分布新疆、甘肃两省区，主要集中在北疆早熟棉区。2000年区域试验点为7个，其中北疆4个，南疆2个，甘肃2个，生产试验点5个。2020年调整为区域试验点7个，其中北疆早熟棉区6个，甘肃试验点1个，生产试验点5个，其中新疆试验点4个，甘肃1个点，对照为新陆早61号。

早中熟棉组：品种试验全部位于南疆棉区，计7个点，生产实验5个点。2000—2020年，试验数量和承担单位进行了调整，最终区域试验点数7个，生产试验6个，对照为中棉所49。

早熟机采棉组："2017年国家棉花品种区试总结年会"决定在西北内陆棉区增设国家早熟机采组品种试验，于2018年开始实施，试验设置7个点，生产试验5个点，对照品种为新陆早61号。（表13-7）

(二) 新疆棉花品种试验

新疆棉花品种试验是由新疆维吾尔自治区种子管理总站组织管理，在南、北疆多个生态区开展的品种区域试验。

1977年，新疆维吾尔自治区农作物品种审定委员会成立，成为新疆农作物品种审定机构，所有农作物品种由自治区审定委员会统一命名，自治区和兵团分别组织品种区域试验和生产试验。

1997年，新疆维吾尔自治区农业厅种子管理站、新疆农业科学院、新疆生产建设兵团联合组织了新疆棉花品种区域试验，分为早熟陆地棉组、早中熟陆地棉组、吐鲁番地区长绒棉组、南疆长绒棉组。随着新疆棉花生产发展需求的变化，棉花区域试验组也进行了相应的调整，试验组增加了早熟机采棉组、早熟杂交棉组、早中熟机采棉组和彩棉组，取消了吐鲁番地区长绒棉组。当前，新疆棉花品种试验包括品种比较试验、区域试验和生产试验，其中品种比较试验1年，区域试验2年，生产试验1年。

早熟、早中熟常规品种试验针对新疆早熟棉区、早中熟棉区开展的试验。2000年，早熟棉区域试验参试品系较多，分为2组，每组共计7个试验点，其中北疆6个，南疆1个，生产试验点5个；早中熟棉区域实验分别设立3组，每组共计7个试验点，生产试验为5个点。由于参加品种比较试验的品系数量较多，为保证区域试验合理性和数据准确性，增加了棉花品系品种比较试验，试验设置5点。2000—2020年，早熟组、早中熟组试验点数量和承担单位均进行了调整。早熟棉品种试验全部集中在北疆棉区，取消南疆试验点。目前，早熟棉品种试验的品种比较试验、区域试验、生产试验的试验点数量分别为5个、9个和8个，对照为新陆早61号；早中熟陆地棉品种试验的品种比较试验、区域试验、生产试验的试验点分别设立5个、9个和9个，对照品种为中棉所49。

机采棉品种试验较其他组别试验开展较晚，直到2011年棉花品种试验才增加早熟、早中熟机采棉组，每个组别区域试验点7个，随后增加了品种比较试验和生产试验，试验点均为5个。2011—2020年，试验点数量和承担单位做了相应的调整。目前，品种比较试验、区域试验点、生产试验的试验点分别设立4个、9个和9个，对照品种为新陆早61号。

杂交棉品种试验虽然开始时间较晚，但是最早审定杂交品种在2002年。在未增加杂交棉组的试验之前，杂交棉品系在早熟、早中熟常规品种试验组中进行比较。2007年，棉花品种试验增加早熟、早中熟杂交组，设立了品种比较试验、区域试验、生产试验。2012年之后,南疆杂交品系参试品系较少,未单独开设杂交棉试验。2015 年,早熟品种比较试验、生产试验与常规组合并。目前,杂交棉组只保留了早熟区域试验,试验点 7 个,对照为新陆早 61 号。

早中熟长绒棉品种试验与早熟、早中熟棉试验在同一年开展。目前,试验点主要集中在阿克苏、巴音郭楞蒙古自治州,品种比较试验、区域试验、生产试验的试验点分别设立 7 个、8 个和 8 个,对照为新海 41 号。

彩棉品种组试验始于 2000 年。彩棉品系参加试验数量少,未设置品种比较试验,只有区域实验和生产试验。2020 年,区域实验、生产试验的试验点均为 6 个,对照为新彩 20 号。

另外,转 Bt 基因抗虫棉区域试验于 2019 年开展,2020 年停止,试验分为北疆早熟组、南疆早中熟组,其中早熟组设置 3 个试验点,参加区域试验品系 14 个;早中熟组 4 个试验点,参加试验品系 27 个。

2020 年,新疆棉花不同类型试验组别及试验承担单位的情况见表 13 - 8。

表 13 - 8 · 2020 年新疆不同组别棉花品种试验及试验承担单位

试验组别	试验承担单位		
	品种比较试验	区 域 试 验	生 产 试 验
早熟棉常规组	新疆兵团第七师农业科学研究所,新疆农垦科学院,新疆兵团第五师农业科学研究所,新疆兵团第六师农业科学研究所,新疆大有赢得种业有限公司	新疆兵团第七师农业科学研究所,新疆农垦科学院玛纳斯试验站,新疆兵团第五师农业科学研究所,伊犁州农业科学研究所,新疆大有赢得种业有限公司,沙湾县金丰源种业股份有限公司试验站,石河子农业科学研究院	新疆惠远种业股份有限公司,博乐市种子管理站,新疆兵团第五师农业科学研究所,新疆兵团第七师农业科学研究所,新疆农垦科学院,新疆锦棉种业科技股份有限公司,新疆大有赢得种业有限公司,石河子农业科学研究院
早熟棉机采组	新疆兵团第七师农业科学研究所,新疆农垦科学院,沙湾县金丰源种业股份有限公司试验站,新疆锦棉种业科技股份有限公司	新疆兵团第七师农业科学研究所,新疆农垦科学院,沙湾县种子管理站,新疆惠远种业股份有限公司,新疆农垦科学院玛纳斯试验站,博乐市种子管理站,新疆锦棉种业科技股份有限公司,新疆兵团第五师农业科学研究所,新疆大有赢得种业有限公司	新疆兵团第七师农业科学研究所,新疆农垦科学院,沙湾县种子管理站,新疆惠远种业股份有限公司玛纳斯试验站,博乐市种子管理站,新疆锦棉种业科技股份有限公司,新疆兵团第五师农业科学研究所,新疆大有赢得种业有限公司
早熟杂交棉组	新疆兵团第七师农业科学研究所,新疆农垦科学院,新疆兵团第五师农业科学研究所,新疆兵团第六师农业科学研究所,新疆大有赢得种业有限公司	新疆兵团第七师农业科学研究所,新疆农垦科学院,新疆惠远种业股份有限公司,新疆兵团第五师农业科学研究所,新疆大有赢得种业有限公司,石河子农业科学研究院,新疆锦棉种业科技股份有限公司	新疆惠远种业股份有限公司,博乐市种子管理站,新疆兵团第五师农业科学研究所,新疆兵团第七师农业科学研究所,新疆农垦科学院,新疆锦棉种业科技股份有限公司,新疆大有赢得种业有限公司,石河子农业科学研究院
早中熟常规组	新疆金丰源种业股份有限公司,新疆富全新科种业有限责任公司,新疆塔里木河种业股份有限公司,新疆兵团第三师农业科学研究所,新疆兵团第十三师农业科学研究所	新疆巴音郭楞蒙古自治州农业科学研究院,新疆农垦科学院阿瓦提试验站,沙雅县种子管理站,新疆兵团第二师农业科学研究所,新疆塔里木河种业股份有限公司,麦盖提县种子管理站,新疆鲁丰农业科技发展有限公司,新疆闫氏德海农业科技有限公司,新疆金丰源种业股份有限公司	新疆富全新科种业有限责任公司,莎车县种子管理站,沙雅县种子管理站,新疆中棉种业有限公司伽师县试验站,英吉沙县鲁丰种业有限公司,新疆巴州农业科学研究所,新疆金丰源种业股份有限公司,新疆桑塔木种业股份有限公司,新疆鲁泰丰收棉业有限责任公司
早中熟长绒棉组	阿瓦提县种子管理站,沙雅县种子管理站,新疆塔里木河种业股份有限公司,新疆农业科学院库尔勒试验站,新疆国家原种场,新疆溢达农业科技有限公司,新疆鲁泰丰收棉业有限责任公司	新疆阿瓦提县棉城种业有限公司,新疆国家原种场,新疆塔里木河种业股份有限公司,新疆农业科学院库尔勒试验站,新疆巴音郭楞蒙古自治州农业科学研究院,新疆金丰源种业股份有限公司,新疆溢达农业科技有限公司,新疆兵团第一师农业科学研究所	新疆金丰源种业股份有限公司,沙雅县种子管理站,新疆塔里木河种业股份有限公司,新疆阿瓦提县棉城种业有限公司,新疆巴音郭楞蒙古自治州农业科学研究院,新疆鲁泰丰收棉业有限责任公司,新疆溢达农业科技有限公司,新疆农业科学院库尔勒试验站

续　表

试验组别	试验承担单位		
	品种比较试验	区　域　试　验	生　产　试　验
彩色陆地棉组		新疆农业科学院阿瓦提试验站，新疆农业科学院玛纳斯试验站，新疆农业科学院库尔勒试验站，石河子农业科学研究院，中国彩棉集团，新疆兵团第五师农业科学研究所	新疆农业科学院阿瓦提试验站，新疆农业科学院玛纳斯试验站，新疆农业科学院库尔勒试验站，石河子农业科学研究院，中国彩棉集团，新疆兵团第五师农业科学研究所

(三) 棉花品种联合体试验

棉花品种联合体试验是指在国家或省级种子管理部门监督指导下，企业联合体、科企联合体或科研单位联合体自行开展的品种试验，参与联合体试验的主要成员应具备相应能力，并且其参试品种应是自育品种，它是一种新建品种试验平台。2016年1月起，全国农业技术推广服务中心根据《农业部办公厅关于进一步改进完善品种试验审定工作的通知》（农办种〔2015〕41号）精神，开始受理联合体组织开展的国家审定主要农作物品种试验的申请。2017年，新疆开始受理联合体组织开展的新疆审定主要农作物品种试验的申请，其中规定了外省单位不能作为自治区联合体成员。至2020年，已报道有西北内陆棉区棉花试验联合体1家，是由创世纪种业有限公司牵头与新疆石大科技股份有限公司、新疆晶华种业有限公司、新疆惠民种业有限公司和巴州禾春种业有限公司于2016年组建的"创世纪西北内陆棉花区试联盟"。新疆维吾尔自治区联合体成立2家，分别为新疆天山棉花试验联合体和新疆戈壁明珠棉花试验联合体。新疆天山棉花试验联合体是由新疆金丰源种业股份有限公司、新疆惠远种业股份有限公司、九圣禾种业股份有限公司、新疆富全新科种业有限责任公司等16家单位参与，于2019年成立；新疆戈壁明珠棉花试验联合体由新疆天盛禾农业科技发展有限公司牵头，石河子市庄稼汉农业科技有限公司等5家单位参加，于2020年成立。

棉花品种联合体试验中涉及新疆的品种试验，包括西北内陆棉区、新疆棉区的棉花品种联合体试验，试验包括品种区域试验、生产试验，其中试验点根据国家、自治区相关规定联合体试验点数不少于国家、自治区相应试验区组的试验点数，且国家试验点应分布在不同的县级行政区域内，新疆试验点应分布于不同生态行政区域内。2017年，创世纪西北内陆棉花区试联盟正式开展西北地区内陆早中熟棉花品种区域试验。2019年，新疆天山棉花试验联合体开展新疆棉区早熟、早中熟和长绒棉组品种区域试验。2020年，新疆戈壁明珠棉花试验联合体开展早熟组棉花品种区域试验。至2020年，棉花品种联合体审定的、可在新疆推广的棉花品种未见报道。

三、棉花品种区域试验改进及提高

(一) 品种试验的规定

根据农业部2016年4号令发布"主要农作物品种审定办法"第四章的品种试验规定，品种试验包括区域实验、生产试验和品种特异性、一致性和稳定性测试（简称DUS测试）。区域试验应当对品种丰产性、稳产性、适应性、抗逆性等进行鉴定，并进行品质分析、DNA指纹检测、转基因检测等。抗逆性鉴定由品种审定委员会指定的鉴定机构承担，品质检测、DNA

指纹检测、转基因检测由具有资质的检测机构承担。品种试验组织实施单位应当充分听取品种审定申请人和专家意见,合理设置试验组别,优化试验点布局,科学制定试验实施方案,并向社会公布。每一个品种的区域试验,试验时间不少于两个生产周期,田间试验设计采用随机区组或间比法排列。同一生态类型区的试验点国家级不少于10个,省级不少于5个。每一个品种的生产试验点数量不少于区域试验点,每一个品种在一个试验点的种植面积不小于300 m^2,不大于3 000 m^2,试验时间不少于一个生产周期。第一个生产周期综合性状突出的品种,生产试验可与第二个生产周期的区域试验同步进行。同时,还规定品种试验承担单位、试验技术人员应具备的条件以及品种试验质量等。

此外,申请者应具备试验能力,并且试验品种是自有品种的,可以按照"主要农作物审定办法"的规定自行开展品种试验。自行开展品种试验的实施方案需在播种前30日内报国家级或省级品种试验组织实施单位,符合条件的纳入国家级或省级品种试验实行统一管理。

(二) 品种试验提高和改进

1978—2019年,通过西北内陆、新疆棉花品种试验的棉花品系,最终通过审(认)定命名的各类棉花品种超过300个,解决了生产中对不同类型的棉花品种的需求。

近年来,为提高品种试验质量,试验管理单位对试验进行多方面的改进。一是品种试验点(次)增加。2000—2020年,新疆品种试验中,陆地棉区域试验点增加2个,生产试验点增加3~4个,数量增加60%~80%。试验点大幅增加,进一步提高了试验结果的代表性和可靠性。二是增加参加区域试验的DUS测试。DUS测试作为品种试验组成部分实施时间较晚,由农业部授权的测试机构开展。2017年,新疆品种审定规定,棉花品种审定时,需提交棉花DUS测试报告。DUS测试确保参加试验棉花品种具备特异性、一致性和稳定性。三是转基因的检测。目前,新疆未开设转基因棉花品种试验,参试品种均为非转基因棉花品系,需进行转基因检测,保证参试品系为非转基因。四是加强品种试验质量检查。为提高试验质量,管理部门进一步加强试验质量检查力度,对棉花不同生育阶段进行考察和检查,保证试验严格按照实施方案执行,以及保证试验高质量地完成。五是参试品种实行双编码保密制度以及严格禁止参试品种的育种家成单位跑点。为保证试验的公平和公正,参加品系实行二次编码,由试验组织单位对参试品系进行一次编码和其他单位进行二次编码,以确保双方均不知道参试品系真实代号,严格禁止参试单位进行跑点。

第三节·新疆绿洲棉花种业问题与可持续发展对策

一、新疆种子市场问题

(一) 品种选育不能满足生产需要

虽然先进的育种技术可以极大地缩短品种选育的时间,但由于新疆棉花种业创新较弱,表现为:新疆现有棉花品种选育方式和手段比较原始,加上种植模式一直在不断优化,而棉花品种存在选育周期比较长的特点,导致选育的棉花品种不能很好地适应优化后的种植模式,以及因新品种研发投入不足和政策支持不对路等因素,又导致不少先进的育种技术不能在新疆棉花育种中应用。另外,新疆棉区种植区域广、生态区复杂多样,依据光热资源,不仅有南疆早中熟和北疆特早熟生态区,还存在中间型生态区,如北疆早熟、南疆中早熟以及东疆中熟棉区。虽然生态区域复杂,但新疆棉花品种区域试验仅设置了南疆早中熟组和北疆早熟两个组,造成审定的品种无法满足新疆生态区多样性的要求。由于缺少中间熟性棉区品种试验,对于这一区域能够适应的品种,特别是适宜机采的品种更是凤毛麟角。

目前,新疆已培育审定的品种存在纤维类型单一、同质性强、具有突破性品种少,且种子生产企业在选择推广品种时,重点考虑品种丰产性,而对品质考虑不够。这些虽然能够满足农民对棉花产量的要求,却无法满足纺织企业对多纤维类型棉,包括对中长绒陆地棉的需求。从纺织需求来看,新疆现在培育的棉花品种有两个类型栽培种,即陆地棉和海岛型长绒棉,其中陆地棉种植面积占全疆的95%以上。陆地棉纤维品质表现(见第四章):长度(比强度)约28.5 mm(cN/tex),马克隆值以B级为主;海岛型长绒棉纤维品质指标主要集中在长度约36.5 mm,比强度约43.0 cN/tex,马克隆值以B级为主,显然新疆生产的棉花纤维品质均较为单一。从生产种植模式来看,虽然目前新疆机采棉种植规模已达80%,但机采棉品种选育工作起步较晚,而且选育周期较长,造成农业生产可供选择的机采陆地棉品种较少。为保证机采棉质量,专家一致认为"双30"品种是优质机采棉品种优选推荐品质之一。但目前适宜机采的综合农艺性较好的"双30"品种寥寥无几,导致生产中无适合品种。另外,为降低海岛型长绒棉生产成本,也迫切需要研发适宜的机采品种,然而现实是海岛型机采长绒棉品种选育仍在小面积试验示范中,从而对长绒棉生产造成越来越严重的影响,因而无法满足纺织业对优质原棉,特别是特优质长绒棉的需要。

综上所述,现有审定的棉花品种无法满足产业需求,不能发挥新疆不同生态区独特资源优势,亟待针对新疆不同生态棉区间生态环境特点,应用先进育种技术,选育出满足生产需要的棉花品种,从而实现新疆棉花优质高产的目标。

▶ **(二) 品种偏多,真实性差,纯度不高**

全疆参与棉花种子经营企业很多,其中不少企业对棉花品种知识产权保护意识淡薄,抢购套购、套牌经营屡禁不止,以及现实中品种侵权成本低,导致这些企业通过简单的"拿来主义",将其他公司或科研院所培育或推广的优秀品种以其他品种名义进行自营,即采用"挂羊头卖狗肉"的套牌经营模式。另外,种子生产程序复杂、费工费时,企业普遍过于注重眼前利益,在新品种经营过程中,"重经营、轻研发、轻服务"的现象严重,大多数种子企业种子生产标准执行不力,不少种子公司未建立完善的育、繁、推体系,不按良种繁育程序进行生产。在繁育过程中随意简化生产程序,以低标准良种代替高标准良种,甚至是原种。这种现象比较普遍,再加上种子企业受资金、人才、技术等限制,缺乏对新品种培育、制种基地田间建设的投入能力,致使生产用种纯度、质量下降,直接影响棉花产业化发展和推广应用速度。

目前,新疆存在种子企业多,其经营的品种更多、品种真实性差的现象。据2019年新疆农业厅提供的资料表明,当年新疆棉花生产中共有棉花品种500多个,单一品种平均种植面积约5 000 hm^2。由于种植品种多,而实际种植面积≥666.7 hm^{2}的品种仅有40余个,无法突显主栽和主导品种在生产中作用。

关于转 Bt 基因抗虫棉的历史遗留问题。至目前,在新疆棉区已审(认)定的棉花品种虽然没有一个是转基因的,即现有审(认)定的棉花品种均是非转基因,但生产中却有大面积种植未经审(认)定的转基因棉花品种,包括黄河及长江流域的转基因抗虫棉花品种。甚至还有国外引进的转基因抗除草剂品种,显然新疆棉花不同生态区和不同县、市、团场均不同程度地存在品种偏多、真实性差、纯度有待提高的问题。这些问题导致了绿洲棉花品种多乱杂,且成为历史遗留问题,给棉农和种子经营者均带来较大市场风险,被专家、政府官员和棉农共同诟病。

转 Bt 基因抗虫棉的历史遗留问题起因源自农业部《关于加强转基因抗虫棉管理的通知》(农农发[1998]2 号)中"西北内陆棉区近年不要推广抗虫棉"。2016 年 5 月 30 日,农业部宣布一批失效文件中就有农业部《关于加强转基因抗虫棉管理的通知》(农农发[1998]2 号),由此可以认为,转基因在新疆开展试验示范和环境释放已不存在制度上的问题。2019 年,绿洲也开展了转基因抗虫棉区域试验,南疆、北疆分别有 11～13 个品种参试,但 2020 年又停止了。受此历史遗留问题影响,多年来绿洲棉花品种审定与推广"两张皮"问题一直没有得到解决(见第九章)。

▶ **(三) 种业企业"多散小",创新严重不足**

在新疆,高峰期时主要植棉县市都有自己的种业公司。由于这些公司掌握资源有限,多数种业公司的销售基本局限在本区域内,自身能够做大做强困难太大,导致企业呈现"多、散、小"和效益较低的状态,再加上内地棉花种植面积锐减,导致大量内地企业如中棉种业、国欣种业、创世纪种业、晶华种业等涌入新疆,加剧了新疆种子企业散兵游勇、布局散、经营乱、基础弱、抗风险差的"多、散、小",形成恶性无序竞争局面,无法形成创新合力。

目前,棉花品种创新仍以科研单位为主体,科研院所和大专院校仍是科技创新主体,尤其是棉花新品种选育的主力军。其中,真正有自主知识产权的企业不足 10 家,有核心知识产权的不足 5 家,企业拥有自主知识产权和附加值较高的种子产品少,自主创新研发能力弱。为确保品种正常经营,绝大多数企业均从科研院所购买品种经营权,由于这种经营方式风险小、见效快,导致企业品种研发进入恶性循环中,即投入少,导致品种缺乏,品种缺乏,就外购品种经营权。疆内龙头种子企业如"塔里木河""金丰源""九圣禾""惠远""锦棉""承天"等种业企业均从科研院所购买品种经营权,不少企业主要依赖所购买品种经营权,即其品种经营权不能完全摆脱对科研单位品种研发的依附性。

虽然棉花商业化育种已提出多年,也有所突破,但离现代种业的要求相差甚远。表现为种质资源匮乏,研究基础差,育种技术落后。现有生物技术或分子设计等育种新技术没有成功应用的报道,棉花功能基因表达及影响因素、分子标记等成熟的辅助育种技术研究仍停留在少数大学或科研院所的试验研究阶段,涉及代表国际一流的育种技术研究基本是空白。育种目标与品种审(认)定评价标准有待完善以及品种选育周期长,导致企业普遍不具备较强的研发能力,加之政策支持和相关法律法规尚未健全,发展后劲不足,自主创新和研发投入动力严重不足。

▶ **(四) 涉及产业研发的人、财、物有待加强**

种子企业在农业企业类中属科技含量相对较高的实体,需要大量人、财、物投入。

人才方面。在国内外,特别是国外知名种子企业中不乏知名院校毕业的博士、硕士作为专职人员参与其中,但新疆棉花新品种选育长期存在投入不足现象,目前主要种子企业参与人员仅 167 人。绝大多数企业由于资金、人才、技术等方面积累十分有限,技术人员素质参差不齐,人才严重缺乏,尤其是具备创新能力的人才更少,高学历的科研人员和能力水平高的管理人员严重缺乏,导致新品种及其配套技术研发能力较差。有不少种子企业自身没有研发团队和固定的研发投入,由于资金严重不足,无法开展重大创新的育种工作。即便有研发投入的企业,其决策的随意性较大,再加上新疆棉花种业各自为政,重复低水平研发现象突出,业务水平明显不能满足现代种业需要。企业资金、人才、技术等的不足,导致现代化的新品种研发平台无法构建,生产中不少接地气问题未能及时开展研究,研发取得的重大成果少,企业育出的品种少,性状优异的品种更少。目前参与棉花种业研发的专家、教授主要来自科研院所和大学,约 80 余名。现实中这些高端育种人才不愿意放弃'铁饭碗'去企业从事研发工作,由于企业所需要的核心人才进不来、留不住,科研人员不愿意到种子企业工作,导致企业很难形成较稳定的研发团队。

总之,新疆棉花种业从事品种选育的专家和技术人员少,领军人才更少,且技术人员素质总体不高,人才的短缺成为制约种业科技创新的主要因素。

资金方面。据初步调查,只有少数几家经营比较好的新疆棉花种子企业每年有一定的研发投入,但其科技实际研发投入比例占企业当年销售收入平均不足 2%。而国家和自治区项目资助的棉花品种创新项目大多进入人才较多、技术实力较强的科研院所和大学,只有少数资金进入企业。

繁育基地建设方面。现有种子繁育基地基础设施配套不完善,包括不少公司繁育田基础设施和生产试验条件不完善,已远远不能满足现代种业良繁工作任务的需要,不利于主导品种和主推技术的推广。生产、加工标准化技术体系不完善,种子质量标准控制体系不健全,如不少种子企业不具备调温及保温性能的种子储藏库,甚至连普通种子储藏库仍有较大缺口;有的种子企业采取简易棚或场上堆放种子,极易出现破包、散包现象,导致因储藏不当而使种子报废。有不少种业制种模式仍然以"企业+农户"为主,标准化生产、机械化作业水平低,虽然亟须资金投入,但基地建设中由于企业单个规模水平偏低,较低的资本规模限制了企业在技术创新、产业整合和市场开发等方面的投资能力和成本控制能力,再加上土地流转期限普遍偏短,经营主体对修建灌溉设施、培肥地力等事关长期发展的项目不愿也不敢投入,经费投入不足成为影响繁育基地种子生产质量和产出效率的主要因素之一。

(五) 种子监管体系有待完善

新疆虽然设立了自治区、地区和县三级种子管理机构,但各级种子管理机构均不同程度地存在人员业务能力不强,且人员少、经费不足、手段落后等问题,尤其是县级机构人员严重不足,导致种子管理力量薄弱、监管技术和手段落后、监管乏力和监管不规范,严重影响了种子监管和服务水平,具体表现如下。

国家种子经营市场准入门槛降低后,造成各地经营门店泛滥,不乏没有备案的门店,其中不具备必要专业知识和职业道德的经营者,成为经营假劣种子和制假售假的高发区。由于门店分布广,政府没有及时跟进制定相应的种子市场管理措施,农业执法部门又没有强制执法手段,已有的种子管理政策和人力资源无法对种子经营形成有效监管,对生产中存在的棉花品种偏多、品种真实性差、纯度有待提高等现象监管效果较差。表现为对乱引种、套牌现象严重、转基因棉花品种面积较大、"旧瓶装新酒"、种子质量不达标等问题缺乏处罚机制,从而导致种子市场缺乏有序性。

棉花品种审(认)定是棉花生产关键环节之一,目前新疆棉花品种审定仍主要由政府种子管理部门牵头组织完成。具体由新疆种子管理站组织自治区棉花品种审定委员会专家,依据《新疆维吾尔自治区主要农作物品种审定标准》及相关规定对区试期间的田间关键农艺性状和品质表现进行评审。对符合标准的品种给予审(认)定,然而由于部分标准指标不合理、品种审定程序尚存在有待进一步完善的问题,导致审(认)定品种过多,其中不少审(认)定品质不被生产认可而闲置。

目前,新疆对棉花种子质量安全监测的投入十分有限,建设的农产品检测中心侧重农产品检测,种子质量检测能力不足、力度不够。种子田间检验、市场准入性检测等费用严重不足,对种子质量尚未实施从"产地到市场"的全过程监控,种子质量检测停留在检测基本的常规项目,现有的检测仪器设备简陋、检测能力低、检测手段落后、专职检测人员严重匮缺,质检人员技术水平和整体素质有待进一步提高。再加上种子检验经费未列入财政预算,由企业承担检验经费负担较重,从而出现上报面积与种植面积不符的问题,使管理部门无法正常开展田间检验工作,弱化了良种繁育监督工作。

现有种子法律法规不能完全适应农作物种业发展新形势的需要,对此种子管理部门尚未制定有效的管理对策。表现为种子管理力量薄弱、监管技术和手段落后、监管乏力和监管不规范。在种子质量出现法律纠纷时,当地政府常乐于采用"息事宁人,迁就棉农"的简单做法,却明显损害了种子企业利益。

我国棉花种子质量标准,明确棉花种子发芽率$\geq 80\%$为合格种子,这一标准不适宜新疆精量播种棉田对种子的质量要求。新疆约255万hm^2棉田基本实现精量播种,但未能及时针对新疆精量播种用种质量要求制定标准,将对种子质量标准认定及纠纷解决带来严重后患。

由于新疆棉花"育、繁、推"一体化水平总体不高,一方面应强化监督管理,另一方面又要防止过度参与,按照尽快建立现代种业基地的管理理念,应及时制定各类标准,包括"一主两辅"品种遴选标准(见第四章),逐步实现主栽品种标准化管理。激发企业自主创新意识和应承担的市场风险,促进种子生产经营的标准化,通过引导、支持、整合种业资源,将一些资质不完备、经营不规范、供种能力不强的种子企业拒之门外,以净化种业市场,促进种子企业的强强联合,实现新疆棉花种业高质量发展和零案件的目标,最终树立新疆棉花种业良好形象(见第三章)。

二、提高新疆棉花品种创新和可持续供种能力对策

新疆棉花专家和政府农业管理人员根据全国种业发展现状和趋势,以及"十三五"新疆棉花种业建设发展的成效和不足,同时充分考虑新疆棉花在全国的优势和战略地位,以及棉花种业对新疆棉花发展的重要性与新疆棉区资源禀赋,明确统筹兵地棉花种业协调发展的

思路，认真落实习近平总书记"下决心把民族种业搞上去"的重要指示精神，增强新疆种业自主创新能力和综合竞争力。加快推进现代种业创新发展，进而构建"两类基地"，面向"三个市场"的发展格局（"两类基地"，即绿洲育制种基地和南北疆南繁基地；"三个市场"，即本地市场、内地市场、中西亚市场），最终形成基础性、公益研究与商业化育种的有序分工、密切配合、运行高效的种业科技创新体系，打造集科研、生产、销售、科技交流、成果转化为一体的完全满足于服务新疆，带动周边，辐射区外甚至中亚的现代棉花种业目标。

（一）构建新疆棉花新品种选育核心技术

现代种业的核心是新品种选育，而新品种选育成功与否与其核心育种技术创新密切相关，其技术创新主要有两个方面。

1. 收集、创制和利用优良的种质资源 虽然棉花种质资源创新与利用对新疆棉花种业发展至关重要，但新疆只有一个省级作物种质资源库，没有专门的棉花种质资源创新与管理中心，各种子企业、科研院所和高校各自为政，其研发人员个人工作留存的有限种质资源，在不同单位甚至同一单位专家间的资源交流与分享不畅，再加棉花种质资源的研发不系统且缺乏创新，严重影响了种质资源在棉花育种中的作用，显然加强种质资源收集、创制和利用，建立健全棉花种质资源保护、利用和管理服务体系十分必要。因此，应根据新疆棉花种业发展的实际需要，确保有固定人员持续开展棉花种质资源调查收集、繁殖更新、鉴定评价、重要功能基因挖掘和保护，包括中亚及周边棉区棉花种质资源的调查收集与鉴定评价，并利用现代生物技术开展重要功能基因的挖掘和利用。同时尽快建设棉花品种表型鉴定中心，以便开展棉花新品种（系）生物（如主要病虫害）和非生物（倒伏、盐碱、干旱、低温、高温等）胁迫的鉴定，棉花成熟期以及其与产量、品质密切相关的其他性状的鉴定。建设自治区级棉花规模化种质资源保护种植圃、种质资源交流与共享利用平台，加快资源的交流与利用，逐步实现种业企业与科研院所、高校之间种质资源共享服务，从而建立新疆棉花品种资源长期库和中期库，包括棉花品种的基因型-表现型数据库和新疆棉花种质资源创制中心，包括中国—中亚/中国—巴基斯坦种质资源保藏与共享服务中心。最终构建种质资源鉴定评价、创新利用的技术体系和标准体系，发掘具有重要应用价值并具有自主知识产权的关键功能基因，创制目标性状突出、综合性状优良的新种质和育种材料，为聚力突破性棉花新品种提供优良亲本。

2. 构建完善的利用现代遗传学知识和实用性强的育种技术体系 尽快在新疆区属科研院所、高校和具备条件的种业企业建设2~3家功能齐全、设备完善的棉花育种生物技术平台。一方面，积极引进国际和国内先进的育种技术和种质资源，并消化吸收与再创新；另一方面，系统开展棉花育种基础理论研究和种业新技术研发前沿领域，包括重点开展品质、产量、抗逆、种质资源优异性状挖掘等重要性状遗传机制、生物功能基因组学以及蛋白质组学、全基因组选择、基因编辑等基础性工作。在常规育种技术基础上，开展分子标记及辅助育种、转基因等现代育种、超纯克隆系、单倍体育种等前沿生物关键新技术研究。完善棉花快速DNA指纹检测技术，突破棉花生物技术与分子育种"卡脖子"关键技术。同时，加快光谱成像技术在农作物表型数据获取中的研发应用，加强图像数据新算法研究，提高表型鉴定的精度和速度，实现表型数据采集、传输、分析的数字化、实时化和智能化，从而加快信息技术手段在育种中的应用。建立涵养栽培学、生理学、遗传学和基因组学等信息且方便存取数据库，最终构建高水平、规模化的公益性棉花育种基础研究平台，为建立高效精准育种技术体系提供保障。结合常规育种手段，尽快选育适宜新疆棉花产业需要的棉花优良品种，包括适宜不同棉区种植的陆地型机采品种，以及棉花绿色品种选育和应用，探索新疆棉花杂交种，特别是陆海杂种优势利用新途径与新方法。

▶ (二) 全面提升新疆棉花种业管理能力和水平

1. 修改制定机采棉品种品质标准，提高种子管理部门履行职责

(1) 修改制定机采棉品种品质标准，与纺织高品质需求相一致。机采棉现行标准与纺织需求的高品质不一致，在具有高产和抗性基础上，统一遗传品质标准，2.5%跨距长度 30 mm 及以上，断裂比强度 30 cN/tex 及以上，马克隆值 3.7~4.6。提高早熟性指标至南疆 125 d、北疆特早熟 110 d、早熟 115 d，并参考衣分、整齐度和纺纱均匀性指数等指标。

(2) 对品种区域试验实行收放结合的改革。比如彩色棉和长绒棉，鼓励企业联合体开展试验，向自治区级政府主管机构备案即可。机采棉已在全疆主要生态区大面积种植，在南疆、北疆只保留机采棉区试组，不再设置非机采棉组区试。这样可减少试验个数和规模，进一步提高区域试验质量。

(3) 依法依规履行职责。推进现代农业种业发展，离不开有利于现代种业健康发展的良好市场秩序和社会环境。政府种子管理部门应健全种子管理机构，建立职责明确、手段先进、监管有力的现代种子管理体系，加大对执法人员的培训力度，严格执法人员资格考核，不断提高执法人员的业务水平和行政能力。建立一支廉洁公正、作风优良、业务精通、素质过硬的种业管理队伍，尽快完善种业管理相关规章，强化各级农业部门种子管理职能，加强种子生产、经营行政许可审批和监督管理制度建设，适度加大种子行政许可事后监管、日常执法和种子基地的管理力度。实现事前服务、事中及事后全程监管的管服结构，包括品种来源、种子扩繁生产、加工质量监测、市场管理、种子纠纷调解等，形成科学处理种子纠纷案件的机制，但不参与种子经营活动，全面提高依法行政的能力。同时加大种子法律、法规的宣传贯彻力度，利用各种宣传媒介，面向社会和群众广泛宣传加快新疆种业发展的目的意义，以及推进种业发展的重点政策措施，形成全社会关心和参与种业发展的良好氛围，从而提高全社会法律意识和法治观念。

(4) 种子监管应坚持问题导向。针对在新疆主产棉区棉花品种"套牌侵权""假冒"、种子扩繁生产加工不达标现象十分普遍，以及市场存在的无证、租借许可证和超范围生产经营现象，应加大种子市场专项检查力度，健全多部门联合执法机制。依法整顿和规范种子市场，突出检查重点区域、重点环节、重点市场，严厉打击生产经营假劣种子等行为，强化品种权执法。加强新品种保护工作，及时处理违法违规行为，保障农业生产用种安全，切实维护健康有序的市场环境。种子管理部门应把审查备案品种的特异性和稳定性与市场推广品种是否一致作为工作重点之一。针对生产中大量非法种植转基因棉花品种，尽快开发与应用非转基因品种的快速识别技术，建立棉花新品种基因库，确保市场上销售的种子"标签"的真实性。

针对新疆现代种业市场存在的小企业生产、加工等关键环节不规范、信誉缺失、标准化建设滞后等问题，建议通过棉花种业全过程的标准建设，充分发挥新疆棉花种业特有优势，

规范新疆棉花种业市场。

充分发挥自治区种子协会的监督、自律和协调作用,建立企业信用评价红黑榜,奖优惩劣、激强促弱。

严格执行种业国家安全审查制度,种子进出口、引进与对外合作依照有关法律、行政法规执行,防止国外棉花品种,特别是转基因(包括转基因抗除草剂品种)品种的无序引种和种植,加强对进出境种子的检验检疫,加强种子生产优势区域基地建设和用地保护。

(5)引导产区按生态条件择优主推宜栽品种(见第三章)。根据绿洲各亚棉区特点,注重筛选优质品种,明确主推品种产量、品质及关键农艺性状指标。有效控制品种数量,同时确保提高优质品种普及率,实现每个主产植棉地区或州或市主推2~3个产量高、抗性强、品质好的新品种,迅速改变目前种业公司面临的公司多、实力弱、创新能力差、同质化恶性竞争的问题。建议北疆主推新陆早57号、新陆早61号、新陆早82号、新陆早84号等品种;南疆主推国审J206-5、新陆中82号、新陆中84号、新陆中88号、新陆中75号、新陆中73号、新陆中70号和新陆中68号。海岛棉品种选择新海62号、鲁泰700Q、新78和WCR3915等。

(6)建立品种测试、评价和风险保障机制,发挥优良品种对产业的促进作用。加强棉花品种选育与管理,完善品种审(认)定、(退出)撤销、品种测试、品种保护、品质质量检测体系等管理制度,包括按照质量优先兼顾单产的原则。严把棉花品种审定和区试关,严格新品种审定制度,提高审定标准,严格控制品种审定数量,对低水平重复的品种坚决不予审定,对不适宜种植的品种坚决予以退出,促进更加精准、高效地筛选优良品种。控制棉花新品种审定数量,加大机采棉品种的选育推广力度,解决新疆缺少优良机采棉品种的短板。同时,加强农作物品种区域试验站建设,推动品种测试和评价的信息化管理,鼓励育种部门以需求为导向,培育满足纺织用棉需求的优质棉花品种。做好棉花新品种审定区域试验、抗性和真实性鉴定工作。

为做好种子质量检验鉴定工作,应加大种子质量监督抽查,扩大企业监督抽查和市场检查范围,利用现代检测技术,实现产、加、销全程质量监控。在制种、用种高峰期前对辖区种子质量进行监督抽查,及时鉴定、发布监督检测结果,实时掌控生产用种质量。健全自治区、市、县三级种子质量检测体系,加强区域性种子质量检测工作。

为充分发挥种业大数据在依法治种中的作用,依托国家种业大数据平台、新疆农业信息网,配合农业部推进种业大数据平台和种业信息公共平台建设,积极开展辖区内种子企业、经营户、生产者网上备案工作。确保委托生产、销售全备案,建立健全种业信息智能化查询与追溯系统,有效保障种子安全,维护消费者权益。

政府除鼓励企业培育和经营优良品种外,还应健全自治区、地区、县、乡四级新品种展示评价推广体系。实行主推品种发布制度,在主产棉区收集各棉花新品种田间表现的反馈意见,在播种前3~4个月公布新疆各县(市、团场)发布补贴品种标准清单,加快品种更新换代。明确剔除生产表现差的品种,确保政府推荐品种为多数种植者所接受,从而更好地发挥政府在棉花新品种推广过程中的引导作用。

为发挥良种良法在棉农增产增收方面的作用,除加大区域内主导良种补贴力度外,应及时向棉农推荐优质高效品种,通过提升产业建设信息化,更好地做好种子生产经营、品种选育及其他种子社会化服务工作。如落实国家救灾备荒种子储备计划,确保棉花作为重点储备作物种子,探索建立因自然灾害等不可抗力因素导致生产对特定棉花品种的供给需求。建立自治区级救灾备荒种子储备制度,保障灾后恢复生产和市场调剂,自治区财政每年对认定的储备种子给予一定补贴。鼓励、支持协会和企业举办"新品种展示示范现场会",向社会推介优良品种。充分利用新疆农业信息网,促进新疆种子的网上展示、线下交易,同时有组织开展新品种推广技术服务,支持育种企业、育种科研机构、农业技术推广机构组建技术团队,包乡、包县开展良种良法科技服务。鼓励基层农技人员成立品种良法配套服务合作社、公司或协会,有组织开展技术服务。同时支持区域性和服务型企业,为种业集团和专业化骨干企业提供终端销售和技术服务,构建种业利益共同体,打通良种推广的最后一公里,确保整乡、整县100%优良品种全覆盖。

2. 加快推进种业体制改革和机制创新,构建种业创新体系

(1) 支持科研院所和高校开展基础性研究。虽然科研院所和大专院校在新疆农作物种子培育选育上做了大量工作,但公益性育种以课题为导向的研发体制造成重复建设与资源浪费的现象比较突出,且处于越来越强的垄断地位。这对种子产学研及其产业化健康发展构成挑战,严重影响种子在农业工作中的基础性地位,因而有必要引导和推进科研院所与高等院校开展基础性联合攻关研究,以充分发挥国家与自治区支持建设的各类创新平台与实验室作用。并及时对其重组,推动各类创新平台和实验室开放,统筹构建棉花分子育种技术、种业大数据信息等共享服务平台和区域创新中心。建设1~2个国内领先的协同创新育种平台,同时鼓励加强国内外科技合作研究。研究内容主要包括开展适合新疆乃至中亚区域国家现代棉花种业理论、技术、种质、品种等方面的创新,支持科研院所和高校开展农作物棉花育种理论、种质资源优异性状挖掘、表型规模化鉴定、功能基因克隆、育种材料与技术创新等基础性工作,加强分子辅助和转基因等现代育种技术研究。支持开展棉花绿色品种选育和应用技术研究,建设主要农作物品种表型鉴定中心,对新品种(系)进行生物和非生物胁迫鉴定,适时开展各类种子性状的鉴定。推进中国农业科学院西部中心建设,构建高水平、规模化的公益性作物育种基础研究体系,集成生物技术领域的人才、设备、资金等优势资源,拟建设育种生物技术平台和与棉花新品种培育相关的生物技术研究成果。面向所有种子企业和研发单位开放使用,确保在棉花种业重大基础理论、重大新品种创制、重大关键技术、急需实用技术等方面的突破。

通过加快创新育种机制,逐步形成以基础性、公益性研究为支撑,以企业为主体的商业化育种新机制。

(2) 支持建立新疆现代棉花种业集团。新疆棉花现代种业包括产业化过程中的新品种研发、种子加工、新品种及其配套技术推广、市场监管、政策支持等。现代种业是农业的重要组成部分,要实现农业现代化,必须实现种业现代化。发展现代农业种业,关键是要加快打造一批育种能力强、生产加工技术先进、市场营销网络健全、技术服务到位的"育、繁、推一体化"现代种业企业集团,构建种业发展共同体,进而形成商业化育种中心,从而打造一批具有规模效应的种子集团,使其成为行业人才和新技术的汇集之地。

针对新疆企业的规模化和集中度较低,按照农业部最新出台的"农作物种子生产、经营

许可办法",切实加大种子经营企业的整合力度,提高准入门槛,坚决清理不符合条件的企业,净化种子市场环境。积极支持大型企业通过并购、参股等方式进入农作物种业。鼓励种子企业间的兼并重组,促进种业资源整合,优化种子企业布局,提高种子市场集中度。要以扶持龙头企业就是扶持农民的理念,积极扶持服务种子企业。进一步加大政策扶持力度,对规模大、实力强、成长性好的"育、繁、推一体化"种子企业,在税收、信贷、种子基地建设、科研项目、科研人员落户等方面给予重点扶持。支持商业化育种和引进国内外先进育种技术、装备、高端人才,集中力量打造一批具有国内国际竞争力的种业集团,全面提升新疆种业发展水平。

鼓励新疆种子企业间的自愿强强联合,建立以市场为导向、企业为主体、品种为主线的联合攻关模式,健全多元投入、资源共享、收益分享的运行机制,加快适应农业转方式、调结构的突破性棉花品种选育,实现优势互补、资源聚集。择优扶持规模大、实力强、成长性好的龙头企业,开展育种研究,注重瞄准国际育种创新发展前沿,以具有育种创新研发基础的企业为主体,推动"产、学、研"高度融合,支持"育、繁、推一体化"种子企业进行商业化育种。鼓励种子企业建设现代化育种科研平台,推动企业与科研院校共建高标准实验室、育种研发中心和良种繁育基地,支持区域性和服务型企业为种业集团和专业化骨干企业提供终端销售和技术服务。

(3)建立商业化育种新模式。针对新疆棉花种业技术研发力量不足、水平不高、整合不够、科技研究与开发脱节、新技术应用不充分,以及涉及产学研的相关方面因利益和体制制约而各自为政,不能形成合力,导致产学研结合不够深入、种子研发力量分散、规模有限,对企业技术投入造成了明显的"排出效应"。科技成果转化率不高,政府管理部门除引导和推进科研院所与高等院校开展合作攻关研究外,还应推进棉花育种创新科研单位与种子企业合作育种或联合建立股份制研发机构,开展更大范围的协作攻关,逐步形成以基础性、公益性研究为支撑,企业为主体的商业化育种新机制,最终建立以市场为导向、企业为主体、品种为主线的联合攻关模式。健全多元投入、资源共享的运行机制,推进种业科研成果权益改革,保护科研机构和科技人员的切身利益。鼓励育种单位、团队以技术转让、拍卖、入股等方式,整建制到企业开展商业化育种模式,加快种业科技成果转化,形成产学研相结合、育繁推一体化的机采棉品种研发体系,提高农作物新品种选育效率,加快选育适应农业转方式、调结构的突破性品种。

推动企业与科研院校合作研发。大力支持科研院校和育种企业共建高标准实验室、育种研发中心、良种繁育基地、育种科研工作站、试验示范基地和学习实践基地。整合科研力量,鼓励区内育种企业间的强强联合,实现优势互补、资源聚集,支持育种企业建设现代化育种科研平台。鼓励有条件的种子企业联合新疆内外优势科研单位和种子企业组建种业创新联盟,积极引进先进技术,提高育种水平和品种的科技含量。努力将政府科研机构、民营公司的科研人员整合为几个区域性的种业研究中心,积极推进构建种子产业技术创新战略联盟。同时,鼓励龙头企业建立科研机构和研发队伍,引进国内外高层次人才和先进育种技术、育种材料和关键设备。

继续深入实施自治区农业良种工程和现代种业提升工程,积极争取国家现代种业专项等科技资源落地新疆。成立自治区种子科技创新发展资金,给予种业发展持续稳定支持,同时探索财政、信贷、保险、基金等多元化投入模式。

支持企业建设国家级、自治区级育种创新平台,开展育种基础设施建设和技术更新改造。尽快建立公共研究成果共享平台,为种子企业提供科技支撑,为有实力的"育、繁、推一体化"种子企业建立品种审定绿色通道。明确公共科研、教学单位重点承担棉花种质资源搜集、保护、鉴定、育种材料的改良和创新,棉花常规育种等公益性研究,按照产学研融合、育繁推一体化的思路,理顺"产、学、研、育、繁、推"关系。

(4) 推进联合体建设,加快育种及品种推广进程。目前,棉花品种主要由政府种子管理部门主导审(认)定工作,随着种子市场化的不断推进,借鉴发达国家的成功经验,建议按照市场化、产业化育种模式开展品种研发并共享成果,拓宽品种审定渠道,鼓励"育、繁、推一体化"种子企业整合种业资源。逐步建立以企业为主体的商业化育种新机制,具体可通过政策引导带动企业和社会资金投入,推进组建种业联合体,进而拓宽新疆作物品种试验渠道,增加试验容量,促进品种试验平台建设。

目前,应尽快完善联合体开展棉花品种审定工作,真正把品种研究和开发的自主权还给企业,同时让种子企业成为品种缺陷责任的承担主体。如此有利于帮助企业在种业产业链上进行精准定位并整合其他相关部门,进而更好地理顺"产、学、研、育、繁、推"关系,提高新疆种业的产业集中度,使产业发展水平迈上新台阶,将现有企业分散的力量集中起来,改善目前企业研究力量分散、投入不足的现状,最终形成一批具有竞争力的大型种业集团或专业化的种业技术公司。

(5) 做好种子生产基地规划、管理和落实工作。于2019年12月26日由新疆维吾尔自治区农业农村厅举办的种业创新培训班期间,新疆农业大学耿洪伟教授提供的相关种业方面的资料明确提出:按照棉花种植区划和生产实际,优化棉花种子生产优势区域布局,建设相对集中和稳定的标准化、集约化、机械化种子生产示范基地,做到在各生态区高质量、均衡地建设和发展一批标准化种子基地,从布局上进一步挖掘新疆制种潜力。完善所有自治区级制种基地的挂牌认定工作,理顺和明确土地流转权属关系,按照新疆高标准制种田建设标准,完成高标准制种田建设认定工作。配套建设和改造升级一批现代化种子生产加工中心,提升棉花良种的生产加工能力和服务水平,加快建设(扩建)南繁育种研究中心,从而打造棉花商业化现代种业核心良种繁育基地及产业带,并配置先进种子加工、种子检验检测等设施设备。分品种建立集中连片的棉花良种繁育基地,年产优质棉花种子10万t以上,基于此提出建设棉花"百万亩"(相当于6.7万 hm^2,实际规划为7.7万 hm^2)高标准国家级良种繁育基地。基地以棉花种子生产优势区域和龙头企业为依托,主要在新疆南疆和北疆优势棉区实施(图13-1)。《新疆种业"十四五"规划》提出,新建24个棉花良种繁育基地总面积7.7万 hm^2,其中地方5万 hm^2、兵团2.7万 hm^2;早熟陆地棉8个、中早熟陆地棉12个、中长绒棉2个、长绒棉2个。初步建设地点:特早熟陆地棉主要建在沙湾(0.27万 hm^2)、乌苏(0.27万 hm^2)、博乐(0.27万 hm^2)、精河(0.27万 hm^2),以及新疆兵团第五师(0.13万 hm^2)、第六师(0.33万 hm^2)、第七师(0.67万 hm^2)、第八师(0.67万 hm^2)等植棉团场;早中熟陆地棉主要建在巴州(1.4万 hm^2)、阿克苏地区(1.6万 hm^2)、喀什地区(0.6万 hm^2),以及新疆兵团第一师（0.67万 hm^2）、第二师（0.2万 hm^2）、第三师（0.33万 hm^2）等所在地优势植棉县、市或团场，主要县、市有库尔勒市（0.67万 hm^2）、尉犁（0.4万 hm^2）、沙雅县（0.33万 hm^2）、新和县（0.27万 hm^2）、温宿县（0.2万 hm^2）、阿瓦提县（0.27万 hm^2）、阿克苏市（0.27万 hm^2）、巴楚县（0.2万 hm^2）、伽师县（0.13万 hm^2）等，同时应用信息技术和互联网技术，建成基于互联网＋的物联网可溯源闭环信息管理系统全程管理制种田，保证种子质量和真实性（图13-1）。

图 13-1·新疆"百万亩"高标准良种繁育田建设示意

（6）积极推进新疆种业企业"走出去"。积极开拓国内、国外市场，特别要把握住"一带一路"建设机遇，支持区内优势种子企业实施技术和产品"走出去"战略，将棉花种子向巴基斯坦、吉尔吉斯斯坦、哈萨克斯坦、乌兹别克斯坦等中亚国家"走出去"；开展中亚棉花种质资源的调查与引进、中国—中亚棉花良种科技平台建设、棉花良种繁育科技论坛、棉花良种繁育基地建设，以及新疆棉花良种在中亚的应用。同时鼓励企业积极引进国际先进棉花育种技术和种质资源，实现消化吸收再创新。支持科研院所和高校依托中亚区域经济合作机制，积极参与国际合作研究，积极吸引海外高层次科技人才参与种业科技创新活动，严格执行种业国家安全审查制度，种子进出口与对外合作依照有关法律、行政法规的规定执行。

(三) 全面提升绿洲棉花现代化种业经营与管理水平

1. 建立现代种业运行机制

（1）加强种业新技术、新装备创新。面向棉花商业化育种的必然趋势，大力推进农业种业科技原始创新、集成创新和引进消化吸收再创新，加快培育一批具有重大应用前景和自主知识产权的优良品种，按照市场化、商业化育种模式开展品种研发，以增强育种能力为核心，以技术优势领域和特色主导产业为重点的种业技术和装备创新。

针对棉花科技创新不够，育种目标不能满足种植生产和纺织需求的突出问题，种子企业应以现代种业核心新技术为主攻目标，优化新疆棉花品种育种目标，明确生物技术及转基因技术在棉花新品种的应用是大势所趋。从育种新材料创新、新品种研发到高质量种子生产、加工体系建设、品种推广服务等关键环节进行联合攻关。目前，棉花选育以常规育种技术为基础，结合逆境高压选择、分子设计育种高度专业化的分工协作流水线式品种选育技术等方面有所突破，开展棉花抗逆优质种质资源创新与新品种选育研究，改变新疆育种手段单一的现状。通过种子保纯快繁及规模化、标准化、全程机械化良种生产加工关键技术集成示范，生产高质量种子并推广应用。在自主知识产权核心种质创制、重大新品种培育、种子质量控制等关键技术方面实现突破，解决制约新疆棉花种业发展的瓶颈问题，提升新疆种业创新能力，最终建立与新疆棉花种植大区地位相适应、具有国内国际先进水平的新型种业科技创新体系，全面提升新疆的棉花种业发展水平。

新疆种业须围绕满足市场需求，保障消费安全，促进农民收入增加，增强种子市场竞争能力，实现种子生产数量、质量、效益并重，淘汰种子生产、加工与经营老旧标准、工艺，及时把先进的科学技术装备和成熟的经验组装成可操作性强的新规范，尽快制定适宜新疆精量播种棉田棉花种子生产、加工与经营技术标准。在原有重力选、风力选技术基础上，明确色选机、选破（籽）机作为棉花加工的必备设备，推广应用色选、磁选和种子丸衣化技术，确保棉花种子发芽率≥87%，从而有效解决不同种子企业因加工设备差异导致种子质量技术指标不同的问题，同时加大良繁基地标准化建设。

注重选育不同纤维品质类型棉花，特别是加大"双30"机采棉品种和适合机采的长绒棉品种，以及适合新疆种植的专用棉品种选育。注重根据市场需求培育多纤维类型棉花品种，既确保新疆生产的棉花能满足"精、细、薄"时尚纺织品需求，还能满足返璞归真式高档老粗布、牛仔布等传统服饰的原料需求。同时，在倡导绿色环保消费方面也要做一些大胆尝试，全面丰富和提高新疆棉花纤维品质类型和供给能力，从而更好地挖掘长绒棉、有机棉、彩色棉的特色产业潜力，把种业科技成果及时转化为现实生产力，实现"质量效益型"棉花产业目标。

针对新疆种子产业发展所面临的很多困难、挑战和问题，以及棉花存在的供给侧结构问题，棉花种子生产、加工与经营必须以新技术、新装备、新机制促进其种子、加工基地、设备的完善或改造升级，从而加快实现种业现代化。

（2）注重机制与体制创新。推进新疆现代种业科技创新，充分发挥种子企业在商业化育种、成果转化与应用等方面的主导作用，面向棉花商业化育种和产权经营的技术创新和成果转化平台，以"开放、合作、共享、共赢"的理念充分利用和整合社会上的科技、生产和营销资源,实现产学研一体化,并以市场为导向,加快有突破性品种的选育。加强农作物种业科技原始创新、集成创新能力建设,加快培育具有自主知识产权的种业新成果,提升种业技术创新水平。

按照市场需要,秉承"服务现代农业"和"为农民增收,为现代农业增效"的愿景,创新经营理念和经营模式,不断提供高质量的种子,为企业今后的发展奠定坚实的人文基础。面向有需求的其他种子公司提供生产服务的标准化、规模化、机械化的大生产平台和提升企业自身市场营销服务能力的区域化、密集化、精准化的大营销服务体系。

考虑现代种业是一条完整的产业链,包括种质创新、品种选育、种子生产、种子加工和种子营销。通过"产、学、研"和"公司+基地+农户"的方式,建立较完善的产供销、育繁推一体化的种子产业化经营体系,建设产学研相结合、育繁推一体化的现代种业公司。以"诚实、守信、合作、共赢"为公司经营理念,以经销渠道为基础,通过联合业内具有一定优势的种企、科研机构,打造育种、繁殖、销售合作平台,实现平台合作伙伴合作、共赢、发展的目标。

企业应充分利用政府激励企业技术创新的各类普惠性政策,加大研发投入,积极与高校科研院所联合共建新型研发机构,从而共建商业化育种中心,确保其成为有较强竞争力的种业龙头企业和农业高新技术企业。新疆种子企业应充分利用自身地理环境优势,加强与外省企业合作,将生产基地固定化、统一化、整体化,以提高种子的产量和质量,同时降低生产成本,以提高在市场经济中的竞争力。

2. 加大现代化种业人、财、物投入,完成"七个一"目标任务

(1) 加大现代化种业人、财、物投入。要注重实施人才战略,建立人才成长机制和人才开发管理,使种子企业必需的科技创新人才、现代企业管理人才、市场营销人才等各类人才能脱颖而出。

由于新疆种业缺少高质量的种子质量检验检测平台和高水平的种业人才培训及职业技能认证中心,有必要完善和加快新疆种子质量检验检测平台及创新型种业科技人才队伍建设。加强良种技术推广服务工作方面的人员和技能培训,因而须充分利用疆内高等院校农作物种业相关学科专业、实习基地和科研单位重点实验室、工程研究中心,建立教学、科研与实践相结合的种业人才培训和职业技能认证中心,支持优势种业企业在自主研发机构中培训人才,利用院士、博士后工作站、援疆人才资源和"产、学、研"联合体联合培养人才,引导育种科研专业人才向企业流动,组建育种研发团队,切实加快现代种业人才培训和培养。强化农作物种业监管队伍建设,加强种子行政执法和监测人员培训和继续教育,严格执法人员资格考核,提高执法人员的业务水平和行政能力。鼓励、支持协会和企业在南北疆举办"新品种展示示范现场会",向社会推介优良品种的专业人员培训。培训充分利用"新疆农业信息网",促进新疆种子的网上展示、线下交易的专业技术人员;培训在县乡开展良种技术服务和良种宣传的人才,对在县级推进品种改良的人才进行培训。

为确保现代种业核心技术有较大突破,从根本上提高新疆棉花育种水平和产品档次,必须着眼于用好存量人才,同时注重培养未来人才,做好汇聚人才、用好人才的各项措施。从法律和种业配套措施,制定人才流动细则或过渡办法,包括有利于人才向种子企业流动政策机制,鼓励科研院所专家到企业从事现代种业研发工作的机制,充分发挥市场机制作

用,建立健全合理的利益分配机制,调动科技人员进入企业的积极性。除此之外,种业公司应加强其研发人员继续教育,提高研发能力。利用高校资源或实地考察学习、短期培训等方式,采取政府资助企业配套,加强对从业人员的培训,以解决目前急需。还应加强高等院校农作物种子学科、种子企业经营管理等相关学科建设,着眼未来种业人才的培养。

发挥国家现代农业产业技术体系首席科学家、岗位科学家和综合试验站的作用。要依托重大科技专项、重要创新平台和创业基地建设,加快吸引区内外、种业高层次人才和领军人物进入企业,直接从事育种生产。要充分利用新疆高等院校教育资源,加强育种企业科研、生产、营销、管理人员以及各级农业推广机构技术人员的培训,支持优势种业企业建立自主研发机构。建立院士、博士后科研工作站和学习实践基地,引导育种科研人才向企业流动,组建科研育种团队。引进培养一批具有战略思维和国际视野的企业家领军人才,提升企业经营管理水平,从而打造一支结构合理、业务精良、爱岗敬业的种业科技创新人才队伍,培养和造就一批紧跟世界农业科技潮流的种业科技领军人才。

通常跨国种业公司每年的研发投入一般占年销售额的 10%～30%,如美国孟山都公司 2014 财年研发投入约 17 亿美元,约占销售额的 10.7%。而据初步统计,新疆现有棉花种子企业年科技研发投入比例占企业当年销售收入平均不足 1%,即便是研发投入相对较高的优势棉种企业,其科技研发投入比例占企业当年销售收入平均不足 2%,因而有必要大幅度增加企业棉种研发费用,确保科技研发投入比例占企业当年销售收入的 5% 以上,以便尽快研发面向生产需求、攻关技术性难点、完善研发平台,确保较其他企业拥有更多、更好的具有自主知识产权的新品种,进而提高棉花的产量和品质,稳定棉花的产业优势。

(2)"七个一"目标任务。新疆农业大学耿洪伟教授提供的相关种业方面的资料明确提出,通过足量的"人、财、物投入",努力完成"七个一"任务,具体内容如下。

一是构建与完善一个棉花联合体育种平台:按照坚持补短板、强优势、激活力、抓落实的总体要求,优化存量种质资源的合理配置,完善由新疆种业研发单位和种子企业为主体的棉花联合体育种平台,聚各自实力和突出优势,打造一批竞争力强、能"走出去"的育种联合体集群。

二是打造一个新疆种业创新中心:组织新疆农业科学院、新疆农垦科学院、新疆农业大学、石河子大学、塔里木大学,结合内地种业相关优势科研单位,以及各种子企业的科技创新力量,打造以市场为导向、"产、学、研"深度融合、致力于新疆种业科技、"跟跑"世界和国内先进技术的新疆种业创新中心。

三是培育一批规模化新疆种业企业:为确保新疆棉花种子企业集中度有重大突破,塑造以棉花种业为主的具备"育、繁、推"一体化资质企业 2～3 家,培育种子上市企业 1～2 家、种子销售额超亿元企业 2～3 家,自主研发创新能力强,能进入全国种业骨干企业的一批规模化企业。

四是建成一批基地:完成制种基地优势区域布局,提升种子生产基地水平。海南种子繁育基地 100 hm^2,其中地方 66.7 hm^2、兵团 33.3 hm^2,统筹"兵地一盘棋",建立相对稳定的高标准新疆棉花良种繁育基地总面积 7.7 万 hm^2，其中地方 5.0 万 hm^2、兵团 2.7 万 hm^2。

五是选育与推广应用一批品种："十四五"期间，重在选育与推广质量和效益好的品种，选育突破性新品种 5 个左右，良种覆盖率达到 98% 以上。

六是培养一支队伍："十四五"期间，以刚性引进结合柔性引进等多种形式，从世界范围吸引和引进一批新疆现代种业发展改革需要的工匠类人才、领军人物以及技术类、研究型等创新人才，力争培养一支适应新疆现代种业发展需求的结构合理、有梯队、年轻化、专业化的人才队伍。

七是开拓一批市场："十四五"期间，新疆种子市场在保证新疆棉花生产用种的同时，积极开拓一批内地种子市场，全力打造新疆种子企业"走出去"能力，面向中亚"一带一路"沿线国家农业发展和种子市场需求，努力服务"一带一路"倡议，逐步推进新疆种子企业全球化的步伐，构建与周边中亚国家等的种业交流合作平台。

第四节 · 新疆绿洲典型棉花种子企业简介

一、新疆金丰源种业有限公司

（一）发展历程

新疆金丰源种业有限公司成立于 1999 年 10 月，公司注册资本 1 亿元。自成立以来以农业种子产业化经营为目标，充分发挥新疆特有的种质资源优势和公司经营管理优势，逐步形成种子生产专业化、加工机械化、质量标准化、经营集团化、育繁推销一体化的现代化种子生产经营企业。经过多年发展，目前公司已逐步形成集农作物优良品种研发、培育、生产、加工、销售，以及农副产品深加工与销售，农业畜牧高新技术产品开发与经营、籽棉收购、加工为一体的产业化、多元化集团发展模式。公司主要经营产品涉及棉花（包括长绒棉、陆地棉、彩色棉、抗虫棉）、水稻、小麦、玉米、瓜果、蔬菜、苗木花卉等种子，以及农业技术服务、培训、进出口业务。

公司在十年的运作过程中，坚持以人为本，强化细节管理，建立公司科学、规范、高效的企业法人治理结构。严格按照《公司法》《公司章程》和国家有关法律、法规对拟上市公司的要求，以推进公司顺利上市为目标，规范股东大会、董事会、监事会议事规则和重大经营决策程序，使公司内部管理形成了既互相促进又相互制衡的权力、决策、监督和执行协调发展的机制。在公司制定《基本管理制度及操作规程》的基础上，制定完善了财务、审计、生产、投资、人事、行政、种业研发等相关管理制度，建立了一整套系统、规范、完整、操作性强的管理制度体系，使公司在较短时间内走上制度化、规范化管理的轨道。按照公司的行业定位和近期发展目标，公司建立了精干、高效的组织机构，下设行政管理（人力资源）部、生产管理部、计划财务部、市场营销部、证券投资部、内部审计部、种业研发中心、党群工作部等职能部门，下辖良种棉加工厂 2 家、种子加工厂 1 家、良种繁育基地，共设有 4 家子公司和 7 家销售分公司。公司现有员工 138 人（表 13-9）。

表 13-9 · 新疆金丰源种业有限公司基本情况

年份	从业人员（人）	资产规模（万元）	棉花良种繁育面积(hm²)	种子加工生产线（条）	营销网络（个）	南繁面积（m² 亩）
2010	122	21 048	1 870	2	36	4 000
2012	146	24 014	2 000	2	72	11 333
2014	190	32 857	1 300	2	156	14 000
2015	199	32 993	2 000	2	208	16 667
2016	182	44 339	2 500	2	205	18 000
2017	162	43 963	4 300	2	242	28 000
2018	141	48 483	4 000	2	250	30 667
2019	138	47 571	4 300	2	430	41 333

(二) 企业发展经验和面临的问题

1. **市场开拓方面** · 通过十五年的经营运作，新疆金丰源种业股份有限公司已成功完成由传统的分散、粗放生产转变为专业化大生产；由行政区域封闭自给性"小、全、散"经营转变为社会化、商品化经营、规模经营、集团经营的改造过程。公司通过与农户建立利益联结机制，初步构建了"市场连龙头、龙头连基地、基地带农户"的农业产业化发展格局，逐步提高种子产业化经营水平。有 300 多个分销网点遍及南疆的巴州、阿克苏和喀什地区。公司已成为整合南疆种业资源，带动自治区和兵团种子产业化的标杆企业。生产经营规模不断扩大，资产结构更加趋于合理，经营能力进一步得到提升。十五年来，公司累计销售棉种 131 045 万 t，累计推广种植面积约 240 万 hm²，2017—2019 年种植面积平均占全疆面积 8.8%，具体见表 13-10。

表 13-10 · 新疆金丰源种业有限公司历年经营情况

年 份	经营棉花种子数量(t)	种植面积(万 hm²)	种植面积占全国面积比(%)
2010	3 500	8	5.5
2012	6 000	13	7.7
2014	4 000	9	3.6
2015	3 000	10	4.4
2016	3 800	13	5.4
2017	4 300	19	7.3
2018	5 400	24	9.4
2019	5 600	25	9.8

2. **棉种研发能力方面** · 种业是农业领域的高科技产业，是关系到农作物产量、质量和农业可持续发展的一个极其重要的行业，如果没有科技创新作支撑，企业就会失去发展的原动力。公司始终围绕科技创新发展自身产业。公司成立以来，每年从主营业务收入中提取

6%～8%作为种业研发经费,在充分发挥现有科研技术力量的同时,按照"自行研发、联合研发、委托研发、买断种源"思路,加强与新疆内外科研院所的联系与合作,广招各方贤才加盟种业的育种研究与开发工作,创建自己的科研机构,实施金丰源种业品牌战略。多年来,公司通过主动"联姻",与国家和地方科研院所、大学开展技术合作,每年举办一次种业科技论坛年会,邀请国内外行业科技精英交流科研成果、探讨产研合作,有效提升了金丰源种业研发和育繁能力。公司采用委托育种、课题招标、合作研究等形式,开展农作物品种创新的前沿科学研究项目达57项。公司拥有具有独立知识产权的新品种共52个(表13-11)。

表13-11·新疆金丰源种业有限公司棉种研发投入变化

年 份	棉种收入(万元)	棉种研发投入(万元)	研发投入占棉种收入比例(%)	获得国家和地方各类项目支持经费(万元)
2010	2 625	430	16.3	462
2012	7 200	590	8.2	250
2014	6 800	560	8.2	675
2015	6 600	600	9.1	1 000
2016	8 400	550	6.5	885
2017	9 500	670	7.1	50
2018	11 880	800	6.7	155
2019	12 320	790	6.4	183

3. 企业文化建设方面·公司自成立以来,始终坚持以"创新、协作、求实、奉献"为企业精神,以"为企业创造价值,为员工创造财富,为社会承担责任"为公司经营理念。公司上下以"从我做起,用心做事;坚持不懈,追求卓越"的工作态度,努力打造"金丰源"这一品牌,同时实现公司"争创中国名牌,实现产业一流"的企业使命,体现公司"科学发展、诚实守信、注重实效、成就公司"的核心价值观。公司始终将"良种良法一起推"的经营宗旨贯彻如一,使公司"金丰源"牌系列产品赢得了南疆广大植棉区用户的青睐和信任。

4. 棉花种业面临的新问题·一是种子公司与科研院校的合作紧密度不够,未能有效地实现融合发展,研发优势得不到发挥。二是本区域品种竞争激烈,缺乏拳头产品,后续品种研发速度缓慢。三是市场上销售品种存在多、乱、杂现象,扰乱种子市场秩序,造成农户在品种的选择上不知道该购买什么品种,只是一味听从经销商的介绍、推荐,而部分经销商只注重个人利益而不在乎农户的切身利益,给农户推销的品种都是小公司的品种,这急需政府引导并予以规范。四是市场上制假售假现象屡禁不止,针对"金丰源"品牌系列棉种的假冒伪劣产品时有发生,严重损害了公司形象。

根据2011年4月国务院《关于加快推进现代农作物种业发展的意见》,金丰源种业将持续推进育繁推一体化种业发展,全面做大做强种子企业,推进现代种业的发展进程,在公司今后5～10年内,金丰源种业将立志成为国内棉种行业的领先者!立志成为西北粮棉行业的领先者!

二、新疆合信科技发展有限公司

▶ (一) 发展历程

新疆合信科技发展有限公司成立于 2003 年 1 月 20 日,注册资金 1 500 万元,现有净资产 1.2 亿元,其中固定资产 5 200 万元,具有在全疆范围内生产经营棉花、玉米、油葵、牧草等农作物种子的资质。

公司主营业务是棉花种子科研、生产、加工、销售、技术服务。公司设有棉花研究所、生产技术部、种子加工部、业务部、财务部、检验部、客服部和品牌建设办等部门。公司现有员工 43 人,其中高级职称 1 人、中级职称 6 人、研究生 2 人,本科以上学历达 70% 以上。公司有 200 hm² 原种田,0.67 万 hm² 大田用种良繁基地,年生产加工种子量 700 万 kg。销售区域覆盖南、北疆主产棉区及甘肃区域。

公司科研实力雄厚,除公司自聘专职育种专家外,与多家科研机构和大学建立了长期的合作关系,进行科技攻关与技术创新协作,通过南繁北育、加代扩繁、系统选育等科研工作,推动公司品种选育和成果转化快速稳健前行。公司于 2014 年在新疆维吾尔自治区审定了新陆早 64 号、新陆早 65 号(已获得新品种保护),2016 年审定了新陆早 76 号,2017 年审定了新陆早 81 号、新陆早 84 号、新陆中 87 号,2018 年审定了 K2725、T115、NH12026,2019 年审定了一个国审品种 H33-1-4,2020 年又有 4 个品种(其中 3 个国审,1 个省审)待审。在甘肃省审定了新陆棉 5 号。截至目前,公司共有自主研发独立知识产权品种 11 个,是全疆种业界在近五年拥有独立知识产权最多的一个种业公司。10 个机采棉高产优质抗病品种先后投放市场,为推动新疆优质棉基地稳步发展起到了积极作用。同时推进了公司健康稳步发展,尤其是公司研发的新陆早 64 号、新陆早 65 号,产量高、优质、适宜机采。因此,新陆早 64 号在 2015—2017 年连续三年被定为新疆兵团第八师棉花主推品种,累计种植面积达到 17.7 万 hm²,累计新增经济效益 5.5 亿元,曾受到新疆兵团第八师科技局的奖励,该项目已报兵团科技局。近两年,公司主推品种新陆早 65 号、新陆早 76 号、新陆早 84 号也以优异的表现赢得了较高的赞誉。

公司以科技创新为动力,以健全的良繁体系和先进的加工生产设备为依托,以经验丰富的管理团队为支撑,为公司把棉花种子产业做强做大奠定了基础。目前,公司"合信"牌系列棉种已在新疆的喀什、阿克苏、巴州、哈密、石河子、沙湾、乌苏、博乐、伊宁、甘肃等省市地州设有销售网点 240 多个,销量由 2003 年的 200 t 扩大到现在的 5 000 t。"合信"牌棉种以优质高产、抗病、适宜机采等优点,深受棉农欢迎,"播'合信'棉种,走致富之路"已成为棉农的心愿。

公司于 2013—2016 年连续两届被石河子市工商局评为"师市重合同守信用"企业;2018 年被新疆维吾尔自治区工商行政管理局认定为 2015—2017 年度自治区"守合同重信用"企业;2015—2018 年连续两届被石河子市工商局评为"消费维权诚信单位",同年获"全国文化建设先进单位"称号。2017 年由"中国企业三星品牌"成功晋升"中国企业四星品牌";于 2015 年 3 月由中国质量检验协会在《中国质量报》和《中国消费者报》上刊登了新疆合信科技发展有限公司获得"全国质量和服务诚信优秀企业"的信息。2015 年公司通过了质量管理体系和环境管理体系双认证。

公司秉承"一生只做一件事"的经营理念,"播种希望,收获幸福"的企业宗旨,以质量求生存,以信誉求发展,以服务求保障,以诚信求合作,遵循客户永远是我们的"上帝",千方百计为客户做好产前、产中、产后的服务工作,旨在打造中国棉田一站式服务标志性品牌。通过多年耕耘,合信种业在行业中知名度、信誉度、美誉度日益升华,合信种业愿与各方合作共赢,共创美好明天,为农业增产、农民增收、社会稳定做出更大贡献。

(二) 企业发展经验和面临的问题

1. 市场开拓方面 · 通过17年的经营运作,新疆合信种业发展有限公司已成功完成由传统的分散、粗放生产转变为专业化大生产;由行政区域封闭自给性"小、全、散"经营转变为社会化、商品化经营。公司通过一站式专业化服务,从科学选种、播种期、苗期、蕾期、铃期、吐絮期全程针对性服务,已经拥有相对较高的品牌性及市场认可度。目前有两百多个分销网点遍及南、北疆及甘肃,年销售量从最初的几百吨提升至目前的4 000余t。近五来,公司累计销售棉种16 549 t,累计推广种植面积约70万hm^2,种植面积约占全疆面积5%左右(表13-12)。

表13-12 · 新疆合信科技发展有限公司历年种子经营情况

年 份	经营品种名称	经营种子数量(t)			种植面积 (万hm^2)	种植面积占全国面积比(%)
		合 计	常规种	杂交种		
2015	棉种	2 700	2 700		11.2	6
2016	棉种	4 200	4 200		17.5	10
2017	棉种	2 139	2 139		8.9	5
2018	棉种	3 272	3 212	60	13.4	8
2019	棉种	4 238	4 088	150	17.0	10

2. 棉种研发能力方面 · 种业是农业领域的高科技产业,是关系到农作物产量、质量和农业可持续发展的一个极其重要的行业,如果没有科技创新作支撑,企业就会失去发展的原动力。公司始终围绕科技创新发展自身产业,公司研发经费200余万元,在充分发挥现有科研技术力量的同时,按照"自行研发、联合研发、委托研发、买断种源"的思路,加强与新疆内外科研院所的联系与合作,广招各方贤才加盟合信种业的育种研究与开发工作,创建自己的科研机构,实施合信种业品牌战略。几年来,公司通过与新疆内外科研院所和大学的有效合作,提升了企业研发和育繁能力。

3. 企业文化建设方面 · 公司自成立以来,始终坚持以"专注快乐,自强不息"为企业精神,以"推动中国农业产业化发展创新,推动中国农业产业化服务体系的建设"为企业使命,以"振兴乡村,致富农民"为企业宗旨,坚持"客户第一、团结合作、感恩奉献、锐意进取、迎接变化、诚实守信、结果为王"的价值观,始终将"良种良法配套"的经营宗旨贯彻如一,使公司"合信"牌系列产品赢得了新疆广大植棉区用户的青睐和信任。

4. 棉花种业面临的新问题 · 一是合信种业一直以育、繁、推、加、销一体化经营为发展模式,但由于体制、机制等方面的束缚,种子公司与科研院校的合作存在脱节,未能有效实现经济联合,优势得不到发挥。二是本区域品种竞争激烈,缺乏拳头产品,后续品种发展速度缓慢。三是市场上销售品种多、乱、杂,扰乱种子市场秩序,造成农户在品种选择上不知道该购买什么品种,只是一味听从经销商的介绍、推荐,而部分经销商只注重个人利益而不在乎农户的切身利益,给农户推销的品种都是小公司的品种,这急需政府引导并予以规范。四是市场上制假售假现象屡禁不止,假冒伪劣产品时有发生,损害了公司形象。

根据2011年4月国务院《关于加快推进现代农作物种业发展的意见》,合信种业要推进一体化种业,全面做大做强种子企业,推进现代化种业的发展,在公司今后5~10年内,合信种业将立志成为国内棉种行业的领先者!

三、新疆天玉种业有限责任公司

(一) 发展历程

新疆天玉种业有限责任公司成立于2004年1月17日,注册资本3 000万元。2016年在沙雅县成立分公司,共投入6 000多万元,打造集棉花新品种选育、试验示范、原良种繁育及棉种生产加工基地。2018年,为进一步优化棉种产业发展布局,在阿瓦提县成立分公司,建立长绒棉新品种研发培育基地。2019年,在乌什县成立分公司,计划投资2 000万元,通过发展种子产业助力贫困县脱贫攻坚。

目前,公司已形成集玉米、棉花、小麦等农作物优良品种研发、培育、生产、加工、销售的育繁推一体化发展模式。公司主要经营产品涉及棉花(包括长绒棉、陆地棉)、玉米、小麦、蔬菜、苗木花卉等种子,农业技术服务、培训,以及种子进出口等业务。

公司在发展过程中,坚持以人为本,强化细节管理,建立科学、规范、高效的企业法人治理结构。在严格按照《公司法》《公司章程》和国家有关法律、法规的要求依法依规经营管理的基础上,制定完善了财务、审计、生产、投资、人事、行政、种业研发等相关管理制度。按照公司发展目标和职能要求,建立了高效的组织机构,下设行政管理(人力资源)部、良繁部、财务部、营销部、生产加工部、质检部、科研部、产品开发部、党群工作部等职能部门。

截至目前,新疆天玉种业有限责任公司现有总资产3.04亿元,正式员工175人。下辖5个分公司、2个全资子公司、3个种子加工厂、2家良种棉轧花厂和3家农民专业合作社。有分销商650多个,销售网络覆盖吉林、辽宁、山东、甘肃、宁夏、内蒙古等省、自治区以及新疆各地州。现生产经营各类农作物品种20多个(其中棉花7个、小麦4个、玉米10个),每年种子产销量4万多t,收购加工良种棉2.5万t,年营业收入3.5亿元以上。

品行天下、质创未来。公司成立以来始终坚持"质量为生存之基、诚信为立足之本、创新为发展之源"的经营发展理念,以服务三农、造福社会为己任,立志做农民最信赖的种子供应企业。公司2005年被新疆维吾尔自治区种子协会评为"自治区种子质量信得过企业""AAA级诚信单位";2006年被认定为"自治区农业产业化重点龙头企业";2009年被评为"全国科普惠农兴村先进单位";2010年"天玉"种子商标被自治区工商行政管理局评为"新疆著名商标";2012年被自治区党委办公厅、自治区人民政府评为"自治就业先进企业";2014年"天玉"牌种子被评为"新疆名牌产品""新疆农业名牌产品";2018年被自治区种子协会评为"企业信用评价 AAA 级信用企业";2019 年被自治区认定为"自治区扶贫龙头企业"(表 13-13)。

表 13-13 · 新疆天玉种业有限责任公司基本情况

年份	从业人员(人)	资产规模(万元)	良种繁育面积(hm^2)	种子加工生产线(条)	营销网络(个)	南繁面积(hm^2)
2016	75	12 140	5 700	2	355	1.0
2017	89	14 656	6 000	2	385	1.3
2018	123	25 114	8 000	2	467	1.3
2019	151	24 534	9 060	2	571	1.3
2020	175		9 800	2	650	1.3

(二)企业发展经验和面临的问题

1. 市场开拓方面 · 自 2010 年以来,通过一系列体制机制改革创新,加快市场化运营管理,按照"公司+基地+合作社+农户"的生产经营模式,建立健全利益联结机制,不断开拓市场,十年来基地规模扩增 5 倍,种子产业化发展水平不断提高。现有 600 多个分销网点遍及内蒙古、甘肃、陕西、宁夏等省、自治区以及新疆阿克苏、喀什、和田、巴州、昌吉、伊犁、博州等地州。党的十八大以来,天玉种业在阿克苏地区累计完成订单制种小麦 2.4 万 hm^2、玉米 1.3 万 hm^2、棉花 1.3 万 hm^2,辐射带动拜城、乌什、沙雅、阿瓦提等县 14 个乡镇、61 个行政村的农民增收 16.75 亿元。每年生产销售各类农作物种子 4 万 t 以上,推广种植面积 30 多万 hm^2。随着优质良种的推广,全地区棉花、玉米、小麦等作物产量、品质得到大幅提升(表 13-14)。

表 13-14 · 新疆天玉种业有限责任公司历年棉种经营情况

年 份	经营种子数量(t)	种植面积(万 hm^2)	种植面积占全国面积比(%)
2017	1 585	6.7	2.0
2018	2 500	10.3	3.2
2019	2 900	12.0	3.6
2020	3 100	12.7	4.0

2. 棉种研发能力方面 · 为适应现代种业发展,提高企业自主创新和品种研发能力,公司于 2012 年成立了育种研究院,下设玉米、棉花、小麦、水稻四个研究所和一个南繁科研育种基地。公司每年投入研发资金不低于营业收入的 5%(表 13-15)。目前在北京、吉林、海南三亚及新疆各地建成高标准科研育种基地 153.3 hm^2,引进包括院士在内的核心科研团队和高级专家顾问 14 人,按照"强化科企联合,坚持自主创新"的思路,通过加强与新疆内外科研院所的合作,广招各方贤才加盟公司的育种研究与开发工作,构建自己的科研育种和产品开发机构。几年来,公司通过加强与新疆农业科学院、中国农业大学、中国棉花研究所、江西棉花

研究所等院校合作交流,有效提升了公司的研发能力,不到五年时间,公司便拥有了具有独立知识产权的新品种7个。

表13-15 · 新疆天玉种业有限责任公司历年棉种研发投入情况

年 份	棉种收入 (万元)	棉种研发投入 (万元)	研发投入占棉种 收入比例(%)	获得国家和地方各类 项目支持经费(万元)
2016	3 170	188	5.9	0
2017	4 940	231	4.6	0
2018	5 750	295	5.1	0
2019	6 250	351	5.6	0

3. 企业文化建设方面 · 公司自成立以来,始终坚持"质量为生存之基、诚信为立足之本、创新为发展之源"的公司经营理念,"人才第一、追求一流、共存共赢"的企业核心价值观,"服务三农、造福社会"的企业使命,"做农民最信赖的种子企业"的企业愿景,获得了广大农户和社会各界的一致认可。同时将企业党建和企业文化建设工作融合推进,积极探索党组织建设与企业发展的切入点、着力点和结合点,积极构建为企业所需要、为职工所拥护、为党员所欢迎的非公企业党建工作新机制,以创建"双强六好"党组织为目标,确保企业健康、快速发展。

4. 棉花种业面临的新问题 · 一是新品种培育速度缓慢。二是市场上销售品种多、乱、杂,导致原棉一致性差,品质参差不齐。三是受"三无"(无科研、无良繁育基地、无种子加工厂)小公司非对称竞争,严重破坏行业规则,扰乱种子市场秩序。四是一些科研单位或企业滥用授权,同一品种授权多家企业生产经营,而各家企业实际包装销售的品种却是五花八门,造成市场上同名异品种现象突出,进而导致市场混乱与区域重叠现象。五是不良商家企业为谋取个人利益,存在恶意诋毁竞争同行,棉农常把棉田因气候、田管等产生的问题曲解为种子问题,严重损害公司形象。

根据2011年4月国务院《关于加快推进现代农作物种业发展的意见》,新疆天玉种业有限责任公司将深入贯彻落实党的十九大精神和农业供给侧结构性改革,以产业兴疆、农民增收为己任,以更加进取的姿态,立足新疆,面向全国,开拓市场,不断提高企业科技创新能力和市场竞争力。做强做优种子产业,推进现代种业的发展,力争发展成为新疆综合实力领先、全国一流的种业企业。

四、新疆国欣种业有限责任公司

(一) 公司现状

新疆国欣种业有限责任公司是河北国欣种业全资子公司。成立于2013年3月,注册资金3 000万元,总投资2.5亿元。公司是集棉种研发、繁育、加工、销售、推广及棉农培训为一体的大型棉种企业。

公司占地面积13.3 hm^2,拥有种子加工精选设备、包装设备、质检设备等,建有种子加工车间、脱绒车间、种子分装车间、成品库、光籽库、办公楼、宿舍楼、仓储设施等,新建年生产棉种 5 000 t 的稀硫酸棉种加工生产线 1 条,年加工皮棉 2 万 t 的棉花加工生产线 2 条。下设研发质检部、良繁部、加工部、营销部、行政部及财务部等部门,现有员工 60 名,其中高级专业人员 5 名,中、初级专业人员 10 人,技工 15 人。投入大量资金对自有约 1 350 hm² 农场进行改良,建成高标准良繁基地 4 000 hm²,另外公司在南疆轮台县建有 330 hm² 的科技示范园区。有 13.3 hm² 稳定的品种选育田;在北疆 135 团建有 6.7 hm² 的试验基地,进行北疆早熟棉品种的研发试验。在海南三亚荔枝沟师部农场建立了南繁工作站,有长期稳定的南繁试验地 3 hm²,地块整齐,排灌方便,交通便利。2018 年,公司自育品种国欣棉 25 通过河北省审定,与自治区经济作物研究所合作培育的新品种欣试 518 通过新疆维吾尔自治区审定。2019 年与国欣总会合作培育的国欣棉 18 通过国家审定,国欣棉 26、国欣棉 27、国欣棉 30、国欣棉 31 通过河北省审定。

(二) 企业成长和发展

经过 7 年的发展,公司不断发展壮大,成长加快。固定资产从 2013 年注册时的 3 000 万元增加到 2020 年的 25 000 万元,增长了 700%。良种繁殖田面积从 2013 年的 330 hm² 扩大到 2020 年 4 000 hm²,增长了 12 倍。从业人员从 2013 年的 35 人增加到 2020 年的 60 人,增加了 1.7 倍。企业生产和经营能力显著提高,棉种年生产销售量从 2014 年的 100 t 增加到 2019 年的 3 600 t,种子销售量翻了 36 倍,就种子经营量而言,公司是全国民营种业中较大的企业。经营种子的种植面积从 2014 年约 4 000 hm² 增长到 16 万 hm²,增长了 40 倍。棉种经营收入从 2014 年的 140 万元增长到 2019 年的 5 700 万元,增长了 40 倍。

(三) 企业发展主要经验

企业发展坚持"以人为本,合作生金"的核心理念,着力打造"诚信为本"和"敢于担当"的企业形象,引进现代企业管理制度,促进了企业的快速发展。

1. 以人才和研发为中心,加大投入,以不断创新推动企业健康发展 第一,整合人才资源,搭建自主创新平台。公司根据自身特点,一是组建棉花研究所,下设 3 个研究室、4 个试验农场基地和 3 个品种试验站,成为棉花优中选优、提纯复壮、杂交育种的前沿阵地。二是与全国知名科研单位合作,从事优质棉花资源的引进、繁育、推广等相关技术的研究。三是实行产学研结合,聘请中国农业大学、河北农业大学等单位的多名专家、教授加盟为客座研究员,参与指导育种、繁种工作。四是与国际良好棉花协会进行合作,搞好 BCI 项目,实现棉花生产标准化和棉花产业的可持续发展。这种具有公司特色的人才资源整合及其平台建设,确保了高级技术专家、普通农艺师或工人技师、植棉能手等各类人才均能在不同岗位或领域展示自己的创新能力,有利于形成全员开展自主创新的浓烈氛围。

第二,锻造人才队伍,完善自主创新体系。公司非常重视人才培养、创新激励、聚才留才、知识产权申报等,自主创新体系涵盖了技术创新、理念创新、管理创新等多个方面,保证了自主创新工作的顺利开展。在人才培养上,牢固树立"知识改变命运,学习创造未来"的理念,努力创办学习型企业;制定人才资源开发和教育培训规划,坚持每周、每月组织员工集体学习,提高员工整体素质。在留人用人上,牢固树立"高素质的领导队伍、高绩效的管理团队、创造性的劳动群体"的人才团队建设理念,制定人才政策,完善薪酬制度。

第三,深化"合作生金"核心理念,铸造员工同心合力的和谐家园,保持生机勃勃的国欣文化优势。

第四,坚持用制度管理员工的工作质量,用"顺天时、借地利、靠人和"的九字真经熏陶员工。企业文化的核心理念是"合作生金",着力塑造"诚信为本"和"敢于担当"的企业形象。

2. 以质量和服务为抓手,赢得市场和社会的广泛认可 · 种子质量是企业的生命线,为此,公司建立了种子质量监控体系。

一是科研育种监控体系。公司注重自育品种的研发,在原科研育种团队的基础上组建了有国内著名育种专家加盟的棉花研究所,在轮台有 330 hm^2 的科技园区。在海南建有南繁基地。国欣种业研发质检中心在苗期、蕾期、花铃期等生长阶段都进行非常严格的去杂、去劣过程,保证了原种的纯度。

二是农场繁种、制种监控体系。为确保所繁种子的纯度和质量,公司始终坚持自办农场进行繁种,目前已建立稳定的专业化良繁农场 4 000 hm^2,选派 30 名场长负责管理,实施统一规划、统一管理、统一农事操作,一个农场繁殖一个品种,从根本上解决了一家一户繁种难以保证纯度和质量高度一致的问题。

三是加工过程监控体系。农场收获的棉花运回公司轮台加工厂统一进行加工,入厂加工前进行严格的质量检验,包括健籽率和水分的检验。进厂种子棉健籽率要求高于 75%,不达标籽棉一律作商品棉处理;水分要求低于 10%,水分超标不允许进厂。并且种子棉专台专放,专人管理,防止出现混杂现象。加工时进行复核,保证加工品种的一致。

四是实验室检验的监控体系。公司的质检中心负责整个加工过程的质量检验。质检中心配置国内先进的检测仪器,人员全部经过省级检验资格认证。种子检验室配置的智能人工气候室,是在原先常规智能人工气候室的基础上增加电子监管系统,控制温度、湿度、时间、时段等。加工过程的毛子、光子、包衣子必须经发芽试验和纯度、净度、水分检验达到各自的质量指标,才能进入下一道加工工序。由于公司的规范生产,"国欣"棉种在生产中具有纯度高、成熟度好、发芽率高的赞誉,市场需求逐年增加,由 2014 年的 100 t 增加到 2019 年的 3 600 t。

3. 以品牌和创新树立企业良好形象 · "国欣"商标是"中国驰名商标",国欣棉种是"中国名牌"产品。为确保"国欣"牌棉种的高质量,质检中心拥有先进质检设备,从育、繁、加到存放储藏等全程建立了一整套完善规范的质检程序,实施全过程、全方位的质量监督和控制。

公司靠诚信、服务和过硬的产品质量,赢得了广大棉农和社会的认可,每年在棉花的生长季节,组织棉花专家深入田间地头进行技术指导服务,对客户出现的问题及时沟通现场解决,真正实现了"服务跟着种子走,从种走到收"的服务理念,所有种过"国欣"棉种的客户,都切实感受到国欣最真诚的服务,出现的问题都能得到快速解决,对"国欣"产品的满意度越来越高。

4. 以健全的营销网络布局,加快推进种子市场化进程 · 棉花种子是重要的生产资料,公司在新品种营销中坚持区域布局和良种良法配套。

公司在全疆拥有健全的棉花推广服务体系,覆盖全疆各主要棉区。服务体系中主要利用受众度广的微信进行服务,公司有"国欣桥"微信公众号,每天推送 2~4 条关于国家政策、种植技术、市场价格等服务信息,县市级国欣棉种种植户组建微信群进行交流学习与服务,结合双月刊《国欣桥》纸质版刊物免费邮寄。每年组织专家到全疆各植棉县市、农场技术培训千余场,受培训人数达上万人。

5. 积极参与社会公益事业,促进社会和谐发展·企业的生存与发展离不开社会的支持。因此企业也努力承担着社会责任和义务。作为援疆企业,公司认真贯彻落实自治区、自治州及轮台县委县政府关于精准扶贫工作的重大安排部署,着力把握精准扶贫工作重点,高度重视,狠抓落实,确保精准扶贫工作取得实效,受到轮台县委县政府的表扬。

与对口扶贫村阿克库木村签订扶贫工作协议,为贫困户送米及衣物等,为贫困户修建棚圈,为贫困户越冬取暖资助燃煤。在冬季农闲时间为村民办培训班,拓宽村民脱贫致富思路,转移劳动力,为富余劳动力提供挣钱岗位。解决剩余劳力45人来公司工作,管吃管住,每人每月工资在3 500~4 500元。

公司每销售10 kg/袋、25 kg/袋棉种,分别向新疆贫困地区棉农的孩子捐赠0.5元和1元,帮助孩子上学。2017—2019年共捐赠30万元。

随着优质产品的推广和优质服务的开展,"国欣"棉种销量大步增长,2016—2019年累计推广"国欣"优质棉种种植面积40万 hm^2 左右,按增收750 kg/hm^2 计算,累计为新疆棉农实现增收24亿多元。

(四)正在扩展的工作

加强企业自主创新能力,充分利用现代生物技术成果,在种质资源利用、育种技术方法研发、新品种培育、产业技术配套等方面实现创新,提高品种选育的速度和效率。加强与从事基础性、公益性研究的科研院所的合作,逐步加大企业科技创新参与力度,加快科技成果转化,增强企业的创新主体地位。

提升企业核心竞争力。随着市场经济的不断发展,企业间的竞争日趋激烈,在某些方面企业间竞争实际上是人才的竞争。因此,加强对种子企业管理人才、经营人才和科技人才的培养,切实提高种业发展的经营水平、技术水平和管理水平,是推进我国种子产业化的当务之急。

(五)发展中遇到的问题

一是种子市场受地方政策影响。新疆部分地区在推行棉花品种"一主两辅"种植中,出现强制种植推荐品种的情况,对推荐品种之外的其他品种设置障碍,如对未列入推荐品种目录的品种不予市场备案,对农户已购买的其他品种要求退回,否则不给予配水灌溉等。强制种植推荐品种的行为,侵犯了棉花种子企业合法销售种子的权利。

二是企业生产经营受土地资源限制。随着公司生产经营规模的不断扩大,销售量的不断增加,公司用于棉花、棉种加工的建设用地面积、繁种农场面积均不能满足公司发展需求,急需增加耕地面积。

三是企业自主创新能力比较弱。企业专业的高精尖人才匮乏,能够争取的国家扶持资金、研究经费很少,这些均限制了企业的创新水平。

(六)建议

加大对种业发展的扶持力度,实行积极的产业发展政策。对具有活力和发展潜力的种业企业,要在政策、信贷、科研立项、基础建设、资源配置和技术等方面优先给予支持。加大企业知识产权保护力度,提高种子生产经营企业市场准入标准,保证市场种子质量和农民所需服务等。

五、阿克苏科润种业有限责任公司

(一) 公司现状

阿克苏科润种业有限责任公司为综合型民营科技企业,成立于2004年4月,注册资金3 000万元。企业现有员工120人,其中高级专业人员3名,中、初级专业人员5人,具有生产、加工、检验、贮藏专业技术人员20余人。经过十余年的艰苦创业和结构调整,公司现已发展成为集棉花新品种研发、选育、良繁、加工、推广一体化的棉花产业化龙头企业,拥有3家独立法人企业:年加工能力2万t籽棉的阿克苏科润良种棉业有限公司、年加工棉种6 000 t的阿克苏科润种业良种加工厂和拥有1 330 hm² 良繁田,企业内部设立研发部、良繁科、质量检验科、技术服务部、销售部等,企业总资产达到1.96亿元,是阿克苏及南疆区域棉种支柱企业之一。

公司以"质量第一、品质优质、顾客至上"为经营宗旨,以"科技兴种、诚信经营、优良服务"为经营理念,赢得了社会各界的信赖和支持。2005年被评为"科技企业",2012—2019年被评为阿克苏地区"农业产业化重点龙头企业",2018年获得阿克苏市"农业产业化先进企业",2019年获得阿克苏市农业产业化"优秀企业"。2010年至今承担着阿克苏市科技局"科技特派员产业链"项目,并建立科技特派员工作站。公司以领先的核心产品、稳定的终端市场、有效的资源支持,为公司发展提供强大的动力。"塔棉"商标为公司注册的种子商标。

(二) 企业成长和发展加快

经过十多年的培育,公司不断发展壮大,成长加快。从业人员从2004年的20人增加到2019年的120人,增加了6倍,固定资产从2004年注册时的51.7万元增加到2019年的1 381.3万元,增长了96.3%;良种繁殖田面积从2004年的670 hm² 扩大到现在的1 000 hm²。企业生产和经营能力显著提高(表13-16)。

表13-16 · 阿克苏科润种业有限责任公司建设情况

年份	从业人员(人)	固定资产规模(万元)	良繁田面积(hm²)	种子加工生产线(条)	营销网络(个)	南繁基地面积(hm²)
2004	20	51.7	670	3	8	0
2006	25	130.8	1 600	3	11	0
2008	40	214.2	1 300	3	17	0
2010	50	259.3	1 000	3	26	0
2012	70	1 296.0	1 030	3	38	2
2014	80	1 327.5	1 000	3	45	2
2016	80	1 355.4	1 100	3	54	2
2018	90	1 381.3	1 000	3	63	2
2019	120	1 381.3	1 000	4	94	2

棉种生产销售量从 2004 年的 1 500 t,提高到 2006 年的 3 600 t、2010 年的 2 400 t,2019 年达到 2 304 t。经营种子的种植面积从 2004 年的约 2.0 万 hm² 增长到 2019 年的 10.2 万 hm²,增长了 4.1 倍(表 13-17)。

表 13-17 · 阿克苏科润种业有限责任公司棉种市场份额变化

年份	经营品种名称	经营种子数量(t) 合计	常规种	杂交种	种植面积(万 hm²)	种植面积占全国面积(%)	棉种品牌名称和市场影响力(%)
2004	中棉所 35,中棉所 40,中棉所 45,新陆中 7 号	1 500	1 500		2.0	0.34	1.7%
2006	中棉所 40,中棉所 45,新海 21 号	3 600	3 600		4.8	0.86	"**"牌,2.0%
2008	新陆中 40 号,晋棉 38,新海 21 号	3 000	3 000		4.0	0.70	"**"牌,2.2%
2010	新陆中 40 号,晋棉 38,新海 21 号,新海 37 号	2 400	2 400		4.0	0.82	"塔棉"牌,2.5%
2012	新陆中 40 号,新陆中 27 号,新陆中 48 号,新海 21 号,新海 37 号	2 465	2 465		8.3	1.78	"塔棉"牌,2.8%
2014	新陆中 27 号,新陆中 48 号,新海 21 号,新海 37 号	2 400	2 400		8.0	1.90	"塔棉"牌,3.0%
2016	新陆中 27 号,新陆早 42 号,新海 21 号,新海 37 号	2 560	2 560		9.5	2.81	"塔棉"牌,3.08%
2018	新陆中 40 号,兆丰 28 号,新陆中 27 号	2 400	1 600	800	10.6	3.18	"塔棉"牌,3.12%
2019	新陆中 40 号,兆丰 28 号,新陆早 42 号,新陆早 52 号,新陆早 63 号,新海 37 号,MCR3 915	2 304	1 664	640	10.2	3.07	"塔棉"牌,3.26%

棉种经营收入由 2004 年的 350 万元增长到 2019 年的 2 250 万元,增长了 5.4 倍。

2019 年 10 月,公司投资 1 800 万元建立了阿克苏科润良种棉业有限公司,2020 年继续投资 1 500 万元对该公司的机器设备、厂房、办公区域进行扩建、改造。经历了近 20 年的棉花市场波折,公司认识到只有种植与市场相衔接的棉花品种才能做大做强企业。企业成立以后,确立棉花产业化发展战略,先后建立了阿克苏科润种业良种加工厂、1 330 hm² 良繁基地新华棉农场,购买、改造、扩建阿克苏科润良种棉业有限公司;从 2005 年起成立棉花育种科研团队专职从事棉花育种工作;从 2011 年起从事机采棉品种选育工作;2016 年起实现棉花种子育种、良繁、销售种子杂交化,每年可生产近千吨的杂交种;企业内部设立了研发部、质量检验部、销售部和技术服务部,将生产农场转为良繁基地,并进行高标准农田建设,大幅度提高繁殖能力。

(三) 企业发展主要经验

企业发展坚持以创新为生命、以人为本、以市场为导向,以"质量第一、品质优质、顾客至上"为经营宗旨,以"科技兴种、诚信经营、优良服务"为经营理念,引进现代企业管理,促进了企业的快速发展。

1. **重视研发投入** · 一是加大研发投入。企业生存要以市场的需求为基础,重点做好棉花产业化第一环节的棉花新品种选育工作。公司广泛招聘,特聘我国著名的棉花育种家刘正德领衔棉花育种团队,并同时成立棉花研究所,出台多项优惠政策调动技术人员积极性(表 13-18)。

表 13-18·阿克苏科润种业有限责任公司棉种研发投入变化

年份	棉种收入(万元)	棉种研发投入(万元)	研发投入占棉种收入比例(%)
2004	350	20	5.7
2006	870	55	6.3
2008	1 010	75	7.4
2010	1 370	100	7.3
2012	1 650	130	7.9
2014	1 860	150	8.1
2016	2 000	200	10.0
2018	1 800	300	16.6
2019	2 250	300	13.3

二是增加投入,打造种业基础。公司投资近千万元建立了海南三亚繁育基地 2 hm²,在新疆的南、北疆棉花种植区域的不同生态区建立了 8 个育种试验站;同时与内地知名大专院校、科研院所广泛合作,加快新品种选育开发,截至 2019 年,公司棉花研究所已研发出高代材料 200 余份。

三是坚持市场需求主导,明确育种主攻方向。选育、授权的品种突出高产、优质、抗病、适应性强,公司生产经营的棉花品种从最初的中棉所 35、中棉所 40、中棉所 45、新海 21 号、新陆中 27 号、新海 37 号、新陆早 33 号,到近几年的新陆早 42 号、新陆早 52 号、新陆中 40 号、兆丰 28 等品种普遍受到社会各界好评,其中新陆中 40 号被阿克苏市确定为 2020 年县域棉花种植"一主两辅"主栽品种,兆丰 28 被阿图什市连续两年确定为主栽品种,2019 年推广 9 万 hm²。

四是独辟蹊径,创新创优。为了提高品种创新能力,避免同质化现象,保护综合性状优良的品种,公司从 2016 年起实现棉花种子育种、良繁、销售种子杂交化,每年为生产提供近千吨的杂交种,产生了较好的社会效益和经济效益。

2. **全力提升种子质量和售后服务,赢得政府、企业、棉农和社会的广泛认可**·种子质量是企业的生命线,为提高种子质量采取以下规范措施。

一是加强繁殖环节的质量控制。企业对棉种产业的各个环节都制定了严格的质量标准,建立了棉花新品种三圃田建设体系,原种、良种繁育体系。由棉花研究所承担品种选育、保纯,生产技术部负责生产原种,原种由育种家种子繁育。繁种田在苗期、蕾期和花铃期坚持去杂,由种子管理站田间纯度检验和植物检疫站病虫害检疫,合格者实行备案登记,再由公司专业技术人员根据棉田长势情况核定种子棉交售产量,限时交售,霜后花不做种子棉。由于公司的规范生产,"塔棉"棉种在生产中具有纯度高、成熟度好、发芽率高、品质较优、适应性强的美誉,市场占有率较大。

二是加强质量检验体系建设,提高品种收购、加工环节控制水平。首先对所有工人进行技术培训;其次改造、更新加工设备,提高种子加工质量。在收购加工中严格执行国家行业标准,种子棉收购由阿克苏科润良种棉业有限公司承担,划出种子棉收购专场,种子棉经检验员检验合格后指定专人引导堆放。每个种子棉堆垛旁都立有挂牌,醒目地标明品种名称和级别,严格按品种、等级依次堆垛。种子棉轧花加工时按照同品种的生产田棉花、良种、原种的顺序依次轧花,加工的棉花毛籽质量必须达到国家行业质量要求。种子毛籽由质量检验员检验合格后,由阿克苏科润种业良种加工厂承担种子加工作业。不同品种加工前必须清理加工设备,加工后的成品种子经过种子执证检验员检验,必须达到国家《棉花种子质量标准》(GB 4407.1 - 2008)。良好的种子质量赢得了广大农民的信赖,赢得了市场。

3. **积极打造棉种品牌,创新和树立企业良好形象**· 面对激烈的种子市场竞争,出于对自己的产品负责、对用户负责,2010 年 8 月公司注册了"塔棉"牌商标,并对种子外包装进行设计同时注册保护。由于企业发展坚持以市场为导向,在选育棉花品种中以选育优质、高产、抗病、适应性强的新品种为目标,选育的棉花品种在生产中获得大面积丰产,受到专家、农民的高度评价。同时"塔棉"种子全部在良种产业化质量监控中生产,质量标准高于国家《棉花种子质量标准》(GB 4407.1 - 2008),"塔棉"牌棉种以籽粒饱满、发芽率高受到广大农民欢迎。近年"塔棉"牌棉种覆盖全疆主产棉区,供不应求。近年慕名求种剧增,每年 10 月份就有农民开始定购"塔棉"牌棉种,甚至有不识字农民拿着"塔棉"科润种业的棉花种子袋来购买种子。棉农们相信公司销售人员会推荐适合种植的品种,说明公司品牌效益影响日益扩大,公司品种研发地和良繁基地成为新疆棉花品种观摩的热点地区。

企业棉花种子品质符合市场需求,多个品种先后被列入新疆棉花良种补贴项目和县域棉花种植"一主两辅"重点推广品种,新陆中 40 号被推荐为阿克苏市的主栽品种、兆丰 28 被推荐为阿图什市的主栽品种,新陆早 42 号、新陆早 52 号在北疆棉花主产区反响都非常好。

4. **建立棉种营销网络,加快推进品牌种子市场化进程**· 棉花种子是重要的生产资料,企业在新品种的营销推广中坚持区域布局和良种良法配套。

一是加强营销网络建设,满足农户购买种子的需要。目前企业已在全疆各棉区建立营销网点 97 个,生产的合格种子由公司经销部通过种子网络销售。企业对种子营销人员进行专业培训,制作企业种子经销手册,内容涉及棉花基本知识、生产中的常见问题,如何做好营销和服务等方面内容。公司规定凡跨区销售种子给农民造成损失的必须承担相应责任。每年在销售季结束后,都会与经销商、棉农在田间地头进行交流、倾听意见、技术指导等,有效促进了新品种推广。

二是开展良种良法技术的配套、示范与推广。新品种由公司在各棉区布点试验,免费提供试验用种和技术服务,年度召开经销商和棉农生产观摩会,扩大新品种宣传。在品种推广中由生产技术部、销售部跟踪服务,实施良种良法配套技术服务;技术人员根据生产实践编印棉花高产栽培技术维、汉两种文字资料,每年印发 10 万份;每年分派南、北疆技术组在生产季节到田间地头指导生产。公司高度重视种子售后服务,使新品种发挥了较大的增产潜力,农民获得显著增收效益。公司新品种在生产中大面积种植,籽棉超过 7 500 kg/hm^2,示范田超过 9 000 kg/hm^2。正是公司以先进的品种、良好的质量、优质的服务,与一大批有种植经验、科学种田的棉农建立了产前、产中、产后稳定的服务与合作关系,形成了企业发展壮大、基地加强、农民受益的良好循环模式。

5. **尊重知识产权,加强知识产权的保护工作**· 2010 年,公司为了加强自我保护意识,首先对企业生产的种子使用"塔棉"商标,并向国家工商行政管理总局申请注册。之后,随着国家保护知识产权工作的不断深入,企业认识到知识产权已经成为企业发展的核心技术和竞争资本,对自主知识产权品种、核心名称等依法申请保护。

一是保护独家授权和授权的品种权利。依据国家有关规定对买断的品种新海 37 号、独家授权的品种 MCR3915 及授权的品种新陆中 27 号、新陆中 40 号、新陆早 33 号、新陆早 42 号、新陆早 52 号、新陆早 63 号等品种申请了农业部植物新品种保护,自治区种子管理站依法对保护的品种严把生产、经营、许可证关口,极大地减少了其他种业和个人非法制售假冒伪劣种子的现象,保护了企业品种的正常生产和经营。

二是了解科技新进展,提高保护自觉性。对企业科技项目进行科技查新,及时了解企业科技发展水平。先后对新陆中 40 号品种选育及示范、棉花新品种选育、新陆早 42 号、新陆早 52 号品种繁育及示范推广等项目进行科技查新,承担的科技项目先后获得阿克苏地区行政公署和阿克苏市的科技进步奖。

三是申请注册商标,保护包装设计。企业注册了"塔棉"牌农作物种子商标,并对种子外包装设计申请了专利。商标和专利是企业的品牌和形象,也是企业正常生产经营的招牌。由于企业选育品种紧贴市场需求、种子质量好,"塔棉"商标和种子包装专利设计已经成为公司的标识,在国家知识产权的保护下,近年工商部门、公安部门、知识产权局、种子管理站等先后查处多起未经授权擅自经营企业保护品种以及侵害商标、专利的单位和个人的违法事件。

6. 积极参与社会公益事业,创建育繁推一体化模式,促进社会和谐发展。企业的生存与发展离不开社会的支持,因此企业尽可能承担社会责任和义务。

一是建立公司+基地+农户的生产经营模式,安排 70 余户农民在公司长期就业,临时就业农民 600 余人,每年带动周边 1 200 户农民增收致富。

二是为方便农民交售棉花,在阿克苏市哈拉塔勒镇 18 大队新科农场的棉花产区建立了一个轧花厂,为棉农提供便利、降低交售成本。

三是增加企业岗位设置,增加社会就业,安置了 10 余名建档立卡的贫困户。

四是积极扶贫帮困。参与阿克苏市组织的"百企帮百村"对口扶贫活动,为阿克苏的扶贫工作捐款、捐物累计 80 余万元;提供优质棉种无偿送到农民困难户中。

▶ **(四)正在扩展的工作**

1. 拓宽棉花产业化生产经营范围。以种业为龙头,组建棉花种植专业合作社,借助合作社的平台,有效组织农户,并以订单生产为抓手,推进全程质量监控和品牌创建,实现棉花品种的合理布局、良种良法的配套使用,并在播种后期进行有效的技术指导,从而提升阿克苏棉花产业竞争力。

2. 延伸棉花产业链。公司目前已形成棉花育种、繁育、加工、推广一体化和籽棉收购、加工、销售一条龙的产业格局,为保证整个产业的正常运行,建立了良种籽棉轧花厂,从源头上保证棉花种子毛棉籽的质量,并同时创建优质原棉品牌。

3. 杂交棉种子产业化取得成绩。2020 年公司现有棉花杂交种 F_1 种子良繁田 1 330 hm^2,2021 年预计生产 F_1 杂交种子 2 500～3 000 t。计划以后稳定在 2 000 hm^2 F_1 的繁种规模,生产 F_1 种子 4 000~4 500 t。选育适合高水肥地区的稀植型杂交棉品种,选育适合中等肥力及早熟棉区的稀植型杂交棉品种,选育适合专业合作社、定点轧花企业及棉纺企业需求的优质型杂交棉品种。

(五) 发展中遇到的问题

一是种子市场混乱问题亟待解决。种子企业培育出来的好的常规棉新品种,很容易被某些公司或个人套牌、套购,所以"被套牌"现象及"游击队式"的种业公司给正常发展的种子企业带来了很多困惑,较为严重的制售假冒种子现象,影响了企业的正常生产经营。

二是企业生产经营环境较差。常规种难以得到保护,不利于企业的创新投入,形成劣币驱逐良币的不正常现象。种子管理跟不上发展需要,未审先推、一品多名、一名多品及多名多品现象普遍,严重冲击着正规种业的生产经营。

三是企业自主创新能力较弱。包括人才匮乏、技术手段落后、研究设施低下、研究经费少等,限制了企业创新水平。

(六) 建议

切实贯彻落实国务院 2011 年《关于加快推进现代农作物种业发展的意见》精神,出台可供执行的具体措施。加大企业知识产权保护力度,严厉打击套购种子、制售假冒种子及侵害知识产权不法行为;加大种子市场监管力度,禁止未审先推现象;提高种子生产经营企业市场准入标准,保证市场种子质量和农民所需服务等。

(主笔:田立文,补充:罗宏海,李春平,毛树春;主审:田立文;终审:毛树春)

参考文献

[1] 石玉林,李文彦,张运生,等.中国植棉业.北京:中国农业出版社,1994.
[2] 新疆维吾尔自治区统计局,国家统计局新疆调查总队.新疆统计年鉴 2016,北京:中国统计出版社.
[3] 毛树春,孔庆平,孙景生,等.新疆棉花生产发展问题研究.农业展望,2014,10(11).
[4] 中国农业科学院棉花研究所.中国棉花栽培学.上海:上海科学技术出版社,2013.2019
[5] 董合忠,杨国正,田立文,等.棉花轻简化栽培.北京:科学出版社,2016.
[6] 冯瑞莲.推广新疆棉花自育抗病品种.新疆农业科学,2003,40(1).
[7] 郭江平,徐宇,宋建鸣,等.新疆北疆棉花品种更换及新品种展望.中国种业,2003,(1).
[8] 姚源松.新疆棉花品种问题及解决途径.新疆农业大学学报,1997,20(1).
[9] 李雪源,艾先涛,王俊铎,等.新疆棉花生产面临的品种问题/中国棉花学会 2007 年年会论文汇编.青岛:中国农学会棉花分会,2007.
[10] 赵淑琴.新疆棉花新品种利用现状与建议.中国棉花,2008,35(9).
[11] 孙杰,褚贵新,张文辉,等.新疆特早熟棉区棉花品种主要性状演变趋势研究.中国棉花,1999,26(7).
[12] 尹文端,刘连芳,尹全利.新疆种子工作回顾与展望.种子世界,2000,(3).
[13] 汪新业,任奇.新疆棉花良种推广主要模式分析.种子科技,2009,(5).
[14] 庞念厂.近十年我国棉花审定品种情况分析.北京:中国农业科学院,2012.
[15] 马亚楠,吴伟.我国种子管理机构与职能的探讨.浙江农业科学,2012,(4):435-439.
[16] 杨娇,陈彤.基于主成分分析对新疆种子企业的竞争力评价.新疆农业科学,2014,51(11).
[17] 郭江平,李雪源,吐尔逊江.新疆北疆近年来审定棉花品种主要性状分析/中国棉花学会 2008 年年会论文汇编.杨凌:中国农学会棉花分会,2008.
[18] 张丽华,祖先进.新疆兵团种子工作现状与对策.种子世界,2000,(6):11-12.
[19] 陈为祥,刘连芳.新疆棉花新品种介绍及问题分析.新疆农业科技,1997,(2):8-10.
[20] 洋莹,余国新.新形势下新疆棉花种子市场、棉种企业概况及分析.种子世界,2013,(4).
[21] 张朝晖.从新疆棉花品种早中熟组区域试验看育种进展.棉花科学,2014,36(5).
[22] 王俊锋,梁亚军,龚照龙,等.南疆棉花历史主栽品种产量性状演变规律研究.新疆农业科学,2015,52(4).
[23] 师维军,乌买尔江,马君.新疆近 15 年来新审定陆地棉品种初步分析/中国棉花学会 2009 年年会论文汇编.北京:中国农学会棉花分会,2009.

[24] 孙杰,赖先齐,刘干,等.新疆特早熟棉区棉花品种现状及对策分析.石河子大学学报(自然科学版),1997,1(3).
[25] 苏丽丽,余国新,付国靖,等.新疆种业市场现状及改进建议.种子世界,2012,(12).
[26] 吾买尔江·库尔班.新疆自育棉花品种难以推广的原因分析.新疆农业科技,2002,(S1):55.
[27] 孙杰,褚贵新,张文辉,等.北疆棉区棉花品种演替与主要性状演变趋势研究.新疆农业科技,1999,(2).
[28] 任建轩.我国种子产业化发展的主要对策.农业与技术,2012,32(4):92.
[29] 曹艳艳,宋武,刘海峰,等.新疆彩色棉品种现状分析/中国棉花学会2008年年会论文汇编.杨凌:中国农学会棉花分会,2008.
[30] 洋滢,余国新,吾买尔江.新疆棉花种子市场、棉种企业发展中的问题及建议.种子世界,2012,(5).
[31] 卢守文.统一思想,求实创新,加快推进自治区现代种业发展.自治区种子管理总站,http://www.xj-agri.gov.cn/zhongyexw/4249.jhtml,2012-02-17.
[32] 阿尔达克,曾涛.新疆现代种业发展情况调研.新疆财会,2013,(5).
[33] 全国现代农作物种业发展规划(2012—2020年)[EB/OL].农业农村部网站.http://jiuban.moa.gov.cn/zwllm/zcfg/flfg/201301/t20130111_3189143.htm2013-12-26.
[34] 佟屏亚.简述1949年以来中国种子产业发展历程.古今农业,2009(01):41-50.
[35] 孔祥智,徐拓远.我国种业发展历程与启示.农村金融研究,2021(5).
[36] 新疆维吾尔自治区农作物种子管理条例.百度百科,https://baike.baidu.com/item/.
[37] 中华人民共和国种子管理条例.中华人民共和国国务院公报,1989(4).
[38] 中华人民共和国植物新品种保护条例.中华人民共和国国务院公报,1997(12).
[39] 新疆维吾尔自治区农作物种子管理条例(修正案).农村科技,1994(8).
[40] 中华人民共和国种子法.中国中央政府网.http://www.gov.cn/.
[41] 农业部植物新品种复审委员会审理规定.农业农村部网站.http://www.moa.gov.cn/.
[42] 农业植物新品种权侵权案件处理规定.农业农村部网站.http://www.moa.gov.cn/.
[43] 国办发2006(40号).国务院办公厅关于推进种子管理体制改革加强市场监管的意见.中国中央政府网,http://www.gov.cn/.
[44] 毛树春,谭砚文.WTO与中国棉花十年.北京:中国农业出版社,2013,120-135.
[45] 国发[2011]8号.关于加快推进现代农作物种业发展的意见.中国中央政府网.http://www.gov.cn/.
[46] 农业部令2011年第3号.农作物种子生产经营许可管理办法.中国中央政府网.http://www.gov.cn/flfg/2011-09/02/.
[47] 新政发[2011]90号.自治区关于加快现代农业种业发展的意见.https://wenku.baidu.com/.
[48] 农业部令2012年第2号.农业植物品种命名规定.农业农村部网站.http://www.moa.gov.cn/.
[49] 国务院关于修改《中华人民共和国植物新品种保护条例》的决定.中国中央政府网.http://www.gov.cn/.
[50] 农业部令2014年第3号.中华人民共和国植物新品种保护条例实施细则(农业部分).农业农村部网站.http://www.moa.gov.cn/.
[51] 农业部令2015年第1号修订.农作物种子生产经营许可管理办法.农业农村部网站.http://www.moa.gov.cn/.
[52] 国令第653号.国务院关于修改部分行政法规的决.中国中央政府网.http://www.gov.cn/.
[53] 中华人民共和国种子法(2015年修订).中国人大网.http://www.npc.gov.cn/.
[54] 农业部令2016年第5号.农作物种子生产经营许可管理办法.农业农村部网站.http://www.moa.gov.cn/gk/.
[55] 关于对《新疆维吾尔自治区主要农作物品种审定标准》的公告.新疆农业农村厅网站.http://nynct.xinjiang.gov.cn/.

第十四章
新疆绿洲棉花加工业和可持续发展对策研究

本章对我国棉花加工业的发展历程和现状进行了梳理总结，重点分析了新疆绿洲棉花加工业发展中的进步——加工能力规模化与规范化、全程机械化、在线监测技术取得了长足的进步，指出绿洲棉花加工存在问题——高含杂机采棉加工品质损伤较大、加工成套工艺装备的智能化和数字化程度不高、加工设备性能与运行可靠性不高、单位产出动力消耗较大和能源浪费严重等。

提出加大研发投入，创新工艺技术和加工装备，提升加工水平，推进棉花"柔性加工"与"绿色生产"发展，加强加工人才培养和培训等的意见建议。研究提出机采籽棉含杂率控制在 12% 以下、机采棉加工棉纤维长度损伤不大于 0.8 mm、短纤维指数 ≤12% 和含杂率 < 2.5% 的先进标准，以及机采棉"柔性"保质加工技术和工艺（见第十七章）。

第一节·我国棉花加工产业的发展历程

棉花加工产业主要包括籽棉采收、籽棉收购、籽棉储运、籽棉清理、籽棉轧花、皮棉清理、棉花调湿、皮棉打包、清理回收、通风除尘、皮棉储运、仓储物流、信息平台、棉机制造等。本章不涉及棉副产品精深加工内容。

一、我国棉花加工产业的发展阶段

我国棉花加工产业的发展大致可以分为三个阶段，分别对应我国棉花加工产业的三次技术飞跃。第一阶段是 1949—1978 年，棉花加工产业的创建期，实现了棉花加工产业的第一次技术飞跃。第二阶段是 1978—1998 年，棉花加工产业的成长期，实现了棉花加工产业的第二次技术飞跃。第三阶段从 1999 年至今，棉花加工产业的高速发展期，实现了棉花加工产业的第三次技术飞跃，并在向第四次技术飞跃过渡。

（一）棉花加工产业的创建期

新中国成立初期，我国棉花加工设备主要是人力或畜力皮辊轧花机，棉花加工基本处于分散的、作坊式的发展模式。此时棉花加工设备质量差,故障率高,安全事故隐患多。针对棉花加工产业管理经验缺乏、技术力量薄弱的问题,为了推动我国棉花加工产业的发展,满足国民经济发展的需要,供销合作社在1955—1978年间,从构建棉花加工机械制造业着手,通过不断努力,基本建立了我国的棉花加工行业体系。

1954年,中华全国供销合作总社为了达到改造落后的棉花加工技术,提高皮棉质量和回收棉短绒的目的,决定大量生产锯齿式轧花机和锯齿式棉籽剥绒机,天津机械制配厂(即邯郸棉机厂前身)承担试制和制造任务。1955年7月1日前成功试制了第一批"5571"型锯齿轧花机。"5571"型锯齿轧花机的诞生,结束了我国棉花加工业依赖皮辊轧花机和进口锯齿轧花机的历史,它的批量生产和推广应用标志着我国棉花加工产业进入了工业化时代。

1958年,棉花大增产,在中华全国供销合作总社"小修不出县,大修不出地区或省"的要求下,河北连镇棉机厂、江苏大丰棉机厂、启东供销机械厂、南通棉花打包机厂、山东洛口棉机厂、宾州棉机厂、单县棉机厂、山西运城棉机厂、河南安阳棉机厂、湖北沙市棉花打包机厂、天门棉机厂等各棉区的棉机制造厂相继建立,承担了所在区域的棉花机械修配任务。从而在全国主产棉省、自治区初步形成了供销合作系统棉机制造修配网络。

1961年,商业部发布了《商业系统棉花加工企业管理纲要(试行草案)》。这个纲要共分八章,总则中指出棉花加工重要性:"棉花加工,是棉花生产的继续,是完成国家棉花收购任务的一个重要环节。加工工作搞得好,就能增加棉农收入,提高棉纤维的使用价值,支持纺织工业发展生产,满足人民日益增长物质文化生产的需要"。1962年10月,中华全国供销合作总社制定了《基层棉花经营部门与棉花加工厂业务暂行规定》,该规定指出:"棉花经营部门和加工厂,必须各自实行独立核算,自负盈亏"。1963年8月,中华全国供销合作总社下达了《供销合作社系统轧花厂人员编制定额和主要物料消耗定额暂行规定》(试行草案),并制定了《轧花厂工人技术等级标准(草案)》。1964年10月颁发了《棉花加工技术规程(试行草案)》,对棉花加工的指导思想、方针政策、加工设备规格标准与维护保养,籽棉、皮棉、棉短绒质量管理,轧花、剥绒、打包车间各工种操作要点和岗位责任制,以及安全生产、大检修、机物材料消耗指标等都做了全面、系统的规定。

至此,我国棉花加工产业形成了一套比较完整的运行制度。紧接着十年动乱,产量、质量和安全受到严重影响。粉碎"四人帮"后,在拨乱反正过程中,相继恢复和健全了各项管理制度。

▶ (二) 棉花加工产业的成长期

1979年11月,中华全国供销合作总社根据国家劳动总局关于实行新修订的工人技术等级标准的通知,修订颁发了《棉花加工工人技术等级标准》。1980年1月16日中华全国供销合作总社发布了《棉花加工厂合理用风测量简述》及《输送管道合理用风测量操作规程》,同年修订了《棉花加工技术规程》,规程对轧花、剥绒、打包等工序做了更加准确的界定,在技术管理和操作方法上做了更加详细明确的规定,并且充实了气流输送与除尘的相关内容。

1987年3月,中华全国供销合作总社郑州棉麻工程技术设计研究所完成重点科学技术项目《同位素示踪法测定气力输送中物料速度的研究》,研究成果填补了我国棉花加工气力输送技术的空白,对建立高效节能棉花加工工艺的气力输送系统起到了关键作用。

1987年,国家经委下达[1987]775号文件,提出重点支持消化吸收国产化项目,要求研制一套适合我国国情的具有高效、优质、低耗、安全的"121轧花新工艺及成套设备"。1990年11月,"121轧花新工艺及成套设备"通过了国家级验收,开创了我国生产籽棉烘干、大型轧花机、皮棉清理等成套棉花加工设备的新局面,极大地推动了我国的棉花加工产业发展。"121轧花新工艺及成套设备"的研制,使我国棉花加工技术与国际先进水平的差距缩短了40年,改变了我国棉花加工设备的陈旧面貌,"121轧花新工艺及成套设备"被国务院列为"八五"期间重点推广的"150条龙"之一。

随着"121轧花新工艺及成套设备"的推广应用,我国棉花加工设备如雨后春笋般快速发展。1992年9月18日,邯郸棉机厂研制的"120型棉花加工成套设备"项目通过部级验收。1995年5月5日,江苏大丰棉机厂研制的"机电一体化100型棉花加工成套设备"通过部级验收。1996年7月22日,南通棉机厂研制的"400吨大型棉花打包机"通过部级验收,是121、120、100轧花成套设备的配套打包机。这些设备的成功研制为我国棉花加工规模化、大型化、自动化奠定了基础。1998年6月10日,召开了全国"121系统工程"应用技术研讨会,回顾"121系统工程"轧花新工艺成套设备推广应用工作,肯定成绩,总结经验,明确问题,分析原因,研究措施,完善工艺,提高技术,进一步推动了棉花加工工业的发展。2008年国家开展棉花收储后,涌现出的126、128、158、168、171、199、208等轧花机和30包/h、40包/h的大型快速打包机结合了智能化升级,产量高、效率高,棉花加工厂改造的积极性高涨,成为棉花加工的主力机型。

(三)棉花加工产业的高速发展期

1998年11月,国务院发布《关于深化棉花流通体制改革的决定》。棉花流通体制改革的目标是,按照建立社会主义市场经济体制的要求,逐步建立在国家宏观调控下,主要依靠市场机制实现棉花资源合理配置的新体制。国家在管好棉花储备、进出口和强化棉花质量监督的前提下,完善棉花价格形成机制,拓宽棉花经营渠道,转换棉花企业经营机制,降低流通费用,建立新型的产销关系。1999年开始的棉花流通体制改革,彻底放开棉花收购价格,并将棉花流通渠道由供销社棉花企业拓展到供销、纺织、农业三大系统经资格认定的企业。

但是,当时棉花流通企业尚未真正成为自主经营、自负盈亏的经营实体;多渠道有序竞争的市场格局尚未形成;市场监管不严,棉花质量得不到保证;宏观调控机制不够完善。针对这些问题,2001年7月国务院下发了《关于进一步深化棉花流通体制改革的意见》,作为深化棉花流通体制改革的指导性文件,强调进一步深化棉花流通体制改革,打破经营垄断,鼓励公平竞争,规范市场秩序,提高调控效率,建立适应社会主义市场经济要求的棉花企业经营机制和管理体制,促进棉花生产和纺织工业健康发展。

2002年1月,国家质检总局下发质检监函[2002]39号文《关于对部分棉花加工企业机械产品实行生产许可证制度的通知》,由此设立了棉花加工机械产品生产许可证审查部。审查部设立在中华全国供销合作总社郑州棉麻加工机械质量监督检验测试中心。产品申证单元由审查部设立之初的2个申证单元发展到2007年的6个申证单元(表14-1)。

表 14-1·棉花加工机械产品申证单元及规格

(李孝华等,2020 年)

序号	产品单元	设立时间	产品规格	企业类型
01	锯齿轧花机	2002 年	锯片数 80 及以上	生产型或组装型
02	液压棉花打包机	2002 年	压力 4 000 kN 系列及以上	生产型或组装型
03	籽棉清理机	2003 年	台时处理量 5 t/h 及以上	生产型或组装型
04	皮棉清理机(刺辊式)	2003 年	台时处理量 800 kg/h 及以上	生产型或组装型
05	皮辊轧花机(滚刀式)	2007 年	皮辊长度 1 000 mm 及以上	生产型或组装型
06	锯齿剥绒机	2007 年	锯片数 140 及以上	生产型或组装型

改革前我国棉机制造企业只有 19 家,随着棉花收购加工市场的放开,棉花加工企业迅猛发展,对棉机的需求快速增加。因此,棉机生产企业也不断催生,根据棉花加工机械生产许可证审查部统计,2004 年我国获得棉机生产许可证的企业 57 家,达到了顶峰。受国际棉花加工行业疲软的影响,棉花加工企业大幅减少,对棉机产品的需求也大幅减少,一些原来生产中小型设备、质量一般的棉机企业自然而然被淘汰出局。棉机制造企业数量变化如图 14-1 所示。

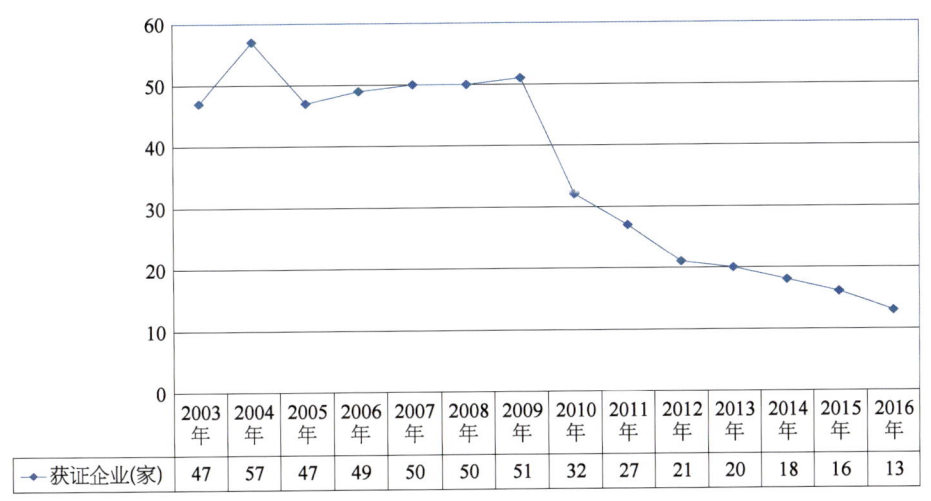

图 14-1·棉机制造企业数量变化

(李孝华等,2020 年)

2003 年 12 月,国家发展改革委员会、国家质检总局、财政部、全国供销合作总社、中国农业发展银行五部门发布了《棉花质量检验体制改革方案》。方案提出了棉花质检体制改革的目标和主要内容,并要求各地在 2003 棉花年度结束前做好各项改革试点准备工作。棉花质量检验体制改革的基本要素有以下八个方面:一是在棉花加工环节实行公证检验;二是采用快速仪器检验棉花;三是制定和实行新的棉花质量标准;四是采用国际通用棉包包型;五是规范棉包重量;六是实行信息化逐包编码;七是发展棉花专业仓库;八是改革公证检验管理体制。2004棉花年度开始组织新体制运行试点。2005棉花年度起逐步推行新体制。

2005年12月,中国棉花协会棉花加工分会成立。中国棉花协会棉花加工分会是由中棉工业公司发起,有棉花加工企业、棉花加工机械制造企业,以及相关科研、教育机构自愿组成,经国家民政部批准设立的非营利性行业组织。

2011年3月,为了稳定棉花生产、经营者和用棉企业市场预期,保护棉农利益,保证市场供应,国家发展改革委员会、财政部、国家质检总局等部门联合发布了《2011年度棉花临时收储预案》的公告,开始了连续3年的国家棉花收储政策。

2014年经国务院批准,启动新疆棉花目标价格补贴试点,国家发改委会同财政部、农业部确定当年新疆棉花目标价格水平为19 800元/t。这标志着持续多年的棉花临时收储制度正式谢幕。

2017年开始,棉花目标价格由试点期间的一年一定改为三年一定,2017—2019年新疆棉花目标价格为18 600元/t(皮棉)。如果棉花市场平均价格低于目标价格,国家将根据目标价格和市场平均价格的差价,以及国家统计局核定的新疆棉花的产量给棉农拨付补贴资金。

二、我国棉花加工工艺与技术发展历程

棉花加工工艺过程是指籽棉经过加工生产出皮棉和棉籽的过程。棉花加工工艺过程可分为籽棉准备、籽棉轧花、皮棉成包和通风除尘等四大工序。籽棉准备工序主要包括籽棉喂料、籽棉调湿、籽棉清理等内容,为后道工序提供回潮率适宜、清除了大部分外附杂质及特殊重杂且充分松散的籽棉。籽棉轧花工序主要包括籽棉提净喂花、籽棉轧花、皮棉清理等内容,生产出皮棉和棉籽,清理排出不孕籽和原生杂质,对棉籽和不孕籽进行集并。皮棉成包工序主要包括将松散而富有弹性的皮棉进行集并、压缩成包与包装、刷唛和堆垛等内容,便于棉花的运输、储存和保管。通风除尘工序主要包括各种物料的气力输送、含尘空气的过滤除尘等内容,自动输送物料,提高生产效率,降低劳动强度,改善生产环境。

我国棉花加工工艺随着技术的进步,大致可以分为"5571"轧花工艺、"121"轧花工艺和现代棉花加工工艺三种。现代棉花加工工艺是在"5571"轧花工艺、"121"轧花工艺的基础上不断发展与完善而来,能同时满足手摘棉和机采棉的加工需求。

(一)"5571"轧花工艺

"5571"轧花工艺主要流程如图14-2所示,存放在露天货场或仓库的籽棉采用气力输送方式运送到生产车间。在气力输送管道上,设有1~2个重杂物分离器,以清除籽棉中的重杂物。外吸棉的控制是通过人工调节设置在回风管上的风门启闭来实现。籽棉卸料器使籽棉与含尘空气分离,籽棉被卸入刺钉滚筒式的籽棉清理机,而含尘空气被导入管道,经风机再入除尘设备净化处理。籽棉被清理、膨松后,由三管配棉装置将其分送给每台锯齿轧花机。经锯齿轧花机加工,棉纤维与棉籽分离。随后,皮棉采用共同集棉方式送往总集棉机,压成片状后经皮棉滑道送入打包机成包;棉籽由绞龙输送装置送往剥绒车间加工;轧花过程中排落的下脚料(主要是不孕籽等有效纤维)由气力输送装置送往清理回收车间加工。凡供榨油用的棉籽都要进行剥绒,且实行分道剥绒;供留种用的棉籽可减少剥绒次数或不剥绒。剥绒前,棉籽先要进行清理,然后棉籽由绞龙输送装置送往头道剥绒机加工。经过头道剥绒机加

工,较长的短纤维与棉籽分离。随后棉籽又由绞龙输送装置送往二道剥绒机加工。经过二道剥绒机加工,次长的短纤维与棉籽分离。接着棉籽又由绞龙输送装置送往三道剥绒机加工。经过三道剥绒机加工,大部分剩余短纤维与棉籽分离。剥得的各道短绒由各道的共同集绒装置分别送往各自的集绒机,集并后送入短绒清理机清理,之后分类成包。剥绒过程中排落的下脚料(主要是落绒等)由输送装置送往清理回收车间加工,剥过三道绒的光棉籽由输送装置送往仓库装袋(图 14-2)。

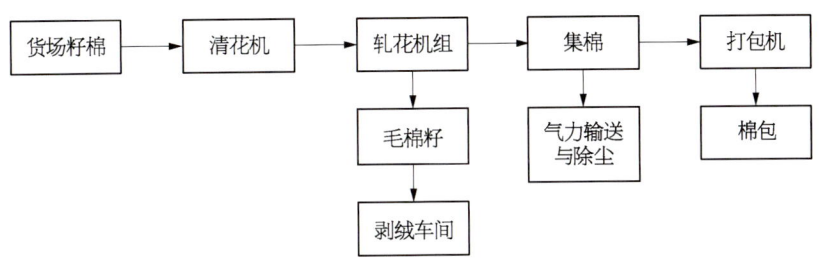

图 14-2·"5571"轧花工艺

(李孝华等,2020 年)

"5571"轧花工艺生产线是以生产线上 80 型锯齿轧花机台数来表示的,有一台型、两台型、三台型、四台型 4 种类型的加工生产线。80 型锯齿轧花机加工皮棉产量为 350~500 kg/h,若加工时间按 180 d,每天 20 h 生产计算,则一台 80 型锯齿轧花机的年加工能力约为 1 440 t 皮棉;两台的年加工能力约为 2 880 t 皮棉。其他台型依次类推。

(二)"121"轧花加工新工艺

"121"轧花工艺是在"5571"轧花工艺的基础上,吸收了国外先进棉花加工工艺中的籽棉清理、籽棉烘干、皮棉清理、大型打包机等装置以及成套自动化控制方式,并结合我国棉花生产、收购特点而制定。"121"轧花工艺与"5571"轧花工艺相比,籽棉处理和轧花部分差异较大,剥绒部分相差无几。"121"轧花工艺如图 14-3 所示。

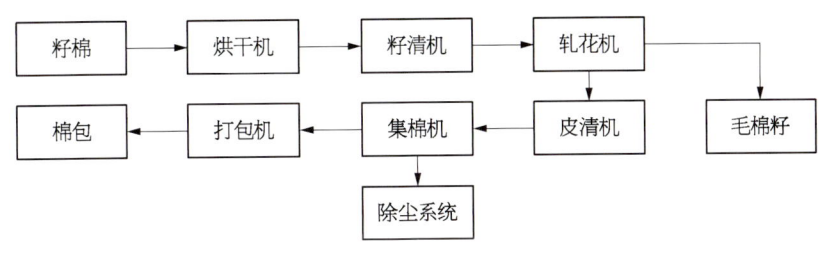

图 14-3·"121"轧花工艺

(李孝华等,2020 年)

"121"轧花工艺相对"5571"轧花工艺具有如下优点。

(1) 提高了轧花机的片时产量,由"5571"型轧花机的 5 kg 左右提高到"121"型轧花机的 10 kg 左右;

(2) 完善了籽棉清理设备;

(3) 增加了籽棉烘干和皮棉清理工序,且设置了旁路系统,实现了棉花加工工艺路线的

可选择性;

(4) 提高了加工设备的配套性,安装时,现场制作设备大大减少;

(5) 单机自动化程度高,前、后单机之间连锁控制,减少了故障造成的危害。

(三) 现代棉花加工工艺

1996年5月,新疆生产建设兵团决定实施"兵团机采棉引进试验项目",投资2 000万元、第一师投资1 000万元,引进美国拉默斯公司全套籽棉清理、烘干和皮棉清理设备,在第一师8团建立机采棉清理加工厂。同时,国家计委投资支持第一师1团使用全套山东棉机厂设备,对原棉花加工厂进行技术改造,建立机采棉加工生产线。1997年3月,第一师1团、8团正式开始项目建设,于1997年9月相继建成机采棉加工生产线并进行小批量机采棉清理加工试验。现代机采棉工艺主要分为籽棉预处理、轧花、皮棉清理、打包等环节,要采用四道籽棉清理、三道皮棉清理、棉花调湿、智能轧花、信息化棉包等技术。机采棉加工工艺如图14-4所示。

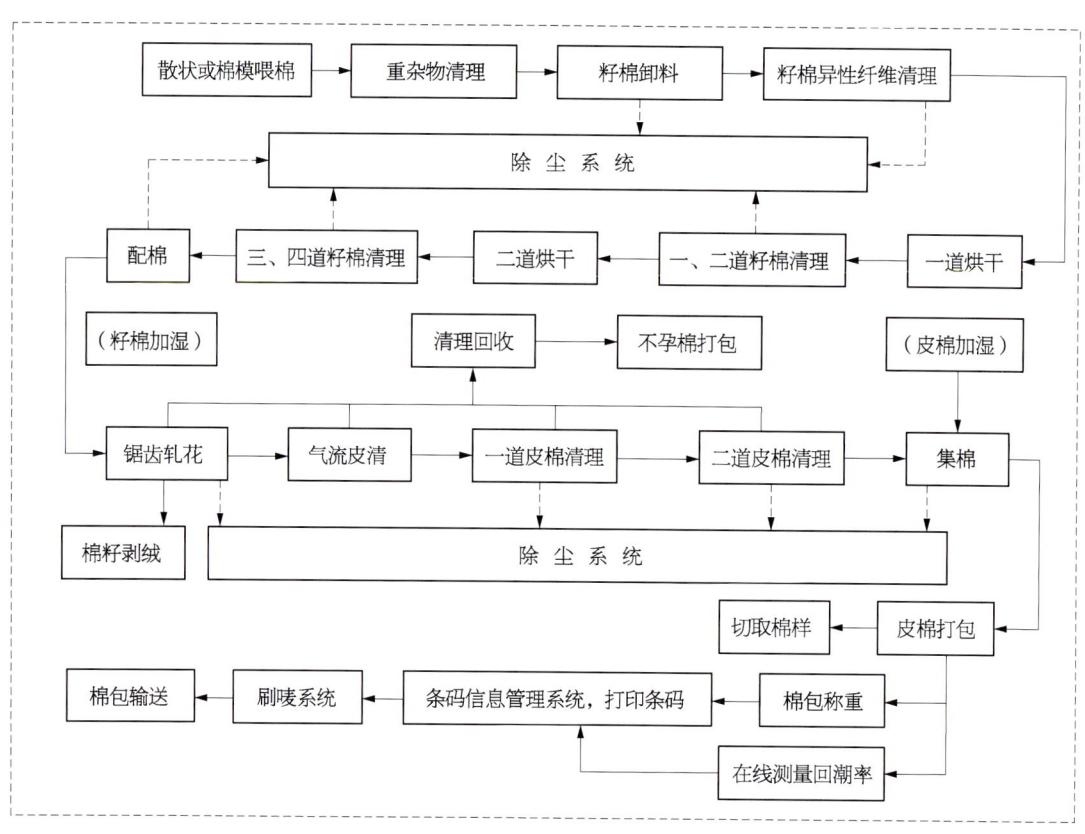

图14-4·机采棉加工工艺

(李孝华等,2020年)

1. **籽棉预处理工序**·该工序包括喂花、清理三丝、烘干、籽棉清理等环节。货场的棉模或散装籽棉经过自动喂花机的开松,均匀地喂到外吸棉进棉口处。在外吸棉风机的吸力作用下,籽棉经过重杂物分离器,排除籽棉中的砖块、石头等较重的杂质后,进入籽棉卸料器,实现籽棉和气流的分离。分离后的气流经过离心风机后进行除尘,分离后的籽棉均匀地进入异性纤维清理机,在异性纤维清理机的缠绕、开松、抛射作用下清除籽棉中的地膜、编织袋、羽毛、毛发等异性纤维。清理后的籽棉经过籽棉闭风阀均匀地喂入热风管道,在热风的吹送作用下,热风与籽棉均匀混合,经过一道烘干塔进行一次籽棉烘干。烘干后的籽棉在一道内吸棉风机的吸引作用下,进入一道籽棉卸料器,在此处实现热风和籽棉的分离。分离后的气流经离心风机排出进行除尘,分离后的籽棉在重力的作用下,均匀地喂入倾斜式籽棉清理机和提净式籽棉清理机,清除籽棉中的棉杆、铃壳、棉叶、不孕籽、尘土等杂质。清除的杂质利用风力或绞龙输送到车间外,清理后的籽棉经籽棉闭风阀均匀地喂入热风管道。在热风的吹送作用下,籽棉与热风均匀混合,经过二道烘干塔进行二次籽棉烘干。烘干后的籽棉在二道内吸棉风机的吸引作用下,进入二道籽棉卸料器,在此处实现热风和籽棉的分离。分离后的气流经离心风机排出进行除尘,籽棉在重力作用下喂入倾斜式籽棉清理机和回收式籽棉清理机,清除籽棉中的棉叶、铃壳、不孕籽、尘土等杂质。清理后的杂质利用风力或绞龙输送到车间外。

2. 轧花工序·清理后的籽棉喂入配棉绞龙均匀地配送到每台轧花机上面的储棉箱内。籽棉被轧花机的喂花电机均匀地喂入轧花机上部,再次清理出籽棉中的铃壳、棉秆、棉叶、不孕籽等杂质,清理后的籽棉沿淌棉板落入轧花机下部工作箱内,并形成一定密度的籽棉卷。利用高速旋转的锯片滚筒和籽棉卷相对运动产生的线速差,锯齿钩拉纤维,肋条阻隔棉籽,从而实现棉纤维和棉籽的分离,达到轧花的目的。分离后的棉籽经棉籽绞龙输送到剥绒车间或车间外。

3. 皮棉清理工序·分离后的棉纤维在轧花机毛刷滚筒的吹刷和皮棉清理机引风机的吸引作用下,经过气流式皮棉清理机和二道锯齿式皮棉清理机的清理作用,清除棉纤维中棉叶、籽屑、破籽、不孕籽、疵点等杂质。清理出的杂质收集后回收处理,清理后的棉纤维则在锯齿式皮棉清理机毛刷滚筒的吹刷和集棉引风机的吸引作用下进入集棉机,在此处实现棉纤维和气流的分离。分离后的气流经离心风机排出并进行除尘,分离后的棉纤维经过集棉机罗拉压缩成均匀的棉胎。经淌棉道均匀地进入打包机进行打包。

4. 打包工序·包括棉包压缩成型、自动取样与回潮率检测、捆扎、输送与条形码生成系统等。棉花质量检验体制改革核心内容就集中在成包环节,要求改用国际通用棉包包型,采用快速检验仪实行仪器化公证检验,并对成包皮棉逐包编码实行信息化管理。棉花质量检验体制改革方案中要求每个棉包都有全国唯一的身份标识——32位条形码。在质量检验、内部管理和棉包物流过程中通过条形码记载的信息对棉包实现管理。棉包称重、测量回潮率后立即打印出条形码,分放于棉包和棉样。条形码中的数据一致,保证检验用的棉样和棉包一致,同时该数据自动记入IC卡,进入计算机管理系统。加工厂通过网络数据库查看本厂棉花的检验情况,方便查询管理。

为了杜绝棉花在铁路运输过程中因钢丝摩擦而引起火灾事故、确保铁路运输安全畅通,乌鲁木齐铁路安全监督管理办公室于2009年发文《关于棉花铁路运输包装采用塑钢带打包的通知》,通知要求"各棉花加工、仓储和运输企业,立即着手改变目前棉包用铁线或钢丝打包的包装方法,经铁路运输的棉花包装必须统一使用塑钢带打包方式",于是从2009棉花年度起,全新疆生产的棉花统一使用塑钢带(塑料捆扎带)打包运输。

自动刷唛系统是一种高解析全自动棉包刷唛设备,采用计算机、嵌入式、机械、喷印等多种技术完成产品设计,可实现用户商标等复杂图形刷唛,不污染棉包的在线全自动刷唛功能。应用全自动刷唛机,包头版面一致、美观,同时降低劳动强度,提升刷唛效率,杜绝人为差错,节省人力成本,减少安全隐患。

(四)手摘陆地棉和长绒棉加工工艺

新疆棉区已经形成以机采棉加工为主体加工形势,但是手摘棉和长绒棉一样占有一定比例,生产工艺也日趋成熟。手摘棉与长绒棉加工工艺相似,除轧花设备不同外,都是在加工之前需将籽棉进行杂质分离,然后对异性纤维清理,接着进行籽棉烘干、清理以及配棉,最后经过轧花、皮棉清理,打包后存储。手摘棉与长绒棉加工工艺如图14-5所示。

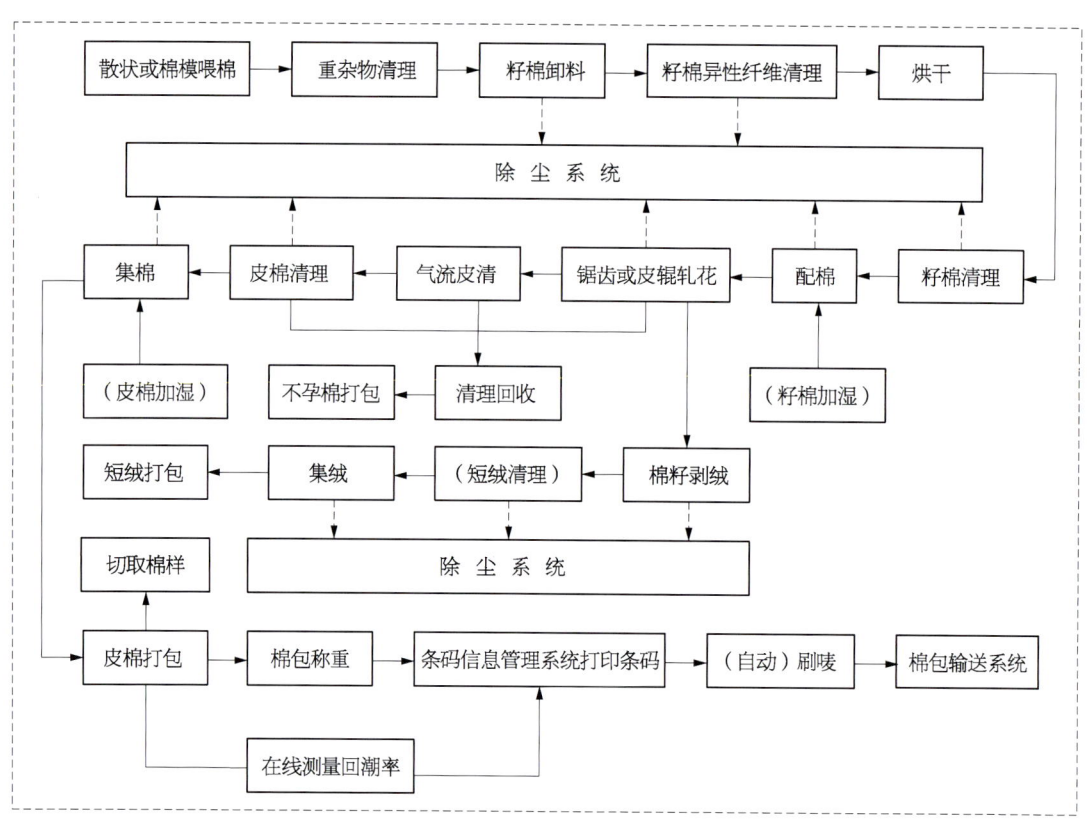

图14-5·手摘陆地棉和长绒棉加工工艺

(李孝华等,2020年)

第二节·新疆绿洲棉花加工业发展现状

新疆棉花加工产业发展历程与全国棉花加工产业的发展历程同步。目前,新疆棉花加工产业的工艺技术与装备水平居全国领先水平。

一、新疆绿洲棉花加工业生产能力和市场化改革

按照国务院"放管服"的改革要求,2017 年 3 月 30 日国家质检总局/国家发展改革委员会印发《关于取消棉花加工资格认定行政许可后加强棉花质量事中事后监管的通知》,2017 年 6 月 28 日新疆维吾尔自治区四部门联合制定印发《自治区关于取消棉花加工资格认定行政许可后加强棉花质量事中事后监管的意见》,明确新疆全面取消实施了 16 年的棉花加工资格认定行政许可。2017 年 8 月 3 日新疆维吾尔自治区四部门联合制定了《加强棉花质量事中事后监管的意见》,要求企业必须符合硬性技术条件,才有资格从事棉花加工。新办企业由地区及各地(州)、市人民政府(行署)依据《棉花加工企业基本技术条件》(GB/T 18353)和《验收办法》组织对棉花加工企业进行验收,经验收合格的,由区发展改革委在其官方网站上向社会公示合格企业名单,区质监局发放公证检验条形码系统。

依据新疆四部门《关于印发〈自治区棉花加工企业基本技术条件(试行)〉和〈自治区棉花加工企业验收管理暂行办法〉的函》(新发改经贸〔2017〕1029 号)文件精神,对棉花加工企业进行核验,符合条件的可以生产加工。截至 2020 年 12 月,新疆维吾尔自治区验收公示加工企业 1 107 家、1 444 条生产线,分布在自治区 13 个地级行政单位和新疆生产建设兵团 12 个师,棉花 400 型生产线加工能力超过 600 万 t。2009—2020 年,棉花加工企业数量与公正检验数量情况如表 14-2 所示。

表 14-2 · 2009—2020 年新疆绿洲棉花加工企业数量与公正检验数量

(李孝华等,2020 年)

年 份	棉花加工企业数量		参加公正检验企业数量(个)
	棉花加工企业数量(家)	棉花加工生产线(条)	
2009	756	851	663
2010	765	908	675
2011	791	954	726
2012	804	998	743
2013	806	1 071	787
2014	833	1 105	805
2015	835	1 109	752
2016	831	1 160	768
2017	836	1 239	794
2018	838	1 301	745
2019	1 024	1 332	802
2020	1 107	1 444	878

注:中国纤维质量监测中心、北京智棉科技有限公司提供数据。

二、新疆绿洲棉花加工量分布

目前,新疆全区辖 4 个地级市、5 个地区、5 个自治州(合计 14 个地级行政单位),13 个市

辖区、24个县级市(含9个自治区直辖县级市,主要是兵团师市合一市)、62个县、6个自治县(合计105个县级行政单位)。数据显示,新疆14个地级行政单位中,仅阿勒泰地区不种植棉花。在新疆105个县级行政单位中有51个从事棉花生产。年加工量在15万t以上的有8个,10万~15万t的3个,5万~10万t的11个,3万~5万t的4个,1万~3万t的7个,1万t以下18个。

2017/2018年度,全疆轧花厂共加工皮棉503.56万t,其中地方352.6万t(阿克苏、喀什和巴州三个地区总产量约占地方产量的60%)、兵团151.0万t(其中八师产量遥遥领先,接近兵团产量的32%);南疆、北疆和东疆占比分别为53%、45%和2%。2017/2018年度新疆分区域棉花加工量如图14-6所示。

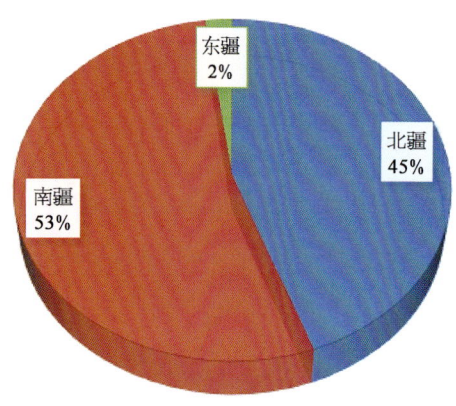

图14-6·2017/2018年度新疆绿洲分区域棉花加工量

(李孝华等,2020年)

2017/2018年度新疆棉整体主要特点是机采棉加工量明显增加,尤其是南疆地区。2017年全疆累计加工机采棉227万t,约占总加工量的45%,同比提高11个百分点,其中南疆地区增幅最为显著。2017/2018年度新疆棉花不同采摘方法加工量如图14-6所示。2017/2018年度新疆棉花不同采摘类型加工量:地方细绒棉343.90万t,长绒棉8.67万t,彩色棉0.01万t;补贴细绒棉148.77万t,长绒棉8.75万t,彩色棉无。2017—2020各年度棉花加工数量情况见表14-3。

表14-3·2017—2020年度绿洲棉花加工数量

(李孝华等,2020年)

年　度	地方加工量(万t)	兵团加工量(万t)	累计加工量(万t)
2017/2018	352.58 机采棉105.49 手采棉247.09	149.86 机采棉120.90 手采棉28.96	493.67 机采棉226.39 手采棉276.05
2018/2019	336.60	150.20	486.80
2019/2020	309.68	183.44	493.12

三、新疆绿洲棉花加工业的市场化进程

2017年新疆全面放开轧花厂经营许可,对棉花加工企业进行市场化改革,放开市场准入限制,加上新疆兵团团场进行市场化改革,允许内地国有、民营企业对新疆地方和兵团棉麻公司进行收购。建立起由第三方检测机构检验、政府负责监管的棉花质量检验与监督分离新体制。

(一)棉花收购和加工体制已经发生根本性变化

一是以地方和兵团棉麻公司为主体的收购和加工,分别由原来的主管部门管理改为市场监管部门管理;二是由于放开市场准入限制,大量的企业被拍卖、参股、租赁。

(二) 棉花加工业市场存在的问题

一是棉花市场放开后,对于质量的控制和对农民的保护已经失去了意义,目前各收购企业压级压价、压衣分、克扣棉农的事时有发生,政府的监管不可能面面俱到。二是给棉农的补贴存在一定的问题,国家的补贴资金到位后,先要扣除5%的手续费,再扣除10%的面积补贴,实际上棉农是拿不到100%的补贴。三是目前按籽棉补贴,有一定的水分和漏洞,例如补到杂质上、虚开发票等作假行为,应该按皮棉补贴,与加工厂的皮棉挂钩,一个加工厂开出1 000 t皮棉的收购发票,如果没有1 000 t皮棉,就要追究责任。总之,已经失去了统一收购、统一加工、确保质量的优势和品牌效应。

(三) 棉花加工业的市场化设想

对于今后棉花市场走向的设想是,今后棉花加工厂只是一个代加工的加工厂,各地可以组织以棉花为龙头的合作组,可以暂定为合作社,统一品牌,统一管理,由合作社与加工厂签订代加工合同(协议),由加工厂负责加工质量,以及籽棉入库时的分级堆垛,分级加工,再由合作社统一出售棉花。棉农从种植到管理以及交售,由合作社统一贷款购买生产资料,统一田间管理,统一与棉农结算。这个组织必须是有棉农参与的组织,做到公开、公平、公正。今后国家对棉农的补贴,可以直接对口棉花合作社。

四、新疆绿洲棉花加工质量分析

2014年度以来,国家在新疆启动了棉花目标价格改革。经过5年实践,棉花目标价格改革取得了明显成效,带动了棉花生产、加工、流通、纺织全产业链健康发展,提升了新疆棉花的质量和市场竞争力。以棉花加工企业收购加工的细绒棉的公证检验数据为基础,统计、分析2014—2018年5个棉花年度新疆棉花质量,结论如下(见第三章)。

(一) 颜色级

从2014—2018年新疆棉花检验变化情况来看,棉花颜色级指标整体保持稳定,白棉所占比例一直最高,其中2017年白棉所占比例最高,达到98.17%,2018年较2017年下降了1.45个百分点,为96.72%。以白棉2级和白棉3级为主,其中白棉3级的占比呈增长趋势,白棉2级的占比呈下降趋势,2016年白棉2级占比为22.91%,达到这5年最低,白棉3级占比64.86%,达到这5年最高。

对比新疆地方和新疆兵团颜色级指标5个年度的数据,新疆兵团的白棉占比一直高于新疆地方,2015年兵团白棉占比达到最高,为99.04%,其中新疆兵团白棉3级占比一直高于新疆地方的占比,2018年达到最高,为77.63%;新疆地方白棉2级占比一直高于兵团的占比,2015年达最高,为45.78%。

(二) 长度

对比2014—2018年5个年度的数据,新疆棉花细绒棉加权平均长度值在2018年达到最大,为29.14 mm;2015年长度表现最差,为28.52 mm。从长度级各级占比情况来看,这几年新疆棉花长度多集中于28.00～30.00 mm。

新疆兵团28 mm长度级的棉花占比逐年减少,29 mm长度级的棉花占比逐年增多,其中在2016—2018棉花年度30 mm长度级的棉花占比均在10%以上,2018年达到最高为

17.03%,较 2017 年度增加 2.12 个百分点。

新疆地方 28 mm 长度级的棉花占比在 2016—2018 棉花年度均高于新疆兵团,29 mm 长度级的棉花占比在 2016—2018 棉花年度均低于兵团,2018 年兵团和地方的加权平均长度值持平。

新疆地方中棉花平均长度较好的是塔城、克拉玛依、奎屯;较差的是吐鲁番、喀什。

新疆兵团各师中棉花平均长度较好的是第八师、第七师、第十师;较差的是第三师、第四师、第十三师。

(三) 长度整齐度指数

对比 2014—2018 年 5 个年度棉花检验数据,新疆棉花细绒棉平均长度整齐度指数基本持平,在 82.5%~82.93%之间,2016 年最高为 82.93%,高和很高占比达到 50.86%,表现比较突出;2018 年为 82.51%,比 2017 年度高 0.01 个百分点,高和很高占比下降到 34.56%,中等占比为 64.01%。从近几年整体情况来看,新疆中等占比呈上升趋势,高和很高占比呈下降趋势。

这 5 年来,新疆地方棉花长度整齐度指数中等占比一直低于新疆兵团,高和很高占比一直高于兵团;地方与兵团的棉花平均长度整齐度指数近 5 年的变化不大,相差也不大,趋于稳定趋势。2018 年新疆地方平均长度整齐度指数为 82.53%,比兵团高 0.07 个百分点,比 2017 年下降 0.04 个百分点。

从这 5 个年度兵团各师平均长度整齐度指数数据来看,第七师、第五师、第八师、第十四师的平均长度整齐度指数在 2016 年达到最高值,均在 83.0%以上;2018 年平均长度整齐度指数较好的是第五师、第六师、第十师,较差的是第四师、第八师、第十三师。

从这 5 个年度新疆地方平均长度整齐度指数数据来看,指数较好的阿克苏、和田、克拉玛依,较低的是乌鲁木齐、塔城、吐鲁番。2018 年度平均长度整齐度指数最好的是阿克苏,为 82.94%;最差的是乌鲁木齐,为 82.16%。

(四) 马克隆值

细绒棉的马克隆值共分为三级五档,按马克隆值从低到高依次是 C 级的 C1 档、B 级的 B1 档、A 级的 A 档、B 级的 B2 档、C 级的 C2 档。马克隆值 A 级的使用价值较好,B 级的使用价值正常,C 级的使用价值较差。

对比新疆 2014—2018 年 5 个年度数据,2014 年度马克隆值指标最好,其中马克隆值 A 级占比最高达 40.25%,C 级占比最低为 11.14%;2015 年度马克隆值指标最差,C 级占比为 37.98%;之后马克隆值 A 级+B 级占比呈逐年增加趋势。

新疆兵团马克隆值 A 级+B 级占比一直高于地方,2018 年占比之和为 5 个年度中最高,达 96.13%,比地方高 10.89 个百分点,但 A 级占比为 30.18%,较 2014 年低了 21.44 个百分点。

从新疆地方、新疆兵团这 5 个年度马克隆值各档分段占比变化来看,地方和兵团马克隆值 2014 年 4.0~4.2 最多,其他年份均集中在 B2 档 4.3~4.5,且占比均在 2018 年达到最高。

这 5 个年度来,新疆地方马克隆值 C2 档占比一直高于兵团 C2 档占比,2016 年达最大,高出兵团 12.47 个百分点,平均较兵团高 9.24 个百分点。

(五) 断裂比强度

对比新疆 2014—2018 年 5 个年度数据,新疆 2018 年度棉花断裂比强度指标最好,平均比强度为 28.36 cN/tex,达到近 5 个年度来最高,比 2017 年度高 0.41 cN/tex;强及以上占比最高为 34.12%,较 2017 年度提高 7.76 个百分点;中等占比为 61.06%;差及以下占比为这 5 个年度最低,为 4.83%。

新疆兵团棉花断裂比强度指标除 2014 年外,其他年度强及以上占比均高于新疆地方占比,比强度中等占比一直低于地方中等占比,比强度差及以下占比在 2018 年达到最低为 1.65%。兵团及地方的平均断裂比强度均在 2018 年度达到最高,其中兵团比地方高 0.02 个百分点。

这 5 个年度来,新疆地方平均断裂比强度较高的是乌鲁木齐、奎屯、昌吉,除 2014 年外,乌鲁木齐在其他几个年度的平均断裂比强度一直居各地州之首,2018 年达到最高为 30.38 cN/tex,高于新疆地方平均值 1.91 cN/tex;平均断裂比强度较低的是喀什、巴州、克州,喀什从 2016 年度开始连续三年为各地州最低,2018 年度为 27.4 cN/tex。

新疆兵团平均断裂比强度较高的是第十师、第六师、第七师,其中第七师 2018 年达到最高为 29.53 cN/tex;较低的是第三师、第二师、第十三师,其中第三师连续 5 年为各师最低。

(六) 轧花加工质量

按国家标准 GB 1103.1-2012《棉花第 1 部分:锯齿加工细绒棉》,P1、P2 和 P3 分别反映轧工质量的好、中等和差。从表 14-4 可见,新疆绿洲棉花轧工加工质量整体呈现下降趋势。2013—2021 年,P1 由 10.83% 下降至 0.13%,9 年间减少了 10.7 个百分点;P2 则由 88.16% 升高 99.60%,则升高了 11.5 个百分点;P3 由 1.02% 下降至 0.17%,减少了 0.85 个百分点(表 14-4)。

表 14-4 · 近 10 个年度新疆绿洲棉花公检锯齿细绒棉加工质量指标比较

(毛树春、李孝华整理,2022 年)

项目	2021年	2020年	2019年	2018年	2017年	2016年	2015年	2014年	2013年	2012年
公检量(万包)	2 000.31	2 034.13	1 933.46	1 851.61	1 925.38	1 660.17	1 423.27	1 835.04	2 073.06	1 969.14
加工质量 P1(%)	0.13	0.34	1.32	0.89	4.06	2.26	7.82	2.73	10.83	无
加工质量 P2(%)	99.60	99.15	98.21	98.38	94.78	96.01	86.69	91.89	88.16	无
加工质量 P3(%)	0.17	0.51	0.47	0.73	1.17	1.73	5.50	5.38	1.02	无

注:1 包约等于 217±10 kg;数据据中国棉花质量公证检验网站,http://www.ccqsc.gov.cn/authorize/index.action。

从加工质量的数字来看,虽然加工质量下降了,但业内认为棉花整体质量并没有下降,造成这一现象的原因:一是在提高轧工质量的同时,品质长度、比强度都因损害而下降。因此,轧花厂不再以提高轧工质量为主要目标,而以减轻加工对长度、比强度的损害为主要目标。二是轧工质量的检查方法繁琐、工作量过大,实际工作中逐步采用实物样品比对(眼观)取代仪器检验,最后都把轧工质量基本确定为 P2,可见加工质量指标形同虚设。然而,产业界认为,轧工质量既然设定为国家标准就没有理由不贯彻执行,"好棉花也是加工出来的"应在加工中得以足够的体现。

从实践来看,现行国家标准 GB 1103.1－2012《棉花第 1 部分:锯齿加工细绒棉》(表 14－5)对轧花质量的分档较为粗犷,实际操作中不能准确反映轧工质量。然而,轧工质量对加工生产线装备、技术和工艺状态的合理调整、控制,有利减轻加工对纤维长度、比强度的损害,纤维外观形态的改善,都非常重要。为此建议,一是对纺织影响较大的轧工质量指标——索丝、棉结、疵点等开展试验研究,为指标进一步分档提供基础数据。二是修改加工质量的国家标准,采用仪器化检验索丝、棉结、疵点等指标,进一步细化轧工质量的分档指标。

表 14－5 · GB 1103.1－2012《棉花第 1 部分:锯齿加工细绒棉》轧工质量参考指标

(毛树春、李孝华整理,2022 年)

轧工质量分档	索丝、僵片、软籽表皮(粒/100 g)	破籽、不孕籽(粒/100 g)	带纤维籽屑(粒/100 g)	棉结(粒/100 g)	疵点总粒数(粒/100 g)
P1 好	≤230	≤270	≤800	≤200	≤1 500
P2 中	≤390	≤460	≤1 400	≤300	≤2 550
P3 差	>390	>460	>1 400	>300	>2 550

注:① 疵点包括索丝、软籽表皮、僵片、破籽、不孕籽、带纤维籽屑及棉结 7 种;② 轧工质量参考指标仅作为制作轧工质量实物标准和指导棉花加工企业控制加工工艺的参考依据;③ 疵点检验按 GB/T 6103 执行。

五、新疆绿洲棉花仓储情况

新疆商品棉周转量约占全国棉花总产量的 50% 以上。长期以来,我国商品棉周转库存量的变化及新疆棉的运输情况对我国整个棉花市场和棉花产业的发展有着较大影响,特别是一定时期的我国商品棉周转库存量对纺织用棉及国内棉花购销价格的变动更是起到举足轻重的作用。掌握我国商品棉周转量的变化及新疆棉的运输情况的收集、统计,监测棉花组批及运输的形成过程,发布中国商品棉周转库存量的变化及新疆棉的运输情况预警报告,可为科学指导生产、研究棉花的生产布局、价格走势分析、保证纺织用棉需要和国家适时实施宏观调控提供重要依据。

目前,新疆棉花专业监管仓库 43 家,通过公路运输＋铁路运输流向内地 30 个省、自治区、直辖市。2017/2018 年度棉花专业仓储呈现以下特点:一是 10—12 月为新疆棉入库高峰期,全年出库相对平稳,如图 14－7 所示。充分体现了农作物集中性收购、全年消费的特点。二是入库量、出库量均出现较大增幅,截至 2018 年 8 月 31 日,2017 年度新疆棉累计入库量同比增加 25.88 个百分点,出库同比增加 17.9 个百分点;10—12 月仍为入库高峰期,充分体现了棉花集中性收购、全年性消费的特点,出库相对平稳。三是出疆棉流向仍以山东、河南和江苏为主,如图 14－8、图 14－9 所示。2017/2018 年度出疆棉累计 313 万 t,其中流向山东省近 82 万 t,占出疆棉总量的 26%;河南约 68 万 t,占总量的 22%;江苏约 63 万 t,占总量的 20%,三省累计占到出疆总量的 68%。在出疆棉运输目的地的前三名中,江苏省铁路运输份额最大,山东和河南的公路运输量大于铁路。

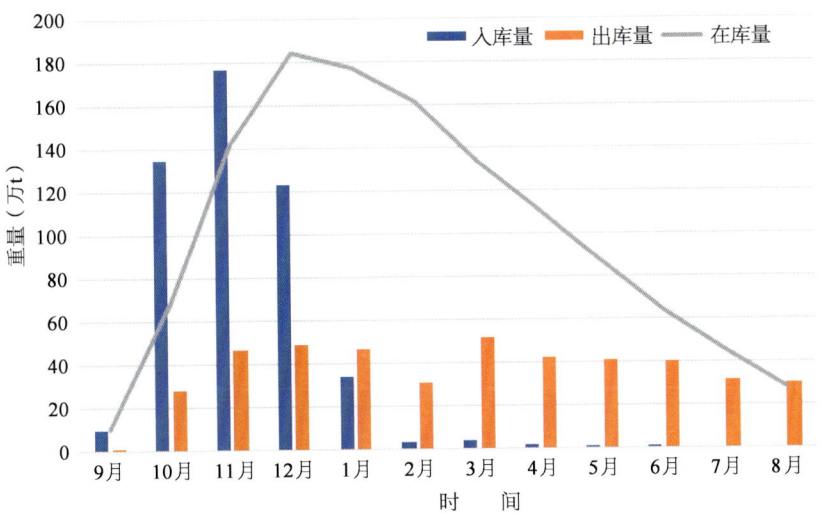

图 14-7 · 2017/2018 年度新疆绿洲棉花出入库进度

(李孝华等,2020 年)

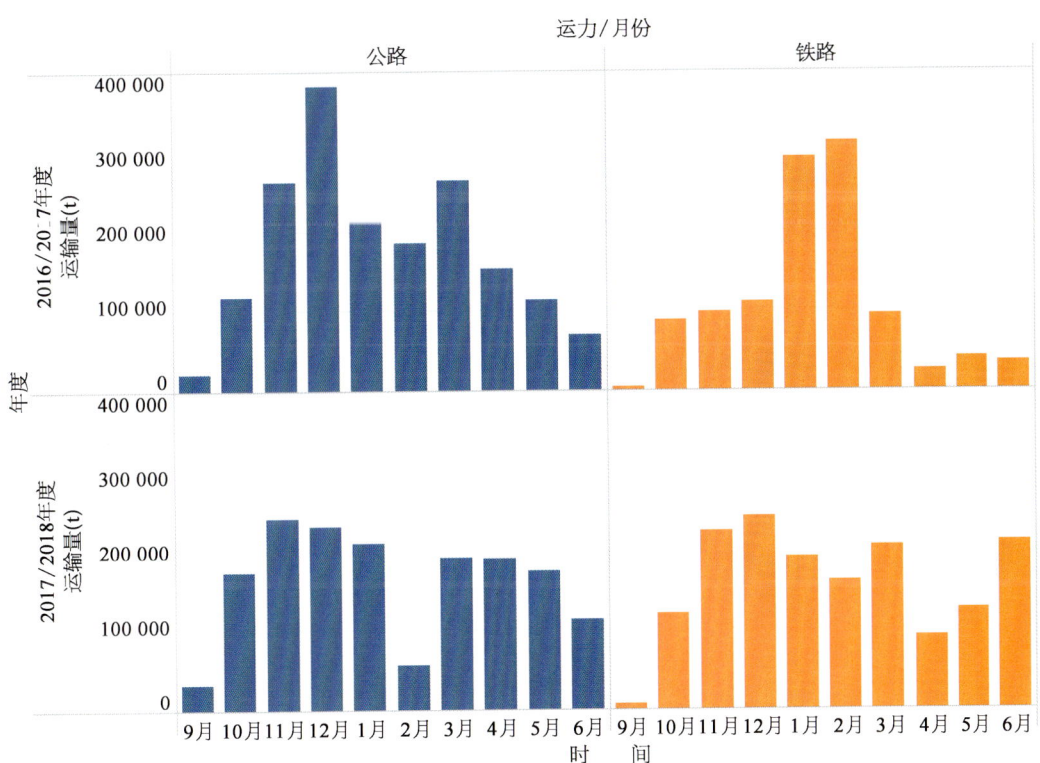

图 14-8 · 2017/2018 年度新疆绿洲棉花不同运输方式运力

(李孝华等,2020 年)

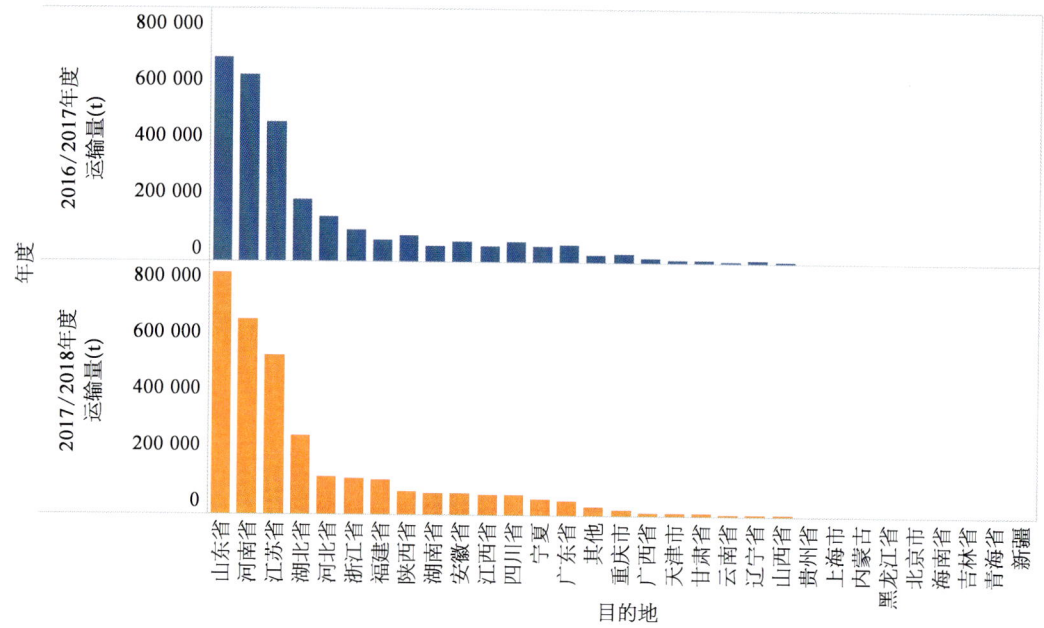

图 14-9·2017/2018 年度新疆绿洲棉花运输流向

(李孝华等,2020 年)

六、绿洲机采籽棉智能化加工技术和工艺研究新进展

"十三五"(2016—2020 年)时期国家重点研发计划项目《棉花智能化提级加工关键技术装备研发》取得重要新进展,项目组开展了一系列试验研究和装备研制,取得一系列新技术和新装备成果,为提高机采棉加工质量提供新技术和智能化装备支持,研究阐明机采棉加工减损的若干理论基础,对改进机采棉加工保质具有重要意义。

(一) 不同加工设备对机采棉纤维品质的影响

机采棉加工分籽棉加工和皮棉加工两个重要环节。

1. **籽棉清理部分**·实验目的旨在分析不同籽棉清理(简称籽清,下同)设备在特定工序上的清理效率和不同籽清设备自身的清理效率。为便于分析,对数据进行归一化处理。在分析不同籽清设备在特定工序上的清理效率时,采用棉纤维指标进出设备的变化量与棉纤维初始指标值比较,作为分析变量。在分析不同籽清设备自身的清理效率时,采用棉纤维指标进出设备的变化量与棉纤维进入设备时的指标值比较,作为分析变量。

参加试验设备 6 种,分别是:Z1——异性纤维剔除机、Z2——一级倾斜式籽棉清理机、Z3——提净式籽棉清理机、Z4——二级倾斜式籽棉清理机、Z5——回收式籽棉清理机和 Z6——轧花机上部提净设备。试验数据采集点为外吸棉口、异性纤维剔除机后、一级倾斜式籽棉清理机后、提净式籽棉清理机后、二级倾斜式籽棉清理机后、回收式籽棉清理机后、轧花机淌花板。实验分别在设备辊筒转速为 35 Hz、42.5 Hz、50 Hz 下进行,其中 35 Hz、42.5 Hz、50 Hz 分别为 6 台籽清设备辊筒转速的频率值,Hz 表示设备辊筒转速的快慢,值越大辊筒转速越快,加工效率越高。

在对试验数据进行分析时,将棉纤维指标分为含杂指标和品质指标两类。典型棉纤维含杂指标包括杂质面积、杂质数量、千克籽棉含铃壳、千克籽棉含大杂、100 g 皮棉含杂以及千克籽棉含全杂。典型棉纤维品质指标包括反射率、纤维长度、整齐度、短纤含量、纤维强度以及伸长度。

(1) 加工设备对机采棉杂质清理的影响。表 14-6 中数据为棉纤维含杂指标的变化比例。在 6 种不同籽清设备和在 35 Hz、42.5 Hz、50 Hz 条件下,这 6 个指标的变化比例越大,表明在清理过程中所起作用越大,变化比例有负值,表明清理过程中针对相应指标呈现负作用,对机采棉杂质清理效率呈现较大差别,而且对不同的清杂指标有着不同的影响。

表 14-6 · 不同籽清设备在 3 种加工频率下对机采籽棉清杂效果的比较

(高海强,2022 年)

频率 (Hz)	设备	杂质面积 (%)	杂质数量 (%)	千克籽棉 含铃壳(%)	千克籽棉 含大杂(%)	100 g 皮棉含杂 (%)	千克籽棉 含全杂(%)
35	Z1	−1.16	12.41	6.47	3.55	1.69	1.87
	Z2	39.16	22.71	29.15	39.50	22.44	31.54
	Z3	−4.86	−5.68	25.50	18.35	7.09	12.41
	Z4	26.48	26.75	0.49	2.96	7.04	7.99
	Z5	−10.38	−12.51	9.83	3.77	2.63	0.51
	Z6	−2.13	−4.50	9.47	8.52	9.09	9.28
42.5	Z1	9.07	5.14	11.97	9.84	3.65	3.35
	Z2	19.43	25.89	34.80	37.20	27.11	33.51
	Z3	−4.48	−13.33	23.32	15.28	4.88	10.99
	Z4	19.32	18.13	2.21	8.27	8.71	10.73
	Z5	14.82	17.21	5.77	2.08	1.64	0.31
	Z6	−7.08	−7.38	7.76	7.19	6.37	6.96
50	Z1	−0.24	−2.25	11.94	10.51	8.89	10.23
	Z2	36.75	26.76	31.13	34.54	27.56	30.78
	Z3	−2.80	5.37	22.84	16.15	1.05	9.06
	Z4	7.56	4.24	0.13	5.74	9.92	7.72
	Z5	−0.38	0.27	14.69	6.78	1.96	2.03
	Z6	15.03	13.12	1.09	3.96	5.32	7.22

进一步分析,Z1 异性纤维剔除机对杂质面积和杂质数量有增有减,稳定性差,但铃壳、大杂和全杂等 4 个指标趋小。Z2 一级倾斜式籽棉清理机对杂质面积、杂质数量等 6 个指标趋大。Z3 提净式籽棉清理机杂质面积扩大,杂质数量增加,另 4 个指标也趋大。Z4 二级倾斜式籽棉清理机对杂质面积、杂质数量指标趋大,对铃壳、大杂和全杂等 4 个指标趋小。Z5 回收式籽棉清理机对杂质面积、杂质数量指标趋大,对铃壳、大杂和全杂等 4 个指标趋小。Z6 轧花机上部提净设备与 Z5 的趋势接近。

综合来看，加工设备中 Z2 一级倾斜式籽清机的清理效率最高，Z1 异性纤维剔除机的清理效率最低。部分指标的变化比例出现了负值，表明设备在清理过程会将大片杂质打碎，从而导致指标变差。

（2）关于加工频率对杂质清除的影响。在 35 Hz 下，籽清设备本身对于杂质面积、杂质数量以及千克籽棉含铃壳 3 个指标的影响差别较大。Z1 的主要用来清理纤维性杂质，对杂质面积、杂质数量以及千克籽棉含铃壳 3 个指标的影响较小。Z2 和 Z3 同一种类清理设备，只是工序有所差别，清理杂质面积和杂质数量的影响相似，对于千克籽棉含铃壳的影响有所差别，这也是由于实验数据受到工序的影响所致。Z3 和 Z5 清理机对千克籽棉含铃壳的影响较为显著，对杂质数量和杂质面积的影响为负值，表明这两种设备对改善相关性状起到负作用。Z6 对千克籽棉含铃壳指标的影响为正值，表示有改善作用，对杂质数量和杂质面积的影响为负值，表示改善起负作用。

在 35 Hz 下，籽清设备本身对于千克籽棉含大杂、100 g 皮棉含杂以及千克籽棉含全杂 3 个指标的影响差别也较大。Z1 对 3 个指标的影响较小，几乎可以忽略。Z2 和 Z4 对 3 个指标的影响呈现较大差别，这是由于工序对于实验数据的影响所造成。Z3 和 Z6 对 3 个指标的影响变得较为显著，但 Z5 影响较弱。

在 42.5 Hz 下，不同设备对杂质数量、杂质面积以及千克籽棉含铃壳的指标影响有着较大差别，但这 3 个指标的变化趋势与 35 Hz 时呈现了基本一致的趋势性。对千克籽棉含铃壳指标的影响主要体现在 Z2 和 Z3 上，且各设备均未出现负值，表明所有籽棉清理设备在清理铃壳等大杂方面综合效果较好。Z3 和 Z6 对杂质数量和杂质面积指标出现负值，表明大片杂质被打碎，对杂质清理起到了负作用。

在 50 Hz 下，不同设备对杂质数量、杂质面积以及千克籽棉含铃壳的指标影响也有着较大差别，变化趋势与 35 Hz、42.5 Hz 时相似，这也表明了频率的提高，对清杂效率的趋势影响不显著。

综合以上可以看出，对于棉纤维含杂指标，6 种籽棉清理设备中，Z2 一级倾斜式籽棉清理机、Z4 二级倾斜式籽棉清理机和 Z6 轧花上提净的清理作用较为显著，其余 Z1、Z3 和 Z5 设备的清理作用较弱（表 14-7）。

表 14-7 · 不同籽清设备在 3 种加工频率下对棉纤维品质影响的比较

(李孝华，2022 年)

频率 (Hz)	设备	指标					
		反射率 (%)	纤维长度 (%)	整齐度 (%)	短纤含量 (%)	纤维比强度 (%)	伸长度 (%)
35	Z1	−0.88	−1.60	−0.97	5.13	−3.98	−42.08
	Z2	−2.68	0.99	0.35	4.26	2.85	1.65
	Z3	1.15	−0.30	−0.22	−20.17	−2.25	14.56
	Z4	−2.77	2.08	1.26	14.67	4.95	−21.61
	Z5	0.12	−1.89	−0.79	6.64	−2.67	2.02
	Z6	−1.21	0.80	0.10	−27.53	−1.71	7.77

续 表

频率 （Hz）	设备	指标					
		反射率 （%）	纤维长度 （%）	整齐度 （%）	短纤含量 （%）	纤维比强度 （%）	伸长度 （%）
42.5	Z1	−1.69	−0.72	−0.02	15.33	0.35	−22.71
	Z2	−2.93	0.72	0.75	2.96	4.57	24.50
	Z3	−0.85	−0.90	−0.58	−1.90	−4.92	−18.27
	Z4	−2.71	0.82	0.36	−4.68	−0.26	1.49
	Z5	1.90	1.15	0.58	4.54	5.07	1.75
	Z6	−2.56	−0.58	−0.43	−17.44	−1.25	22.29
50	Z1	−0.24	1.37	0.29	−26.04	−1.08	−5.78
	Z2	−4.55	0.04	0.20	1.30	0.77	9.50
	Z3	0.20	−0.46	−0.59	14.86	2.11	−0.85
	Z4	−1.21	1.26	0.66	−16.33	−3.38	−0.63
	Z5	0.43	−0.16	0.07	6.80	3.43	21.87
	Z6	−1.63	−0.13	−0.08	−5.02	−0.46	−19.41

（3）加工频率对机采棉纤维品质的影响。在 35 Hz 下，不同籽棉清理设备对反射率、纤维长度、整齐度指标的影响有着较大差别。Z1 对反射率的影响呈现负值，结果表明，通过异性纤维剔除机的清理作用，反射率指标得到了改善。Z2 对反射率的影响同样呈现负值，而且作用较异性纤维剔除机明显，但对纤维长度和整齐度指标呈现正值，表明一级倾斜式籽棉清理机对这 2 个指标起到负作用。Z3 对 3 个指标值的影响均为负值，这是因为提净式籽棉清理机主要用于铃壳等大杂清理，因此清理过程中会对皮棉的原生品质起到负作用。Z4 与一级倾斜式籽棉清理机相似，由于所处工序中含杂已相对减少，所以对纤维长度、整齐度指标的影响起到的负作用较 Z2 更为严重。Z5 的清杂效果较差，因此可以看出对反射率的指标影响较小，但对纤维长度和整齐度的影响呈现负值，起到了改善作用。Z6 净清杂效果较好，因此也可以看出对反射率的提高起到了改善作用，而对纤维长度和整齐度两个指标的改善起到了负作用。

在 35 Hz 下，不同籽棉清理设备对短纤含量、纤维强度、伸长度 3 个指标的影响也有着较大差别。Z1 对短纤含量的影响为正值，对纤维强度和伸长度的影响为负值，表明异性纤维剔除机对这个指标起到了改善作用。Z2 对这 3 个指标的影响均为正值，表明此设备对短纤含量指标起到了改善作用，对纤维强度和伸长度两个指标起到了负作用，这是因为 Z2 的清理作用较强，清理过程会对棉纤维造成损伤。Z3 对短纤含量的影响为负值，对纤维比强度的影响近乎为零值，对伸长度的影响为正值，表明该设备短纤含量和伸长度两个指标的影响起到了负作用，对纤维比强度指标的改善几乎无影响。Z4 对短纤含量和纤维强度指标的影响为正值，对伸长度的影响为负值，表明该设备对短纤含量和伸长度指标起到了改善作用，对比强度起到了负作用，这也表明 Z4 的清理作用对棉纤维造成了一定程度的损伤。Z5 对短纤含量和伸长度两个指标的影响为正值，对纤维强度的影响近乎为零值，表明该设备对短纤含量指标起到了改善作用,对伸长度指标起到了负作用,对纤维强度的影响不明显,可近乎忽略,这也是由于回收式籽棉清理机的清理作用较弱,因此对棉纤维造成的损伤也较弱。Z6 对伸长度指标的影响为正值,对短纤含量和纤维强度指标的影响为负值,表明该设备对伸长度和短纤含量指标的改善起到了负作用,对纤维强度指标起到了改善作用。

在 42.5 Hz 下,6 种不同籽棉清理设备对纤维长度、整齐度指标的影响与 35 Hz 时有着相似的趋势性,对于反射率指标,则有所差别。对于反射率指标,除 Z5 影响为正值外,其余设备的影响均为负值,这表明回收式籽棉清理机对于反射率指标的改善为负作用,其中 Z2、Z4 和 Z6 对于反射率指标的影响较为显著。在 42.5 Hz 下,不同籽棉清理设备对短纤含量、纤维强度指标的影响与 35 Hz 时有着相似的趋势性,但是伸长度指标差别较大。对于伸长度指标,提净式籽棉清理机的影响为负值,表明其对于指标起到了改善作用。

在 50 Hz 下,6 种不同籽棉清理设备对反射率、纤维长度、整齐度指标影响差别较大。不同设备对于纤维长度和整齐度指标的影响基本上为正值或者接近于零值的负值,表明设备的清理作用,对于棉纤维造成了一定程度的损伤,从而使纤维长度和整齐度指标变差。对于反射率指标,Z3 与 Z5 的影响为正值,这是由于这两个设备对于叶状杂质的清理作用较弱,从而使该指标变差,而 Z2、Z4 和 Z6 的影响为负值,且 Z2 的影响较为显著,这也表明 Z2 清理作用较为突出,从而能够改善反射率指标。在 50 Hz 下,不同籽棉清理设备对反射率、纤维长度、整齐度指标与 35 Hz、42.5 Hz 时差别不大。

综上所述,在 6 种籽棉清理设备,对于反射率指标起到了改善作用,对于其纤维长度、比强度、伸长度、整齐度、短纤含量指标的改善起到了负面作用。结果指出,机采棉通过籽棉清理,会使反射率指标变好,会使纤维强度、纤维长度等指标变差。

2. 皮棉清理部分·实验设计因素为 Z1——轧花机、Z2——一级锯齿式皮棉清理机、Z3——二级锯齿式皮棉清理机共 3 个设备。实验数据采集点为轧花机后、一级锯齿式皮棉清理机后、集棉风道。实验分别在设备辊筒转速为 38 Hz、44 Hz、50 Hz 下进行。在皮棉清理实验数据分析中,将棉纤维指标分为含杂指标和品质指标两类。典型的棉纤维含杂指标包括杂质面积、杂质数量、100 g 皮棉含杂(表 14 - 8)。典型的棉纤维品质指标包括反射率、纤维长度、整齐度、短纤含量、纤维强度以及伸长度(表 14 - 9)。

表 14 - 8 · 不同皮清设备在 3 种频率下对棉纤维含杂影响的比较

(高海强,2022 年)

频率 (Hz)	设备	指标		
		杂质面积(%)	杂质数量(%)	100 g 皮棉含杂(%)
38	Z1	5.20	−11.01	5.64
	Z2	22.30	27.56	43.54
	Z3	28.30	19.22	33.25
44	Z1	8.89	15.59	2.29
	Z2	30.63	19.94	49.51
	Z3	21.63	17.70	39.28

续 表

频率(Hz)	设备	指标		
		杂质面积(%)	杂质数量(%)	100 g 皮棉含杂(%)
50	Z1	4.74	0.93	1.16
	Z2	47.20	37.35	50.81
	Z3	19.43	2.56	49.08

(1) 3 种皮棉清理设备对皮棉杂质清理效果比较。3 种皮棉清理设备对杂质面积、杂质梳理以及 100 g 皮棉含杂指标的影响差别较大(表 14-8)。总体来看,两级锯齿式皮棉清理机的影响较轧花机的影响显著,而且一级锯齿式皮棉清理机对于 3 个指标影响最为显著,这是由于轧花机主要起轧花作用,清理作用相对较弱。

在 38 Hz 下,轧花机对于杂质数量的影响为负值,对于杂质面积和 100 g 皮棉含杂的影响为正值,表明轧花机对于杂质面积和 100 g 皮棉含杂指标起到了改善作用,但轧花过程中,存在将大片杂质打碎的现象,从而使杂质数量指标变差。一级锯齿式皮棉清理机对于杂质数量、杂质面积和 100 g 皮棉含杂指标的影响最为显著,均为正值,这也表明一级锯齿式皮棉清理机在清理过程中,对这 3 个指标起到了改善作用。二级锯齿式皮棉清理机对于杂质数量和 100 g 皮棉含杂指标的影响较一级锯齿式皮棉清理机弱,但对于杂质面积指标的改善作用较一级锯齿式皮棉清理机显著。

在 44 Hz 下,皮棉清理设备对于杂质数量、杂质面积和 100 g 皮棉含杂指标的影响虽然与 38 Hz 时相近,但还是存在微弱差别。轧花机对于 3 个指标的影响均为正值,表明提高频率,对于轧花机改善杂质数量指标起到了推动作用。一级锯齿式皮棉清理机对于杂质面积的影响比 38 Hz 时更为突出。二级锯齿式皮棉清理机对于杂质面积的影响比 38 Hz 时变弱。对于其他两个指标,一级和二级锯齿皮棉清理机的影响变化不大。

在 50 Hz 下,皮棉清理设备对于杂质数量、杂质面积和 100 g 皮棉含杂 3 个指标的影响与 44 Hz 时存在着微弱差别。频率从 44 Hz 变为 50 Hz,轧花机对于 3 个指标的影响变弱,虽然均为正值,但影响不如 44 Hz 时显著。一级锯齿式皮棉清理机在三种设备中,对于 3 个指标的影响还是最为显著,提高频率后,杂质数量和 100 g 皮棉含杂指标的改善作用得到加强。二级锯齿式皮棉清理机在提高频率后,100 g 皮棉含杂指标改善作用得到加强,但是杂质面积和杂质数量两个指标的改善作用却得到了削弱,这可能是由于一级锯齿式皮棉清理机清理作用得到加强,导致进入二级锯齿式皮棉清理机的杂质含量降低,从而使其对指标的影响减弱。

(2) 3 种皮棉清理设备的皮棉杂质清理效果。表 14-8 中数据为棉纤维品质指标的变化比例。这 6 个指标中,经过指标归一化处理后,反射率、纤维长度、整齐度、纤维强度和伸长度值正常为负值,负值越大对指标的改善作用越显著,或者正值指标越小改善作用越显著,其中反射率指标受棉纤维杂质含量影响显著,含杂越低,反射率指标越高;短纤含量正常为正值,正值越大对指标的改善作用越显著。

表 14-9 · 不同皮棉加工设备在 3 种频率下对皮棉质量影响的比较
(高海强,2022 年)

频率(Hz)	设备	反射率(%)	纤维长度(%)	整齐度(%)	短纤含量(%)	纤维强度(%)	伸长度(%)
38	Z1	−0.96	−1.49	−1.11	5.63	−1.13	14.58
	Z2	−2.65	1.75	0.81	−8.21	8.61	0.78
	Z3	−1.31	0.12	0.39	−5.27	0.90	1.20
44	Z1	1.38	−0.18	0.81	15.52	3.92	3.90
	Z2	−3.97	0.60	0.21	−16.95	1.26	−9.81
	Z3	−1.63	0.99	0.30	−8.66	−0.56	13.22
50	Z1	0.47	−3.31	−1.33	4.97	−1.04	−9.69
	Z2	−3.11	1.61	1.23	5.91	3.55	4.22
	Z3	−1.91	0.97	−0.15	−18.78	−0.18	9.35

从表 14-9 可以看出,在 38 Hz 下,轧花机对 3 个指标的影响均为负值,表明对指标起到了改善作用。一级锯齿式皮棉清理机对反射率指标的影响为负值,对纤维长度和整齐度两个指标的影响为正值,表明清理对反射指标起到了改善作用,对纤维长度和整齐度两个指标起到了削弱作用,这是由于锯齿式皮棉清理机的机械式清理能够有效清除杂质,改善皮棉外观,从而使反射率指标得到改善,但也会使棉纤维受到损伤,从而使纤维长度和整齐度指标得到削弱。二级锯齿式皮棉清理机的影响较一级锯齿式皮棉清理机弱,其对反射率指标也存在改善作用,但弱于一级锯齿式皮棉清理机,对纤维长度和整齐度指标也存在削弱作业,但同样弱于一级锯齿式皮棉清理机。

进一步分析,在 38 Hz 下,3 种皮棉清理设备对于 3 个指标的影响存在一定差别。轧花机对于短纤含量及伸长度的影响为正值,且较为显著,对于纤维强度的影响为负值,表明轧花机能够改善短纤含量指标,但也能够使伸长度指标得到削弱,对于纤维强度影响虽然为负值,起到了改善作用,但影响较弱。一级锯齿式皮棉清理机对于纤维强度和伸长度的影响为正值,对于短纤含量的影响为负值,表明一级锯齿式皮棉清理机对这 3 个指标均起到了削弱作用,但其对伸长度指标的削弱作用较轧花机弱。二级锯齿式皮棉清理机对于纤维强度和伸长度的影响为正值,但接近于零,对于短纤含量的影响为负值,表明二级锯齿式皮棉清理机对于纤维强度和伸长度两个指标的影响较弱,可以忽略不计,对于短纤含量的影响较一级锯齿式皮棉清理机变小。

综合来看,锯齿式皮棉清理机的清理作用,能够有效清除杂质,从而使反射率指标得到改善,但清理过程会造成棉纤维损伤,因此会使纤维长度、整齐度、纤维强度和伸长度等指标被削弱,轧花机对这些指标的影响相对较弱,但其对棉纤维伸长度指标的影响最为显著,使其得到显著削弱。

(二) 生产工艺及关键装备智能调控技术

生产装备的自动化、智能化是智能制造的基础和先决条件,设备稳定性不足、可调可控的条件不具备,生产线整体智能化无从谈起。本项目研制出一系列工艺控制技术及智能化关键装备,如智能轧花机、智能清理机等。生产工艺参数实现在线调整,不同等级、不同含水、含杂的籽棉采用不同的工艺参数和设备状态进行加工,真正实现因花配车。

1. 生产加工工艺智能调控技术

(1) 可调控的工艺过程。根据技术调研及基础实验数据研究,籽棉清理、皮棉清理、籽棉含水等均会对棉纤维加工质量产生显著影响。本部分选择对加工工艺过程中清理设备的投切控制、籽棉自动烘干控制进行研究。

(2) 生产工艺调控的实现。清理设备的投棉控制在工艺管道上设置若干调节阀,由电动执行器对调节阀进行控制。在手动状态下用户可对各执行器进行手动操作,在自动状态下,系统依据当前检测到的质量状况由系统算法确定各调节阀的状态并由电动执行器实时调控(图 14 - 10)。

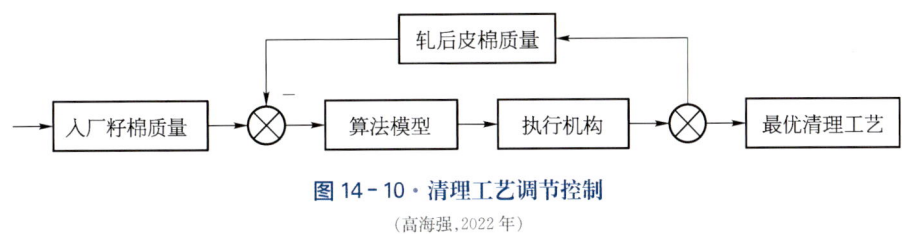

图 14 - 10 · 清理工艺调节控制

(高海强,2022 年)

调节算法部署在车间上位机,控制由分布式 PLC(逻辑控制器)控制系统实现。

2. 籽棉自动烘干控制·经实验研究,籽棉含水越少越有利于籽清机的清杂,但是过度烘干会使棉纤维变得干、脆,降低强度和韧性从而产生更大的长度损伤。将不同含水量的待加工籽棉烘干到适宜的含水水平是保证各项质量指标的必要条件。实验数据表明,8%左右含水的籽棉最适宜加工。

籽棉自动烘干控制系统由籽棉质量在线检测站、电加热配电系统、分布式 PLC 控制系统、温度检测装置、车间上位机及配套软件共同组成。进入车间物料传输管网的籽棉在烘干前后都要进行水分检测,从而确定烘干策略,系统将烘干炉自动调控到适宜的温度。除受籽棉含水的主要因素影响外,外部环境的温度、烘干塔出口温度也是重要的控制依据。烘干系统的总目标值由上位机经过运算后给出,而烘干系统的自动调控、保护等由相应的 PLC 控制系统自动完成(图 14 - 11)。

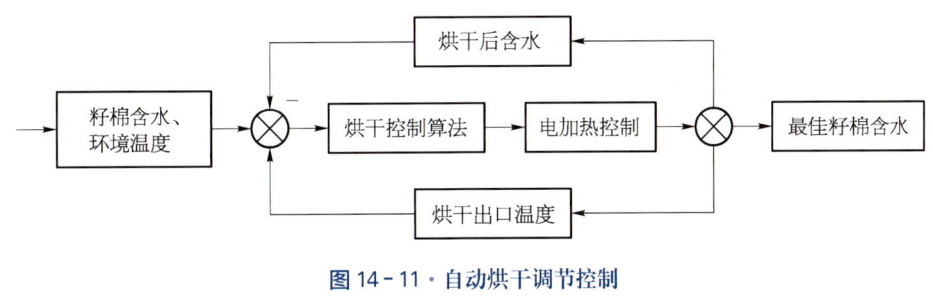

图 14 - 11 · 自动烘干调节控制

(高海强,2022 年)

3. 用户监控与设置 · 用户可根据生产线工况修改模糊算法规则表等参数，并可进行自动/手动调控方式选择。

4. 轧花机智能调控技术 · 轧花机工作点、伸出量、压力角是轧花机的核心参数，传统轧花机上述参数只能通过人工调整，调整精度因人而异，存在调整不到位、偏箱等问题，最重要的是无法根据棉花的性状实时调整设备参数，做到切合实际的因花配车，从而影响轧花机性能的发挥，造成轧工质量差、纤维损伤大，给加工厂带来较大的损失。

智能轧花机针对上述问题设计了一种可在线调整轧花机工作点、伸出量、压力角的调整机构系统，机构系统使用线性导轨做运动导向，采用伺服电机驱动机构动作，此机构的优点是控制定位精度高、承载能力强、性能稳定、可控性强。

5. 清理机智能调控技术 · 在本项目的研究中，对主要清理设备进行了变频改造，并对各台清理设备的最高线速度进行了 20% 的提升。通过现场取样，分析了各清理设备调速对加工质量指标的影响。

在籽清设备中，三丝机、一级倾斜式籽清机以及提净式籽清机对杂质清理效率较高，二级倾斜式籽清机、回收式籽清机以及轧花上提净 3 种设备清理效率较低，仅为前 3 种设备的 40% 左右，但这 6 种设备对棉纤维的反射率、纤维强度等皮棉指标影响相差不大。因此若将籽棉含杂分为高、中、低 3 档，籽棉含杂为高级时可采用 6 种设备同时加工，籽棉含杂为中级时采用三丝机、一级倾斜式籽清机以及提净式籽清机 3 种设备，籽棉含杂为低级时可采用一级倾斜式籽清机及提净式籽清机两种设备。

在皮清设备中，一级锯齿式皮清机清理效率较二级锯齿式皮清机和轧花机高很多，二级锯齿式皮清机和轧花机清理效率仅为一级锯齿式皮清机的 10% 左右，但在反射率、短纤含量以及纤维长度方面，3 种设备的影响相差不大。因此若将籽棉含杂分为高、中、低 3 档，籽棉含杂为高级时，采用 3 种设备同时加工，籽棉含杂为中级和低级时，可仅采用轧花机和一级锯齿式皮清机两种设备。

6. 清理机智能调控装置研制 · 在本项目研究中，对所有籽棉清理设备、皮棉清理设备的皮带轮全部进行更换，加大了设备的调速范围，使设备的最高转速值提高了 20%。对所有清理设备的驱动控制系统进行了改造，将控制方式全部改为变频调速方式，可实现连续无级调速。调速系统实现 PLC 自动控制，可按照工艺顺序自动升速、降速。并将 PLC 控制系统接入车间上位机，在自动状态下，调速系统的目标值由上位机自动给定。该目标值是在质量在线检测系统检测数据及棉检数据的基础上，由智能算法运算得出。

▶ (三) 结论

机采籽棉在回潮率≤12%、含杂率≤12%的前提下，可以对机采棉柔性加工标准定义为棉纤维长度损伤≤0.8 mm、短纤维指数≤12%和含杂率≤2.5%，将为机采棉"柔性"保质加工技术和工艺指南提供指导(见第十七章)。

第三节 · 新疆绿洲棉花加工业的主要经验和问题

新疆棉花加工产业整体技术与装备水平虽然处于全国领先地位，但在技术与装备、产能与质量、人才与培训三个方面仍然存在一些突出问题。

一、新疆绿洲棉花加工业主要经验

(一) 企业加工能力逐渐规模化与规范化

随着规模化聚集,新疆加工企业年加工能力提升。2019年新疆年加工量1万t以上91家,占比11.21%;2万t以上14家,占比1.72%;3万t以上6家,占比0.74%。同时,伴随着集团化的兼并重组,出现了类似中棉集团、利华棉业、中纺棉花等一大批集团企业,资源的聚集效应显现。

(二) 棉花加工实现全程机械化

经过几十年的发展,特别是国家棉检体制改革以来,我国棉花加工设备的技术性能和生产能力以及自动化水平都有很大的提升,轧花生产工艺基本实现了机械化和自动化,棉花加工逐步迈向全程机械化时代,大大减少人工操作,提高了经济效益。

尤其在棉花采摘、运输、存储、喂花等环节机械化技术推广效果显著。"三模"系统的技术研究和推广,实现了从棉花机械采摘到田间打模、棉模运输、自动卸模、开模喂料的全程自动化。

(三) 棉花加工在线监测技术取得长足进步

目前通过光电传感器可在线检测棉结、杂质数量及棉结大小,自动显示测试结果;通过电子传感器,在线检测原棉回潮率、颜色、含杂率等指标,未来的棉花加工智能系统根据在线检测指标的变化情况,对不同回潮率、含杂率的皮棉配置不同的加工工艺,使工艺配置更加符合区域化、个性化需求。数字化、智能化技术的应用,提高了棉花加工质量,节能效果明显,经济效益获得提升。

二、新疆绿洲棉花加工业存在的问题

新疆棉花加工产业既存在工艺技术和成套装备不完善的问题,也存在棉花加工科学研究、产业升级的经费投入严重不足等问题,导致了棉花加工创新技术储备少、装备技术升级滞后的被动局面。

(一) 高含杂机采棉加工对棉花品质损伤较大

美国机采棉的特点是含杂与回潮率低,品种和种植模式统一,棉花质量一致性好。新疆的机采棉含杂与回潮率高,品种繁多,种植模式不统一。新疆机采棉加工工艺是在美国机采棉加工工艺的基础上发展而来的,由于加工原料的不同,新疆机采棉生产工艺存在工艺设计重产量轻质量,设备配置参差不齐,棉花调湿工艺不完整等问题。新疆机采棉含杂量一般在12%以上,同时还不同程度地含有地膜。为了清除籽棉杂质和地膜,机采棉生产工艺中增加了地膜清理、铃壳清理等5道左右的清理设备。籽棉清理工艺中,单机清杂效率低、清理次数多;多次烘干的皮棉清理工艺中,清理环节多、纤维损伤严重。籽棉或皮棉异性纤维清理机去除异性纤维能力较差。

据棉纺织企业反映,现有机采棉加工工艺造成的结果是,棉结、杂质、带纤维籽屑、软籽表皮的数量增多变小,疵点一般比手采棉增加5倍以上。许多疵点都以带纤维籽屑的形式出现,疵点小、重量轻,在纺纱开清棉工序的开松、除杂过程中很难被清除。机采棉梳棉条与手摘棉相比,其棉结要高(20%~50%)、带纤维籽屑高(30%~80%)、短纤维率高(1.5%~4.5%)、梳棉落率高(0.5%~2.5%);在精梳工序,机采棉精梳条与手摘棉相比,其棉结要高(30%~50%)、短纤维率高(0.5%~2.0%)、落棉率高(2%~8%),对纺纱效率和纱线质量造成很大的负面影响。

新疆机采棉杂质含量比澳棉、美棉(一般在3%以下,相当于我国手采棉的叶屑杂质)高5个百分点以上,HVI测试的杂质面积是澳棉、美棉的1.5倍以上。新疆机采棉加工长度普遍缩短0.9~1 mm,且整齐度下降;HVI测试的短纤维指数在16%以上,造成前纺落棉率达6%~10%,导致纺织成本大幅提高,而澳棉、美棉的落棉率在5%左右。新疆机采棉纤维强力低、单纤维强力低,影响中高支纱质量,企业配棉成本偏高;异性纤维多,主要是混入棉花中的地膜碎片很多,棉纺企业难以清除,异性纤维含量总体高于澳棉和美棉。

(二)棉花加工成套工艺装备的智能化和数字化程度不高

经过近60多年的发展,新疆棉花加工工艺与成套装备不断完善,基本实现了棉花加工的机械化和自动化。生产线调控方面,目前主要依靠人工调整、实时性太差、准确性不高。出现这种情况的根本原因,主要是在棉花加工工艺中缺乏在线检测采集技术和智能控制系统,不能及时根据不同回潮率和含杂率、不同等级的籽棉动态调整加工工艺与装备参数,而是普遍采取相同的加工工艺与装备,仅凭操作人员的经验进行加工。随着有经验操作人员的逐步减少,很快会出现加工质量严重滑坡的局面。新疆棉花加工急需信息化、智能化的技术与装备。近年来,新疆棉花加工在线检测和智能控制技术与装备的应用处于起步阶段,存在很大的发展空间。

(三)棉花加工设备性能与运行可靠性有待进一步提高

由于材料工业与制造装备上的差距,相比国外先进的棉机制造行业,我国的棉花加工机械制造水平仍然比较落后,体现在棉花加工装备的整体性能与运行可靠性上存在不足。由于单台设备的生产能力不同,同等产量的棉花加工生产线,我国设备数量要比国外先进的生产线至少多出1/3。国外先进轧花机的片时产量达到了20 kg/h以上,而我国轧花机的片时产量仅10 kg/h左右,导致的结果是生产耗材增多、生产成本增加。国外的棉花打包机生产能力最高达90包/h,我国的棉花打包机生产能力一般在30包/h左右,生产效率较低。此外,设备的安全运转率也比国外产品低。而通过技术的进步,新疆棉花在加工生产线设备性能的提升、成套装备运行可靠性的提高方面都存在较大的空间。

(四)棉花加工单位产出动力消耗较大,能源浪费严重

目前,新疆棉花加工企业一条年生产5 000 t皮棉的机采棉生产线配置的电动机有150~200台,总功率在1 500 kW左右。其中,物料输送、除尘等风机消耗的能量占60%左右,电力成本已经是轧花厂加工成本中的大头。装机容量配置较大的根本原因是不同程度地存在"大马拉小车"的问题。风机选型、风网布置等随机性强,安装制作精度不高,往往凭安装人员的经验决定,没有严格执行行业安装制作标准,漏风问题比较严重,造成了能源的浪费。

(五)棉花加工车间粉尘与噪声较大,工作环境差

新疆棉花加工企业粉尘浓度高的主要原因,一是受自然条件影响,新疆籽棉含沙量大,

机采籽棉含杂量大。二是籽棉等物料在输送和清理的过程中,由于设备的摩擦、碰撞、密封不严等原因,物料中的灰砂、泥土、棉叶或小棉秆等杂物从加工、输送和分离等设备处溢出,漂浮在车间的空气中。

新疆兵团和地方的棉花加工企业,其生产工艺、设备和生产条件差别很大。兵团大部分的棉花加工企业设备先进、工艺完善、设备密闭性较好、加工车间通风良好,基本实现了自动化。地方或民营的部分棉花加工企业设备陈旧,工艺不完善,设备密闭性不好,加工车间通风较差,车间内粉尘浓度超过国家规定的作业场所卫生标准,大气污染物综合排放也超过国家规定的大气排放标准。《棉花加工企业基本技术条件》(GB/T 18353 - 2018)中规定,棉花加工企业轧花车间空气中粉尘浓度不大于 8 mg/m³,排向大气的粉尘浓度不超过 120 mg/m³。我国大部分棉花加工企业轧花车间内空气中的粉尘浓度在 8 mg/m³ 左右。所以,新疆地方和民营棉花加工企业车间粉尘浓度降低的空间很大。2009/2010 年度对新疆 19 家棉花加工厂粉尘检测情况见表 14 - 10,轧花厂各工序粉尘分布趋势如图 14 - 12 所示。

表 14 - 10 · 新疆绿洲 19 家棉花加工厂粉尘检测结果

(李孝华等,2020 年) (单位: mg/m³)

序号	轧花机前	皮棉清理机前	头道剥绒机前	二道剥绒机前	三道剥绒机前	籽棉清理机前	不孕籽清理机前	清绒机前	除尘设施排风口
1	5.7	7.2	6.8	6.6	6.5	5.1	4.2	4.1	15.3
2	9.9	10.1	9.4	9.1	9.1	7.3	5.2	2.6	12.8
3	10.4	13.6	12.8	12.6	12.7	13.1	8.6	5.2	13.6
4	5.2	7.7	8.0	7.5	7.3	7.5	3.1	4.2	9.9
5	8.0	9.0	9.6	9.5	9.5	9.0	7.2	6.8	15.7
6	3.2	4.9	8.0	7.8	7.6	4.5	3.4	3.0	21.2
7	5.0	4.0	4.5	4.5	4.2	4.6	3.1	3.3	21.0
8	8.5	9.7	9.5	9.8	9.4	9.3	6.2	4.5	8.5
9	7.2	9.5	9.8	9.2	8.9	6.9	6.4	6.0	13.6
10	6.6	8.4	9.0	8.9	8.8	7.8	5.6	5.2	17.9
11	8.9	11.2	10.8	10.7	10.7	8.5	8.2	8.4	17.8
12	5.3	7.9	8.2	7.5	7.4	4.8	4.2	3.7	18.5
13	6.7	7.6	7.4	7.0	7.0	6.2	3.5	3.6	16.7
14	9.8	10.6	10.4	10.0	10.0	8.9	6.7	6.5	12.5
15	2.8	3.2	3.2	3.0	3.0	3.0	2.0	1.9	14.9
16	4.9	5.9	5.6	5.4	5.3	4.3	3.9	4.0	20.7
17	5.9	6.9	6.9	6.7	6.5	6.2	3.8	3.9	18.7
18	5.4	7.0	6.6	6.5	6.4	5.2	4.2	4.2	16.2
19	9.2	10.5	9.8	9.6	9.6	8.5	6.1	6.5	12.9
均值	6.77	8.15	8.23	7.99	7.89	6.89	5.03	4.61	15.71

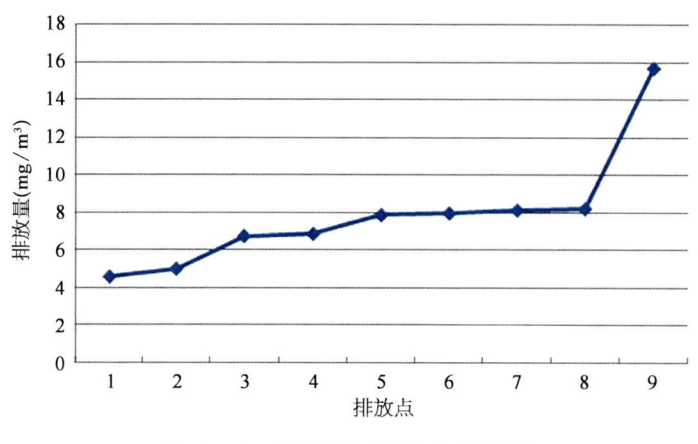

图 14-12·轧花厂各工序粉尘分布趋势
(李孝华等,2020 年)

1. 清绒机前;2. 不孕籽清理机前;3. 轧花机前;4. 籽棉清理机前;5. 三道剥绒机前;6. 二道剥绒机前;7. 皮棉清理机前;8. 头道剥绒机前;9. 除尘设施排风口

(六) 棉花加工全程质量追溯困难

目前,棉花质量全程追溯面临多个环节的实际困难。一是在种植环节,新疆棉花以农户分散种植为主,同一品种大面积推广种植的很少,棉花生产集中度低。二是在籽棉采收环节,很多棉农采摘后待价而沽,基本没有执行"四分"规定,导致早期采摘的籽棉和后期采摘的籽棉掺混在一起,并混等混级存放和交售。三是在收购加工环节,部分棉花加工企业从业人员良莠不齐,专业化程度不高,经营理念和质量意识较差,不注重籽棉的分等分级、分品种收购、存放和加工。由于上述原因,目前我国棉花加工企业无法做到按品种、按统一质量水平收购、加工、存放棉花,造成棉花质量全程追溯实施难度大。随着种植规模化、品种集中化、采收机械化、加工智能化和信息管理技术的进步,棉花质量全程追溯问题也将逐步得到解决。

(七) 棉花加工技术、技能人才短缺

随着棉花质量检验体制改革和仪器化公证检验的推行,棉花加工工艺不断改进,加工设备的自动化和信息化程度不断提高,棉花质量检验方法不断规范,经营贸易方式的多元化使得棉花产业整体发展迅猛、竞争激烈,因此对高端棉花专业人才特别是"棉花加工与检验"人才有着极为迫切的需求。目前,棉花产业从业人员中受过高等教育的比例不到10%,受过中等职业教育的比例不足30%,高素质复合型技能人才严重紧缺。而 1999 年国家教育部调整专业目录,停止了"棉花加工与检验"本科专业的招生,全国各地供销学校的"棉花加工"与"棉花检验"专科与相关专业中专也陆续停止招生,导致 20 多年来"棉花加工与检验"的专业人才严重断层。近年来,特别是随着新疆兵团综合改革的不断推进,新疆的棉花加工工艺运行、设备维护检修、安全生产、棉花质量检验等专业技术培训工作越来越少,基本上处于无人过问的状态,严重影响了棉花加工行业人才队伍的建设和培养,阻碍了棉花加工企业整体技术水平的提升。

新疆现有棉花加工企业经营形式单调,一年的棉花加工生产时间在 100 d 左右,加上淡

季设备检修时间,基本上是"半年辛苦半年闲",职工收入不高。棉花加工企业工作环境高粉尘、强噪声,劳动强度大,导致技术人才大量流失,企业的安全生产很难得到保障;设备故障率高、加工效率低等问题凸显。部分企业甚至出现了管理人员进入生产一线才能确保生产运行的现象,在人才短缺的背景下,大批棉花加工企业开始实行棉花加工外包制。

(八) 棉花加工产业竞争能力与产品质量需要进一步提升

当前,国内棉花市场的中低等级棉花库存积压严重,且价格持续下跌,外在因素是气候原因,内在因素是品种的"多、乱、杂",棉花育种导向片面追求高衣分而导致产品质量下降。

加工设备类型繁多,性能良莠不齐,严重影响了加工质量。目前,新疆棉花加工生产线上应用的设备主要有国产171型、168型、139型等大型轧花机和96型、98型、88型小型轧花机。但是由于市场上许多不具备棉花加工机械生产资质的机械加工厂大量仿造加工设备,导致设备质量和性能下降,严重影响了棉花加工的质量和棉花加工设备生产企业自主创新的积极性。加工设备自动化和智能化水平较低,难以和国际市场竞争。近年来,尽管新疆地区的棉花生产整体机械化水平处于全国领先,但机械化采收面积小、全程机械化率低,与棉花产业发达的美国、德国等国家相比自动化水平仍显不足。

加工企业缺乏行业指导,为争夺生产原料,恶意竞争时有发生,导致其所生产的棉花产品品质低下,严重影响了市场信誉和区域品牌效应,导致加工产能严重过剩,由此引发恶意竞争持续不断,影响加工产能和产品质量。新疆市场的加工能力严重过剩,加工企业普遍存在抢籽棉资源、抢加工进度,由过剩而引发了质量无法保障的问题。

第四节 · 新疆绿洲棉花加工产业发展对策与建议

针对新疆棉花加工产业存在的主要问题,要认真落实新疆维吾尔自治区市场监督管理局《关于加强棉花收购和加工环节质量管理的通知》(新发改经贸[2021]26号)的有关要求,并结合科学技术的不断发展,提出如下的应对策略与发展建议。

一、加大研发投入,创新工艺技术与加工装备,提升加工水平

新疆棉花加工产业发展目标是实现棉花加工的自动化、规模化、信息化和智能化,提升棉花加工质量、效率和效益。重点研究方向包括棉花加工高效大型化成套装备、在线检测智能控制工艺技术、仓储物流信息化平台技术等。充分发挥棉花加工产业各位专家的智慧,研究制定新疆棉花加工产业升级关键技术与装备重点研究专项,加大科学实验研究投入,集聚行业优秀研发团队,实现关键核心技术突破,创新智能与绿色加工工艺,推进新疆棉花加工产业整体技术升级。

(一) 加强棉花加工产业规模化、智能化发展

长期以来,新疆受追求高产量、高衣分品种及密植栽培模式的价值取向的影响,加上气候原因,特别是2015年以来,机采棉出现了纤维短、马克隆值高等突出问题。通过加工设备智能互联,在加工环节尽量减少对纤维的损伤,最大限度保持棉花的原生品质,成为新疆完

善工艺布局、改进加工设备的主要研发方向和核心追求目标。

在棉花加工过程中增加必要的在线检测装置和信息反馈环节,对一些重要的棉花指标和设备运行参数,如回潮率、含杂状况、轧工质量、棉花调湿、主机设备电流值等进行实时检测,并根据监测结果反馈给主机设备,对棉花加工过程采取必要的调整,实现棉花加工过程的自适应控制。同时,根据籽棉的不同性状,创建智能加工方案,实时指导轧花生产过程。在外吸棉与轧花工序之间增设棉花调湿自适应调节系统,根据在线检测到的棉花回潮率进行实时判断,自动调节棉花调湿参数,满足轧花机对籽棉的回潮率要求,最大限度地减少对棉纤维长度的损伤;提高棉花加工企业应对恶劣天气的生产能力,在保证生产效率的同时提高清杂效率和轧花质量,减少皮棉中索丝、疵点的数量,进一步提高皮棉的品质。

智能化在国内棉花加工行业中还处于发展的初级阶段。目前,智能化加工技术研究的内容主要是通过开发智能自适应跟随控制系统,对色泽、回潮率和含杂率等参数进行数据采集检测、实时分析,确定合理的工艺路线,实现智能化控制。通过研究刺辊转速、齿条齿形以及排杂区域对皮棉质量的影响,开发具有智能自适应跟随系统的低损伤皮棉清理装备,并应用到智能自适应跟随控制系统中,从而改善皮棉外观形态和清理效果,降低棉纤维损伤,达到机采棉高效低损伤清理和智能化提级加工的目标。

在未来的行业发展进程中,棉花加工设备实现智能互联,所有棉花加工设备具有智能识别、即时呈现、实时反馈调节控制等功能。在运行过程中,能够满足精益生产、定制加工的要求。在棉花加工生产线上实现籽棉回潮率和杂质的在线监测,皮棉回潮率、杂质和色泽的在线监测,在线改善轧花厂的生产加工,监控机器的稳定性,确保能够及时发现问题,适时调整生产工艺。

(二)推进棉花"柔性加工"与"绿色生产"发展

棉花"柔性加工""绿色生产"主要体现在生产工艺的灵活选择、高效清理、发展绿色能源、减少粉尘等方面。

1. 生产工艺的智能化调整。 基于轧工质量在线检测结果与棉花调湿智能控制技术,研究机采棉、手摘棉共用的柔性化轧花生产工艺优化及共性技术,开发快速切换装置验证技术性能,实现低功耗、低损伤、短流程轧花技术,以提升棉花加工质量。

2. 棉花调湿工艺的优化与热源的清洁化。 由于新疆环境保护政策的推行,燃煤热风炉都需要改造升级为污染小的各种其他能源形式的新型热风炉。相比传统燃煤热风炉,各种新型热风炉具有温度控制精确、及时,不污染环境,占地面积小,设备投资适中,不易发生火情隐患的优点。目前燃油、燃气、生物质的原料成本日益增高,电热风炉逐渐被市场接受,但是生产线功率增容受限、投资较大等问题也一定程度上成为限制因素。

3. 高效除尘系统的研发与应用推广。 轧花厂传统的除尘器是沙克龙和滤袋,有使用其中一种的一级除尘,也有使用沙克龙加滤袋或沙克龙加沙克龙的二级除尘。这是目前棉花加工使用最多的除尘形式。要降低棉花加工厂的车间粉尘与排放粉尘浓度,就要使用新型多级智能调压式棉花加工除尘器,主要包括多转笼过滤除尘技术、除尘器压力在线检测及控制技术,它由进风混风室、一级纤维回收系统、二级滤尘系统构成。一级纤维回收系统包括一级尘室、不锈钢精密过滤网、旋转式纤维捕集吸嘴、纤维收集风机、纤维分离机构和用来输送纤维的管道。二级滤尘系统包括二级尘室、多个转速可调式转笼滤尘器、对称条缝式尘杂吸嘴、尘杂收集风机、尘杂分离机构和用以尘杂输送的管道。通过除尘系统的推广应用,有力促进了棉花加工生产的环保化。

(三) 建设棉花加工信息化大数据平台

通过开展棉花加工信息化平台建设,实现籽棉收购、棉包信息管理、棉包仓储信息化,力争建立棉花加工全流程的信息化服务体系。

1. **籽棉收购系统信息化**·以新疆兵团改革为契机,由改制后的师级棉麻公司为整体,将下设种植单位、加工厂纳入棉花质量信息化平台。地方区域以龙头企业为重点,利用信息平台实现数据汇总,打破轧花厂各自为政的局面。在平台内下属单位信息实现透明,每个环节质量实现追溯可控。在棉花质量信息化平台内,通过对比寻找不足,利用大数据找出影响因素并制定优化解决方案。

2. **棉包信息管理信息化**·以"棉包条形码信息管理系统"为基础,向棉花产业链上下游延伸,研发棉包存储信息化相关技术和设备,积极探索棉花数据为纺织企业的应用服务。

3. **棉花仓储信息化**·针对目前棉花仓储存在的问题以及现代仓储信息化的需要,围绕棉包出入库扫描核查、原棉精准配货、仓储智能监测、仓储信息管理等方面的关键技术问题,突破棉包仓储环境实时监测、原棉精准配货、人工巡检路径规划、可视化库房等关键技术,开发棉包条码出入库核查系统,研制棉包仓储智能监测设备、RFID辅助巡检设备,开发基于棉包细分算法模型的精准配货系统及棉包仓储信息管理平台,进行棉包仓储全程信息化系统集成与示范,提高棉包仓储信息化水平,保证棉花在库安全,实现棉花流通信息一体化。

(四) 加快机采棉收购快速检测系统研制

籽棉收购技术发展滞后,成为棉花加工厂竞争力提升的瓶颈。据统计,2018年新疆兵团机采率达到87%、地方为45%,新疆将全面实行棉花的机器采摘。机采棉与手摘棉相比有一个重大的特点就是棉花的杂质含量差异很大,一般手摘棉杂质含量为2%~3%,机采棉含杂率为10%~25%。目前我国棉花收购检验标准是针对手摘棉制订的,机采棉用目前标准来检验完全不适用。主要是因为机采棉含杂与手摘棉不同,机采棉含有大量的棉桃、棉杆,必须由人工清除这些东西后才能进行检测,费工费时且人为因素大,会大大影响检验时间和检验精度。因此如何快速准确地对机采棉进行检验是困扰新疆兵团棉花加工厂收购的一个老大难问题。籽棉收购连接着生产和棉农,机采棉的快速发展迫切需要有与之相应的快速收购技术相配套。目前,我国棉花收购系统性差、信息化程度低、检测方式落后、交易手段不完善,特别是籽棉特杂异物检测技术在我国还基本处于空白,造成棉花加工厂在收购籽棉时效率低下、成本居高、缺乏有效的检测技术信息支持。

世界各产棉大国执行的棉花检验制度不一样。世界上棉花加工最发达的国家是美国,棉花生产涉及17个州的3.5万个农场、3000多个纺织厂、800多个轧花厂。美国的3.5万个农场主与轧花厂全部是委托加工形式,由于籽棉不进入流通,因此没有籽棉检验环节,只针对皮棉开发了系统的HVI检验仪器。印度棉花流通高度自由化,没有官方的检验机构,在国际贸易中,一般委托国际检验机构SGS(瑞士通用公证行)出具HVI检验报告,然后由政府有关部门签发。埃及主要由棉花仲裁与检验总局派出分支机构分级员到籽棉收购点通过感官检验的方法检验颜色级、长度和回潮率等籽棉特征。各个产棉大国国情不一样，运行模式难以直接复制到我国来。因此，解决我们自己的问题还需要开发自己的技术。

棉花加工厂籽棉棉检是降低资源消耗、提高劳动生产率之后的"第三利润源泉"。在棉花加工厂，如何杜绝收购过程中人情棉、衣分、水分造假、籽棉中夹带特杂等现象是每个棉花加工厂管理者需要解决的问题，将传统籽棉棉检逐渐转变为电子信息化和综合性防范是企业的新趋势。目前我国棉花加工厂籽棉棉检系统一直沿用几十年来的收购方式，棉花收购传统方式越来越不适应现代化发展要求。随着科学技术进步，特别是电子技术飞速发展，现代籽棉棉检专业化、电子化发展，一体化收购必将成为主流。

结合我国特有的国情并以《棉花国家标准》(GB-1103 2012)为指导研制新型籽棉快速检验系统，可以更好地完善我国棉花质量保障体系，极大地提高我国棉花和棉纺织品的竞争力，强有力地推动我国棉花产业健康发展。新型籽棉快速检验系统将采用无线网络分布式结构，通过新型的电子检验仪器，快速完成对籽棉的衣分、颜色级、长度、回潮率、杂质等特征检验。通过新型的籽棉快速检验系统实现以下两个目标：一是通过无线网络将各个检验仪器组成有机整体，简化操作流程，实现籽棉检验快速化，填补机采棉收购检验的空白。二是籽棉检验电子化，通过研制新型籽棉回潮率检测仪、电子式快速杂质检测和衣分检测、手持式色泽仪等仪器，极大提高籽棉检验效率并避免了传统棉检设备导致籽棉棉样破损严重、检验环境污染严重等现象。总之，新型的籽棉快速检验系统将使籽棉检验更加智能、高效，充分保证籽棉检验的公平性和公正性。

二、加强棉花加工人才培养和培训

国家要充分利用棉花加工与检验原有职业院校的优质教育资源、优秀师资条件，发挥现有举办涉棉专业优惠政策的效应，如企业与学校、研究所合作开办"棉花加工与检验"专业学历班或短期培训班，提高企业员工的技术水平，解决棉花加工与检验技术人员短缺的问题，从而使棉花流通体制改革稳步推进。

第一，政府高度重视，相关政策优先到位。国家有关涉棉部门要发挥指挥棒作用，充分认识棉花加工人才是国家、企业参与市场竞争的核心要素，在行业培训、专业招生、收费政策和就业政策方面提供优惠条件。

第二，行业部门要充分认识人才的重要性和紧迫性。人才是兴业之本，而人才关键在教育，棉花加工与检验人才培养对棉花产业的发展至关重要，关乎其生存兴衰。而高度重视棉花行业教育，构建完善的棉花行业教育体系，发展职业教育培训，则可为棉花行业快速发展提供强有力的人力资本。

第三，棉花行业投入与高校科研机构智力相融合以项目协同培养人才。中华全国供销合作总社郑州棉麻工程技术设计研究所、安徽财经大学等研究平台，具有棉花工程领域的理论研究与人才培养资源和优势，是培养棉花加工与检验专业人才的强有力支撑。

第四，加强棉花行业人才培训。人才培训不但能帮助员工提高技能水平及新技术更新，而且能提高企业核心竞争力，降低人才流失率。为此，要促进企业发展、提高企业整体素质，就必须高度重视人才培训。

重视技术研发和成果转化与示范推广工作,充分发挥科学技术对棉花加工产业的科技支撑作用,以整体提升我国棉花加工产业科技水平。

三、规范棉花加工市场,加强监督和管理

针对新疆棉花市场加工能力严重过剩,加工企业普遍存在抢籽棉资源、抢加工进度,质量无法得到保障等问题,提出改进对策措施。

(一) 政府的棉花加工产业政策是关键

1. **大力推行多种经济方式支持棉花加工企业**。继续将国家对棉农的财政补贴政策通过认证的棉花加工企业来实施,即让棉农只有将棉花卖给通过认证的棉花加工企业才能享受国家财政补贴。这样不论棉花市场行情如何变化,新体制棉花加工企业在收购棉农的棉花时都比非法棉花加工企业占有明显优势。

综合运用行政手段规范棉花加工市场,政府依靠行政手段加快市场诚信机制的建立,一定程度上可以弥补经济扶持政策的不足。由于加工能力的严重过剩,我国棉花产业呈现不平衡的发展态势,棉花质量得不到保障。针对这一现象,国内主管部门曾通过下发文件的方式予以治理,但最终都未取得预期效果。就其原因来讲,存在地方保护、执法监管以及法律调整的局限性等。因而,有必要采取综合利用行政及经济手段的方式,规范国内棉花市场的管理工作,创造有利于提升我国棉花质量的市场与政策环境。

2. **加强政府的督导和管理**

(1) 坚持市场导向,进一步转化政策角色。虽然棉花目标价格改革补贴到了种植环节,但却对棉花产业链产生了重大的影响。主要原因是目标价格改革不仅是一项补贴政策,其核心是建立以市场供需为基础的农产品基础价格机制。之所以补贴能够对棉花产业链产生重大的影响,就是因为市场在资源配置下发挥了决定因素,政府角色由以前的台前转为幕后,不再对市场进行直接干预。棉花加工企业也直接面对市场,棉花价格由市场供需来决定,基本形成了完全竞争的棉花市场形势。市场传导和倒逼机制开始发挥作用,企业不断适应市场需求,国内棉价协同性不断增强。

(2) 利用产业数据,进一步健全信息体系。推动一项改革,需要及时掌握各个环节的真实情况,才能做出及时的问题预判和正确的政策调整。当前处于信息时代,整合信息资源并恰当地利用就会产生意想不到的价值。为此,2017年在全面升级新疆维吾尔自治区棉花目标价格改革信息平台的基础上,应用互联网、云计算、大数据等现代化信息技术,有效整合了发改、农业、财政、市场监管、农发行等部门信息资源,完成了棉花种植、收购、加工、仓储、物流、销售等环节的数据采集,初步实现了棉花产业链的数据监控,对未来棉花产业信息化管理提供技术支撑。

(3) 勇敢创新,进一步探索新型产业方式。2014—2015年与农产品的实际生产挂钩,很容易被国际上认为是一种鼓励和促成农业生产的政策,容易引发世贸组织其他成员的质疑。面对国际市场形势,为了有效适应国际贸易规则,2017年国家调整棉花目标价格补贴方式,明确提出对新疆享受棉花目标价格改革补贴的棉花企业进行管理。与此同时,按照国家的要求积极探索新型的棉花补贴方式,如2018年在博乐市四个县开展棉花目标价格"保险+期

货"的试点,通过试点情况来看取得了初步的成效,棉农的利益得到了保障,满意度得到提升,农民的保险意识增强了,而政府的行政成本有所降低。2017—2018年连续两年在沙湾县、玛纳斯县、精河县、裕民县等地开展棉花补贴与质量挂钩试点,通过两年的试点,有效整合了各试点县市区的上、中、下产业的融合,涉棉企业的质量意识进一步得到提升。

(4) 强化市场监管,营造良好的市场环境。一项制度需要好的监管才能长久,要让市场发挥资源配置的作用,就需要营造良好的市场环境。因此,在工作中高度重视市场的监管,狠抓棉花加工企业的资格落地、专业仓储、在库公检等制度的制定和实施,不断加强对市场秩序的整治,可有效控制、杜绝违法行为的发生,有力保障棉花产业的健康发展。2017年国家全面取消了棉花加工企业资格认定行政许可,为进一步强化新疆棉花棉农产业的事中、事后监管,引导加工企业树立诚信经营的理念,建立以市场为导向的现代化加工流通体系,出台了公示管理办法和诚信经营管理办法,从两年的管理办法实施来看,加工企业慢慢地普遍在向诚信经营的方向改变。

2019年是深化棉花目标价格改革的最后一年,国家有关部门将继续完善改革配套措施。同时也将积极向国家相关部门争取在新疆2020年以后继续实施棉花目标价格改革,并在稳定现有改革成果的基础上,建立有利于棉花产业发展、保证国家棉花安全、提升新疆棉花市场竞争力的长效机制,努力将新疆发展为种植合理、结构优化、质量突出、市场有序、体系健全的优质棉区,进一步促进新疆棉农收入持续增长,促进新疆棉花产业持续健康发展。

(二) 引导扶持棉花加工企业标准化建设

加强棉花加工企业的标准化建设,一方面需要加快制定适应我国棉花加工企业标准化建设的统一标准,从棉花加工的流程、设备以及工艺三方面规范企业行为,并逐步将标准推广,最终作为棉花加工行业准入的基本条件。另一方面,将棉花质量检验体制改革与我国棉花加工企业的标准化建设相结合,通过采取行政与经济手段相结合的方式,引导和促进棉花加工企业的现代化、标准化建设,提高棉花加工技术含量,保障加工产品的质量。

以国际通用的色特征级取代品级是棉花检验实现真正意义"仪器化"的主要标志。但在我国开展的仪器化公证检验中,色特征级却只作为参考指标,品级实质上一直占据着棉花质量指标的主要地位。之所以如此,根源在于色特征级表征加工质量的局限性,而加工质量却是影响我国棉花品质的重要因素。籽棉状态、加工设备和轧花工艺是影响棉花加工质量的主要原因,美国棉花品质尽管在短纤维率、叶屑等指标上总体水平逊于我国,但依赖于棉花收获、籽棉预处理、加工设备配备和轧花工艺等环节高度的标准化,美国棉花99.9%属于正常的轧工质量,轧工质量因此成为美国棉花品质判定中几乎无须专门考虑的因素。这种情况无疑强化了色特征级表示棉花品质的价值,促进了色特征级的运用。而我国棉花加工企业的现状与美国存在着较大的差距,企业之间影响棉花加工质量的多个方面差别明显,加工质量高低差异显著。所以,为提高我国棉花总体质量水平,减少加工环节对棉花品质的不利影响,加快以色特征级指标为标志的棉花质量仪器化检验的实施,必须加强我国棉花加工企业标准化建设,具体可从两个方面入手。

一是加快制定我国棉花加工企业标准化建设的标准,从籽棉预处理、设备配置、轧花工艺设置等方面规范企业行为,并将该标准作为棉花加工行业加工资格的准入依据。

二是将加强棉花加工企业标准化建设纳入棉花加工企业认证的范围,积极采用相应的扶持政策,可以考虑将国家对企业购置大型打包机及其辅助设备的贷款贴息转移至扶持棉花加工企业标准化建设上来,引导、促进企业加快标准化建设。

(三) 纺织企业积极参与是棉花加工业规模化的保障

大力宣传国家的政策、法规,让纺织业充分了解这些政策、法规并积极充当这些政策、法规执行情况的监督员。棉花质量检验体制改革的目的之一就是为纺织业的发展服务,如果纺织企业对仪器化公证检验的结果不能做到完全接受,那么参加棉花质量检验体制改革的棉花加工企业就没有什么优势。

国家应尽快组织纺织行业加快仪器化公证检验的检验数据在纺织生产配棉中具体应用的研究,找出仪器化公证检验的检验数据与纺织生产配棉之间内在的规律并大力推广。

由于我国的纺织企业大部分是按批进行生产配棉,因此应改革现行棉花公证检验证书的格式:新体制棉花加工企业要依据仪器化检验结果进行组批,将相同品级、长度接近的棉包组成一批。仪器化检验证书也应按批出证,证书的格式和现在的常规检验证书的格式一样,再增加色特征级、断裂比强度、长度整齐度指数、短纤维率指数等检验项目。

对采购仪器化公证检验棉花的纺织企业提供免费的回潮率、重量公证检验服务。这样一方面是对产地仪器化公证检验的补充,另一方面也是对新体制加工企业和产地仪器化公证检验承检机构的必要监督。

棉花收购加工企业的认证与监督管理必须严格执行棉花收购加工资格认定制度。监督机构在每年的检查过程中,对不符合有关规定的企业责令其整改;经整改仍不符合要求的,取消其棉花加工质量保证能力认定证书。要进一步加大对异性纤维的执法检查力度,将异性纤维排除在进厂、上垛、喂花之前。坚决查处混等混级收购、混等混级加工、虚高等级和伪造检验数据等违法行为,狠狠打击违法、违规和扰乱棉花收购加工秩序的行为,从严整治不规范小企业,力促它们关、停、并、转,力争给大包型企业创造一个良好的棉花收购环境。

(主笔:李孝华,高海强,王泽武,万少安;主审:阮旭良;终审:阮旭良)

参考文献

[1] 徐炳炎.棉花加工新工艺与设备.西安:西安地图出版社,2000.
[2] 刘从九,徐守东.棉花检验学.合肥:安徽大学出版社,2008.
[3] 王殿钦,史书伟.棉花调湿工艺研究及发展展望.中国棉花加工,2009(4).
[4] 汤进.棉花产业在国民经济的地位和人才需求分析.中国棉花加工,2014(3).
[5] 张亿钧,刘从九,秦元芳,等.棉花加工与检验专业紧缺人才培养模式创新研究.中国棉花加工,2016(5).
[6] 郭新刚,张智,李国祥,等.新疆地区棉花加工现状与存在问题浅析.新疆农机化,2016(3).
[7] 樊华明.电烘干设备和燃煤烘干设备对比.中国棉花加工,2017(4).
[8] 冷奕锦,王杨,赵倚天,等.2014—2018棉花年度新疆棉花质量分析报告.中国纤检,2020(4).
[9] 中国棉花质量公证检验网站,http://www.ccqsc.gov.cn/authorize/index.action.
[10] 中华人民共和国国家标准.GB 1103.1-2012《棉花第1部分:锯齿加工细绒棉》.北京:中国标准出版社,2012.
[11] 李孝华,王扬,赵倚天.新疆机采棉加工工艺对棉花质量的影响.中国棉花,2021,48(8).
[12] Feng, Xianging; Guo Chunli; Li peng Cheng; et al. 2021 Interntional Conference on Agriculture Science and Water Resourec, March 8, 2021.
[13] Feng, Xianging; Guo Chunli; Duan Shiming; et al. Proceedings — 2021 10th International Conference on Industrial Technology and Management, ICITM, 2021; March, 2021.

第十五章
新疆绿洲棉纺织业现状和可持续发展对策研究

本章回顾分析 2010 年第一次中央新疆工作座谈会和 2014 年 5 月第二次中央新疆工作座谈会确定发展纺织服装产业带动就业战略之后新疆棉纺织发展进展情况。到 2019 年,新疆纺织行业(包括纺织业、服装业和化学纤维制造业)规模以上企业单位数 243 家,实现工业总产值 560.34 亿元,实现营业收入 591.25 亿元,实现利润总额 1.4 亿元,从业人员达 102 605 人。规模以上纺织企业主要产品的生产能力为化学纤维 102.15 万 t、棉纺环锭纺 1 220.49 万锭、棉纺气流纺 78.58 万头、棉布织机 5 498 台,化纤、棉纱、布和服装产量分别为 83.6 万 t、181.6 万 t、3.7 亿 m 和 4 050 万件,基本形成库尔勒、奎屯独山子和石河子等"三城七园一中心"的纺织基地。

进疆棉纺织企业曾多为国内棉纺龙头企业,棉纺产业技术装备水平领先;提出坚持棉纺生产高效率和高水平发展,就要大力提高棉花质量;研究生产和供给更多高品质原棉的可持续发展的对策与措施。

第一节·新疆绿洲棉纺织业发展和现状

一、新疆绿洲纺织产业发展历程

新中国成立前,全新疆没有一个机器纺纱锭子和一台电动织布机。新中国成立后,国家开始投资建设新疆纺织工业,最早建设了七一棉纺织厂、和田缫丝厂,后又陆续建设了毛纺织厂、大中型棉纺织厂、针织厂和缫丝厂。到第二个五年计划末期,在乌鲁木齐、伊宁、石河子、喀什、和田和阿克苏等主要城市都有了现代化的纺织厂,能够生产满足当地居民消费尤其是受少数民族喜爱的印染布、毛线、精纺呢绒以及针织品等。

改革开放后,纺织业发展成为新疆维吾尔自治区支柱产业之一,全区棉纺、毛纺、印染和针织企业引进先进设备、开展技术改造,纺织产业规模增长较快。"六五"到"八五"(1991—

1995年)是大发展时期,形成棉纺182万锭、毛纺12.8万锭的产能,生产规模分别居全国第七位和第八位。

在"九五"(1996—2000年)和"三年突破口战役"阶段,新疆纺织工业进入第一次战略大调整时期,对当时产业进行了压锭、减员,产业结构有所优化,实现了扭亏减困。但与东部沿海地区已经蓬勃发展的民营纺织经济相比,新疆纺织业在产业结构、技术水平、企业机制、市场适应性等方面面临较大的挑战。

进入21世纪以来,即从"十五"(2001—2005年)时期开始,我国纺织业快速发展,新疆纺织业也进入结构调整的新阶段,加大优质棉基地建设,大力发展优质棉纱和棉布,成为我国最大的棉花生产基地以及重要的纺织生产基地。2000年,新疆棉花产量为145.4万t,占全国的32.9%。新疆纯棉纱和纯棉布产量分别占全国的9.3%和2.0%。

2010年,第一次中央新疆工作座谈会以来,新疆纺织业快速发展,全国纺织500强和国内外知名企业已有40余家在新疆投资建厂,新建和重组棉纺产能占全区总产能的85%左右,内地入疆知名企业成为新疆纺织业的主力军。

2014年5月,第二次中央新疆工作座谈会确定发展纺织服装产业带动就业战略,《国务院办公厅关于支持新疆纺织服装产业发展促进就业的指导意见》《新疆维吾尔自治区发展纺织服装产业带动就业的意见》《发展纺织服装产业带动就业规划纲要(2014—2023年)》和《发展纺织服装产业带动就业2014年行动方案》等政策发布,相继出台了专项资金、运费补贴、社保和培训补贴、增值税支持、贴息等一系列支持纺织服装业发展的优惠政策。在利好政策支持下,一大批国内优强企业来新疆投资建厂,投资项目成倍增长,产业规模大幅扩大,新疆形成了以棉纺织为主,针织、服装、家纺逐渐壮大的产业链体系(表15-1)。

表 15-1·2014年新疆纺织行业规模以上企业主要经济指标

(华珊,2021年)

项目	企业单位数(个)	工业总产值(亿元)	营业收入(亿元)	利润总额(亿元)	从业人员(人)
① 纺织业	80	136.78	134.71	5.37	29 682
其中:棉、化纤、纺织及印染精加工	71	124.99	124.15	4.84	26 032
② 纺织服装、鞋、帽制造业	8	3.97	4.75	0.29	1 886
③ 化学纤维制造业	17	87.73	97.28	3.27	10 214
纺织行业①+②+③	105	228.48	236.74	8.93	41 782

数据来源:《新疆统计年鉴》。

二、新疆绿洲纺织工业发展现状

2017年,新疆纺织行业共实现固定资产投资472.2亿元,占全国纺织行业固定资产投资3.5%,在经历了2014—2016年快速增长后逐渐回归理性;新疆共出口纺织品服装64.7亿美元,占同期全行业出口的2.3%,其中出口服装占比75.8%,出口服装中80%的目标市场为中亚地区。

2019年,新疆纺织行业(包括纺织业、服装业和化学纤维制造业)规模以上企业单位数243家,实现工业总产值560.34亿元,实现营业收入591.25亿元,实现利润总额1.4亿元,从业人员达102 605人。新疆棉纺是纺织行业中最重要的组成部分,有规模以上企业153家,占全行业的比重为63%;实现工业总产值390.20亿元,占全行业的比重为67.9%;实现营业收入416.99亿元,占全行业的比重为70.5%;实现利润总额6.07亿元,占全行业的比重为433.6%;从业人员61 912人,占全行业的比重为60.3%。与2014年相比,新疆纺织行业实现快速增长。2014—2018年规模以上企业数量、工业总产值、营业收入、利润总额和从业人数的年均复合增速分别为23.2%、25.1%、25.9%、35.4%和20.4%(表15-2)。

表15-2·2019年新疆绿洲纺织行业规模以上企业主要经济指标

(华珊,2021年)

项目	企业单位数(个)	工业总产值(亿元)	营业收入(亿元)	利润总额(亿元)	从业人员(人)
① 纺织业	173	412.95	440.23	8.16	66 613
其中:棉、化纤、纺织及印染精加工	153	390.20	416.99	6.07	61 912
② 纺织服装、鞋、帽制造业	55	34.04	32.79	1.82	25 525
③ 化学纤维制造业	15	113.35	118.23	−8.58	10 467
纺织行业①+②+③	243	560.34	591.25	1.40	102 605

数据来源:《新疆统计年鉴》。

2019年,新疆规模以上纺织企业主要产品的生产能力为化学纤维102.15万t、棉纺环锭纺1 220.49万锭、棉纺气流纺78.58万头、棉布织机5 498台,分别比2014年增加58.9%、180.4%、430.2%和151.1%(表15-3)。

表15-3·2014—2019年新疆绿洲规模以上纺织企业主要产品的生产能力

(华珊,2021年)

项目	2014年	2015年	2016年	2017年	2018年	2019年
化学纤维(万t)	64.30	58.00	73.50	77.15	106.75	102.15
棉纺锭(环锭纺,万锭)	435.29	467.56	771.46	1 006.59	1 187.66	1 220.49
气流纺锭(转杯纺,万头)	14.82	24.97	42.09	128.07	86.94	78.58
棉布织机(台)	2 190.00	2 690.00	2 894.00	13 566.00	5 654.00	5 498.00

数据来源:《新疆统计年鉴》。

2019年,新疆化纤、纱、布和服装产量分别为83.6万t、181.6万t、3.7亿m和4 050万件,分别占同期全国产量的1.4%、6.3%、0.8%和0.2%。新疆发展纺织服装业带动就业战略实施以来,新疆主要产品产量年均增速均快于全国平均水平,除了纱以外,其他产品产量占全国份额依然较少。

表 15-4 · 2014—2019 年新疆绿洲纺织工业主要产品产量

(华珊,2021 年)

项目	2014 年	2015 年	2016 年	2017 年	2018 年	2019 年
纱(万 t)	35.9	47.8	92.6	151.0	184.5	181.6
布(亿 m)	0.6	0.7	1.5	2.8	2.9	3.7
毛机织物(万 m)	270.0	391.0	390.0	240.0	146.0	40.0
无纺布(t)		1 213.0	9 561.0	14 752.0		17 258.0
服装(万件)	941.0	1 387.0	2 445.0	2 598.0	3 160.0	4 050.0
化纤浆粕(万 t)	45.2	37.5	40.2	33.1		21.3
化纤(万 t)	55.0	48.7	67.4	71.3	78.1	83.6

数据来源:国家统计局。

三、新疆绿洲纺织产业重点区域分布

截至 2017 年底,新疆棉纺业已投产规模达到 1 746 万锭(含气流纺),约占全国棉纺产能的 14.5%,棉花就地转化率 23.0%,近 3 年新增的棉纺产能都处于国际领先水平。织布机数量达到 1.8 万余台,约占全国织机总数的 1.5%。粘胶纤维产能 75 万 t,约占全国粘胶短纤维产能规模的 19.5%,主要集中在阿拉尔和玛纳斯。服装服饰产能 2 亿件,约占全国服装产能的 0.4%,全产业链就业岗位达到 41.4 万人。印染产能主要集中在阿克苏纺织城、库尔勒经济开发区、石河子经济开发区三个综合性纺织服装基地(图 15-1)。

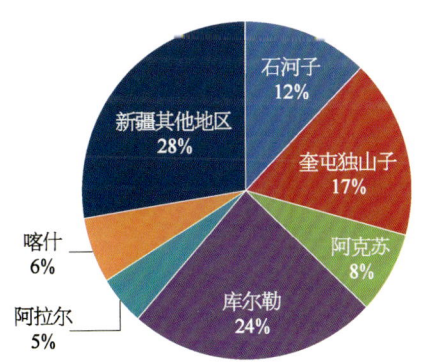

图 15-1 · 2017 年新疆绿洲棉纺织产能分布
(数据来源:中纺联产业经济研究院整理,华珊,2021 年)

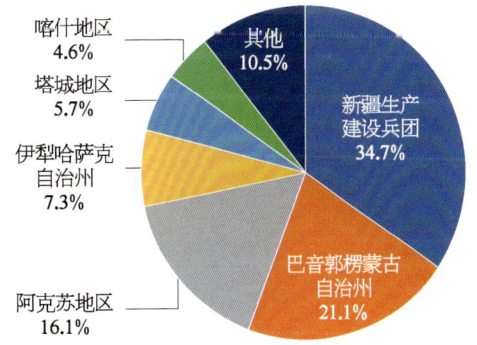

图 15-2 · 2019 年新疆绿洲纱产量区域分布(单位: 万 t)
(数据来源:《新疆统计年鉴》,华珊,2021 年)

从纱产量的区域分布看,2019 年新疆维吾尔自治区纱产量为 184.9 万 t,其中新疆生产建设兵团纱产量 64.1 万 t,占全自治区的比重为 34.7%;位居前三的地州分别为巴音郭楞蒙古自治州 39.0 万 t,占比 21.1%;阿克苏地区 29.8 万 t,占比 16.1%;伊犁州 13.6 万 t,占比 7.3%(图 15-2)。

从 2014 年以来,新疆提出重点建设阿克苏纺织工业城、石河子经济技术开发区、库尔勒经济技术开发区、阿拉尔经济技术开发区,将这四个园区打造成综合性纺织服装产业基地,

在喀什、和田等人口集中的南疆地区重点发展服装服饰、针织和地毯等劳动密集型产业。经过几年的发展，重点区域的产业规模均获得较快发展。

（一）石河子经济技术开发区

2000 年石河子经济技术开发区已经是国家级开发区，纺织行业是石河子开发区的重点产业。石河子也是新疆第一批承接内地纺织产业转移的地区，华芳集团、华孚集团、如意集团等棉纺大企业都已经在石河子落户，拥有各类纺织服装企业超过 40 家，产业规模依然位于新疆兵团前列，建有日处理 2 万 t 污水能力的污水处理厂。华芳石河子纺织有限公司是华芳集团在新疆石河子投资建办的一家现代化大型棉纺企业，2005 年成立，拥有纱锭 30 万锭，年产棉纱 4 万 t，产值 12 亿元，从业人员 1 200 人。华孚集团在 2006 年开始到石河子投资，目前在石河子的项目有石河子标配、新疆天宏新八棉。2015 年新疆石河子如意纺织面料项目在石河子启动，在收购新疆天盛纺织的基础上，新增 100 万锭现代化纺锭规模。

（二）阿克苏纺织工业城

2010 年 10 月，经新疆维吾尔自治区人民政府批准，阿克苏纺织工业城（开发区）成立，这是全疆纺织服装产业"三城七园一中心"布局中的南疆首城。根据规划，阿克苏纺织工业城总规模 600 万锭，一期规划建设规模 300 万锭。主要项目包括华孚控股集团一期 30 万锭棉纺项目、浙江雅戈尔集团一期 10 万锭紧密纺项目、浙江省立天集团一期 5 万锭纱锭、2 条编织袋生产线项目、浙江永翔纺织有限公司一期 10 万锭环锭纺、15 台气流纺项目、江苏联发纺织有限公司一期 5 万锭棉纺项目、阿克苏巨鹰棉业有限公司一期 10 万锭棉纺项目、新疆凤凰纺织有限公司 2 000 万 m 织布项目等。截至 2017 年，该园区已累计入驻纺织服装企业近 70 家，纺锭规模达到 300 万锭。建有日处理 5 万 t 污水能力的污水处理厂，日处理污水中的 3 万 t 成为园区绿化用水，剩余 2 万 t 则用于园区电厂发电机组的冷却，印染废水可实现 100% 循环利用，主要处理华孚控股集团的污水排放。

（三）库尔勒经济技术开发区

2000 年库尔勒经济技术开发区成立，2011 年经国务院批准正式升级为国家级经济技术开发区，定位于以服装设计为依托，打造大型高品质服装生产基地以及纺织物流集散地和交易中心，也是新疆纺织产业"三城七园一中心"中重要的三城之一。新疆发展纺织服装产业促进就业政策实施以来，库尔勒经济技术开发区专项规划纺织园区，与各方合作积极招商引资，一大批优势企业落户园区。2017 年开发区纺织产业实现产值 113 亿元，同比增长 50.6%，占开发区工业产值的 62%，产量和效益继续走在全疆前列。2018 年底，库尔勒经济技术开发区所在的巴州共有纺织服装企业 106 家，形成环锭纺 150 万锭、气流纺 17.27 万头、涡流纺 7 万头的产能；年产服装 1 300 万件（套），解决就业 3 万人，实现产值 103 亿元。巴州已成为新疆纺织服装产业发展的重点地区之一。库尔勒经济技术开发区拥有棉纱 50 万 t/年、织机 355 台、服装 200 万件/年、数码印花地毯 300 万 m^2/年、土工布 1 万 t/年、涤纶长丝 2 万 t/年的生产能力，5 万 m^3/日的印染污水处理能力以及已具备印染能力的两家印染企业。金富、富丽震纶、利泰丝路、富丽达、汇同泰、康平纳等一批企业在园区内发展。

（四）阿拉尔经济技术开发区

阿拉尔经济技术开发区隶属于新疆兵团第一师、自治区直辖市阿拉尔市，依托于 2005 年成立的工业园区而建,2012年经国务院批准设立国家级阿拉尔经济技术开发区,纺织服装、石油化工和农副产品加工是开发区的三大主导产业。

新疆各地抓住国家支持新疆发展纺织服装产业的政策机遇,大力引进纺织服装企业。飞龙纺织2005年投产,一期设计生产能力3.5万锭。新疆华茂阿拉尔公司2012年投产,规模为8万纱锭和96台喷气织机。锦域纺织2012年投产,一期10万纱锭年产纱线1.8万t;2015年扩建2160头转杯纺项目投产,年产纱线4300t。新越丝路2015年投产,形成1万t毛巾、2万t染整和5万t毛巾特种用纱和倍捻生产能力。新聚丰特种纱线有限公司2016年投产,公司规模为17万锭特种纱及其制品,主要生产粘胶纤维纱线。

另有兴美达、纳凯纺织、臻泰纺织、川棉纺织等一批纺织企业先后落户达产,形成纺纱、织布、印染、毛巾、织袜、服装等全产业链条。截至2018年,阿拉尔经济技术开发区入驻各类纺织服装企业26家,其中规模以上企业15家,形成纺纱100多万锭、织机近2000台、袜机近千台、缝纫机482台,年产毛巾2万t产能规模,纺织服装产业成为阿拉尔经济技术开发区的重要支柱产业。

(五) 奎屯-独山子经济技术开发区

奎屯-独山子经济技术开发区2011年升级为国际级开发区,也是新疆维吾尔自治区规划的纺织服装产业园之一。纺织产业体系涉及籽棉加工、棉纺、化纤、粘胶纤维、产业用纺织品、家纺等门类。拥有纺织企业13家,其中已投产8家、在建5家。开发区已基本形成40万t/年籽棉加工、300万锭棉纺(约占全疆棉纺规模17.2%)、300万m^2/年地毯制造和3000万m^2/年无纺布(产业用纺织品)产业规模,未来拟增加化纤生产原料100万t/年。开发区有天虹基业100万锭纺纱项目、利泰丝路100万锭纺纱和200万锭筒子纱加工项目等大型项目落户。

(六) 南疆其他地区

南疆发展不均衡,喀什发展较快,和田、克孜勒苏柯尔克孜自治州发展缓慢。截至2017年,喀什地区拥有110万锭棉纺产能,8100万件服装产能,纺织服装企业数量超过400家,从业人数约6万人。和田地区纺织服装企业494家,但规模普遍较小,艾德莱丝绸(吉亚乡)、民族刺绣和地毯织造很多采用的是家庭作坊模式。克孜勒苏柯尔克孜自治州纺织服装产业主要集中在阿图什市和阿克陶县,且以小微企业居多。

第二节·第二次中央新疆经济工作会议以来的发展特点

一、优惠政策促进棉纺业快速发展

2015年,国务院办公厅发布《国务院办公厅关于支持新疆纺织服装产业发展促进就业的指导意见》(国办发[2015]2号),提出2015—2017年和2017—2020年两个阶段的发展目标,设立新疆纺织服装产业发展专项基金、实施财政支持政策、实行社保和员工培训补助、完善运费补贴、改善园区生产经营环境、加大金融支持力度和健全地方配套政策共八个方面的政策支持,具体如下。

纱布运费补贴:纱线类产品32支以上补贴800元/t,32支以下补贴720元/t,60支以上的补贴标准统一增加100元;织布类产品补贴800元/t。在2016年10月1日之后新注册的纺纱企业生产的32支以下产品补贴标准减半,毛纺(含绒线)、麻纺纱线类产品补贴720元/t。

进疆运输补贴:对纺纱、织布所需新疆外的原料进入新疆有进疆运输补贴。

为了鼓励在新疆发展棉纺织业,新疆本地还出台一系列的补贴支持政策,具体如下。

内外价差补贴:企业生产并实现销售的棉纺产品使用新疆产地棉花和粘胶纤维,进口棉价与新疆棉价差达1 500元/t以上时,每吨补贴800元/t。

增值税返还补贴:自治区要将纺织服装企业缴纳的增值税收入全部用于支持新疆纺织服装企业的发展。

对新疆内棉纺织补贴,多家企业表示,从2014年最早的按32支棉纱折算可优惠2 000~3 000元/t,至2018年只有1 000/t左右补贴,竞争力大大减弱。

贷款贴息:企业纺织项目固定资产贷款贴息率1.5%、生产性流动资金贷款贴息率3.5%;服装、家纺、针织、产业用纺织品等终端产品固定资产贷款贴息率2%、生产性流动资金贷款贴息率4%。

电费补贴:自治区纺织服装生产企业到户综合电价0.38元/kW·h为基准,差额补贴0.03元/kW·h。

岗前培训补贴:地区企业按照每人2 400元的补贴标准以及新疆维吾尔自治区发展纺织服务产业带动就业领导小组办公室核定的就业人数给予一次性补贴。

社会保险补贴:纺织、化纤等生产类企业招录新疆籍员工,按企业实际缴纳或代缴的社会保险费用之和的50%给予补贴;服装、家纺、针织、地毯、产业用纺织品等终端产品生产类企业招录新疆籍员工,按实际缴纳社会保险费用之和给予全额补贴。

在一系列支持政策背景下,新疆棉纺业快速发展。到2017年,新疆棉纺规模达到1 600万锭(含气流纺);到2019年,新疆棉纺纱锭规模已近2 000万锭(含气流纺),占全国棉纺纱锭总量的16%左右。根据《新疆纺织服装产业发展规划(2018—2023年)》,到2023年新疆棉纺产能发展目标是2 000万t,到2019年新疆棉纺产能目标基本达到,棉纺产能基本没有增量空间,未来棉纺产业发展更多要考虑的是现有产能规模基础上的产业转型升级。

二、新疆绿洲棉纺产业技术装备水平居全国领先水平

近5年以来的棉纺投资项目多选用国际领先的生产装备和工艺技术。例如,国际领先的气流纺和涡流纺设备,包括欧瑞康气流纺纱机和日本村田涡流纺纱机;环锭纺方面普遍使用清梳联、带自动落纱的细纱长车、粗细络联、紧密纺等自动化和连续化程度高、产品品质高的新型纺纱装备和技术;同时,棉纺企业普遍积极采用先进的节能减排技术。

三、国内棉纺龙头企业投资新疆绿洲棉纺业

在疆投资建厂的行业内优秀棉纺织企业集团包括江苏金昇、山东如意、华孚时尚、河南新野、天虹、鲁泰、溢达、江苏联发等。这些企业是国内棉纺行业的龙头骨干企业,不少是上

市公司,其中多家企业还是开展国际化经营的跨国公司。溢达、雅戈尔、华孚等一些企业早在20世纪90年代就已进疆投资棉花种植、收购加工、纺织、印染和制衣(表15-5)。

另有一批新进入的棉纺织企业,如新疆利华棉业已发展形成以棉花种植、收购加工、纺织为主业的大型国家级农业产业化重点龙头企业,投资棉纺织规模也很大(见第二章)。

2020年以来,受全球新冠疫情大流行导致产业链、供给链受阻,但国内疫情处置有方,生产链、供给链稳定,产业链完整,经济韧性强,市场容量大,加上中美经贸摩擦的缓解,全球制造业订单呈现涌入我国的势头。制造业正在重新审视国外复杂多变的新冠疫情,分析行业的发展思路及产业迁移路径。为此,一些纺织业加大国内投资,落户新疆绿洲,其中广东致景信息科技有限公司和桐昆控股集团有限公司就是最好的例子。

表15-5 · 部分入疆棉纺企业国际化投资情况

(华珊,2021年)

序号	公司名称	国际和绿洲投资情况
1	天虹集团	天虹集团在越南先后投资建设天虹仁泽、天虹银龙等项目,如今已拥有纺纱超过125万锭,是越南最大的纱线生产企业。天虹占到全越南约700万锭总生产规模的17.8%,年生产纱线约30万t,占越南全国70万t纱总产量约43%; 天虹集团在新疆奎屯兴建100万锭纺纱产能,与中国恒天集团联合投资90亿元兴建300万锭棉纺织产能
2	鲁泰集团	鲁泰集团全资子公司鲁泰(香港)有限公司2015年在越南西宁省福东工业园区投资建设6万锭纺纱、3000万m色织面料生产线项目。鲁泰缅甸公司现有6条缝制生产线,年产高档衬衫300万件; 2015年鲁泰集团在越南兴建鲁泰(越南)有限公司投资建设年产3000万m色织面料生产线项目; 鲁泰集团在新疆阿瓦提县兴建10万锭棉纺项目已于2017年建成,并由新疆鲁泰丰收棉业有限责任公司经营棉花种植、加工和纺纱等
3	如意集团	2010年,如意集团收购日本上市公司瑞纳株式会社,且在英国、意大利、德国、印度等国进行了一系列的品牌收购; 2016年,如意完成对SMCP集团的控股收购,2017年10月宣布收购美国英威达(Invista)公司服饰纺织业务; 如意集团在喀什经济开发区兴建80万锭,总投资50亿元,2018年已投产运营20万锭,完成全部投资将提供就业岗位5000个
4	雅戈尔	2007年,雅戈尔收购SMART和XINMA股份; 2005年,成立新疆雅戈尔棉纺织有限公司,位于喀什市,总生产能力31.2万精梳纺锭和100台高速喷气织机等; 已在新疆经营长绒棉近20年,建有5000t轧花加工厂,拥有种植和加工优势
5	溢达集团	投资中国、马来西亚、越南、毛里求斯及斯里兰卡建厂,在全球拥有员工4.7万人,年产成衣近1亿件,是全球最大的纯棉衬衫生产商之一; 1998年,新疆溢达纺织有限公司成立。已在新疆乌鲁木齐、吐鲁番、阿克苏阿瓦提县、沙雅县、鄯善、昌吉市、喀什兴建7家棉花种植和纺织企业,总投资逾2亿美元,形成从棉花育种、种植、轧花到生产高支及特高支棉纱的一体化全供应链生产企业,拥有紧密纺纱等先进装备,年采购长绒棉超1万t。提供就业岗位3000个,是外商在新疆投资规模最大的企业之一; 在新疆绿洲长绒棉的基因组学研究、品种选育、有机种植等方面具有优势
6	金昇集团	2013年,江苏金昇收购瑞士欧瑞康天然纤维纺机及纺机专件全部资产和股权。2016年,金昇投资乌兹别克斯坦建设利泰西路乌兹别克园区; 金昇集团联合利泰纺织集团和新疆康达建设集团于2018年在巴州库尔勒市经济开发区首期投资160亿元兴建棉纺织纱锭100万锭,总投资600亿元、棉纺织纱锭600万锭的规模
7	华孚色纺	华孚色纺于2013年在越南设立子公司; 2014年12月底,越南华孚一期6万锭棉纺织纱锭生产线正式上线生产。2015年底,华孚在越南投资的产能达到纺纱12万锭、染色1万t; 2016年,越南二期工程16万锭色纺项目进入紧张建设中; 华孚于2006年进入新疆,在阿克苏、奎屯、石河子、五家渠拥有纱锭50多万锭,在新疆还经营棉花种植和收购加工
8	江苏联发	2019年,江苏联发股份发布投资公告称,将在印尼投资建设年产6600万m高档梭织面料的项目,总投资约为1.9亿美元; 在阿克苏纺织园建有棉纺织纱锭10万锭,并拥有棉花加工厂

续 表

序号	公司名称	国际和绿洲投资情况
9	新疆中泰(集团)有限责任公司	2020年,在莎车县投资60亿元,建成200万锭棉纱产能。第一期工程投资19亿元,建成50万锭将于2021年投产,纺棉12.5万t,增加就业岗位2 500个
10	新疆思维纺织科技有限公司	2021年,新疆思维纺织科技有限公司在阿克苏地区阿瓦提县投资兴建35万锭纺纱项目、1 050台喷气织机项目,计划投资17亿元,项目分两期建设。一期计划投资8亿元,建成12.4万m^2厂房、1万头气流纺、5万锭紧密纺、200台喷气织机;二期计划投资9亿元,建设20万锭紧密纺、850台喷气织机
11	新疆利华棉业股份有限公司	2019年,该公司已在阿克苏沙雅县完成固定资产投资17亿元,建成50万锭规模的棉纺织工业园,年纱线产销量7万t,新增就业岗位3 000个
12	广东致景信息科技有限公司	2021年11月17日,该公司与阿克苏纺织工业城(开发区)管委会签订50万锭纺纱、1万台织机和5万t印染项目协议,项目总投资约100亿元。预计建成投产后,可实现年产纱约6万t,坯布约10亿m,年总产值200亿元,带动就业8 000人,助力阿克苏地区纺织产业补链、强链、延链
13	桐昆控股集团有限公司	2020年11月25日,该公司在阿拉尔经济技术开发区签订桐昆纺织产业园项目,该项目占地333.3 hm^2,将形成百亿投资、百亿产出、万人就业的生产规模,形成从聚酯、纺丝、加弹、织造、印染和热电等多个项目一体化的中下游产业链
14	山东滨州金源集团	2022年,该集团在克孜勒苏柯尔克孜自治州阿图什市建立克州润华纺织科技有限公司,总投资13.3亿元,兴建棉纱纺锭30万锭、织机1 000台,产品定位高档精梳纯棉纱、特种纤维、特种工艺纺纱、气流纺纱、服装面料和大提花家纺面料等,年产各类纱线4.1万t、各类高档面料5 200万m,带动就业2 600人

第三节·新疆绿洲棉纺行业可持续发展对策

一、坚持绿洲棉纺生产的高效率和高质量发展

(一) 主要问题

新疆绿洲发展纺织产业有得天独厚的优势。纺纱、坯布有市场需求,对产业、经济有支撑。然而,绿洲原棉数量虽多,但绿洲原棉质量在纺织业的认可度并不高,一些产地的原棉可纺织性能差。另外,绿洲劳动力素质亟待提高,虽然各地都在开展技能培训,但的确需要时间。

针对绿洲棉纺织业发展中存在的问题,2019年3月7日新疆维吾尔自治区常务副主席张春林在对阿克苏华孚染色工业园、色纺工业园考察调研时指出,"一定要下定决心坚持棉花产业的一体化发展,新疆的纺织业不能半途夭折。"强调做强新疆的纺织业,巩固脱贫攻坚任务和乡村振新要靠纺织,大力提高棉花质量,研究、规划、发展绿洲长绒棉、中长绒棉等。

(二) 坚持棉纺生产高效率和高水平

多年以来,对新疆棉纺织业的定位就是建设优质棉纺织基地,目前新疆棉纺产能占全国的比重已达16%,新疆棉纺产能已没有太多规模的增长空间,而重要的是要充分发挥新疆优质棉花的优势。要引导和鼓励企业加快转型升级步伐,进一步扩大清梳联、精梳机、自动落纱细纱长车、粗细联、细络联、自动络筒机等智能化、自动化先进装备,鼓励紧密纺、紧密赛络纺、涡流纺、高档气流纺等新型纺纱技术和设备进疆,重视信息化、智能化技术的应用。产品

定位上应发挥新疆优质棉花优势,以 40^S 以上中高支纱为重点,大力发展用于中高档面料生产的精梳纱、高支气流纺等梭织纱和高档针织用纱。

扩大混纺纱线和功能性纱线的比重。新疆还是我国重要的粘胶纤维生产基地,并有进一步发展涤纶短纤维的规划,在终端产品应用上,混纺纱线在功能性上有更多的开发利用空间,需求增长较快。新疆棉纺企业在设备配置和工艺选择上,除纯棉产品外要进一步增加混纺纱线的比重,发展特色纺织产品。

二、大力提高绿洲植棉业水平,保障高品质原棉的有效供给

适纺 40^S 及以上棉纱线通常认为是中高支纱线,要求纤维马克隆值 3.7~4.6,长度、强度"双 28.5"及以上相匹配,叶屑杂质含量低,无异性纤维特别是残膜的污染,总体特征是马克隆值、长度、强度的协调性要好,清洁度高,有资源可供选择,能够满足纺织客户的需求。

针对新疆棉花品质,新疆绿洲自 2017 年尝试推进"一主两辅""一主一辅"的种植品种,试图改变种植品种的"多、乱、杂"问题,以提高纤维品质一致性。国家棉花产业联盟于 2017 年提出《中高端品质棉花生产技术指南》和《中高端品质棉花加工指南》,正在推进高品质棉花的"订单种植、产销对接",以改变高端品质原棉的短缺问题。各地正在推进的转型升级提质增效取得了一些进展,但需加快努力,促进绿洲棉花的质量有效提升(见第三章、第四章)。

(主笔:华珊,补充:毛树春;主审和终审:华珊)

参考文献

[1] 国办发[2015]2 号.国务院办公厅关于支持新疆纺织服装产业发展促进就业的指导意见.http://www.gov.cn/zhengce/content/2015-06/25/content_9975.htm.
[2] 中国棉纺织行业协会.新疆机采棉须快马加鞭.中国纺织报,2015-4-13,第 2 版.
[3] 新疆维吾尔自治区常务副主席张春林考察阿克苏华孚工业园.中国纺织网,https://www.sjfzxm.com/hangye/201903-12-534586.html.

新疆绿洲棉花
可持续发展研究

第五篇

新疆绿洲棉花
可持续发展指南

本篇论述绿洲棉花可持续发展指南,包括编制指南的指导思想和愿景,主要关键技术指标,绿洲中高端品质棉花可持续生产技术总指南,高品质棉花可持续生产标准,以及科学施肥、节水灌溉、病虫草综合防治、智慧棉花和机采棉柔性加工等分指南。

第十六章
新疆绿洲棉花可持续生产指南

第一节·编制指南的指导思想和愿景

一、指导思想

以棉花可持续发展为指导思想,以供给侧结构性改革为主线,深入推进农业由增产导向转向提质导向,积极践行质量兴农和绿色发展,以"四化"(轻简化、机械化、绿色化和组织化)为棉花可持续生产的关键技术措施,以实现棉花绿色高品质高效生产为主要目标任务。

针对农业供给侧结构性改革提质增效所需,推进"一地"种植"一个"棉花品种,有效提升纤维一致性水平;推进绿色增效技术,实行化肥、农药、灌溉水和残膜"零增长"到负增长;促进早熟,合理密植,化学调控,大幅减少籽棉叶屑的杂质含量,全面控制"残膜"和其他异性纤维对籽棉的污染,提高清洁度水平,促进农业增效、农民增收、纺织盈利。

编制《新疆棉花可持续生产技术方案(草案)》力求把良好棉花的先进理念、思想、技术、措施做到与中国特色棉花的"对接、融入、结合",即深度对接、深度融入和有效结合在中国国情、农情、棉情和新的发展目标之中,最终形成中国化的良好棉花可持续生产技术方案。

二、高质量愿景

绿洲棉花中高品质棉花占产量比例,2025年达到60%,2035年达到70%,显著提升棉花质量效益和竞争力,在国际上拥有话语权。

第二节·绿洲棉花高质量绿色化可持续主要参考性指标

一、高端品质指标

(一) 中高端品质"金字塔"模型

塔的底部(第一)层指籽棉、皮棉清洁度;塔的第二层指纤维品质的一致性;塔的第三层意指轧花加工对纤维品质的损害最小;塔的第四层为纤维品质检验与棉纺织品品质指标吻合;做到上述四个层级为中端品质棉花。塔的顶部为第五层级,即种植高端品质的品种。该"金字塔"模型由中国农业科学院棉花研究所、国家棉花产业联盟毛树春研究员于 2015 年提出(见第三章图 3-17)。

(二) "双30"指标

纤维品质"双30"是指纤维长度 30 mm 和纤维比强度 30 cN/tex(cN/tex)。高品质品种一般指中长绒陆地棉,品质指标为纤维长度超过 30 mm、断裂比强度超过 30 cN/tex、马克隆值 3.7~4.6 和整齐度指数 83%。

二、绿色化指标

积极践行"创新、协调、绿色、开放、共享"五大发展理念和"山水林田湖草是生命共同体"理念,"坚持人与自然和谐共生"的基本方略,贯彻"可持续发展战略"和"乡村振兴战略",作为可持续农业和棉花行动指南的重要参考。

(一) 绿色化生产技术指标

"一控两减三基本"由农业部于 2015 年提出,2018 年生态环境部、农业农村部发布《农业农村污染治理攻坚战行动计划》,2021 年一号文件再次提出"化肥农药使用量持续减少"。"一控"即控制农业用水总量,农田灌溉水有效利用系数达到 0.55 以上。"两减"即减少化肥和农药使用量,实施化肥、农药从"零增长"到"负增长"行动。"三基本"即畜禽粪便、农作物秸秆、农膜基本资源化利用,其中到 2020 年农膜回收利用率达到 80% 以上,"白色污染"得到有效防控。这是农业绿色化的基础性技术指标。

(二) 农膜回收行动方案

农业部于 2017 年 5 月提出重点任务为"四个推进",即:推进地膜覆盖减量化、推进地膜产品标准化、推进地膜捡拾机械化和推进地膜回收专业化。严格控制残膜的增量,不断减少土壤和环境中的残膜存量。

(三) 绿色高产高效创建主要技术指标

第一步是化肥、农药、灌溉水和残膜"零增长"到"负增长",土壤残膜存量不断减少,确保农田环境不再受污染。第二步逐步建成农田清洁卫生干净和绿色化农田防护带、防护林网,恢复农田的生物群落和生态链,实现农田生态循环和稳定,增强防灾减灾能力;培肥土壤,改良耕作性能,建设稳产高产生态环境和设施,形成林田路硬化和灌排渠道相配套的美丽新环境。

三、轻简化技术指标

"三分种七分管"是传统精细管理方法,那时劳动力多,植棉者的劳动价格低廉;"七分种三分管"是现代精耕细作方法,现在劳动力少,植棉者的劳动更值钱。因此,现代精细管理重在生产的前期。要精细整地和施足基肥,使用精加工包衣种子,减少补种环节;采取精量播种,减少疏苗定苗管理工序,简化整枝或不整枝;提倡施用基肥、滴灌肥水调耦合,减少田间施肥。坚持预防为主综合防治原则,践行绿色化防治;用机械化替代人工劳作,实行耕种收机械化作业。

四、棉花可持续产出指标

以可持续生产理念和供给侧结构性改革为指导,新疆棉花可持续生产应积极践行良好棉花生产七项原则,积极践行产量、质量、效益和环境友好的协调同步提升,从追求高产量向追求高品质和可持续转变。西北内陆新疆籽棉、皮棉产量以中高水平和投入、产出、收益合理为宜,经济上可接受;生产上做到品种对路、栽培管理规范适当,化肥、农药、灌溉水、地膜和植物生长调节剂投入品合理,生产过程对棉田环境不产生污染破坏;增施有机肥,秸秆还田,残膜和农资投入品包装废弃物回收和循环利用,棉田清洁卫生,生产方式可持续。以上是我国可持续棉花的产出指标。

需要指出的是,高产是我国棉花赢得全球竞争力的基本特征。因为高产符合中国人多地少的国情,更是应对日益增长的高生产成本所必需的。所以从过去一味追求过高单产向产量与质量同步提升是供给侧结构性改革的落脚点,途径是转型升级、提质增效,方法是绿色化、轻简化农业技术。

鉴于全国尚无农业绿色技术发展指标,系列技术指标是从生产试验数据和科学家的经验中经过研讨、协商、提炼获得。在起草《新疆棉花可持续生产技术方案(草案)》时,参考了《中国棉花栽培学》(2019年)编撰会议上对新疆绿洲可持续目标产量进行的界定,但有关新疆绿洲水肥调管理的量化指标,在科学家与科学家之间,以及科研、推广和生产管理部门之间所持见解不同。因此,需要不断总结、修订和补充。

五、良好棉花参考性指标

2018年2.0版共计七大原则,通用标准42条,具体指标164个,实施主体是植棉者,包括中小农户、大农户、不同规模类型的农场主,主要内容如下。

1. **良好棉花棉农应最大限度地减少作物保护措施的有害影响**。秉持标准有10条:① 生产者必须采用病虫害综合防治技术;② 生产者只能使用国家注册适用于棉花的农药;③ 不得使用《斯德哥尔摩公约》《蒙特利尔议定书》和《鹿特丹公约》所列的农药;④ 必须逐步停止使用已知或推定为极度或高度危险的任何农药活性成分及其制剂;⑤ 生产者必须逐步停止使用任何已知或推定为人类致癌物、致突变物和生殖毒物的农药活性成分及其配方的农药;⑥ 使用农药人员必须在18岁以上、受过技术培训、非孕妇或非哺乳期妇女;⑦ 生产者必须确保任何制备和使用农药的人都必须正确地使用适当的保护和安全装备;⑧ 生产者必须贮藏、处理和清洁农药应用设备和容器,以避免环境危害和人体接触;⑨ 使用农药的天气合适;⑩ 生产者必须安全处置使用过的农药容器,或通过收集和回收计划处理。

2. **良好棉花棉农应促进水资源管护**。秉持标准有5条,生产良好棉花的农户以可持续水资源管理为目标制定水管理计划,做到定位与了解当地的水资源,水质管理和通过合作和集体行动实现地方水资源利用的可持续;充分利用天然降水,实行节水灌溉和合理采集地下水,不污染水源等。

3. **良好棉花棉农应关注土壤健康**。秉持标准有4条,土壤类型鉴别及分析;保持和优化土壤结构,维护和提高土壤肥力和持续改善养分循环,具体措施有土壤培肥,减少过量化肥、农药和地膜残膜等对土壤的污染,合理耕作和采取保护耕作措施等。

4. **良好棉花棉农应负责任地使用土地并加强生物多样性**。秉承标准6条,生产良好棉花棉农必须采用生物多样性管理计划,识别和恢复退化地区,以在农场及其周边环境中促进和提高生物多样性,应保护自然栖息地,提高天敌益虫的种群数量;开垦耕地需政府允许,建设农田防护林,保护农田周围的植物和生物,保护农田内的生物多样性等。

5. **良好棉花棉农关注保持纤维品质**。秉持标准有2条,生产良好棉花的棉农关心和保护纤维品质,包括提高内在纤维品质,如长度、强度、马克隆值;减少外部污染,减少异型纤维"三丝"。

6. **良好棉花棉农应促进体面劳动**。秉持标准有22条,生产良好棉花的劳动者要遵纪守法,劳动中应采用防护措施,不断减轻农事管理操作的劳动强度,不雇佣童工,以及按劳取酬、及时支付工资等。

第三节·绿洲中高端品质棉花可持续生产技术总指南

一、提升棉田质量,提高棉花生产基础水平

在适宜生态区选择地力中上等耕地种植棉花,做到林田路渠相配套。

建设高产稳产标准棉田,改造中低产田,平整土地,达到地平土细适宜耕种;增施有机肥;改良土壤培肥地力,降低盐碱或酸化危害。

棉田需有水资源保障,绿洲棉田生育期供水低于 $3\,300\sim3\,450\ m^3/hm^2$,水资源无保障耕地不适宜种植中高端品质棉花。

为了获得高产稳产,需要保持土壤的可持续生产力,对于棉花专业合作社、新疆兵团团场职工和植棉大户应有土地用养的规划和方案,包括了解土壤耕作特性、土壤养分化验、深耕、轮作与休闲等用养方案,以 8~10 年为一个周期,见表 16-1。

表 16-1·棉田用养结合方案
(以 8~10 年为一个周期)

项 目	方法、作用和效果
了解土壤特性	黏土适耕性差,耕作播种的"窗口期"短,发老苗不发小苗,但耐旱,产量潜力高;沙土深耕性能好,发小苗不发老苗,但不耐旱,产量潜力低。两合土的耕性好,比较容易管理,产量潜力高 土壤改良:对于沙土地可采用掺入黏土进行改良;对于花斑盐碱,采用更换土壤的方法改良

续　表

项　目	方法、作用和效果
深耕	深耕的深度60~80 cm,深耕可加深土层,提高土壤蓄水保水和抗旱能力
土壤养分化验	对典型土壤类型抽查一次,化验有机质、全氮、速效磷、速效钾,以及微量元素硼和锌
施用有机肥	鸡粪、牛粪等有机肥,先施用于地力差的棉田
轮作或休闲	选择病害较重的老棉田进行轮作或休闲。轮种作物有小麦、玉米等粮食作物,或种植油菜、油葵、燕麦草、豆科牧草等,翻耕可以培肥地力,有的产区一年可以种植两茬

二、增强污染危害意识,推广使用棉花清洁生产技术

清洁生产技术,即采用标准加厚地膜,并在正规经销商购买;当季全量回收地膜,清除土壤残存废膜;清洁村庄和农田道路,阻断编织袋、食品包装袋以及畜禽与人的毛发等有害杂物混入籽棉,提倡"人戴帽子狗穿衣"。要求手采籽棉无"三丝",机采"三丝"含量不超过0.3 g/t。

三、科学利用商品品种,提升纤维一致性水平

种植商品棉花应遵照品种审(认)定原则、生态区原则、熟性原则和转基因告知原则;示范种植新品系应获得省级农业主管部门的许可;注意新品种的抗病性,防止病害传播。

按照生态区原则,科学布局和合理利用优质棉花品种,有效发挥品种在棉花生产中的基础性作用。

在集中产地推进一地种植一个品种,提升品种品质的一致性。同时,霜前花与霜后花实行分收、分晒、分售、分轧和分包打包,提升纤维内在品质的一致性。机采棉要提高早熟性。

采用良种补贴、引入企业补贴等措施,协同推进品质的一致性。

对棉纺织企业认可度高,优质、高产、抗性和适合机采等性状优良的品种(系),应给予认可和推荐种植。

示范高品质新品种(系),协调推进高品质棉花的订单生产。科研单位、生产单位与纺织、服装和销售等企业联合,在实验区示范种植高品质棉花新品种(系),通过示范引导棉农种植高品质棉花,并下力气优先推进高品质棉花实现订单生产,不断创新棉花产销对接新机制。

四、提高早熟性,降低籽棉杂质含量

机采棉以打脱叶剂时自然吐絮率达到40%和籽棉叶屑含量不高于12%为技术标准,统领品种、栽培、水肥管理和病虫害防控等。

脱叶剂喷施时间,北疆9月5—15日,南疆9月15—25日。

机采棉品种的生育期比常规手采品种平均缩短约15 d。因此,机采棉要选择早熟性好的审定品种,北疆选择生育期110 d的超早熟和120 d以内的早熟品种;南疆选择生育期120 d以内的早熟和生育期125 d以内的早中熟品种,并在同一机械化采摘区对不同熟性棉花品种

所需机型进行合理布局和搭配。

合理密植,适当降低收获密度。肥水条件好的棉田采用等行距 76 cm 配置,一膜 3 行,收获密度 12 万株/hm² 上下,肥水条件一般的棉田采用宽窄行距(76+10+66+76)cm 配置,一膜 4 行,收获密度 15 万株/hm² 上下。株高 80~90 cm,第一果枝离地面高度 20 cm。

脱叶干净,要求叶片落到地面,采收时叶屑杂质含量不超过 12%。

五、优化工序,实行轻简快乐栽培

合理密植有利于提高单产和改善品质。轻简化模式包括改移栽为直播;改高密度宽窄行距配置为中高密度等行距配置;推广精量、半精量播种技术,简化疏苗、定苗工序;农艺上,提倡简化整枝和免整枝;示范推广化学打顶技术;在合适区域大力推广机械化采摘技术,不断推进植棉全程机械化等,逐步实现轻简快乐植棉。

六、科学施肥,减少化肥投入

科学施肥,遵照有机和无机肥料、大量元素和微量元素肥料、基施和追施相结合的"三原则"。应用测土配方技术、滴灌肥水调的耦合技术,减少化肥养分投入量,降低肥料成本,提高肥料利用率,改善土壤质量。

增施有机肥,种植绿色或秸秆过腹还田,根据测土养分含量和目标产量确定合理施肥量。施肥方法上采取氮磷钾平衡施用,补施硼、锌微量元素肥料;采用水肥耦合滴灌技术,提倡每次滴灌适当减少水肥供给。

七、节水灌溉,有效保护水资源

推广节水灌溉技术,应用膜下滴灌、水肥调一体化技术,提高灌溉水的利用率。

有效利用天然降水,对天然降水实行集合利用,降水能降低绿洲蒸发和作物蒸腾,故可适当减少灌溉水量或推迟灌溉时间。

保护水资源,不污染水资源,棉田灌溉取水不可对地下和地表水体造成不良影响。

及时排除棉田渍涝。

八、综合防治病虫害,减少农药用量

坚持预防为主综合防治方针,坚持科学测报及时发报,采取农业防治、生物防治、物理防治和化学防治等综合防治策略。

秋耕冬灌有利降低害虫的越冬基数。种植转 Bt 基因棉花品种是农业防治棉铃虫和红铃虫的成功模式。采取精加工包衣种子可减少苗期农药的使用量,引导种子经营企业对控制种子质量由"发芽率"向"健苗率"转变。利用微生物杀虫剂防治害虫可减少化学农药投入。天敌保护、繁殖和利用是生物防治的重要内容。灯光、糖浆和色板等诱捕是重要的物理防治方法。

农药使用做到"四不",即不使用淘汰农药品种;不雇佣年龄不满 18 周岁少年从事病虫害防治工作;不采取大剂量喷施防治;农药瓶或包装袋应全部回收,及时交废品站进行无害化

处理,不污染环境。

保护并增强生物多样性。在连片集中棉区或棉花种植带的棉田周边提倡建立生物多样性的栖息基地。

九、科学调控,提高早熟性和丰产性

早熟性是提高机采棉品质的重要指标,围绕喷施脱叶剂时吐絮率达到40%进行调控,促进早熟丰产优质。

稀植提倡看苗化调,高密度采用全程化学调控方法。

打顶坚持"枝到不等时,时到不等枝"原则,打小顶不打大顶。

机采棉田要选择好脱叶剂类型,把握好喷洒时期。依据季节、吐絮长势和天气确定喷施时间和喷施量。提倡第一次轻、第二次重的分次脱叶模式。

贪青晚熟棉田采用乙烯利催熟,不提倡机械化采收。

十、科学防灾减灾,提升灾害应对能力

棉花前期重点防范低温寒潮,及时中耕和防治苗病,重播需用同一品种。

中期防御渍涝和干旱、冰雹、台风等,对冰雹危害棉田采取分类指导,因灾情轻重分田块补救。

后期防御低温早临、早霜冻,注意适时停水,避免贪青晚熟。

为了保障机采棉成熟的一致性,同一品种的补种时间不能超过 15 d。

十一、推行单品种采收、运输和加工,提高一致性和清洁度水平

棉花做到单品种采摘、运输和存放,要求加工厂单轧、单存、单打包;采摘、运输、加工、存放应严格控制异型纤维混入;籽棉加工前,要求加工厂采用机械设备进一步排除异性纤维,提升一致性和清洁度的议价能力。

规范加工轧花工艺,注重防止纤维损伤技术环节,提高轧花加工质量档次,提高"好"档次的比例。

十二、规范机采种植技术,提高机械化采收水平

机械化采收要选择对路品种,注重品种的早熟性。

规范种植模式,推荐宽等行种植,合理密植、适当降低密度有利光温水的协调利用,促进早熟,脱叶干净并落到地面。

脱叶是机械化采收的重要环节,脱叶时天然吐絮率达到40%,选择合适的脱叶剂,喷施脱叶剂的适宜气温在 20℃ 以上,持续时间 7~10 d。

采收前和采收后都要有效清理棉田残膜。《中国高品质棉花可持续生产标准》见附录。

(主笔:毛树春;主审:田立文;终审:毛树春)

第十七章
新疆绿洲棉花管理指南

第一节·绿洲棉花科学施肥指南

一、棉花施肥指导思想

对于家庭农场、棉花专业合作社和棉花集团公司等经营主体,测土施肥法、肥料效应函数法和营养诊断法是科学施肥需要掌握的基本方法。

开展土壤养分定期化验。选择典型土壤类型(荒漠土、灌漠土、灌淤土、荒境盐土、荒漠盐土),每3~5年开展一次土壤化验,包括化验土壤有机质、全氮、速效氮、有效磷、速效钾、有效锌和速效硼,以及土壤pH和盐分含量,有条件的地方还可分析土壤质地,包括黏粒、砂粒等土壤质地指标,为掌握土壤养分变化、土壤改良和土壤保水保肥能力的评价决策提供基础数据。

开展田间肥料效应试验,提倡采用等比例肥料的减量试验设计。比如以 N 375 kg/hm²、P_2O_5 150 kg/hm²、K_2O 150 kg/hm² 为全量100%,设计减量50%(N 187.5 kg/hm²、P_2O_5 75 kg/hm²、K_2O 75 kg/hm²)和减量75%(N 93.75 kg/hm²、P_2O_5 37.5 kg/hm²、K_2O 37.5 kg/hm²)的减量试验,重复3~4次,在棉田的同地点或不同地点开展试验,可以获得肥料与棉花品种、肥料与植株密度、肥料与灌溉、肥料与病虫害发生及防治、肥料与天气变化等的相互作用及其关系的变化,为高产高质平衡施肥提供决策依据。

开展棉花植株营养诊断。在棉花苗期、蕾期、开花期和结铃期,一般采集主茎第3或第4片功能叶片的叶柄,化验速效氮、速效磷和速效钾含量,以及硼和锌元素含量,为何时施肥和施肥多少提供决策依据。

二、棉花施肥原则

充分利用有机肥资源,增施有机肥,棉秆全部还田。

施肥与高产高质栽培技术相结合,尤其要重视与滴灌、水溶肥、水肥一体化技术结合。适当调减氮肥用量、增加生育中期施用比例,合理施用磷、钾肥。

三、棉花施肥推荐建议

(一) 膜下滴灌棉田

皮棉单产 1 800～2 250 kg/hm²,在秸秆全部还田的基础上,施用棉籽饼 750～1 125 kg/hm² 或牛羊粪堆肥 9 000～15 000 kg/hm²,氮肥(N)300～330 kg/hm²,磷肥(P_2O_5)120～150 kg/hm²,钾肥(K_2O)75～90 kg/hm²。

皮棉单产 2 250～2 700 kg/hm²,在秸秆全部还田的基础上,施用棉籽饼 1 125～1 500 kg/hm² 或牛羊粪堆肥 9 000～15 000 kg/hm²,氮肥(N)330～360 kg/hm²,磷肥(P_2O_5)150～180 kg/hm²,钾肥(K_2O)90～120 kg/hm²。

对于硼、锌缺乏的棉田,施硼砂 15～30 kg/hm²、硫酸锌 22.5～30.0 kg/hm²。硼肥叶面喷施,用量 1 500～2 250 kg/hm²。

有机肥在犁地前全部施入土壤做基肥。氮肥基肥占 20%左右,追肥占 80%左右(现蕾期 20%,开花期 20%,花铃期 30%,结铃盛期 10%);磷肥、钾肥基肥占 50%左右,其他作追肥。全生育期追肥次数 8 次左右,从现蕾期开始追肥,一水一肥。前期氮多磷少,中后期磷多氮少,结合滴灌系统实行灌溉施肥。提倡选用水溶肥配合尿素施用,水溶肥提倡选用高磷低钾品种。一般前期尿素与水溶肥用量比例为 2∶1,中后期尿素与水溶肥用量比例为 1∶1,8 月底开始只施用专用肥。

(二) 常规灌溉(淹灌或沟灌)棉田

皮棉单产 1 650～1 950 kg/hm²,在秸秆全部还田的基础上,施用棉籽饼 750 kg/hm² 或优质有机肥 15～22.5 t/hm²,氮肥(N)330～390 kg/hm²,磷肥(P_2O_5)105～120 kg/hm²,钾肥(K_2O)90～120 kg/hm²。

皮棉单产 1 950 kg/hm² 以上,施用棉籽饼 1 125～1 500 kg/hm² 或优质有机肥 22 500～30 000 kg/hm²,氮肥(N)375～420 kg/hm²,磷肥(P_2O_5)150～195 kg/hm²,钾肥(K_2O)90～135 kg/hm²。

对于硼、锌缺乏的棉田,施硼砂 15～30 kg/hm²、硫酸锌 22.5～30 kg/hm²。硼肥叶面喷施,用量 1 500～2 250 g/hm²。

有机肥在犁地前全部施入土壤做基肥。45%～50%的氮肥用作基施,50%～55%作追肥施用,其中 30%的氮肥用在初花期、20%～25%的氮肥用在盛花期。50%～60%的磷钾肥用作基施,40%～50%用作追肥,追肥于现蕾、花铃肥分两次施入,一般现蕾肥占总量的 20%左右,花铃肥占总量的 30%左右。

硼肥叶面喷施效果较好,用量为 1 500～2 250 g/hm²。锌肥作基肥施用,用量为 15～30 kg/hm²。

(三) 施肥注意事项

到经营农资的正规公司购买肥料品种,不听信过度宣传。

氮肥不宜过量。过量施氮不但加重土壤氮淋洗和对环境的污染,且会导致棉花营养生长过旺而贪青晚熟,纤维品质大幅度降低。

磷肥穴施、条施。磷肥当季利用率仅 10%～25%,在各种黏质土壤上,如果撒施磷肥,则不能充分发挥肥效;采用穴施、条施、近根滴施等集中施用方法,将磷肥施于根系密集土层中,则可缩小磷肥与土壤的接触面,减少土壤对磷的固定,提高利用率。所以在底层和浅表层都要施用磷肥,可采用"分层施用"的方法。增施有机肥,提高土壤有机质,也是增进磷肥利用率的有效措施。

增施钾肥。对黏质土,钾肥可在播种前作基肥一次性施入;重壤土可以先施用钾肥总用量的 2/3 作基肥,其余作追肥,但也要早期施入。沙性土壤以及漏水田,应"少量多次"施肥,可减少钾肥流失。钾肥提倡深施。对通气性差、潜育化严重的土壤,提倡施用氯化钾;盐渍化土壤提倡施用硫酸钾,在石灰性土壤中应定期更换钾肥品种。

叶面施硼。硼砂水溶液呈碱性,而大多数农药为酸性,生产中一般混配施用,在配制硼砂浓缩液时,加入适量柠檬酸,既可以增加硼砂溶解度,也可以将 pH 调至弱酸性,这样有助于硼肥的吸收。对不同缺硼土壤分别施硼,严重缺硼的既要施基肥,又要追施硼肥;中度或轻度缺硼的只需追施硼肥。

叶面施锌。棉花各生育期均可喷施锌肥,但在棉花生长初期喷施效果最佳,土施锌肥时应注意配施氮磷钾肥,棉田施锌可每两年施用 1 次。

(主笔:王西和,刘骅;主审和终审:毛树春)

第二节·新疆绿洲棉花灌溉和水肥耦合管理指南

农谚讲"有收无收在于水""收多收少在于肥",说明水是绿洲棉花高产、高品质、高效的重要因素,水肥耦合对产品品质具有重要作用。

掌握棉花各生长阶段的需水需肥规律、灌溉施肥时间次数、灌溉定额和肥料施用量,实行水肥耦合、以水调肥、水肥结合的技术要点,对调控棉花生长、提高水肥利用效率、提高棉花产量和改善品质至关重要。

一、绿洲棉花灌溉管理的指导思想

棉花灌溉管理的指导思想是,在集成其他新疆棉花传统优质高效栽培技术基础上,以不同区域的气候和土壤条件为背景,以棉花不同生育阶段的需水、需肥规律为依据,以水肥耦合、以水促肥、以肥调水为手段,以提高水肥利用效率、增加棉花产量和改善原棉品质为目的,通过优化协调不同生育阶段的灌溉管理及其他各项农艺技术措施,发挥整体综合效应,为最终实现棉花的节本增产和优质高效栽培提供支撑。

二、绿洲棉花灌溉管理的指导原则

棉花灌溉管理以节水增产、提质增效为根本,以定额管理为原则,无论滴灌还是常规地面传统灌溉，棉花全生育期灌溉定额南疆为 6 300～6 900 m³/hm²（含冬春灌），北疆为 3 900～4 350 m³/hm²（含出苗水），东疆为 5 175 m³/hm²（含出苗水）。水与肥耦合提高水和肥利用效率。

三、棉花分区各生育阶段灌溉管理方法

（一）棉花各生育阶段的需水规律

1. **苗期需水** · 棉花出苗到现蕾阶段，由于气温不高，植株体较小，叶面蒸腾量较低，需水也较少，而且主要耗水是由田间蒸发造成，因此可以采用中耕松土等措施来减少水分消耗。此阶段的需水量占全生长期总需水量的 15% 以下，0～40 cm 土层含水量占田间最大持水量的 55%～70% 为宜。

2. **蕾期需水** · 棉花现蕾以后，气温逐渐升高，棉花生育加快，土壤蒸发量随之增加，需水量也逐渐加大。此阶段需水量占全生长期总需水量的 12%～20%，0～60 cm 土层内保持田间最大持水量的 60%～70% 为宜。

3. **花铃期需水** · 棉花开花以后，气温高，棉株生长旺盛，叶面积指数和根系吸收能力均达到高峰，需水量最大，而且主要耗水是植株蒸腾所造成，因此此期缺水对棉花生长发育和产量形成影响最大。此阶段的需水量占全生长期总需水量的 45%～65%，0～80 cm 土层内土壤水分保持田间最大持水量的 70%～80% 为宜。

4. **吐絮期需水** · 随气温下降，叶面蒸腾减弱，需水量逐渐减少。此阶段的需水量占全生长期总需水量的 10%～20%，土壤水分保持田间最大持水量的 65% 为宜。

（二）北疆棉花灌溉管理要点

1. **棉花生产目标** · 皮棉单产 2 250～2 850 kg/hm²，收获密度 19.5 万～21.0 万株/hm²，果枝 5～7 个/株，铃重 5.0～6.0 g/个，衣分≥40%。

2. **灌溉管理要点**

（1）秋耕冬灌。机械采收后及时犁地灌溉，冬灌水量 1 200～1 500 m³/hm²（漫灌），茬灌水量 900 m³/hm²。冬耕前全层施肥，施厩肥 30～37.5 t/hm² 或油渣 2 250～3 000 kg/hm²，并施 N 69 kg/hm²、P_2O_5 81 kg/hm²，折合施尿素 150 kg/hm²、三料磷肥 180 kg/hm²。

（2）滴灌带铺设。滴灌带布置方式采用"1 膜 3 带"，宽行的滴灌带布置在距宽行中间 7 cm 处（距边行 36 cm、距中行 40 cm），滴水口朝向边行，并浅埋 0.5～1.0 cm。

（3）滴出苗水（非冬灌棉田）。采取"干播湿出"播种方式，在播后 30 h 内进行灌水补墒，根据土壤质地确定滴水量，滴水量 225～450 m³/hm²，以种子行播种孔湿润为标准。

（4）苗期。对滴水出苗棉田，根据土壤质地和墒情适当补水 1～2 次，补滴水量 225～300 m³/hm²。

（5）蕾期和花铃期。6 月 15 日前后开始第 1 次滴水，滴水量 525 m³/hm²；此后 7 d 进行第 2 次滴水，滴水量 300～375 m³/hm²，随水追 N15～30 kg/hm²。7 月初至 8 月初，滴水追肥 4～5 次，滴水总量 1 500～1 875 m³/hm²，随水共追施 N 240～300 kg/hm²、P_2O_5 52.5～57.0 kg/hm² 和 K_2O 150～180 kg/hm²。8 月初至 8 月底，滴水 3 次，滴水量 675～900 m³/hm²，追肥 2 次，随水共追施 N 45～60 kg/hm²。8 月 20 日停水停肥。

(三)南疆棉花灌溉管理要点

1. **棉花生产目标**·皮棉单产 2 250～2 550 kg/hm²,收获密度 18 万～20.25 万株/hm²,果枝 7～8 个/株,铃重 5.5～6.0 g/个,衣分≥40%,霜前花率>95%。

2. **灌溉管理要点**

(1) 冬灌。粉碎棉秆后,采用漫灌冬灌,灌水量 2 400～3 000 m³/hm²,在 11 月至 12 月上旬完成。

(2) 春灌(一般为非冬灌棉田)。春灌水量 1 500～1 800 m³/hm²,在 2 月中旬至 3 月下旬进行。春灌后犁地前全层施肥,施优质厩肥 15～22.5 t/hm² 或油渣 1 200～1 500 kg/hm²,并施入 N 75～90 kg/hm²、P_2O_5 90～120 kg/hm²、K_2O 60～75 kg/hm²。

(3) 滴灌带铺设。滴灌带布置方式采用 1 膜 3 带,宽行的滴灌带布置在距宽行中间 7 cm 处(距边行 36 cm、距中行 40 cm),滴水口朝向边行,并浅埋 0.5～1.0 cm。或者采用 1 膜 2 带,滴灌带布置在宽行中间。

(4) 蕾期和花铃期。一般在 6 月 16 日前后第一次滴水,滴水量 225 m³/hm²,3～4 d 后第 2 次滴水,滴水量为 300 m³/hm²,之后每 8～10 d 滴 1 次水,单次滴水量 375～450 m³/hm²。全生育期共滴水 3 450～3 900 m³/hm²。从第二次滴水开始,随水施肥,1 水 1 肥,每次施尿素 67.5 kg/hm²,全生育期施肥 450 kg/hm²;从第三次滴水开始,每次施磷酸一铵 45 kg/hm²,全生育期施用 270 kg/hm²;从第四次滴水开始,每次施钾肥 45 kg/hm²,全生育期施用 225 kg/hm²。8 月 20 日前后停水停肥。

(四)东疆棉花灌溉管理要点

1. **棉花生产目标**·皮棉单产 2 250～2 850 kg/hm²,收获密度 19.5 万～21.0 万株/hm²,果枝 5～7 个/株,铃重 5.0～6.0 g/个,衣分≥40%。

2. **灌溉管理要点**

(1) 秋耕冬灌。机械采收后及时犁地灌溉,冬灌水量 1 200～1 500 m³/hm²,茬灌需 900 m³/hm²。冬耕前全层施肥,施入优质厩肥 30～37.5 t/hm² 或油渣 2 250～3 000 kg/hm²,并施入纯 N 69 kg/hm²、纯 P_2O_5 81 kg/hm²,折合施尿素 150 kg/hm²、三料磷肥 180 kg/hm²。

(2) 滴灌带铺设。滴灌带布置方式采用 1 膜 3 带,宽行的滴灌带布置在距宽行中间 7 cm 处(距边行 36 cm、距中行 40 cm),滴水口朝向边行,并浅埋 0.5～1.0 cm。

(3) 滴出苗水(非冬灌棉田)。采取"干播湿出"播种方式,播后 30 h 内进行灌水补墒,根据土壤质地确定滴水量,滴水量 300～450 m³/hm²,以种子行播种孔湿润为标准。

(4) 苗期。对滴水出苗棉田,根据土壤质地和墒情适当补水 1～2 次,滴水量 300～375 m³/hm²。

(5) 蕾期和花铃期。一般 5 月下旬开始第一次滴水,滴水量 300 m³/hm²。进入 6 月后,每隔 10～12 d 滴水 1 次,滴水量 375～450 m³/hm²,并随水追施纯 N 30～45 kg/hm²。7 月滴水追肥 4～6 次,每次滴水量 525～600 m³/hm²,每次随水追施纯 N 45～67.5 kg/hm²、纯 P_2O_5 60～75 kg/hm²、纯 K_2O 45～75 kg/hm²。8 月初至 8 月底,滴水 2 次,每次滴水量 450～525 m³/hm²,追肥 2 次,随水共追施 P_2O_5 30 kg/hm²、K_2O 45～60 kg/hm²。8 月 25 日停水停肥。

(五) 常规灌溉(淹灌或沟灌)棉田管理要点

1. 棉花产量目标·皮棉单产 1 650～1 950 kg/hm², 收获密度 13.5 万～15.0 万株/hm², 果枝 5～6 个/株, 铃重 5.0～6.0 g/个, 衣分≥40%。机采原棉纤维长度＞29 mm、断裂比强度＞29 cN/tex, 手采棉纤维长度＞30.5 mm、断裂比强度＞30.5 cN/tex。

2. 灌溉管理要点

(1) 冬灌深耕。冬灌在 10 月中旬至 11 月上旬进行, 方法为畦灌, 灌水深度 20 cm 左右 (用水量 2 100～3 000 m³/hm²)。冬灌后封冻前, 施基肥后进行深耕并平耙, 施肥品种和数量为全部有机肥和 N 450～600 kg/hm²、P_2O_5 375～525 kg/hm²、K_2O 135～150 kg/hm²。

(2) 春灌。没有进行冬灌的农田, 或虽进行冬灌但春季缺墒的棉田及盐碱较重的农田, 在 2—3 月地表解冻后进行平地、筑埂、灌水, 灌水量 1 200～1 500 m³/hm²; 之后进行施肥耕地, 施肥量同冬季深耕施肥。

(3) 株行距配置。沟灌棉田的株行距布置可采用下列方式中的一种: 60 cm+30 cm 宽窄行, 株距 8～9 cm; 宽窄行为 20 cm+50 cm+20 cm+60 cm, 株距 10 cm。膜上点播, 播种后每隔 10～15 m 加压一行膜埂。

(4) 蕾期管理。蕾期旺长的宽膜棉田, 在现蕾至盛蕾期, 揭去大行地膜并中耕。其他棉田在头水前揭膜。揭膜至灌水的间隔天数: 旺苗 8～12 d, 壮苗 5～7 d, 弱苗不超过 4 d。揭膜后灌水前及时开沟, 沟深 18～20 cm, 沟宽 38～44 cm, 开沟时要求不伤苗, 不压苗, 沟底平直, 坡面平整。开沟同时追施 N 30～45 kg/hm²、P_2O_5 120～150 kg/hm² 和 K_2O 30～45 kg/hm²。砂壤棉田和弱苗棉田在盛蕾至初花前灌水, 灌水深度为沟深的 2/3, 水量 1 200 m³/hm², 要求小水漫灌, 不漫垄, 不串水。

(5) 花铃期管理。花铃期共灌水 2～3 次, 两次间隔 12～18 d。壮苗于初花期灌第一水, 旺苗可推迟 5～7 d 灌水。最后一水在 8 月 20 日前后进行。头水水量 1 050～1 200 m³/hm², 其余水量为 900～1 050 m³/hm²。壮苗田, 初花期结合灌水施 N 45～60 kg/hm²、P_2O_5 30～45 kg/hm² 和 K_2O 15～30 kg/hm²。盛花期结合灌水施 N 60～90 kg/hm²。

(主笔: 王峰; 主审、终审: 毛树春)

第三节·新疆绿洲棉花病虫草害综合防治指南

防控策略要坚持"预防为主, 综合防治"的植保方针, 从营造良好的棉田生态系统出发, 采取以田间监测数据为依据, 以"健身"栽培、农业防治为基础, 优先采用生物防治、理化诱杀技术, 充分发挥棉田生态调控和自然天敌控害作用。化学防治实行达标用药, 优先选用高效、低毒、环境友好型农药, 注意保护自然天敌, 注重合理用药、精准用药, 降低化学农药使用量, 实现棉田主要害虫的可持续治理。

建立完善虫情测报队伍, 安排病虫草测报员, 明确职责和任务, 定期发布"虫情测报"。

农业农村部和生态环境部联合印发的《农药包装废弃物回收处理管理办法》已于 2020 年 10 月 1 日起施行。农药生产者、经营者、使用者应当按照"谁生产、谁经营、谁回收"的原则回收农药包装废弃物。

一、棉花主要害虫综合防治

防控对象有棉蚜、棉叶螨、棉铃虫、棉蓟马、棉盲蝽和地老虎,各种害虫的主要防治技术措施如下。

(一) 棉蚜

1. 农业防治・加强田间管理,科学运作水肥,塑造群体结构合理的高产棉田,达到控害养益保高产的目标。

2. 生物防治・天敌是控制棉蚜种群数量极其重要的自然调控因素,保护与利用天敌是控制棉蚜灾害的主导技术。合理优化粮棉布局,棉田周缘种植油菜诱集带,棉田边缘林荫下种植苜蓿,引诱、培育和涵养天敌,发挥自然天敌对棉蚜的控制作用。棉花中后期适量保留田边地头杂草,尤其是苦豆子,给天敌留有一定的活动场所和食料。

在连片集中棉区,或棉花种植带的棉田周边,提倡建立生物多样性的栖息基地,为天敌繁殖提供场所。

3. 化学防治

(1) 消灭越冬蚜源,减少害虫基数。室内花卉,温室、大棚内种植的黄瓜、西葫芦都是棉蚜越冬后的桥梁寄主或过渡寄主,对寄主上的棉蚜应及早喷药防治,以免蚜虫向棉田迁飞。

(2) 以保益控害为中心,狠抓中心株和点片防控的"窗口期",减少或推迟大面积施药,为天敌繁殖创造有利条件。田间调查,当棉蚜卷叶株率在5%~10%,益害比低于1:250,或4片真叶后卷叶株率在10%~20%时,进行条带式防治或普防,可选用苦参碱、藜芦碱、氟啶虫胺腈、双丙环虫酯、氟啶虫酰胺、啶虫脒、吡虫啉、吡蚜酮、噻虫嗪等农药进行防治。严禁选用广谱性农药进行大面积化学防治。

(二) 棉叶螨

1. 农业防治

(1) 棉叶螨重发条田必须实行秋耕冬灌。

(2) 合理轮作,推广与禾本科作物轮作,避免与豆类、瓜类邻作。

(3) 加强田间管理,及时滴(灌)水,增加田间湿度,减轻叶螨危害。

2. 化学防治

(1) 喷洒保护带。棉花播种后根据棉田四周杂草上的螨情调查,当杂草有螨株率达30%左右时,用专性杀螨剂有选择地封锁地边。

(2) 加强玉米诱集带、青贮玉米和油葵等诱集作物上螨源的调查和处理工作,前期如螨量较大时,要用专性杀螨剂处理,后期可去除老叶,甚至砍掉整株玉米。

(3) 点片发生,点片治理。加强田间调查,重点监测历年棉叶螨发生早、发生重的田块和春季田间地头杂草上虫源基数大的地块、居民点附近的棉田。对棉叶螨处在中心株或点片阶段棉田,及时采取"查、插、抹、拔、摘、涂、喷"七字方针进行防治,坚决将其控制在中心株和点片阶段。

(4) 棉叶螨在棉田已普遍发生,苗期有螨株率超过5%、打顶后有螨株率超过10%时,则应进行全面防治。药剂可选用阿维菌素、噻螨酮、四螨嗪、乙螨唑、螺螨酯、炔螨特、哒螨灵、乙唑螨腈等。注意杀卵和杀成虫药剂的配合使用。施药时要保证叶片正面和背面着药均匀透彻。

(三) 棉铃虫

1. 农业防治

（1）秋耕冬灌。棉花收获后至封冻前进行秋翻冬灌是防治棉铃虫等主要农业害虫最有效的预防措施，具有事半功倍的效果。尤其是秋季棉铃虫重发条田应100%秋耕冬灌，切实降低棉铃虫越冬基数和越冬存活率。

（2）铲埂除蛹。结合春季整地积极开展铲埂除蛹工作，有效降低虫口基数。

（3）种植诱集带。棉田边种植玉米诱集带可减少和分散棉田落卵量，在大条田的中间也要适当播种两行玉米诱集带，但在品种的选择与播期上应注意种植早熟玉米品种和适期早播，尽量使玉米的心叶期、抽穗期与棉铃虫发蛾盛期相吻合，以利集中消灭。上年截形叶螨发生较重的棉田，建议用苘麻诱集带取代玉米诱集带，或种植小麦、苜蓿生态带为宜。

（4）加强田间管理。做好棉花健株栽培，加强水肥管理，提倡平衡施肥，避免偏施氮肥，加强灌（滴）水管理，防止田间湿度过大或受旱，使棉花生长不旺不衰。人工打顶棉田，把顶尖带出田外掩埋。

（5）于棉铃虫产卵高峰来临之前，在棉田喷施过磷酸钙浸出液或磷酸二氢钾，避蛾产卵，减少田间落卵量。

（6）对于一代棉铃虫虫口密度大的麦田，收割后应及时翻耕、灌水灭蛹，减少二代在棉田的发生量。苜蓿地是棉田棉铃虫的主要来源，其棉铃虫数量远远高于同期其他作物棉铃虫的数量，建议在棉花花铃期以前及时收割苜蓿，以控制棉田棉铃虫数量。

2. 生物防治

（1）种植转Bt基因抗虫棉品种，建立"庇护所"以延缓棉铃虫的抗性。一是针对新疆棉区大面积种植抗虫棉后，应制定相应庇护所的法规和政策，即保留10%~20%的非转Bt棉花。二是充分发挥天然庇护所的作用，在新疆部分植棉地区，由于"粮棉混作"（喀什地区麦棉及玉米和棉花混作比例接近1∶1），本身就具备天然的"庇护所"作用。三是在作物比较单一、棉花种植面积大的区域，可种植鹰嘴豆、木豆、胡麻等作物或者诱集带，建立"人工庇护所"。

（2）种植诱集带。通过优化作物布局，改变单一种植棉花模式，增加一定面积的其他作物品种；利用条田的地边、地角、农渠、毛渠、闲杂地、无树的林床内种植小麦、苜蓿、玉米、油葵、饲草等多种植物（生态带）以及在棉田边和林带保留一定的杂草等方式，主动扩大自然天敌库，有效增加农田自然天敌的蓄积量，保证自然天敌库大、源足、流畅，充分发挥天敌对棉田害虫的控制作用。

3. 理化诱控

利用棉铃虫趋光、趋化性，在棉铃虫成虫产卵前进行诱杀，可有效降低落卵量，减轻棉铃虫危害程度。

（1）灯光诱杀。性价比高的频振式杀虫灯可作为首选，在有条件的地区，每3.33~4 hm^{2}设一台频振式杀虫灯，根据预测预报在棉铃虫各代发蛾初期开灯灭虫。电源供应困难的棉田可选择太阳能频振式杀虫灯。

（2）杨枝把诱杀。要按时收蛾，及时喷洒1 000倍液的草酸溶液，以提高对棉铃虫的诱集效果。喷过草酸的苦豆子和狗尾草把亦可，但诱集能力不及杨枝把。

（3）性诱剂诱杀。要掌握好诱捕器和诱芯选择、诱捕器放置场所选择、诱捕器安装、诱捕器田间设置和诱捕器安放时间等技术环节。棉铃虫越冬代成虫始见期至末代成虫末期，大面积连片使用棉铃虫性诱剂，每公顷设置1个干式飞蛾诱捕器和诱芯。

（4）食诱剂诱杀。采用连片条施生物食诱剂诱杀成虫。于棉铃虫主害代羽化前1~2 d，将配制好带杀虫剂的药液在田间沿棉花行均匀地滴若干个药液条带，每行条带长10~20 m，条带相互间隔50~100 m。

4. 化学防治·根据虫情监测结果，当棉田百株上1代、2代、3代棉铃虫初孵幼虫分别为3头、10~15头、5~10头，或百株卵量10~15粒时，应及时用药防治。优先考虑点片挑治或条带喷药，药剂选用高效、低毒且对天敌杀伤力较小的农药品种，如棉铃虫核型多角体病毒、虱螨脲、氯虫苯甲酰胺、甲氨基阿维菌素苯甲酸盐、多杀霉素、茚虫威、氟苯虫酰胺等，施药时间为卵盛期至2龄之前，于清晨或傍晚叶面均匀喷雾，严防乱用、滥用广谱性杀虫剂。

注意小麦、番茄田棉铃虫的调查和诱杀工作。

（四）棉蓟马

1. 种子处理·采用含吡虫啉、噻虫嗪有效成分的种衣剂包衣或拌种。

2. 药剂防治·当田间无头棉、多头棉株率达3%或蓟马百株虫口6~8头时，结合化学调控及时用吡虫啉、啶虫脒等农药防治。

（五）棉盲蝽

1. 农业防治·棉田种植向日葵和红花诱集带，可诱集牧草盲蝽。因棉田浇头水会影响牧草盲蝽由春季虫源地迁入棉田的时间，因此诱集带施药时间要适当早于棉田头水时间。

2. 理化诱控·采用连片条施食诱剂诱杀。将配制好带杀虫剂的药液在田间沿棉花行均匀地喷洒若干个药液条带，每条带长约5 m，间隔喷洒。喷洒药液时应喷到棉叶正、反两面。

3. 化学防治·棉田牧草盲蝽第1代成虫和第2代若虫危害为主，是危害棉田的关键世代。做好棉田牧草盲蝽种群动态监测，根据各时期牧草盲蝽防治指标，适时进行防治。参照新疆维吾尔自治区DB 65/T 4305—2020《棉田牧草盲蝽防控技术规程》各时期防治指标：蕾期（6月上中旬）为12头/百株、花期（6月下旬至7月中旬）为20头/百株和铃期（7月中下旬）为41头/百株。

防治成虫选择兼有内吸性和触杀型的混配药剂，防治若虫选择内吸性好的药剂。常用药剂有吡虫啉、高效氯氟氰菊酯、氟啶虫胺腈悬浮剂、啶虫脒可溶粉剂、吡蚜酮可湿性粉剂等。施药时间应在上午9时前或下午6时后，尽量选择由田边向棉田内部喷雾的方式进行。

（六）地老虎

采用糖浆盘（瓶）诱杀成虫，压低基数，每0.67 hm^{2}摆放一盘糖浆盘，糖浆成分：糖、醋、酒、水、敌百虫质量比例为6∶3∶1∶10∶1。严重发生区域，采用晶体敌百虫与炒香的麦麸或棉籽饼混拌均匀，配制成毒饵，顺垄条施诱杀幼虫。

1. 强化病虫害监测预警·及时、准确预测预报是病虫害防控的基础。针对各地专业测报人员欠缺的情况，一方面要加紧培育专业化的植保服务公司，方便棉农购买服务；另一方面通过推广应用简易的测报技术，如"苘麻诱集（带）监测棉铃虫技术""性诱剂诱集监测棉铃虫技术"等，指导棉农掌握简便的病虫调查和监测技术，全面掌握虫情动态，减少防治的盲目性,合理用药,保证效果。

2. **坚持统防统治**。统防统治是提升农作物病虫灾害防控能力和防控效果的重要途径。各地要积极探索,大力培育、发展专业化植保服务组织,确保科学防治,适期用药,有效控害。

3. **大力推广和使用高效植保药械**。推广使用压力稳定可调、搅拌强劲有力、过滤精细快速、喷雾准确均匀的大型、高效喷杆喷雾机,可提高农药利用率和防治效果。围绕影响喷雾质量的相关因素,探索无人机施药防治棉花病虫害作业参数,提高无人机飞防的实际应用效果。

二、棉花病害综合防治

防控策略:贯彻"预防为主、综合防治"的植保方针,因地制宜地采用农业、生物、化学及物理等防治措施,经济、安全、有效地控制棉花病害危害。

主要病害种类:根据新疆棉花病害发生危害情况,主要病害有棉苗烂根病、黄萎病、枯萎病和烂铃病。各种病害的主要防治技术措施如下。

▶ (一)棉苗烂根病

1. *种子处理*

(1)精选种子。精选成熟度好、籽粒饱满的高质量棉种,汰除空瘪、嫩籽以及碎粒。

(2)选择适宜的种衣剂,做好种子药剂处理。根据各棉区苗期病害主要种类,选择适宜的种衣剂,做好种子药剂处理。26%多·福·立枯磷悬浮种衣剂(锦华种衣剂),对防治由丝核菌和镰刀菌引起的烂种和烂芽具有良好的效果,自20世纪90年代末以来,在南、北疆棉区广泛使用,不仅能较好地防治烂种,还能较好地防治出苗后的死苗;400 g/L萎锈·福美双悬浮种衣剂(卫福种衣剂),对防治烂种效果较好,但对防治出苗后的死苗效果较差;噻虫·咯·霜灵以及精甲·咯·嘧菌等种子处理剂,对棉苗立枯、炭疽、猝倒等病害有较好的防治效果,且有一定的棉花生长促进作用。根据当地具体情况,在常规种子包衣处理的基础上,可使用枯草芽孢杆菌、氨基寡糖素或芸苔素内酯等植物免疫诱抗剂和植调剂拌种,促根壮苗,提高棉苗的抗逆能力。

2. *加强栽培管理*。播前做好土地准备,使其达到齐、平、松、碎、净、墒;适期播种,避免播种过深,保证出苗齐全、健壮;及时中耕松土,使土壤通气良好,提高地温,棉苗病害发生重的棉田增加中耕次数。

3. *药剂防治*。棉花苗期病害发病初期,尤其遇低温阴雨天气,及时喷施氨基寡糖素或芸苔素内酯等植物免疫诱抗剂,可提高作物抗逆性,促进生长。

▶ (二)枯萎病、黄萎病

1. *农业措施*

(1)选用抗(耐)病品种。选用高产、优质、抗(耐)枯萎病、黄萎病的棉花品种和无病区种子。需要注意的是,由于高抗黄萎病的抗源材料比较缺乏,抗黄萎病育种的难度较大。虽然自20世纪80年代以来,抗黄萎病育种取得了一些可喜进展,但远不能满足生产的需要。主要表现在缺乏过硬的抗黄萎病品种,并且有些品种抗病或耐病的稳定性尚需进一步检验。因此更要注意种子的调运选择,严防引入致病力更强的菌系。

(2)轮作倒茬。棉花枯萎病、黄萎病发生严重的地块,可与小麦、玉米等禾本科作物轮作,有条件的可进行水旱轮作。由于新疆实施秸秆还田,应增加轮作年限至少5年以上。

2. **加强田间管理**· 发现枯萎病零星病株或黄萎病严重病株要及时拔除,并带出田外集中销毁;增施腐熟有机肥和生物肥,合理增施磷、钾肥,补充微肥,以增强棉花抗病能力,减轻危害。

3. **药剂防治**· 中等以上病田,发病前或初见病株时选用枯草芽孢杆菌、枯草·哈茨木霉、氨基寡糖素、甲霜·噁霉灵、乙蒜素等药剂,叶面喷施或与随水滴施相结合,连续施药2~3次,用药间隔10 d,可预防和控制病情扩展。

(三)烂铃病

1. **加强田间管理**· 合理水肥调控,改善通风透光条件,降低田间湿度和郁闭度。避免过多、过晚施用氮肥,防止棉花贪青徒长。

2. **注意防虫**· 及时防治蚜虫、盲蝽、蓟马等害虫,防治真菌、细菌等有害病原物从害虫危害处侵入。

3. **药剂防治**· 真菌性铃病在发病初期(铃上出现水渍状小点)可选用多抗霉素、乙蒜素,化学药剂可选用氯溴异氰脲酸、辛菌胺醋酸盐、吡唑醚菌酯、多菌灵等药剂;细菌性铃病可选用嘧啶核苷类抗菌素、乙蒜素、春雷霉素等,化学药剂可选用噻菌铜、春雷王铜、吡唑嘧菌酯等药剂。

三、棉田杂草综合防控

棉田杂草是棉花生产中重要的有害生物,与棉花争光、争水、争肥,并传播病虫害,导致棉花产量和品质降低。棉田除草是保证棉花优质高产的一项重要措施。

防控策略:以农业绿色高质量发展为引领,以棉花增产增收和除草剂减量控害为目标,根据不同棉区杂草发生种类和危害特点,立足早期治理,实施综合防控,把杂草的危害性控制在经济允许水平以下,以获得最佳的经济、社会和生态效益。

主要防除对象:龙葵、灰绿藜、藜、小藜、野西瓜苗、反枝苋、苘麻、马齿苋、凹头苋、苣荬菜、地肤、刺儿菜、碱蓬、猪毛菜、蓾蓄、花花柴、田旋花等阔叶杂草,稗草、狗尾草、马唐、牛筋草、芦苇等禾本科杂草和扁秆荆三棱等莎草科杂草。防除杂草的主要技术措施如下。

(一)植物检疫

棉花引种时,应经检疫合格,防止检疫性、危险性杂草种子传入。

(二)农业措施

1. **清除杂草种子来源**· 采用精选种子、施用腐熟有机肥料、清除田边杂草等措施,清除杂草种子来源和减少杂草种子基数。

2. **地膜压草**· 棉花播种时,机械铺设地膜,膜面紧贴地面,采光面完整,膜边垂直入土,压膜严实。

3. **轮作倒茬**· 充分考虑不同作物的茬口特性、对下茬作物田杂草草相、发生危害的影响,进行合理轮作。推荐采取麦棉倒茬或者水旱轮作的方式,控制多年生杂草的蔓延,简化杂草群落结构。

(三)物理措施

1. **耕翻除草**· 冬前深翻防除多年生杂草,播后中耕消灭棉花连接行(膜间)杂草;扁秆荆三棱严重发生地块,于棉花播种前浅耕地 15 cm 并结合人工捡拾,降低杂草基数。

2. 人工除草 在杂草种子还没有成熟的时候进行人工拔草、锄草、捡拾等,并将其带出田外集中处理,防止其扩散蔓延。

(四) 化学除草

利用棉花和杂草的土壤位差和空间位差,通过化学除草剂土壤处理或茎叶处理杀死杂草。

1. 化学农药使用原则

(1) 根据田间优势杂草和气候条件等,选用在棉花田登记使用的除草剂产品。农药使用应遵守《农药合理使用准则》(GB/T 8321-2007)和《除草剂安全使用技术规范通则》(NY/T 1997-2011)的有关规定,并按照农药产品标签和说明书中规定的用途、使用技术与方法等科学施用。

(2) 注意选取不同作用机制的农药交替使用、合理混用,以减少不同药剂的用药剂量、用药次数,提高棉花的安全性,避免土壤中残留量高而对后茬敏感作物产生危害,避免或延缓杂草产生抗药性。

(3) 棉田杂草化学防除优先选用播前土壤封闭处理。对杂草种类较多,群落结构复杂的地块,可采用"封杀结合"策略,即棉花播前土壤封闭处理,棉花苗后茎叶喷雾处理。

2. 土壤封闭处理

(1) 以禾本科杂草为优势种群的地块。可选用二甲戊灵、氟乐灵、仲丁灵,在棉花播种前兑水均匀喷施土壤表层,其中,氟乐灵在土壤喷雾处理后,应及时混土,防止其挥发和光解。

(2) 以阔叶杂草为优势种群的地块。根据棉田阔叶杂草基数大小,可选用二甲戊灵、氟啶草酮、乙氧氟草醚、扑草净等单剂,或将二甲戊灵与氟啶草酮、乙氧氟草醚、扑草净等药剂混合使用,在药桶(箱)兑水后喷施土壤表层。

(3) 沙性土壤、有机质含量低土壤。宜选用较低除草剂用量,靠近团场或连队的沙漠地块不宜使用丙炔氟草胺进行土壤封闭处理。

3. 处理方法

(1) 茎叶处理。以禾本科杂草为优势种群的地块,可选用精喹禾灵、精吡氟禾草灵、高效氟吡甲禾灵、精噁唑禾草灵等,于棉花 3~5 叶期、杂草 2~5 叶期,兑水均匀喷雾。杂草叶龄小时用登记剂量的低量,杂草叶龄大时用登记剂量的高量。防除芦苇、狗牙根等多年生杂草,亦可选用上述药剂,用药剂量可适当增加,宜进行小区试验确定最佳用量,以确保对棉花的安全性。

(2) 行间定向喷雾。选用灭生性除草剂草甘膦、草铵膦等或某些选择性除草剂,兑水后于棉花行间定向喷雾或对杂草滴心处理。施用时期应在棉花现蕾、株高 30 cm 以上。

(3) 涂抹法施药。选用灭生性除草剂草甘膦等,以其高浓度的药液直接涂抹于恶性杂草植株上。涂抹时先将杂草从根部剪断,再涂药液,以不渗漏成滴为宜。

(五) 除草剂药害预防

(1) 为防止除草剂药害,应选用正确的用量和浓度。特别是活性高、安全范围窄的除草剂品种,应严格按照标签推荐用量使用,不应随意加大除草剂用量,避免除草剂超量使用对棉花造成药害。

(2) 采用土壤封闭处理的棉田,土壤应整平,防止遇大雨药剂随水汇集到低洼处造成药害。

(3) 应均匀喷施除草剂,不应重复喷施,避免除草剂超量使用造成棉花药害。

(4) 在棉田附近,尤其是上风口,禁止使用含2,4-D和2甲4氯的除草剂,防止药液飘移;在实施棉花田喷药时,避免使用曾喷过上述药剂的喷雾器具。

(5) 轮作倒茬时,应掌握上茬除草剂使用情况,避免种植对上茬所用除草剂敏感的作物品种。

(6) 剩余药液或清洗药械的水应妥善处理,避免因污染灌溉沟渠和水塘等水源而造成除草剂药害。

(7) 新除草剂应经多年多点试验示范后再推广应用。

(六) 注意事项

除草剂使用环境安全应符合《农药使用环境安全技术导则》(HJ 556-2010)的规定。

(1) 应选择晴好天气,风速不大于二级,植株上无露水,24 h内无降雨的情况下施药。

(2) 采用土壤封闭处理的棉田,施药前须精细整地,达到"平、碎、松、齐、净"标准。搂膜必须在施药前完成,切忌施药后再搂膜,以免破坏药土层,影响药效。按照《机采棉田机械施药技术规范》(DB65/T 3979-2017)提前准备施药机械,施药前应对药械进行清洗和校准。药箱内应有射流、回水搅拌装置,对药液进行强制搅拌。施药作业应保证喷洒均匀、不重不漏。对淋溶性弱的除草剂,为保证防效喷液量不少于900 kg/hm^2。药后及时采用联合整地机浅混土,不可使用重型耙。

(3) 采用随水滴施除草剂的棉田,地表平整度标准差≤3.5 cm,滴灌带布置在窄行棉行中间或棉行旁侧5 cm左右处。进行滴灌施药时,应适量增大灌溉水量,以增大药剂在土壤中的分布范围,提高均匀性以保证最佳施用效果。滴水均匀性差、性能不稳定的滴灌系统以及一膜两管配置的棉田不宜使用该技术。

(4) 采用二次稀释法配制药液,先用少量水将除草剂稀释成"母液",然后在药箱中加入额定容量50%的水,倒入"母液",同时进行回水搅拌,再加足所需的水,充分搅拌确保药液混匀。药液应现用现配,短时存放时应密封并安排专人保管。

(5) 施药作业结束后,应用清水或碱性洗液彻底清洗施药机械的药箱、喷杆及喷头等接触药剂的设备。剩余药剂应封好后放置于专用仓库,妥善保管。

(主笔:马小艳,姚举;主审:毛树春;终审:马艳)

第四节·绿洲棉花智能化技术管理指南

一、智慧棉花的功能

智能化技术主要功能:改善种植者的作业环境;提高作业质量和工作效率;提高机器的自动化程度及智能化水平;提高设备的可靠性,降低维护成本;故障智能诊断等。

棉花从播种到管理再到收获需要经历多个流程,智能棉花是解决棉花生产过程中劳动力短缺、降低棉花生产成本、实现棉花产业现代化、巩固棉花产业优势地位的必然选择。

二、智慧棉花使用条件

(一) 基本条件

智慧棉花是依托现代信息技术(传感器技术、通信技术和计算机技术等)的高度集成而形成的无线传感器网络,主要针对种植面积比较大的农户、专业合作社等。主要使用环境如下。

1. 大数据统计。通过大数据统计更好地体现农业产前、产中、产后的流程和信息,以便做出预测和对策,包括大数据统计和大数据运用。

2. 技术运用。把技术运用于农业中,尤其是物联网技术或互联网技术运用到整个农业生产和管理中,其中包括物联网技术。

3. 监测。对现场环境,或植物、动物的本身反应的监测,其中包括监测器。

4. 预警。对现场和监测对象信息的收集,按照收集信息做出提前报警,其中包括报警器。

5. 记录。对棉花生产和管理过程进行记录,包括可溯源技术、区块链技术。

6. 软硬件要求

(1) 包括计算机硬件、系统软件和显示终端的要求。计算机硬件:数据存储服务器、机柜、一套电脑控制台、一个网络交换机、一套大屏外置处理器、一台控制主机。

(2) 系统软件(信息综合服务平台):包括物联网生产管控系统、视频监控系统、数据整合分析系统、信息发布系统平台。

(3) 显示终端:46 寸拼接屏 2×2。

(4) 操作台(安装调试):含线材、管道、工程等。

(二) 智能水肥一体化控制系统的基础设备

1. 传感器。传感器是数据的采集者与系统自动化功能的执行者。它是能感受规定的被测量并按照一定的规律转换成可用输出信号的器件或装置。本系统中主要包括测量土壤水分的土壤水分传感器,测量养分的养分仪,测量气象要素的雨量传感器,包括空气温湿度传感器、风速传感器、风向传感器等。电磁阀是本系统中自动化的执行设备,可与水泵、养分补充设备等相连。

2. 采集。是指掌控数据采集设备和执行设备工作的数据采集控制模块,其主要作用,一是通过作物决策灌溉软件的设置,掌控数据采集设备的运行状态;二是根据作物决策灌溉软件发出的指令,掌控执行电磁阀的开启/关闭。

3. 数据传输。本系统中采用的是无线传输模块。该模块能够通过 GPRS 无线网络将与之相连的用户设备的数据传输到 Internet 中一台主机上,可实现数据远程的透明传输。

4. 控制中心。主要由计算机和作物决策灌溉软件组成。作物决策灌溉软件是数据接收者及指令发出者,是整个系统的灵魂。主要有以下功能:系统配置、功能设置;设置数据采集时间段、采集间隔、控制系统执行条件等参数;数据存储显示、打印等操作;将采集到的数据实时显示,可用图表表达并能执行打印等操作。发送指令:将指令通过无线传输模块发送给数据采集控制模块,控制电磁阀的开启或关闭;自动灌水功能:根据不同地区、不同作物在不同生长阶段对水分需求的不同,设置相应的参数,当值低于或超出一定范围时,自动开启或关闭灌水功能;自动补充养分功能:在无土栽培中,根据不同作物在不同生长阶段对养分需求的不同,设置相应的参数,当值低于或超出一定范围时,自动补充相应的养分。

5. **自动报警**·可设置设备的正常运行参数、农田气象因子范围,实现设备故障或气象因子剧烈变化的报警功能。节水灌溉自动化系统将传统的充分灌溉向非充分灌溉发展,对灌区用水进行监测预报,实现动态管理。该系统采用传感器采集土壤墒情信息、气象信息和作物的生长状况,通过无线网络对农田灌溉用水量实时远程监控,按照作物的需求实施灌水、补给养分的操作。

(三)智能水肥一体化控制系统专业设备

水肥一体化是一项综合技术,涉及农田灌溉、作物栽培和土壤耕作等诸多方面,其主要技术要领需注意以下四方面。

1. **滴灌系统**·在设计方面,要根据地形、田块、单元、土壤质地、作物种植方式、水源特点等基本情况,设计管道系统的埋设深度、长度、灌区面积等。水肥一体化的灌水方式可采用管道灌溉、喷灌、微喷灌、泵加压滴灌、重力滴灌、渗灌、小管出流等。特别忌用大水漫灌,大水漫灌容易造成氮素损失,同时也降低水分利用率。

2. **施肥系统**·在田间要设计为定量施肥,包括蓄水池和混肥池的位置、容量、出口、施肥管道、分配器阀门、水泵肥泵等。

3. **选择适宜肥料种类**·可选液态或固态肥料,如氨水、尿素、硫铵、硝铵、磷酸一铵、磷酸二铵、氯化钾、硫酸钾、硝酸钾、硝酸钙、硫酸镁等肥料。固态以粉状或小块状为首选,要求水溶性强、含杂质少,一般不应该用颗粒状复合肥(包括中外产品);如果用沼液或腐殖酸液肥,必须经过过滤,以免堵塞管道。

(四)灌溉施肥的操作要领

1. **肥料溶解与混匀**·施用液态肥料时不需要搅动或混合,一般固态肥料需要与水混合后搅拌成液肥;必要时需进行分离,避免出现沉淀等问题。

2. **施肥量控制**·施肥时要掌握剂量,注入肥液的适宜浓度大约为灌溉流量的0.1%。例如灌溉流量为750 m^3/hm^2,注入肥液大约为750 L/hm^2;过量施用可能会造成作物死亡以及环境污染。

3. **灌溉施肥程序**·分3个阶段:第一阶段,选用不含肥的水湿润;第二阶段,施用肥料溶液灌溉;第三阶段,用不含肥的水清洗灌溉系统。

(五)土壤墒情监测

在生产实践中,土壤水分传感器(图17-1)往往和其他外部系统或参数关联使用,例如土壤水分突然增加,可能是灌溉系统开始工作,也可能是降雨,还可能是地下水向地表运动导致,所以往往需要增加不同位置和不同深度的水分传感器数量、关联地面气象站或者气象局数据、连通灌溉控制系统来确定数据的意义。这是对更大规模的土壤水分数据应用和处理提出的要求,但是目前市场上的产品对此需求的响应者寥寥。

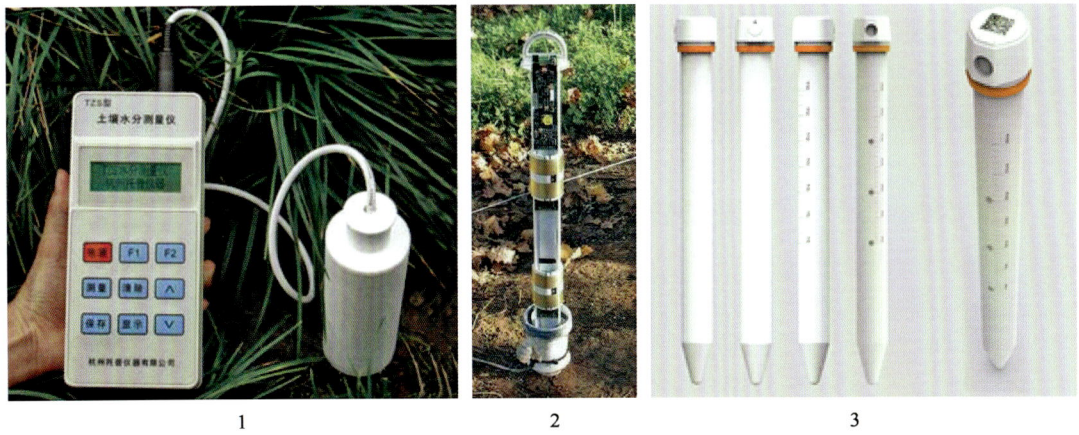

图 17-1·土壤水分传感器
1. 折叠插针式土壤水分速测仪;2. 折叠导管式水分仪;3. "中国管"土壤水分、温度监测仪
(吕新等,2020 年)

(1) 折叠插针式土壤水分传感器——监测不同土层深度土壤含水量时,需要挖开土壤剖面,在土壤中插入针式水分仪后,再回填土壤。

(2) 折叠导管式水分仪——需要进行温度校准。

(3) 折叠"中国管"土壤水分、温度监测仪——太阳能供电最久能持续 30 d。

▶ **(六) 植株养分监测**

1. SPAD-502 型叶绿素计·① 使用碱性电池和碳锌电池,不能使用性质不同或电量不同的电池;② 读数校验卡不能在户外使用,不能在阳光直射、高温、高湿的环境中使用;③ 使用仪器测定时,需统一样点测定时间。

2. 光谱监测·仪器名称及型号有 PSR-3500 便携式野外地物光谱仪,HySpex 便携式野外高光谱成像光谱仪,SOC710 高光谱成像仪(图 17-2)。

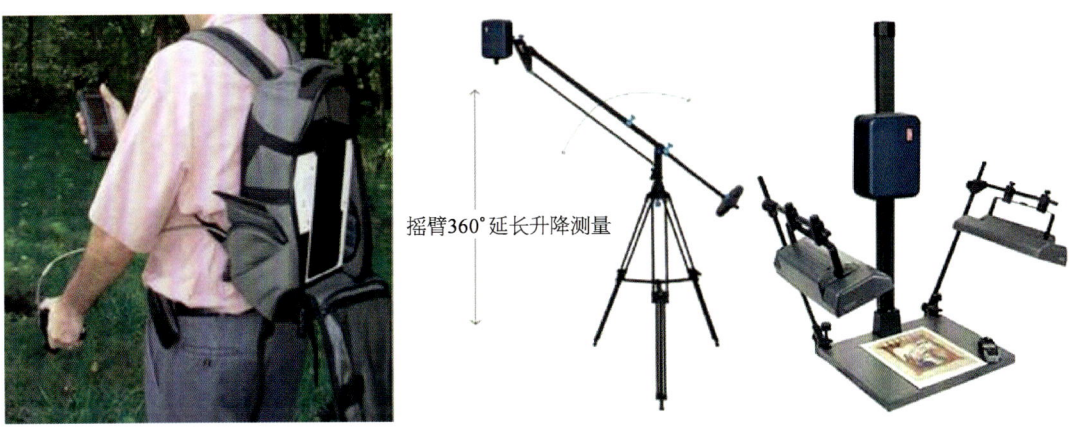

图 17-2·PSR-3500 便携式野外地物光谱仪(左)和 SOC710 高光谱成像仪(右)工作形式
(吕新等,2020 年)

3. **工作条件**。① 天气晴朗,太阳一定强度,风力小于 2 级;② 专业的数据输出、数据处理分析软件;③ 不能在高温下连续使用。

4. **遥感数字图像**。① 像素较高的摄像头;② 图片特征需要专业软件提取和处理(PCI Geomatica、ERDAS Imagine、ENVI、SARINFORS、CASM ImageInfo);③ 对存储要求较高;④ 一般需要搭载无人机或卫星进行工作。

利用 Map Info 与 Delphi 技术和组件式 GIS 模块,依据当地具体情况建立管理与推荐棉田肥力信息和施肥决策的系统(王海江,2008 年)。

(七) 智能水肥一体化控制系统组成

基于 PLC 的农田自动施肥控制系统,采用 PLC(可编程逻辑控制器)控制技术,支持现场触控屏控制、远程 PC 端控制和手机 APP 控制。施肥机主机控制界面简单易懂,施肥时只需输入施肥数量、时长等参数即可实现自动多组轮灌施肥,也具有一键启动施肥功能。

施肥智能控制系统主要由远程滴灌施肥云系统、现场控制系统、手机 GPRS 信号控制等组成。研发设计精量配施肥智能施肥控制装置,包括各种控制模式,而远程则通过 GPRS 方式连接。精量配施肥智能施肥控制装置实时将采集的棉花养分氮素数据,通过 GPRS 模块发送到施肥云平台;云平台通过棉田氮素营养诊断模型进行自主决策,决定是否施肥、施肥多少,再通过网络向精量配施肥控制装置发送控制指令,从而实现定时、定量地按需施肥。

1. 控制算法

(1) 控制系统基本环节:比例、积分、微分、惯性、二阶系统、延时。

(2) PID 分类:位置式 PID(PID 输出直接给输出)、增量式 PID(PID 得到的输出叠加在上一次 PID 的输出中作为系统输出)、积分分离 PID(当控制量与给定值相差较大时,取消积分作用,避免积分累加和过大造成系统不稳定因素增加)。

基于 Android 平台的变量施肥无线控制系统(如图 17-3),系统采用 C/S 模式设计

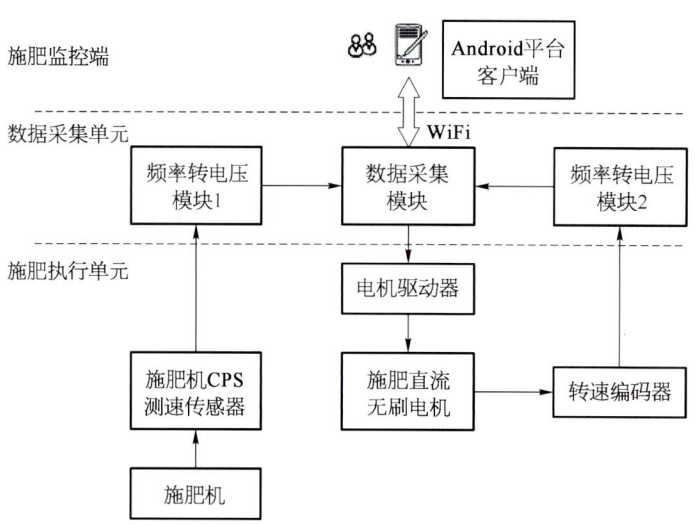

图 17-3 · 基于 Android 平台的变量施肥无线控制系统

(李欣倪,2019 年)

Android 客户端,在客户终端开启施肥监控 APP 后,手机连接数据采集模块的 Wi-Fi 热点。用户进入系统后,根据 Wi-Fi 热点的 IP 地址和端口号建立与施肥执行控制器的 Sock-et 连接,后台程序 Activity 使用 button、text 控件,利用 onClickListener 监听。系统中数据库使用 Android 内置的 SQLite 数据库,排肥量精确度与排肥电机转速密切相关,系统主要针对电机转速实施滞环控制,通过闭环控制方式对施肥机构进行控制。施肥监控 APP 安装于 Android 版本为 7.1.1 的小米 Note3 手机进行测试,手机通过 Wi-Fi 与型号为 DAM0A02 的数据采集模块进行数据的交互。

2. **智能水肥一体化决策系统技术**·基于 Web 的土壤养分信息管理及在线咨询施肥决策系统以 Arc GIS9.0+.NET 为开发平台,SQL server 2005 为农田信息属性数据库,利用新疆生产建设兵团实行测土配方技术以来积累的大量的养分、盐分、质地和施肥情况的资料,集成田间管理技术和作物施肥理论,结合专家知识、农业科研成果以及作物施肥模式,为生产者提供一套比较科学的、规范的、实用性强的土壤信息管理与施肥决策系统。

系统引进分布式数据库技术和 GIS 组件技术,并在 ASP.NET 编程环境下设计实现。为了使用户能随时通过 Internet 使用系统提供的功能,系统采用 B/S 模式,ASP.NET 应用程序运行在 Web GIS 服务器上,系统通过 ADO.NET 访问数据库,运用地图控件、地图服务(Map Service)和远程处理(.NET Remoting)技术实现空间数据的访问,用户可通过网络使用系统的各种功能(图 17-4)。

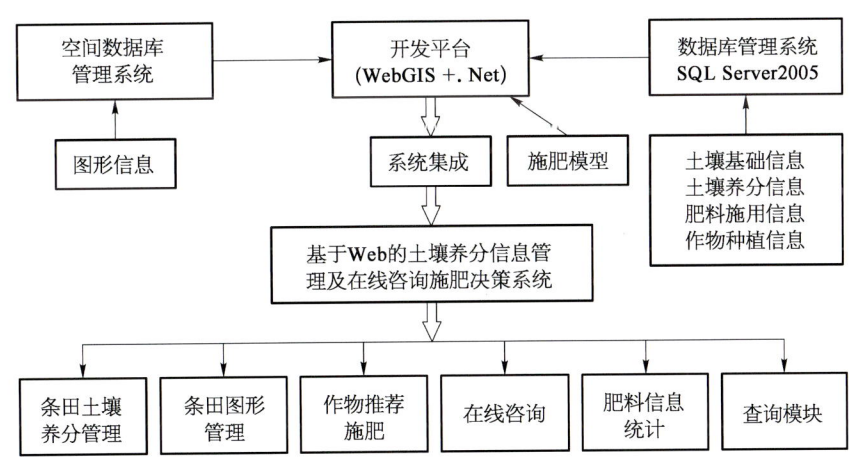

图 17-4·基于 Web 的土壤养分信息管理及在线咨询施肥决策系统

(吕新等,2020 年)

三、如何使用智慧棉花

第一步:构建基于 NDVI 的棉花光谱监测模型。

利用高光谱技术获取作物各生育期的 NDVI 值,确定 NDVI 光谱与作物营养状况之间的相关关系,进而构建以 NDVI 为主要指标的棉花关键生育时期(盛蕾期、花期、盛铃期、初絮期)的光谱诊断模型,以产量作为指示因子,探讨各生育时期的临界光谱诊断指标、适宜指标及最佳推荐追肥量,实现棉花快速实时的追肥推荐(表17-1)。

表17-1·智慧棉花模型构建与产量关系

(吕新等,2020年)

生育期	最高产量 (kg/hm²)	经济最佳产量 (kg/hm²)	最适NDVI值	临界NDVI值
盛蕾期	6 683.7	6 669.8	0.704	0.695
花 期	6 736.9	6 669.8	0.856	0.833
盛铃期	6 893.9	6 669.8	0.921	0.881
初絮期	6 829.3	6 669.8	0.838	0.809

注：当测定值低于临界值时,需通过追肥方式提供氮肥,否则表明该时期不用施肥。

第二步：基于安卓手机的棉花施肥决策系统进行推荐施肥。

以作物营养状况实时监测技术为基础,确定农作物不同生育时期的营养临界状况,在确定作物营养丰缺的前提下,构建农作物施肥决策模型库。综合运用互联网信息传输技术、施肥决策模型、计算机编程等技术,开发基于手机的施肥决策支持系统,实现施肥量自动推荐、发送等功能(图17-5)。

图17-5·基于手机的滴灌智能化施肥决策系统

(吕新等,2020年)

第三步：通过滴灌智能化施肥装置实现施肥自动控制。

通过智能控制系统采集施肥装置实时状况、控制肥液的浓度和流量等信号,通过远程监控中心主动推送的决策结果——施肥量,使用通信电缆与所有电磁阀门、电机组成闭合电路,控制器利用控制算法发出编码信号,正确解码后开闭与之相连的施肥控制阀门、电机等。同时可通过无线网络传输,上传至用户,实现远程智能监控与预警(图 17-6)。

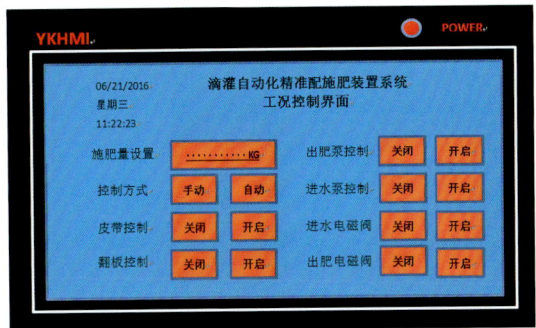 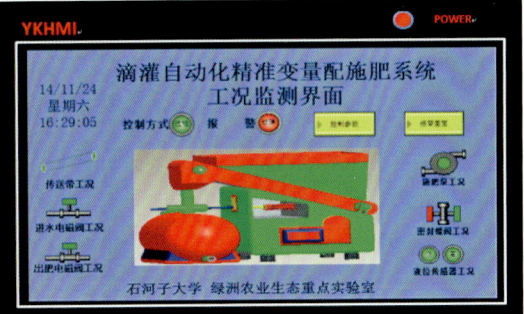

图 17-6·智慧棉花显示

(吕新等,2020 年)

第四步:滴灌智能化施肥系统集成示范应用。

以互联网为信息传输媒介,以精量施肥系统为核心,建立"作物养分快速监测→施肥配方决策→决策指令发送→施肥装置自动配肥施肥"的滴灌智能化施肥装置。施肥均匀度 95%以上,节约肥料 8%~12%。

图 17-7·推荐施肥显示

(吕新等,2020 年)

四、精准植保指南(以棉蚜为例)

第一步:基于光谱的棉蚜发生量监测。

基于 NDVI 的棉蚜信息快速监测预警模型,结合计算机编程技术,对田间采集的气象资料进行整理分析,调用历年气象资料数据计算出预警模型所需要的气象参数(温度、湿度、土壤温湿度等)供模型调用。然后利用建立的棉蚜监测预警模型结合棉蚜数量和气象参数,对棉蚜发生发展趋势进行预警,实现虫情信息采集→信息发送→预警系统决策→决策信息发布为一体的区域棉蚜信息监测技术(图 17-8、图 17-9)。

图17-8·棉蚜信息监测装置(第一代)
(吕新等,2020年)

图17-9·棉蚜信息监测装置(第二代)
(吕新等,2020年)

第二步:通过图像识别与深度学习进行棉蚜识别与计数。

集成信息技术、编程语言系统技术和数据库技术,实现信息展示、系统管理、棉蚜预警决策、信息查询与效益评价五大功能。同时,开发了智慧棉蚜APP系统,主要包括数据采集系统、自动识别与计数、数据自动回传、后台分析与发布等功能,棉蚜识别精度80%以上。

第三步:棉蚜信息快速监测与预警集成系统。

基于自主研发滴灌棉田棉蚜发生量快速监测装置,实现了棉田棉蚜数量动态参数的快速获取;结合监测模型的建立,实现了棉蚜发生量快速监测预警,构建集"数据采集→无线传输→识别计数→预警系统→分析决策"的棉蚜虫情监测预警管理体系,该方法准确度达到85%以上,节约监测劳动力50%以上,实现了棉蚜虫情精准管理(图17-10)。

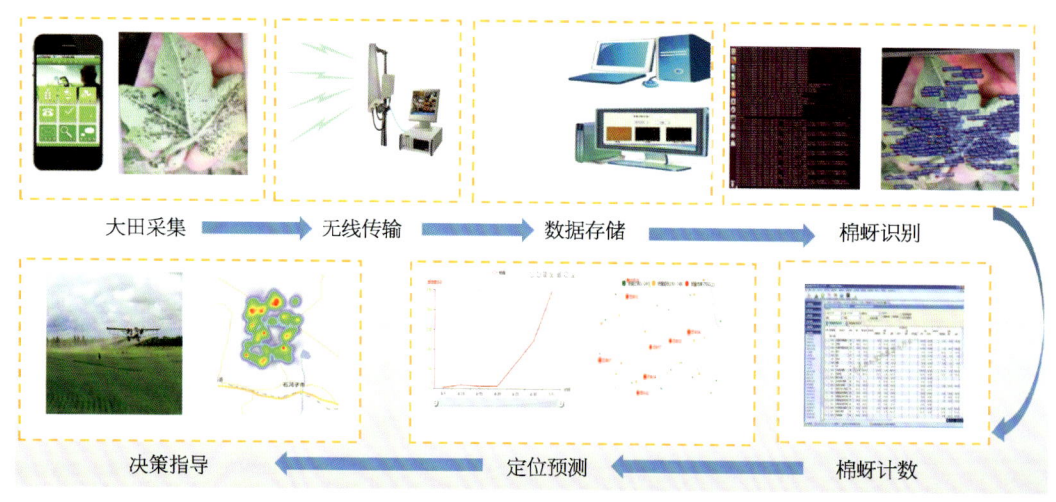

图17-10·棉蚜信息快速预警集成系统
(吕新等,2020年)

五、棉花全程机械化管理指南

(一) 北斗自动导航技术

利用 GNSS 自动驾驶技术保证实施起垄、播种、喷药、收获等农田作业时衔接行距的精度,减少农作物生产投入成本,并使农作物的种植农艺特性优化,提高农机农艺作业质量,避免作业过程中产生衔接行的重叠与遗漏,提高作业精度,降低生产成本,增加经济效益。同时,应用卫星定位导航自动驾驶技术,可以提高农机的操作性能,延长作业时间,并能实现夜间作业,大大提高机车的出勤率与时间利用率,减轻驾驶员的劳动强度。在作业过程中,驾驶员可以用更多的时间注意观察农具的工作状况,有利于提高田间作业质量,为日后的田间管理和机械化采收奠定基础(图 17 – 11)。

自动驾驶导航系统

自动驾驶导航作业

图 17 – 11 · 北斗导航自动作业
(吕新等,2020 年)

(二) 残膜高效回收利用技术

在棉花采收后,利用残膜回收作业机对残膜进行回收,全面试验高强度地膜并开展回收及重复利用,预计回收率 90% 以上,以提高棉花品质、改善土壤条件、促进第三方精准服务(图 17 – 12)。

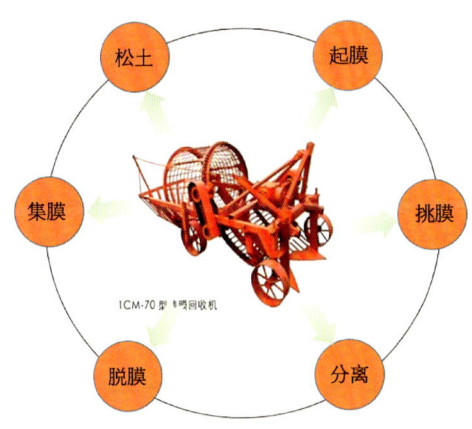

图 17 – 12 · 新疆绿洲棉田残膜回收技术
(吕新等,2020 年)

(三)棉花产量精准监测技术

通过配置采棉机产量在线监测系统,实时采集棉花产量信息和含水率信息,制作棉花产量与湿度分布图,为下季土地整理、水肥精准管理提供参考,从而准确获取区域内的棉花产量分布信息。能够检验当年精准农业措施的实施效果,同时作为来年播种、施肥精准变量作业处方决策的重要参考(图17-13)。

传感器　　　　　　　　　　　　　　　　测量套筒

图17-13·籽棉质量流量测量套筒实物

(苑严伟等,2020年)

(四)无人机精准植保技术

无人机施药的全过程可在飞行控制系统和喷雾系统等控制下自动完成,操作人员只需通过地面控制站发出指令来控制无人机的动作,操作简便,且不用担心飞行员中毒、伤亡等重大作业事故的发生。飞行控制系统主要由GNSS接收机、惯性导航装置、磁力计、电脑、地面控制站等组成。通过开展棉田液体药剂(叶面肥、化控剂、脱叶剂、农药等)智能精准喷施,提高药剂利用率和减少人力投入费用,实现棉花减损5%以上、减药30%以上(图17-14)。

六、农机智能监测与远程控制技术

通过车载GNSS终端或智能手机,获取农机的实时位置和CAN总线数据,通过移动通信网络将位置和数据回传服务器,然后用户通过计算机、平板电脑或智能手机接入数据服务器,可以实现农机作业远程监管与调度,提高农机作业效率(图17-15)。通过农机作业精细监测系统,可实现位置报告、状态报告、作业统计,以及拖拉机、机具、人员的二维码扫描,获得其ID进行精细作业监测。农机作业时,机组人员基于智能终端分别拍摄拖拉机、自身及农机具的二维码,获得农机作业要素的身份信息。身份信息将与终端的实时位置信息通过移动互联网报告至服务器。作业要素如有变更,如更换机组人员或农机具,则暂停作业,重新拍摄新要素的二维码。由此,远程监控终端可以鉴别田间作业的要素配置情况。

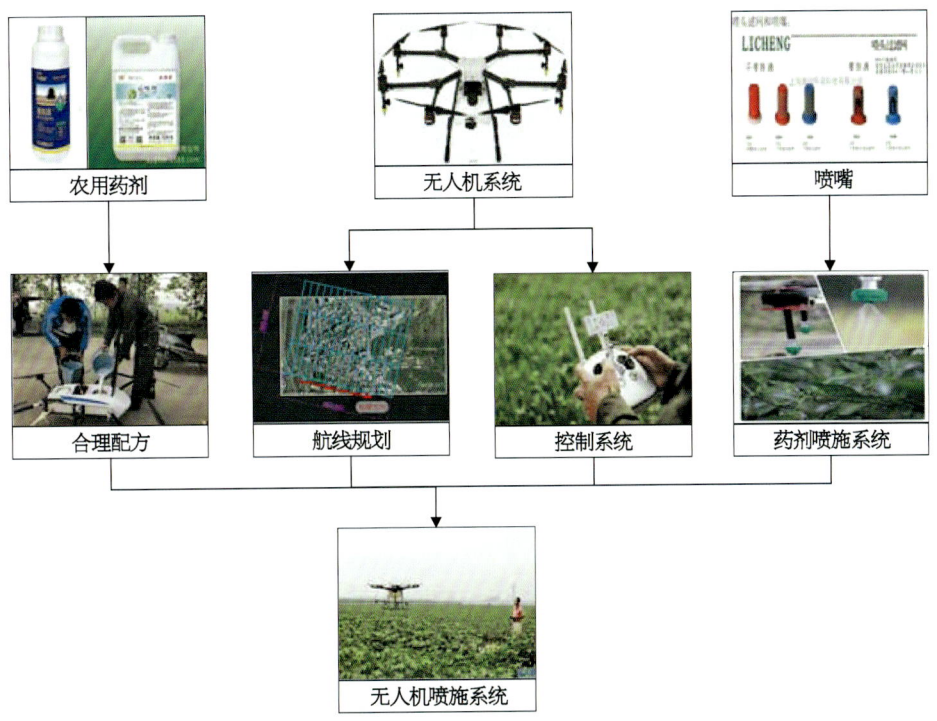

图 17-14 · 无人机精准植保示意

(吴才聪等,2020年)

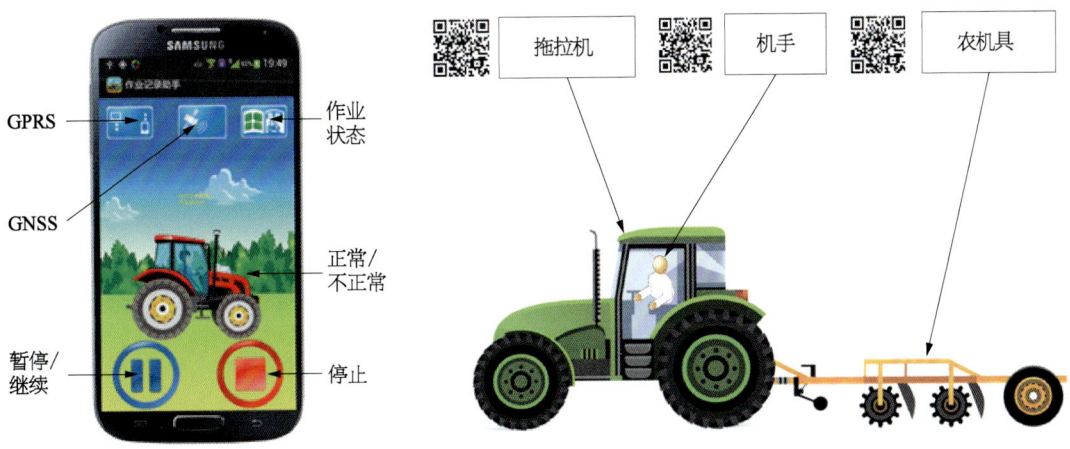

图 17-15 · 农机作业精细监测应用

(吕新等,2020年)

七、智慧棉花/农业系统组成和功能

智慧农业信息采集与控制系统是一个作物生长信息监测和生产应用为一体的技术与产品集成系统,包括作物长势自动监测技术、作物环境自动监测技术、远程自动控制技术、云端智能化平台,四类技术产品可以独立使用,也可以任何两个以上技术产品结合使用,由中国农业科学院棉花研究所李亚兵团队研制,智慧棉花水肥一体化系统见图17-16、图17-17。

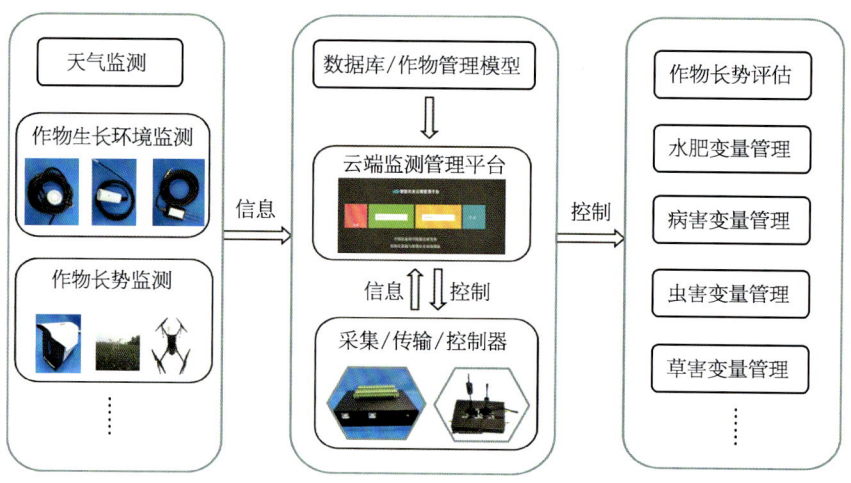

图17-16 · 中国农业科学院棉花研究所智慧棉花系统组成

图17-17 · 智慧棉花水肥一体化田间系统

(李亚兵等,2020年)

(一) 信息采集系统

1. **土壤信息采集**·土壤含水量是作物生长环境条件的一个关键因素,也是研究干旱严重程度以及持续时间、灌溉、土壤侵蚀、土壤水分蒸散等的重要指标。利用土壤三参数(水分、温度、电导率)传感器可测定作物根部不同位置的土壤参数,依据空间网格法布置土壤传感器,利用采集的数据可分析水分含量、水分的分布、耗水量及水分的运动规律。数据的采集可用传感器+采集器的方式,设定好采集间隔,存储在采集器的存储卡中;也可用传感器+采集器+路由器+太阳能板的方式,依据设定好的采集时间,实时传输到云端,可随时随地从云端监测、查看、下载数据,数据格式为 Excel。

2. **光合有效辐射信息采集**·作物冠层的光截获是决定作物干物质生产和作物发展的一个重要环境因素。量化作物冠层的光截获最直接的方法是测定 PAR 数值,然后通过 LI=1−PAR 计算获得冠层的光截获。利用光量子通量传感器可测定作物冠层以及不同部位的 PAR。依据网格法布置光量子传感器,利用采集的数据可分析作物冠层光截获量、光截获的分布及光截获与作物长势之间的关系。数据的采集方式与土壤信息相同,有两种方式可选。

3. **冠层温度信息采集**·植物叶片的温度是植物生理活动的重要特征,其温度变化反映了植物与周围环境相互作用的重要关系。作物冠层温度与其能量的吸收和释放有关。当作物水分供应减少、遭受病虫害等逆境时,将引起冠层温度升高。利用红外温度传感器可测定作物冠层不同部位的温度,利用采集的数据可分析作物冠层温度,以及叶片温度与作物抗逆性、长势之间的关系。数据的采集方式与土壤信息相同,有两种方式可选。已发表的代表性文章有《利用机载红外相机监测脱叶剂对棉花冠层温度的影响》。

4. **图像信息采集**·数字图像有着比人眼更加精细的分辨能力,通过摄像头定点采集图像,利用图像处理技术可提取作物特征,如覆盖度、LAI、株高等指标,实时自动监测作物生长状况。采集方式为摄像头+路由器,可手动点击拍摄图像,也可设定每天采集图像的时间定时采集,图像可随时通过云端查看、下载。

(二) 生产控制管理

通过主控制器与控制节点,以 lora 通信方式,既可以控制总机井又可以控制田间多点出水口,控制节点以太阳能板充电方式供电,体积小,不影响机械作业。系统可以实现随时开始或结束灌溉,可以自主设定灌溉时间,也可预设灌溉计划系统自动按计划执行,加上流量计可实现灌溉量记录。连接云端管理平台,所有操作均可通过云端或 APP 实现。

(三) 成本可接受

1. **采集数据方式一(存储卡采集)**·传感器+采集器,可同时采集 1~30 个传感器数据,采集土壤参数数据,传感器插入作物根部土壤层,固定不动,连续采集数据,需加上太阳能板供电。

2. **采集数据方式二(云端数据采集)**·此方式为传感器+采集器+4G 物联网关+太阳能板,可同时采集 1~30 个传感器数据。

3. **云端控制**·此方式为远程控制器+控制节点+4G 物联网关+太阳能板,1 个主控可带 90 个节点,控制 90 个出水口。

4. 云端控制＋云端数据采集。 此方式适用于每个点传感器数量少于 10 个的数据采集。

(四) 操作简单

一个智慧棉花高级工程师可以管理几百公顷棉田，生产效率大幅度提高，也可以利用"掌上手机"管理小规模的承包农田，适合不同级别、不同用户的新需求，应用灵活。

本套设备具有完整自主知识产权，拥有农业"大脑"，安装方便，实用性强，且硬件成本低，操作简单，系统运行稳定，可靠性强，在国内外诸多智慧农业系统中居领先水平。

信息采集系统和生产管理控制系统可移动、可固定、可掌上，安装简单，使用方便（图 17-18）。

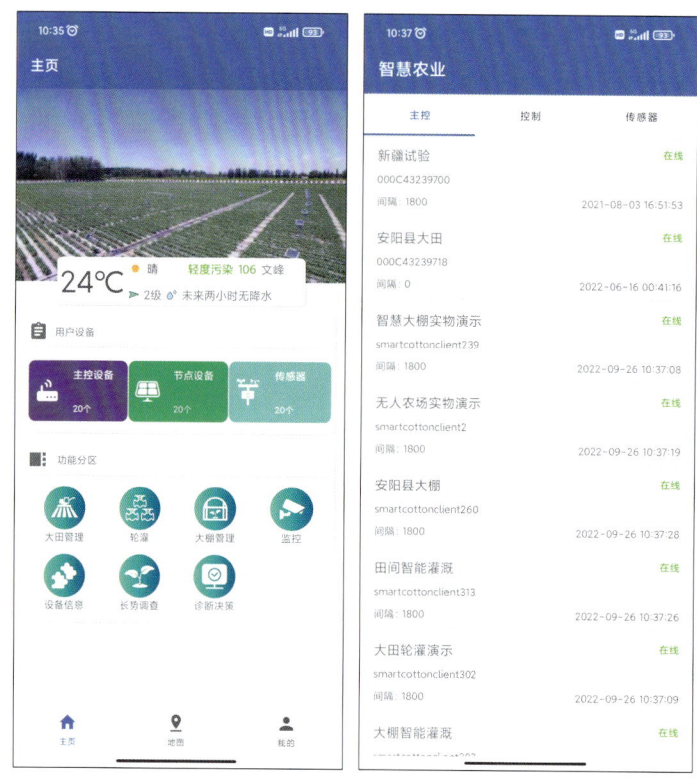

图 17-18 · 智慧棉花"掌上"水肥一体化管理

(李亚兵等, 2020 年)

（主笔：吕新, 张泽, 李亚兵；主审：李亚兵；终审：李亚兵）

第五节 · 机采棉"柔性"保质加工技术和工艺

要求进场机采籽棉含杂率控制在 12% 以下，提出机采棉加工棉纤维长度损伤不大于 0.8 mm、短纤维指数≤12% 和含杂率≤2.5% 的先进标准，以及机采棉"柔性"保质加工技术和工艺指南。

一、机采棉加工前的要求

(一) 人员管理要求

厂区工作人员必须经安全与岗位培训合格后才能上岗,进入厂区所有人员必须戴工作帽,本厂员工必须穿工作服,以防"三丝"混入。非操作人员未经允许,不能进入车间。交售棉花的人员,要在工作人员的安排下有序进场,对车辆排烟、气管要做好戴防火帽等相关防火措施。交售人员要随交随走,不得在场内逗留。在岗工作人员的非工作物品必须放入个人的存物箱内,以防不慎被卷入机器产生异性纤维。

籽棉堆放场地、机械喂花、轧花机等处必须设置存放异性纤维的"三丝桶(箱)"。籽棉堆场工作人员要配戴拾花兜,随时检查卸车籽棉是否有异性纤维,发现后应立即清理干净。机械喂棉处,每条生产线每个生产班要安排人员配戴拾花兜,随时观察即将进入加工线的籽棉中是否有异性纤维,发现后要立即拣拾干净。

(二) 籽棉加工前的检验、记录、堆放、去包装膜

机采籽棉进厂应严格执行"车车检"制度,对进厂机采籽棉检测其品质(颜色级、纤维长度、马克隆值)和含杂、回潮率等指标,做好记录,按品质、等级、水分相近原则和不同品种等有序分垛堆放,并设置明确标志。其中籽棉回潮率不同,需进行分类预处理,将回潮率分别为 5.5%~7.0%、7.0%~11.0% 和 11.0%~13.5% 的机采籽棉,按回潮率高低分别堆放 5~7 d 后再加工,以确保籽棉回潮率的一致性;而籽棉回潮率为 13.5%~16.0% 和大于 16.0% 的机采籽棉,则要进行烘干处理并及时加工,防止籽棉发热霉变造成损失。籽棉付轧前,再次采集分垛存放的籽棉品质和回潮率信息,据此设置合理的加工工艺和设备参数,做到"因花配车"。

外覆包装薄膜成卷的机采籽棉,在加工前,要确保完整地去除薄膜。若薄膜混入,在加工中会被打击、撕扯成无数细小并难以清除的异性纤维,造成皮棉降等降级的质量事故。这个环节需要各加工单位强化包装薄膜回收制度、严格奖惩制度、教育并提高工人责任心。

二、机采棉加工技术

(一) 机采棉加工工艺流程

籽棉"三丝"清理→籽棉烘干(二道可根据回潮率情况选择)→籽棉清理(清理道数根据机采棉籽棉的含杂和质量而定)→籽棉加湿→籽棉轧花→皮棉清理(一道气流式、一道或二道锯齿式)→皮棉调湿→皮棉打包→棉包信息采集与自动标识(图 17-19)。

(二) 机采棉加工技术要点

1. **控制好籽棉、皮棉回潮率** 实践证明,籽棉回潮率在 5.5%~7.0% 时,清杂效果好;籽棉回潮率在 7.0%~8.5% 时,锯齿轧花机运转正常,纤维断裂率低,产量高,质量好;皮棉回潮率在 6.5%~8% 时,打包机损伤少,能耗低,压缩密度高,成包膨胀率低,且不易崩包。因此,机采棉加工过程中,应掌握好籽棉、皮棉的调湿技术,控制好回潮率,确保皮棉加工质量。

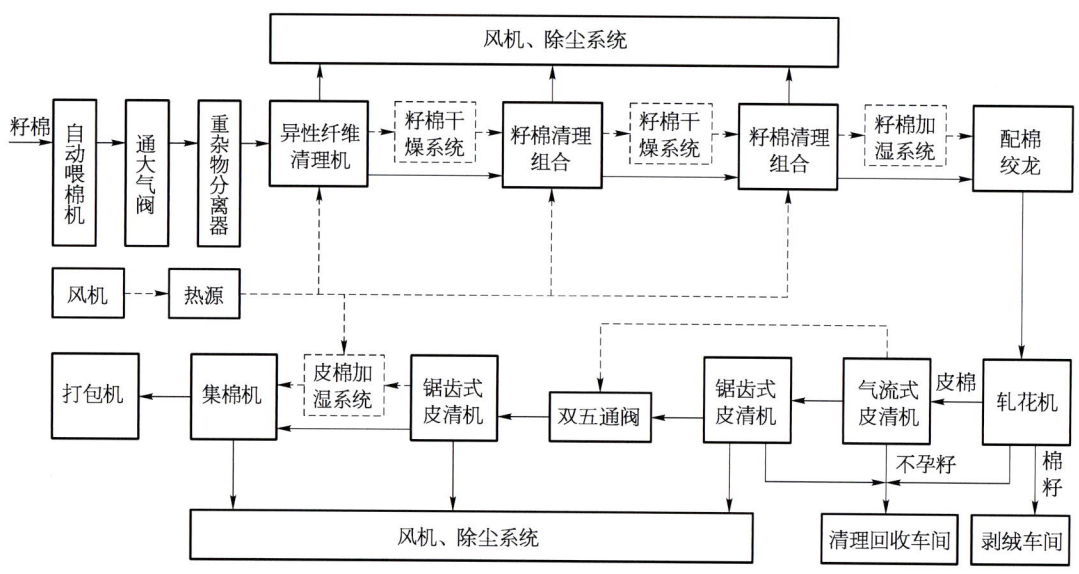

图 17-19 · 机采棉加工工艺流程方框图示

(王泽武等,2020 年)

2. 控制好籽棉烘干温度。 根据付轧籽棉的回潮率高低、含杂多少,选择不同的烘干温度和烘干时间。

当籽棉回潮率在 9.0%~15.0% 时,烘干温度应控制在 80~130℃,最高不得超过 147℃。否则会破坏棉纤维表面蜡质层,使棉纤维失去光泽、强度降低。

3. 控制好工艺路线和工艺参数。 2016 年 8 月至 2017 年 8 月,郑州棉麻工程技术设计研究所和安徽财经大学棉花工程研究所开展联合研究,选定南、北疆共 4 个加工厂进行机采棉加工工艺流程对棉花含杂率影响的研究,取样点和含杂率分布如图 17-20、图 17-21、图 17-22 所示。

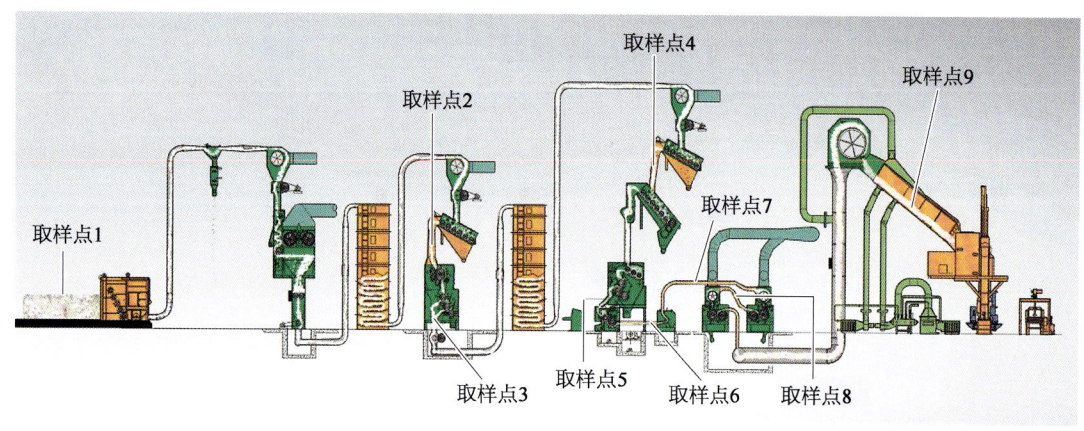

图 17-20 · 机采棉加工工艺流程中取样点分布示意

(王泽武等,2020 年)

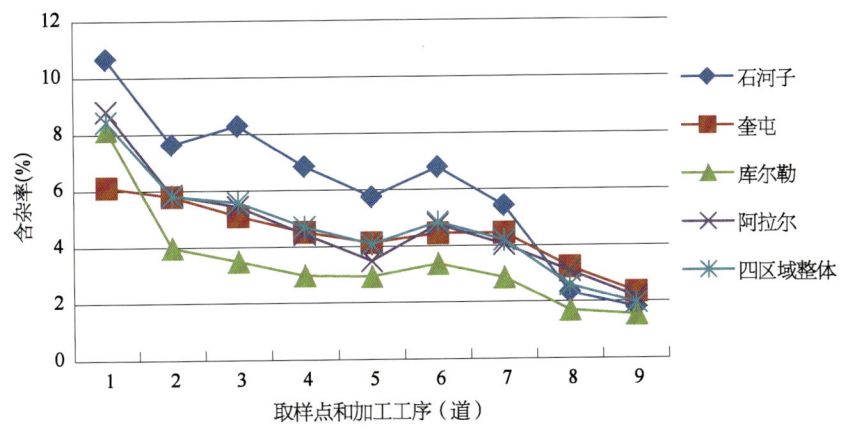

图 17-21 · 机采棉加工工艺流程中各取样点含杂率和总体含杂率分布
（王泽武等,2020 年）

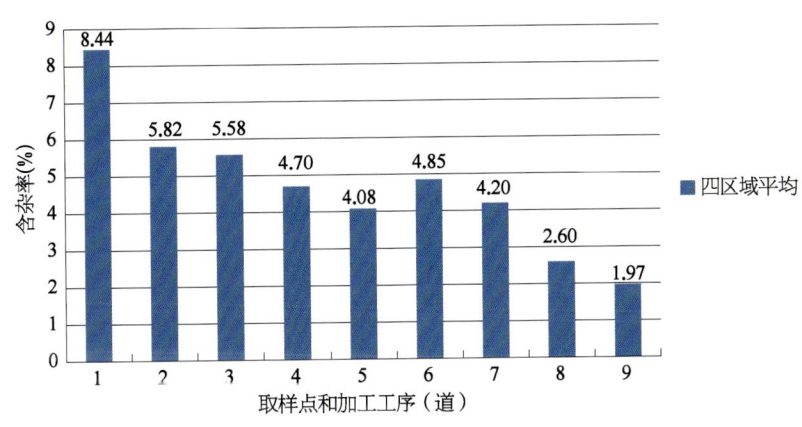

图 17-22 · 按工序汇总含杂率变化趋势
（王泽武等,2020 年）

取样点 1：在棉模上取得未经过任何加工处理的籽棉样品；
取样点 2：经过第一道籽棉清理且尚未经过第二道籽棉清理的样品；
取样点 3：经过第二道籽棉清理且尚未经过第二级烘干设备的样品；
取样点 4：经过第三道籽棉清理且尚未经过第四道籽棉清理的样品；
取样点 5：经过第四道籽棉清理且尚未经过轧花的样品；
取样点 6：经过轧花且尚未经过第一道皮棉清理的样品；
取样点 7：经过第一道皮棉清理且尚未经过第二道皮棉清理的样品；
取样点 8：经过第二道皮棉清理且尚未经过第三道皮棉清理的样品；
取样点 9：经过第三道皮棉清理输送至打包机的样品。

南、北疆 4 个加工厂（表 17-2）进行的机采棉加工工艺流程对棉花含杂率影响的研究，结果指出,清理前籽棉含杂率差异较大,变化幅度在 12%～16%（包含棉桃、棉枝、石块等重杂,实验数据是剔除了重、大杂后得出）,经过第 1 道清理含杂率为 8.44%,随加工工艺流程推进含杂率总体变化趋势一致,到第8道为2.60%,第9道低于2.5%为1.97%。其中,北疆籽棉清杂效率低于南疆,而皮棉清杂效率却高于南疆。值得一提的是,南、北疆最终含杂率基本一致。

表17-2·新疆南疆、北疆清花处理结果比较

(王泽武等,2020年)

地 域	单 位 名 称	设备/型号	纤维检验机构名称
南 疆	新疆兵团第一师13团	MY171锯齿轧花机	阿拉尔市纤维检验所
	新疆兵团第二师29团	MY171锯齿轧花机	新疆巴音郭楞蒙古自治州纤维检验所
北 疆	新疆兵团第七师125团	MY199锯齿轧花机	新疆奎屯市纤维检验所
	新疆兵团第八师149团	MY126锯齿轧花机	新疆石河子市纤维检验所

按照总体含杂率检验数据分别统计每道工序总体杂质含量的平均值,观察机采棉在锯齿加工各环节棉花杂质含量特征。通过图17-21、图17-22可见,随着加工工序的推进,棉花整体含杂率水平呈现不断下降趋势,但在轧花环节杂质含量却有所上升。初步分析可能是在轧花过程中产生了新杂质所致。就清除杂质效果而言,现行加工各环节都是必要的。

按工序棉花纤维长度变化进行取样和HVI测纤维长度,得出按工序汇总棉花纤维长度变化趋势图(图17-23)。由图可见,第9道清理纤维长度为29.10 mm,经9道清理纤维长度总计损失0.67 mm。其中第2道比第1道损失0.18 mm,第3道比第2道延长0.07 mm,第4道比第3道损失0.16 mm,第5道、第6道纤维长度有所延长,第8道比第7道损失0.21 mm,第9道比第8道损失0.12 mm。可见第8道、第9道杂质清理对纤维的损害最大,而第3道、第5道和第6道清理则纤维有所延长。第8道是带给棉板的锯齿皮清机,第9道是不带给棉板的锯齿皮清机。由此可见,带给棉板的锯齿皮清机对皮棉长度损伤较大。

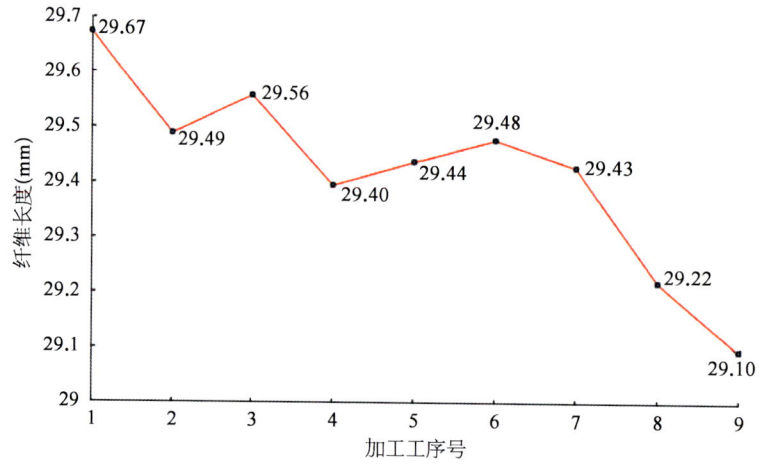

图17-23·按工序汇总棉花纤维长度变化趋势

(王泽武等,2020年)

以上研究结果对机采棉品质减损具有重要的参考指导意义。进场籽棉含杂控制在12%以下,按现在通用工艺流程,比较容易控制最终的皮棉含杂不超标、纤维长度损失不超过0.8 mm、短纤维含量即短纤维指数≤12%、杂质含量不超过2.5%。

4. **含杂率不同时的工艺调整**·目前部分企业配备了双层籽清机,可以考虑在籽棉含杂12%以下时,通过通断阀只过一层清理;在清理籽棉含杂12%以上或后期僵瓣棉多时,可通过两层清理来加大清理力度。要控制好籽棉清理机刺钉辊与隔条栅的距离,经验数据是15 mm。控制好轧花机的各参数:如两肋条工作点间隔为2.8~3.3 mm,锯片径向跳动不大于1 mm,端面跳动不大于0.3 mm。轧花机的锯轴转速高,产量大,排出的皮棉含杂量大、纤维长度易受损伤;轧花机的锯轴转速低,则产量小,排出的皮棉含杂少,纤维长度损伤小。这就要求加工企业应根据市场需求,通过工艺速度的调整协调好产量、含杂率和纤维长度的关系。要控制好气流皮清机排杂刀间隙在保证不排皮棉情况下,最大限度排除皮棉中的杂质;合理控制锯齿皮清机刺辊转速,将其调整到适宜的线速度;根据排杂情况合理微调排杂刀距刺辊的隔距。对皮棉的清理,应在气流清理一次的基础上,严格控制锯齿清理次数,锯齿皮清是开一道还是开两道,要根据所加工籽棉的含杂率确定,最终要以棉纤维长度损伤不大于0.8 mm、短纤指数≤12%、含杂率<2.5%为标准。

5. **在线实时采集棉花信息并自动标识**·棉花加工信息是棉花产业链信息的源头,是连接产业链各环节的桥梁和纽带,可以为后续物流跟踪、质量追溯、终端纺织配棉等环节提供翔实、准确的基础信息。因此,打包时要在线实时采集棉花信息,打包后用自动刷唛系统对棉包进行自动标识。

6. **控制好棉包的包形尺寸**·棉包成包高度不超过780 mm,超过这一高度,则火车运输时棉包的装载率低,亏吨很大。当皮棉回潮率较低时,适时启用皮棉加湿设备。

三、机采棉加工质量影响因素及保质工艺

▶ **(一) 控制籽棉含杂率**

机采棉在采摘时会有大量的棉桃、棉杆、叶屑与籽棉混合在一起收回,所以机采棉比手采棉有较多的杂质,正常水平含杂率在8%~16%,晚熟棉田含杂率高达20%左右。因此,农艺上要促进棉花早发早熟、做好脱叶和落叶,降低含杂率对保障机采棉品质具有重要的基础性作用。

机采籽棉是在接近成熟时喷洒脱叶剂,此时籽棉中尚含有较多水分,采摘时的天气情况对籽棉含水量很关键,比如早上结露时采摘和中午采摘的籽棉,水分含量相差很大。特别是贪青晚熟棉田、肥水过量棉田,叶量大,植株和叶片年轻,黏着力强,脱叶和清理效果差,机采的籽棉杂质含量极高、水分含量高。这类晚熟棉田是不适合机采的。

▶ **(二) 控制籽棉含水量**

机采棉回潮率一般在9%~16%。当籽棉回潮率大于9%时,杂质和棉纤维的附着力会随着水分的增加而加大,使之很难被清除,轧出的皮棉含杂量也随之增加。当籽棉回潮率小于6.5%时,虽然提高了清杂效果,但棉纤维的抗拉强度会随之降低。现有加工机械都是采用四道清理二道烘干、皮棉三道清理的加工工艺,通过烘干籽棉回潮率大多在3.5%~

6.0%,再经过清理加工、机械打击,对棉花纤维品质造成一定的损害,特别是棉花的纤维长度损失较为明显。据统计,机采棉经过后期加工,纤维总长度一般会损失1～1.6 mm。

(三)回潮率控制对机采棉加工质量保障至关重要

回潮率是影响棉花加工的重要因素,既影响生产线加工产量又影响棉花加工质量。加工过程中适时调整棉花回潮率达到各工艺环节最适合加工的参数,是保证棉花加工产量和质量的关键因素。籽棉烘干系统的使用很好地解决了籽棉含水量大时造成加工困难、产量低、皮棉含杂量大的问题,也使货场不同回潮率的籽棉通过烘干后获得品质较为一致的产品。籽棉回潮率在5%～6.5%时籽棉清理机的清杂效率较高,可以充分清除籽棉中的杂质。然而在生产线追求产量和低含杂时往往会产生对籽棉的"过烘"现象,"过烘"的籽棉回潮率远低于轧花机最适宜的6.5%～8%工况(在南疆很多低于4.5%),而过低的回潮率会使棉纤维刚性和强度下降而变得脆弱。

在加工过程中,回潮率过低的籽棉在清理阶段纤维条干被反复打击、搓揉、摩擦,使棉纤维条干受到不可逆损伤,降低了条干强度,同时容易产生破籽、索丝、棉结等疵点。回潮率较低的棉纤维在轧花和锯齿皮棉清理阶段反复被锯齿打击、勾拉,使已经在清理阶段受损伤的棉纤维条干受到强烈冲击而提前脆断。加工手采棉时,一道锯齿皮清机的清理过程会使棉纤维长度损失约0.25 mm。在机采加工生产线中,皮棉连续经过两台锯齿皮棉清理机的清理过程后,经检测,纤维长度损失不是0.8 mm而是1～1.2 mm。回潮率在5%以下时,每降低1%的回潮率,短纤维含量约提高1%。在回潮率5%以下进行轧花,皮棉的纤维长度损失达1.6 mm以上,同时皮棉短纤维含量增加、长度整齐度变差。低回潮率皮棉纤维在加工时,纤维表面产生的静电易使之黏附在金属表面,进而容易导致设备堵塞和停止工作。较低回潮率下加工出的皮棉纤维的天然品质遭到了破坏,使可纺性变差。

(四)采用籽棉加湿柔性工艺系统是保持籽棉原生品质的有效手段

随着我国棉纺织行业的提质升级,高端产品的高支纱对原棉要求更为严格。在种子、种植、采收条件与工艺一定的情况下,加工环节将直接影响皮棉最终品质。业界对保持籽棉原生品质的呼声愈来愈高,保持籽棉原生品质就是指在加工过程中尽量少地破坏棉纤维的天然特性。在众多质量指标中,长度指标极为重要,长度是纺高支纱的最重要条件。在棉花加工中,降低纤维长度损耗的同时,其强度、整齐度等指数也会有相应的提升。

为了能保持籽棉原生品质为纺织提供优质原棉,又兼顾棉花加工行业产量的要求,在机采棉生产线中引入籽棉加湿工艺尤为关键。与机采棉烘干工艺和设备的普及度相比,籽棉加湿工艺研究发展和普及则相对滞后。机采棉籽棉加湿工艺是指在烘干清理之后的籽棉回潮率过低时,在进入轧花机之前,人为提高籽棉回潮率的工艺。

提高籽棉回潮率,可以提高棉纤维条干的刚度和强度,使其对轧花、皮清阶段的机械打击具有一定的抵抗力,从而使其尽量少地损失棉纤维长度,同时也会改善短纤维含量和长度整齐度。将回潮率较低的籽棉强行加入水分,当籽棉回潮率提升到6%～8.5%时可有效降低轧花机与锯齿皮清机对棉纤维的损伤,从而获得最佳的轧工质量,明显改善了皮棉品质,使纤维长度损失小于0.8 mm,并能体现纤维在最佳状态下的天然色泽。

郑州棉麻工程技术设计研究所研制的籽棉加湿系统在新疆机采棉生产线上得到了应

用,其原理如下:系统通过籽棉回潮率在线检测装置,实时对烘干、清理后的籽棉回潮率进行检测;采用先进的模糊控制技术对检测到的数据进行对比、分析并决策,通过计算机实现对调湿热风温度和加湿湿热气体温湿度的自动调整和修正;通过混风阀开度和雾化器水泵频率的智能控制,确保调湿热风温度和加湿湿热气体温湿度的精确控制,从而动态精确地对籽棉加湿量进行控制,取得稳定的加湿效果(图 17-24)。

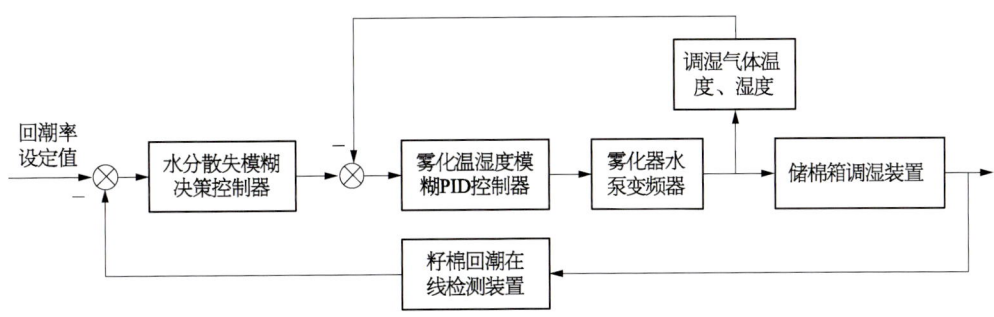

图 17-24·籽棉加湿工艺示意

(中华全国供销合作总社郑州棉麻工程技术设计研究所)

▶ **(五) 其他保持籽棉原生品质的重要工艺**

机采棉加工智能在线监测管控系统的应用,使生产线能做到因花配车、提高棉花加工质量,减少用工和提高生产效率,这也是机采棉加工工艺的发展趋势。

在线检测加工过程中的皮棉品质,随时监控皮棉的质量状况,发现加工质量未达到预期要求时,及时调整加工工艺和设备运行参数,围绕"监""测""管""控"等关键技术,集智能控制、加工信息化传输、智能化管控、全方位视频监管,保证最终成包皮棉的质量。

(主笔:王泽武,李孝华,万少安;主审、终审:阮旭良)

附 录

一、中国高品质棉花可持续生产标准

（中国农业技术推广协会 T/CATEA001-2022）

（一）标准概况

本文件按照 GB/T 1.1-2020《标准化工作导则 第1部分：标准化文件的结构和起草规则》的规定起草。

请注意本文件的某些内容可能涉及专利。本文件的发布机构不承担识别专利的责任。

本文件由中国农业技术推广协会提出并归口。

本文件起草单位：中国农业技术推广协会、中国标准化协会、中国农业科学院棉花研究所、新疆生产建设兵团农业技术推广总站、中恒大耀纺织科技有限公司、浙江森马服饰股份有限公司、上海市纺织原料有限公司、上海棉丰达商业管理有限公司、山东省滨州市滨城区农喜棉花专业合作社、新疆尉犁县众望纺织有限公司、新疆沙湾市农业技术推广中心。

本文件主要起草人：陈常兵、宋国立、夏薇佳、毛树春、王林、黄群、张哲、朱建军、周荣星、张皑、吴艳、鱼泳泳、王建军、张彪、高永健。

《中国高品质棉花可持续生产标准》于2022年3月15日至3月24日完成公示,4月11日发布,4月15日正式实施。

（二）标准引言

本文件旨在促进棉花可持续生产,引领棉花产业高质量发展。

本文件倡导"高端品质、绿色生产、溯源可查"理念,按照"质量兴棉、绿色兴棉"要求,以补高品质棉花短板、提质增效为目标,提高棉花质量效益和竞争力,提升棉花可持续生产能力。

本文件规定了中国高品质棉花可持续生产的相关要求,基于8项原则,共37条要求。8项原则包括：生产加工原则、病虫草害防控原则、土壤健康和科学施肥原则、水资源节约和可持续利用原则、保护并增强生物多样性原则、保护劳动者合法权益原则、数字化技术应用原则和生产管理原则。37条要求分为28条基础要求和9条进步要求,为高品质棉花可持续生产提供基本要求和实践指导。基础要求是高品质可持续棉花生产必须遵守的。鼓励在达到基础要求的同时采用进步要求，以推进棉花产业高质量可持续发展。

（三）标准内容

1　范围

本标准规定了高品质棉花可持续生产有关品种遴选、种植、收购加工、数字化技术应用和追溯体系的规范和要求。

本标准适用于在中华人民共和国境内生产的棉花。

2　规范性引用文件

下列文件中的内容通过文中的规范性引用而构成本标准必不可少的条款。其中，注有日期的引用文件，仅该日期对应的版本适用于本标准；不注日期的引用文件，其最新版本（包括所有的修改单）适用于本标准。

GB 13735-2017　聚乙烯吹塑农用地面覆盖薄膜。

NY/T 1133-2006　采棉机作业质量。

GB 1103.1-2012　棉花 第1部分：锯齿加工细绒棉。

GH/T 1338-2021　棉花加工智能控制系统技术要求。

3　术语和定义

下列术语和定义适用于本标准。

3.1　高品质棉花　high quality cotton

适纺40英支及以上棉纱线的棉花纤维。

3.2　高品质棉花品种　high quality cotton varieties

通过国家或省级品种审定委员会审定，符合高品质棉花品种品质的棉花品种。

3.3　籽棉　seed cotton

采摘后没有经过轧花去除棉籽的棉花。

3.4　原棉　raw cotton

经过轧花加工、公证检验、按规格包装、工厂纺织使用的商品棉花纤维。

3.5　棉花可持续生产　sustainable production of cotton

棉花生产、人类自身生产和环境生产相互适应、平衡协调的生产过程。

4　指标

4.1　高品质棉花品质指标

高品质棉花清洁度高，一致性好，加工品质优良，品质指标如下。

——纤维上半部平均长度：28.5 mm 及以上；

——断裂比强度：28.5 cN/tex 及以上；

——马克隆值：3.7～4.6；

——长度整齐度指数：82.5% 及以上。

4.2　高品质棉花品种品质指标

按HVICC（HVI校准棉花标准样品），高品质棉花品种主要品质指标包括：

——纤维上半部平均长度：30 mm 及以上；

——断裂比强度：30 cN/tex 及以上；

——马克隆值：3.7～4.6；

——长度整齐度指数：85％及以上。

5 原则概述

高品质棉花可持续生产应遵循8项原则：

——生产加工原则；

——病虫草害防控原则；

——土壤健康和科学施肥原则；

——水资源节约和可持续利用原则；

——保护并增强生物多样性原则；

——体面劳动原则；

——数字化技术应用原则；

——生产管理原则。

6 生产加工原则

6.1 采取相应措施提高棉花清洁度（基础要求）

高品质棉花可持续生产应采用至少包含以下两个方面的有效措施以提高棉花清洁度：

——棉花种植覆盖地膜厚度不得小于 0.010 mm。

——棉花采收要进行籽棉清洁，控制残膜、毛发、羽绒、化学纤维、商品包装材料等异性纤维混入籽棉。

——棉花加工要制定异性纤维降低目标，应符合 GB 1103.1-2012 指标要求。

6.2 采取相应措施确保棉花总含杂率、回潮率、异性纤维指标符合要求（基础要求）

6.2.1 高品质棉花可持续生产应制定和实施降低总含杂率的有效措施，具体指标如下：

——机采籽棉总含杂率≤12.0％；

——手采籽棉总含杂率≤2.5％。

6.2.2 高品质棉花可持续生产的回潮率应按以下指标进行控制：

——机采后籽棉回潮率≤12.0％；

——手采后籽棉回潮率≤8.0％。

6.2.3 高品质棉花可持续生产的异性纤维应按以下指标进行控制：

原棉异性纤维含量≤0.3 g/t。

6.3 采取相应措施确保棉花品质一致性（基础要求）

高品质棉花可持续生产鼓励在同一地块规模种植高品质棉花品种，且不与其他非推荐品种混合种植。通过正规渠道购买高品质棉花品种并留存购买凭证。

6.4 采用生育期更适宜本地种植的棉花品种（基础要求）

高品质棉花可持续生产应了解本地棉花最佳生育期，采用更适宜本地种植的棉花品种。

6.5 确保棉花早熟性达到要求（基础要求）

高品质棉花可持续生产霜前花率≥80.0％，其中，机采棉霜前花率≥85％。

科学掌握棉花采收时机，合理使用脱叶剂。

机采棉棉铃自然吐絮率达到30%以上,使用脱叶剂。

6.6 规范采收、存放和交售棉花的要求(基础要求)

高品质棉花可持续生产应采取同一品种单独采收,多品种分开采收,霜前花、霜后花、僵瓣花应分采、分存和分售。

机采应按照操作规程作业,不应采收回潮率超标的棉花。

机采超杂棉、二道机采棉、落地棉和僵桃棉应分存、分售。

6.7 制定收购标准确保棉花品质(基础要求)

按照高品质棉花可持续生产标准生产的棉花与普通棉花分开堆放,并采用标识标明。

加工厂采购和销售按本标准生产的棉花时,需在单据上标明"高品质可持续棉花"字样。

6.8 制定保护棉花品质,减少纤维损伤的加工操作规程(基础要求)

加工厂制定加工操作规程,确保机采籽棉加工纤维长度损伤控制在0.8 mm及以内,含杂率≤3.0%;手采籽棉加工纤维长度损伤控制在0.5 mm及以内,含杂率≤1.0%。

7 病虫草害防控原则

7.1 使用合法合规的农药品类(基础标准)

遵守《中华人民共和国农药管理条例》,购买和使用合法、合规的农药品种,不应使用《斯德哥尔摩公约》《蒙特利尔议定书》和《鹿特丹公约》所列的农药品类。

7.2 加强农药安全使用管理(基础要求)

加强安全用药培训,配制和施用农药人员必须18周岁以上,身体健康,受过相关培训。儿童、孕妇或哺乳期妇女不应参与配制和施用农药作业。

7.3 加强病虫草情测报和预警(进步要求)

明确专人负责病虫草情的测报及预警工作,并进行系统培训。

7.4 采用综合防治措施(进步要求)

应践行绿色植保理念,采取综合防治措施,包括农业防治技术、生物防治技术、理化诱杀技术、化学防治技术,减少农药使用。

保护和利用自然天敌,鼓励应用自然天敌控制害虫。

7.5 妥善处理农药包装废弃物(基础要求)

制定农药包装废弃物收集和回收处理计划,防止农药容器被用于任何家庭及其他用途,减少对环境污染的潜在风险。

8 土壤健康和科学施肥原则

8.1 保护土壤健康(基础要求)

制定和实施有效措施,减轻和恢复退化土壤,有计划开展轮作休耕,施用有机肥,种植绿肥,翻压培肥地力,秸秆粉碎还田,改善土壤结构,促进土壤的生物多样性,提高耕地质量。

改良低产棉田土壤,建设高产稳产棉田。

8.2 保护田间清洁卫生(基础要求)

加强播前整地、棉田杂物清理和生长期间的田间管理,提高棉田杂物、残膜回收效果。

采收之前,应清理棉田杂草、残膜碎片和棉田周边的残膜、食品塑料袋、农药化肥包装袋等杂物。

8.3 定期进行土壤化验（基础要求）

土壤化验每 5 年进行一次，化验项目包括土壤有机质、氮、磷、钾含量和 pH 分析，了解土壤质地和土壤养分变化，为科学施肥提供决策支持。

8.4 科学施肥（进步要求）

不随意施肥和过量施肥。

不单一依赖化学肥料。

应用科学施肥。基于土壤化验结果，按照有机肥与无机肥结合、大量元素和微量元素肥料结合、基肥与追肥结合的"三结合原则"进行测土配方施肥。

9 水资源节约和可持续利用原则

建立健全多种方式，促进水资源的有效管护，制定水资源管理规划，科学合理利用水资源，提高棉田灌溉水有效利用率。

9.1 了解棉田水资源（基础要求）

掌握棉田周围地面和地下水资源分布状态及水系、水质，以及季节性变化情况。

9.2 灌溉棉区制定节水用水机制（基础要求）

改善灌溉排涝基础设施，建设高效节水农田，实行节水灌溉。

9.3 雨养棉区制定节水用水机制（基础要求）

充分集水、储水、利用天然降水植棉。

9.4 保护水资源（基础要求）

对棉田水资源采取保护措施，不污染水资源，按国家规定合理开发利用地下水资源。

10 保护并增强生物多样性原则

增强和保护棉田生物多样性，以及棉田及其周边的天然生态系统。

10.1 学习有关生物多样性知识（基础要求）

学习了解棉田及其周边由植物、昆虫、鸟类及其他动物组成的生态系统。

10.2 保护并增加棉田生物多样性（基础要求）

因地制宜制定措施保护棉田周边的生物多样性，以利于生物休养生息和繁殖、涵养更多生物和昆虫天敌，提高益虫种群数量，以利于自然天敌控制棉田害虫。

10.3 负责任使用土地（基础要求）

不应随意开荒，不应破坏具有高保护价值的土地。

不应改变土地用途，如需改变，应按照国家相关法律法规的要求，履行相关审批程序。

10.4 建立生物多样性的栖息基地（进步要求）

集中连片棉区及其周边地块，宜建立生物多样性的栖息基地。

11 保护劳动合法权益原则

严格遵守《中华人民共和国劳动法》及其他相关法律法规，尊重爱护劳动者，切实保障劳动者的合法权益。

11.1 保障劳动者的健康和安全（基础要求）

为劳动者提供岗位需要的定期健康与安全培训。识别工作危险性，告知劳动者安全工作方法,采取预防措施,尽量减少工作场所危险因素。

11.2 保护妇女合法权益(基础要求)

妇女享有与男子平等的就业权利。除国家规定的不适合妇女的工种或者岗位外,不得以性别为由拒绝录用妇女或者提高对妇女的录用标准。

11.3 遵守合理薪酬制度,实行同工同酬(基础要求)

遵循按劳分配原则,实行公平就业、同工同酬。

12 数字化技术应用原则

鼓励在高品质棉花种植中应用数字化技术,以改进高品质棉花的种植管理水平,优化灌溉水、肥料和农药配制,提高水、肥、药的利用效率,提高劳动者的知识获取和技术传播能力。

12.1 采用数字化技术对棉花种植进行精准监测(进步要求)

鼓励采用数字化信息技术监测病虫草害、各生育期健康指标、棉花长势信息、土壤健康指标等,提高高品质棉花苗情诊断效果和决策支持能力。

12.2 根据精准监测的结果进行精准管理(进步要求)

鼓励采用数字化技术的监测结果,精准水肥管理,精准采收时间,减少劳动力投入。

12.3 采用数字化技术对棉农进行教育培训(进步要求)

鼓励采用数字化技术进行远程知识教育和技术培训,提高棉农的知识、技术获取能力。

13 生产管理原则

13.1 建立有效的管理体系(基础要求)

合作社和大中型农场通过健全管理体系,确保各层级负责人各司其职,确保达到高品质棉花可持续生产标准的要求。

13.2 实施有效的棉农培训(基础要求)

合作社和大中型农场须合理安排棉农和工人的培训,通过培训提高棉农对高品质棉花可持续生产标准的理解及实施。

13.3 建立有效的内部评估体系(基础要求)

对高品质棉花可持续生产项目进行内部评估,发现并纠正不合规的项目,并不断改进完善。

13.4 确保收集数据准确(基础要求)

植棉大户、合作社及大中型农场需提供准确的数据,以利于评估顺利开展。

13.5 建立从棉田到轧花厂的棉花追溯体系(进步要求)

追溯体系是衔接农业层面与供应链层面的重要工具。鼓励建立从棉田到轧花厂的棉花追溯体系,棉农及时准确提供棉花销售途径,确保按照标准生产的棉花与供应链的对接。

13.6 测算棉花生长全周期以及轧花厂棉花加工的碳足迹(进步要求)

碳足迹是衡量棉花生产对气候变化影响的重要指标。棉花生产及轧花厂层面的碳足迹测算,对于棉花产业链全生命周期的碳足迹测算和发展"减碳增汇型"棉花具有重要意义。棉花品类、产地气候、土壤条件及施肥、灌溉等农业生产技术水平差异都会影响棉花的碳足迹。棉花种植者应建立从整地、播种到采收期间的农事操作记录,用以计算评价棉花生长期间的碳足迹。轧花厂建立籽棉交售到轧花打包结束期间的加工操作记录,计算评价籽棉加工的碳足迹。

(主笔:毛树春;主审:田立文;终审:毛树春)

参考文献

[1] 国家棉花产业联盟团体标准.CCIA棉花生产技术指南(试行)(资料).中国农业科学院棉花研究所,2017.
[2] 国家棉花产业联盟团体标准.CCIA棉花加工技术指南(试行)(资料).中国农业科学院棉花研究所,2017.
[3] 中国农业技术推广协会团体标准.中国高品质棉花可持续生产(T/CATEA001—2022.2022-03-15发布,2022-04-15实施).北京:中国标准出版社,2022.

二、新疆1949—2021年棉花播种面积、单产和总产

(毛树春,2022年)

年份	新疆			新疆生产建设兵团			新疆长绒棉		
	面积(万hm²)	单产(kg/hm²)	总产(万t)	面积(万hm²)	单产(kg/hm²)	总产(万t)	面积(万hm²)	单产(kg/hm²)	总产(万t)
1949	3.1	169	0.5						
1950	3.6	177	0.7	0.2	156	0			
1951	5.5	192	1.1	0.4	308	0.1			
1952	7.0	218	1.5	1.3	237	0.3			
1953	5.8	269	1.6	0.4	564	0.2			
1954	5.5	287	1.6	0.4	413	0.2			
1955	7.4	360	2.7	0.9	599	0.6	0.01	278	0.04
1956	12.3	447	5.5	2.3	435	1.0	0.06	330	0.02
1957	11.4	447	5.1	2.6	389	1.0	0.08	308	0.02
1958	12.3	469	5.8	3.5	347	1.2	0.09	293	0.03
1959	14.0	494	6.9	3.7	340	1.3	0.09	263	0.02
1960	15.9	223	3.6	4.9	177	0.9	0.5	233	0.1
1961	13.1	226	3.0	3.6	231	0.8	0.5	255	0.1
1962	10.4	241	2.5	2.0	302	0.6	0.8	240	0.2
1963	11.9	285	3.4	2.6	386	1.0	0.7	488	0.4
1964	13.6	324	4.4	3.3	496	1.6	1.6	278	0.4
1965	15.9	483	7.7	4.4	645	2.8	1.7	390	0.7
1966	16.9	470	7.9	4.3	585	2.5	2.3	383	0.9
1967	17.2	458	7.9	4.4	548	2.4	2.1	413	0.9
1968	16.1	426	6.9	4.1	415	1.7	1.6	386	0.6

续 表

年份	新疆			新疆生产建设兵团			新疆长绒棉		
	面积 (万 hm²)	单产 (kg/hm²)	总产 (万 t)	面积 (万 hm²)	单产 (kg/hm²)	总产 (万 t)	面积 (万 hm²)	单产 (kg/hm²)	总产 (万 t)
1969	15.4	344	5.3	4.1	377	1.6	1.7	278	0.5
1970	15.5	416	6.5	4.5	500	2.2	1.1	383	0.4
1971	15.6	397	6.2	4.2	523	2.2	1.9	300	0.6
1972	15.9	333	5.3	5.1	456	2.3	1.9	240	0.2
1973	15.2	441	6.7	4.2	482	2.0	1.4	405	0.6
1974	15.2	380	5.8	4.2	364	1.5	1.6	375	0.6
1975	14.8	316	4.7	2.8	282	0.8	1.4	285	0.4
1976	14.2	361	5.1	2.7	355	1.0	1.5	383	0.6
1977	14.3	340	4.9	2.8	355	1.0	1.9	383	0.7
1978	15.0	365	5.5	4.8	401	1.9	2.9	413	1.2
1979	16.2	328	5.3	5.8	354	2.0	4.4	338	1.5
1980	18.1	437	7.9	6.5	535	3.5	3.9	450	1.7
1981	23.2	490	11.4	8.1	641	5.2	4.4	405	1.8
1982	28.5	512	14.6	11.5	616	7.1	3.4	533	1.8
1983	27.7	568	15.7	11.4	659	7.5	2.2	653	1.4
1984	28.2	683	19.2	11.8	755	8.9	2.9	698	2.0
1985	25.4	741	18.8	10.8	753	8.2	2.6	675	1.4
1986	27.6	782	21.6	12.1	822	9.9	2.4	615	1.5
1987	35.6	785	28.0	14.0	849	11.9	3.9	705	2.7
1988	35.6	781	27.8	13.2	791	10.4	4.8	735	3.5
1989	36.7	803	29.5	13.5	869	11.8	5.0	765	3.9
1990	43.5	1 077	46.9	17.0	1 146	19.5	6.3	900	5.7
1991	54.7	1 169	64.0	21.2	1 101	23.4	5.6	1 075	3.7
1992	64.3	1 038	66.8	22.3	1 062	23.7	1.7	1 142	6.0
1993	60.6	1 121	68.0	21.6	1 139	24.6	2.4	1 188	2.0
1994	75.0	1 176	88.2	27.0	1 231	33.3	0.9	1 290	2.8
1995	74.3	1 338	93.5	26.6	1 436	38.2	0.8	1 353	1.3
1996	79.9	1 177	94.0	28.4	1 298	36.9	1.5	1 172	1.7
1997	88.4	1 301	115.0	31.6	1 498	47.3	3.9	793	3.1
1998	99.9	1 401	140.0	36.3	1 465	59.7	1.1	1 291	1.4
1999	99.6	1 360	140.8	38.1	1 606	61.2	1.3	1 295	1.7
2000	101.2	1 438	150.0	40.5	1 693	68.6	4.9	1 265	6.2

续 表

年份	新疆			新疆生产建设兵团			新疆长绒棉		
	面积（万 hm²）	单产（kg/hm²）	总产（万 t）	面积（万 hm²）	单产（kg/hm²）	总产（万 t）	面积（万 hm²）	单产（kg/hm²）	总产（万 t）
2001	113.0	1 291	157.0	45.3	1 412	63.9	6.8	1 435	9.7
2002	94.4	1 565	150.0	43.7	1 821	79.6	4.6	1 441	6.7
2003	103.7	1 516	160.0	45.4	1 790	81.2	7.0	1 440	10.1
2004	112.8	1 568	175.3	47.2	1 859	87.8	7.1	1 589	11.2
2005	115.8	1 615	195.7	47.2	1 939	106.9	7.3	1 618	11.9
2006	166.4	1 725	267.5	48.8	2 271	110.8	10.7	1 738	18.6
2007	178.3	1 690	290.0	61.3	2 034	124.7	14.3	1 755	25.0
2008	166.8	1 760	301.6	56.3	2 332	131.3	13.2	1 493	19.7
2009	140.9	1 791	252.4	48.8	2 325	113.4	8.3	1 337	11.0
2010	146.1	1 697	247.9	49.8	2 310	118.0	9.7	1 346	13.0
2011	163.8	1 769	289.8	53.5	2 419	129.3	8.4	1 450	12.2
2012	172.1	2 057	354.0	55.8	2 541	141.8	5.3	1 116	6.0
2013	171.8	2 047	351.8	59.1	2 480	146.5	3.2	1 398	5.4
2014	242.1	1 883	451.0	70.1	2 335	163.6	6.3	1 301	8.2
2015	227.3	1 840	429.8	63.0	2 325	154.8	24.4	1 624	40.5
2016	180.5	1 991	420.0	62.1	2 409	162.8	25.6	1 620	40.8
2017	221.8	2 056	456.6	68.7	2 444	169.5	11.3	1 534	17.4
2018	249.1	2 051	511.1	85.4	2 396	204.7	20.9	1 860	38.9
2019	254.1	1 969	500.2	86.9	2 334	202.8	15.2	1 675	25.5
2020	250.2	2 063	516.1	86.5	2 466	213.4			
2021	250.6	2 046	512.9	87.0	2 394	208.3			

注：新疆数据为国家统计局数据；新疆生产建设兵团数据为《新疆生产建设兵团统计年鉴》数据；尾数因四舍五入有差异。

三、新疆维吾尔自治区、新疆生产建设兵团的简称和全称

(据《新疆和新疆兵团统计年鉴》整理，毛树春、买文选，2022 年)

简　称	全　称
新疆	新疆维吾尔自治区
新疆兵团	新疆生产建设兵团
乌鲁木齐	乌鲁木齐市
克拉玛依	克拉玛依市

续　表

简　称	全　称
吐鲁番	吐鲁番市
哈密	哈密市
昌吉州	昌吉回族自治州
博州	博尔塔拉蒙古自治州
巴州	巴音郭楞蒙古自治州
阿克苏	阿克苏地区
克州	克孜勒苏柯尔克孜自治州
喀什	喀什地区
和田	和田地区
伊犁州	伊犁哈萨克自治州
塔城	塔城地区
阿勒泰	阿勒泰地区
第一师	新疆生产建设兵团第一师，师部驻地阿拉尔市
第二师	新疆生产建设兵团第二师，师部驻地铁门关市
第三师	新疆生产建设兵团第三师，师部驻地图木舒克市
第四师	新疆生产建设兵团第四师，师部驻地可克达拉市
第五师	新疆生产建设兵团第五师，师部驻地双河市
第六师	新疆生产建设兵团第六师，师部驻地五家渠市
第七师	新疆生产建设兵团第七师，师部驻地胡杨河市
第八师	新疆生产建设兵团第八师，师部驻地石河子市
第九师	新疆生产建设兵团第九师，师部驻地额敏县
第十师	新疆生产建设兵团第十师，师部驻地北屯市
第十一师	新疆生产建设兵团第十一师，师部驻地乌鲁木齐市
第十二师	新疆生产建设兵团第十二师，师部驻地乌鲁木齐市
第十三师	新疆生产建设兵团第十三师，师部驻地新星市
第十四师	新疆生产建设兵团第十四师，师部驻地昆玉市

后 记

在本著出版之前,我已经主编或参编出版了好几十部著作,包括《中国棉花栽培学》(第三版、第四版)、《当代全球棉花产业》等大型学术专著,以及《中国棉花景气报告》等系列著作,与产业界150多位作者有过紧密合作的经历,成功记录了新中国70多年棉花发展取得的伟大成就,的确是盛世盛事。

"好雨知时节,当春乃发生"。之所以在退休后还专门为新疆维吾尔自治区和新疆生产建设兵团的棉花撰写一部著作,是因为新疆绿洲棉花产业内涵特别厚重,是当今全国棉花生产的重心。她的结构复杂,不仅有陆地棉,而且还有海岛棉;市场主体多——基本农户、兵团团场职工、家庭农场、专业合作社和工商社会资本等;她的"密矮早膜"栽培模式为绿洲独持和专有;她的技术发展迅速,机械化、化学化、水肥一体化和智能化已成为现实生产力,这些新技术为新疆绿洲棉花"王国"的发展插上了科技的翅膀。

如果我国近代棉花生产从清末湖广总督张之洞1892年引进美国陆地棉品种算起,到2010年,我国各产区棉花高产能持续的时间分别为:长江流域棉区持续了120年,黄河流域棉区持续了近100年;而西北内陆新疆棉区从1981年棉花产量达到10万t算起,到2021年已持续了40多年。在进入新时代的今天,新疆绿洲棉花又依靠科技进步开启了可持续发展的新征程。

为此,作为持续耕耘40多年、著作等身的棉花人,深感应为新疆绿洲棉花树碑立传,以阐明绿洲棉花的发展历程和现状。针对这几十年新疆绿洲棉花高速发展取得的宝贵经验、出现的新情况、新问题和面临的新任务,本书通过把新疆绿洲的气候、土地面积、水资源、社会经济、棉花产业链、供应链及其他诸多因子进行梳理整合,并使用系统、翔实的数据和新的视野加以科学地分析观察,以期为解决新问题、实现新目标、获得新知识、新观念和新思考提供借鉴参考。

"取之有度,用之有节"。全书力求阐明新疆绿洲棉花可持续发展的方向和路径,重点阐明质量兴棉、绿色兴棉的途径、措施和方法,以期为可持续发展提供指导,最终目标是通过转型升级期望绿洲棉花的厚重在时间上、产能上、质量上的可持续,并在效率和效益上得以提高。不言而喻,决定当下和未来新疆绿洲经济、社会、环境和棉花可持续发展的基础是水资源的科学合理利用,是"度"和"节"的落脚点。为此,书中进行了较为详尽的探析和论述。

"精雕细琢,玉汝于成"。本著从组稿到篇章的构思、撰写历时4年,编辑出版又花时2年多,60多位作者和编辑为此付出了艰辛的劳动,作为主编深表感谢! 2022年4月,在本书出版的关键时刻,各地新冠疫情不期而至,编辑和作者们在"封控"期间凭借着即时通信软件进行沟通,最终完成了全书的编辑修改工作。

欣喜的是,经过上海科学技术出版社的努力,本书出版获得了2022年度国家出版基金的资助,这是对本书出版价值和各位作者辛勤付出的最大认可。

"书是人类进步的阶梯",各位撰稿人就是搭建梯子的人,编辑和出版社为其不断添砖加瓦,使其日臻完善。期望读者通过这一"智库"阶梯,好好学习,不断获得新思想、新知识、新技术;天天向上,取得专业水平和战略决策能力的更大进步!

《新疆绿洲棉花可持续发展研究》一书出版之际,恰逢中国共产党第二十次全国代表大会胜利召开,谨此献礼!

毛树春
2022年9月22日于河南安阳
中国农业科学院棉花研究所